民国时期重庆法院审判案例辑萃 上

西南政法大学　重庆市档案馆　合编

曾代伟　主编

唐昌伦　张雪艳　谢全发　副主编

重庆大学出版社

图书在版编目（CIP）数据

民国时期重庆法院审判案例辑萃：全2册 / 曾代伟
主编. --重庆：重庆大学出版社，2017.6
ISBN 978-7-5689-0647-0

Ⅰ．①民… Ⅱ．①曾… Ⅲ．①审判—案例—汇编—重
庆—民国 Ⅳ．①D929.6

中国版本图书馆CIP数据核字（2017）第162925号

民国时期重庆法院审判案例辑萃（全2册）
MINGUO SHIQI CHONGQING FAYUAN SHENPAN ANLI JICUI
西南政法大学 重庆市档案馆 合 编
曾代伟 主 编
唐昌伦 张雪艳 谢全发 副主编
策划编辑：张慧梓
责任编辑：陈 力 姜 凤 版式设计：张慧梓
责任校对：张红梅 责任印制：赵 晟
*
重庆大学出版社出版发行
出版人：易树平
社址：重庆市沙坪坝区大学城西路21号
邮编：401331
电话：（023）88617190 88617185（中小学）
传真：（023）88617186 88617166
网址：http：//www.cqup.com.cn
邮箱：fxk@cqup.com.cn（营销中心）
全国新华书店经销
重庆俊蒲印务有限公司印刷
*
开本：787mm×1092mm 1/16 印张：90 字数：2131千
2017年6月第1版 2017年6月第1次印刷
ISBN 978-7-5689-0647-0 定价：368.00元（全2册）

目 录

【上 册】

契约

二、债

整理说明

西南政法大学教授　博士生导师　曾代伟

一、本书编辑缘起

2004年年底，中国社会科学院法学研究所杨一凡教授发起编辑出版"中华稀见法律文献辑存系列丛书"。经申报和审议，决定由西南政法大学和重庆市档案馆法律史学科共同组成编辑整理小组，从重庆市档案馆馆藏民国时期数十万卷尚待开发的司法档案原件中，精选出具有典型意义的诉讼案例约90件，编辑成《民国时期重庆法院审判案例辑萃》（全2册），拟列入该系列丛书。

此后，曾代伟主持的2007年重庆市教委项目"陪都时期重庆法律人群体研究"（07SK004）、2010年中共重庆市委重大课题委托项目"抗日战争大后方司法研究"（2010-ZDZX06）、2011年国家社会科学基金项目"抗战大后方司法审判制度的改革与实践"（11BFX014）先后获得立项。由于课题研究的需要，又从重庆市档案馆馆藏民国司法档案中搜集整理出一批案例材料，并筛选出约60件刑事诉讼案例和10件行政诉讼案例，经点校、分类、整理，最终汇编成《民国时期重庆法院审判案例辑萃》（全2册），共计158件案例约120万字，供致力于抗日战争历史文化研究者参考利用。

重庆位于祖国西南腹地，民国司法档案虽历经战乱，却基本保存完好。现重庆市档案馆及原巴县、江津、永川、铜梁、璧山、北碚等区县档案馆，藏有民国时期司法档案近30万卷。其中主要有：

1.重庆地方法院档案（全宗号0110）83515卷（1937—1949年）。重庆地方法院成立于1928年1月，其前身为巴县审检厅；1944年7月一度更名为重庆实验地方法院，1946年1月恢复原有名称。其内部机构设有乡区民事庭、乡区刑事庭、市区法庭、民事执行处、民事调解处、不动产登记处、公证处、检察官办公室等。主管辖区内民事、刑事诉讼审判及公证等事项。重庆解放后，该院于1949年12月由重庆市军事管制委员会接管。馆藏重庆地方法院档案中，绝大部分是诉讼档案，也存有一些司法规章，如《本院办理案件注意事项》《公证施行制度》《判决注意事项》《送达实施办法》《民刑诉讼须知》《平民法律扶助实施办法》《监所管理办法》《监所作业暂行办法》《监犯假释及保外服军役办法》《疏散人犯办法》《清理监所人犯实施要点》《律师法实施细则》《律师登录章程》《乡镇调解委员会组织章程》等。

2. 四川省高等法院重庆分院档案（全宗号 0109）99189 卷（1911—1949 年）。该分院于 1928 年 1 月设立，其前身是四川高等审判分厅，成立初期名为四川省高等法院第一分院；1948 年 8 月改称四川省高等法院重庆分院，隶属四川省高等法院，管辖本区域民事、刑事诉讼审判，裁定各地方法院上诉案件，依照法律规定办理非诉讼事件等。该院管辖重庆、江北、江津、涪陵、永川、合川、长寿、璧山、铜梁、綦江、潼南、南川、荣昌、大足、渠县、邻水、武胜、武隆、北碚等地方法院，并代管四川省第二监狱。其内部机构先后设有四个民事法庭、三个刑事法庭、执达室、看守所、重庆市公设辩护人室等。重庆解放后，该院于 1949 年 12 月由重庆市军事管制委员会接管。馆藏四川省高等法院重庆分院档案，绝大部分是诉讼档案，也有一些司法规章，包括立法院及四川省高等法院颁发的司法工作法令、法规、条例、办法、训令、通告，诸如《审理诉讼暂行规程》《处理烟土案件暂行办法》《监所修建管理办法》《监所整顿改良办法》《人犯工厂管理细则》等。

本书共收录重庆法院二十世纪三四十年代审结的 158 件诉讼案例，涉及婚姻、家庭、继承、买卖、产权、交业、债权、债务、租赁、租佃，以及公证等民事案件；刑事案例包括普通和战时特种刑事案件，以及行政诉讼案件。案卷内容包括一审诉状、审理记录、判决书、二审及三审上诉状、法院裁定和判决执行等文书原件。所选案例均由重庆市档案馆档案管理和研究的专业人员据实全文照录和校对；西南政法大学法律史学科教师负责校勘和整理工作。本书尽可能地保留案卷原貌，将案件真相及其诉讼全过程客观、完整地奉献给读者。

二、本书编选原则

（一）案例类型的多样性

馆藏民国司法档案中的民事案例，包括诉讼、调解、认证（公证）、申请回避、申请破产、公示催告、诉讼救助等类别。其中民事诉讼案例数量繁多，涉及当时民事关系的各个方面。本书编选尽可能地覆盖各种类别的民事案件，如诉讼救助，申请回避，物权诉讼中涉及所有权的确认、排除妨害和请求返还所有物以及涉及典权、地上权、股权的案例，虽然很少，也尽量顾及。而对于其中所占比重大、数量多的几类案例，如有关土地和房屋的买卖、租赁、婚姻、继承纠纷等，则给予一定的关照。尤其是契约纠纷案例，选择了各种形式的契约，包括买卖契约、租赁契约（包括土地和房屋，房屋又包括普通房屋与商用店面房）、借贷契约（抵押借贷、质押借贷）、契约担保等。

刑事案例类别除各级法院审理结案件外，还收录了一些警察局刑案侦办终结记录；

而行政诉讼的被告，则包括行政院、财政部、海关、省财政厅、敌伪产业处理局及县政府等。

（二）案例内容的典型性

本书编选案例，就内容而言注重其典型性。一是案情发展错综复杂，社会影响大。如"渝鑫钢铁厂诉洪发利机器营造厂要求履行买卖契约案"，因涉及国家抗战时期对钢铁制品的战时管制政策，诉讼过程中屡次牵涉国家经济管理部门。最后法院并未完全按照当时的行政规章来处理，而是依据法理作出了判决。由此可见，当时司法机关也在一定程度上竭力遏制行政权力的膨胀。这对我们今天的司法实践也不无借鉴意义。

二是诉讼环节较完整。有的案件由于诉讼当事人反复缠讼，时间长达数年，并经历了一审、二审程序，甚至有的还经由最高法院第三审程序。如"侯仲权诉吕克立请求确认买卖不成立案"，该案原告侯仲权先以刑事案件告发吕克立犯罪，检察官作出不起诉决定后，又以民事案件向法院起诉；被告吕克立又提起反诉，使案情的发展变得错综复杂。

三是民事诉讼标的巨大，有的涉案金额达到几亿元法币。刑事诉讼中死刑案件占有较大比例。

四是诉讼当事人在当时具有较高的社会地位。如"军政部军需署诉中国工矿实业社要求解除契约赔偿损失案"中，原告为军政部；此外，重庆金融大亨美丰银行总经理康心如，近代中国民营航运巨子、民生轮船公司老板卢作孚等作为被告的案例，也选入本书。

（三）案卷的完整性

本书编选的案例，均为馆藏民国司法档案中保存较为完整、字迹基本清楚可辨的案卷。收录的司法案卷包括起诉状、答辩状、诉讼费的征收文书、法庭调查、证据调取与核实、判决书、裁定书、送达证书、执行记录等司法文书，除对少数原、被告人数众多的案卷，同一格式内容的程式性文书作技术性删节外，其他基本照录，力求完整地反映案件的全貌。

三、本书的特色及学术价值

（一）官方档案的史料价值

本书首次从重庆市档案馆馆藏数十万卷司法档案中，精选了158件典型诉讼案例，以专题的形式进行编辑、整理。鉴于以往零星公布的案例资料仅限于判决书，读者无从了解大量与此密切相关的信息及案件全貌。故本书采取全卷照录的方法，力求完整地反映案件诉讼的全过程，为研究当时的法律及其运用提供翔实可靠的第一手材料。

作为官方档案，其史料价值在于：其一，这批司法档案全部系民国时期重庆法院审理案件所形成的卷宗原件，起诉状、答辩状、附案证据基本上都是毛笔书写，绝无复制的可能，其权威性、唯一性、可靠性毋庸置疑。

其二，典型性。1928—1935年的重庆，处于名义上服从南京国民政府，而实际上仍为军阀割据时期，对其地方司法审判状况的解剖，对于三十年代西南地区法制状况，尤其是在当时特殊的政治环境下，国家法律的施行及其效力的研究，具有典型的意义。

其三，代表性。1937—1946年，西南重镇重庆作为抗战期间国民政府控制的唯一直属市，发挥着战时首都及陪都的功能，成为抗日战争战略大后方的核心，是中国抗战的大本营、世界反法西斯战争东方战场统帅部所在地，全国政治、军事、经济、文化和外交中枢，为抗日战争和世界反法西斯战争的胜利作出了巨大的历史贡献。重庆可谓战时中国的一个缩影，堪为抗战大后方研究最典型的"样本"。其司法审判具有抗日战争时期全国大后方司法的代表性。

（二）民国时期历史文化研究的参考价值

其一，法社会学研究的实证材料。法社会学理论认为，法学研究不能仅仅局限于法律制度本身，还应重视法律制度在运行过程中法律与社会之间的关系问题，关注法律秩序与政治生态环境、风俗习惯、地理环境、生活方式、宗教文化、经济日用之间的互动关系，通过对法律实施、功能和效果的考察，可指导立法并对法律控制的社会效益作出客观评估，以及对法律制度的变化趋势作出预测。

本书编选的司法案例，典型地记录了民国时期法律实施状况。其司法文书中的起诉状、答辩状、庭审笔录、判决书等，还反映了当时人们的法律观念，不仅对研究民国法律史、民法史、刑法史、诉讼法史等具有重要的史料价值和现实参考意义，而且也为民国法制的社会学研究，尤其是对战时法制运作的研究提供了丰富的实证材料。

史籍对人们社会生活的记录往往是宏观的、粗线条的，而司法档案则从微观上以真实的案例，反映了当时社会的法制秩序，描绘了人们具体的法律生活状况。如本书选入的"王道秀诉卢明孝要求解除婚约案"即反映出国家法律与民间习惯的关系。王道秀与卢明孝订立婚约后，卢明孝的母亲病危，王道秀到卢明孝家"冲喜"，并在卢家居住数年，直至已达结婚年龄才离开。王以婚约不是自愿订立为由向法院提起诉讼，要求解除婚约。二审法院以婚约无效为由予以判决。而在民间习惯中，"冲喜"就是一种结婚仪式，如果法院尊重民间习惯就应判决离婚而不是婚约无效。国家法对民间习惯的态度也是值得深入探讨的一个理论课题。

其二，民国法律人群体研究的珍贵资料。抗日战争时期，重庆作为国民政府战时首都和陪都，来自全国各地的大批知名法律人寓居于此，其中有全国知名专家学者、司法官、律师等。包括居正（南京国民政府司法院院长）、章士钊（律师，历任北京政府司法总长、新中国法制委员会委员）、沈钧儒（法学家、律师，新中国首任最高法院院长）、史良（律师，新中国首任司法部长）、江庸（法学家，历任清末大理院推事、北京政府京师高等审判厅厅长、司法总长等职，1949年任全国政协委员）、张知本（法学家，曾任民国首任行政法院院长）、谢冠生（战时司法行政部长）、杨兆龙（法学家，曾任民国司法行政部刑事司司长）、韩幽桐（历任宁夏回族自治区高级法院院长、中国政治法律委员会书记处书记）、章任堪（法学家）、胡长清（法学家，曾任立法院民法起草委员会编纂人员）、潘震亚（法学家、律师，政务院人民监察委员会副主任、监察部副部长）、谢怀栻（法学家，曾任民国重庆地方法院推事，中国社会科学院法学研究所终身教授）、戴修瓒（法学家，曾任民国最高法院首席检察官、新中国法制委员会委员）、林纪东（林则徐后裔，法学家，曾任台湾"司法院大法官"）、高步腾（《大公报》法律顾问）、陈述虞（律师）、林亨元（律师，后任最高人民法院刑庭副庭长）、雷国能（律师）、崔国翰（律师）、杜岷英（律师）等。在本书编选的司法案例中，保存了他们在重庆从事司法活动的杰作。他们参与审判或代理的诉讼案件，案情发展错综复杂，诉讼程序严谨，言辞辩论紧扣证据，判词判由精彩纷呈。

诸如沈钧儒律师、林亨元律师代理的"渝鑫钢铁厂诉洪发利机器营造厂要求履行买卖契约案"，史良律师代理的"胡蓬莱诉燕胡则嘉要求回赎典产案"，潘震亚律师代理的"刘熊氏诉刘子定等要求确认抱约与租约无效案"（本案卷收录有潘震亚先生撰缮的长达九千言的《民事上诉状》条分缕析，备极周详），林纪东律师代理的"花纱布管制局诉嘉陵江区民船业同业公会要求返还运费案"，高步腾律师代理的"郑明池诉美丰银行康心如要求确认地上权案"等，为民国时期法律人群体的研究提供了具体材料。

如谢怀栻作为审判长推事审理的"郑牟氏诉王郑氏等要求撤销监护案""义成堂苏继坡与李晋璋诉陈芝馥要求给付老契案"案卷中，可以看到他在重庆地方法院做推事时，重视调解的运用，关注司法对社会关系的协调功能。而他所制作的诉讼文书各种元素完整，严格按照法定格式要求填写，反映一名优秀法官执法的严谨。

其三，社会经济史研究。本书编选的民事案例涉及当时民事关系的各个方面，包括物权、债权债务、婚姻、继承等，尤其是有关土地和房屋的买卖、租赁、契约纠纷等，关涉当时社会经济关系的方方面面。这就为研究民国时期的社会经济，尤其是土地、房产制度的运行提供了翔实的佐证。其中大量的土地买卖、租赁案例所反映的地主与佃农的关系，有助于澄清以往对其过于武断的理解。

此外，诉讼文书也为研究重庆地方语言的发展演变提供了丰富的数据。

四、编辑整理

本书是由重庆市档案馆馆藏民国司法档案中精选的审判案例整理编辑而成。文本录入时，凡选定的案卷，全卷文档均予照录，尽可能保留案卷原状，内容基本上不作删节，仅作技术上的适当处理。档案中"询问笔录"等法律文书为书记官现场手写记录，有的笔迹潦草，加之年代久远，保管条件有限，档案纸张破损较严重，故编辑整理的工作量很大。本书编选历时已近十年，虽屡易其稿，数度校勘，舛误之处仍在所难免。

1.原档案均用繁体字书写或印刷，为方便读者使用，本书全部换为简体字。

2.案卷中同时保存有草拟稿和正式文本的法律文书，其内容大体相同的，留正式文本。

3.案卷中《送达书》较多，均为标准的格式文本，为节约篇幅，整理时将原来的表格略去，仅保留文字部分；同一份法律文书有多个送达对象的，即使送达人员、送达时间等略有差异，也只保留第一份送达书文本，而以"[ ]"注明在何时又送达某人，由何人签收。

4.案卷中缴纳诉讼费用的文书较多，而且都是依法根据诉讼标的确定的。为了节约篇幅，略去相关固定格式内容，保留诉讼标的、缴纳诉讼费的数额、时间。但为了便于读者了解诉讼的完整过程，也保留一些法院催交诉讼费、诉讼当事人缴纳和部分分期缴纳诉讼费的文书。

5.法律文书中的签章（私人之印）画押之处，难于摹印。凡盖章之处即以"（印）"标出；画押之处照录"押"字或画"＋"。

6.关于各案例的标题的拟定。原案卷封面通常都载明本案告诉人、被告人，刑案涉及的罪名，民事诉求等事项。为了便于研究者阅读和使用，充分发挥数据的利用价值，现用案例标题是整理者根据案卷内容拟定的。

7.原卷宗装订时，有的法律文书未按时间顺序，有时将后来形成的文书放在前面。为方便读者使用，整理时按时间先后和案件发展关联性作了调整。

8.原文本中有一些难懂的重庆方言字，也作适当解释。原文本中有一些民国时期手写文牍惯用字、通用字大多未作改动，如"弁[辩]论"，"廿"与"二十"，"卅"与"三十"，"二"与"两"，"民国×年"与"中华民国×年"，"圆"与"元"，同时使用，没有必要统一，以确保史料的原始性。

五、凡例

1.馆藏档案均标有案卷的全宗号及该案例的卷号。本书所收案例录自重庆市档案馆馆藏民国司法档案中四川省高等法院重庆分院（初名四川省高等法院第一分院，全宗号0109）、重庆地方法院（一度更名为重庆实验地方法院，全宗号0110）。本书编辑时，在各案例前均标有"全宗号—卷号"，以便为使用者标明出处。

2.由于时代久远，有的案卷已经破损或模糊不清，凡缺损或无法辨认的内容，则以"□"来代替；缺损几字，则加上几个"□"。如果根据前后文书或者上下文的联系可以考证出来的，则将考证结果加"[ ]"以标明。

3.对于法律文书中出现的缺漏字、错别字，均在舛误之处作补充或更正，并加"[ ]"标明。如"三十[万]九千"表示"万"字为整理者根据文义补充的缺漏字。

4.原文本无标点符号或标点符号不规范的，一律代之以规范标点符号。

5.整理中对个别用字不符合现代汉语规范的保留了原用法，与原始档案统一。如书中所提"状新编号"同"状心编号"；"抄粘"同"抄贴"；"迳"同"径"，"蒞"同"莅"等。

本书编辑工作自2005年启动，时间持续较长，参加人员也有变动。先后得到重庆市档案局（馆）原局（馆）长陆大钺先生及其他领导的大力支持和指导。全书由主编、西南政法大学博士生导师曾代伟教授提出编选要旨、体例架构；副主编、重庆市档案馆档案管理处原处长、现重庆中国三峡博物馆副馆长唐昌伦，档案管理处处长张雪艳，西南政法大学2004级博士生、现江苏警官学院副教授谢全发博士，不仅为本书的完成做了大量的组织工作，而且自始至终参加了各个环节的技术工作。参加本书案卷筛选、计算机录入、文本校对、校勘整理的还有：重庆市档案馆档案管理处邱卫祥、陈贵林、刘静、叶莉、车进、刘坤玉；西南政法大学博士生2005级吕志兴（现为博士生导师）、汪荣（现重庆师范大学教授）、2010级张伟（现留校任教）、2011级苏洁（现重庆交通大学副教授）、2012级毕凌雪；硕士研究生有2004级李化、官正艳、刘晓琴、王漓江，2005级郝廷婷、史磊、任秀杰、卢江宁，2006级万亿，2007级盛波等。全书整理成型后，特聘请重庆十中高66级毕业的廖云鹏先生对文字录入的舛误做了最终校勘；最后全书由主编统稿、定稿。

曾代伟

2015年8月28日于重庆沙坪坝寓所

第一编

民事诉讼案例（一）

一、物权 / 所有权

1. 罗金山等诉艾茂廷要求确认经界案

罗金山、罗冯氏、罗海清民事告诉书

具诉人：罗金山，五十六，巴县人，现住本市千厮门纸码头十一号，居家；罗冯氏，四十八，巴县人，住歇马乡，居家；罗海清，四十二，巴县人，住歇马乡，居家。

被诉人：艾茂廷，住兴隆乡，自业。

呈为劣绅横豪侵占地皮、估窖界石，提起确认经界诉讼，以维主权而儆强梁事。情民等祖父罗恒发当于有清光绪十五年间，由彭天文（现有彭天文之子彭炳成尚在可以活质）、彭伟臣等作中，买得彭联三、彭世芳父子分受田业四十石，地名胡家磅田土房屋半股，立有契约。但察约内注明四值界畔自胡家磅右边田房，其界自山岭人行路直下正房坛神山列，抵堰塘外坎当头小路，斜下水井跟人行路沿下，直抵湾丘田角等，详载无遗（粘呈抄约审呈）。民等从祖父遗传与民父锡三自种，自耕迄今，数十年无紊乱。不幸该业之半股先为彭联三之侄彭香亭，后卖与艾平山管业，本院民等独占厢房正堂，该平山仅占右厢而已，其厢房直下地坝边有堰塘一口，在民等之界内，为民等所有权，平山与民父锡三及民等各管各业，于兹数十载。对于界畔堰塘，豪无争执可言。乃于前数年民父锡三与平山相继去世，而平山之子艾茂廷素行豪霸，与其父性质相反，恃其劣绅资格，见民等家事衰颓，屡次托人向民等买业，讵知民祖业父子相继耕种数十载，何能抛弃？屡次拒绝，该茂廷恼羞成怒，即蓄侵占之心。（民等之业与该业比较田土较好，且有堰塘一口，不遭天干水旱之虞。）缘本年古三月间，彼业田土缺水，向民等讨水灌田，民等以主权所关，兼之本年天旱，民等之田业亦赖此堰塘之水灌溉，自顾不暇，焉有余水分给？未允其请，该茂廷挟忿向民等生事，特于三月间，将民等堰塘当头人行路之土栽植物苞谷、四季豆等拔去，民等不服，故请彼在本乡调解理剖，经众劝解，民未与较。乃该茂廷百般要求，分得堰塘一半权利，民以主权所在，何能让与？该茂廷挟忿愈深，恃其金钱魔力，愍不畏法，故意手持石头前来民等堰塘水面之地窖界，民母陶氏察觉，极力阻挡，当时未能窖界。该茂廷无隙可乘，遂不惜于十月内捏造民等八月十四日损毁界石，告民刑庭，奸串证人叶元诚到案伪证，以图用刑事害民，使之畏惧，让彼堰塘一半，可以不劳而获，意图达到侵占目的。乃民等为维护祖业计，为保全侵害计，故不得已而提起确认田业经界诉讼，以明曲直。特照诉讼标的堰塘之实值价额七十四元，缴费二元二角来案。呈请钧院鉴核，准予传该茂廷到案质讯，将其契约交出与民等之契约核对，其注载之四至界畔堰塘主权究为谁有，秉公裁判，则民等戴德无暨。

此呈

证人：彭炳臣。

证物：契约一张审呈。

巴县地方法院民庭公鉴。

中华民国二十五年十月三十日

具状人：罗金山、罗冯氏、罗海清

艾茂廷民事反诉状

具状人：艾茂廷，六十，巴县人，住歇马乡，农。

代理人：艾仲文，三二，巴县人，住兴隆乡，教育。

被诉人：罗陶氏、罗炳林、罗金山，均巴县人，均住歇马乡。

为据实答辩，依法提起反诉，恳予鉴核，驳回原诉，判令赔偿损失并饬担负讼费事。罗炳林控民经界纠葛一案，于昨奉到钧院传票，始知炳林同伊母罗陶氏将民控诉，理合据实答辩，提起反诉。缘民先父于前清光绪十六年得买胡家磅田业一股，宅前堰塘一口居公共用，各占其半，红契注明，毫无紊乱（契约审呈），究与同院罗德三耕居数十年来并无他异，所有塘内蓄水养鱼互享权利，塘内栽藕亦各有半，至塘坎栽树木、点种菜疏果食，逢中直断，各管各业。民父在时，蓄有美国葡萄一架，桑树数十株，养蚕获利不下百元，历有年所，人众咸知。因上年葡萄成熟，炳林弟兄人数过多，丁口复杂，每见果物均暗为偷窃，民见即加以干涉，遂恼羞成怨，突于今春三月，该炳林支使伊年迈之母陶氏手持刀斧将民界内葡萄、桑树一并砍伐，是时，民未在，内眷等前往阻止，伊等吼称用斧伤人，不敢近身，凭伊砍伐殆尽。民投凭本保保长吴少培、甲长叶元廷亲来看明不虚，随即报告乡公所，请伊理剖。该炳林自知理亏，当众承认赔民实业损失，于调解簿上执押寝事。继则经民帖邀乡公所联保主任周礼贤、蚕桑渔农协会会长刘立辉与调解委员和地方保甲等到该地看明塘坎，仍照原界和好如初。殊炳林复于古历八月十四日夜将民所立界石毁弃，十七日夜又率多人窃拖民堰塘之藕，值洋十余元，完全窃去并砍伐葡萄、桑树及毁坏界石之损失计值洋二十余元。伊陶氏母子本性悍恶，恃伊年迈，横蛮朝夕，侮辱民家，骂不绝口，妄称堰塘惟伊一人所有，以致侵占塘坎，点种菜疏。惟该空言主张，请伊面理，抗不从场，民莫奈何，只得奔赴钧院刑庭以毁损、侵占、窃盗、侮辱等词自诉在卷。沐恩票传集证考契讯明，炳林当庭自供不讳，毁损窃盗属实，查伊契约，堰塘完全不占，数十年间蒙占权利，今应查照契约，判令行使主权，前奉钧院刑庭判令毁弃损坏罪拘役二十日，又盗窃罪拘役二十日，赔偿损害洋五元，侵占侮辱部分，罗金山等六人无罪。该陶氏奉到判决以为侵占无罪，又于古九月廿四日将民塘坎所种菜疏肆行拖铲，甘心再犯刑章，今乃捏词上诉希图赖罪，现复朦控民于钧院，妄肆侵争不践契约，实属无理至极。民昨奉票遵期到案外，理宜据实答辩，附呈简图并依法反诉，照章缴费，状请钧院鉴核，将该告诉予以驳回，判令赔偿伊前毁坏及盗窃损失共计洋三十余元，有钧院刑庭判决书可查可凭，并乞饬负本案诉费，以维法纪而重地权。沾感。

此呈

证人：周礼贤、叶源亭、吴绍培。

证物：抄粘图契约一纸，判决书审呈巴县地方法院民庭公鉴。

中华民国廿五年十一月十四日

具状人：艾茂廷

代理人：艾仲文

民事窃名

具分析人：罗冯氏，五十，巴县歇马乡人，住储奇门外胡家巷十一号，农；罗海清，四八，巴县歇马乡人，住储奇门外胡家巷十一号，农。

被分析人：罗金山、罗兴与、罗炳林。

呈为捏名妄告，无辜株累，具结呈恳分析，除名免累，以维朴农事。情氏发夫早亡，世代居乡，孀守抚孤，相依夫弟罗海清夫妇为命，苦志冰操，历数十载，毫不干非，无素可查。衅由本十一月九日奉到钧院传票二件，示期本月十八日审理，票载罗金山以经界纠纷等诳具控艾茂廷一案，奉票之余，使氏不胜诧骇之致，询之夫弟，亦称不知，经民再回调查，始悉族中人罗与顺挟前艾茂廷具控边界败诉之忿，今因乘艾姓有侵犯族堰边界事实，故窃捏氏等之名具控艾茂廷。于兹朦准钧院准理票传在案，应遵曷渎，惟查该罗金山等窃名具控时，并未通知氏叔嫂得知，民等对本案毫无关键，当不负此丝毫责任，又况年荒四载，何有余力波与诉讼之累耶？且值小春播种之期，农务羁身，实难赴案呈明窃捏，远因又兼家况拮据，日食均难以度，何堪遭此跋涉，往返费用其有不可能者。一恐耽延播种小春，次因乏于经济力能。迫此惟有具结呈明窃名妄告，用特具呈切结请求经过事实分析之诉前来，状恳钧院鉴核，赏准将罗金山等窃名捏罗冯氏、罗海清控诉艾茂廷经界一案恩准分析，除出民二人之名，俾免无辜株累而维孀迈朴农，并具切结，倘后查出虚伪分析情事，民等情甘受最严厉之惩处。荷蒙赏准，不胜沾感，大德之至，批示只遵。

谨呈

巴县地方法院民庭公鉴。

中华民国二十五年十一月十七日

具状人：罗冯氏、罗海清

四川巴县地方法院民事送达证书

书状目录：民国　年　字第　号罗金山等与艾茂廷一案送达传票乙件，十一月十八日审讯。

受送达人：罗冯氏。

受送达人署名盖章，若不能署名盖章或拒绝者，应记明其事实：罗冯氏，十七保甲长石树清证明，送达费未缴。

送达处所：巴县歇马乡大堂。

送达方法：直接收到。

送达日期：廿五年十一月十三日。

中华民国二十五年十一月 日

四川巴县地方法院执达员：林礼

[注：同年十一月十一日罗金山，十三日艾茂廷、罗海清收到传票的送达证书各一件略。]

四川巴县地方法院民庭谕

原告：罗金山押，交红契一张存。罗冯氏未到，罗海清未到。

被告：艾茂廷未到。

诉讼代理人：艾仲文到，交红契一张存。

辩论终结，定本月廿三日宣判，此谕。

民国二十五年十一月十日，林礼。

笔录

原告人：罗金山、罗冯氏、罗海清。

被告人：艾茂廷、艾仲文。

右列当事人因经界案，经本院于中华民国廿五年十一月十八日午后三时开民事第四庭，出席职员如左：

审判长推事：李宣。

书记官：谢实秋。

点呼右列当事人入庭，书记官朗读案由。

问：罗金山你住什么地方？

答：歇马乡，现住千厮门。

问：歇马场离渝有好远？

答：离城七八十里。

问：堰塘离场有好远？

答：离场四五里。

问：堰塘是谁人的？

答：是我们买的。

问：是哪年买的？

答：光绪十五年买的，用去七十多两银子，中人说边界不方正，劝我们多出几十两把堰塘买在内，所以是八百两银子，其界堰塘外坎当头小路斜下水井跟人行路直抵弯丘四角。

问：有什么证据？

答：有红契，请大院阅。

问：艾仲文，堰塘是罗金山个人所有？

答：他买早一年，我们迟买一年，堰塘居官，数十年来没有争执过，拿他的红契来看，他还不得用的权，我有红契可查。因罗金山窃取我塘藕、毁我界石，刑事有案，又经证人到案证明的，界石立在堰塘逢中，三月廿八窖界，八月间毁的，曾经民绘图提起反诉。

问：你没有反诉状子？

答：我昨天递的反诉状，有收条的。

问：塘有好长？

答：八丈长，四丈多宽。

问：罗金山称艾仲文说堰塘居官，经凭地方人在刑庭证明的？

答：我们先买，完全我们所有。

推事庭谕，本案辩论终结，定于本月廿三日宣判，此谕。

罗金山（押）　艾仲文（押）

右笔录经当事人阅览，承认无异。

书记官：谢实秋

推事：李宣

艾茂廷关于诉讼代理人之民事委状

具委任人：艾茂廷。

被委任人：艾仲文。

为依法声请委任以资辩论事。缘罗金山等告诉民经界一案，昨沐票传，示期审理，勿渎。惟民年迈多病，不能赴案，特依法委任艾仲文为本案全权代诉，以利进行而符法制。为此，具状呈请钧院鉴核，准予委任艾仲文到案陈述。沾感。

谨呈

巴地法院民庭公鉴。

中华民国廿五年十一月十九日

具状人：艾茂廷

四川巴县地方法院民事判决

二十五年度诉字第一一一七号

原告：罗金山，住本市千厮门纸码头十号。

被告：艾茂廷，住本县歇马乡。

诉讼代理人：艾仲文，住本县兴隆乡。

右当事人间确认堰塘所有权事件，本院审理判决如左：

主文

原告之请求驳回；诉讼费用由原告负担。

事实

原告声明求为判决确认对系争堰塘有全部所有权，其事实上之陈述略称，民祖罗恒发于前清光绪十五年，由彭天文等作中价买彭联三等田业一股，业内有堰塘一口，藉塘水灌溉田土。畔由被告田业与民地邻接，本年三月，天久不雨，田土缺水，被告屡向民讨水灌田，民以天时干旱，自给不暇，坚拒其请，被告遂遽萌侵占之心，坚谓该项堰塘系各占一半，立有界石并以毁弃界石等词具诉钧院刑庭，窃该项堰塘实系民所独有，载明红契，该被告何得捏词混争，故特依法起诉，请求判决确认民对系争堰塘有全部所有权，以资保障，云云。提出管业红契一纸为证。

被告声明求为判决如主文，其事实上之陈述略称，系争之堰塘实系居关，民与原告各占一半，民等红契内注载甚明，即原告契内亦仅载直下抵堰塘后岸及堰塘外坎等字样，并无沿过堰塘一周等记载，且堰塘本立有界石，原告于本年八月十四日夜私行毁损，经民等具诉钧院刑庭讯明，判处原告拘役二十日，并饬赔偿损害洋五元在案。原告见刑庭判处罪行无词抵赖，乃复捏词妄诉，实属毫无理由，应请判决驳回并令负担诉讼费用，云云。

理由

本件原告主张对系争堰塘有全部所有权，其所提出之证据不外红契一纸，然经本院查核该契内略载，其界自山岭人行路直下正房坛神山列抵堰塘后岸、堰塘外坎（下略）等字样，契内既仅称抵堰塘后岸、堰塘外坎，并无沿过堰塘一周或围绕堰塘等记载，则该契不能为原告独有之证明，已不待言。何况被告所提出之红契，其内明明载有直出抵堰塘罗姓连界，堰塘居关共享等字样，被告据此主张堰塘为两姓各占一半，尤属信而有征。且查原告于本年八月十四日意图独占堰塘，毁损界石，由被告具诉本院刑庭，经讯明判处罪刑并饬赔偿损害在卷。综上观察，原告之请求实属毫无理由，爰依民事诉讼法第七十八条判决如主文。

中华民国二十五年十一月三十日

四川巴县地方法院民庭。

推事：李宣。

本件证明与原本无异。

书记官：汪高瑾

中华民国二十五年十二月五日

当事人如有不服，得于收受判决后之二十日内向本院提出书状，上诉四川高一分院。

四川巴县地方法院民事送达证书

送达证书第一号

书状目录：民国廿五年诉字第一一一七号罗金山与艾茂廷案送达判决乙件。

受送达人：罗金山。

受送达人署名盖章，若不能署名盖章或拒绝者，应记明其事实：罗金山。

送达处所：千厮门纸码头十号。

送达方法：罗金山本人收。

送达日期：廿五年十二月廿三日。

中华民国廿五年十二月廿一日

四川巴县地方法院执达员：林礼

［同年十二月二十七日艾茂廷签收判决的送达证书略］

为申送罗金山与艾茂廷因经界上诉一案函

事由：为申送罗金山与艾茂廷因经界上诉一案卷件由。

案查罗金山与艾茂廷因经界一案，业经本院审理判决，送达取证在卷。兹据罗金山于法定期内提起上诉前来，除批准申送外，理合检齐卷件、铃印、固封，具文呈送钧院察收核办。

谨呈

四川高等法院第一分院院长费有浚。

计呈送原卷一案、红契二张、上诉状一件。

署四川巴县地方法院院长邓济安。

书记官：谢实秋（印）

中华民国廿六年一月九日送稿

四川高等法院第一分院训令

法字第九七八七号

令重庆县地方法院：

案查该院呈送罗金山与艾茂廷因所有权涉讼上诉一案。业经本院判决确定，合将原呈卷件连同本院判决书，令发该院，仰即遵照办理。

此令

计发原卷一宗，判决书一份，红契二张。

中华民国廿六年四月廿八日

院长：费有浚

重庆四川高等法院第一分院民事判决

二十五年度上字第九九二号

上诉人：罗金山，住本市千厮门。

被上诉人：艾茂廷，住本县歇马乡。

右当事人间请求确认堰塘所有权事件，上诉人对于中华民国二十五年十一月三十日，前巴县地方法院第一审判决提起上诉，本院判决如左：

主文

上诉驳回；第二审诉讼费用由上诉人负担。

事实

上诉人声明求为判决将原判决变更，改判确认胡家磅业内堰塘一口为上诉人所独有，被上诉人声明求为驳回上诉之判决，两造关于事实之陈述与第一审判决所记载者同，兹引用之。

理由

本件两造所有胡家磅田业，均系于光绪年间买自彭姓而来，上诉人所持买契曾注明碾场堰塘与彭香亭（即被上诉人之前业主）二人居关，而被上诉人之买契亦注明抵堰塘坎罗姓连界，堰塘居关共享各等语，则讼争堰塘当为两造所共有，实属毫无疑义。乃上诉人徒空言以银八十两所买有，自不足置信，原判驳回上诉人之请求，并无不当，上诉殊非有理由。

据上论结，本件上诉为无理由，依民事诉讼法第四百四十六条第一项、第七十八条判决如主文。

中华民国二十六年二月二十七日

重庆四川高等法院第一分院民一庭。

审判长推事：黄绍维

推事：蔡树乙

推事：周达人

中华民国二十六年　月　日

本件证明与原本无异。

书记官：伍百钧

艾茂廷为承领胡家磅红契一张之民事状

具领状人：艾茂廷。

为具状承领恳予发给事。窃民前与罗金山等经界纠葛涉讼一案，早经钧院判决，确定予以原诉驳回在卷。现本案已经了息，惟前当庭由民艾仲文呈缴艾平山地名（即胡家磅）红契一张在案，既经了结完案，理宜将所缴证据发还承领，以凭管业而息讼争。为特依法具状，呈请钧院鉴核，准将民国廿五年十一月十八日当堂所缴红契一张发给承领，勿任沾感。

谨状

重庆地方法院民庭公鉴。

执达员：林礼

中华民国二十七年二月十二日

具状人：艾茂廷

领条

具领条人艾茂廷今于重庆地方法院前，民呈缴红契一张，具条呈领，如蒙准领之处，则民不腾顶祝。

谨呈

重庆地方法院民庭公鉴。

执达员林礼　经手

民国二十七年三月十九日

具领条人：艾茂廷（押）

2. 滕罗氏诉滕李氏要求解约交业案

四川重庆地方法院民庭片文

案查滕罗氏与滕李氏上诉一案，业经最高法院驳回。相应抄本院判决主文请贵处查照办理为荷！

此致

本院民事执行处。

计抄送本院判决主文一份。

中华民国二十七年九月十三日

民庭信股

兹抄滕罗氏与滕李氏等因业权涉讼本院判决主文如左。

被告滕李氏与陈寿维缔结之买卖契约撤销，滕李氏、陈寿维应将江西坡房屋山场返还与原告等共同管理，讼费由被告滕李氏、陈寿维负担。

本案上诉业经最高法院驳回，需参看请调卷。

送达证书

书状目录：滕罗氏与滕李氏□□□□□案送达传票一件。

应送达人：滕罗氏。

受送达人署名盖章，若不能署名盖章或拒绝者，应记明其事实：滕罗氏（押）。

送达日期：廿七年九月十六日。

中华民国二十七年九月十五日

重庆地方法院送达员：汪国平

[同日滕李氏签收的送达证书略]

委任书

委任人：滕罗氏，六十一岁，巴县人，住木货街鑫记木厂。滕鸿儒，三十岁，巴县人，住木货街鑫记木厂。滕乃斌，二十五岁，巴县人，住木货街鑫记木厂。

---

① 0109 是重庆市档案馆藏民国四川省高等法院第一分院（1948 年 8 月改称"四川省高等法院重庆分院"）全宗号。以下同此。

受任人：周端丞律师。

为与滕李氏因盗卖江西坡房土判决，确定执行一案委任代理事，兹特委任律师周端丞为本案代理人。以终结为止。

谨呈

重庆地方法院执行处公鉴。

中华民国二十七年九月十九日

具状人：滕罗氏、滕鸿儒、滕乃斌

被告滕李氏之民事声请

具呈人：滕李氏，三十九岁，本市人，住米花街六十八号。

被呈人：滕罗氏。

呈为案经抗告尚未裁定，依法据实声明，恳请暂停执行以示体恤事。

窃民与滕罗氏等为撤销买卖契约一案，前经钧院判决后，民于法定期内请求申送，沐恩准许，嗣因民在高一分院无款缴费，请求救助，未经派员调查即予驳回。民乃提起抗告，亦予驳回。不获已始向最高法院提起再抗告，至今数日尚未奉到裁定，民于昨突奉钧庭票传执行，实属诧异，且本案现在上诉进行中，并未结束，何得执行？民本女流，不识诉讼程序，只得据实声明，前来泣恳钧院体恤孀孤，准予暂停执行，一俟抗告裁定结束后，再为票传。是所切感。

谨呈

重地院执行庭公鉴。

中华民国二十七年九月十七日

具状人：滕李氏

四川重庆地方法院训令

第二二一二号

令执达员：汪国平。

案查本院执行滕罗氏等诉滕李氏等撤销买卖契约暨返还产业一案，兹据原告呈请派员，前往执行被告不交还江西坡房屋山场接收管理等情前来，除照准并分别通知外，合行令派该员即便遵照，务于九月　日驰往该处，会同当地首人，以及两造当事人到场，令被告滕李氏等将江西坡房屋山场交还与滕罗氏等接收管理，取结回院，呈候核办，切切此令！

中华民国二十七年九月二十日

院长：邓

四川重庆地方法院训令

第二二一三号

　　业经准予派员，前往执行滕李氏交还江西坡房屋山场与滕罗氏等接收管理在案，兹定于九月　日派员前往该地交还产业，除分行外，合并通知该氏等，务须届时驰往该处，限同办理，以昭公允。如经通知，并不到场，嗣后并不得以此为理由声明异议，合并既明，特此通知。

　　右通知被告滕李氏、陈寿维。

中华民国二十七年九月廿日

四川重庆地方法院书记官（章）

四川重庆地方法院训令

第二二一四号

　　查本院执行滕罗氏与滕李氏等因撤销契约返还产业一案，业经准予派员，前往执行被告滕李氏等交还江西坡房屋山场与原告滕罗氏等接收管理在案，兹定于九月　日派员前往该地交还产业，除分行外，合并通知该氏等，务须届时驰往该处，限同办理，以昭公允。如经通知，并不到场，嗣后并不得以此为理由声明异议，合并既明，特此通知。

　　右通知原告滕罗氏、滕鸿儒、滕乃斌。

中华民国二十七年九月二十日

四川重庆地方法院书记官（章）

四川重庆地方法院公函

第二二一五号

　　案查滕罗氏等与滕李氏等一案，业准派员前往执行被告滕李氏将江西坡房屋山场交还与滕罗氏等接收管理在卷，除分行外，相应函达贵处查照，即希届时临场协助一切，至纫公谊。

　　此致

　　江西坡联保办公处。

中华民国二十七年九月二十日

四川重庆地方法院公函（印）

执达员报告

　　为滕罗氏告滕李氏一案，前奉钧院训令遵往分别通知。殊据原告之女周滕氏向称，其母罗氏随众朝山烧香去，迄未返，无人前往接收。俟返城时跟即来院偕往等语，迄今犹未赴院。用特据实报告，钧核示遵。

　　谨呈

执行推事员公鉴。

附令、函各一通知府。

执达员：汪国平

民国二十七年十月

送达证书

书状目录：传票。

受送达人：滕罗氏。

受送达人署名盖章，若不能署名盖章或拒绝者，应记明其事实：滕罗氏（押）、滕鸿儒（押）、滕乃斌（押）。

送达日期：廿七年十一月四日。

中华民国二十七年十一月二日

重庆地方法院送达员：陈云侯

四川重庆地方法院民事传票

年度　字第　号滕罗氏等与滕李氏等一案。

被传人姓名：滕李氏，住本市米花街；陈寿维，住本市白理洋行。

被传事由：执行。

应到时间十一月五日上午八时。

应到处所：本院执行处。

注意：

一、被传人务须遵时来院报到，如无故不到，得依他造之辩论予以判决。

二、本件送达费应查明收据核定数目，实时交付送达人，不准拖欠。

三、送达人如有额外需索，准即告发人被传人如呈递书状应记明　年　字第　号。

四、此票由被传人带院报到兼代入门证用。

书记官：（章）

送达人：罗德芳

中华民国二十七年十一月二日

执达员报告

为滕罗氏等告滕李氏等一案，奉钧票二件遵往送达。原告滕罗氏等由鑫记木厂金汝霖代收传票，被告滕李氏由同茂公经理人田少清代收传票，均各负责转交到案，惟次被陈寿维，员往票住地送达，据白理洋行执事等均称，本行并无陈寿维，亦不知住所等语。似此无从送。今值讯期两造均未来案，理合具报钧核示遵。

谨呈

主任推事：黄公鉴。

计缴回证二件、传票一件。

中华民国二十七年十一月八日

执达员：王燮卿呈

送达证书

书状目录：民国二十七年执字第　　号案送达传票一件，十一月八日执行。

受送达人：滕罗氏、滕鸿儒、滕乃斌。

受送达人署名盖章，若不能署名盖章或拒绝者，应记明事实：滕罗氏、滕鸿儒、滕乃斌。

非交付应受送达人之送达应记明其事实：由鑫记木厂金汝霖代收负责移交。

送达处所：本市。

送达方法：间接。

送达日期：二七年十一月八日。

中华民国二十七年十一月五日

重庆地方法院送达员：王燮卿

[同日同茂公经理人田少清代收滕李氏、陈寿维传票的送达证书一份略]

原告滕罗氏民事声请

具状人：滕鸿儒，三十岁，巴县人，住本市木货街鑫记木厂，商。滕罗氏，六十一岁，巴县人，住本市木货街鑫记木厂，商。滕乃斌，二十五岁，巴县人，住本市木货街鑫记木厂，商。

被诉人：滕李氏、陈寿维。

为案经终审确定，恳予迅速传案执行，以免累害事情。

滕李氏等与被诉人因撤销买卖契约涉讼一案，早经最高法院判决，发还钧处执行在案。前因被诉人等迭传不到，以致拖延至今不能执行完结。用特具恳钧院迅予勒传被告人等到案强制执行，以资完结而免拖害。

谨呈

重庆地方法院民庭公鉴。

具状人：滕鸿儒等。

中华民国二十七年十二月二日

状悉。本处接到确定判决后，即迭次票传，不惟被告不到，即该原告等亦未遵期来院。未免玩忽，兹据声请仰候即予分别传拘。该原告等务须遵传前来，以凭办理。此批。

十二月七日

滕李氏民事声请

具呈人：滕李氏，三十九岁，住本市米花街六十八号。

呈为案经抗告尚未裁定，依法呈请暂停执行，以维孀孤而示体恤事。

窃氏与滕鸿儒等为返还产业一案，前经民提起上诉由高院一分院裁定后，氏不服，提起抗告，于最高法院尚未裁定。氏于昨又见滕鸿儒声请执行来案，经钧院批准拘传，不胜诧异。况滕鸿儒现在自〔流〕井，氏于前月已在该地相晤，有和解可能。氏回渝才三日，不意滕鸿儒之声请从何而至？想系窃名，不言可知。但氏既抗告于前，应俟该案裁定确定后，始有执行之可言。是以氏特依法声请暂停执行来案，务请钧院体恤孀孤，维特法理，准予暂停执行。不胜沾感。

此呈

重庆地方法院执行庭公鉴。

中华民国二十七年十二月八日

具状人：滕李氏

状悉。查抗告不能停止执行为民事执行法规所明定。所请与法不合，未便照准。此批。

十二月九日

送达证书

书状目录：民国年（诉）字第　号滕罗氏、滕李氏送达传票一件，十二月十日讯。

应送达人：滕罗氏、滕鸿儒、滕乃斌。

受送达人署名盖章，若不能署名盖章或拒绝者，应记明事实：滕罗氏、滕鸿儒、滕乃斌。

非交付应受送达人之送达应记明其事实：滕鸿儒一并收受（押）。

送达处所：本市大溪沟。

送达方法：直接收受。

送达日期：二十七年十二月九日。

中华民国二十七年十二月八日

重庆地方法院送达员：李海清

[同日李炳全代滕李氏签收传票的送达证书略]

四川重庆地方法院训令

四六二〇号

案查本院执行滕罗氏等诉滕李氏等为撤销买卖契约返还产业一案，业经派员定于本年十二月十六日前往执行滕李氏、陈寿维交还原告产业。除分行外，相应函达贵处查照。即希届时派员临场予以协助，至纫公谊。

此致

江西坡联保办公处。

院长

中华民国二十七年十二月

四川重庆地方法院训令

四六二一号

令执达员：

案查本院执行滕罗氏等诉滕李氏等撤销买卖契约返还产业一案，业经派员执行滕李氏、陈寿维不还原告产业在案。除分行外，合行令派该员即边遵照务于十二月十六日弛往该处，会同当地首人及两造当事人到场执行被告滕李氏、陈寿维收江西坡房屋山场交还与原告接管，取结回院，呈候核办，切切此令！

中华民国二十七年十二月十三日

院长：邓□□

送达证书

书状目录：民国二十七年（　　）字第四六一六号滕罗氏与滕李氏一案送达通知一件。

应送达人：滕罗氏、滕鸿儒、滕乃斌。

受送达人署名盖章，若不能署名盖章或拒绝者，应记明其事实：滕罗氏（滕鸿鹅代押），滕鸿儒亲收，滕乃斌（滕鸿儒代押）。

非交付应受送达人之送达应记明其事实：业已下乡到中人徐甫官家下与原告调解。代收人：李炳全。

送达日期：二十七年十二月十四日。

中华民国二十七年十二月十三日

重庆地方法院送达员：罗德芳

[同日店员杜席勚代陈寿维、同居李蒋氏代滕李氏签收通知的送达证书二份略]

四川重庆地方法院通知书

四六一六号

案查本院执行滕罗氏等诉滕李氏等撤销买卖契约返还产业一案，业准派员执行滕李氏、陈寿维交还原告产业在案。兹定于十二月十六日派员前往该地执行，除分行外，合并通知该氏，务须届时弛往该处眼同办理，以昭公允，如经通知，并不到场，嗣后即不得以此为理由，声明异议，合并说明，特此通知。

右通知：

原告：滕罗氏、滕鸿儒、滕乃斌，住本市木货街金鑫记木厂。

被告：滕李氏、陈寿维，住本市米花街白理洋行。

中华民国二十七年十二月

滕李氏民事声请

展限人：滕李氏，三十九岁，本市人，住米花街六十八号。
被限人：滕罗氏。

呈为因事羁延，不克同往，依法声请展限一周，以示体恤而资进行事。

窃氏与滕罗氏等为撤销买卖契约及追还产业一案，业经钧院派员执行，示期于十二月十六日饬氏前往该地眼同办理。氏应遵曷渎。惟氏因事羁延，不克分身，以致时间有所冲突，特依法展限一周，务请钧院体恤孀孤准予展限。一俟限满，即行来案，遂往该地办理，决不有所迟延。倘沐俞允，实生德便。

谨呈
重庆地方法院执行庭公鉴。

中华民国二十七年十二月十五日
具状人：滕李氏

状悉。本件已命执达员前往执行矣，所请展限着毋庸议。此批。

十二月十六日

重庆地方法院执行笔录

案由：滕罗氏与滕李氏等撤销买卖契约及返还产业一案，奉令将被告滕李氏、陈寿维浮图关居江西坡房屋山场交还原告接收。

时间：民国二十七年十二月十六日。

执行标的：被告所有江西坡房屋山场等（房屋一正两横瓦屋，山场一副）照原告旧约界畔为界畔。

执行经过：奉令到达浮图关江西坡会同当地首人及当事人等（被告等通知未到）临场执行。据佃户郑向成之家称，本产业业主我们不知道，我们是与心勉女中校看屋，据心勉中校之职员陈维枞称，我们系与陈寿维所佃，只知陈姓，谢绝交原告投佃，我们当另向教育部转法院请办等语。据原告称，本业系直接佃户郑向成，他不投佃，我当另呈请核办等语。员将江西破房屋因佃户不投佃未交，其山场全部当交原告接管，照前执行，标的交付原告，另出收据为凭。至佃户不投佃，原告另呈请核办，约无他。

此致
到场人：
联保主任：刘若虚（田公未到）
保长：赵柏林（押）
甲长：徐菊昆（押）

原告：滕罗氏（押）、滕鸿儒（押）、滕乃斌（押）

被告：滕李氏（通知未到）

　　　陈寿维（通知未到）

佃户：郑向成（临场先走）

声明人：心勉中校陈维枞（不押）

见证：金世霖（亲笔）

值日执达员：罗德芳

民国二十七年十二月十六日

执达员报告

呈为滕罗氏与滕李氏等一案，奉钧公函、通知、训令各件，遵往执行被告返还产业。员到达浮图关江西坡，会同当地首人及当事人等临场执行。被告通知未到，将被告应返还原告之产业江西坡山场一副（界畔照旧界畔），凭众指交清楚，另出收据一纸，房屋一正两横，因佃户郑向成不面，其家人指出心勉中[学]校职员陈维枞者同称，我们系与陈寿维所佃，谢绝投佃，故房屋未交清楚，原告请传佃户到案投佃后，再传被告交还原约等语，历情报请钧核。

谨呈

推事：

计缴笔录一件，山场收条一件。

员：罗清芳（印）

民国二十七年十二月十七日

送达证书

书状目录：民国二十七年第□号滕罗氏等告滕李氏等一案送达执行票一件，限二十一日讯。

应送达人：滕李氏、陈寿维。

受送达人署名盖章，若不能署名盖章或拒绝者，应记明其事实：陈昌业邮电发代收（投交不到三日内退还）。

送达处所：姚家巷德孚堆机。

中华民国二十七年十二月十七日

重庆地方法院送达员：汪国平

[同年十二月十九日滕罗氏、滕鸿儒、滕乃斌签收通知的送达证书一份略]

原告滕鸿儒等诉状

原告人：滕鸿儒，三十岁，巴县人，住木货街鑫记木厂。滕罗氏，六十一岁，巴县人，住木货街鑫记木厂。滕乃斌，二十五岁，巴县人，住木货街鑫记木厂。

被告人：滕李氏、陈寿维、郑向成。

为藐抗执行命令，迫恳拘案法办，勒交管业红契投佃管业或强制搬迁，以凭依判决收回事情。滕李氏与陈寿维串通一气，将原告人共有江西坡房地盗卖。寿维购买赃物，已属未予撤办，已属法外从宽。乃本案民刑两事均经终审判决、移付执行。该被告人等于钧处派员执行之时，竟匿不到场，佃户亦不到场投佃，管业红契亦抗不交出，似此藐抗执行，定属目无法纪，迫恳钧处俯准拘提陈寿维、滕李氏到案交出红契，以凭管业，并拘传佃户郑相成到案投佃，否则即请强制搬迁，另招佃户耕种，以免拖害而维钧处威信。

谨呈

重庆地方法院执行处公鉴。

中华民国二十七年十二月十九日

具状人：滕鸿儒、滕乃斌、滕罗氏

执行笔录

原告人：滕鸿儒。

被告人：陈寿维。

代理人：陈昌业。

当事人因返还产业案，经本院于中华民国二十七年十二月二十一日后十时开民事执行庭，出席职员如左：

审判长推事：

推事：黄阳

书记官：张光晓

点呼右列当事人入庭，书记官朗读案由。

问：陈昌业，你代理陈寿维么？递委任状没有？

答：我来案代理陈寿维，未递委状。

问：案经判决，应将此业交还原告。

答：我刚由汉口转来，对此事也不大明了。不过陈寿维在德孚洋行服务，并未在白理洋行做事。

问：买卖契约已经撤销，应当返还产业。

答：那么陈寿维出钱买来，岂不空失钱么？

问：那可另行告滕李氏好了。

答：我们已准备另案起诉了。

问：陈寿维现住何处？

答：现住姚家巷二十四号。

笔录当庭经当事人阅鉴画押，承认无异。

陈昌业（押）

滕鸿儒（押）

请原告代理人陈述：

周律师陈述：陈寿维购买江西坡产业算是购买赃物一样，而此业死契在陈寿维手中，请拘陈寿维到案执行，交出死契；至佃户郑相权，亦令其投佃，不然，仍请强制执行其搬迁。

中华民国二十七年十二月二十一日

四川重庆地方法院执行处

书记官：张光晓

推事：黄阳

委任书

委任人：陈寿维，住姚家巷二十四号。

被委任人：吴骐律师，住事务所（中陕西街十四号）。

为委任事，窃具呈人被滕罗氏、滕鸿如、滕乃斌等控告撤销买卖契约及返还产业执行一案，特委任吴骐律师为代理人，代理一切诉讼行为。

谨呈

四川重庆地方法院执行庭公鉴。

律师：吴骐撰状

中华民国二十七年十二月廿二日

具状人：陈寿维（押）

四川重庆地方法院训令

第四八七〇号

令执达员：

案查本院执行滕罗氏等与滕李氏等撤销买卖契约及返还产业一案，准派员执行陈寿维返还产业并交出管业契书在案。除分行外，合行令派该员即便遵照，务于十二月二十六日弛往该处，会当地首人及两造当事人到场执行陈寿维将江西坡产业及其营业契约一并交与原告接收，取结回院，呈报核办，切切此令！

中华民国二十七年十二月

院长：邓□□

四川重庆地方法院训令

第四八七一号

案查本院执行滕罗氏等诉滕李氏等为撤销买卖契约及返还产业一案，业经派员定于二十七年十二月二十六日前往执行陈寿维交还产业并交出管业契书。除分行外，相应函达贵处查照，即希届时派员临场予以协助，至纫公谊。

此致

江西坡联保办公处。

院长：（章）

中华民国二十七年十二月

四川重庆地方法院训令

第四八七二号

案查本院执行滕罗氏等诉滕李氏等撤销买卖契约及返还产业一案，准派员执行陈寿维返还产业并交出管业契书在案。兹定于十二月二十六日派员前往该地执行，除分行外，合行通知该民，务须届时弛往该处眼同办理，以昭公允。如经通知，并不到场，嗣后即不得以此为理由声明异议。合并说明，特此通知。

通知：

原告：滕罗氏、滕鸿儒、滕乃斌，住本市木货街鑫记木厂。

被告：陈寿维，住本市姚家巷二十四号。

中华民国二十七年十二月

四川重庆地方法院民事执行处书记官

执达员报告

为报告事，缘滕罗氏告、滕李氏等一案，前奉钧座谕令，为饬被告陈寿维返还产业并交出管业契书，此令，等因奉此。员遵即前往浮图关江西坡凭集当地保甲并通知原、被告，除原告人收受通知到场外，而被告人陈寿维据其行内店员杜某口称，陈寿维于两周前已赴云南昆明去讫，行内无人代收通知，也无人负责到场等语。而原告滕鸿儒等云，只要佃户能向原告人投佃亦可，该佃户郑相臣竟抗不投佃，员同该地保长赵柏林移栽开导，该佃户不可理喻，以致无法执行。至交出红契一层，因被告人现未在家，亦无从饬交。爰奉谕饬，理合将执行情形呈报钧核示遵。

谨呈

主任推事公鉴。

民国二十七年十二月二十六日

员：李本伦

四川重庆地方法院通知书

按查本院执行滕罗氏等与滕李氏因撤销买卖契约及返还产业一案，业经派员执行陈寿维返还产业并交出管业契书在案，兹定于十二月二十六日派员前往该宅执行，除分行外，合行通知该民，务须届时弛往该处眼同办理，以昭公允。如经通知，并不到场，嗣后即不得以此为理由声明异议。合并说明，特此通知。

右通知被告陈寿维，住本市姚家巷二十四号。

中华民国二十七年十二月二十二日
四川重庆地方法院执行处书记官（章）

民事声请

具呈人：陈寿维，住姚家巷二十四号，商。

为恳请缓期执行事。窃具呈人滕罗氏、滕鸿儒、滕乃斌等控告撤销买卖契约暨返还产业请求执行一案，现经友人从中调解，已征求原告等同意，刻正努力进行完成中。特状呈钧庭恳准展期执行，以免调解中断而遭讼累。至感德便。

谨呈

重庆地方法院执行处。

吴骐律师撰写
中华民国二十七年十二月二十七日
具状人：陈寿维

状悉。既据声明现正进行调解，姑准展限。

送达证书

书状目录：民国年（诉）字第　号案送达传票一件，十二月三十日讯。

应送达人：滕罗氏、滕鸿儒、滕乃斌。

受送达人署名盖章，若不能署名盖章或拒绝者，应记明其事实：滕罗氏、滕鸿儒、滕乃斌（押）。

送达日期：二十七年十二月二十九日。

中华民国二十七年十二月二十七日
重庆地方法院送达员：□□□

执行笔录

原告人：滕鸿儒。

被告人：

当事人因返还产业案，经本院于中华民国二十七年十二月三十日午前十时开民事执行庭，出席职员如左：

审判长推事：

推事：黄阳。

书记官：张光明。

点呼右列当事人入庭，书记官朗读案由。

问：滕鸿儒、陈寿维托人与你们和解没有？

答：他没有托人与我们了结。

笔录经到庭人阅鉴画押承认无异。

滕鸿儒（押）

中华民国二十七年十二月三十日

四川重庆地方法院执行庭

书记官：张光明

推事：黄阳

民事诉状

原诉人：滕罗氏，六十一岁；滕鸿儒，三十岁；滕乃斌，二十五岁，均为巴县人，住木货街鑫记木厂，商。

被告人：滕李氏、陈寿维、郑相成。

为迭抗执行命令，再恳拘提陈寿维到案，追缴管业红契并强制搬迁或勒令投佃，以免拖害而维威信事情。陈寿维串同滕李氏盗卖民等共有江西坡房地一案，业经终审判决移付执行。承蒙钧处两次派员前往执行交业并令陈寿维交还管业红契，陈寿维竟藐视钧院命令，置若罔闻，并支使现住江西坡佃户霸据该地，既不投佃又不搬迁，似此目无法纪、藐视命令情何以堪！迫不得已，只得再恳钧处迅予拘提陈寿维到案，追缴管业红契并勒令现住佃户郑相成投佃或强制搬迁，以免拖害而维威信。

谨呈

重庆地方法院执行处公鉴。

中华民国二十七年十二月二十八日

具状人：滕罗氏、滕鸿儒、滕乃斌

执达员报告

为报告滕罗氏与滕李氏等一案，昨奉钧庭传拘票二件，遵即分别传拘，除原告遵传填具回证外，被告李氏等均匿不获，是以由原告同往探拘，兹据德孚洋行只称，次被[告]陈寿维固帮伊行，但现调云南省经理去了，致拘未获。是以将奉票经过报核示遵。

谨呈

执行庭推事：黄公鉴

计缴原拘传票一件回证一件。

中华民国二十八年一月五日

员：程绍卿呈

送达证书

书状目录：民国二十七年（诉）字第（　　　）号拆屋还基案送达传票一件，元月五日讯。

应送达人：滕罗氏、滕鸿儒、滕乃斌。

受送达人署名盖章，若不能署名盖章或拒绝者，应记明其事实：滕罗氏、滕鸿儒、滕乃斌（押）。

送达日期：二十八年一月一日。

中华民国二十七年十二月三十日

重庆地方法院送达员：程绍卿

[同年一月八日滕鸿儒签收的送达滕罗氏、滕鸿儒、滕乃斌的送达证书一份略]

民事声请

原告人：滕罗氏，六十一岁；滕鸿儒，三十岁；滕乃斌，二十五岁，均为籍贯巴县，住木货街鑫记木厂。

被告人：陈寿维。

为无权和解、强诈签字，迫恳拘提陈寿维到案交出红契并强制搬迁归还房地，以维所有权而符裁判事情。陈寿维串同滕李氏盗卖盗买民等共有江西坡房地一案，业经确定判决，移送钧处强制执行在案。殊陈寿维藐抗钧令，抗不到案。本月九日夜，该陈寿维更串同刘李氏强诈滕鸿儒必签字和解，查系争房地，本为民等三房公同共有，并经终审判决，该陈寿维盗买无效，自应照判归还原业。此次寿维强诈滕鸿儒一人和解，仍将该业归属寿维所有，固属无权和解，于法根本无效，更刘李氏本为刘姓之妇，更不能代表民等三房任何人签字。用特郑重声明，具恳钧处迅予拘票照判执行，至陈寿维如假借氏等名义具陈任何状纸，不问内容如何，均属伪造，誓不承认，合并声明。

谨呈

重庆地方法院执行处公鉴。

中华民国二十八年一月十日

具状人：滕罗氏、滕鸿儒、滕乃斌

民事声请

具状人：滕罗氏、滕鸿儒、滕乃斌。

为在外和解，恳予撤销执行事。窃具呈人等控告陈寿维买卖无效请求返还江西坡产业执行一案，现经友人从中调解，由陈寿维给予具呈人等一千元，经具呈人等自愿，对于共有物不再争执。特具呈钧院恳予撤销执行，该地仍由陈寿维管业，以免讼累，至感德便。

谨呈

重庆地方法院执行处公鉴。

吴骐律师撰写撰状

中华民国二十八年一月九日

具状人：滕罗氏、滕鸿儒、滕乃斌

状悉。本案既经两造在外自行和解了结，应准注销完结。此批。

一月十二日

民事声请

原告人：滕罗氏，六十一岁；滕鸿儒，三十岁；滕乃斌，二十五岁，均为巴县人，住木货街鑫记木厂。

被告人：陈寿维。

为郑重陈明无权和解、依法无效，迫恳拘提陈寿维到案强制交还红契事情。陈寿维于本月九日夜强迫滕鸿儒一人到陕西街和解，并勾串与本案无关之刘李氏到案代为画押各情，随经氏等查览，跟即于本月十号以无权和解、迫恳拘提陈寿维等词具呈在案，当蒙钧处批示：本院已另票拘提陈寿维矣，仰即知照。殊陈寿维竟敢于同日（即本月十一日）假民等名义□在外和解等词蒙请撤销，钧处未及查觉民等所递之和解无效状词，竟准完案。查江西坡房地为氏等三房所有之公同共有物，既经终审判还归民等三房共同管有，自非民等三房全体同意不能任意处分，兹陈寿维因钧院拘提交还该业，遂强迫滕鸿儒一人和解，并串同钧院执达员不予□□，致使本案拖累，无法完结，万难其服。用特具恳钧院迅予拘提陈寿维到案，强制交业以资完结而免蒙□。

谨呈

重庆地方法院执行处公鉴。

中华民国二十八年一月十三日

具状人：滕罗氏、滕鸿儒、滕乃斌

状悉。该民等时而具状和解，时而声明无效，究竟如何，姑予传案核办。此批。

一月十四日

送达证书

民国二十八年（执）字第　号

滕罗氏、陈寿维，案件送达传票一件。

受送达人：滕罗氏、滕鸿儒、滕乃斌。

受送达人者名盖章，若不能署名盖章或拒绝者，应记明其事实：滕罗氏、滕鸿儒、滕乃斌。

送达处所：本市木货街鑫记木厂。

送达方法：本人收到。

送达日期：二十八年一月十四日。

中华民国二十八年元月十四日

四川重庆地方法院执达员：李海清

执行笔录

原告人：滕罗氏、滕鸿儒。

代理人：周端丞。

当事人因交还产业案，经本院于中华民国二十八年一月十六日午前十时开民事执行庭，出席职员如左：

推事：黄阳。

书记官：张光明。

点呼右列当事人入庭，书记官朗读案由。

问：滕鸿儒，你们的案子和［解］没有？

答：一月九日他蒙蔽我，拿了三百元，其余七百元俟滕乃斌到案即行交付。

问：该状上滕李氏、滕乃斌画有押吗？

答：滕李氏之字是我代画的，滕乃斌是刘李氏画的。

问：滕罗氏，你愿意和解吗？

答：我不愿意和解，还是请依法执行。

周律师陈述：执达员将被告探拘后，即约滕鸿儒到过街楼饭馆内和解，不过，和解更未由双方当事人及诉讼代理人到场，当时不予承认，故即递状声明和解，况和解状又为陈寿维所递。现江西坡之地基每方丈约值十元至二十元。应请依法继续执行。

笔录经到庭人阅览画押，承认无异。

滕罗氏、滕鸿儒、周端丞（押）

中华民国二十八年一月十六日

四川重庆地方法院执行庭

书记官：张光明

推事：黄阳

民事保状

具保人：鑫记木厂，经理金汝霖，三十岁，巴县人，住本市木货街第六十七号，木业。

被保人：滕鸿儒，三十二岁，巴县人，住本市临江门外黄花园街九十号，商。

具保之原因：滕罗氏等告陈寿维执行一案，沐讯滕鸿儒取保，兹民承实保得滕鸿儒到案，随传随到，并代收一切档。

具保之关系：友谊。

具保之责任：该被保人如有藉保息匿不案情事，惟民负责受案不辞，中间不虚，具保是实。

谨呈

巴县地方法院民事执行庭公鉴。

中华民国二十八年一月十六日

具状人：经理金汝霖押（印）

送达证书

书状目录：民国二十八年（　　　）字第（　　　）号，滕罗氏、陈寿维一案送达批示一件。

应送达人：滕罗氏、滕鸿儒、滕乃斌。

受送达人署名盖章，若不能署名盖章或拒绝者，应记明事实：滕罗氏、滕鸿儒、滕乃斌。

非交付应受送达人之送达应记明其事实：代收地鑫记木厂，代收人刘光汉。

送达日期：二十八年一月十七日。

中华民国二十八年一月十三日

重庆地方法院送达员：谢隐

报告书

为报告事，现为票拘被告陈寿维情，滕罗氏告陈寿维一案，昨奉钧院探拘票一件，即持前往探拘，因四处探拘，未能探拘获。为此，理合报告候示。

此呈

主任推事公鉴。

中华民国二十八年一月二十六日

执达员：李海清（印）

民事声请

原告：滕罗氏、滕鸿儒、滕乃斌，文件由周端丞律师事务所收转。

被告：陈寿维，文件由吴骐事务所收转。

为再恳请撤销执行事，窃原告等控告陈寿维买卖契约无效，早经在外和解，恳请撤销执行在案。后以原告滕罗氏不同意，再请钧庭继续执行。现原告等又从中劝解，滕罗氏亦经同意，当向被告陈寿维方面将和解金一千元共同如数领足，并双方均在和约上亲立押据，且经双方律师证明。用再禀呈钧庭，恳予撤销被告返还江西坡产业之执行，以免讼累，至感德便。

呈

四川重庆地方法院执行庭公鉴。

律师：吴骐

律师：周端丞

中华民国二十八年一月二十八日

具状人：滕罗氏、滕鸿儒、滕乃斌、陈寿维

状悉。据称两造在案外所为之和解，现已取得该原告等全体之同意，并已将款一千元如数领足。应准撤回执行命令，以资完结。此批。

一月卅日

3. 何润之诉夏渔生要求搬迁案

原告何润之民事诉状

具状人：何润之，六十，铜梁人，住本市莲花街二十六号，商。

被诉人：夏渔生，六十五，住本市莲花街二十五号。

为估坐不轨，请予以传案审判，令搬迁，以安邻里而维主权事。

诉之声明、请求判决：

（一）原告与被告夏渔生所缔结之租约终止。

（二）被告应将佃原告之莲花街二十五号楼房一间搬迁交屋与原告管业。

（三）诉讼费用由被告负担。

（四）宣告假执行。

窃民自有莲花街二十五号铺房一间，曾佃与夏渔生营贸书店，继因伊营业失败，租约亦随即消减，民除摘留楼房一间预备自住外，余全部另佃与新华皮厂，时被告因无房他迁，再三要求乞将民摘留之房暂佃与伊，孰知伊佃后，竟在该房内串同其妻贩吸烟毒，几经侦缉队拿获受惩，复于三十一年六月二十六日被告之妻夏刘氏又被警察局侦缉队拿获，民以事关国家禁令利害，足以影响本身，乃通知伊另觅房他迁，旋于九月民即向警察局太华楼分驻所声请饬令被告搬迁，以便收回自住，后因空袭及被告之任意拖延，乃于本年一月始获得本管警察局第一分局之许可收回自用证件（审呈），然该被告仍置若罔闻，且复与其警局刚获释回之妻继续贩卖烟毒，置国法于不顾，幸而天网恢恢，疏而不漏，于本年二月七日被告之妻夏刘氏又被警察局侦缉队拿获，送卫戍部军法处询办，现已判处无期徒刑，寄禁巴县监狱内（有案可查，地方保甲可证），且该被告于三十年七月起租金亦抗斥不付，若再不依法起诉，民将遭受更大之损失，特根据重庆市战时租赁办法第七条第一款、第二款及第十一条之规定，状请钧院俯此鉴核，速传被告夏渔生到案，判令搬迁，又本案从三十一年起非但租金分厘未得，且民尚用高价向外租房自住，民所受之损失已非小矣，且被告之妻虽在缧绁之中，然该夏渔生仍以继续售毒为常务，如不于判决确定前执行，则必有难于计算损害及危及本身之虞，合并释明，并请宣告假执行，如蒙允准，实沾德便。

谨呈

重庆地方法院民庭公鉴。

中华民国三十三年六月十二日

具状人：何润之

经收裁判核定单

诉讼标的之金额或价额：一万五千元。

应征裁判费二百四十一元一角五分。

签名：盖章

推事：梅玉明

中华民国三十三年六月十九日

四川重庆地方法院案件审理单

中华民国三十三年度诉字第三号。

第一次定　年七月十八日上午九时　分审理。

应传：两造，原告自邀证人到案，送副状。

重庆地方法院民事送达证书

书状目录：民国卅三年诉字第一一二号搬迁案送达传票一件，副本一件。

受送达人：被告夏渔生。

受送达人署名盖章，若不能署名盖章或拒绝者，应记明其事实：夏渔生押。

送达处所：莲花街二十五号。

送达日期：卅三年六月廿三日。

中华民国卅三年六月廿一日

四川重庆地方法院执达员：赵俊藩

[同日何润之、邓博文签收的传票送达证书略]

原告何润之关于诉讼代理人的委任书

委任人：何润之，六十，铜梁人，住莲花街廿六号，自业。

被委任人：何国勋，廿二岁，籍贯住同右，学。

　　为委任事：情民与夏渔生因搬迁一案，民以年迈多疾，难期赴审，特委民子何国勋为全权代理人，负责进行本案一切，如蒙俯允，实沾德便。

　　谨呈

重庆市实验地方法院公鉴。

中华民国卅三年七月十八日

具状人：何润之

原告何润之民事声请状

声请人：何润之，六十，本市人，住道门口莲花街廿六号，商。

被声请人：邓博文，年龄未详，本市人，住道门口莲花街第四保（廿一号），保长。

窃民何润之具状夏渔生搬迁一案，昨奉钧院卅三年度易字第一一二号传票示期本月十八日审讯，并着民自邀证人到案，等因。殊有要证本管保长邓博文坚不到案，并口称未奉钧院传票，伊不能到案等语，若听其故延不到，则本案多费时日，对于钧座且多麻烦，为特声请钧院鉴赏予迅票另传本案要证邓博文到案，同日审讯，以资完结，实深沾感。

谨呈

重庆实验地方法院民庭公鉴。

中华民国卅三年七月十四日

具状人：何润之

笔录

原告：何润之。

被告：夏渔生。

右列当事人因搬迁案，经本院于中华民国卅三年七月十八日上午九时开民事法庭，出席职员如左：

推事：梅玉明。

书记官：周浩峰。

点呼右列当事人入庭，书记官朗读案由。

问：何润之，年、住？

答：年六〇，住莲花街廿六号。

问：何国勋，年、住？

答：年廿二，住莲花街廿六号。

问：何润之是你什么人，为什么今天不来到案？

答：他是我父亲，叫我来当代表的。

问：夏渔生，年、住？

答：年六五，住莲花街廿五号。

问：何国勋，你请求什么？说说。

答：我请求终止莲花街廿五号楼房一间租约，要他搬迁，宣示假执行。

问：夏渔生，你是租了莲花街廿五号房屋一间吗？

答：是的。

问：现在他自己要住，要你搬家，怎样说呢？

答：我不能搬，有判决呈阅，阅后待结发还。

问：原告，你为何要他搬家？

答：因他家卖洋烟，早就有心要他搬迁，现在我自己房子不够住，要他搬迁，并呈信请阅，阅后待核办。

问：你何时在警察局请求？

答：卅一年九月请求的，调解几次没调好过，告的他卖洋烟，属实。

问：你与夏渔生头次告案何时？

答：卅二年冬月告的。

问：收款的折子在哪里？

答：这租金他拿过来，我们只收钱，折子在他手里。

问：你请假执行有何理由？

答：因我需房子甚急，请假执行。

答：你找邓博文证明什么？

答：证明两次拿烟具确有其事。

问：你要搬迁，通知他否？

答：张玉良可以证明，我先行通知过他。

问：张玉良，年、住？

答：年卅三，住莲花街十八号。

问：你与双方有什么关系？

答：没有。

推事谕知作证义务要说实话，命具结说话。

答：愿具结说话。

问：你今天来证明什么？

答：我来证明从前卅三年六月廿八日送有一封信给被告，信的内容没有看，是封的。

问：何国勋，你说他吃烟，要他搬，有何证明？

答：有证明书在保甲那里可证。

问：王玉林，年、住？

答：年廿四，住莲花街，我是甲长，四保六甲甲长。

问：你与双方有何关系？

答：我与双方无关系。

推事谕知证人作证义务，要说实话，命具结说话。

答：我愿具结说话。

问：你今天来证明什么？

答：我来证明他要收回自住，不知道旁的了。

问：你知何润之另外还有房子否？

答：我不知道，又听说另有四间屋，确否不知。

问：他家有多少人？

答：有四人，现在他们住在内里，另外没租人。

问：何国勋，你房子是自己住还是佃与人家？

答：我房子住得很小，不够住，所以要他退佃。他就是另外一间，是佃，没别人投佃，只他一间向我投佃的。

问：何润之他要收回自住，你怎说？

答：我现找不到房子，不能搬呢。

推事谕知本案辩论终结，指定本月廿三日宣判，饬退闭庭。

中华民国三十三年七月十八日

重庆实验地方法院民事庭

书记官：周浩峰

推事：梅玉明

证人结文（问讯）

当据实陈述，决无匿饰增减。

具结人：张钰梁、王祥林

中华民国三十三年七月十八日

注意：刑法第一百六十八条于执行审判职务之公署审判时，或于检察官侦查时，证人、鉴定人、通译于案情有重要关系之事项，供前或供后具结而为虚伪陈述者，处七年以下有期徒刑。

何润之给夏渔生信

渔生先生大鉴：

兹启者，因于本月廿六日夜不意侦缉队查获你家中藏有烟具等物，随将夏太太押送来龙巷队部拘禁，当□本管保甲暨街邻均饬令余退你之房，立即搬迁，否则余有房主责任，特修函请烦来附清点器具为要，特此顺候，并候回复。

卅一年六月廿八日

何润之再拜

证明

兹因本保六甲何润之与夏渔生为房屋纠纷一案，添传博文作证，因保内办理壮丁入营，不能到案作证，故特派本保六甲甲长王祥林代为表证明。

谨呈

重庆地方法院钧鉴。

第一区太华楼镇第四保保长邓博文

卅三年七月十八日

四川高等法院第一分院民事判决

三十三年度□上判字第一〇九号。

上诉人：何润之，住重庆市莲花街第二十六号。

诉讼代理人：黄道堃，律师。

被上诉人：夏渔生，住所同。

右当事人间请求终止租约事件，上诉人于中华民国三十二年十二月二十九日四川重庆地方法院第一审判决提起上诉，本院判决如左：

主文

上诉驳回，第二审诉讼费用由上诉人负担。

事实

上诉人声明请求废弃原判决，确认两造间就莲花街第二十五号房屋缔结之租约终止，被上诉人应即迁让。其陈述略称：被上诉人之妻民国三十一年六月间于承租房屋内吸食鸦片，上诉人曾去函声明退租，又被上诉人自同年七月份起租金迄未给付，构成退租之原因。云云。

被上诉人声明请求驳回上诉。其陈述略称：民国三十一年六月间，被上诉人未在承租房屋内居住，其妻吸食鸦片已受国法惩治，上诉人并未声明退租，被上诉人并非不付租金，乃上诉人拒绝受领。云云。

理由

查被上诉人民国三十一年二月间承租上诉人莲花街第二十五号房屋一间，约定租金每季一百元，未定租赁期限，为两造不争之事实，被上诉人之妾同年六月间在内吸食鸦片，固足构成退租之原因，惟上诉人主张当时即声明退租，其提出致被上诉人之原函封面上既经被上诉人批明来信收到字样，自属被上诉人留存原函，而于封面批明收到，由原送信人带回为凭，上诉人既不能证明被上诉人拆阅原函后，仍附入封内带回，则被上诉人抗辩谓现时封内声明退租之函非当时致伊之原函，并非声明退租，即不能谓为无据。上诉人当时知悉被上诉人之妾在内吸食鸦片，不主张退租，仍继续租与被上诉人，自不得于事阅年余，再据为终止租约之主张。被上诉人自同年七月份起租金未为支付，其租金据上诉人诉讼代理人陈明素系由上诉人向被上诉人收取，上诉人就此项主张，并不否认，而其于曾佃收取，并经被上诉人拒绝给付之事实，既不能提出证据，再参以被上诉人对于每季一百元之租金，并非无支付实力之情节，而为承认，被上诉人所持上诉人不持捐向伊收取，伊送交，又经拒绝受领之，抗辩亦非无可采取，至被上诉人之妾本年一月七日获释回家，复吸食鸦片及上诉人收回自用，本年一月间已经该管警察分局许可一节，乃系原审言词辩论终结以后发生之新事实，上诉人除得另行起诉主张外，要不能在本案上诉中而为主张，原判决驳回其请求并无不当，上诉意旨殊难认为有理由。

据上论结，本件上诉为无理由，依民事诉讼法第四百四十六条第一项、第七十条判决如主文。

中华民国三十三年五月五日

四川高等法院第一分院民事临时庭

审判长推事：罗国昌

推事：孔容照

推事：王鸣鸿

本件证明与原本无异。

书记官：　印

四川重庆地方法院民事判决

三十二年度易字第四九二号

原告：何润之，住莲花街二十六号。

诉讼代理人：何国勋，住同右。

被告：夏渔生，住莲花街二十五号。

右当事人间因终止租约事件，本院判决如左。

主文

原告之诉及假执行之声请均驳回，诉讼费用由原告负担。

事实

原告及其代理人声明求判决与被告终止租约，命被告迁让交业，并宣示假执行之判决。

陈述略称：原告所有莲花街二十六号房屋一间于民国三十一年二月二十一日租与被告，每季租金一百元，未定期限，现因被告夫妻吸食鸦片，犯刑章，原告又须收回自用，特诉请判决如声明，云云。

被告经合法传唤，未于辩论期日到庭，亦未提出准备书状，复无民事诉讼法第三百八十六条所列各款情形，兹依到场当事人之声请，由其一造辩论而为判决。

理由

查本市房屋出租人，非有修正非常时期重庆市房屋租赁暂行办法第七条所列各款情形之一者，不得请求承租人退租，本件原告空言攻击被告在住屋内吸食鸦片，有不法行为，然并不能举出确切证据，以资证明，即以收回自用为退租之理由，依上开办法第十一条规定，须于三个月前通知承租人，并取得当地保甲具结保证后，向该管业警察局请求许可，原告又未履行此种手续，其请求终止租约迁让房屋自难认为有理由，从而假执行之声请亦失所依据。

据上论结，原告之诉及假执行之声请，均无理由，应予驳回，并依民事诉讼法第三百八十五条第一项第七十八条判决如主文。

中华民国三十二年十二月二十九日

四川重庆地方法院民事庭

推事：李懋

如不服本判决得于送达收受后二十日内向本院提出上诉状。

本件证明与原本无异。

书记官：　印

中华民国三十三年一月十八日

重庆实验地方法院　事案件审理单

案定于本年八月十日上午九时审理，应行通知及提传人如左：

应传：两造，证人邓博文必到。

推事：七月廿四日上午发交。

重庆地方法院民事送达证书

书状目录：民国卅三年诉字第一一二号何润之与夏渔生案送达传票乙件。

受送达人：原告何润之。

受送达人署名盖章，若不能署名盖章或拒绝者，应记明其事实：

非交付受送达人之送达应记明其事实：何润之押。

送达日期：卅三年七月廿五日。

中华民国卅三年七月廿四日

四川重庆地方法院执达员：刘孟尝

[同日被告夏渔生、证人邓博文签收传票的送达证书略]

笔录

原告：何润之。

被告：夏渔生。

右列当事人因搬迁案，经本院于中华民国卅三年七月廿九日上午十时，开民事法庭，出席职员如左：

审判长推事：梅玉明。

书记官：周浩峰。

点呼右列当事人入庭，书记官朗读案由。

问：何国勋，年、住？

答：年廿二，住道门口莲花街廿六号。

问：夏渔生，年、住？

答：年六五，住莲花街廿五号。

问：邓博文，年、住？

答：年四三，住莲花街四一号。

问：你与双方有关系？

答：没有关系。

推事谕知作证义务要说实话，命具结说话。

答：是的，我愿具结说话。

问：你是当保长否？

答：我是保长，第四保。

问：这夏渔生的女人是否吃大烟被抓了。

答：是吃烟被抓的，他女人叫夏刘氏。

问：何时被抓的？

答：抓几月了，是今年抓的。

问：被什么人抓的？

答：警局侦缉队抓的。

问：她现在关在什么地方？

答：现关在巴县监狱，听说判的无期徒刑。

问：她被抓时，你在场否？

答：拿的时候我在场，因来抓时她正在吃饭。

问：她被抓有几次了？

答：抓了三次，这是第三次呢。

问：夏渔生，你女人是否吃烟被抓了？

答：是吃烟抓了。

问：什么时候被抓的？

答：是今年抓的。

推事谕知本案辩论终结，指定八月五日宣判，饬退闭庭。

右笔录经供述人承认无异。

中华民国三十三年七月廿九日

重庆实验地方法院民事庭

书记官：周浩峰

推事：梅玉明

证人结文（问讯）

当据实陈述，绝无匿饰增减。

具结人：邓博文　押

中华民国三十三年七月廿九日

注意：刑法第一百六十八条于执行审判职务之公署审判时，或于检察官侦查时证人、鉴定人通译于案情有重要关系之事项，供前或供后具结而为虚伪陈述者，处七年以下有期徒刑。

宣判笔录

原告：何润之。

被告：夏渔生。

右当事人间搬迁事件，于中华民国卅三年八月三日上午十一时在本院民事法庭公开宣判，出席职员如左：

推事：梅玉明。

书记官：周浩峰。

点呼事件后，推事起立朗读判决如主文，并口述判决理由之要领。

中华民国廿三年八月三日

重庆地方法院民庭

书记官：周浩峰

推事：梅玉明

重庆实验地方法院民事判决

三十三年度易字第一一二号

原告：何润之，住莲花街廿六号。

诉讼代理人：何国勋，住同右。

被告：夏渔生，住莲花街廿五号。

右当事人间因迁让事件，本院判决如左：

主文

确认两造间就原告所有莲花街廿五号楼房一间所订租约业已终止，被告应自上次房屋迁让，将该屋交还原告；原告假执行之声请驳回；诉讼费用由原告负担。

事实

原告声明，求为如主文，并宣示假执行之判决。陈述略称：被告承租原告莲花街廿五号楼房一间，未定期限，三十一年六月廿六日，被告之妻夏刘氏在内吸烟为警局查获，原告以事关禁令，即通知他迁，收回自住，本年一月得有警局收回自用之许可。本年二月七日其妻刘氏复在内吸烟，为警局抓获，解送卫戍司令部判处罪刑，特依法起诉之请为如声明之判决。云云。提出收回自用许可书一件、函一件以为立证方法。

被告声明，求为判决驳回原告之诉。答辩略称：被告承租原告莲花街廿五号房屋一间，并未积欠房租，被告之妾刘氏因病吸烟，虽为警局抓获送往卫戍司令部监禁，但与原告并无牵涉，原告何得据此为诉终止租约之原因，前年六月被告并未得有原告通知退租之函，原告意图高价另租，无理取用，殊属不合，应请为判决驳回原告之诉，云云。

理由

查承租人在住屋内有不法行为危及社会秩序者，出租人得终止租约，非常时期重庆市房屋租赁办法第七条第一款定有明文。被告承租原告莲花街廿五号楼房一间，未定期限，本年二月七日其妾刘氏曾在该屋吸食鸦片，为警局抓获，系为被告所自认，基于上开说明，自己构成终止租约之原因，而原告诉请止约迁让即难谓为无理由，但查原告以现无屋可居，另佃他人房产居住，月费不赀，声请宣示假执行，未据提出可实时调查之证据以为释明，尚难率予准许。

据上论结，原告之诉为有理由，假执行之声请为无理由，应予分别准驳，并依民事诉讼法第七十八条判决如主文。

中华民国三十三年八月三日

重庆实验地方法院民事第二庭

推事：梅玉明

如有不服本判决应于收受送达后二十日内向本院提出上诉状。

本件证明与原本无异。

书记官：　印

中华民国三十三年九月九日

重庆实验地方法院民事送达证书

书状目录：民国卅三年易字第一一二号迁让案送达判决一件。

受送达人：原告何润之。

受送达人署名盖章，若不能署名盖章或拒绝者，应记明其事实：何润之未在家，由女何国玉代收。

非交付受送达人之送达应记明其事实：何国玉代。

送达处所：莲花街。

送达方法：补充送达。

送达日期：卅三年九月十三日。

中华民国卅三年九月十一日

重庆实验地方法院执达员：谢隐

［同日被告夏渔生签收判决的送达证书略］

重庆实验地方法院书记室公函（稿）

三十三年十月廿六日发文二八四三号

案查何润之与夏渔生因搬迁案，业经本院依法判决送达在卷，兹据夏渔生不服，于法定期间内具文提起上诉到院，相应检齐卷证函送贵室查收核办。

此致

四川高等法院第一分院书记室。

计函送卷一宗，上诉状二件，裁定二件，印纸一个，送达证一件，判决一件，证物一袋，详套面。

四川高等法院第一分院书记室公函

渝良字第一五〇号

查夏渔生与何润之因求请迁让事件，业经本院判决送达及缴还送达证书各在卷，现已确定，相应检齐全卷连同证物送请查收为荷。

此致

重庆实验地方法院书记室。

计送：卷二宗，证物详袋。

书记官：

中华民国三十四年二月廿一日

重庆实验地方法院书记室通知

　　查何润之与夏渔生搬迁事件，业经裁判确定，卷存证物亟应领取，兹限该原、被告等于收受本通知后五日内来院领取，倘逾期不领，即将卷宗、证物一并归档，值此非常时期，遇有事变将证物毁损，本院概不负责。特此通知。

　　右通知：何润之，住本市莲花街二十六号。

　　　　　　夏渔生，住本市莲花街二十五号。

重庆实验地方法院民事送达证书

　　书状目录：民国卅四年民正字第　　号　　送达通知一件。

　　受送达人：何润之。

　　非交付受送达人之送达应记明其事实：本人不在渝，何国勋代收押。

　　送达处所：本市莲花街廿六号。

　　送达日期：卅四年三月五日。

中华民国卅四年三月五日

重庆实验地方法院执达员：邹学衣

［同日被告夏渔生签收通知的送达证书略］

何润之民事领状

具领状人：何润之，六十，代理人：何国勋，二十二，均系铜梁人，住本市莲花街第廿六号。

　　为遵示承领缴案证件事：窃民告夏渔生迁让一案。前当庭缴有判决书一份及警局许可证一份在卷，兹奉通知饬领，为特具状呈请钧院鉴核，发给承领深沾。

　　谨呈

　　重庆实验地方法院民庭公鉴。

中华民国卅四年三月八日

具状人：何润之

领条

　　今领到重庆地方法院民庭案前发还缴案之判决及许可证各一份，中间不虚，具领是实。

　　谨呈

　　重庆地方法院民庭公鉴。

具领条人：何润之

诉讼代理人：何国勋　押

经手人：张中文印

中华民国三十四年三月八日

重庆实验地方法院书记室公函

正字第二八四三号

案查何润之与夏渔生因搬迁案业经本院依法判决送达在卷，兹据夏渔生不服，于法定期间内具文提起上诉到院，相应检齐卷证函送贵室查收核办。

此致
四川高等法院第一分院书记室。

计函送卷一宗，上诉状二件，裁定二件，印纸一件，送达证一件，判决一件，证物一套，详套面。

书记官：

中华民国三十三年十月　日

上诉人夏渔生民事声明

具上诉人：夏渔生，六五，宁波人，住本市莲花街二十五号，商。
被上诉人：何润之，六十，本市人，住同右第二十六号，职在卷。

为不服原判，依法声明上诉，俯予另为适法判决事：缘何润之前以迁让房屋事件，具诉民渔生于钧院第一审准传集讯，发下三十三年度易字第一一二号所为之民事判决，主文内载：确认两造间就原告所有莲花街二十五号楼房一间所订租约业已终止，被告应自上项房屋迁让，将该屋交还原告，其余之诉驳回等因在案可查，窃民曾于本年九月十三日接收前开判决内记本件纠纷事实理由诸多抹煞，复有偏袒被上诉人一方，读悉之余，令民实难折服，故于法定期中声明上诉。对民之不服理由及上诉讼费，一俟申卷后，接奉裁定即行遵示补正不误，为此状请钧院申送二审法办，实沾公便。

谨呈
重庆实验地方法院民庭公鉴。

中华民国三十三年九月廿五日

具状人：夏渔生　押

重庆实验地方法院民事裁定

三十三年度易字第一一二号
上诉人：夏渔生，住莲花街二十五号。

右上诉人与何润之因止约迁让事件，不服第一审判决提起上诉，应缴裁判费国币三百六十一元七角二分零厘，未据缴纳，其上诉状亦未依民事诉讼法第四百三十八条表明上诉理由，兹限该上诉人于收受本裁定时起，七日内本院如数补缴，如逾期尚未遵行，第二审法院即行驳回上诉，切勿违延自误，特此裁定。

中华民国三十三年十月九日

重庆实验地方法院民事庭

推事：梅玉朋

本件证明与原本无异。

书记官：

中华民国三十　年　月　日

重庆实验地方法院民事送达证书

书状目录：民国卅三年易字第一一二号　案送达裁定一件。

受送达人：上诉人夏渔生。

受送达人署名盖章，若不能署名盖章或拒绝者，应记明其事实：夏渔生押。

送达日期：卅三年十月十五日。

中华民国卅三年十月十三日

重庆实验地方法院执达员：张泽年

上诉人夏渔生民事上诉状

上诉人：夏渔生，六十五，宁波人，住渝莲花街二十五号，商。

被上诉人：何润之，六十，本市人，住莲花街二十六号，职在卷。

呈为事实不明判决偏颇，补陈不服上诉理由，恳予撤讯另为判决事：窃民不服原判上诉何润之终止租约一案，兹民谨将不服第一审所为民事判决，提起上诉，特为补呈理由于后：

按上诉人与被上诉人何润之昔于民国二十四年，凭证承租缔结租赁房屋契约事件，本为双方所不争，于上诉人佃住被上诉人所有本市莲花街门牌二十五号楼房一节逾期已约一年，主客相安，并无异议，乃被上诉人忽于本年春间不悉误听何人从中指使，藉故收回自住，实际上尤为该被上诉人企图操纵居奇，另佃高价，而伊曾以终止租约一词蒙蔽妄请民事审判，经第一、第二两审官府讯明判决，均认该被上诉人所控上诉人解除租佃搬迁各节不合，予以全部驳斥在案，原卷尚存，不难复考。讵被上诉人不惜弊串贿买夤缘管内治安当道勾结，所谓之警局许予收回自住之许可证明，为其此次妄控提举之佐证。原判未加详查，即予认定判决，着饬上诉人将所住楼房一间缔结租约终止，并将上项房屋迁让交还原告（即被上诉人）等判。可考查民法早有特别之解释，凡关民事争执，依照一事不能再理为原则之定例，是被上诉人所提此次租佃解约部分之事实观察，显与前开法令大相抵触，判令上诉人迁让交屋一点，于法显有未当。大凡就同一事实而为，再行提起之请求，必须以本件案内新事实再行起诉，当不外以前述警局之许可证件为依据。详查此种证明根本不是法定要素，果属真实及合法之证凭，而被上诉人何以于第一次控争期中案经一、二两审讯判之际，彼均毫未提出，俾资采择，以为本件佃租解约之根据，于兹再行提出主张，显系被上诉人嗣后弊通贿串所得，实与本案再审新证大相违反，更无认定证据之价值明甚。再查所谓欠租，纯系被上诉人信口空谈，意图枉诬，但上诉人照约应偿房租，按时交付，均遭被上诉人无理拒绝，至谓上诉人之妾刘氏违禁吸烟，早由当局捕案依法讯办在案，事实可查，对该刘氏既关家属，又经官府讯办处以罪刑，予以自新之路，而现行法令罪及本身，致不得牵涉上诉人家长之丝毫责任。最可怪者，其房一连五幢，被上诉人均属全部出租与人，上下房屋彼皆不愿收回主权，独对上诉人居住楼房一间解约退佃，严厉如此，显不近于人情，更为非常法令所不容许。原判不查即予判令迁让解约，已属不合之甚。综上论述，乃本件不服上诉理由，为特具陈状，请钧院准予传讹废弃，另为适法判决，勿任沾感。

谨呈

重庆实验地方法院转呈四川高等法院第一分院民庭公鉴。

中华民国三十三年十月十七日

具状人：夏渔生　押

送达证书

送达法院：四川高等法院第一分院。

应送达之文书：民国卅三年上字第五一七号夏渔生与何润之因租约十二、廿一传票一件。

应受送达人：夏渔生。

受送达人署名盖章，若不能署名盖章或拒绝者，应记明其事实由：夏渔生押。

送达日期：卅三年十一月廿二日。

中华民国卅三年十一月十七日

重庆地方法院执达员：王见成

［同日被上诉人何润之签收传票的送达证书略］

何润之关于诉讼代理人的民事委状

委任人：何润之，年在卷。

受委人：何国勋，二二，铜梁人，住莲花街二十六号。

为委任事：兹因与夏渔生迁让上诉案，民因病不能到案，特委民子何国勋为诉讼代理人。

谨状

重庆实验地方法院民庭公鉴。

中华民国卅三年十二月廿一日

具状人：何润之　押

何润之民事答辩状

答辩人：何润之，六十，铜梁人，住本市道门口莲花街二十六号，自业。

原上诉人：夏渔生，年籍住在卷。

为与夏渔生终止租约上诉一案提出答辩书状，恳求依法驳回上诉，并予原判关于原告假执行之声请驳回部分废弃外，其余请维持一审原判决，宣示假执行，以昭公允事。

事实及理由

窃民处自有本市莲花街二十五号铺房一间，曾全部佃与上诉人夏渔生营贸书店业，后因营业失败，先后将铺面及二、三两楼租佃解除，仅向民租赁第一楼居住，民旋亦将上项已解佃之房屋悉数转佃与新华皮厂，但该上诉人自暂佃民之第一楼房屋居住后，偕其妻夏刘氏竟谋不轨生涯，贩卖鸦片，几经治安机关破获，三十一年六月上诉人之妻复因售烟就法于图圄之中，民以事关国家禁令利害，足以影响本身，乃通知伊搬迁（后经警察局太华楼镇派出所调解限上诉人于三月内自动他迁），租金亦于是日起停止收受，后复由民家眷由乡返城，无房居住，乃依据重庆市战时房屋租赁条例第十一条规定，收回自住，于本年（三十三年）元月始领得本管区警察第一分局之准于收回自住之许可证（在卷），然该上诉人竟置不理，故意拖延，不惟不迁，反与其初脱法纲之妻夏刘氏复谋旧业，置国法于不顾，民族存亡于度外，幸于本年（三十三年）二月七日又被本市侦缉队拿获烟具，而上诉人夏渔生于慌乱中乘机外脱，其妻夏刘氏又被拿获受法，现已判处无期徒刑（有案可查，地方保甲悉知其情，前本保保长邓博文在一审法院亦曾到庭证明），民以是可忍，孰不可忍，迫不得已，乃依据重庆市战时房屋租赁条例第七条第一项及第十一项之规定，向一审法院起诉，继沐判决而该被告仍心如荼毒，图累于民。巧捏词蒙蔽上诉于钧院，故民特具答辩书状，恳请钧院俯赐鉴核如答辩之声明判决，又本案将及四年，民所受之损害已大，现民人众屋少，实无法居住，尚用高价在龙门浩周家湾十二号租房居住，若再拖延，民所续招受之损害当无力支持，请求依民诉法第四百五十四条依声请维持原判，宣示假执行，实沾德便。

　　谨呈

四川高等法院第一分院民庭公鉴。

中华民国三十三年十二月　日

具状人：何润之　押

何润之关于诉讼代理人民事委状

委任人：何润之，年籍住在卷。

受委人：刘德楷，律师。

　　为委任事：兹因与夏渔生为迁让一案，特委任刘德楷律师为代理人。

　　谨状

四川高等法院渝临时法庭公鉴。

中华民国卅三年十二月十八日

具状人：何润之

言词辩论笔录

上诉人：夏渔生。

被上诉人：何润之。

右当事人间租约上诉事件，经本院于中华民国卅三年十二月廿一日上午八时在本院临时法庭公开言词辩论，出庭推事、书记官如左：

审判长推事：孔容照。

推事：孟署山。

推事：王鸣鸣。

书记官：香玉河。

上诉人：夏渔生。

被上诉人：何国勋。

代理人：刘德楷律师。

审判长问：夏渔生，年贯？

答：六五岁，住莲花街廿五号。

问：请求为何？

答：请求废弃原判决，驳回被上诉人业第一审之诉。

问：理由如何？

答：我租他的房子已十年了，在轰炸期间他不收回房子，过了轰炸期间他要收回，在卅一年他告过我的，败诉了的，现在他要收回房子，说我内人吃鸦片，这是犯国法，自有惩治，不能认为是退租的原因，许可证是他污［动］来的。

问：何国勋，年贯？

答：二二岁，住莲花街廿六号，何润之是我父亲。

问：你请示呢？

答：请求驳回上诉，并请宣告假执行。

问：理由如何？

答：他小女人在系争屋内吸食鸦片，已经几次被抓，我又因家里人多，最近我结婚，尤其需要房子用，已经依法请求警局许可收回了的。

审判长：被上诉人代理人辩论？

律师刘德楷起立辩论略：查上诉人并称各节口警局许可证污动来的、吸鸦片触犯国法不能认为退租之因，均系无根据之弁［辩］论，反之被上诉人之子，因结婚而需用收回房屋而取得许可有证可凭，应请驳回上诉，并依民诉法第四百五十四条宣示假执行。云云。

问：夏渔生，假执行声请如何答弁［辩］？

答：我们是逃难的人，而今找不到房屋，搬到哪里去呢，请驳回假执行的声请。

审判长谕弁［辩］论终结，定本月廿五日下午四时宣判。

中华民国三十三年十二月廿一日

四川高等法院第一分院临时庭

书记官：香德

审判长：孔

宣示判决笔录

上诉人：夏渔生。

被上诉人：何润之。

右当事人因迁让事件，经本院于中华民国卅三年十二月廿五日下午四时在本院第　法庭公开宣示判决，出庭推事、书记官如左：

审判长推事：孔容照。

推事：王鸣鸿。

推事：周建文。

书记官：香玉河。

点呼事件后，到场人如左：

审判长起立朗读判决主文，并告知理由。

中华民国卅四年十二月廿五日

四川高等法院第一分院民事临时庭。

书记官：

审判长：

四川高等法院第一分院民事判决

三十三年度渝上判字第三八二号

上诉人：夏渔生，住本市莲花街第二十五号。

被上诉人：何润之，住本市莲花街第二十六号。

诉讼代理人：何国勋，住所同；刘德楷律师。

右当事人间请求终止租约返还租赁物事件，上诉人对于中华民国三十三年八月三日重庆实验地方法院第一审判决提起上诉，本院判决如左：

主文

上诉驳回，原判决关于返还房屋部分应予假执行，第二审诉讼费用由上诉人负担。

事实

上诉人声明，请求废弃原判决，驳回被上诉人在第一审之诉，被上诉人声明请求判决驳回并声请宣告假执行，其事实上之陈述与第一审判决记载者同，兹依民事诉讼法第四百五十一条引用之。

理由

按战时房屋租赁条例第七条第一款规定，所谓承租人利用房屋为不法之行为者，系指以房屋供不法行为之用情形而言，本件上诉人租赁被上诉人之重庆市莲花街第二十五号房屋，其妾在内吸食鸦片，虽非上诉人开设烟馆与利用房屋为不法行为之情形，本件上诉论旨主张被上诉人不能以此为终止租约之原因，固属可采，但被上诉人因人口增多，不敷居住，对于上诉人租赁之房屋自有收回自住之必要，提出重庆市警察局第一分局本年一月间批示以为证明，去年十月间即因退租涉讼有案可查，其起诉与通知有同一之效力，迄今已逾一年，以上合于战时房屋租赁条例第十一条规定之条件，两造间租约自属合法终止，上诉人亦即负返还租赁物之义务，自不能徒异警局批示系出于勾串，空言争执，原审为上诉人败诉之判决理由，虽有未当，其结果仍应予以维持，上诉非有理由，从而关于返还房屋部分即应依被上诉人声请宣告追加执行。

据上论结，本件上诉为无理由，依民事诉讼法第四百四十六条第二项第七十八条判决如主文。

中华民国三十三年十二月二十五日

四川高等法院第一分院民事临时庭。

审判长推事：孔容照。

推事：孟幸山。

推事：王鸣鸿。

对于本判决如有不服，得于送达正本后二十日内向最高法院提起上诉，至上诉状应向本院提出。

本证明与原本无异。

书记官：

中华民国三十三年　　月　　日

四川高等法院第一分院送达证书

应送达之文书：民国卅年上字第三三七号与夏渔生终止租约案　判决正本一件。

应受送达人：何润生。

受送达人署名盖章，若不能署名盖章或拒绝者，应记明其事实：何润之押。

送达日期：卅四年元月廿三日。

中华民国卅四年元月十五日

重庆地方法院执达员：王见成

［同日上诉人夏渔生签收判决正本的送达证书略］

4. 杨炳鑫诉吴长顺等要求确认共有权案

原告杨炳鑫诉状

原告：杨炳鑫，四一，巴县人，住忠兴乡七保，农。

被告：吴长顺、吴李氏，巴县人，住忠兴乡七保。

为确认共有权事件，请求判令：被告吴长顺、吴李氏等所有碾子地坝、大宅门，依照金五合堂清界约（为公同共有），并令负担诉讼费用，以维权益而免争执事。

缘吴自贞与被告吴长顺叔侄关系，自贞之母吴严氏所生三子，遗有产业吴家湾田租四十石，割为三股，踩踏均匀。自贞占得下厢房，坐向左边碾子地坝大宅门属于公共所有。迨后自贞因贸易负债，上开业产被债权[人]请求查封拍卖，分约缴案未发下，经严陈氏于民国六年四月承买，管业三年，该长顺、李氏等与陈氏纠葛，迫陈于民国九年三月十二日请中转售，金五合堂□下承买，在未成立买卖之先，预请吴自贞同母吴严氏又地方等在场解释，自贞与母严氏协同出立清界字约，并在约内注明上开争执地段为公同共有，吴久安笔录可证。在该金五合堂管业期内并无争执，殊该金五合堂于民国廿八年八月八日复收该业转售，原告承买，自行耕种，同院居住。讵该被告吴长顺等以为业已易主，不受清界约限制，因此与数年期间欺民农朴，常为地坝晒粮碾米物品，被告恶□纠葛丛生。原告苦乎应付之力，依法提起确认共有权之诉，□□已呈□钧院鉴核，□予传讯吴长顺、吴李氏随带分约到案讯明，请判令被告碾子地坝大宅门为公用共有权并负担诉讼费用，以维权益而免争执，不胜沾感之至。谨状

证物：清界约审呈

重庆地方法院民庭公鉴。

中华民国卅五年六月廿八日

具状人：杨炳鑫（押）

征费单

征费机关：重庆地方法院。

缴款人：杨炳鑫。

案号：卅五年度诉字第九一七号。

案由：地坝。

标的：五千圆。

费别：裁判费。

征费数目：国币六百五十圆。

严陈氏出卖田土房屋契约

立出永卖田土房屋文契人严陈氏，情因负债多，金［今］愿将昔年以吉庆堂名义，得买吴自贞所分吴家湾田土、房屋全□栽种二斗，栽粮一钱一分，以及山林竹木、仓廒楼振、石工木工等项，悉行出售，请凭李春廷、杨怀之、杨字江、金锡之、金培之、严绍廷、吴久安、吴成良等作中，先禀房族，无人承买，始觅得买主金五合堂，议定时市田价漂银四百两正，走边书画统包在内，当凭中证将银如数现交清楚，并无下欠分厘，亦无货债准折，其有四址界畔，自水井人行路直上垣子外，抵何姓界，沿转枣子垭屋角，沿过曲转人行路垣子内小路，沿下园土一幅交水井界，又由椿兴树脚园土二块；又一界由杨姓田角，沿上吴姓坟界，横过园土壁，沿转小堰沟接流大秧地田，跟秧地田角水沟直过湾丘田湾丘何姓田壁，沿过曲转斜上岚垭田角，沿过何姓田壁又抵岚垭田角，沿上田坎壁，跟田坎直过，斜下抵田壁脚，沿过邹姓岚垭田角，斜下岚垭田壁，沿过抵界石，由界石沿过田角，跟田角曲转，沿下抵邹姓界，直下田壁脚，跟脚沿过曲转上田壁，由田壁沿过，曲转沿上堰沟，跟堰沟壁沿上沱田坎脚，由坎脚沿过桐子堡壁脚，跟壁脚沿过，挨吴姓田巴儿角沿上湾丘交界，外有三长田角河边土一副，直下强巷子河边交界为界。至于房屋，系大院子坐向左边厢房全向、仓廒全间，上抵石坎后至人行路，前齐吴邓氏田壁脚，朝门碾子地坝以作俱关，均系踩踏分明，并无摘留。倘有隐匿漏界，日后查出仍归买主管业。契内新旧坟茔以禁步为准，勿得挨坟再葬，其有抵当、抵借已揭、未揭各据，悉作故纸无用。自卖之后，凭随买主开拖放佃，严姓老幼人等不得异言，恐口鲜凭，特立文契乙纸，交买主永远为据。

实计时市田价漂银四百两正，走边书画统包在内，再照。

永远管业。

凭中证：张仲选、李俊臣、汪治隆、严平章、严海廷、萧炳森、卢炳辉、唐仲书、盛炳荣、杨树之、杨荣卿。

杨之江笔

民国九年庚申岁旧历三月廿六日立

永卖田土房屋文契人：严陈氏

明界文约

立指明界址以敦和好文约人吴自贞、金五合堂，情身自贞与母严氏，前以身授吴家湾田土房屋一□，卖与严陈氏所有，后院房屋及阴地一穴尚未指明，以致陈氏转卖与金五合堂名下管业，始生问题，酿成口角，经李春廷、吴久安、吴成栋、金培之、杨怀之、杨字江等双方劝解，身自贞将业内界址，以及大院子坐向左边厢房仓廒，逐一指明交清，并无摘留，照分关与金姓买约管理，惟有后院房屋及阴地一穴，长三丈宽，以界石为准，该身自贞管理外，有朝门碾子地坝悉作公用。自此之后永敦和好，身自贞再不得别生枝节，恐口鲜凭，特立指明界址，以敦和好文约二纸，各执为据。

凭证：金锡之、卢秉辉、尹春发、吴秉辉、杨荣清、吴永安笔。

合同　民国九年旧历三月十二日立

指明界址，永敦和好文约人：吴严氏同子自贞（押）

送达证书

书状目录：民国卅五年（诉）字第九二七号确认所有权案送达传票。

受送达人：原告杨炳鑫。

受送达人署名盖章，若不能署名盖章或拒绝者，应记明其事实：杨炳鑫押。

送达处所：巴县忠兴乡二保吴家湾。

送达日期：卅五年八月九日。

中华民国三十五年七月二十九日

重庆地方法院执达员：陈绍康

[同年八月四日、八月十日同居之友罗善成分别代吴李氏、吴长顺签收的送达证书略]

被告吴长顺、吴李氏辩诉状

具辩诉人：吴长顺、吴李氏，巴县人，住忠兴乡，农。

被辩诉人：杨炳鑫，巴县人，住忠兴乡。

呈为据实答辩，恳予驳回原诉事。情因杨炳鑫以确认所有权等词控民一案，昨奉钧院传票一件，示期本月二十二日集案审讯，应遵曷渎。惟查杨炳鑫所具副本其词全属虚构，兹特据实辩陈之。缘民住居吴家湾之房业，合计田租四十石，并房屋全向，原由民父与民叔、自贞等弟兄三人共同所有，当民父存世时，即与民叔等三人将此房业平均分析，自行管理，书立分约各执为凭。嗣以民父去世，民亦依照所分田房之画明界限，居住耕种，数十年来均无絮异。不遇民叔二人均将分业卖给他人，其中惟民三叔自贞之业，因营业失败，负债被控，经法院将业拍卖以偿外债。初由福源长承买，之后未几即转卖与严陈氏，而严陈氏接管数年，又复转卖与金常明，在金常明主管中，乃又转卖与杨炳鑫，数度移转，均各依照分关管理，毫无争议。近数年来，该杨炳鑫横恶成性，累谋侵占，如私行伐民树竹，掀民碾滚，撤民阶石，几经理叙，反遭杨炳鑫之侮辱伤害。现在其具诉刑庭，案尤未结，不料杨炳鑫近又复欲侵占民业内之碾地坝，竟控谓该地坝与民出入之大宅门，皆为伊所共有，实属妄占，可谓无理之至。窃民宅前之碾地坝置有石碾一座，向为民所管有，并有证明界畔之分管字约为据，邻业四易主权，均未与民发生争执，该杨炳鑫今突控谓民之碾地坝与大宅门系与伊共有，实属空言，主张无据可证。是特据实辩，恳钧院做主，恳饬杨炳鑫交出拍卖该业之证件及四易主权之契据，查明真相，自知系属妄控，驳回原诉，以免侵占。沾感。此呈再者，民吴长顺因病不能赴审，特委由民妻一人到庭辩诉，合并声明。

谨呈

重庆地方法院民庭公鉴。

中华民国三十五年八月二十二日

具状人：吴长顺（押）、吴李氏（押）

吴长顺关于诉讼代理人的委任书

状心编号民字四六〇号

委任人：吴长顺，五十，巴县人，住忠兴乡七保，农。

受委任人：吴树荣，廿四，巴县人，现住大溪沟电力厂。

为因与杨炳兴确认所有权事件一案，兹奉票传，应遵时到庭。惟民年前曾因神经刺激，患病经年，至今未愈，不能行动，兹特别委任民子吴树荣为全权代理人，并授以舍弃、认诺、撤回、和解之权。

谨状

重庆地方法院民庭公鉴。

中华民国卅五年八月廿二日

具状人：吴长顺

审讯笔录

原告：杨炳鑫。

被告：吴长顺、吴李氏。

前列当事人因确认共有权案，经本院于中华民国三十五年八月廿二日午八时开民事第一庭，出席职员如下：

审判长推事：杨振修。

书记官：夏精诚。

点呼前列当事人入庭，书记官朗读案由。

问：杨炳鑫［年龄、住址］？

答：四十一岁，住中心场。

问：你告谁？

答：告吴长顺、吴李氏二人。

问：有何请求？

答：请求确认吴家湾吴家院子地坝碾子、大宅门为共有权，可共同行使权利。

问：你买的是哪个的田土？

答：我买的是吴自贞的，金五和堂卖跟我的。

问：你们院子住的几家人？

答：住的四家人，内有两家佃客。

问：［吴李氏］姓名、年龄等项？

答：吴李氏，五十岁，住中心吴家湾。

问：这地坝是哪个的主权？

答：我的地坝，是我的主权。

问：吴树荣你代理哪个？

答：（吴树荣）我代理吴长顺出庭，有委任状。

问：你说的话是与吴李氏相同的吗？

答：是的，我说的话相同。

问：（吴李氏）你与原告在地坝有没有共有权？

答：没有共有权，原告之田卖了几个业主，从无纠纷，这地坝都是我的所有权。

问：（吴李氏）你有管业证及红约吗？

答：有的，我没有带来。

问：（原告）你有证据吗？

答：有的。（呈上买约一张、红约一张，阅后发还）

问：（吴李氏）你愿意和解吗？

答：我不愿意和解。

问：（吴李氏）原告有证据证明是有共有权。

答：这是他私自沟通写的，不足为凭。

庭谕本案辩论终结，定期八月廿七日宣判。

前笔录当庭朗读，经承认无异。

中华民国三十五年八月廿二日

（院衔）民事庭

书记官：夏精诚

推事：杨振常

宣判笔录

原告：杨炳鑫。

被告：吴李氏、吴长顺。

前列当事人间，确认共有[权]事件，于中华民国三十五年八月廿七日上午八时，在本院民事法庭公开宣判。出席职员如下：

推事：杨振常。

书记官：夏精诚。

占呼事件后，推事起立朗读判决主文，并口述判决理由之要领。

中华民国三十五年八月廿七日

重庆市地方法院民事庭

书记官：夏精诚

推事：杨振常

重庆地方法院民事判决

三十五年度诉字第九二七号

原告：杨炳鑫，住中兴乡七保。

被告：吴长顺，住同前。吴李氏，住同前。

诉讼代理人：吴树荣，住同前。

前当事人间请求确认共有权事件，本院判决如下：

主文

确认原告对于大宅门、碾子地坝有共同使用权。

诉讼费用由被告负担。

事实

原告声明，请求为如主文之判。其陈述略称：原告于民国二十八年八月间，向金五合堂辗转买受原告之叔吴自贞所分受之祖遗田业一股，吴自贞与原告分家时，其分关内系言明大宅门及碾子地坝悉作公用。在前业主金五合堂买受期间，曾发生纠纷，后经和解，□均认金五和堂对于系争大宅门、碾子地坝有共同使用之权。现原告买受后，被告不准原告使用该项系争物，是以诉请判决如声明云云，并提出买契一张及和解合同一纸为证。

被告声明，请求驳回原告之诉。其陈述略［称］：被告之叔吴自贞，因营业失败，将其分受田业辗转出卖与原告，中间历经三主，均无异言，至被告买受后，始生枝节，显系空言主张云云。

查原告主张，对于被告所有之大宅门与碾子地碾［坝］有共同使用之权，业据其提出买契，以及前业主金五合堂与原始出卖人吴自贞于民国九年三月间所立之和解文约，载明："外有朝门碾子地坝悉作公用"等字样，证明属实。被告虽抗辩略谓该项系争物为被告所有，原告无共同使用之权，但未据提出丝毫证明，徒说空言，其主张自难采信，□原告诉请确认对于该项系争物有共同使用之权，自不能□，其诉为无理由。

据上论结，原告之诉为有理由，应予准许，并依民事诉讼法第七十八条判决如主文。

中华民国三十五年八月廿七日

重庆地方法院民事第一庭

推事：杨振常（印）

送达证书

书状目录：民国三十五年诉字第九二七号案送达判［决］一件。

受送达人：原告杨炳鑫。

受送达人署名盖章，若不能署名盖章或拒绝者，应记明其事实：杨炳鑫（押）。

送达处所：忠兴乡吴家湾二保。

送达日期：卅六年二月九日。

中华民国卅六年二月四日

重庆地方法院执达员：施绍振

［同日吴长顺、吴李氏、吴树荣分别签收的送达证书略］

5. 陈祥兆诉陈韦氏等要求确认所有权案

陈祥兆起诉状

原告：陈祥兆，住本市关庙街裕丰源银行白希之转。

诉讼代理人：陈海云。

被告：陈韦氏、陈德树，住巴县陶家乡第十三保大树子湾。

为对被告等提起确认所有权及返还灰坝之诉事，兹将诉之声明及事实理由开下：

诉之声明：

（一）确认巴县陶家乡大树子湾住宅内灰坝半块为原告所有。

（二）请判令被告逾越前疆界所占之地基应返还原告并回复原状。

（三）请宣示假执行。

（四）诉讼费用由被告负担。

事实及理由：

缘原告先父遗有巴县陶家乡第十三保大树子湾房屋半向，由原告与叔父陈家禄平均分割，各得二分之一，房屋内有灰坝一块亦即各分其半，立有分管文契为凭，记载甚为明白，历代双方执管无异。殊被告于民国三十四年古腊月十四日，竟逾过灰坝半块以外越界建筑，当经报请保甲长张福明等理论评责，被告应让出灰坝数尺洽还原告，讵被告始终以买自曹春普之文契为依据，姑无论买契所载之灰坝是坐落笈家湾，与系争地之坐落大树子湾地点不符，何能以此而影射，况据证人张福明于本年一月九日，在四川高一分院供指被告强占原告灰坝尺寸，碍及原告住房之出路（此卷已发还，大院勤股内有本件重要证据，如分管文契等均在卷内），被告何能执无效之买契以事混争。即假定被告提出之买契不虚，其越界卖业之曹春普原是侵权行为，依司法院二十年九月二日院字第五七八号解释开"强制执行中拍卖之不动产为第三人所有者，其拍卖无效，所有权人于执行终结后亦得诉求返还，法院判令返还时，可撤销原发管业证书"。法院之误发管业证书尚可请求撤销，判令管业人返还。岂被告执无效之契约以占原告地基？即使买契有效，其越界卖灰坝部分自属无效，以及不能请求确认所有权、将地基返还原告并恢复原状乎？惟被告既具有越界占地之故意，前复藉上诉使原告受拖累损害，嗣因未用祥兆名义起诉，致以诉不适格而被驳回，如不宣示假执行，被告势必仍藉上诉机会使原告受不可计算之损害（因被越界建筑使原告窒息于屋内）。应请依法如诉之声明以判决，并依民事诉讼法第三百九十条第一次宣示假执行。至沾德感。

谨状

计附诉状副本两件

诉讼标的计值国币贰拾万元，应缴审判费国币二千六百元正。

证人：张福明（原告引传）。

证物：三十五年度诉字第五七三号大院判决抄本一件；分管契据均在大院勤股三十五年度诉字第五七三号确认所有权事件卷，请调阅。

重庆地方法院民庭公鉴。

中华民国三十六年三月二十日

律师：李元

具状人：陈祥兆

缴款单

缴款人：陈祥兆。

案号：三十六年诉字第五四三号。

案由：确认所有权。

标的：二千五百圆。

费别：裁判费。

征费数目：国币二千六百圆。

收费员：

中华民国三十六年四月二日

法院民事案件审理单

定于本年五月二十八日上午九时审理应行通知及提传达室人如左。

应传：两造；证人自邀

四月十日下午发文

送达证书

书状目录：民国三十六年诉字第四九九号确认所有权案送达传票一件。

受送达人：原告陈祥兆；诉讼代理人陈海云。

受送达人署名盖章，若不能署名盖章或拒绝者，应记明其事实：陈祥兆、陈海云均未在家由其指定处代收。

非交付受送达人之送达应记明其事实：代收白希之。

送达日期：三十六年四月二十九日。

中华民国三十六年四月二十八日

重庆地方法院执达员：冯俊德

［同年五月二日陈德树、陈韦氏签收的诉状副状二件、传票一件的送达证书略］

宣判笔录

诉字四九九号确认所有权。

原告：陈祥兆。

代理人：陈海云。

代理人：李元律师。

推事谕知被告未到，再传。

中华民国三十六年五月二十八日

笔录

原告：陈祥兆。

代理人：陈海云、李元律师。

被告：陈韦氏、陈德树。

右列当事人因确认所有权案，经本院于中华民国三十六年五月二十八日午后时，开民事法庭，出席职员如左。

审判长推事：罗建尊。

书记官：周文妤。

书记官朗读案由。

问：陈海云，年龄、住址？

答：是，五十五岁，住走马岗十三保一甲。

问：你是陈祥兆的代理人吗？

答：是，是为确认所有权。

笔录当庭朗读无异。推事谕知被告未到，再传。

中华民国三十六年五月二十八日
重庆地方法院书记官：周文妤

审问笔录

原告：陈祥兆，代理人：陈海荣、李元律师。

被告：陈韦氏，代理人：敬树诚律师。

右列当事人间确认所有权案，经本院于中华民国三十六年七月十四日午前十时。开民事法庭，出席职员如左。

审判长推事：吴蜀樵。

书记官：杨渠。

推事点呼右列当事人入庭，书记官朗读案由。

问：陈海云，年［籍］、住［址］？

答：五十五岁，住巴县走马乡十三保一甲，与原告为父子关系。

问：告陈韦氏何事？

答：他争我的坝子。去［年］修房子，那坝子是祖上遗留给我们的，约侵占长二丈二、阔一丈五。

问：有无证据？

答：有（呈阅地图一张，光绪二十九年分管一张）。

问：陈韦氏？

答：五十二岁，住陶家乡十三保。

问：有何答辩？

答：我是依自己的地基修的，并未侵占他的。

问：有何证据？

答：有的（呈阅买契一张）。

问：笺家湾与大树子相距多远？

答（原告）：我们那一带无笺家湾其地，地名是瞒不了人的。

问：陈韦氏，你的陈家禄的约上有照分管老契管业字样。买人家的，分管老契在哪里？

答：卖主他说遗失了，以后清出无效，卖主已死。

问：房子修完未？

答：已修完工了。

推事谕知和解，原告坚请判决。推事谕知弁［辩］论开始。

推事请原告代理人李元律师为诉之声明。

李元律师起立陈述：诉之声明与书状记载相同。

问：事实理由？

答：与书状相同。

问：原告代理人等还有话说么？

答：没有。

问：被告有何话说？

答：请推事判决申冤。

问：还有说的吗？

答：没有。

推事谕知本案弁［辩］论终结，定本月十八日宣判。

笔录当庭宣读，经认无讹。

退庭

中华民国三十六年七月十四日

重庆地方法院民事第一庭

书记官：杨渠

民事委任状

委任人：陈祥兆，七十岁，巴县人，住巴县陶家乡十三保。
受任人：陈海云；李元律师，住张家花园二十六号。

为与陈韦氏等确认所有权等事件，委任代理事。兹将委任代理之原因及权限开下。

原因：不谙法律，年老不克到庭。

权限：阅卷作状、出庭陈述。

谨状

重庆地方法院民庭公鉴。

中华民国三十六年七月十四日

具状人：陈祥兆

民事委任状

委任人：陈韦氏、陈德树。
受任人：敬树诚律师。

为与陈祥兆因确认所有权事件，兹委任律师敬树诚为诉讼代理人。

谨状

重庆地方法院民庭公鉴。

中华民国三十六年七月十四日

具状人：陈韦民、陈德树

宣判笔录

原告：陈祥兆。
被告：陈韦氏等。

当事人间确认所有权事件，于中华民国三十六年七月十八日上午八时，在本院民事法庭公开宣判，出席职员如左。

推事：吴蜀樵。

书记官：杨渠。

点呼事件后，推事起立朗读判决主文并口述判决理由之要领。

中华民国三十一年七月十四日

重庆地方法院民事庭

重庆地方法院民事判决

三十六年度诉字第四九九号

原告：陈祥兆。

诉讼代理人：陈海云，住巴县走马乡十三保一甲。

诉讼代理人：李元律师。

被告：陈韦氏，住巴县陶家乡十三保。陈德树，住大树子湾。敬树诚，律师。

当事人间因确认所有权事件，本院判决如左。

主文

确认巴县陶家乡大树子湾原告住宅灰坝半块为原告所有；被告应将侵占前开地基返还原告，原告假执行之声请驳回；诉讼费用由被告负担。

事实

原告声明，请如主文一二两项并宣示假执行。其陈述略称，原告承继先人遗产，坐宅内灰坝半块为被告侵占，于其上建筑房屋，迭经交涉制止，均无效果，请如声明判决云云。提出分关字约及诉争标的绘图为证。

被告声明，请求驳回原告之诉及假执行之声请。其答辩略称，被告是买自曹春普，原契业已注明灰坝全块，并未侵占原告地基云云。提出曹春普、陈嘉禄所立原契二纸为证。

理由

查该讼争标的石灰半块，业在原告，出示之分关字约内注明为原告所分受。被告辩称买自曹春普，曹春普买自陈嘉禄。核阅被告出示曹春普所立之契约，虽有灰坝全部之语，而陈家禄所立之老契则有"照分管老契管业"，是被告承买曹春普之产业自应仍以陈家禄之分管老契为根据。曹春普既不能提出陈家禄之分管老契，显是越权私卖自不能对抗真正之所有人。原告之诉应认为有理由，惟原告请求宣示假执行部分，经核无于判决确定后执行有受难于抵偿及计算之损害并不准行。

据上论结，原告之诉为有理由，假执行之声请为无理由，应依民事诉讼法第七十八条判决如主文。

中华民国三十六年七月十八日

重庆地方法院民事第一庭

推事：吴蜀樵

如不服本判决，应于收受送达正本后二十日内向本院提出上诉书状。

送达证书

书状目录：民国三十六年诉字第四九九号所有权案送达判决一件。

受送达人：原告陈祥兆；诉讼代理人陈海云。

受送达人署名盖章，若不能署名盖章或拒绝者，应记明其事实：陈祥兆。

送达日期：三十六年八月十四日。

中华民国三十六年八月十一日

重庆地方法院执达员：王泽民

[同年八月十五日陈德树、陈韦氏分别签收判决书的送达证书二份略]

6. 白恕诚诉杨秉森要求交业案

原告白恕诚民事诉状

原告：白恕诚，本市人，住中山一路中华茶社二五三号。

被告：杨秉森、蒲秀英，本市人，住华一村街三十一号附一号。

为依法起诉事。

诉之声明：请求判令被告杨秉森、蒲秀英等应将本市华一村街第三十一号附一号洋瓦房屋一幢（内计壹间）迁让交还原告，并声请准予宣告假执行，诉讼费用由被告负担。

事实理由：窃原告于民国三十七年国历六月九日凭证李文清、唐玉林等承买被告杨秉森、蒲秀英夫妇所有本市华一村街第三十一号附一号租地，自建洋瓦房屋一幢（计大小十间），业价国币两亿元，订立不动产物权移转契约为凭，其业价于立约时当凭中证、保甲等一次付清，毫无蒂欠。殊被告等霸据不迁，屡推屡延，屡延屡展，并凭原中等于本年六月十三日书立限期腾空交房文约一纸，其约内载明："限期十五日该秉森夫妇率佃户等无条件搬迁，倘有逾期违反条约，愿负一切损失责任"等字样，惟被告限期早经届满，仍不迁移，殊属有意赖骗，若在判决确定前不为执行，将来实有难于计算之损害，并愿提供担保声请准予宣告假执行，庶免拖累。为此，依法起诉，伏乞鉴核，俯准迅予传案审理，为如前开诉之声明而判决。实沾法便。

谨状

重庆地方法院民庭公鉴。

律师：鄢伦秀代缮
中华民国三十七年九月二十三日
具状人：白恕诚

重庆地方法院征费单

征费机关：重庆地方法院。

缴款人：白恕诚。

案号：三七年度诉字第一三三七号。

案由：迁让。

标的：贰亿元。

征费数目：国币贰佰陆拾万圆。

备注：

复核员：

收费员：袁

中华民国卅七年九月廿三日

重庆地方法院民事送达证书

书状目录：民国三七年（诉）字第一三〇七号交业案送达传票一件。

受送达人：原告白恕诚。

受送达人署名盖章，若不能署名盖章或拒绝者，应记明其事实：白恕诚。

非交付受送达人之送达应记明其事实：

送达处所：中山一路中华茶社二五三号。

送达方法：

送达日期：三十七年十月四日。

中华民国三十七年九月二十九日

重庆地方法院执达员：罗仁里

［同日杨秉森、蒲秀英各收到传票的送达证书一份略］

杨秉森、蒲秀英民事答辩状

具辩诉人：杨秉森，三二，四川遂宁人，住华一村三一号附一号，木工；蒲秀英，二五，四川遂宁人，住华一村三一号附一号，理家。

被辩诉人：白恕诚。

呈为依法答辩，业价未清，恳予案传代理接洽承买全权负责人余仁涵到庭质讯，以别泾渭，并恳按现时物价指数增加价款而符法纪事。窃民本性诚朴，木业为生，现年三十二岁，于本市华一村第三十一号附一号建有瓦屋一幢，因负债日深，已于本（卅七）年六月十三日由中证李文清、曾理明等将房屋出售与原告白恕诚，业价国币二亿元，买方接洽承买代表全权负责人余仁涵出面办理一切手续，恕诚一人素未见面，中证、保甲均不识认，当时由余氏交付价款国币一亿四千万元，尚欠六千万元，有买方负责人与中证签字、原笔所书欠约一纸为有力证据可凭。民遵于六月二十五日腾空迁出，邻里咸知，该原告与代理负责人一不付款，二不接屋，推延数月，今余仁涵避不见面，显系有拖累蒙骗行为，民已在当地保办公处备案可查。嗣因物价高涨，买方在八月下旬，请托张兴华等在本保保队附办公处，与该管安东洞警所请求调解，斯时均估计全部房屋约值国币二十亿元，劝伊增加六亿，嗣经中证李文清等减至拾亿估计，买方均不承认，故所未果。以目下物价估算，全部房屋可值国币六十亿元，民以三分之一弱可增至十八亿元，折合金圆六百元，双方均可补找。民以受害甚大，无法了结，乃于本年八月上旬再行迁入是屋，期获解决，谨将经过详情分别摘录答辩于后：

一、原告所买被告之房屋一切接洽承买交付手续，概由代表全权负责人余仁涵负责办理，白恕诚素未见面，全体中证、保甲均不认识。

二、原告所控业价付清、延不搬迁等语全属子虚。当时余仁涵仅交价款国币一亿四千万元，下欠六千万元，有原笔所书买方代表负责人与中证等签字欠约一纸为有力证据可凭，遵于本（卅七）年六月二十五日腾空迁出，邻里咸知。该原告与代理负责人一不付款，二不接屋，拖延数月，已在保办公处备案可查。今余仁涵避不出面，显系有蒙骗拖累行为。

三、原告于本（卅七）年八月下旬，请托张兴发等在该管安乐洞警所，以及本保保队办公处请求调解，均按斯时物价估计，全部房屋可值国币二十亿元，劝伊增至六亿元，嗣经中证李文清等减至十亿估计，买方均不承认，故所未果。

四、按现时物价指数估计，其屋可值国币二十亿元，民以三分之一弱，应增加十八亿元，双方均可补找。

综上各由，均属实情，具状呈请钧院恳予案传代理全权负责人余仁涵到案讯明，并按现时物价指数增加价款，付清业价。实沾德便！

谨呈

附收据稿一纸。

证人：中证人李文清、曾理明、韩河清。

重庆地方法院民庭公鉴。

中华民国三十七年十月十八日

具状人：杨秉森、蒲秀英

附：照抄房价欠条于后

今欠到杨秉森偕妻蒲秀英名下华一村街三十一号附一号房屋业价国币六千万元正。

此据

右款限该房腾空及佃户一并搬迁时交清为要。

中证人：李文清（章）、吴裕青、黄绍荣（章）、胡长荣（章）、李树荣（章）、韩河清（章）、曾理明（章）、刘光辉（押）、戚海泉、余仁涵、蒋云山。

民国三十七年国历二月十三日

立欠款人：白恕诚（押）

杨秉森、蒲秀英关于诉讼代理人委任书

具委任人：杨秉森，男，三二，四川遂宁人，住华一村三一号附一号，木工；

蒲秀英，女，二五，四川遂宁人，住华一村三一号附一号，理家。

被委任人：朱连仲，男，三四，四川永川人，住胜利路六十四号，商。

为具状委任事：窃白恕诚控杨秉森一案，因被告突患疾病，势难到案申诉，特委托朱连仲为本案代理陈述全权负责人。恳请准予委任，实沾德便！

谨呈

重庆地方法院民庭公鉴。

中华民国三十七年十月十八日

具状人：杨秉森、蒲秀英

重庆地方法院征费单

征费机关：

缴款人：杨秉森。

案号：　年度　字第　号

案由：反诉。

标的：

费别：

征费数目：二千圆。

备注：

复核员：

收费员：

中华民国卅七年十月十八日

重庆地方法院征费单

征费机关：重庆地方法院。

缴款人：杨秉森。

案号：三七年度诉字第一三三三号。

案由：反诉。

标的：廿亿元。

费别：

征费数目：国币八元七角。

备注：

复核员：

收费员：袁

中华民国卅七年十月十八日

白恕诚关于诉讼代理人委状书

委任人：白恕诚，本市人，住中山一路中华茶社。

受任人：鄢伦秀律师。

为与杨秉森等因交业事件委任代理事，兹将本件委任代理之原因及权限开列于后。

原因：不谙法律。

权限：依法代理。

谨状

重庆地方法院民庭公鉴。

律师鄢伦秀代缮

中华民国三十七年十月二十日

具状人：白恕诚

签到簿

原告：白恕诚。

代理人：鄢伦秀律师到。

被告：杨秉森。

代理人：朱连仲押。

本案弁［辩］论终结，定于本月廿六日宣判。

中华民国卅七年十月廿日

笔录

原告代理人：鄢伦秀律师。

被告代理人：朱连仲。

右列当事人因交业案，经本院于中华民国卅七年十月廿日午前九时开民事法庭，出席职员如左。

审判长推事：刘仁泉。

书记官：冉惠敏。

点呼右列当事人入庭，书记官朗读案由。

原告代理人陈述诉之声明，事实、理由如诉状，并请宣告假执行。

问：朱连仲，年、籍？

答：卅二岁，住华一村。

问：原告买被告房子吗？

答：是的。

问：曾出限期搬家的条据吗？

答：是的。原告只是向华一公司投地皮佃，所欠之款未给，我已腾空，原告不来足价。原告所欠之六千万请增加给付为三亿，原告只出了二亿，后又增加到二亿四，因此调解未成立（欠条阅后发还）。

问：（原告代理人）六千万已交吗？

答：没有，约上是搬空足价（卖约、交收单、限期交房文约阅后发还）。

谕知，本案弁［辩］论终结，定本月廿六日宣判。

右笔录朗读无异。

中华民国卅七年十月廿日
重庆地方法院民一庭
书记官：冉惠敏
推 事：刘仁泉

宣判笔录

原告：白绍成。

被告：杨秉森。

右当事人间交业事件，于中华民国卅七年十月廿六日上午九时，在本院民事法庭公开宣判，出席职员如左。

推　事：刘仁宗。

书记官：冉惠敏。

点呼事件后，推事起立朗读判决主文并口述判决理由之要领。

中华民国卅七月十月廿六日

重庆地方法院民事庭

书记官：冉惠敏

推　事：刘仁宗

四川重庆地方法院民事判决

卅七年度诉字第一三〇七号

原告：白恕诚，住本市中山一路中华茶社。

诉讼代理人：鄢伦秀律师。

被告：杨秉森，住本市华一村街第三十一号附一号。蒲秀英，住同前。

诉讼代理人：朱连仲，住同前。

右当事人间因交业事件，本院判决如左。

主文

被告应自本市华一村街第三十一号附一号洋瓦房一幢（内计一间）迁出，将前间房屋交与原告。

原告假执行声请驳回。

诉讼费用由被告负担。

事实

原告声明求为如主文第一项、第三项所示，并宣示假执行之判决。陈述略称："原告于民国三十七年国历六月九日，承买被告所有本市华一村街第三十一号附一号房屋，业价仅余六千万元未给付，因被告不限期交房"云云，提出限期交房条据及顶让约以为立证方法。

被告答弁［辩］略称："原告未足价，被告之房已腾空"云云。

理由

本件原告以被告收受原告之价金、不依约定交付房屋为理由，诉请判令被告履行契约，提出顶让约、限期迁让约及交收单以为立证方法。而被告则以原告未交足业价为抗辩。查原告虽自认尚有法币六千万元未为给付，惟依两造之约定，被告应腾空足价，显见虽为对待给付，被告有先腾空之义务，否则应写为足价腾空矣，且被告又出具限期迁让约，亦应受其意思表示之拘束，则原告之请求究难认为无理由。至于原告声请宣示之假执行，未能释明在判决确定前不为执行有何难于计算或难于抵偿之损害，其请求当不能认为有理由。

据上论结，原告诉之为有理由，假执行之声请为无理由，应分别予以准、驳，爰依民事诉讼法第七十八条判决如主文。

中华民国三十七年十月三十日

四川重庆地方法院民事第 庭

推事：刘仁宗

如不服本判决，收受送达正本后二十日内应向本院提出上诉书状。

本件证明与原本无异。

书记官：（印）

中华民国三十七年十二月十四日

杨秉森为抄录判决主文民事声请书

具声请人：杨秉森，男，三十二，遂宁人，住华一村三十一号附一号，木工。

被声请人：白恕诚，男。

呈为声请抄录判决主文事：窃白恕诚控民迁让及民反诉案，经讯明，定十月二十六日宣判，迄今判决书尚未送达，是以声请抄录判决主文。毋任沾感！

谨呈

重庆地方法院民庭公鉴。

中华民国三十七年十一月十七日

具状人：杨秉森

重庆地方法院民事送达证书

书状目录：民国三十七年（诉）字第一三〇七号交业案送达判乙件。

受送达人：白恕诚

受送达人署名盖章，若不能署名盖章或拒绝者，应记明其事实：白恕诚印。

送达日期：卅七年十二月十九日。

中华民国卅七年十二月十四日

重庆地方法院执达员：何□□

［同日杨秉森、蒲秀英收到两份判决书的送达证书一份略］

重庆地方法院书记室公函

享字第五〇九号

案查白恕诚与杨秉森等间交业事件，业经本院依法判决并予送达在卷。兹据被告杨秉森等于法定期间内具状提起上诉到院，相应检齐卷证，函送贵室查收核办。

此致

四川高等法院重庆分院书记室

计函送卷乙宗，上诉状、裁定、回证各乙件，证物二号。

书记官：（印）

中华民国三十八年七月十五日

杨秉森、蒲秀英上诉状

上诉人：杨秉森，男，三二岁，遂宁人，住本市华一村三一号附一号，木工。蒲秀英，女，遂宁人，住本市华一村三一号附一号。

被上诉人：白恕诚，住本市中山一路中华茶社。

　　呈为不服判决，呈请检卷申送第二审，传集讯究，另为合法判决事。情民与白恕诚为顶让房产、业价未清涉讼，沐钧院传讯明晰判决在案，窃民于民国三十七年六月九日凭证李文清顶让华一村第三十一号附一号房屋，业价除收外，尚欠六千万元，民遵照订立条约履行（于十五日内）搬迁腾空，有另佃房屋之租金收据及安乐洞警所迁移证可凭。迭请中证转达数次，俟伊足价交房，久延不偿，民视此意图拖赖，如房风上涨，必有接收之意，如是下跌，似有无效之势。迨至八月政府改革币制，行使金圆券，不料各物陡涨之际，该买主白恕诚前来接收房屋，又不照时市增加业价，仍以六千万元为原则，民遭物价波动，以欠款合于六月份实物计算损失巨大，特向本保甲声明各情，具状保办公处存查，于七月二十日迁回原地自有之房。因此，伊不达到目的，蒙控钧院，民依法答辩并提起反诉，遵章缴费，未蒙合法判决，为此具状，呈请钧院检卷申送第二审，诉讼费候裁定遵缴，恳传集讯究，另为合法判决，俾民不受伊拖延损失。实沾德便！

　　谨呈

重庆地方法院民庭公鉴。

中华民国三十八年元月四日

具状人：杨秉森、蒲秀英

重庆地方法院民事裁定

三十七年度诉字第一三○七号

上诉人：杨秉森、蒲秀英，住华一村三号附一号。

　　右上诉人与白恕诚因交业事件，不服本院第一审判决，提起上诉，应缴裁判费国币金元一元三角，未据缴纳，其上诉状亦未依民事诉讼法第四百三十八条表明上诉理由。兹限该上诉人于收受本裁定时起七日内本院如数补缴，如逾期尚未遵行，第二审法院即行驳回上诉。切勿违延自误。特此裁定。

　　中华民国三十八年元月十一日

　　重庆地方法院民事第一庭。

推 事：刘仁宗

书记官：（印）

中华民国三十八年元月十四日

重庆地方法院民事送达证书

书状目录：民国三十七年（ ）字第一三〇七号交业案送达裁定一件。

受送达人：上诉人杨秉森、蒲秀英。

受送达人署名盖章，若不能署名盖章或拒绝者，应记明其事实：杨秉森押。

非交付受送达人之送达应记明其事实：蒲秀英由杨秉森一并收受。

送达处所：

送达方法：

送达日期：三八年六月廿日。

中华民国三十八年六月十三日

重庆地方法院执达员：施光华

缴费单

查上诉人杨秉森与白恕诚系争华一村卅一号附一号之房屋一栋，标的银元三十元，缴费。

缴费人：杨秉森

中华民国三十八年六月二十一日

四川高等法院重庆分院征费单

征费机关：四川高等法院重庆分院。

缴款人：杨秉森。

案号： 年度 字第 号

案由：与白恕诚。

标的：金元卅七元五角。

费别：裁判。

征费数目：

备注：

复核员：

收费员：（印）

中华民国三十八年六月二十一日

民事送达证书

送达法院：四川高等法院重庆分院。

应送达之文书：民国三十八年上字第二五五一号交业传票二件。

应受送达人：杨秉森、蒲秀英。

受送达人署名盖印，若不能或拒绝署名盖印，送达人应记明其事由：杨秉森。

非交付应受送达之人，送达人应记明其事由：蒲秀英死亡，传票由杨秉森代收。

送达日期：卅八年九月四日。

中华民国三十八年　月　日

送达人：朱守正

[同年九月二日白恕诚收到传票的送达证书略]

白恕诚关于诉讼代理人之民事委任状

委任人：白恕诚，重庆人，住华一村三十一号附一号。

受任人：鄢伦秀，律师。

为与杨文山等因确认买卖契约无效事件，委任代理事。兹将本件委任代理之原因及权限列后。

原因：不谙法律。

权限：依法代理。

谨状

四川高等法院重庆分院民庭公鉴。

律师鄢伦秀代缮

中华民国三十八年九月二十三日

具状人：白恕诚

言词辩论笔录

上诉人：杨秉森。

被上诉人：白恕诚。

代理人：鄢伦秀律师。

右当事人间交业上诉事件，经本院于中华民国卅八年九月廿三日上午十时，在本院第五法庭公开言词辩论。出庭推事、书记官如左。

审判长推事：贺家鼎。

推事：柳谦。

推事：史成铎。

书记官：□□□。

点呼事件后到场人如左。

上诉人：杨秉森兼蒲秀英之承受诉讼人到。

被上诉人：白恕诚。

代理人：鄢伦秀律师。

问：杨秉森请求如何判决？

答：请求废弃原判，驳回被上诉人在第一审之诉，第一、二审诉讼费用由被上诉人负担。

问：有什么理由？

答：被上诉人承买上诉人的房屋，立约后，不将房价交足，故请为前之判决。

问：蒲秀英是你什么人？

答：是我妻子。

问：蒲秀英已死亡，谁为他承受诉讼？

答：蒲秀英没有其他的后人，我是她丈夫，我为他承受诉讼，我下去就补呈承受诉讼状来。

问：你与被上诉人买卖行为是成立了的吗？

答：是成立了的。

谕知，被上诉人代理人陈述请求如何判决？

鄢伦秀律师起立称：请求维持原判，驳回上诉，第二审诉讼费用由上诉人负担，并宣告假执行。理由：上诉人与被上诉人就本市华一村中式房屋一栋成立买卖契约系合法，成已为上诉人所不否认，至业价未清，是另一法律问题，至本案已拖延一年之久，被上诉人迄今未得到房屋使用，若不假执行，以后损失难以计算，故请如前之判决。

谕知，本案辩论终，本月廿八日宣判。

右笔录当庭宣读无异。

中华民国卅八年九月廿三日
四川高等法院重庆分院民四庭
书记官：□□□
审判长：贺家鼎

上诉人杨秉森民事理由状

上诉人：杨秉森，男，本市人，住华一村三十一号附一号。

被上诉人：白恕诚，男。

为与白恕诚因顶让房产业价未清事件上诉一案，兹特陈明理由，以凭废弃原判，另为判决事。

（一）缘上诉人与被上诉人订立顶让房产，系经中证李文清介绍，由买方余仁涵莅场办理各项手续，事后匿不见面，至期不给清业价，蓄意拖延，以致币制贬值，此不服者一。

（二）查立约注明（限期十五日内）腾空足价交房，从六月十三日至二十八日止，限期届满，即将该项房屋全部腾空，上诉人于六月十九日迁往华一村四三号附一号另租之房，给罗长荣租金收据，并四分局安乐洞警所之迁移证及异动户口等据可查。立即请中证转达买方数次，置之不理，迨至八月底，始前来接收房屋，岂不是故意给延，以视物价涨跌而为定决其事，此不服者二。

（三）在三十七年六月份以六千万元合物质比较，惟米价最低之类，此时可购米三十市石余，至八月币制改革，合金圆券二十元，亦可购米一市石，迄今贰拾元不能购物。在被上诉人起诉之时，上诉人答辩状内请求增加六百元，此乃九月份下旬，可购米三十市石余。如六月十三日立约后（在十五日内）交足上开业价，完清手续，上诉人不受其拖延，岂受物价影响？至今化为乌有，而受巨大损害，此不服者三。

（四）被上诉人在原审捏词控诉一次交清业价，既将业价付清，何不凭中证饬上诉人交房？仅以未腾空房屋藉词搪塞，究竟以何据为凭？上诉人将房腾空，请凭中证催告被上诉人前来接收房屋，上诉人迁让，不但有迁移证可考，且有佃房之租金收据可稽，是上诉人腾空房屋之铁证。被上诉人违背限期条约，不交足业价，以致币制贬值，此应请撤销顶让契约者四也。

为特陈明上诉理由，恳祈钧院传案讯明，废弃原判，另为判令顶让契约无效，以免损害。不胜沾感。

谨呈

四川高等法院重庆分院民庭公鉴。

中华民国三十八年九月二十三日

具状人：杨秉森

宣示判决笔录

上诉人：杨秉森。

被上诉人：白恕诚。

代理人：鄢伦秀律师。

右当事人间交业事件，经本院于中华民国卅八年九月廿三日上午十时，在本院第五法庭公开宣示判决。出庭推事、书记官如左。

审判长推事：贺家鼎。

推事：柳谦。

推事：史成铎。

书记官：□□□。

点呼事件后到场当事人如左。

两造均未到。

审判长起立，朗读判决主文并告知理由。

中华民国卅八年九月廿八日

四川高等法院重庆分院民事第四庭

书记官：

审判长：贺家鼎

四川高等法院重庆分院民事判决

卅八年度上字第二五五一号。

上诉人：蒲秀英，死亡。

上诉人兼右承受诉讼人：杨秉森，住本市华一村街第三十一号附一号。

被上诉人：白恕诚，住本市中一路中华茶社。

诉讼代理人：鄢伦秀，律师。

右当事人间请求交房事件，上诉人对于中华民国三十七年十月三十日四川重庆地方法院判决提起上诉，本院判决如左。

主文

上诉驳回。

第二审诉讼费用由上诉人负担。

事实

上诉人及上诉人蒲秀英承受诉讼人声明，请求废弃原判决，驳回被上诉人在第一审之诉。被上诉人代理人声明，请求驳回上诉。两造其余应记载之事实，与第一审判决书记载者无异，兹引用之。

理由

本件上诉人以已有本市华一村街第三十一号附一号房屋一幢，于民国三十七年六月九日价卖于被上诉人，已据被上诉人提出物权移转契约一纸作证，即上诉人对之亦并不争执，惟据辩称被上诉人承买上业以后，迄未付清房价，自难交业云云。查两造间之物权移转契约既经合法订立，被上诉人纵有业价未清情事，上诉人亦不难依法诉请给付，况上诉人更于同年月十三日凭中书立交房文约，约定自立约后十五日内搬迁交房，尤无诿卸余地，上诉论旨不能认为有理由。

综上论结，本件上诉为无理由，应予驳回，合依民事诉讼法第四百四十六条第一项、第七十八条判决如主文。

中华民国三十八年九月廿八日

四川高等法院重庆分院民事第四庭

审判长推事：贺家鼎

推事：柳谦

推事：史成铎

书记官：□□□（印）

不得上诉。

本件证明与原本无异。

7. 冯瑶卿诉何代英要求排除侵害案

原告冯瑶卿民事诉状

原告：冯瑶卿，女，三九，巴县人，住土主乡踏水桥十三号。

被告：何代英，男，巴县人，住土主乡四塘狮子山。

为与被告排除侵害及请求赔偿损失一案诉请判决由。

诉之声明：确认巴县土主乡四塘狮子山房屋小半院为原告所有，被告何代英不得阻止佃户黄炳荣耕作，被告何代英应赔偿三十七年度上间业内黄谷收益六老石，并予假执行，诉讼费用由被告负担。

事理之陈述：窃原告于民国三十六年冬月十八日，以法币一百四十八万，凭刘汉中、何统一、陈子林、陈国章在场，承买被告之胞兄何代华及子远成巴县土主乡四塘狮子山田土一股，房屋小半院，当时价金交足，经其佃户黄炳荣与原告投佃，有何代华之卖约及其与被告之分关可考，由是该业为原告取得所有权，佃户黄炳荣继续耕种该业。该被告因弟兄关系，强欲买得该产，原告不从，不图被告挟恨，遂于三月十五日阻止佃户黄炳荣耕作，将其犁铧农器夺取，不许耕作，经原告请理，被告坚持非买回该产不可，黄炳荣复去耕作，又遭阻挡。因此将田荒芜，以致田内黄谷无出，损失黄谷六老石，事经本保户籍谭吉熙眼见，并同刘云超乡长及调解主席荣辉萱调解数次无效，是被告为不法侵害他人之田产收益，应依民法一百八十五条负赔偿责任，为此，诉请如诉之声明下判，本案假执行之原因，为被告对原告正当取得之物权因田价高涨，意图得不法利益，强逼原告卖产及不许佃户耕作，所生之损害，如不假执行，则恐被告继续阻止耕作，则必生难于计算及难于抵偿之损害，合于假执行。

谨状

证人：谭吉熙、刘云超、荣辉萱

证物：买约、佃给、分关均审呈

重庆地方法院民庭公鉴。

中华民国三十七年十一月十六日

具状人：冯瑶卿

缴费单

征费机关：

缴款人：冯瑶卿。

案号：三十七年度诉字第一五一六号。

案由：赔偿。

征费数目：金圆四圆三角零分。

复核员：

收费员：

中华民国卅七年十一年十六日

缴 费 单

征费机关：

缴款人：冯瑶卿。

案号：　　年度　字第　号

案由：赔偿。

征费数目：国币一千圆。

复核员：

收费员：袁

中华民国卅七年十一月十六

四川重庆地方法院民事案件审理单

卅七年诉字第一六二三号定于本年十一月卅日上午九时审理，应行通知及提传人如左。

应传：两造，被告□□。

推事：十一月十九日上午发交。

重庆地方法院民事送达证书

书状目录：民国卅七年诉字第一六二三号排除侵害案送达传票一件。

受送达人：原告冯瑶卿。

受送达人署名盖章，若不能署名盖章或拒绝者，应记明其事实：冯瑶卿押。

送达日期：三十七年十一月二十三日。

中华民国三十七年十一月十九日

四川重庆地方法院执达员：杨云三

[同年十一月二十四日何代英收到传票的送达证书略]

证人书面证词

事由：为因公不克到案，特以书面证明案情由。

查冯瑶卿告何代英赔偿损失一案，民等因公不能到案，特以书面证明于后：

一、冯瑶卿所买何代华、何远成等所有巴县土主乡狮子山田业一股，每年确可收益黄谷六老石左右，并经依法取得所有权。

二、本年三月何代英因再三向冯瑶卿索买上项田业未遂，故意肆行阻耕，迭经调解无效，致使田地荒芜，收益全失。

以上两项全系事实，特此证明。

谨呈

重庆地方法院民庭。

证明人：刘云超、荣辉萱、谭缉熙。

中华民国三十七年十一月二十六日

原告冯瑶卿关于诉讼代理人的民事委状

委任人：冯瑶卿，女，三九，巴县人，住土主乡踏水桥十三号，理家。
受委人：陈知远，男，三九，籍贯住所同右。

为请委诉诉讼代理事：窃委任人告何代英赔偿损害黄谷六老石一案，兹委任良人陈知远到庭辩论事实进行本案与本人无异，至案终为止。

谨状

重庆地方法院民庭公鉴。

中华民国三十七年十一月三十日

具状人：冯瑶卿

审理笔录

原告：冯瑶卿，未到。

代理人：陈知远。

被告：何代英。

右列当事人因排除侵害案，经本院于中华民国卅七年十一月廿八日午前八时，开民事法庭，出席职员如左。

审判长推事：王乃澄。

书记官：刘荣拒。

点呼右列当事人入庭，书记官朗读案由。

问：姓名、年住址？

答：陈知远，卅八岁，住土主乡。

问：你代理谁？

答：我代理冯瑶卿。

问：告哪个？

答：告何代英。

问：如何请求？

答：请求如诉声明。

问：这地方是谁的？

答：这产业是原告的。

问：土主乡狮子山是田土吗？

答：土主乡狮子山田土房屋小半院。

问：佃给谁的？

答：这地方是佃与黄炳荣的。

问：何时佃的？

答：卅五年佃给他的。

问：是谁卖给原告的？

答：是何代华卅五年卖与原告的。

问：为何约据上是卅六年买的？

答：因我不是很清楚。

问：原来这地方是谁的？

答：这地方是何代华的。

问：这地方面积多大？

答：这地方可产十石谷之面积。

问：何代英，年住址？

答：四十二岁，住同状。

问：这地方是谁的？

答：土主乡这地方是何代华的。

问：何代华是你什么人？

答：何代华是我家兄。

问：这地方不是你的吗？

答：不是我的，是我哥何代华的。

问：此产业是否卖与原告？

答：没有卖。

问：何时分的家？

答：三十四年分的家。

问：何代华还在不？

答：何代华已于本年八月廿六日亡故。

问：今年之租子交给谁的？

答：本年的租谷是何代华自做。

问：在原告说是卖给他的，是不是？

答：我还是不知他卖否？

问：佃给黄炳荣今年租子交没有？

答：是佃与黄炳荣，今年租谷未交。

问：何代华什么时候租与他的？

答：卅四年何代华租与他的。

问：原告代理人，这地方原来是谁的？

答：原来是何代华租给他的。

问：是哪年买的？

答：是卅六年买的。

问：为何卅六年买的其佃约又是卅五年十二月十八日就佃与黄炳荣？

答：因税契的关系。

问：何代英你为何要阻止黄炳荣？

答：没有阻止黄炳荣。

问：这地方究竟卖否？

答：这地方确实未卖。

问：为何有卖约？

答：那不知他们是怎样的？

问：原告所提的契约是真的不？

答：原告所提之契是真的。

问：原告究竟是哪年买的。

答：确实是卅五年买的，因税契之关系即将日期写卅六年之故。

问：原、被告还有无话说？

答：均答没有。

庭谕弁［辩］论终结，定十二月六日宣判。

右笔录经朗读无异。

中华民国卅七年十一月卅日

重庆地方法院民一庭

书记官：刘荣拒

推事：王乃澄

宣判笔录

原告：冯瑶卿。

被告：何代英。

右当事人间确认所有权事件，于中华民国卅七年十二月六日上午八时，在本院民事法庭公开宣判，出席职员如左。

推事：王乃澄。

书记官：刘荣拒。

点呼事件后，推事起立朗读判决主文，并口述判决理由之要领。

中华民国卅七年十二月六日

重庆地方法院民事庭

四川重庆地方法院民事判决

三十七年度诉字第一六二三号

原告：冯瑶卿，住土主乡踏水桥十三号。

诉讼代理人：陈知远，住同右。

被告：何代英，住土主乡四塘狮子山。

右当事人间因确认所有权等事件，本院判决如左。

主文

确认巴县土主乡四塘狮子山田土及房屋小半院为原告所有，原告其余之诉及假执行之声请均驳回，诉讼费用由被告负担三分之二，原告负担三分之一。

事实

原告诉讼代理人声明请求如主文第一项所示之判决，并请判令被告不得阻止佃户黄炳荣耕种及赔偿本年度收益黄谷六老石，并请假执行，其陈述略称：原告于三十六年冬月十八日承买被告胞兄何代华所有原告诉之声明内之田土、房屋，并出租与原佃户黄炳荣耕种，孰料因被告之阻耕，以致田土荒芜，本年未得收益，故求诉之声明之判决，请宣示假执行云云，并当庭提出契约、分关为据。

被告答辩略称：何代华是被告胞兄，已于本年八月二十六日死亡，原告所称之田土房屋为何代华所有，但未出卖，被告既未阻耕，亦未敢收受租谷云云。

理由

原告主张系争田土房屋系于何代华手中承买，并提出契约及何代华之分关以为证实，被告虽抗辩何代华未为出卖，徒托空言，不足采，原告请求确认系争田土房屋为其所有之诉，非无理由，至原告请求判令被告不得阻耕及赔偿本年收益部分，不但被告极力否认有阻耕情事，且原告对之亦系空言主张，显不足采。原告此造份之诉为无理由，从而原告假执行之声请亦为无理由，应予驳回。

据上论结，原告之诉一部有理，一部无理，应分别予以准、驳，并依民事诉讼法第七十九条判决如主文。

中华民国三十七年十二月六日

四川重庆地方法院民事第一庭

推事：王乃澄

本件证明与原件无异。

书记官：印

中华民国三十七年十二月廿二日

重庆地方法院民事送达证书

　　书状目录：民国三十七年诉字第一六二三号所有权案送达判决一件。

　　受送达人：原告冯瑶卿，代理人陈知远。

　　受送达人署名盖章，若不能署名盖章或拒绝者，应记明其事实：陈知远。

　　送达日期：卅七年十二月卅日。

中华民国三十七年十二月二十二日

四川重庆地方法院执达员：彭国钧

　　　[中华民国卅八年元月五日同居之伍何远成代何代英收到判决的送达证书略]

重庆地方法院书记室公函（稿）

三十八年二月十七日发文三一六号

　　案查冯瑶卿与何代英排除侵害案件，业经本院依法判决并送达在卷，兹据被告于法定期间内具状提起上诉到院，相庆检齐卷证函送贵室查收核办。

　　此致

　　四川高等法院重庆分院书记室

　　计函送卷一宗，上诉状乙件，裁定、送证各乙件。

四川高等法院重庆分院书记室公函

民齐字第一三八一五号

　　查本院受理三十八年度上字第六四三号何代英与冯瑶卿所有权事件，业经 ×× 撤回，相应检同卷宗及通知正本等件，函请查照，迅派员妥为送达，并将送达证书附入本院卷内为荷。

　　此致

　　重庆地方法院书记室

　　计送本院卷一宗，原审卷一宗，通知正本二件，送达证书用纸一件。

中华民国三十八年十一月十四日

重庆地方法院书记室公函

利字第八八六号

　　案查冯瑶卿与何代英排除侵害事件，业经本院判决并送达在卷，兹据被告于法定期间内具状提起上诉到院，相应检齐卷证函送贵室查收核办。

　　此致

　　四川高等法院重庆分字书记室

　　计函送卷一宗，上诉状裁定送证各一件。

书记官：　印

中华民国三十八年二月十七日

上诉人何代英民事声请状

声请人：何代英，男，四二，巴县人，住土主乡四塘狮子山。

被上诉人：冯瑶卿，男，巴县人，住土主乡踏水桥十三号。

为不服判决，声明上诉，请予检卷申送上级法院以凭更判，并请裁定诉讼费而便遵缴事。

情民前以被冯瑶卿蒙请确认所有权事件一案到院，于本月五号奉到钧院三十七年诉字第一六二三号判决主文：确认巴县土主乡狮子山田土及房屋小半院为原告所有，原告其余声请驳回，诉讼费用由被告负担三分之二，原告负担三分之一等语。查与事实完全不符，使民难甘折服，除理由径向高等法院陈述外，特于法定期内声明不服，请予检卷申送上级法院，以凭更判而符事实，并请裁定讼费而便遵缴，沾感无涯。

谨状

重庆地方法院民庭公鉴。

中华民国三十八年元月十七日

具状人：何代英

钱藩律师代缮

重庆实验地方法院民事裁定

三十七年度诉字第一六二三号

上诉人：何代英，巴县土主乡四塘狮子山。

右上诉人与冯瑶卿因排除侵害事件，不服第一审判决提起上诉，应缴裁判费国币金元六元五角，未据缴纳，其上诉状亦未依民事诉讼法第四百三十八条表明上诉理由，兹限该上诉人于收受本裁定时起七日内到本院如数补缴，如逾期尚未遵行，第二审法院即行驳回上诉，切勿违延自误，特此裁定。

中华民国三十八年一月十九日

重庆地方法院民事第一庭

推事：王乃澄

本件证明与原本无异。

书记官：刘荣拒印

中华民国三十八年元月廿二日

重庆地方法院民事送达证书

书状目录：民国三十七年诉字第一六二三号所有权案送达上诉裁定一件。

受送达人：上诉人何代英。

受送达人署名盖章，若不能署名盖章或拒绝者，应记明其事实：何代英押。

送达日期：卅八年二月七日。

中华民国三十八年元月廿二日

重庆实验地方法院执达员：彭仲一

缴费单

征费机关：

缴款人：何代英　案号：　年度　字第　号

案由：与冯瑶卿排除侵害。

标的：三千三百三十三圆。

费别：裁判。

征费数目：金圆六圆五角零分。

备注：

复核员：

收费员：　印

中华民国卅七年十一月十六日

民事案件审理单

四川高等法院第一分院民事第　庭受理卅八年度上渝字第六四三号确认所有权上诉事件指定卅八年三月廿二日上午九时为言词辩期，自应行传唤及通知诉讼关系人如左。

何代英，住土主乡四塘狮子山。

冯瑶卿，住土主乡踏水桥。

四川高等法院重庆分院送达证书

应送达之文书：民国三十八年上字第六四三号何代英所有权三[月]廿二[日]传票一件。

应受送达人：冯瑶卿。

受送达人署名盖章，若不能署名盖章或拒绝者，应记明其事实：冯瑶卿。

送达日期：卅八年三月十八日。

中华民国三十八年三月　日

送达人：陈青云

[中华民国三十八年元月五日同居之母何黄氏代何代英收到判决的送达证书略]

言词辩论笔录

上诉人：何代英。

被上诉人：冯瑶卿。

右当事人间所有权上诉事件，本院于中华民国卅八年三月廿二日上午八时，在本院第二庭公开言词辩论，出席职员如左。

审判长推事：刘伯泉。

书记官：王

点呼事件后，当事人均未到庭。

审判长宣言本件两造均未遵期到庭，应予休止诉讼程序，闭庭。

中华民国三十八年三月廿二日

四川高等法院第一分院民事第二庭

书记官：王

审判长：刘伯泉

四川高等法院重庆分院刑事第　庭记录科通知书

查何代英与冯瑶卿所有权事件，曾定于三月廿二日言词辩论，经合法传唤在卷，届期两造均未到庭，依民事诉讼法第一百九十一条及第一百九十条第二项之规定，为休止诉讼程序，自休止时起（即三月廿二日）如于四个月内不续行诉讼者，视为撤回上诉，特此通知。

右受通知人姓名：何代英，住土主乡四塘狮子山；冯瑶卿，住土主乡踏水桥。

中华民国三十　年　月　日

书记官：

四川高等法院重庆分院送达证书

应送达之文书：民国　年　字第　号何代英所有权通知书一件。

应受送达人：冯瑶卿。

受送达人署名盖章，若不能署名盖章或拒绝者，应记明其事实：冯瑶卿。

非交付应受送达人之送达应记明其事实由：冯瑶卿未在家，由陈金　代收。

送达日期：卅八年五月六日。

中华民国三十八年四月　日

送达人：　印

[同日何代英签收的通知书的送达证书略]

8. 蒋锡光诉周石若群要求交业案

原告蒋锡光民事诉状

原告：蒋锡光，男，四三岁，本市人，住信义街六十号，商。

被告：周石若群，女；曾国瑞，男；萧松三，男，均住本市中正路顶子巷十五号。

为承租人周石若群违约转租，诉请依法审判，止约交业，以符法制事。谨将诉之声明及事实理由陈述如左。

（一）诉之声明：（甲）请求判决确认被告周石若群与原告就本市中正路顶子巷十五号楼房三间所结之租约终止。（乙）被告周石若群、曾国瑞、萧松三应即迁让，将上项房屋交还原告。（丙）本件前项迁让交业部分声请宣告假执行。（丁）诉讼费用由被告等共同负担。

（二）事实：缘原告于民国三十七年四月间，价买申玉成所有本市中正路顶子巷房屋全幢，周石若群承租楼房三间，由申玉成交出老佃约与原告存执为凭。殊被告周石若群将楼房转租被告曾国瑞、萧松三，意图牟利，实有违反原租约第一项承租人于承租期内无顶打装修、佃上招佃、私取大押，并无转佃他人之规定，况租期去年十月十五日届满，迭经原告通知收回自住，而被告等置之不理，经凭保甲调处，亦不从场，是以依法提起诉讼。

（三）理由：查出租人于租赁物交付后，从将其所有权让与第三人，其租凭契约对于受让人仍继续存在，民法第四百二十五条有明文规定。本件被告周石若群承租本市顶子巷十五号楼房三间，有租约为凭，依上开法条规定，该项租约对原告仍属继续存在。被告周石若群于承租后，私行将房屋大部分转租与曾国瑞、萧松三等，而实际使用上项房屋者，则为被告曾国瑞、萧松三等，于承租人显然违反原租约第一项承租期内不得顶打转租、佃上招佃、转让他人之规定，依据房屋租赁条例第六条第一项、第九条第一项第四款各项规定，实已构成止约之原因，从而被告周石若群与原告间之租约即应终止。是被告曾国瑞、萧松三与原告毫无租赁关系，自属无权占有，尤应一律搬迁，将所占之房屋交还原告（参照民法七百六十七条上段）。本件被告周石若群企图以转租牟利，而被告曾国瑞、萧松三等欲长久无权占有，有当此经济变动剧烈，原告又急于收回自住，如于判决确定前不为执行，诚有难于计算、难于抵偿之损害，故声请依照民事诉讼法第三百九十条规定宣告假执行，必要时可提供担保，以杜拖延。为此，遵照系争房屋价额计为金圆十万元之诉讼标的缴纳裁判费金圆，状请钧院鉴核，准即传审，为如诉之声明之判决，以维法益而保物权。不胜沾感。

谨呈

证物：原租约壹张审呈。

重庆地方法院民庭公鉴。

中华民国三十八年三月二十五日

具状人：蒋锡光

重庆地方法院征费单

征费机关：

缴款人：蒋锡光。

年度 字第 号。

案由：申请。

标的：

费别：缮状费。

征费数目：金圆十圆零角零分。

备注：

复核员：

收费员：袁

中华民国卅八年三月二十五日

重庆地方法院征费单

征费机关：

缴款人：蒋锡光。

案号：三八年度诉字第四四一号。

案由：止约交业。

标的：十万元。

费别：裁判费。

征费数目：金圆六百九十圆三角零分。

备注：

复核员：

收费员：袁

中华民国卅八年三月二十五日

重庆地方法院民事送达证书

书状目录：民国卅八年(诉)字第四三三号交业案送达传票一件。

受送达人：原告蒋锡光。

受送达人署名盖章，若不能署名盖章或拒绝者，应记明其事实：蒋锡光。

送达日期：卅八年三月卅一日。

中华民国卅八年三月卅日

重庆地方法院执达员：秦光森

[同日也送达被告周石若群、曾国瑞、萧松三]

周石若群关于诉讼代理人的民事委任书

委任人：周石若群，女，四十六，四川人。

被委任人：陈超常。

呈为非法终止租约，恳予驳回原告之诉，以维续租事。情蒋锡光以终止租约等情具控氏一案，查该房原系氏与申玉成所佃，连年佃租清楚无紊。至该房原于国战时炸毁后，系氏培修，殊至三十四年大江通失火，又被损毁，亦系氏重新修筑，三十六年又隔壁失火损毁一次，均系氏自修，主人未给分文。而今忽然变为姓蒋，控氏解除租佃，其情不解，据买卖情形，氏等一概不知，以解除租佃而论，近前毫无通知。关于曾国瑞、萧松三两名，系原申玉成同意氏修缮后，任其自坐招租，与主无涉，至于原告人无权过问，所有理由充分。兹因奉票期急，氏染病已久，无法赴案，特请代理人出庭，代为请求钧院赏准病愈后，到庭详诉一切。及今请求驳回原告之诉，又查伊词提有假执行一节，于必要时，请求准于提供担保，免于假执行，以维佃商，而正市风。沾感。

谨呈

重庆地方法院民事庭公鉴。

中华民国三十八年四月六日

具状人：周石若群

笔录

原告：蒋锡光。

被告：周石若群。

右列当事人因交业案，经本院于中华民国卅八年四月六日午前时开民事法庭。出席职员如左。

推事：郑国勋。

书记官：邹佩萱。

点呼右列当事人入庭，书记官朗读案由。

问：原告姓名等项？

答：蒋锡光，四十三，住本市信义街六十号。

问：你告谁人？

答：告周石若群等三人，如状。

问：什么事？

答：第一被告佃我的房子一年未付租金，并转租与第二、第三两被告，现在我要收回。

问：请求什么？

答：中正路顶子巷十五号楼房三间，请求判令终止租约，搬迁交还。

问：何时佃的？

答：三十一年佃的。

问：未付租金，你催收过没？

答：催了不交。

问：你收回佃，何用？

答：我收回自住。

问：你通知没？

答：通知了的，我去收租，他们佃房户来打我，我不敢去了。

问：被告代理人年、姓等项？

答：陈超常，四十，住中正路二一○号。

问：你代理谁人？

答：代理周石若群。

问：周石若群是三十一年佃的房子吗？

答：事实我不知道，周石若群病了，请求再传本人。

问：他请你代理，总对你说了的？

答：与诉状的事实一样。

问：蒋锡光另外两个被告？

答：请示缺席判决。

问：你请求怎样判决？

答：请求判令第一被告终止租约，第二、第三被告是无权占有，亦应一并搬迁交房，并宣示假执行，负担讼费。

问：陈超常，你怎样声弁[辩]？

答：原告是后来买的，被告佃在先，另案已有反诉，本案请驳回原告之诉，必要时愿提供担保，请免除假执行。

推事庭谕，□庭□。

中华民国三十八年四月六日

重庆地方法院民庭

书记官：邹佩萱

推　事：郑国勋

宣判笔录

原告：蒋锡光。

被告：周石若群。

右当事人间交业事件，于中华民国卅八年四月八日上午十时在本院民事法庭公开宣判。出席职员如左。

推事：郑国勋。

书记官：邹佩萱。

点呼事件后，推事起立朗读判决主文并口述判决理由之要领。

中华民国卅八年四月八日

四川重庆地方法院民事判决

三十八年度诉字第四三三号

原告：蒋锡光，住信义街六十号。

被告：周石若群，住中正路顶子巷十五号。曾国瑞，住同右。萧松三，住同右。

第一被告诉讼代理人：陈超常，住中正路二一〇号。

右当事人间请求止约搬让事件，本院判决如左。

主文

确认第一被告与原告就本市中正路顶子巷十五号楼房三间所缔结之租约终止。

被告等应将上项房屋迁让交还原告。

原告假执行之声请驳回。

诉讼费用由被告等共同负担。

事实

原告声明，求如主文所示与宣示假执行之判决。略称，原告于三十七年四月价买申玉成所有之系争房屋，当时由第一被告承租居住，但彼转租与其余被告牟利，况租期去年十月十五日届满，原告迭经通知收回自住，被告不理，故此起诉，云云。

第一被告代理人声明，求驳回原告之诉。略称系争房屋由民承租后，重为建筑而来，云云。

理由

第二、第三被告受合法传唤，既未于言词辩论期日到场，又无民事诉讼法第三百八十六条各款情形，准由原告依一造辩论而为判决。

次查原告对于系争之房屋，系向申玉成购买而来，取有地政局地字第五五三一号所有抄状可稽，其与第一被告之租赁关系当属正当，兹原告主张终止租约，既提出民国三十一年十一月十五日于之租凭契约，以证明系两年以上之租凭期限，又曾于三个月前通知收回自住，尚属有理，况第一被告转租与第二、第三被告，又未依法将转租约送由原告签证，是原告之请求应予准许，惟假执行则未释明原因，应予驳回。

据上论结，原告之诉为有理由，假执行之声请为无理由，应予分别准、驳，并依民事诉讼法第七十八条判决如主文。

中华民国三十八年四月八日

四川重庆地方法院民事第二庭

推事：郑国勋

如不服本判决，应于收受送达正本后二十日内向本院提出上诉书状。

本件证明与原本无异。

书记官：邹佩萱（印）

中华民国三十 年 月 日

重庆地方法院民事送达证书

书状目录：民国卅八年（诉）字第四三三号止约搬让案送达判决乙件。

受送达人：原告蒋锡光。

受送达人署名盖章，若不能署名盖章或拒绝者，应记明其事实：蒋锡光印。

送达日期：卅八年五月八日。

中华民国三十八年五月四日

重庆地方法院执达员

［同日周石若群签收判决，周石若群代曾国瑞、肖松三等签收判决的两份送达证书略］

周石若群租赁申玉成房屋契约

重庆市警察局、财政局今据佃户周石若群凭证租得房主申玉成已有本市第一区中正路街门牌第十五号附　号房计共三间，当交保证金□元，议定第　季租金一千元，按□□交纳，在租赁存续期间，应缴房捐由房主负担，承租人代缴于应纳租金内扣除，租赁解除时，如无欠租，即由房主将原保证金无息退还，双方自签订契约之日起，绝对遵守非常时期重庆市房屋租赁暂行办法，并协议条文如左。

无顶打装修，亦无佃上招佃，私取大押，并无转佃他人，房屋天漏佃户自行修理。此批。

承租人：周石若群（印）

中华民国三十一年十一月十五日

［周石若群租赁申玉成房屋租约呈报单、租赁房屋存根略］

周石若群民事上诉状

上诉人：周石若群，女，四六，本市人，住中正路顶子巷十五号。曾国瑞，男，四二，本市人，住中正路顶子巷十五号。萧松三，男，四八，本市人，住中正路顶子巷十五号。

被上诉人：蒋锡光，本市人，住信义街第六十号。

为不服判决声明上诉事。窃上诉人等与蒋锡光因止约迁让事件，于本年五月八日接奉钧院三十八年四月八日所为三十八年度诉字第四三三号判决，主文栏载："确认第一被告与原告就本市中正路顶子巷十五号楼房三间所缔结之租约终止，被告等应将上项房屋迁让交还原告，原告假执行之声请驳回，诉讼费用由被告等共同负担"等因，实难甘服，除不服原判决各理由另状补陈外，谨于不变期间内声明上诉。伏乞鉴核，俯准迅予检卷申送上级法院核办，以资救济而昭折服。实沾法便。

谨状

重庆地方法院民庭公鉴。

律师鄢伦秀代缮

中华民国三十八年五月二十二日

具状人：周石若群、曾国瑞、萧松三

重庆地方法院民事裁定

三十八年度诉字第四三三号

上诉人：周石若群等，住中正路顶子巷十五号。

右上诉人与蒋锡光因交业事件，不服本院第一审判决，提起上诉，应缴裁判费金圆券一〇三五元，未据缴纳，其上诉状亦未依民事诉讼法第四百三十八条表明上诉理由。兹限该上诉人于收受本裁定时起七日内，向四川高等法院重庆分院如数补缴，如逾期尚未遵行，第二审法院即行驳回上诉。切勿违延自误。特此裁定。

中华民国三十八年五月卅日

重庆地方法院民事第二庭

推事：郑国勋

本件证明与原本无异。

书记官：邹佩萱（印）

中华民国三十 年六月 日

重庆地方法院民事送达证书

书状目录：民国卅八年（诉）字第四三三号交业案送达（才）［裁］定乙件。

受送达人：上诉人周石若群

受送达人署名盖章，若不能署名盖章或拒绝者，应记明其事实：周石若群。

送达日期：卅八年六月七日。

中华民国卅八年六月七日

重庆地方法院执达员：王美

［同日蒋锡光签收裁定的送达证书略］

四川高等法院重庆分院征费单

征费机关：四川高等法院重庆分院。

缴款人：周石若群。

案号： 年度 字第 号。

案由：与蒋锡光交业。

标的：□二百元

费别：裁判。

征费数目：金圆三十三亿六千九百六十万元。

备注：

复核员：

收费员：（印）

中华民国三十八年六月十一日

重庆地方法院书记室公函

勤字第四七五号

案查蒋锡光与周石若群交业事件，业经本院依法判决并予送达在卷。兹据周石若群于法定期间内具状提起上诉到院，相应检齐卷证，函送贵室查收核办。

此致

四川高等法院第一分院书记室。

计函送卷乙件，诉状乙件，才定乙件，送证贰件，证物袋乙件，证据详袋。

书记官（印）

中华民国卅八年六月二十四日

民事送达证书

送达法院：四川高等法院重庆分院。

书状目录：民国卅八年（上）字第二二八九号与蒋锡光交业传票一件。

应受送达人：周石若群、曾国瑞、萧松三。

受送达人署名盖印，若不能或拒绝署名盖印送达人，应记明其事由：曾国瑞、萧松三。

非交付应受送达之人送达人应记明其事由：周石若群因病赴万县其友处就医尚未返渝，不能代收，请另票传，特此声明。

送达日期：三十八年七月二十二日。

中华民国卅八年七月 日

送达人：周国安

[同年七月二十一日蒋锡光签收传票的送达证书略]

言词辩论笔录

上诉人：周石若群。

被上诉人：蒋锡光。

右当事人间交业上诉事件，经本院于中华民国卅八年八月六日上午十时在本院第 法庭公开言词辩论。出庭推事、书记官如左。

推事：饶世弟。

点呼事件后到场人如左。

上诉代理人：鄢伦秀，律师。

被上诉人：蒋锡光。

问：鄢律师代理何人？

答：代理曾国瑞、肖松三二人。

问：他二人上诉请求如何判？

答：请废弃原判，驳回一审之诉，一、二两审诉费请判被上诉人负担。

问：房子是谁佃的？

答：是周石若群出名佃的，实是他们三人合伙佃的。

问：何年佃的？

答：不记得。

问：何人修？

答：周石若群、曾国瑞、肖松三他们三人修的。

问：蒋锡光住址？

答：住信义街。

问：你请如何判？

答：请维持原判。

问：你是向谁买的？

答：向沈义成买的。

问：上诉人说是他们三人合伙租的。

答：那是他们的狡弁［辩］。

问：你现在收回作何用？

答：收回自住。

问：你曾经通知过他们没有？

答：去年六月请他们吃饭，通知他们的。

问：通知曾国瑞、肖松三没有？

答：他们二人都来吃饭的。

推事谕知，本案候再传，退庭。

中华民国三十八年八月六日

四川高等法院重庆分院民二庭

书记官：周□□

报告

为报告事：奉派送本市信义街顶子巷十五号，遵即送达，蒋锡光、曾国瑞、肖松三填票收受外，殊该院邻及同案曾国瑞声称周石若群早已返万县未归，家中无人代理收受，而曾国瑞、肖松三不能代收。员复往该管保甲长出条证明等语。理合据情呈报。

审判长钧鉴。

附：传票、回证、证明各一件。

执达员：陈青云呈

民国三十八年八月三十日

四川高等法院重庆分院民事当事人传票

民国三十八年度上字第二二九八号与蒋锡光交业上诉事件。

当事人姓名：周石若群，住所或居所：本市中正路顶子巷十五号。

被传事由：言词辩论。

应到日期：民国三十八年九月七日上午八时。

应到处所：重庆林森路五九〇号本院民庭。

当事人不场之法定效果：民事诉讼法第二百七十三条当事人之一造于准备程序之期日不到场者，应对于到场之一造行准备程序，受命推事并得终结准备程序。

民事诉讼法第三百八十五条第一项言词辩论期日当事人之一造不到场者，得依到场当事人之声请，由其一造辩论而为判决。不到场之当事人经再传而仍不到场者，并得依职权由一造辩论而为判决。

民事诉讼法第一百九十一条当事人两造迟误言词辩论期日者，除别有规定外，视为休止诉讼程序。

书记官：（印）

送达人：

中华民国三十八年八月　日

民事送达证书

送达法院：四川高等法院重庆分院。

应送达之文书：民国三十八年上字第二二九八号与周石若群交业传票一件。

应受送达人：蒋锡光。

受送达人署名盖印，若不能或拒绝署名盖印送达人，应记明其事由：蒋锡光押。

送达日期：卅八年八月十七日。

中华民国三十八年八月　日

送达人：陈青云

［同年八月十八日曾国瑞、肖松三签收传票的送达证书略］

证 明

查本保六甲十三户居民周石若群，因病赴万县至其夫处医治，尚未返家，无人代收传票，特此证明。

谨呈

四川高等法院重庆分院民庭公鉴。

证明人：第一区十四保保长萧永康（印）。

第六甲长詹崇进（印）

民国三十八年八月廿四日

9. 曾巨权诉宣志荣要求迁让案

曾巨权民事声请书

声请人：曾巨权，住本市中正路一一三号。

被声请人：宣志荣，住同右。

为和解期逾，声请执行交房事。

窃民去年与被声请人因请求止约交业事件，曾蒙钧院判令终止租约迁让交房，等因。殊被声请人不服上诉，旋奉高一分院当庭试行和解成立，查其内容载上诉人"即被声请人"承认三十八年国历四月十五日，将承租被上诉人"即声请人"所有中正路一一三号铺房迁让交还与被上诉人，等因。殊至本年四月十五日期满，民催其迁让交房，仍复推给，显有违抗不迁之意。民迫莫何，是以声请钧院迅予执行交房，以资完结。沾感！

谨呈

计粘呈第二审三十七年和字第一九二八号和解笔录一份。

重庆地方法院执行处公鉴。

中华民国三十八年四月二十六日

具状人：曾巨权

律师刘宗荣代缮

四川高等法院第一分院民事和解笔录

三十七年和字第一九二八号

上诉人：宣志荣，住本市中正路一一三号。

代理人：陈述虞，律师。

被上诉人：曾巨权，住同上。

代理人：温代荣，律师。

右当事人间为终止租约事件，上诉人于中华民国三十七年三月十八日四川重庆地方法院第一审判决提起上诉，经本院试行和解成立，兹记其内容如左。

和解内容：

一、上诉人承认三十八年国历四月十五日将租承被上诉人所有中正路一一三号铺房迁让交还与被上诉人，其租金由双方自行于和解日起七日内，邀同该管保甲长协议评定给付。

二、诉讼费用各自负担。

上诉人：宣志荣。

代理人：陈述虞律师　押。

被上诉人：曾巨权。

代理人：温代荣律师　押。

和解成立。

中华民国三十七年九月二日

四川高等法院第一分院民一庭

书记官：明文俊

推事：王文纲

重庆地方法院执行命令

民国三十八年执字第二二〇号

中华民国卅十八年五月四日

令本院马希楚

案由：迁让。

执行处所：

债权人：曾巨权，住中正路一一三号。

债务人：宣志荣，住同右。

执行名义及其内容：和解内容略载：上诉人（宣志荣）承认三十八年国历四月十五日将租承被上诉人所有中正路一一三号铺房迁让，交还与被上诉人，其租金由双方自行于和解日起七日内，邀同该管保甲长协议评定给付。

其它事项：

协助机关：宪警机关。

执行费用：照章征收。

应征旅费：二元，不得额外需索。

具报限期：限七日办毕，原令仍缴。

重庆地方法院公函

民国三十八年度执字第二二〇号

中华民国三十八年五月四日

查曾巨权与宣志荣为迁让一案，业经移付执行，除派员前往依法执行外，相应函送贵局队查照，希即届时派员临场协助一切，至纫公谊。

此致

重庆市警察局、宪兵队。

宣志荣关于诉讼代理人的民事委任书

状心编号　字七六六八

委任人：宣志荣，住本市中正路一一三号。

受任人：陈述虞律师。

案由：为三十八年度执字第二二〇号迁让事件。

授权范围：委任陈述虞律师为代理人，有代为一切诉讼行为之权。

谨状

重庆地方法院民事执行庭公鉴。

中华民国三十八年五月十七日

具状人：宣志荣　押

报告

五月九日

奉令执行曾巨权与宣志荣迁让一案，遵往办理，会同当地保甲长并召集双方当事人等临场执行职务，除当场经过情形制作笔录，而保甲依法签名外，其两造当事人到场均拒不签字。是以报请鉴核，示遵。

谨呈

推事陈

执达员：马希楚呈

重庆地方法院执行笔录

案由：为曾巨权与宣志荣迁让一案。

地点：本市中正路一一三号。

标的：详载执行命令。

经过：奉令后遵于三十八年五月八日前往右开地点，会同当地保甲长并召集双方当事人等临场执职务。据债务人宣志荣称："当场要求缓期，两个月内自行向债权人和解等语。"惟债权人曾巨权不允，只准限期三日，由债务人自行迁让，如逾期不履行迁让，仍请法院依法强制执行等语。复据债务人称：本案曾邀请当地保甲长协议租金，因房主要求租金过巨，不克成功，现经旁人调解中。又据债权人称：本案请求依照和解笔录执行。特将以上各情合并记明，笔录如右。

此致。

本笔录系当场作成，经到场人等阅览后认为无讹，乃分别签名或盖章于后：

当地保长：王利实在场。

副保长：姜茂修在场。

区民代表：刘仪在场。

甲长：石炳口在场。

债权人：曾巨权到场拒不签字。

债务人：宣志荣到场拒不签字。

执达员：马希楚。

中华民国三十八年五月八日作成。

附注：笔录作成后，债权人否认债务人所称要求租金过巨，现经旁人调解中实无其事，是以拒绝签字。

重庆地方法院民事送达证书

书状目录：民国卅八年（执）字第二三〇号迁让案送达传乙件。

受送达人：债权人曾巨权。

受送达人署名盖章，若不能署名盖章或拒绝者，应记明其事实：曾巨权未在家，由其族兄代收转交。

非交付受送达人之送达应记明其事实：曾繁胜代押。

送达日期：卅八年五月十日。

中华民国卅八年五月九日

重庆地方法院执达员：斯炯□

［同日由友张荣彬代债务人宣志荣签收传票的送达证书略］

重庆地方法院公函

民国三十八年度执字第二三〇号

中华民国三十八年五月廿三日

查曾巨权与宣志荣为迁让一案，业经移付执行，除派员前往依法执行外，相应函送贵部查照，希即届时派员临场协助一切，至纫公谊。

此致

重庆市警备部

曾巨权民事声请书

声请人：曾巨权，本市人，住中正路一一三号。

被声请人：宣志荣，住同右。

为再请执行交房事：

情民前以和解期满声请执行被声请人交还房屋一案，至今已久，尚未奉到执行命令。兹因民无房居住营业，急需收回此房，倘再迁延，则民之损失何堪设想。是以再恳钧院迅予执行迁让交房，以资完结。沾感！

谨呈

重庆地方法院执行处公鉴。

中华民国三十八年五月五日

具状人：曾巨权

刘宗荣律师代缮

曾巨权关于民事执行声请书

声请人：曾巨权，男，三六，本市人，住中正路一一三号，商。

被声请人：宣志荣，男。

为声请实施强制执行事。窃民与被声请人宣志荣迁交房屋执行事件，已蒙派员执行。惟被执行人捏以无房居住等狡词支吾，并对于限期搬迁违法抗顽、拒不签字，殊属非是。查二审和解笔录，限定被声请人于本年四月十五日迁交，被声请人应即遵期迁让，绝无他议。因之，被声请人已得租本市中山一路一三六号铺房经营福记煤油行，现可查勘；又承买得本市中华路七十三号及七十五号街房二幢，有地政局登记册可查，均可供伊贸易煤油业及居住之用。显见伊已构成强制执行法第二十二条第一项第一款（显有履行义务之可能故不履行者）之情形，应请钧座依照同条第一项之规定，予以强制执行。俾得早日收回自行经营商业，以维主权而张法纪，则民不胜迫切待命之至。再关于协议租金，系遵于和解笔录第二项之限期内一度协议，委因被声请人拒不协议，即拖延至今，自三十七年一月至三十八年四月，计十六月之久，应纳租金丝毫未给，现在并无旁人调解。情事合并呈明。

　　谨呈

四川重庆地方法院民事执行庭公鉴。

中华民国三十八年五月十日

具状人：曾巨权　押

宣志荣民事声请书

声请人：宣志荣，住本市中正路一一三号。

相对人：曾巨权，住本市中正路一一三号。

为取具证明，恳予延缓执行，以利和解事。

窃宣志荣与曾巨权去年因终止租约涉讼，曾在第二审法院成立和解，限期本年四月十五日交还房屋，其租金部分由双方邀同保甲评议给付。但以索价过高，未得解决，迄本年四月上旬，宣志荣特具书面请凭本管公证调解人刘金城同保甲长、区民代表及街邻等在保办公处调解，当时曾巨权表示同意续租，并不需收回房屋自用，惟索租米每年四百市石，一次交付，数量綦巨，保甲、街邻等从中折中为金元［券］一千万，而伊拒不接受，以致悬延。现宣志荣犹托人疏通减少中，乃该曾巨权忽声请执行，藉资压迫，但伊起诉主张收回、作为所营裕通轮船公司之用，兹查该公司业已结束营业，伊亦表示承认继续出租，是续租一节在原则上已为双方同意，有保甲、街邻可证，仅租金问题尚未协议妥当而已。宣志荣在此房荒情形之下，一时无处迁移，而该曾巨权又已允许续租，仅租金问题还未议妥，自当从速与之洽定，故在此进行和解之中。特为声请钧处延缓执行，并取具本管公证调解人及保甲、街邻同为调解之证明书另状一并赍呈，证明曾巨权同意续租，正设法折中租金，以资了结，伏乞钧庭鉴誊，伏准延缓执行，俾利和解。实沾德便。

　　谨状

重庆地方法院民事执行庭公鉴。

中华民国三十八年五月八日

具状人：宣志荣　押

律师陈述虞代缮

民事证明

证明人：王利宾，保长；陈国章，区民代表；刘金城，公证调解人；周干臣、宋明修、刘慎之、陈颖泽，街邻。

为协具证明恳予暂缓执行以利调解事。窃查曾巨权与宣志荣因执行返还房屋事件，证明人前据宣志荣请求，邀集双方到场调解，当时曾巨权已表示同意继续出租，不需收回自用，惟索取租米每年四百市石、一次交付，不免过昂。因之一时未获解决，但曾巨权对于续租原则既已同意，仅为租金问题未获协议，证明人现仍努力疏通，可望调解了结。特为协具证明，恳请钧处俯赐明鉴，准暂缓予执行而免发生故障。实为公便。

谨状

重庆地方法院民事执行处公鉴。

中华民国三十八年五月　日

具状人：王利宾、陈国章、刘金城、刘慎之、周干臣、宋明修、陈颖泽

律师陈述虞代撰

报告

中华民国三十六年五月二十五日

奉令执行曾巨权与宣志荣迁让案，遵于本日率同执达员前往，业已办理守竣，除将执行腾空之房屋交与债权人具条接收外，理合将执行经过情形制作笔录一并报请钧核！谨呈

推事陈

附笔录暨接收条，协助人员签到单力夫名单，各一件，原令一件，坚决请求强制执行书一件。

书记官：马树人

执达员：马希楚

重庆地方法院执行笔录

案由：为曾巨权与宣志荣迁让案。

地点：本市中正路一百一十三号。

标的：详载执行命令。

经过：奉令后，遵于民国卅八年五月廿五日率同执达员再往右开地点，函请宪兵队及警驻所派员，会同当地保甲长并召集双方当事人等临场执行职务。据债务人宣志荣到场请求再缓自迁，惟债权人曾巨权称：本案拖延［日］久，需房自用甚急，坚决请求强制执行（坚决

请求书附卷）。乃由债权人雇请力夫周炳林等十六名将债务人房内货物及家俱什物等件搬至债权人指定地点（屋侧马路边），并谕知债务人自行照料看管，搬迁完毕后，并当场搜索力夫等身上并无夹带及毁损什物等情事，当场并公推该地保长为鉴定人，鉴定该房时值金圆券五十亿元正，乃将腾空之房屋当场交与债权人接收（具接收条附卷）。合并将经过情形记明笔录。此致。

　　本笔录当场作成，经到场人等阅览后，认为无讹，乃各签署于后，以资证实。

　　附注：关于租金部分债权人请求另案办理。

宪兵队派员：曾楷

警驻所派员：田德轩

当地保长：姜茂修

甲长：石炳奎

债权人：曾巨权

债务人：宣志荣（在场不签字）

书记官：马树人

执达员：马希楚

中华民国三十八年五月廿五日

收条

　　具接收条人曾巨权，今由重庆地方法院派员执行宣志荣交来本市中正路一百一十三号房屋全间，业已接收清楚，并请将本案撤销，中间不虚，具接收条是实。谨呈

　　执行庭

具接收房屋人：曾巨权

中华民国三十八年五月廿五日

执行保证

　　具坚决请求执行书人曾巨权，今因重庆地方法院派员执行宣志荣迁让案，于执行时对债务人搬出之家俱什物等件如有错误，概由本人负一切法律责任，中间不虚，特具坚决请求执行书是实。谨呈

　　执行庭公鉴。

具坚决请求执行书人：曾巨权　押

中华民国三十八年五月廿五日

执行曾巨权与宣志荣迁让到场协助人员名单

　　重庆警备司令部新街口宪兵队：曾楷

　　重庆市警察局第一分局马王庙分驻所：田德轩

当地保长：王利宾

甲长：石炳奎

报告

五月廿三日

奉令执行曾巨权与宣志荣迁让，兹据债权人曾巨权具条称："惟债务人宣志荣抗不迁让，故意拖延，尤恐执行时发生意外，请求加派书记官到场指挥，以昭郑重等语。"特将以上情形具报，鉴核示遵。谨呈

推事陈

执达员：马希楚呈

强制执行声请

具声请人曾巨权，今因重庆地方法院派员执行宣志荣迁让案，惟债务人宣志荣抗不迁让，故意拖延，尤恐执行时发生意外，故特具条恳请钧座于执行时加派书记官临场督同指挥，以昭郑重。实沾德便。谨呈

执行庭公鉴。

具声请人：曾巨权 押

中华民国三十八年五月廿三日

征费单

征费机关：重庆地方法院。

缴款人：宣志荣。

案号：三十八年度执字第二二〇号。

案由：迁让。

标的：五十亿元。

费别：

征费数目：金圆一千二百五十万圆。

备注：

复核员：

收费员：

中华民国卅八年五月廿六日

重庆地方法院执行命令

民国三十八年度执字第二二〇号

令本院执达员马希楚。

案由：迁让。

执行处所：

债权人：曾巨权，住中正路一一三号。

债务人：宣志荣，住同右。

执行名义及其内容：

和解笔录内容：上诉人（宣志荣）承认三十八年国历四月十五日将租承被上诉人所有中正路一一三号铺房迁让交还与被上诉人，其租金由双方自行于和解日起七日内邀同该管保甲长协议评定给付。

执行方法：

其它事项：

协助机关：宪警及保甲长。

执行费用：照章征收。

应征旅费：二元，不得额外需索。

具报限期：限七日办毕原令仍缴。

院　　长：雷彬章

执行宣志荣迁让之力夫姓名单

周炳林、张树云、李炳林、杨益□、张韬成、唐树云、易国轩、徐树青、陈家□、徐心明、周治清、汪旭记、胡华光、林万卿、周炳文、李顺卿

10. 戴崇娴诉杨正卿等要求拆房还基案

杨正卿关于诉讼代理人的委托书

委托人：杨正卿，男，四十岁，重庆人，住花街子四十二号。
被委托人：王荣丰，男，三十六岁，重庆人，住花街子四十二号。

呈为委托代理人到庭辩诉事，缘民奉接钧院三十八年度诉字第二〇二号搬迁传票，本应到庭质辩，奈因民服务民生公司轮船驾驶，不能及时赶到，故特委托民之盟弟王荣丰为法定代理人出庭辩诉，伏乞准予委托为感。

谨呈

重庆地方法院民庭公鉴。

中华民国三十八年五月三十日

具状人：杨正卿

周荣宾关于诉讼代理人的委托书

委托人：周荣宾，男，三十二岁，巴县人，住三台农民银行。

呈为委托代理人到庭辩诉事，缘民接钧院三十八年度诉字第二〇二号搬迁传票一案，本应到庭质辩，奈因民服务于三台农民银行，路途遥远，时间匆促，不能及时赶至，故特委托民之母周何至贤为法定代理人出庭辩诉，伏乞准予委托为感。

谨呈

重庆地方法院民庭公鉴。

中华民国三十八年五月六日

具状人：周荣宾

审理笔录

原告：戴崇娴。
代理：王干元，陈述虞，律师。
被告：宁松柏、邹治宣、周荣宾、杨正卿。

前列当事人因搬迁案，经本院于中华民国三十八年五月三十日上午九时开民事法庭，出席职员如下：

审判长、推事：谷通。

书记官：刘荣推。

点呼前列当事人入庭，书记官朗读案由。

问：姓名、住址？

答：王干元，住中山三路聚新村五号。

问：如何请求？

答：请求宁松柏、杨正卿、蒋利洪搬家（简明同状）。

问：请求哪几号搬迁？

答：请求四十二号、五十号及附三号搬家。

问：有什么证据？

答：有所有权状。

问：原告代理人陈述。

陈述虞律师主称，请求为诉之声明，本件事实即原告承受父亲所买花街子四十二号，即在抗战被炸□□迁乡居住，嗣抗战胜利清理，即有被告等暂住，尚不懂诉状所告之被告，且被告周荣宾收其四十二号房租与杨正卿。今被告等应搬迁不搬。诉请如诉简明之判决。

问：对周荣宾、杨正卿部分如何请求？

答：对周荣宾部分，请求收巷道及厕所地皮返还原告，又杨正卿部分，请求收花街子四十二号房屋二间，迁出返还原告。

问：王荣丰，今原告请求杨正卿返还四十二号房屋几间？

答：原告请求返还系争二间房屋，请原告提出有力证据。

问：周何至贤对原告请求巷道厕所部分如何请求？

答：巷道前经看明这是我的，而厕所也是我所有，怎能退还他？

问：宁松柏，原告请求你搬迁，有什么话说？

答：系争四十二号附三号不得是原告的，我是与杨转佃的地皮，而房屋是我的。

问：你住的几间？

答：我住的三间。内中有一幅是杨若愚的。

问：蒋利洪，你所住的地方是与谁投的佃？

答：五十号房屋之地皮是杨若愚的，其房屋是我的，此是我与杨若愚投佃的地皮。

问：胡刚是谁招的佃？

答：胡刚是我招的佃。

问：原告代理人，现在对杨正卿、宁松柏、蒋利洪等怎样请求？

答：今请求判杨正卿、宁松柏、蒋洪利拆屋还基。

问：原告代理人对巷道部分如何主张？

答：对本案与周荣宾巷道部分请求撤回，另案主张。

问：原被告还有什么话说？

答：均答没有。

庭诉辩论终结。定六月三日宣判。

前笔录经朗读无异。

中华民国三十八年五月三十日

重庆地方法院民庭

书记官：刘荣振

推事：谷通

宣判笔录

原告：戴崇娴。

被告：周荣宾等。

当事人间拆迁事件，于中华民国三十八年六月三日上午八时，在本院民事法庭公开宣判，出席职员如下。

推事：谷通。

书记官：刘荣振。

点呼事件后，推事起立朗读判决主文，并口述判决理由之要领。

中华民国三十八年六月三日

重庆地方法院民事庭

书记官：刘荣振

推事：谷通

四川重庆地方法院民事判决

卅八年度诉字第二〇二号

原告：戴崇娴，住本市林森路双巷子十五号。

诉讼代理人：王千元，住同前。

陈述虞，律师。

被告：杨正卿，住本市花街子四十二号。

诉讼代理人：王荣丰，住同前。

被告：宁松柏，住本市花街子四十二号附三号。邹治宣，住同前。康治齐，住同前。蒋利洪，住本市花街子五十号。胡刚，住同前。

当事人间请求折屋还基事件本院判决如下：

主文

被告杨正卿，应将本市花街子四十二号房屋二间拆除，并将该项地基返还原告；被告宁松柏，应将本市花街子四十二号附三号房屋三间拆除，并与被告邹治宣、康治齐共同将该号地基返还原告；被告蒋利洪，应将本市花街子五十号房屋一间拆除，并与被告胡刚共同将该号地基返还原告；原告假执行之声请驳回；诉讼费用由被告平均负担。

事实

原告代理人声明，求为如主文第一、二、三项所示之判决，并请宣告假执行。其陈述略称，原告承受先父戴禹赞所有本市花街子房屋一所，前因敌机炸毁，不及修理，嗣以避难乡间更难看管，竟被邻居利用废料加工修葺，以作楼址。迨抗战胜利，原告始行清理，迭经投凭本保办公处调解，已有数户自行迁去，惟被告等占用之地迄未交还。刻因建筑在即，被告等均系无权占有，应请判决如声明云云。

被告声明，求为判决驳回原告之诉。答辩略称，被告杨正卿所占用之房屋二间（现作厨房），系向人顶打得来，地基并非己有。被告宁松柏、蒋利洪所占有之房屋系自己所有，而地基则系向杨若愚所租用。被告等与原告均无租赁关系，不能拆屋还基云云。

理由

查系争基地，为原告所有，非但经原告提出管业证及土地所有权状证明属实，并经本院暨函请重庆市地政局派员临场勘验，认为系争基地为原告所有，实已毫无疑义。被告与原告并无租赁关系，此为两造所不争。被告等无权占有原告基地，自堪认定，至被告所有之房屋既为被告自建或顶打得来，当为被告所有。原告请求判令被告杨正卿将本市花街子四十二号房屋二间（现作厨房用）拆除，并将该项地基返还原告；被告宁松柏将本市花街子四十二号附三号房屋三间拆除，并与被告邹治宣、康治齐共同将该号地基返还原告；被告蒋利洪将本市花街子五十号房屋一间拆除，并与被告胡刚共同将该号地基返还原告。各节均不得谓为无理由，惟原告假执行之声请，未据释明原因，即属无从准许，应予驳回。

据上论结，原告之诉为有理由，应予照准；假执行之声请为无理由，应予驳回，并依民事诉讼法第七十九条、第八十五条第一项判决如主文。

中华民国三十八年六月三日

四川重庆地方法院民事第一庭

推事：谷通

附：抄录戴崇光及棚户调解纪录（一）

重庆市第三区第十五保办公处

卅七年五月卅日午后四时

地点：本保办公处。

事由：为收回主权、法益，召集调解。

调解人：陈明海、李金城。

纪录：祈德康。

原理人：戴崇光。

代表人：林成章。

被理人：陈茂生、陈义平、周荣安、陈三刚、陈保光、刘炳发、蒋利洪、宁松柏、李清和、杨正卿。

原理人：（略）以戴姓所有花街子四十二号地基，自抗战轰炸后未便理料，现住各户未成立租佃行为，因为主方拟收回建筑自用，特经凭地方请各佃户限期搬迁。

佃方代表人，陈茂生：因为租佃地基非常困难，搬迁尤为不易，况全部人数众多，请求继续租赁。抗战时期主方曾派人收佃租，后来没有人来收租金。今天各佃人数不齐，不便具体解决，要求后期洽谈。

结果：佃方到场人数不齐，事前也未共同商定具体方式，故处置始非合允，况主方住乡区，往返甚感困难，为免除双方徒劳往返起见，另再度约期商谈，另则予佃方宽度，从容设法。回复后，暂限一星期，本（卅七年）六月六日午后四时乃在保办公处调解，临时推定。佃方代表杨正卿、陈茂生二人负收集各佃意见责任。

原理人代表：林成章

佃方代表：杨正卿、陈茂生

戴崇光及棚户调解纪录（二）

三十七年七月三日上午九时

事由：为归还业权，请求宽限搬迁及补偿培修费用。

原理人：陈茂荣等人。

被理人：戴崇光。

调解人：陈明海、李金城。

纪录：祈德康。

原理人称：民等住居花街子四十号院，房均系民等自置材料培修，历居无异，兹因该院业主迫民立即迁移，实属困难，故特请求调解从宽限期及补偿培修费用。

结果：业主戴崇光允该院内各住户宽限至本年古历八月底无条件搬迁，至该院培修材料，住户自购者亦准自行拆卸搬去。兹因原理人未到齐，以上调解方式原理人签字者即生效力，照式实行。

原理人：李清和、陈茂生、陈宝光、宁松柏、刘炳发、陈义平、蒋利洪、陈林洲、何炳卿、周云安、陈青元、陈文有。

业主：戴崇光。

委托代表：罗光烁。

戴崇光及棚户调解纪录（三）

时间：三十七年十月一日午后七时。

地点：本保办公室。

事由：为租佃限期搬迁事请求调解。

调解人：陈明海、李金城。

记录：祈德康。

原理人：戴崇光。

代表人：林成章、罗光烁。

被理人：陈茂生、陈义平、陈三刚、陈清源、何炳卿、蒋利洪、李清和。

原理人：（略）

佃方请求：按实际材料数量价值估计，各佃分别要求业主折价收买如后。

陈茂生：估价如清单，材料价值金元亿一百元，自限十五日内搬迁，主方合计折价如清单，材料价值金元三十七元正。

调解结果：陈茂生自愿请求主方补助金元□元正，材料自行拆去并无异言，又自愿全部折价金元四十七元正。陈茂生。

陈三刚：估价金元五十元，自限十五日搬迁。主方：折价金元二十元整。结果：佃方自愿折价金元三十元，自限十五日内搬迁。陈三刚。

陈清源：估价金元一百三十元。主方：折价金元六十元正。结果：佃方自愿折价二十元（金元），自限十五日搬迁，决无异言。陈清源。

陈宝光：估计材料价值一百金元。主方：合计折价金元四十元。结果：佃方自愿折价五十元正，自限十五日内搬迁，决无异言。陈宝光。

陈义平：自愿折价柒拾伍金元，自限十五日搬迁。陈义平。

何文卿、陈文有、陈林洲要求壹佰贰拾金元。主方：折价肆拾柒金元。结果：自愿折合伍拾柒元（金元），自限十五日内搬迁，决无异言。何文卿、陈文有、陈林洲。

李清和：因主方收回建筑，自愿拆卸，决无异言。结果：请主方补偿拆卸费用金元拾元正，并限十五日内拆卸完善，并无异言，或折合金元玖拾元。李清和。

周荣安：要求折价金元五十元。主方：折价金元二十元。结果：自愿减折金元三十五元，自限十五日内搬迁，并无异言。周荣安。

刘炳发：自愿请求折价陆拾陆元（金元），自限十五日内搬迁，并无异言。刘炳发。

蒋利洪：自开具清单，愿请主方交换领取新料，决无异言。主方：愿偿付全部新料如清单。结果：双方愿依凭调解。蒋利洪。

保长：陈明海

副保长：李金城

中华民国三十七年十一月

戴崇娴的送达证书

送达证书　第　号

书状目录：民国三十八年（诉）字第二〇二号拆屋还基案送达前列各件：判决书乙件。

应送达人：原告戴崇娴。

非交付应受送达人之送达应记明其事实：戴崇娴（章）。

送达日期：卅八年六月二十日　午　时。

中华民国三十八年六月十一日

重庆地方法院送达人：施光华

［另宁松柏、邹治宣、蒋洪利、杨正卿，邹治宣代康治齐，蒋洪利代胡刚签收的送达证书均略］

一、物权 / 典权

11. 李海荣诉李银廷要求回赎典业案

民事诉状

原告：李海荣，四九岁，巴县人，住陶家乡皂桷湾，自业。

被告：李银廷、张海云、吴汉文，巴县人，务农。

为与被告等回赎典权迁让交业事件，谨将诉之声明及事实理由陈明于下。

（甲）诉之声明：

一、第一被告受领原告押洋一万一千六百五十元后，应将大佃原告所有皂桷湾田房屋一并交还原告；

二、被告等应各别迁让将上列业产交与原告；

三、请求宣告假执行；

四、诉讼费用由被告等连带负担。

（乙）事实及理由：

缘原告于民国三十一年古历二月间，将所有坐落皂桷湾田土房屋及橘树七十八株一并大佃与第一被告李银廷承租，议取大押洋壹仟陆百伍拾元，每年纳黄谷租五升旧量以作上粮，立有放佃合同两约，双方各执为据。殊原告在外帮工，并无家字〔室〕，致将所立佃约遗失，曾经呈明乡公所，并请凭证刘世昌、李志清等向被告照原佃字补立一张，延久不允，迨至本年三月第一被告承认立约须加押壹万元方可，原告无法，乃收受押金壹万元出有收据证知。被告骗取收据后，仍不补立押约，反称前定期间为十年现种三年尚有七年，命其提出放佃约，亦称被火焚以为图赖之计，似此情形，设不赎回典物，则第一被告狡诈万分，必致损及产权，迫不得已，不得不诉请法判。大押佃而未收有租者即系典权，司法院迭有解释。本件虽定有租谷五升，有名无实纯为上粮之用，而原告虽无颗粒收益，纯为典业彰彰明甚，且并无期间。虽佃约遗失而乡公所有案可查，而原约证人可证，恳请查明传证或命第一被告提出放约合同，以杜狡赖。再查第一被告将该房屋土地转租与第二、第三两被告，自应一并迁让。据上理由，第一被告与原告既属未定期之典权。依据民法九百二十四条前段规定，以原典价赎回典物自属合法。第二、第三两被告既回赎典物，其租权失所依据，自应一并迁让。为此依法诉请钧院传讯，准依原告之声明予以法判，以保权益，实沾德便。再本件讼争田房橘树估为实值价洋陆万元，据此缴纳讼费合并陈明。

谨状

重庆实验地方法院民庭公鉴。

中华民国三十三年九月二日

具状人：李海荣

送达证书

书状目录：民国三十三年诉字第二六二号回赎典物案送达传票一件、副状三件。

受送达人：被告李银廷、张海云、吴汉文。

受送达人署名盖章，若不能署名盖章者，应记明其事实：李银廷、张海云。

非交付受送达人之送达应记明其事实：吴汉文。抗不□□依法□□在证人陶家乡第一保廖兴权。

送达处所：陶家乡皂桷湾。

送达日期：三十三年九月十二日。

中华民国三十三年九月七日

重庆实验地方法院执达员：杨宗伦

[同年九月十一日李海荣、李志清、刘世昌签收传票的送达证书两份略]

笔录

原告：李海荣。

诉讼代理人：陈贞干律师。

被告：李银廷、张海云、吴汉文。

右列当事人因回赎典产案，经本院于中华民国三十三年九月十八日午前九时，开民事第一庭，出席职员如左。

审判长推事：李懋。

书记官：金巧英。

点呼右列当事人入庭。书记官朗读案由。

问：李海荣，年、住？

答：四十九，住陶家乡。

问：请求如何判决？

答：请求判令被告李银廷受领佃洋二万一千六百五十元，命被告等将典产交还原告，并宣告假执行。

问：事实及理由？

答：前年二月间将系争田产佃与李银廷押金二万一千六百五十元，每年租子五升，租约已遗失。今年三月间加了二万元押金未写约据。当时并未定期限这是大押佃性质。前年该系争田产如不要五升租子，可当时多少估计不到其典价。

问：李银廷，年、住？

答：四十八岁，住同前。

问：对本案有何答弁［辩］？

答：二十三年我即租原告系争田业。每年租金二百钱押金二百四十两定期十七年，约据已烧毁。三十一年二月加押金一千三百六十四元租金未加。今年三月间又加押金二万元。曾经乡公所调解有案。现期限未满，不愿原告回赎。

问：刘世昌，年、住？

答：三十一岁，住同前，我是李海荣的外侄。

推事谕知伪证及处罚并命具结附卷。

问：有何证明？

答：三十一年他们换约据时我在场未定期限，每年租谷五升，押金一千六百五十元。

问：李志清，年、住？

答：四十七岁，住同前。

问：与双方有亲戚关系否？

答：李海荣是我堂兄。

推事谕知伪证及处罚并命具结附卷。

问：有何证明？

答：三十一年他们换约据我未在家，有否定期不知道，原告是乡公所调解。案卷阅后发还。

推事谕知本案候再传讯。

右笔录经当庭诵读无异。退庭。

中华民国三十三年九月十八日

重庆实验地方法院民一庭

书记官：金巧英

推事：李懋

民事委任状

委任人：李海荣，四十九岁，巴县人，住陶家乡皂桷湾，自业。

受任人：陈贞干，律师。

为与李银廷终止租约事件兹将委任原因及权限列左：

一、原因：不谙法律。

二、权限：依法代理。

谨状

重庆实验地方法院民庭公鉴。

中华民国三十三年九月十八日

具状人：李海荣

民事答辩状

具答辩人：李银廷，四十八岁，巴县人，住陶家乡七保八甲。

被答辩人：李海廷、李海云，年龄不详，籍贯同上，住址同上。

为依法答辩，请将原诉驳回事。缘原告以回赎典权等词诉民一案，既沐钧院准理，示期本日审讯，理合提出答辩如次：查原告主张民于三十一年古历二月间以押金壹千余元承佃伊所有皂桷湾田土及橘树，本年又加押洋壹万元等语，殊属信口雌簧，强词夺理。须知民原于民国二十三年八月经凭证人张炳顺、许海云代笔以押银贰佰肆拾两约租原告田房及橘树，约内注明限期拾柒年，立有放佃约贰纸，各执壹张为据。当民乃将是项橘树放佃与许海云，限期为拾五年无异，延至三十一年二月十九日海廷亡估加押洋壹千叁佰陆拾肆元，议明复加限期三年，共为贰拾年，由李炳云于原约上批明并书收据为凭。不意本年三月李海云之妻又相继病故复强迫民再加押金贰万元，否则将尸体抬至民家，民无奈始允，由吴瑞卿代笔书有收民押金贰万元之收条为据。衅因客岁古历八月十五日民家被焚将所有字据焚毁，当即具状向本乡乡公所及重庆地方法院备查并向原告声明放约被焚。讵料原告竟妙想天开乘机捏词构讼。殊不知，果为本年（三十一年）二月缔结之租约民岂能于前二十三年即有权将业内橘树转租李海云之理。况原告家中既未被窃、被焚，何得偏偏是项放约遗失耶？尤其是先后所加押金约贰万余元有原告出立之收条为凭奚容妄称押金共为壹万壹千贰百伍拾元。依照民法规定订有限期租约期限未届满时依法不得终止。然则该原告之请求实属违法，理合提出答辩。请求钧院鉴核判决将原告之诉驳回则民不胜深沾。

谨状

证人：张炳顺、许海云、吴瑞卿。

重庆实验地方法院民庭公鉴。

中华民国三十三年九月十八日

具状人：李银廷

送达证书

书状目录：民国三十三年诉字第二六二号回赎典产案送达传票一件。

受送达人：被告李银廷、张海云、吴汉文。

受送达人署名盖章，若不能署名盖章者，应记明其事实：李银廷、张海云、吴汉文。

送达处所：陶家乡。

送达日期：三十三年九月二十五日。

中华民国三十三年九月二十日

重庆实验地方法院执达员：徐孟超

[同日李海荣，李银廷代张炳顺、吴瑞卿签收传票的送达证书二份略]

笔录

原告：李海荣。

诉讼代理人：陈贞干，律师。

被告：李银廷、张海云、吴汉文。

证人：吴瑞卿、张炳顺。

右列当事人因回赎典产案经本院于中华民国三十三年十月四日午前八时开民事第一庭出席职员如左。

审判长推事：李懋。

书记官：金巧英。

点呼右列当事人入庭。书记官朗读案由。

问（李海荣）：请求如何判决？

答：请求判令第一被告领押交业，第二、第三被告迁让，并宣告假执行。

问：当初订约是在哪年？

答：二十三年订约的，押金二百四十两，租子多少不知道。系争产业是我父遗的。我兄弟三人，二个已死。二十三年订约时我哥李海廷经手的。李海廷于三十一年二月去世。死后同月我与李银廷换佃。押金一千六百五十两，每年租子五斗，未定期。二十三年订约亦未定期。今年三月加二万元押金。所有收据我妻子于四月间死后均失掉了。系争产业现由张海云及吴汉文在作。

问（李银廷）：如何答弁［辩］？

答：二十三年八月间订约由原告李海廷、李海荣共同出面租与我。押金二百四十两，租子每年二百钱。定期十七年。三十一年二月间加押金一千三百六十四元（呈收条二件、批示二件）同时展期三年。今年又加二万元，未加期限。

问：吴瑞卿，年、住？

答：四十岁，住陶家乡。

问：与双方有亲戚关系否？

答：无。

推事谕知伪证及处罚并命具结附卷。

问：有何证明？

答：二十三年八月间李银廷兄弟二人向李海荣、李海廷佃得系争产业。李银廷兄弟叫李国云，押金二百四十两定期十七年，写约时张炳顺和我都是证人。三十一年加押一千三百六十四元，原告承认展期三年，约据未另写，是在原约上批的，另有一张收据是李炳云写的，用信笺样的纸写的。同年又加二万元，收条是我代写的，当初只写了李银廷一个名字，后来又添写李国云，当时约定写收条后再另换约据，事后有否另换约据不知道，他们究为何要换约，原因不清楚。该产业现由李银廷报的佃户张海云、吴汉文在作。

问：张炳顺，年、住？

答：六十一岁，住同前。

问：与双方有亲戚关系否？

答：无。

推事谕知伪证及处罚并命具结附卷。

问：有何证明？

答：二十三年八月间他们订立佃约，押金二百四十两，定期十七年，约据上有我的名字列为证人。过后又加过一千三百四十元押金。今年加押佃，我未在场。

问：刘世昌，年、住？

答：三十一岁，住同前，我前次已到庭过。

问：［此问空白］

答：三十一年他们换约时未说年限。

问（李银廷）：二十三年租佃时你一个人佃的抑与你兄弟出名佃的?

答：二十三年写约据是我与李国云出名承佃的，李国云尚在。

推事请原告代理人弁［辩］论。

陈贞干律师起弁［辩］：被告主张原佃既定十七年期限，而被告为何在未届期满前竟肯无条件的先后加押二次? 显然被告见原告之佃约遗失后，故意亦说他的约据亦遗失了，请求判令为原告之声明。

推事谕知本案弁［辩］论终结，定于十月九日上午十一时宣判。

右笔录经当庭诵读无异。退庭。

中华民国三十三年十月四日

重庆实验地方法院民一庭

书记官：金巧英

推事：李懋

宣判笔录

原告：李海荣。

诉讼代理人：陈贞干，律师。

被告：李银廷、张海云、吴汉文。

右当事人间回赎产业事件，于中华民国三十三年十月九日上午十一时，在本院民事法庭公开宣判。出席职员如左。

推事：李懋。

书记官：金巧英。

点呼事件后两造均未到庭。

推事起立朗读判决主文，并口述判决理由之要领。

中华民国三十三年十月九日

重庆地方法院民事庭

书记官：金巧英

推事：李懋

重庆实验地方法院民事判决

卅三年度实诉字第二六二号

原告：李海荣，住陶家乡皂桷湾。

诉讼代理人：陈贞干，律师。

被告：李银廷、张海云、吴汉文，均住陶家乡皂桷湾。

右当事人因回赎产业等事件，本院判决如左：

主文

原告之诉及假执行之声请均驳回；

诉讼费用由原告负担。

事实

原告及代理人声明，请求判令被告李银廷收受押金二万一千六百五十元之后，将皂桷湾土田房返还原告。命被告等一并迁让上项产业，并宣告假执行。其陈诉略称：皂桷湾土田房屋为原告故父之遗产。民国二十三年由故胞李海廷出典与被告李银廷，典价二百四十两，未定期。民国卅一年二月原告与李银廷换约加押金为一千六百五十元，每年纳租五斗，亦未定期限。本年初将约据遗失，要求李银廷另定典约，被告承认换约惟加押二万元。原告于收受二万元后，李银廷仍不立约，并称原典约有七年期限以图抵赖。现此项田房又由李银廷分别租与吴汉文、张海云耕种，应请判决为声明云云。

被告李银廷声明请求驳回原告之诉。其答辩略称：民国二十三年原告弟兄以系争田房出租与被告及被告之弟李国云，押金二百四十两，每年租金二百文，期十七年。至民国卅一年二月间又加押金一千三百六十四元，同时展期三年。今年原告妻去世无钱埋葬，又向被告加押二万元。被告约据早于去年失火焚毁，曾据请乡公所及钧院备查有案。现期限未满不能许其收回云云。

被告张海云、吴汉文经合法传唤，未于言词辩论期日到场，亦未提出准备书状。并依民事诉讼法第三百八十六条所列各款情形，兹由原告一造辩论而为判决。

理由

本件据被告李银廷述称：民国二十三年向原告承系争产业时，承租人除李银廷外尚有其弟李国云，证人吴瑞卿亦结证。民国二十三年确由李银廷兄弟二人共同向原告承租，即原告在言词辩论时对之亦无争执。是纵今为原告所称两造订立之契约确为典权亦未定期限，然对此契约有所主张应将李银廷及李国云一并列为被告始为适格之当事人，今原告仅对李银廷一人起诉，于当事人适格之要件显有欠缺。其请求李银廷领押交业部分殊难认为有理由。其请求张海云、吴汉文迁让及假执行之声请，亦不能认为有理由。据上论结，原告之诉为假执行之声请均无理由，应予驳回。并依实验地方法院办理民刑诉讼补充办法第十一条，民事诉讼法、第十八条判决如主文。

中华民国卅三年十月九日

重庆实验地方法院民事第一庭

推事：李懋

不服本判决，应于收受送答后二十日内，向本院提出上诉状。

送达证书

书状目录：民国三十三年诉字第二六二号回赎典产案送达左列各件判决一件。

受送达人：被告李海云。

受送达人署名盖章，若不能署名盖章或拒绝者，应记明其事实：李海云。

送达日期：三十三年十月九日。

送达处所：陶家乡皂桷湾。

重庆实验地方法院执达员：付鹏程

[同年实业廿日李银廷、吴汉文、张彭氏代夫张海云签收判决的送达证书三份略]

重庆实验地方法院书记室公函

民诚字第三三九六号

案查李海荣、李银廷等回赎典产一案业经本院依法判决送达在卷。兹据李海荣于法定期间内具状提起上诉到院。相应检齐卷证函送贵室查收核办。

此致

四川高等法院第一分院书记室。

计函送卷一宗，上诉状裁定各一件，送证二件，证物详袋，印纸一件。

中华民国三十三年十一月十六日

民事上诉状

上诉人：李海荣，四十九岁，巴县人，住本市水沟街十二号院内，自业。

被上诉人：李银廷、张海云、吴汉文，住陶家乡皂桷湾。

为不服判决声明上诉事。窃奉钧院三十三年度实诉字第二六二号判决，细阅理由不过谓承租人第一被告，尚有其弟李国云，据吴瑞卿具结证明二十三年共同立约承租，现未将李国云列为被告，谓为当事人不适格，将原诉驳回，上诉人实难折服。查第一被告于三十一年二月间向上诉人承租皂桷湾田产并无李国云之名义，又与二十三年已变更之租佃有何关系，[何]谓为当事人不适格，毫无理由。且本年（三十三）三月间上诉人向第一被告加押二万元亦系吴瑞卿代笔书立之收条，确系第一被告一人之名义，何以不将其弟李国云二人联名写上，足以证明上诉人之田产是租与李银廷一人之物证强于钢铁，而吴瑞卿显属勾结伪证，毫无疑义。原审不依法以现时之物证为证明，而以过去十年前之废约，[况]又未提出，只以吴瑞卿之伪证证言为判决基础，称为当事人不适格，实属舍本求末，殊无理由已极。特于法定期内声明上诉，恳请钧院检卷申送上级审核办，共有上诉讼费候裁定时补缴合并陈明。

谨呈

重庆实验地方法院民庭公鉴。

中华民国三十三年十一月四日

具状人：李海荣

重庆地方法院民事裁定

三十三年度实诉字第二六二号

上诉人：李海荣，住陶家乡，指定水沟街十二号邱树泉代收文件。

右上诉人与李银廷等因回赎典产事件，不服本院第一审判决提起上诉，应缴裁判费国币八百四十元零角零分零厘，未据缴纳。其上诉状亦未依民事诉讼法第四百二十八条表明上诉理由。兹限该上诉人于收受本裁定时起七日内，向本院如数补缴，如逾期尚未遵行，第二审法院即行驳回上诉。切勿达延自误。特此裁定。

中华民国三十三年十一月二日

重庆实验地方法院民事庭

推事：李懋

送达证书

书状目录：民国三十三年诉字第二六二号案送达付状一件。

受送达人：被上诉人李银廷、张海云、吴汉文。

受送达人署名盖章，如不能署名盖章或拒绝者，应记明其事实：李银廷、张海云、吴汉文。

送达处所：陶家乡。

送达日期：三十三年十一月八日。

中华民国三十三年十一月六日

重庆实验地方法院执达员：梁安庆

［同年十一月十三日邱树泉代李银廷签收裁定的送达证书略］

民事上诉状

上诉人：李海荣，巴县人，住陶家乡皂桷湾。

被上诉人：李银廷、张海云、吴汉文，巴县人，住陶家乡皂桷湾。

为回赎典权事件，补陈上诉理由事。缘上诉人前因不服重庆地方法院判决，曾经声明上诉，并遵缴上诉费用在案，谨将本件诉之声明及上诉理由陈明于下：

甲、诉之声明：

一、废弃原判。

二、第一被上诉人受领上诉人押金二万一千六百五十元，［应］准予［上诉人］回赎陶家乡皂桷湾田土房屋。

三、被上诉人等应将上项田土房屋迁让交还上诉人。

四、一、二两审诉讼费用由被上诉人等负担。

乙、理由：

原判以被上诉人系弟兄二人承典以当事人不适格，将上诉人之诉驳回殊欠允当。查上诉人出典该产权只第一被上诉名义。而对于上诉人加押二万元时亦无其弟李国云名义（收佃收条仅只李银廷名义，足资证明），原审不查书证，竟凭其证言而认为当事人不适格，于法显有未合实难折服。再查被上诉人在原审对于典权并无争执，惟以定有期限十七年为抗辩，惟该典权既定有期限，何以又加押二万元。除在原审起诉状陈明勿庸琐赘。恳请钧院详为审究依据上诉人诉之声明予以法判实为德便。

谨状

四川高一分院民庭公鉴。

民事委任状

委任人：李海荣，四十九岁，巴县人。

受任人：陈贞干，律师。

为与李银廷等回赎产业事件上诉一案委任代理事。谨将委任原因及权限陈明于下：

一、原因：不谙法律。

二、权限：依法代理。

四川高一分院民庭公鉴。

中华民国三十四年二月二十日

具状人：李海荣

民事辩诉状

具辩诉人：李银廷，巴县人，住陶家乡皂桷湾，农。

上诉人：李海荣、李海廷，巴县人，住陶家乡皂桷湾。

为上诉人请求回赎返还产业一案，依法提出答辩，恳予驳回原诉判决事。兹将答辩理由分别陈述于左。

一、查辩诉人等于民国二十三年以押金银二百四十两正，承租原告人等皂桷湾产业田土五石及柑树全股，每年租金二百文，议明租典限期十七年无异。迨至民国三十一年二月十九日，因李海廷亡故，该原告人估加押银一千三百六十四元，议明典约展加限期三年，共成租典为二十年之限期，由李炳荣于原纸上批明，并另书收据为凭。不意于上年失火典约收据焚毁，曾经呈报钧院备查有案，奉有批示，呈验在卷可稽，又呈报陶家乡公所奉批呈核在卷可考。兹因民国三十三年三月海荣之妻亡故，复于强迫辩诉人加押金法币二万元正，由吴瑞卿代笔书立收条为凭，呈核在卷，历历有证有质，确实限期典权租赁，毫无疑义，请求驳回上诉一也。

二、查上诉人欺骗典权，于民国二十三年原有典放合约二纸各执为凭。嗣因民三十一年加押金法币一千三百六十四元展加限期三年，系在原约上批明，虽辩诉人所执之放字失火焚毁，呈请备案存查，迭请上诉人另书典约尤其伊推缓支吾，况上诉人执存辩诉人典约尚在，应请求追缴上诉人将典约交案，不察即明。既上诉人匿约不现，即是空言主张，然成立典权契约已达十年，对于未满之限期，应认为有效之时期，在限期典权时期以内，则不得妄行请求回赎、返还产业，曾经第一审原判并无不合，为此依法提出答弁［辩］，状请钧院鉴核，恳予驳回上诉之判决，用维典权，无任企祷！

四川高等法院第一分院民庭公鉴。

中华民国三十四年二月二十日

具状人：李银廷

言词辩论笔录

上诉人：李海荣。

被上诉人：李银廷、张海云、吴汉人。

右当事人间回赎产业上诉事件本院于中华民国三十四年二月二十日上午十时在本院第法庭公开言词辩论出庭推事书记官如左。

审判长推事：孔容兴。

推事：周达文。

推事：王鸣鸿。

书记官：赵云樵。

点呼事件后到场人如左。

上诉人李海荣代理人陈贞干律师。

被上诉人李银廷。

证人：刘键钧、刘兴昌。

推事问：李海荣，年住等？

答：四九，陶家乡皂桷湾。

问：李银廷，年籍住等？

答：四八，巴县人，陶家乡皂桷湾。

问：李海荣你请求为何判决？

答：（一）废弃原判决；（二）第一被上诉人□□上诉人押金二万一千六百五十元，准予回赎陶家乡皂桷湾田土房屋；（三）被上诉人等应将上项田土房屋迁让交还上诉人；（四）一、二两审诉讼费由被上诉人等负担。

问：你这田土房屋是佃给他的还是当的？

答：佃给他的。

问：多少押佃？

答：一仟六百五十元。

问：哪年佃的？

答：三十一年古历二月。

问：好多租谷？

答：五升。

问：订期没有？

答：没有订期限。

问：二万元押金是何时加的？

答：三十三年三月间。

问：租子好多？

答：还是五升。

问：加期限没有？

答：未加期限。

问：这产业是你一个人的还是兄弟共有的？

答：是我一个人的，佃也是佃给李银廷一个人的。

问：你为何要告张海云、吴汉文？

答：因为李银廷他转租给张海云、吴汉文。

问：他转租你有何证据？

答：无证据。

问：李银廷你佃这田土产业订有期限没有？

答：订二十年期限。二十三年他要卖与人家，因为我们是自己人就用二百四十两银子佃来的。

问：以后加过押租没有？

答：三十一年加一千三百六十四元，三十三年加二万元。

问：有约据没有？

答：收条在法院卷里。

问：收条上写有期限没有？

答：未写期限。

问：你是否转租与张海云、吴汉文？

答：是我佃给他们的。

问：有多少？田土租多少？

答：五担谷子面积。

问：你向李海荣佃的是一个人佃的还是两个人佃的？

答：我两兄弟佃的。

问：你弟叫什么名字？

答：李国荣。

问：他（指李海荣）哥哥呢？

答：死了。

问：何时死的？

答：三十一年。

问：是加租以前还是以后？

答：死后加的租。

问：李海荣二十年佃的时候是否二百四十两？

答：对的。

问：什么时候加一千三百六十四元？

答：三十一年哥哥死后加的。

问：是否三十三年加二万？

答：对的。

问：你把佃乔拿出来看。

答：无佃约。

问：刘键均，年籍住等？

答：四二，住陶家乡。

问：你与两造有何关系？

答：没有关系。

问：是哪个请你来当证明的？

答：李海荣请的。

谕知证人义务及伪证处罚令具结（证结存卷）。

问：你知道李海荣佃给李银廷田土的事吗？

答：先前是三百四十两，后加成一千六［百］五十元五斗租。无押租字约，是李炳荣佃的。

问：你是否字约上的证人？

答：是的。

问：你当证人是碰到的还是请你的？

答：我在埋李海廷。

问：你知道李海荣的佃约到哪里去了？

答：不知道。

问：佃约上订有期限没有？

答：没有期限。

问：李银廷立佃约时刘键均在场没有？

答：他不在场。

问：代你们写佃约的李炳荣在哪里？

答：被拉兵的拉去了。

问：刘键均佃约上写的何人名字？

答：一个是李海荣，一个是李银廷。

问：刘世昌，年籍住等？

答：三十一，住巴县陶家乡。

问：是何人请你来当证人的？

答：李海荣。

问：你与两造有何关系？

答：两造都是我舅爷，李海荣亲些。

晓谕证人义务及伪证处罚令具结（证结存卷）。

问：他们写佃约时是你证人？

答：是的。

问：三十一年加押佃好多？

答：加一仟原来是六百五十元。

问：订期好多年？

答：没有订期。

问：佃约是何人代的笔？

答：李炳荣。

问：李炳荣在哪里你知道吗？

答：不清楚。

问：佃约上写何人名字？

答：李海荣、李银廷。

问：李海荣，你的佃约是哪年不在的？

答：佃约原是我女人保存，她死后，不知她放何处。

问：你的老契在不在？

答：我分关未遗失。

问：今天张海云、吴汉文未到，你是否要判？

答：请求一造弁［辩］论判决。

审判长问：李海荣，你这田土是佃给他两人，还是一个人？

答：是佃给一个人。

问：你的佃约呢？

答：失掉了。

问：你请求如何判决？

答：（一）请求废弃原判决。（二）第一被上诉人收受上诉人押金二万一千六百五十元，准予回赎陶家乡皂桷湾田土房屋。（三）被上诉人等应将上项房屋迁让交还上诉人。（四）一、二两审诉讼费用由被上诉人等负担。

命上诉人代理人陈述意旨。

律师陈贞干起称略谓：查上诉人于二十三年押佃与被上诉人，三十一年加押一千元成为一千六百五十元。被上诉人在第一审说是两个人，今经证人证明是一个人。至于佃约遗失而分关未失，前者是因为分关早已押与别人，三十三年此事还请乡公所调解过，曾说被上诉人加二万元不收回，以便重立新约。后将款收下。被上诉人欺上诉人老实可欺骗，被上诉人又知上诉人旧约已失掉，故藉此要胁。

问：李银廷，你请求如何判决？

答：请求维持原判决。

问：这地是你一人佃的还是两个人佃的？

答：两人佃的。

问：订有期限没有？

答：十七年期限。

问：既有期限，你为何又肯加租？

答：他哥死了。

问：三十三年加二万元是为何加的？

答：埋他女人。

审判长谕知本案弁［辩］论终结，定于本月二十四日下午四时宣判。

右笔录当庭朗读无异。

中华民国三十四年二月二十日

四川高等法院第一分院民事临时庭

书记官：赵云樵

审判长：孔容照

民事裁定

上诉人：李海荣，住陶家乡皂楠湾。

被上诉人：李银廷、张海云、吴汉文，住陶家乡皂楠湾。

右当事人间回赎产业事件，上诉人对于中华民国三十三年十月九日重庆实验地方法院第一审判决，提起上诉，经言词辩论终结后，本院裁定如左。

主文：

本件再开言词辩论。

中华民国三十四年二月二十四日

四川高等法院第一分院民事第　庭

审判长推事：孔容照

推事：周建文

推事：王鸣鸿

中华民国三十四年二月二十四日

四川高等法院第一分院书记官：［印］

送达证书

应送达之文书：民国三十三年上字第五四八号与李海云等回赎产业裁定正本三件、传票共一件。

应受送达人：李银廷、张海云、吴汉文。

受送达人署名盖章，若不能署名盖章或拒绝者，应记明其事实：李银廷、张海云、吴汉文。

送达日期：三十四年三月十三日。

中华民国三十四年二月二十六日

执达员：万□廷

［同年三月十一日、三月十三日陈贞干律师签收通知书的送达证书略，李海荣签收裁定、传票的送达证书略］

民事辩诉状

辩诉人：李银廷，巴县人，住陶家乡皂桷湾，农。

相对人：李海荣。

为上诉回赎产业，准予再开言词辩论，补具辩诉事实与理由，请求驳回上诉之判决事。兹将辩诉事实及理由陈述于左。

甲、辩诉之声明：

一、确认租典上诉人陶家乡皂桷湾产业全股，应照典约权履行限期为有效之判决。二、判令上诉驳回，诉讼费用由上诉人负担。

乙、事实及理由：

窃辩诉人于民国二十三年，租典上诉人李海荣、李海廷弟兄所有皂桷湾产业全股，系因上诉人负债变卖该产业，议值时价银二百四十两正，已于立契成交之时，该上诉人弟兄商议欲将产业保存，主张长期租典偿债，始向弁［辩］诉人再三要求成立租典押银二百四十两正，故有议明租典约定十七年之期限，应以租约履行租典权利，不得中途废约任意解佃。查上诉人之胞兄李海廷于民国三十一年病故，于是将弁［辩］诉人勒加押银一千三百六十四元，议明注载典约上延长期限三年，共成租典为二十年之期，系由原证李炳荣笔批明契约，并另给有加押银之收据，已呈第一审在卷可稽。嗣因弁［辩］诉人房屋失火，虽将上诉人所出之放约与合单焚毁，然上诉人所有执存弁［辩］诉人出立之租典产业契约尚在，该上诉人必须将租典约执出交案审核，则不得故意隐匿典约斜扯，冀图空言无理之请求。应予驳回上诉。殊上诉人于民国三十三年二月，因妻病故，竟致以强欺朴，多方威胁，勒加弁［辩］诉人押金法币二万元正，出给收据审呈在卷，该上诉人居心狡诈，抗不书约。既租佃限期未满，确认租典履行为有效时期，则不得妄行回赎产业，曾奉第一审之原判并无不合，为此依法弁［辩］诉理由，再开言词弁［辩］论，状请钧院鉴核，准予驳回上诉之判决，用维确认限期租佃权，无任企祷！

谨状

四川高等法院第一分院民庭公鉴。

中华民国三十四年四月十一日

具状人：李银廷

言词辩论笔录

上诉人：李海荣。

被上诉人：李云廷、张海云、吴汉文。

右当事人间回赎产业上诉事件，经本院于中华民国三十四年四月十日上午九时，在本院第　法庭公开言词辩论，出庭推事书记官如左。

审判长推事：孔容照。

推事：王汝毅。

推事：王鸣鸿。

书记官：赵云樵。

点呼事件后到场人如左。

上诉人李海荣，代理人陈贞干律师。

被上诉人李银廷。

审判长问：李海荣，年、住等？

答：四十九，住陶家乡。

问：李银廷，年、住等？

答：四十八，住陶家乡皂桷湾。

问：李海荣，你们所争执的田土房屋是否你兄弟两人的？

答：是的，两人所有。

问：以前是否你们两兄弟佃给他的？

答：是我哥哥一个人佃给他的。

问：你们弟兄分过家没有？

答：未分过。

问：你哥是哪年死的？

答：三十一年。

问：有无妻子儿女？

答：都没有。

问：你们是否佃给李银廷弟兄两人的？

答：佃给李银廷一个人。

问：你们的佃约呢？

答：遗失了。

问：是哪年佃给他的？

答：是二十三年。

问：好多押金？

答：二百四十两银子。

问：好多租子？

答：五升租子。

问：三十一年加他押金是一千三百六十四元？

答：是的。

问：三十三年又加二万元？

答：对的。

问：三十三年加押换过字约没有？

答：没有。

问：是否还是二十三年的约据？

答：换过约据。

问：哪年换的？

答：三十一年换的。

问：你的佃约呢？

答：遗失了。

问：二十三年李海廷佃给他是两个人？

答：是一个人名字。

问：这张收据是你出的吗？

答：这条子不对头。

问：这两万元收据是你出的否？

答：是我出的。

问：这收条上有李国荣名字？

答：没有他名字，那不对头。

问：你有管业证没有？

答：我是押占管业。

问：你有分关否？

答：没有分关。

问：你上次说佃约掉了分关还在？

答：在别人的手里。

问：是你父亲的分关还是你兄弟的分关？

答：老一辈分关。

问：三十一年换约据是何人写的？

答：李炳荣。

问：李炳荣在何处？

答：当兵去了。

问：何时出去的？

答：已两三年。

问：你写给李银廷的放约是否被火烧了？

答：我未在家不知这事。

问：李银廷，你的字约是何人写的？

答：二十三年由李海荣笔证，弟兄二人佃这地方。

问：你兄弟叫什名字？

答：李国荣。

问：是否分佃的？

答：合起佃的各作一本。

问：你弟兄分过家没有？

答：佃的时候未分家。

问：这地方是李海荣写给你的，还是他两弟兄佃给你的？

答：两弟兄佃的。

问：李海廷死后家里还有人没有？

答：没有。

问：你的放约呢？

答：三十二年烧了。

问：约据上写有限期没有？

答：有十七年限期定在他佃约上，放约上未写。

问：三十一年加押换约据没有？

答：没有换约据，在原约上批加三年，原约是两［银］数，换约是块［法币］数。

问：你有合单没有？

答：烧了。

问：这张条子是何人写的？

答：吴瑞卿笔证。

问：李海荣的佃约掉了没有？

答：他听说我的据约烧了，他才说掉了。

问：你说放约烧了有何证据？

答：乡公所及法院都备过案。

令上诉代理人陈述意旨。

律师陈贞干起称略谓：请求废弃原判决判令被上诉人收受押金二万一千六百五十元后，将皂桷湾田房返还上诉人。并令被上诉人一并迁让上项产业，并宣告假执行。查上诉人佃约虽已遗失，分关还在。被上诉人说三十一年加押一千三百六十四元，加限期三年。为何三十三年加押二万元又不延加限期？上诉人说放约三十二年烧了，为何三十一年收条又能提出？上诉人被烧在先，而加押在后。不换约被上诉人岂有［能］给两万元。由此观之，事实极为明显，应请如声明而为判决。

问：李云廷你家是哪年被烧的？

答：三十二年八月十五过中秋那天。

问：这收条为何未烧掉？

答：这收条由我兄弟收存的。

问：你请求如何判决？

答：驳回上诉。

问：李海荣，今天张海云、吴汉文未到，是否请求判决？

答：请求判决。

审判长谕本案弁［辩］论终结，定于本月二十五日下午四时宣判。

中华民国三十四年四月二十日

四川高等法院第一分院民事临时庭

书记官：赵云樵

审判长：孔容照

宣示判决笔录

上诉人：李海荣。

被上诉人：李云廷、张海云、吴汉文。

右当事人间回赎产业事件，本院于中华民国三十四年四月二十五日下午四时，在本院第法庭公开宣示判决，出庭推事书记官如左。

审判长推事：孔容照。

推事：王汝毅。

推事：王鸣鸿。

点呼事件后到场当事人如左。

均未到庭。

审判长起立朗读判决主文并告知理由。

中华民国三十四年四月二十五日

四川高等法院第一分院民事临时庭

书记官：赵云樵

审判长：孔容照

四川高等法院第一分院民事判决

三十三年度上字第五四八号

上诉人：李海荣即海云，住巴县陶家乡皂桷湾。

诉讼代理人：陈贞干，律师。

被上诉人：李银廷即李荣廷，住巴县陶家乡皂桷湾。张海荣：住同右。吴汉文：住同右。

右当事人间回赎产业等事件，上诉人对于中华民国三十三年十月九日重庆实验地方法院第一审判决提起上诉，本院判决如左。

主文

上诉驳回。

第二审诉讼费用由上诉人负担。

事实

上诉人及其代理人声明求废弃原判决，另判令被上诉人李银廷收受押金二万一千六百五十元，准予回赎陶家乡皂桷湾田土房屋。被上诉人等应一并迁让。被上诉人李银廷声明，求驳回上诉。被上诉人张海云、吴汉文受合法传唤，未于辩论期日到场。上诉人声请就其一造辩论而为判决，其余应记事实与第一审判决书所载者同，兹引用之。

理由

本件上诉人主张，民国二十三年将所有皂桷湾田业大佃与被上诉人李银廷，押银二百三十两，年租五升，未定期限。民国三十一年加押金为一千六百五十元，三十三年又加押金二万元，均未定期。乃李银廷将田业转租于被上诉人张海云、吴汉文，应请准予回赎云云。惟查被上诉人李银廷辩称，当时系其胞弟李国云共同承租，经提出上诉人收押金之收据两张为证，其中三十一年之收据区确有李国云之名字，上诉人李海荣复承认该收条系其所出。则三十三年所出收据，虽系后加李国云三字，然参照证人吴瑞卿所供，因原先系李国云共同承租，虽由李银廷一人加押，仍用二人名义云云。被上诉人李银廷所主张系与其弟李国云共同承租，已虽谓为无据。况民国二十三年立约时，两造立有放佃合约，各执为据，被上诉人李银廷所执之放约于民国三十二年因失火被焚，提出陶家乡乡公所之批示为证，上诉人亦不否认，李银廷有失火之事，其时在两造起诉之前该被上诉人自无由预知上诉人将行起诉，以为避免提出作证之计划，该被上诉人所称该放约被焚一节即属可采。上诉人所执之佃约，据上诉人主张业已遗失，然不能就其遗失之事实举证证明实难令人置信。上诉人执有佃约而故不提出，则被上诉人李银廷主张该佃约上书明彼与其弟二人共同承租，自为真实无疑，则依民法第八百二十七条、第八百三十一条之规定被上诉人李银廷与其弟李国云显系依契约成立一共同关系，对于上诉人之皂桷湾田业，共同享有大佃权益。上诉人未将李国云一并列为被告起诉，当事人适格即有欠缺，无论该田业是否转租于被上诉人张海云、吴汉文，上诉人请求一并迁让，均无所附属，原审驳回上诉人之请求殊无不当，上诉意旨不能谓有理由。

据上论结，本件上诉为无理由，应依民事诉讼法第四百六十条、第三百八十五条第一项、第四百四十六条第一项、第七十八条判决如主文。

中华民国三十四年四月二十五日

四川高等法院第一分院民事临时庭

审判长推事：孔容照

推事：王汝毅、王鸣鸿

书记官：［印］

送达证书

应送达之文书：民国三十三年渝上字第五四八号回赎产业判决正本一件。

应受送达人：李银廷即李荣廷。

受送达人署名盖章，若不能署名盖章或拒绝者，应记明其事实：李云廷即李银廷。

送达日期：三十四年六月二十一日。

中华民国三十四年六月一日

送达人：吴启芳

［同年六月二十二日李海云即李海荣签收判决的送达证书略］

民事起诉状

原告：李海荣，五十岁，巴县人，住陶家乡皂桷湾，自业。

被告：李银廷，巴县人，住陶家乡皂桷湾；李国云，巴县人，铜罐乡；张海云，巴县人，住陶家乡；吴汉文，巴县人，住皂桷湾。

为与被告等回赎典产迁让交业及声请宣示假执行等事件，仅将诉之声明及事实理由陈明于下：

（甲）诉之声明：

一、第一、第二两被告受领原告押洋二万一千六百五十元后，准予回赎所有坐落皂桷湾田土房屋全部业产。

二、被告等应分别迁让将上开田土房屋业产交还原告。

三、声请随判宣示假执行。

四、诉讼费用由被告等负担。

（乙）事实及理由：

缘原告于民国三十一年二月间将所有坐落皂桷湾田土房屋业产以及橘树七十八株一并大佃与第一、第二两被告承租，义取大押洋一千六百五十元，每年纳黄谷租五升老量以作上粮。去年（三十三），原告妻死复加押佃两万元，两次共约计大押洋贰万壹仟陆佰伍拾元。两造间虽于三十一年书立佃放两约各据为凭，并无期限，但因原告在外帮工，由妻保存，嗣至去年妻死遗失佃约，而被告所执之放约亦因火焚房屋而遗失。所幸者三十三年十月份原告诉请回赎典产，业经被告自行供认押佃租谷数目不错，而典权则擅称自三十一年起展限三年至今，亦已届满。执有一、二两审确定判决审呈可查。不过一、二两审判谓原告未将第二被告列为被告，依法谓当事人不适格，今特补正程序，再行提起诉讼。窃查第一、第二两被告擅将上开房屋业转租与第三、第四两被告住耕，自应一并列为被告，方便执行迁让，将典产交还原告。至原告因颗粒无收，亟待赎回该产自耕以谋生活在急，即依据第一被告前案之供述典权，亦已满期，则原告诉请回赎典产及声请宣示假执行以免冻饿损害之主张纯为合法。为此恳请钧院准依原告诉之声明予以法判，实为德便。

谨状

标的：系争田土房屋业产估为时值价洋壹拾万元，据此缴纳审判费用。合并陈明。

此志

重庆地方法院民庭公鉴。

中华民国三十四年十月八日

具状人：李海荣　押

经手发行处：四川高等法院第一分院

李海荣委任刘宗荣律师状

委任人：李海荣。

受任人：刘宗荣，律师。

为与李银廷等回赎典产及迁让交业等事件，兹将委任原因及权限分别陈明于下：

一、原因：不谙法律，无暇亲到。

二、权限：特别授权代理有抛弃认诺和解一切之特权。

谨状

重庆地方法院民庭公鉴。

中华民国三十四年十月八日

具状人：李海荣

重庆实验地方法院民事送达证书

书状目录：民国三十四年诉字第一三六号回赎典业送达传票一件。

受送达人：李海荣。

受送达人署名盖章，如不能署名盖章或拒绝者，应记明其事实：李海云。

送达处所：陶家乡皂桷湾。

送达日期：三十四年十月十八日上午八时。

中华民国三十四年十月十四日

法警：何光珠

[同时李银廷、李国云，张海云签收传票、诉状副状的送达证书二份略，吴汉文、刘宗荣签收传票的送达证书二份略]

民事辩诉状

答辩人：李银廷，四十九岁，巴县人，住陶家乡，农；李国荣，三十七岁，巴县人，住皂桷湾，农。

原告人：李海廷，巴县人，住陶家乡，农；李海云，巴县人，住皂桷湾，农。

为依法提出答辩，请予驳回原诉，维持前诉原判之判决，确认租典限期为有效，保障典农事。兹将提出答辩事实与理由陈述于左。

（甲）答辩及请求之声明：

一、请求驳回原诉确认限期租典产业为有效，维持前案原判（重庆实验地方法院三十三年度实诉字第二六二号民事判决审呈）之判决。

二、判令诉讼费由原诉人负担。

（乙）事实及理由：

一、窃答辩人等于民国二十三年租典原诉人弟兄所有皂桷湾产业全股，因原诉人弟兄负债深重，其变卖产业价值不足偿债，于是原诉人弟兄再三婉说请求答辩人等租典保留产业，其产业租典与答辩人限期十七年，议取租典银二百四十两正。每年以租完粮，履行租典无紊。嗣因原诉人之胞兄李海廷于民国三十一年病故，又向答辩人等勒加租典银一千三百六十四元，注载典约上延长租典三年时期，共成租典二十年之限期，是由原证人李炳荣原笔批明典约，又另与答辩人出有加典银数目收据一张可质，收据已呈前案第一审民庭在案可稽。嗣因答辩人住宅房屋失火，虽将弁［辩］诉人所执放典约合单焚毁，然原诉人所执之租典约合单尚在，原诉人必须持约交案审核，则不得故意隐匿典约，两次起诉斜扯，希图空言主张，抹煞典权之限期。该原诉人之妻病故，于民三十三年二月间，乘机奸狡欺朴，以死尸多方威胁，竟向答辩人等勒加典银二万元正，出有收据一张，答辩人已呈前案审核在卷，并经原诉人提起上诉判决，依法答辩，请予驳回原判决。

二、查原诉人弟兄之产业于民二十三年变卖，业价不足偿债。婉劝租典成立迭次勒加为典银二万一千六百五十元，惟租典产业无几，历年遭旱无收，答辩人等苦于下力作庸度日。原诉人最可恶者，昧骗租典年限，以一典产事件，先后捏已赎回产业，提起两次之请求，其用心斜扯拖累难堪，请予调查原诉人三十三年度前案之判决及卷宗。为此依法提起答辩，状请钧院鉴核，准予驳回原诉，确认限期租典为有效，并请维护前案原判之判决，保障典权，无任企祷！

重庆实验地方法院民庭公鉴。

中华民国三十四年十一月三日

具状人：李银廷、李国荣

笔录

原告：李海荣。

诉讼代理人：刘宗荣，律师。

被告：李银廷等。

右列当事人因回赎典业案。经本院于中华民国三十四年十一月七日午前九时，开民事第一庭，出席职员如左。

审判长推事：李懋。

书记官：金巧英。

书记官朗读案由。

问：李海荣，年、住？

答：五十岁，住陶家乡。

问：请求如何判决？

答：请求判决回赎产业并返还原告宣告假执行。

问：事实及理由？

答：三十一年原告将讼争产业大佃与被告押金一千六百五十元后又加了二万元，未定期，每年租黄谷五升。佃约已遗失。

问：李银廷，年、住？

答：四十九岁，住同前。

问：有何答弁［辩］？

答：二十三年即承佃该产业限期十七年于三十一年又展期三年，当时换约时有李少云、张天树、广树之等在场并有收据为证，因限期未到不愿回赎。

问：李国云，年、住？

答：三十七岁，住同前。

问：有何话说？

答：话与李银廷同。

推事谕知候再传。退庭。

中华民国三十四年十一月七日

书记官：金巧英

推事：

重庆实验地方法院民事送达证书

书状目录：民国三十四年诉字第一三六号回赎送达左列各件传票一件。

受送达人：原告李海荣。

受送达人署名盖章，如不能署名盖章或拒绝者，应记明其事实：李海荣未在家由其邻居之杨国章代收转交。

于交付受送达人之送达应记明其事由：代收人杨国章。

送达日期：三十四年十一月十三日。

中华民国三十四年十一月九日

执达员：邹学良

［同年十一月十三日李银廷代彭君厚、吴瑞卿、张天树、李少云、张海云、吴汉文、李银廷、李国云签收传票的送达证书三份略，十一月十六日刘宗荣签收通知书的送达证书略］

笔录

原告：李海荣。

诉讼代理人：刘宗荣，律师。

被告：李银廷等。

右列当事人因回赎，案经本院于中华民国三十四年十二月二十一日午前九时半开民事第一庭，出席职员如左。

审判长推事：李懋。

书记官：金巧英。

点呼右列当事人入庭，书记官朗读案由。

问：（李海荣）对你有利的主张有什么证据否？

答：没有什么证据。

问：（李银廷）被告指传之证人为何不到庭？

答：以前已经到庭作证过了，所以没有来。

推事谕知候调卷再传讯。退庭。

中华民国三十四年十二月二十一

重庆实验地方法院民一庭

书记官：金巧英

推事：李懋

民事声请状

原告：李海云，巴县人，住陶家乡。

被告：李银廷、李国云、张海云、吴汉之。

为案悬日久，请迅予传讯，以资早结事，情民前以回赎典产迁让交业事件告李银廷等一案，已沐钧院于三十四年十一月七日传讯一次，未蒙解决，至今已达四月之久，仍未传讯，致本案虚悬莫结。是以再请钧院准迅予传讯，以资早日结束而免讼累，实沾德便。

谨呈

重庆实验地方法院民庭公鉴。

中华民国三十五年三月六日

具状人：李海云

送达证书

书状目录：民国三十四年诉字第一三六一号回赎典业案送达传票一件。

受送达人：原告李海荣。

受送达人署名盖章，如不能署名盖章或拒绝者，应记明其事实：李海荣。

送达日期：三十五年三月十七日。

中华民国三十五年三月十四日

执达员：谢隐

[同日李银廷签交付李银廷、李国云（其胞兄）、张海云、吴汉文、彭君厚、吴瑞卿、张天树、李少云传票的送达证书四份略；次日刘宗荣签收通知的送达证书略]

笔录

原告：李海荣。

被告：李银廷、张海云、李国云、吴汉文。

证人：彭君厚、吴瑞卿、张天树、李少云。

右列当事人因回赎典业案，经本院于中华民国三十五年三月二十二日午前九时开民事四庭，出席职员如左。

审判长推事：钱本海。

书记官：陈振霆。

点呼右列当事人入庭。书记官朗读案由。

问：姓名等项？

答：李海荣，五十岁，住陶家乡。

问：告何人？请求为何判决？

答：告李银廷等。请求判令被告返还皂桷湾田土房屋全部产业，并请宣示假执行。

问：事实及理由。

答：三十一年二月间佃给他的，每年纳黄谷租五升，押金二万一千六百五十元并无限期，现在我要取回自己耕种。

问：以前你通知过叫他搬家么？

答：通知过的。

问：李银廷佃你的田业为何告李国云等呢？

答：李国云、张海云等是李银廷招的佃客。

问：你状上写的是三年满期，未［为］何你说无定期呢？

答：此话是被告说的。

问：李银廷，年龄等项？

答：四十八岁，住陶家乡皂桷湾。

问：原告要你返还田业有何话说？

答：期限未满，原自二十三年起限期十七年，在三十一年因为他家死了人又加了一千三百六十四元，又展期三年共为二十年。

问：你说的话有何证明？

答：以前告案曾有证人到过案的。

问：李国云，年龄等项？

答：三十八岁，住陶家乡皂桷湾。

问：原告要取回地方有何话说？

答：期限未满。

问：有何证明？

答：以前告案曾有证人到过案。

推事请原告代理人陈述。

刘宗荣律师起谓：原告于三十一年二月间将所有坐落皂桷湾田业房屋以及橘树七十八株佃与被告等承租，议取大押洋一千六百五十元，每年纳黄谷租五升（老量）以作上粮。三十三年原告妻死，复加押二万元共押佃二万一千六百五十元。当时两造间书立佃放两约，各执为凭，并无限期，但因原告在外帮工由妻保存，嗣因其妻死，遗失佃约，两被告所执之放约亦因火焚房屋而遗失。请求判决如诉之声明。

推事谕知辩论终结，定于本月二十六日宣判。

中华民国三十五年三月二十二日

重庆地方法院民四庭

书记官：陈振霆

推事：钱本海

宣判笔录

原告：李海荣。

被告：李银廷。

右当事人间回赎典业事件，于中华民国三十五年三月二十二日上午九时，在本院民事法庭公开宣判，出席职员如左。

推事：钱本海。

书记官：陈振霆。

点呼事件后，推事起立朗读判决主文，并口述判决理由之要领。

中华民国三十五年三月二十二日

重庆实验地方法院民事庭

书记官：陈振霆

推事：钱本海

重庆地方法院民事判决

三十四年度诉字第一三六一号

原告：李海荣，住陶家乡。

诉讼代理人：刘宗荣，律师。

被告：李银廷，住陶家乡；李国云，住铜罐乡；张海云、吴汉文，住陶家乡。

右列当事人间因请求回赎迁让事件本院判决如左。

主文

原告之诉驳回。

诉讼费用由原告负担。

事实

原告及其代理人声明求为判决准予回赎皂桷湾产业。其陈述略称：民国三十一年将皂桷湾产业大佃与被告李银廷、李国云，约定押佃一千六百五十元，每年租谷老量五升。至三十三年原告妻死复加押佃两万元，于出佃之时书有佃放两约，并无期限，所立契约均各遗失。被告将田业转租与张海云等耕种从中取利，原告须将产业收回自耕，曾经通知被告。为此起诉云云。

被告答辩略称：民国二十三年承租原告产业约定期限为十七年，在三十一年原告又加押佃一千三百六十四元延期三年共为二十年。直至现在限期未满。原告请求回赎不能承认。云云。

理由

按当事人主张有利于自己之事实者，就其事实负有举证之责，民事诉讼法设有明文规定。本件原告主张于民国三十一年将皂桷湾产业出租与被告李银廷、李国云，并未定有期限，现权 [欲] 收回自耕，曾经通知被告之事实。未据提出何项证据，空言主张不足采信。况被告李银廷等辩称于民国二十三年立约之时即定期为十七年至民国三十一年原告加取押佃又延期三年限期共为二十年。查原告对于加取押佃之事实自称属实，而加取押佃之后租谷又未减少，甚有延展限期之事自属事实。是原告所为请求不能认为有理由应予驳回。据上论结，原告之诉为无理由应予驳回，并依民事诉讼法第七十八条判决如主文。

中华民国三十五年三月二十六日

重庆地方法院民事第一庭

推事：钱本海

送达证书

书状目录：民国三十四年诉字第一三六一号请求回赎迁让案判决一件。

受送达人：被告李银廷。

受送达人署名盖章，如不能署名盖章或拒绝者，应记明其事实：李银廷。

送达处所：陶家乡。

送达日期：三十五年五月八日。

中华民国三十五年五月三日

重庆地方法院执达员：曾县吾

[同年五月八日李银廷代胞弟李国云，店员李国云、张海云，内亲刘世昌代李海荣签收判决的送达证书四份略]

上诉声明

为不服判决，声明上诉一案，由为不服判决声明上诉事。缘奉钧院三十四年度诉字第一三六一号判决，细阅理由，实难折服，谨于法定期间声明上诉，除上诉理由另状补陈，上诉费用俟裁定遵缴外，为此恳请钧院检卷申送上级审核办，以资救济实为德便。

谨呈

重庆地方法院民庭公鉴。

上诉人：李海荣，五十一岁，巴县人，陶家乡皂桷湾，自业。

被上诉人：李银廷、李国云、张海云，巴县人，住陶家乡，农；吴汉文。

中华民国三十五年五月十六日

重庆地方法院民事裁定

三十四年度诉字第一三六一号

上诉人：李海荣，住陶家乡。

右上诉人与李银廷因回赎事件，不服本院第一审判决，提起上诉应缴裁判费国币一千九百五十元，未据缴纳。其上诉状亦依民事诉讼法第四百三十八条表明上诉理由。兹限该上诉人于收受本裁定时起七日内，径向四川高等法院第一分院驻渝临时庭（林森路第五九〇号）如数补缴。如逾期尚未遵行，第二审法院即行驳回上诉，切勿达延自误。特此裁定。

中华民国三十五年五月二十五日

重庆地方法院民事第一庭

推事：钱本海

本正本证明与原本无异。

书记官：［印］

送达证书

书状目录：民国三十五年一三六一号回赎一案裁定一件。

受送达人：上诉人李海荣。

受送达人署名盖章，若不能署名盖章或拒绝者，应记明其事实：李海荣未在家由，本乡乡丁代收系叔侄。

非交付受送达人之送达应记明其事实：代收人李明高。

送达处所：陶家乡。

送达日期：三十五年六月三日。

中华民国三十五年五月二十九日

重庆实验地方法院执达员：孙承善

四川高等法院第一分院民事裁定

民国三十五年度上字第二〇七号

上诉人：李海荣，住陶家乡。

被上诉人：李银廷、张海云、吴汉文，住陶家乡；李国云住铜罐乡。

右当事人间请求回赎典产及迁让事件，上诉人对于中华民国三十五年三月二十六日四川重庆地方法院第一审判决提起上诉。本院裁定如左。

主文

上诉驳回。

第二审诉讼费用由上诉人负担。

理由

按提起民事第二审上诉，应预缴裁判费，此为必须具备之程序。本件上诉人提起第二审上诉，未据缴纳裁判费，经原法院以裁定限期命其于送达时起七日内补正。此项裁定，已于三十五年六月三日送达。现已逾期，仍未补正，依上说明，其上诉显难认为合法。据上论结，本件上诉为不合法，依民事诉讼法第四百四十一条第一项、第九十五条、第七十八条，裁定如主文。

中华民国三十五年八月二十二日

四川高等法院第一分院民事第四庭

审判长推事：王鸣鸿

推事：李侠平

推事：殷世新

送达证书

送达法院：四川高等法院第一分院。

应送达之文书：民国三十五年上字第二〇七号赎产等裁定一件。

应受送达人：李海荣。

受送达人署名盖章，若不能署名盖章或拒绝者，应记明其事实：李海荣指定甲长代收。

非交付应受送达人之送达应记明其事实：张天才。

送达日期：三十五年十月九日。

中华民国三十五年十月

送达人：陈青云

[同日李银廷、张海云、吴汉文，李国云签收裁定的送达证书二份略]

民事声请状

状心编号日字七五一八号

上诉人：李海荣，巴县人，住陶家乡皂桷湾，农。

被上诉人：李银廷，巴县人，住陶家乡；张海云，巴县人，住陶家乡；吴汉文，巴县人，住陶家乡；李国云，巴县人，住铜罐乡。

为未奉送达，恳予调查收据以期补正而利上诉事。情民前以请求回赎典产等词上诉李银廷等于钧院，虽未预缴裁定费用，按例应俟钧院裁定以资进行，迄今延数月，未沐裁定，正怀疑间，于昨忽奉钧院裁定谓此项裁定已于三十五年六月三日送达，今已逾期，指为显不合法。援民诉法第四百四十一条第一项与第九十五条及第七十八条等条文将上诉驳回不胜骇异，盖查送达一节，送达人对于收受送达文件应掣得收受人之收据，本件上诉民阮 [并] 未奉送达，是以无从依法缴纳裁判费用以利进行。今谓逾期应恳钧院调卷朗察上诉人有无此项收据，若无收据亦应请更为通知，以便遵缴裁判费而利上诉之进行，不胜德便！

此呈

四川高等法院第一分院民庭公鉴。

中华民国三十五年十月十七日

具状人：李海荣

送达证书

送达法院：四川高等法院第一分院。

应送达之文书：民国三十五年上字第二〇七号与李银廷回赎典产通知一件。

应受送达人：李海荣。

受送达人署名盖章，若不能署名盖章或拒绝者，应记明其事实：李海荣未在家，由同居之子李秀才代收。

送达处所：巴县陶家乡皂桷湾。

送达日期：三十六年五月二十七日。

中华民国三十六年五月二十五日

送达人：周国安

民事声请状

原告：李海荣，五十二岁，巴县人，住陶家乡皂楠湾，农。

被告：李银廷、李国云。

为遵奉通知，遍查无人显有弊串，应恳传质以杜诡谋而利进行由。情民前以未奉送达恳予调查收据。以期补正而利上诉等由呈请在卷，于本年五月二十七日忽奉四川高等法院第一分院民事第四庭记录科通知书载："查该民与李银廷等回赎典产事件提起上诉，本据缴纳第二审裁判费，业经原审裁定应缴纳国币一千九百五十元即七日内补。此项裁定，于三十六年六月三日送达李明高代收，取有回证在卷，仰即知照为要，特此通知等谕。"民不胜骇异，民虽不谙诉讼程序，惟查民诉送达一节内载一百三十三条，当事人或代理人经指定送达代收人等文。据此民与法院对于本件诉讼均未指定谁为代收人。今沐通知注明李明高代收取有等语证尤为离奇。盖民方并［未］指定代收送达之人，且李明高三字于吾乡吾族遍查都无其人，回证从何而来，中间显有弊串，希图搪塞回赎进行，以遂该方诡谋。为此具呈，应请立予传集执达员和民等到庭质讯，不难暴露诡谋而呈真象。

此呈

四川高等第一分院民庭公鉴。

中华民国三十六年六月十七日

具状人：李海云

经手发行处：重庆地方法院

四川高等法院重庆分院民事裁定

抗告人：李海荣，住巴县陶家乡。

右抗告人与李银廷、张海荣、吴汉文、李国云，因回赎典产及迁让事件，抗告人对于本院民国三十五年八日二十二日之裁定，提起抗告，本院裁定如左。

主文

原裁定废弃。

理由

本院民国三十五年八月二十二日所为之裁定，既系以抗告人逾越第一审所定补正第二审裁判费之期间为驳回抗告人上诉之理由，兹据抗告状述第一审所为命补正裁判费之裁定并未送达，亦未指定他人代收文件。经查第一审所送裁定送达证书代收人为李明高，抗告人并未指定其为代收人。抗告人不能谓无理由。据上论结，本件抗告为有理由，应依民事诉讼法第四百八十七条第一项裁定如主文。

中华民国三十七年三月十一日

四川高等法院重庆分院民事第四庭

审判长推事：温熙臣

推事：罗达尊

推事：柳谦

民事裁定

上诉人：李海荣，住巴县陶家乡。

被上诉人：李银廷、张海云、吴汉文，均住巴县陶家乡；李国云，住巴县铜罐乡。

　　右当事人间回赎典产及迁让事件，据上诉人提起第二审上诉到院，应缴裁判费法币一千九百五十元未据缴纳。兹限该上诉人于送达本裁定时起七日内，如数补缴，如逾期仍不进行，即认上诉为不合法，依民事诉讼法第四百四十一条第一项以裁定驳回，切勿迟延自误，特此裁定。

中华民国三十七年三月六日

四川高等法院第一分院民事第四庭

审判长：温熙臣

送达证书

　　送达法院：四川高等法院重庆分院。

　　应送达之文书：民国三十五年上字第二〇七号赎产裁定正本四件。

　　应受送达人：李银廷、张海荣、吴汉文、李国荣。

　　受送达人署名盖章，若不能署名盖章或拒绝者，应记明其事实：李银廷、李国荣、吴汉文、张海荣。

　　送达日期：三十七年四月九日。

中华民国三十七年三月三十日

送达人：汪朗囗

[同年四月十一日刘世昌代其同居舅父李海荣签收裁定的送达证书略]

送达证书

　　送达法院：四川高等法院重庆分院。

　　应送达之文书：民国三十五年上字第二二六七号回赎典产传票三件。

　　应受送达人：李银廷、张海荣、吴汉文。

　　受送达人署名盖章，若不能署名盖章或拒绝者，应记明其事实：李银廷、吴汉文、张海荣。

　　送达日期：三十七年十一月二十四日。

中华民国三十七年十一月

送达人：李朝勋

[同年十一月二十四日李银廷代其弟李国荣、十一月二十九日同居之戚罗刘氏代李海荣签收传票的送达证书略]

言词辩论笔录

上诉人：李海荣。

被上诉人：李银廷。

右当事人间回赎典产上诉事件。经本院于中华民国三十七年十二月十四日上午九时。在本院第　法庭公开言词辩论出庭推事书记官如左。

审判长推事：贺家鼎。

推事：罗达为。

推事：柳谦。

书记官：冉金法。

点呼事件后到场人如左。

被上诉人：李银廷、李国云。

问：李银廷，年、住？

答：五十二岁，住陶家乡。

问：李海荣与你什么关系？

答：他是我堂兄。

问：皂桷湾地方是否你与李国云合伙向李海荣佃的？

答：是的。

问：好久佃的？

答：第一次是民国二十三年佃的，押金二百四十元，每年租金二百文。定期十七年计至民国四十一年满期。第二次是民国三十一年改佃，又增押金一千三百六十四元，展期三年共为二十年。

问：你的佃据在否？

答：遭回禄惨状失掉。

问：李国云你的话怎样？

答：[一]样。

问：李银廷，现在田是谁种起？

答：我们种起，吴汉云他们是光住的房子。

问：现在李海云要收回。

答：期间未满。

问：今天上诉人未到你的意思怎样？

答：请依一造弁[辩]论判决。

问：请求怎样判决？

答：驳回上诉。

问：李国云又请求怎样判决？

答：一样。

谕知本案弁[辩]论终结，定于十二月十九日宣判。

右笔录当庭朗读无异。

中华民国三十七年十二月十四日

四川高等法院重庆分院民事第四庭

书记官：冉金法

审判长：贺家鼎

四川高等法院重庆分院民事判决

三十七年度上字第二二六七号

上诉人：李海荣，即李海云，住巴县陶家乡。

被上诉人：李银廷，住巴县陶家乡。李国云，住巴县铜罐乡。

右当事人间请求回赎产业事件，上诉人对于民国三十五年三月二十六日四川重庆地方法院第一审判决提起上诉，本院判决如左。

主文

上诉驳回。

第二审诉讼费用由上诉人负担。

事实

上诉人声明求为废弃原判决。命被上诉人放赎皂桷湾产业之判决。被上诉人声明求为如主文之判决应记载之事实与第一审判决所载同，兹引用之。

理由

本件上诉人主张被上诉人大佃皂桷湾之业未定期间，无证据可以提出。被上诉人主张民国二十三年大佃该业时定期十七年，嗣于民国三十一年上诉人又加押金另行换约，期间延展为二十年。虽亦据称契约因被火灾损失未能提出作证，但此种回赎权行使期间之事实系于上诉人有利，自应由上诉人负举证之责。上诉人既无证据以资证明，空言主张，无足采取，原审驳回其诉尚无不合。上诉难谓有理。

据上论结，本件上诉为无理由，应予以驳回。依民事诉讼法第三百八十五条第一项前段、第四百四十六条第一项、第七十八条判决如主文。

中华民国三十七年十二月二十日

四川高等法院重庆分院民事第四庭

审判长推事：贺家鼎

推事：罗达尊

推事：柳谦

书记官：冉金法

送达证书

送达法院：四川高等法院重庆分院。

应送达之文书：民国三十七年上字第二二六七号回赎产业判决正本二件。

应受送达人：李银廷、李国云。

受送达人署名盖章，若不能署名盖章或拒绝者，应记明其事实：李云廷即银廷。

送达日期：三十八年三月二十二日。

送达人：周国安

［次日李秀才代父李海荣签收判决的送达证书略］

四川高等法院重庆分院书记室公函

□字第四七六二号

　　中华民国三十八年四月二十五日

　　查本院受理三十七年度上字第二二六七号李海云与李海廷因回赎典业事件，业经判决确定，相应检同卷宗等件函送，即请查收为荷！

　　此致

　　重庆地方法院书记室

　　计送本院卷三宗原审卷三宗，证物详袋。

书记官：［印］

12. 禹治金诉艾祥成要求回赎原典案

民事诉状

具诉人：禹治金，二十二岁，巴县人，住南彭乡铧头盛。

被诉人：艾祥成，巴县人，住界石乡桂花湾，保长。

为典屋揩赎，伪造买约，冀图谋夺财产，诉请确认所有权，并恳判令依照原典赎回，撤销买约，责担讼费事。窃原告双亲早故，自幼拜给同院艾祥成为义子。于民国二十六年二月将遗业地名桂花湾田租八石（老量）出佃与义父即被告祥成耕种，押金七十元。伊自认每年交租八石。嗣因胞兄治祥病故，一切掩埋用费无出复。于同年八月又将此业典当给被告，取典金四百九十元，连合押金共五百六十元。短租七石。原告每年应收租谷一石老量。伊请凭笔证书立典约注明限期八年，关于本业税款均由被告完纳，限期届满时备价赎均无异言。按出典时原告年将十二不明事理竟被被告蒙哄，遂将所有管业红契分关交伊作为典当抵借物拖代为保管，以免遗失。原告信为真实未防其奸，讵该被告于典当后即以为套据过手，不惜昧良揩典为买，伪造文约。对于每年伊应交原告之租谷一石老量，迭年以补修房屋为词抗不交给原告。迄至今年典期已满遂凭证退给典价，被告不特不为接收上开典金，且反称本业已经出售原告，闻悉之下立即声明前情，将原交各文契等件一并交还。乃该被告当众表示伊有买卖契约在手，但终未交出。以此观察显见被告隐匿典约伪造买契意图侵夺财产违法混争实无疑义。惟原告尚有本案并约一纸可为本业所有权之一铁证。为此依照坡田土每石估计二万八，石田地合计法币十六万元之金额呈缴讼费。状请钧庭鉴核俯予传讯被告艾祥成及证人禹正烈等到案法判，确认巴县界石乡桂花湾田业八石［为］原告所有。并判准原告以原典价赎回上开田房及红契分关，并令其责担讼费实深感祷。谨呈

重庆实验地方法院民庭公鉴。

证人：禹正烈、禹光明。

证物：讯呈。

中华民国三十四年五月二日

具状人：禹治金

民事委任状

具状人：禹治金，二十二岁，巴县人，住南彭乡铧头盛。

受委人：石韫琛，律师，住本市凤凰台街八号。

为委任事情民因典屋揩赎伪造买约等词诉艾祥成一案委任律师石韫琛为代理人伏乞赏准

施行。谨呈

重庆实验地方法院民庭公鉴。

中华民国三十四年五月二日

具状人：禹治金

送达证书

书状目录：民国卅四年（诉）字第五一七号禹治金与艾祥成原典赎回案送达传票一件。

受送达人：原告禹治金。

受送达人署名盖章，若不能署名盖章或拒绝者，应记明其事实：禹治荣代收。

非交付应受送达人之送达应记明其事实：因禹治金未在家由其弟代收。

送达日期：卅四年五月十一日。

中华民国卅四年五月三日

重庆地方法院送达员：

[同日艾祥成、石韫琛律师签收传票的送达证书二份略]

笔录

原告：禹治金。

诉讼代理人：石韫琛，律师。

被告：艾祥成。

右列当事人因原典赎回案，经本院于中华民国卅四年五月廿一日午前九时，开民事法庭，出席职员如左。

审判长推事：朱念慈。

书记官：侯邦怀。

审判长点呼右列当事人入庭。

书记官朗读案由。

问：你是禹治金么？

答：是的。

问：你为什么告艾祥成呢？

答：要赎回家的典田。

问：你这田是典的还是卖的？

答：廿六年典与他的。

问：有无证明？

答：典契存在被告手里。

问：为什么你的典契存在他家里？

答：被告原来与家父是金兰之友好，那时家很小的，所有契约都是相托代为保管的。

问：你很小的怎么晓得是典契呢？

答：当时立契时我就记着了。

问：典了多少钱呢？

答：典金四百［九十］元，押租金七十元，合计五百六十元。

问：你有什么证据么？

答：有老约（庭呈）。

问：禹治金，给了你多少谷子？

答：已经有八年了，没有付谷子给我。

问：典当时有无证明人？

答：那时我很小记不起有些什么人在场。

问：你是艾祥成么？

答：是的。

问：你有契约么？

答：有的（庭呈阅后发还）。

问：这艾明辉是何人呢？

答：是我同院子住的人，原来这田里该艾明辉，后因艾明辉以价金太贵了他不要，所以转给我的。

问：原告代理人诉之声明？

答：请求判令被告与原告所订立契租约终止。被告应返还原告租谷八石。诉讼费用归被告负担。

问：禹治金你要怎么判呢？

答：请求判被告将田交给我回收，退他五百六十元并应交谷八担给我。

问：艾成祥，这田是何时买原告的？

答：廿六年一月是正式卖给我的。

问：你是向何人买的？

答：是禹治金卖给我的。

问：你收了几年的谷子？

答：收了八年谷子。

问：禹治金，这田究竟是典的还是佃的？

答：廿六年佃给他的并不是卖给他。

问：原告代理人有无声明？

答：原告当时幼年双亲均故，艾祥成是他的义父，将所有证据交给被告代为照看，此田系原告典给他的，每年应交谷子一石，今又八年了，这就是连耕退业典当本证请求传集证中人再讯明确了。

问：本案事实？

答：与起诉状同。

问：禹治金你还要补缴讼费？

答：是的，遵缴。

庭谕：本案辩论终结，定于五月廿二日宣判。

右笔录经当庭朗读无异。闭庭。

中华民国三十四年五月廿一日

重庆实验地方法院民一庭

书记官：侯邦怀

推事：朱念慈

民事答辩状

答辩人：艾祥成，六十一岁，巴县人，住界石乡，农。

原告：禹治金。

为对于禹治金告诉回赎典产一案据实答辩事：缘原告所有桂花湾田业于民国二十四年出典与艾明辉耕种。及至二十六年一月廿二日始经原告祖父血表卢信成及调解主任胡宣三等作中，民以价洋五百五十元承买为业，价足契明。解除典当并由原佃艾明辉向民投佃，均为有契约可证，并向税局印契。民行使所有权历经多年并无他异。及至去年古历腊月，原告人突凭乡公所理剖，谓系限期典当毫无证据，众斥其非。昨奉票传及缮本，原告诉请回赎前开产业，前来查当事人主张有利于己之事实，应就其事实负举证责任，此为民事诉讼法规定甚明。本件原告所控称各节完全与事实不符，民既非原告义父，亦并无于二十六年与原告租佃及典当之事实。盖该业原佃户系属艾明辉，经民于二十六年一月廿二日承买之后始向民投佃。原约尚在，自无听其虚捏妄诬，此其一。且典当习惯必须双方各执领当合约，该原告主张该业为限期八年之典当，依照上开法律及习惯，自应就其主张提供领典契约，始得谓真实，今伊毫无证据，空言主张该业为限期八年之当典，已为法所不许，此其二。且民持有原告亲笔书押之卖契，又有中证胡宣三、黄桂林、彭连臣等可以质证，此外尚有原告叔父禹光明持有老契，亦经明白批注系属摘卖，尤不能听信原告片面主张出卖与民且已行使主权数年之久之产业系属典。当其无理由，于此明甚，此其三。综如上述，是原告已因出卖之结果而丧失其所有权，自不能主张回赎其产业。是原告之诉为无理由。应恳钧院鉴核，准予澈加审究，驳回原告之诉，并令负担诉讼费用以维主权而儆诬侵状。

重庆实验地方法院民庭公鉴。

中华民国三十四年五月二十一日

具状人：艾祥臣

宣判笔录

原告：禹治金。

被告：艾祥成。

右当事人间原典赎回事件，于中华民国卅四年五月廿六日午时，在本院民事法庭公开宣判，出席职员如左。

推事：朱念慈。

书记官：王□烈。

点呼事件后

推事起立朗读判决主文并口述判决理由之要领。

中华民国卅四年五月廿六日

重庆地方法院民事庭

书记官：王□烈

推事：朱念慈

重庆实验地方法院民事判决

三十四年度诉字第五一七号

原告：禹治金，住南彭乡铧头盛。

诉讼代理人：石韫琛。

被告：艾祥成，住界石乡桂花湾。

当事人因赎产事件，本院判决如左。

主文

原告之诉驳回。

诉讼费用由原告负担。

事实

原告声明，求为判令被告将原告前出典田产依价赎回，及交谷八石之判决。其陈述略称：原告双亲早故自幼拜被告为义父，民国二十六年八月将桂花湾田租八石之遗产当与被告，取典金四百九十元连同押金共五百六十元，定期八年赎回，原告并每年收取租谷一石。所有红契分关均交与被告保管。迨后每年一石之租谷始终未交。现届赎回之期，被告竟称业已绝[把]卖不能赎取。故特诉请如声明云云。提出老契一纸为证。

被告声明求为驳回原告之诉之判决。其陈述略称：被告于民国三十六年间正式买得原告不争田产，有契可凭，且历年租谷均由被告收取无异，原告所云均非事实。应请依法判决云云。提出原告卖契一纸为证。

理由

本件原告声明收赎典产，而其代理人声明为确认与被告间所订不争田产租赁契约终止。与原告所声明者有别。应依原告本人所声明者为判决，合先说明。

原告请求赎回典产之所持理由，无非以当时典产时年龄尚幼，而被告又为原告之义父，故信托不疑云云。

其提出之唯一证据经民国初年祖遗之老约一纸，既不能证明原告与被告间有义父子之关系，更虽认定有典当，该产限期八年之法律行为纯属凭空主张，自难采信。若谓当时原告年幼无知，致被告欺蒙则系属另一法律问题，不能与其请求之范围并为一谈。原告未能提出典产之积极证据，自难认其请求为有理由，应予驳回。合依民事诉讼法第七十八条判法如主文。

中华民国卅四年五月十六日

重庆实验地方法庭民事第一庭

推事：朱念慈

送达证书

书状目录：民国卅四年（诉）字第五一七号禹治金与艾祥成原典赎回案送达判决一件。

受送达人：被告艾祥成。

受送达人署名盖章，若不能署名盖章或拒绝者，应记明其事实：艾祥成。

送达日期：卅四年七月五日上午十一时。

中华民国卅四年七月九日

重庆地方法院送达员：王敦善

[同日同居的石河清代禹治金签收判决的送达证书略]

民事申诉状

原上诉人：禹治金，二十二岁，籍贯巴县，住南彭乡。
被上诉人：艾成祥，住界石乡。

呈为判决失平藉事吞产，恳予检齐本案卷宗申送上级法院依法审判，以资折服事。

情民前以呈诉艾成祥等确认财产所有权一案，已沐钧院判决将原告之诉驳回。特于法定期内声明不服，提起上诉。第二审理由书状另补详陈事实。为特具文呈请钧院鉴核，赏予检齐本案卷宗申送上级法院，依法审判以资折服。实深沾感。

谨状

重庆实验地方法院民庭公鉴。

中华民国卅四年七月廿八日

具状人：禹治金

民事上诉状

上诉人：禹治金，籍贯巴县，住南彭乡华［铧］头盛。
被上诉人：艾成祥，住界石乡桂花湾。

为不服判决依法上诉恳予检卷申送事。

情民诉艾成祥赎产一案业蒙讯结，昨奉钧庭判决主文开：原告之诉驳回，诉讼费用由原告负担。等因［语］。民实难甘折服，除不服理由另陈上级法院外，特于法定期内声明不服状，请钧庭鉴核俯将本案全卷检申上级法院核办以凭改判而昭折服。再则本件上诉讼费迅赐催费裁定即遵缴合并声明。

谨呈

重庆实验地方法院公鉴。

中华民国三十四年七月三十日

具状人：禹治金

四川重庆地方法院民事裁定

三十四年度诉字五一七号

上诉人：禹治金，住南彭乡华［铧］头盛。

右上诉人与艾祥成因原典赎回事件不服本院第一审判决提起上诉，应缴裁判费国币三千三百七十五元，未据缴纳。其上诉状亦未依民事诉讼法第四百三十八条表明上诉理由。兹限该上诉人于收受本裁定时起七日内，向本院或四川高等法院第一分院驻渝临时庭如数补缴。如逾期尚未遵行，第二审法院即行驳回上诉。切勿违延自误。特此裁定。

中华民国三十四年八月十四日

四川重庆实验地方法院民事庭

推事：朱念慈

书记官：（章）

中华民国三十四年八月

送达证书

书状目录：民国卅四年（诉）字第五一七号禹治金与艾祥成原典赎回案送达裁定一件。

受送达人：上诉人禹治金。

受送达人署名盖章，若不能署名盖章或拒绝者，应记明其事实：禹治金押。

非交付应受送达人之送达应记明其事实。

送达处所：南彭乡。

送达方法：

送达日期：卅四年八月廿六日。

中华民国卅四年八月廿日

重庆地方法院送达员：梁志峰

送达证书

书状目录：民国卅四年（诉）字第四八二号赎产案送达传票三件。

受送达人：证人：艾明辉、胡宣三、黄桂林。

受送达人署名盖章，若不能署名盖章或拒绝者，应记明其事实：胡宣三、黄桂林。

非交付应受送达人之送达应记明其事实：艾明辉。

送达处所：

送达方法：

送达日期：卅四年十二月七日。

中华民国卅四年十一月廿四日

重庆地方法院送达员：张兴全

［同日艾祥成签收传票的送达证书略］

民事委任状

具委人：禹治金，籍贯巴县，住南彭乡华［铧］头盛。

受委任人：石韫琛，职业律师。

　　为委任事情。委任人因赎产事件，不服原审法院判决上诉艾祥成一案委任律师石韫琛为代理人。伏乞鉴核施行。谨呈

　　四川高等法院第一分院临时庭公鉴。

中华民国三十四年十二月十日

具状人：禹治金

言词答辩笔录

上诉人：禹治金。

被上诉人：艾祥成。

　　右当事人因赎产上诉事件，经本院于中华民国卅四年十二月十日上午九时，在本院法庭公开言词辩论，出庭推事书、记官如左。

　　审判长推事：龙天植。

　　推事：王汝毅。

　　推事：王鸣鸿。

　　书记官：李达同。

　　点呼事件后到场人如左。

　　上诉人：禹治金。

　　被上诉人：艾祥成。

　　证人：禹正烈、禹光明、艾明辉、胡宣三。

　　问：禹治金，年、住等项？

　　答：廿二岁，今年六月满生，已结婚，住南彭乡七保。

　　问：艾祥成，年、住等项？

　　答：六十一岁，住界石乡。

　　问：禹正烈，年、住等项？

　　答：廿岁，今年十月满生，已结婚，住南彭乡。

　　问：禹光明，年、住等项？

　　答：卅五岁，住南彭乡。

　　问：艾明辉，年、住等项？

　　答：五十岁，住界石乡。

　　问：胡宣三，年、住等项？

　　答：六十六岁，住界石乡。

　　问：禹治金，你请求如何判决？

　　答：请求废弃原判决，判令被上诉人将我出典桂花湾田产赎回，至于八石租谷，我现在

不请求了。

问：什么理由？

答：我父已死，十二年那时我很年幼，民国廿六年乃将桂花湾田产八石出典与艾祥成，当价四百九十元、押租七十元共五百六十元，今年我备价向他赎取，他说是出卖与他的。

问：你有什么证据？

答：没有证据，因为他是我的义父，他只找了几个中人，我一个人也没有。

问：你交约据与他没有？

答：我交约据与他的。

问：他没有收据给你么？

答：他没有收据给我，他是我的监护人，他岂肯给收据与我。

问：禹正烈、禹光明证明什么？

答：禹正烈：证明去年冬月间胡宣三劝我们是义父义子关系，不要打官司，由艾祥成给我四万元了结。禹光明他证明，艾祥成与我父是掉帖弟兄，要艾祥成处处照拂我。

问：掉帖是哪一年？

答：掉帖是哪一年我不知道，不过在我寄养与他之前他们就掉帖了的。

问：艾祥成：你请求如何判决？

答：请求驳回上诉。

问：什么理由？

答：他这桂花湾是廿四年典当与艾明辉的，到民国廿六年我向禹治金手承买过来，艾明辉曾将大佃约揭过我手，有红约及请中字等为证。

问：艾三合堂是什么名义？

答：是我们三兄弟的堂名。

问：你们分家没有？

答：今年才分的产业分与我了，分开未常来。

问：禹治金是否将约据交你了吗？

答：未将约据交我。

问：你是他的义父吗？

答：我是他的义父。

问：调解时你是否给他四万元了结？

答：调解有之，未说四万元的话，茶办［费］还是他给付的，他输了理。

问：这红约在哪里写的？

答：这红约在街上五福栈卢信臣处写的。

问：禹正烈，你与禹治金什么关系？

答：是亲房堂兄。

问：你与艾祥成有无亲戚关系？

答：没有亲戚关系（晓以作证义务命具结）。

问：去年那边调解你在不在场？

答：我在场。

问：是好久调解的，还有什么人在场？

答：去年冬月初三日在一个茶社（忘名），调解时调解员及胡宣三主席等在场。

问：如何调解的呢？

答：头天调解艾祥成说这产业是他买，禹治金说是典当的，没有调解好；第二天继续调解，胡宣三主席说，由艾祥成给禹治金四万元了结，禹治金不愿意。

问：艾祥成愿不愿出四万元了结？

答：他不愿意出钱。

问：禹光明，禹治金是你什么人？

答：是我堂侄。

问：你与艾祥成有无亲戚关系？

答：没有亲戚关系（晓以作证义务命具结）。

问：禹治金的父亲何名？

答：他父名禹海达。

问：哪年死的？

答：死了十二年。

问：他死时你在场么？

答：他死时我在场。

问：他死时说什么话没有？

答：他说治金两岁时就将寄艾祥成的，我死了后望他处处看照，我仅遗桂花湾一点产业，找他帮忙照管。

问：艾明辉，你与艾祥成什么关系？

答：是隔房弟兄。

问：你与禹治金有无亲戚关系？

答：是主客，无亲戚关系（晓以作证义务命具结）。

问：桂花湾田上你做了几年？

答：我做了两年。

问：你是哪年耕种的？

答：我是廿四年耕种的。

问：艾祥成承买该业时佃约是否你交出来的？

答：佃约是我交出的。

问：是否当与艾祥成？

答：没有当与艾祥成。

问：胡宣三，你与两造有无亲戚关系？

答：没有（晓以作证义务，命具结文附一卷）。

问：你是否为双方调解过？

答：本年冬月在调解会与双方调解的。

问：如何调解的？

答：据禹治金说这田是当与艾祥成的，艾祥成说是买的，当廿六年艾祥成买时我都是中人，我也知道是艾祥成买的不错。

问：你是中人怎么没有到押？

答：没有画押。

问：调解时是否要艾祥成出四万元了结？

答：这是我调解时说的，但双方都不愿意。

问：禹治金你还有什么话说？

答：我出典是真，义父瞒心不认，我请求判令准我回赎。

问：艾祥成，你还有什么话说？

答：我们是正当买卖，他当与艾明辉，我是向他买的，既有他的请中字及证人可资证明，请求将他上诉驳回。

右笔录经当庭朗读无异。

审判长宣读：

本案辩论终结定于十二月十四日下午四时宣判，退庭。

中华民国卅四年十二月十日

四川高等法院第一分院驻渝民事庭

书记官：李达同

审判长：

送达证书

书状目录：民国卅四年(诉)字第四八二号赎产案送达传票三件。

受送达人：证人禹正烈、禹光明。

受送达人署名盖章，若不能署名盖章或拒绝者，应记明其事实：禹正烈、禹光明。

送达日期：卅四年十二月六日。

中华民国卅四年十一月廿四日

重庆地方法院送达员：张兴全

[同日禹治全签收传票的送达证书略]

宣示判决笔录

上诉人：禹治金。
被上诉人：艾祥成。

右列当事人因赎产事件，经本院于中华民国卅四年十二月十四日下午四时，在本院法庭公开宣示判决，出庭推事书记官如左。

审判长推事：龙天植。

推事：王汝毅。

推事：王鸣鸿。

书记官：李连同。

点呼事件后到场当事人如左。

审判长推事朗读判决主文并告知理由。

中华民国卅四年十二月十四日

四川高等法院第一分院驻渝民事庭

书记官：李达同

民事答辩状

答辩人：艾祥成，巴县人，住界石乡桂花湾。

上诉人：禹治金，住南彭乡。

为对于禹治金控词上诉一案提据答辩。恳请驳回上诉维持原判傲奸维朴事：

缘上诉人所有桂花湾田业，系早年由上诉人大佃与艾明辉耕种。及至二十六年始由上诉人请恳其祖父血表卢信臣暨胡宣三等为中，出售与民，议价五百五十元外，书押洋十元，合五百六十元，经张巨勋代笔书约，价足契明，并向征局税印无异。大佃艾明辉投佃迄后，由民收回自住，迄已多年均无他变。乃该上诉人突然向重地院告诉民回赎典产。但庭讯当时上诉人禹治金声明为赎回典产，而其代理律师则主张终止租赁契约，不特毫无佐证以资证明其主张为实在，而其主张互异已属怪事，且就其理由内容一则曰：彼年幼未足法定年龄，再则曰：为民义子关系故受欺骗二点而已。查上诉人现年三十有余户籍可考，历来行为均彼一人负责，乡众可查，是上诉人立约当时确有二十余岁已足法定年龄，何能听其信口自称尚未成年，宁非笑谈。至所谓民义子一节尤属虚构，盖义子拜寄原冀有所托民或思染指财产断毫无希翼而有托民于人或是上诉人以上主张各点绝无丝毫佐证以资证明。其主张为非虚妄。基于当事人有利于己之事实应就其事实负举证责任之原则，显见上诉人之主张为无理由。应请大院彻查加审讯驳回上诉人之上诉，维持第一审判决，并令负担第一二两审诉讼费用。

谨状

四川高等法院一分院民庭公鉴。

证人：中证胡宣山、黄桂林、彭连臣、卢信臣

笔证：张巨勋

中华民国三十四年十月十六日

具状人：艾祥成

四川高等法院第一分院民事判决

三十四年度渝上字第四八二号

上诉人：禹治金，住巴县南彭乡华头盛。

被上诉人：艾祥成，住巴县界石乡桂花湾。

右当事人因请求放赎典产事件，上诉人对于中华民国三十四年五月二十六日重庆实验地方法院第一审判决，提起上诉，本院判决如左。

主文

上诉驳回。第二审诉讼费用由上诉人负担。

事实

上诉人声明"请求废弃原判决另判被上诉人准许上诉人将出典之桂花湾田产赎回"被上诉人声明"请求驳回上诉"两造事实陈述第一审判决书记载相同兹引用之。

理由

本件上诉人系上诉人之义父，上诉人之父故时即托被上诉人照管。系争之桂花湾产业二十六年典当时上诉人年幼，仅被上诉人请得中人。上述人方面实无中证可传讯，只有老约一纸可证云云。查其所举证人禹光明，非但与上诉人有叔侄关系，其言已不足采信，且该证人亦仅证明上诉人曾拜寄与被上诉人及上诉人之父曾托被上诉人帮忙照管。系争之产即令实在，对于典当之事仍属不能证明。又证人禹正烈证明，由调解主席胡宣三令被上诉人给与上诉人法币四万元了息，两造均未同意，以致调解未成等情事，尤不能证明典当属实。至上诉人提出老约，乃系民国六年禹定而之实契，更不能证明有典当之事实。乃竟请求被上诉人放赎典产显非有理。原审驳回上诉人之请求尚无不治，上诉不能认为有理由。

据上，论结本件上诉为无理由，依民事诉讼法第四百四十六条第一项第七十八条判决如主文。

中华民国三十四年十二月十四日

四川高等法院第一分院驻渝民事庭

审判长推事：龙天植

推事：王鸣鸿

推事：王汝毅

送达证书

书状目录：民国卅四年（上诉）字第四八二号请求放赎典产案送达：判决一本一件。

受送达人：禹治金。

受送达人署名盖章，若不能署名盖章或拒绝者，应记明其事实：禹治金押。

送达日期：卅五年三月廿七日。

中华民国卅五年三月七日

重庆地方法院送达员：张毅

［同日艾祥成签收判决的送达证书略］

13. 胡蓬莱诉燕胡则嘉要求回赎典产案

民事委状

状心编号民字二三六八号

委任人：胡蓬莱，五十岁，四川人，住本市民权路二号震华药房。

被委任人：史良，律师，事务所重庆枣子岚垭犹庄二十五号。

为委任代理人事，窃委任人与燕胡则嘉因回赎典产事件委任被委任人为代理人，谨将委任之原因及权限列后。

原因：依法委任。

权限：有民事诉讼法第七十条第一项及其但书规定之特权。

谨状

重庆实验地方法院民庭公鉴。

中华民国三十四年九月　日

具状人：胡蓬莱

被委任人：史良律师

原告胡蓬莱民事诉状

原告：胡蓬莱，五十，四川人，住本市民权路二号重庆震华药房。

被告：燕胡则嘉，住成都西城角一号。

为请求回赎典产暨返还典业红契及租谷事，谨将诉之声明、事实及理由分别陈述于左：

一、诉之声明

（一）请求判令被告受领原告国币叁仟伍佰贰拾元，准由原告赎回本市土桥场郭家岗田业半股（计原租谷叁拾肆石）及房屋半院，并命被告返还原告上开典业及红契。

（二）请求确认上开典产自民国三十四年该业之租谷叁拾肆石应由原告收取，如经佃户曾树成交付被告受领，应命被告如数返还。

（三）诉讼费用由被告负担。

二、事实

缘原告于民国二十三年十一月三日因母逝世急需款项，将分受父亲遗产内本市土桥场郭家岗田业半股，计租谷叁拾肆石及房屋半院，经舅父王和声、胞叔胡应衡等说成典与胞妹燕胡则嘉（即被告），议定典价国币叁仟伍佰贰拾元，典期拾年，自典之后，即由被告自耕或另招佃户，期满以原典价回赎，立有典约并将该典田原红契壹份（原契载明胡元惠买张天禄田业）同时凭证交被告收执，出具收据，亦载明该红契于期满回赎时交还。自民国二十三年十一月三日订约之日起至去年（三十三年）十一月二日止，已属满约定典期拾年，原告遂于去年收益季节后，正式通知被告于期满时备价回赎，讵被告初则妄事要求索款贰百万元方准回赎，后竟置之不理。乃延请史良律师于去年十月七日、十一月一日先后代表去函催告期满，照约回赎，被告始终籍词推诿，虽经族人一再调停，亦毫无结果，现届收获之期，势难再任延宕，不得已诉请依法判决。

三、理由

基上事实，按照民法第九百二十三条第一项及第九百二十五条前段，原告自得于期限届满后以原典价叁仟伍佰贰拾元回赎原典业，目前法币虽较战前贬值，而被告历年所收之租谷价值已较战前更高，获利极丰，超出原典价几万倍，何得以法币贬值为拒绝回赎之抗辩。其典权自应于去年期满后，最后通知（三十三年十一月一日）回赎时消减，本年该业之收益按诸民法第六十九条第一项及第七十条第一项，被告已无权收取，所有民国三十四年之租谷三十四石，应由原告收取。现在已届收获之期，经委托史良律师代表通知佃户曾树成如数交付，惟迄今尚未照办，如已经交付被告受领，应命被告如数返还。原告与被告谊属同胞，被告因母丧需款，迫以产业出典，以叁仟余元之典价收取叁佰余石租谷之收益，以近伍年谷价衡之，其本利之相差何啻天壤，期满备价回赎，尤图苛索，不惟按照上开法条有所不合，揆诸人情亦所不许，被告拒绝回赎之抗辩，显属毫无理由。事关产权，断难任其非法拒赎，图取不当得利，自应诉请如前项之声明。

综上理由，用特钞附后开证据，恳请钧院依法传讯准照首开声明各项判决，再关于系争本年租谷部分已否交付被告领受，请传佃户曾树成讯明，如尚未交付，请准假扣押，禁止被告收取，暂交由该管保甲长保管，合并声请，应缴之声请费，俟传佃户讯明时即行补缴，合并陈明。

谨状

本案诉讼标的田业面积叁拾肆石，每石以陆万元计，合国币贰佰零肆万元，三十四年租谷叁拾肆石，每石以捌仟元计，合国币贰拾柒万贰仟元，两共贰佰叁拾壹万贰仟元，以此标的之数额缴纳裁判费用，合并陈明。

证人：曾树成，住土桥乡郭家岗十三保八甲。

证物：附钞典约及收据各壹份。

重庆实验地方法院民事庭公鉴。

中华民国三十四年九月五日

具状人：胡蓬莱

代理人：史良律师

征费单

征费机关：重庆地方法院。

缴款人：胡蓬莱。

案号：三四年度诉字第一一七八号。

案由：回赎典产。

标的：二三一二〇〇〇元

费别：裁判费。

征费数目：国币贰万叁仟壹佰贰拾圆。

备注：

复核员：

收费员：

中华民国卅四年九月五日

典约

立出以田业抵借契约人胡蓬莱偕室李氏，情因需要款项开支，夫妇问定将受分土桥场郭家岗田业半股，房屋半院，计原租谷叁拾肆石之业契，请证觅主承典。兹经舅父王和声、胞叔应衡说成，胞妹燕胡则嘉府上允诏抵借议定，由燕胡则嘉出借通用银洋叁仟伍佰贰拾元正，即日凭证如数交付胡蓬莱等亲收领足，当经率引佃户向燕胡则嘉投佃过耕，其有本契原载条粮查验，历年粮票并无欠粮，即于本年度交划壹钱贰书，由承典人负责上纳。自典之后，原听燕侄自耕或另招佃户，胡姓不得异言，典期定拾年为限，如限期已满，出典人赎取时，须认承典人典税费用。至本业红契交由承典人保管，书立收据，扣写合同于本约之上，俾将来解约时，银田契纸互相交还，空口无凭，立约为据。

凭证：胡干丞、胡云汉、王芳、官应廉、王和声、胡应衡。

中华民国二十三年十一月三日

立出以业抵借契约人：胡蓬莱、胡李氏

收据抄件

凭证收到胡蓬莱、胡李氏名下出典受分土桥场郭家岗原契，载明胡元惠买张文禄田业红契壹份，将来赎取时银业契纸互相交还，特立收据书扣典约合同为据。

证人：王和声、胡应衡代笔。

中华民国二十三年十一月三日立

收典业红契人：燕胡则嘉　押

合同核与原件无讹，原件发还原告代理人。

重庆地方法院书记室公函

中华民国三十四年九月十三日

查胡蓬莱与燕胡则嘉回赎典产一案，燕胡则嘉住居在贵院管辖区域内，兹有应行送达该

被告传票及副状各一件，相应嘱托贵院查照，希速派员代为送达，并将送达证书，讯送过院备查。为荷！此致

　　四川成都地方法院书记室

　　计送重庆实验地方法院书记室

四川成都地方法院民事书记科公函

孝字第四四四九号

　　案准贵院本年九月十三日第六六三〇号函嘱送达胡蓬莱与燕胡则嘉回赎典产一案，燕胡则嘉转所示及等由，准此，当经派员送达，相应备函连同送达证书，送请贵院查收为荷！

　　此致

　　重庆实验地方法院

　　计送还送达证书乙件

中华民国卅四年九月廿六日

重庆地方法院民事送达证书

　　书状目录：民国三十四年诉字第一一七八号回赎典产送达传票一件，副状一件。

　　受送达人：被告燕胡则嘉。

　　受送达人署名盖章如不能署名盖章或拒绝者应记明其事由：燕胡则嘉亲收传票、副状各一件。

　　于交付应受送达人之送达应记明其事由：

　　送达处所：成都西城角一号。

　　送达方法：

　　送达日期：卅四年九月廿六日。

中华民国卅四年九月八日
执达员：

［同日原告胡蓬莱签收传票的送达证书略］

笔录

原告：胡蓬莱。

诉代人：史良律师。

被告：燕胡则嘉。

　　右当事人间因回赎典产案，经本院于中华民国卅四年九月廿六日午后二时，开民事法庭，出席职员如左。

　　审判长推事：蒋应杓。

　　书记官：文栋业。

点呼右列当事人入庭，书记官朗读案由。

命原告代理人代原告陈述之声明。

原告代理人陈述诉之声明，请求判令被告受领典价三千五百二十元及确认典物与三十四年收益为原告所有。

问：你有证明？

答：给付被告之约一件及航空邮条二张（呈阅发还）。

问：有何证据？

答：呈阅收红契收据一件，发还抄件附卷。

推事谕知核办。

右笔录宣读无异。

中华民国卅四年九月廿六日

重庆实验地方法院

书记官：文栋业

推事：蒋应杓

重庆实验地方法院书记室公函

三十四年十月五日发文七一三八号

查胡蓬莱与燕胡则嘉回赎典产一案，燕胡则嘉住居在贵院管辖区域内，兹有应行送达该燕胡则嘉传票一件，相应嘱托贵院查照，希速派员代为送达，并将送达证书，迅送过院备查。为荷！此致

四川成都地方法院

计送重庆实验地方法院书记官

四川成都地方法院民事书记科公函

仁字第四八二号

案准贵院本年十月五日民家字第七一三八号函嘱送达燕胡则嘉传票一案等由，准此，当经派员送达，相应备函连同送达证书，送请贵室查收为荷！此致

重庆实验地方法院书记室

计送还送达证书一件

中华民国　年　月　日

重庆实验地方法院民事送达证书

书状目录：民国三四年诉字第一一七八号租凭案送达传票一件。

受送达人：原告胡蓬莱。

受送达人署名盖章如不能署名盖章或拒绝者应记明其事由：胡辅朝代收转。

于交付应受送达人之送达应记明其事由：胡蓬莱未在店内，传票由该店之店员负责人代收。

送达日期：三十四年十月二日。

中华民国三十四年九月二十八日

法警：萧祖藩

[同日史良律师签收通知的送达证书略]

民事委任状

状心编号民字第四二七〇号

委任人：燕胡则嘉，四川巴县人，住成都西城角一号，理家。

受任人：燕敬行，三五岁，四川巴县人，住重庆市石桥铺第十七区区公所，政。

　　为委任调解特别代理人由。查燕胡则嘉对于胡蓬莱请求回赎典业一案曾具状声请调解，增加给付返还典价，上呈钧院。因远寓成都为事所羁，不能亲到主持，特委夫弟燕敬行为调解特别代理人于期日到场代为陈述一切，伏惟钧院鉴核照准，以利诉讼进行。

　　谨呈

　　附副本一份

　　重庆实验地方法院公鉴。

中华民国卅四年十月八日

具状人：燕胡则嘉

民事辩诉状

姓名：燕胡则嘉，巴县人，住成都西城角一号，理家。

委任代理人：燕敬行，三五岁，巴县人，住重庆市石桥铺第十七区区公所，政。

　　为申明调解增加给付返典价事案。奉钧院发下三十四年度诉字第一一七八号民事传票传唤燕胡则嘉到案等因，查胡蓬莱（即原告）于民国二十三年十一月三日以巴县属土桥场郭家岗田业半股，计租谷三十四石典与则嘉，典价银洋三千伍百二十元，以该业红契一份作抵，立有典约为凭，按巴县向来习惯及普通情形，大率一百四十亩可年收谷利四石，至少亦可年收三石，是年宜共党不靖之后，谷价甚低，每石不过柒元，燕胡则嘉以银洋三千五百二十元承典，仅年收谷利三十四石，年息不足柒厘，除旱涝欠收及纳粮应捐各种杂费外，所收谷利不足四厘，近年按亩征，实收益属无几，既已本重息微，而又典期十年，年程复久吃亏至巨。且当时承典所出之款，实比当地买价为高，皆为扶助亲友起见未与深计，嗣后出典税费，并于该业内添建房屋数间，补修堰塘二所，又共用去玖百元（有过交人可质），合计前项典金共计四千三百二十元，当时约可买老半谷陆百余石，在现时实具有九百余万之价值。应照前项去款增加二千余倍乃合实际，即顾全戚谊，我方义让一半，原告亦应增加一千余倍偿还，乃原告谷照原价三千五百二十元回赎该业，则是只能买现实之谷二斗有余。复查典约载明为

| 171 |

当时通用银洋三千五百二十元，原诉人亦应照约以当时银洋作现在法币价折合作赎取之代价方属合乎情理。为此，具状仰恳钧院依照非常时期民事诉讼补充条例第十一条规定传案调解，并恳斟酌社会经济变动实际情形，判令原告照原典价增加一千倍给付，以维公平而维典权。再者钧院传票定期本年九月二十六日下午一时四十分到案，则嘉达远寓成都，九月二十六日下午五时始由成都地方法院转到，有回执注明可查，今因成渝千里之隔，复牵职务，势难亲到，特委现住重庆市石桥铺第十七区区公所夫弟燕敬行为调解特别代理人，并请钧院径行传讯，免予达道邮转，贻误时期，另呈有案，合并申明。

　　谨呈

　　重庆实验地方法院公鉴。

　　抄附典约一纸

具申请人：燕胡则嘉

中华民国三十四年十月九日

［附典约抄件略］

笔录

原告：胡蓬莱。

诉代人：史良律师。

被告：燕胡则嘉。

　　右列当事人因回赎典产案，经本院于中华民国卅四年十月廿六日午后二时开民事法庭，出席职员如左。

　　审判长推事：蒋应杓。

　　书记官：文栋业。

　　点呼右列当事人入庭，书记官朗读案由。

　　问：（原代人）原告愿意调解吗？

　　答：被告要价太大，恐调解不能成立。

　　推事谕知核办。右笔录宣读无异。

中华民国卅四年十月廿六日

重庆实验地方法院

书记官：文栋业

推事：蒋应杓

民事申诉状

申诉人：燕敬行，卅四岁，重庆人，住石桥铺第十七区区公所，政。

　　为声明接受燕胡则嘉委任调解特别代理人，呈请径行传案调解一案由，查胡蓬莱呈请回赎燕胡则嘉典产一案，经查被诉人燕胡则嘉曾于本年十月八日呈请委任燕敬行充任特别代理人，出庭审理，并取得钧院十月八日收到委任状收据在案，乃查请委托人燕胡则嘉又于本年九月二十九日复奉到钧院诉字第一一七八号传票，令饬十月二十六日下午一时三十分到案审理，乃以被诉人燕胡则嘉寄居成都，路遥千里，因事所羁，不能遵期到案，乃委任本人为特别代理人，除经允予接受外用，特声请钧院对胡蓬莱回赎典产案有关传讯审理之处，呈请径行传案调解，以利诉讼，至沾德便。

谨状

重庆实验地方法院民庭公鉴。

中华民国卅四年十月卅一日

具状人：燕敬行

重庆实验地方法院民事送达证书

书状目录：民国三十四年诉字第一一七八号回赎典权案送达传票一件。

受送达人：被告燕胡则嘉。

受送达人署名盖章如不能署名盖章或拒绝者应记明其事由：燕胡则嘉收，已委托燕敬行代理。本案以后传票，请贵院径交重庆石桥铺王家湾燕敬行以委托书已经呈递。

于交付应受送达人之送达应记明其事由：

送达处所：成都西城角一号。

送达方法：

送达日期：卅四年十月廿日。

中华民国三十四年十月廿九日

法警：

重庆实验地方法院民事送达证书

书状目录：民国三十四年诉字第九九号增加给付送达传票一件。

受送达人：他造当事人胡蓬莱。

受送达人署名盖章若不能署名盖章或拒绝者应记明其事实：吴柏清押。

非交付受送达人之送达应记明其事实：

送达处所：

送达方法：

送达日期：三十四年十一月二日。

法警：谢隐

［同日燕敬行、声请人燕胡则嘉签收传票及送达证书略］

民事委状

委任人：胡蓬莱，五十岁，四川人，住本市民权路二号震华药房。

被委任人：史良律师，事务所本市枣子岚垭犹庄二十五号。

为委任代理人事。窃委任人因燕胡则嘉对于请求回赎典产等事件（三十四年度诉字第一一七八号）申请增加给付一案（三十四年度诉字第九九号）委任被委任人为代理人，谨将委任之原因及权限列后：

原因：依法委任。

权限：有民事诉讼法第七十条第一项及其但书所规定之特权。

谨状

重庆实验地方法院民庭公鉴。

中华民国三十四年十二月十一日

具状人：胡蓬莱

被委任人：史良律师

笔录

声请人：燕胡则嘉。

他造：胡蓬莱。

右列当事人因增加典价案，经本院于中华民国三十四年十二月十二日午后一时开民事法庭，出席职员如左。

审判长推事：蒋应杓。

书记官：

点呼右列当事人入庭，书记官朗读案由。

问：姓名等项？

答：燕敬行，三十五岁，住石桥铺。

问：作何职守？

答：政。

推事谕知被告须另找一调解人，并示知原告律师另找调解方可进行，代理人声请由院方指定方可公允，推事谕候再传。右笔录经宣读无讹。

中华民国卅四年十二月十二日

（院全衔）民二庭

书记官：张继先

推事：蒋应杓

重庆实验地方法院民事送达证书

书状目录：民国三十四年诉字第九九号　案达传票乙件。

受送达人：调解人燕敬行。

受送达人署名盖章，若不能署名盖章或拒绝者，应记明其事由：燕敬行。

送达日期：三十五年元月九日。

中华民国三十四年十二月二十日

法警：陈绍康

［同日燕胡则嘉、指定调解人薛颂齐、刘宗荣、律师史良、胡蓬莱签收传票五件略］

笔录

声请人：燕胡则嘉。

被告：胡蓬莱。

右列当事人因调解案，经本院于中华民国卅五年元月廿一日午后一时开民事法庭，出席职员如左。

审判长推事：王文□。

书记官：张继先。

点呼右列当事人入庭，书记官朗读案由。

本案更新调解，以前笔录有效。

问：姓名等项？

答：燕敬行，卅五岁，住石桥铺。

问：姓名等项？

答：被声请人特别代理史良律师。

问：（原）为何声请调解？

答：在民国廿三年声请人之土地佃与被声请人，订租子三十四石，三千五百二十元，至今物价高涨，请依现社会物价一千倍共三百五十二万元交付。

问：被声请人有何声请？

答：原声请人诉称物价之高涨，请依现社会物价一千倍共三百五十二万元交付。

问：被声请人有何声请？

答：原声诉人所称物价之高涨□□□□□□□□所有之租谷亦□□□多，且约为曾订照价赔还，在下曾调解过，胡蓬莱愿将去年之租谷不收，作为补偿，还有中间声请人称为坊子曾费八百余元，被声请人愿还，还有佃价三千五百二十元亦照原价付给。

推事谕以利害，希能调解成功。

燕敬行弁［辩］称，几年以来收成太差，倘太多则不可。

问：调解人薛律师有何意见？

答：增加给付不能与物价相提并论，即全照原币合算，亦不至如声请人诉提之数还，可否准其再租□几年再付佃金。

问：刘宗荣有何意见？

答：请在三十□□□以前一千倍以下予以折中办理。

问：（声）有何意见？

答：调解人所称于事实尚欠相符，我的意见也可依调解人所称，必须依社会经济情形酌交。

问：史律师有何意见？

答：可否依一百万元之数，谷子仍归被声请人。

答：声［请人］，可否？

答：不可。

推事谕知本案调解不成立，可另行起诉。

右笔录经宣读无讹。退庭。

中华民国卅五年元月廿一日

重庆地方法院民庭

书记官：张继先

推事：王文纲

重庆地方法院民事送达证书

书状目录：民国三十四年诉字第一一七八号回典案送达传票一件。

受送达人：原告胡蓬莱。

受送达人署名盖章，如不能署名盖章或拒绝者应记明其事由：胡蓬莱未在，由其友吴报请代收转交。

于交付应受送达人之送达应记明其事由：代收人吴报请。

送达处所：民权路二号。

送达日期：卅五年二月廿五日。

中华民国卅五年二月四日

执达员：杨通祥

[同日被告燕胡则嘉、曾树成、律师史良签收传票的送达证书三份略]

燕胡则嘉给法院的函

重庆地方法院民庭庭长钧鉴：胡蓬莱请回赎典产一案，奉诉字一一七八号传票，即请委任代理人在卷，恳查卷径传燕敬行免致延误，除前情业经电呈外，合并快邮申明。

燕胡则嘉叩

笔录

原告：胡蓬莱。

被告：燕胡则嘉。

右列当事人因回赎典产案，经本院于中华民国三十五年二月二十五日午后时间民事二庭，出席职员如左。

审判长推事：王文源。

书记官：

点呼右列当事人入庭，书记官朗读案由。

推事谕知以来［前］之所有笔录有效。

问：姓名等项？

答：代理人到。

问：告谁？

答：燕胡则嘉，代人燕敬行，二十五岁，住石桥铺。

问：（原）诉之声明如何？

答：如诉状称。

问：诉之事实如何？

答：原告于民国廿五年十一月三日等如状称，本案照九二三条解释准于所称判决。

问：（被）有何答弁［辩］？

答：原告所称事实多有不符，且以后币值贬价，地为半股，并未向他□全个契约，定期是为十年不假。

问：要求增加给付多少？

答：增加一千倍。

问：原告所交契约与原契有异否？

答：无异。

问：姓名等项？

答：曾树成（证人），与被告租佃关系（结文附卷）。

问：去年之租谷交与何人？

答：已交被告十一石，天旱只收到十二三石。

问：原告叫你交租子给他，你有何话说？

答：我与他无租佃关系。

问：（原）请申述意见？

答：照民法九二三与九二五条解释，到期应付原告之原有根据，至典价一节，调解不成，请照判令即可，至租谷一节，原告不争执可照被告之所说即可。

问：被告有何话说？

答：增加之价请公平裁判。

推事谕知本案弁［辩］论终结，定期本月廿八日宣判。退庭。

中华民国卅五年二月廿五日

重庆地方法院民庭二庭

书记官：

推事：王文源

证人结文（问讯）

今为钧院 年度 字第 号到庭作证，所为陈述均系真实，绝无匿饰增减，如有虚伪，

当负法律罪责，此上

    重庆实验地方法院

具结人：曾树成

中华民国卅五年二月廿五日

    注意：刑法第一百六十八条于执行审判职务之公署审判时或于检察官侦查时证人鉴定入通译于案情有重要关系之事项，供前或供后具结而为虚伪陈述者处七年以下有期徒刑。

宣判笔录

原告：胡蓬莱。

被告：燕胡则嘉。

    右当事人间典当事件于中华民国卅五年二月廿八日下午二时在本院民事法庭公开宣判，出席职员如左。

    推事：王文源。

    书记官：

    点呼事件后，推事起立朗读判决主文，并口述判决理由之要领。

中华民国卅五年二月廿八日

重庆地方法院民事庭

书记官：

推事：王文源

重庆地方法院民事判决

卅五年度诉字第一一七八号

原告：胡蓬莱，住本市民权路第二号。

诉讼代理人：史良，律师。

被告：燕胡则嘉，住成都西城角第一号。

诉讼代理人：燕敬行，住石桥铺。

    右当事人请求回赎典物及收受典价事件，本院判决如左。

主文

    被告应将土桥场郭家岗田业半股、房屋半院及红契交与原告，以典价一百二十万回赎。原告其假执行之诉驳回。

    诉讼费用由被告负担。

事实

    原告及其代理人声明：请求判令被告将土桥场郭家岗田业半股，计原租谷三十四石，房屋半院及红契交与原告，以原典价三千五百二十元回赎，并令被告返还卅四年租谷三十四石。其陈述略称："原告于民国廿三年十一月间将上项田业、房屋及红契出典被告管耕，典价三千五百二十元，定期十年回赎，计自出典日起至卅三年即届满，经于去年季节收获后通知被告，讵被告初则要求索收典价二百万元，继则竟置不理，且对于去年收益，仍为被告把持，经声请调解不协，遂具状起诉"云云。并提出原典约为证。

被告及其代理人声明：请求驳回原告之诉。其陈述略称："被告于民国廿三年承典原告所有上项田业房屋管耕，定期十年，其原典价三千五百二十元，以现时物价比较，相差甚巨，应请增加为千倍以上，始准回赎。且去年租谷因原告尚未回赎不允交付"云云。

理由

查原告于民国廿三年十一月间将上项田业、房屋及红契出典被告管耕，定期十年回赎，其事实为双方所不否认，其典期应自出典日起至卅四年止，已届约定期限，原告请求与被告回赎上项典物，不能谓为无理，惟典价与现时生活状况互相比较，变更颇巨，应判令原告返还典价一百二十万元与被告收受，以昭平允。次查原告主张被告应给付卅四年租谷一节，但原告于此时尚未回赎，其典权存续中应毋庸置喙，原告对于此部分之请求，亦应并予驳回。

据上论结，本件原告之诉一部为有理由，一部为无理由，应予分别准驳，并依民事诉讼法第七十八条判决如主文。

中华民国卅五年二月廿八日

重庆地方法院民事第二庭

推事：王文纲

本件证明与原本无异。

书记官：

重庆地方法院民事送达证书

书状目录：民国三十四年诉字第一一七八号租凭案送达判决乙件。

受送达人：燕胡则嘉。

受送达人署名盖章，如不能署名盖章或拒绝者，应记明其事由：

于交付应受送达人之送达应记明其事由：代理人燕敬行。

送达日期：卅五年四月廿二日。

中华民国卅五年四月十四日

重庆地方法院执达员：陈杰

[同日胡蓬莱签收判决的送达证书略]

民事上诉状

上诉人：胡蓬莱，五十一岁，四川人，住民权路二号震华药房。

被上诉人：燕胡则嘉，年龄等详卷。

为声明上诉事。窃查上诉人与被上诉人因请求回赎典物及收受典价事件，四月十七日接奉钧院三十四年度诉字第一一七八号判决，主文内开："被告应将土桥场郭家岗田业半股、房屋半院及红契交与原告，以典价壹佰贰拾万圆回赎，原告其余之诉驳回，诉讼费用由被告负担"等因，奉此。此种增加三百数十倍原典价之判决于法毫无根据，上诉人实难甘服，为特先行声明上诉，上诉理由及裁判费用嗣后补呈于上诉审法院。

　　谨状

　　重庆地方法院民事庭公鉴。

中华民国卅五年五月四日

具状人：胡蓬莱

代理人：史良律师

民事上诉状

上诉人：燕胡则嘉，巴县人，住成都西城角一号。

代理人：燕敬行，卅五岁，巴县人，住重庆市石桥铺第十七区区公所，政。

被上诉人：胡蓬莱。

　　为不服判决请予检卷申送以资平反而彰公允由。案奉钧院卅五年四月廿二日会诉字第一一七八号民事判决，内开："被告燕胡则嘉应将土桥场郭家岗田业半股、房屋半院及红契交与原告胡蓬莱，以典价壹佰贰拾万元回赎，诉讼费用由被告负担云云"等因，奉此。窃查原判决所述事实不无遗漏之处，有损被告权益，其所示理由亦失平允，谨将不服理由陈述如后：

　　（一）原判决判原告以典价一百廿万元回赎土桥场郭家岗田业半股、房屋半院。虽同情被告增加给付之请求，然与现在社会经济实际情形确属大相径庭。查自抗战以来，由民国廿六年始迄至目前社会经济物价数字剧变，已超两三千倍至七千倍不等以上，何况本案承典期远在民国廿三年，距离十年以上，原判令以现时法币一百廿万元作回赎之代价，讵得谓为平允？在被告前此申请以原告应增加给付二千余倍回赎，因念原告乃姻亲关系，故作极端之让步，今原判虽略予增加，而实际犹蒙巨大之损失，请求增加给付一千余倍回赎，约应给付四百余万元，其不服者一也。

　　（二）原判于被告承典后在该业内添建房屋数间，补修塘堰两所，共耗去当时币制九百元（修房有新增房屋为凭，修堰有过交人可质），只字不提，抹煞事实，致今被告损失弥重，应将此项用款列入增加给付，俾免重重落空之苦，其不服者二也。

　　（三）原判以本案诉讼费用依据民法第七十八条之规定，由被告负担，更令被告莫明其故。查负担诉讼费用乃系败诉当事人负担，本案在被告人并无不允回赎之无理请求，其申请增加给付，亦系根据补充条例依法呈请，今业经允予增加至一百二十万元回赎，而驳斥原告人原典价回赎之请求，则被告不但无败诉之理由，并获有胜诉之事实。若云被告要求过巨，则前此被告于申请书内早经赘明，中含义让，原无过分之要求，于法于理于情均已兼顾无遗。总之，原告所持者为原价回赎，被告所持者为增加给付，如不判允增加，则被告诚为败诉，今允增加而驳原告之原价回赎，则原告何得为胜诉？胜败虽属虚名而不可不求真理之实现，其不服者三也。

　　（四）查原告人于卅四年起诉时在当时社会经济情形较诸目前又已相差悬殊，被告为本已应得权益起见，应请判令原告将典后添建房屋数间及补修塘堰两所连同原典价共四千三百廿［万］元，依照现（本年度）社会经济情形之实际，与当初被告原申请时超越又远，一并增加给付，至少应以目前社会经济情形，求其适当，无大出入判为回赎之代价，其不服者四也。

　　综上四端，恳予检卷申送，以资平反，而彰公允，至沾德便。谨呈

重庆地方法院民庭公鉴。

中华民国卅五年五月一日

具状人：燕胡则嘉

代理人：燕敬行

重庆实验地方法院民事送达证书

　　书状目录：民国　　年　字第　　号典产案达裁定一件。

　　受送达人：燕胡则嘉。

　　受送达人署名盖章，若不能署名盖章或拒绝者，应记明其事实：在由同士代收。

　　非交付受送达人之送达应记明其事实：钟益民代收。

　　送达日期：卅五年五月十二日。

中华民国卅五年五月六日

重庆地方法院执达员：李崇金

［同日胡蓬莱签收裁得送达证书略］

重庆地方法院民事裁定

三十五年度　　字第　　号

上诉人：燕胡则嘉，住成都西城角一号。

　　右上诉人与胡蓬莱因确认典产事件，不服本院第一审判决，提起上诉，应缴裁判费国币三万九千六百八十元，未据缴纳，其上诉状亦未依民事诉讼法第四百三十八条表明上诉理由，兹限该上诉人于收受本裁定时起五日内向本院如数补缴。如逾期尚未遵行，第二审法院即行驳回上诉，切勿违延自误。特此裁定。

　　中华民国三十五年五月三日

　　重庆实验地方法院民事庭

　　推事：王文纲

　　本件证明与原本无异。

书记官：张继先

中华民国三十　年　月　日

重庆地方法院民事裁定

三十五年度　　字第　　号

上诉人：胡蓬莱，住本市民权路二号震华药房。

右上诉人与燕胡则嘉因确认典产事件，不服本院第一审判决，提起上诉，应缴裁判费国币三万九千六百八十元，未据缴纳，其上诉状亦未依民事诉讼法第四百三十八条表明上诉理由，兹限该上诉人于收受本裁定时起五日内向本院如数补缴。如逾期尚未遵行，第二审法院即行驳回上诉，切勿违延自误。特此裁定。

中华民国三十五年五月六日

重庆实验地方法院民事庭

推事：王文纲

本件证明与原本无异。

书记官：张继先

中华民国三十　年　月　日

征费单

征费机关：四川高等法院第一分院。

缴款人：燕胡则嘉。

案由：与胡蓬莱典产。

标的：贰佰零三万伍千元正。

费别：裁判费。

征费数目：国币三万九千六百八十圆。

备注：

复核员：

收费员：

中华民国三十五年五月十三日

［胡蓬莱缴款单略］

重庆地方法院书记室公函

民慎字第三七九四号

案查燕胡则嘉、胡蓬莱回赎典产一案，业经本院依法判决送达在卷，兹据两造均于法定期间内具状提起上诉到院，相应检齐卷证函送贵室查收核办。

此致

四川高等法院第一分院书记室。

计函送卷二宗，裁定四件，上诉状二件，证一袋。

中华民国三十五年六月一日

报告

具报告事为曾奉钧庭传票二件，警前往送达，除胡蓬莱依法收受外，经［持］燕敬行票往重庆石桥铺第十七区区公所，警致该公所送达，无人收受，无从送达，理合报请钧庭鉴核示遵。

此呈

四川高等法院第一分院民庭公鉴。

（附缴传票一件，回证一件）

法警：朱伦

中华民国三十五年六月廿八日

四川高等法院第一分院送达证书

送达之文书：民国卅五年上字第一八三号案卅五年六月廿八日下午三时传票一件。

受达人：上诉人胡蓬莱。

应送达人署名盖印，若不能或拒绝署名盖印，送达人应记明其事由：指定代收人震华药房。

送达日期：卅五年六月十七日。

中华民国卅五年六月　日

送达人：朱伦

民事委任状

委任人：胡蓬莱，五十一岁，四川人，住重庆民权路二号。

被委任人：史良，律师，事务所重庆枣子岚垭犹庄二十五号。

为委任代理人事，窃委任人与燕胡则嘉因回赎典产事件上诉一案，委任被委任人为代理人，谨将委任之原因及权限列后。

原因：依法委任。

权限：有民事诉讼法第七十条第一项及其但书规定之特权。

谨状

重庆高等法院第一分院民庭公鉴。

中华民国卅五年六月廿八日

具状人：胡蓬莱

被委任人：史良律师

言词笔录

上诉人：胡蓬莱。

被上诉人：

右上诉人间因请求回赎典产上诉事件，本院于中华民国卅五年六月廿八日下午三时，开第一法庭公开言词辩论，出席推事、书记官如左：

推事：李侠平。

书记官：何应愚。

上诉代理人：史良律师。

推事问：（史良律师）你代理哪一个？

答：代理胡蓬莱。

问：当事人没有来吗？

答：当事人没有来。

问：燕胡则嘉在原审提起反诉没有？

答：被上诉人在原审没有请求反诉。

问：上诉人在原审是如何请求的？

答：上诉人在原审之请求回赎典产增加给付。

问：是何时典当的？

答：典当是廿三年十月于卅三年十月届满。

问：现在只是对于增加给付提起上诉吗？

答：只是对于增加给付部分上诉。

问：今天燕胡则嘉没有来，送达四证也没有回来，不知是否合法送达？

答：请求再传，期日请定近一点。

推事谕知候再传。右笔录当庭朗读无讹。

中华民国卅五年六月廿八日

四川高等法院第一分院民四庭

书记官：何应愚

推事：

四川高等法院第一分院送达证书

送达之文书：民国卅五年上字第一八八号与燕胡则嘉请求回赎典产案卅五年七月十二日上午九时传票一件。

受达人：上诉人胡蓬莱。

应送达人署名盖印，若不能或拒绝署名盖印，送达人应记明其事由：友谊即同居人关系代收人吴植清印。

非交付应受送达之人送达人应记明其事由：

送达方法：

送达处所：

送达日期：卅五年七月七日。

中华民国卅五年七月　日

送达人：何荣昆

[同日史良律师、燕胡则嘉诉讼代理人燕敬行签收传票的送达支书二份略]

言词辩论笔录

上诉人：胡蓬莱。

代理人：史良律师。

被上诉人：燕胡则嘉。

代理人：燕敬行。

右当事人间回赎典产上诉事件，经本院于中华民国卅五年七月十二日上午九时，在本院第一法庭公开言词辩论，出庭推事、书记官如左。

审判长推事：王鸣鸿。

推事：牟照远。

推事：李侠平。

书记官：何应愚。

点呼事件后，到场人如左。

上诉人代理人：史良律师。

被上诉人：燕敬行。

审判长问上诉代理人对本案有何意见？

上诉代理人史良律师起立陈述：本案在未开庭前本代理人与被上诉代理人已口谈了一下，可望和解，请求审判长劝解被上诉代理人一下，可否和解。

问：被上诉人姓名、住址？

答：燕敬行，住石桥铺。

问：你们可以和解吗？

答：可以和解。

问：你愿意如何和解的好？

答：我给他一百二十万元，今年的收益应归我收才愿和解。

问：（上诉代理人）对被上诉人之条件如何？

答：被上诉人若要今年之收益，而上诉人亦要卅四年之收益；若被上诉人不要今年之收益，上诉人也可以不要卅四年之收益。

问：（被上诉代理人）本年之收益你不要好吗？

答：不愿意。

审判长谕知本案和解不成立，请上诉代理人弁［辩］论。

上诉代理人史良律师起立弁［辩］论：本案请求准以原典价三千五百二十元回赎土桥场郭家岗田业半股计原租谷三十四石、房屋半院及红契交与上诉人，并令返还卅四年租谷三十四石，回赎部分请求宣示假执行。本案上诉人于民国廿三年十一月将上项田业、房屋及红契出典与被上诉人，典价三千五百二十元，定期十年，计自出典日起至卅三年十一月即届满，经于卅三年八月通知被上诉人，渠则索价二百万元，继则不理，遂起诉，于原审被上诉人将去年应收之黄谷亦不交还，原审只准回赎，未准交还黄谷，此点未当，请求审判长令被上诉人受领原典价三千五百二十元交还田业、房屋及卅四年之收益黄谷三十四石，交还田业部分准予假执行。

问：（被上诉人）上诉人要回赎事，于卅三年八月通知被上诉人，你收到通知吗？

答：通知是卅三年十一月收到的，我们是承认他回赎，并不否认。

问：卅四年你收了多少黄谷？

答：卅四年收了十石零五斗黄谷。

问：你在第一审提起反诉没有？

答：我在第一审提有答弁［辩］状，没有提出反诉。

问：上诉人请求假执行你如何？

答：没有假执行之必要，请求驳回执行之声请。

审判长谕知弁［辩］论终结，定于本月十七日宣判。

四川高等法院第一分院民四庭

书记官：何应愚

审判长：王鸣鸿

宣示判决笔录

上诉人：胡蓬莱。

被上诉人：燕胡则嘉。

右当事人间回赎典产事件，经本院于中华民国卅五年七月十七日上午十时，在本院第一法庭公开宣示判决，出庭推事、书记官如左。

审判长推事：王鸣鸿。

推事：牟照远。

推事：李侠平。

书记官：何应愚。

点呼事件后，到场当事人如左。

审判长起立朗读判决主文并告知理由。

中华民国卅五年七月十七日

四川高等法院第一分院民事第四庭

书记官：何应愚

审判长：王鸣鸿

四川高等法院第一分院民事判决

卅五年度上字第一八八号

上诉人：胡蓬莱，住民权路二号。

诉讼代理人：史良律师。

上诉人：燕胡则嘉，住成都西城角一号。

诉讼代理人：燕敬行，住石桥铺第十七区区公所。

右当事人间回赎典产事件，上诉人对于中华民国三十五年二月二十八日重庆地方法院第一审判决提起上诉，本院判决如左。

主文

原判决除令上诉人胡蓬莱以典价三千五百二十元回赎郭家岗产业及驳回上诉人请求返还三十四年租谷部分外废弃，前开废弃典价部分之诉匆庸裁判。

原判决关于命上诉人胡蓬莱以典价三千五百二十元回赎典产部分应予假执行。

燕胡则嘉之上诉及胡蓬莱其余上诉均应驳回。

第一、第二两审诉讼费用由上诉人燕胡则嘉负担。

事实

上诉人胡蓬莱代理人声明求将原判决除令上诉人以典价三千五百二十元回赎郭家岗产业部分外废弃，驳回上诉人燕胡则嘉请求增加典价之诉，并判令燕胡则嘉返还民国三十四年租谷三十四石，关于回赎典产部分并请宣告假执行。

上诉人燕胡则嘉代理人请求再增加典价四百万元始准回赎，并驳回胡蓬莱之上诉，其余应记载事实与第一审判决书所载者同，兹引用之。

理由

本件上诉人胡蓬莱于民国二十三年十一月间将巴县土桥乡郭家岗田业半股计原租谷三十四石，居屋半院以典价三千五百二十元出典于上诉人燕胡则嘉，定期十年回赎，为双方所不争之事实，典当期限既经届满，上诉人胡蓬莱请求以原典价回赎典物，自非无理，原审准其回赎固无不当。惟查原判决命上诉人胡蓬莱给付燕胡则嘉典价一百二十万元部分，该燕胡则嘉在原法院仅以增加典价为抗辩理由，并未提起反诉，请求增加典价，则是原判决除依上诉人胡蓬莱所为之声明以原黄价三千五百二十元回赎典产外，其判令增加之典价显属诉外裁判，自应予以废弃。从而其以上诉请求增加典价四百万元一层，即非适法，依法亦应并予驳回。至上诉人胡蓬莱请求上诉人燕胡则嘉返还三十四年租谷三十四石一节，按典物为耕作地者，其年限应以收益季节为准，迭经最高法院着有先例，本件系争田产，系于民国二十三年十一月出典，算至民国三十四年秋收始有十个收益季节，上诉人胡蓬莱请求返还民国三十四年租谷，三十四年自非有理，原审予以驳回并无不当。上诉人胡蓬莱此部分之上诉不能认为有理由。原判决关于回赎典产部分既经维持，上诉人胡蓬莱声请宣示假执行即应照准。

据上论结，本件上诉一部为有理由，一部为无理由，并依民事诉讼法第四百四十七条、第四百四十六条第一项、第七十九条判决如主文。

中华民国三十五年七月十七日

四川高等法院第一分院民事第四庭

审判长推事：王鸣鸿

推事：殷世新

推事：李侠平

对于本判决如有不服得于送达正本后二十日内向最高法院提起上诉，上诉状向本院提出。

书记官：何应愚

中华民国三十五年九月十九日

四川高等法院第一分院书记室公函

三十五年民侦字第一〇四一〇号

查本院受理胡蓬莱与燕胡则嘉请求回赎典产上诉事件，业经判决准予假执行在卷，相应检同判决正本一件函请查照，依法办理为荷。

此致

计送判决一件

四川高等法院第一分院送达证书

送达之文书：民国卅五年上字第一八八号回赎典产案民事判决正本壹件。

受达人：上诉人胡蓬莱。

应送达人署名盖印，若不能或拒绝署名盖印，送达人应记明其事由：由子胡甫朝代收。

非交付应受送达之人送达人应记明其事由：

送达方法：

送达处所：

送达日期：卅五年九月三日。

中华民国卅五年九月十九日

送达人：蔡祥云

[同日燕胡则嘉诉讼代理人燕敬行签收民事判决的送达证书略]

四川高等法院第一分院书记室公函

民侦字第一一八一六号

中华民国三十五年十月廿九日

查本院受理三十五年度上字第一八八号胡蓬莱与燕胡则嘉回赎典产事件，业经判决确定，相应检同卷宗等件函送，即请查收为荷。

此致

重庆地方法院书记室

计送本院卷壹宗，原审卷两宗

书记官：何应愚

14. 萧全林声请典权成立登记案

不动产登记声请书

产字第七号

不动产坐落四至种类诚数或间数：坐落巴县蔡家乡十五保地名新房子所余田业半股、瓦房半院计四间，年出田谷十石左右。其业四至界畔：东抵萧姓之业为界，西抵王永忠之业为界，南至萧易和之业为界，北抵林成之之业为界，四界待勘，是以声请登记。

登记原因及年月日：缘民于民国卅五年阳历九月廿六日，凭中承典钟树明夫妇所有蔡家乡新房子田房半股，议定典价一百六十万元，典期以五年为限。

登记标的：典当权设定登记。

登记事项：原出典人钟树明与其妻钟蜀英，将其所有蔡家乡地名乌铅厂及新房子两处面积共约二十石之产业全股，除民卅四年已将乌铅厂田房半股出售与萧三星承买外，其余新房子半股，田房乃于去年九月，经凭中证甄知能等除由主人摘留正房三间自居，所余田土房屋出典于民，书有典约一纸，注明典期以五年为限，应请登记，以杜后患。

现时价值：现约值洋五千万元，千分之五照缴法币二十五万元。

证明文件及参考事项：有限期典约一纸（照抄乞核）。

右呈

重庆地方法院登记处公鉴。

声请人姓名及代理人：萧全林，四川巴县人，六十岁，住蔡家乡十五保柑子园，商。

征费单

征费机关：重庆地方法院。

缴款人：萧全林。

案号：三十七年度产字第七号。

案由：典权设定登记。

标的：五千万元。

费别：登记。

征费数目：国币二十五万圆。

复核员：

收费员：伍永嘉

中华民国卅七年元月廿四日

照抄典约

立出有限出典不动产文约人钟蜀英、钟树明，情因需款正用，愿将自置蔡家乡第十五保地名新房子田土房屋全契已卖，乌铅厂新房子半契在外，除摘留正屋三间自居外，其余田土房屋柴山竹木桐商[桑]柏等，凭证陈海清、萧良臣等从中说合，全部出典与萧全林名下，议定典价国币一百六十万元整。典价国币一百六十万元整，其价国币当即如数入手收清，另立收约为凭，典期自立约之日起算，以届满五年为止，并将管业红契提交典权人作为保证。自出典之后，关于此业应有田土使用收益及柴山竹木桐桑柏等权利，悉归典权人享受，应有粮税派款等义务，亦由典权人负担。至界内原经出典人出租窑泥议不出租，至于柴山竹木护蓄取用，不得砍伐，俟典期届满出典人备价回赎，倘逾期不赎，即由典权人过户，投税取得典物所有权。如在典期存续中，而出典人有违约收回或转让情事，应由出典人赔偿承典人因典当所生之一切损害，此系双方心甘意悦，并无勉强屈从等弊，今恐无凭，特立出典文约一纸为据。

凭证：甄知能、陈庆云、陈培元、凌凤池、陈伯琪、段海清、赵旭初、代清云、陈国祥、刘德辉笔。

民国三十五年丙戌阳历九月二十六日立出有限出典不动产文约人：钟树明押、钟蜀英押。

重庆地方法院命令

产字第七号

院长雷，主任王　令登记调查员裴福田：

案据萧全林因声请为典权设定登记等情前来。该民所称是否属实，极应调查，合行令该员即日前往该地，切实调查呈复，以凭核办，切切此令。

计开应调查事项：

甲、不动产：

（一）坐落：巴县蔡家乡十五保地名新房子。

（二）四界：待勘。

（三）种类：田土房屋。

（四）数量：田土半股计谷拾石，瓦房半院计四间。

（五）价值：五千万元。

乙、登记原因：

上数不动产系钟树明、妻钟蜀英于民国卅五年国历九月二十六日，由钟树明、妻钟蜀英凭证立约出典与萧全林名下，前典价一百六十万元，限期五年，特声请登记前来。

中华民国三十七年元月廿七日

报　告

呈为呈报调查登记事，缘萧全林因典得钟树明同妻钟蜀英田土半股计田谷拾石，又瓦屋半院，声请登记为典权一案，奉钧长产字第七号命令一件，职遵即前往注定地址，会同声请人暨出典人、保甲长、佃户、人证到场调查登记情形。据萧全林面称："我于民国三十五年国历九月二十六日向钟树明典得新房子田土半股计租谷十石，房屋半院，典价洋一百六十万元，限期五年。"等语。职查登记情形均属实，在偕同到场人证指明四至界畔绘图样一份，经其各到场人证署名盖章签押，理合具报。

呈请书记官姚转呈推事兼主任王，院长雷。

保长：萧良臣实。

甲长：周绍云押。

佃户：代树林押。

田土房屋出典人：钟树明、妻钟蜀英。

声请典权人：萧全林押。

查钟树明同妻现离开新房子，并时而又回，自查询之日均未在新房子，尚未签押，该地保甲长到场认定实在。

调查员：裴福田呈

民国三十七年三月九日具

报告

呈为萧全林因典得钟树明田土半股，计谷十石，又瓦屋半向，计四间，该田屋坐落地点及四至界畔分别详呈于左。

（一）坐落：巴县蔡家乡十五保地名新房子，田土半股计谷十石，又瓦房半向，计四间，熟土山林各一幅，计共大小干水田四十二块。

（二）四界：东连陈姓山土为界，南连王姓田界，西连段姓田界，北连萧姓田界，寸步界照约管业。

（三）种类：田土半股计谷十石，又瓦屋半向，计四间，山林、熟土各一幅。

（四）价值：权利一百六十万元，标的五千万元。

（五）不动产系钟树明同妻钟蜀英凭证立约出典与萧全林名下，前典价洋一百六十万，限期五年，特声请登记前来。

（图略）

民国三十七年三月九日裴福田具

四川重庆地方法院公告

产第七号

院长雷、主任王

案据萧全林声请为典权设定权登记等情前来，业经本院审核，尚属实在，应予登记，合行公告通知，如有对于是项声请有异议者，限于公告二十日内来院声明，若逾限期，本院即准发给登记证明书，特此公告。

计开声请登记事项：

不动产坐落、种类、数量。四界坐落：巴县蔡家乡十五保地名新房子，田土半股，计谷十石，又瓦房半向，计四间，山林、熟土各一幅，计共大小干水田四十二块，价值洋五千万元，其四至界畔，东连陈姓山土为界，南连王姓田界，西连段姓田界，北连萧姓田界，寸步界照约管业。上开不动产系钟树明同妻钟蜀英己业，因于民国卅五年国历九月二十六日，由钟树明同妻钟蜀英凭证立约出典与萧全林名下，前典价洋一百六十万，限期五年。

特声请登记前来。

中华民国三十七年三月十三日

15. 赵海荣诉文郭淑媛要求回赎典业案

民事诉状

原告：赵海荣，男，廿五岁，巴县人，住老接龙乡榜上，农。

被告：无左法定代理人。

文郭淑媛，女，巴县人，住老接龙乡瓦房走马垃。文熊武，男，八岁，同右。文玉书，男，三岁，同右。

为因回赎典产事件提起诉讼，请求审理判决事：

（甲）诉之声明

（一）请求判决原告故父赵涿之生前于民国十五年，就所有受分祖遗巴县老接龙乡地名瓦房田土房屋一股，凭证立约，议价生银四十圆，出当与被告之翁文梗光耕种，粮由承当人完纳，并无限期之典当行为应予终止，由原告备原典价回赎管业；（二）关于交业部分请求宣告假执行；（三）诉讼费用由被告负担。

（乙）诉之事实及理由

缘原告故父赵涿之，继承故祖父赵如举遗产巴县老接龙乡地名瓦房田土房屋一股，面积约十四石，于生前民国十五年年迈无力耕作，凭证赵瑞之、赵生初、李前与文德三等，议价生银四十圆，书立出承、当约各一纸，出当与被告文郭淑媛之翁文梗光耕种，粮由承当人完纳并无限期之事实，此有故祖赵如举之买契可凭，及前开证人赵瑞之等可结可证。原告之父涿之公未久病故逝世，原告时仅数龄，幼小无依，蒙外祖家抚养。被告之翁文梗光旋亦去世，前开当业由被告之夫文料三继承耕种数年，亦免即归被告文郭淑媛及其幼子文熊武继续管理，仍转招佃客文绍华耕种。原告成人后屡向被告取赎，该被告恃系女流横泼，霸抗不理。至民国卅四年原告不幸遭回禄之灾，竟将文梗光所出之承当约悉被焚毁，曾报告乡公所有案可查（如举公之红契放存族中故未遭灾）。该被告知承当约已遗失，竟隐匿出当约不现，意欲长期霸踞，吞谋当业。查原告为涿之公之亲生子，并无兄弟姊妹，故父遗产应由原告一人继承，该项典当期至，今尚未超过三十年，依法应得回赎，不能容被告长期抗踞，以损主权。为此，提起本件诉讼，请求判决回赎，原告家累甚重，告非收回当业为生，请求于判决确定前宣告假执行。

谨状

讼争标的田产面积十四石正。

证人：赵瑞之、李前兴、赵生初、文德三。

证物：红契讯呈。

重庆地方法院民庭公鉴。

中华民国卅七年九月二十五日

具状人：赵海荣

送达证书

书状目录：民国三十七年（诉）字第一三二九号回赎典业案送达传票一件。

受送达人：原告赵海荣。

受送达人署名盖章，若不能署名盖章或拒绝者，应记明其事实：赵海荣未在家由同居之妻代收。

非交付应受送达人之送达应记明其事实：代收人：赵李氏。

送达处所：老接龙乡榜上。

送达日期：卅七年十月六日。

中华民国三十七年十月二日

重庆地方法院送达员：陈祥贵

[同日由文郭淑媛之雇工董国祥代收转交文郭淑瑗、文熊武、文玉书一件传票、三件诉状副状的一份送达证书略]

笔录

原告：赵海荣。

右列当事人因回赎典业案，经本院于中华民国三十七年十一月卅日午后时开民事法庭，出席职员如左。

审判长推事：王振常

书记官：李

点呼右列当事人入庭，书记官朗读案由。

问：赵海荣，年、住？

答：年廿五岁，住接龙乡。

问：告谁？

答：告文郭淑媛。

问：请求什么事？

答：请求赎回接龙乡一条瓦房的产业。

问：好久当与被告的？

答：民国十五年当的。

问：谁当的这地方呢？

答：我老人当的，现在已死了，一家人只有□□。

问：这地方现在归谁所有呢？

答：是我的，祖母赵刘氏与我一起，这是共有的。

问：当据是多少呢？

答：四十元大洋。

问：当的时间是多久？

答：当的时间不晓得，听说该去年满期。

问：你老人当与谁的呢？

答：当与文郭淑媛的老人文梗光的。

问：文梗光现在有没人嘛？

答：文玉书是文梗光儿子，文郭淑媛是他媳妇，现在是在文郭淑媛手里。

问：这地方是你的，有什么证据呢？

答：当据领约已被烧了，只有红契在。

问：你们这地是与谁买的？

答：曹家卖与我高祖赵如举。

问：当时被告有哪些在场？

答：有文德山、赵瑞云、李钱兴在场。

问：今天被告未到，你如何请求？

答：请再传。

谕知再传。

本笔录经朗读无异。

中华民国卅七年十一月卅日

重庆地方法院民庭

书记官：李涛

推事：

送达证书

书状目录：民国三十七年（诉）字第一三二九号回赎典业案送达传票一件。

受送达人：原告赵海荣。

受送达人署名盖章，若不能署名盖章或拒绝者，应记明其事实：赵海荣。

送达处所：接龙乡榜上。

送达日期：卅八年一月三日。

中华民国三十七年十二月

重庆地方法院送达员：何远

［同年一月二日由同居之友杨又新代收转交文郭淑媛、文熊武、文玉书传票的送达证书略］

笔　录

原告：赵海荣。

被告：文郭淑媛。

右列当事人因回赎典业案，经本院于中华民国三十八年一月十日午前时开民事法庭，出席职员如左：

审判长推事：王振常。

书记官：李涛。

推事点呼在列当事人入庭，两造均不到庭。

书记官朗读案由。

谕知两造受合法传唤不到视为休止。

本笔录经朗读无异。

中华民国卅八年一月十日

重庆地方法院民庭

书记官：李涛

推事：王振常

民事声明

声明人：赵海荣，男，二十五岁，巴县人，住老接龙乡七保塝上，农。

被告：文郭氏（在卷）。

声明讯期未按时到庭缘由，祈予鉴核另票同传事。窃民诉文郭氏因赎回典业事件一案，奉钧院卅七年度诉字第一三二九号传票，示期一月十日上午八时。□理本应按时到庭静候公裁曷读，惟民出外经商，未能及时回家，致无法遵期。应□请钧院鉴核，赏准再传，实沾德便！

谨呈

重庆地方法院民庭公鉴。

中华民国卅八年元月廿五日

具状人：赵海荣

送达证书

书状目录：民国三十七年（诉）字第一三二九号回赎典业案送达传票一件。

受送达人：原告赵海荣。

受送达人署名盖章，若不能署名盖章或拒绝者，应记明其事实：赵海荣未在家由同居之妻代收。

非交付应受送达人之送达应记明其事实：

代收人：赵李氏。

送达处所：接龙乡七保塝上

送达方法：

送达日期：卅八年二月廿六日。

中华民国三十七年十二月十七日

重庆地方法院送达员：李志东

[同年二月廿二日由□□赵李氏代收转交证人文□山、赵瑞之、李干兴传票的一份送达证书略、二月廿三日依法寄存接龙乡公所转交文郭淑瑗、文熊武、文玉书传票的一份送达证书略]

笔录

原告：赵海荣。

被告：文郭淑媛。

右列当事人因回赎典业案，经本院于中华民国三十八年三月四日午前时开民事法庭，出席职员如左。

审判长推事：王振常。

书记官：李涛。

推事点呼右列当事人入庭，两造均不到庭。

书记官朗读案由。

谕知受合 [法] 传唤不到，视为休止。

本笔录经朗读无异。

中华民国卅八年三月四日

重庆地方法院民庭

书记官：李涛

推事：王振常

一、物权 / 其它物权

16. 罗璧如诉胡何氏等要求确认优先权案

原告罗璧如民事起诉状

原告：罗璧如，三十，四川宜宾人，住重庆千厮门水巷子八十五号，商。

被告：胡何氏，住教场兴隆街十一号；周树帆，住林森路六四三号，中国国货联营公司。

法定代理人：寿墨卿，住林森路永龄巷二号。

为提起确认之诉事，谨将应受判决事项之声明及事实理由分列于后：

（一）应受判决事项之声明

请求判决确认原告就本市南纪门内麦子市即林森路第六四一号房屋地产有典权及优先留买之权。

被告胡何氏与周树帆缔结上开房屋地产之买卖契约及被告周树帆与中国国货联营公司缔结上开房屋地产之买卖契约应一并撤销之。

被告等负担诉讼费用。

（二）诉之事实理由

缘第一被告胡何氏于民国三十一年一月十五日将其所有本市南纪门内麦子市即林森路第六四一号房屋地产一并出典与原告，当付典价法币一万八千元正，约定典权期间为三十年，期内如出典人将典物之所有权出让时，典权人有优先留买权利，执有被告胡何氏所立出典房屋地产文约及房地产官契可证（附呈缮本）。讵迩近发现第一被告胡何氏将上开房屋地产出卖与第二被告周树帆，继又由周树帆转卖与第三被告中国国货联营公司管业，查民法第九一八条规定："出典人于典权设定后得将典物之所有权让与他人，典权人对于受让人仍有同一之权利"，又第九一九条规定："出典人将典物之所有权让与他人时，如典权人声明提出同一之价额留买者，出典人非有正当理由不得拒绝"，按该项房屋地产，原告取得典权及优先留买权利已如上述。被告胡何氏在出卖前并未通知原告，显属违背原约，侵害原告优先留买权利，昭然若揭。为此，具状钧院鉴核，仰乞指定言词辩论期日，票传到案辩论，俯如第一项所列之请求为被告等败诉之判决，至为德便。再本案系争标的价值国币一万八千元计，应缴纳审判费二百七十三元七角，恳赐查纳，合并请求。

谨状

证物：出典房屋地产文约缮本一件。

重庆地方法院公鉴。

中华民国三十二年八月二十日

具状人：罗璧如

重庆地方法院民事送达证书

书状目录：民国卅二年（ 　 ）第　号罗璧如确认买卖一案，送达批示一件。

受送达人：罗璧如。

受送达人署名盖章，若不能署名盖章或拒绝者，应记明其事实：罗璧如。

非交付受送达人之送达应记明其事实：

送达处所：千厮门水巷子八十五号。

送达方法：

送达日期：卅二年八月廿七日。

中华民国卅二年八月廿五日

重庆地方法院执达员：刘□□

原告罗璧如民事缴状

原告：罗璧如，三〇，宜宾人，住千厮门外水巷子八十五号。
被告：胡何氏、周树帆，中国国货联营公司。法定代理人：寿墨卿。

为遵批补呈副本事。窃原告与被告等为确认典权等涉讼事件，接奉钧院本年八月二十五日批示，内开："状悉，仰即提出副本三份，以凭传讯核办"，等因，奉此，合将副本三份具状呈缴钧院鉴核，仰乞赐予传讯，至为德便。

谨状

重庆地方法院公鉴。

中华民国三十二年九月四日

具状人：罗璧如

被告周树帆等关于诉讼代理人之民事委任状

具委人：周树帆，三十六，巴县人，住黄沙溪铁道街一四〇号，商；中国国货联营公司。
法定代理人：寿墨卿，四十三，浙江人，住林森路永龄巷二号，本公司总经理。
受任人：徐炳璋，律师。

为依法委任诉讼代理事。缘具委人等被罗璧如请求确认典权及先买权一案，特委任徐炳璋律师为诉讼代理人，代为本案一切诉讼行为，具状为证。

谨呈

重庆地方法院民庭公鉴。

中华民国三十二年九月二十日

具状人：周树帆

中国国货联营公司法定代理人：寿墨卿

被告胡何氏关于诉讼代理人之民事委任状

委任人：胡何氏，五八，巴县人，住兴隆街十一号，无职业。

被委任人：朱永康，律师，住民权路特卅一号。

为被罗璧如诉确认典权等事件，委任诉讼代理人事。兹将其原因与权限开列如左。

（一）原因：依法委任。

（二）权限：特别委任。

谨状

四川重庆地方法院公鉴。

被委任人：律师朱永康

中华民国三十二年九月二十日

具状人：胡何氏

原告罗璧如关于诉讼代理人之民事委任状

委任人：罗璧如，三十，四川宜宾人，住本市千厮门水巷子八十五号。

受任人：康选宜，律师，住民权路特三十一号。

为诉胡何氏等确认典权等事件，委任诉讼代理人事。兹委任原因与权限开列于左。

（一）原因：依法委任。

（二）权限：依照民事诉讼法第七十条第一项及其但书列举之规定。

谨状

重庆地方法院公鉴。

受任人律师康选宜

中华民国三十二年九月二十日

具状人：罗璧如

重庆地方法院民事送达证书

书状目录：民国卅二年（诉）字第四九二号罗璧如案，送达传票一件、副本一件。

受送达人：被告胡何氏。

受送达人署名盖章，若不能署名盖章或拒绝者，应记明其事实：

非交付受送达人之送达应记明其事实：胡何氏未在家，由同居之妹代收负责转交，代收人杨罗氏押。

送达处所：较场兴隆街十一号

送达方法：

送达日期：三十二年九月九日。

中华民国卅二年九月七日

四川重庆地方法院执达员：薛隆伟

[同日寿墨卿，周树帆各签收传票、诉状副本，罗璧如签收传票的送达证书三份略]

朱永康律师报到书

本律师经委任代理被告胡何氏，现已遵期于九月廿日下午三时到院，特此报到。

此致

四川重庆地方法院　庭

律师朱永康

[同时律师徐炳璋、康选宜报到书略]

笔录

原告：罗璧如。

代理人：康选宜。

被告：胡何氏、周树帆，中国国货联营公司。

法定代理人：寿墨卿。

右列当事人因确认优先权案，经本院于中华民国卅二年九月廿日午后三时开民事法庭，出席职员如左：

审判长推事：王鸣鸿。

书记官：谢实秋。

点呼右列当事人入庭，书记官朗读案由。

问：原告代理人康律师，原告怎么请求判决？

答：请求判决确认原告就本市南纪门内麦子市即林森路第六四一号房屋地产有典权及优先留买之权；被告胡何氏与周树帆缔结上开房屋地产之买卖契约、被告周树帆与中国国货联营公司缔结上开房屋地产之买卖契约应一并撤销之；被告等负担诉讼费用。

问：原告这地方是那个的？

答：是胡何氏的，民国卅一年元月十五日出典与原告罗璧如，典价一万八千元，期限卅年，现在地方卖与周树帆去了，现在周树帆已将地方卖与中国国货联营公司，其余事实详起诉状。

问：原告所持理由？

答：典约内注明如在典权期内，如出典人欲卖此房地产，原告有优先留买权，民法九一八条及九一九条有明文规定。

问：胡何氏代理人律师，事实是否这样？

答：典业事实不错，但胡何氏去年七月间卖与周树帆二万五千元，当时没有通知原告，但是已向周树帆声明原告有卅年典权，现在胡何氏请求法院为适当之判决。

问：徐律师是第二、第三被告代理人，买卖什么时候关□？

答：去年七月间。

问：卖的□多少？

答：林森路六四一、六四三两幢，共十万零六千元，连地皮在内，原来六四一号胡何氏卖与周树帆的。

问：原告说这地方他原来设有典权？

答：不知道。

问：原告请求确认林森路六四一号房屋有先买权，撤销第二、第三被告买卖契约？

答：请求驳回原告之诉，但这地方周树帆买后，胡何氏三个佃户交与周树帆暂佃一个月，后来周树帆佃密查队一直到现在，七月十五、十六号曾经登载《时事新报》及《新蜀报》，并无人声明异议，但胡何氏是卖与周高义、周高淮，周高义、周高淮卖与国光堂，所告周树帆与中国国货联营公司，当事人不适格。

问：原告代理人，典约带来没有？

答：典约纳去缴税去了，有房屋地产官契。

问：徐律师，周高义、周高淮是否成年？

答：周树帆为法定代理人。

推事谕知，候补正再传。

右笔录经当事人阅览承认无异。

中华民国三十二年九月廿日

四川重庆地方法院民庭

书记官：谢实秋

推事：王鸣鸿

周高义、周高淮等关于诉讼代理人之民事委任书

委任人：周高义，十一，巴县人，住黄沙溪铁路街一四〇号；周高淮，九，巴县人，住黄沙溪铁路街一四〇号；右共同法定代理人周树帆，三六，巴县人，住同右，商；国光堂，法定代理人寿墨卿，四三，浙江人，住林森路永龄巷，中国国货联营公司经理。

受任人：徐炳璋，律师。

为委任诉讼代理事：缘具呈人等与罗璧如确认典权及先买权一案，共同委任徐炳璋律师为诉讼代理人，依法代为本案一切诉讼行为。特此具状为证。

谨呈

重庆地方法院民庭公鉴。

中华民国三十二年九月二十五日

具状人：周高义、周高淮

右法定代理人：周树帆、国光堂

右法定代理人：寿墨卿　押

原告罗璧如民事声请书

原告：罗璧如，三十岁，宜宾人，住千厮门外水巷子八十五号。

被告：胡何氏，住兴隆街十一号；周高义、周高淮，右法定代理人周树帆，住黄沙溪铁路街一四〇号；国光堂，右法定代理人寿墨卿，住林森路永龄巷。

为状请补正第二、第三被告诉讼主体，并乞准向重庆市财政局调据，以便审理事。窃原

告诉胡何氏等确认典权等事件，原起诉状内误列周树帆及中国国货联营公司为被告主体，兹具状补正第二被告为周高义、周高淮，渠等共同法定代理人为周树帆，第三被告为国光堂，其代表人为寿墨卿。再本案原告所有证据前以声请登记呈缴重庆市财政局（附收据缮本一件，原本临庭讯时呈核），仰乞准予向财政局调据，以便审理，至为德便。

　　谨状
　　重庆地方法院公鉴。

中华民国三十二年九月二十五日
具状人：罗璧如

重庆地方法院公函

民字第五二七二号

　　中华民国三十二年十月一日

　　查本院受理罗璧如与胡何氏等确认典权事件，据原告罗璧如代理人称，罗璧如承典胡何氏本市南纪门麦子市即林森路六四一号房屋之典约及老契均已呈缴贵局税契，相应函请查照，希将该典约及老契检送过院，以供参考，一俟案结，即行函还。

　　此致
　　重庆市财政局

院长：倪

重庆地方法院民事送达证书

　　书状目录：民国卅二年（诉）字第四九二号确认典权案，送达传票乙件。
　　受送达人：罗璧如。
　　受送达人署名盖章，若不能署名盖章或拒绝者，应记明其事实：代收康选宜。
　　非交付受送达人之送达应记明其事实：康选宜律师事务所印。
　　送达日期：卅二年十月十七日。

中华民国卅二年十月十四日
四川重庆地方法院司法警察：周濂溪

　　[同日被告胡何氏，被告周高义、周高淮，代理人周树帆，被告国光堂，代理人寿墨卿及证人岑煜南、廖化吉各签收传票的送达证书五份略；律师徐炳璋、朱永康、康选宜签收通知的送达证书三份略]

徐炳璋律师报到书

　　本律师经委任代理国光堂答辩罗璧如典权等一案，现已遵期于十月二十五日下午二时到院，特此报到。

　　此致
　　四川重庆地方法院民庭

律师：徐炳璋

[同日律师：朱永康、康选宜报到书略]

笔录

原告：罗璧如。

代理人：康选宜律师。

被告：胡何氏，周高义、周高淮，代理人周树帆，国光堂，法定代理人寿墨卿。

代理人：朱永康律师，徐炳璋律师。

证人：岑煜南、廖化吉。

右列当事人间确认典权案，经本院于中华民国卅二年十月廿五日午后二时开民事法庭，出席职员如左。

审判长推事：王鸣鸿。

书记官：谢实秋。

点呼右列当事人入庭，书记官朗读案由。

点呼两造代理人入庭。

推事谕，前函重庆市财政局调南纪门麦子市即林森路六四一号房屋之典约及老契未到，候复函再传讯。

中华民国三十二年十月廿五日

四川重庆地方法院民庭

书记官：谢实秋

推事：王鸣鸿

重庆地方法院公函

民齐字第四〇号

中华民国卅三年一月八日

查本院受理罗璧如与胡何氏等确认典权事件，据原告罗璧如代理人称，罗璧如承典胡何氏本市南纪门内麦子市即林森路六四一号房屋之典约及老契，均已呈缴贵局税契，前经函请检送在案。迄今日久未准检送，相应再函贵局查照，希将该典约及老契检送过院，以供参考，一俟案结，即行函还。

此致

重庆市财政局

重庆市财政局公函

财征字第二〇号

中华民国卅三年一月十七日发出

案准贵院本年一月八日民齐字第四〇号函：以受理罗璧如、胡何氏等确认典权事件一案，请调该项典约及老契参考等由，准此。查本局税契方面，经查并无罗璧如税契案件，惟该罗璧如曾在本局前土地登记处办理土地登记有案，其收件字号为宝字二八六号。惟自本年一月一日重庆市地政局成立后，该卷已移交地政局接管，原件请径向地政局调阅。准函前由，相应复请查照为荷。此致

四川重庆地方法院

局长：许光纯

重庆地方法院公函

民齐字第三九一号

中华民国卅三年一月廿二日

案查本院受理罗璧如与胡何氏等确认典权事件，据原告罗璧如代理人称，罗璧如承典胡何氏本市南纪门麦子市即林森路六四一号房屋之典约及老契均已呈缴财政局税契，前经函请检送在案。兹准财政局函称："该罗璧如曾在本局前土地登记处办理土地登记有案，其收件字号为宝字二八六号。惟自本年一月一日重庆市地政局成立后，该卷已移交地政局接管，原件请径向地政局调阅"等由，准此，相应函请贵局查照，希将前开契约检送过院，以供参考，一俟案结，即行送还为荷。

此致

重庆市地政局

重庆市地政局公函

地登二〇二〇号

民国三十三年二月十三日

准贵院一月二十三日民齐字第三九一号公函，以受理罗璧如与胡何氏等确认典权事件，嘱检送罗璧如等承典林森路六四一号房屋典契及老契，俾供参考等由，准此。查该罗璧如曾在财政局前土地登记处办理登记，其收件号为宝字二八六号，兹检齐该号契证计官契一件、管证一件、契格一件、典约一件、委任书一件、蓝图一件、他项权申请书一件、封套一件共八件，随函检送，请烦查照，案结仍即掷还为荷。

此致

重庆地方法院

附件如文。

局长：贡沛诚

申请书

为声请阅卷事：查罗璧如与国光堂确认优先权一案。业经国光堂委任本律师，为代理人

在案，特此声请贵院，即将本案卷宗，检交阅览，以利进行！为荷。此请

重庆地方法院民庭公鉴。

沈推事

谢书记官

律师：徐炳璋

中华民国三十三年二月二十六日

重庆地方法院民事送达证书

书状目录：民国卅二年（诉）字第四九二号案，送达传票一件。

受送达人：被告国光堂，法定代理人寿墨卿。

受送达人署名盖章，若不能署名盖章或拒绝者，应记明其事实：寿墨卿。

送达日期：卅三年二月廿五日。

中华民国卅三年二月廿一日

四川重庆地方法院执达员：陈炎林

［同日胡何氏，周高义、周高淮，法定代理人周树帆，罗璧如，江永清、兰凤起、张演化、廖化吉签收传票的送达证书五份略，律师徐炳章，康选宜，朱永康签收通知的送达证书略］

四川重庆地方法院民事证人传票

卅二年度诉字第四九二号罗璧如与胡何氏等确认优先权事件。

证人姓名：江永清、兰凤起、张演化、廖化吉。

住址：同原告。

讯问事项：审讯。

应到时期：三月六日下午二时。

应到处所：巴县本院。

注意：一、证人受合法传唤无正当理由而不到场者，法院得以裁定科五十元以下之罚款，已科罚款仍不遵传到场者，得再科一百元以下之罚款，并拘提。

二、证人得于讯问完毕时或完毕后十日内请求法定之日费及旅费。

书记官：（印）

送达人：陈炎林

中华民国卅三年二月廿一日

报告

为报告事：曾奉发下卅二年度诉字第四九二号，按指往传，除被告国光堂法定代理人寿墨卿填收回证，并胡何氏由杨胡氏代收外，惟原告罗璧如，据茂记汇源字号向称并无罗璧如，

具条证明各语；该被告周高义、周高淮，据该管保长林治忠向称不悉其踪迹，具条证明各语；致证人江永清等亦无从往传。理合报告，钧核示遵。

谨呈

民庭推事钧鉴。

民国卅三年三月六日

执达员：陈炎林

徐炳璋律师报到书

本律师经委任代理国光堂答辩罗璧如典权等一案，现已遵期于三月六日下午二时到院，特此报到。

此致

四川重庆地方法院民庭

律师：徐炳璋

[同日律师朱永康、康选宜报到书略]

笔录

原告：罗璧如。

诉讼代理人：康选宜律师。

被告：胡何氏，诉讼代理人朱永康律师；周高义、周高淮，法定代理人周树帆；国光堂，法定代理人寿墨卿，诉讼代理人徐炳璋律师。

证人：江永清、兰凤起、张演化、廖化吉。

右列当事人因确认优先权案，经本院于中华民国卅三年三月六日午后二时开民事法庭，出席职员如左。

审判长推事：沈建侯。

书记官：谢实秋。

点呼右列当事人入庭，书记官朗读案由。

问：康律师代理罗璧如？

答：是的。

问：原告怎么请求？

答：请求判决确认原告就本市南纪门内麦子市即林森路六四一号房屋地产有典权及优先留买之权，被告胡何氏与周高义、周高淮缔结上开房地产之买卖契约及第二被告周高义、周高淮与第三被告国光堂缔结上开房地产之买卖契约应一并撤销之，被告等负担诉讼费用。

问：胡何氏什么时候卖与周高义、周高淮？

答：卅一年七月十七日卖与周高义、周高淮。

问：胡何氏卖与周高义、周高淮通知你没有？

答：没有通知。

问：周高义、周高淮又是何时卖与国光堂的？

答：卅二年七月十四日卖与国光堂。

问：罗璧如什么时［候］知道的？

答：在起诉时知道的。

问：朱律师是代理胡何氏？

答：是代理胡何氏。

问：胡何氏房屋是否佃与罗璧如？

答：是佃与罗璧如。

问：是什么时候卖与周高义、周高淮？

答：是卅一年七月十七卖与周高义、周高淮。

问：通知罗璧如有留买权没有？

答：没有通知过，曾经向周高义、周高淮谈过罗璧如有卅年典权。

问：罗璧如声请过没有？

答：声请过的。

问：为什么不卖与罗璧如，卖与周高义、周高淮？

答：不知道。

问：不卖与罗璧如有什么意思，向代理人说没有？

答：没有说什么。

问：徐律师是代理国光堂寿墨卿？

答：是代理周高义、周高淮及国光堂寿墨卿。

问：寿墨卿什么时候买的？

答：卅二年七月十四买的。

问：周高义、周高淮声明过没有罗璧如有典权及留买权？

答：卅二年七月十五、十六日曾经登载《时事新报》及《新蜀报》公告，不理典约，没有取得所有权，没有占权占有，亦未行使收益。

原告代理人康律师声明有密查队，不能行使，老契在原告之手，不能对抗原告。

被告代理人徐律师声明胡何氏没有将老约交出，但将口约交付周高义、周高淮，有佃户邓少荣、周炳林、张云五可为铁证。

推事谕知，原告代理人康律师弁［辩］论。

原告代理人律师康选宜起立谓：本案诉之声明，请求判决确认原告就本市南纪门内麦子市即林森路六四一号房屋地产有典权及优先留买之权，被告胡何氏与周高义、周高淮缔结上开房屋地产之买卖契约及被告周高义、周高淮与国光堂缔结上开房屋地产之买卖契约应一并撤销之，确认原告与被告胡何氏有卅年典权，有优先留买之权等。事实之陈述略称：第一被告胡何氏于民国卅一年一月十五日将其所有本市南纪门内麦子市即林森路第六四一号房屋地产一并出典与原告，当付典价法币一万八千元正，约定典权期间为卅年，期内如出典人将典物之所有权出让时，典权人有优先留买权利，执有被告胡何氏所立出典房屋地产文约及房地产官契可证，应请依法判决。

推事谕知，胡何氏代理人朱律师弁［辩］论。

被告胡何氏代理人朱永康律师起立谓：原告罗璧如之典权事实不错，但被告胡何氏于卅一年七月间将业卖与周高义、周高淮二万五千元，当时虽未通知原告，但是已向周高义、周高淮声明原告有卅年典权，现在胡何氏之请求如适法判决。

推事谕知，被告代理人律师徐炳璋弁［辩］论。

被告代理人律师徐炳璋起立谓：本案诉之声明，请求驳回原告之诉。其事实之答弁［辩］略称：但被告周高义、周高淮买后，胡何氏三个佃户交与被告暂佃一月，后来被告佃密查队一直到现在，七月十五、十六日曾经登载《新蜀报》《时事新报》，并无人声明异议，余不赘述，应请驳回原告之诉。

推事谕知，本案弁［辩］论终结，定本月十一日宣判。

右笔录经当事人阅览无异。

中华民国三十三年三月六日

四川重庆地方法院民事庭

书记官：谢实秋

推事：沈建侯

宣判笔录

原告：罗璧如。

被告：胡何氏等。

右当事人间确认优先承买权事件，于中华民国三十三年三月十一日下午二时在本院民事法庭公开宣判，出席职员如左。

推事：沈建侯。

书记官：谢实秋。

点呼事件后，推事起立朗读判决主文并口述判决理由之要领。

中华民国卅三年三月十一日

重庆地方法院民事庭

书记官：谢实秋

推事：沈建侯

四川重庆地方法院民事判决

三十二年度诉字第四九二号

原告：罗璧如，住千厮门水巷子八十五号。诉讼代理人：康选宜，律师。

被告：胡何氏，住教场兴隆街十一号。诉讼代理人：朱永康，律师。

被告：周高义，十一岁，住黄沙溪铁路街一四〇号；周高淮，九岁，住同上。右共同法定代理人：周树帆，住同上。

被告：国光堂，设林森路永龄巷。法定代理人：寿墨卿，住林森路永龄巷。右三被告共同诉讼代理人：徐炳璋，律师。

右当事人间因确认典权及优先权事件，本院判决如左。

主文

原告之诉驳回。

诉讼费用由原告负担。

事实

原告及其代理人声明，请判决确认本市林森路第六四一号房屋地产原告有典权及优先留买之权，并撤销被告间就前开房产所缔结之买卖契约，其陈述略称：被告胡何氏于民国三十一年一月十五日立约将其所有本市南纪门内麦子市即林森路第六四一号房屋地产，一并典与原告，订明以三十年为期，期内如出典人出卖典物时，原告有优先留买之权；讵最近发现被告胡何氏已将典物卖与周高义、周高淮，转行卖与国光堂，其事前均未通知原告，不知原告就该典物有典权及优先留买之权，被告间何能辗转缔结买卖契约，为此诉请判决如声明云云。

被告胡何氏代理人声明请为适当之判决。其答辩略称：系争产业先已典与原告，订期三十年，继后未曾通知原告，即将典物卖与周姓，凡此均属实情，请为判决如声明云云。

被告周高义、周高淮、国光堂及其代理人声明请驳回原告之诉。其答辩略称：被告周高义、周高淮、最初承购胡何氏林森路第六四一号房产时，胡何氏固未声明该业原告设有典权，即原告自己亦未面而声明，至周高义、周高淮转售被告国光堂时，原告仍未声明其已设有典权，且典权以移转占有为要件。原告对系争房产既早有典权，何以始终未曾占有典物，而仍由被告周高义出名招租？至原告所称初因典物为密查队占住，一时无法取得占有，然原告既称其典权成立在民国三十一年一月十五日，但密查队之承租，则在同年十月一日，足征其事不实。虽被告胡何氏亦承认原告有典权，显系事后做作，不能认其典权为合法，况被告国光堂购买该业时，并于去年七月十五日及十六日登载《时事新报》及《新蜀报》公告，原告当时亦无所声明，其所争典权与优先留买权及撤销被告间之买卖契约，均不能成立，特为答辩。请判决如声明云云。

理由

查系争房产被告胡何氏已于民国三十一年七月十七日卖于被告周高义、周高淮，迨至次年七月十四日又由周高义、周高淮转卖被告国光堂，同时原告对系争房产，始终未曾取得占有，此为各方不争之事实。按典权为支付典价，占有他人之不动产，而为使用收益之权，换言之，典权应以移转占有为成立要件，民法第九百十一条规定甚明。本件原告主张前述房产已早于民国三十一年一月十五日与被告胡何氏立约设定典权，但未取得占有，其典权已难认为成立，况系争房产，又经两度出卖，原告亦均未声明其有典权，更何能于他人两度买卖成立之后，始行主张典权及留买权？复查原告提出之典约，系民国三十一年一月十五日所立，其向重庆市财政局声请登记典权，则为民国三十二年八月三十一，犹在国光堂承买之后，被告周高义、周高淮及国光堂谓其系事后做作，委足征信。所请判决确认就系争房产有典权与留买权以及撤销被告间所缔结之买卖契约，均难认为有理。

据上论结，原告之诉为无理由，应予驳回，并依民事诉讼法第七十八条判决如主文。

中华民国三十三年三月十一日

四川重庆地方法院民事第二庭。

推事：沈建侯。

如不服本判决，应于送达收受后廿二十日内向本院提出上诉状。

本件证明与原本无异。

书记官：谢实秋

中华民国三十三年三月十一日

重庆地方法院民事送达证书

书状目录：民国卅二年（诉）字第四九二号确认典权案送达判决乙件。

受送达人：原告罗璧如。

受送达人署名盖章，若不能署名盖章或拒绝者，应记明其事实：罗璧如未在渝，由姻戚姨兄粟树洁收转。

非交付受送达人之送达应记明其事实：代收人粟树洁。

送达处所：千厮门水巷子八十五号

送达方法：

送达日期：卅三年四月十六日。

中华民国卅三年四月十三日

四川重庆地方法院执达员：□□□

[同日国光堂，周高义、周高淮共同法定代理人周树帆，胡何氏签收判决的送达证书四份略]

四川重庆地方法院书记室公函

民齐字第三二〇八号

案查罗璧如与胡何氏等确认优先权事件，业经本院依法判决送达在卷。兹据罗璧如于法定期间内具状提起上诉到院，相应检齐卷证函送贵室查收核办！

此致

四川高等法院第一分院书记室。

计函送卷一宗，上诉状一件，印纸四百一十元五角，裁定送证各一件，官契一件，管证一件，契格一件，附兰图一件，委任一件，封套一件，此项声请一件，抄约八件，典约一件。

书记官：谢实秋印

中华民国三十三年五月十八日

罗璧如民事上诉状

上诉人：罗璧如，住千厮门水巷子八十五号。

被上诉人：胡何氏，住教场兴隆巷十一号；周义高、周义淮，住黄沙溪铁路街一四〇号；法定代理人周树帆，住同右；国光堂，法定代理人寿墨卿，住林森路永龄巷。

为声明上诉事。窃上诉人与被上诉人等为确认典权等事件，上诉人于本年四月十六日接奉判决正本，其主文为："原告之诉驳回，诉讼费用由原告负担。"上诉人对此判决殊不折服，为此声明上诉，仰乞钧院裁定第二审审判费，至为德便。谨状

重庆地方法院公鉴。

中华民国卅三年五月六日

具状人：罗璧如

四川重庆地方法院民事裁定

三十二年度诉字第四九二号

上诉人：罗璧如，住千厮门水巷子八十五号。

右上诉人与胡何氏等因确认典权事件，不服本院第一审判决，提起上诉，应缴裁判费国币肆佰壹拾元四角八分〇厘，未据缴纳，其上诉状亦未依民事诉讼法第四百三十八条表明上诉理由，兹限该上诉人于收受本裁定时起七日内向本院如数补缴。如逾期尚未遵行，第二审法院即行驳回上诉，切勿违延自误。特此裁定。

中华民国三十三年五月九日

四川重庆地方法院民事庭

推事：沈建侯

本件证明与原本无异。

书记官：谢实秋

中华民国三十三年五月九日

重庆地方法院民事送达证书

书状目录：民国卅二年（诉）字第四九二号确认典权案送达裁定一件。

受送达人：罗璧如。

受送达人署名盖章，若不能署名盖章或拒绝者，应记明其事实：罗璧如未在家，由同居姨戚粟树洁代收转交押。

送达日期：卅三年五月十一日。

中华民国卅三年五月十日

四川重庆地方法院执达员：陈月弥

民事送达证书

送达法院：四川高等法院第一分院。

应送达之文书：民国卅三年渝上字第一六八号确认典权案传票一件。

应受送达人：上诉人罗璧如。

受送达人署名盖印，若不能或拒绝署名盖印送达人，应记明其事实：康选宜律师收件章。

送达日期：三十三年六月二一日上午十二时。

中华民国卅三年六月十四日

送达人：何荣昆

[同日胡何氏，国光堂法定代理人寿墨卿，江永清律师，廖化吉签收法院传票的送达证书四份略]

国光堂民事答辩状

答辩人：国光堂法定代理人寿墨卿，四十四岁，浙江人，住林森路永龄巷二号。

被答辩人：罗璧如。

为罗璧如上诉确认典权等一案，依法答辩于次：

一、事实：

查系争房地坐落本市林森路第六百四十一号，旧门牌编列麦子市第一百七十号，后门为伍家街第十二号，原系胡何氏之亡夫胡发高所有，民国三十一年七月十七日胡何氏约集亲族、投凭保甲立契出卖与周高义、周高淮，周氏兄弟年幼，由其亲父周树帆代理办理，除立契以凭过户外，并移交江银山售与胡发高之贴手老契及各佃户佃字，并于十九日领佃户邓子云、周炳林、张荣五投立暂佃，九月全部退佃，除顶楼二层自用外，余三层租与密查队，前后均有佃字可凭。周树帆并于同年八月税契，经公告后发给官契格，次年（三十二年）三月呈请土地所有权登记，亦经公告。三十二年七月十四日立契出卖与国光堂，并将贴手老契即胡何氏出卖与周高义、周高淮之契及所有佃字移交与国光堂收执，国光堂即于同月十五、十六两日时事、新蜀两报刊登启事，迄未有人异议。事隔两月，上诉人提起本诉。

二、理由：

（一）上诉人所称之典权，令人难于置信也。

查典权之设定自以所有权及表明所有权之书据为依据，如胡何氏真于三十一年一月十五日就系争房地设定典权与上诉人，则胡何氏应将江银山出立与胡何氏之卖契移交上诉人以为权利之保证，兹上诉人所提者，乃江银山所执之隔手老契，此类老契一经成立，新契印税过户即作废纸，假令老契尚有同等之效力，则同一不动产不但可以有无数典权，且可有无数所有权矣。考上诉人之典约，实造作于三十一年七月十七日胡何氏将产出让与周高义、周高淮之后，此时胡何氏之贴手老契即江银山出卖与胡何氏之卖契，已移交与周高义、周高淮，仅利用无用废契，藉作典约之附件，企图蒙混，原审不认典权事实之存在，委非无见。且上诉人向未就系争房地行使使用收益之权，已为在原审不争之事实，上诉理由状忽矫称曾向周炳林收租及周高义等买受等云，显系收受原判理由后之捏词，此不特与起诉状所称："迄近发现第一被告胡何氏将上开房屋地产出卖……"自相刺矛，且何以既知周高义等买受历久不为主张，情理亦不可通。上诉人所称典权之难令人置信者如此。

（二）上诉人未为典物之占有与行使典权也。

称典权者，谓支付典价占有他人之不动产而为使用及收益之权，民法第九百十一条既为明文规定，即二十二年上字第二百二十三号，判例亦复有典权之成立以移转占有为要件，而上诉人在原审自认对于系争房地既未使用，亦未收益，是其典权并未合法成立，毫无疑义。反之，被上诉人逐一提出收益之证明。虽上诉人在原审辩解上诉人之不能收益乃出于密查队占据，以致权利难于行使，而上诉理由又改称曾向收租之佃户周炳林被周树帆逼迁，前后既已矛盾，不足采信。何况密查队之向周树帆承租，系在三十一年十月一日，有租约可考，而上诉人所称典权成立于是年一月，此十个月因何亦未行使权利？将何自圆其说？总之，上诉人未为占有确系事实，于法即难认为典权之成立。

（三）上诉人并未税契登记不得对抗第三人也。

不动产物权之设定，非经登记不生效力，民法第七百五十八条已有明文规定，而重庆法院在民国二十五年已设有不动产登记处，重庆社会局土地登记处于三十一年三月且催告登记，上诉人何以既未登记，亦不投税，必迟至起诉之后，三十二年八月三十一日始行声请登记典权？是其登记前不得对抗被上诉人之买受，实为当然之理，至于典约文义与证人仍不能对抗法律所保护之善意第三人。

（四）以上理由既对于上诉人所主张之典权予以驳斥矣，则附丽于典权之先买权、撤销权自己不攻自破，无论胡何氏作如何勾串之伪诺，纵有其事，亦仅上诉人与胡何氏间之损害赔偿而已，与被上诉人等何涉？

综此，伏请驳回上诉，并令负担全部讼费。实感德便。

谨呈

四川高一分院民庭公鉴。

中华民国三十三年七月
具状人：国光堂法定代理人寿墨卿
徐炳璋律师代撰

报　告

具报告事。曾奉钧庭交下民国三十三年度渝上字第一六八号传票陆件，为罗璧如与国光堂寿墨卿等确认典权一案，警遵即前往，分别传达，除寿墨卿、罗璧如、胡何氏等依法收受外，惟周树帆等票住黄沙溪铁路街一四〇号，警遵即往传，该号无着，又复往该管保长，林治忠声称周高义、周树帆等三人确于三十二年度下季迁移，警致此传达情形，理合报请钧庭鉴核示遵。

谨呈

（计缴保长证明一件，回证五件，原票一件。）

四川高一分院民庭公鉴。

中华民国三十三年六月二十六日
何荣昆呈

证明

兹证明本保居民周树帆、周高义、周高淮等确于卅二年度下季迁移，目前不悉住于何地，特此证明。

此据

高等法院公鉴。

重庆市第八区黄沙溪镇第六保保长林治忠证明

中华民国三十三年六月廿二日

罗璧如民事上诉理由书

上诉人：罗璧如，三十，宜宾人，住重庆千厮门水巷子八十五号。

被上诉人：胡何氏，周高义、周高淮，右二人法定代理人周树帆，国光堂法定代理人寿墨卿，年龄、籍贯、住址详卷。

为与被上诉人因确认典权等事件，不服重庆地方法院第一审判决，提起上诉一案，补具上诉理由事，谨将诉之声明及理由分列如左：

一、诉之声明

请求判决：（一）原判决废弃。（二）确认上诉人就本市南纪门内麦子市即林森路第六四一号房屋地产有典权及优先留买权。（三）被上诉人间就前开房产缔结之买卖契约撤销之。（四）第一、第二两审诉讼费用由被上诉人负担。

二、事实

详原审起诉状，兹引用之。

三、上诉理由

查原审判决上诉人败诉之理由，无非谓上诉人主张系争房产于民国三十一年一月十五日向被上诉人胡何氏立约设定典权后，并未取得占有及采取自由心证断定上诉人并无典权事实之存在是也。兹就上述两点，认为原审未尽职权上调查之能事，及其自由心证，违背证据法则者，请予说明之。

缘被上诉人胡何氏前于民国三十一年一月间将所有系争房地产出典与上诉人，当时有原佃户周炳林居住在内，上诉人以典权人得将典物转租于他人，核诸民法第九一五条第一项前段之规定，并无违背，因即准由原佃户继续租赁，嗣后所有系争房产租金，概由上诉人收取，相安无事。及被上诉人周高义等买受后，其法定代理人周树帆竟擅用非法途径，强迫原佃户出屋，事实俱在，不得复按（请传周炳林质讯）原审在言词辩论时，对于上诉人此项有判之陈述，一概置之抹[漠]然，显属违背职权上调查之能事，何足令人折服？

次查上诉人主张对于系争房产有典权及优先留买权，非唯被上诉人胡何氏所承认，即上诉人提出之典约上所载文义，核与起诉事实，吻合无异，况典约上载有中证代笔人等及证明律师江永清，原审未予传案命其具结作证，乃不此之图，竟以自由心证，臆断上诉人并无典权之事实存在，尤嫌违背证据法则。综上所述，仰乞钧院鉴核，准如上诉人所列之声明，为被上诉人败诉之判决，至为德便。

谨状

四川高等法院第一分院公鉴。

中华民国三十三年七月七日

具状人：罗璧如　押

国光堂法定代理人寿墨卿关于诉讼代理人之民事委任状

委任人：国光堂法定代理人寿墨卿，四十四，浙江人，住林森路永龄巷二号。
受任人：徐炳璋律师。

为委任代理事。缘与罗璧如确认典权等上诉一案，委任徐炳璋律师为诉讼代理人，授以代为本案一切诉讼行为之权。

谨呈

四川高一分院民庭公鉴。

中华民国三十三年七月七日

具状人：国光堂法定代理人寿墨卿　押

罗璧如关于诉讼代理人之民事委任状

委任人：罗璧如，三十，宜宾人，住重庆千厮门水巷子八十五号。
受任人：康选宜律师，住民权路特三十一号。

为与胡何氏等确认典权上诉一案，委任诉讼代理人事。谨将原因及权限分列如左。

（一）原因：依法委任。

（二）权限：有为一切诉讼行为之权，受特别委任。

右状

四川高等法院第一分院公鉴。

受任人：律师康选宜

中华民国三十三年七月七日

具状人：罗璧如　押

言词辩论笔录

上诉人：罗璧如。
被上诉人：胡何氏等。

右当事人间确认典权等上诉事件，经本院于中华民国卅三年七月七日上午十时，在本院第　法庭公开言词辩论，出庭推事、书记官如左。

审判长推事：罗国昌。

推事：孟□山。

推事：王鸣鸿。

书记官：李运同。

点呼事件后，到场如左。

上诉人代理人：康选宜律师。

被上诉人代理人：徐炳璋律师。

问：上诉人代理人，周树帆、周高义、周高淮长住在何地？本院经派执达员将传票尚未合法送达，代理人可知该等详细地址？

康选宜律师称：代理人尚不知道详细地址，容探明再具状声明。

问：密查队是何时住起这房子，以前又是何人在住？

答：这□候查明再陈述。

右笔录经当庭朗读无讹。

审判长宣言：

本案候上诉人查明周树帆等详细住址，具状来院后，再传，闭庭。

中华民国卅三年七月七日

四川高等法院第一分院民事临时庭

书记官：李运同

审判长：

报告

具报告事。奉为罗璧如确认典权无效一案，钧庭发下民国三十三年渝上字第一六八号传票六件，警遵即前往分别传达，除证人廖化吉、江永清收受传票填证外，惟胡何氏、寿墨卿均系代收外，周高义、周树帆票载住址问上诉人罗璧如，该上诉人之传票由律师康选宜代收，警复问康选宜，达称周高义、周高淮、周树帆三人现在不知住址何处，警是此无从传获。理合具实陈报钧庭鉴核示遵。

谨呈

四川高一分院临时庭公鉴。

（计缴回证七件，原票一件。）

中华民国三十三年八月二十一日

法警：何荣昆呈

民事送达证书

送达法院：四川高等法院第一分院。

应送达之文书：民国卅三年渝上字第一六八号确认典权无效案：传票一件。

应受送达人：上诉人罗璧如。

受送达人署名盖印，若不能或拒绝署名盖印送达人，应记明其事实：康选宜律师收件章。

非交付应受送达之人送达人应记明其事实：

送达方法：

送达处所：

送达日期：卅三年八月十八日。

中华民国卅三年八月十一日

送达人：

[同日胡何氏，国光堂法定代理人寿墨卿签收传票、上诉缮本的送达证书二份略，廖化吉、江永清律师，徐炳璋律师，康选宜律师签收传票的送达证书四份略]

言词辩论笔录

上诉人：罗璧如。

被上诉：胡何氏等。

右当事人间确认典权等上诉事件，经本院于中华民国卅三年九月廿二日上午八时，在本院第　法庭公开言词辩论，出庭推事、书记官如左。

审判长推事：罗国昌。

推事：孟□山。

推事：王鸣鸿。

书记官：李运同。

点呼事件后，到场如左。

上诉人代理人：徐炳璋律师。

问：上诉人代理人，本日证人等未到，被上诉人周高义、周高淮、周树帆三人住址不明，传票无从送达，有何陈述？

徐炳璋律师答称：证人等未到，请再传，被上诉人周高义等三人应由上诉人声请公示送达。

右笔录经当庭朗读无讹。

审判长宣言：候再传，闭庭。

中华民国卅三年九月廿二日

四川高等法院第一分院民事临时庭

书记官：李运同

审判长：

四川高等法院第一分院

刑事第　庭记录科通知书稿

查罗璧如与胡何氏等因确认典权及优先承买权上诉一案，被上诉人周高义、周高淮及其法定代理人周树帆等住所不明，传票无从送达，合亟通知知照，限于收受本通知后十日内具状陈明该被上诉人周高义等住所。如住所不明，可声请为公示送达，勿得违延自误为要。

右受通知人姓名：罗璧如，住址：康选宜律师代收。

中华民国三十三年十月卅日

推事：（印）

书记官：（印）

四川高等法院第一分院民事送达证书

应送达之文书：民国卅三年上字第一六八号罗璧如与胡何氏因确认典权及优先承买权案通知书壹件。

应受送达人：罗璧如。

受送达人署名盖印，若不能或拒绝署名盖印送达人，应记明其事实：康选宜律师收件章。

送达日期：卅三年十一月五日。

中华民国卅三年十一月二日

送达人：

罗璧如民事声请状

声请人（即上诉人）：罗璧如，三十，四川宜宾人，住千厮门水巷子八十五号。

被上诉人：胡何氏，住教场兴隆街十一号；周高义、周高淮，共同法定代理人周树帆，所住不明；国光堂，法定代理人寿墨卿，住林森路永龄巷。

为状请公示送达事。窃声请人（即上诉人）与胡何氏等为确认典权上诉事件，查被上诉人周高义、周高淮及其共同法定代理人周树帆所在不明，为此状请钧院对该被上诉人部分为公示送达。

谨状

四川高等法院第一分院公鉴。

中华民国卅三年十一月十一日

具状人：罗璧如

四川高等法院第一分院民事送达证书

应送达之文书：民国卅三年渝上字第一六八号罗璧如与何胡氏等确认优先留买权上诉案传票一件。

应受送达人：何胡氏。

受送达人署名盖印，若不能或拒绝署名盖印送达人，应记明其事实：何胡氏未在此地，由姊妹关系负责收转。

非交付应受送达之人送达人应记明其事实：杨胡氏。

送达日期：卅三年十一月廿四日。

中华民国卅三年十一月十三日

送达人：王见成

[同日朱永康律师，康选宜律师，国光堂法定代理人寿墨卿、罗璧如、证人廖化吉、江永清律师各签收法院传票的送达证书六份略]

四川高等法院第一分院布告

渝检第九八号

中华民国卅三年十一月廿七日

查本院受理卅三年度渝上字第一六八号罗璧如与何胡氏等确认优先留买权上诉事件，兹有应行送达周高义、周高淮之传票，以该当事人住所不明，合依民事诉讼法第一百四十九条第一款，以据罗璧如声请公示送达，仰该民及法定代理人知照。此布

附贴传票一件。

重庆市地政局公函

民国卅三年十二月廿七日

事由：为填送业户土地纠纷讼争表一份函请查照由。

查业户邹训能、罗璧如等因土地纠纷，业经市财政局前土地登记处暨本局先后批饬，依法径向贵院起诉，并俟诉讼终结，检具判决书及判决确定证明书来局核办在案。查本局土地登记业务系限期完成，上述纠纷案件应请提早审讯判决，以资结案。相应填造业户土地纠纷讼争表一份，随函送请查照为荷！

此致

重庆高一分院

附业户土地纠纷讼争表一份

局长：贡沛诚

朱永康律师民事声明书

声明人：朱永康律师，住民权路卅一号。

为声明并未受罗璧如委任为诉讼代理人事。窃律师接奉钧院送达"罗璧如与何胡氏等确认典权上诉事件"开庭期日通知单一件，查律师并未受上诉人罗璧如之委任为代理人，想系敝所书记人员之误。为此，具状钧院声明，仰祈更正。

谨状

四川高一分院公鉴。

中华民国三十四年一月十六日

具状人：朱永康律师

国光堂法定代理人寿墨卿关于诉讼代理人之民事委任状

委任人：国光堂法定代理人寿墨卿，四十四，浙江人，住林森路永龄巷二号。

受任人：徐炳璋律师，住重庆公园路二号。

为与罗璧如确认典权上诉一案，依法委任徐炳璋律师为诉讼代理人，授以代为本案一切诉讼行为之权。

谨呈

四川高一分院民庭公鉴。

中华民国三十三年七月 日

具状人：国光堂法定代理人寿墨卿

言词辩论笔录

上诉人：罗璧如。

被上诉人：胡何氏等。

右当事人间确认优先承买权上诉事件，经本院于中华民国卅四年元月十六日上午八时半在本院第 法庭公开言词辩论，出庭推事、书记官如左。

审判长推事：罗国昌。

推事：周建文。

推事：王鸣鸿。

书记官：李运同。

点呼事件后，到场如左。

上诉人代理人：康选宜律师。

被上诉人代理人：徐炳璋律师。

证人：江永清、廖化吉。

问：江永清，年、籍等项？

答：六十六岁，住响水桥业口乡。

问：今天传你到案作证，是否能具结说实话？

答：能具结说实话。

问：胡何氏出典林森路六四一号房产你在场吗？

答：我是在场的，是民国卅一年一月十五日的事。

问：在什么地方写的约？

答：在石灰寺廖姓家写的。

问：当时有无佃户居住？

答：有佃户居住。

问：是否这张约据（提示原据）？

答：是的。

问：内容是真实的吗？双方当事人到场没有？

答：内容是真实的，胡何氏、罗璧如都在场。

问：以后的事你知不知道？

答：以后的事不知道。

问：廖化吉，年、籍等项？

答：四十岁，住石灰寺七号茶馆。

问：何胡氏将林森路六四一号房屋出典你在不在场？

答：我在场，是在我那里立的约。

问：怎么在你那里立约？

答：因蓝凤岐我们是熟人，由他约起双方在我茶馆内吃茶说起立约的。

问：这是好久的事？

答：是卅一年一月十号的事，立写约那天写的。

问：约是你写的吗？

答：约是我写的，是蓝凤岐起的稿。

问：为何不买张好的纸来写？

答：他们买的是这张纸，没有买到好纸。

问：你说的话，能否具结？

答：能具结。

问：上诉人代理人，现在上诉人罗璧如在哪里？

康选宜律师答称：上诉人现在宜宾。

问：有无佃户？

答：有佃户周炳林、张荣五、邓子云。

问：佃户向他投佃没有？

答：没有另外立约，是收过租金的。

问：收租金到什么时候？

答：收到至周高义、周高淮搬来时为止。

问：她向密查队收过租没有？

答：他们是军事机关的人，不敢向他收。

问：为何卅一年元月当房子，隔了很久才登记？

答：因上诉人回宜宾去了。

问：她不可委托人办吗？

答：无人可托。

问：对本案如何请求判决？

答：请求确认上诉人就本市林森路六四一号房屋地产有典权及优先留买权，被上诉人就前开缔结之买卖契约无效，一、二两审诉讼费用由被上诉人等负担。理由：查原判并未根据事实与证据，而采自由心证臆断。查被上诉人胡何氏于卅一年一月十五日将其地产出典与上诉人，有典约及证人江永清、廖化吉均从场到案结证属实，上诉人以此典物转租他人，于法并无违背，今胡何氏不顾上诉人取得典权有优先留买权，竟卖与寿墨卿，是项买卖自应撤销，请如声明而为判决。

问：被上诉人代理人如何答弁［辩］？

徐炳璋律师起称：请求驳回上诉，维持原判。查典权之设定，自以所有权及表明所有老据为依据，如胡何氏真将所有权出典与上诉人，则应将江银山出立与胡何氏之卖契交付上诉人，兹上诉人所提出的，乃江银山之隔手老契，乃属废纸，于典物，自不能认为有效。况典权之成立，以移转占有物为要件，上诉人在原审自认对于系争地未能使用，且未收租。上诉应无理由，请求如声明而为判决。

问：上诉人代理人康选宜律师，今天被上诉人胡何氏、周高义、周高淮及周树帆均不到，有何请求？

答：该等既受合法传而不到庭，请示开一造弁［辩］论判决。

右笔录经当庭朗读无讹。

审判长宣言：本案弁［辩］论终结，定于本月廿日下午四时宣判，退庭。

中华民国卅四年元月十六日

四川高等法院第一分院民事临时庭

书记官：李运同

审判长：罗国昌

宣示判决笔录

上诉人：罗璧如。

被上诉人：胡何氏等。

右当事人间确认优先留买权等事件，经本院于中华民国卅四年元月廿日下午四时在本院第 法庭公开宣示判决，出庭推事、书记官如左。

审判长推事：罗国昌。

推事：周建文。

推事：王鸣鸿。

书记官：李运同。

点呼事件后，到场当事人如左。

审判长起立朗读判决主文并告知理由。

中华民国卅四年元月廿日

四川高等法院第一分院民事临时庭

书记官：李运同

审判长：罗国昌

四川高等法院第一分院民事判决

三十三年度渝上字第一六八号

上诉人：罗璧如，住千厮门水巷子八十五号。

诉讼代理人：康选宜，律师。

被上诉人：胡何氏，住教场兴隆街十一号。

周高义，公示送达。周高淮，同右。

右二人法定代理人：周树帆，住同右。

被上诉人：国光堂。

法定代理人：寿墨卿，住林森路永龄巷。

诉讼代理人：徐炳璋，律师。

右当事人确认典权等事件，上诉人对于中华民国三十三年三月十一日四川重庆地方法院第一审判决，提起上诉，本院判决如左。

主文

上诉驳回。

第二审诉讼费用由上诉人负担。

事实

上诉人代理声明求废弃原判决，另为判决确认对林森路四一六号房屋地产有典权及优先留买权，并撤销被上诉人间就前开房屋缔结之买卖契约。被上诉人胡何氏、周高义、周高淮受合法传唤，未于辩论日到场，上诉人声请为一造辩论之判决。被上诉人国光堂代理人声明求驳回上诉。其于应记事实，与第一审判决书所载者同，兹引用之。

理由

本件系争之林森路六一四号房屋，原为被上诉人胡何氏所有，胡何氏于民国三十一年七月十七日出卖于被上诉人周高义、周高淮，三十二年七月十四日，周高义、周高淮又出卖于被上诉人国光堂，乃双方不争之事实。兹上诉人主张对于前开房产，曾于民国三十一年一月十五日设定典权，提出典约及证人为立证方法，被上诉人胡何氏代理人在原审亦承认有典当情事，惟查上诉人自始并未取得产权之占有，在上诉人虽称原来佃户曾向其纳租，但不能提出原佃户之租约。自周高义、周高淮购屋以后，迄今房屋仍为密查队居住，两年以来，上诉人始终未向密查队收租，亦无密查队之租字。反之，在被上诉人国光堂方面，不独提出密查队向周高义等投佃立租约，且提出原佃周炳林、张荣五、邓子云等二十九年向被上诉人胡何氏之夫胡法高投佃之租约。再上诉人至三十二年八月，被上诉人国光堂承买房产之后，始向重庆市财政局声请登记典权，据其代理人辩称上诉人返宜宾两年，未过问房产事，语不近情，实难令人采信。被上诉人攻击系因房价高［涨］，胡何氏与上诉人串谋涉讼，殊非无据。综上以观，上诉人实无承典系争房产之事实，其所举证人之证言，亦无可采取，原审驳回上诉人之请求，委非不合，上诉非有理由。

据上论结，本件上诉为无理由，应依民事诉讼法第四百六十条、第三百八十五条第一项、第四百四十六条第一项、第七十八条判决如主文。

中华民国三十四年一月二十日

四川高等法院第一分院民事临时庭

审判长推事：罗国昌

推事：周建文

推事：王鸣鸿

本［件］证明与原本无异。

书记官：（印）

中华民国三十四年二月二十二日

四川高等法院第一分院民事送达证书

应送达之文书：民国卅三年上字第一六八号与罗璧如为确认典权案判决正本一件。

应受送达人：国光堂法定代理人寿墨卿。

受送达人署名盖印，若不能或拒绝署名盖印送达人，应记明其事实：寿墨卿。

送达日期：卅四年三月十五日。

中华民国卅四年二月廿六日

送达人：□□□

[同日罗璧如，胡何氏各签收判决的送达证书二份略]

四川高等法院第一分院布告稿

渝俭字第二一号

中华民国卅四年四月五日

查本院受理罗璧如与周高义等确认典权等上诉事件，兹有应行送达周高义等之判决书，以该民等住所不明，无从送达，合依民事诉讼法第一百四十九条第一项，予以公示送达。仰该民等知照。

此布

附贴民事判决书一件。

17. 孙海波等诉萧永安等要求确认优先承买权案

民事起诉状

原告：孙海波，四十岁，巴县人，住走马乡十保二甲，农。孙瀛洲，三十八岁，巴县人，住走马乡十保二甲，农。

被告：萧永安，巴县人，住白市驿许家湾。孙马氏，巴县人，住白市驿吴家院子。文依平，巴县人，住白市驿龙井湾。钟开榜，巴县人，住走马乡十二保。李树山，巴县人，住白市驿吴家院子。魏德全，巴县人，住白市驿吴家院子。

呈为违法蓦买，损害难堪，依法提起确认优先承买之诉，请予传案讯判事。

诉之声明：

（一）请求确认民等对于承租耕种孙马氏所有养赡白市驿烟塔山老野田产十五石，出卖有优先承买权；（二）请求撤销萧永安与孙马氏缔结不合法之买卖契约；（三）请求判令被告等负担诉讼费用。

事实及理由：

缘民等故父孙纪纲于民国二十二年病故，遗有白市驿烟塔山老野田产六十石，由民等弟兄三人分耕。当时凭族决议于全业内提出水田十五石为继母孙马列氏养赡之用，每人每年口与孙马氏租谷三石。殊孙马列氏因尚欠有二石租谷，乃以生活无着，向钧院民庭诉请确认有继承遗产权。蒙判将占有十五石遗产交与孙马氏，其田仍由民等弟兄耕种，不另招佃，所有产业只能放佃收租，以为生养死葬之用；如将来继母死亡后，仍由民弟兄三人分耕。殊魏德全心怀叵测，暗支文依平等教唆继母卖产，希图渔利瓜分，并不依法通知民等是否愿买（依土地法第一○四条第二项规定应于田地出卖时十日前通知承租人），竟敢蓦卖于第一被告。查土地法第一○七条"出租人出卖或出典时，承租人有同样条件优先承买或承典之权"，孙马氏田业十五石，系民弟兄耕种，现在虽已分受，仍由民等继续承租。依上开法文，业主出卖当然通知民等优先承买，兹不使民等弟兄知悉，竟敢私行蓦卖，且系养赡田产，为继母生养死葬之需，余弟兄三人均分，原系共有财产，何能私行处分？况祖茔所在，不能卖与外人。此种行为，显属违法。

综上论结，被告等违法订立买卖契约当然无效，理合遵章缴费，状请钧院鉴核，迅予传讯，如诉之声明而为判决，沾感。

谨呈

讼争标的产业十五石估价二百五十万元遵章缴费。

证人：孙祥麟，原告自邀。

证物：分关讯呈。

重庆地方法院民庭公鉴。

中华民国三十六年五月九日

具状人：孙海波、孙瀛

送达证书

书状目录：民国三十六年诉字第七三二号确认优先承买权案送达左列各件传、付各乙件。

受送达人：钟开榜。

受送达人署名盖章：钟开榜押，付本一件。

送达日期：三十六年五月十九日。

中华民国三十六年五月十三日

重庆地方法院执达员：王泽民

［同年五月二十日孙海波、孙瀛洲，孙瀛洲代孙祥麟，李树山、魏德全，孙马氏，文依平，萧永安签收传票的送达证书六份略］

民事委状

委任人：孙海波，四十岁，巴县人，住走马乡十保，农。孙瀛洲，三十八岁，巴县人，住走马乡十保，农。

被委任人：姚嘉凤，律师。

呈为民等因违法蟇买具诉萧永安等一案，委任代理事。兹将委任原因及权限列后：

（一）原因：不谙法律。

（二）权限：本案辩论终结为止。

谨呈

重庆地方法院民庭公鉴。

中华民国三十六年五月二十一日

具状人：孙海波、孙瀛洲

审理笔录

原告：孙海波、孙瀛洲。

诉讼代理人：姚嘉凤，律师。

被告：孙马氏、文依平、萧永安、钟开榜、魏德全、李树山。

证人：孙祥麟。

右列当事人因确认优先承买权案，经本院于中华民国三十六年五月二十九日午前开民事二庭，出席职员如左。

审判长：刘沣宇。

书记官：夏精诚。

推事点呼右列当事人入庭，书记官朗读案由。

问：姓名、年籍等项？

答：孙马氏，五十四岁，巴县，住走马乡。

问：你的烟塔山产业十五石何时出卖的？

答：今年二月出卖的。

问：你还有儿子没有？

答：我还有两个小儿，刚满四岁多。

问：姓名、年籍等项？

答：萧永安，三十五岁，巴县，住白市驿。

问：你何时买得孙马氏的田产？

答：我是二月十六日买的。

问：你有买约没有？

答：我的买约已缴地政局领所有权状税契。

问：姓名、年籍等项？

答：孙海波，四十岁，巴县走马乡十保。

问：你告谁？

答：我告萧永安、孙马氏、文依平、钟开榜、李树山、魏德全等违法蓦买，确认优先承买权。

问：有何请求？

答：请求确认承租耕种孙马氏所有养赡白市驿烟塔山老野田产十五石出卖有优先承买权，并请求撤销萧永安与孙马氏缔结不合法之买卖契约无效。

问：这田不是你耕种吗？

答：这田是我耕种的。

问：这田不是姓赵的承租的吗？

答：不是的。

问：姓名、年籍等项？

答：文依平，五十六岁，住巴县白市驿。

问：你是中证人吗？

答：我是买卖田业的中证人，是孙马氏请托我作中证的。

问：你作中证人出卖之前通知过原告没有？

答：我作中证人，在买卖未成立之前，我已通知过孙海波、孙瀛洲的。

问：姓名、年籍等项？

答：魏德全，三十岁，巴县人，住白市驿。

问：你是中证人，在出卖之前你通知原告承买么？

答：我是原告的妹夫，在这买卖未成立之前，我亲自到他家去通知他的。

问：姓名、年籍等项？

答：钟开榜，卅三岁，巴县人，住走马乡十二保。

问：姓名、年籍等项？

答：我是买卖成立的中证人，在这买卖未成立之前我已通知过原告承买，但他坚决不承认购买。

问：姓名、年籍等项？

答：李树山，四十六岁，巴县白市驿人。

问：你是买卖成交的中证人吗？

答：我是买卖交易成立的中证人，在订买卖契约成立那天，原告未在场，翌日采界，孙海波亲自到萧永安家中吃早饭。

问：姓名、年籍等项？

答：孙瀛洲，四十岁，巴县人，住走马乡。

问：你不是到萧永安家吃过早饭吗？

答：我到萧永安家吃早饭，已说明过此次买卖未通知族人，不能成立买卖、订立契约。

问：证人孙祥麟，年籍等项？

答：五十岁，巴县人，住走马乡。

推事谕知证人之义务及负伪证之处罚，并饬具结附卷。

问：你知道他们买卖中间的事情吗？

答：他们买卖田业我不知道，既没有通知我们族人，才知道这回事，但是经孙海波、孙瀛洲去挡阻过，我绝不是乱说假话。

请原告代理人陈述。

原告代理人姚嘉凤律师起立陈述：本案请求判令被告等与孙马氏所订立之买卖契约确认无效，原告有优先承买权，并请求撤销肖永安与孙马氏缔结不合法之买卖契约。其事实理由是：原告之父病故，遗有白市驿烟塔山老野田产六十石，凭族决议提出水田十五石为继母孙马氏养赡之用，其田仍由原告耕种。俟后继母死后，仍由弟兄三人分耕。依土地法第一〇七条"出租人出卖或出典时，承租人有同样条件优先承买或承典之权"，被告等私行蓦卖，未能先行通知，况养赡田产为继母生养死葬之用，俟后得由弟兄三人均分。原系共有财产，何能私行处分？请求确认买卖无效，判令如诉之声明。

推事宣告本案辩论终结，定期六月四日宣判。

右笔录当庭朗读，经供认无讹。

中华民国三十六年五月二十九日

重庆地方法院民事庭

书记官：夏精诚

推事：刘沣宇

审判笔录

原告：孙海波、孙瀛洲。

诉讼代理人：姚嘉凤，律师。

被告：李树山、魏德全、钟开榜、肖永安、孙马氏、文依平。

右当事人间因确认优先承买权事件，于中华民国三十六年六月四日上午八时在本院民事法庭公开宣判，出席职员如左。

推事：刘沣宇。

书记官：夏精诚。

点呼事件后，推事起立朗读判决主文并口述判决理由之要领。

中华民国卅六年五月二十九日

重庆地方法庭民事庭

书记官：夏精诚

推事：刘沣宇

民事答辩状

具答辩状人：孙马氏、萧永安、文依平、李树山、魏德全、钟开榜，巴县人。

原告：孙海波、孙瀛洲，巴县人。

为对孙海波等主张优先留置事件提出答辩，恳准秉公审讯，驳回原诉，更令原告负担讼费事。

窃氏承继先夫孙纪纲所遗巴县走马岗烟塔山田业十五石，先为原告弟兄所占据，并对氏不予供养，迫氏向外借贷挪用，寄食婿家。三十五年乃正式向钧院诉请确认继承，曾经民二庭判归，氏应继承田谷十五石，有确定判决可考。氏奉判后，因债权追逼，乃将此应继分决心出售，以偿各债。即先行通知原告弟兄可否买受，原告等均拒绝不买，然后乃请凭中证觅得买主萧永安承买为业，共得价金贰佰伍拾万元，在立契成交之初，又经中证向伊弟兄一再询问能否照价承买，彼等仍坚拒如故，结果始与萧姓订立买契约。初次萧姓交付价金，该弟兄即领去业价肆拾万元，嗣经价明契税及不动产登记各种手续办理完竣，而海波、瀛洲因向萧姓卖后，图索未遂，忽捏侵占大题，向钧院检察处告诉，幸检察官明察秋毫，以氏自己产业有自由处分权毫无犯罪嫌疑，予以处分不起诉（有处分书可查）。今原告弟兄又以换汤不换药方法向钧院蒙诉，主张优先留买，并谎谓为未通知于伊。且伊为该业佃耕者，不思此业佃户为赵海林早向买主萧姓投佃，试问该等何有优先留买权？今一再出为妄控，藉讼拖累，足见其原诉显无理由。为此，辩恳钧院鉴核，秉公审讯，驳回原诉，更令负担本案讼费，无任沾感。

谨状

重庆地方法院民庭公鉴。

中华民国三十六年五月二十九日

具状人：孙马氏、萧永安、文依平、李树山、魏德全、钟开榜

四川重庆地方法院民事判决

卅六年度诉字第七三二号

原告：孙海波，住走马乡十保二甲；

孙瀛洲，住同右。

诉讼代理人：姚嘉凤，律师。

被告：萧永安，住白市驿许家湾。孙马氏，住白市驿吴家院子。文依平，住白市驿龙井湾。钟开榜，

住走马乡十二保。李树山，住白市驿吴家院子。魏德全，住同右。

右当事人间请求确认优先承买权事件，本院判决如左。

主文

原告之诉驳回；诉讼费用由原告负担。

事实

原告及代理人声明，求为确认原告对于承耕孙马氏所有养膳白市驿烟塔山老野田产十五石出卖，有优先承买权，与撤销萧永安与孙马氏缔结不合法之买卖契约之判决。其陈述略称：原告叔父遗有养赡田十五石，交与继母孙马氏为生养死葬之用。向由原告等承耕，讵孙马氏暗中出卖与萧永安，事前未通知原告。此种行为，显属违法。云云。

被告等共同声明，求为如主文之判决。其陈述略称：孙马氏出售该产时，即先行通知原告弟兄，原告等均拒绝不买。然后凭中证卖与萧永安，立契成交之初，又经中证一再向其询问，彼等仍坚拒如故。及萧姓交付价金，该原告即领去业价四十万元，嗣经价明，契税及不动产登记办理完竣，原告因向买主图索未遂，忽向检察处控告侵占，遭检察官予以不起诉处分，今又向钧院朦诉。云云。

理由

按出租人出卖耕地时，承租人固有依同样条件优先承买之权，惟承租人于接到出卖之通知后十日内不表示者即视为放弃。本件原告主张对被告孙马氏出卖之系争耕地有依同样条件优先承买之权，然据被告等辩以于出卖之先已有通知，原告并未表示，虽经原告否认，然无积极证据，按情理以论之，被告萧永安既经税契及不动产移转登记之各项手续，原告又已领去业价四十万元，仍不表示愿意承买及后又以侵占为词具控于检察处，是其挟嫌起诉，自不能认为有理由。

据上论结，原告之诉为无理由，应予驳回，并依民事诉讼法第七十八条判决如主文。

中华民国三十六年六月四日

重庆地方法院民二庭

推事：刘沣宇

送达证书

书状目录：民国三十六年诉字第七三二号确认案送达左列各件判决一件。

受送达人：被告钟开榜。

受送达人署名盖章：钟开榜未会晤由同案被告代收转交。

非交付受送达人之送达应记明其事实：代收人萧永安。

送达日期：三十七年五月十日。

中华民国三十七年五月六日

重庆地方法院执达员段政有

［同年五月十日李树山、魏孙氏代丈夫魏德全，孙马氏，文依平，萧永安，五月十二日孙海波、孙瀛洲签收判决的送达证书七份略］

民事声请状

声请检卷人：孙海波，男，四十岁，巴县人，住走马乡十保二甲，农。孙瀛洲，男，三十八岁，巴县人，住走马乡十保二甲，农。

被告：萧永安（即余耕），男，不详，巴县人，住白市驿许家湾，自业。

为不服判决依法声请检卷申送上级审核，另为合法裁决而昭折服事。

缘民等与被告萧永安为请求确认优先承买权事件涉讼一案，已沐讯结。民等于本年五月十二日接奉钧院三十六年度诉字第七三二号民事判决，内载主文"原告之诉驳回；诉讼费用由原告负担"等判在卷。民等接奉判决，实难甘服，为特依法声请于法定期内状请钧院鉴核俯准，检集本案全卷申送高等法院详察审讯，另为合法裁决而昭折服，不胜沾感。

谨状

重庆地方法院民庭公鉴。

中华民国卅七年五月十九日

具状人：孙海波、孙瀛洲

重庆地方法院民事裁定

三十六年度诉字第七三二号

上诉人：孙海波，住走马乡十保二甲。孙瀛洲，住同右。

右上诉人与萧永安因优先承买事件，不服本院第一审判决提起上诉，应缴裁判费国币肆万捌仟柒佰伍拾元，未据缴纳，其上诉状亦未依民事诉讼法第四百三十八条表明上诉理由。兹限该上诉人于收受本裁定时起十日内，向重庆高一分院如数补缴，如逾期尚未遵行，第二审法院即行驳回上诉，切勿违延自误，特此裁定。

中华民国三十七年七月二十八日

重庆地方法院民事第二庭

推事：王乃隆

本件证明与原本无异。

重庆地方法院书记室公函

诉字第五五二〇号

案查孙海波等与萧永安确认优先承买权，业经本院依法判决送达在卷。兹据孙海波等于法定期间内具状提起上诉到院，相应检齐卷证函送贵室查收核办。

此致

四川高等法院第一分院书记室

计函送卷一宗上诉状一件。

书记官：

中华民国卅七年八月十七日

送达证书

送达法院：四川高等法院重庆分院。

应送达之文书：民国三十七年上字第三三一五号与肖永安为先买权传票乙件。

应受送达人：孙海波、孙瀛洲。

受送达人署名盖章：孙海波、孙瀛洲均未在由同居之家族弟负责收转。

非交付应受送达之人送达人应记明其事由：代收人孙口卿亲押。

送达日期：三十七年九月八日上午。

中华民国三十七年九月

[同日萧永安签收传票的送达证书略]

民事上诉状

上诉人：孙海波，男，四十岁，巴县，住走马乡，农。孙瀛洲，男，三十八岁，巴县，住走马乡，农。

被上诉人：萧永安，男；孙马氏，女。

呈为补其上诉理由，仰祈鉴核改判事。

（甲）诉之声明

（一）请求废弃原判决而另为判决，确认上诉人等对于承租耕种孙马氏所有养赡坐落白市驿走马乡烟塔山老野田产十五石出卖，有优先承买权。

（二）请求撤销萧永安与孙马氏缔结不合法之买卖契约。

（三）请求判令上诉人等负担讼费。

（乙）上诉理由

查原判认上诉人对于被上诉人孙马氏出卖系争田产依法（土地法一〇七条）固有优先承买权，惟以上诉人接到出卖通知，不于十日内表示即属抛弃，虽经否认，无积极证明，云云。不知何所根据？被上诉人既主张有利于己之事实，应负举证之责，为现行法例所明定。本案孙马氏出卖养赡田产，上诉人等事前并不知悉，兹既然称早已通知，上诉人不愿承买，究系用书面通知抑系用口头通知？果系用书面通知，必持有上诉人等之收据为凭；若举出以口头通知，应举出证人以资证明。原审不责被上诉人举证而反谓上诉人等无积极证明，其偏颇孰有过于此者？此不服上诉之理由一。至谓被上诉人萧永安各项手续已备，无论有无其事，但一经涉讼，依法即应停止进行。又谓上诉人领去业价四十万元，上诉人并非业主，何以能领业价？若以侵占向地检处起诉，致被驳回，不知此案系萧永安以侵占田产起诉，并非上诉人起诉。何得张冠李戴而为上诉人败诉之判决？此不服上诉之理由二。

综上两点，理合状请钧院鉴核，准予废弃原判，如诉之声明而为判决，以维权益而荷法例，沾感。

谨呈

证人：孙祥林、孙巨川、马天清、马长清。

证物：孙马氏全收押佃黄谷贰纸。

渝高等法院第一分院民庭公鉴。

中华民国三七年九月十八日

具状人：孙海波、孙瀛洲

姚嘉凤律师代撰

民事委任状

委任人：孙海波、孙瀛洲。

被委任人：姚嘉凤，律师。

呈为民等与萧永安等因优先承买权不服原判上诉一案，委任代理事。兹将委任原因及权限列后：

（一）原因不谙法律。

（二）权限本案辩论终结为止。

谨呈

四川省高等法院第一分院民庭公鉴。

中华民国三七年九月十八日

具状人：孙海波、孙瀛洲

民事委任状

委任人：萧永安，男，三十八岁，巴县人，住白市驿，农。

受任人：秦鸿恩，律师。

为与孙海波等因优先购买权涉讼一案，特委任律师秦鸿恩为代理人。此呈

四川高等法院重庆分字民庭公鉴。

中华民国三十七年九月十八日

具状人：萧永安

律师秦鸿恩代缮

言词辩论笔录

上诉人：孙海波、孙瀛洲。

代理人：姚嘉凤，律师。

被上诉人：肖永安。

代理人：秦鸿恩，律师。

右当事人间优先承买权上诉事件，经本院于中华民国卅七年九月十八日上午八时，在本院第一法庭公开言词辩论，出庭职推事、书记官如左。

审判长推事：李泽之。

推事：王文纲。

推事：钱本海。

书记官：郑

点呼事件后，到场人如左：到庭当事人见前。

问（孙海波）：请求怎样判？

答：废弃原判，另判令对于白市驿烟塔山老野田出卖有优先承买权。

问：孙马氏是你什么人？

答：继母。

问：继母卖这地方你们知不知道？

答：不知道。

问（孙瀛洲）：请求怎样判？

答：同孙海波一样。

问（肖永安）：请求怎样判？

答：维持原判。

问：买地方孙海波、孙瀛洲二人知不知道？

答：知道。

问：什么证明？

答：有孙海波的粮票证明。

上诉代理人姚嘉凤律师陈述：按土地法第一○七条之规定，佃客孙海波、孙瀛洲有优先承买权，□买卖时孙海波二人并不知道。请求如诉之声明而为判决。

被上诉代理人秦鸿恩律师陈述：本案争执地，被上诉人系向肖根固所买，有粮票红契可资证明。诉返之对象应为肖根固，而非被上诉人肖永安，此为程序上一大瑕疵。至于买卖一节，其时孙海波、孙瀛洲二人均为中证人，收有四十万元手续费岂能谓不知？请求基于上述理由驳回上诉。

谕知本案弁［辩］论终结，定于二十二日宣判。

右笔录当庭朗读无异。

中华民国卅七年九月十八日

四川高等法院重庆分院民一庭

书记官：郑

审判长：李泽之

宣示判决笔录

上诉人：孙海波、孙瀛洲。

被上诉人：萧永安。

右当事人间优先承买权事件，经本院于中华民国卅七年九月二十三日上午八时在本院第一法庭公开宣示判决，出庭推事、书记官如左。

审判长推事：李泽之。

推事：王文纲。

推事：钱本海。

书记官：郑

点呼事件后，到场当事人如左：两造未到。

审判长起立朗读判决主文并告知理由。

中华民国卅七年九月二十三日

四川高等法院重庆分院民事第一庭

书记官：郑

审判长：李泽之

四川高等法院重庆分院民事判决

三十七年度上字第三三一五号

上诉人：孙海波，住巴县走马乡。孙瀛洲，住同右。

诉讼代理人：姚嘉凤，律师。

被上诉人：萧永安，住巴县白市驿许家湾。

诉讼代理人：秦鸿恩，律师。

右当事人间请求确认优先承买权事件，上诉人对于中华民国三十七年六月四日四川重庆地方法院第一审判决提起上诉，本院判决如左。

主文

上诉驳回；第二审诉讼费用由上诉人负担。

事实

上诉人及其代理人声明，求为废弃原判决，另为判决，确认上诉人对于烟塔山老野田产十五石有优先承买权。被上诉人及其代理人声明，求为驳回上诉。两造其余应记载之事实与第一审判决所载者同，兹引用之。

理由

查出租出卖耕地时，承租依法固有优先承买之权。惟此仅为承租人与出租人间之权利义务关系。如出租违反此项义务而将租赁物之所有权让与他人时，承租人仅得向出租人请求损害赔偿，不得主张他人受让所有权之契约为无效。本件上诉人承租孙马氏白市驿烟塔山老野田产耕种，纵未通知，即行出卖与被上诉人，依前开说明亦仅得对孙马氏主张优先承买权，请求赔偿损害。此对被上诉人主张，于法自嫌无据，复据被上诉人辩称，成立买卖，上诉人均为中证人，曾经在场，岂能谓为不知？并提出上诉人交出之粮票为证。上诉人对其抗辩并不争执，足见孙马氏出卖产业上诉人非不知悉其事，原审判决委无不合，上诉为无理由。

据上论结，本件上诉为无理由，应依民事诉讼法第四百四十六条第一项、第七十八条判决如主文。

中华民国三十七年九月二十三日

四川高等法院重庆分院民事第一庭

审判长推事：李泽之

推事：王文纲

推事：钱本海

本件证明与原本无异。

书记官：郑

送达证书

送达法院：四川高等法院重庆分院。

应送达之文书：民国三十七年上字第三三一五号与肖永安优先承买权判决二件。

应受送达人：孙海波、孙瀛洲。

受送达人署名盖章：孙海波、孙瀛洲。

送达日期：三十七年十月二十九日。

中华民国三十七年十月

送达人：朱守正

[同日萧永安签收判决的送达证书略]

四川高等法院第一分院书记室函

民开字第一六四三四号

查本院受理三十七年度上字第三三一五号孙海波与萧永安为确认优先承买权事件，业经判决确定，相应检同卷宗等件函送，即请查收为荷！

此致

重庆地方法院书记室

计送本院卷乙宗，原审卷乙宗。

书记官：

中华民国三十七年十二月一日

18. 郑明池诉美丰银行康心如要求确认地上权案

重庆地方法院书记室公函（稿）

卅六年诉字第一九八一号
三十七年九月十五日发文六一九六号

　　案查郑明池与美丰银行确认地上权一案，业经本院依法判决送达在卷，兹据郑明池等于法定期间内具状提起上诉到院，相应检齐卷证函送贵室查收核办。

　　此致
　　四川高等法院第一分院书记室

　　计函送卷一宗，上诉状二件，判决裁定回证各一件，证物三件。

四川高等法院重庆分院书记室公函

民肃字第七五〇四号

　　中华民国三十七年七月五日

　　查本院受理三十七年度上字第三五九二号郑明池等与美丰银行确认地上权事件，业经判决确定，相应检同卷宗等件函送，即请查收为荷。

　　此致
　　重庆地方法院书记室

　　计送本院卷一宗，原审卷一宗，证物一袋。

民事诉状

原告：郑明池、严树宜、王阿黄、郑莫强、汪兆镛、祁仲丹、泰伟、夏炳新、裘绪谓、彭卿山、丁文缓、黄树林，住本市上清寺九号附一号、又二号、又三号、又四号、又五号、又六号、又七号、又八号、又九号、又十号、又十一号、又十二号。
被告：美丰银行，法定代理人康心如，本市人，住小什字美丰银行。

　　甲、诉之声明
　　请判讼被告会同原告，前往地政局为地上权之登记，并饬其负担诉讼费用。
　　乙、事实理由
　　缘民等均系小贸营生，因五三、五四遭敌机炸轰，奉政府命令疏散出城，乃向华丰地产公司及魏俊德堂租佃马路边靠山之窄狭地基（有收据可证），由民等开山凿石，耗资不赀，始修成现在房屋，每年地租，均系照纳，或与提存无异。嗣后该被告私向美丰地产公司，承买上开地皮，并未通知民等在场愿否承买，实有违土地法第一○四条之规定。兹查政府去年颁布修正土地法第一○二条之规定，租用地基，建筑房屋，应由出租人与承租人于契约成立后之二个月内，声请该管市县地政机关为地上权之登记等语，是属保障人权之至意，惟民等前向地政局声请登记，被告均抗不从场，未免藐抗法令，万莫奈何，是以状请钧院俯予传讯，准如声明判决，实沾德便。

谨呈

重庆地方法院民庭公鉴。

中华民国三十六年十二月十二日

具状人：郑明池、严树宜、王阿黄、郑莫强、汪兆镛、祁仲丹、泰伟、夏炳新、裘绪谓、
彭卿山、丁文缓、黄树林

征费单

征费机关：重庆地方法院。

缴款人：郑明池。

案号：三十六年度诉字第二○八号。

案由：确认地上权。

标的：四千万元。

费别：

征费数目：国币五十二万元。

备注：

复核员：

收费员：

中华民国卅六年十二月十七日

民事委任状

委任人：四川美丰银行，法定代理人康心如，住本市中正路。
被委任人：吴友清，住本市中正路美丰银行七楼。

为郑明池等请求确认地上权事件，委任诉讼代理人事，兹委任吴友清律师为本案诉讼代理人，仰祈核准，实为公便。

谨状

重庆地方法院民庭公鉴。

中华民国卅七年一月廿日
具状人：四川美丰银行总管理处印

民事委任状

委任人：郑明池、严树宜、王阿黄、郑莫强、汪兆镛、祁仲丹、泰伟、夏炳新、裘绪谓、彭卿山、丁文缓、黄树林。

受任人：律师高步腾、刘宗荣。

为民等与康心如因请求判令登记地上权一案，兹请委任律师高步腾、刘宗荣为诉讼代理人。谨状

重庆地方法院民庭公鉴。

中华民国三十六年十二月十三日

具状人：郑明池、严树宜、王阿黄、郑莫强、汪兆镛、祁仲丹、泰伟、夏炳新、裘绪谓、
彭卿山、丁文缓、黄树林

重庆地方法院送达证书

书状目录：民国三十六年诉字第一九八一号确认地权案送达传票一件。

受送达人：原告郑明池。

受送达人署名盖章，若不能署名盖章或拒绝者，应记明其事实：郑明池。

送达日期：卅五年十二月廿九日。

中华民国三十六年十二月二十七日
重庆地方法院执达员：□□□

［同日原告丁文俊、严树宜、汪兆镛、祁仲丹、泰伟、夏炳南、彭银山、黄树林、王阿黄、裘绪谓、邓汉强，被告康心如，高步腾律师，刘宗荣律师各签收通知的送达证书十四份略］

笔录

原告：郑明池。

被告：美丰银行。

右列当事人因［请求判令登记地上权一案］，经本院于中华民国卅七年一月廿一日午时开庭，出席职员如左。

审判长推事：刘仁宗。

书记官：张思荣。

点呼右列当事人入庭，书记官朗读案由。

问：姓名等项？

答：邓汉强，卅五岁，住上清寺二九号。

问：请求什么？

答：请求判令被告会同到地政局登记地上权，诉讼费用由被告负担。

问：你何以要他会同去地政局登记？

答：这地方是我们向华丰地产公司租的房子，是自己建的，但现将地皮卖了，而不通知

我们。

问：你租这地皮定期多久？

答：并未定租期。

问：姓名等项？

答：丁文俊，卅四岁。

问：你地皮向谁租的？

答：向魏德堂租的。

问：这地皮究竟是谁的？

答：这地皮是魏德堂的。

问：被告代理人陈述？

答：被告代理人称，这地皮是华丰公司向美丰银行买的，卅二年美丰银行又向华丰公司买回，原告要登记地上权不合法，因为原告与华丰公司无租佃行为，原告是向邓汉强租佃，既无租佃行为，当然就没有登记权。邓汉强与华丰有租佃关系，是卅二年以前华丰公司佃与邓汉强的，那时租约订明如该地出让时，在接通知十日内迁让拆屋还基，但并示履行。并原告三年前也起诉过，这全是拖延手段。

问：原告代理人陈述。

答：原告代理人称，本案原告方面因疏散关系所在上清寺向魏德堂佃得地皮，既由美丰银行买去，该地原告有优先承买权，而被告买得也不通知原告，依规定租田地基建筑房屋，应由出租人与承租人于契约成立后之二个月内声请该管机关为地上权登记。

问：原告代理人陈述？

答：原告代理人称，被告提出需要地皮建筑房屋，但是建筑执照未有，怎能说需要，这次是请地上权登记，并非所有权登记。

被告代理人称，原告等与华丰全无租佃关系，不能有地上权之登记。

推事谕本案候调卷核办。

本笔录当庭朗读无异。

民卅七年一月廿一日

书记官：张思荣

推事：刘仁宗

重庆地方法院送达证书

书状目录：民国卅六年诉字第一九八一号确认所有权案送达传票一件。

受送达人：原告丁文俊、黄树林。

受送达人署名盖章，若不能署名盖章或拒绝者，应记明其事实：丁文俊、黄树林未在家，由同案人彭银山代转。

非交付应受送达人之送达应记明其事实：代收人彭银山押。

送达处所：上清寺九号。

送达方法：

送达日期：卅七年五月九日。

中华民国　年　月　日

重庆地方法院执达员：钟海泉

[同日原告彭银山、郑明池、邓汉强、王阿黄、汪兆镛、夏炳南、泰伟、裴绪谓、祁仲丹、严树宜，被告美丰银行（法定）代理人康心如，吴友清、刘宗荣律师签收传票的送达证书十三件略]

笔录

原告：郑明池。

被告：美丰银行。

右列当事人因　案经本院于中华民国卅七年五月卅一日午　时开　事　庭，出席职员如左。

审判长推事：刘仁宗。

书记官：张思荣。

点呼右列当事人入庭，书记官朗读案由。

问：姓名等项？

答：邓汉强，卅六岁。

问：请求如何？

答：请求被告会同原告往地政局登记地上权。

问：事实理由？

答：这房子是我们修的。向华丰地产公司租的地皮，有租约为凭，现在该公司将地皮卖与美丰银行。

问：姓名等项？

答：彭银山，卅七岁。

问：你的请求与事实理由与邓汉强一样吗？

答：请求事实理由是一样。

问：姓名等项？

答：丁文俊，卅六岁。

问：向谁佃的地皮？

答：地皮我向魏家佃的，魏家卖与华丰公司我不知，该公司卖与美丰银行我也不知。

问：原告代理人陈述？

答：原告代理人称，事实本案原告声请登记地上权，原告丁文俊租的魏家的地皮，有租约租折，后来魏家又卖与华丰公司，但原告不知，原告租地皮来修造房子，当然有登记地上权的义务。

问：第二原告代理人陈述？

答：第二原告代理称，事实与刚才说的一样，这房子是原告修的，当然有登记地上权之理由。

问：被告代理人陈述？

答：被告代理人称，原告要被告会同登记地上权无理由，原告与美丰银行无租佃关系，既无租佃关系，当然是无权占有，这地皮是华丰公司向美丰银行买的，卅二年美丰银行又向华丰公司买回，原告要登记地上权不合法。

问：（丁文俊）：你与华丰、美丰有租佃关系吗？

答：我与华丰、美丰无租佃关系，与魏俊德堂有租佃关系。

推事谕本案弁[辩]论终结，定于六月二日宣判。

右笔录当庭朗读无讹。

民卅七年五月廿八日

书记官：张思荣

推事：刘仁宗

宣判笔录

原告：郑明池。

被告：美丰银行。

右当事人间确认地上权事件，于中华民国卅七年六月二日　午　时，在本院民事法庭公开宣判，出席职员如左。

推事：刘仁宗。

书记官：张思荣。

点呼事件后，推事起立朗读判决主文并口述判决理由之要领。

中华民国卅七年六月二日

重庆地方法院民事庭

书记官：张思荣

推事：刘仁宗

四川重庆地方法院民事判决

卅六年度诉字第一九八一号

原告：郑明池，住本市上清寺九号。

严树宜，住同前。

王阿黄，住同前。

邓汉强，住同前。

汪兆镛，住同前。

祁仲丹，住同前。

泰　伟，住同前。

夏炳南，住同前。

裘绪谓，住同前。

彭银山，住同前。

丁文俊，住同前。

黄树林，住同前。

共同诉讼代理人：高步腾律师、刘宗荣律师。

被告：美丰银行，设本市小什字。

法定代理人：康心如，住同前。

诉讼代理人：吴友清，律师。

右当事人间因确认地皮权事件，本院判决如左。

主文

原告之诉驳回，诉讼费用由原告共同负担。

事实

原告声明请求判令被告会同原告前往地政局为地上权之登记。陈述略称：原告等均系小贸营生，因五三、五四遭敌机炸轰炸，奉政府命令疏散出城，乃向华丰银行地产公司及魏俊德堂租佃马路边靠山之窄狭地基开山凿石，耗费不赀，始行成现在房屋，每年租金，均系照纳，或与提存无异。嗣后该被告私向华丰地产公司，承买上开地皮，并未通知原告，显属违法，又依土地法第一○四条之规定，被告应同原告往地政局为地上权之登记，而被告竟抗置不理，为此起诉，应请判决如声明，云云。

被告代理人求为主文之判决，答弁［辩］略称：原告占有之地皮是华丰公司向被告承买而来，卅二年被告又向该公司买回，原告与华丰公司无租佃行为，无权请求为地上权之登记，并且原告于三年前亦起诉过，全是拖延手段，云云。

理由

查本件原告郑明池、王阿黄、汪兆镛、夏炳南四人于民国三十四年就同一事件，向本院提起确认地上权之诉，已于同年七月二十六日判决在卷，依一事不再理之原则，该四原告提起本案之诉，显难认为合法，应予驳回。至于其余原告严树宜、邓汉强、祁仲丹、泰伟、裘绪谓、彭银山、丁文俊、黄树林主张与华丰地产公司及魏俊德堂就其地基有租佃关系，惟未提出证据以资佐证其主张为真实，而被告不惟极端否认，且提出卅四年度上字第五九一号重庆分院民事判决以为反证，该原告等均系转租得来，与该地基之前所有权人无租佃关系，从而亦与承受人即被告无租佃关系，则其请求被告应与原告同往本市地政局为地上权之登记非有理，应予驳回。

据上论结，原告之诉为无理由，应予驳回，依民事诉讼法第七十八条、第八十五条第一项判决如主文。

中华民国三十七年七月十六日

四川重庆地方法院民事第　庭

推事：刘仁宗

对于本判决如有不服，应于收受正本二十日内向本院提出上诉书状。

本件证明与原本无异。

书记官：

中华民国三十七年　月　日

重庆地方法院送达证书

书状目录：民国三十七年诉字第一九八一号确认地上权案送达左列各件：判四件。

受送达人：原告郑明池、严树宜、王阿黄、邓汉强。

受送达人署名盖章，若不能署名盖章或拒绝者，应记明其事实：郑明池、严树宜、王阿黄、邓汉强均由同案原告丁文俊代收转交。

非交付应受送达人之送达应记明其事实：郑明池代收、严树谊代收、王阿黄代收、邓汉强代收。

送达日期：三七年七月二十七日。

中华民国三七年七月二十六日

重庆地方法院执达员：王鹤明

[同日被告美丰银行法定代理人康心如，原告裴绪谓、彭银山、丁文俊、黄树林，原告汪兆镛、祁仲丹、泰伟、夏炳南签收判决的送达证书三份略]

重庆地方法院书记室公函

享字第六一九号

案查郑明池等与美丰银行确认地上权一案，业经本院依法判决送达在卷，兹据郑明池等于法定期间内具状提起上诉到院，相应检齐卷证函送贵室查收核办。

此致

四川高等法院重庆分院书记室

计函送卷一宗，上诉状二件，判决裁定回证各一件，证物三件。

中华民国三十七年九月十五日

上诉状

三十六年度诉字第一九八一号

上诉人：彭银山、丁文俊、黄树林。

被上诉人：美丰银行。

法定代理人：康心如。

为不服判决，请申上诉事：窃民等告美丰银行因请求确认地上权一案，奉钧院民事判决主文开：原告之诉驳回，诉讼费用由原告等负担。等因，实难折服，是以声请钧院俯准检卷申送第二审核办救济。

谨呈

四川重庆地方法院民庭

上诉人：彭银山、丁文俊、黄树林

中华民国三十七年八月六日

律师代缮：刘宗荣

民事上诉状

上诉人：郑明池、严树宜、王阿黄、邓汉强、汪兆镛、祁仲丹、夏炳南、秦伟、裘绪谓、彭银山、丁文俊、黄树林，住本市上清寺九号。

被上诉人：美丰银行，法定代理人康心如，住本市小什字。

为不服判决，提起上诉，请予检卷核办事：窃民等与美丰银行因确认地上权事件，业经钧院三十七年度诉字第一九八一号民事判决，其主文内开：原告之诉驳回，诉讼费用由原告共同负担。等语。实难甘服，兹于法定期间内提起上诉，请予检卷申送二审法院，变更原判，另为公平之判决，至二审裁判费，俟奉到裁定，即行遵缴，合并声明。

　　谨状

四川重庆地方法院民庭公鉴。

中华民国三十七年度八月十三日

　　具状人：郑明池、严树谊、王阿黄、邓汉强、汪兆镛、祁仲丹、夏炳南、泰伟、裘绪谓、

彭银山、丁文俊、黄树林

重庆实验地方法院民事裁定

三十六年度诉字第一九八一号

上诉人：郑明池、严树宜等，住上清寺九号。

右上诉人与康心如因确认地上权事件，不服本院第一审判决提起上诉，应缴裁判费国币七十八万，未据缴纳，其上诉状亦未依民事诉讼法第四百三十八条表明上诉理由，兹限该上诉人于收受本裁定时起七日内，向四川高等法院重庆分院如数补缴，如逾期未遵行，第二审法院即行驳回上诉，切勿违延自误，特此裁定。

中华民国三十七年八月廿六日

重庆实验地方法院民事第　庭

推事：刘仁宗

本正本证明与原本无异。

书记官：

中华民国三十七年九月二日

征费单

　　征费机关：四川高等法院重庆分院。

　　缴款人：郑明池、严树宜。

　　案号：　年度　字第　号。

　　案由：与康心如确认地上权。

　　标的：四千万元。

　　费别：裁判。

　　征费数目：国币柒拾捌万元。

备注：

复核员：

收费员：

中华民国卅七年十月八日

重庆地方法院送达证书

书状目录：民国三十六年诉字第一九八一号确认地上权案送达裁定一件。

受送达人：原告郑明池、严树宜。

受送达人署名盖章，若不能署名盖章或拒绝者，应记明其事实：郑明池押、严树宜押。

非交付应受送达人之送达应记明其事实：

送达处所：上清寺九号。

送达日期：三七年九月三日。

中华民国三七年九月一日

重庆地方法院执达员：陆□□

民事上诉状

上诉人：彭银山（已故）承受诉讼彭树森，住本市上清寺街九号附八号，职业小贸；丁文俊，住本市上清寺街九号附九号，职业小贸；黄树林，住本市上清寺街九号附十号，职业小贸。

被上诉人：四川美丰银行法定代理人康心如。

为呈明不服理由请予废弃原判决，将被上诉人在第一审之诉驳回抑或发回更审，并饬其负担各审诉讼费用：

查康心如告民等撤屋还基事件，民等不服中华民国三十七年三月二十二日四川高等法院重庆分院所为第二审判决，业已声明上诉并已遵照裁定缴纳第三审裁判费去讫。兹将不服理由呈明如左。

查民等原在重庆城内经营小贸，自五三、五四被敌机轰炸后，遵政府命令疏散出城，在上清寺街觅找地皮，计民彭树林故父彭银山所租之第九号附八号系华丰地产公司与魏俊德堂即魏老太婆各占半幅，因华丰地皮只剩半幅，故又向魏姓佃半幅，此有民与华丰暨魏姓投佃之佃约交伊可考，又华丰与魏姓收民地租之收条可凭（业已缴呈在案请查），至民丁文俊所住附九号，民黄树林所住附十号，均因华丰无有地皮，咸向魏老太所租，亦有租约交伊，并有魏姓收地租之收条，已缴呈在案可凭。查被上诉人既出租地皮由民等自建房屋，即已取得民法第八三二条之地上权，故民等现经诉请判令被上诉人同民等前往地政局登记地上权中，依照土地法第一〇四条之规定，基地出卖时，承租人有依同样条件优先购买之权。查华丰地产公司即美丰银行之分号，伊等之假设买卖并未通知民等愿否承买。即其所取土地所有权状，亦是第一审败诉后以其金钱势力运动而来。故伊等之假设买卖，实有损害民等之优先购买权。

再查魏俊德堂之地皮是否卖伊，抑是赠与，民等不知，查租佃华丰地皮之租约中有拆屋还基之记载，但民等租佃魏姓地皮之租约则无有拆屋还基之记载，然则原审何能不分别契约之性质，而一并判令拆屋还基，实属不当。

民等既是立约承租缴纳租金，何为无权占有。据上理由，民等是以不服，为此状恳钧院俯予检卷申送最高法院核办，实沾德便。

谨呈

证人：

证物：计粘呈缴纳第三审裁判费邮局回证壹张，又粘呈彭银山缴存地租存折一扣，又华丰地产公司收地租收条五张。

四川高等法院重庆分院转呈最高法院公鉴。

中华民国三十七年十一月二十八日

具状人：彭银山押，丁文俊押，彭森林押，黄树林押

四川高等法院第一分院送达证书

送达法院：四川高等法院重庆分院。

应送达之文书：民国三十七年上字第三五九二号与郑明池传票一件。

应受送达人：美丰银行法代人康心如。

受送达人署名盖印，若不能或拒绝署名盖印送达人，应记明其事实：康心如。

非交付应受送达之人送达人应记明其事实：美丰商业银行总管理处收信印章。

送达日期：卅七年十一月十八日。

中华民国三十七年十一月　日

送达人：罗治安

[同日原告夏炳南、彭银山、秦伟、丁文俊、裴诸谓、黄树林签收传票的送达证书二件略，原告郑明池、邓汉强、严树宜、汪兆镛、王阿黄、祁仲丹签收传票的送达证书二件略]

民事委任状

委任人：丁文俊、黄树林。

受任人：刘宗荣，律师。

为民等与康心如因请求登记地上权不服上口判上诉一案，兹委任律师刘宗荣为诉讼代理人。

谨呈

四川高等法院重庆分院。

中华民国三十七年十二月十八日

具状人：丁文俊押，黄树林押

民事委任状

委任人：四川美丰银行代理人康心如，住中正路。

被委任人：吴友清，中正路美丰银行大楼七楼。

为与郑明池等优先承买上诉一案委任诉讼代理人事，兹委任吴友清律师为本案诉讼代理人，仰祈核准，实为公便。

谨状

　四川高等法院重庆分院民庭公鉴。

中华民国　年　月　日

具状人：美丰商业银行总经理康心如

言词辩论笔录

上诉人：郑明池。

被上诉人：美丰银行。

右当事人间因地上权上诉事件，经本院于中华民国卅七年十二月十八日上午九时，在本院第一法庭公开言词辩论，出庭推事、书记官如左。

推事：李墉。

书记官：刘旭。

上诉人：邓汉祥。

诉讼代理人：刘宗荣，律师。

被上诉人：美丰银行。

法定代理人：康心如。

诉讼代理人：吴友清，律师。

问：邓汉祥住址？

答：本市上清寺。

问：你请求怎样？

答：请求废弃原判。

刘宗荣律师起称本案上诉人彭银山死亡，请求庭公准予中断诉讼程序，候补正诉讼承受人后，再行审判。

右笔录经朗读无讹。

中华民国三十七年十二月十八日

四川高等法院重庆分院民二庭

书记官：刘旭

推事：

四川高等法院重庆分院民事第二庭记录科通知书

查郑明池等与该受通知人因地上权上诉事件，该上诉人彭银山业已死亡，仰该受通□人速将彭银山之承受诉讼人（即其继承人全体）呈报来院，以凭传讯，切勿延误为要，此通知。

右受通知人姓名美丰银行，住址：

中华民国三十八年元月六日

书记官：

四川高等法院第一分院送达证书

应送达之文书：民国三十七年上字第三五九二号与美丰银行地上权传票一件。

应受送达人：郑明池、邓汉强、严树宜、汪兆镛、王阿黄、祁仲丹。

受送达人署名盖印，若不能或拒绝署名盖印送达人，应记明其事实：郑明池、邓汉强、严树宜、汪兆镛、王阿黄、祁仲丹。

送达日期：卅八年一月九日。

中华民国三十七年十二月　日

送达人：

[同日上诉人夏炳南、丁文俊、秦伟、裘绪谓、黄树林签收传票的送达证书一件略，被上诉人美丰银行、汇丰银行法代人康心如，刘宗荣、吴友清律师各签收通知的送达证书四份略。]

民事承受诉讼状

承受诉讼人兼法定代理人：彭陈氏，四十三岁。女：彭兴贵，二十岁；彭小妹，二岁。男：彭树林，十七岁；彭兴才，四岁。母：彭徐氏，六十五岁。

为民夫彭银山与康心如因登记地上权事件，不幸民夫于卅七年六月二十二日去世，自应由民等承受诉讼。

谨呈

四川高等法院重庆分院公鉴。

中华民国卅八年二月十九日

具状人：彭陈氏、彭兴贵、彭小妹、彭树森、彭兴才、彭徐氏

言词辩论笔录

上诉人：郑明池。

被上诉人：美丰银行。

右当事人间因地上权上诉事件，经本院于中华民国卅八年二月十九日上午九时，在本院第四法庭公开言词辩论，出庭推事、书记官如左。

审判长推事：刘伯泉。

推事：林舍和。

推事：李墉。

书记官：刘旭。

上诉人：丁文俊。

上诉人：裘绪谓。

上诉人：彭陈氏。

诉讼代理人：刘宗荣，律师。

被上诉人：四川美丰银行。

法定代理人：康心如。

诉讼代理人：吴友清，律师。

问：丁文俊住所？

答：本市上清寺廿九号。

问：你请求怎样判？

答：请求废弃原判，令被上诉人同上诉人为所有权去登记。

问：你哪年佃的？地方什么地名？

答：廿八年佃的，地名上清寺原第九号。

问：多少租金？

答：三块钱一月，卅一年加为四百八十块一年，没有接租约，交租金，呈以收据为凭。

问：你是向华丰地产公司租的吗？

答：不是的，是向魏老太婆手中租的，彭银山才是向华丰地产公司租的。

问：裘绪谓住所？

答：本市上清寺廿五号原附七号。

问：你请求怎样？

答：请求废弃原判，判令被上诉人同上诉[人]为地上权之登记。

问：你的地方是向华丰地产公司租的不是？

答：是夏炳南出的名字向华丰公司租与我，我同夏炳南是同伙的关系。

问：彭陈氏住所？

答：本市上清寺廿七号原六号附八号。

问：你同彭银山什么关系？

答：是夫妻。.

问：彭徐氏是你什么人？

答：是我的母亲。

问：彭兴贵、彭小妹、彭树林、彭兴才他们是你什么人？

答：是我的子女。

问：你请求怎样判？

答：请求废弃原判，判令被上诉人同上诉人为所有权之登记。

问：你的地皮是向华丰公司佃的吗？

答：向魏老太婆向华丰公司租的，各半。

问：你的地皮是哪号？

答：廿七号。

问：裘绪谓你的地皮是哪号？

答：是附七号。

问：郑明池是哪号？

答：是十三号。

问：严树宜是哪号？

答：是十五号。

问：王阿黄是哪号？

答：是十七号。

问：邓汉强是哪号？

答：是十九号。

问：汪兆镛是哪号？

答：是廿一号。

问：祁仲丹是哪号？

答：是廿三号。

问：秦伟是哪号？

答：是同祁仲丹一号。

问：黄树林是哪号？

答：是卅一号。

问：你们的案子另案□□拆屋还基的吗？还有什么地上权登记？

答：那个案子我们上诉了。

审判长令被上诉代理人陈述弁［辩］论意旨。

吴友清律师起称：本案诉之声明，请求驳回上诉，维持原判，并担负诉讼费用。理由：上诉人中有的同被上诉人无有租赁关系，有的虽有租赁关系，只系诉请法院终止租约，判令拆屋还基，上诉人之上诉应难认为有理由。且有部分住户系属转租他人，与该地基之所有权人亦无租赁关系，上诉人之上诉均无理由，请求如诉之声明之判决。

审判长命上诉人代理人陈述弁［辩］论意旨。

刘宗荣律师起称：本案诉之声明，请求废弃原判，判令被上诉人同上诉人向地政局为所有权之登记。理由方面：上诉人向华丰地产公司及魏俊德堂租的地皮建筑房屋多年，自应取得地上权，但魏俊德堂的地皮送与华丰公司承受，再华丰公司系美丰银行经营的，华丰公司结束了，由美丰银行承受，被上诉人所主张已经判决拆屋还基，不能为地上权之登记，但地上权不影响。请求应准如诉之声明而为之判决，上诉人一部分没有到，请求一造弁［辩］论终结。

右笔录朗读无讹。

审判长谕知本件弁［辩］论终结，订于本月廿六日上午十分宣判并公谕，退庭。

中华民国三十八年二月十九日

四川高等法院重庆分院民二庭

书记官：刘旭

审判长：刘伯泉

宣示判决笔录

上诉人：郑明池。

被上诉人：美丰银行。

右当事人间因地上权事件，经本院于中华民国卅八年二月廿八日上午十时，在本院第四法庭公开宣示判决，出庭推事、书记官如左。

审判长推事：刘伯泉。

推事：林全和。

推事：李墉。

书记官：刘旭。

点呼事件后，到场当事人如左。

均不到。

审判长起立朗读判决主文并告知理由。

中华民国卅八年二月二十二日

四川高等法院重庆分院民事第二庭

书记官：刘旭

审判长：刘伯泉

四川高等法院重庆分院民事判决

三十七年度上字第三五九二号

上诉人：丁文俊，住重庆上清寺九号。黄树林，住同右。

诉讼代理人：刘宗荣，律师。

上诉人：郑明池，住同右。

严树宜，住同右。

王阿黄，住同右。

邓汉强，住同右。

汪兆镛，住同右。

祁仲丹，住同右。

夏炳南，住同右。

秦　伟，住同右。

裘绪谓，住同右。

彭兴贵，住同右。

彭小妹，住同右。

彭树林，住同右，彭银山承受诉讼人。

彭兴才，住同右。

兼右三人法定代理人：彭陈氏，住同右。

被上诉人：美丰银行，设本市小什字。

法定代理人：康心如，住同右。

诉讼代理人：吴友清，律师。

右当事人间请求确认地上权事件，上诉人对于中华民国三十七年度七月十六日，四川重庆地方法院第一审判决提起上诉，本院判决如左。

主文

上诉驳回，第二审诉讼费用由上诉人负担。

事实

上诉人郑明池、严树宜、王阿黄、邓汉强、汪兆镛、祁仲丹、秦伟、夏炳南、彭兴贵均未到场辩论，其上诉书状之陈述及其余上诉人或其代理人声明请求废弃原判决，判令被告上诉人会同前往地政局就讼分房屋为地上权之登记。被上诉人代理人声明，请求驳回上诉并声请一造辩论而为判决，两造其余事实上之陈述与第一审判决书所载者同，兹引用之。

理由

按租用基地建筑房屋，应由出租人与承租人于契约后二个月内，声请该管地政机关为地上权之登记，为土地法第一百○二条所明定，本件两造间租用基地建筑房屋之契约定立于民国三十年十月十日为不争事实，是上诉人如欲为地上权之登记，自应于三十五年四月二十九日土地法施行二个月内为之，乃上诉人或于其确认讼争地上权之诉被驳回或另案判令拆屋还基之后，均早逾上开二个月之期间，始行请求被上诉人会同为地上权之登记，殊有未合。该另案判决，既命拆屋还基，则两造间租用耕地之契约早已销灭，何得仍为地上权之登记。至上诉人有主张向魏老太婆租用地基，而与被上诉人无租赁关系者，纵如所称，亦不能请求无租赁关系之被上诉人会同为地上权之登记，原审判驳回上诉人之诉所持理由虽有不同，但其结果尚无不当，上诉论旨仍非有理由。上诉人有不到场辩论者，应依被上诉人之声请一造辩论而为判决。

据上论结，本件上诉为无理由，应依民事诉讼法第五百四十六条第一项、第四百六十条、第三百八十五条、第七十条判决如主文。

中华民国三十八年二月二十二日

四川高等法院重庆分院民事第二庭

审判长推事：刘伯泉

推事：林全和

推事：李墉

本件证明与原本无异。

书记官：刘旭印

中华民国三十八年　　月　　日

四川高等法院第一分院送达证书

应送达之文书：民国三十七年上字第三五九二号与丁文俊等地上权判决正本一件。

应受送达人：美丰银行法定代理人康心如。

受送达人署名盖印，若不能或拒绝署名盖印送达人，应记明其事实：美丰商业银行总管理处收信电章。

送达日期：三十八年五月十一日

送达人：罗仲昆

[彭兴贵、彭小妹、彭树森、彭兴才等及丁文俊、汪兆镛、黄树林、祁仲丹、郑明池、夏炳南、严树宜等签收判决正本的送达证书十一件略]

19. 李仕田诉李贤村等要求优先承买案

原告李仕田起诉书

原告：李仕田，男，三十七岁，巴县人，住姜家乡第五保牛肚子丘，佃耕。

被告：李贤村，男，住姜家乡第八保梨字湾，自业。李梅村，男，住第五保板栗湾，自业。

为夺买耕地依法提起诉讼，恳传讯究依法判决承租人优先承买由。

（甲）请求：

（一）李贤村谋买李梅村牛肚子丘田地，依法判令被告撤销买卖契约。

（二）牛肚子丘田价法币一千二百万元，依法判令原告即以同样条件优先承买。

（三）本案宣示假执行。

（四）诉讼费用归被告负担。

（乙）事实：

民国二十年，原告以押租银币八百一十二元租佃李梅村所有巴县姜家乡第五保所属牛肚子丘田地一股居耕，年纳租谷五升。迨至三十二年以来，李梅村因全家吸鸦片烟，年向原告借贷，曾立借约五纸，利谷积欠三十八石，约以变卖牛肚子丘租地偿债。去年秋收正在商议田价，不料被告因系亲族之故，李贤村谋以法币一千二百万元暗将牛肚子丘耕地夺买，而于去年十月廿二日成立契约，田价秘而不宣，欲迫原告转向李贤村投佃，原告当严拒绝，未与交涉。殊李梅村又置押金债务于不顾，欲相勾结，希图拖骗。原告业以返还押金、偿清债务两诉李梅村在案。惟李贤村所立牛肚子丘之买契始于本年二月缴纳姜家乡公所监证费暨巴县税捐稽征处印契税，原告现将田价查明，方得依法起诉。

（丙）理由：

押租银币八百一十二元，照现在市价折合法币可值六千余万元，李梅村实以牛肚子丘出典，至李梅村借约，注定本利俱以牛肚子丘作为抵押，即以利谷三十八石计算可值八千余万元，超过地价六倍。原告既有典权又有抵押权，李梅村何得骗卖？李贤村又何得夺卖？土地法第一七三条"出租人出卖耕地时，承租人依同样条件有优先承买之权"。所称同样条件者，系经议定成就之价值。今牛肚子丘田价一千二百万元，既有李贤村所执之买契可验，又有巴县税捐稽征处及姜家乡公所之册据可稽，原告久耕牛肚子丘，全家以为生活，依照同样条件，依法有权优先承买。无论契约成立与否，被告认诺与否，不得违抗。李贤村拥有田地七股，年收租谷一百六十余石，系一巨富，何得违法攘争？所有买卖契约应即依法撤销，其田价一千二百万元，原告即照缴案转发并认，照给税契监证两款，况依合同法第一七五条"本法施行后，同一承租人继续耕作十年以上之耕地，其出租人为不在地主时，承租人得依法请求征收其耕地"。原告历以大押承租李梅村之牛肚子丘，继续耕作已经十六年之久，今出卖既定，原告现非李梅村之佃户，又非李贤村之佃户，即出租人为不在地主时，应请钧院依法作主，当庭成立买卖契约，征收耕地。惟现牛肚子丘既无承租人，又无出租人，诉讼若久则国家粮税、本乡捐款无人负责。请依据民事诉讼执行规则第一二六条规定准为假执行之宣示，以免旷误地权。

谨呈

重庆地方法院民事庭公鉴。

中华民国三十七年五月十一日

具状人：李仕田

标的：田价法币一千二百万元以为本案诉讼金额依照缴纳审判费。

送达证书

　［民国三十七年（诉）字第六七九号优先承买权案送达传票，送达李仕田、李梅村、李贤村等略］

民事诉状

原告：李仕田，男，三十七岁，巴县人，住姜家乡牛肚子丘，农。

被告：李贤村，男，巴县人，住姜家乡第八保。李梅村，男，巴县人，住第五保板栗湾。

为诉请被告确认买卖契约无效及请求优先买权事件，请求判决事。

诉之声明：

确认被告李梅村与李贤村于三十六年十月二十二日就巴县姜家乡五保牛肚子丘所缔结之买卖契约无效；确认被告李梅村所有牛肚子丘田业，原告有提出同样价金优先留买权；诉讼费用由被告李贤村、李梅村共同负担。

事实及理由：

窃原告于民国二十年承租被告李梅村姜家乡五保牛肚子丘田土房屋全股耕种，迄至二十五年，被告加取原告大押八百二十五元正，每年原告纳租半升，此为租佃与典权设定之联立。依照司法院院字二一三二号解释，认为典权。殊被告李梅村在三十六年十月二十二日暗将上开产业出卖与李贤村，价金一千二百万元。原告在事前并未据通知优先留买，迨令原告投佃时，原告以在该业上系为佃权人兼自耕农，曾表示提出同样价金照买，乃被告等坚执不从，原告因在牛肚子丘田业耕种十有七年，本有优先留买权。被告李贤村本非自耕农，亦非本业佃户，依法固无买受该业可能。故原告为维持本已典权及耕作权起见，爰照民法九百十九条及土地法一○七条之规定提起诉讼，请如前项之声明下判。

谨呈

重庆地方法院民事庭公鉴。

中华民国三十七年六月十日

具状人：李仕田

李梅村关于诉讼代理人的委托书

委任人：李梅村。

受任人：廖翼村。

为委任事，兹因与李仕田为优先承买权涉讼一案，特委上开廖翼村为本案代理人。

谨状

重庆地方法院公鉴。

中华民国三十七年六月十日

具状人：李梅村

李仕田关于诉讼代理人的委托书

委任人：李仕田，男，三十七岁，籍贯巴县，住姜家乡。

受任人：梅刚中，律师。

为与李梅村等因确认优先承买案，兹委任梅刚中律师为本案代理人。

谨呈

重庆地方法院公鉴。

中华民国三十七年六月十日

具状人：李仕田

审理笔录

原告：李仕田。

被告：李梅村等。

前列当事人因优先承买案，经本院于中华民国三十七年六月十日午前十一时间民事法庭。

出席职员如下：

审判长推事：林佳。

书记官：刘荣雄。

呼点前列当事人入庭，书记官朗读案由。

问：姓名、年籍、住址？

答：李仕田，三十七岁，住姜家乡牛肚子丘。

问：告谁？

答：告李贤村。

问：为何事？

答：因为我耕种这地方有十多年，请求优先承买权。

问：此地是谁的？

答：这地方是李贤村的。

问：是何时卖的？

答：他是去年卖的。

问：有何理由请求优先承买？

答：我耕种十六七年，我有优先承买权。

问：你愿出多少价买？

答：我依照原价承买。

问：你问李贤村了？

答：未向李贤村投佃。

问：田有多少宽？

答：田有五六石租之田。

问：李贤村此地是多少租子？

答：此地每年租子都是十二石。

问：原告代理人陈述诉之声明。

梅刚中律师起诉之声请：确认被告李贤村与李梅村就巴县牛肚子丘所缔结之买卖契约无效，并确认被告李梅村所有牛肚子丘原告有优先留买权，讼费由被告共同负担。其事实即原告系民国二十年起就佃种，已十六七年，而每年并未欠租子，在被告卖时并不通知原告，故请如声明之判决。

问：被告叫什么名字？你代理谁？其事实怎样？

答：廖翼村，我是李梅村之代理人，此地是去年七月初八日成的买卖，当时他得知并有他在场，那时并无承买之意。

问：价值是多少？

答：价值是定一百八十石谷，系照当时市价折合的钱。

问：原告还承认买不？仍照原一百八十石谷买去。

答：我愿照原法币价。

问：被告有收交单约据可凭？

答：他们的收交单完全抄的，请他将原约提出。

问：原、被告还有无话说？

答：（均答）没有。

前笔录经当庭朗读无误。

庭谕原告应补缴裁费三千八百九十九万元，限三日内缴纳。

中华民国三十七年六月十日

重庆地方法院民一庭

书记官：刘荣雄

推事：林佳

原告李仕田声［申］诉状

原告：李仕田，巴县人，住姜家乡，农。

被告：李贤村、李梅村，巴县人。

为诉被告李贤村等优先买权案件声明：裁定计算缴费金额错误，请求照田价值三亿元之争执，除前缴一百二十一万元外，扣除补下裁定，用便遵缴事。

查上开案件曾经钧院于三十七年六月十日审讯，被告李贤村所买李梅村之田业田谷十五石，应值市价三亿元，乃钧院当下补费裁定，令原告再补缴三千八百九十九万元，限三日内缴纳等示。奉此原告系争先买权之牛肚子丘田业面积十五石，现今只值三亿元，共只缴费三百九十万元，除前缴一百二十一万元外，只补给二百五十九万元，今前项裁定系为错误，请求另下裁定，限期遵缴勿违。

谨状

重庆地方法院民庭公鉴。

粘呈当庭所示之裁定

中华民国三十七年六月十二日

具状人：李仕田

重庆地方法院民事裁定

三十七年度诉字第六七七九号

原告：李仕田，三十七岁，住巴县姜家乡第五保。

诉讼代理人：梅刚中，律师。

被告：李贤村，住巴县姜家乡第八保。

李梅村，住巴县姜家乡第五保。

前列当事人间优先承买权事件本院裁定如左：

主文

原告之诉驳回，诉讼费用由原告负担。

理由

按提起民事诉讼，应依民事诉讼费用法第二条缴纳裁判费用为必须具备之程序。本件原告起诉未备上开程序，经本院于三十七年六月十日当庭裁定，限三日内补正，届期亦未据补正前来。依上说明其诉显难认为合法。

据上论结，原告之诉为不合法，依民事诉讼法第二百四十九条第一项第六款及第九十五条、第七十八条裁定如主文。

中华民国三十七年六月十七日

重庆地方法院民事第一庭

推事：林佳

书记官：（印）

送达证书

书状目录：民国三十七年（诉）字第六七九号优先承买权案送达裁定一件。

受送达人：原告李仕田。

受送达人署名盖章，若不能署名盖章或拒绝者，应记明其事实：李仕田。

送达日期：三十七年七月十二日。

中华民国三十七年七月六日

重庆地方法院送达人：施绍振

［同年七月十一日李梅村、七月十二日李贤村家内同居之友江之永代其签收裁定的送达证书略］

20.包砚佣诉刘静修要求宣告召集股东会无效案

民事诉状

原告：包砚佣（天府公司股东），男，三十六，万县人（重庆五四路来龙巷二十八号汪家瑶转），商。

被告：天富兴业股份有限公司，法定代理人刘静修，男。

为请求宣告于三十七年十二月所召集股东会之决议为无效事。窃查天富兴业股份有限公司成立于民国三十六年八月，资本共计国币三亿元，实收足半数（一亿五千元），公司所在地设在重庆，均在经济部里有案可稽。不料被告违背法令与公司章程规定，竟在中途增资（并招募外股）而不报请经济部立案，又不在公司所在地通行日报先为登载，召集股东会事由之公告，而竟于三十七年十二月十二日在万县□□召集股东会议，此种会议之召集核与公司法及本公司章程第五条规定均有不合，该会议既属违反法令及章程，无论会议结果如何，于法根本无效。兹特将依公司法第一百八十三条规定，具状声请钧院予以判决，宣告无效，以维权益而申法纪，实为德感。

谨呈

重庆地方法院民庭。

人证：诉讼标的股本国币三亿元（时邮局汇票三六一九〇 金元五十元）

中华民国卅八年元月十四日

具状人：天富兴业股份有限公司股东包砚佣

送达证书

书状目录：民国卅八年（诉）字第一一八号股东会无效案送达传票一件。

受送达人：天富兴业股份有限公司，法定代理人刘静修。

受送达人署名盖章，若不能署名盖章或拒绝者，应记明其事实：刘静修未在家由其本公司职员刘肇康负责收转知。

非交付应受送达人之送达应记明其事实：代收人刘肇康。

送达处所：

送达方法：

送达日期：卅八年元月廿六日。

中华民国卅八年一月十九日

重庆地方法院送达员：王治美

［同年一月二十五日（包砚佣指定的）汪志澄代包砚佣签收传票的送达证书略］

民事声请

声请人：包砚佣，男，三十六岁，四川万县人，住本市来龙巷二十八号，商。

被告：刘静修（在卷）。为卧床不起，身染凉寒，命在旦夕，依法声请展期传讯而维法纪事。

窃民自诉被告刘静修股东会无效一案，接得钧庭票传，讯期于本月二十一日审讯，民因身染病甚急，难以依期来案审讯。特具文前来状伏乞钧庭展期传讯，以召公允而符法纪，如蒙允准，沾感大德。

谨呈

重庆地方法院民庭公鉴。

中华民国三十八年二月廿一日

具状人：包砚佣

委任书

委任人：天富兴业股份有限公司。

法定代理人：刘静修，男，四十八岁，万县人，住本市第一模范市场十三号，商。

被委任人：宗霖，男，四十一岁，万县人，住本市第一模范市场四十三号，律师。

为与包砚佣因确认股东会决议事件，委任诉讼代理人事。兹委宗霖律师为诉讼代理人，其原因及权限述后。

一、原因：因病不能到庭。

二、权限：依法代理。

谨呈

重庆地方法院民庭公鉴。

中华民国三十八年二月十九日

具状人：天富兴业股份有限公司

法定代理人：董事长刘静修

辩论笔录

被告：刘静修。

代理人：宗霖。

右列当事人间因召集股东会无效案，经本院于中华民国卅八年二月廿一日开民事法庭，出席职员如左。

审判长推事：刘崇德。

书记官：祝道文。

推事点呼右列当事人入庭，书记官朗读案由。

问：宗霖，你代理被告，对原告之请求有何答辩？

答：被告对原告请求之答辩分法律和事实两方面。关于法律方面，请查原告的诉讼费已否缴够标准，按争执的标的要值两千万元，如果未缴呈标准，即应予以驳回。又原告请求召开股东大会无效望请求依公司法应在一月内为之前查。被告起诉之时已逾法定期限当应驳回。关于事实方面，原告起诉所指陈之点不外召集股东会议违法，按本公司依章程规定总公司虽设在重庆而事实上是以万县为主，原告曾经到场有签名符可查，不能谓为没有通知公告。依公司法之规定股东会议有四分之三人数出席即可开会，不必在总公司所在地，原告所指陈之点呈证无一理由，故请一并予以驳回。

问：签名符标那处？

答：今天没有带来，以后补呈。

问：原告未到，你有何请求？

答：请求一造辩论判决。

谕知本案辩结，定本月廿五宣判。

右笔录经当庭朗读确认无异。

中华民国三十八年二月廿一日

重庆地方法院民庭

书记官：祝道文

推事：

民事辩状

答辩人：天富兴业股份有限公司。

法定代理人：刘静修，男，万县人，住本市第一模范市场十三号，商。

被委任人：宗霖，男，万县人，住本市第一模范市场四十三号，律师。

被答辩人：包砚佣，万县人，住本市来龙巷二十八号，商。

为就包砚佣请求宣告本公司卅七年十二月十二日所召集临时股东会决议为无效事件，提出答辩理由事。兹将答辩声明、理由分述于后：

一、答辩声明：

请判决驳回原告之诉，并令原告负担本案诉讼费用。

二、答辩理由：

（一）查原告包砚佣为本公司股东，于卅六年三月自告奋勇请兼营业职务，董事会以其尚且服务热忱，遂任原告为重庆分公司经理。任职以后即鼓吹增资。增资之数，利用经理职权空收入账，又以其在外经营之万春记绿花林春渝庄、汉渝记砚佣、虞记等杂牌号作借款付出，并以公司名义张罗资金，经营与公司相同之业务。二次又鼓吹增资，以图空手增大其股额，旋因公司股东洞烛起奸，要求将其撤换后再行增资，至撤换以后原告在二次增资之时既无款可缴，又无法舞弊，乃一再以私营之新声、惠风等商号向公司借款，企图依然套回股本。公司以其过分要求，最后拒绝贷与，原告即迁怒公司，一再借口寻□登报否认。其事前极力主张，事后负责执行之两次增资事件，以妨害公司之对外营业，其它股东亦以不胜其纠缠，会议解散。于是公司既徇众议于十二月十二日召集股东会议决解散，以便于旧历年关商场结算之际全部结束，原告不特与会，且终席而散。此有到会全体股东可证，乃于十二月廿五日忽向本公司清算人敬寿森、任海暹、廖明远、刘耀卿、江明洁等请求抄阅会议记录。在其签到处之下盗注"退席"两字，不知其用意何在，其行为之鬼祟有如此者。此事见本公司清算人等登报揭露其经过，纯属事实（见廿九日万州日报），嗣后又见其登报否认股东会决议，以至于起诉。此为原告与本公司纠纷之起因与经过，原告怀撤换之恨，为此次起诉之原因，非本公司有丝毫不法可言，盖原告意欲藉讼以泄私愤也。以上事实之证据列后：

（1）股东会会议簿。

（2）卅七年十二月廿九日万州日报清算人启事（已呈案）。

（3）卅八年一月川东日报全体股东启事（已呈案）。

（4）张汝明股东之通知一份。

（5）本公司章程（已呈案）。

（二）至本案原告所有请求应确认决议无效，有无合法理由，应以此次会议之召集有无违反法令或章程之规定，及开会是否应在重庆为断。查本公司章程第五条之公告与召集股东会议无关。盖公告系指公司法第一百八十条之公告而言，仅在有无记名股东时适用。本公司章程之规定公告方法，盖顾虑将来业务发展，发有无记名股票时之用，但截至解散为止，本公司并未发无记名股票。即无记名之股东尚不能适用该条之公告，此其一。至同章程第十七条规定，则本公司此次召集临时股东会早经依照该条办理，有全体股东可以证明（见前第三四两项证据之全体股东启事可以推知），即原告亦因接得通知后到会亲笔签名在簿（见前第一项证据），此其二。至于开会地点，公司法与章程既无限制，而且本公司股东均在万县居住。历届会议既无不在万县召集，此次又因年关，纷纷回万县度岁，在万县召开不但合法合理，抑且为本公司之惯例，原告之无理取闹可见一斑，此其三。质言之，此次召集临时股东会在召集上既未违反法令，决议案亦本诸全体一致之意志，并无公司法第一百八十三条规定之情形，原告之诉显无理由。

（三）退一步言，假定此次召集与决议均属违反法令。则原告应在上开规定一个月之诉期内始有权向法院起诉。兹查原告起诉系经过一个月又二日，始向钧院提起（见其诉状决议解散为十二月十二日，起诉为次年一月十四日）。其声请权业已失去起诉，即不合法，无须调查事实，即当驳回其起诉。

基上理由，应请钧院准如声明判决。实为德便！

谨呈

重庆地方法院民庭公鉴。

证物：附会议簿一件，股东开会通知书一件。

中华民国三十八年二月二十二日

具状人：天富兴业股份有限公司

法定代理人：董事长刘静修

诉讼代理人：宗霖

民事请领状

具状人：天富兴业股份有限公司。

法定代理人：刘静修，男，万县人，住本市第一模范市场十三号。

诉讼代理人：宗霖，男，律师。

相对人：包砚佣，男，三十六岁，万县人，住本市来龙巷，商。

为因另案紧属他法院，需用本案证据，请求发还证件事。窃查具状人与包砚佣因确认股东会议事件，前遵庭谕缴呈证件在案，兹因两造尚有损害赔偿与追索欠债一案系属万县地方法院，需用会议记录簿与公司章程各原本以为重要证明，理合状请钧院暂准发还具领，一俟钧院再次应用之时，即行呈报，合并声明。

谨呈

重庆地方法院民庭公鉴。

中华民国三十八年三月二日

具状人：天富兴业股份有限公司

法定代理人：刘静修

诉讼代理人：宗霖

民事声请

声请人：包砚佣，男，籍贯万县，住本市来龙巷。

为偶感风寒，不能到案，请求展期审理事。缘民因确认股权，具诉天富兴业股份有限公司刘静修等一案，前奉钧院票传，订期二月廿一日午前十钟开始言词辩论，即应依期到案，候钧院鉴核，准予展限半月赴院候审，实为德便。

谨呈

重庆巴县地方法院民庭公鉴。

中华民国三十八年二月十七日

具状人：包砚佣

送达证书

书状目录：民国三十八年（诉）字第一一八号召集股东会无效案送达判决书、裁定各一件。

受送达人：天富兴业股份有限公司

法定代理人：刘静修。

诉讼代理人：宗霖。

受送达人署名盖章，若不能署名盖章或拒绝者，应记明其事实：刘静修。

送达处所：天富兴业股份有限公司

送达日期：卅八年三月十六日。

中华民国卅八年三月

重庆地方法院送达员：

[同日包砚佣签收判决书、裁定的送达证书略]

审理笔录

原告：包砚佣。

被告：刘静修。

代理人：宗霖。

右列当事人因召开股东会无效案，经本院于中华民国卅八年三月廿三日午前时开民事法庭，出席职员如左。

审判长推事：苟易章。

书记官：祝道文。

推事点呼右列当事人入庭，书记官朗读案由。

问：包砚佣，年、住？

答：卅六岁，住在卷。

问：你是天富公司的什么人？

答：股东。

问：告谁？

答：刘静修。

问：代表谁的请求？

答：代表我一人的请求。

问：请求如何判决？

答：请求宣布去年十二月十六日的股东会议无效，并判令被告赔偿因股东会议议决的一切损失。

问：有什么理由？

答：关于理由有几点：一为开会没有在公司所在地，因为股东会他们是在万县开的，而我们的总公司在重庆，万县并非公司所在地点□公司。二为被告违反公司法二四七条之规定，因为被告增资没有依照该项规定。三为被告于增资时并未变更登记，显不合情，故诉请判刑令被告召开之股东会议无效。

问：天富公司有多少股东？

答：有四五十个股东。

问：宗霖，你代理被告，对原告请求有何答辩？

答：本案原告是请求宣告十二月十二日的股东会无效。但该次开股东会议是解散，原告请求决议无效，则为不解散。而不解散与解散均与原告无利害关系，至原告提出之理由：一、被告之股东会议违反公司章程及公司法第一一八条，谓未公告，但公司法第一一八条之规定，对于无记名的股票始用公告，对于有记名的股票只是用通知，被告是通知原告的，有通知书可证。二、原告认为应在公司所在地开会，依公司法并无必要，按诸事实每次开会都是在万县，原告显无理由。三、原告主张股权是六分之一但此项理由显然不能成立，因为股权的多少并不能影响股东会议的有效与无效。原告认为公司增资未经登记但这与本案无关。同样对股东会议的有效无效不发生问题。综上理由，原告之理由显失依据，其次应补充者被告通知开会的通知，是在十五日以前发的，并不产生通知时间的问题。再，对股东会议声请无效是一个月以内，而原告请求之时间是在一月十四日，虽然有经过邮政的过程，但此项规定是硬性的，并不发生时效中断的问题，又开会时还有记录可查。

问：包砚佣，你还有啥意见？

答：开会有此事，但被告并未依公司章程开会，虽然我曾在会议录上签名，但我不赞成未经登记的新股东在一起开会，故宣布退席，并非盗注退席。再，天富公司虽然是记名股票，但除分别通知外，仍须公告，不一定要对无记名的股东才用公告，至被告代理人说开会在公司所在地无规定可是股东会每次都在重庆开的，社会局还有案可查。请为诉之声明判决。

问：宗霖，你还有啥话说？

答：没有啥话说。

谕知本案辩结，定本月廿八日宣判。

右笔录经当庭朗读人诺无异。

中华民国三十八年三月廿三日
重庆地方法院民庭
书记官：祝道文
推事：

民事声请

具状人：包砚佣。

为补缴证件事。窃具状人与天富兴业股份有限公司宣告卅七年十二月十二日股东会之决议无效事件，系于本年一月十日自万县将起诉状与裁判费金圆五十元由邮局寄交钧院，有邮局挂号收条与钧院收发室印章之回执为凭，兹谨随状附奉邮局挂号函件执据、汇票凭条与挂号邮件回执各一纸，仰祈鉴核，实为德便。

谨状

重庆地方法院民庭公鉴。

中华民国卅八年三月廿五日
具状人：包砚佣

四川实验地方法院民事裁定

卅八年诉字第一一八号

原告：包砚佣，住五四路来龙巷廿八号汪家瑶转。

被告：刘静修，住第一模范市场十三号。

右当事人间召集股东会无效事件，业经于本年三月廿三日言词辩论终结在案，惟查本件事实尚未十分明了，应依民事诉讼法第二百十条之规定，再阅言词辩论，特此裁定。

中华民国三十八年三月廿八日
重庆实验地方法院民事第一庭
推事：

送达证书

书状目录：民国三十八年（诉）字第一一八号召集股东会无效案送达裁定一件。

受送达人：刘静修。

受送达人署名盖章，若不能署名盖章或拒绝者，应记明其事实：刘静修未晤由其服务地之天富公司代收。

送达日期：卅八年四月十一日。

中华民国卅八年四月八日
重庆地方法院送达员：
［同日包砚佣签收裁定的送达证书略］

重庆地方法院公函

案查本院受理包砚佣与刘静修召集股东会无效一案，讯据原告包砚佣供称，所递起诉状及所缴裁判费系于本年一月十日自万县交由贵局寄来，提出贵局本年一月十日○九七四号挂号函件执据及中华邮政国内汇票凭条（定额）票额金圆五十圆为证。惟查该原告所提证件未载收件机关，无从断定是否寄交本院之邮件收执。兹本院业已定期续审，关于上开情形亟待明了，相应函请贵局查照，惠予查明函复，以凭审理，至纫公谊。

此致
万县邮局

院长：雷
三十八年四月九日

万县邮局公函

（一）大函嘱查包砚佣呈案邮件收执是否寄交贵院之邮件收执见复等由。

（二）查本局于元月十日确收寄有九七四号挂号邮件，惟系按照新订办法办理，并未书明收寄件人姓名、住址。

（三）再查同月日内有包砚佣汇往贵院 B 三六一九○号五十元汇款一笔，合并复请查照为荷。

局长：韩伯良
三十八年四月十五日

送达证书

书状目录：民国三十八年（诉）字第一一八号召集股东会无效案送达传票一件。

受送达人：天富兴业公司。

法定代理人：刘静修。

诉讼代理人：宗霖。

受送达人署名盖章，若不能署名盖章或拒绝者，应记明其事实：刘静修代理人宗霖未在由指定天富兴业公司负责人收转，郑文忠代收。

送达日期：卅八年四月廿九日。

中华民国卅八年四月廿六日

重庆地方法院送达员：赵陈生

[同年五月二日包砚佣签收传票的送达证书略]

审理笔录

原告：包砚佣。

被告：刘静修。

代理人：宗霖。

右列当事人因召集股东会无效案，经本院于中华民国卅八年五月十六日午前时，开民事法庭，出席职员如左。

审判长推事：苟易章。

书记官：祝道文。

推事点呼右列当事人入庭，书记官朗读案由。

问：包砚佣，你请求为何判决？

答：请求判令被告如诉之声明。

问：什么理由？

答：事实理由与历次之陈述相同。

问：另外有补充的理由没有？

答：上次被告代理人说，公司曾经增资，但原告呈请工商部查讯，奉批并未为变更登记，此增资即为不法；又查被告之会议记录是天府公司，而原告所起诉的是指天富公司，被告用天府公司之会议录搪塞，不将天富公司会议录交出，此中显有弊端，请饬令被告将天富公司之会议录交出；再查会议录上出席之股东并非本公司之股东，非本公司之股东出席股东会议，此议决当不生效力。假设出席之非股东系增资之股东，而增资并未为变更登记，此出席会议之决议亦不生效力。应请如诉之声明判决。

问：宗霖，你代理被告，有何答辩？

答：请求驳回原告之诉，并令负担诉讼费用。查原告历次主张之事实理由，业经于上数次讯问，所逐项分别剖辩，兹不重赘。按本案以逾起诉时间，此应为驳回，了无疑议。又原告未按标的缴足讼费，请重行裁定标的补费以符程序。至原告称述被告的代理人于上次讯问有增资之陈述，被告代理人实未陈述，请查笔录可证。关于原告攻击会议录，殊属无稽。天富公司最初登记时是命名天府，嗣因与天府煤矿公司之名抵触，乃更名为天富公司，中间并无弊端。综上理由，原告之请求毫无理由，应请予以驳回。

问：登记时用的什么名字？

答：登记时命名天府。

问：更名上是在什么时候？

答：更名是在登记成立之前。

问：开会用的什么名义？

答：天富公司的名义。

问：通知是否法定期内通知的？

答：是在规定期间十五日前通知的。

问：包砚佣，你还有啥话说？

答：被告呈案是会议录中内有很多名字非本公司股东，足证本会议应为无效。

谕知本案辩结，定本月二十日宣判。

右笔录当庭朗读认诺无异。

中华民国三十八年五月十六日

重庆地方法院民庭

书记官：祝道文

推事：苟易章

民事声请

声请人：包砚佣，男，三十六岁，万县人，住来龙巷廿八号内，商。

为补缴证件事。窃具状人与天富兴业股份有限公司宣告卅七年十二月十二日该公司之股东会召集违法、决议无效事件，已蒙钧院讯明，定期五月二十日宣判，并蒙庭谕饬，即向立信会计事务所将天富公司于卅六年八月十八日，呈报社会局及经济部呈请设立登记之股东名簿抄送钧院证明，兹谨随状附奉立信会计事务所证明书一件，附抄原呈准登记之股东名册一份，恳请钧院鉴核查阅，根据原呈准登记之股东名单与被告缴案十二月十二日之股东会议录抄件详为查对，其伪即明。复查原股东名册共计五十七户，内确无"胡楚武""公记""龚余经""黄修记""张宗洛""刘昌干""姜宇澄""赖永丰""刘秋浦""万邦杰""陈海章""张口平""贺特生""贺延林"等人之股权。该等既非天富兴业股份有限公司股东，竟于卅七年十二月十二日出席股东大会，参加股东表决权（均有签名可查），实属违法，此次会议，依法无效。理合具状恳乞钧院鉴察，实为德感。

谨呈

重庆地方法院民庭公鉴。

物证：附呈（立信会计事务所证明书一份，又股东名册一份）

中华民国三十八年五月十九日

具状人：包砚佣

宣判笔录

原告：包砚佣。

被告：刘静修。

右当事人间召集股东会无效事件，于中华民国卅八年五月二十日上午八时，在本院民事法庭公开宣判，出席职员如左。

推事：苟易章。

书记官：祝道文。

点呼事件后，推事起立朗读判决主文并口述判决理由之要领。

中华民国卅八年五月二十日

重庆地方法院民事庭

书记官：祝道文

推事：苟易章

四川重庆地方法院民事判决

卅八年度诉字第一一八号

原告：包砚佣，住来龙巷二十八号汪家瑶转。

被告：天富公司，住第一模范市场四十三号。

法定代理人：刘静修，同右。

诉讼代理人：宗霖，同右。

右当事人间股东会决议无效事件，本院判决如左。

主文

确认被告于三十七年十二月十二日所召集股东会之决议无效；诉讼费用由被告负担。

事实

原告声明，求为判决如主文。其陈述略称，被告于去年十二月十二日所召集之股东会，决议解散公司，惟事前未与总公司所在地公告，显系违背公司法及公司章程，故如声明。云云。提出登记之股东名单为证。

被告代理人声明，求为驳回原告之诉。其答辩略称，公司法第一百八十条规定，对于无记名股东始用公告，对于有记名股东股票只用通知。被告是通知，原告有通知书可证。若认为应在总公司所在地开会，依公司法规定并无此必要，而事实上每次开会都在万县，故如声明。云云。提出公司章程、川东万州日报、股东会决议录、通知为证。

理由

本件原告主张，被告于三十七年十二月十二日所召集之股东会事前未在总公司所在地公告，被告则以会前已经公告并无违背公司法及章程情形，提出通知、日报、会议录为证。查天富公司章程第三条、第五条规定，总公司设于重庆，公司之公告以登载于总公司所在地之通行日报及通函行之。被告召集股东会自应在总公司所在地重庆为之，并登载于该地通行日报以为公告，方符规定；乃在总公司所在地以外之万县召集并行决议，事前又未在总公司所在地重庆登报公告，即属违背该公司之章程。被告虽以每次开会均在万县为抗辩，不能认为有理由，原告之诉认为有理由。

据上论结，原告之诉为有理由，应准其请求，并依民事诉讼法第七十八条判决如主文。

中华民国卅八年五月廿日

四川重庆地方法院民事第一庭

推事：苟易章

送达证书

[民国三十八年（诉）字第一一八号股东会无效案判决，送达天富公司法定代理人刘静修略]

立信会计师事务所证明书

查天富兴业股份有限公司系于民国卅七年间在渝发起设立，额定资本计法币三亿元，分为三万股，每股法币一万元，先收半数，计法币一亿五千万元，由发起人包砚佣等股东五十七户如数认缴足额。早经委由本会计师呈奉经济部于民国三十六年十月间核准设立登记，发给设字第四五一〇号公司执照在案。兹据该公司股东包砚佣等函请抄证当日呈请登记之股东各单等情前来，合为抄附原有呈准登记之股东名单于后，以资证明。

此证

附天富兴业股份有限公司原有呈准登记之股东名单一纸。

立信会计师重庆事务所

主任会计师：王逢章

民国卅八年五月十八日

[名单略]

天富兴业股份有限公司发起人（即全体股东）会议决议录

日期：民国卅六年八月九日。

地点：重庆民族路七十六号。

到会股东计五十七人，代表股份三万股。

一、公推刘静修为主席，记录程宪民。

二、主席报告：三日全部股东出席，宣布正式开会。

三、筹备主任包砚佣报告本公司筹备经过及收缴股情形。

四、通过章程案：由主席将章程草案逐条宣读，请到会股东讨论之，经众讨论，略加修改全文通过。

五、选举董、监案：经到会股东投票选举，结果如下：

董事：刘静修得二八八三〇权

刘益九得二八四三二权

包砚佣得二五五九二权

冯曙野得二五一三二权

刘五仇得二六四四八权

□寿森得二八〇三八权

程宪民得二九八〇六权

廖明远得二三九二二权

陈德明得二三二〇〇权

胡重林得二三四四〇权

邓□成得二三六八〇权

张汝明得二三五八〇权

鲁文礼得二一四八〇权

检察人：刘耀卿二八二〇〇权

刘庭□二七九八〇权

左正凡二七〇二〇权

六、监察人刘耀卿、刘庭□、左正凡报告，兹根据筹备主任报告收缴股票款情形及账册之记载，详细查核其结果如下：

（一）所有股份三万股业已由股东如数认定。

（二）各股东所应缴第一次股款国币一亿五千万现金均已如数缴清。

（三）各股东并无以银钱以外之财产作股款者。

（四）发起人无特别酬勤，设立费用尚无冒滥。

七、散会

主席：刘静修。

社会局对公司设立的批复

卅六年社四字第二五〇三号

呈件均悉。据呈发起人设立天富兴业有限公司，额定资本为三万万元，先收半数一亿五千万元存入银行，检具请验，等情。经查无讹，准予备查，仰予文到十五日内依法呈请设立登记，勿延为要。此批！

局长：赵冠先

卅六年八月十八日

二、债／契约

21. 石惠记与乔银三伙贸纠纷案

民事诉状

具呈人：石惠记，代理人张克斌，四十九岁，云阳人，住本城朝天门马王庙二号，航界。

被告人：乔银三、刘少甫，年龄不详，籍贯自流井，住本城朝天门三义茶社，杀牛、收荒。

为畏究匿账，饬缴在案，又因管辖不符，遵谕呈请调集账卷彻算严究事。情民前因刘少甫相邀与其婿乔银三伙贸三义茶社，五月廿二日书立合伙文约，自开幕来迄今月余，民因事繁纵少过问，讵该乔银三等赋性顽横，心存诡诈，竟敢违法将所购物价抬高，营业之日生收入丝毫均无，民闻往清查。该银三自知情亏，匿账不交，并嗾使盘踞社内党痞约集流氓鲆神与不识姓氏之武装军人多名，携枪吼吓，意图霸占，提劲打踏，端门寻祸。民以理问，乃恼羞为怒，拍桌骂言，执瓶凶殴，幸未成伤。迫具诉钧院检察处押饬缴账，庭谕除刑事部分依法核办外，关于股伙问题系属民事范围，查民法第一百五十三条载当事人互相表示意思一致者，无论其为明示或默示，契约即为成立。是合伙一端，业已确立，不生疑问，致清算账目为股伙之特权。又在同法第十八节合伙中明文规定，何能藐抗不遵，视法律如具文？窃民与该银三合伙，虽每股百元，每人三股，后因置取灶门押金二百元，故每方两股即能经营况，该银三所入亦仅二百元之数，犹有未足，更不能以此搪塞。既系合伙，则两方资格当然平等，要上股齐，方得有清查账项之权，尤不知何所根据，纵让步而论即谓民等组织乃民法第十九节之隐名合伙，该银三为出名营业人，民系隐名合伙人，仍应受同法第七百条之拘束及七百零六条之声请。然合约明载，两方平等资格，且向栈帮备查尚系两方名义由民经手。再退一言以理论之合约规定经营内事之一方可只用两股，而负责对外者则须三股齐上，宁有是理？姑认其已足三股而有余，假使生意亏折或遭天灾损失，试问该银三能不据约请求民分担连带责任？倘账算明晰，果需三股补足，本无不可，惟该银三贪心小人，一见生意兴旺，颇有收入，遂生霸占之心，不思两方同时开创，仅责分内外，但资本相等，资格相同，大事必须两方斟酌，载在合约。今一闻清查，因账属伪造，乃畏究隐匿。后虽呈缴，又因管辖不符未能彻底清算。为此具文前来，仰乞钧院调集账卷、合约，依法查惩严究，以儆奸刁。实沾德便。

谨呈

巴县地方法院民事简易庭公鉴。

证人：简万初、刘文俊、张百禄、孙沐、王树云、卢绍州灶门。

证物：合伙文约一纸，伪造账簿在检察处卷上。

中华民国二十二年七月

具状人：张克斌

民事辩诉状

原辩诉人：乔银三，三十岁；刘少甫，四十五岁，本市人，住朝天门二门洞五十二号，茶社。

被辩诉人：张克斌即用九又名惠记，本市人，住马王庙三楼，流氓。

呈为控词妄诬、虚诬伙贸，泣恳依法严究传讯，以儆捏词而免拖累情。民素来本朴，毫不妄为，历来本市朝天门二门洞茶业、牛肉孰货生理。前因五月十四日由刘少甫介绍张克斌即用九，又名惠记，自行甘愿与民伙贸旅社，先行由伊自造和约，并未经民正式号押，当初规定该伊自称入股本金三百元作为入本关系，□民将铺另行培修完全。民认伊为实，不防其奸，而伊股本自限三日将全数交清，否则不交，伙贸认为无效，甘认赔修理及各种用费损失。民为修房用费二百数十元，合交押银，垫付六百数十元。殊伊蓄意不良，伊言入股本金三百元，完全未交分厘与民，而伊只交得介绍人刘少甫生洋，首次四十元，二次交四十元，总共交与少甫八十元，当时少甫向民言定，伊有生洋八十元，问民接不接收，当以回少甫之言，伊自限三日一律交清，何以只交区小之数？而伊既与民伙贸一切，方足三百元方得承收，如伊交区小数目民当然不接伊洋。并伊见限期已过，自拿来寄放棉絮廿五床，意作股本，民亦未允不虚。况民完未用动他物，其洋分厘未交民手。害民修理用费除押银外实用二百数十元之损失完全无着。因伊只言伙贸之名，并未实行伙贸之事，当然伊伙贸无效，而伊反而与民藉事生枝，意欲诈□心切。民请伊凭地方理剖数次，而伊概不同场，希图支吾一切，经地方旁人相劝，前用修养费用，倘伊愿行独贸，理应认给用费方为合法，殊伊横不依言，民用费该伊分厘不认，有地方可质，况民垫贵亦有账目交刑事卷宗。该伊反而巴检处捏词诬为侵占侮辱等词。多蒙巴检处洞悉讯确果伊诬告不虚，已处分在卷。现因真相可调巴检处全卷，真象不难自明。况前伊过期交少甫生洋八十元，因少甫迭次还伊数次而伊横估不给。今又前来捏词告民于钧院，奉到票传限八月二日审理，该伊诬民一切完全不实，由伊凭空堕诬实莫内何。民特依法具文呈恳钧院俯准做主，依法严究以儆捏词妄诬而安良民。沾感。

　　谨呈

巴县地方法院民简庭公鉴。

中华民国二十二年七月

具状人：乔银三、刘少甫

［民简庭］笔录

原告人：石惠记。

代理人：张克斌。

被告人：乔银三、刘少甫。

被告证人：方作章。

证人：刘文俊、孙沐、简万初不到。

右列当事人因账项纠葛案，经本院于中华民国廿二年八月二日午后一时开民事简易庭，出席职员如左。

审判长推事：张

书记官：匡

点呼右列当事人入庭，书记官朗读案由。

问：张克斌你为什么事？

答：报告大所，乔银三约我做三义茶社生意，兼营烟馆栈房。当交生洋八十元又圮土廿四两，计有壹百零几元。自开幕后我晓得做栈房需要被盖，就携了廿五床来，折成股本大概要值一百多元，所差不过少数。我因事繁没有过问生意，后隔月余去看他的账，竟有许多不合，请他交账清算，反横估藏匿。求大所做主。

问：（张克斌）你们伙贸股东有几人？

答：就是石惠记与乔银三两个。

问：（张克斌）每股若干？

答：每股三百元正。

问：（张克斌）他交了好多股本？

答：交了二百八十余元。

问：（张克斌）他们伙贸有伙约没有？

答：有合同缴呈检察处，可以调来看。

问：（张克斌）他们生意是何时开张？

答：四月十八日开张。

问：（张克斌）现在还做否？

答：现在还营贸。

问：（张克斌）你告他的主张怎样？

答：找他算账。

问：（张克斌）你找他算账分红吗？

答：分红要一年满了后分，现在找他算明账目。

问：（张克斌）你找他算账假为折本，你承认否？

答：如算来果真折本我当然承认的。

问：乔银三你同石惠记伙贸吗？

答：是。

问：（乔银三）他拿了若干股本？

答：没有拿一元钱。

问：（乔银三）他没有拿股本，你怎样不找他撤伙约？

答：我找他解除，他抗不拿出，没有办法。

问：（乔银三）你们的生意现在还做没有？

答：现在还做起的。

问：（张克斌）石惠记本人姓甚名谁？

答：就是我打的记号。

问：（乔银三）你们伙约是何时立的？

答：合伙约据是五月十四日成立。之后定明股本限三日内完全交足，否则无效。他过了三天不拿来，所以后交来的股本也没有收。

问：（乔银三）你说无效在伙约上批明否？

答：是口头说的。

问：（乔银三）伙约上既未注明你怎样不要他合伙？

答：这个生意他要做我情愿让他，但是我垫了修整及一切用费［贰百］余元他付了，我就让他做。

问：刘少甫你知道本案的事实如何？

答：乔银三所住的铺子是我转佃与他的。

问：刘少甫你同乔银三是什么关系？

答：他是我的亲戚。

问：刘少甫他认得张克斌否？

答：他们不相认识。

问：（刘少甫）你把本案的真相说来听？

答：他们伙做生意是我介绍的，于立约时张克斌交来四十元后又交来四十元，我转交与乔银三他不接收，叫我退与张克斌，亦不收受因此涉讼钧院。

问：（刘少甫）他一共拿了若干股本？

答：一共拿了八十元又棉絮廿五床。

问：（刘少甫）他的钱交与那个？

答：存在我家。

问：（乔银三）他找你算账，你须将账拿出来算？

答：我做茶馆没有账簿，我口缴呈检察处。

问：刘文俊你来证明何事？

答：我来证明他们立伙约时，张克斌现交洋四十元，是我亲自看见的。

问：孙沐你又来证明谁什么？

答：我来证明伙约是我写的。

问：孙沐你写伙约怎样？

答：我写伙约的时候，乔银三说认不得字，我念与他听，过后就把押画了。

问：方作章你来证明的又是何事？

答：我来证明他们伙贸生意张克斌交洋八十元在刘少甫手，乔银三不接这数，须要他完全交付，张克斌没有拿，乔银三即否认合伙。

谕详庭单。

张克斌、乔银三、刘少甫、方作章、刘文俊、孙沐

巴县地方法院公函

径启者，案据石惠记与乔银三等因账项涉讼一案业由本院受理、开庭审讯。据被告乔银三供称该案账簿已缴呈同院检察处，复由检察处申送贵处，请予函调清算等情前来，除谕准外，

相应函请贵处查照，烦将该案卷宗及账簿等件悉予赐送过院以凭核办，俟案结送还。至纫公谊。

此致

四川高等法院第一分院检察处

计调石惠记告乔银三等一案卷宗账簿

中华民国廿二年八月　日

民事辩诉状

辩诉人：乔银三、刘少甫，本市人，住朝天门，商业。

具诉人：张克斌。

为屡诬预存欺诈辩恳依法复审据情酌裁以杜后日祸累事情。张克斌（用九化名石惠记代表）诉民一案沐准示期本月二日集审，克斌善于陈述，钧院致蔽其聪仅听克斌之奸供不容民答复，本案真相大受言词蒙蔽。谕令调集检察处卷宗查核曷敢晓渎，惟本案事实前文大有差谬似不得不再据实答辩遂陈以资鉴核。缘民四月初承佃范姓房产略为修葺择期五月初八日开贸茶社干号栈，茶社牌明三义干号，牌名同义。今未开贸刚做数日有张用九（即现名克斌）见民贸能于发展托民戚刘少甫向说加入生意，每股作为百元推计伊甘入股本三百元，与民交换意见平均本贸权利。十四日由克斌请人书立和伙约，民签押扣合为据，约内注明前三义茶社及牛肉熟货生意伊不过问，前贸俟新贸改革时取消本贸改为旅栈。殊克斌预存不良，当时口订限期三日交足认入股本洋三百元否则不成事实，伊并着民买料雇工修理房间，民应诺在外挪借办理，殊克斌两次由介绍人手交来洋八十元，民因克斌初即误期来款不好办事分厘未接，仍着介绍人将洋八十元代转并寄语取消合伙效果、撤毁伙约。该克斌握约置之不理。迨至又五月初四、初五两日，该克斌来铺变更主张，向民提议清算三义茶社每日所卖碗数应赚红息，发生事执。次日克斌潜赴检察处以伪造侮辱等词控诉，经廖、银两检察官传案缴约侦查合伙方面一未转换佃约，二未经众打响，三未改名开贸，手续完全不备无成立之必要，着介绍人还克斌洋八十元，照市认息，寄放棉絮、洋烟仍由介绍人交白等语。记载处分。民少甫等遵示约集区团协议八十元利息，交还寄放各物解决双方纠纷。该克斌不场，扬言非四五十元不甘让步，况乔银三又属愚朴受吃都不吃吗兼又不谙诉讼圈定可欺。该克斌执其空头伙约捏词请求，此本案事实也。况查习惯谚云合伙生意一心一力同财如同命，倘一发生破裂，情感暗淡，如再继续成立，后祸伊于胡底。为此据实答辩恳请钧院做主衡鉴，准予驳斥张克斌全诉以杜后累。均沾德便。

谨呈

巴县地方法院简易庭公鉴。

中华民国二十二年八月

具状人：乔银三、刘少甫

民事诉状

具诉人：石惠记代理人张克斌，四十九岁，云阳人，住本城朝天门马王庙街，航界。

被告人：乔银三、刘少甫，本城人，住朝天门三义茶社，杀牛、收荒。

为案经讯明账候核算，恳予查勘以资救济事情。民前因收荒之刘少甫前来据称其杀牛之婿乔银三意欲营贸茶社栈房烟堂等业，奈资本不足，人力不及，再三邀约，几度请求合伙，民乃以石惠记名义于国历五月廿二日与彼凭证共请孙沐书立合同，公议牌名三义茶社，开始营业，民预付烟坭廿四两，系少甫卖出，扣洋廿三元八角，当交现洋四十元由银三拿去付给押租，随又交现洋四十元予银三，均证明无讹。六月十四日灶门卢少丹缴纳押灶洋五十元，银三收管，民以三义茶社牌名出具收条，押灶金共洋二百元，其余业已经陆续缴楚。现俱握银三手中。六月廿日具文向栈帮存案备查，民请广兴栈取保，该文中银三亲笔签押。六月廿三日由民出钱刘少甫经手于利源祥议取被条廿五床，计洋七十八元二角，总计先后共入股本一百八十二元。事实皆在可资查考。因该银三经手一切无账，故往理问，欲待算明，果需补足自无不可。讵料彼等狼狈为奸，心存诡诈也。昨沐审讯，幸明镜高悬洞烛其奸，庭谕该被告人等不应见利忘义，违背契约并饬令着名流弹方成章辈，尤不得怙恶不悛无端凶横，足见天道至公，无微不至。惟本案事虽明晰，然业务现仍霸占，伊竟宣称以生意盈余缠讼，不难制民死命，惨民出资伙贸原为家小生活，害遭奸人反然受损，且犹有党瘠尚盘踞社内，日每指桑骂槐提劲打踏，鹊巢鸠居何胜痛惜？彼既端为祸而来，倘往加入经理，必起冲突，再三思维，此时不往，不可欲往不能，惟仰恳钧院俯赐查勘，令饬银三担保以后不得再行容留，致碍管业，再将所有什物开列清单，由两方各推一人经营业务，所生孳息负责保存，按照伙约履行。静候诉讼终结以资救济。上陈各情是否有当。伏乞鉴核施行，批示只遵。实沾德便。

　　谨呈

　　计粘呈照抄各项物证一纸。

　　证人：列前

　　证物：照抄收条一张、存查底稿一纸、红单一件在案。

巴县地方法院公函

径启者，案查石惠记与乔银三等因账项涉讼一案，前请贵处烦将该案卷宗及账簿等件悉予赐送过院以凭核办在卷，迄今日久未准函复，致使本案无往进行，相应函请贵处查照，希迅检发该案卷宗及账簿等件来院，俾资办理。至纫公谊。

　　此致

　　四川高等法院第一分院检察处

　　　　　　　　　　　　　　　　　中华民国廿二年八月廿五日

四川高等法院第一分院检察处公函

检字第五六号

　　径启者，案准贵院法字第五六八号公函调取石惠记告乔银三卷宗账簿以资办理等由。准此相应将该案卷宗账簿函送贵院，请烦查收，并希于办理完竣后，径还巴地检处归档为荷。

　　此致

　　巴县地方法院

　　计函送张克斌告乔银三卷宗合伙约二账、簿二本。

中华民国二十二年九月一日

民事诉状

具状人：石惠记代理人张克斌，四十九岁，云阳人，住本城朝天门马王庙街，航界。

被告人：乔银三、刘少甫，本城人，住朝天门三义茶社，杀牛、收荒。

　　为后患堪虑，仰恳迅调账卷查算，并押令被告人取人银妥保，添传房东以免潜卷无着事情。民具诉乔银三等一案，前沐审讯真象早已明晰，被告人之意图霸占业务，业在洞鉴之中，曷庸多渎。但本案所有事理由虽经陈述无余，然因卷在高检，故庭谕次日算账之命未克实现，荏苒至今快将匝月，窃银三乃贩卖牛肉并无恒产，少甫又为收荒实以倒骗为业，有案可查，前因资本不足，故一再邀民合伙，数月经营获利不赀。已知伪造侵占犯法，终难幸免，业将把握之押灶洋二百元已由获利得来退还卢少舟去矣，欲在此季住屋期屆私将公共押银百两取得到手后，潜卷社中一切隐匿满达目的。查国历五月廿二日书立合伙约事，即照合同规定，民担负外务，办理向栈帮备查事宜。银三料理内事，经手后投佃事务。讵奸人小子蔑理欺心，竟用其私名书立佃约。刻已国历九月渝埠通习佃屋□四月一季行将屆满，日期倘不添传，房东义泰仁到庭饬其换佃字，则毫无人格之乔银三、刘少甫等保不再行违法，民之本利孰负责任？综上情形，该乔银三等既无法保证其不卷逃，况退还卢少舟之押灶金即其明证，又无产业可资担保，民之本利除速恳钧院迅予调账用凭清算以利诉讼进行外，惟乞钧院立限该乔银三等与取殷实人银连环妥保，以维法益而便执行，或由钧院将什物点交地方暂时各派人保管料理。静候诉讼终结，均不胜沾感之至。

　　谨呈

　　巴县地方法院民事简易庭公鉴。

中华民国二十二年九月

具状人：张克斌

四川巴县地方法院民事传票

石惠记告刘少甫等一案。

　　被传人姓名：刘少甫、乔银三。

被传事由：清算账目。

被传人之住址：朝天门。

应到时间：九月六日上午十二时。

应到处所：本院执行处。

执达人：张文彬。

中华民国二十二年九月六日

民事辩诉

辩诉人：乔银三、刘少甫，籍贯本城，住朝天门三义茶社，三义茶社商业。

具诉人：石惠记代理人张克斌，四十九岁，籍贯云阳，住本城朝天门马王庙街。

为高检终结处分卷宗发还账簿，昨经澈算，恳请依法衡判以除缠诉讼事情。张克斌（即用九化名）前以石惠记名称诉经钧院准理传审，徒听张克斌片词有弊其聪，当饬民缴账查核。民声请账簿前缴地检察处在案，未领，请令咨调。民跟补具答辩，批示答辩已悉，仰候高一分院检察处卷宗移院再行核办等因，本案暂停进行。至本月四日民等奉到高一检察处分书内容记载明白张克斌再议请求伪造、侵占、侮辱三部分毫无理由处分。送达卷宗流坐账簿二本分别移交。本月六日早突有承发吏张文彬派人执一墨条，未有正式传票，声称审讯着即同行到案，随出正式传票，推事墨名未印。民未划到业已声称送卷系查算账簿。经书记官临览，民所缴三义茶社账簿二本内注纯为民单独付租付押、置买凳椅木料工资等项数目而已。书记官便去当着承发吏张文彬计一零星用费二百余元数目账簿仍执附卷。七日早承发吏又看人来家饬民跟同到案听审（无票），民因要事未得赴案。八日奉到正式传票示期十三日集审曷渎。盖本案争执，肇由张克斌见民所佃范姓房屋宽阔，地点适中，打动伊不良贪心，一再托民戚刘少甫介绍，自甘加入民本贸同义干号栈生意，各出资本三百元，干号改为旅店。五月十四日张克斌托伊友孙八字以石惠记名书立合同伙约，签押各执，自限三日交足股本，由民出立股票批簿以成事实，否则无效等语。着民随买木料修理上下房间，民以为克斌能于应期付足应诺，挪借修理，殊克斌隔日由介绍人刘少甫交来洋四十元，民见克斌初便误期，不接，着少甫代转凑足交来。隔日又由少甫手交洋四十元，民因克斌一再宕交，两次不足十分之三，不好摒挡办事，仍着少甫代转交与并请寄语克斌，取消合伙成议，撤毁合同伙约。该克斌以存□诈预谋，握约不还，置之不闻不问，至又五月初四、初五两日提议清算民三义茶社每日茶账赚折，发生纠纷，加民诸大题潜于地检处控诉，双方缴约缴账两次彻底侦察。民与克斌伙贸规矩手续无一完备，实无成立必要，谕着介绍刘少甫退还张克斌所交之洋八十元，照市稍认利息及洋烟、寄存三义茶社棉絮等件，本案终结处分可查。民少甫遵谕凭图退还克斌所有各物，该克斌违谕不场。复回钧院请求算账，准理传审中间停止将月，今始进行。况民所缴坐流账簿二本，前经地检处侦察，毫无瑕疵，纯为民单独交押买物零星之笔计，与克斌并无直间因果联络关系，显系该克斌恃执空头未退合同伙约以为控诉标的，故地检处谕介绍人照市息退还克斌之洋时估抗不场，扬言非四五十元不可，实为藉端诈□了无疑义。此为本案两造肇衅原由也。兹特据情答辩历陈伏乞钧院做主衡鉴恩准注销张克斌（即用九）石惠记缴案伙约，依法审查判决发还坐流账簿二本以除诉讼，两省拖累。沾感。

谨呈

巴县地方法院民事简易庭公鉴。

中华民国二十二年九月

具状人：乔银三、刘少甫

四川巴县地方法院民事传票

石惠记告刘少甫等一案。

被传人姓名：刘少甫、乔银三（证人自邀）。

被传事由：账项纠葛。

被传人之住址：朝天门。

应到时间：九月十三日上午十二时。

受送达人署名盖印，或拒绝署名盖印时，则记其事实于下：刘少甫、乔银三。

非交付受送达人之送达则记其事由于下。

执达人：张文彬

中华民国二十二年九月七日

［同日送达张克斌的传票略］

笔录

原告人：石惠记、张克斌。

被告人：乔银三、刘少甫。

证人：孙沐、刘文俊、张百禄。

右列当事人因账项纠葛案，经本院于中华民国廿二年九月十二日午十二时开民事简易庭，出席职员如左。

审判长推事：张

书记官：匡

点呼右列当事人入庭，书记官朗读案由。

问：张克斌你说吗？

答：前日我请算账已经把账簿调来清算，当时□□□□查阅不成什么账，请大所从严追究。

问：张克斌你告他为什么事？

答：我同意乔银三、刘少甫打伙做茶饭生意每人出股三百元，计我入现金八十元又坭土洋廿三元八角，及被盖值七十八元二角，因生意很好，要想独占，请大所做主。

问：张克斌你们伙贸从何时开始？

答：从今年五月初开贸现今将满一季了。

问：张克斌你们的生意好否？

答：生意很好，每日至少要卖百余千文。

问：张克斌你总共拿了若干股本？

答：我入现金八十元、又坭土廿三元八角和被盖值七十八元二角，共有一百八十二元，与伙约所载相差不远。

问：张克斌你现在告他主张怎样？

答：我现在告他，是请他把真账拿出来算看赚与折，我都愿照伙约履行。

问：乔银三你说吗？

答：我没有同他打伙做生意。第一，我佃的房子是我个人佃的，请大所传房主来问是谁投佃。第二，我做生意喜欢独做，他说来入伙做。试问他投来的股本是在我开贸之后亦在开贸之先？第三，他交来的股本是否照伙约限期交足，如他没有到期缴足，怎说得上与我打伙？这是他明见我做的生意发达，要想来分润的。

问：乔银三你们写了伙约没有？

答：我们写了伙约有这件事。

问：乔银三他拿了若干股本？

答：他没有拿一个股本，所交的洋八十元是交在刘少甫手，完全没有入账。

问：刘少甫你收了张克斌拿洋八十元吗？

答：我收了他八十元。但是我把这数转交与乔银三他不收受，还他亦不要，现在放在我手。

问：刘少甫你还收了他被盖廿五条吗？

答：是他买的这些铺盖，现存三义茶社没有动用。

问：刘少甫这张取被盖的字约是你打的吗？

答：不是我打的，乃卖被盖铺子出的发票。

问：张克斌这张发票是哪个打的？

答：是利源祥出的，由刘少甫经手收到，我付的钱。

问：张克斌你说还有卅两坭土是交与刘少甫的吗？

答：还有卅两坭土是交与刘少甫的。

问：刘少甫你还收没有他的坭土呢？

答：他拿坭土找我卖了，许久都未卖出，到后来卖出每两三角八仙共卖得十一元四角。

问：张克斌你总共入股本一百余元与伙约差得远吗？

答：我入股本一百八十二元，又取灶门卢少舟押金二百元作为股本以我两人平均担负。所差无几。

问：乔银三你总共拿了若干？

答：我共拿陆百余元。

问：乔银三你拿六百余元写上账否？

答：有账。是付房租及购买家具都由我垫的。

问：乔银三你就和他一人打伙吗？

答：就是我两人打伙。

问：乔银三他现在告你，还愿同他打伙吗？

答：我们打伙的生意未做，不愿与他打伙。

问：孙沐你来证明什么事？

答：我帮他们写伙约。

问：刘文俊你来证明何事？

答：他们立伙约时我看到张克斌现交洋四十元。

问：张百禄你又是证明何事？

答：我看到张克斌交坭土与刘少甫。

问：乔银三你不愿同他打伙，你愿将生意交与他否？

答：只要他愿意做，我情愿将家具货物预打与他。

问：张克斌他愿将生意预打与你，你愿接手否？

答：他如将生意预打与我，情愿接手。

谕详庭单。

石惠记张克斌、乔银三、刘少甫、孙沐、刘文俊、张百禄。

民国二十二年九月

巴县地方法院民事简易庭判决

廿二年简字第　　号

原告人：石惠记，住本市朝天门马王庙二号。

代理人：张克斌，同上。

被告人：乔银三，住本市朝天门三义茶社。刘少甫，同上。

右列当事人因伙贸纠葛涉讼一案，经本院民事简易庭审理判决如左。

主文

原告之请求驳回；讼费归原告人负担。

事实及理由

缘乔银三素贸牛肉生意，本年四月内欲扩张营业，另佃范姓房屋添贸茶馆栈房生意。正修理房舍择吉开张之际，由刘少甫介绍张克斌（即石惠记）与乔银三合伙，议定各出股本洋三百元，于本年五月二十二日凭承由孙沐口代笔书立和约各执为据。殊立约后张克斌两次仅交八十元又棉絮二十五床与少甫转交乔银三，银三以克斌之股本三百元未经现数交呈，不认收受，而棉絮亦因栈房未住客，未予使用。由是伙贸之一切手续亦未进行。迨至六月二十七日克斌即向乔银三清算账目，分开红息，彼此口角争执，克斌即以侵占、伪造、侮辱等词诉银三于本院检察处。复以畏究匿账等词诉请本庭饬令交账清算。嗣经检察处侦察予以不起诉处在案。兹复召集两造审讯得悉前情。

查本案原被两造预约伙贸既有合伙约为凭当然认为真实，惟所认股本，乔银三谓原告人并不依期交齐，而两次所交刘少甫手转交之八十元及棉絮二十五床被告人早未收管。以此观察，该两造虽有合伙预约，但伙贸事业既未实施进行，则被告人所写账项，无论是否属实，该原告人均无过问余地。故认原告之请求为无理由，爰依民事诉讼法第八十一条判决如主文。

巴县地方法院民事简易庭

推事：（章）

中华民国二十二年九月十四日

送达证书

书状目录：判决书一件。

受送达人：石惠记。

受送达人署名盖章，若不能署名盖章或拒绝者，应记明其事实：石惠记即张克斌。

送达处所：朝天门。

送达日期：廿二年九月廿日。

中华民国廿二年九月廿日

重庆地方法院送达员：张文彬

［次日乔银三签收判决的送达证书略］

上诉声明状

上诉人：石惠记。

代理人：张克斌，四十九岁，巴县人，住朝天门马王庙街。

被上诉人：乔银三、刘少甫，巴县人，住朝天门三义茶社。

　　为声明不服依法提起上诉仰恳捡卷申送二审上级法院以维法益事。情民控乔银三等案昨沐判决，应遵曷渎，惟裁判失平，对于合法之合伙不予确认，致奸刁得逞，法律保障失效，何能甘服。为此依法具状提起上诉声明不服。仰恳述予捡卷申送上级二审法院另为适法判决，实沾德便。

　　谨呈

巴县地方法院民事简易庭公鉴。

中华民国二十二年九月

具状人：张克斌

巴县地方法院民事裁定

上诉人：石惠记张克斌，四十九岁，云阳人。

　　右上诉人与乔银三因伙贸涉讼一案上诉人提起上诉到院。查照修正诉讼费用规则第二条第七款及第五条第一项应缴审判费银十一元二角，未据缴纳。兹限该上诉人于收受裁定之翌日起五日内遵章缴纳讼费，如逾期仍不遵行即依民事诉讼法第四百零九条裁定将上诉驳回，勿得迟延自误，特为裁定。

　　巴县地方法院民庭

审判长推事：李秉灵

中华民国二十二年十月五日

书记官：吴敬修

送达证书

书状目录：民国廿二年（诉）字第　号案送达裁定一件。

受送达人：石惠记。

受送达人署名盖章，若不能署名盖章或拒绝者，应记明其事实：张克斌。

送达日期：廿二年十月十四日。

中华民国　　年　月　日

重庆地方法院送达员：

民事缴状

具呈人：石惠记。

为遵谕缴费以凭讯究事。情石惠记上诉乔银三等一案昨奉钧院裁定，饬谕于限期内遵章缴费用资传质等因在卷。兹特具状遵谕缴费十一元二角，跟即补具理由书前来。仰恳钧院查核办理不胜沾感。

谨呈

计呈缴审判费银十一元二角。

巴县地方法院民庭公鉴。

中华民国二十二年十月

具状人：石惠记

民事答辩状

答辩人：乔银三，三十岁，本城人，住朝天门二门洞，三义茶社。刘少甫，四十五岁，本城人，住朝天门二门洞，三义茶社。

原上诉人：石惠记张克斌。

为缠痞不休，据实答辩，恳调地检处卷宗及本案全卷查核，维持原判决，集审驳斥上诉，以除久拖事情。张克斌（即用九化名）以石惠记伙名上诉民等一案，示期本三十日审讯，应遵曷渎，惟本案业经地检两一审数次侦讯，纯为克斌缠控，无理取闹，捏词淆乱听闻，似不得不据实答辩如次：缘民本年古历四月承佃范姓房产理贸茶社干号栈，择期五月初八日开幕，茶社取名三义干号栈，取名刘记同义前月始正式开贸斯茶社，开张数日即有张用九（即克斌）见民所佃地点适中，打动伊不良贪心，托戚刘少甫介绍愿加入伙。干号栈改为旅馆，本贸全股鸿本暂足六百元，克斌加入洋三百元占半股，彼此交换意见。十四日克斌请伊挨手朋友孙八字书立合伙文约，注明三义茶社俟新贸开张停止签押扣合，各执为据。克斌当约三日交足股本洋三百元（批簿立票成事）。立约后着民买料雇工修理上下房间，隔日由介绍刘少甫交来洋四十元，民因克斌初便误期，退回，分厘不接。次日又由刘少甫连前退转两共交来八十元，余称克斌说的没法，民见克斌两次不足入股之数，不好摒挡办事。全数着少甫代转交结，并请寄语克斌请将伙约代来掉毁无效，伙贸作为撤销。未几又自运棉絮二十余床寄存铺内。屡着少甫转语克斌代来伙约掉毁，殊克斌置诸脑后竟恃执有空头伙约未掉毁销，乃于又古历五月初四、初五两日向民提议三义茶社每日售茶赚息，发生争执。次日克斌先发制人，潜以侵占伪造等词向地检处呈诉，研审终结处分克斌请求。该克斌败诉后复在巴县地方法院民简庭捏诉伙贸审讯一次，卷宗移送高检察处侦察仍亦处分，经民简庭复审，根据双方人证、物证供述性质澈考，该克斌入伙手续不备应，无伙东质格，亦无清账之必要。爰依民法规定判决。该克斌不服，一面捏词上诉，一面友其流痞刘文俊、孙邓两八字、蔡老婆婆先后来民铺中寻祸吃宿搅闹。克斌本人不晓，影响民营业至锯，迫具诉本管第三警署朝天门，有卷均可调查。此皆克斌一切强险行为及本案经过实情。为此据实答辩。伏乞钧院做主鉴核，调集本案全卷逐查分泾，维持原判决，依法驳斥上诉以除缠拖而维商业。均沾德便。

　　谨呈

巴县地方法院民庭公鉴。

中华民国二十二年十月

具状人：乔银三、刘少甫

委任书

委任人：石惠记张克斌，四十九岁，云阳人，住马王庙，商。

被委任人：刘仲宣，律师。

　　呈为恳准委任代理人事。窃商因伙贸纠葛上诉乔银三等一案，业蒙钧院准理，定期于本月三十日传讯在案。兹特委任律师刘仲宣为代理人谨将委任之原因及权限列后：

　　原因：缘商不谙法律。

　　权限：有为一切诉讼行为之权。

　　如蒙允准实沾公便。

　　谨呈

巴县地方法院民一庭公鉴。

中华民国廿二年十月廿七日

具状人：石惠记、张克斌押

民事理由状

具呈人：石惠记张克斌。

被诉人：乔银三、刘少甫。

　　呈为补陈理由，仰诉废弃原判，另为适法判决以资救济事。情民因伙贸纠葛具诉乔银三等于钧院民事简易庭九月十五日奉到送达判决主文，内开：原告之请求驳回，诉讼费由原告人负担等因。违法偏袒颠倒是非，阅悉之余殊为骇异。曾于法定不变期内声明不服，提起上诉，并遵令缴纳审判费用荷蒙钧院准理，示期出票传讯在案。兹特将本案事实及不服理由补陈如次，伏维垂察。

本案之事实：

缘乔银三素卖牛肉为业，本年上季欲兼管茶馆栈房生意，因资本及人力不足托其岳父刘少甫约民合伙。旋即于国历本年五月廿二日（即古历四月廿八）请凭中证议定条件由民与乔银三各出股本洋三百元，民对外负责，乔对内负责，刘少甫料理生意，所得红息除提十分之二报酬料理人外按股均分。因三人义气相投即命名为三义茶社，当请孙沐代笔书立合伙合同文约两张，各执其一为据。民于立约以后付乔银三手现洋八十元（用交押租），付料理人刘少甫手烟泥卅四两，得价廿三元八角，又现洋七十八元二角（购置被盖廿五床以及茶碗凳椅），共付股本一百八十二元，与乔银三所付相等。尚未交足之数，因放灶门卢少舟取有押银二百元，于营业设备已足敷用，彼此口头约定暂不补出。开贸以后，收入极旺，民于六月廿七日前往清查账目，该乔银三与刘少甫见利黑心，意欲独占，则谓民之股本未能交足，无清查账目之资格，且唆使党徒瘩棍任情凶辱，除刑事部分当向钧院检察处诉追外，并以畏究匿账等词诉乔银三等于钧院民事简易庭，请饬交账清算。旋奉判决驳回，特依法提起上诉以求救济。此本案经过之真正事实也。

不服之理由分三点说明之：

（一）原判事实栏载：立约后克斌两次仅交洋八十元，又棉絮廿五床与刘少甫转交乔银三。银三以克斌之股本三百元未经现数交足，不认收受，而棉絮亦因栈房未做未予使用。由是伙贸之一切手续亦未进行云云。查认定事实专凭证据，此前大理院署为判例者也。本案民与乔银三、刘少甫等伙贸之三义茶社，乔对内负责，民对外负责，刘少甫代为料理，其权利义务之分配已详载伙约之内，该项伙约既经彼此签字，合法成立，既无失效原因，三方均应受其拘束，乃民已照约履行义务，先后共交股本洋一百八十二元，或交付对内负责之乔银三付给租押，或交料理人刘少甫购置茶碗凳椅，其数目曾由当庭供认无讹。虽未交足股本三百元之数，系因取有卢少舟押银二百元可资周转，而乔银三亦未交足有账可查。所谓交刘少甫转乔银三及未经现数交足，不认收受，不知何所据而云，然真令人大感不可解矣。窃刘少甫既为伙贸所推料理人，且约定提分红息十分之二，对三义茶社自亦负有相当之责，民交股本于刘少甫，即无异交与三义茶社。该乔银三既未声请撤销伙约，该约自属有效，有何不认收受民交股本之理由。至谓未经现数交足，则原约并无是项条件，且双方俱未交足，而交足与否并未与营业发生若何影响，固不能以此单独责民也。原审徇情偏袒，不依证据，仅凭该乔银三、刘少甫两人片面陈述而认为事实，以作判决基础。此其不服上诉之理由一。

（二）原判理由栏载：原彼两造预约伙贸当然真实，惟可议股本不依期交齐而预约之伙贸事业，未实施进行，则被告人可写账项无论是否属实，该原告人自无过问余地云云。窃查伙约原文并无交付股本期［时］间，且未规定一齐交付，则一方交付股本，纵有先后不齐，亦不能谓为违约，且入伙行为并非要式。苟既合法表示意思，则股本是否实交于入伙，不生影响（五年上字一二八七号判例）。原审以民股本不依期交齐为论据而驳回查算伙账之请示，实为荒谬。至谓预约伙贸事业未实施进行，尤背事理。谨分陈如下：

第一，民与乔银三等合伙彼此间皆持有合伙之契约，对于因合伙而生之权利义务关系亦具有愿与担承意思表示，并非谨表示于一定条件完成之后始加入合伙，有合伙合同可以证明。则民于乔银三等之合伙固不能仅谓之为有合伙预约而已。

第二，民与乔银三合伙契约成立以后，乔银三与刘少甫即照约负责进行筹办约定之茶栈生意，其交付房租、整理门面、购置桌几、板凳、茶碗、茶壶以及床铺、被盖、灯亮等，并安放灶门于古历五月初七亮堂，初八间开张。不惟邻近可以调查，而该乔银三迭次书状口供且具未加否认，则伙贸事业并非未能实施进行，且进行极其顺利而获利不少，民乃有算账之请求。苟伙贸果未实施而实施又不顺利，则根本即无本案之发生，此可理论证明者矣。

原审偏听，抹煞证据，既误认彼此间之合伙契约为预约人，谓伙贸之事业未实施进行，随意出入，颠倒是非，法律保障人权之谓何？此其不服上诉之理由二。

（三）民对三义茶社照合伙契约负对外之责，曾于六月廿日署名具呈向重庆市旅栈帮请求存查，又于六月廿三日收管被条，皆足为民与三义茶社伙股资格未有欠缺之铁证。而民与三义茶社之账簿以及管业情形，随时可以查验（民国五年上字五三五判例）。原审判决竟谓民与执行合伙业务之乔银三等，无论所写之账是否属实，均无过问余地，其武断专横一至于此，真令人不寒而栗矣。此其不服上诉之理由三。

综上补陈三理由应恳钧院俯赐查核，准与废弃原判，另为适法判决，并令被上诉人负担一、二两审讼费实沾德便。

谨呈

巴县地方法院民一庭

中华民国二十二年十月二十八日

具状人：石惠记张克斌

笔录

上诉人：石惠记、张克斌。

代理人：刘仲宣，律师。

被告人：乔银三、刘少甫。

右列当事人因清算账目案经本院于中华民国二十二年十月卅日午前十时间民事一庭出席职员如左。

审判长推事：江叔普。

推事：周达人。

推事：何孝质。

书记官：汪廷倬。

点呼右列当事人入庭。书记官朗读案由。

石惠记即张克斌。

问：你把不服原审判决的理由说一说？

答：我们所贸三义茶社和栈房原是乔银三打伙，因我事多，就少有在那边去，因听说他抬高物价，生意不好，我才过去算账，他不拿账来算，就与我扯皮，便打刑事。

问：现在你是怎样请求呢？

答：我们合伙是不成问题的，只请求算账。

问：你们是几时成立合伙契约的？

答：五月二十一日。

问：你股本交齐没有？

答：交了些原是一月内要交齐，因他不［拿］账出来算，扯皮就未交了。

问：（乔银三）你答辩一下？

答：我的生意是阴历五月初八开的张，张先生十三要来打伙，说把本钱加成每人三百元，改成旅店。因我生意已经开贸了，他来加入以前用的钱和做生意的钱如何好算呢？我就不答应。后首刘少甫来劝我，我才承认的。五月十四大家才商量把约据立好，我把押下了，我就问他股本几时拿来，他说三天内交银子，当时他拿四十元出来，我想既是三天内拿齐，何必接他零数？就未收他的。到了三天又拿四十元来，我见他银子远齐不倒，又未接他的，虽是我们立了约据合伙，他并未拿本钱来，所以生意还是我一个人做起的，因此就没有立得有伙账。以后因请的堂倌说小话，五月初四他就来吵起，说要算账，我不承认便与我闹起，反与我打刑事，又在简易庭把我告起，他说与我打伙，我并未接他一个银钱。

问：（刘少甫）你答辩一下。

答：乔银三做这个生意已经了开了账，因张先生同我是近邻，见这生意好就说要打伙。他们把约据成立后，原说三天内将股本交齐，他在三天内先后只交得八十元钱，以后过了十多天股本都还未交来。当初乔银三见他零交股本，就没有收他的，所以这八十元现在保存在我手里，我拿去退他两到［次］他都不收。

张克斌接供：他这说来我就没有打伙，没有打伙怎么还拿得有二十五床棉絮在他那里？

问：（刘少甫）他拿得有二十五床棉絮在你们那里吗？

答：拿是拿得有，我们未用他的与［是］他堆存在那里的。

问：你们生意是几时开张的？

答：茶铺是五月间，旅馆是七月间现在都做起的。

审判长请上诉代理人陈述意见。

刘仲宣律师起立后言：本案分为事实及不服理由两部分陈述，先陈述事实部分。缘乔银三系以贸牛肉为业，因欲兼营茶馆，以资本不足，乃托其岳父刘少甫约上诉人合伙。五月二十二日即将合伙约成立，其议决条件系上诉人与被上诉人各出股本三百元，刘少甫则料理生意，每年提红息十分之二作酬劳，不另出资本，故刘少甫亦为该号之伙友。上诉人对该号负对外之责任，被上诉人负对内之责任，因当时三人义气相投，故将茶社命名为三义茶社，各执伙约一张。关于股本，上诉人亲手付乔银三八十八元，又付刘少甫手烟泥三十四两合价二十三元八角，又现洋七十八元二角，此洋即买被盖二十五床及茶碗、凳椅所用，合计共交了股本一百二十八元，与乔银三所付出之股本数相同，其余未交之股本，因放灶上取有两百元押银，两造即口头商定暂不交出，嗣后天气渐热，生意很旺，收入不错，上诉人因系对外，少在那里，被上诉人即有意独占，其收入之款多不记账，上诉人因有所闻乃到号查账，被上诉人则以上诉人股本未足，无权清账为词，两造遂起纠纷在刑事涉讼，上诉人又在民事简易庭诉请饬令交账清算乃被驳回，因不折服，遂提起上诉，此即事实部分。至于不服理由可分为三点。第一点原判事实栏内载：立约后张克斌两次仅交洋八十元，又棉絮遂二十五床与刘少甫转交银三，银三以克斌之股本三百元未完全交足不认收受，而棉絮未做未予使用。由是伙贸手续亦未进行各语。是认定上诉人未与被上诉人打伙，若未打伙何以会将茶社命名为三义茶社？况契约成立经三方签字既未失效三方，均应受其拘束，虽股本未交足，皆因取有灶上押金，两造约定缓交，被上诉人并未因此声请撤销契约，约据自属有效。而原审不采证据，便认为合伙手续未进行。此第一点不服。至于第二点原审以上诉人未将股本交齐，无论被上诉人所写之账是否属实，上诉人皆不得过问，且认合伙系预约，不知三义茶社五月初七亮堂，初八开张，谁不知是三人打伙，不但可以调查，且被上诉人对此点亦未加否认，既在进行生意，何得是预约合伙？此第二点不服。第三点若上诉人未与被上诉人合伙，何以六月二十日在重庆市旅栈帮请求存查是上诉人署名？又六月二十三日收棉絮，上诉人亦用三义茶社名义出具收条？如非伙友焉能用被上诉人所贸之招牌为人出收据？此可见合伙属实，而原审竟谓系预约，不能过问账目，有意武断。此第三点不服。应请贵院将原审判决废［弃］，另为适法之判决，并令上诉负担一、二两审讼费。本代理人意见如此。

审判长宣告本案辩论终。候判。

书记官：汪廷倬笔录

四川巴县地方法院民事判决

廿二年上字第　号

上诉人：石惠记，即张克斌，住本市朝天门马王庙街。

诉讼代理人：刘仲宣，律师。

被上诉人：乔银三，住本市朝天门三义茶社。

右两造因请求清算伙账涉讼案，上诉人不服本院民事简易庭中华民国廿二年九月十四日所为之第一审判决，声明上诉。本院判决如左。

主文

原判变更。

被上诉人应将三义茶社自本年阴历前五月初八日起至本月底止之营业账目交与上诉人清算，第一、第二两审诉讼费用由被上诉人负担。

事实

本案上诉人请求变更原判。其事实上陈述略谓：民于本年废历四月廿八日，经刘少甫介绍与乔银三伙贸三义茶社，共议股本洋六百元，民与银三各认三股。经凭孙沐代笔书立合伙契约，互相存执为据。民自立约后，即现交洋八十元又被盖二十五床及烟泥二十余两与刘少甫手，收去之合价民之股本洋实相差无几。乃至七月民要求银三清算营业账目，银三坚不承认，民始具诉于钧院民事简易庭，亦被驳回，是以不服云云。而质之银三虽承认克斌交来之现洋及被盖数目不差，但以未经领受为拒绝清算账目之理由。

理由

查契约经合法成立，缔约之当事人即应受其拘束，如无重大法律原因发生，绝不能主张无效。本案被上诉人与上诉人于本年废历四月廿八日所缔结之合伙约，既经被上诉人承认属实，依法自应生效，虽被上诉人主张上诉人并未如期交呈股款，不能谓为合伙，不知此乃事实问题，被上诉人尽可以经理之资格而要求上诉人负责给付，与合伙契约之成立毫［无］若何之影响，况被上诉人亦自认上诉人交付之被盖二十五床，现尚存伊处，现洋八十元亦存其茶社经手人刘少甫手中，是见上诉人之股欤，并非完全未付，何能谓上诉人非其茶社股东？乃原审不察，竟将上诉人根据合伙人得随时清算营业账项之合法请求予以驳回，实属错误。上诉论旨攻击原判，当不无理由，合依民事诉讼法第四百十六条、第八十一条之规定，判决如主文。

四川巴县地方法院民事庭

代审判长推事：江叔普

推事：周达人

推事：何孝质

中华民国二十二年十一月四日

民事声请状

声请人：石惠记张克斌。

被声请人：乔银三、刘少甫。

呈为依法声请假处分以免执行困难事。情民上诉乔银三等一案，昨沐判决，业已宣示在卷。查诉讼标的之价额未逾三百元者，依民事诉讼法第四百卅三条之规定，应以第二审为最终级。本案起诉范围既属简易诉讼程序自当以本审为确定判决，毫无疑义。据上论述，是本案即将执行更属明甚。故被诉人乔银三等自主文宣示后，即无任惊恐，益以自知理屈，尤感难逃法网，因有私退押头赔移用器之传说。窃该被上诉人等本系无恒产而又无人格者，倘一旦传闻成实，潜匿无踪匪，特对于法定应分红息无着，恐所交股欤［款］亦不无不受损失之惶虑。虽钧院处护良善保障私益，奈奸小既已逃逸，则执行难保不生障碍，为预防将来执行困难起见，特具文声请假处分。仰恳钧院鉴核俯准，依法指委管理人或将房东义泰仁处之押银，及所有三义茶社一切移交第三者之地方团务人员保存，或由民照约派人前往另立簿账共同经理，再为清算前季账项。不胜沾感。

　　谨呈

　　巴县地方法院民一庭

中华民国二十二年十一月十日

具状人：张克斌

送达证书

　　书状目录：民国廿二年（　　）字第　号石惠记告乔银三一案送达判决书一件。

　　受送达人：乔银三。

　　受送达人署名盖章，若不能署名盖章或拒绝者，应记明其事实：乔银三。

　　送达处所：本市朝天门。

　　送达日期：廿二年十一月十二日。

中华民国廿二年十一月九日

重庆地方法院送达员：陈泽生

［同日张克斌签收判决的送达证书略］

22. 刘熊氏诉刘子定等要求确认抱约与租约无效案

民事上诉状

上诉人又声请人：刘熊氏，巴县人，住北碚连家湾冯家院。

被上诉人：刘英廉，十五岁。

右法定代理人：刘子定、刘谭氏、艾老大、郑长发、任树卿，巴县人，住北碚天生桥风科庙岩脚。

为不服判决提起上诉，并声请抄送判决原本及查明其有无显然遗漏错误事项，依法补充判决或更正事。窃上诉人与被上诉人因请求涂销不动产所有权登记，暨确认租约无效，并返还契物田价等事，本月十四日奉钧院送达卅一年四月廿二日判决节本。主文内开："原告之诉驳回，诉讼费用由原告负担。"等因。不胜诧异。上诉人对于上开判决断难甘服，原判理由如何非俟抄阅判决原本不明。而被告中之姓名亦显漏列刘子定一人，案由亦摘录不全（如请求确认刘谭氏非刘英廉之监护人，并命不得干涉上诉、出佃收租事宜，及命艾老大等给付欠租等，均未叙明）。为此，对于原判决全部提起上诉。如判决原本有显然遗漏或错误事项并请补充判或更正之，所有应缴上诉审裁判费已另状声请诉讼救助。请即检同卷宗送请四川高等法院第一分院依法审判，准将原判决废弃，另如上诉人在原审之声明判决。一、二审诉讼费用并命被上诉人分别负担之。至本件判决原本并声请抄录一份迅饬按址送达，以便补具上诉理由。应缴抄录费用请开示数额，当于送达时补缴。合并陈明。

谨状

重庆地方法院并转送四川高等法院第一分院民庭公鉴。

中华民国三十一年五月二十一日

具状人：刘熊氏

民事声请

声请人：刘熊氏，四四岁，巴县人，住北碚连家湾冯家院。

右保证人：寿霜药店，北碚。

法定代理人：熊少雨，五六岁，北碚人，住北碚，商。

对造人：刘英廉等六人。

为声请诉讼救助及出具保证书事。窃声请人与刘英廉等因请求涂销不动产所有权登记等事件上诉一案，应缴上诉审之裁判费，本应依法缴纳。无如系争之田产上年收益均由刘英廉收取，上诉人颗粒未得，不惟无力筹缴，而个人之生活费亦苦难维持，原判驳回上诉人在原审之诉，不知据何理由，尚待请求抄送判决正本后方明。然其理由不当，则可断言本件上诉明显无胜诉之望。详情请阅原卷各状及言词辩论笔录并补具上诉理由状（容抄到判决正本后即补呈）。为此，觅同保证人出具保证书，保证声请人确是无资力支出诉讼费用，声请钧院准予诉讼救助，暂免缴纳应缴各费用。如将来确定判决，应由声请人负担诉讼费用时，保证人当负代缴暂免各费用之责任。合并具状陈明，伏乞裁定只遵。

　　谨状

　　重庆地方法院转四川高等法院第一分院民庭

中华民国卅一年五月二十三日

四川重庆地方法院民事裁定

三十一年度诉字第五一一号

上诉人：刘熊氏，住北碚连家湾。

改送代理人：潘震亚，律师。

　　右上诉人与刘子定等因抱约无效事件，不服本院第一审判决提起上诉，应缴裁判费国币拾壹元壹角柒分，未据缴纳，其上诉状亦未依民事诉讼法第四百三十八条表明上诉理由。兹限该上诉人于收受本裁定时起五日内向四川高等法院第一分院如数补缴，如逾期未遵行，第二审法院即行驳回上诉。切勿违延自误，特此裁定。

　　中华民国三十一年五月廿八日

　　四川重庆地方法院民事庭

　　推事：刘仲尧

　　书记官：刘夏藩

　　本件证明与原本无异。

中华民国三十一年五月二十九日

四川重庆地方法院书记室公函

民字第二四二九号

　　案查刘熊氏与刘英廉等确认租约无效及返还契约事件上诉卷证由：案查刘熊氏与刘英廉等待确认租约无效及返还契约事件，业经本院判决送达在卷。兹据原告刘熊氏于法定期间内具状提起上诉到院，并声请第二审法院准予诉讼救助，相应检齐卷证函送贵院查收核据办。

　　此致

　　四川高等法院第一分院书记室

　　计函送卷一宗，上诉状，声请状各一件，证约一封（计二十一件）。

中华民国三十一年六月四日

四川高等法院第一分院民事裁定

三十一年度声裁字第一零三号

声请人：刘熊氏，住北碚连家湾。

声请人与刘英廉等因请求确认契约无效及返还契约事件声请诉讼救助，本院裁定如左。

主文

声请驳回；声请诉讼费用由声请人负担。

理由

报声请诉讼救助，以当事人无力支出诉讼费用为限。若经济上尚有措缴审判费用之资力，则其声请诉讼救助即属不应准许。本件声请人与刘英廉等因请求确认契约无效及返还契约事件，声请诉讼救助，据其声称并无措缴讼费之资力，不特徒托空言，已难凭信。且查声请人在原审业经缴纳审判费三百四十五元，在本审亦缴纳一部分审判费并委任律师在案，是其显有筹缴本案讼费之资力尤为明显。本件声请应予驳回。并依民事诉讼法第九十条、第七十八条裁定如主文。

中华民国三十一年六月二十九日

四川高等法院第一分院民事第一庭

审判长推事：胡长泽

推事：周文滨

推事：夏隆利

书记官：

本件证明与原本无异。

中华民国三十一年八月十七日

四川高等法院第一分院民事裁定

三十一年度职裁字第四三八号

上诉人：刘熊氏，住北碚连家湾。

被上诉人：刘英廉、刘谭氏、艾老大、任树卿、郑长发，均住北碚天生桥。

右当事人间请求确认契约无效及返还契约事件，上诉人提起第二审上诉到院，应缴裁判费法币六百七十三元七角三分。除已缴十一元一角七分外，其余未据缴纳。兹限该上诉人于送达裁定时起二十日内如数补缴，如逾期仍不遵行，而认上诉为不合法，依民事诉讼法第四百四十一条第一项以裁定驳回。切勿迟延自误，特此裁定。

中华民国三十一年六月二十九日

四川高等法院第一分院民事第　庭

审判长：刘长泽

送达证书

书状目录：民国三十一年（　　）字第四三八号案送达裁定一件。

受送达人：刘熊氏。

受送达人署名盖章，若不能署名盖章或拒绝者，应记明其事实：

非交付应受送达人之送达应记明其事实：刘熊氏之戚代收熊少雨实。

送达日期：卅一年七月十六日。

中华民国卅一年六月卅日

重庆地方法院送达员：包松廷

民事声明

上诉人：刘熊氏，巴县人，住北碚连家湾冯家院。

被上诉人：刘英廉、刘子定。

兼右法定代理人：刘谭氏、艾老大、任树卿、郑长发，均住北碚天生桥。

为声明裁定错误案，经声请诉讼救助，请求查卷依法另行裁定，准暂缓缴本案上诉裁判费，并声明前次汇缴之款是另案裁判费，请即转送该案卷内，以免误遭驳回上诉，并请将两案上诉合并审理事。窃上诉人与被上诉人等因请求涂销不动产所有权登记暨确认租约无效，并返还契物田价，不服重庆地方法院判决上诉一案（即原法院三十年诉字四七一号），业于提起上诉时声请抄送判决原本，并另状声请诉讼救助各在案，本月十六日接奉钧院送达三十一年职裁字四三八号裁定，内开："上诉人与被告人等因请求确认契约无效及返还契约事件，上诉人提起第二审上诉，应缴裁判费法币六百七十三元七角三分，除已缴十一元一角七分外，其余未据缴纳。兹限该上诉人于送达本裁定起二十日内如数补缴。"等因，奉此。查上诉人前由邮局汇缴法币十一元一角七分是另案（重庆地院卅年度诉字第五一一号即上诉人与刘英廉等因请求确认抱约无效上诉案）之上诉审裁判费，于接受原法院本年五月二十八日命补正裁定后遵于限内如数汇缴。本案上诉裁判费因子额过巨，无力筹缴，经于提起上诉后觅同保证人具状声请诉讼救助，寄由原法院转请裁定在卷，故原法院并未限期补正。兹就前因未免错误，且查上开摘叙之案由亦不无误漏，似将上诉人与刘子定、刘英廉等两上诉案混为一上诉案，合将原法院限缴另案之上诉审裁判费之裁定。原告缴验即请连同前次汇缴上开之款转送该案卷内，以免主办该案之推事误为逾限，尚未补缴，驳回该案之上诉。并请准将上开两上诉案合并审理，以便调查藉节共费。至本案应缴之第二审裁判费，既经依法声请救助，自应请求查核原状，依法裁定准暂缓缴，合并具状声明。未能遵限补缴缘由，请求钧院调卷查核，分别办理。又，本案不服原判全部判决，应请废弃原判为第一审声明判决。详细理由俟抄到原案判决原本再行补陈，合并声明。

谨状

计附重庆地方法院裁定原本一件

四川高等法院第一分院民庭公鉴。

中华民国卅一年七月二十四日

具状人：刘熊氏

律师潘震亚撰

委任书

委任人：刘熊氏，四十四岁，住北碚连家湾冯家院。

被委任人：潘震亚律师。

事务所：北碚黄桷树田坝路六号。

为委任代理人事。窃委任人与刘英廉等因请求涂销不动产所有权登记暨确认租约无效并返还契约田价事件上诉一案，委任被委任人为代理人，其原因及权限如左。

一、原因：依法委任。

二、权限：依照民诉法第七十条第一项及其但书之规定。

四川高等法院第一分院民庭公鉴。

中华民国三十一年八月十日

具状人：刘熊氏

四川高等法院第一分院民事判决

三十一年度判字第一〇八四号

上诉人：刘英廉，送达代收人：巴县仁厚场重庆大旅社赵治地。

法定代理人：刘谭氏，送达代收人：巴县仁厚场重庆大旅社赵治地。

诉讼代理人：陈嘉善，律师。

复代理人：鄢伦琇，律师。

被上诉人：周合顺，住巴县北碚乡月亮田。

参加人：刘熊氏，住北碚连家湾冯家院。

诉讼代理人：潘震亚，律师。

右当事人间请求投佃事件，上诉人对于中华民国三十年十月六日四川重庆地方法院第一审判决提起上诉，经裁定后声请再审，本院判决如左。

主文

上诉驳回；第二审诉讼费用由上诉人负担。

事实

上诉人及其代理人声明，请求判决将原状废弃，责令被上诉人向上诉人投佃，驳回参加人在第一审参加之诉并令被上诉人负担两审诉讼费用。

被上诉人参加人及其代理人声明，请求判决驳回上诉人之上诉，并令其负担第二审诉讼费用。两造事实上之陈述与第［一］审判决书所记载者相同，依民事诉讼法第四百五十一条引用之。

理由

本件上诉人年只十五岁，尚未成年，于民国二十六年旧历十月二十九日由参加人收养为子，即继承参加人分受产业，并由参加人以母之资格为其法定代理人。被上诉人所种月亮田系向参加人投佃，为两造不争之事实。核之上诉人本生父刘子定呈案，参加人所立抱子女约抄件亦载明所有分受遗产概归刘英廉（即上诉人）享受等语。是被上诉人承种之月亮田原为参加人分受之产已无疑义。参加人因夫死无子，遂抱上诉人为养子，其关系除法律另有规定外，原与婚生子女同。上诉人为限制行为能力人，自己并无讼争之意思，乃由刘谭氏以监护人名义代理起诉。其监护人之产生核诸本年五月二十七日刘子定在言辞辩论中之陈述，赅称无亲属会议簿，嗣又迟延提出之事实已难置信。且查参加人既为上诉人之母，依法即为其财产之管理人。纵使参加人滥用，其对于上诉人之权利尽可由其最近亲属或亲属会议纠正之，纠正无效时得依民法第一千零九十条规定，请求法院宣告停止其权利之全部或一部。今参加人既未经法院宣告停止其母之权利，则刘谭氏根本即不得代理上诉人诉请被上诉人投佃。原审以上诉人以自己名义虽可请求向其投佃，但其法定代理人为参加人，而两造租赁契约又在存续中，因认其诉讼为不合，固非违误，但刘谭氏既不得为上诉人之法定代理人，则本案起诉已属未经合法代理，亦且无从补正。原审未依民事诉讼法第二百四十九条第四款规定，以裁定驳回，而以判决驳回其诉，其结果既属相同，上诉仍难认为有理由。

据上论结，本件上诉为无理由，依民事诉讼法第四百四十六条第一项、第二项，第七十八条判决如主文。

中华民国三十一年八月十四日

四川高等法院第一分院

审判长推事：胡长泽

推事：周文滨

推事：夏陆利

对于本判决如有不服，得于送达正本后二十日内向最高法院提起上诉，至上诉状应由本院提出。

民国三十一年十月三日

委任书

具委人：刘英廉。

法定代理人：刘谭氏，巴县，住北碚天生桥，自业。

受委人：陈嘉善，律师。

为委任代理事。情民等与刘熊氏因请求涂销不动产所有权登记暨确认租约无效并返还契物田价事件上诉一案，兹委律师陈嘉善为民等诉讼代理人，合具委状。

此呈

四川高等法院第一分院民庭公鉴。

中华民国三十一年八月十五日

具状人：刘英廉

法定代理人：刘谭氏

送达证书

送达法院：四川高等法院第一分院。

应送达之文书：民国　　年　字第　号与刘熊氏确认契约无效案裁定正本一件。

受送达人：刘英廉。

应送达人署名盖印，若不能或拒绝署名盖印送达人，应记明其事由：刘英廉。

非交付应受送达之人送达人应记明其事实：律师陈嘉善代收照转。

送达日期：卅一年八月十九日上午十时。

中华民国卅一年八月十七日

送达人：陈青云

［同年八月廿九日弟熊少雨代刘熊氏签收裁定的送达证书略］

四川高等法院第一分院民事判决

三十一年度判字第一一三零号

上诉人：刘熊氏，住北碚连家湾。

诉讼代理人：潘震亚，律师。

被上诉人：刘英廉，住北碚天生桥。刘子定，住北碚天生桥。

共同诉讼代理人：陈嘉善，律师。

右当事人间请求确认抱约无效事件，上诉人对于中华民国三十一年四月二十二日四川重庆地方法院第一审判决提起上诉，本院判决为左。

主文

原判决废弃；确认上诉人与被上诉人刘子定以被上诉人刘英廉徒承其亡夫刘子高之宗桃无效；第一、第二两审诉讼费用由被上诉人负担。

事实

上诉人声明，求为主文之判决。被上诉人声明，请求驳回上诉。其应记载之事实与第一审判决所载者同，兹依民事诉讼法第四百五十一条引用之。

理由

本件当事人对于抱约中一纸之真伪虽有争执，但上诉人于其夫刘子高死亡之次年，即民国廿六年度旧历十月廿九日立刘子定之子刘英廉为嗣以承宗桃则为不争之事实。按现行民法，不采宗桃继承，即认为非现行社会制度下之善良风俗，则上诉人选立嗣子以承宗桃，亦即为有背法律风俗之法律行为，应为无效。最高法院上字第一八七三号判例系谓嗣约之当事人间苟已表示意思一致，依契约自由之原则不能谓其嗣契约为不成立，原审以不成立与无效混为一谈，驳回上诉人之请求，未免误解上诉论旨，就此攻击不能谓为无理由。

据上论结，本件上诉为有理由，依民事诉讼法第四百四十七条、第七十八条判决如主文。

中华民国三十一年八月二十一

四川高等法院第一分院民事第一庭

审判长推事：胡长泽

推事：孙善才

推事：孔容照

对于本判决如有不服，得于送达正本二十日内向最高法院提起上诉，至上诉状应向本院提出。

汇交审判费说明书

径启者，查刘熊氏与刘子定等因请求涂销不动产所有权登记等事件，不服重庆地方法院判决上诉一案（原法院卅一年诉字四七一号），前奉大院裁定，应缴第二审裁判费六百七十三元七角三分，因经先行声请救助，曾具状声请，依法裁定并准暂缓缴纳在案。兹接奉大院裁定，已将声请救助驳回，经由当事人设法筹缴。兹代上诉人刘熊氏寄上邮局该案前开金额汇票一张（前汇法币十一元一角七分是另案之裁判费，经状请转送该案卷内，故仍照额汇上），至请查收购贴印纸连同此函送卷，并将收据寄下为荷。

此致

四川高等法院

计附邮局汇票一张计陆百柒拾肆元（有多请作寄回收据邮票）

律师潘震亚

卅一年九月七日

汇费二十三元六角如能扣除，请于出庭日发还，合并声明。

潘震亚律师请求再审书

径启者，兹□□［收到］上［诉人］刘熊氏上诉状一件，副状全齐两件，节本三件，请按照状尾及该副状之注明分别送达各被上诉人。又，本案第二审裁判费已于本月六日寄上邮汇票陆百柒拾肆元，想经收到。该案上诉已久，请即查核上诉理由，迅予传讯，并距审判期日稍远，以便各证人能齐到。关于系争家具部分，并请于开审前嘱托北碚管理局司法处就近勘验，并嘱直［其］秘密迅速，以免闻风先行移匿。应需勘验费用当照筹缴，请嘱司法处核定饬遵。

此上

四川高等法院第一分院

上诉人：代理人潘震亚律师

九月九日

民事上诉状

上诉人：刘熊氏，四十四岁，巴县人，住北碚连家湾冯家院。
被上诉人：刘子定、刘谭氏、刘英廉。
右法定代理人：刘子定、艾老大、郑长发、任树卿，均住北碚天生桥。

为补具上诉理由，请即定期传讯事。窃上诉人等因请求涂销不动产所有权登记既确认租约无效交付租谷并返还契物田价等事件，不服重庆地方法院第一审判决上诉一案，兹补具上诉理由如左。

甲、不服原判决，请求另为判决之声明：

请求废弃原判决，另为如左之判决：（一）刘子定代理刘英廉所为坐落北碚天生桥风科庙坎下田土一股，计谷面积四十石，长七间瓦屋，全院不动产所有权之登记准予涂销。（二）确认刘谭氏非刘英廉之监护人，不得干涉原告对于上开田产出佃收租事宜。艾老大（即艾宽文）、任树卿（即任老三）、郑长发与刘英廉重订上开田产之佃约无效。各该被上诉人卅十年收获上开田产之租谷艾老大所耕十石应与刘海全均分，郑长发任树卿各耕十石应与上诉人均分，并各给付上诉人苞谷三斗。关于交租谷部分并请宣告假执行。（三）刘子定应将上诉人分受坐落北碚风科庙坎下田产红契分关各壹张，及上诉人所有大床一间，小床二间，衣柜、春柜各四个，写字台、梳妆台各一张，帐子三笼，被盖四床，凳子十二张并箱子四口，返还上诉人。（四）刘子定应补给上诉人经手出售铜梁原籍田业余存田价壹千四百元。（五）一、二两审诉讼费用命被上诉人等各照败诉部分负担。

乙、不服原判决提起上诉之理由：

分别陈述如次：

一、关于涂销刘英廉所有权登记部分。

查被上诉人刘英廉代理人提出之民国二十八年农历十月二十八日用刘谭氏名义立给之分关，原是当众交由上诉人执掌，被刘子定唆使，刘英廉于抱养至家未满两月时，连同系争田产红契所窃去，即上项第三款声明请求判令返还。上诉人之件其中所载"主凭绅拈阄""英廉拈得礼字号"云云之"英廉"二字是窃去后所添注，原是空白，其窃取之动机即基于此。"英廉"二字之墨色与全文不符，一望而知为事后私注。况英廉当时未满十龄，而抱约亦尚未书写（按抱约次日始书），事实上明是由上诉人拈阄理应添注"熊氏拈得礼字号"，因上诉人不识字，当时未经注明。子定蓄谋侵产，故唆使英廉窃取私添，且分关首尾均载明"媳熊氏同男英廉"之字样，英廉又非实行拈阄者，岂有独载英廉拈得之理？况该分关原是二次所写，第一次是刘德济之代笔，因子定不满意其所拈得之田产，将刘代写之分关撕毁，始由童道一另写。不惟当时拈得二字之上确留空白，未曾填注何人拈得。而刘子雄（即隆才）一份仅载首尾之文字，中间因拈得之田尚未勘界，至今犹是空白。刘子衡（即隆平）一份因童道一代书者界址不符，仍是将刘德齐代书者于撕毁后复粘补执存。原审虽曾传过刘子熊、刘子定二人，并于传票上注明命将所执分关带案，因上诉人未能筹垫旅费，故未肯到庭，并不允将分关交由上诉人呈验。各该分关内容均足证明"英廉"二字非当时所写成，是事后之添注，且为同一法律关系所作成。依照民诉法第三四八条及第三四四条第四款，刘子雄、刘子衡（均住北碚天生桥月亮田）均有提出之义务，原审既未强制各该证人到案，又未以裁定限令其提出遽信童道一勾串不符事实之伪证言，不惟于职责未尽，应请分传或嘱托北碚管理局司法处就近传讯各该证人，并限令提出各自执掌之分关核对。而刘子定提出其本人名下之分关亦是先留空白后才添注"隆国拈得"等字样，与子雄、子衡、子恩所执各张悉同。童道一供"先拈阄后写分关没有空格系五张一齐写的"显与上开事实不符。明是先留空格后填拈得者之名号为不可争之事实，童尤敢谎供，足证为子定所勾串。原审不察其伪，反为所蒙，显属采证不当。至刘子定提出上诉人之承抱约是事后伪造，所载"所有氏分受财产概与英廉受"，云云。且与前开分关"英廉拈得礼字号"云云两相矛盾。原审不惟未将两抱约之合同缎料之质量、证人之名次各不符合之处加以论断，反谓"上诉人分受仅有之风科庙缮业，系指定英廉为其继承人已堪认定"，牵强附会，曲为掩饰当时立约之真意，明为抱英廉继承先夫之宗祧。并由上诉人负教养婚娶之责任。此观两抱约之前段所载"自抱之后，英廉饮食、衣服及读书、婚娶等费概归该熊氏负责"即是证明，并无指定该产为英廉取得所有之意义。果仅有之系争田产是为英廉拈得，应认为其所有，则允抱约应载明上诉人由英廉生养死葬，亦无更伪造上述承抱约之必要。因分关空白中之"英廉"二字不惟是事后所添注一望了然，且首尾均载有媳熊氏同男英廉之字样非另伪造，上开承抱约便不足蒙准登记。刘德齐亦是刘子定所勾串，其证言岂足置信，当唐推事将两抱约交其辨认时形色仓皇，初指上诉人所提出者非其所书，指为伪造（经请唐推事在原抱约上注明），后经指示这是承抱约。语意是否不同，才答的是的。诘其两张之合同何扣不拢墨色，何半□半□，皆支吾不能答。缎质较劣则诿是写后另行买的；证人不符，则诿是缎子较先买的更长多加写几位证人名字（其实证人只后排次序颠到不一致并未多添尺幅两张一律）。嗣因唐推事辞职，刘推事更新审理，既未再行直接讯问前次笔录，又记载简略，当时诘讯形状既未尽情描写，问答语气亦与真实情形不符。仅讯后摘要撮编语多遗漏。原判对于上述各点全未论究，谓原分关及抱约经刘谭氏、童道一、刘德齐等证明其非虚，遽认该业为英廉所有，其取舍证据显未适法。刘谭氏明为本案之被告，乃认为关系人尤属意存偏颇，其陈述又岂可为据。此外，如原法院卅年度诉字第四四四号案件因误为未缴裁判费驳回上诉，经刘英廉提起再审，仍将上诉驳回（即讷股卅一年上字零四九八号）。该案是刘英廉诉请周合顺投佃经上诉人声请参加，非专争所有问题，原审既驳回其请求投佃之诉，足证系争之田纵认为英廉所有，亦应由上诉人为法定代理人，原审明知斯义，乃凭空谓上诉人之代理权有瑕疵，而谓由其生父代为登记为合法。原审不以该案第一审为利于上诉人之参考，反视为足为本案不利于上诉人之依据，颠倒是非、混乱黑白尤属昭然若揭。其登记之事实，基上陈述，显非实在。其生父代为登记更非合法。公告期内既未经通知上诉人，自无从得知其不法行为。因登记原因无效或代理权无效而提起涂销登记之诉，依照历来判例得随时提起并无时间之限制。原分关之为变造，承抱约之为伪造不待旁证，请就如该据两相对照，观其形式与内容即足证明。况有上述之人证、物证及当时在场之戚族。原审并未讯明，遽谓殊难凭信，显于职责未尽，万不足昭折服。（按，对于英廉抱约问题，亦经另案诉请确认无效，原审推事挟有成见，故将另案之诉驳回，对于本案遂不细加审究），另案亦经上诉（木股卅一年上字二七三五号），并已定期宣判，虽结果如何尚未得知，应请调阅上开该案卷证察核，藉知子定假继霸产之毒谋，区区养命之产，断难任其侵夺（并请参照下项及第三项第一款之理由）。

二、关于确认刘谭氏非刘英廉监护人，并重订租约无效及命艾老大等各照原佃约分别交租部分。

查刘谭氏是刘英廉之庶祖母，并无亲属关系，纵系继祖母，亦属姻亲关系，而非血亲，不得认为民法第一千零九十四条第三款之不与未成年人同居之祖母。况英廉之抱约明载"自抱之后英廉饮食、衣服及读书、婚娶等费概归熊氏负责，倘英廉不听管束，任凭严格教戒，不得护短翻悔，异言微论。系争田产是分受上诉人所管执，基此可以证明，并详述于前项。纵系如伪造承抱约所载"所有氏分受财产概归英廉享受"。在英廉未成年以前亦应由上诉人管理，岂得谓系处于利害相反之地位，而谓上诉人之代理权，因瑕疵不能行使而任听其生父串同未同居之庶祖母侵夺，置上诉人之生活不顾。刘谭氏明知其所称为英廉之监护人为不合法，且其辩状所答上诉人不履行扶养义务，欠其膳谷四年为虚捏，故在另案（讷股卅一年上字第四零九八号）再开辩论时始提出伪造亲属会议，推举其为英廉监护人之决议簿。经判决驳回，英廉在该案之上诉则无论系争田产为谁所有，而上诉人之应为英廉之法定代理人，不得认为不能行使其权利已为该案一、二两审判决所认定同一事实。同一法院之判决当然应受拘束，不容两歧原判，乃故为相反之判决，不惟足证意存偏颇，亦属有失法院威信。况监护人行使监护权，除与未成年人同居之祖父母为监护人外，均应依照民法第一千零九十九及第一千一百零一条至第一千一百零四条之规定执行职务，刘谭氏不惟不应为英廉之监护人，且未会同亲属会议所指定之人开具受监护人之财产清册及向亲属会议报告其财产状况，事实上亦未实行管理，所有收益悉为刘子定经收，全饱其私囊，不过对外时假借刘谭氏之名，义为傀儡，借掩自己之罪恶。原审既认刘子定代理登记为合法，复认刘谭氏令原佃户艾老大等径向所有权人刘英廉投佃，于法尚非不当，无论系争之田产为上诉人之所有已如前项此述，而英廉之法定代理人究应为谁充当，前后亦不无歧异。所谓"法"者，究不知所指何"法"？而认刘子定、刘谭氏能同时分别英廉之法定代理人，其为存心曲袒，已属灼然。凡被上诉人等之主张皆是，而上诉人之主张皆非，如此任性擅判，何贵有法？原审认上诉人此部请求亦难认为有理由，显属不当。况原订抱约应属无效，已另案上诉。如上述旧律嗣子不得后亲所悦者并得废继室，得因英廉之不受教养，而任其生父及庶祖母侵夺上诉人代理权之理，于法悖情，于此显见。更可怪者，上诉人在原审对艾老大、郑长发、任树卿等欠租部分，本是照佃约依法分别请求，对艾老大所耕十石欠租部分，系依照民法第二百四十二条请求命其与刘海全均分，对郑长发、任树卿各耕十石欠租部分始请求命各与上诉人均分，并各给付上诉人苞谷三斗。原判事实栏记载上诉人在原审声明之第二项极为明确，而判决理由忽误系争田租三十石均全部大佃刘海全，并误认径向第三人之艾老大等诉请分租付谷，认为当事人不适格，不惟对于上诉人在原审请求意旨未明，及摘叙原审代理人关于此点请求假执行之词句不无含混欠明之处，而与上述原判所载上诉人在原审之声明亦自相矛盾。按照民诉法第四百六十六条第六款规定，显属违背法令，其为粗心任性只此可觑一班。况查艾老大、郑长发、任树卿等三人既未终止原订之佃约，自负纳租之义务，原判理由对于此点，因误认诉讼主体致未论究，显属疏略。各该三人虽未亲自到案。曾与刘子定、刘谭氏、刘英廉等共同委任陈嘉善律师为代理人，代理出庭辩论，迭经陈律师陈明在案，上诉人及原审代理人在原审先后两次辩论均无"伊等情虚不到，应请一造辩论之陈述"，原判事实关于此点及准予原告一造辩论之记载暨认刘谭氏辩论期日未到均不知何所根据（按原审笔录有无误记及被上诉人等是否漏违委任状请查核）。虽皆与上诉人要旨无关，而原审之怠意率断于此，足资参证。关于分租交谷部分，仍请准予宣告假执行，以免久危生计致遭不能计算之损害。

三、关于刘子定返还契物及田价部分。

查原告就起诉主张之事实，固负举证之责任，而所谓证据之涵义凡足以息争释疑之数据皆属之不间直接与间接物证或人证，至是否足为其主张事实存在之证明，非经依法调查不能遽为断定，原判对于上诉人在原审所举各证据并未分别调查，反谓上诉人就其主张事实未能提出证据以证明其存在，显与原审笔录及卷附物证暨请传证人各状不符，请分述不服理由如次：

（一）关于系争分关红契部分。系争田产之分关红契是交由上诉人执管，不惟有同时分产，现尚生存之刘子雄、刘子衡当时交付可证。按诸情理，英廉是时年未十龄，且与其生父子定并无嫌隙，亦应交由上诉人执掌。分关虽是由刘谭氏共同书立，子定兄弟五人皆同母（刘熊氏即上诉人之堂姑）所生，均非刘谭氏之所出。先翁续之，公于二十五年冬逝世，故各房即要求将其生前提留之赠产再行分割，上诉人夫亡未久，誓志守节，且无恒产，无论是否抱儿，依照我国旧例及民法第一千一百四十九条自应按房分给五分之一。况书立分关之时，已与子定口头商定抱英廉为嗣（按分关是先抱约一日所书写），则情感较其它夫叔更亲密，断无不将分关红契同时分交上诉人收执，独由刘谭氏保存之理。被上诉人等在原审之答辩谓系争田产是刘谭氏所特赠英廉者，不惟刘谭氏无处分先夫遗产之权，抑且不合情理，有背习俗。伪造之承抱约，匪独不足证明是由刘谭氏赠与英廉，且足证明确为上诉人所受。因子定恐变造之分关不足为登记之证明，始加造此伪据，藉便其蒙，各该分关抱约之非真实已如第一项之所述。原审并未论究其心证之基础自属无据。况子定唆使英廉窃取分关田契之目的原冀藉继夺产，正因英廉年幼，同居未久，携取轻便，遂被其诱惑而疏于防范。因分关现为子定所持有，且已为声请登记之利用，赃证俱在，不容狡赖。乃捏称是由刘谭氏所交付，究于何时何故交其执管，恐原审纵欲为之曲袒，亦不能代圆其说。至若刘子定在原审所供"风科庙之分关是刘谭氏赠与刘英廉，乃将分关交与刘代为保管"（见原卷四九页下面）不惟绝不近情，且与分产这事实不符。查原分关所载"立分关田合约人刘谭氏所遗五子隆才、隆国、隆平、隆谌、媳熊氏同男英廉，情因氏夫去岁病故，遗下关产月亮田沙渡桥田业二处，又负关账四千元，氏一人独立难支，是以请凭族戚在堂商议，愿将关田划分五股，……议立仁、义、礼、智、信为号，凭神拈阄，……所遗什物器具亦作五股均分，碉楼居关，自分之后，各照约管业，特立合同五纸，各执一纸为据。……"显系五股均分，五房各执一纸，子定持有上诉人一房执掌之分关，足证系其唆使英廉所窃得，不然断不致由刘谭氏转交其所执。原审不就分关全文意旨斟酌，仅凭事后于凭神拈阄下拈得礼字号上之空白格内添注"英廉"二字，信其空言为真，显属未尽审判之能事。况分关中保留共有未分割之碉楼，现仍由上诉人与子定、子雄、子衡、子恩等五房共同出名出租于京华印书馆；而系争田内之山地亦由上诉人之名出租于程敦厚堂造屋；至系争田产四十石，向是由上诉人分佃刘海全、郑长发、任树卿、周和顺等四人，各耕十石。上列各租佃约均足为上诉人所有，而非特赠英廉之证明，曾提出附卷，原审概置不究，显属有背职责。至关于系争红契一点，更足使人惊奇。刘子定在原审同日明白供称："……红契是根本没有在我手中，乃在熊明甫手内"（原卷四九页下面），则该项红契上诉人失管已久已属显见，本案在原审唐前推事任内已宣告辩论终结，定于去年十月十八日宣判。延至本年三月，忽接奉原推事同年二月四日裁定，再开言词辩论。当时疑为关于田价器物及分关抱约尚有疑点，曾具状声请添传刘子雄、刘子衡并分关抱约中其它族戚及后两段所举各证人，讵唐推事旋因事辞职离院，搁至四月十日始由刘推事更新审理，然只添传证人熊明甫一人，其它重要人证概未添传。则传讯明甫为再开辩论之原因已可想见。讵原法院命子定指传之际，拒不指传，否认曾请传其人，其为信口乱供，日久遗忘显无疑义。原执达员曾将原传票交由上诉人代转明甫，不知传问何事，故亦拒未收受。经原执达员具报（原卷八二页），并由上诉人之原审代理人将原传票当庭退还，注明经过事由、附卷及请求诘讯刘子定为何拒不指传，原审推事对此主要问题全置不理，而一味坚劝两造和解，因皆不同意，乃拂袖负气退庭，并于离庭后走到门口犹回头大声向着刘子定愤怒地说"依法判决"，对于全案情形并未细究，仅由两造代理人各将上诉之声明及事实重新陈述一遍，即谓两案（即抱约无效案）全部明了，劝子定承认废弃各分田谷二十石。默察当时情况，似有不利于被上诉人等之判决，讵两案宣判结果全出乎上诉人之所料，并以子定所供"红分尚存刘谭氏手中"之谎言可信，断为非英廉所能窃取，而对其前供"红契在熊明甫手内"及拒不指传之事实视若无事。至今上诉人尤不知为何将已定期宣判之案于数月后再开辩论，岂非奇异？其实该契之被子定唆使英廉所窃藏于此已足证明，不然何至前后供词矛盾？甚至忘其所供而责令指传，反否认其事？原审既未续传同时分家之刘子雄、刘子衡，复不究其供词自相矛盾之故及分关何独为子定持有？反谓上诉人未能提出证据以证明主张之事实存在，显背采证法则，断不足昭拆服。熊明甫为子定之舅父即其生母之胞兄，是其家最近血亲尊亲，属为北碚之绅粮，人极公正，书立分关抱约均到场足证。关于分关变造抱约、伪造争点及红契分关、当时交由何人，铜梁田产是否子定经手变卖、欠价未交，有无搬去家俱情事均为其所深悉。如认为有讯问必要，请即传讯证明或嘱托北碚管理司法局就近讯问。

（二）关于返还单开家俱什物部分。此点刘子定不惟极端否认搬去之事实，并捏称上诉人嗜好鸦片，早已当卖馨尽。而其辩词是否可信，全置不究，已失审判之能事。况上诉人对于此点在原审迭提出人证、物证，有卷可考，再开辩论并另状请补传重要证人，原审并未调查，反谓上诉人未能提出证据，可见全属信笔乱判。兹请重述经过事实及人证、物证如次：

（子）原置家具什物之房屋，是租北碚天生桥杜家坝子定胞弟子恩之屋。子恩去年病故，请传其妻刘杨氏及同院邻人刘吉仙、刘少安（均子定之佃户）均足证明子定乘上诉人归宁之际，搬去系争家具什物之事实。

（丑）现藏家具什物之房屋，在北碚天生桥月亮田刘子定家内。请传同院邻人刘子衡（子定胞弟）、周和顺（上诉人佃户）便足证明系争物件尚存子定家中，并有一部借给他人使用。

（寅）搬回之件廿九年腊月下旬曾雇佃户艾老大搬回箱子一只，桌子一张。可传艾证明。

（卯）续搬时被咬伤及调解之经过：卅年正月下旬曾请包修程敦厚堂房屋之工头顾春至代雇工人三名续往搬取单开各件，始被子定阻挡，并被子定之妾卢氏咬伤手部及英廉之辱骂。经报告天生桥前三峡实验区署公安队第五派出所，并派警送至北碚江苏医学院附属医院诊治，旋由王队副及子定之血表弟熊子俞调解，由子定另租天生桥正街李素光家余屋给上诉人居住，并搭伙食，所有房租、伙食均由子定负担。讵住吃一月，子定背约未付分文，不得已，始另移现址即二姊冯熊氏家中，所欠李素光房租、伙食，至今尚未了结。以上事实，请分函调查并传熊子俞、李光素可证。

（辰）续搬时并图栽诬上诉人之事实：子定当时曾向本甲甲长周光鼎报告，捏称上诉人第二次督同工人搬物时曾失去法币若干，指为上诉人所窃，请为查究。因被咬伤手部，由上诉人先报警所，且经调解成立。故此事当时上诉人未曾闻知，本案涉讼后，因子定否认一切事实，邻人始愤而告悉上情。

综上陈述，族邻周知，原判指为未能举证，与原审笔录及状述不符，似此任性枉判，不惟不足折服，且堕法院威信，有失民众信仰。上诉人因先夫重病，吸食鸦片，伴侍之际偶而沾染，先夫亡故后早经断吸。子定图霸遗产，曾于未将系争田产蒙请登记，前在重庆卫戍部诬告上诉人吸食鸦片，经令三峡实验区署传讯，验明不实，有案，未遭陷害，始变计将系争田产蒙请登记，并迫令艾老大等用英廉名义投佃，致生本件之讼争全家用物不存，显属不争事实，断无自己当卖罄尽之理，系争田产未重投佃前，每年田租收益悉由上诉人支配，足以自给，断无当卖应用家具必要，系争各物明为子定所搬去，原物尚存其家内，众目共见，且经当地公安机关调解，人证、物证俱在，犹冀狡赖，则其它红契田价之不易为外人所知者自必更图饰辩，原审不察其伪，致中奸计，不惟上诉人心所未甘，子定殆亦匿笑法官之易欺，奸人计售，良懦何堪？请先查明此点，其它自易洞悉。即乞嘱托北碚管理局司法处就近勘验。

（三）关于给付余存田价一千四百元部分。原判以子定辩称"铜梁售业系原告（即上诉人）之弟熊少雨全权经理，被告（即子定）从未与闻其事实"，上诉人未能提出证据，证明主张应由子定给付上开余存田价之事实存在，亦未尽调查之能事。查上诉人在原审曾将子定经手收付变卖铜梁田价及人证开具清单附卷，请为调查并经记明笔录。再开辩论时复经状请单开各证人熊少雨为债权人之一，当时仅到场收债作中，并非经手出卖。原审仅据子定之空言狡辩而对于单开各证人并未传讯，反谓上诉人未能举证，显属曲为偏颇。兹为便于查阅计，请重述子定经手变卖田产、收付田价等事实及人证如次：

（子）收付田价之数目。（一）实收卖田价四千八百元。（二）付还押佃款一千一百元（佃户李树云住铜梁县东门外板桥）。（三）付还子高生前债务一千三百七十七元正（计冯瑶光一百四十，住北碚连家湾）；熊少雨一百三十七元（住北碚寿霜药店）；王裕坤二百五十元（已故）；熊刘氏七十元（已故）；蒙粟[一]千二百八十元（住江北龙王洞）；周良才五百元（住巴县歇马场，出外经商不在家）（合共如上数）。（四）[四]付还官债八百元。（五）[五]付子高修齐费用约一百二十三元。（六）[六]收付两抵，最少应存一千四百元，即请求给付之数额，请传讯上开各债权人及佃户。

（五）买主姓名。姓李名忘记，请嘱托传讯买方提盘中人李树云即原佃户。

（寅）订约时期及地点。民国二十六年旧历九月初间在合川县城墙边某旅馆，上诉人到场划押，仅得划押费五十元，卖价概未经手。

（卯）交款时期。当日由买方提盘中人李树云交付子定现款二千三百元，期票二千五百元（计三张冬、腊月底各一千元，次年正月底五百元，均由子定兑收）。

（辰）在场之中证人。债权人熊少雨、蒙粟千到场收债并做中证，周良才亦到收债，未作中，子定为卖方之提盘中人，故田价由其负责领受，其余中证请调查原卖契。上开余存田价数额为不争事实，见卷，附嘉陵江日报所载刘英廉启事。所争者是否子定经手收价还债及修齐，请传上开各债权人及嘱托铜梁法院传讯李树云俱足证明。总之，当变卖此处田产时，已经子定商定以英廉出抱先夫为嗣子，因以清偿旧债及修齐超度为名，始由其主张变卖并由其出面请原佃户李树云觅主出卖，此为四川变卖田产之习惯，苟非刘子定出面负责出卖，必无人敢买。熊少雨虽是上诉人之胞弟，然在封建习俗仍浓厚之旧社会，刘姓田产由熊姓之人代卖，不惟不足见信于买方，子定为英廉之生父亦必出面反对。其诳称"铜梁售业系熊少雨全权经理，从未与闻其事实"，显属空言抵赖，按诸人情习俗，断不足信。原审既未传讯人证。复不斟酌当时子定与上诉人之关系暨川省变产之习惯，按诸民诉法第二百二十二条第一项前段规定，其判决显属不当。

综上理由，原判全部显均不当，请即定期传讯，分别调查审理，如前声明判决。

谨状

证人：一、刘子雄、刘子衡。

　　　二、熊明甫及其它分关抱约中所载之中证人。

　　　三、刘杨氏、刘吉仙、刘少安、刘子衡、周和顺、艾老大、顾春至、熊子俞、李光素、王队副。

　　　四、熊少雨、冯瑶光、蒙粟千、周良才、李树云。

　　　详见状内分项陈述。

证物：

一、分关。

二、抱约。

三、租约。详见状内均附原卷，并请以裁定命刘子雄、刘子衡各提出其本人所执之分关。

四、佃约。

五、卖契人。请讯明李树云后，命铜梁田业买主提出，便足证明是刘子定经手变卖及收价□田价收据。

四川高等法院第一分院民庭公鉴。

中华民国卅一年九月九日
具状人：刘熊氏［画十］
代理人：潘震亚律师撰缮

四川高等法院第一分院
民事第一庭记录科通知书

查该民因与刘英廉请求确认租约无效其上诉事件，业经裁定送达在卷。兹据具状声明裁定错误，核与法不合。如果对予裁定不服，仰即迅具抗告书状。切物［勿］自误，特此通知。

右受通知人姓名刘熊氏，住址北碚连家湾冯家院内。

中华民国三十一年九月十二日

法院传讯通知人员名单

四川高等法院第一分院民事第　庭　受理卅一年度上字第二二九七号确认契约无效上诉事件，指定本年十二月十六日上午八时为言词辩论期日，应行传唤及通知诉讼关系人如左。

上诉人：刘熊氏，住北碚连家湾。

证人：刘子雄、熊明甫、刘杨氏，熊少雨上诉人指传。

被上诉人：刘英廉、刘子定、刘谭氏、艾老大、郑长发、任树卿，住北碚天生桥。

送达证书

［刘英廉案通知书送达刘熊氏、刘子定、艾老大、任树卿、郑长发等略］

准备言词辩论笔录

上诉人：刘熊氏。

被上诉人：刘英廉等。

右当事人间确认契约无效等上诉事件，经本院于中华民国卅一年十二月十六日上午十一时在本院第一法庭公开言词辩论，出庭推事、书记官如左。

推事：夏陆利。

书记官：邬博文。

点呼事件后到场人如左。

上诉人：刘熊氏。

代理人：潘震亚律师。

被上诉人：刘子定。

代理人：陈嘉善律师。

问：刘熊氏，年、籍？

答：四十四岁，住重庆北碚连家湾。

问：你上诉请求怎样判？

律师潘震亚代表上诉人有左列请求：

（一）被上诉人刘子定代理刘英廉所为坐落北碚天生桥风科庙坎下田土一股计谷面积四十石、长七间瓦屋、全院不动产所有权之登记准予涂销。

（二）确认刘谭氏与刘英廉之监护人不得干涉上诉人对于上开田产之佃收租事宜。被上诉人艾老大（即艾宽文）、任树卿（即任老三）、郑长发与刘英廉重订上开田产之佃约无效。各该被上诉人卅年收获上开田产之租谷艾老大所耕十石应与刘海全均分，郑长发、任树卿各耕十石应与上诉人均分并各给付上诉人苞谷三斗。关于交扯租谷部分并请宣告假执行。

（三）刘子定应将上诉人分受坐落北碚风科庙坎下田产红契分关各一张及上诉人所有大床一间，小床二间，衣柜、春柜各四个，写字台、梳妆台各一张，帐子三张，新被盖四床，凳子八个，桌子三张，板凳十二根，箱子四口返还于上诉人。

（四）刘子定应补给上诉人出售铜梁原籍田业余存田价一千四百元。

（五）一、二两审诉讼费用命被上诉人等各照败诉部分负担。

问：刘子定，年、籍？

答：卅四岁，北碚。

问：你请求怎样判？

答：请求驳回上诉。

问：刘谭氏、艾老大、郑长发、任树卿不到你代理他否？

答：我不代理，有律师代理，并且艾老大已死了。

问：刘熊氏、艾老大是否死了？

答：是死了。

问：他有无儿子？

答：有儿子，有女人。

前项笔录当庭朗读无讹。

谕知本案暂行中止，候补正艾老大承受诉之讼人及传讯核办。闭庭。

中华民国卅一年十二月十三日

四川高等法院第一分院民事第一庭。

书记官：邬博文

推事：夏陆利

民事答辩状

具答辩人：刘子定、刘谭氏、刘英廉。

右一人之法定代理人：刘子定、艾老大、刘长发、郑长发、任树卿。

被答辩人：刘熊氏。

　　为与上诉人因请求涂销不动产所有权登记，暨确认佃约无效并返还契物田价，给付租谷事件被上诉一案，提出答辩理由如左。

　　"被上诉之声明"请求驳回上诉，第二审诉讼费用由上诉人负担。

　　答辩理由：

　　一、关于刘英廉所有田产部分

　　上诉人刘熊氏之夫早年分受田产一百余石，身故后由刘熊氏继承，并无何人过问，事后英廉祖父病故，遗有赠田由祖母刘谭氏主持，分授各房分别管业，再由各房每年认纳祖母赠款。痛念二伯父身故无嗣，上诉人以寡媳身份对翁姑遗产依法无权继承，乃合家商议，公决与二伯父立嗣，再由祖母主持，以英廉抚继承续二房宗祧，熊氏亦表示同意，方以英廉为代位继承人之身份，与各房共同分受祖父遗产，故分关书明由英廉拈得礼字号田产，即坐落北碚天生桥风科庙坎下田谷四十石田土一股，每年认纳祖母赠谷五石，注明分关为凭，当时上诉人以无权利之行为，而有嗣子故欤悦乐纵英廉取得此项田产所有权，是缘于祖母与各伯叔父之同意公同赠与行为，不过附条件应继承二伯父之宗祧而已，初与上诉人并无利害关系之可言，虽列嗣母熊氏（即上诉人）之名，亦不过依旧习惯尊重名分而已，换言之，上诉人若无嗣子（英廉），则无加入分受祖父遗产之权；有英廉，即无上诉人，亦可代位二房分受祖父遗产。足证分关列名媳熊氏同男英廉者，乃英廉应分祖父遗产，未成年而由嗣母熊氏会同之意，既非英廉熊氏共同继承，亦非熊氏分受取得，再转授英廉之性质。既法有明文，理有决定，英廉取得上项田产所有权毫无疑义，纵谓嗣母熊氏可代英廉监护管理，然因有加押当卖之危害嗣子权利行为，乃由祖母依法出而监护，系根据亲属会之公决，更由本生父刘子定以胞叔身份代为声请登记，于法并无不合，今以无权利之人出而诉请涂销所有权登记，原判驳回其诉，其谁曰不然，空言上诉，拉杂砌词虽多，亦奚以为应请驳回其无理由之上诉者也。

二、请求返还契物田价部分之答辩

查上开田产之争执，既属刘英廉之特有权利，其红契分关自应由其合法监护代为执掌保存，原始即未交付，列熊氏素由刘谭氏代其保管，何能以无权之人，诉请返还所有权证据，至于器俱什物各房分居已久，各自管理无奈，无论熊氏有无，其单列各物既无交付代管及窃去之事实及证据，凭何请求返还？状称被刘子定搬去，究在何年月日时发觉？有何证明？毫无根据。今上诉人状虽捏指，似是而非之虚诬各词若究其是在情形，则又言中无据，所谓田价尤属荒谬，无论其听从娘家胞兄怂恿卖田，私营官膏店鸦片贸易，若果捏词属实，岂有卖田之人而不过问田价能搁置数年之理，显然堆砌成词，平空虚捏，原审驳回其不近情理无据辩诉并无不当，今仍空言上诉，应恳驳回。田产之所有权既有所有之人，其放佃收租自系所有权之行使，虽有一时代刘英廉经手管理之过程，而因发现危害所有人权利之事实，而被合法监护人代所有权人保管收回放佃收租之权，再何能以已废之放佃经过中之废佃约，诉请收租？原审根据权源无依，从权即无所附丽，驳回其诉尤为合法，就此上诉仍属无理，应恳驳回上诉者二也。

综上各项答辩事理，请求查核讯明，予以全部驳回其上诉，以儆控诬而维法益，不胜沾感之至。

谨呈

四川高等法院第一分院民庭公鉴。

中华民国三十一年十二月十六日

具状人：刘子定、刘谭氏、刘英廉

右一人之法定代理人：刘子定

民事委状

具委人：刘子定、刘谭氏、刘英廉。

右一人之法定代理人：刘子定。

受委人：陈嘉善律师。

为委任代理事。情民等与上诉人刘熊氏因请求涂销不动产所有权登记暨确认佃约无效并返还契约被上诉一案，昨奉钧票，因民等不谙法律，特委律师陈嘉善为代理人，合具委状！

此呈

四川高等法院第一分院民庭公鉴。

中华民国三十一年十二月十六日

具状人：刘子定押、刘谭氏、刘英廉

英廉之法定代理人：刘子定

四川高等法院第一分院民事裁定

卅一年度上裁家第一四九四号

上诉人：刘熊氏，住北碚连家湾。

诉讼代理人：潘震亚，律师。

被上诉人：刘英廉，住北碚天生桥。

法定代理人又被上诉人：刘子定，住北碚天生桥。

被上诉人：刘谭氏、艾老大、郑长发、任树卿，住北碚天生桥。

诉讼代理人：陈嘉善律师。

当事人间请求涂销不动产登记，确认租约无效并返还契约田价上诉事件，本院裁定如左。

主文

本件诉讼程序中止。

理由

本件被上诉人艾老大业已死亡，为两造不争之事实，被上诉人之共同诉讼代理人，复不能陈明［艾］有无继承人承受诉讼。奉院依照民事诉讼法第一百七十三条规定，酌量情形，于上诉人陈明艾老大之承受诉讼人以前，暂行中止诉讼程序，特为裁定如主文。

中华民国三十一年十二月十六日

四川高等法院第一分院民事第一庭

审判长推事：胡长泽

推事：周文滨

推事：夏陆利

潘震亚律师给法院的信

兹寄上刘熊氏上诉状一件附抄判决书贰件，又另案本律师声请送卷书一件，请查收分别送讯毅两股为荷。

此致

四川高等法院第一分院收发处

律师潘震亚

卅二年一月二日

民事上诉状

上诉人：刘熊氏，住北碚连家湾冯家院。

被上诉人：刘子定、刘谭氏、刘英廉，住北碚天生桥月亮田。

艾老大承受诉讼人：艾王氏、艾六里，住北碚天生桥岩脚。郑长发，住北碚内长沟。任树卿，住北碚天生桥岩脚。

为抄附另案判决两件，并查明艾老大继承人声请分别裁定中止及命续行诉讼先行判决事。窃上诉人与刘子定、刘谭氏、刘英廉、艾老大、郑长发、任树卿等六人因请求涂销登记及欠租等上诉事件，关于刘子定、刘谭氏、刘英廉三人被上诉部分因另案判决已确认，上诉人与刘子定以刘英廉继承上诉人之亡夫刘子高之宗桃无效，奉庭谕，将原判决抄呈候核。兹遵谕将该案及刘英廉与周合顺因投佃上诉事件之又另案判决各一件一并抄请查核。关于该被上诉人等三人之被上诉部分虽不必尽行中止诉讼程序，惟为传讯证人便利起见，如认为因另案关系有中止之必要，均可于另案未判确定前中止之，但艾老大、郑长发、任树卿三人之欠租被上诉部分均因订有佃约，并未终止租佃关系，自应照原约分别纳租，与另案无涉。艾老大于上诉进行中死亡，其继承人并未声明承受诉讼，虽经委任诉讼代理人毋庸中止，但奉谕于未查明艾老大承受诉讼人以前仍暂中止。兹查悉艾老大（即艾宽文）之妻艾王氏、子艾六里均为艾老大之法定继承人，且续耕种原佃之田，依法自应声明随诉讼依照民诉法第一百六十八条第一百七十五条第二项及第一百七十八条规定，声请钧院迅予裁定，命艾老大之继承人艾王氏、艾六里续行诉讼，并请同时定期传讯该承受诉讼人等及郑长发、任树卿本人到案，依法先行审判，准将原判关于驳回上诉人请求被上诉人等欠租部分之诉废弃，准于判令被上诉人等将所欠三十年之租谷按照佃约八成均分，即命艾老大承受诉讼人等应交刘海全三十年租谷四石，郑长发、任树卿各应交上诉人三十年租谷四石，并各给付上诉人苞谷三斗。一、二两审诉讼费用各按败诉部分负担。

　　谨状
　　四川高等法院第一分院民庭公鉴。

中华民国三十二年一月三日
具状人：刘熊氏
代理人：潘震亚律师撰缮

送达证书

　　送达法院：四川高等法院第一分院。
　　应送达之文书：民国卅二年上字第一五八号 刘熊氏、刘子定契约无效案通知书一件。
　　受送达人：潘震亚律师。
　　应送达人署名盖印，若不能或拒绝署名盖印送达人，应记明其事由：潘震亚律师。
　　送达日期：卅二年一月十三日下午。

中华民国卅二年一月七日
送达人：

　　　　［同年一月十三日潘震亚律师代周良才签收传票的送达证书略］
　　　　［另有送达刘熊氏、刘英廉、任树卿、刘谭氏、郑长发签收裁定的送达证书略］

民事委任书

委任人：刘子定、刘谭氏、刘英廉。
法定代理人：刘子定，住巴县，艾老大，住北碚天生桥，任树卿、郑长发，代收送达重庆中一路嘉卢一号梅祖芳律师事务所。

受任人：梅祖芳，律师，事务所重庆中一路卢一号。

兹委任梅祖芳律师为刘熊氏与刘英廉、刘谭氏等请求涂销不动产所有权登记及确认租约无效并返还契物田价案之诉讼代理人兹将委任之原因及权限开列于后。

（一）原因：不谙法律。

（二）权限：普通诉讼代理。

四川高等法院第一分院公鉴。

中华民国三十二年一月十二日

具状人：刘英廉、刘子定、刘谭氏、艾老大、郑长发

法院传讯通知人员名单

四川高等法院第一分院民事第　庭受理三二年度上字第一五八号确认契约无效及返还契约上诉事件，指定本年四月十四日上午八时为言词辩论期日，应行传唤及通知诉讼关系人如左。

上诉人：刘熊氏，住北碚连家湾。

代理人：潘震亚，律师。

证人：刘子雄、熊明甫、刘杨氏、熊少雨上诉人指传。

被上诉人：刘英廉、刘子定、刘谭氏、艾王氏、艾六里、郑长发、任树卿，均住天生桥。

代理人：梅祖芳，律师。

四川高等法院第一分院书记室公函稿

卅二年民讼第一六零二号

查本院受理卅二年度上字第一五八号刘熊氏与刘英廉等因确认契约无效等上诉事件，兹定于本年四月十四日上午八时为言词辩论期日，相应填发传票及送达证书，函请贵院查照，派员送达，并希将送达证书于审期前送院备查为荷。

此致

北碚管理局

送达证书

送达法院：四川高等法院第一分院。

应送达之文书：民国　年　字第　号，刘熊氏与刘英廉等契约无效等案通知书乙件。

受送达人：梅祖芳律师。

应送达人署名盖印，若不能或拒绝署名盖印送达人，应记明其事由：□□□ 代收。

送达日期：卅二年一月廿五日。

中华民国卅二年一月廿三日

送达人：张兴权

［同年元月廿九日张楚信律师事务所代潘震亚签收通知书的送达证书略］

四川北碚管理局司法处公函

案准贵室民讷字第一六零二号公函，附发刘熊氏等传票十二件、送达证书三件，嘱为送达见复，等由。准此。除派员送达外，相应检同回证送请查收为荷。

此致

四川高等法院第一分院书记室

计送还送达证书三份

审判官：赵承财

送达证书

［刘熊氏契约无效等案传票七件送达刘英廉、刘子定、刘谭氏、艾王氏、艾六里、任树卿、郑长发略］

律师阅卷声请书

查刘熊氏与刘英廉为契约无效上诉一案，前准通知定于本年四月十四日审理，兹须查阅卷宗，即希检交一阅为荷。

此致

四川高等法院第一分院民庭

律师梅祖芳

民国三十二年二月十六日

四川高等法院第一分院书记室公函稿

卅二年民讷字第六一八号

查本院受理卅一年度上字第二二七九号刘熊氏与刘英廉等涂销不动产等事件，兹有应行送达当事人之裁定正本，相应检同送达证书，函请贵处即派员妥为代行送达，并将送达证书送院备查为荷。

此致

北碚管理局司法处

四川北碚管理局司法处公函

案准贵室民讷字第六一八号公函，附发刘英廉等裁定三件、送达证书二件，嘱为送达见复。等由，准此。除派员送达外，相应检同送达证书，复请贵室查收为荷。

此致

四川高等法院第一分院书记室

计送还送达证书二件

审判官：赵承财

卅二年二月廿二日

民事辩状

具状人：刘英廉。

为补陈答辩理由，仰祈鉴核事。窃上诉人刘熊氏与被上诉人为确认所有权涉讼事件，上诉人不服重庆地方法院判决，提起上诉。兹奉钧院续传于本月十四审理，爰再补陈答辩理由如下。

窃查被上诉人嗣父子高公于民国二十五年物故，身后无子，上诉人系子高公守志之妇，于民国二十六年古历十月间凭同族家抱养被上诉人为嗣，立有抱约为据。并经上诉人于民国三十年十月十四日在另案请求确认抱约无效事件内供述，原告与被告子定为叔嫂关系，于民国二十六年十月，书立抱约，将被告刘英廉抱与原告之夫宗桃（见三十年十月十四日庭讯笔录）无异。是则被上诉人系上诉人亡夫刘子高公之嗣子，乃属不争之事实。只缘民国三十年古历十月二十八日，被上诉人祖母谭氏将祖父遗下之月亮田及沙渡田产业两处，分作五股授给被上诉人及叔父隆才、隆国、隆平、隆湛等，被上诉人分得月亮田一股，立有分关为凭。被上诉人系祖母谭氏之嗣系，且就分关之性质言，被上诉人又系谭氏之受赠人，依法自应取得该分受之月亮田产业所有权，则被上诉人之法定代理人为被上诉人之利益，就此项产业为所有权之登记，于法并无不合。乃上诉人垂涎田产，妄行请求涂销登记，窥其用意，无非欲据为己有，以便任意浪费。上诉人有恶劣嗜好，吞云吐雾，所费不赀。殊不知系争产业，既经祖母谭氏到案证明，确系分赠于被上诉人，则上诉人虽系被上诉人之嗣母，亦不能霸夺其子女之特有财产。原审法院驳回上诉人之请求自属允洽，上诉人藉词不服，滥行提起上诉，实属健讼。为此，补陈答辩理由，仰祈鉴核，迅赐讯明，驳回上诉，以免讼累，诚为公感。

谨状

四川高等法院第一分院

中华民国三十二年

具状人：刘英廉

撰状律师：梅祖芳

证人结文（讯问前）

今到场为证人，当据实陈述，决无匿饰增减，此结。

证人：刘子雄　押

中华民国卅二年四月十四日

［同日熊少雨、刘子恒分别具结的文书略］

言词辩论笔录

上诉人：刘熊氏。

代理人：潘震亚，律师。

被上诉人：刘子定、刘谭氏、艾六里、任树卿、刘英廉、艾王氏、郑长发。

代理人：梅祖芳，律师。

右当事人间请求涂销不动产所有权等上诉事件，经本院于中华民国卅二年四月十四日上午八时在本院第二法庭公开言词辩论，出庭推事书记官如左。

推事：夏陆利。

书记官：张国光。

点呼事件后，到场人如左：刘熊氏、刘子雄、潘震亚、刘子恒、刘子定、熊少雨、梅祖芳。

问：（刘熊氏）年岁等？

答：四十四岁，住北碚连家湾。

问：你请求怎么判？

答：请求与前一样，惟关于艾王氏与艾六里一股，郑长发、任树卿各一股之租谷请各交四石，已有诉状详细记载。

问：（刘子定）年岁等？

答：卅四岁，住北碚天生桥。

问：你请求怎么判？

答：请驳回上诉。

问：（刘熊氏）你关于第一项请求除已交案证件外，还有什么证明？

潘律师起答：除原审提出之证据外，今天已到了证人刘子雄等三人，请质问。

问：这分关本身是不错的么？

答：分关是有这事，不过分关内凭神拈阄下之"英廉"二字是添的，该二字应填熊氏二字的。

问：抱约是对的么？

答：抱约被上诉人提出一张，与上诉人一张不同，且质料坚硬，合同字点不能相对，关于分受财产归英廉享受一语，上诉人之抱约上并未此项记载，且墨色浓淡不同。

问：（刘子定）送分关上英廉二字是后来添的么？

答：是原来写上的。

问：你呈出一张抱约怎么与上诉人的不同呢？

答：是各人的口气所立，所以不同。

被上诉代理人梅律师起答：查该抱约合同字均张相对，并不是对不起，至云墨色之浓淡不符，请审判长审核是否不符。

问：（刘熊氏）第二项请求怎么样讲？

答：第二项因在起诉之前，刘子定以法定代理人将上诉人所有财产以英廉名义登记，并通知各佃户向其投佃，四个佃户已有三个与之另立佃约，抱约既经请求确认无效，所有投佃之佃约请确认无效，并请判令艾王氏与艾六里一股及郑长发、任树卿各一股均按八成收成，各交租谷四石。

问：你请按八成收成各交租谷四石有什么证明？

答：也可请问证人。

问：第三项请求有什么理由？

答：第三项是分关红契，均在被上诉人手，请判令交还，又上诉人之家俱也在被上诉人家，均请交还。

问：有什么证明呢？

答：有今天到案之证人可质。

问：（刘子定）红契分关是在你手么？

答：分关即交案之分关，红契不在我手。

问：（刘熊氏）还有系存田价，是怎么回事呢？

答：是刘子定代为出售铜梁原籍田产，尚存余一千四百元在他手，应请交还。

问：（刘子定）何手里还有代上诉人在原籍售田的田价一千四百元么？

答：他是托熊少雨代售，我未过问。

问：（刘子雄）年岁等？

答：四十六岁，住北碚天生桥，农。

问：你与刘子定、刘熊氏是什么关系呢？

答：与刘子定是同胞弟兄。

问：你来作证要说实话，说假话要办罪的。你愿意具结么？

答：我说实话，愿具结。

问：你们所有分受财产是刘谭［氏］分的么？

答：是我祖母刘谭［氏］将田产分作五股份交我们弟兄的。

问：刘熊氏是第几房？

答：她是第二房。

问：刘熊氏抱刘子定的儿子英廉为嗣，立过抱约？

答：写过抱约的。

问：是抱英廉为嗣么？

答：是的。

问：你们这分关上的名字是当时写的还是事后添的呢？

答：这名字是添的，我们分关都是添上的。

问：抱约上载有刘熊氏分得这产业概归刘英廉享受这话么？

答：未有这样的话。

问：为什么未有这话呢？他抱他做啥呢？

答：他抱他是承继□祀。

问：刘熊氏的红契及分关是不是刘子定拿去了呢？

答：本来是三个分一块业，红契是交与熊氏管的。以后是否刘子定拿去了，不知道。

问：刘熊氏还有家俱在刘子定家是么？

答：家俱是在刘子定家。

问：是什么家俱，你讲出来？

答：是什么家俱，不知道。

问：你不知什么家俱，为什么说是在刘子定家呢？

答：我看一个立柜，搬出来是刘熊氏的，其它什么家俱，我不知道。

问：刘子定还欠刘熊氏存余之田价一千四百元，有什么凭据证明，你知道么？

答：田价是有这事，未有什么证明。

问：刘英廉抱与刘熊氏，说了刘熊氏分家产业归英廉享受的话么？

答：未有说分受的产业归刘英廉享受的话。

问：（熊少雨）年岁等？

答：五十三岁，住北碚，帮人管账。

问：你与刘熊氏是什么关系？

答：刘熊氏是我亲妹，刘子定是我老表。

问：你来作证要具结说实话，说了假话要办罪的，你愿具结么？

答：说实话，愿具结。

问：你是证明什么呢？

答：是证明一千四百元田价。

问：刘熊氏的田是你代卖么？

答：我代卖她田实事。

问：你来代卖还是谁代卖呢？

答：是刘子定经手卖的。

问：卖了多少元呢？

答：卖了四千八百元。

问：铜梁田产是分与谁的呢？

答：是分与刘子高即刘熊氏的丈夫。

问：你晓得刘熊氏等分家是怎么分的？

答：是拈阄受分。

问：分关上英廉二字是当时写的么？

答：是以后添的。

问：刘子定之子英廉抱与刘熊氏，有抱约么？

答：抱约是有的，只有一张，未有两张。

问：刘子定是不是欠刘熊氏田价一千四百元？

答：是欠一千四百元。

问：刘熊氏是不是有家俱在刘子定家呢？

答：是有家俱在刘子定家。

问：是些什么家俱呢？

答：是衣柜四个，箱子四口，大床一间，小床两间，板凳十二根，写字台、梳妆台各一张。

问：（刘子恒）年岁等？

答：卅八岁，住北碚月亮田，农。

问：你与刘子定是什么关系？

答：是亲弟兄。

问：你来作证要说实话，不能说假话，你愿具结么？

答：愿具结。

问：你们分关分与刘熊氏，英廉二字是添的么？

答：分关上英廉二字是添的。

问：你们是怎么分的呢？

答：是拈阄受分。

问：你们分关是当时写的么？

答：先写五张，刘子定都撕了，以后又写的。

问：你们写分关时名字未添上么？

答：以后分关写起，我们弟兄都走了，未填名字。

问：刘英廉抱与刘熊氏，立了抱约的么？

答：是立了抱约的。

问：抱约是几张。

答：抱约是写的两张。

问：说了刘熊氏分受财产归刘英廉的话么？

答：未有这话。

问：刘熊氏有什么家俱在刘子定家么？

答：大床一间，小床两间，被盖四床，帐子三床，梳妆台、写字台各一张，板凳十二根，皮箱不知是四口或三口，其余不清楚。

问：刘熊氏红契是被刘子定拿去了么？

答：红契是交刘熊氏，刘子定是否拿去，我不清。

问：刘子定是不是欠刘熊氏田价一千四百元呢？

答：是欠一千四百元，有这事。

右笔录当庭朗读无异。

推事谕本案候再传，闭庭。

中华民国三十二年四月十四日

四川高等法院第一分院民一庭

书记官：张国尧

推事：夏陆利

民事声请

声请人：刘熊氏，住北碚连家湾冯家院。

对造人：刘子定、刘谭氏、刘英廉，住北碚天生桥月亮田。艾王氏、艾六里，住北碚天生桥岩脚。郑长发，住北碚内长沟。任树卿，住北碚天生桥岩脚。

为上诉年余久搁未结，声请定期传证续讯，早予判决事。窃声请人与对造人因请求涂销登记确认佃约无效及给付欠租等事件上诉一案，至今已阅年余，自本年四月十四日讯问后，久未续传，不知为何延搁？本年秋收又将届期，势难长此停滞，为此声请钧院，迅于最近期间内传证续讯，早予判决，俾得另案追收去今两年租谷，毋任拖延，实为德便。

谨状

四川高等法院第一分院民庭公鉴。

中华民国三十二年七月十二日

具状人：刘熊氏

代理人：潘震亚律师撰

四川高等法院第一分院书记室公函稿

年　字第一三零零八号

查本院受理三十二年度上字第一五八号刘熊氏与刘英廉等因确认契约无效等上诉事件，兹定于三十二年十月十一日上午七时为言词辩论期日，相应填发传票及送达证书，函请贵处查照派员送达，并希将送达证书于审期前送院备查为荷。

此致

北碚管理局司法处

送达证书

［刘熊氏、刘子定等确认契约无效等案通知一件送达陈嘉善、梅祖芳、潘振亚律师略］

四川北碚管理局司法处书记室公函

案准贵室民讷字第一三八零八号公函，附发卅二年上字第一五八号传票十三件、送达证书三件，嘱为送达见复。等由，准此。除派警依法送达外，相应检同送达证书送请查照为荷。

此致

四川高等法院第一分院书记室

计送还送达证书三件

书记官：刘旭

中华民国三十二年八月九日

民事声请

被上诉人：刘子定。

为声请展缓讯期事。窃刘熊氏与民为请求涂销登记一案，奉传于本月十一日续讯。兹民因患伤寒症高度发热，不克力疾到庭应讯，迫不得已，唯有恳祈均院俯准，展缓讯期两个月，另行传讯，无任德感。

谨状

四川高等法院第一分院民庭钧鉴。

中华民国三十二年十月十一日

具状人：刘子定

撰状律师：梅祖芳

准备言词辩论笔录

上诉人：刘熊氏。

被上诉人：刘英廉等。

右当事人间确认契约无效上诉事件，经本院于中华民国三十二年十月十一日上午八时在本院第二法院公开言词辩论，出庭推事、书记官如左。

审判长推事：涂怀楷。

书记官：朱达华。

点呼事件后，到场人如左。

上诉人：刘熊氏。

诉讼代理人：潘震亚律师。

问：姓名等项？

答：刘熊氏，四十四岁，住北碚连家湾冯家院。

问：证人今怎不到？

答：熊明甫住北碚文星湾，蒙粟千住江北龙王洞，周良才住歇马场，皆不敢来作证，因为刘吉仙前次到庭后被刘子定暗放鸦片烟，刘吉仙身上串道重庆纠辑队抓去羁押了二十余日，已死了。还有搬家这些家俱还在刘子定家里，袁少安、刘杨氏、保长张裕平皆可知，请嘱托调查，谕候嘱托北碚司法处就近讯问，调查证据俟复再□传及通知闭庭。

中华民国三十二年十月十一日

四川高等法院第一分院民二庭

书记官：

推事：

民事声请

声请人：刘熊氏，四十四岁，巴县人，住北碚连家湾冯家院。

对造人：刘子定、刘英廉、刘谭氏、艾老大、郑长发、任树卿，均住北碚天生桥月亮田。

为声请嘱托添传证人，并调刘子雄被诬鸦片嫌疑卷证查核，暨命各佃户本人到庭应讯前来讯结事。窃声请人与被告因涂销登记等事件不服重庆地院判决上诉案，本月十一日奉庭谕，准嘱托北碚管理局司法处传讯证人，无任感佩。除蒙粟千（住江北龙王洞），周良才（住巴县悦来场）证明刘子定经手变卖铜梁田产，经将田价请偿该二人之债务外，尚有熊王氏（即已故王玉昆之妻，住江北龙王洞）、冯瑶光（住北碚连家湾）二证人亦足证明上开事实（其债权额均见上诉理由状）。并请嘱托分别添传龙王洞、歇马场，均距北碚较近，且不虞子定中途暗害，故均请嘱托北碚管理局司法处传讯传票，请送达声请人转交，较为利便。

又，关于返还单开物件一点，除熊杨氏（住北碚天生桥杜家坝）证明二十八年"五三"轰炸后原告租赁之屋因被刘子定搬空房内物件退租收回及同院之刘吉山、袁少安（均住北碚天生桥杜家坝）证明同上事实，李吉尧（住天生桥正街）证明三十年正月间，原告赴刘子定家取回单开各件，被其妾咬伤，经报警由王队副及熊子俞调解，另租其屋居住并在其家搭伙食，其费均由刘子定担任，结果分文未付外，并请嘱托添传熊子俞（住北碚天生桥杜家坝）证明上述事实（按王队副已离职，不知住址），周和顺（住北碚天生桥月亮田，与刘子定同院）证明系争物件由子定搬置其住宅，各该物件现尚摆置刘子定住宅，均是声请人之奁具不惟上述各证人皆知，熊少雨、刘子雄、刘子衡亦能辨认，子衡并与子定同院，并请嘱托勘验，责令证明。

至系争田产之红契分关是交由声请人执管，分关空白处之英廉二字是刘子定事后添注，允抱约是伪造及铜梁田产是由子定代卖，系争物件由子定搬去，除经熊少雨、刘子雄、刘子衡到案供明外，熊明甫（住北碚）均能证明上开事实。刘子定初供"红契……在熊明甫手内"（原卷四九页下面）继复杜绝指传，显非事实。熊明甫为子定之舅父、声请人之堂叔，且为北碚正绅，书写分关抱约均在场亲见，必能为公正之陈述，上述事实请嘱托分别讯明。

更有陈者，刘子雄、刘子衡与刘子定及先夫刘子高为同胞兄弟，初审不到庭作证，原知子定心毒手辣，不敢过问。本审经再三哀求，复经戚族责以大义，故于本年四月十四日始遵传到庭应讯，讵退庭后当晚回渝，由姨侄女蔡王氏邀声请人、子衡、子雄、少雨等在千厮门行街饭馆宵夜，忽有一便衣人走近餐桌前喝问谁是刘子雄，子雄当即答应，来人便将手镣拷上，捕之出外，走至黑暗处搜索其身，强将鸦片烟泡三颗及信二封插入其衣袋中，解至江北警察局侦缉分队，经转解来龙巷侦缉大队，移送警察局司法科，验明不吸鸦片烟，并派警押同到去回所住之旅馆及宵夜处查明，当时被捕情形始知，确是因作证被人栽赃诬陷，拘押二十余日，幸获释放。当时苦无刘子定唆使证据，嗣后天生桥月亮田保长张裕光及刘子雄、熊少雨等均接匿名邮信多件，报告此事是刘子定贿使侦缉员之所为，大致是子定所雇自称陈连长等流氓，因交贿未足，所写陈等四五人占据系争田产佃户所住之房屋数年，子定三餐佳肴供应原告及姨侄女王蔡氏，曾经唆使未成年人伤害，经在司法处提起自诉有案。自子雄在渝被捕后，江北分队长认为诬陷，原拟即释，子定闻风，忽在外扬言分队长受贿，不得已乃将原拿捕之侦缉员及子雄一并解赴大队，转送警察局查明获释。因此子定嗣后即不敢回北碚家中，匿居铜梁原籍（殆恐江北分队长拿办），置陈等五六流氓在家之生活不管，两月前忽同时离去。去后数日，即连接来信多封，其内容如何，受信者畏祸，只言其大概，不允交阅。据云，曾责张保长平日不应左袒，刘子定请其主张公道，并嘱转知声请人去管收系争之田产房屋。所争田产三处，郑长发一处，近已收回，另佃艾老大、任树卿，亦允于本年冬耕时领押退佃。大约下次开审前即可解决。子定此次捏称患病，状请展期，似知黑幕揭穿，金钱不灵，意图拖延，除经请嘱托传保长张裕光（谐音，住北碚天生桥）证明上述事实，并责令呈缴所接邮函，一面请另函调取重庆警察局司法科及侦缉大队本年四月十日至二十日前后受理江北侦缉分队解送刘子雄鸦片嫌疑案卷证查核，藉证刘子定贿买流氓、强迫佃户投佃户艾老大等投佃，唆窃分关红契并变造分关，伪造允抱约，蒙准登记及贿公务员，栽赃诬告证人，使均不敢作证，冀遂强占系争田产及不返还系争分关红契、木器、田价之事实。

基上陈述，被上诉人艾老大、郑长发、任树卿显非甘向刘英廉投佃，郑长发事实上早已退佃，艾之承受诉讼人及任树卿近亦表示愿即退佃。两审均是刘子定代委诉讼代理人应诉，下次请命名该佃户本人到院，应讯藉证所陈非虚。

总之，本案起诉至今三年，两审均久悬不结。被上诉人在原审之胜诉，观原判已审断之草，显难使人信其无偏，本审又压搁年余，不解何故，近来进行迟缓，当是人事之变迁，今承更新审理，伏乞查核上诉理由状及前述各节，迅予嘱托分别传证讯明及实地勘验，并调上述卷函查核，早日讯结，准如上诉之声明判决。则不啻重见天日，戴德不独原告本身，乡里亦必称颂不已。不胜迫切，企祷之至，并请将副状及原呈物单发交，受托司法处从速分别调查，俾易明瞭系争事实为祷。

谨状

四川高等法院第一分院民庭公鉴。

中华民国三十二年十月十六日

具状人：刘熊氏

四川高等法院第一分院民二庭公函

民讷字第一八五六四号

中华民国三十二年十一月二日

事由：为刘熊氏与刘子定等确认契约无效等一案，就近传讯证人熊明甫等，请烦查照由。

本院受理刘熊氏与刘子定等确认契约无效及返还契约上诉事件，据上诉人刘熊氏声称，"证人熊明甫、刘杨氏、袁少安、张裕丰等皆因事故不能遵传到庭，请嘱托该管司法机关调查"等语。查熊明甫住北碚文星湾，刘杨氏住北碚天生湾杜家坝，袁少安、张裕丰住北碚天生桥大湾，相应将讯问要点开列于后，即希查照，就近传讯，制作笔录，取具证结，于本年十二月十五日以前函复过院，以凭核办为荷！

此致

北碚管理局司法处

计开

甲、一般讯问

熊明甫、刘杨氏、袁少安、张裕丰等与两造有无亲戚关系。

乙、个别讯问

一、对于保长张裕丰、房东刘杨氏、佃客袁少安等之讯问。

（一）刘子定是否于民国二十七年五月间，乘刘熊氏归宁之际，擅将刘熊氏住宅内家具悉行搬去？

（二）如果有上款之事，所搬何物？现在是否仍在刘子定家？

二、对于熊明甫之讯问：

（一）民国二十六年夏历十月二十九日刘熊氏抱刘英廉为子，订有抱约几张？曾否载明刘熊氏所分受遗产概归刘英廉享受？

（二）同年夏历十月二十八日刘谭氏与五子析产经过情形如何？拈阄时礼字号归何人取得？分关上所载"英廉拈得礼字号"之"英廉"二字是否事后添注？刘熊氏是否在场知悉？有无同意？

审判长：周文滨

四川江北地方法院公函

卅二年十一月十七日

案准贵庭卅二年十一月二日民讱字第一八五六五号公函，嘱代传讯证人蒙枥千（略）。等由，准此。当即指定讯问期日，并预期依法传唤证人蒙枥千。兹据该送达员报称，江北龙王洞并无蒙枥千，只有蒙粟千，因名字错误，不受传票，无法传唤到庭讯问。理合据实函复，并检同传票回证暨执达员报告函送贵庭，即希查照！

此致

四川高等法院第一分院民二庭

计函送传票乙件，送达证书乙件，执达员报告乙件。

院长：周

执 达 员 报 告

为报请鉴核事。案奉钧座票传蒙枥千一案，员遵即前往龙王洞传达。殊该乡并无蒙枥千，只有蒙粟千，现任龙王洞保长，因此名字错误，不认收受传票，又否认到案质讯等语。兹值期届，员有往传之责，只得理合具报钧座鉴核示遵。

谨呈

民庭推事公鉴。

计缴呈原票回证各一件。

执达员：李仲勋

四川江北地方法院民事传票

卅二年度民讷字第一八五六五号刘熊氏与刘子定确认契约无效一案。

证人姓名：蒙枥千。

被传事由：审讯。

应到时期：十二月二日上午八时。

应到处所：本院民庭。

注意：

一、被传人务须遵时来院报到如无故不到得依他造之辩论予以判决。

二、本件送达费应查明收据核定数目实时交付送达人不准拖欠。

三、送达人如有意外需票准即告发人被传人如呈递书状应记明　年　字第　号。

四、此票由被传人带院报到兼代入门证用。

书状官：（章）

送达人：李仲勋

中华民国卅二年十一月廿日

代讯记录

应讯问人：熊明甫（不到）、刘杨氏（不到）、袁少安（不到）、张裕丰。

迅予再传不到证人。

代讯笔录

应讯问人：熊明甫、刘杨氏、袁少安、张裕丰。

右当事人间因确认契约事件，于中华民国卅二年十二月八日午前九时，在本处民庭公开审讯，出席职员如左：

审判官：赵

书记官：刘

审判官点呼当事人入庭。书记官朗读案由。

点熊明甫不到，点刘杨氏不到，点袁少安不到，点张裕丰到（据称系张预评，现任保长来传的时候刘熊氏说就是我）。

问：刘熊氏与刘子定的纠纷，你清楚不？

答：我廿九年才当保长，听说民国廿七年五月刘子定把刘熊氏的东西搬去了，现存刘子定家，是什么东西，我不清楚。

问：是些什么东西？

答：据其邻居称，是些木器。

问：你多大岁数？是哪里的人？

答；卅岁。朝阳十二保保长。

问：你与刘子定、刘熊氏有亲戚关系否？

答：都没有关系。

庭谕各庭一单。

右笔录经朗读，记载无错，依据令其各押。

张预评（印章）

中华民国三十二年十二月八日

书记官：刘旭

审判官：赵永魁

四川北碚管理局司法处公函

法字第六五七号

案准贵室民讷字第一九零三四号公函，附发上字第一五八号传票四件、送达证书三件，嘱为送达见复。等由，准此。除派警依法送达外，相应检同送达证书，复请查照为荷。

此致

四川高等法院第一分院书记室

计送还送达证书三件

审判官：赵承财

中华民国三十二年十二月十日发

送达证书

书状目录：民国卅二年（民）字第号　为确认契约事件送达传票壹件，定期于卅二年十二月十七日上午八时审理。

受送达人：应讯问人熊明甫、朝绍安、刘杨氏。

受送达人署名盖章，若不能署名盖章或拒绝者，应记明其事实：熊明甫押，袁绍安押。

非交付应受送达人之送达应记明其事实：

送达处所：刘杨氏

送达方法：

送达日期：卅二年十二月十五日。

中华民国卅二年十二月十二日

重庆地方法院送达员：李文华

讯问笔录

证人：熊明甫。

证人：袁少安。

证人：刘杨氏。

右当事人间因确认契约事件，于中华民国卅二年十二月十七日午前十时在本处民庭公开审理，出席职员如左。

审判官：赵

书记官：刘

书记官朗读案由。

点熊明甫，到。

问：年龄、住址、职业？

答：六十岁，住北碚，商。

问：民国廿六年在十月廿九日刘熊氏抱刘英廉为子，订有几张抱约？

答：是民国廿八年抱的，我未淀〔到〕场，内容不清楚。

问：抱工〔约〕是否载明刘熊氏所分遗产概归刘英廉的话？

答：没有听到说。

问：同年十月廿八日刘谭氏与五子分家，经过情形你清楚否？

答：清楚。是民国廿二年分家，共八百四十担谷，刘谭氏与其丈夫刘续之共同养膳一百廿石；老六刘隆光被枪打死的□房一百廿石，由刘谭氏刘续之夫妇在掌管；其它五子仍各分一百廿石。至廿八年刘续之死后，他的五个儿子将他本已养膳连同刘隆光的□产五股份去各四十石，刘谭氏的生活现由五房每年各纳膳五石。

问：拈阄礼字号何人取得？

答：记不起了。

问：再分关上所载"英廉拈得礼字号""英廉"二字，是否事后添注？

答：不清楚，拈阄是刘熊氏去拈的。

问：刘熊氏拈阄分家是哪年？

答：民国廿二年分大家，是刘熊氏的丈夫刘子高拈的，廿七年刘子高死了，廿八年分绝产及养膳财才是刘熊氏到□拈了。

点袁少安，到。

问：年龄、住址、职业？

答：卅七岁，住北碚，保长。

问：你是刘杨氏的佃客吗？与刘子定有亲否？

答：是种刘杨氏的地，与刘子定四老爷无关系。

问：刘子定是否民国廿七年五月间，乘刘熊氏归宁时，将刘熊氏住宅的家俱悉行搬去了吗？

答：我是民国廿九年才搬在那里住，听说有这事情，不知多少件数，大概现存刘子定家。

点刘杨氏，到庭。

问：年龄、住址、职业？

答：卅岁，住北碚，农。

问：系与刘子定、刘熊氏什么关系？

答：刘熊氏是我丈夫二胞嫂，刘子定是我四胞兄。

问：你的丈夫叫什么名字？

答：刘泽，已故。

问：刘子定民国廿七年一月是否搬有刘熊氏的家俱去？

答：我那个时候因我娘家哥哥患病，我回娘家去了，不清楚。

问：后来没有听到说吗？

答：我们居住各一保，并少有往来，故所以不清楚。

座谕各庭一单。

右笔录经朗读记载无错后命其签押

熊明甫　押

袁少安　押

刘杨氏　十

中华民国三十二年十二月十七日

书记官：刘旭

审判官：赵永魁

四川高等法院第一分院书记室公函稿

查本院受理三十二年度上字第一五八号刘熊氏与刘子定因确认契约无效上诉事件，兹定于三十二年十二月二十七日上午八时为言词辩论期日，相应填发传票及送达证书，函请贵处查照，派员送达，并希将送达证书于审期前送院备查为荷。

此致

北碚管理局司法处

计送传票四件，送达证书三件。

四川高等法院第一分院民事二庭公函

□字第一八五六四号

本院受理刘熊氏与刘子定等确认契约无效及返还契约上诉事件，据上诉人刘熊氏声称，"证人熊明甫、刘杨氏、袁少安、张裕光等皆因事故不能遵传到庭，请嘱托该管司法机关调查"等语。查熊明甫住北碚文星湾，刘杨氏住北碚天生桥杜家坝，袁少安、张裕光住北碚天生桥大湾，相应将讯问要点开列于后，即希查照。就近传讯，制作笔录，取□论结，于本年十二月十五日以前函复过院，以凭核办为荷。

此致

北碚管理局司法处

计开

甲、一般讯问

熊胆甫、刘杨氏、袁少安、张裕光等与两造有无亲戚关系？

乙、个别讯问

一、对于保长张裕光，房东刘杨氏，佃客袁少安等之讯问：

（一）刘子定是否于民国二十七年五月间乘刘熊氏归宁之际擅将刘熊氏住宅内家具悉行搬去？

（二）如果有上款之事所搬何物？现在是否仍在刘子定家？

二、对于熊明甫之讯问：

（一）民国二十六年农历十月二十九日刘熊氏抱刘英廉为子，订有抱约几张？曾否载明刘熊氏所分受遗产概归刘英廉享受？

（二）同年旧历十月二十八日刘谭氏与五子析产经过情形为何？拈阄时礼字号归何人取得？分关上所载"英廉拈得礼字号"之"英廉"二字是否事后添注？刘熊氏是否在场知悉？有无同意？

审判长：周

四川北碚管理局司法处公函

案准贵庭民讷字第一八五六四号公函，开（中略）为刘子定与刘熊氏因确认契约等案，关于应讯证人熊明甫、刘杨氏、袁绍安、张裕丰（即张预评）等因事不能到庭，嘱为讯明见复。等由，准此。业经传案讯明，记录在卷，相应备函送请查照为荷。

此致

四川高等法院第一分院民二庭

计送代讯卷一案

审判官：赵承财

四川高等法院第一分院民二庭公函

□字第一八五六五号

本院受理重庆刘熊氏与刘子定等确认契约无效及返还契约上诉事件，据上诉人刘熊氏声称，"证人蒙粟千因事不能遵传到庭作证，请嘱托该受司法机关就近传讯"等语。查蒙粟千住江北龙王洞，相应收讯向要点列于后，函请查照，就近传讯，制作笔录，于本年十二月十五日以前函复过院，以凭核办为荷！

此致。

江北地方法院

计开

一、刘熊氏故夫刘子高（即刘隆章）生前欠业□千价款若干？由何人经手偿还？

二、刘子定有无代卖铜梁田产偿债情事？其余款若干？曾否交与刘熊氏？该民是否知情？

审判长：周

民事声请书

申请案由：重庆刘熊氏与刘英廉、刘子定等为确认所有权上述。

声请原因：代理。

声请目的：

右请四川高一分院民庭公鉴。

律师：梅祖芳
中华民国卅二年十二月十七日

准备言词辩论笔录

上诉人：刘熊氏到。

诉讼代理人：潘震亚律师到。

被上诉人：刘子定、刘英廉到，刘谭氏、艾王氏、艾六里、郑长发、任树卿未到。

诉讼代理人：梅祖芳律师到。

右当事人间请求涂销不动产所有权等上诉事件，经本院于中华民国三十二年十二月二十七日上午九时在本院第一法庭准备言词辩论，出庭推事、书记官如左：

推事：黄贻□。

书记官：徐忠。

点呼事件后，到场人如左。

问：（刘熊氏）请求怎样判决？

答：请求与前同。

问：本件证人蒙粟千、熊明甫等，业经本院分别嘱托江北地方法院及北碚管理局司法处代为讯问，均未准明白见复，你有什么话说呢？

答：请迅行催促命即见复，以便进行，且是我今天带有刘子雄等信函五件请钧院查核（交信五件）。

问：（刘子定）本院嘱托江北地方法院代讯证人蒙粟千，据该院函复以蒙粟千误为蒙枥千，故未遵传，尚须再去函嘱代讯，而嘱北碚司法处代讯证人熊明甫等未准见复，本案今天不能判决，你有什么话说呢？

答：请迅函催见复再行进行。

谕知仰候该院处见复后再行核断，退庭。

中华民国三十二年十二月廿七日
四川高等法院第一分院民一庭
书记官：徐忠
推事：

四川高等法院第一分院民二庭公函稿

查刘熊氏与刘子定确认契约无效上诉案，由证人蒙枥千业经民国三十二年十一月二日以民讷字第一八五六号函请就近代为传讯。兹准贵院函复为蒙枥千名字不符，只有蒙粟千，无法传讯。等由，准此。查蒙枥千即蒙粟千，亦相应再行函请查照，前函讯于本年二月十日以前函复过院，以凭核办为荷。

此致

江北地方法院

四川江北地方法院公函

案准贵庭卅三年元月十二日民严字第四四八号公函，嘱本院代为传讯证人蒙粟千。兹已于二月七日午前九时在本院民事第一法庭依贵庭开列之讯问要点一一问明，制成笔录。函送贵庭，即希查照为荷。

此致

四川高等法院第一分院民二庭

计函送讯问笔录乙份，附送达证书二件结文庭单报告各一件。

院长：周

送达证书

〔刘英廉、刘子定、刘谭氏、艾王氏、艾六里、郑长发、任树卿、刘熊氏签收传票的送达证书略〕

四川高等法院第一分院书记室公函稿

查本院受理卅二年度上字第一五八号刘熊氏与刘子定等因契约无效上诉事件，兹定于卅三年二月廿一日上午九时为言词辩论期日，相应填发传票及送达证书，函请贵处查照派员送达，并希将送达证书□□□前送院备查为荷。

此致

北碚管理局司法处。

四川高等法院第一分院驻渝临时庭纪录科通知书

查刘熊氏与刘英廉等确认契约无效等案件，业经本院指定本年二月廿一日上午九时审理并送达传票在案，兹移由本院驻渝临时庭办理的定本年三月三日上午九时为言词辩论期日，合行通知，即遵期务到重庆林森路五九零号本院第一法庭报到候审为要。

右通知上诉人刘熊氏，住北碚连家湾；潘震亚律师。

被上诉人：刘英廉、刘子定、刘谭氏、艾老大、艾王氏、艾六里、郑长发、任树卿，均住北碚天生桥。

证人：周良才

中华民国三十三年二月四日

执达员报告

为呈报事。案奉钧座发下蒙粟千传票一件，遵即持往龙王乡送达，该受送达人蒙粟千未在家，由其同居之子蒙代□代收传票，负责转交，并称其父蒙粟千返家时，即来案候讯等语。兹值示期已届，只得将往传情形具报钧座鉴核示遵。

谨呈

民庭推事公鉴。

计缴回证一件

执达员李仲勋代

中华民国三十三年二月五日

结文（调问前）

今到案为证人，当据实陈述，决无匿饰增减，此结。

证人：蒙粟千　押

中华民国卅三年二月七日

讯问笔录

证人：蒙粟千。

右列当事人因确认契约无效案，经本院于中华民国卅三年二月七日午前九时开民事一庭，出席职员如左。

审判长推事：于贻孙。

书记官：彭朝臣。

点呼右列当事人入庭，书记官朗读案由。

问：蒙粟千，年龄、住所、职业？

答：四十九岁，住龙王乡，江合公司职员。

问：你是蒙粟千抑是蒙栎千呢？另外还有一蒙栎千吗？

答：我是蒙粟千，不是蒙栎千，另外并无一蒙栎千。

问：刘熊氏故夫刘子高生前欠你价款若干？由何人经手偿还？

答：刘子高是我的亲戚。他生前欠我二千两银子。因为他把字约套过去了。所以该欠款就没有偿还我。我也不再要了。

问：刘子定有无代卖铜梁田产价债情事？余款若干？曾否交于刘熊氏？

答：刘子定是刘子高的弟弟。他确已代卖铜梁田产偿还债务。至于余款多少以及是否将余款交付刘熊氏。我就不知道了。

问：你说的话实在吗？能否具结负责呢？

答：我说的实话，能够具结负责。

右笔录庭宣无异

中华民国卅三年二月七日

四川江北地方法院民庭

书记官：彭朝臣

推事：于贻孙

四川北碚管理局司法处公函

法字第一零零号

案准贵室民严字第七八五号公函，附发上字第一五八号传票八件、送达证书二件，嘱为送达见复。等由，准此。除派警依法送达外，相应检同送达证书，复请查照为荷。

此致

四川高等法院第一分院书记室

计送还送达证书二件

审判官：赵承财

中华民国三十三年二月十六日

民事声请

为声请阅卷事。查卅六年上字一五八号一案，业经刘熊氏与刘英廉等确认契约无效等上诉，委任本律师为代理人在案，特此声请贵院即将本案卷宗检交阅览，以利进行为荷。此请

四川高等第一分院驻渝临时庭公鉴。

律师：潘震亚

中华民国三十三年三月二日

准备言词辩论笔录

上诉人：刘熊氏。

诉讼代理人：潘震亚律师。

被上诉人：刘英廉、刘子定。

右当事人间请求确认契约无效上诉事件经本院于中华民国卅三年三月三日上午八时在本院第一法庭公开言词辩论，出庭推事、书记官如左。

推事：王鸣鸿。

书记官：叶□培。

上诉人：刘熊氏。

代理人：潘震亚，律师。

证人：周良才。

推事问：（刘熊氏）年藉住？

答：四十五岁，巴县人，住北碚委五间。

问：你请求怎样判呢？

答：请潘律师代为陈述。

潘震亚律师起称：请求废弃原判决，另为如左判决：

一、被上诉人刘子定代理刘英廉所为坐落北碚天生桥风科庙坎下田土一股面积四十石、长七间瓦房、全院不动产所有权之登记准予撤销。

二、确认刘谭氏非刘英廉之监护人，不得干涉原告对于上开田业出佃收租事宜。"艾老大（艾宽文）、任树卿（任老二）、郑长发与刘英廉重订佃约无效，各该被上诉人卅年收获，上开田产之租谷，艾老大、任树卿、郑长发各十石应与刘海泉按八成均分，并各给付上诉人苞谷三斗，并对交租部分请求宣示假执行。"

三、刘子定应将上诉人分受坐落北碚风科庙坎下田产红契、分关各一张，及上诉人所有大床一间、小床二间、衣柜、春柜各四个、写字台梳妆台各一张、帐子三笼、被盖四床、凳子八个、桌子三张、板凳十二条、箱口四口返还上诉人。

四、刘子定应补给上诉人出售铜梁原获田业余存田价一仟四百元。

问：（刘熊氏）你丈夫何名？哪年死的？

答：名刘子高，民国廿五年七月死的。

问：刘续之是谁？何时死的？

答：是我公公，民国廿五年各自死的。

问：你抱刘英廉作子是哪年的事？

答：是廿六年在十月十九日抱的。

问：何年分家？

答：第二次分家是廿六年古历十月廿六日分的。

问：分何人的产业？

答：分我父母赡养。

问：写有分关吗？

答：写有分关由我拈阄。

问：你分何处产业呢？

答：我分风科庙一股有四十石田。

问：风科庙有多少田呢？

答：风科庙先有四十石。

问：该业有红契吗？

答：是有红契的。

问：红契你拿来了吗？

答：被刘英廉偷去了。

问：刘英廉多大年纪？

答：十七岁。

问：是何时偷去的？

答：抱屋一日后偷去的。

问：分家时红契是何人交你呢？

答：是舅爷熊明甫交我的。

问：刘英廉是几时回家的？

答：记不清楚。

问：被上诉人交的分关是你的吗？

答：交的分关是我的，就是刘英廉偷去的一张，只是英廉二字是加写的。

问：抱约是你划的押吗？只一张吗？

答：允抱约是真的，承抱约是假的。

问：有何不同呢？

答：内容加写分受造产概归英廉管理。

问：风科庙佃与谁耕种呢？

答：佃郑长发、刘海全、周合春、艾老大耕种。

问：佃户是哪年向刘英廉投的佃？

答：卅年向刘英廉投佃。

问：你东西他们搬去了多少呢？

答：我的木器都搬去了。

问：有凭据吗？

答：我娘家的兄弟知道的。

问：刘子定卖业余款一千四百元有何证明？

答：有周良才知道的是由刘子定卖业还债。

问：周良才怎样知道呢？

答：从前这田是押与周良才的。还他的必是周良才经手，所以知道。

问：佃户已向你投佃，你现在还告佃户吗？

答：我不告佃户了，请求撤回第一审之诉。

问：刘谭氏是刘英廉的法定代理人吗？

答：刘谭氏不能作刘英廉的法定代理人，应由刘熊氏作法定代理人。

问：（周良才）年籍住？

答：四十三岁，住北碚歇马场。

问：你同两造是何关系？

答：是朋友并没有亲戚关系。

推事谕作证之义务及伪证知处并命具结。

问：刘子高、刘熊氏，你怎样认识的？

答：刘子高、刘熊氏我不知道，只熊佐明介绍借币与刘熊氏，将铜梁产业经变作抵，后来铜梁产业卖给我，［我］因要收币也一同到合川去定约才认识刘熊氏。另外的事我不知道。

问：（刘熊氏）铜梁一百二石田是何人卖的？

答：是刘子定经手卖的，是在我丈夫死后数月。

问：刘子定出卖田业经你同意吗？

答：是经我同意的，但是没有与我算账。

谕知刘熊氏关于撤回告诉佃户部分命划押于后。

上诉人：刘熊氏。

右笔录当庭朗诵无异。

审判长谕知本候传证人再传讯夺。

中华民国三十三年三月三日

四川高等法院第一分院临时庭

书记官：姜湖培

推事：王鸣鸿

证人结文（讯问后）

今到场为证人，当据实陈述，决无匿饰增减。此结。

证人：周梁材　押

中华民国卅三年三月三日

民事声请

被上诉人：刘子定。

为声请展缓审理期事。因刘熊氏与被上诉人及刘英廉等为确认契约无效上诉一案，奉传于本日上午九时审讯，乃被上诉人现因病不能到庭应讯，迫不得已，唯有声请展缓审期二个月。仰祈鉴核俯准为荷。

谨状

四川高等法院第一分院民庭公鉴。

中华民国三十三年三月三日

具状人：刘子定

四川高等法院第一分院驻渝临时庭公函

查本院受理刘熊氏与刘子定迫还田价事件证人蒙粟千，住江北龙王洞，属贵院管辖区域，相应开列讯问要点，函请查照，代为传讯，制作笔录，迅予函复重庆林森路本院驻渝临时庭，以凭核办为荷。

　　此致

　　江北地方法院

　　计开

　　一、刘熊氏故夫刘子高（即刘隆举）生前欠蒙粟千债款若干，由何人经手偿还。

　　二、刘子定有无代卖刘子高铜梁田产偿债情事，余款若干，曾否交与刘熊氏，该民是否知。

　　[以下卅三年三月卅日四川高等法院第一分院送达刘熊氏、刘子定、刘谭氏、刘英廉，证人刘子雄、刘子衡、刘杨氏的送达证书略]

四川高等法院第一分院驻渝临时庭公函

渝民俭字第八五号

　　查本院受理刘熊氏与刘子定返还田价上诉事件证人李树云，住铜梁城墙边，属贵院管辖区域，相应开列讯问要点，函请查照，代为传讯，制作笔录，迅予函复重庆林森路本院驻渝临时庭，以凭核办为荷。

　　此致

　　铜梁地方法院

　　计开

　　一、李树云曾否耕种刘熊氏故夫刘子高所有铜梁城墙边田业。

　　二、民国廿六年该业出卖李姓，是否刘子定经手。

审判长：罗

四川铜梁地方法院民事笔录

原告或债权人：

被告或债务人：

证人：李树云。

　　右列当事人因返还田价案件，经本院于中华民国三十三年四月六日上午八时在庭开庭，出席职员如左。

　　推事：方伟。

　　书记官：张朝楷。

　　点呼右列当事人入庭。

　　推事问：证人李树荣，单位？

　　答：五十一岁，北郭，农。

　　推事谕知证人的义务及处罚并命具结。

　　问：你曾否耕种刘熊氏故夫刘子高所有铜梁城墙边田业。

　　答：我历来没有耕种刘熊氏故夫刘子高所有铜梁城墙边田产，原来我是向刘子高的父亲刘续之承佃的，刘子高与刘泽分家后我向刘泽承佃，现刘泽已死乃向其妻刘杨氏承佃，我与刘子高并无租佃的关系。

问：民国廿六年该业出买李姓是否刘子定经手？

答：民国廿六年该业系出卖郭姓，是刘熊氏卖的，刘子定不过是一中证人，没有经手出卖。

右笔录当庭朗读无讹。

［李树云］实。

推事宣言为点单闭庭。

中华民国卅三年四月六日

四川铜梁地方法院民庭

书记官：张朝楷

推事：方伟

结文讯问前

今到案为证人，谨当据实陈述，决无匿饰增减。

此结

证人：李树荣实

中华民国二十三年四月六日

四川铜梁地方法院公函

民字第六号

案准贵庭三十三年三月二十二日渝民俭字第八五号公函内开嘱即代为讯问证人李树云等由准此。当经本院于本月六日传讯制作笔录，应函请贵庭查照核办为荷。

此致

重庆林森路四川高等法院第一分院驻渝临时庭

计笔录一份

院长：黄轧允

中华民国三十三年四月十二日

民事声请书

卅二年上字一二八号俭股。

声请案由：刘熊氏与刘子定等因涂销登记等上诉事件。

声请原因：准备言词辩论。

声请目的：请将卷证实时交阅。

右请四川高等法院第一分院驻渝临时庭公鉴。

律师：潘震亚

中华民国三十三年五月十日

民事声请书

声请案由：刘熊氏与刘英廉等因涂销登记上诉事件。

声请原因：诉讼代理。

声请目的：阅查。

右请四川高等法院第一分院民庭公鉴。

律师：梅祖芳

中华民国三十三年五月十二日

阅卷申请

卅二年上字六号

为声请阅卷事：查刘熊氏与刘子定因涂销登记等上诉一案。业经上诉人刘熊氏委任本律师，为代理人在案，特此声请。

贵院，即将本案卷宗，检交阅览，以利进行为荷。此请

四川高等第一分院驻渝临时庭公鉴。

律师：潘震亚

中华民国三十三年五月十二日

准备言词辩论笔录

上诉人：刘熊氏。

被上诉人：刘子定等。

右当事人间涂销登记上诉事件，经本院于中华民国卅三年五月十二日下午二时在本院第一法庭准备言词辩论，出庭推事、书记官如左。

推事：王鸣鸿。

书记官：李运同。

点呼事件后，到场人如左。

上诉人：刘熊氏。

代理人：潘震亚，律师。

被上诉人：刘子定。

代理人：梅祖芳，律师。

问：刘子定，年籍等项？

答：三十四岁，住北碚月亮田。

问：刘熊氏是你什么人？

答：是我二嫂。

问：你排行几？

答：我排行四。

问：你父亲是好久死的？

答：民国廿五年冬月死的。

问：你二哥是好久死的？

答：他死得比父亲早些。

问：你有个儿子过继与刘熊氏吗？好久过继与她的？

答：我是有儿子过继，是廿六年十月廿八日过继的，是写有过继约。

问：你们是好久分家的？

答：廿六年分了一次家，是分父亲养赡。

问：刘子雄是你什么人？

答：是我三哥。

问：刘子衡呢？

答：是我五弟。

问：刘杨氏是你什么人？

答：是老么的媳妇。

问：你愿不愿意和解呢？

答：我是愿意和解，因子雄好讼，父亲生前他曾要父亲的赡业，与父亲打过官司，这次是他找我，我不得已的事，他又上诉拖累我。

问：刘熊氏本院将你们试行和解，这四十石租不卖，每年你就收益以作生活为何？

答：虽说四十石，实只收十级［几］石，不够我的生活，我不能和解，何况我还在外拉了八万元的账，如何付还。

刘子定声明：如真有八万元债未偿，我愿于每年收益给付生活不足之数以外，替你还债。

问：刘熊氏，刘子定亦愿为你偿债，你的意见如何？

答：他的话，已不可信。

问：该业的红约呢？

答：红约已在我手，佃户已向我投佃。

问：你向北碚登记没有？

答：我已登记过了。

问：你既已登记，佃户亦与你投了押，那么你来上诉什么？

答：毕竟业权还没有属于我，仍请法院判决。

问：刘子定你的分关带来没有？

答：没有带来。

右笔录当庭朗读无讹。

推事宣言：再传，闭庭。

中华民国卅三年五月十二日

四川高等法院第一分院民事临时庭

书记官：李运同

推事：王鸣鸿

四川江北地方法院民庭公函

民慎字第九五八号

案准贵庭卅三年三月廿二日渝民俭字第八六号公函，为刘熊氏与刘子定返还田价事件，嘱代讯问证人蒙粟千。等由，准此。本院业于五月十二日上午十时在民事第一法庭依据前函所列各点一一讯明，制成笔录。并将迭次传票送达证书一并粘齐函送贵庭，即希查照为荷！

此致

四川高等法院第一分院驻渝临时庭

计函送讯问笔录乙份（计二张）结文乙张，庭单乙张，送达证书一张，执达员报告乙件

推事：李端裌

中华民国卅三年五月十二日

执达员报告

为呈报事。案奉钧庭发下蒙粟千传票一件，饬即送达，如再不到，即予拘提。等因。遵即持往送达，该受送达人蒙粟千未在家，由其同居之子蒙代□代收，负责转交。兹值示期已届，受送达人未来院报到，但员又未与受送达人晤面，亦无从拘提。谨将往传情形具报钧庭鉴核示遵。

谨呈

民庭推事公鉴。

计缴回证一件

执达员：曹春藩

民国三十三年五月四日

送达证书

[刘熊氏与刘子定返还田价一案送达传票送达蒙粟千略]

讯问笔录

证人：蒙粟千。

右列当事人因 案经本院于中华民国卅三年五月十二日午前十时民事一庭出席职员如左。

审判长推事：李端衿。

书记官：彭朝臣。

点呼右列当事人入庭，书记官朗读案由。

问：蒙粟千年龄、住所、职业？

答：四十八岁，住龙王乡，江合公司办事员。

问：你和刘熊氏有何关系？今天你来作证人要说实话。若说假话，则要处七年以下有期徒刑，你能否具结？

答：我和刘熊氏是内亲，她是我的姨妹，刘子定是熊氏故夫刘子高的弟。今天我作证人说实在话，若有假话甘受处罚能够具结（结文附后）。

问：刘熊氏故夫刘子高生前欠你债款若干由何人经手偿还？

答：刘子高生前欠我二千两银子，折合二千八百元。该项借款迄未偿还，现在我也不要他偿还了。上开债款是刘熊氏以其夫刘子高名义向我借去的。

问：刘子定有无代卖刘子高铜梁田产偿债情事？余款若干？曾否交与刘熊氏呢？

答：刘子定确有代卖刘子高铜梁田产偿债情事，至于余款若干我就不清楚了。又余款曾否交与刘熊氏我也不知道。

右笔录当庭朗读无异

推事谕如庭单退庭

中华民国卅三年五月十二日

四川江北地方法院民庭

书记官：彭朝臣

推事：

结文（调问前）

今天到案为证人，当据实陈述，决无匿饰增减。此结

证人：蒙粟千　押

中华民国卅三年五月十二日

民事声请状

声请人：刘熊氏，巴县人，住北碚连家湾冯家院。
对造人：刘子定、刘英廉、刘谭氏，均住北碚天生桥。

为声请命被上诉人及第三人提出书证事。窃声请人与刘子定等因涂销登记等上诉事件迭经更新审理。系争北碚天生桥风科庙田产民国二十八年分关中"英廉"拈得礼字号之"英廉"二字先系空白，交由声请人执管后，始被刘子定唆使刘英廉连同系争之红契窃取后私自添注。当时是声请人实行拈阄应填载"熊氏"二字。各房分关均属先留空白后各添注拈得者之名。刘子定自执之一份前经提出验明与上述无异。刘子雄、刘子衡各执掌之一份已到庭供述亦同，

虽认为仍有直接查阅之必要，曾分传刘子雄、刘子衡、刘杨氏及刘子定并命各带分关到案，届期均未遵办，因刘子雄前次到仁厚场民庭作证被刘子定串通侦缉队员在渝栽赃陷害，各证人均不敢再来，而又不允将所执掌之分关交由声请人提出，以致未能终结调证程序。刘子定明知于己不利，下次或又不带来，此案已涉讼数载，传讯多次，所耗旅费甚巨。各该分关为同一法律关系所作成，依照民诉法第三百四十四条第四款及第三百四十八条，被上诉人刘子定证人刘子雄、刘子衡、刘杨氏均有提出之义务，为此声请：

钧院准照同法第三四三条及第三四七条规定，命刘子定、刘子雄、刘子衡、刘杨氏分别各将执掌民国二十八年农历十月二十八日五房分产本人名下之分关一张（住址均在卷）于裁定送达后五日内提出，［供］钧院查核以便速结而维产权。伏乞迅予裁定，俾利进行。又系争田产虽在先夫刘子高死亡后所分得且无后嗣，寡媳依法无故夫之代位继承权，此系立法上之疏漏，实欠平允，故民间习惯继承人之无后嗣而有配偶者，无论是否立继仍系按房分结，依照民法第一千一百四十九条或第四零六条规定，既经书立分关按房分给，按照原分关及出抱约之文义，声请人自属基于酌给或赠与规定取得所有权。英廉抱约纵使将来确定判决有效，仍得请求废继，非得后亲喜悦，不容有所分润。庭谕劝令和解自属好意，惟以子定己往行为观察，势难和好相处与履行诺言，故难同意。请准如声明判决，以杜藉继霸产之恶习而符废除宗祧继承之本旨。合并附陈。

谨状

四川高等法院第一分院驻渝临时庭公鉴。

中华民国三十三年五月十八日

具状人：刘熊氏

四川高等法院第一分院民事庭裁定

卅三年度上裁字第三六号

证人：刘子雄、刘子衡、刘杨氏，均住北碚天生桥。

查本院受理刘熊氏与刘英廉等涂销登记等事件，该证人等均属本案之重要证人。其各自所持民国廿六年十月二十八日之分关，尤为本案之重要证物，该证人等经本院合法传唤，不遵期携带分关到庭，以凭核阅，殊属非是，兹命该证人等于下次讯问期日，各亲自携带分关到庭作证，如再违误，得科五十元以下之罚锾，于必要时，并得为强制处分，特此裁定。

中华民国三十三年一月二十四日

四川高等法院第一分院民事临时庭

审判长推事：罗国昌

推事：孟翠山

推事：王鸣鸿

本件证明与原本无异。

书记官：李运同

中华民国卅三年五月卅日

四川高等法院第一分院书记室公函

三十三年渝俭字第二九七号

　　查本院受理三十二年度上字第一五八号刘熊氏与刘子定等确认契约无效等事件，兹有应行送达当事人之传票及裁定，相应检同送达证书用纸函请查照，迅即派员妥为送达，并将送达证书送院备查为荷。

　　此致

　　北碚管理局司法处书记室

　　计送传票五件，裁定三件，送达证书用纸五件。

书记官：李

四川北碚管理局司法处书记室公函

法字第四一三号

　　案准贵室渝俭字第二九七号公函附发卅二年上字第一五八号传票五件、裁定三件、送达证书五件，嘱为送达见复等由。此除派警依法送达外，相应检同送达证书复请查照为荷。

　　此致

　　四川高等法院第一分院书记室

　　计送还送达证书五件。

书记官：刘旭
中华民国三十三年六月二日

　　[以下四川高等法院第一分院卅三年六月三日送达潘震亚，六月七日刘子定、刘谭氏、刘英廉、刘杨氏，六月十日刘子雄，六月十九日刘子衡、刘熊氏签收传票、裁定的证书略]

言词辩论笔录

上诉人：刘熊氏。

被上诉人：刘子定等。

　　右当事人间确认契约无效返还红契上诉事件，经本院于中华民国卅三年七月四日上午　时在本院第　法庭公开言词辩论，出庭推事、书记官如左。

　　审判长推事：罗国昌。

　　推事：孟罕山。

　　推事：王鸣鸿。

　　书记官：李运同。

　　点呼事件后，到场人如左。

　　上诉人：刘熊氏。

　　代理人：潘震亚律师。

　　被上诉人：刘子定。

问：刘熊氏，年龄、籍贯等项？

答：四五岁，住北碚长五间。

问：你抱刘英廉是好久的事？

答：有七八年了，记不得哪一年。

问：你们分家是好久？

答：就是抱英廉那年，分四十石。

问：是否先分家后抱子？

答：是先分家后抱子。

问：分家时是否即将分关交你了的？

答：拈了阄就交分关。

问：抱子时是否即等抱约？

答：抱子是早说，嗣后才写字。

问：你丈夫是哪年死的？

答：他是廿四年死的。

问：你的分关呢？

答：分关是英廉抱来十几天他就偷走了。

问：你抱英廉时有多大？

答：那时就有十一二岁。

问：你将分关放在什么地方？

答：放在衣柜的。

问：另外落失了东西没有？

答：没有什么，他就只把分关偷去了。

问：红契当时交你么？

答：当时交我的，一并被偷走了。

问：你将上诉理由说说？

答：我请代理人潘律师代为陈述。

审判长命上诉人代理人陈述上诉理由。

潘震亚律师起称：请求废弃原判决，另为判决。

一、被上诉人刘子定代理刘英廉所有坐落北碚天生桥风科庙坎下田土一股面积四十石，长五间瓦房全院不动产所有权之登记，准予撤销。

二、确认刘谭氏非刘英廉之监护人，不得干涉上诉人对于上开田业出佃收租事宜。

三、刘子定应将上诉人分受坐落北碚风科庙坎下田产红契分关各一张，及上诉人所有大床一间、小床二间，衣柜、春柜各四个，字写台、梳妆台各一张，帐子三笼，被盖四床，凳子八件，桌子三张，板凳二十根，箱子四口返还上诉人。

四、刘子定应补给上诉人出售铜梁原籍田业余存田价一千四百元。

五、一、二两次诉讼费用命被上诉人等负担，查天生桥风科庙坎下田土四十石，长五间瓦屋全院，系上诉人于民廿六年冬刘续之死后的第二次拈分得的业产，历由上诉人收租放佃，刘子定拉自声请登记，应予撤销无效，分关及红约并请判令返还，□□如家俱及田价，均请判令返还，详细理由，详以前书状。

问：对于艾老大、郑长发、任树卿三人如何请求？

答：对他们三人都是佃户，今已向上诉人投佃了，请求对他们三人撤回上诉。

问：抱约不是两张吗？哪一张是真的？

答：承抱约那张是真的，关于抱子部分已另案起诉，尚未判决。

问：刘子定，你请求如何判决？

答：请求维持原判，驳回上诉。

问：你的分关带来没有？

答：带来了。（呈分关一张附卷）

问：你对上诉人的声明如何答辩？

答：查风科庙坎下之业，为祖母谭氏特赠与英廉的分关内记载已明，英廉既过继上诉人为子，而她们母子间情感不好，利害相反，所以代为登记，何能撤销。至于分关红契不在我手，原在舅爷熊明甫手保管，我无须返还。

问：刘熊氏的家俱呢？

答：她早已当卖磬尽，那里家俱，至为衣服多少件，刘熊氏在原审都不能答出多少件，还是潘律师代她答说，就说十件好了。

问：是否还剩了一千四百元田价未给她？

答：卖铜梁的田，我根本不在场，是她自己卖的，她弟弟熊少雨经手，并未经我手。

问：刘熊氏，你怎么只有三笼帐子呢？

答：那是我陪嫁的东西。

问：今天刘谭氏不到，有何请求？

答：请求开一造辩论判决。

右笔录经当庭朗读无讹。

审判长宣言：本案辩论终结定于七月八日上午十时宣判，闭庭。

中华民国卅三年七月四日

四川高等法院第一分院民事临时庭

书记官：李运同

审判长：罗国昌

宣示判决笔录

上诉人：刘熊氏。

被上诉人：刘子定等。

右当事人间确认契约无效等事件，经本院于中华民国卅三年七月八日上午十时，在本院第　法庭公开宣示判决，出庭推事、书记官如左。

审判长推事：罗国昌。

推事：孟翠山。

推事：王鸣鸿。

书记官：李运同。

点呼事件后，到场当事人如左：均不到庭。

审判长起立朗读判决主文并告知理由。

中华民国卅三年七月八日

四川高等法院第一分院民事临时庭

书记官：李运同

审判长：罗国昌

四川高等法院第一分院民事判决

三十三年度渝上判字第一八一号

上诉人：刘熊氏，住北碚长五间。

诉讼代理人：潘震亚，律师。

被上诉人：刘英廉，住北碚天生桥。

被上诉人兼右一人法字代理人：刘子定，住北碚天生桥。

被上诉人：刘谭氏，住北碚天生桥。

共同诉讼代理人：梅祖芳，律师。

右当事人间涂销登记等事件，上诉人对于中华民国三十一年四月二十二日，四川重庆地方法院第一审判决提起上诉，本院判决如左。

主文

原判决除驳回上诉人请求涂销登记，返还田业之红契分关及命其负担诉讼费用十分之九部分外均废弃；确认被上诉人刘谭氏非刘英廉之监护人，不得干涉上诉人对风科庙田业出佃收租事宜；被上诉人刘子定应返还上诉人大床一间，小床二间，衣柜、春柜各四个，写字台、梳妆台各一张，帐子三笼，被盖四床，凳子八个，桌子三张，板凳十二根，箱子四口及业价一千四百元；其余上诉驳回；第二审诉讼费用由上诉人负担十分之九、其余十分之一及前开废弃部分之诉讼费用由被上诉人刘谭氏、刘子定负担。

事实

上诉人及其代理人声明，求废弃原判决，另为如主文二、三两项之判决外，并求将被上诉人刘子定代理被上诉人刘英廉就北碚天生桥风科庙坎下田土一股面积四十石，长五间瓦房全院所为不动产所有权之登记准予涂销，被上诉人刘子定应返还该业之红契分关。

被上诉人刘子定即被上诉人刘英廉代理人声明，求驳回上诉。其余应记事实，与第一审判决书所载者略同，兹依民事诉讼法第四百五十一条引用之。

被上诉人刘谭氏受合法传唤，未于辩论期日到场，核无民事诉讼法第三百八十六条所列各款情形，兹准到场当事人之声请，由其一造辩论而为判决。

理由

本件上诉人之故夫刘子高，与被上诉人刘子定弟兄五人。民国二十五年七月，刘子高病故，次年古历十月二十八日五房分拆先人所遗赠产，次日上诉人抱被上诉人刘子定之子即被上诉人刘英廉为子高嗣子，双方出有允抱承抱合约，乃两造不争之事实。上诉人主张系争之北碚天生桥风科庙坎下田土一股，长五间瓦房全院，原分与其所有，所持礼字号分关，名字部分人原系空白，殊英廉过门十余日以后，即被刘子定唆使窃去该分关及该业之红契，将分关空白处，填英廉二字并另伪造承抱文约，载明所有分受遗产，概归英廉承受字样，遂蒙请为所有权登记。云云。被上诉人则主张系争之产业，本分与英廉所有，所有分关红契，交与舅父熊明甫保管，嗣因上诉人有浪费财产情形，乃持分关为所有权之登记以保权利。至承抱约亦非伪造。云云。查英廉出抱之时，据上诉人称，不过十岁，何能独自窃去产业之分关红契，上诉人此项主张，已不足采。且系争产业，果分与上诉人所有，交付分关之时名字处仍留空白何用，足见系五房分家时，先将产分配均匀，书就分关，俟三房拈得后再填名字，时间既稍有间隔，英廉二字墨色较淡，亦为事理之常。况承抱文约之缎质，与允抱文约相同，合同处之骑缝名字一亦均吻合，显非事后伪造，承抱文约上已载明所有分受遗产，概该英廉承受等语，而分关及抱约之代笔人黄道一、刘德齐在原审均一致结证该分关抱约均属真实，尤足证明上诉人主张系争产业，分与其所有为不足取，从而被上诉人主张系分与英廉所有，自属可信。上诉人继又提出京汇印书馆等之租约，其上有上诉人之名字，无论其租赁标的，是否系争产业这部分，然在刘英廉尚未成年独立管理财产之前，上诉人用自己名义，为法律行为，乃上诉人方面自谋之便利，尚不能反证系争产业系分上诉人所有，其理甚明。系争产业既系约定分与被上诉人刘英廉所有，该被上诉人就此产业为所有权之登记，要无不合。上诉人何能请求涂销，虽就抱约意旨，可认上诉人与被上诉人刘英廉间，有养母养子关系存在，被上诉人刘子定在民事法律上，已无生父关系，然上诉人对于该业所有权既生争执，关于所有权登记之行为，即与被上诉人刘英廉立于利害相反之地位，而不能行使代理权利，被上诉人刘子定亦可为法定监护人其代理刘英廉为登记。要无瑕疵可指，并代保存该业之红契分关亦非无据。原审驳回上诉人涂销登记返还红契分关之请求，自非不当，上诉人此部分之上诉非有理由。上诉人与被上诉人刘英廉既有养母养子关系，如前所述，一般情事，上诉人均为刘英廉之法定代理人，被上诉人刘谭氏不过为英廉之庶祖母，与英廉无血亲姻亲关系之可言，其以监护人名义代理刘英廉为招佃收租事宜，自系侵害上诉人之监护权行使，上诉人请求判决确认被上诉人刘谭氏非刘英廉之监护人，不得干涉上诉人对于系争产业之收租放佃事宜，原审予以驳回，尚欠允当，此部分上诉，应认为有理由。又上诉人主张所有家具（如主文所载）各物，均经被上诉人刘子定搬走，刘子定又代售上诉人铜梁田产，余价一千四百元，均经张预评、袁少安、蒙粟千等分别证明属实，被上诉人刘子定自有返还之义务，原审并予驳回，亦嫌未洽，上诉人此部分上诉亦非无理由。

据上论结，本件上诉为一部分有理由，一部分无理由，应依民事诉讼法第四百八十条、第三百八十五条第一项、第四百四十六条第一项、第四百四十七条第一项、第八十七条第二项、第七十八条判决如主文。

中华民国三十三年七月八日

四川高等法院第一分院民事临时庭

审判长推事：罗国昌

推事：孟翠山

推事：王鸣鸿

对于本判决如有不服，得于送达正本后二十日内向最高法院提起上诉，至上诉状应向本院提出，本件证明与原本无异。

书记官：李运同

中华民国三十三年七月卅一日

民事声请

声请人：刘熊氏，巴县人，住北碚连家湾冯家院，文件送达重庆中正路三二八号刘衡三代收。

对造人：刘英廉，兼右法定代理人刘子定、刘谭氏，住北碚天生桥。

为指定送达代收人声请就近送达代收事。窃声请人与刘英廉等因涂销登记等上诉事件，现因患病在渝治疗，未能即返北碚，深恐有误上诉期间，嗣后关于本件判决及其它诉讼档，统请就近送达本市中正路三二八号刘衡三代收转交为感。

　　谨状

四川高等法院第一分院临时庭公鉴。

中华民国三十三年七月十七日

具状人：刘熊氏

送达证书

　　［四川高等法院第一分院民国卅二年上字第一五八号与涂销登记等案判决正本一件送达刘熊氏及刘英廉、刘子定，刘谭氏略］

四川高等法院第一分院书记室公函

三十三年渝俭字第五四五号

　　查本院受理三十二年度上字第一五八号刘熊氏与刘英廉等涂销登记等上诉事件，兹有应行送达当事人之判决三件，相应检同送达证书用纸函请查照，迅即派员妥为送达，并将送达证书送院备查为荷。

　　此致

北碚管理局司法处书记室

计送判决三件，送达证书用纸三件

书记官：李运同

　　［编者注：以下为本案一二审法院上报的第三审所需司法文书，及最高法院审理结果存档］

四川高等法院第一分院书记室公函

中华民国三十五年十一月廿七日

查本院受理三十四年度上字第二四二号刘熊氏与刘英廉涂销登记上诉事件，业经判决，兹据刘熊氏于上诉期间提起上诉，除裁定命其径向贵院缴纳裁判费，并将上诉状缮本送达被上诉人外，相应检同卷宗等件，函请贵厅查照办理。

此致

最高法院书记厅

计送本院卷宗原审卷贰宗，上诉状贰件，裁定一件，送达证书乙件，证物目录二件，最高法院卷壹宗。

委任书

委任人：刘熊氏，巴县人，住北碚连家湾冯家院。

被委任人：潘震亚，律师，事务所地址：十八梯七十九号附一号。

为委任代理人。窃委任人与刘英廉、刘子定因涂销登记等上诉第三审事件，委任被委任人为代理人，其原因及权限如左。

一原因：依法委任。

二权限：依民事诉讼法第七十条第一项之规定。

四川高等法院第一分院临时庭转最高法院民庭公鉴。

中华民国三十五年二月十一日

具状人：刘熊氏

被委任人：潘震亚律师

四川高等法院第一分院民事裁定

民国卅四年度渝上字第二四二号

上诉人：刘熊氏，住十八梯街七十九号附一号潘震亚律师代收。

被上诉人：刘英廉，住北碚天生桥。

被上诉人右法定代理人：刘子定，住北碚天生桥。

右当事人间请求涂销登记及确认租约无效返还契约田价事件，上诉人提起第三审上诉到院，应征裁判费国币八百三十九元，未据缴纳，兹限该上诉人于送达本裁定时起十日内，径向重庆最高法院如数补缴（汇寄时准予扣除汇费），并将缴费收据呈送本院查核，如逾期尚未遵行，最高法院即认上诉为不合法，以裁定驳回，切勿迟延自误，特此裁定。

中华民国三十五年二月十九日

四川高等法院第一分院民事第　庭

审判长：王鸣鸿

右裁定正本证明与原本无异。

中华民国三十　年　日

四川高等法院第一分院书记官

送达证书

送达法院：四川高等法院第一分院。

应送达之文书：民国卅四年上字第二四二号 请求涂销登记及确认租约无效返还契约田价，裁定正本一件。

受送达人：刘熊氏。

应送达人署名盖印，若不能或拒绝署名盖印，送达人应记明其事由：潘震亚印。

送达日期：卅五年三月廿五日。

中华民国卅五年三月一日

送达人：

最高法院书记厅公函

民字第一六五六号

径启者，查刘熊氏与刘英廉因涂销登记事件，前据刘熊氏缴纳三审裁判费八百三十九元到院，业经本院于卅五年五月七日函请贵院查照依法办理在案，迄今日久本院尚未收受该案卷宗或裁定正本，相应函催，务希查照前函，克日辨〔辩〕理并希见复为荷。

此致

四川高等法院第一分院书记室

中华民国卅五年九月十九日

最高法院书记厅公函稿件

科一民文第一八五〇号

径启者，查北碚刘熊氏与刘英廉因涂销登记事件，现据刘熊氏缴纳第三审裁判费八百三十九元，前来查该案诉讼卷宗，尚未到院，相应函请贵院迅予查照，依法办理。如该案因不合法，已由贵院驳回，即希检送裁定正本一份以备查考，另附通知书一件，并希代为送达为荷。

此致

四川高等法院第一分院书记室

计送通知书一件，送达证书用纸一件。

中华民国卅五年五月七日

最高法院书记厅通知书

为通知事。查刘熊氏与刘英廉因涂销登记事件，据该民缴纳第三审裁判费八百三十九元，前来查该案诉讼卷宗，尚未到院，除函知原审法院迅予依法办理外，特此通知。

右通知：刘熊氏。

最高法院书记官。

中华民国三十五年

民事上诉状

上诉人：刘熊氏，巴县人，住北碚连家湾冯家院。

被上诉人：刘英廉。

兼右法定代理人：刘子定，北碚人，住北碚天生桥月亮田。

为不服一审判决提起上诉事。窃上诉人与被上诉人因请求涂销登记，及返还契物田价等更审事件，本月七日接奉钧院民国三十四年八月二十五日判决，关于驳回上诉人其余上诉，及命负担第二审及前第一审诉讼费用十分之九部分均难甘服。查系争之承抱约绮〔骑〕缝合口处"承先启后合同为据"数字与允抱约明属浓淡不一，缎质硬软不同，证人次序之颠倒，并非因代笔人偶尔漏写三人而添列，与刘德齐在第一审所供情节及刘子衡、刘子雄等之证言均属不符，而立嗣部分既属无效行为，且经另件确定判决，确认系争之抱约无效在案，则承抱约所载"所有氏分受遗产概归英廉享受"云云。假如非伪造，依照民法第一百十一条前段亦应全部无效。按照全约内容，原系刘英廉承抱先夫刘子高之宗祧，并应听受上诉人管教，亦属附有负担之赠与，除去立嗣部分而谓赠与部分，并不因而失效，不惟与立约之本意不符，亦属不合情理。盖原伪造之承抱约仍系以立嗣为主要目的，赠与仅为立嗣后之附随目的，二者未可划分。况查原判对于上诉人与刘英廉有无养母子之关系既未遵照发回更审意旨认定。则纵如所认定赠与部分并不因而失效而其生父刘子定是否有权代理登记亦应并为斟酌断无人财两失仍认赠与部分可单独成立，只享受权利而不负担义务之理。而上诉人除系争田产外，且无其它财产足以维持生计，依照民法第四百十八条规定，假使原判认证及见解无误，亦得拒绝赠与之履行或通知其撤销，刘子定于上诉人未履行交付赠与财产移转占有前，片面代理刘英廉之登记行为亦属无权代理，且不合不动产登记条例第二十五条第一项之程序，仍应涂销其登记，并返还窃去之红契分关。原判不惟认证未当，而系争田产在未登记前，及诉讼繁属后是否均由上诉人放佃收租，并未移转占有，及系争之红契分关如何被刘子定所持有，均未斟酌，安能发现真实，于职权之能事亦有未尽。谨依法定期间内对上开判决提起上诉。请检卷送请最高法院依法审判，准为下列之判决：（一）原判关于驳回上诉人其余上诉，及命上诉人分担诉讼费用部分暨第一审判决关于驳回该部分之诉，及负担诉讼费用部分废弃；（二）刘子定代理刘英廉所为坐落北碚天生桥风科庙田土一段，计谷面积四十石，长七间瓦屋，全院不动产之登记准予涂销；（三）刘子定应将系争上开田产红契分关各一张返还与上诉人；（四）各审诉讼费用被上诉人负担或发还更审详细理由。容委任代理人阅卷后追加应缴裁判费若干，并请裁定，径送交上诉人住所，合并陈明。

谨状

四川高等法院第一分院临时庭，最高法院民庭公鉴。

中华民国三十四年一月十八日

具状人：刘熊氏

潘震亚律师代撰

最高法院书记厅公函稿

民文字第一四六三号

径启者，查刘熊氏与刘英廉等因请求涂销登记等事件，兹有应行送达当事人上诉状书缮本一件，相应嘱托贵室代为送达所有送达证书，并请于送达后函缴为荷。

此致

四川北碚管理局司法处书记室

计函达上诉状书缮本一件，送达证收书一件。

中华民国卅六年四月二日

四川北碚地方法院书记室公函

民字第五零五号

案准贵厅本年四月三日民文字第一四六三号公函嘱送刘子定等上诉理由书缮本乙件到院，当经派员送达，去后兹据缴上送达证书乙件前来，相应函送贵厅查收为荷。

此致

最高法院书记厅

计附送达证书壹件

卅六年五月三日到民二科

中华民国三十六年四月二十六日

送达证书

最高法院卅五年度上字第四五八一号与刘熊氏登记一案。

送达文件：上诉状书缮本一件。

受送达人：刘子定等。

送达处所：北碚天生桥月亮田。

受送达人签名书押盖章或按指印，若不能或拒绝签名书押盖章或按指印时则记其事由：刘子定等未家由伊同居之妻代收刘胡民。

非交付受送达人之退达则记其事实：

此受送达之年月日时：卅五年四月二十三日。

中华民国　　年　月　日

送达人：杨文相

最高法院民事判决

三十七年度上字第四五六号

上诉人：刘熊氏，住北碚连家湾冯家院。

诉讼代理人：潘震亚，律师。

被上诉人：刘英廉，住北碚天生桥月亮田。

被上诉人兼右法定代理人：刘子定，住北碚天生桥月亮田。

右当事人因请求涂销登记及返还契据事件，上诉人对于中华民国三十四年八月二十五日四川高等法院第一分院更审判决提起上诉，本院判决如左。

主文

原判决关于驳回其余上诉及命负担诉讼费用部分废弃，发回四川高等法院重庆分院。

理由

本件原审维持第一审，驳回上诉人请求对于被上诉人刘子定代刘英廉就坐落北碚天生桥风科庙坎下田土一股、长七间瓦屋全院所为不动产所有权之登记应予涂销，刘子定应将上诉人分受该业红契、分关各一纸返还上诉人之诉，并驳回其上诉及命负担诉讼费用部分之判决。无非以被上诉人提出上诉人名义书立之承抱约为非伪造，及因该约载有"所有氏分受遗产概归英廉享受"等字样认上诉人已将是项产业赠与刘英廉所有，并以上诉人不能证明该业之红契分关系由刘英廉窃去存于刘子定手中即不能向刘子定请求返还等情为其判决基础。查上诉人于其夫刘子高民国二十五年亡故后次年农历十月二十九日立被上诉人刘子定之子刘英廉为其夫嗣子，曾以红缎书有允抱、承抱合约，固为双方所不争；惟查被上诉人提出之承抱约与伊出立允抱约所用之红缎其质料有硬软不同、骑缝合口处之"承先启后合同为据"数字墨色浓淡不一、笔书半粗半细其下所划之小圈显不扣合、更参酌证人即刘子定之同胞弟兄刘子雄、刘子恒所谓上诉人为其夫立嗣时，并未约定将分受遗产概赠与刘英廉之陈述，是上诉人主张该项承抱约，非系同时在一定红缎剪下之材料而为被上诉人事后另以红缎一幅伪造，确未赠与英廉财产云云，似难谓其无依据，至上诉人于民法亲属篇施行后，为其夫立嗣既属无效行为，而刘英廉未合法取得讼争产业。果如前所述，则上诉人对于刘子定无权代刘英廉就前项产业所为不动产所有权之登记请予涂销，即不能谓非正当。又上诉人因分受遗产应归其执有二分关，固应由上诉人自行保管即其有关该业之红契。如无其它特别原因亦难谓上诉人不得向被上诉人请求交还，原审未就全案情形详加审酌，遽认被上诉人刘子定有权代为不动产所有权登记，并以上诉人不能证明红契分关，现由刘子定执存而为上开不利于上诉人之判决，仍不足以昭折服，上诉人就此部分请求废弃，原判决非无理由。

据上论结，本件上诉为有理由，依民事诉讼法第四百七十四条第一项、第四百七十五条第一项判决如主文。

中华民国三十七年一月二十八日

最高法院民事第二庭

审判长推事：杨天寿

推事：彭世伟

推事：赵洪昌

推事：托德骏

推事：冯藏珍

右正本证明与原本无异。

书记官：

中华民国三十七年二月十六日

四川高等法院第一分院书记室公函

渝俭字第九八四号

查本院受理三十一年度上字第二二七九号刘熊氏与刘英廉等涂销登记返还田价事件，业经判决。兹据刘熊氏于上诉期间内提起上诉，除裁定命其径向贵院缴纳裁判费，并将上诉状缮本送达被上诉人外，相应检同卷宗等件，函请贵厅查照办理。

此致

最高法院书记厅

计送本院卷三宗，原审卷二宗，上诉状四件，送达证书三件。

证物详袋：裁定二件，函稿五件，讼费收据一件。

中华民国三十三年十一月八日

民事上诉状

上诉人：刘熊氏，北碚人，住北碚连家湾冯家院。

被上诉人：刘英廉，兼左法定代理人刘子定，均住北碚天生桥。

为不服判决提起上诉事。窃上诉人与被上诉人等因涂销登记等上诉事件，接奉钧院三十三年度渝上判字第一八一号判决。主文内开："原判决除驳回上诉人请求涂销登记返还田业之红契分关及命其负担诉讼费用十分之九部分均废弃（中略），其余上诉驳回，第二审讼诉费用由上诉人负担十分之九"（下略）。各等因，奉此。上诉人对于以上节开判决未能甘服，其取舍证据全属不当，谨依法定期间内提起上诉，请求检卷送请上级法院依法审判准为下列之判决：

（一）原判驳回，上诉人其余之上诉及命上诉人负担第二审诉讼费用十分之九暨第一审判决驳回，上诉人请求涂销登记返还田业之红契分关及命上诉人负担诉讼费用十分之九各部分均废弃；（二）刘子定代理刘英廉所为坐落北碚天生桥凤科庙坎下田土一段计田面积四十石、长七间瓦屋、全院不动产所有权之登记准予涂销；（三）刘子定应将持有上诉人分受系争上开田产红契分关各壹张返还上诉人；（四）第三审诉讼费用及一、二两审诉讼费用十分之九均命被上诉人等负担。

详细理由容加委代理人阅卷后另状追加，所有应缴第三审裁判费当于阅卷后径行补缴，合并陈明。

谨状

四川高等法院第一分院驻渝临时庭并转送最高法院民庭公鉴。

中华民国三十三年八月二十一日

具状人：刘熊氏

潘振亚律师撰

委任书

委任人：刘熊氏，巴县人，住北碚连家湾冯家院。
被委任人：潘震亚，律师，事务所地址：北碚黄桷树田坝路六号。

为委任代理人事。窃委任人与刘英廉等因涂销登记等不服第二审判决上诉事件，委任被委任人为代理人，其原因及权限如左。

一原因：依法委任。
二权限：依民事诉讼法第七十条第一项及其但书之规定。
四川高等法院第一分院驻渝临时庭并转最高法院民庭公鉴。

中华民国三十三年八月二十一日
具状人：刘熊氏
被委任人：潘震亚律师

申请阅卷书

声请案由：刘熊氏与刘英廉等因涂销登记等上诉事件。
声请原因：准备追加第三审上诉理由书经加委代理在卷。
声请目的：阅卷。
右请：四川高等法院第一分院民庭公鉴。
律师：潘震亚。

中华民国三十三年八月二十四日

四川高等法院第一分院民事裁定

上诉人：刘熊氏，住北碚长五间。
被上诉人：刘英廉，住北碚天生桥。
兼右一人法定代理人：刘子定，住北碚天生桥。

右当事人间涂销登记事件，上诉人提起第三审上诉到院，应征裁判费国币五百九十五元七角三分，未据缴纳，兹限该上诉人于送达本裁定时起七日内，径向重庆最高法院如数补缴，（汇寄时准予扣除汇费），并将缴费收据呈送本院查核，如逾期尚未遵行，最高法院即认上诉为不合法，以裁定驳回，切勿迟延自误，特此裁定。

中华民国三十三年八月廿五日
四川高等法院第一分院民事临时庭
审判长：罗国昌

四川高等法院第一分院书记室公函

三十三年渝俭字第六六四号

查本院受理三十二年度上字第一五八号刘熊氏与刘英廉等涂销登记事件，兹有应行送达当事人之裁定等件，相应检同送达证书用纸函请查照，迅即派员妥为送达，并将送达证书送院备查为荷。

此致

北碚管理局司法处书记室。

计送裁定一件，缮本贰件，送达证书用纸二件。

书记官：

四川北碚管理局司法处书记室公函

法字第六六八号

案准贵室渝俭字第六六四号公函，附发三十二年度上字第一五八号裁定一件、缮本二件、送达证书二件，嘱为送达见复。等由，准此。除派警依法送达外，相应检同送达证书送请查照为荷。

此致

四川高等法院第一分院书记室。

计送还送达证书二件。

书记官：刘旭

中华民国三十三年九月十三日

送达证书

送达法院：四川高等法院第一分院。

应送达之文书：民国三十二年上字一五八号　刘熊氏涂销登记上诉三审案，上诉缮本二件。

受送达人：刘英廉、刘子定。

应送达人署名盖印，若不能或拒绝署名盖印，送达人应记明其事由刘英廉十、刘子定十。

送达处所：北碚天生桥。

送达日期：三十三年九月十一日。

中华民国卅三年八月廿六日

［同年九月十三日刘熊氏签收裁定的送达证书］

民事上诉书

上诉人：刘子定，住北碚天生桥。刘谭氏，住北碚天生桥。

被上诉人：刘熊氏，住北碚连家湾冯家院。

为不服一部分判决，提起三审上诉事。窃被上诉人与上诉人等为涂销登记事件上诉一案，本月十六日奉钧院三十三年度渝上判字第一八一号判决，主文内开："（一）原判决除驳回上诉人请求涂销登记返还田业之红契分关，及命其负担诉讼费十分之九部分外均废弃；（二）确认被上诉人刘谭氏非刘英廉之监护人，不得干涉上诉人对风庙田业出佃收租事宜；（三）被上诉人刘子定应返还上诉人大床一间，小床二间，衣柜、春柜各四个，写字台、梳妆台各一张，帐子三笼，被盖四床，凳子八个，桌子三张，板凳十二条，箱子四口及业价一千四百元；（四）其余上诉驳回；（五）第二审诉讼费用由上诉人负担十分之九，其余十分之一及前开废弃部分之诉讼费用由被上诉人刘谭氏、刘子定负担。"等因。上诉人对于上开主文第二、第三及第五项均有不服，特依法提起三审上诉，所有上诉理由及应缴之审判费，当于一个月内缴呈。再上开主文第三项所列诉讼标目价款为一万五千元，合并声明。

谨状

四川高等法院第一分院转呈最高法院公鉴。

中华民国三十三年八月二十九日

具状人：刘谭氏、刘子定押

撰状律师：梅祖芳

四川高等法院第一分院民事裁定

卅三年度渝职裁字第一零八号

上诉人：刘子定，住北碚天生桥。刘谭氏，住北碚天生桥。
被上诉人：刘熊氏，住北碚长五间。

右当事人间确认监护权等事件，上诉人提起第三审上诉到院，应征裁判费国币三百五十一元九角八分，未据缴纳。兹限该上诉人于送达本裁定时起五日内，径向重庆最高法院如数补缴（汇寄时准予扣除汇费），并将缴费收据呈送本院查核。如逾期尚未遵行，最高法院即认上诉为不合法，以裁定驳回，切勿迟延自误，特此裁定。

中华民国三十三年九月十一日

四川高等法院第一分院民事临时庭

四川高等法院第一分院书记室公函

三十三年法俭字第七四八号

查本院受理三十二年度上字第一五八号刘熊氏与之刘子定等确认监护权上诉事件，兹有应行送达当事人裁定一件，相应检同送达证书用纸函请查照，迅即派员妥为送达，亦将送达证书送院备查为荷。

此致

北碚管理局司法处书记室

计送裁定一件，送达证书用纸一件。

民事上诉状

上诉人：刘子定，住北碚天生桥。刘谭氏，住北碚天生桥。

被上诉人：刘熊氏，住北碚长五间。

为补陈上诉理由事。窃上诉人等不服四川高等法院第一分院三十三年度渝上判字第一八一号判决一部分，曾依法声明上诉，兹特补陈上诉理由如左。

一、原判决理由栏内载："又上诉人主张所有家具（如主文所载）各物，均经被上诉人刘子定搬走，又代售上诉人铜梁田产余价一千四百元，均经张预评、袁少安、蒙粟千等分别证明属实，被上诉人刘子定自有返还义务"。云云。查阅原审笔录，蒙粟千于三十三年二月七日，在铜梁地方法院证称，"刘子定确已代卖铜梁产业，偿还债务，至于余款多少，以及是否将余款交付刘熊氏，我不知道"。张预评（即张裕平）于三十二年十二月八日在北碚司法处证称，"听说刘子定于廿七年五月搬去木器"，袁少安于三十二年十二月十七日在北碚司法处证称"搬东西不清楚，听说有的"，各等语。谨按当事人对于自己有利之事实，应为确切证明，乃民事诉讼法上之大原则。本案被上诉人刘熊氏，在第一审主张上诉人刘子定搬走其木器，并欠还铜梁田产余价，均未为证明，致遭驳回，乃该刘熊氏虽在原审提出张预评、袁少安、蒙粟千为证人，但细阅上开各该证人之证言，或称"我不知道"，或称"不清楚"，或称"听说"，均未能为确切之证明，则毫无疑义，乃原审还采此为裁判之基础，判令上诉人刘子定返还木器及田产余价，殊不足以昭折服。

二、查被上诉人刘熊氏，身染嗜好，觊觎其嗣子刘英廉之产业，任意浪费，委系不利于刘英廉。上诉人刘谭氏既系刘英廉之祖母，自得执行监护人之职务，为有利于受监护人之行为。原判决认其不得干涉出佃收租事宜，殊难令人甘服。

基上理由，应请鉴核，将原判决主文第二、第三两项予以废弃，驳回被上诉人刘熊氏在第二审之全部上诉，无任公感。再，本件上诉部分之标目物价额为一万五千万。

谨状

四川高等法院第一分院转送最高法院民庭公鉴。

中华民国三十三年九月二十五日

具状人：刘子定押、刘谭氏

具状律师：梅祖芳

四川高等法院第一分院书记室公函

三十三年渝俭字第八七二号

查本院受理三十二年度上字第一五八号刘熊氏与刘子定等确认监护权上诉事件，兹有应行送达当事人之上诉理由书缮本，相应检同送达证书用纸函请查照，迅即派员妥为送达，并将送达证书送院备查为荷。

此致

北碚管理局司法处书记室。

计送上诉理由书缮本一件，送达证书用纸一件。

四川北碚管理局司法处书记室公函

法字第七五一号

案准贵室渝俭字第八七二号公函，附发三十三年度上字第一五八号上诉理由书缮本一件、送达证书一件，嘱为送达见复。等由，准此。除派警依法送达外，相应检同送达证书送请查照为荷。

此致

四川高等法院第一分院书记室

计送还送达证书一件。

书记官：刘旭

中华民国三十三年十月廿四日

缴费声明

钧院卅三年度渝职裁字第一零八号裁定与刘熊氏确认监护权等事件，上诉人提起上诉。第三审应缴裁判费国币三百五十元九角八分已经缴最高法院。兹将正式收据一份出缴备查实沾德便。

谨呈

四川高等法院第一分院

附缴裁判费收据一张

上诉人：刘子定

被上诉人：刘熊氏

卅三年十月廿五日

民事声请书

上诉人：刘熊氏，四十六岁，四川北碚人，住北碚连家湾冯家院。

诉讼代理人：潘震亚律师，事务所地址：黄桷树田坝路六号。

被上述人：刘英廉，兼右法定代理人刘子定，均住北碚天生桥。

为陈明前代四川刘熊氏汇缴裁判费之文书，漏未声明案由，并误为奉钧院之裁定补正声请查明汇交本案之款已否收到，代贴印纸附卷事。窃四川刘熊氏与刘英廉等涂销登记等上诉事件经上诉人刘熊氏在原审具状加委本律师为诉讼代理人在卷。上诉人刘熊氏旋接奉四川高等法院第一法院卅三年渝职字九四号补正裁定，限于七日内径向钧院补缴第三审裁判费五百九十五元七角三分。因限期急迫，代理人适赴渝出庭，由上诉人嘱本所书记用缴款人刘熊氏及代理人名义于本月十三日代为寄上。黄桷树邮政局上开金额汇票一张并附邮票十元，请将收据挂号寄交代理人代收。顷由渝回所，据报前情，查悉原汇款之文稿，其中未声明上诉之案由，并将所奉原审法院之裁定误缮为奉。钧院之裁定势必于该款到院时不知为何案之当事人。奉何处法院之补正裁定所汇缴。为此声明误漏情形。声请钧院迅予查明。代理人本月十三日代上诉人刘熊氏寄缴本案上开金额之汇票一张及邮票已否收到？代贴印纸附卷，以免迟误。并将汇款收据如上记明寄交代理人代收为感。

谨上

最高法院民庭书记厅

中华民国卅三年九月廿四日

具状人：刘熊氏

右诉讼代理人：潘震亚律师

缴费声明

钧院卅三年渝职裁字第九四号裁定嘱缴裁判费伍佰玖拾伍元柒角叁分，等因。奉此，将裁判费伍佰玖拾伍元柒角叁分汇上并另附邮票十元，请将收据挂号邮寄北碚黄桷树田坝路六号潘震亚律师代收为祷。

此呈

最高法院公鉴。

缴费人（即上诉人）：刘熊氏

代理人：潘震亚律师

缴费声明

窃于本年三十三年度九月二十三日下午三时收到四川高等法院第一分院三十三年度渝职裁字第一零八号民事裁定内开：上诉人刘子定、刘谭氏住北碚天生桥。被上诉人刘熊氏住北碚长五间。右当事人间确认监护权等事件上诉人提起第三审上诉到院，应征裁判费国币三百五十一元九角八分，未据缴纳。兹限该上诉人于送达本裁定时起五日内径向重庆最高法院如数补缴（汇寄时准予扣除汇费），并将缴费收据呈送本院查核。如逾期未遵行，最高法院即认上诉等不合法，以裁定驳回。切勿迟延自误，特此裁定。等因。余遵即依照上开应缴费用如数交邮呈缴。

谨呈

最高法院钧鉴。

计呈汇票一张

上诉人：刘子定押、刘谭氏 ［画十］

三十三年九月廿五日

民事答辩状

上诉人：刘熊氏，四十七岁，巴县人，住北碚连家湾冯家院。

被上诉人：刘英廉，兼右法定代理人刘子定，均住北碚天生桥月亮田。

为补具上诉理由并陈明现在情事，已较起诉及原审判决时变更，请如上诉声明判决事。窃上诉人与被上诉人等因请求涂销登记等事件不服四川高等法院第一分院判决上诉一案，兹补具上诉理由如次：

查系争北碚天生桥风科庙坎下田土房屋在原审审理中已由上诉人收回管业，事实上与起诉时已不同，故在原审已将对佃户艾老大等上诉部分撤回上诉。而提起本件上诉后，被上诉人等与上诉人因请求确认抱约无效上诉事件之另案，亦接奉钧院三十三年度上字第二七七五号判决，驳回刘英廉等之上诉，确定在案。则刘子定民国二十六年古历十月二十九日与上诉人所立以其子刘英廉为先夫刘子高继承宗祧之抱约既确认无效。纵使原判认定事实适用法律均属无误，现在情事既较原审判决时变更，刘英廉因嗣子身份分得刘子高一房之遗产，亦应负回复原状之义务，刘子定代理刘英廉所为系争产业所有权之登记亦应涂销，并返还代保存系争田产之红契分关，按诸民诉法第四百七十条、第四百七十八条，自得准用同法第四百四十三条第一项但书及四百四十四条第一项适用同法，第二百五十六条第三款之法理，不必另易声明而为一种新攻击之方法，并添附上开确定判决正本一件请察核，此为首先表明者也。况查原判认定事实、适用法律均有违误，刘英廉之抱约假使未经确定判决无效，系争产业亦非分归英廉所有，不惟分关成立在书立抱约之先一日（民国二十六年古历十二月二十八日）英廉是时尚未发生嗣子之关系，而事实上又系上诉人自行拈阄分关红契，当时均交由上诉人收执，刘子雄、刘子衡（恒）、熊明甫、熊少雨先后一致证明，按诸情理亦必如此，断无由英廉拈阄将分关红契交由刘子定代保存之理。原审及第一审推事均漠视废除宗祧继承制度之精神，仍不察封建社会藉继夺产之遗毒，采证用法均不免挟有成见，而存一种孀妇不应有财产权之陈旧观念，认为非立嗣便不应受遗产之赠与，不知寡媳虽无其翁之遗产继承权系属立法上之疏漏，不合我国之人情与伦理，而嗣孙依照现行民法与判例解释，亦无嗣祖父遗产继承权与代位继承权，可见原立分关纯系依照旧习惯分归上诉人承受，虽上诉人曾与刘子定预约立其子英廉为嗣子，并非以英廉立嗣为分产之条件，立嗣与否及择爱与废继均属上诉人个人之自由，原分关并无任何之限制，不过按照习惯，于分关首尾书写媳熊氏男英廉与亡夫弟四人同时分受而已。民间未预约立嗣者之分产分关上孀媳均系书写媳之姓氏与亡夫兄弟之名字分受，其分得之产业所有权均属于孀媳本人。因孀媳虽无遗产继承权，依法应酌给遗产，其酌给之标准，习惯上均与亡夫之应继分同。生前分产属于赠与，更不生孀媳有无遗产继承权之问题。系争之产为先翁所遗之赠产，基上说明，其为分归上诉人之所有绝无疑义。英廉当时仅有立为嗣子之预约，次日始书立继书即抱约，可见当立分关之时，尚未取得嗣子身份，何能认为分归英廉所有而谓上诉人仅代为管理，其为昧于三民主义男女平等的立法精神，蔑视妇女身份与权利，未脱封建时代之陈旧观念，已属显见。此观第一审同一推事认另案所立之抱约有效，其见解之幼稚思想之顽固已经第二审之纠正，并经终审确认其抱约无效。本件原审对于其它返还家俱业价上诉部分虽经纠正，而对于系争产业返还分关红契部分驳回，上诉人在原审之上诉仍不免主观上未脱旧习，故对于全辩论及调查证据之结果多未斟酌，用法亦属未合，断不足昭折服。请分别述之：

（甲）关于取舍证据违法部分

查原判理由，摘叙上诉人之主张大致无误，而摘叙被上诉人之主张则未尽符。兹应审究者：（一）分关空白添填英廉二字是否刘子定唆使英廉于过门十余日连同红契窃去后所添写；（二）承抱文约所载"所有氏分受财产概与英廉享受"等字样是否伪造及其意义究作何解，英廉于过门十余日逃回子定家中，至今未返，为不争事实。果未唆使其窃分关红契，而去何故过门未久即永去不归。上诉人抱养英廉，原冀为亡夫接后，且免孤独，因其年幼不虞有他，未及防备，家中无他人，放置箱中未经加锁竟被乘隙窃去，取携轻便，何得认为不能独自窃去？分关交付上诉人执管，既经刘子衡（恒）、刘子雄、熊明甫一致证明属实，何得对于以上之证言及英廉无故逃回不归之事实均不斟酌？遽谓上诉人之主张不足采信，况分关已为刘子定所执掌，且经利用为所有权之登记并已提出附卷，岂非被窃去铁证？刘子定主张系争之产系祖母刘谭氏赠与英廉，由刘谭氏交与所代管，不惟与分关内容首尾均载媳熊氏同男英廉及五房各执一纸等字样不符，而红契刘子定始供交由舅父熊明甫保管，继供由其母刘谭氏所管，甚至第一审送由刘子定指传，刘子定、熊明甫之传票亦拒不接收，并遗忘曾有上项之供述各情。经原审诉讼代理人将原传票证明刘子定拒绝指传之情形缴还附卷，原审对于上述各点均未斟酌，并误叙刘子定主张所有分关红契均交与舅父熊明甫保管，显与第一审笔录所载刘子定之供不符。刘子定既不能提出何人交其代管分关之反证，而红契又不在熊明甫手中，何得舍弃上述证言及分关内容不采，仅凭主观推测认英廉不过十龄，何能独自窃去产业之分关红契，及认刘子定代为保存该业之红契分关亦非无据？显属违背采证法则，且与刘子定辩论意旨不符，此不服者一。

基上陈述，足证系争之分关红契，显是均被刘子定唆使英廉窃去交其持有，故分关之空白处英廉二字系为窃去后所填写，不惟其墨色较淡，而刘子恒亦已供明"以后分关写起，我们弟兄都走了，未填名字"，刘子熊供"这名字（指空白中之英廉二字）我们分关都添的"，熊少雨供"是以后添的"，足证交付分关之时均未填写，不惟当时事实确如此，刘子熊（雄）之分关至今中间尚多空白，留填界址之处尚未填入，刘子恒（衡）之分关并系刘德齐先代书就之撕毁一张，经缀补保存，童道一代书其名下拈得一张并未保留，原审最后一庭虽经裁定，命刘子熊、刘子恒提出原分关呈验，因刘子恒曾到庭作证，被刘子定勾串侦缉员栽赃陷害（详情请参阅原审卷附请调查证据状），未敢遵限提出。上诉人是时在渝候审，未回北碚，事先不知有此裁定，又未能商求提出，而原审并未准依照民诉法第三百四十九条第一项强制其提出于职责尚有未尽，何得谓交付分关之时便不致仍留空白？而英廉二字墨色较淡，认为事理之常，均属主观的推论，对于上述证言全未斟酌。四川写立不动产契据之习惯多只先书首尾，并署名签押，中间常留空白，于事后由执据人托原代笔人事后填写。出据人多不过问。原分关代笔人童道一在第一审所供"先拈阄后写分关，没有留空白，系五张一齐写的。"等语显与原分关及刘子定名下之分关留有空白后填名字暨上述各证言不符，足证其为事后串供。原审仍采其证言，认为上诉人主张系争产业分与上诉人所有为不足取，显属自相矛盾。盖既认为拈得后再填名字及英廉二字墨色较淡，童道一在第一审之证言显属虚伪陈述，何能采为判决之基础？而将同时分产人及在场作证之上述各证言反均不予斟酌，纯凭主观推测，而将有利于上诉人之证言均略不叙述。按诸采证法则，显属违背。此不服者二。

由上言之，刘子定于英廉出嗣不久即唆使其窃取分关红契，显为分关仍留有空白而急于补填英廉名字，以为事后占产之借口，故一面不使英廉再来，一面乘上诉人避空袭归宁之际，潜将住宅家俱全部搬去，欲逼之再醮而后甘，故虽经与之交涉，由天生桥警察所王队副及其表弟熊子俞调解，子定承诺另租李吉尧房屋给上诉人居住并搭伙食，由其负担之房租伙食亦分文未付，迫得寄寓胞姊冯熊氏家中（详情请参阅原审卷附之续状）。四川立嗣习惯均只书抱约一张，旋又要求书立承抱约一张，初不知其存心叵测冀图便利。事后之伪造两抱约之缎质一软一较硬，合同处骑缝之墨色一淡一较浓，而证人姓名之次序前部分多颠倒，果是同时书立，何致有上述不符之处？因系勾串刘德齐一人所写，故骑缝之字迹，不难将真本与另缎凑合铺平折，齐先书写允抱约之一边，再将伪本与其合写故颇相似非全切合，如属一笔写成两张骑缝中之墨色断无一淡一较浓之理，两约证人之次序亦应当依次写去何致先后不同而缎子之质料何软硬不一。上诉人名下之十字花押亦非不会写字之妇女所划，此就承抱约形式上言之已足证明其为伪造。再就其内容言之不惟所载，"所有氏分受财产概与英廉享受"等字为允抱约中之所无，且与同约所载"自抱之后英廉饮食衣服及读书婚娶等费概归熊氏负责"等语矛盾。如所分遗产概与英廉享受则上诉人别无财产，何能担任英廉上述各费用，此又足证其伪造论理。两约意思表示应属一致。若谓立约之主体不同内容不妨各异，则刘子定之允抱约中又何必将上诉人应负责饮食衣服及读书婚娶等费用中一一载明，而独不载明"所有氏分受财产概与英廉享受"，而上诉人承抱约中又何必载明"倘英廉不听管束，任凭严加教管，不得护短翻悔"，显属不合论理，此亦足证明其为伪造。而所以伪造承抱约之原因，不外图占系争产业。因专执有分关其中载有："上诉人之姓氏不足为英廉独有之证明，非另伪造承抱约不能朦准登记。"原判对上述各点仅谓缎质均同其它均未斟酌，而所谓缎质相同，显未注意质料之软硬。代笔人刘德齐亦供认另行买的，其在第一审就讯时初指允抱约非其所书。经该审诉讼代理人请求承审推事在原约背面记明"似是"二字此为经诘问后之变供，始终言语支吾，形色仓皇，一望而知心虚。并供承抱约之缎料尺幅较长，故多书几名证人，其实尺幅相同，证人不多，仅名次不同，惜原笔录略未尽载（详情请参阅卷附原审上诉理由状）。原判仍采信其证言，并未直接讯明。而对于刘子衡、刘子熊、熊明甫关于抱约并无将财产与英廉之证言，又皆未斟酌，依样草率，何贵上级审判。况细绎伪造承抱约之文义，亦足证明系争产业是由上诉人所分受，不过表示将来可与英廉享受之意思，犹如饮食、衣服、读书、婚娶等费用分期依次给付，亦不得解为已将所有权移转于英廉承受，如此不惟更足证明分关空白英廉二字系窃去所填写。分关红契系交由上诉人所执管，并足证明刘子定主张系争遗产系刘谭氏赠与英廉全非真实。此殆天夺其魄，自露破绽，原审未烛其奸，对于原约文义并未斟酌，安足发现真实？此不服者三。

此外上诉人提出京华印书馆之租约，系刘子定与刘子雄等所经手出租属于公同共有即分关中摘留未分割之官［公］产（即碉楼），不在系争产业范围之内，公同共有人均已署名签立，岂得谓系上诉人自谋便利之所为。不足为同分关中所分系争产业之反证，而其它卷附系争产业之各田土租约均用上诉人自己名义出佃，历年收租无异。刘子定于未用刘谭氏名义纠集流氓，强迫艾老大等换佃之前，从未发生异议。而应交刘谭氏之养赡谷，亦按年照分关给付，并未主张系分归英廉所有。旧欠官债亦由上诉人分担清偿。原判不惟将公同共有产业部分之租约与系争产业之租约混为一谈，并未分别斟酌，有失职责。就系争产业部分之租约言之，其见解亦属不当。此不服者四。

综上理由，系争产业显足证明为上诉人之所有。其分关红契均系交付上诉人执掌后，由刘子定唆使英廉所窃交。所用英廉名义之登记自应涂销，并应返还窃交该业之红契分关。原判取舍证据显属违法。况事实上系争产业已经上诉人收回并已易佃承耕，其原因请阅原审卷附续状及张预平、熊少雨所收之匿名信件，犹足证明系争产业确为分受上诉人之所有，及刘子定之不法侵害。原判不惟上诉人万难甘服，亲族邻人闻之，亦无不论异，咸抱不平，非蒙依法纠正，不足以维法院威信而保私权。

（乙）关于原判违反实体法部分

按系争产业之登记不惟如上述应予涂销。即使英廉嗣子身份未经确定判决无效时，假如原判认定之事实姑以英廉与上诉人有养母养子关系之存在，对于系争产业所有权，纵经发生争执，亦只能诉求判决或并请假处分，何得遽行代理为登记之行为。纵恐上诉人滥用权利处分英廉之特有财产，依照民法第一千零九十条规定应先行依法纠正，纠正无效时，始得请求法院宣告停止其权利之全部或一部，未宣告停止合同法第一千零八十八条管理权及第一千零八十六条代理权前，何得认为立于利害相反之地位而不能行使代理权利？又何得认定刘子定为法定监护人？按合同法第一千零九十四条第三第四款规定亦均有未合。不惟刘谭氏尚属健存而叔父又不只刘子定一人，刘子衡系子定之胞兄，亦不应由子定充当英廉之监护人。刘子定之代理刘英廉登记系争产业之行为，显属无权代理且妨害上诉人之权利，何得谓无瑕疵不应请求涂销？原判见解显属违反上开各法条。证诸答辩状抄附钧院三十二年上字四三六三号之另案判决亦属不当。此不服者五。

综上理由原判显均违法。况现在情事已较原审判决时变更。上诉人于另案（确认抱约无效事件）第二审判决后曾经向原法院声请中止本件诉讼程序，未邀准许，足征不无成见。兹另案既经判决确定，原判假使全属无误，亦不应予维持。为此补具上诉理由如右，并添附后开新证据请求。

钧院依法调查审判准如左列声明判决：

（一）原判决关于驳回上诉人在原审其余之上诉，及第一审驳回上诉人关于该部分之诉，并各命负担诉讼费用部分均废弃。（二）刘子定代理刘英廉所为坐落北碚天生桥风科庙坎下田土一段计谷面积四十石、长七间瓦房屋全院不动产所有权之登记，准予涂销。（三）刘子定应将前项产业红契分关返还上诉人。（四）各审诉讼费用由被上诉人负担。

右状谨上

证物：附钧院判决正本一件（三十三年度上字第七七五号）

最高法院民庭公鉴。

中华民国三十四年二月七日

具状人：刘熊氏十

潘震亚律师撰

民事答辩状

被上诉人：刘熊氏，四十七岁，巴县人，住北碚连家湾冯家院。

上诉人：刘子定、刘谭氏，均住北碚天生桥月亮田。

为具状答辩事。窃上诉人等与被上诉人因返还家俱业价，及确认刘谭氏非刘英廉监护人等事件，不服四川高等法院第一分院三十三年渝上判字第一八一号一部分判决（即刘熊氏与英廉涂销登记等事件）上诉一案。奉发上诉人等上诉理由状兹答辩如次。

（一）关于刘子定上诉部分。查原判命刘子定返还被上诉人主文所载之家俱及业价不惟经张预平、袁少安、蒙粟千等分别证明属实，且有刘子衡（恒）、熊少雨、熊明甫亦一致证明无异，而应余存之业价，并有卷附嘉陵江日所载刘英廉之启事可证。家俱现尚存其家中。近因其携妾迁居铜梁老籍，并将房屋一部分出租于刘明氏，所有家俱大部分借其使用，此为天生桥附近居民周知之事实。张预平、袁少安，一为保长一为佃户，其证言均系据实陈述，自属可信。原判虽将其它上述有关各人之证言，略未引载，其判决基础已无不合。刘子定在一、二两审主张，家俱系被上诉人自行变卖，业价系熊少雨经手，不惟无此情理，并未提出任何反证，可见全系空言搪塞。上诉意旨全无理由且有与笔录未符之处，详情请参阅第二审上诉理由状及原卷，不必冗叙。

（二）关于刘谭氏上诉部分。查被上诉人与刘英廉系争北碚天生桥风科庙之产业，在原审审理中事实上已由被上诉人收回，另行招佃承耕各情经在原审陈明，故将对于刘谭氏代理订立佃约之佃户艾老大等上诉部分撤回上诉。三十三年之租谷已由被上诉人经收。按照分关交给刘谭氏干谷五石。刘谭氏本人与被上诉人目前尚属相安。其对于原判并无不服纯系刘子定窃其之名上诉。原判认该业为刘英廉所有虽有未当。详见上诉理由部分。而认刘谭氏非刘廉英之监护人则并无不合。况查刘谭氏代理刘英廉与周合顺因请求投佃上诉事件经被上诉人参加已由钧院终审判决确定在案。纵系刘谭氏自己上诉其上诉意旨亦无理由。今将钧院三十二年上字第四三六三号判决抄请查核，该判决虽误认刘英廉为被上诉人之养子及系争之田产为英廉所有，而刘谭氏不得为刘英廉之监护人，不能干涉被上诉人出佃收租事宜则已显然，关于该部分之判决自应受其拘束。

基上答辩上诉人等之上诉意旨显均无理。不问是否刘谭氏自己上诉请求钧院依法调查审判驳回上诉人等之上诉。第三审诉讼费用命上诉人等负担。

谨状

最高法院

最高法院民事判决

三十二年度上字第四三六三号

上诉人：刘英廉，住北碚天生桥。

法定代理人：刘谭氏，住北碚天生桥。

诉讼代理人：梅祖芳，律师。

被上诉人：周合顺，住北碚天生桥月亮田。

参加人：刘熊氏，住北碚连家湾冯家院。

右当事人间请求投佃事件，上诉人对于中华民国三十一年八月二十四日四川高等法院第一分院第二审判决提起上诉，本院判决如左。

主文

上诉驳回；第三审诉讼费用由上诉人负担。

理由

查上诉人系参加人之养子现尚未达成年，按照民法第一千零七十七条及第一千零八十六条规定其法定代理人当然为参加人。该参加人既非不能行使负担对于上诉人之权利义务。则刘谭氏虽为上诉人之祖母，亦无由为上诉人之监护人，此观于合同法第一千零九十四条之规定，亦至为明了。纵令亲属会议簿载明推定刘谭氏为上诉人之监护人，但此项监护人之推选，在法律上既无根据，仍不能认为有效。该刘谭氏竟以上诉人名义起诉自为其法定代理人，显系［无理］，且有民事诉讼法第二百四十九条第四款所列之情形，其起诉即非合法。原审认刘谭氏非合法之法定代理人，且属无从补正，以第一审判决虽见未及此而驳回上诉人之诉，则结果相同，故仍予以维持。洵无违法而言，上诉意旨仍仍以被上诉人不肯投佃，侵害产权为词而对于上诉人无诉讼能力，未由法定代理人合法代理，竟无从辩解，自难认为有理由。

据上论结，本件上诉为无理由，依民事诉讼法第四百七十八条第四百四十六条第一项第七十八条判决如主文。

中华民国三十二年十月八日

最高法院民事第六庭

审判长推事：孙潞

推事：林拔

推事：刘恩荣

推事：欧阳靖

推事：陈刚

右正本证明与原本无异。

书记官：王中

中华民国三十二年十一月四日

最高法院民事判决

三十三年度上字第二七七五号

上诉人：刘英廉，巴县人，住北碚天生桥。

上诉人兼右法定代理人：刘子定，巴县人，住北碚天生桥。

诉讼代理人：梅祖芳，律师。

被上诉人：刘熊氏，巴县人，住北碚连家湾。

右当事人间请求确认抱约无效事件，上诉人对于中华民国三十一年八月二十一日四川高等法院第一分院第二审判决提起上诉，本院判决如左。

主文

上诉驳回：第三审诉讼费用由上诉人负担。

理由

按民法亲属篇施行后，无子者于其生前以他人之子为子，合于民法上收养他人子女之规定者，虽当事人不称为亲子而称为嗣子，亦不得谓非民法上所称之养子。又收养他人之子为子，惟本人始得为之，若其人业已死亡，则不得由其配偶为之收养。故夫死亡后由妻为之收养者，不能认为夫之养子。均经本院着有判例（民国二十六年上字第四八六号、二十九年上字第七零二号判例）。本件被上诉人之夫刘子高死于民国二十五年七月间，无子。至二十六年十月间，由被上诉人立上诉人刘子定之子刘英廉为刘子高之嗣子继承宗祧，立有抱约（即嗣书）为据，原属两造不争之事实。是刘子高残死亡后在民法亲属篇施行后，被上诉人以配偶身份代为立嗣，显与民法上收养他人子女之规定不合。依上说明自不能认为刘子高之养子，于原判认被上诉人为刘子高立嗣之抱约无效，虽非以此为理由，而其结果尚无不合，应仍予维持上诉论旨。殊无可采。

据上论结，本件上诉为无理由。依民事诉讼法第四百七十八条、第四百四十六条第一项第七十八条判决如主文。

中华民国三十三年六月十三日

最高法院民事第五庭

审判长推事：宋润之

推事：郭葆璠

推事：冯庆鸿

推事：陈纲

推事：王振南

右正本证明与原本无异。

中华民国三十三年七月二日

最高法院民事判决

三十四年度上字第二一〇号

上诉人即被上诉人：刘熊氏，住北碚连家湾冯家院。

上诉人：刘子定、刘谭氏，均住北碚天生桥。

被上诉人：刘英廉、刘子定，均住北碚天生桥。

右当事人间请求涂销登记，返还红契分关财物，及确认无监护权事件，两造对于中华民国三十三年七月八日四川高等法院第一分院第二审判决各自提起一部上诉，本院判决如左。

主文

原判决除刘谭氏部分外废弃，发回四川高等法院第一分院。刘谭氏上诉驳回。第三审诉讼费用关于刘谭氏部分由刘谭氏负担。

理由

本件原判决认定，被上诉人刘英廉系上诉人刘熊氏于民国二十六年间为其故夫刘子高所抱之嗣子，刘子高系二十五年死亡，如果所认无误，则刘子高之死亡及刘熊氏之立嗣，既均在民法亲属编施行之后，已不采旧日宗祧继承之立嗣制度。而代死亡之人收养养子又为法所不许，是此项立嗣，自属无效行为。被上诉人刘英廉无从取得刘子高遗产继承权。苟非刘熊氏有将讼争田产赠与刘英廉之意思，则刘英廉即不能取得该田产之所有权。其本生父刘子定亦即无代刘英廉登记田产所有权及保管红契分关之权利。原判决虽谓刘熊氏与刘英廉间有养母养子之关系，即令属是，但刘熊氏是否有赠与田产之意，未据阐明，则刘英廉对于讼争之田产及红契分关有无所有权，仍属无从断定。上诉人刘熊氏对于此部分之上诉，不能谓无理由。又原判决认定，上诉人刘子定应返还刘熊氏家俱及出售铜梁田产余价，系斟酌证人张预评、袁少安、蒙粟千之证言为判断基础，关于此项证据调查之结果，原审未晓谕当事人为辩论，显与民事诉讼法第二百九十七条第一项之规定有违，上诉人刘子定指摘原判决采证违法，亦难谓无理由。至上诉人刘谭氏系刘英廉之庶祖母，对于刘英廉并无监护关系，乃自称为刘英廉之监护人，干涉刘熊氏就风科庙田业出佃收租自属不合，原判决确认该刘谭氏非刘英廉之监护人，不得干涉刘熊氏出佃收租，无违法可言。上诉意旨以刘熊氏身染嗜好，浪费嗣子财产，上诉人身为刘英廉祖母当然可以干涉等情，于法殊非有据，刘谭氏之上诉非有理由。

据上论结，本件刘熊氏、刘子定之上诉为有理由，刘谭氏之上诉为无理由。依民事诉讼法第四百七十四条第一项、第四百七十五条第一项、第四百七十八条、第四百四十六条第一项第七十八条判决如主文。

中华民国三十四年四月三日

最高法院民事第六庭

审判长推事：孙潞

推事：林拔

推事：刘恩荣

推事：刘毓俊

推事：欧阳靖

右正本证明与原本无异。

书记官：周会秋

中华民国三十四年四月

23.渝鑫钢铁厂诉洪发利机器营造厂要求履行买卖契约案

经济部钢铁管理委员会钢铁材料准购证

中华民国三十一年一月七日

兹核准洪发利机器营造厂向 购用下列货品，特发给此证为凭。

主任委员：（印章）。

品名：元铁。

重量：一十五吨。

附注：本证限用一次，用毕由售货厂禀送本会注销。

经济部钢铁管理委员会

钢渝字第四一五一号

钢铁材料运输执照附属报关清单

运照规定数量：一十五吨。

装运日期：

运照有效日期：至三十一年一月九日止。

经过关卡：

运照规定运线：自 经 至

名称：元条。

重量：一十五吨。

审核机关：（经济部钢铁管理委员会印章）

领照负责人：

检查机关：（经济部钢铁管理委员会印章）

钢铁材料运输执照

经济部钢铁管理委员会发给钢铁运输执照事：兹据洪发利机器营造厂恳请发给钢铁材料运输执照以利运输，应予照准合行发给钢铁材料运输执照，仰沿途关卡军警查明放行，但不得夹带其它违禁物品，致干查究须至执照者。

原声请书所载事项：

（一）洪发利机器营造厂

（二）高云

（三）元条十五吨

（四）由土湾至渝市林森路

限期十天。

右给洪发利机器营造厂。

中华民国卅一年一月七日

主任委员：李景潞（印章）

准予延期至卅一年二月九日止，限卅一年一月十七日缴销。

附报关清单共一张

民事上诉

状心编号民字〇一六八号

具声明上诉人：渝鑫钢铁厂，法定代理人余名钰，五十岁，浙江宁波人，住小龙坎土湾，经理。

法定代理人刘润生，五十四岁，四川合川人，住小龙坎土湾，协理。

被上诉人：洪发利机器营造厂，法定代理人高云集，年龄不详，湖北人，住林森路，职业（未详）。

呈为不服判决依法声明上诉事情：洪发利机器营造厂高云集以违约延不交货告本厂一案，本月二日接奉钧院诉字第一七一号判决主文内开"被告应依约交付原告一寸与一寸一分对径十八尺至二十尺长花色平均之元铁十五吨，并受领原告货款贰拾柒万陆仟元正""原告假执行之声请驳回""诉讼费用由被告负担"等，因本厂诵悉之余，实难甘服，兹特依限声明不服上诉，恳祈钧院查核，准予检齐全卷申送批二审四川高等法院第一分院民事庭核办，以致救济，实为德便。至于本案应缴第二审之上诉费用究共若干，尚恳陈明。谨呈

附副本一件

重庆地方法院民庭公鉴。

中华民国三十二年六月十九日

具状人：渝鑫钢铁厂（印章）

（法定代理人）余名钰（印章）

刘润生（印章）

四川重庆地方法院民事裁定

三十二年度上字第二三八号

上诉人：渝鑫钢铁厂，法定代理人余名钰，住小龙坎土湾；　法定代理人刘润生，住同右。

被上诉人：洪发利机器营造厂，法定代理人高云集，住林森路二六〇号。

右上诉人与洪发利厂因交付元铁事件，不服本院第一审判决提起上诉，应缴裁判费国币三千六百七十六元七角三分零厘，未据缴纳，其上诉状亦未依民事诉讼法第四百三十八条表

明上诉理由，兹限该上诉人于收受本裁定时起七日内，向本院或汇寄四川高等法院第一分院如数补缴，如逾期尚未遵行，第二审法院即行驳回上诉，切勿违延自误，特此裁定。

中华民国三十二年六月廿二日

四川重庆地方法院民事庭

推事：曾北周

本件证明与原本无异。

书记官：

中华民国三十二年 月 日

四川重庆地方法院送达证书

书状目录：民国卅二年上字第二五八号与洪发利厂案送达裁定乙件。

受送达人：渝鑫钢铁厂，法定代理人余名钰、刘润生。

受名盖章，若不能署名盖章或拒绝者，应记明其事实：程愚律师代收（印章）。

送达处所：管家巷。

送达日期：卅二年六月廿五日。

中华民国卅二年六月廿三日

四川重庆地方法院执达员：陈光明

［同年十二月二十四日高云集签收（洪发利机器营造厂印章）副状的送达证书略］

民事上诉

状心编号民字九七三号

上诉人：渝鑫钢铁厂，法定代理人余名钰，五十岁，浙江宁波人，住小龙坎土湾，经理。法定代理人刘润生，五十四岁，四川合川人，住小龙坎土湾，协理。

被上诉人：洪发利机器营造厂，法定代理人高云集，年龄不详，湖北人，住林森路，职业（未详）。

呈为遵缴上诉费用，并补陈上诉理由，恳祈鉴核改判事情。本厂与洪发利机器营造厂为交付元铁事件涉讼一案，本月二日接奉钧院第一审重庆地方法院三十二年度诉字第一七一号判决后，曾于十九日依法声明不服上诉在案，兹特补陈上诉理由如左。

（一）原判认收受定金契约应视为成立，实有错误也。查买卖契约，虽非要式契约，但本厂对于凡向本厂承订货品者，于议定价格后必须签立正式订单，将交货日期与付款办法详为注明，以资互相遵守，并须订货人得有经济部钢铁管委会准购证始能交货，因现在非常时期，钢铁一项系在政府严格管理之下，凡买卖钢铁均须受政府法令之管理，自与普通买卖货品性质有别。查经济部钢铁管理规则第六条规定："在已指定实施管理区域内，各机关、各工厂、商号需用指定管理之钢铁材料时，得请由管理委员会审核其需要情形，经核准后向指定之主管机关或商号购用。"又经济部钢铁管理委员会钢铁材料登记办法第十条规定："各厂商登记后出售钢铁材料超过前条规定（不满一吨）之数量及购买价（五百元）者，应向购买人索取准购证，无准购证者不得擅售，成交之后，该项准购证由厂商保存，按月连同营业报告书一并送呈本会指定之处所查核注销。"其手续之严重若是。故买卖钢铁必须订货人向经济部钢铁管理委员会取得准购证始能购用，否则售货厂商即不得擅行售卖以干法令。此种情形，自不能与普通买卖行为一概相提并论。本案该被上诉人洪发利营造厂于民国三十年十二月三十日与本厂刘润生所订买卖元铁契约，因被上诉人谓准购证一项已经呈由钢委会核准发给，不生问题，当由刘润生书一草约明发生效力，负责交货，但尚未经被上诉人与本厂签立正式订单，即不能不谓该买卖契约并未正式签订。虽当时由刘润生收受被上诉人定金七万元，但草约上系约明俟售货人于三十年十二月卅一日将元铁十五吨之提单交付后，由订货人付给三十一年元月十日期之支票法币十二万六千元，又付三十一年元月十五日期之支票法币十五万元，可见交付提单后，必须由订货人同时将货价交付，其意义至为明显。殊本厂刘润生于三十年十二月卅一日将提单及正式订单一并送请被上诉人办理正式手续，该被上诉人因经济部钢铁管理委员会准购证尚未领得到手，对于提单拒收领，而对于正式订单亦拒未办理，前在原审，曾讯被上诉人三十年十二月卅一日曾否领得准购证，据该代理人答称：当时尚未领得。是可反证该被上诉人当时之未收受提单，与拒未签立正式订单，实因准购证当时未领得之故。该被上诉人在三十年十二月卅一日，因其准购证尚未领得，因之对于提单，亦拒未收领，而本厂依照上开钢铁材料登记办法无准购证不得擅售之规定，对于提单亦未敢交付，以违反政府之法令，盖本厂于买卖成立之应向订货人索取准购证为法令所明定，自不必在契约上以之列为条件，故本案该被上诉人与本厂刘润生订立买卖元铁草约，因被上诉人未能按期履行交付期票与准购证及未签立正式订单，自难认该契约即已成立。原审对于政府管理钢铁法令未深明了，徒以本厂曾经收受定金，认与普通买卖行为无殊，即认该契约业已合法成立，要属极端错误。此本厂不服应行声明上诉理由者一。

（二）原审认原告不负迟延责任，亦属错误也。查被上诉人与刘润生所订之买卖元铁契约，一方虽应由本厂于三十年十二月卅一日交付十五吨元铁提单，但一方则应由被上诉人于交付元铁准购证外，同时交付三十一年元月十日期之支票十二万六千元，又付三十一年元月十五日之支票法币十五万元，良以买卖成交银货两清，为一般商场应有之手续，而草约上约定之意义，亦至明显。故不待烦言而殊解。殊本厂刘润生于三十年十二月卅一日将提单送去时，该被上诉人因其准购证尚未领得，对于提单拒未收受，同时对于应交之价款期票二张亦未肯照付，正式订单，亦推云稍缓再行签订，可见此项收领提单之迟延过失责任，完全在被上诉人而不在本厂，固自彰彰明甚。该被上诉人在三十年十二月卅一日，未将准购证领得，已经其代理人在原审供明在卷，但嗣后迟至何时始行领得，则本厂迄未得有被上诉人之通告，直至去年（卅一年）七月三十日铁价高涨，始由该被上诉人来函要求交付元铁，但对于准购证是否业已领得，则仍未提及。经本厂函复后，该被上诉人复委托陈贞干律师来函催令交货，并以本厂刘润生曾有函与向博彦，谓因廿一厂需用甚急，已将前存之二十余吨悉数提去，洪发利所订之七吨半可在下礼拜后轧妥后，再为通知提去，证明本厂事后曾允交货而未履行，为违背契约。殊不知刘润生一月廿二日致向博彦函后，该被上诉人方面始终并未将准购证交来厂，对于应交之货款期票二张亦始终未曾照付，即该被上诉人去年七月三十日来函，与其代理人陈贞干律师八月十五日来函，均对于价款一事只字未提，试问：价款迟迟不交，准购证亦迟迟不交，本厂提单从何交付？此项迟延责任究竟应归谁负耶？原告以提单之交付与准购证之提出并不须同时履行，以本厂未受领货款以前即有先行交付提单之义务，认迟延之责任非被上诉人所应负，皆属未明钢铁管理法令与商场银货两交手续，其判断自属错误。此本厂不服应行声明上诉理由者二。

综上两点理由，原审判决显然错误不能成立，抑尤有言者，本案该被上诉人于三十年十二月三十日与本厂刘润生所订之买卖元铁契约，其要旨在双方应于承诺期间（即三十一日）履行交付提单与交付价款及准购证，乃是日经本厂刘润生将提单交去，该被上诉人因准购证尚未领得，对于提单拒未收受，对于价款期票亦未肯照付，正式订单亦缓未办，是此项买卖方式并未完成，而违约之过失责任，亦在被上诉人而不在本厂，固已极其显著，则依民法第二二五条规定，本厂自当免除此项元铁之义务，并依合同法第二四九条第四款规定，照市算息返还其息金，且依前大理院上字第一三七四号判例与司法院院字第一二七八号解释，该被上诉人经过承诺期间未能按约履行交付价款，其一定方式亦未完成（即未签立正式订单）则原订要约自应失其效力，并应视为不成立，固属毫无疑义。为特补陈不服上诉理由如上述，恳祈钧院查核，准予为如下声明之判决：

（一）废弃原判。

（二）将被上诉人在第一审请求之诉驳回。

（三）一、二两审诉讼费用由被上诉人负担。

实为感幸。再本件上诉应缴第二审诉讼费用三千六百七十六元七角三分，前日（本月廿五日）奉原审重庆地方法院上字第二三八号裁定饬本厂于七日内径向钧院缴纳，本厂业于本月三十日如数向重庆市中央银行缴入，钧院五四零四号存户账内掣有收条为凭，合并陈明。右上诉状谨呈。

附呈副本一件

四川高等法院第一分院民庭公鉴。

中华民国三十二年六月 日
具状人：渝鑫钢铁厂（印章）
余名钰（印章）
刘润生（印章）
撰状律师：程愚（律师印章）

四川高等法院第一分院民事裁定

上诉人：渝鑫钢铁厂。
法定代理人：余名钰、刘润生，住小龙坎土湾。

右上诉人与洪发利厂因交付元铁事件不服本院第一审判决提起上诉，应征缴裁判费国币三千六百七十六元七角三分未据缴纳，其上诉状亦未依民事诉讼法第四百三十八条表明上诉理由，兹限该上诉人于收受本裁定时起七日内，向四川高等法院第一分院如数补缴，如逾期尚未遵行，第二审法院即行驳回上诉，切勿违延自误。特此裁定。

中华民国三十二年六月廿二日

四川重庆地方民事庭

推事：曾杜周

本件证明与原本无异。

书记官：（印章）

中华民国三十二年六月廿三日

四川重庆地方法院书记室公函

民字第三七〇〇号

案查渝鑫钢铁厂与洪发利机器营造厂，业经本院依法判决，送达在卷，兹据被告渝鑫钢铁厂于法定期间内具状提起上诉到院，相应检齐卷证函送贵室查收核办。此致

四川高等法院第一分院书记室

计函送卷一宗，状、裁各一件，送证二件（计证物六件）。

书记官：（印章）

中华民国三十二年六月三十日

程愚律师抄经济部钢铁管理规则一件：略。

程愚律师抄经济部钢铁管理委员钢铁材料登记办法一件：略。

高云集呈渝鑫钢铁厂给洪发利厂函件原件五件：略。

四川高等法院第一分院言词辩论通知

四川高等法院第一分院民事第一庭受理卅二年度上字第二四六四号交付元铁上诉事件，指定本年九月一日上午八时为言词辩论期日，应行传唤及通知诉讼关系人如左。

上诉人：渝鑫钢铁厂。

法定代理人：余名钰经理，住小龙坎土湾。

法定代理人：刘润生协理，住小龙坎土湾。

代理人：程愚律师。

被上诉人：洪发利机器营造厂。

法定代理人高云集，住林森路二六〇号。

代理人：陈贞干律师

尹康民律师

主任推事（印章）七月九日下午填送

审判长：月 日 午核发

书记官：月 日 办讫

［经济部查询购买元铁十五吨是否应由承买人先领准购证，又向钢铁委员会查询］

四川高等法院第一分院民事通用通知书

查该上诉人渝鑫钢铁厂与被上诉人洪发利机器营造厂交付元铁事件据状，称已将应缴裁判费三千六百七十二元七角三分，于六月卅日向重庆中央银行缴入本院五四零四号存户账内等语，查该款本院尚未收到，合亟通知，该兹人于收受本通知翌日起三日内，迅将缴纳重庆中央银行本院存户账送款簿存根呈院，以凭粘贴印纸，勿得迟延自误。特此通知。

右受通知人姓名：渝鑫钢铁厂，法定代理人余名钰、刘润生，住小龙坎土湾。

中华民国三十二年七月十五日

书记官：（印章）

四川高等法院第一分院送达证书

应送达之文书：民国卅二年上字第二四六四号渝鑫钢铁厂与洪发利机器营造厂因交付元铁案九月一日传票一件。

应受送达人：洪发利机器营造厂，法定代理人高云集。

收领人签名画押盖章或按指印，如拒绝或不能签名画押盖章或按指印者，送达人应记明其事由：（洪发利机器营造厂印章），钟贯三代收（印章）。

送达日期：卅二年七月十六日上午十时。

中华民国卅二年七月九日

送达员：吴建均

［同年七月十九日、七月二十二日余名钰、刘润生（渝鑫钢铁厂股份有限公司印章）签收传票的送达证书略］

（征缴裁判费）

四川高等法院第一分院购司法印纸

费购贴印纸人姓名：渝鑫钢铁厂，法定代理人余名钰等。

中华民国三十二年七月廿六日

计购印纸三千六百七十六元七角（共三张）。

民事委状

状心编号民字九六九号

委任人：渝鑫钢铁厂，法定代理人余名钰，五十岁，浙江宁波人，住小龙坎土湾，经理。法定代理人刘润生，五十四岁，四川合川人，住小龙坎土湾，协理。

受任人：程愚律师，五十八岁，巴县人，住管家巷十三号。

为委任代理人事。缘本厂为买卖元铁事件，与洪发利机器营造厂涉讼不服第一审重庆地方法院所为判决提起上诉一案，兹特委任程愚律师为本厂代理人，有代为诉讼上一切行为之权。伏祈鉴准。

谨呈

四川高等法院第一分院民庭公鉴。

中华民国三十二年七月二十九日

具状人：渝鑫钢铁厂（印章）

法定代理人：余名钰（印章）

法定代理人：刘润生（印章）

［民］事声请书

声请案由：洪发利机器营造厂与渝鑫钢铁厂因交付元铁事件上诉一案。

声请原因：已受上诉人委为诉讼代理人。

声请目的：阅卷。

批答：

右请

四川高等法院第一分院民庭公鉴。

律师：尹康民（印章）

中华民国卅二年八月三日

民事委状

委任人：洪发利机器营造厂。

法定代理人：高云集，三十七岁，湖北人，住林森路二六〇号，工界经理。

受任人：尹康民律师，年龄、籍贯、住址未详。

为与渝鑫钢铁厂因交付元铁事件上诉一案委任代理事。兹将委任原因及权限陈明于下：

（一）原因：不谙法律，经营厂口无暇亲到。

（二）权限：特别授权代理，有抛弃认诺和解一切之特权。

四川高等法院第一分院民庭公鉴。

中华民国三十二年八月三日

具状人：洪发利（印章）

法定代理人：高云集（印章）

民事答辩状

具状人：洪发利机器营造厂。

法定代理人：高云集，三十七岁，湖北汉口人，住林森路二六〇号。

为与渝鑫钢铁厂因交付元铁涉诉一案依法提出答辩并声请假执行事。兹阅上诉人补陈钧院上诉理由，纯属假词图赖，实属不值一辩，特撮要提出答辩如下：

上诉人谓该厂刘协理与本厂所定之订单系属草约，并非正式订单。但刘润生之代理该厂收到定金及约定之条件，又为上诉人不争之事实，则该买卖契约之成立法有明定。原审认定甚明，不值一辩，至其所谓因被上诉人之准购证未领下，依约定日期交付提单拒绝收受一节，尤属虚捏事实。被上诉人既已交付定金约定交付提单付清货款之期票规定甚明，岂有上诉人交付提单拒绝收受之理，设有上项事实，上诉人何以不声明解约？而该刘润生何以又于三十一年一月二十二日函介绍人向博彦转向被上诉人声明延期交货之原因？则上诉人之上诉理由前后矛盾，亦不能自圆其说，乃以与本案无重大关系之准购证以为混扯之计，希图拖延诉讼。殊不知准购证之规定系恐非用户而为囤积之限制，被上诉人系属机器厂所制成品，不为政府之军事工厂，即系生产工厂所订，准购证于下货时随时可请，不过每月需用量多少按实呈领，被上诉人因上诉人未能将提单交付，不识何时可以下货，如已请准购证未能下货，则不能声明该项原因再请准购证，提单未交以前不能冒昧呈请，有碍上诉人之原料购进数量，据其上诉理由内载"订货人得有经济部钢铁管委会准购证始能交货"，则上诉人须先交付提单，上诉人于交货时，被上诉人自当请领准购证持往下货，已为上诉人自认设准购证规定与提单同时互交，上诉人何以不于订单载明？显无理由。况交付提单与准购证无庸同时互交，已为上诉人之代理人在第一审自认，笔录俱在可资查考。原审对此认断甚明，无庸深辩，至谓货款未交清一节，更无理由。查原约载明上诉人须交付元铁十五吨之提单，被上诉人方能付给有期之货款，兹因上诉人始终未交付提单，则未交货款之责系属上诉人之违约，何能责之于被上诉人？原审为适法之判决，上诉人显无理由，应请驳回上诉并声请钧院准依民诉法第四百五十四条之规定，宣示假执行俾免拖累，实为德便。

　　谨状

　　四川高等法院第一分院公鉴。

中华民国三十二年八月三十一日

具状人：洪发利厂（印章）

高云集（印章）

四川高等法院第一分院民事言词辩论笔录

上诉人：渝鑫钢铁厂。法定代理人余名钰、刘润生。代理人程愚律师。

被上诉人：洪发利机器营造厂，法定代理人高云集，代理人陈贞干律师。

　　右列当事人间交付元铁上诉事件，经本院于中华民国卅二年九月一日上午八时，在本院第一法庭公开言词辩论，出庭推事、书记官如左。

　　审判长推事：

　　推事：涂怀楷。

　　书记官：张国光。

　　点呼事件后到场人如左：程愚，陈贞干。

　　问：上诉人代理人程律师陈述诉之声明。

　　答：请废弃原判，驳回被上诉人第一审之诉。

　　问：被上诉人代理人陈律师陈述诉之声明。

　　答：请驳回上诉并请宣示假执行。

问：现时每吨铁值多少呢？

答：现时价值不大明白，大约一吨不超过原价一倍。

问：（上诉代理人）现在每吨铁值多少呢？

答：值价每吨现在超过数倍以上，上诉人现时争执并不专为价值，同时并于契约有关经济部钢铁管理规则上有规定，当抄呈规则二份备阅。

问：被上诉人代理人准购证请领了么？

答：准购证须至交货时请领，但上诉人未交提单，不知何时下货，故未请领准购证，本年元月曾在钢铁管理委员会请领过，现在这委员会已撤销，直接向经济部请领。

上诉代理人接称：查购买钢铁已有规则，规定明白，请领准购证均系买方责任，如买方未有准购证买铁即系违法，并不是不交货。

问：被上诉人代理人，元铁受管制是不错？

答：元铁受管制是不争的。

右笔录当庭朗读无异。

推事谕：本案候调查核办。闭庭。

中华民国三十二年九月一日

四川高等法院第一分院民二庭

书记官：张国光

推事：涂怀楷

四川高等法院第一分院言词辩论通知

四川高等法院第一分院民事第　庭受理卅二年度上字第二四六四号交付元铁上诉事件，指定本年十一月廿二日上午八时为言词辩论期日，应行传唤及通知诉讼关系人如左：

经济部查询洪发利机器营造厂民国卅年十二月间向渝鑫钢铁厂购元铁十五吨，是否应由洪发利先[向]贵部依钢铁管理规则第六条，暨钢管理委员会钢铁材料登记办法第十[条]核发准购证，而后渝鑫钢铁厂始得售是项元铁十五吨。以同旨分函重庆市钢铁业同业公会，说照前策通传。

四川高等法院第一分院文稿（公函）

事由：函为购买元铁，是否应依钢铁管理规则及钢铁管理登记办法先请领准购证后，再持证买货。请查照见复由。

院长：□□霖。

书记官：（印章）。

书记官长：（印章）。

推事：（印章）。

庭长：（印章）。

中华民国卅二年九月二日交办。

中华民国卅二年九月二日拟稿。

四川高等法院第一分院公函字第一五一三六号。

查本院受理渝鑫钢铁厂与洪发利机器营造厂因交付元铁事件，该洪发利机器营造厂于民国卅年十二月间向渝鑫钢铁厂订购元铁十五吨，是否应由洪发利机器营造厂先请贵部依钢铁管理规则第六条，暨钢铁管理委员会钢铁材料登记办法第十项核发准购证后，再由渝鑫钢铁厂出售元铁？相应函请贵部查照，予函愚院，以资审判上之参考为荷。

此致

经济部部长翁

院长：孙□□

四川高等法院第一分院公函

庭长：（印章）。

主任书记官：（印章）。

推事：（印章）。

书记官：（印章）。

中华民国卅二年九月十日拟稿。

中华民国卅二年九月二日交办。

四川高等法院第一分院书记室公函稿。

三十二年字第一六四七四号。

查本院受理渝鑫钢铁厂与洪发利机器营造厂因交付元铁事件，该洪发利机器营造厂于民国卅年十二月间向渝鑫钢铁厂订购元铁十五吨，是否应由洪发利机器营造厂先请经济部依照钢铁管理规则第六条，暨钢铁管理委员会钢铁材料登记办法第十项核发准购证后，再由渝鑫钢铁厂出售是项元铁？相应函请贵会查照函复，以资参考。

此致

重庆市钢铁业同业公会

四川高等法院第一分院送达证书

交送达之法院：四川高等法院第一分院。

应送达之文书：民国卅二年上字第二四六四号渝鑫钢铁厂与洪发利机器营造厂因交付元铁事件十一月廿二日传票乙件。

应受送达人：渝鑫钢铁厂，法定代理人余名钰、刘润生。

收领人签名画押盖章或按指印，如拒绝或不能签名画押盖章或按指印者，送达人应记明其事由：程愚律师事务所代收。

送达日期：卅二年九月十六日　午时

中华民国卅二年九月二日

送达员：徐绍卿

　　［同年九月十六日高云集、程愚律师，九月十七日陈贞干律师，九月十九日尹康民律师签收传票的送达证书四份略］

经济部公函

　　案准贵院民庭三十二年九月四日民讷字第一五一三六号公函，略以购买元铁是否应依钢铁管理规则及钢铁管理登记办法先请核发准购证后，再持证买货，嘱查照见复等由。准此，查购买元铁应依法领得准购证后，凭证购运。准函前由相应复请查照为荷。

　　此致
　　四川高等法院第一分院民庭

部长：翁文颢
中华民国三十二年九月十八日
校对：王国澄
监印暨用章

经济部公函

　　事由：准函为询购买元铁是否应依钢铁管理规则及钢铁管理登记办法先请领准购证后，持此证买货，嘱查照见复等由复请查照由。

卅二年九月廿二日上午八时到庭

［民］事声请书

　　声请案由：洪发利厂与渝鑫钢铁厂因交货上诉一案。
　　声请原因：尚有案情未明。
　　声请目的：阅卷。
　　批答：
　　右请
　　四川高等法院第一分院民庭公鉴。

律师：陈贞干（印章）
中华民国卅二年十一月二十二日

四川高等法院第一分院民事言词辩论笔录

上诉人：渝鑫钢铁厂。
被上诉人：洪发利机器营造厂。

　　右列当事人间交铁上诉事件，经本院于中华民国卅二年十一月二十二日上午八时，在本院第二法庭公开言词辩论，出庭推事、书记官如左：

审判长推事：冯藏珍。

书记官：朱建华。

点呼事件后到场人如左：程愚律师、陈贞干律师。

问：（上诉人代理人程愚律师）上诉声明如何？

（程愚律师）起答：请求废弃原判决，驳回被上诉人在第一审之诉。

问：事实如何？

程愚律师起称与本案七月一日上诉理由一同。

问：贵代理人陈述全部上诉理由一同一致？

答：是的。

问：订购单如何方式？

答：先有草约，再立正式单（呈单二阅后还）。

问：当日成立买卖是何地？

答：即洪发利营造厂成立是三十年十二月三十日成立的，当交七万多元定金。

问：约定几时交货？

答：十二月三十一日交提单，即交货对方即交支票两张，一月十二日一吨是十二万，一月十五日一吨是十五万。

问：是谁交提单？

答：提单是刘润生交的，洪发利厂是高云集接头。

问：交提单是否高云集去不接收？

答：准购证未好的原故，卖铁手续应先看买此有无准购证，如无则此不敢出售，因为严受中央管制，一查出无声请准购证出卖，此必受严重处罚。

问：购铁是否必须请领准购证？

答：是必需的。

问：（陈贞干律师）答辩声明如何？

答：请求驳回上诉。

问：是否买一次请准购证一次？

答：先立买卖契约，后请领准购证，再请运输护照。当时准购证尚未办到，三十一年才办的。当时只发了一张运输护照于被上诉人，现被上诉人这张护照因未得着，即缴还发行机关去了，即现在经济部工矿调整处。

问：领护照如何手续？

答：如办了准购证去请领护照时，必须持准购证方可，否则不发，可见当时没办准购证。

问：上诉人说非领准购证不可。

答：准购证于上诉人毫无关系，被上诉人一领回护照即向上诉人提货，上诉人如何不理。

问：最近经济部复函须有准购证。

答：请调钢铁管理委员会卷宗就可明白，钢铁管理委员会即工矿调整处。

程愚律师起称：这钢铁办法是二十年就公布了，既立定了法令，还能随便领不领准购证么？

谕：候调查。闭庭。

中华民国三十二年十一月二十二日

四川高等法院第一分院民一庭

书记官：朱建华

推事：

［便条］

元铁十五吨由土坎运输。系卅一年一月七日发，执照号码四一五一号，限期十天。

卷在经济部工矿调整局

陈贞干律师呈

十一月廿二日

民事答辩

答辩人：洪发利机器营造厂。

法定代理人：高云集，年龄、籍贯（在卷），住重庆林森路二六〇号，职业：机器制造。

为与渝鑫钢铁厂因交货上诉事件，补陈答辩理由。缘本案迭蒙庭讯，详加调查，未能法判者，乃以上诉人渝鑫钢铁厂借口毫与本案无关之准购证，为未能交付提单为图赖之计，谨再答辩如下：

（一）查本件系属订货，尚非购运，故原定单载明于翌日交付提单后，商厂即交付其货款之期票，并无提出准购证之约定，显系节外生枝，且请领准购证或运输执照，向例将货定妥后，再向钢铁管理委员会请领准购证或钢铁运输执照方能购运，否则即有准购证，亦不能运走，故在钢铁管理委员会管理之时，有请领准购证再请运输执照者，亦有未请准购证径请运输执照者，准购证可无，而运输执照非请有不可，此应请钧院函经济部工矿调整处调阅三十年十二月至三十一年一二月卷宗一阅即明，商厂自订单成立后于三十一年一月七日已申请钢铁管理委员会发给运输执照，其申请书载明购有渝鑫钢铁厂元铁吨数、地点，可资考查，则上诉人假词图赖，一证即明，此其一。

（二）上诉人上诉理由以该厂于三十年十二月三十一日将提单交付商厂，因无准购证未能成立正式订单，故未交付提单等语。查原订单系三十年十二月三十日成立交付提单之约定，系属翌日（即三十年十二月三十一日），而请领准购证之手续岂能实时办到（最快亦须一星期）？上诉人以三十一日交付提单，因无准购证故未交付之语，显属虚揑。况商厂自订单成立后，即已申请钢铁管理委员会发给运输执照，乃于三十一年一月七日发有第四一五一号运输执照，足资证明。且厂商向其它厂家后定之元铁原料，须提单交付后方办理购运手续，以免有碍请购数量之限制，至上诉人以原订单系属草约，尤属不值一辩。试问该订单载明本约成立后，即负责交货之约定，又将何词一辩？此其二。

综上二点，则上诉人与商厂所成立之订单约定载明交付提单负责交货，依法自应依约履行其准购证之与运输执照，不过系限制购运人之手续，与出售人并无利害关系，亦无任何责任，否则该约上应载明承购人须提出准购证，方能交付提单之条件，何况商厂已合法请得运输执照，其上诉理由显不足采；上诉人假词图骗，情状甚明。为此补陈答辩理由，恳请钧院调卷详查法判，将上诉人之上诉驳回，并依法宣示假执行，以免拖累，实为德便。

谨状

四川高等法院第一分院民庭公鉴。

中华民国三十二年十一月二十九日

具状人：洪发利机器营造厂（印章）

法定代理人：高云集（印章）

四川高等法院第一分院言词辩论通知

四川高等法院第一分院民事第　庭受理卅二年度上字第二四六四号交付元铁上诉事件，指定本年一月卅一日上午九时为言词辩论期日，应行传唤及通知诉讼关系人如左。

上诉人：渝鑫钢铁厂，法定人余名钰、刘润生，住小龙坎土湾。

代理人：程愚，律师。

被上诉人：洪发利机器营造厂，法定代理人高云集，住林森路二六〇号。

代理人：陈贞干律师、尹康民律师。

主任推事：一月五日下午填送。

审判长：　　月　　日核发

书记官：　　月　　日办讫

四川高等法院第一分院送达证书

应送达之文书：民国卅二年上字第二四六四号与洪发利机器营造厂交付元铁案一月卅一日传票贰件。

应受送达人：渝鑫钢铁厂，法定代理人余名钰、刘润生。

收领人签名画押盖章或按指印，如拒绝或不能签名画押盖章或按指印者，送达人应记明其事由：余名钰（印章），刘润生（押）。

送达日期：卅三年一月十三日下午二时。

中华民国卅三年一月七日

送达员：徐行

　　［同年一月十三日高云集（洪发利机器营造厂印章）、一月十七日陈贞干律师、尹康民律师签收传票的送达证书略］

声 请

声请案由：为渝鑫钢铁厂上诉洪发利给付元铁一案。

声请理由：因双方代理人（于一月卅一日）均有他案在城内地院出庭，列暇到案。

声请目的：展期两星期。

批答：

右请

四川高等法院第一分院民庭公鉴。

洪发利代理人：陈贞干律师

渝鑫钢铁厂代理人：程愚律师

中华民国三十三年一月二十九日

四川高等法院第一分院民事言词辩论笔录

言词辩论笔录第　　次

上诉人：渝鑫钢铁厂，法定代理人余名钰等。

被上诉人：洪发利机器营造厂，法定代理人高云集。

右当事人间交付元铁上诉事件，经本院于中华民国卅三年一月三十一日上午八时，在本院第三法庭公开言词辩论，出庭推事、书记官如左。

审判长推事：周文滨。

书记官：朱建华。

点呼事件后到场人如左。

两造当事人均未到。

宣示：本件当事人住址皆渝市，两造又未到，应移送渝临时庭办理。闭庭。

中华民国三十三年一月三十一日

四川高等法院第一分院民二庭

书记官：朱建华

推事：周文滨

四川高等法院第一分院言词辩论通知

四川高等法院第一分院民事第　　庭受理卅二年度上字第二四六四号交付元铁上诉事件，指定本年四月十四日下午三时为言词辩论期日，应行传唤及通知诉讼关系人如左。

上诉人：渝鑫钢铁厂，法定人余名钰、刘润生，住小龙坎。

代理人：程愚，律师。

被上诉人：洪发利机器营造厂，法定代理人高云集，住林森路二六〇号。

代理人：陈贞干律师、尹康民律师。

主任推事：二月十一日　午填送

审判长：　　月　　日核发

书记官：　　月　　日办讫

送达证书

交送达之法院：四川高等法院第一分院。

应送达之文书：民国卅二年上字第二四六四号与渝鑫钢铁厂交付元铁案通知书一件。

应受送达人：尹康民律师。

收领人签名画押盖章或按指印，如拒绝或不能签名画押盖章或按指印者，送达人应记明其事由：（尹康民印章）收。

送达日期：卅三年二月廿五日　午　时。

中华民国卅三年二月十八日

送达员：贺福安

［同年二月二十六日高云集（洪发利机器营造厂印章）、二月二十七日程愚律师签收通知书的送达证书略，陈贞干律师签收传票的送达证书略，　三月一日（渝鑫钢铁厂股份有限公司印章），余名钰（印章）、三月二日程愚律师签收通知书的送达证书略］

声请

为声请阅卷事：查洪发利厂诉渝鑫钢铁厂交铁上诉一案。业经洪发利厂委任本律师，为代理人在案，特此声请贵院，即将本案卷宗，检交阅览，以利进行为荷。

此请

四川高等法院第一分院民庭公鉴。

律师：陈贞干（印章）

中华民国三十三年三月一日

声请

为声请阅卷事：查渝鑫钢铁厂为给付元铁上诉洪发利一案。业经渝鑫钢铁厂委任本律师，为代理人在案，特此声请贵院，即将本案卷宗，检交阅览，以利进行为荷。

此请

四川高等法院第一分院民庭公鉴。

律师：程愚（印章）

中华民国三十三年四月十一日

四川高等法院第一分院民事言词辩论笔录

上诉人：渝鑫钢铁厂。

法定代理人：余名钰等。

诉讼代理人：程愚律师。

被上诉人：洪发利机器营造厂。

法定代理人：高云集。

诉讼代理人：陈贞干律师。

右列当事人间交付元铁上诉事件，经本院于中华民国卅三年四月十四日下午三时，在本院第一法庭公开言词辩论，出庭推事、书记官如左。

审判长推事：

推事：王鸣鸿

书记官：李达同

点呼事件后到场人如左。

上诉人代理人：程愚律师。

被上诉人代理人：陈贞干律师。

问：上诉人代理人本日有何陈述？

程愚律师起称：查凡向渝鑫钢铁厂订货，于议定价格后，必有正式订单，且须持有经济部钢铁管理委员会之准购证始成立订单，没有准购证即不能卖与，否则政府谓为擅售，因被上诉人未能按期交付准购证，及未签订正式定货单，即不能认该契约即已成立而交货与他。

问：被上诉人代理人有何陈述？

陈贞干律师起称：查本案系属订货，不是购运，订单上并无有需要准购证始行订货之约定，被上诉人有了订单，即可向经济部钢铁管委会请领运输执照，且可随时请领，该项运输执照，被上诉人曾经请到，嗣因上诉人不交货而缴销，钢铁管理委员会今更名经济部工矿调整处，请向该处调阅。

右笔录经当庭朗读无讹。

推事宣示：本案能与工矿调整处调阅运输执照，必再传。闭庭。

中华民国卅三年四月十四日

四川高等法院第一分院民事临时庭

书记官：李达同

推事：王鸣鸿

四川高等法院第一分院公函

文件类别：公函

送达机关：经济部工矿调整处

附件

事由：请检送洪发利机器营造厂请领准购证卷宗由。

院长：（印章）代

书记官：（印章）

书记官长：（印章）

推事：王鸣鸿（印章）

庭长：（印章）

中华民国卅三年五月五日拟稿

中华民国卅三年五月五日封发

四川高等法院第一分院公函

渝俭字第一九八号

查本院受理渝鑫钢铁厂与洪发利机器营造厂交付元铁上诉事件，顷准贵处复函谓核发洪发利已于卅一年一月间，向前经济部钢铁管理委员会请得准购证，惟是项卷宗尚有参考必要，相应再行函请查照，烦将上项卷宗检送愚院一假参考，完毕即行奉还。

此致

经济部工矿调整处

经济部工矿调整处公函

工矿（三三）业字第二五八九号

中华民国三十三年五月四日发

事由：为函复渝鑫钢铁厂与洪发利机器营造厂买卖元铁一案请查照由。

案准贵院三十三年四月廿一日渝俭字第一三七号公函，为受理渝鑫钢铁厂与洪发利机器营造厂交付元铁上诉事件，据洪发利厂代理人称曾领有四一五一号运输执照，因久未交货，即行缴销，是否属实无由悬揣，又当时买卖元铁，是否应俟领得准购证后，其买卖契约始能成立，抑仅须领得准购证后，卖主始能交货，前项运输执照与准购证是否有同一之效力，统希查照见复，并请检送原执照参考等由。准此，查洪发利机器营造厂向渝鑫钢铁厂购买元铁一案，曾由前经济部钢铁管理委员会于卅一年一月七日发给准字第一〇八四准购证及第四一五一号钢铁运输执照领用在案，该证照均未据送缴销，应请转饬洪发利机器营造厂缴验，至该厂等买卖元铁，应先请得准购证后，其买卖契约方为合法，所领运输执照亦只限于运输使用，自与准购证效力有别。准函前由相应函复，即请查照为荷。

此致

四川高等法院第一分院

处长：翁文颢

校对：吴望楚

校印：陈汝礵

民事声明

声明人：洪发利机器营造厂，法定代理人高云集，住林森路二六〇号。

相对人：渝鑫钢铁厂，法定代理人余名钰、刘润生，住小龙坎土湾。

为与渝鑫钢铁厂交付元铁上诉事件声明清出证据，提请法判事：缘上诉人借口未领准购证，希图不负交铁责任，殊不知被上诉人定购该厂元铁，请领准购证与运输执照，向由商厂之总务主任郑健侯经手，讵去岁因急病逝世，后因本件发生，而上诉人提出未请准购证为上诉理由，被上诉人请查底册，仅有运输执照号数，以为缴销，而对准购证因未查出，便供认已领，且被上诉人之法定代理人经营数厂，事务甚忙，对此亦不明了，昨奉经济部工矿调整处通知被上诉人至该处谈话，以被上诉人曾于三十一年一月七日领有准购证及运输执照，均未缴销，责令迅速清出，查阅后以便函复钧院等语，被上诉人始知郑前主任已经依法请有准购证及运输执照，乃详为清查，始于存卷中清出，提交经济部工矿调整处核对无讹外，为此声明该证件业经清出及以前未能提出原因。状请钧院鉴核传讯法判，实为法便。

谨状

附抄准购证及运输执照（附报阅清单）务一纸（原件临审呈核）。

（略）

四川高等法院第一分院民庭公鉴。

中华民国卅三年五月三日

具状人：洪发利机器营造厂（印章）

法定代理人：高云集（印章）

四川高等法院第一分院言词辩论通知

四川高等法院第一分院民事第□庭受理卅二年度上字第二四六四号交付元铁上诉事件，指定本年六月十六日上午八时为言词辩论期日，应行传唤及通知诉讼关系人如左。

上诉人：渝鑫钢铁厂，法定人余名钰、刘润生，住小龙坎土湾。

代理人：程愚，律师。

被上诉人：洪发利机器营造厂，法定代理人高云集，住林森路二六〇号。

代理人：陈贞干，律师。

主任推事：五月五日　午填送

审判长：　　月　　日核发

书记官：　　月　　日办讫

送达证书

交送达之法院：四川高等法院第一分院。

应送达之文书：民国卅二年上字第二四六四号交付元铁案六月十六日传票一件。

应受送达人：洪发利机器营造厂，法定代理人高云集。

收领人签名画押盖章或按指印，如拒绝或不能签名画押盖章或按指印者，送达人应记明其事由：（洪发利机器营造厂印章），高云集押。

送达日期：卅三年五月十一日 午 时。

中华民国卅三年五月五日

送达员：王见成

［同年五月十二日陈贞干律师，五月十四日余名钰、刘润生，五月十四日程愚律师签收传票的送达证书三份略］

四川高等法院第一分院公函

文件类别：公函。

送达机关：经济部工矿调整处。

事由：请检送洪发利机器营造厂请领准购证卷宗由。

院长：（印章）代

书记官：（印章）

书记官长：（印章）

推事：王鸣鸿（印章）

庭长：（印章）

中华民国卅三年五月五日拟稿

中华民国卅三年五月五日封发

四川高等法院第一分院公函

渝俭字第一九八号

查本院受理渝鑫钢铁厂与洪发利机器营造厂交付元铁上诉事件，顷准贵处复函谓核发洪发利已于卅一年一月间，向前经济部钢铁管理委员会请得准购证，惟是项卷宗尚有参考必要，相应再行函请查照，烦将上项卷宗检送愚院一假参考，完毕即行奉还。

此致

经济部工矿调整处

经济部工矿调整处公函

业字第二八四〇号

中华民国三十三年五月十六日发。

事由：为准嘱检送洪发利厂购元铁申请书请查照参考用毕检还由。

案准贵院三十三年五月六日渝俭字第一九八号公函嘱检送洪发利机器营造厂请领准购证卷宗等由。准此。查洪发利机器营造厂向渝鑫钢铁厂购买元铁曾据依照规定，于三十一年元月六日填具申请书呈，前经济部钢铁管理委员会于同月七日核发准字第一〇八四号准购证及四一五一号运输执照在案，此外别无有关文卷，至所发该项证照尚未据洪发利机器营造厂及渝鑫钢铁厂缴销，应请饬该厂等径行缴验，准函前由，相应检奉原申请书一纸，即请查照参考并希用毕检还为荷。

此致

四川高等法院第一分院。

处长：翁文颢

校对：吴望楚

校印：陈汝礨

经济部钢铁委员会购买及运输钢铁材料声请书

声请人或厂商：洪发利机器营造厂。

负责人姓名：高云集，住址：林森路二六〇号。

押运人员：

货品名称：一七八〔型〕元铁柒吨，一〔型〕元铁八吨。

用途：购作机器螺丝用及备用。

预定每月消费量或销售量：计　公吨　公斤。

评估购数量：共十五公吨。

证明机关：

起讫地点：自土湾起运至重庆卸货。

销售或消费地点：

经过路线及关卡：经由江北等处须经桐圆寺关卡。

运输期限：行需十日

其它：系购渝鑫钢铁厂之货，每吨售价法币二万三千四百元。

上列各项均须具实填报，如有虚假或违背章则之处，愿受惩处。

此呈

经济钢铁管理委员会

声请人：洪发利机器营造厂（印章）

（高云集印章）

中华民国三十一年元月六日

[边注]

该厂向渝鑫钢铁厂购买元铁十五吨，每吨价二万三千四百元，备本厂制各种机器螺丝等用，可否发给准购证，乞示。

周原海（印章）

一月六日

［小纸条］

此声请专阅毕仍还工矿调整处

五月廿日　记

（南运同印章）

民事声请书

为声请阅卷事：查渝鑫钢铁厂为给付元铁上诉洪发利一案。业经渝鑫钢铁厂委任本律师，为代理人在案，特此声请贵院，即将本案卷宗，检交阅览，以利进行为荷。

此请

四川高等法院第一分院民庭公鉴。

律师：程愚（印章）

中华民国三十三年五月十九日

声请

为声请展限审理事：缘律师代理渝鑫钢铁厂洪发利为交付元铁上诉一案，已奉贵院通知定期本月十六日审理，惟律师因任四川省参议会参议员，本月六日省参议会在成都开会，律师现正出席，在蓉，不克赶回重庆出庭，兹特依法声请贵院准将本案展限二十日再赐审理，实为公便。

谨呈

四川高等法院第一分院民庭

律师：程愚（印章）

中华民国三十三年六月十二日

民事声请书

声请案由：渝鑫钢铁厂与洪发利机器营造厂交付元铁事件。

声请原因：案情尚有不明。

声请目的：阅卷。

批答：

右请

四川高等法院第一分院民庭公鉴。

律师：陈贞干（印章）

中华民国卅三年六月十三日

四川高等法院第一分院言词辩论通知

四川高等法院第 分院民事第 庭受理 年度 字第 号交付元铁上诉事件，指定本年八月四日上午九时为言词辩论期日，应行传唤及通知诉讼关系人如左。

上诉人：渝鑫钢铁厂，法定人佘名钰、刘润生，住小龙坎该厂。

代理人：程愚，律师。

被上诉人：洪发利机器营造厂，法定代理人高云集，住林森路二六〇号。

代理人：陈贞干，律师。

主任推事：六月十七日 午填送

审判长： 月 日核发

书记官： 月 日办讫

送达证书

送达法院：四川高等法院第一分院。

应送达之文书：民国卅二年上字第二四六四号交付元铁案八月四日传票乙件。

应受送达人：上诉人渝鑫钢铁厂，法定代理人佘名钰、刘润生。

受送达人署名盖章，若不能署名盖章或拒绝者，应记明其事由：佘名钰（印章）、刘润生（印章）。

送达日期：卅三年六月廿七日 午 时。

中华民国三十三年 月 日

重庆地方法院送达人：贺福安

[同日洪发利机器营造厂法定代理人高云集签收传票的送达证书略，陈贞干律师事务所分别代陈贞干、程愚律师收传票的两份送达证书略]

民事上诉状

上诉人：渝鑫钢铁厂，法定代理人佘名钰，五十一岁，浙江宁波人，住小龙坎土湾，经理。法定代理人刘润生，五十五岁，四川合川人，住小龙坎土湾，协理。

被上诉人：洪发利机器营造厂，法定代理人高云集，年龄不详，湖北人，住重庆市林森路，职业（未详）。

为对于被上诉人洪发利机器营造厂所具答辩理由，特再具状指驳，恳祈鉴核改判事。

情本厂因交付元铁事件上诉洪发利一案，迭蒙钧院审理，该被上诉人之代理人屡次在庭陈述，与其先后两次所具答辩状，均谓本厂借口与本案毫无关系之准购证，以为图赖混扯之计，并谓准购证不过限制购运人之手续，与出售并无利害关系，亦无若[任]何责任，等语。殊不知本案重要关键，即在被上诉人于订货时请有准购证与否之一点，乌能谓其无关与无责任？盖购用钢铁，必须向经济部钢铁管理委员会呈请核准，经发给准购证方能凭证购运，而售货厂商于售货时应向购买人索取准购证，为"钢铁管理规则"第六条与"钢铁材料登记办法"

第十条所明文规定，凡购户与售货厂商均应彼此遵守，不敢违背。该被上诉人前于民国三十年十二月三十日，与刘润生洽谈元铁十五吨时，因被上诉人谓准购证一项已呈由钢委会核准发给，不生问题，故始由刘润生与之书一草约，约明翌日（卅一日）交付提单，同时由被上诉人给付本厂卅一年元月十日期支票十二万六千元，又元月十五日支票十五万元。殊三十一日商润生将提单带去时，因被上诉人购用钢铁之准购证，尚未向经济部钢铁管理委员会领得，缘是对于应交上项货款定期支票二张亦未照付，且对于正式订单亦拒未办理。刘润生见其准购证尚未领得，货款支票亦未照付，依照钢铁材料登记办法第十条"无准购证不得擅售"之规定，自不敢将提单交付以干法令。故就此项情形而论，本厂与被上诉人间之买卖元铁契约，因被上诉人未将准购证领得，货款亦未交付，致未合法成立，实为极显著之事实。乃被上诉人答辩状竟赖称：请领准购证与运输执照向例，系将货定妥后再向钢铁管理委员会请领，又谓在钢铁委员会管理之时，有未请准购证而径请运输执照者。准购证可无，而运输执照非请有不可，等语。其意殆以购用钢铁时大可不要准购证，事后请领为例之常。殊不知法令规定至为明显，讵能听任买卖双方自由交易？果如被上诉人所云"准购证可无"，则上项法条直等具文，而所谓钢铁管理委员会者究系管理何事？故本案前蒙钧院先后函致经济部与工矿调整处查询时，经济部卅二年九月十八日第五六九〇三号复函谓"查购买元铁应依法领得准购证，凭证购运"；而工矿调整处于本年五月四日复函亦谓"该等买卖元铁应请得准购证后，其买卖契约方为合法"，各等语。是可见买卖元铁必须依照钢铁管理规则第六项及钢铁材料登记办法第十项各规定办理，先向钢委会请得准购证为一定不易之手续。反之，其买卖契约即难为合法成立。而无准购证即不能购、不能运亦经济部解释明白。该被上诉人所谓准购证与购用为无利害关系与无任何责任等语固已不攻自破。该上诉人又谓准购证如需与提单互交，何以本厂不于订单内载明？殊不知购用钢铁必须得有准购证为法令所明文规定。该上诉人与本厂对此要件均极明了，且经被上诉人当时口头声明，业向钢委会呈请核发不生［成］问题，自不必在该买卖契约上以之列为条件。查被上诉人请领之第一〇八四号准购证系卅一年一月七日发给，在三十年十二月卅一日刘润生将提单交付去时，因其准购证尚未领得，本厂未敢擅将提单交付，其理由至明。惟该被上诉人于领得该准购证与运输执照后，既未通知本厂，复未将应交货款之支票二张送来，迟至半年余之久，铁价高涨，始于卅一年七月三日来函，要求交付元铁。世间固万无是理，再该准购证前据被上诉人代理人庭称，领得后业已缴销。现经钧院函询经济部得复后，知无可掩，乃云其主任郑健逝世，未曾查出，现始自存卷中清得等语。查该准购证下面附注有"本证限用一次，用毕由售货厂备送本会注销"字样，可见购用钢铁必须依照钢铁材料登记办法第十项规定手续办理，而售货厂商于售货时必须索取准购证以凭，月终备报，倘无此准购证即不得私擅出售，亦可由此证明。该被上诉人因虑此项准购证一经呈验，即可与上项钢铁材料登记办法互资参证，且与彼所云购货与准购证无关与无责任等语矛盾，不符，乃推云缴销，今知无可遁掩，乃始呈案，而其希图蒙蔽之鬼蜮心情，固已昭然若揭。但本案因该被上诉人在三十年十二月三十一日未将准购证领得，本厂始未交付提单，自不能以本厂当时之未交付提单为违背契约。原审因未明了买卖钢铁手续，认系普通买卖契约，以收受定金即应视为成立，实有错误；而被上诉人控词蒙混尤属无理斜［瞎］扯。为［此］特具状详加指驳，恳祈钧院俯赐查核，准予废弃原判，将被上诉人在第一审请求之诉驳回，并令负担一、二两审讼费，实为德便。

　　谨呈

　　四川高等法院第一分院民庭公鉴。

中华民国三十三年六月　日

上诉人：渝鑫钢铁厂余名钰（印章）

刘润生（印章）

民事答辩状

　　答辩人：洪发利机器营造厂，法定代理人高云集，年龄、籍贯、职业在卷，住林森路。

　　相对人：渝鑫钢铁厂，法定代理人余名钰、刘润生，年龄、籍贯、住址、职业在卷。

　　为与渝鑫钢铁厂交付元铁事件上诉一案，用〔容〕再提出答辩理由，恳请迅赐法判，以免拖累事。查本案虽经钧院多次调查，尚有不明了之处，谨再将本市买卖钢铁手续即准购证之时效勿庸调查理由陈明于下：

　　查买卖钢铁政府加以管制者，限制非需用钢铁之商号以防囤积，但对于需用钢铁之厂商，若订妥钢铁之后，随时请领准购证即予照发，厂商购有多少钢铁，用去多少，尚存多少，按月列表报告，主管官署存查，否则即为违反管制加以处罚，如政府需要钢铁时，随时向存有钢铁之厂商征购。数年以来，均系此种办法。则厂商购铁必须先立订单，向甲号购多少，向乙号购多少，分别声请发给准购证，于交铁时付与出售之商号，此为近年以来多有骗取定金或全部价金而发生类似本件之案，由钧院判令交铁者成例甚多。本件上诉人所持上诉理由，除已答辩及原判论断甚明，勿庸深辩外，谨呈再就钧院昨日庭讯，对于准购证时效一节尚须调查一点，再向钧院辩明于下：查上诉人与答辩人订立之订单，系于三十年十二月三十日载明次日交付提单，而上诉人骗取定金七万五千元之后，延不依约交付提单，而答辩人以订单成立后即依钢铁管制法规声请钢铁管制委员会发给准购证，虽于三十一年一月七日领下，但迭向上诉人交涉，并请介绍人向博彦代为交涉，乃借口该厂之铁为二十一厂需要甚切，故将前存之二十余吨之铁悉数提去，洪发利所订之七吨半可在下礼拜后，另换滚筒轧妥后再为通知等语。有函证明（抄呈在卷），此函文为上诉人不争之事实，则足证上诉人所称于三十一日交付提单因无准购证不收显非真〔情〕，实则准购证答辩人已合法领得，而此项买卖行为即为合法，上诉人即有交铁义务，该项准购证之是否仍为有效，与本案并无若何关系，纵令已失时效，则于将来执行时仍可随时声请发给，且此项准购证之失效原因亦系由于上诉人之延不履行交铁义务所生之结果，亦不能归责于答辩人，此理甚明，是该准购证之是否已时效似无再行调查之必要。为此，再行具状陈明，恳请钧院迅赐法判，以免拖累，实沾德便。

　　谨状

　　证人：

　　证物：附抄呈该厂刘协理函一件

　　四川高等法院第一分院民庭公鉴。

中华民国三十三年八月　日

具状人：洪发利机器营造厂（印章）

法定代理人：高云集（印章）

照抄刘润生致向博彦函件

博彦兄：敝厂一寸一分与一寸元铁，近因二十一厂需要甚切，故将前存之二十余吨悉数提去，洪发利所订之七吨半可在下礼拜后另换滚筒轧妥后再为通知。吾兄提取，希转达前途为荷！

弟：刘润生（印）

卅一年一月二十二日

言词辩论笔录

上诉人：渝鑫钢铁厂，法定代理人余名钰、刘润生。

被上诉人：洪发利机器营造厂，法定代理人高云集。

在列当事人间交付元铁上诉事件，经本院于中华卅三年八四日上午九时，在本院第　法庭公开言词辩论，出庭推事、书记官如左。

审判长推事：孔容照

推事：孟峰山

推事：王鸿鸣

书记官：李达同

点呼事件后，到场人如左。

上诉人代理人：程愚律师

被上诉代理人：陈贞干律师

审判长宣言：本案重开辩论，更新审理。

问：上诉代理人有何陈述？

程愚律师起称：请求废弃原判决，驳回被上诉人在第一审之诉。查上诉人与被上诉人于卅年十二月卅日所立之约，应依政府法令领得准购证，始能交付提单。查阅经济部公函，必以领得准购证后凭证购运。若无准购证，即不得擅售。此经济部有明白解释。该被上诉人当时并未请得准购证，至所立契约自不生效，上诉人得不交付提单。请如声明而为判决。且目前钢铁已涨百十倍，倘被上诉人以现时价格向上诉人购买，上诉人仍可交货。

问：被上诉人代理人如何答辩？

陈贞干律师起称：请求驳回上诉，维持原判。查被上诉人自与上诉人立约后，当经交付定金，延不交付提单，□准购证早经领下，一再交涉付铁，均不履行。请如声明判决。

问：准购证是好久领下来的？

答：是卅一年一月七日领下的。

问：现在是否尚可使用？

答：或此次另换证，方能有效。

右笔录经当庭朗读无误。

审判长宣言：待查明再传，闭庭。

中华民国卅三年八月四日

四川高等法院第一分院民事临时庭

书记官：李达同

审判长：孔容照

四川高等法院第一分院言词辩论通知

四川高等法院第一分院民事第　庭受理　年度上字第　号交付元铁上诉事件，指定本年十月十七日上午八时为言词辩论期日，应行传唤及通知诉讼关系人如左。

上诉人：渝鑫钢铁厂，法定人余名钰、刘润生，住小龙坎该厂。

代理人：程愚，律师。

被上诉人：洪发利机器营造厂，法定代理人高云集，住林森路二六〇号。

代理人：陈贞干律师。

主任推事：八月卅日　午填送

审判长：　　月　　日核发

书记官：　　月　　日办讫

四川高等法院第一分院送达证书

送达法院：四川高等法院第一分院。

应送达之文书：民国卅二年上字第二四六四号代理洪发利交付元铁案通知书一件。

应受送达人：陈贞干，律师。

非交付应受送达人之送达应记明其事实：陈贞干律师事务所（印章）。

送达日期：卅三年九月六日下午　时。

中华民国三十三年九月二日

重庆地方法院送达人：王见阅

［同年九月七日程愚律师签收通知书的送达证书略，九月十一日刘润生签收通知书的送达证书略，九月十四日高云集签收通知书的送达证书略］

四川高等法院第一分院公函

文件类别：公函。

送达机关：经济部工矿调整处。

附件：呈文。

事由：请查复洪发利厂民国卅一年所领钢铁准购证是否仍有效力。

推事：王振常

中华民国卅三年八月卅一日拟稿

中华民国卅三年九月二日封发

四川高等法院第一分院公函

渝俭字第六七八号

　　查本院受理渝鑫钢铁厂与洪发利机器营造厂交付元铁事件，洪发利厂提出民国卅一年一月前经济部钢铁管理委员会所发准购证及运输执照等件，以为曾得政府许可购买之证明，现渝鑫钢铁厂当未交货，此项准购证等件仍有效力或可更换新证，凭证购运？嘱查复为荷。

　　此致

经济部工矿调整处

附：准购证、运输执照各一件、报关清单（仍还）

院长：孙□□

经济部工矿调整处公函第四八号

中华民国三十三年九月十一日发

　　事由：准函关于洪发利机器营造厂购买渝鑫钢铁厂元铁所有准购证等是否有效一案，复请查照由。案准贵院卅三年九月二日渝检字第六七八号公函，为洪发利机器营造厂前向渝鑫钢铁厂购买元铁所领准购证及运照是否仍有效力或可换发新证凭证购运，嘱查复等附准购证、运照及报关清单各一纸。准此，查洪发利机器营造厂向渝鑫钢铁厂购买元铁前，向经济部钢铁管理委员会申请，经核准发给准购证自属合法于管制手续，至运照规定期限系为防重复使用，逾期未能运毕尚可重新申请，与履行契约之责任无关，准函前由相应奉还原件，即请查照为荷。

　　此致

四川高等法院第一分院

附原准购证、运照及报关清单各一纸。

处长：翁文灏

［民］事声请书

　　声请案由：洪发利与渝鑫钢铁厂交付元铁事件。

　　声请原因：案情尚有查明。

　　声请目的：阅卷。

　　批答：

| 401 |

右请四川高等法院第一分院民庭公鉴。

律师：陈贞干（印章）

中华民国卅三年十月十二日

为声请阅卷事：查渝鑫钢铁厂为交付元铁上诉洪发利营造厂一案。业经渝鑫钢铁厂委任本律师，为代理人在案，特此声请贵院，即将本案卷宗，检交阅览，以利运行为荷。

此请

四川高等法院第一分院民庭公鉴。

律师：程愚（程愚律师印章）

中华民国三十三年十月十三日

四川高等法院第一分院民事言词辩论笔录

上诉人：渝鑫钢铁厂，法定代理人余名钰、刘润生。

被上诉人：洪发利机器营造厂，法定代理人高云集。

右列当事人间交付元铁上诉事件，经本院于中华民国卅三年十月十七日上午八时半，在本院第一法庭公开言词辩论，出庭推事、书记官如左。

审判长推事：罗国昌。

推事：孟峰山。

推事：王鸣鸿。

书记官：李达同。

点呼事件后到场人如左。

上诉人代理人：程愚，律师。

被上诉人代理人：陈贞干，律师。

审判长宣布：本案更新审理。

问：上诉人代理人，对本案如何声明及其理由陈述？

程愚律师起立称：

请求废弃原判决，驳回被上诉人在第一审之声诉。查上诉人与被上诉人成立之合约，上诉人以为被上诉人兴办钢铁有年，关于战时购买钢铁，自必知道而已具备［准购证］，故而与立契约，出两张支票之价金，迄未交付与上诉人，故当时洪发利是否已领得政府规定之准购证，上诉人不得而知，迄被上诉人将准购证领得后，亦未通知上诉人。政府规定"凭证购运"，被上诉人事先并未具备此手续，其与上诉人订立之契约，自不发生效力。

问：上诉人是否以被上诉人未领得准购证而通知过被上诉人呢？

答：上诉人没有通知他，他也没有通知过上诉人。

问：被上诉人代理人如何答辩？

陈贞干律师起称：请求驳回上诉。查被上诉人与上诉人订约，当经交付定金，即已发生该契约效力，至准购证早于卅一年一月七日领下。被上诉人迭经通知，上诉人均延迟不将提单交付与被上诉人，是上诉人违约，其上诉人毫无理由。请如声明判决，并依民事诉讼法第四百五十四条之规定，宣告假执行。

问：上诉人代理人对假执行如何答辩？

程愚律师答称：请将其声请驳回。

右笔录经当庭朗读无讹。

审判长宣告：本案辩论终结，定于十月廿一日下午四时宣判。闭庭。

中华民国卅三年十月十七日

四川高等法院第一分院民事临时庭

书记官：李达同

审判长：罗国昌

四川高等法院第一分院宣示判决笔录

上诉人：渝鑫钢铁厂，法定代理人余名钰、刘润生。
被上诉人：洪发利机器营造厂，法定代理人高云集。

右列当事人间交付元铁上诉事件，经本院于中华民国卅三年十月廿一日下午四时在本院第通 法庭公开宣示判决，出庭推事、书记官如左。

审判长推事：罗国昌。

推事：孟峰山。

推事：王鸣鸿。

书记官：李达同。

点呼事件后到场人如左：（未详）

审判长起立朗读判决主文并告知理由。

中华民国卅三年十月廿一日

四川高等法院第一分院民事临时庭

书记官：李达同

审判长：罗国昌

四川高等法院第一分院民事判决

三十三年度上判字第二九七号

上诉人：渝鑫钢铁厂，设小龙坎。

法定代理人余名钰，住同右。

法定代理人刘润生，住同右。

诉讼代理人：程愚律师。

被上诉人：洪发利机器营造厂。

法定代理人：高云集，住林森路二六〇号。

诉讼代理人：陈贞干律师。

右列当事人间交付元铁上诉事件，上诉人对于中华民国卅二年四月三十日，四川重庆地方法院第一审判决，提起上诉，本院判决如左。

主文

上诉驳回。

原判决命上诉人交付元铁领货款部分，应予假执行。

第二审诉讼费用由上诉人负担。

事实

上诉代理人声明求废弃原判决，驳回被上诉人在第一审之诉，被上诉人代理人声明求驳回上诉，并请宣告假执行，其余应记事实与第一审判决书所载者略同，兹引用之。

理由

本件上诉人代理人刘润生于民国卅年十二月三十日代理上诉人，与被上诉人订立买卖元铁合约，约定被上诉人向上诉人购买一寸一分对径、十八尺至二十尺长花色平均之元铁十五吨，每吨货价国币二万三千四百元，次日，被上诉人即交刘润生定金七万五千元，为双方不争之事实。查刘润生为上诉人厂中协理，自有代上诉人为私行为之权限，刘润生订约时既系代理上诉人为买卖元铁行为，而所收上诉人之定金七万五千元，又已上交上诉人收受，此有上诉人三十一年八月复被上诉人之函件可查，足见上诉人对刘润生之代理行为，实已同意，毫无可疑，上诉人仍以该契约不应对之发生效力为攻击理由，殊无可采，复查动产之买卖，并非要式契约，刘润生代理上诉人与被上诉人订立之买卖元铁契约，应对上诉人生效即如上诉，而其所出收据，关于买卖之要素，如物品数量价金交付期限，均已详细订明，是纵令其后来另立正式约据，要于买卖之成立毫无影响，再钢铁之买卖，虽依经济部所颁钢铁材料登记办法规定，应请得准购证，惟此项准购证之有□，乃为买卖成立后钢铁能否交付之问题，并不能阻却买卖钢铁契约之成立。盖以钢铁在战时虽受政府之统旨，甚为显然，况被上诉人与上诉人订约□，当向经济部前钢铁管制委员会请领准购证，三十一年一月七日，即行领到，上诉人虽主张三十年十二月三十一日曾依约将十五吨元铁之提单交付被上诉人，嘱即取货，被上诉人以准购证未能领得，拒不收受，以资抗辩，惟查两造于三十年十二月三十日始行立约，何能次日即可领到准购证，当时既约定上诉人次日应交提单，则与准购证之有无，显不相关，上诉人既不能就其主张被上诉人拒收提单之事实，举出有利之证明，自不足采，且三十一年一月二十二日刘润生致函介绍人向博彦，曾谓所存元铁二十余吨，因二十一兵工厂需要甚至切，悉数提出，被上诉人所订之货另换滚筒轧妥后，再为通知提取，足见上诉人当时无货可交，从何交付提单，被上诉人方面主张上诉人迟延未能履行契约，实为可信，原审本被上诉人之请求，判令上诉人交付约定元铁十五吨，并受领货款二十七万六千元，于法尚无违误，上诉意旨，不能谓为有理由，原判既经维持，被上诉人依民事诉讼法第四百五十四条声请宣告假执行即应照准。

据上论结，本件上诉人无理由应依民事诉讼法第四百五十四条第一项、第七十八条第一项判决如主文。

中华民国三十三年十月二十一日

四川高等法院第一分院民事临时庭

审判长推事：罗国昌

推事：孟峰山

推事：王鸣鸿

对于本判决如有不服，得于送达正本后二十日内向最高法院提起上诉，至上诉书状应向本院提出。

书记官：（杨云印章）

中华民国三十三年十一月廿一日

四川高等法院第一分院送达证书

送达法院：四川高等法院第一分院。

应送达之文书：民国卅二年上字第二四六四号交付元铁案判决正本一件。

应受送达人：洪发利机器营造厂，法定代理人高云集。

受送达人署名盖章，若不能署名盖章或拒绝者，应记明其事由：高云集（押）（该厂印章）。

送达日期：卅三年十一月廿二日　午　时。

中华民国三十三年十一月廿一日

送达人：黄正源

［同年十二月三日下午七时余名钰（印章）签收给渝鑫钢铁厂法定代理人余名钰、刘润生判决的送达证书略］

民事上诉状

右方：上诉人渝鑫钢铁厂，　法定代理人余名钰，五十岁，浙江宁波人，住小龙坎土湾，商。法定代理人刘润生，五十四岁，四川合川人，住小龙坎土湾，商。

左方：被上诉人洪发利机器营造厂，法定代理人高云集，年龄、职业未详，湖北人，住林森路。

为不服判决，声明上诉事。窃上诉人对钧院三十三年度渝上判字第二九七号与洪发利机器营造厂因交付元铁事件上诉一案之判决不能甘服，兹谨提起上诉，伏祈检卷移送最高法院核办，实为公便。

谨状

四川高等法院第一分院民庭公鉴。

中华民国三十三年十二月十五日

代理律师：沈钧儒（印章）

林享元（印章）

具状人；渝鑫钢铁厂

法定代理人：余名钰（印章）

刘润生（印章）

四川高等法院第一分院民事裁定

上诉人：渝鑫钢铁厂，设小龙坎土湾。

法定代理人：余名钰，住同右。

法定代理人：刘润生，住同右。

被上诉人：洪发利机器营造厂，设林森路。

法定代理人：高云集，住同右。

右当事人间交付元铁事件，上诉人提起第三审上诉到院，应征裁判费国币三千六百七十六元，未据缴纳，兹限该上诉人于送达本裁定时起十日内，径向重庆最高法院如数补缴，（汇寄时准予扣除汇费）并将缴费收据呈送本院查核。如逾期尚未遵行，最高法院即认上诉为合法，以裁定驳回，切勿迟延自误，特此裁定。

中华民国三十三年十二月廿七日

四川高等法院第一分院民事临时庭

审判长：

右裁定正本证明与原本无异。

中华民国三十三年十二月廿七日

四川高等法院第一分院

书记官：雷

送达证书

送达法院：四川高等法院第一分院。

应送达之文书：民国卅二年渝上字第二四六四号案交付元铁上诉三审诉讼费裁定正本一件。

应受送达人：渝鑫钢铁厂，法定代理人余名钰、刘润生受送达人署名盖章，若不能署名盖章或拒绝者，应记明其事由：刘润生（印章）。

送达日期：卅四年一月十九日上午十二时。

中华民国卅三年十二月二十九日

重庆地方法院送达人：王昆良

缴纳第三审审判费送单

上诉人姓名或抗告人、声请人：渝鑫钢铁厂，法定代理人：余名钰、刘润生。

被上诉人姓名：洪发利机器营造厂，法定代理人：高云集。

案由：交付元铁。

第二审法院：四川高一分院。

第二审裁定日期：

第二审裁判件数：

审判费数目：三千六百七十六元整。

注意：如当事人提起上诉或抗告缴纳审判费时，无论邮汇或由银行汇缴，应连同此单呈交最高法院。

民事上诉状

右方：上诉人渝鑫钢铁厂，法定代理人余名钰，五十一岁，浙江宁波人，住小龙坎土湾，商。法定代理人刘润生，五十五岁，四川合川人，住小龙坎土湾，商。

左方：被上诉人洪发利机器营造厂，法定代理人高云集，年龄、职业、住址未详。

为不服四川高等法院第一分院三十三年度渝上判字第二九七号交付元铁事件之判决上诉一案，补具理由事。窃上诉人对本案业于不变期内声明上诉，兹谨补具理由如次：

一、本案之焦点在于被上诉人于契约所订交付提货单之日，是否提出准购证为上诉人付货之凭借。当时，被上诉人不能依约提出准购证，为两造不争之事实。查草约载明准购证由买方办理，是以被上诉人须备有准购证为买卖之条件。上诉人既不能按时具备此条件，则违约者实为被上诉人而非上诉人。因被上诉人违背契约，致使上诉人虽有提货单而不能交付，此明系被上诉人背信失约，何能再令上诉人负交货之责。此不服一也。

二、草约注明卅一年一月四日交付栈单，一月十日提货，其准购证由买方办理，是该草约定有期日，则双方互负有遵守期日、履行契约之责任至为明显，申言之，即双方均应遵守期日，方为有效，否则即为违约。上诉人既如期交货，被上诉人因为准购证而拒绝收受，是违约者为被上诉人了无疑义。盖定有期日之契约，如到期不付，上诉人负有违约之责，否则贻误期日，如由于被上诉人之过失，其期日已过，上诉人自不负交货之责任。原判对于期日之要件不加审究，自难叙人折服。二也。

为此，基上理由，提起上诉，仰祈钧院鉴核，准予撤销原判，另为判决，驳回被上诉人在第一审之诉，实为德便。

谨状

四川高等法院第一分院公鉴。

中华民国卅四年一月十九日

具状人：渝鑫钢铁厂

法定代理人：余名钰（印章）

刘润生（印章）

最高法院征收诉讼费临时收据

今收到四川省渝鑫钢铁厂缴纳与洪发利机器营造厂因交付元铁案上诉费法币三千六百七十六元整，兹因本院奉令移乡，除将上款送院粘贴印纸附卷外，合先发给临时收据。

右给渝鑫钢铁厂收执。

中华民国卅四年一月二十二日

最高法院留渝办事处（印章）、周会秋（印章）

民事声明

声明人：渝鑫钢铁厂，法定代理人余名钰、刘润生，年龄、职业详卷，住小龙坎土湾。

对造人：洪发利机器营造厂，法定代理人高云集，年龄、职业详卷，住林森路二六〇号。

为声明事。窃上诉人与洪发利机器营造厂交付元铁事件，不服四川高一分院三十三年度渝上字第二九七判决上诉一案，经补具理由，呈请鉴核在案。惟该上诉理由内"查草约内载明准购证由买方办理"系"当时曾言明准购证由买方办理"之笔误。盖当时只口头约明，并非草约记载。因元铁系经济部统制之物，非有准购证不可，且准购证应由买方办理，为统制办法所明定，此为当然之事实，固无须文字上之批载也。特此声明，伏祈查核。

谨状

最高法院民庭公鉴。

中华民国卅四年二月 日

具状人：渝鑫钢铁厂

法定代理人：余名钰（印章）

刘润生（印章）

四川高等法院第一分院书记室公函

渝俭字第三二三号

查本院受理三十二年度上字第二四六四号渝鑫钢铁厂与洪发利机器营造厂交付元铁事件，业经判决，兹据渝鑫钢铁厂于上诉期间内提起上诉，除裁定命其径向贵院缴纳裁判费，并将上诉状缮本送达被上诉人外，相应检同卷宗等件函请贵厅查照办理。

此致

最高法院书记室

计送本院卷乙宗、原审卷乙宗、上诉状乙件、送达证书乙件、物证九件（计两套）。

中华民国三十四年三月廿一日

最高法院书记厅公函稿

民字第六五七六号

径启者，查渝鑫钢铁厂与洪发利机器营造厂因交付元铁事件，兹有应行送达当事人上诉理由书缮本一件，相应嘱托贵室代为送达所有送达证书，并请于送达后函缴为荷。

此致

重庆实验地方法院书记室

计函送上诉理由书缮本乙件、送达证书一件。

中华民国卅四年五月十六日

送达证书

最高法院 年度 字第 号交付元铁案。

送达文件：上诉理由缮本乙件。

受送达人：洪发利营造厂法定代理人：高云集。

送达处所：重庆林森路二六〇号。

受送达人署名盖章，若不能或拒绝署名盖章时，则记明其事由：高云集（印章）。

收受送达年月日：三十四年五月二十九日十三时。

中华民国 年 月 日

送达人：周光辉

重庆实验地方法院书记室公函

民意字第四二五〇号

案准贵厅民字第六五七六号公函嘱送洪发利营造厂法定代理人高云集件到院，当经派员送达去后，兹据缴回送达证书、上诉理由书缮本乙件，相应函送贵厅查收为荷。

此致

最高法院书记厅

计附送达证书乙件

中华民国三十四年六月九日

最高法院民事判决

三十四年度上字第四七九八号

上诉人：渝鑫钢铁厂，设重庆小龙坎土湾。

法定代理人余名钰，住同右。

法定代理人刘润生，住同右。

被上诉人：洪发利机器营造厂。

法定代理人高云集，住重庆林森路二六〇号。

右当事人间请求履行买卖契约事件，上诉人对于中华民国三十三年十月二十一日四川高等法院第一分院第二审判决提起上诉，本院判决如左。

主文

上诉驳回；第三审诉讼费用由上诉人负担。

理由

查上诉人对于其代理人刘润生代表上诉人与被上诉人订立出售本件元铁合约之权限，已无争执。惟谓元铁准购证依约应由被上诉人办理，上诉人曾于订约之翌日，即民国三十年十二月三十一日依约送交提货单，而被上诉人不能提出准购证，以致上诉人不能将提单交付，因此，不能依限交货应由被上诉人负违约之责等语，指摘原判决之不当。但查购铁合约，仅载明被上诉人于上诉人交付提货单后有交付货价期票之责，未订明上诉人之提单与被上诉人之准购证应同时相互提出之条件，而准购证仅于实行提货时备官厅查验买卖是否合法之用，事实上亦无与提单同时提出之必要。原审判决谓上诉人交付提单之义务与被子上诉人曾否领得准购证无关，殊无不当，况上诉人所谓已于订约之翌日提出提傅彦之信件，又足证明当时上诉人实属无货可交。原审判决因之认定上诉人当时并未交付提单，应负履行迟延之责。维持第一审，令上诉人依约交货，并领受货款之判决亦非无据。上诉人意旨无从认为有理由。

据上论结，本件上诉人为无理由，依民事诉讼法第四百七十八条、第四百四十六条第一项、第七十八条判决如主文。

中华民国三十四年八月二十日

最高法院民事第七庭

审判长推事：张则奂

推事：王振南

推事：方闻

推事：龙灿雅

推事：诸葛鲁

右正本证明与原本无异。

书记官：李裕礽

中华民国三十四年九月　日

送达证书

最高法院卅四年度上字第四七九八号履行买卖契约案。

送达文件：判决正本三件。

受送达人：渝鑫钢铁厂、余名钰、刘润生。

送达处所：详载正本。

受送达人署名盖章，若不能或拒绝署名盖章时，则记明其事由：余名钰、刘润生（渝鑫钢铁厂电信回单印章）。

收受送达年月日：卅四年十月一日十时。

中华民国　年　月　日

送达人：谭鹤

［同年九月三十日高云集（洪发利机器营造厂印章）签收二份判决书的送达证书略］

四川高等法院第一分院书记室公函

渝俭字第一七六四号

查本院受理三十二年度上字第二四二四号渝鑫钢铁厂与洪发利机器营造厂交付元铁上诉事件，业经三审判决确定，相应检同卷宗等件函送，即请查收为荷。

此致

重庆实验地方法书记室

计送本院卷乙宗、原审卷乙宗、证物乙包详袋、三审卷乙宗。

书记官：叶兆鹏（印章）

中华民国三十四年十一月廿八日

重庆实验地方法院书记室通知

查洪发利记铁厂与渝鑫钢铁厂交付元铁事件，业经裁判确定，卷存证物亟应领取，兹限该渝鑫钢铁厂于收受本通知后五日内来院领取，倘逾期不领，即将卷宗、证物一并送乡归案。特此通知。

三十四年十二月三日

重庆实验地方法院民事送达证书

书状目录：民国三四年　字第　号交付元铁案送达通［知］乙件。

应送达人：法定代理人高云集。

受送达人署名盖章，若不能署名盖章或拒绝者，应记明其事由：高云集（印章）。

送达日期：卅四年十二月十四日　午　时。

中华民国三十四年十二月十日

送达员：陈绍康

24. 义成堂苏继坡与李晋璋诉陈芝馥要求给付老契案

民事起诉书

原告：义成堂，法定代理人苏继坡，三十九岁；李晋璋，二十七岁，指定本市白象街八十号镜衡法律事务所代受送达。

被告：陈芝馥，巴县人，住惠民乡毛家铺。

为被告听唆狡展、意图敲索、捏词抵赖、违背义务，依法起诉，请求判令交付老契，履行登记以维法益一案。兹谨将应行表明各项分陈如左。

（甲）诉之声明：

（一）请求命被告将所卖林森路门牌第六零四号至第六零七号土地全部之案管业老契一张交付原告。（二）请命被告协同原告为土地所有权移转之登记。（三）请令被告负担诉讼费用。

（乙）事实及理由：

缘原告于本年九月一日委任陈述虞律师为全权代理人，买受被告陈芝馥所有林森路门牌第六〇四号至第六〇七号地基全部，合计面积六分七厘八毫，当经同凭中证人唐肇雯、沈周瑞芳与被告当面议妥价值，共为国币二十万元正，画押交界概包价内，不得格外需索。迨卖契书成，该被告忽临时央讨计画押喜钱两万元，原告代理人为玉成其事，亦徇情应允。始由被告本人就契亲笔签名，并受领业价出立收据为凭。次日原告代理人即约同被告，邀集中证与该地保长罗治华指界交业，所有前在该地私行搭棚之赖荣光、汪树清等各户，均当场与原告出立限期拆迁字。已行接收管业，亦有交界清单，经被告与中证人及保长罗治华签押盖章为凭。惟原约定期三日由被告交出原管业老契，并协同原告办理土地所有权移转之登记手续，以资完结。不料三日期满，被告突受人刁唆，意图价外敲索，计以延不交出老契，将事悬搁，藉为要挟之资，潜返惠民乡规避履行。及至九月三十日，原告代理人闻知被告来城，在新丰街柏林路茶社品茗，急与中证人沈周瑞芳同往相晤，促其交付老契、办理转移登记，以清手续。殊竟东支西吾，初推原登记私章未能寻获带出，无法协同办理移转登记，又表示私章在其三女手中，非另给伊女四万元不能将私章取来，连同老契交付、办理转移登记，完清手续。原告代理人以其在本市无一定住所，会面维艰，似此借故拖延，显然存心叵测，乃与同赴就近之警察局第三分局东升楼分驻分［所］报请调处，以期解决。讵该被告一时理屈词塞，信口抵赖，妄称因许有黑价未付，不能完清手续、交付老契等语，质之中证人唐肇雯、沈周瑞芳，均一致证明确无黑价。而该被告空言主张，复自称并无证据，经警察所长开导，亦不认完结手续。曾记录供述，各捺指纹存卷，可以调阅。综上经过情形，是被告捏词狡展，意图敲索，不为照约交付老契履行登记义务，实属刁顽之尤。用特提起本件诉讼，请予依法判决如前声明，无任纫感。

谨状

重庆实验地方法院民庭公鉴。

中华民国三十三年十月九日

具状人：义成堂。

法定代理人：苏继坡、李晋璋。

证人：本件诉讼标的计业价及画押钱共为二十二万元，应依法缴纳裁判费共合法币一千五百九十九元六角五分，随状赍呈，并乞查收给据。

证物：计抄呈卖契一纸，交界清单一纸，业价收据一纸。

委任书

委任人：（即原告）义成堂。

法定代表人：苏继坡、李晋璋。

受任人：陈述虞，律师。

为委任代理事。窃原告因请求交付老契、履行登记义务追诉被告陈芝馥一案，兹特委任律师陈述虞为诉讼代理人，其一切权限悉依法律规定，合具委任状为证。

谨状

重庆实验地方法院民庭公鉴。

中华民国三十三年十月九日

具状人：义成堂

法定代理人：苏继坡、李晋璋

送达证书

书状目录：民国三十三年（诉）字第四三八号给付老契案送达传票一件。

应送达人：原告苏继坡、李晋璋。

受送达人署名盖章，若不能署名盖章或拒绝者，应记明其事实：镜衡法律事务所收业档之章。

送达日期：三十三年十月二十一日。

中华民国三十三年十月十七日

重庆地方法院执达员：陈亚鄙

[同日同院之房主陈与德代陈芝馥签收的送达证书，镜衡法律事务所代证人：唐肇雯、沈周瑞芳、古绍勋签收的送达证书共两份略]

委任书

委任人：陈芝馥，四十五岁，巴县人，住惠民乡，商。

受任人：陈贞干，律师。

为被苏继坡等诉追交付契约事件，兹将委任原因及权限项列左。

一、原因：不谙法律。

二、权项：依法代理。

谨状呈

重庆实验地方法院民庭公鉴。

中华民国三十三年十月二十八日

具状人：陈芝馥

笔录

原告：苏继坡、李晋璋，诉讼代理人：陈述虞，律师。

被告：陈芝馥，诉讼代理人：陈贞干，律师。

当事人因给付老契案，经本院于中华民国三十三年十月二十八日午前九时开民事法庭，出席职员如左。

审判长推事：谢怀栻。

书记官：文栋学。

点呼右列当事人入庭，书记官朗读案由。

问：姓名等项？

答：苏继坡，在卷。

命原告代理人替原告陈述诉之声请。

原告代理人请求判令被告交出老契，并令被告协同原告办理土地移转登记。

问：苏继坡，义成堂是你们二人的堂名吗？

答：是的。

命原告陈述事实及理由。

原告称：我于本年九月请凭陈述虞律师、唐肇雯、沈周瑞芳面称被告买受本市林森路六〇四号至六〇七号土地全部，约定价金二十万元，当写约一张，由中证及被告亲笔签字为定，当交价四万元，余十六万元由原告出具限条一张，限被告于三日内借同中证等将老契交出，然后交足。乃被告以后不仅不交出老契，且完全反悔，声称非加价不可。故此起诉，呈买约一张、交界清单业价收据一张（阅后发还抄件附卷）。

问：何日写的？

答：九月一日。

问：双方交割了土地没有？

答：已被同中证墙界交割过了，并由新旧主人向土地上棚户说明，由棚户赖荣光、李传氏等向原告立有限期拆迁约据。呈约二张，阅后发还。

原告称被告在画押时，又向原告索喜钱二万元，亦经原告允许，其后原告因被告不交红契，曾向警察局请求调解，无效。

问：被告陈芝馥，你是将土地卖与原告吗？这卖约是实吗？

答：是的，卖约是由我亲自签名的，不过约上价目不符，我的原价是七十万元。

问：你收清业价单是你自己签名的吗？

答：是的。

问：那么你为何不交付红契？

答：他们没交清价。

问：唐肇雯、沈周瑞芳，你们是中人吗？

答：是的。

问：他们的买卖当时约定多少价金？

答：被告原索六十万元，后来讲定二十万元，现被告又嫌少，所以反悔了。

问：被告，曾否凭同你们持老契向原告请求足价？

答：没有，被告一直没有见面。

推事谕知证人义务及佐证处罚，并命具结附卷。

被告代理人陈述，被告提有确认买卖不成立之诉，请将本件中止程序。

问：被告，你又起了诉吗？

答：还没有。

推事谕知本件辩论终结，定于十一月三日宣判。

笔录宣读无异。

中华民国三十三年十月二十八日

重庆地方法院民庭

书记官：文栋学

推事：谢怀栻

证人结文

今为钧院三十三年度□诉字第四三八号一案到庭作证，所为陈述系真实，绝无匿饰增减，如有虚伪，当负法律罪责。

此上

重庆实验地方法院

具结人：唐肇雯、沈瑞芳

中华民国三十三年十月二十八日

民事声请

声请人：陈芝馥，四十五岁，巴县惠民乡人，住本市林森路六〇三号。

为违背买卖信约，已行另诉确认买卖无效，依法声请中止本件诉讼程序，以免前后判决歧途事。

缘义成堂以诉请交付营业契据及产业一案，昨沐审讯，除民已依法举提其违背买卖契约信守□价不交证据，足证业价未交，并当庭声明，另案提起确认买卖契约无效之诉等情在案外，沐谕宣告，辩论终结，候本月三日宣判等谕在案。窃以买卖不动产之行为，固须以出卖人负交付出卖标的物之义务、买受人负有给标的物价金之义务，其买卖契约方为成立，此为民法定有明文。今该原告于本年九月一日虽与民就民所有本市林森路第六〇四号至六〇七号地基，缔结买卖契约，名虽约定价金二十万元，其实际议价为五十万元，然除当交定金四万元外，其余约价十六万元与约外价金三十万元均限于立约后三日交付，民即召集佃户投佃并揭管业证据，尚有该买管人之负责代理人陈述虞书有欠据为凭，殊遭该原告恃以诈欺手段，套民于仅书卖契年月日之约尾下签字，并立全收字据过手，竟不如期交付业价，害民连日召集佃户及抵押业契之债权人纵场，以便将价偿债，揭回业契交与原告并佃户投佃，乃原告及其负责代理人并中人等均不履行限期交价契约之信守，如数交付业价，以致不但使民无从完清交业交契手续，且民原以迫于急需而致卖产，今既业价违约不交，害民枉受急需所迫、信用所关而出大利，招借三十万元以资应付。今民急需之难关既以度过，则民业即亦无须变卖之必要。现该原告既已违背民法第三六七条之规定，不遵买卖特定契约之信守，即民当然有依民法第二五四条之规定，得请求解除其契约，除已力量能够案举证提起确认买卖契约无效之诉外，在本件尚未宣示判决前依法声请钧院，俯予中止本件诉讼程序，一俟确认买卖契约无效之诉讼终结时，再请继续本件诉讼，以免前后判决冲突之烦累，而予维持声请人合法之权利，用符法令而免歧途。实深沾感。

谨呈

重庆实验地方法院民庭公鉴。

中华民国三十三年十一月二日

具状人：陈芝馥（押）

宣判笔录

原告：苏继坡、李晋璋。
诉讼代理人：陈述虞，律师。
被告：陈芝馥。
诉讼代理人：陈贞干，律师。

当事人间给付老契事件，于中华民国三十三年十一月三日上午九时在本院民事法庭公开宣判，出席职员如左。

推事：谢怀栻。

书记官：文栋学。

点呼事件后，推事起立朗读判决主文并口述判决理由之要领。

中华民国三十三年十一月三日

重庆地方法院民事庭

书记官：文栋学

推事：谢怀栻

重庆实验地方法院民事判决

三十三年度实诉字第四三八号

原告：苏继坡，即义成堂，指定代收送达人：镜衡法律事务所。

李晋璋，即义成堂，同右。共同代理人：陈述虞律师。

被告：陈芝馥，住惠民乡毛家铺，诉讼代理人：陈贞干律师。

当事人间请求交付红契及协助登记事件，本院判决如左。

主文

被告应将林森路第六〇四号至六〇七土地全部之原管业老契一张交付原告等；被告应协同原告等为上开之所有权移转登记；诉讼费用由被告负担。

事实

原告等声明请求为如主文所示之判决。其陈述略称，原告等于本年九月一日以三义堂名义凭同中证唐肇雯、沈周瑞芳向被告买受本市林森路第六〇四号至第六〇七号地基全部，合计面积六分余，当经议定价值国币二十万元正，并书立卖契一纸，由被告亲笔签名为据；随后双方并约集中证人等指界交业，书立交界清单一纸，亦由被告亲笔签名其上；至于全部价金，除当时交清四万元外，约定其余十六万元由原告出具欠条一纸交被告收执，但被告须于三日内凭同中证等将老契交出，再行收款。乃被告返乡后对此项买卖即行反悔，不惟不肯交出老契，且声称卖价除约上所写者外，尚有黑价，故意勒索，故特诉请为如声明之判决云云。提出卖约交界清单业经收据各一纸，并举证人唐肇雯、沈周瑞芳为证。

被告声明请求驳回原告之诉。其陈述略称，原告提出之各项约据固均属实，但我们当时所讲的价是七十万元，约上所写显然不符，且此二十万元他们也未付清，有欠条在此，故我不愿再卖地基了云云。提出欠条一纸为证。

理由

按契约之成立以当事人间之合意为足。契约既经成立，双方当事人均应负契约上之责任，不得任意翻悔。本件两造就林森路第六〇四号至第六〇七号地基成立买卖，既为被告所自认之事实，又经证人唐肇雯、沈周瑞芳结证属实，自堪认定。被告徒以约定价金七十万元为口实，不肯交出老约，查卖约及业价收据上均书明"妥议实值业价共计法币二十万元正"及"出卖林森路地基全部共计业价二十万元"字样，而此二纸上均经被告亲笔签名，又系被告所自认，况据证人等结称，被告原索价六十万元，其后商定为二十万元，则被告所谓的定价金为七十万元之事实显无可采，至被告所谓二十万元业价亦未付清，故不肯交出老契一节，查据被告提出之原告所出限条载，限被告于三日内偕同中证等携同老契前往足价，是被告实有先交付老契之义务，而不得以原告未能足价为自己不交出老契之抗辩。原告请求其交付自为有理由，被告既将土地出卖即负使买受人取得土地所有权之义务，而本市土地登记业已开办，土地所有权之移转非登记无以生效，原告请求被告协同其办理所有权移转登记，亦为有理由。

据上论结，原告之诉为有理由，应准其请求，并依民事诉讼法第七十八条判决如主文。

中华民国三十三年十一月三日

重庆实验地方法院民事第二庭

推事：谢怀栻

送达证书

书状目录：民国三十三年（诉）字第四三八号给付老契案送达判决一件。

应送达人：被告陈芝馥。

受送达人署名盖章，若不能署名盖章或拒绝者，应记明其事实：镜衡法律事务所收业档之章。

送达处所：镜衡法律事务所。

送达日期：三十三年十二月四日。

中华民国三十三年十一月二十日

重庆地方法院执达员：陈树荣

[同年十二月二十八日镜衡法律事务所分别代苏继坡、李晋璋签收的送达证书两份略]

重庆实验地方法院书记室公函

民家第三九一号

案查义成堂与陈芝馥给付老契一案，业经本院依法判决送达在卷。兹据陈芝馥于法定期间内具状提起上诉到院，相应检齐卷证函送贵院查收核办。

此致

四川高等法院第一分院书记官

计函送卷一宗上诉状裁定各一件送证二件

书记官：文栋学

中华民国三十四年一月十六日

民事上诉书

上诉人：陈芝馥，巴县人，住惠民乡。

被上诉人：苏继坡、李晋璋，本市人，指定代收文件处：镜衡法律事务所。

为声明不服判决事。缘民与苏继坡等因请求交付红契及协助登记事件，顷奉钧院三十三年度实诉字第四三八号判决，实难甘服，特于法定期内为声明不服，请予检卷申送上诉法院为感。

谨呈

重庆实验地方法院民庭公鉴。

中华民国三十三年十二月十三日

具状人：陈芝馥

重庆实验地方法院民事裁定

上诉人：陈芝馥，住惠民乡。

上诉人与苏继坡、李晋璋因交付红契事件不服本院第一审判决，提起上诉，应缴裁判费国币二四〇〇元，未据缴纳，其上诉状亦未依民事诉讼法第四百三十八条表明上诉理由，兹限该上诉人于收受本裁定之翌日起，五日内向本院如数补缴，如逾期尚未遵行，第二审法院即行驳回上诉。切勿违延自误，特此裁定。

中华民国三十三年十二月十六日

重庆实验地方法院民事第二庭

推事：谢怀栻

送达证书

书状目录：民国三十三年（诉）字第四三八号给付老契案送达裁定一件。

应送达人：上诉人陈芝馥。

受送达人署名盖章，若不能署名盖章或拒绝者，应记明其事实：陈芝馥（押）。

送达处所：惠民乡。

送达日期：三十三年十二月三十日。

中华民国三十三年十二月十八日

重庆地方法院执达员：陈国佑

[同年十二月二十九日陈述虞律师事务所代苏继坡、李晋璋签收的送达证书一份略]

四川高等法院第一分院民事裁定

民国三十四年度渝上字第一八号

上诉人：陈芝馥，住惠民乡毛家铺。

被上诉人：苏继坡、李晋璋，镜衡法律事务所代收文件。

当事人间交付红契等事件，上诉人对于中华民国三十三年十一月三日四川重庆实验地方法院第一审判决提起上诉，本院裁定如左。

主文

上诉驳回；

第二审上诉费用，由上诉人担负。

理由

按提起民事第二审上诉，应预缴裁判费，此为必须具备之程序。本件上诉人提起第二审上诉，未据缴纳裁判费，经原审以裁定限期命其于送达时起五日内补正。此项裁定，已于三十三年十二月三十日送达。现已逾期，仍未补正，依上说明，其上诉显难认为合法。

据上谕结，本件上诉为不合法，依民事诉讼法第四百四十一条第一项、第九十五条、第七十八条裁定如主文。

中华民国三十四年元月三十一日

四川高等法院第一分院民事临时庭

审判长推事：罗国昌

推事：周建文

推事：王鸣鸿

25.项执西诉王树清要求给付稻谷案

民事诉状

原告：项执西，三六，巴县人，住巴县歇马乡小磨滩项家大院，军。

被告：王树清，年龄不详，巴县人，住巴县歇马乡第二十保，农。

呈为握租不交，狡赖隐匿，无法催收，肯予依法传案究追事缘。民执西世居巴县歇马乡，务农为业，近以出征在外，无人料理，乃将受分坐落何家沟之田业一股，计谷三十石转佃与王树清耕种，议押洋三百五十元取租谷十七石。正历交□均无异议。殊知王树清竟于今年自动退佃之时遂存心狡赖，仅将本年度租谷交四石八斗，下欠十二石二斗掌握不交，企图拖延时日，搬家他处了事。窃民原租与王树清耕种仅取秋季谷租一次，其春、夏、冬三季粮食一粒未取，均归王树清收益，于理于情至属公允，且民三十三年度应上粮谷八石七斗二升三合，积谷一石四斗八升五合，共计为十石零二斗八合。现值政府催上在即，亦因之无法完纳，是此项滞纳之罪不知归由何负，况民妻室子女数口留守后方靠此生活，而政府优待，素未具领，以此两相交迫，民服务前线心何以安？进退维谷之际，迫得缕具事实，叩肯钧院俯赐钧核，准予迅速传案究追，以惩狡玩而维抗属，实沾德便。

谨呈

四川重庆实验地方法院公鉴。

中华民国三十三年十月十五日

具状人：项执西　押

代诉人：项汝霖（系原告之父）

重庆实验地方法院案件审理单

给付稻谷案定于本年十一月十八日上午八时审，理应行通知及提转人如左。

通知：

应提：

应传：原告项执西、被告王树清

送达证书

[以下重庆实验地方法院送达项执西、王树清文本略]

民事委状

委任人：项执西。

受委任人：项汝霖，七四岁，巴县人，住歇马乡二十一保，农。

呈为委任事：缘民项执西诉王树清给付租谷一案，情因执西出征外，不能到案直询，特委生父项汝霖全权诉讼代理人，有舍弃认诺撤回和解一切特权。

谨呈

重庆实验地方法院民庭公鉴。

中华民国三十三年十一月十八日

具状人：项执西　押

民事辩诉

辩诉人：王树清，四九岁，巴县人，住歇马乡二十保，农业。

原告人：项执西，未详，巴县人，歇马乡，军。

为项执西告诉欠租一案，依法辩诉请求驳回原诉事：查原诉意旨对被告之欠租认为握谷不交云云。本年六月三十及七月初一两日搭谷，当有该原告之父项汝霖临场监视，只收谷四石八斗，有搭谷人江树清等眼见可质。虽该租约定为十七石，殊不知以习惯法年岁欠丰，业主验田纳租亦是通例，且本年夏季雨量过少，在前雨量足时插秧始有收获，被告之田系在插秧见期已过之时罹于天灾，实为人力不可抗之事，并非欠租不纳。如主业本人系为交通部教二团团长，该父项汝霖后为本乡调解主席，被告只有遵从命令，何敢对彼抗租。今春该父于八月间在调解处令被告领押搬迁，并未推诿，只有要求时间早迟而已，且该父项汝霖系本乡巨绅，握有租谷三百余石，彼此并未分家，佃客甚多上粮，十石另二斗并不为多，并非被告所种之业一处上粮。如许不难查考，所有该业之土过于瘦瘠，粮食少出今年秋后淫雨四十余日，种子犹不可下，被告在该地耕种两年粮食，所出无几，不敷家缴。今该原告将业内黄谷全数交去。反而告追，被告处此情势之下只有仰肯钧院查明。今年天旱无收，照地方习惯例验田纳租办理。原告之告诉给付欠租各节，请求以全部驳回，则被告不胜沾感。

至此呈

重庆实验地方法院民庭公鉴。

中华民国三十三年十一月十八日

具状人：王树清　押

笔录

原告：项执西、项汝霖。

被告：王树清。

右列当事人因给付稻谷案，经本院于中华民国三十三年十一月十八日午前八时二十开民事法庭，出席职员如左。

审判长推事：萧树勋。

书记官：谢实秋。

点呼右列当事人入庭，书记官朗读案由。

问：项汝霖，年岁、住址？

答：七十四岁，住巴县歇马乡。

问：项执西是你什么人？

答：是我儿子，他到前方去，不能请假。

问：告什么人？

答：告王树清。

问：告王树清什么事？

答：告他给付租谷十二石二斗。

问：租量多少？

答：租谷十七石，已交四石八斗下欠十二石二斗（老量）。

问：面积多宽？

答：面积三十石。

问：田间收多少？

答：今年丰收全交，同样佃户都交了，他不交。

问：王树清，年岁、住址？

答：四十九岁，住歇马乡。

问：你种项执西他家沟田？

答：是的。

问：每年约定租谷是多少？

答：租谷十七石。

问：交了多少租谷？

答：交了四石八斗。

问：怎么交四石八斗呢？

答：因是沟田雨水下迟了，我通知项老太，他来看割谷，只打得四石八斗，被他完全挑去了。

问：今年只收四石八斗有什么证明？

答：有打谷的人。

问：项汝霖，今年收益怎样？

答：今年收成一般。地方五十石，他栽三十石，别个栽二十石完全都交了，惟他不交。

问：王树清，原告要你补给租十二石二斗，今年丰收别个都交了的。

答：请求驳回原告之诉。

推事论本案辩论终结，定本月二十三日宣判。

退庭。

中华民国三十三年十一月十八日

重庆实验地方法院民事庭

宣判笔录

原告：项执西。

被告：王树清。

右当事人间给付稻谷事件，于中华民国三十三年十一月二十三日下午三时，在本院民事法庭公开宣判，出席职员如左。

推事：萧树勋。

书记官：谢实秋。

点呼事件后，推事起立朗读判决主文口述判决理由之要领。

中华民国三十三年十一月二十八日

重庆地方法院民事庭

书记官：谢实秋

推事：萧树勋

重庆实验地方法院民事判决

三十三年度实诉字第四六九号

原告：项执西，住巴县歇马乡小磨滩。

诉讼代理人：项汝霖，住同右。

被告：王树清，住巴县歇马乡二十保。

右当事人间请求给付欠租事件，本院判决如左。

主文

被告应给付原告本年下欠租谷六石三斗五升；原告其余之诉驳回；诉讼费用由被告负担三分之二，原告负担三分之一。

事实

原告声明：请求判令被告给付本年下欠租谷十二石二斗，其陈述略称："原告所有巴县歇马何家沟田土五十石，被告承佃一部计三十石耕种，约定年纳租谷十七石，本年丰收，其余二十石之承佃人业将租谷缴清，被告仅缴租谷四石八斗，下欠十二石二斗，延不给付，请求判令给付"云云。

被告声明：求为驳回原告之诉之判决，其答辩略称："被告承佃原告所有巴县歇马乡何家沟田土三十石耕种，约定年纳租谷十七石，固属实在。惟以本年雨水失调，仅收谷四石八斗，已悉为原告取去，被告并未存有颗粒，无法缴付欠租，请求驳回其诉"云云。

理由

本件原告主张，被告欠缴本年租谷十二石二斗，请求判令给付，举出同一田土之另一部分承租人已缴清租谷为立证方法。被告徒以其言谓本年雨水失调，仅收谷四石八斗为抗辩，未能提出若何反证。查本年巴县歇马乡一带均告丰收，为一般公知之事实，被告承种之田土，绝不致独与众异，从而原告诉请缴付欠租，自应认为有理，惟查地租不得超过耕地正产物收获总额千分之三百七十五，约定地租超过千分之三百七十五者，应仍为千分之三百七十五，为土地法第一百七十七条所明定。本件被告承租原告耕地面积为三十石，依法最多只应缴纳租谷十一石一斗五升，而两造约定为年纳租谷十七石，其超过部分自应予以核减，是被告除已缴租谷四石八斗外，尚应补交原告租谷六石三斗五升。其超过部分无请求权，不能认为有理。

据上论结，本件原告之诉一部分为有理由，一部分为无理由，应分别准、驳，并依民事诉讼法第七十九条后段判令如正文。

中华民国三十三年十二月二十三日

重庆实验地方法院民事第二庭

推事：萧树勋

如不服本判决，应于收受送达后二十日内向本院提出上诉书状。

书记官：

中华民国三十三年　月　日

送达证书

［以下送达项执西、王树清证书略］

重庆实验地方法院书记室公函

字第一三六二号

案查项执西与王树清给付租谷事件，业经本院依法判决送达在卷。兹据项执西等于法定期间内具状提起上诉到院，相应检察卷证函送贵室查收核办。

此致

四川高等法院第一分院书记室

计函送卷一宗，上诉二件，裁定、送证各二，付印纸一千五百八十八元。

民事上诉

上诉人：项执西，诉讼代理人项汝霖。

被上诉人：王树清。

为声明第二审上诉事。窃上述人与被上述人因请求给付欠租事件上诉一案，上诉人于三十四年一月二十五日奉到钧院三十三年度实诉字第四六九号判决。主文内开："被告应给付本年下欠租谷六石三斗五升，原告其余之诉驳回，诉讼费用由被告负担三分之二、原告负担三分之一"等因。上述人认为事实法律均有错误，心难甘服，兹先于法定期间内声明第二审上诉，理由容后补呈。为此，状祈鉴核，准予上诉第二审，并肯迅予裁定讼费数目以资救济。

谨呈

重庆实验地方法院民事庭

中华民国三十四年二月五日

具状人：项执西 押

诉讼代理人：项汝霖 押

重庆实验地方法院民事裁定

三十三年度控诉字第四二九号

上诉人：项执西，住歇马乡小磨滩项家大院。

右上述人与王树清因给付稻谷事件，不服本院第一审判决提起上诉应缴裁判费国币一千零八十八元零角，未据缴纳，其上诉状亦未依民事诉讼法第四百三十八条表明上诉理由。亦限该上诉人于收受本裁定之翌日起五日内，向本院如数补缴，如逾期尚未遵行，第二审法院即行驳回上诉，切勿拖延自误，特此裁定。

中华民国三十四年二月八日

重庆实验地方法院民事第二庭

推事：萧树勋

书记官：

民事理由

上诉人：王树清，四十九岁，巴县人，住歇马乡二十保何家沟，农。

被上述人：项执西，巴县人，住歇马乡小磨滩项家大院，自业。

为被上述人告诉欠租一案，声明不服判决，请求检卷上诉并补理由事。

本案经由钧院审判，结果送达三十三年度实诉字第四六九号判决。主文内开："被告应给付原告本年下欠租谷六石三斗五升，原告其余之诉驳回，诉讼费用由被告负担三分之二、原告负担三分之一。"等因，奉此。上诉人因本年天干无收，所有田内出谷悉被业主收取，无谷给付，为特声明不服，请求检卷上诉，照系争租谷六石三斗五升裁定缴纳上诉裁判费，兹将上诉理由列举如左。

查原判决对上述人抗辩三十三年实收田谷四石八斗，谓为未据提出反证云云，但查上述人在审判中所开言词辩论已据供出江树清、刘炳荣打谷，眼见该年出谷四石八斗。未据传证质询，并在辩诉状中陈明上列证人。今判谓为据提出反证实难索解。又谓查本年巴县歇马乡半收为一般公知之事实云云。以三十三年秋之谷丰欠不一，上年天降大雨乘时全部插秧者可以丰收，如在该期栽种一半或未栽种，待至后期雨水始行栽种即不丰收，何则盖后来插秧者出谷全系白花中空无实。上诉人之耕种何家沟之业即蹈此病，所以田内无谷。虽该被上述人所举邻佃王树荣照数照租者，其田为下半段，且该水量充足乘时一齐栽插自然丰收，上述人地处上段水量不足，且因栽种在后当然田内歉收，例如连界之小石坡陈维西之田业面积三十石，佃户李少荣只割谷四石余斗即为例证，又有本乡上凶垭口石木匠之田，系本已耕种田谷十二石颗粒无收，又连界谢春廷之田业自耕二十石，今年实收谷二石五斗，诸如此类不胜枚举，足证上述人之耕地无谷实，无给付可能。且民法租赁篇亦曾明定如天干无收，有请求免除给付或减少给付可能。今原判为该被上诉人蒙蔽判决给付上诉人六石三斗五升。上诉人因此提起上诉，请求申卷二审俾便上级法院另审理，废弃原判，驳回被上述人一审之诉。

　　此呈

重庆实验地方法院民庭公鉴。

中华民国三十四年二月八日

具状人：王树清

重庆实验地方法院民事裁定

三十三年度实诉字第四六九号

上诉人：项执西，住歇马乡大磨滩项家大院。

　　右上诉人与王树清因给付租谷事件，不服本院第一审判决提起上诉，应缴裁判费国币一千零八十八元零角，未据缴纳，具上诉状亦未依民事诉讼法第四百三十八条表明上诉理由，兹限该上诉人于收受本裁定之翌日起五日内向本院如数补缴，如逾期尚未遵行，第二审法院即行驳回上诉，切勿迟延自误，特此裁定。

中华民国三十四年二月十日

重庆实验地方法院民事二庭

推事：萧树勋

书记官：谢实秋

重庆实验地方法院民事裁定

三十三年度控诉字第四六九号

上诉人：王树清，住歇马乡二十保何家沟。

　　右上诉人与项执西因给付租谷事件，不服本院第一审判决提起上诉，应缴纳裁判费国币五百元零角，未据缴纳，其上诉状亦未依民事诉讼法第四百三十八条表明上诉理由。诉限该上诉人于受送本裁定之翌日起五日内向本院如数补缴，逾期尚未遵行，第二审法院即行驳回上诉，切勿违延自误，特此裁定。

中华民国三十四年二月十日

重庆实验地方法院民事第二庭

推事：萧树勋

书记官：谢实秋

民事送达证书

［以下送达项执西、王树清证书略］

民事上诉

上诉人：项执西，巴县人，住歇马乡小磨滩，农。项汝霖，七四岁，农。

被上诉人：王树清，巴县人，住歇马乡二十保，农。

为补具理由事。窃上诉人因请求给付欠租，不服第一审判决，于法定期内声明上诉在案。兹补具理由如下：

（一）原佃约系合土地房屋并合约定年收租谷十七石，内包有土中所有大小麦及春季所出之小春大小麦，秋冬季之红苕与夫全院四合大院之新宅房租共算入黄谷内。依田内春、秋两季所收，土内春秋冬所收以及房屋租金，空地菜园，上诉人所收之谷十七石合计尚不足土地法所定千分之三百七十五原判谓为超过仅判被上诉人给欠租六石二斗五升实为错误，此不服者一。（二）上诉人此部分田产地面秋收之谷三十石，被上诉人仅给谷十七石。上诉人上粮年约上谷十余石以及其它所上种种名目之谷又数石与夫捐款、派款、摊款种种名目又须谷多石，去年合计所上国家供应已在老斗十七石以上。上诉人因被上诉人欠谷未给尚卖谷借债供应国家，原判不体上诉人之艰苦不依契约所定之谷，令其照约给付反令给六石三斗五升少给五石八斗五升实为有失公平，不服者二。（三）民法契约为重原判，不分别土地房屋春收秋收合并之约，仅对秋收一部分按土地法判断实为违约遗漏，此不服者三。（四）上诉人理由充足不应负担讼费，原判竟令上诉人缴讼费三分之一，此不服者四。基此理由应请钧院主持公道废弃原判，令被上诉人照约补足十七石。庶上诉人上可应付国家供应，下不致负担债累。实沾德便。

谨呈

四川高等法院第一分院民庭公鉴。

中华民国三十四年二月二十六日

具状：项汝霖

重庆实验地方法院书记室公函

民事字第一三六八号

案查项执西与王树清给付租谷事件，业经本院依法判决，送达在卷。兹据项执西等于法定期间内具状提起上诉到院，相应检齐卷证函送贵室查收核办。

此致

四川高等法院第一分院书记室

计函送卷一宗，上诉状二件，裁定、送证各二件，印纸共一千五百八十八元。

中华民国三十四年二月二十八日

案件审理单

四川高等法院第一分院民事第　庭受理三十四年度上字第六六号给付稻谷上诉事件，指定本年四月二十七日上午九时为言词辩论期日，应行传唤及通知诉讼关系人如左。

上诉人：项执西，住歇马乡小磨滩。

两照上诉理由书缮本互送对方。

被上述人王树清，住歇马乡二十保。

主任推事三月九日午填送

审判长：　　　月　　日

书记官：　　　月　　日

送达证书

［以下送达项执西、王树清传票略］

民事上诉

上诉人：项执西，代理人项汝霖。

被上诉人：王树清。

为追加理由，恳请废弃原判决，另为公平判决事。缘民因被上述人王树清欠租涉讼第一审判断不公，于法定期内提起上诉，由邮双号递呈在案。兹再追加理由如下：查土地法第一百七十七条第一项规定，地租不得超过耕地正产物收获总额千分之三百七十五，系指约定地租时按照耕地通常正产物计算，并非就每秋收实在收获之数额照千分之三百七十五计算。当事人约定水田土地合并租用，以稻谷支付地租者，应并水田与土地主要产物之价值以定正产物收获总额。请查照司法院第二五一五号解释即明。民将圆塘田土房屋全股出租与被上述人，田土两部分每年出产有四季收入，春季可产大小麦四石、口豆一石、豌豆五斗、菜籽五斗、夏秋季稻谷三十石、高粱一石、苞谷一石五斗、黄豆五斗；冬季红苕五十挑每挑五十斤共二千五百斤、冬豆四斗，均为耕地通常正产物。现在各项农产物均比去年所出高涨数倍，民从宽以去年八九月间之价格计算，稻谷每石法币九千元、大小麦每石二万元、高粱每石一万五千元、苞谷每石一万五千元、胡豆每石一万元、豌豆每石一万五千元、红苕每挑五百元、冬豆每斗三千五百元，民之田土所产大小麦四石，共价八万元，折合稻谷八石八斗；胡豆一石价一万元，折合稻谷一石一斗；豌豆五斗，共价七千五百元，折合稻谷八斗零；高粱二石，共价三万元，折合稻谷三石三斗；苞谷二石，共价三万二千元，折合稻谷三石五斗；冬豆五斗，价一万五千元，折合稻谷一石六斗；红苕五十挑，共价二万五千元，折合稻谷二石七斗，合共折合稻谷为二十二石。连同水田所产之稻谷三十石，民出租之耕地通常正产物收获总额为五十二石，其千分之三百七十五为二十六石二斗五升。民之租约只收稻谷十七石，并未超过千分之三百七十五。被上诉人仅付稻谷四石八斗尚欠十二石二斗，原审不为追缴，反断章取义引土地法偏颇枉判，太为失平。八九年前定土地法时，国家尚未征收实物，现在国家征收实物，业主负担太重，若只照秋收水田之一种稻谷计算，不将春、夏、秋、冬四季田土所产总额合并计算，折合稻谷不照契约履行，则业主所收稻谷完纳粮谷尚不足，遑言供应各种款项及全家生活。是以折肝沥胆泣血上陈万肯钧院民庭俯察民情，废弃原审判决，以春、夏、秋、冬四季农产总额判断，令被上诉人再补稻谷拾二石二斗，并负担一、二两审讼费，以昭公允而全民命，临状无任迫切待命之至。

谨呈

四川高等法院第一分院民庭公鉴。

中华民国三十四年四月　日

具状人：项执西

代理人：项汝霖

民事委任状

委任人：项执西，三十六岁，巴县人，住歇马乡小磨滩。

受任人：吴昱恒，律师。

为委任事。兹因与王树清为给付欠租上诉一案，特委任吴昱恒律师为诉讼代理人。

谨状

四川高等法院第一分院民庭公鉴。

中华民国三十四年四月二十六日

具状人：项执西　押

代诉人：项汝霖　押

民事委任状

委任人：项执西，三十六岁，巴县人，住歇马乡小磨滩。

受任人：项汝霖，七十四岁，籍贯、住址同右。

为委任事。兹因与王树清为给付欠租上诉一案，特委任项汝霖为诉讼代理人。

谨状

四川高等法院第一分院民庭公鉴。

中华民国三十四年四月二十六日

具状人：项执西

言词辩论笔录

上诉人：项执西。

被上诉人：王树清。

右当事人间给付租谷上诉事件，经本院于中华民国卅四年四月廿七日上午九时半，在本字第　法庭公开言词辩论，出庭推事、书记官如左。

审判长推事：孔容照。

推事：王汝毅。

推事：王鸣鸿。

书记官：赵守府。

点呼事件后，到场人如左。

上诉人代理人：项汝霖，吴昱恒律师。

被上诉人：王树清。

证人：刘炳云。

审判长问：项汝霖，年、籍、住等？

答：七十四岁，住巴县歇马乡小磨滩。

问：你的田是哪年租与他的？

答：卅一年。

问：这田是否是你自己的？

答：是自己的。

问：有多大面积？

答：田卅石，谷十几石租。

问：有土没有？

答：有廿三四石土。

问：王树清佃多少田？

答：二十石。

问：照你所说，这土能出多少东西？

答：高粱一石多，麦两三石，苞谷一石多，豌豆、菜籽、红苕等。

问：王树清，年、籍、住等？

答：四十九岁，住巴县歇马乡。

问：你种的地是好大面积？

答：廿五石。

问：你有土没有？

答：有两块土，种小菜卖的。

问：你的田可打多少谷？

答：五石七八斗谷。

问：照你说廿五石面积，为何只打五石七八斗谷。

答：实在只有多。

问：王树荣也是二十五石为何打的谷多呢？

答：我在上面他在下面，田又比我的好。

问：刘炳云，年、籍、住等？

答：廿五岁，住巴县兴隆乡。

问：你与两边有何关系？

答：无关系。

谕知证人义务即伪证处罚，令其具结（证结存卷）。

问：王树清去年打有多少谷？

答：去年六月卅日他请我打谷子，大约打有六石多谷。

问：有几个人打的，叫什么名字？

答：四个人打的，叫江树清、江海卿、刘炳荣、陈森林。

问：六月卅日以前打过没有？

答：没有。

问：你打过以后他打过没有？

答：没有。

问：他有多少田？

答：卅石谷。

问：王树清你是哪天打的谷？

答：六月廿七日，初一。

问：共打几天？

答：两天。

问：是几个人打的？

答：四个人。

问：那四个叫什么名字？

答：叫江树清、江海卿、刘炳荣、陈森林。

问：他说你的田面积有卅石。

答：去年我未栽那么多。

问：项汝霖你是收上等给吴海堂、周成之作。

答：应是各的田。

谕知本案俟再传吴海堂、周成之宣讯。

中华民国卅四年四月二十七日

四川高等法院第一分院民事临时庭

书记官：赵守樵

审判长：孔容照

证人结文（问讯）

今到场为证人，当据实陈述事，绝无匿饰增减。此结。

证人：刘炳云

中华民国卅四年四月二十七日

送达证书

[四川高等法院第一分院送达王树清、李少荣、谢春廷、江树清、陈维西、吴海堂、周成之签收传票略，吴昱恒律师签收通知的送达证书略]

民事委任状

委任人：项执西，住歇马乡小磨滩。

受任人：项用之，住同右。

为委任事。兹因与王树清为租谷涉讼上诉一案，特委任项用之为诉讼代理人。

谨状

四川高等法院第一分院民庭公鉴。

中华民国三十四年五月三十日

具状人：项执西 押

言词辩论方录

上诉人：项执西。

被上诉人：王树清。

右当事人间给付租谷上诉事件，经本院于中华民国卅四年五月卅日上午九时半，在本院临时法庭公开言词辩论，出庭推事、书记官如左。

审判长推事：孔容照。

推事：陈士诚。

推事：周建文。

书记官：赵云樵。

点呼事件后，到场人如左。

上诉人代理人：项用之，吴昱恒律师。

被上诉人：王树清。

证人：吴国林，江树清，李少荣。

审判长问：项用之，年、籍、住等？

答：三十六岁，巴县人，住歇巴乡小磨滩。

问：王树清，年、籍、住等？

答：四十九岁，巴县人，住歇马乡第二十保。

问：项用之你是哪年佃与王树清的？

答：恐怕是二十八年，经我父亲佃给他的。

问：你的租约呢？

答：带来，呈阅。

问：王树清你是哪年佃的？

答：三十三年换的佃约。

问：项用之你租与王树清每年租谷好多?

答：十七石。

问：有多少田和土?

答：田面积卅石，土有十一二石。

问：去年王树清打了多少谷子，多少杂粮?

答：三十石谷子，高粱一石五，麦子两石，苞谷一石五，胡豆一石五，黄豆五六斗，还有红苕等。

问：一石高粱合多少谷子?

答：合一石五六斗谷子，麦子一石抵两石谷子，苞谷合谷子一石七八斗。

问：王树清你佃的田是否十七石租?

答：是十七石，实在只有廿五石田面积，没有土，所有的一点土地他另招了佃客。

问：他的土佃与何人?

答：吴海堂、周成之。

问：吴国林，年、籍、住等?

答：二十岁，巴县人，住歇马乡。

问：你与两边有无关系?

答：与两边都无关系，住在一处。

晓谕证人义务及伪证处罚，命具结。

问：你知道王树清作好多田粮与土?

答：卅石田，土没有多少，我的土收了八九斗，他要比我多一倍。

问：你知道王树清去年打多少谷?

答：不清楚。

问：李少荣，年、籍、住等?

答：三十二岁，巴县人，住歇马乡。

问：你与两边有何关系?

答：邻居。

晓谕证人义务及伪证处罚，命具结。

问：你作好多田?

答：三十石。

问：去年打好多谷子?

答：四石谷。

问：你的田土是否比王树清的田坏?

答：他的田也不算太好。

问：吴国林你知道去年歇巴乡有几成收?

答：有八九成收。

问：他（指被上诉人）的田有水没有?

答：有堰塘、泥塘各一个。

问：江树清，年、籍、住等？

答：二十六岁，巴县人，住歇马乡。

问：你与两边有何关系？

答：无关系。

晓谕证人义务及伪证处罚，合具结。

问：王树清的谷子是否请你打的？

答：是我打的？

问：从哪天打的？

答：去年古历六月三十。

问：你共打了几天？

答：两天。

问：是几个人打的？

答：四个人打的。

问：是哪四个人？

答：自己，有刘炳荣、陈森林、江海卿。

问：你们一共打了多少谷子？

答：大约有五六石谷。

问：他（指被上诉人）的田不是有堰塘吗？

答：那我不清楚。

问：去年有几成收？

答：好的有七八成收。

问：在你打了以后，他打过没有？

答：未打过。

问：你们打过以后，田里还有没打完的吗？

答：我们收活之后，还有一两田未打。

问：你知道王树清作好多田？

答：二十五石。

问：吴国林去年王树清收到多少谷？

答：总共有九成多。

命上诉人代理人陈述意旨。

律师吴昱恒起立称，略谓：请求废弃原判决，判令被上诉人补交黄谷五石八斗五升（连前判给合计十一石二斗），并令被上诉人负担两审费用，被上诉人附带上诉驳回，被上诉人租佃上诉人田业一股计卅石，年纳租谷十七石为双方不争之事实，被上诉人所主张的，不过论他仅种田十五石和去年天干只收到六石谷都给上诉人交去了为抗弁［辩］，但因为卅石约内有记载，据证人吴国林说是去年有小九成收，去年丰收可打到廿六七石谷子，再加上土的出产，可有上卄石，按照土地法规定卅石田业的十七石租并未超过，应请判令如声请并驳回上诉人上诉。

问：王树清，你请求如何判决？

答：请求将判给黄谷部分废弃，收回上诉人在第一审之诉。

审判长谕知本案辩论终结，定于本月三十一号下午四时宣判。

中华民国三十四年五月三十日

四川高等法院第一分院民事临时庭

书记官：赵云樵

审判长：孔容照

证人结文（问讯）

今到场为证人，当据实陈述事，绝无匿饰增减。

此结

证人：吴国林　押

中华民国卅四年五月卅日

［同日李少荣、江树清具结略］

宣示判决笔录

上诉人：项执西。

被上诉人：王树清。

右当事人间给付租谷事件，经本院于中华民国卅四年五月卅一日下午四时在本院临时法庭公开宣示判决，出庭推事、书记官如左。

审判长推事：孔容照。

推事：陈士诚。

推事：周建文。

书记官：赵云樵。

点呼事件后，到场人如左。

均未到场。

审判长起立朗读判决主文，并告知理由。

中华民国卅四年五月三十一日

四川高等法院第一分院民事临时庭

书记官：赵云樵

审判长：孔容照

四川高等法院第一分院民事判决

三十四年度渝上字第六十号

上诉人：项执西，住歇马乡小磨滩。

诉讼代理人：项汝霖，住同右。项用之，住同右。吴昱恒，律师。

被上诉人：王树清，住歇马乡二十保。

右当事人间给付租谷事件，上诉人等对于中华民国三十三年十一月二十三日重庆实验地方法院第一审判决，提起上诉，本院判决如左。

主文

原判决关于命上诉人王树清给付租谷一石四斗部分废弃。上诉人项执西在第一审前期废弃部分之诉及其上诉暨王树清其余上诉均驳回。第二审诉讼费用由两造各自负担。

事实

上诉人项执西代理人声明求将原判决驳回其余之诉部分废弃，另判令王树清再行给付租谷五石八斗五升，驳回王树清之上诉，上诉人王树清声明求将原判决命其给付项执西租谷六石三斗五升，部分废弃，驳回项执西在第一审前开废弃部分之诉及在本院之上诉，其余应记事实，与第一审判决书所载者同，兹引用之。

理由

本件上诉人王树清承租上诉人项执西歇马乡何家沟田业一股，面积三十石，业已退佃，三十三年租谷，王树清已给付四石八斗，为双方不争之事实，三十三年巴县年收平均约为八成，乃公众周知之事实，则该业三十三年可收黄谷二十四石，上诉人王树清主张仅收割数石，固不足信，上诉人项执西主张可收三十余石，亦无可取，复查水田土地合并租用以稻谷支付地租者，应并水田与土地主要产物之价值，以定产物收割总额，上诉人王树清承租之田业，除水田三十石外，尚有一石高粱之土地，依三十三年价值约可合黄谷二石，经证人吴国林到案结证属实，是上诉人王树清三十三年总计收黄谷二十六石，依土地法规定计算，应给付上诉人项执西租谷总额为九石七斗五升，除已给付四石八斗为双方所不争执外，尚应给付四石九斗五升，原审判令王树清给付六石三斗五升，未尽允洽上诉人，王树清请求不再给付，固无所据，上诉人项执西请求照约定之十七石给付，亦不能谓有理由。

据上论结，本件王树清上诉一部有理由，一部无理由，项执西之上诉为无理由，就依民事诉讼法第四百四十六条第一项、第四百四十七条、第七十九条判决如主文。

中华民国三十四年五月三十一日

四川高等法院第一分院驻渝庭

审判长推事：孔容照

推事：陈士诚

推事：周建文

书记官：云樵印

送达证书

[四川高等法院第一分院送达王树清项执西签收判决正本的送达证书略]

四川高等法院第一分院书记室公函

渝法字第一〇七二号

查本院受理三十四年度上谕字第六六号项执西与王树清给付欠租事件，业经判决确定，相应检同卷宗等件函送，即请查收为荷！

此致

书记室

计送本院卷一宗，原审卷乙宗

中华民国三十四年七月三十日

民事上诉状

上诉人：项执西，三十六岁，巴县人，住歇马乡小磨滩项家大院。

代理人项汝霖，七十五岁，巴县人，同上。

被上诉人：王树清，巴县人，住歇马乡二十保。

为不服二审判决，提起上诉事。缘上诉人不服四川高等法院第一分院本年度上字第六六号判决，业于上诉期间内提起上诉，由原审法院申送钧院。兹特补具理由如左。

一、上诉之范围：

原判决全部不服。

二、上诉之声明：

（一）请求废弃原判决；（二）请求判令被上诉交付租谷十二石二斗；（三）诉讼费用由被上述人负担。

三、不服之理由：

查土地法第一百七十七条第一项规定，地租不得超过耕地正产物收获总额千分之三百七十五者，包括该耕地通常正产物而言，即云耕地则凡因耕耘所收获之一切正产均属其范围，并非专就该耕地某一部分收获之数额为计算之标准，实为当然之解释而毫无疑问。当事人约定田土合并租用，以稻谷支付地租者，应并水旱各田与土地主要产物之价值，以定正产物之总额，并不专以秋禾收获之数量为限。迭经司法院第二五一五号解释及钧院第二五一九号判决为判例。上诉人租与被上诉人田土两部分，按之去年收获黄谷至少打二十七八石，大小麦共打四石折合黄谷八石八斗，胡豆一石折合黄谷一石一斗，豌豆五斗折合黄谷八斗零，高粱两石折合黄谷三石三斗，苞谷一石五斗折合黄谷二石五斗，冬豆五斗折合黄谷一石六斗，菜籽五斗折合黄谷一石，黄豆五斗折合黄谷一石二斗，红苕五十挑折合黄谷二石七斗，合计黄谷五十石左右［折算方法具详第二审上诉状内］。原审仅按秋禾收成计算，而置春夏及其它田土正产收获于不问，以为计算之标准，显与发文意义及解释判例不合。

此原判决违背法令者，一也。又查原判决之根据不外以去年秋禾歉收为重要理由。不知去年秋收虽因田土肥瘠各异，收成之丰欠不同。上诉人佃给被上述人之田土三十石包括两个堰塘及小磨滩水磨电堰水在内实为上等之田，每年田土均可收获两季（田内春夏秋禾可收两季），故三十三年应征粮谷为一十石零二斗零八合，有粮票可证（随状呈阅）。且上诉人三十石之田，与项守愚之二十石及万银洲租刘银安之五十石同在一处。项守愚之田无活水，仅有一堰塘，比较上诉人之田有活水有两堰塘者，相差甚远。而项守愚二十石之田，由王树云佃种，去年交租谷十石。万银洲五十石之田，去年交租谷二十九石。均无异说。事实俱在，人证可质。以彼例，此上诉田内收获至少亦必在九成以上，合以春夏其它正产物计算，则照原约定取租十七石并不为过，亦未超逾法定租率。被上诉人所称去年歉收者，纯系空言主张，其所举证人如江树清为其外侄，刘某为其女婿，李少云与刘某又均系兴隆场人，不明何家沟之情形，所供更属无据。至原判决谓去年收成七成云者，不过就全县收成平均计算大略之标准，并非每处田土一律七成。其实有尚不足六七成者，亦有超过七八成者。原判决不考查各地实际收获之情形，乃专依平均抽象之成数，采为判决之基础。此原判决违背法令者二也。

综上理由，原判决认事论法均与法令相违。为此，补具理由恳请钧院撤销原判决，判令被上述人除已交租谷四石八斗外，再判令给付租谷十二石二斗，并令负担诉讼费用。实为德便。

再，上诉人于声明上诉时即请原审法院裁定诉讼费用额数，以便照缴，迄今未奉裁定，兹按十二石二斗谷价计算约值国币十二万二千元，谨预缴诉讼费用国币一千二百二十元，合并陈明。

谨状

附呈三十三年度五三〇四五号田及借粮收据一张

中华民国三十四年九月

具状人：项执西　押

四川高等法院第一分院民事裁定

上述人：项执西，住歇马乡小磨滩。
被上述人：王树清，住歇马乡何家沟。

右当事人间给付租谷事件，上诉人提起第三审上诉到院，应征裁判费国币一千八百九十元，未据缴纳，兹限该上诉人于送达本裁定时起五日内，向重庆最高法院如数补缴（汇寄时准予扣除汇费），并将缴费收据呈送本院查核，如逾期尚未遵行，最高法院即认上诉为不合法，以裁定驳回，切勿迟延自误，特此裁定。

四川高等法院第一分院民事　庭

审判长：

中华民国三十年　月　日收领

四川高等法院第一分院书记官：

上诉调卷公函稿

民字第一四六八一号

径启者，查项执西等与王树清因地租事件，项据项执西等缴纳第三审判费一二二〇六，并补具上诉理由书，前来查该案诉讼卷宗尚未到院。相应检同原状函请贵院迅予查照，依法办理。如该案因不合法，已由贵院驳回，即希检送裁定正本一份以备查考，另附通知书一件，并希代为送达为荷。

　　此致
　　四川高等法院第一分院书记室
　　计送原状一件，通知书一件，送达证书用纸一件

中华民国三十四年十二月一日发

四川高等法院第一分院书记室公函

渝字第　号

查本院受理三十四年度上字第六六号项执西与王树清请求给付欠租上诉事件，业经判决。兹据项执西于上诉期间内提起上诉，除裁定命其径向贵院缴纳裁判费，并特上诉状缮本送达被上诉人外，相应检同卷宗等件函请贵厅查照办理。

　　此致
　　最高法院书记厅
　　计送本院卷一宗，原卷一宗，上诉状一件，送达证书一件，裁定一件。

中华民国三十四年十二月

最高法院书记厅通知书

　　为通知事：查项执西等与王树清因地租事件，据该民缴纳第三审裁判费，合并补具上诉理由书前来查该案诉讼卷宗尚未到院，除检同原状函送四川高一分院迅予依法办理外。特此通知。

　　右通知：项执西等
　　最高法院书记官。

中华民国三十四年　月　日

最高法院民事裁定

三十五年度上字第七二一号
上诉人：项执西，住巴县歇马乡小磨滩项家大院。
诉讼代理人：项汝霖，住同上。
被上诉人：王树清，住巴县歇马乡二十保何家沟。

右当事人间请求支付租谷事件，上诉人对于中华民国三十四年五月三十一日四川高等法院第一分院第二审判决提起上诉，本院裁定如左。

主文

上诉驳回；第三审诉讼费用由上诉人负担。

理由

按民事诉讼法第四百六十三条第一项规定，对于财产权上诉讼之第二审判决，如同上诉所得受之利益不逾五百元者不得上诉，又此项利益额数，业经司法院依据最高要员会常务会议决议以命令在抗战期间于四川省增至十二万元，民国三十二年一月一日以后起诉之事件为限，自民国三十四年一月一日实行在业。本件上述人于民国三十三年十月十七日起诉请求被上述人支付租谷十二石二斗，经原判决令被上述人向上述人支付租谷四石九斗五升（第一审判令支付六石三升五斗原判决减少一石四斗）。上诉人其余部分之诉均经一、二两审判决分别驳回。于上述人提起上诉，核其内容系仅就被驳回之七石二斗五升部分有所不服。据上诉人之上诉状所述谷价每石值一万元之情形，是上诉人因上诉所得受之利益显为不逾十二万元。据上论结，本件上诉为不合法。依民事诉讼费第四百七十八条、第四百四十一条第一项、第九十五条、第七十八条裁定如主文。

中华民国三十五年三月八日

最高法院民事第一庭

审判长推事：□□□

推事：欧□□

推事：方闻

推事：诸葛□

书记官：曾中极

中华民国三十五年四月二十日

送达证书

最高法院三十五年度字第七二一号与项执西支付租谷。

送达文件：裁定正本一件。

受送达人：王树清。

送达处所：详载正本。

受送达人签名画押盖章或按指印，若不能或拒绝签名画押盖章或按指印，应记其事由：王树清押。

三十五年五月三十一日

[同日项执西签收的裁定略]

民事上诉状

上述人：项执西，住巴县歇马乡小磨滩项家大院。

被上述人：王树清，住巴县歇马乡何家沟。

为不服判决、提起上诉事。缘上述人与王树清因租谷事件，奉钧院三十四年度渝上字第六六号判决，上述人未能甘服，谨于上诉期间内声明上诉，详细理由容即补呈，并肯裁定第三审诉讼费用，以便遵缴。

谨状

四川高等法院第一分院民庭公鉴。

中华民国三十四年七月三十日

具状人：项执西　押

四川高等法院第一分院书记室公函

渝俭字第八四六号

查本院受理三十四年度上字第六六号项执西与王树清请求给付欠租上诉事件，业经裁定确定，相应检同卷宗等件函送，请好查收为荷！

此致

重庆地方法院书记室

计送本院卷一宗，原审卷一宗，三审卷一宗。

中华民国三十五年六月十九日

书记官：何应免

26. 何树清诉请确认租约继续有效案

民事诉状

原告：何树清，三十二岁，巴县人，住鱼洞溪模范仓库十六保八甲，农。

被告：财政部巴县模范仓库，即巴县鱼洞镇田赋征收处。

法定代理人：李应忠，住鱼洞镇，田赋征收处，主任。

为诉请确认租佃契约继续有效事件，兹将诉之声明及事实理由列左。

甲、诉之声明：

（一）确认原告与被告于民国三十三年八月八日，就巴县鱼洞镇模范仓库余地所缔结之租约为有效，并应继续耕种。

（二）诉讼费用由被告负担。

乙、事实及理由：

原告于民国三十三年八月八日，经证人彭士洪介绍，以押金二千元承佃被告鱼洞镇田赋征收处所管有模范仓库余地一幅，开拓作土议定每年租金国币五万五千元，由该处主任侯贞珉为法定代理人主权订约。并有该处职员现任主任即被告李应忠等在场作证书，有租约及收条可证。承租迄今主客无异，被告李应忠于去岁十月内接任该处主任，亦表示同意该约继续有效。乃于本年古历五月内突有被告内戚皮汉清从中争佃，串同加害蒙报征收处。训令镇公所谓民霸占公地，严饬迁让，抹杀民正当佃权，实属不法侵权行为。查侯贞珉既为该处法定代理人，其所为之租佃契约自应有效。被告接任迄今，若非同意岂能含默迄今而无异言，且在职员任内即为租约内证人，尤足证明民之租佃纯属正当。为特提起确认应请为如声明之判决。谨状

（照五万五千元缴纳讼费）

重庆实验地方法院民庭公鉴。

证人：彭士洪

物证：收条抄粘原条审呈。

中华民国卅四年七月九日

具状人：何树清

送达证书

［重庆地方法院送达何树清、李应忠、彭士洪、侯贞珉签收传票略］

民事答辩状

具答辩人：李应忠，籍贯巴县，住鱼洞镇，政界。

原告人：何树清。

为与原告因确认租约有效被诉一案，兹答辩如次：

（甲）答辩之声明：

（一）请求驳回原告之诉。

（二）诉讼费用由原告负担。

（乙）事实及理由：

查本案讼争标的系谓巴县鱼洞镇模范仓库余地熟土一幅，早为巴县田赋管理处所有，历系该管仓库耕种菜蔬，未招佃耕。由前任鱼洞征收处主任侯贞珉于去年因事去职前，原告乘隙即与侯贞珉勾结，狼狈私缔租约，无从稽改，相互渔利迄今，原告竟贪得无厌，蒙请确认与民缔结之租约有效，实属妙想天开。此请驳回者一。复查该业既系巴县田管处所有，并非鱼洞征收处所有，试问侯贞珉有何权利处分。何况侯贞珉去职年余，原告并未与民成立租佃关系，所请确认与民缔结之租约有效不知从何有说起。且原诉妄谓民接任侯贞珉职务时，伊于贞珉缔结之租约继续有效，民已表示同意。且为租约内证人一节更不值一驳。该原告与侯贞珉缔结租约是否有无其事，民既为在场又未签字据，何理由已取得民之同意耶？况原告投佃纳租，系与贞珉私人名义为之，与民何干？田管处令饬迁让，又与民何涉？讵料原告不惜昧良，居心拖累，竟将民列为被告，根本当事人之不适格。此应请驳回者二。

综上两点皆一一证明原告图霸公产了无疑义。为此简陈答辩，俯乞钧院鉴核，求为如声明之判决实沽德便！

谨呈

重庆实验地方法院民庭公鉴。

中华民国三十四年七月二十五日

具状人：李应忠

笔录

被告：财政部巴县模范仓库，法定代理人李应忠。

右列当事人因确认租约有效案，经本院于中华民国三十四年七月廿五日午前九时，开民事第一庭，出席职员如左。

审判长推事：李懋。

书记官：金巧英。

点呼右列当事人入庭。

书记官朗读案由。

问：何树清，年、住？

答：卅二岁，住鱼洞镇十六保。

问：请求如何判决？

答：请求判决与被告间所诉之土地租约仍继续有效。

问：你告什么人？

答：告财政部巴县模范仓库现任主任［即］是李应忠。

问：事实及理由？

答：去年八月八日原告向被告承租土地一幅约□出杂粮一石余现价值二十万元，每年租金五万五千元，押金二千元，去年自李应忠任主任后即要收回，另外出租。

问：彭仕洪，年、住？

答：二十八岁，住同前，农。

问：与双方有亲戚关系否？

答：无。

推事谕知伪证要处罚并命具结附卷。

问：有什么证明？

答：去年八月初八［签］租［时］我在场，出租人是财政部巴县鱼洞镇田赋征收处，每年租金五万五千，押金二千元，定期与否不知道。

问：李应忠，年、住？

答：三十四岁，住同前。

问：你们这机关是什么名义，你担任何职？

答：叫财政部巴县田赋管理处鱼洞征收处，我是主任。

问：对本案有何答辩？

答：讼争土地为财政部巴县模范仓库所有，［固而］巴县田赋管理处管理征收处无权过问，本案原告系向前任主任侯贞珉承担，实属无权处分。且侯贞珉于去年阳历八月间已交职。

问：（原告）侯贞珉何时交职？

答：他去年九月间交职，订租时还是主任。

（呈租金收条一件阅后发还）

推事谕知限原告于三日内补缴裁判费四百五十元，逾期即予驳回并谕知辩论终结，定七月三十日上午十一时宣判。

退庭。

中华民国三十四年七月廿五日

重庆实验地方法院民三庭

书记官：金巧英

推事：李懋

巴县田赋粮食管理处公函

巴粮一字第○二三二号

中华民国三十四年七月廿三日

事由：为函请查照驳斥原告何树清提起，确认鱼洞镇模范仓库附近隙地原订租佃契约有效并希见复由。

所属鱼洞征收处主任李应忠本年七月十九日签呈，以所管鱼洞镇模范仓库附近隙地前经呈准佃放皮汉清耕种。并抄呈租约，奉准备查在案。乃何树清突以不履行租约，蒙蔽转租等词控职于重庆实验地方法院。顷奉票传，饬于本年七月二十五日出庭讯辩，录呈原告何树清控状，请予鉴核，转函查照等情前来。卷查该处模范仓库余地，过去何时租与何树清耕种，本处无案可稽。该原告何树清控告：原告于民国三十二年八月八日，侯贞珉主任，另经证人彭仕洪介绍，以押金二千元承佃鱼洞征收处所管模范仓库余地一幅，开拓作土，议定每年租金五万五千元等语。如果不虚，亦仅原告与侯贞珉私自相授受范围，因该侯贞珉并未向本处呈报有案也。嗣侯贞珉交卸，李应忠接任以后，该原告既未向新任申请换约，［并］追认原约有效，复未缴纳租赋，自不能有何租佃关系。本年六月十三日该处主任李应忠呈请招佃收租修补仓房，本处以事属可行，经以田二字第二〇三四号指令批准。旋据该处六月二十三日抄呈租佃字约前来，本处复以田二字二四六九号指令准予备查各在案。是该主任李应忠对于招租一节，手续尚属全备，所有原告何树清控告蒙蔽转租自无根据。据呈前情除指复外，相应函请贵院查照办理并希见复为荷！

此致
重庆实验地方法院

处长：陈彝荪

宣判笔录

原告：何树清。

被告：财政部巴县田赋管理处鱼洞溪征收处。

右当事人间确认租赁权事件，于中华民国卅四年七月三十日上午十一时，在本院民事法庭公开宣判出席职员如左。

推事：李懋。

书记官：金巧英。

点呼事件后，推事起立朗读判决主文并口述判决理由之要领。

中华民国卅四年七月三十日
重庆实验地方法院民事庭
书记官：金巧英
推事：李懋

重庆实验地方法院民事判决

卅四年度诉字第八九五号

原告：何树清，住鱼洞溪十六保。

被告：财政部巴县田赋管理处鱼洞征收处。

法定代理人：李应忠，住鱼洞溪。

右当事人间因确认租赁权事件本院判决如左。

主文

原告之诉驳回；诉讼费用由原告负担。

事实

原告请求确认两造于民国卅三年八月八日所订立之余土租赁继续有效。其陈述略称：去年八月八日，原告经彭士洪介绍，承租被告所有余地一幅，每年租金五万五千元，彼时该处主任为侯贞珉，现任主任李应忠竟否认此项租约，不许原告继续耕作，应请判决如声明云云。

被告声明请求驳回原告之诉。其答辩略称；讼争土地乃巴县模范仓库所有交其巴县田赋管理处代管，田赋征收处无权过问。原告去年向前主任侯贞珉个人承租。被告法定代理人就任时并未接收原告承租土地之文件。应请驳回其诉云云。

理由

本件原告主张去年八月八日与被告就余地订有租约，被告则以原告乃与侯贞珉私人订约为抗辩，查四川习惯上订立田土租约例，须书立租约两份，主客各执一份，原告对其应持有之租约并不能提出，以为证明。且去年九月廿五日租金收条亦系由侯贞珉个人名义出具，并无被告[笔]记，再巴县田赋粮食管理处[给]本院公函后陈明两造并无租赁关系。是原告[亦]不能明两造间确认有租赁契约。其请求确认租赁继续有效即不能认为有理由。

据上论结原告之诉为无理由应予驳回，并依民事诉讼法第七十八条判决如主文。

中华民国卅四年七月卅日

重庆实验地方法院民事第一庭

推事：李懋

不服本判决应于收受送达后二十日内向本院提出上诉状。

送达证书

书状目录：民国卅四年（诉）字第八九五号确认租赁案送达判决一件。
受送达人：被告财政部巴县田赋管理处鱼洞征收处，法定代理人李应忠。

受送达人署名盖章，若不能署名盖章或拒绝者，应记明其事实：财政部四川省巴县田赋管理处鱼洞征收处，法定代理人李应忠。

送达日期：三四年八月二九日。

中华民国三四年八月二四日

重庆地方法院送达员：□宗

[同日何树清签收判决书的送达证书略]

27.杨庆惠堂诉义畅字号要求支付违约金案

民事起诉书

原告：杨庆惠堂，法定代理人杨庆豪，三十岁，四川资阳人，住本市神仙洞街一二〇号。

被告：义畅字号，法定代理人熊志远，住本市中正路四〇九号。

为被告不履行担保责任，请求判令照约支付违约金事，谨将诉之声明及理由陈明于后。

（一）诉之声明：

请求判令被告支付违约金玖拾万元，并负担诉讼费用。

（二）理由：

缘原告于民国三十二年一月一日与西南商行订约，将原告所有民族路八十八号房屋出租与西南商行，租约第二条规定：双方议定租佃期间自三十二年一月一日起，至三十三年十二月底止，决不展限；到期乙方即行撤回自有水电设备、搬迁，不得借口请求续租或任何要求；为期两年，当有充分之准备，如乙方届期满不能搬迁，自愿向甲方缴纳违约金，自期满之日起每逾十日缴违约金伍万元，逾期二十日缴纳拾万元，以此类推，计算至搬迁完毕之日为止；如乙方不交还违约金，即由保证人负责缴纳，并声明抛弃先诉及检索抗辩权等语。被告为该租约之保证人，盖有号印及私章可凭。现在租约满期已久，而承租人不肯迁让，并不交纳违约金，被告亦置之不理。查被告对该约负有保证交纳违约金之全责，并抛弃先诉及检索抗辩权，则无论承租人提出任何抗辩理由以图延迟搬迁日期，保证人决不能借口以抵赖其应负之责任。其理由至明，现在逾期半年，按约定违约金数额计算应为玖拾万元。因之，请求钧院准依原告诉之声明而为判决，实为德便。谨呈

证人：

证物：附抄租约一份。

重庆实验地方法院民事庭公鉴。

中华民国三十四年七月十六日

具状人：杨庆惠堂（印）

法定代理人：杨庆豪（印）

重庆实验地方法院民事案件审理单

支付违约金案，于本年八月十四日上午九时审理，应行通知，及提、传人如下。

应提：九月廿九日上八时、十一月廿日

应传：两造，被告公示送达

推事　月　日　午发交

书记官　月　日辩讫

［租佃房屋文约］

立租佃房屋文约人：杨庆惠堂（以下简称甲方）。

西南商店（以下简称乙方）。

双方议定条款共同遵守

（一）甲方自有民族路（即牌木坊）第　号临时房屋一栋（一楼一底），厨房一间、铺面一间（惟灯水设备系乙方自备），佃与乙方，就现有房屋营业，不得增修添建。

（二）双方议定租佃时间从卅二年一月一日起至卅三年十二月底止，决不展限。到期乙方即行撤回自有水电设备、搬迁，不得借口请求续租或任何要求。为期两年，当有充分之准备，如乙方期满不能搬迁，自愿向甲方缴纳违约金，自期满之日起，每逾十日缴纳违约金伍万元，逾期廿日缴纳拾万元，以此类推，计算至搬迁完毕之日为止。如乙方不交违约金，即由保证人负责缴纳并声明抛弃先诉及检索抗辩权。

（三）乙方在租约有效期内，不得转租、顶租或更变承租时之牌名。否则，甲方有解约之权。如乙方因无意经营或另迁适当之处，请求退佃时，甲方可随时允准，所收租金则按月计算退还。

（四）从卅二年一月份起及在租约有效期内，乙方认纳租金每月柒仟元，按季（四个月）结付一次，先交后住。为保证短欠房租及损坏房屋并缴纳无息保证金壹万元。

（五）在租约有效期内，如因天灾或人力不可抵抗之事变发生，以致目的物消失时，甲方即无条件收回地权，乙方不得请求续建及任何要求。在事变发生时已付租金，照第三项规定按月计算退还，其保证金则无息交还之。

（六）本条约一式三份，签名盖章即发生效力。甲方、乙方各执一份为凭，另一份呈报市警察局备案。

业主：杨庆惠堂，代表：丁大山。

承租人：西南商店，代表：张德麟。

铺保重庆义畅字号，住大梁子中正路四〇九号，经理：熊志远。

见证人：冯什竹、王现章。

中华民国卅二年一月　日立

报告

八月二日

奉钧庭交下三十四年诉字九一四号支付违约金案，遵即送达，惟查被告义畅字号早已迁移，是以无从送达，特由当地甲长出具证明。恳请钧核。

谨呈

重庆实验地方法院民事传票

三四年度实诉字第九一四号与杨庆惠堂支付违约金事件

被传人：被告义畅字号，法定代理人熊志远。

住址：中正路四〇九号。

被传事由：审讯。

应到时期：八月十四日上午九时〇分。

应到处所：林森路五八八号本院第五法庭。

注意：一、被传人务须遵时来院报到，如无故不到，得依对造一造辩论予以判决。

二、被传人如呈递书状，必须记明年度号数，并按对造当事人人数预备副本。

书记官：（印章）

送达人：

中华民国卅四年七月廿一日

［ 证 明 ］

兹证明本甲所管中正路四零九号义畅字号，业于二月前结束他迁，不明去向。特此证明。

甲长：（印章）

重庆市第二区第六保十二甲

［中华民国卅四年］八月一日

重庆实验地方法院民事送达证书

书状目录：民国三四年实诉字第九一四号支付违约金案，送达左列各件：副状、传票各一件。

受送达人：被告义畅字号，法［定］代［理］人：熊志远。

中华民国卅四年七月廿一日

执达员：梁志峰

［同年七月二十五日杨庆豪之父杨芳毓代签收的送达证书略］

民事委任

委任人：杨庆惠堂，法定代理人杨庆豪。

被委托人：雷国能，律师，住陕西路八十八号。

为与义畅字号因支付违约金事件，委任代理事。兹将委任之原因及其权限开列于后。

（一）委任原因：依法委任。

（二）委任权限：有民事诉讼法第七十条及其但书所规定之一切行为权。

重庆实验地方法院公鉴。

中华民国三十四年八月十四日

被委任律师：雷国能（印）

具状人：杨庆惠堂（印）

法定代理人：杨庆豪（印）

笔录

原告：杨庆惠堂，法定代理人杨庆豪。

诉讼代理人：雷国能，律师。

被告：义畅字号，法定代理人熊志远。

前列当事人因支付违约金案，经本院于中华民国卅四年八月十四日午前九时开民事法庭，出席职员如下。

审判长推事：萧树勋。

书记官：谢实秋。

点呼前列当事人入庭，书记官朗读案由。

推事命原告代理人雷律师陈述起诉要旨。律师雷国能起立陈述，本案诉之声明，请求判令被告支付违约金九十万元，负担诉讼费用。

问：诉之事实？

答：原告于民国卅二年一月一日与西南商行订约，将所有民族路八十八号房屋出租与西南商行，租约第二条规定：双方议定租佃期间自卅二年一月一日起至卅三年十二月底止，决不展限；乙方自行撤回自有水电设备、搬迁，不得借口请求续租或任何要求。为期两年，当有充分之准备，如乙方届期满不能搬迁，自愿向甲方缴纳违约金，自期满日起每逾十日缴纳违约金五万元，以此类推计算。

问：何日期满？

答：三十三年十二月底满期。

问：什么时间通知他的？

答：三个月前通知他的。

问：被告义畅字号未经传到，经第二区第六保证明，该号于二月前结束他迁，不明去向。

答：请求追加西南商号为被告。

推事谕，再传。闭庭。

中华民国卅四年八月十四日

重庆实验地方法院民二庭

书记官：谢实秋

推事：

民事声请

卅四年度诉字第九一四号

原告：杨庆惠堂，法定代理人杨庆豪，住神仙洞街一二〇号，诉讼代理人：雷国能律师，住陕西路八十八号

被告：义畅字号，法定代理人熊志远；西南商店，法定代理人张德麟，住址：［义畅字号］所在不明。［西南商店，法定代理人张德麟住］民族路八十八号

　　为声请公示送达并追加被告事。缘原告前诉第一被告支付违约金一案，已蒙开庭审理，并奉庭谕第一被告义畅字号及其法定代理人所在不明，传票无从送达等因。兹特声请准予公示送达，再查第一被告系第二被告西南商店之担保人，前者所负支付违约金责任实因后者不履行契约而生，是两被告对于本案均负有同等责任。今第一被告既所在不明，将来执行颇感困难，为此，请求追加西南商店为第二被告，与第一被告连带负责支付违约金九十万元，并负担诉讼费用。更有请者，原告当事人现在美国未归，而代理人近日返乡，约须九月底始能返渝。恳请钧院核定本案第二次审判期日勿早于九月底以前，以免临审误期。实为德便。

　　上状

　　重庆实验地方法院公鉴。

中华民国三十四年八月廿四日

诉讼代理人：雷国能（印）

具状人：杨庆惠堂

法定代理人：杨庆豪（印）

重庆实验地方法院布告稿　字第　号

　　三十四年八月卅一日六三〇八牌示

　　案查杨庆惠堂，法定代理人杨庆豪与义畅字号，法定代理人熊志远因支付违约金事件，被告之所在不明，应予公示送达，兹定于卅四年九月廿九日上午八时审理。除传票粘贴于本院牌示处外，所有应送达之书状缮本交由本院书记官保存，该熊志远得随时来院领取，仰即遵期到场，倘有违误，得由对造一造辩论而为判决。本公示送达自布告粘贴于本院牌示处之日起，经过二十日发生效力，并仰知照。此布

中华民国三十四年八月廿八日

院长：

民事委任

委任人：西南商店，法定代理人张德麟，住民族路八十八号，商。

受［委］任人：崔国翰，律师，住林森路一七二号平正法律事务所。

　　为卅四年度实诉字第九一四号与杨庆惠堂支付违约金一案，兹委任崔中翰律师为诉讼代理人，谨将原因、权限列后：

一、原因：不谙法律。

二、权限：依法代理。

谨状

重庆实验地方法院民庭公鉴。

中华民国卅四年九月廿八日

具状人：西南商店法定代理人张德麟（押）

送达证书

　　〔重庆实验地方法院卅四年九月四日送达雷国能律师、原告杨庆惠堂、被告西南商店，法定代理人张德麟证书略〕

笔录

原告：杨庆惠堂，法定代理人杨庆豪，诉讼代理人雷国能律师。

被告：义畅字号，法定代理人熊志远；西南商店，法定代理人张德麟，崔国翰律师。

　　前列当事人因支付违约金案，经本院于中华民国卅四年九月廿九日上午八时开民事法庭，出席职员如下。

　　审判长推事：蒋应柏。

　　书记官：谢实秋。

　　点呼右列当事人入庭，书记官朗读案由。

　　命原告代理人雷律师陈述。

　　原告代理人律师雷国能起立陈述，谓本案诉之声明：请求判令被告等连带给付原告违约金九十万元，负担诉讼费用等。事实之陈述略称，原告于民国卅二年一月一日与西南商行订约，将原告所有民族路八十八号房屋出租与西南商行，租约第二条规定，双方议定租佃期间自卅二年一月一日起，至卅三年十二月底止，决不展期；乙方即行撤回自有水电设备、搬迁，不得借口请求续租或任何要求；为期两年，当有充分准备，如乙方届期满不能搬迁，自愿向甲方缴纳违约金，自期满之日起每逾十日缴违约金五万元，逾期廿日缴纳十万元，以此类推，计算至搬迁完毕之日为止；如乙方不交还违约金，即由保证人负责缴纳，声明抛弃先诉及检索抗辩权。

　　问：被告代理人崔律师，被告义畅字号于二月前结束他迁？

　　答：是的。

　　问：原告请求给付违约金九十万元。

　　答：请求驳回原告之诉。

　　推事谕再传。

　　退庭。

中华民国卅四年九月廿九日

重庆实验地方法院民二庭

书记官：谢实秋

推事：

重庆实验地方法院布告稿

民事字第　号

三十四年十一月三日七九四四牌示

案查杨庆惠堂与义畅字号因支付违约金事件，被告熊志远之所在不明，应予公示送达，兹定于卅四年十一月廿日上午十时半审理。除传票粘贴于本院牌示处外，所有应送达之书状缮本交由本院书记官保存，该熊志远得随时来院领取，仰即遵期到场，倘有违误，得由对造一造辩论而为判决。本公示送达自布告粘贴于本院牌示处之日翌日起发生效力，并仰知照。此布

中华民国三十四年十一月一日

院长：

重庆实验地方法院民事送达证书

书状目录：民国卅四年诉字第九一四号支付违约金案，送达左列各件：传票乙件。

受送达人：原告杨庆惠堂，法定代理人杨庆豪。

受送达人署名盖章，若不能署名盖章或拒绝者，应记明其事由：杨庆豪不在家，由同居之父杨芳敏代收。（杨芳敏收信章）代收。

送达处所：神仙洞街一二〇号。

送达日期：卅四年十一月九日下午四时。

法警：吴启芳

[西南商店店员陈茂森代张德麟签收的送达证书、平正法律事务所代崔国翰律师签收的送达证书、雷国能律师事务所代雷国能律师签收的送达证书略]

笔录

原告：杨庆惠堂，法定代理人杨庆豪，诉讼代理人雷国能律师。

被告：义畅字号，法定代理人熊志远；西南商店，法定代理人崔国翰律师。

前列当事人因交付违约金案，经本院于中华民国卅四年十一月廿日上午十时半开民事法庭，出席职员如下。

审判长推事：杨雨田。

书记官：谢实秋。

点呼前列当事人入庭，书记官朗读案由。

问：雷律师，原告请求违约金玖拾万元是从好久起，至好久？

答：从一月一日起，至六月止。现在从七月至十一月止，又是五个月，每月十五万元，扩张请求为一百六十五万元。

问：变更请求，裁判费没有交足。

答：跟即补缴。

命原告代理人雷律师陈述起诉要旨。

原告代理人律师雷国能起立陈述，谓本案诉之声明：请求判令从一月起至十一月止，给付违约金一百六十五万元，并负担诉讼费用等。事实之陈述略称，原告于民国卅二年一月一日与西南商行订约，将原告所有民族路八十八号房屋出租与西南商行，租约第二条规定，双方议定租佃期间自三十二年一月一日至卅三年十二月底止，决不展期；乙方即行撤回自有水电设备、搬迁，不得借口请求续租或任何要求；为期两年，当有充分之准备，如乙方届期满不能搬迁，自愿向甲方缴纳违约金，自期满之日起，每逾十日缴纳违约金五万元，逾期廿缴纳违约金十万元，以此类推，计算至搬迁完毕之日止；乙方不交还违约金，即由保证人负责缴纳，并声明抛弃先诉及检索抗辩权。详诉状应请声明之判决。

命被告代理人崔律师辩论。

被告西南商店代理人崔国翰律师起立陈述，谓本案诉之声明：请求驳回原告之诉。其答辩略称，被告于卅二年一月一日起租佃原告民族路八十八号房屋，租期两年。因抗战期中房屋不易觅，惟一般人都知道，但被告租金按期付给，从不欠租金，何能迁让，应请驳回原告之诉。

推事谕本案辩论终结，定十一月廿六日宣判。

闭庭。

中华民国卅四年十月廿日

重庆实验地方法院民二庭

书记官：谢实秋

推事：杨雨田

［催促补缴审判费通知］

查三十四年度诉字第九一四号杨庆惠堂与西南商店违约金一案，限于三日内补缴审判费国币七千五百元整。希即查收！此致

本院收发室

中华民国三十四年十一月廿日

民庭推事：杨雨田

缴款单

征费机关：重庆实验地方法院。

缴款人：杨庆惠。

案号：三四年度诉字第九一四号。

案由：违约金。

标的：补。

费别：裁判费。

征费数目：国币柒仟伍百圆。

备注：

复核员：

收费员：重庆实验地方法院收费处印

中华民国卅四年十一月廿一日

宣判笔录

原告：杨庆惠堂。

被告：义畅字号。

当事人间，支付违约金事件，于中华民国卅四年十一月廿六日上午十一时，在本院民事法庭公开宣判。出席职员如下。

推事：杨雨田。

书记官：谢实秋。

点呼事件后，推事起立朗读判决主文并口述判决理由之要领。

中华民国卅四年十一月廿六日

重庆实验地方法院民事庭

书记官：谢实秋

重庆实验地方法院民事判决

三十四年度诉字第九一四号

原告：杨庆惠堂，住神仙洞一二〇号。

法定代理人：杨庆豪，住同上。

诉讼代理人：雷国能，律师。

被告：义畅字号，住中正路四〇九号。

法定代理人：熊志远，住同上。

被告：西南商店，住民族路八十八号。

法定代理人：张德麟，住同上。

诉讼代理人：崔国能，律师。

前列当事人间请求给付违约金事件，本院判决如下。

主文

被告西南商行应由本年一月起至十一月止，给付原告违约金国币十二万元。如经强制执行而无效果时，由被告义畅字号代负偿还之责。原告其余之诉驳回。

诉讼费用由被告负担。

事实

原告及其代理人声明，请求判令被告给付违约金一百六十五万元。其陈述称，原告民族路楼房一栋租赁［与］被告，期间由三十二年一月起至三十三年十二月止，届期不予迁让，逾十［日］缴纳违约金十万元，逾二十日缴纳违约金二十万元，保证人为义畅字号。现在被告连延迁让已十一个月，请求给付违约金一百六十五万元，云云。

被告及其代理人声明，请求驳回原告之诉。其陈述称，租赁原告之房当不欠租金，因房一时不易找到，故连延迁让，不能照约给付原告巨额之违约金，云云。

理由

本件被告西南商行连延迁让时期，由本年一月起至十一月止，已十一个月。原告依两造租赁契约第二项规定，请求支付违约金，委无不合。惟在此十一个月中，请求数目竟达一百六十余万元巨，较之每月租金七千元，相差不可以道理计，此种违约金之约定额过高，为求适合公允起见，应予减低至十二万元。此十二万元以月数而论，尚超过每月租金之数，但尚未超过巨大之数，本院认此数尚属相当，应令被告给付之原告，其余请求巨额之数当不能认为正当。

据上论结，本件原告之诉为一部无理由，一部有理由，应分别予以准、驳，依民事诉讼法第七十九条判决如主文。

中华民国三十四年十一月二十六日

重庆实验地方法院民事第二庭

推事：杨雨田

如不服本判决，应于收受送达正本后二十日内，向本院提出上诉书状。

本件与原本无异。

书记官：（印）

中华民国三十四年　月　日

重庆实验地方法院民事送达证书

书状目录：民国三四年诉字第九一四号支付违约金案，送达左列各件：判决乙件。

受送达人：原告杨庆惠堂，法定代理人杨庆豪。

受送达人署名盖章，若不能署名盖章或拒绝者，应记明其事由：杨庆豪押（印）

送达处所：石板新街六七号

送达日期：卅五年二月十九日。

中华民国卅五年五月十四日

重庆地方法院执达员：向至善

［西南商店店员周新壹代张德麟签收的送达证书、义畅字号店员王现章代熊志远签收的送达证书略］

28.杨德坤诉刘华荣要求偿还债务案

民事起诉书

被告及反诉原告：杨德坤，六十一岁，巴县人，住双河乡，自业。
原告及反诉被告：刘华荣。

为依法答辩，并提起反诉事。

诉之声明：

1.请示判决驳回原告之诉，反诉被告应给付反诉原告国币贰万捌千肆百元。

2.诉讼费用由原告及反诉被告负担。

事实及理由：

缘刘华荣于三十三年旧历正月二十八日，凭证耿宝珍等承买民所有之外山坡松、杉二色树一幅，议定价金国币五万六千五百元，现交五百元，余限二月十七日交三万元，七月内交清，不少角仙，并由出卖人截留松树头一根定三尺高、八寸围边九十九根，六寸围边一百根，共计二百根，下余一手边枯一尺高，卖主作蓄，挡力去路，卖主取收于三十四年四月内，由出卖人接留砍净还山成立契约。扣合各执一纸为据，乃刘华荣并不依照约定时间付款，于支付国币二万八千一百元后，旧历三月十五，开具国币二万八千四百元，三合厂经理，叶开松抬头之凭票一纸，写明山价，交杨德坤手字样。民持票取款，该厂拒不兑付，民向刘华荣交涉，只是设词推延，在未完成给付义务以前，即将树木砍完，实际上已将山转卖与三合厂，获取巨利，对于应付价金，至三十四年四月还山期满，逾期数月仍延不履行。因民急极向其催索，竟虚构事实，捏词蒙诉，谓全部价金已经交楚。雇工砍伐，被民阻止，云云。查刘华荣承买部分之树木，早经砍伐磬净，成为空山一幅，有耿宝珍等可以证明。至价金一节，凭票尚在，岂容推诿。揆其用心，无非狡赖价金，意图非分，实属毫无理由。查刘华荣应付价金，时逾一载以上，因币值之低落，致民受重大损失，如仍就原金额给付，未免受亏过巨，应斟酌实际情形，增加五倍给付，庶昭公允。再刘华荣狡猾异常，并无诚意给付价金，一经败诉，判决确定，必将其财产变卖或隐匿，无法强制执行，将受难于计算之损害，非予宣告假执行，不足以资保全，合并释明，理合状诉钧院详彻审讯，为如诉之声明之判决，实为德便。

　　谨呈

　　计讼争标的国币二万八千四百元。

　　附粘呈照抄原买约及凭票各一纸。

　　证人：耿宝珍、耿振声、徐树林、耿锡成，均住双河乡。

　　证物：买约凭票一纸（审呈）

重庆实验地方法院民庭公鉴。

中华民国三十四年七月十八日

具状人：杨德坤

卖约

立认买山人刘华荣，今凭中证买到杨德坤名下地名外山坡松、杉二色树乙幅，四面坎皮为界，当凭中证议定价洋通用国币五万六千五百元正，其洋现交五百元正，下余洋二月十七日交洋三万元正，七月内交清，不少角仙。其有主人截留松树头号一根，定三尺高、八寸围边九十九根，六寸围边一百根，共计二百根。下余乙手边枯乙尺高，卖主作蓄，挡力去路，卖主取收其山，限定卅四年四月内出卖，接留砍净还山，恐无凭，特立买卖合同二纸为据。

中证：耿宝珍、耿振声、徐树林、耿杨成笔同在。

民国卅四年甲申岁古正月二十八日立

买山人：刘华荣

凭票

祈付山价国二万八仟四百大圆正，希交来人杨德坤手，匆误。

此致（外批薪力三千在内）。

三合公厂经理，古三月。

叶先生开松照，十五日　刘华荣（盖章）条。

刘华荣关于诉讼代理人的委任书

具委人：刘华荣，四十三岁，江北人，住洛碛镇猪行街五保八甲，商。

被委人：许国成，四十七岁，巴县人，住麻柳乡一保，商。

为委任代诉事。窃民与杨德坤互诉确认契约有效及给付树价一案，民因事务纷繁，特委任民伙友许国成为代诉人，俯准深沾。谨状

重庆实验地方法院民庭公鉴。

中华民国卅四年八月八日

具状人：刘华云　押

杨德坤关于诉讼代理人的委任书

具委任人：杨德坤，六十一岁，巴县人，住双河乡，自业。

被委任人：钱藩，律师。

为与刘华荣买卖松山一案，兹特委任钱藩律师为诉讼全权代理人，具状为凭！

谨呈

重庆实验地方法院民庭公鉴。

中华民国三十四年八月八日

具状人：杨德坤　押

民事辩诉

原告即反诉被告人：刘华荣，四十三岁，江北人，住洛碛镇猪行街五保八甲，商。

被告即反诉人原告人：杨德坤，在卷。

为答辩反诉人杨德坤给付树价，并对原告砍伐部分请求宣示假执行事。

窃民于民三十三年古正月二十八日，凭中以价五万六千五百元，承买杨德坤所有地名外山坡松、杉二树一幅，书立买卖合同各执（抄附），约内注明，除当交价金五百元外，其余限于同年二月十七日交三万元，七月内交清，三十四年古四月内还山，民早已如期付楚，取有收据可凭（抄附），讵料该德坤以物价陡涨，蓄意违约，迭次阻止民雇工砍伐，与理则又抗不从场，以致迄今未伐一株。殊该杨德坤近复妙想天开，捏词以树全部砍完，尚欠伊价金若干，提起反诉，请求追加给付，云云。惟查出卖与民之树，究竟砍否，不难履勘，即明其狡赖，而所付价金，有收据可凭，总之民事案件，必须考查证据，万不能凭空主张之理。应请依法驳回其反诉。再者民所诉伊砍伐部分，俯予宣示假执行，以免被其窃伐，或再卖与人之虞，俯准深沾。谨状

重庆实验地方法院民庭公鉴。

中华民国三十四年八月八日

具状人：刘华荣　押

照抄卖山约一件

立认买山人刘华荣今凭中证买到杨德坤名下地名外山坡松、杉二色树乙幅，四面坎皮为界；当凭中证议定价洋通用国币五万六千五百元正，其洋现交五百元正，下余洋二月十七日交洋三万元正，七月内交清，不少角仙，其有主人截留松树头号一根，定三尺高、八寸围边就是九十九根，六寸围边一百根，共计二百根，下余乙手边枯乙尺高，卖主作蓄，挡力去路，卖主取收其山，限定卅四年四月内出卖，接留砍净还山，恐无凭，特立买卖合同二纸为据。

中证：耿宝珍、耿振声、徐树林、耿杨成笔同在

民国卅四年甲申岁古历正月二十八日

立买山人：杨德坤

照抄收条二张

（一）收到刘华荣名下发票一纸，计洋二万八千四百元正（薪力在内）。此据。

民国卅三年古历三月十五日

（二）今收清刘华荣名下交来山价国币五万六千五百元。此据。

（外批：刘华荣、杨德坤所有前后条据通行以作无效）

杨德坤　押

民国卅三年古历四月廿三日

杨德坤　押

重庆实验地方法院民事送达证书

书状目录：民国卅四年诉字第九二八号债务案送达传票，副状各一件。

受送达人：被告刘华荣。

受送达人署名盖章，如不能署名盖章或拒绝者，应记明其事由：刘谭氏押。

于交付应受送达人之送达应记明其事由：因刘华荣未在家，由同居妻代收。

送达处所：洛碛镇猪行街五保八甲。

送达日期：卅四年七月卅一日。

中华民国卅四年七月廿六日

执达员：郑成宗

［同年七月三十日证人耿宝珍、耿振声、徐树林、耿杨成收到传票的送达证书一份略，杨德坤收到传票的送达证书略］

讯问笔录

原告：杨德坤。

被告：刘华荣。

代理人：许国成。

前列当事人因债务案，经本院于中华民国卅四年八月八日午后时开民事一庭，出席职员如下：

审判长推事：朱念慈。

书记官：曾□□。

推事点呼右列当事人入庭，书记官朗读案由。

问：杨德坤，你告许国臣［成］什么事？

答：我请求驳回原告之诉，并请求返还贰万八千四百元。

问：你有证据吗？

答：有刘华荣出给我的条子。

问：你有条子为什么不问许国臣［成］要钱呢？

答：因为收不到。

问：许国臣［成］，你欠他的钱没有？

答：我没有欠他的钱，他有收条给我。

问：杨德坤，这收条两张是你写的吗？

答：两万八千四百元的收条是我写的，另五万多的条子不是我写的。

代理人请求刘华荣返还国币二万八千四百元，有条子可查，请依法判决。

问：许国臣［成］，你还有什么话说？

答：请求驳回原告之诉。

庭谕本辩论终结，定本月十三日宣判。

中华民国卅四年八月八日

书记官：

推事：朱念慈

重庆实验地方法院民事判决

三十四年度诉字第九二八号

原告：杨德坤，住双河乡。

诉讼代理人：钱藩，律师。

被告：刘华荣，住洛碛镇猪行街。

诉讼代理人：许国成，住麻柳乡一保。

右当事人间因债务事件，本院判决如左。

主文

原告之诉驳回；诉讼费用由原告负担。

事实

原告及其代理人声明，为令被告给付国币二万八千四百元之判决。其陈述略称：原告曾卖与被告松林一幅，价为国币五万六千五百元，尚欠国币二万八千四百元，由被告立据，嘱向三合厂收买，讵并未收到，故特诉请如声明。云云。提出原条一纸为证。

被告代理人声明求为驳回原告之诉之判决。其陈述略称：两造间买卖松地固属事实，惟价款均系付清，由原告另立收据两纸可凭，故请依法判决。云云。提出原告所出收据两纸为证。

理由

本件原告虽提被告所立付款条以作为请求给付之根据，然经被告提出原告另立收据两纸，声明该款业已付清，该收据两原告于言词辩论中仅承认三十三年三月十五日所立者，为其所写，对于同年四月二十三日所立者，不予承认，惟核对该两纸收据之签字及字体之结构，并无不同之处，显见系属原告之故意狡展，足证被告对于其余半数之价款业已清价，且被告出与原告之取款条日期在前，原告所立之收据日期在后，先后互证，尤可为被告付清价款之根据，应认原告所诉为无理由。

据上论结，原告之诉为无理由，应予驳回，依民事诉讼法第七十条判决如主文。

中华民国三十四年八月十三日

重庆实验地方法院民事第一庭。

推事：朱念慈。

如不服本判决，应于送达收受后二十日内向本院提起上诉书状。

本件证明与原本无异。

书记官： 印

中华民国三十四年 月 日

重庆实验地方法院民事送达证书

[卅四年十月十七日送达原告杨德坤、被告刘华荣、被告诉讼代理人许国成证书略]

重庆实验地方法院书记室公函

民意字第八七八四号

案查杨德坤与刘华荣债务一案，业经本院依法判决送达在卷，兹据杨德坤于法定期间内具状提起上诉到院，相应检齐卷证函送贵室查收核办。

此致

四川高等法院第一分院书记室

计函送卷一宗，上诉状、裁定及送证各一件（证物详袋）。

书记官：周南强印

中华民国三十四年十二月四日

上诉人杨德坤民事上诉状

上诉人：杨德坤，六十一岁，巴县人，住双河乡，自业。

被上诉人：刘华荣，在卷。

为不服判决，声明上诉，恳请检卷申送上级法院审判，以资救济，而免冤抑事。

缘民与刘华荣因松杉买卖提起反诉一案，突于十月二十三日接奉钧院三十四年度诉字第九二八号判决，主文内开：原告之诉驳回，诉讼费用由原告负担等因。此卷民奉读之余，不胜骇异，查本案松杉买卖，早由上诉人转卖与三合厂砍完卖尽，反判买卖有效，松杉树株，由被上诉人再为砍，实属违法枉判，至民执有被上诉人欠条一纸，计国币二万八千四百元，依法提起反诉，请求给付，又遭驳回，是此违法情形，真使鬼哭神惊，民心亦不折服也。为特接判决以后，随即具状声明不服，伏请钧院鉴核，将本案卷宗申送上级法院核办，以资救济，而免冤抑，所有不服理由及上诉裁判费，俟奉裁定以后，另向高一分院补陈遵缴，合并陈明。

谨状

重庆实验地方法院民庭公鉴。

中华民国三十四年十月二十四日

具状人：杨德坤

重庆实验地方法院民事裁定

三十四年度诉字第九二八号

上诉人：杨德坤，住双河乡。

右上诉人与刘华荣因债务事件，不服本院第一审判决提起上诉，应缴裁判费国币四百廿六元，未据缴纳，其上诉状亦未依民事诉讼法第四百三十八条表明上诉理由，兹限该上诉人于收受本裁定时起七日内，向高一分院驻渝临时庭如数补缴，如逾期未遵行，第二审法院即行驳回上诉，切勿违延自误，特此裁定。

中华民国三十四年十一月一日

重庆实验地方法院民事第一庭

推事：蒋彦杓

本正本证明与原本无异。

书记官：

中华民国三十四年十一月　日

重庆实验地方法院民事送达证书

［民国三四年诉字第九二八号债务案送达裁定壹件送达上诉人杨德坤略］

上诉人杨德坤民事理由状

上诉人：杨德坤，六十一岁，巴县人，住双河乡，自业。

被上诉人：刘华荣，在卷。

为案经上诉补具理由恳请赐票传详查审讯，并乞履勘俾明真相，以便废弃原判，另为适法之判决，以昭公允而资折服事。

缘上诉人与被上诉人因松杉买卖事件一案，不服重庆实验地方法院所为判决，提起上诉钧院，谨将不服之点分别缕陈于后。

查上诉人于民国三十三年古历正月二十八日，将分受所有双河乡外山坡松、杉二树一幅，凭中证耿宝珍等，议价五万六千五百元出售与被上诉人，成立买卖契约，而约内注明限定同年古二月十七日交山价三万元，七月内交清，并限至三十四年四月内还山，买卖契约扣立合同，各执为据。殊被上诉人承买以后，并不遵照约定时间付款，除前后合计付山价二万八千一百元外，便将松杉树株悉行转卖与三合公厂。后经该厂经理叶开松雇工进山砍伐完，并进山之时，设筵宴请本乡公所职员及保甲中证邻近等数十人均皆到场，得知去年已经三合公厂砍完为空山一幅，一审不查虚实，听信片面之词，轻率判决，确认松杉买卖契约为有效，此本案事实之经过情形也。

（一）被上诉人将松、杉二树转卖与三合公厂以后尚欠上诉人之山价二万八千四百元未楚，经上诉人迭次催讨，旋由被诉人于三十三年三月十五日书立欠条一纸，由三合公厂经理叶开松抬头交上诉人杨德坤手，山价二万八千四百元，有据可考。上诉人持票取款，该厂经理拒不兑付（谓山价已如数交与刘华荣），复向被上诉人交涉，只是东推西缓，直至三合公厂将松杉树株砍完，还山期间已过，被上诉人仍不给付山价，迫上诉人乃投凭本乡公所调解，被上诉人又抗不从场，后乃勾串本案第一审代诉人许国臣伪造全领收清字约一纸，捏词蒙请松杉买卖契约有效，当经上诉人据实答辩，并依法提出反诉，请求给付价金二万八千四百元，并请求添传耿宝珍等中证到案作证，俾明真相，殊一审仅将耿宝珍一人添传到案，临审之时不独不准上诉人陈述理由，而于证人耿宝珍亦不加以讯问，竟将上诉人之反诉部分驳回，确认松杉树株（已经砍完成为空山一幅）有效，此不服理由者一也。

（二）本案争执系确认外山坡松、杉二树一幅之买卖事件一案，而松杉树株均属不动植物，被上诉人向上诉人承买以后，悉行转卖与三合公厂叶开松一律砍完，有本乡各界人士尽知，保甲中证均可传质，上诉人冤遭偏颇，非请庭长亲临双河乡外山坡目观查勘真伪，立明冤屈得伸，此应请复勘传证者二也。

（三）被上诉人勾患代诉人许国臣［成］伪造上诉人收清山价伪字一纸，捏谓山价付清，原审遂将反诉驳回，退万步言之，果属事实，被上诉人岂不将叶开松抬头给付上诉人手山价二万八千四百元之欠条揭回，既不揭回原据，又不批明于收清全领约上，虽至愚者，亦不为也，显然勾串伪造全收字据，抵赖山价，丝毫无疑，此不服理由者三也。

（四）查双河乡外山坡松、杉二树一幅，上诉人出卖与被上诉人属实，而被上诉人转卖与三合公厂经叶开松宴请多人，进山砍伐悉行砍完又属事实，本案既有事实可指，又有保甲中证邻近及乡公所人员等均可结证。松、杉二树早已砍完，原审判令松杉应由被上诉人（原告）砍伐，上诉人（被告）不得阻止，实属违背法理，偏袒已极，况上诉人出卖之松、杉二树被上诉人转卖砍完一有事实可指，再有证人可质，上诉人请求一审履勘，不惟不准，反判买卖为有效，是此应由被上诉人在上诉人界内再为第二次砍伐实属违法已极，明明偏颇，此不服者四也。

综上各点，明明被上诉人勾串许国臣［成］伪造全收字约，抵赖山价，捏词蒙请买卖有效，意图二次砍伐松、杉树株，昭然若揭，上诉人冤遭一审偏颇，应请钧院鉴核，俯予迅传被上诉人及中证耿宝珍等到案环质，详查审讯并乞履勘以明真相，俾便废弃原判，另为适法之判决以期早结而昭平允，深沾德便。

谨呈

四川高等法院第一分院民庭公鉴。

中华民国三十四年十二月十日

具状人：杨德坤　押

四川高等法院第一分院民一庭民事审理报到单

卅四年上字五九四号债务一案报到人如左。

上诉人：杨德坤，住巴县双河乡。

被上诉人：刘华荣，住洛碛镇猪行街。

证人：

附记：定于卅五年二月廿五日上午九时半审讯

中华民国三十五年一月廿一日

执达员：

四川高等法院第一分院送达证书

[送达上诉人杨德坤、被上诉人刘华荣证书略]

刘华荣关于诉讼代理人的委任书

请委人：刘华荣，四十四岁，江北人，住乐碛镇猪行街，商界。

[受]请委人：许国臣[成]，四十七岁，巴县人，住麻柳乡正街，商界。

为声请委任事。缘民与杨德坤因买卖柴山纠纷，诉请重庆地方法院民庭判决在案，现该被告杨德坤不服上诉，昨奉票传示期集讯，应遵曷读，惟民值重病在身，碍难赴审，为特状恳钧院鉴核予委任伙友许国臣[成]代诉本案事宜，以维商艰而符法纪。

谨呈

四川高等法院第一分院民庭公鉴。

中华民国三十五年二月

具状人：刘华荣　押

杨德坤关于诉讼代理人的委任书

具委任人：杨德坤，六十一岁，巴县人，住双河乡，自业。

被委任人：梁焕门，四十岁，巴县人，住本市中兴路一二六号，商。

为委任代诉，俯恳赏准事。情上诉人与被上诉人因松杉买卖一案，不服重庆实验地方法院所为之判决，提起上诉于钧院，已沐票传示期三十五年二月二十五日审讯在案，惟上诉人现染寒疾，不能亲临投审，除具状呈请展限十日，再赐票传集讯外，上诉人诚恐被上诉人到庭投审驳回上诉人之上诉，为特委任梁焕门为本案代理人，理合呈请钧院俯准委任，并乞恩准再赐票传，俾免冤抑，实为德便！

谨呈

四川高等法院第一分院民庭公鉴。

中华民国三十五年二月二十五日

具状人：杨德坤　押

杨德坤关于请求延期审讯的民事声请状

展缓人：杨德坤，六十一岁，巴县人，住双河乡，自业。

被展缓人：刘华荣，在卷。

为因病不能到案，声请准予展缓，另票示期，以便讯结事。情民上诉刘华荣确认买卖有效及民反诉给付价款事件到钧院，沐示期二月二十五日集讯，应遵到庭曷渎，惟民因年迈染病，据医生云，不可以风，须于十日后方可乘风，是以不能到案，特声请钧院准予展缓，另票示期，以便讯结，沾感。谨呈

四川高等法院第一分院民庭公鉴。

中华民国卅五年二月廿二日
具状人：杨德坤　押

言词辩论笔录

上诉人：杨德坤。

被上诉人：刘华荣。

右当事因债务上诉事件，经本院于中华民国卅五年二月廿五日上午九时半，在本院驻渝法庭公开言词辩论，出庭推事、书记官如左。

推事：王汝敏。

书记官：吴灿。

点呼事件后，到场人如左。

上诉代理人：梁焕门。

被上诉代理人：许国臣［成］。

推事问：梁焕门，年、籍等？

答：四十一岁，住中兴路一二六号。

问：你代理何人？

答：代理杨德坤。

问：许国臣［成］，年、籍等？

答：四十八岁，住麻柳乡。

问：代理何人？

答：代理刘华荣。

问：（梁焕门）你上诉如何请求？

答：请废弃原判，改判被上诉人给付二万八千四百元。

问：什么理由？

答：是刘华荣买杨德坤松林的价款，拖延不付，意图狡赖。

问：杨德坤是哪一年将松林卖给刘华荣的？

答：三十三年卖的。

问：多少价金？

答：共计五万六千五百元，除付了的以外，尚欠二万八千四百元。

问：杨德坤已出了条子说此款已验收了（示条）？

答：他并没有出条子，条子是伪造的。

问：（许国臣〔成〕），他要你交付买树价金二万八千四百元，你承认否？

答：不承认此款，已验付清了。

问：你付款他是否出的这张条子（示条）？

答：是的。

问：这条子是杨德坤自己写的吗？

答：不是，此条乃蒋作夫写的。

问：押是杨德坤亲自画的吗？

答：押是他画的。

问：有何证明？

答：有将蒋夫可证，同时还可以验笔迹。

谕知本案票传证人，下次杨德坤要本人到庭，以凭检定笔迹，听俟改期再传。

中华民国三十五年二月廿五日

四川高等法院第一分院驻渝庭

书记官：吴灿

推事：王汝敏

缴 费 单

征费机关：四川高等法院第一分院。

缴款人：杨德坤。

案号：　年度字第　号。

案由：与刘华荣债务。

标的：二万八千四百元正。

费别：裁判费。

征费数目：国币四百八十六元。

备注：尚欠壹百贰拾捌元未缴，此注。系依加缴办法计算。

履核员：

收费员：　印

中华民国三十四年十一月廿三日

民事案件审理单

四川高等法院第一分院民事第　庭受理卅四年度上渝字第五九四号债务上诉事件指定卅五年五月廿九日上午九时为言词辩期，自应行传唤及通知诉讼关系人如左。

务须本人到案：杨德坤，住巴县双河乡。

代：梁焕门，本市中兴路一二六号。

务须本人到案：刘华荣，住洛碛镇猪行街。

代：许国臣［成］，巴县麻柳乡正街。

书记官四月八日填函

报告

具报告事，曾奉钧院传原四件分别送达，除两造当事人均已收受外，惟梁焕门住中兴路一二六号，查该住户并无其人，无从送达，另由该管甲长谭治良出条证明，理合报请示遵。

此呈

民事推事公鉴。

计原单一件，回证三件。

法警：唐蔚昌呈
民国卅五年五月廿一日

四川高等法院第一分院送达证书

［送达上诉人杨德坤、刘华荣、许国臣［成］、梁焕门证书略］

证明

查本保一二六号住户并无梁焕门。特此证明。

二保十二甲甲长：谭治良
卅五年五月七日

刘华荣关于诉讼代理人的委任书

委任人：刘华荣，四十四岁，住江北洛碛镇猪行街。

被委任人：许国臣［成］。

为声请委任事，缘民与杨德坤因买卖柴山纠纷，诉请重庆地方法院民庭判决在案，现该被告杨德坤不服上诉，昨奉票传示期集讯，应遵曷渎，惟民值重病在身，碍难渎审，为特恳钧院鉴核准予委任颗友许国臣代为诉本案事宜，以维商艰而符法纪。

谨呈

中华民国三十五年五月二十九日
委任人：刘华荣　押
被委任人：许国臣［成］

言词辩论笔录

上诉人：杨德坤。

被上诉人：刘华荣。

右列当事人因债务上诉事件，经本字于中华民国卅一年五月十九日上午九时在本院法庭公开言词辩论，出庭推事、书记官如左。

推事：殷世新。

书记官：吴灿。

上诉人：杨德坤。

被上诉代理人：许国臣［成］。

推事问：杨德坤，住址？

答：住双河乡。

问：上诉如何请求？

答：废弃原判决，改判令刘华荣给付我二万八千四百元。

问：你这付的是什么账？

答：卖松树沙［衫］树的账。

问：一共卖多少账？

答：四万六千五百元，除已付外尚欠二万八千四百元。

问：有何证明？

答：有红条。

问：（许国臣）你代理何人？

答：代理刘华荣。

问：多少价金？

答：五万六千五百元，先付五百元。

问：是否欠二万八千四百元？

答：前四月间已付清，他打有收清条子。

问：为何不收回欠条呢？

答：他说未带来，所以写了一张收清条子。

问：收清条子何人写的？

答：蒋作人写的。

问：他说已交了是如何交的？

答：他到刘华荣家里来，第一次付二万八千四百元，第二次就付清也。

问：付条什么时候交的？

答：第一次在二月间，第二次在四月间，日期都记不起。

问：第一次交付他有收条否？

答：出了收条。

问：为何条子是三月间（交收条看）？

答：是二月间。

谕知案件当庭和解成立，并制成和解单据，交由两造签押后退庭。

中华民国三十五年五月廿九日

四川高等法院第一分院

书记官：吴灿

推事：

四川高等法院第一分院民事和解笔录

三十五年和字第二八七号

上诉人：杨德坤，住巴县双河乡。

被上诉人：刘华荣，住洛碛镇猪行街。

右当事人间债务事件，上诉人对中华民国三十四年八月十三日四川重庆实验地方法院第一审判决提起上诉，经本院试行和解成立，兹记其内容如左。

和解内容：

一、被上诉人自行限期一个月（自和解之翌日起算）内给付上诉人树价二万八千四百元。

二、上诉人出卖树木一幅，被上诉人如有未经砍伐之树木前往砍伐时，上诉人不得阻止砍伐。

三、第一、二两审诉讼费用各自负担。

上诉人：杨德坤押。

被上诉人代理人：许国臣押。

和解成立卅五年五月廿九日。

中华民国三十五年五月廿九日

四川高等法院第一分院民四庭

书记官：吴灿

推事：殷世新

四川高等法院第一分院送达证书

应送达之机关：四川高等法院第一分院。

送达书：民国卅四年上字第五九四号刘华荣债务案和解笔录一件。

应受送达人：刘华荣。

受送达人署名盖印，若不能或拒绝署名盖印送达人，应记明其事实：刘华荣。

非交付应受送达之人送达人应记明其事实：因本人迁移，由同居友谊李恒兴代收押。

送达日期：卅五年十二月十七日。

送达人：汪朗绿

［同年十二月十九日杨德坤签收和解笔录的送达证书略］

重庆实验地方法院书记室公函（稿）

三十四年二月四日发文八七八七号

　　案查刘华荣与杨德坤确认买卖契约有效一案，业经本院依法判决送达在卷，兹据杨德坤于法定期间内具状提起上诉到院，相应检齐卷证函送贵室查收核办。

　　此致

四川高等法院第一分院书记室

　　计函送卷一宗，上诉状裁定及送证各一件。

四川高等法院第一分院书记室公函

良字第一九六三号

　　查本院受理三十四年度上字第五九四号杨德坤与刘华荣债务事件，业经和解成立确定，相应检同卷宗等件函送，即请查收为荷。

　　此致

重庆地方法院书记室

　　计送本院卷一宗，原审卷一宗，证物三件。

书记官：　印

中华民国三十六年度二月廿七日

29. 管良成诉文伯超等要求终止租约案

民事诉状

原告：管良成，四十八岁，本市人，住草药街第二十号，职业木器业。

被告：文伯超，籍贯本市，住磁器口老街帝王宫对门群□布店，职业商。

喻光中，籍贯本市，住棉花街土布业公会或大梁子隆康服装店，职业商。

程永辉，籍贯本市，住磁器街五十五号，职业商。

（甲）诉之声明：

（一）请求判令第一被告终止租约，回复原状；（二）请判令第一、二、三被告迁让房屋并宣示假执行；（三）饬令被告共同负担诉讼费用。

（乙）事实：

缘第一被告文伯超于民国三十三年八月一日经□和风、郑鑫荣等介绍，承佃民□□□□□□，自应请求终止租约。至于门面，民于去年甫修造完竣，耗费五十余万元，今被拆毁，自应请求回复原状。

若该喻光中不过为承租人即策新布店之经理，对于本铺并无权，胆敢私行盗卖，民已向刑庭提起自诉。若该程永辉明知此铺为民所有，胆敢不取民之同意，私自承买并又拆毁门面，是伊等均属侵权行为。为法所不保护，若不于判决确定前请求假执行，一任其久为霸住，则将来必有难于计算及难于抵偿之损害，是以并请宣告假执行。

上项铺房时价约值洋一百万元，依此缴费。为此，状请钧院俯赐查核审理，准如声明判决，实沾德便。

谨呈

重庆实验地方法院民庭公鉴。

中华民国三十四年八月四日

具状人：管良成

委任书

委任人：管良成，四十八岁，本市人，住草药街第二十号，职业木器。

受委人：刘宗荣，律师。

为民告文伯超等终止租约迁让交房一案，兹请委任律师刘宗荣为诉讼代理人。

谨呈

重庆实验地方法院民庭公鉴。

中华民国三十四年八月四日

具状人：管良成

送达证书

［重庆地方法院送达原告管良成、被告文伯超、喻光中，刘宗荣律师证书略］

民事辩状

被告：程永辉，三十岁，巴县人，住本市磁器街五十五号。

原告：管良成（在卷）。

呈为请求判决驳回原告之诉并请判令负担讼费事。

查原告管良成诉被告等迁让一案，兹将辩诉理由屡陈如后：

按系争之业，坐落本市磁器街门牌五十五号楼房一幢，乃该被告于本年六月间以押金一万元、租金四万元及顶打费五十五万元向共同被告喻光中所承租者，先于同月二十二面交喻光中十五万元，该喻光中言明必将大房东管良成找来，以便使被告向其投佃，以合手续。被告与伊订约之先，亦曾以此为必要条件。无如喻光中奸狡，蓄意诈骗，于得此十五万元之翌日，竟伴谓大房东回乡，坚持己意，必须再将其余之四十五万元顶打费交足方成事实。伊决负责代向大房东管良成办理投佃手续，否则如不交顶打费，非但不成事实，切已交之十五万元伊亦不退还，被告信以为实，情急忍痛遂将此四十五万元顶打费于二十三日亦一次交足，立约有据。讵事后喻光中并不曾将其管良成找来办理投佃，惟伊云所有一切概由其负责，不与被告相干；伊并谓纵有转租顶打，伊亦有权生效，万无他虞。今被告以如此巨款租佃上项产业，又加以修缮，用去数十万元，总计耗资数在百万以上。而原告竟出而诉请判令迁让，岂有是理。被告有租佃文约及交款收据可凭，原告何能于被告将系争房屋修好后始出而诉争，其存心叵测亦可见。依法自无予以保护之理。况查此业，原告初租与文伯超，嗣由文伯超与喻光中，此皆为本年及原告所知之事，而被告乃向喻光中牟取承，原告何不于前此拦租，乃此时出争，其中不无勾串之嫌，又况原告居住之所即与系争之业为前后院，伊出入必经之路，被告于承租之后于七月一号动工修缮，原告一家尽人皆知，曾无闻问此，至十五日已动工半月，行将竣工，伊始拦阻，谓找喻光中，到后将投佃手续办好。云云。讵将喻找到后，伊又不代声言，其中蛛丝马迹，更显见有共同伙骗诈欺行为，何以据以诉争。是原告事先已知情而默认已相当于授权行为，则共同被告喻光中代为租佃行为，对原告本人推定视为授意，应对其本人生效，以资保护被告已取得之权利。为此，状请钧庭为如上述之判决，以资折服而示公允，无任感祷。

谨呈

重庆实验地方法院民庭公鉴。

中华民国三十四年八月二十五日

具状人：程永辉

笔录

原告：管良成。

代理人：刘宗荣，律师。

被告：文伯超、喻光中、程永辉。

代理人：石韫琛，律师（程）、徐炳璋，律师（喻）。

右列当事人因终止租约案，经本院于中华民国卅四年八月廿五日午前时开民事法庭，出席职员如左。

审判长推事：谢怀栻。

书记官：蒲家□。

点呼右列当事人入庭，书记官朗读案由。

原告代理人声明：请求判令，第一，被告中止租约回复原状；第二、第三被告迁让房屋及宣示假执行；诉讼费用由被告等共同负担。

原告代理人继续陈述称：本市磁器街五十五号，原告佃与文伯超开策新布店，经理为喻光中，今年七月间，程永辉将门面撤了，他说是向喻光中顶打的，写得有佃约，不得顶打装备，佃约呈阅发还，抄件附卷。

推事请第二被告代理人答辩。

被告代理人起称：喻光中的房子是向文伯超顶打而来，直接向原告投佃，手续已完清，喻光中是合法承租人，今年六月喻光中又顶打装备与程永辉，并无是出卖原告的房屋，喻光中早迁出，原告无请求迁让必要，有顶让约呈阅待述。

问：管良成，你向喻光中收过租金吗？

答：是向喻光中收过租，因为他是策新布店的经理，这布店是第一被告所开设，我还不知文伯超与喻光中他们有顶打的关系存在。

推事请第三被告代理人答辩。

被告代理人起称：第一、第二被告间之租佃行为原告是知道的，因为他向喻光中收过租金，则原告对第三被告的租赁行为就不能否认，因为原告已默认，即相当租授权行为，佃约呈阅待还。

问：原告，何人拆的房子？现是何人在里面住？

答：房子是程永辉拆的，他把门面拆来做厨□，房子现是程永辉在住。

问：第二被告代理人还有什么陈述？

答：策新布店是喻光中自己开的，自己任经理。与文伯超无关。

推事问：原告代理人还有什么陈述？

原告代理人起答：被告等意将原告房屋盗买私卖了，实属侵权行为，原告本于排除侵害起诉，于理于法，均无不合，请合声明判决，并宣示假执行。

推事谕知本件辩论终结，定本月卅日上午九时宣判。

中华民国三十四年八月廿三日

书记官：蒲家□

推事：谢怀栻

民事答辩

答辩人：喻光中，二十六岁，籍贯巴县，住棉花街八六号。

被答辩人：管良成（在卷）。

为管良成请求迁让一案，依法答辩事：

事实及理由：

答辩人于上年十月十八日承顶文伯超所租管良成本件系争房屋装修，当经文伯超立有顶让笔录（已呈案），并过交租折（呈阅后发还），管良成当经在场，毫无异议，且要求加押国币一万元，加租为每月一万元，论季支付，先付后住，均照付。上开事实，业经管良成到庭承认，记明笔录。是则答辩人与管良成间已成立租赁关系，管良成在未终止租约前，依法不得单纯请求迁让，且答辩人于本年六月二十三日转租与程永辉后，即行迁出。管良成对于答辩人已无请求迁让之必要与可能，故管良成对于答辩人部分请求为无理由，应请鉴核驳回。

谨呈

重庆实验地方法院民庭公鉴。

中华民国三十四年八月二十六日

具状人：喻光中

重庆地方法院送达证书

［九月四日送达程永辉、徐炳璋律师，九月六日原告管良成、九月七日喻光中、律师刘宗荣、石韫琛律师证书略］

四川重庆地方法院民事传票

三四年度诉字第一〇〇〇号管良成终止租约事件

被传人姓名：被告文伯超，住址：喻光中指传。

被传事由：重开言词辩论。

应到时间：九月十三日上午十时廿分。

应到处所：林森路五八八号本院第四法庭。

注意：被传人务须遵时来院报到，如无故不到得依他造之辩论予以判决，被传人如呈递书状必须记明年度号数，并按对造当事人人数预备副本。

书状官：蒲家英（章）

送达人：谢隐

中华民国三十四年八月卅一日

送达证书

书状目录：民国三四年（诉）字第一〇〇〇号终止租约案送达传票一件。

受送达人：被告文伯超

中华民国卅四年九月三日

重庆地方法院送达员：谢隐

四川重庆地方法院民事传票

三四年度诉字第一〇〇〇号管良成终止租约事件。

证人姓名：欧国英、唐敏中，住址：喻光中指传。

被传事由：作证。

应到时间：九月十三日上午十时廿分。

应到处所：林森路五八八号本院第四法庭。

注意：一、被传人务须遵时来院报导如无故不到得依他造之辩论予以判决。

二、证人受合法传唤无正当理由而不到场者得拘提之。

三、证人得于讯问完毕时或完毕后十日内，请求法定之日费及旅费。

书状官：蒲家英（章）

送达人：谢隐

中华民国三十四年八月卅一日

送达证书

书状目录：民国三四年（诉）字第一〇〇〇号终止租约案送达传票一件。

受送达人：证人欧国英、唐敏中

送达日期：

中华民国卅四年九月三日

重庆地方法院送达员：谢隐

民事追加状

原告：管良成，住草药街二十号。

被告：文伯超、喻光中、程永辉。

为追加理由以凭讯判刑事。窃民告文伯超等终止租约迁让交房一案，原以第二、第三被告喻光中、程永辉等有将民之系争铺房私相买卖情事，有损民之主权，故始告请解约迁让。殊前八月十五号钧院审理之时，该第一被告文伯超故匿不到，仅喻光中、程永辉等请代理人出庭，但均不认买卖谓系租赁，呈出转租字约及收押金之收条以为掩饰，殊不知伊等确属买卖，侵害民之主权，民已向本保办公处抄得调解笔录二份，均证明系属买卖，并无租赁。

其第一调解笔录系本年七月十六日上午八时民请保办公处调解者。"讯据程永辉供称，于本年六月二十三日出法币五十五万元所买，第二申请人之磁器街五十五号房屋全间有约可凭，并又向第二被告申请人出押金一万元，每季租金四万元亦有收条可查，确属事实，并非蒙买，是否窃卖，归第二被申请人负责"等语。是程永辉已自认出洋五十五万元向喻光中所买。至第二调解笔录系本年七月十七日午后八时程永辉请求调解者。"其自己声称，我与被申请人喻光中原不相识，因由程永辉介绍致相熟识，随由刘林夫等为证，将磁器街五十五号房屋义让与我，该价五十五万元，又押金、佣金共成六十万元，事成请工补修费资数十万元正，与工之际，管良成出而挡工，谓为房地所有权属于他有"等语。两份笔录均抄呈，是该程永辉亦自认出洋买受，故始拆毁门面，另行改修。

以上两份笔录，均证明被告等系属买卖，然而伊等又提出转租字约与收领押金之收据，岂不是属伪造，图掩伊等过失，更可显而易见。惟拆毁门面既是程永辉所为，应请判令回复原状，迁让交房，合并声明，为此，状请钧院俯予调查审理，准如声明判决，实沾德便。

谨呈

重庆实验地方法院民庭公鉴。

证物：保办公处调解笔录二份粘呈。

中华民国三十四年九月十三日

具状人：管良成

调解笔录

时间：七月十六日上午八时。

地点：本办公处。

调解出席人：王维岳、龙肇基、齐荣华、余九皋。

记录：贺钦尧。

原申请人：管良成。

被申请人：文伯超（不到）、喻光中（不到）、程永辉。

原申请人声称：于民国卅三年八月一日，由第一被申请人约佃原申请人所有磁器街五十五号房地全间，营贸布业；殊第二被告申请人将原申请人之房地窃卖与第三申请人，特请秉公调解，应由原申请人收回主权，以免贻累等语。

第三被申请人声称：于本年六月廿三日出法币五十五万元所买第二被申请人之磁器街五十五号房屋全间，有约可凭，并又向第二被申请人出押金一万元、每季租金四万元，亦有收据可查，确属事实。并非蒙买是否窃卖当归第二被申请人负责等语。

调解：第三被申请人之事作暂行停立，俟召集第二被申请人到处自行调解。此致

原申请人：管良成

被申请人：程永辉

调解笔录

时间：七月十七日午后八时。

地点：本办公处。

原申请人：（即辩诉人）程永辉。

被申请人：喻光中。

调解出席人：王维岳、龙肇基、齐荣华、余九皋。

记录：贺钦饶。

原申请人声称：我与被申请人喻光中不相识，因由程永辉介绍相熟识，随由刘林夫等为证将磁器街五十五号房屋义让与我，该价五十五万元，又押金、佣金共成六十万元，事成请立补修费，资数十万元正，与工之际，管良成出而挡工，伸为房地所有权属于他有等语，扳地调解未果，令特报请调解，应由喻光中赔偿损失及营业之妨害等语。

被申请人声称：现我通知各方面均未及回音，只好请程永辉正式起诉等语。

第二被申请人声称：我以房屋于卅三年八月出佃与文伯超开设策新布店，并未佃与喻光中，窃卖与程永辉理应挡立，解除文伯超之租赁关系，收回主权，方合法理，请罪主张公道等语。

调解：查喻光中与程永辉缔结之契约并未贴有印花，本处暂作附卷。况三方面各执一词，本处确难调解，着各向法院起诉候判可也。

此致

原申请人：程永辉

被申请人：喻光中、管良成

笔录

原告：管良成。

代理人：刘宗荣，律师。

被告：文伯超、喻光中、程永辉。

代理人：石韫琛律师、徐炳章律师。

证人：欧国英、唐敏中。

右列当事人因终止租约案，经本院于中华民国卅四年九月十三日午前时开民事法庭，出席职员如左。

审判长推事：谢怀枻。

书记官：蒲家英。

点呼右列当事人入庭，书记官朗读案由。

推事谕知本件重开辩论。

问：管良成、文伯超的顶租约上为何有你名字？

答：我不知道，全是他伪造。

问：文伯超现住何处？

答：我不清楚。

推事谕知本件限原告于一周内补正，文伯超一□准批。

中华民国三十四年九月十三日

重庆实验地方法院民二庭

书记官：蒲家英

推事：谢怀栻

民事声请

原告：管良成，住草药街二十号。

被告：文伯超，巴县人，住磁器口老街帝王官对门，商。

为遵谕查明请予勒传事：窃民具控文伯超等止约交房一案，蒙于九月十三号复讯，以文伯超住址不明，谕民查明呈报，以凭传讯等因。兹查文伯超现住巴县磁器口老街帝王官对门，开贸群策布店，是以声请钧院俯赐票传为感。

谨呈

重庆实验地方法院民庭公鉴。

中华民国三十四年九月十四日

具状人：管良成

送达证书

［送达原告管良成、律师刘宗荣、律师徐炳璋、律师石韫琛，欧国英、唐敏中传票等略］

笔录

原告：管良成。

代理人：刘宗荣，律师。

被告：文伯超、喻光中、程永辉。

代理人：石韫琛律师（程）、徐炳章律师（喻）

证人：欧国英、唐敏中。

右列当事人因终止租约案，经本院于中华民国卅四年九月廿九日午前时开民事法庭，出席职员如左。

审判长推事：谢怀栻。

书记官：蒲家英。

点呼右列当事人入庭，书记官朗读案由。

原告代理人声明：请求判令第一被告终止租约，回复原告，第二、第三被告迁让房屋并宣告假执行；诉讼费用由被告等共同负担。

原告代理人陈述称：喻光中是文伯超所开设的群策新布店的经理，曾代文伯超向原告交过租金，文伯超将系争房屋顶让与喻光中，管良成全不知道，定约时，管良成并不在场，约上管更未签名盖章，其约当然无效，文伯超私将房屋转卖与人，诉请鉴定正约，凡为有理。而喻光中又以五十五万元转卖与程永辉，程永辉贸然答事，事先不询清系争房屋主权究属何人所有，所以不问他间的顶约、佃约等均应一律无效。请为声明各项判决。

问：文伯超，住在何处？

答：住磁器口老街廿八号群策布店。

问：有何陈述答辩？

答：系争房屋，我原先是向别人顶来的，现在我因磁器口不能分身兼顾渝方的生意，故将系争房屋转让与喻光中，曾经引起［带领］喻光中到管良成家里去，说明这种情形，管良成当时是答应的，他（管）还说要加租加押，这一切是喻光中的事，当由他去办理。不过当时只是口说，管良成和喻光中间未换立新约。

问：管良成，文伯超所说的都对吗？

答：不对，文伯超何曾引起［带领］喻光中来见我，喻光中代文伯超交租金倒有其事。

推事点呼证人欧国英、唐秉中，并谕知作证义务乃伪证处罚，具结附卷。

问：欧国英、唐敏中，与双方是什么关系？

答：不认识管良成。

问：欧国英，证明什么事？

答：约是我代笔，我是依口代书，是时未见管良成在场，他们只说安上管良成一个作证，其实，当时我根本就认不得管良成。

问：唐敏中，有何证明？

答：正当写约时我走开了。

推事请喻光中代理律师答辩。

徐炳璋律师起讼：喻光中由文伯超手里顶过来，经管良成同意，管良成加租加押，今当庭也承认，租金由二万四千元，加为四万元，租折呈阅发还。现喻光中未住在系争屋内，当然无所谓迁让，请驳回原告之诉。

推事请程永辉代理律师答辩。

石韫琛律师起立称：程永辉是由喻光中手里承租过来，原告其时未表示反对，当然要负授权的责任，此种租赁，并无不合，应继续生效，请驳回原告之诉。

推事谕知本件辩论终结，定十月六日上午九时宣判。

中华民国三十四年九月廿九日

重庆实验地方法院民二庭

书记官：蒲家英

推事：谢怀栻

宣判笔录

原告：管良成。

被告：文伯超、喻光中、程永辉。

右当事人间终止租约等事件，于中华民国卅四年十月六日上午九时在本院民事法庭宣判，出席职员如左。

推事：谢怀栻。

书记官：蒲家英。

点呼事件后，两造皆未到。

推事起立朗读判决主文并口述判决理由之要领。

中华民国卅四年十月六日

重庆地方法院民事庭

推事：谢怀栻

书记官：蒲家英

民事声请书

声请人：程永辉，卅岁，巴县人，住磁器街五十五号，商。

为与原告管良成终止租约迁让涉讼一案，业经辩论终结在案。兹为关于本案假执行部分有应行补陈之必要。查原告请求止约迁让。已属与法不合。缘原告以系争之业务租与文伯超，继由文伯超又转租与喻光中，均为原告所甚悉，且原告又与同案被告喻光中商议增租加押之事，此为喻光中到案所供述，并提出收租租折以为凭。是原告对于喻之转租已然同意，现伊对于喻光中既无终止租约之请求，当无不得向被告请求迁让，况原告假执行之请求既未将原因释明，更无未提供担保，自不应予以准许。兹被告以被蒙蔽顶打该业，计用去法币百余万元之多，损失无属不赀。现渝市房屋仍有难觅之苦。为此，请求准予提供担保，金额若干，请求撤销假执行或免予假执行，又或驳回假执行之声请以示法律平等保护之意，无任感祷！

谨状

重庆实验地方法院民庭公鉴。

中华民国卅四年十月一日

具状人：程永辉

重庆实验地方法院民事判决

卅四年度诉字第一〇〇〇号

原告：管良成，住草药街第二十号。

诉讼代理人：刘宗荣，律师。

被告：文伯超，住磁器口老街帝王宫对门群策布店。

被告：喻光中，住棉花街土布业公会。

诉讼代理人：徐炳璋，律师。

被告：程永辉，住磁器街五十五号。

诉讼代理人：石韫琛，律师。

右当事人间请求终止租约搬迁等事件，本院判决如左。

主文

确认原告与被告文伯超于中华民国三十三年八月一日就磁器街五十五号房屋所订租约终止，被告应将该项房屋回复原状返还原告；被告程永辉应自磁器街五十五号房屋迁让；原告其余之诉及假执行之声请驳回；诉讼费用由被告文伯超负担三分之一，由被告程永辉负担三分之一，由原告负担三分之一。

事实

原告声明请求为主文第一项所示及令第二、第三两被告迁让，并宣告假执行之判决。其陈述略称，被告文伯超于民国三十三年八月一日立约承租原告磁器街五十五号房屋开设群策布店营业，乃本年七月原告忽见被告程永辉修门面，经查询后始悉该房屋系程永辉向喻光中顶打而来，查喻光中仅系策新布店之经理，无权顶打房屋，故请判决如声明。云云。

被告文伯超声明，请求为适当之判决。陈述略称，被告承租该房屋后，固无意营业，已于去年十月十八日将房屋顶让于喻光中，并于其后偕同喻光中向原告取得同意，故原告已不负责任。云云。

被告喻光中声明，请求驳回原告之诉。陈述略称，被告自文伯超处承顶房屋后与原告直接发生租赁关系，现则将房屋转租于程永辉，自己不住于该处。云云。

被告程永辉声明，请求驳回原告之诉。陈述略称，被告向喻光中承租系争房屋并加以装修，当时喻光中曾经负责介绍被告向原告投佃，殊知其后喻光中未践所言，次查原告对被告承租与装修之事实并非不知，而未出拦阻，应认其有默示之同意而负授权之责任。云云。

理由

按租赁房屋者不得将租赁权转让，民法虽无明文规定，然可依禁止转租之规定而推得。本件被告文伯超将房屋顶打与喻光中已为不争之事实。被告等持以辩解者，仅为原告知悉其事一点，然据证人欧国英、唐敏中等具结证明，订约时原告实不在场。文伯超又谓事后曾得原告同意，然并无任何证据，实难凭信。原告据此而主张终止租约，自属有理。被告喻光中虽主张其系向原告直接投佃，然其与原告间既未成立任何租约，而投佃之事实又为原告所否认，自应认其与原告并无租赁关系。其次承租人程永辉搬迁，惟喻光中现已不住在该房屋内，自无所谓迁让之可能，原告诉请其迁让为无理由。文伯超既仍为承租人，其租约终止后即应负返还租赁物并使租赁物回复原状之义务。程永辉系喻光中之承租人，喻光中系文伯超之受让人，原告与文伯超间之租赁终止后，程永辉即为无权占有人，自应搬迁。虽据程永辉称，喻光中曾允许负责使其向原告投佃，并谓原告应负授权人之责任，然前者系其与喻光中之关系，并不能以之对抗原告。至后一点因喻光中并非以原告之名义代理其为出租行为，自无所谓授权推定可言。其抗辩均非有理由。原告声请准予假执行，并未提供任何可供实时调查之证据以释明其原因，应不准许。

据上论结，原告之诉为一部分有理由，一部分为无理由，假执行之声请无理由，应分别准驳，并依民事诉讼法第十九条但书判决如主文。

中华民国三十四年十月六日

重庆实验地方法院民事第二庭

推事：谢怀栻

送达证书

［民国三四年（诉）字第一〇〇〇号终止租约案送达判决一件送达管良成、程永辉，内容略］

30. 花纱布管制局诉嘉陵江区民船业同业公会要求返还运费案

民事诉状

原告：财政部花纱布管制局。

右法定代理人：尹任先，五二岁，湖南人，住李子坝正街六号。

被告：嘉陵江区民船业同业公会。

右法定代理人：青出蓝，住福昌贸易行。

右法定代理人：郑洪福，住本市邹容路一零八号二楼。

为诉追运费事。谨将诉之声明及事实理由分陈如次：

一、诉之声明：

（一）请求判令第一被告交还预借运费国币十五万元正，并其迟延给付之法定利息自民国卅三年三月一日起算至执行终结之日为止；

（二）请求判令第一被告赔偿违约而致原告发生之一切损害；

（三）前开两项请求如第一被告无力负担，请求判第二被告联带负责给付；

（四）请求判令被告等担负本案诉讼费用。

二、事实理由：

原告于民国卅三年二月廿八日与第一被告订立运输合约，由原告以机棉一千吨交由第一被告，以渝广上行装运茶叶、钨砂之船只由广元运至合川、重庆一带，于二月底以前在广元全部起运完毕，航程期限广元至昭化一天，昭化至苍溪四天，苍溪至阆中一天，南充至武胜三天，武胜至合川二天，合川至重庆二天，照以上规定广元至合川应在十七天内到达，广元至重庆应在十九天内到达。如在规定日期内早到，原告应付给第一被告每日每吨奖金十元；如在规定日期内迟到，第一被告应付给原告每日每吨罚金十元，均按日计算。并于签约以后得由第一被告预借运费国币十五万元，原告当即如数照付，再依合约第九条之规定，第二被告为担保人，负完全赔偿之责。殊自签约及收受预借运费以后，第一被告即延不履行契约按照日期起运，并催促第二被告履行担保责任，迄今年余，均无效果，致令公帑损失不赀，直接间接尤为至巨。为此，具状诉追，恳诉查核，准如前开诉之声明而为判决，至沾法便。

谨状

物证：运输合约抄件一

重庆实验地方法院民庭公鉴。

中华民国三十四年八月廿四日

具状人：财政部花纱布管制局

右法定代理人：尹任先押

财政部花纱布管制局、嘉陵江区民船商业同业公会（以下简称甲、乙方）运输合约

一、承运数量：甲方以机棉一千吨交由乙方以渝广上行装茶叶钨砂之船只（附船名数量清单）由广元运至合川、重庆一带，于三月底以前在广全部起输完毕。

二、航程期限：广元至昭化一天，昭化至苍溪四天，苍溪至阆中一天（在阆中准停船一天作为购买柴、米、菜疏及补充船具之用），阆中至南部二天，南部至蓬安一天，蓬安至南充一天（南充准停船一天），南充至武胜三天，武胜至合川二天，合川至重庆二天。以上规定，广元至合川应在十七天内到达；广元至重庆应在十九天内到达。如在规定日期内早到，甲方应付给乙方每日每吨奖金十元；如在规定日期内迟到，乙方应付给甲方每日每吨罚金十元。均按日计算。但迟到天数，如因扎风候水及天然不可抗力之意外耽延，由乙方取得确实证明送经甲方查核认可者，不在此限。

三、运费交付：因枯水期间驳运困难，运费以起运时广元，议价另加代办运务费每吨百分之二十五，按每批起运数量在广付运费及代办运务费五成，在南充付三成，其余二成俟到达目的地点收清楚后，凭甲方验收单据在合川或重庆照付。惟本约签订后，得由乙方预借运费十五万元，以便实时派员赴广作为事先调派船只及预付船租之用。

上项代办运务费以乙方能于三月底以前照规定运量全部起输运为原则，如未如期运完，则三月底以后之数量，甲方不再支付代办运务费，但乙方仍应继续负责将全数运完，并不得以任何借口影响其履行全部合约之义务。惟乙方船只业经到广，向甲方所属机关报到其不能运出之原因系属于甲方者，不在此限。

四、运输责任：自广元船边交货之日期起，即应由乙方负责保全包装完整、毫无潮湿及漏耗，所有运输途中押运提驳转船等项并由乙方负责办理，除因天然不可抗力之损失，乙方应以最迅速方法报请甲方就近所属处站派员查勘，并垫款施救及取得当地行政官署或保甲证明，经甲方认可，得免赔偿外，其它因乙方过失所有之一切损失均由乙方照重庆市价赔偿。

五、交接手续：乙方船支应在甲方广元指定之码头受载装船完竣后，乙方应即填发提单注明各货件数、重量及船户姓名并航政局注册号一式二份，除乙方留存一份外，一份送交甲方交货机关，由甲方在目的地收货后交还乙方注销。

六、失吉处理：如遇船只失吉，除照第四项规定由乙方一面垫款施救，一面报请甲方就近处站派员查勘外，乙方并应将救护之棉花负责整理，继续派船接运，其施救及整理费用项取得确切证明与单据及甲方押运人员或查勘员盖章，于该批全部机花到达目的地后，甲方核实照付。但如因乙方通知迟延或证明件不全，致保险处所拒绝赔偿时，乙方应负一切赔偿责任。

七、退费办法：船只如在中途失吉，乙方未能继续派船接运者，其失吉地点在广元至□跳驿间者，乙方应退还运费及代办运务费百分之七十；在□跳驿至阆中间者，乙方应退还运费及代办运务费百分之五十；在阆中至南充间者，乙方应退还运费及代办运务费百分之四十；在南充至武胜间者，乙方应退还运费及代办运务费百分之十；在合川以下者，运费及代办运务费概不退还（机花如系运合川者，则在武胜以下不退费）。上项规定，乙方不得以任何借口希图免退。

八、航政动态：船只经过昭化、□跳驿、阆中、南部、蓬安、南充、武胜、合川各重要地点，乙应将到达与开行日期及提驳或改装船只等以函电通知甲方查核。

九、保证责任：本合约签订时，乙方应自行觅具殷实铺，保其登记资本金在一百万元以上，经甲方同意者，作为保证。如乙方无力履行本约第二、三、四、六、七备条所载赔偿责任时，其保证人应负完全赔偿之责。

十、本合约自签订之日起发生效力。如甲方认为乙方承运成绩优良，甲方亦另有其它上行船只时，甲方得增加数量继续交运第二批，乙方于接护甲方是项通知后即应换文，将本约延长，不得招揽其它公商货物。

十一、本合约一式十份，以一份由乙方收执，一份交保证商号外，其余八份交由甲方分另存转。

甲方：财政部花纱布管制局印

乙方：嘉陵江区民船商业同业公会印

中华民国三十三年二月二十八日

保证人：福昌贸易行印

对保人：福昌贸易行印，重庆水运站刘涤新（印）

地址：邹容路一九零号

社会局登记字号社设字一八九二二号

委任书

委任人：财政部花纱布管制局。

法定代理人：尹任先，湖南人，住李子坝正街六号，局长。

被委任人：吴骐，律师。

为与嘉陵江民船公会等返还运费暨损害赔偿案件，委任代理事。兹将委任权限开陈于后。

代理人之权限：代理人有进行诉讼撰状到庭陈述等权。

谨状

重庆实验地方法院公鉴。

中华民国卅四年八月廿四日

具状人财政部花纱布管制局

法定代理人：尹任先

送达证书

书状目录：民国三四年（诉）字第一一二五号返还运费案送达传票一件。

受送达人：原告财政部花纱布管制局。

受送达人署名盖章，若不能署名盖章或拒绝者，应记明其事实：

非交付应受送达人之送达应记明其事实：

送达处所：李子坝

送达方法：

送达日期：三十四年九月六日。

中华民国卅四年八月三十日

重庆地方法院送达员：王敦善

[同年九月五日吴骐律师的送达证书略，九月九日福昌贸易行（法代人郑洪福）、嘉陵江区民船商业同业公会法代人青出蓝签收传票、诉状副状的送达证书二份略]

笔录

原告：花纱布管制局。

诉讼代理人：吴骐，律师。

被告：嘉陵江区民船同业公会等。

诉讼代理人：杜岷英，律师。

证人：

右列当事人因返还运费案，兹经本院于中华民国卅四年九月十二日午前八时，开民事第一庭，出席职员如左。

审判长推事：李懋。

书记官：金巧英。

点呼右列当事人入庭，书记官朗读案由。

问：（两造代理人）现在第一被告住何处？

杜岷英律师起答：现住南充县扶群场，在重庆之公会已经撤销。

吴骐律师起称：第一被告之传票请托南充地院代送，同时还望请求公示送达。

推事谕知本案候再传，退庭。

中华民国三十四年九月十二日

重庆实验地方法院民一庭

书记官：金巧英

推事：李懋

民事委任书

委任人：福昌贸易行，住邹容路。

右法定代理人：郑洪福，四十二岁，浙江人，住邹容路，商业。

受任人：杜岷英，律师。

为委任代理事。查财政局花纱布管制局诉嘉陵江区民船业同业公会追还运费并本行保证责任一案（诉字一一二五号），本会特委律师杜岷英为诉讼代理人，有为一切行为之权，并得为和解或声明上诉，合具委状为证。

谨呈

重庆实验地方法院民庭公鉴。

中华民国卅四年九月十二日

具状人：郑洪福

重庆实验地方法院布告稿

案查财政部花纱布管制局与嘉陵江区民船同业公会等因返还运费事件，被告嘉陵江区民船同业公会法定代理人青出蓝之所在不明，应予公示送达。兹定于卅四年十月廿九日上午八时审理。除传票粘贴于本院牌示处外，所有应送达之书状缮本交由本院书记官保存，该被告得随时来院领取，仰即遵期到场。倘有违误，得由对造一造辩论而为判决。本公示送达自布告粘贴于本院牌示处之日起经过二十日起发生效力。并仰知照。此布

中华民国三十四年九月　日

重庆实验地方法院书记室公函

查财政部花纱布管制局与嘉陵江区民船业同业公会等返还运费一案，被告嘉陵江区民船同业公会法定代理人青出蓝住居在贵院管辖区域内，兹有应行送达该被告之传票一件，相应嘱托贵室查照，希速派员代为送达，并将送达证书迅送过院备查为荷！

此致

四川南充地方法院书记室

计送传票及送达证书各一件

重庆实验地方法院书记官

送达证书

书状目录：民国三四年诉字第一一二五号　返还运费案送达传票一件。

受送达人：原告财政部花纱布管制局法定代理人尹任先。

受送达人署名盖章，若不能署名盖章或拒绝者，应记明其事实：

送达日期：卅四年九月廿三日。

中华民国卅四年九月十九日

法警：杨应耀

［同日吴骐律师的送达证书略，农吉堂代福昌贸易行（法代人郑洪福）签收通知的送达证书二份略］

民事辩状

答辩人：福昌贸易行经理郑洪福。

原告：财政部花纱布管制局。

为依法答辩，请予驳回原告之诉事。

查财政部花纱布管制局诉嘉陵江民船业同业公会青出蓝返还运费及答辩人保证债务一案

（卅年度诉字一一二五号），兹特将事实及答辩人在法律上不负保证责任之理由分陈于后：

事实

按本件运输机棉合约成立后，即由该公会派杜尚言、青镜湖、何麟臻、韩光福等乘车赴广元办理一切。讵彼等至广，适该局广元办事处赵主任息受赴蓉未归，俟其归后，初则称尚未收到合同为辞，拒不洽办；继则称在广先付五成与该局及当地各官商机构，向船户先付九成之情形不合，并以种种恐吓不予交运，兼之该会到广船只又率因该局驻广办事处与川陕联运处订定运棉合同，饬由船舶管理所会同该会广元办事处总行雇去，该局赵主任随又与驻军杨师长、航政局办事处伍某及该会广元办事处马大全等组织蜀通商行，把持该地运输，以致该会不能接运。经答辩人查明，该会与其广办事处既系同一公会，该局与所属广元办事处亦系同一机关，是该会船只既经该局总行雇去，在理无须重复订立相同之契约，而该局竟与其驻广元办事处相竞抢订相同契约，不无发生摩擦之虞。答辩人发现上项情事，恐被牵累，曾要求该会向该局交涉解约或另行觅保，以免遗累。旋闻该局与该会协商延期履行，并将契约内容更改。答辩人又正式去函向该局声明，依民法第七五五条解除保证责任。旋接吴琪律师代表该局来信，要求赔偿损害。答辩人又去函说陈，不负责任理由，即未得复。据闻该会青镜湖在广多方交涉仍无结果，而青出蓝因此开罪于人，致其上运钨钞亦受重损，最后该局向该会要求退还预交运费。又闻该会以系该局违约不交，无法接运而派人到广，为时甚久，耗费重大，且该局应交该会会费若干（据青出蓝向杜律师称，曾由该会向该局出有收据，该会实未交款即作一部抵消）及该局某君应退出若干抵除，无余不允退款，其时该局某君正羁押于执法总监部，该部曾饬该会呈复，闻有人要求该会搁未呈复，俟某君脱法后了结。至答辩人以为业已解除保证责任，早未过问该件也。

理由

（一）查民法第七五五条规定："就应有期限之债务为保证，如债权人允许债务人延期清偿时，保证人除对于其延期已为同意外，不负保证责任。"令该等运输合约第一条载明"于三月底以前在广全部起运完毕"（证一），其不能起运之原因责在该局，姑不具论。而该局竟允许该会展限廿天至四月廿日运竣，并变更契约之内容（证二），答辩人并曾去函声明（证三），依照上开法条自不负保证之责，虽据该局代理人吴骐律师来函（证四），当经答辩人去函驳后（证五），该局无辞以对，何得又向答辩人主张，其无理由何待多赘。

（二）又查该等订约后，即由该会派青镜湖、杜尚言、韩光福等乘车赴广即刻向赵主任洽运。初则赴蓉未归，继又拒不交运，有青镜湖致青出蓝之函可证（证六），韩光祥、杜尚言等可质。答辩人曾将情形函达该局（证三），吴律师代该局复函（证四）亦未否认，显为不争之事实。以致该会派人往返遭受损失，依民法第二五五条解约依二六零条该局尚应负损害赔偿之责。该会依第二二五条第一项应免给付之义务毫无疑义，至答辩人依合同法第七四二条第一、第二两项其得主张免责尤不待言。

（三）又查该会虽曾出据收得该局预付运费十五万元以之赔偿，其派人到广之损失已所余无几，兼之该局应纳该会会费及某君应退该会之款两相抵消，尚嫌不足，何得再责保证人赔偿，显无理由。

（四）复查青出蓝在南充金宾乡有受分田业廿余挑，又在同县扶君乡有自置（系用伊妻名）田业二百挑，并非不能执行者可比，依民法第七四五条，答辩人自得拒绝代为清偿。

（五）更查该件承运契约系由青出蓝与李树荣（南充李渡人）、青镜湖（南充扶君乡人）、杜裕国（南充三会乡人）、吕定祥（南充北区闹溪河人）伙贸，均有资力，尽可由该会径向其合伙人诉追，以免劳累。

为特依法答辩，伏乞鉴核，驳回原告对答辩人请求之诉。至任沾感。

谨呈

（证一）合同

（证二）花纱局准展期及变更契约内容函

（证三）答辩人去声明函

（证四）吴骐律师代该局函

（证五）答辩人去函驳复函

（证六）青镜湖函两件

重庆实验地方法院民庭公鉴。

具状人：郑洪福

财政部花纱布管制局、嘉陵江区民船商业同业公会（以下简称甲方、乙方）运输合约

证据一

一、承运数量：甲方以机棉一千吨交由乙方，以渝广上行装运茶叶钨砂之船只（附船名数量清单）由广元运至合川、重庆一带，于三月底以前在广全部起运完毕。

二、运费交付：因枯水期前驳运困难，运费以起运时广元议价另加代办运务费每吨百分之二十五，按每批起运数量在广付运费及代办运务费五成；在南充付三成；其余二成；俟到达目的地点收清楚后凭甲方验收单据在合川或重庆照付。惟本约签订后得由预借运费十五万元，以便实时派员赴广作为事先调派船只及预付船租之用。上项代办运务费以乙方能于三月底以前，照规定运量全部起运为原则，如未如期运完，则三月底以后之数量甲方不再支付代办运务费，但乙方仍应继续负责将全数运完，并不得以任何借口影响其履行全部合约之义务，惟乙方船只业经到广向甲方所属机关报到其不能运出之原因系属于甲者，不在此限。

证据二

接准嘉三运字第一〇三、一〇七两号大函，略以广元租船困难，请求按照所订运棉合约展限廿天，至四月廿日运竣，并改为在广预付八成运费及代办运务费。等由，准此。本局为免贻误棉运均准勉为照办除已电知本局广元运输区办事处外权应函复即希查照为荷。

此致

嘉陵江区民船商业同业公会

财政部花纱布管制局启

卅三年四月十日

证据三

径启者，窃查敝号保证嘉陵江区民船业同业公会承运贵局机棉一千吨事件，据该会称，立约后即由该会指派青镜湖、杜尚言、何麟臻、韩光祥等乘车赴广元办理一切，讵彼等至广元，贵局驻广办事处赵主任赴蓉未归，嗣至归广，则以尚未收到合同为辞拒不洽，□继经查验合同告以所载在广元先付运费五成，与本局及当地各官商机构向船户先付九成之情形，权差悬殊，不能起运，又之该会到广船只又率因贵局驻广办事处与川陕联运处订定运棉合同，饬由船舶管理处会同该会广元办事处代为雇去，查该会与其广元办事处既系同一公会，贵局与其驻广元办事处属同一机关，是该会船只既经贵局雇用，在理无须重复订立相同契约，在势深虞人事上发生摩擦，自应解约，以杜意外，敝号对于保证责任亦应声明解除，以免后累。乃顷闻贵局业经允许该会延期履行，敝号实难同意，特依民法第七五五条声明不负保证责任。状希查照惠准，解除保证责任，并赐函复，不胜厚幸。

再者，敝号登记资本二十万元，当贵局派员查保时即经举以相示，在声明解除前亦仅有负二十万元保证责任之能力，在声明解约后不负任何责任，合并声明。

此致
财政部花纱布管制局

郑洪福
卅三年四月十二日

证据四

径启者，兹据敝当事人财政部花纱布管制局法定代理人委称，本局于本年二月廿八日与嘉陵江区民船商业同业公会签订运输合约，由本局以机棉一千吨交由该会，以渝广上行船只由广元运至合川、重庆一带，于三月底以前，在广全部起运完毕。依照合约第三条之规定先付运费五成，计国币十五万元，并由福昌贸易行保证该公会履行合约规定之义务。殊该公会接收运费五成以后，迄至三月底在广元一吨机棉未运，致不能依照约订于十七日以内到达重庆。依合约第二条之规定，如在规定日期内迟到，该会应付给罚金每日每吨十元。现除该会应依约照日照数计算给付罚金外，且本局因机棉未到，纱厂工作停顿，直接、间接发生损害至巨，依据民法第二五零条第二项之规定，亦应由该会负责赔偿。正向该公会交涉之中，突于本月三日接到福昌贸易行来函，内开："窃查敝号保证嘉陵江区民船商业同业公会承运贵局机棉一千吨事件，据该会称立约后即由该会指派青镜湖、杜尚言、何麟臻、韩光福等乘车赴广元办理一切，彼等至广元贵局驻广办事处赵主任赴蓉未归，嗣赵归广，则以尚未收到合约为辞拒不洽办，继经查验合同，告以所载广元先付运费五成与本局及当地各官商机构，向船户先付九成之情形，权差悬殊，不能起运，与之该会到广船只又率因贵局驻广办事处与川陕甘联运处订定运棉合同，饬由船舶管理所会同该会广元办事处代为雇去，查该会与其广元办事处既系同一公会，贵局与其驻广办事处亦属同一机关，是该会船只既经贵局雇用，在理无须重复订立相同之契约，在势深虞人事上发生摩擦，自应解约，以杜意外，敝号对于保证责任亦应声明解除，以免后累。乃顷闻贵局业经允许该会延期履行，敝号实难同意，特依民法第七五五条声明不负保证责任，状希查照惠准，解除保证责任并赐函复，不胜厚幸，为特专函声明。"不胜诧异，查所称各节全与事实不符，且又无法律上云根据，不过藉词推诿，意图逃避责任，本局为免公帑损失计，特烦贵律师代为据理驳斥，并限该行履行保证责任，于三日内交还运费，赔偿一切损害，等语。据此，权应代为函达为上，即烦查照办理允复，以免讼累为荷。

此致

　　　　　　　　　　　　　　　　　　　　　　　福昌贸易行郑洪福君

　　　　　　　　　　　　　　　　　　　　　　　律师吴骐启

　　　　　　　　　　　　　　　　　　　　　　　卅三年四月十五日

证据五

　　径复者，昨接吴骐律师代表贵局来函，为驳复敝行对于嘉陵江区民船业同业公会与贵局所订运输合同延期履行不能同意，声明不负保证责任一案所示各节，对于法理事实不免稍嫌误会，爰为陈明于后，尚希谅鉴：

　　（一）来函谓依照合约第三条之先付五成计国币十五万元（中略）。殊该公会接收运费五成以后，迄至三月底在广元一吨机棉未运等语。查运费系规定于起运时在广元议价另加代办运务费其既未起运亦未议价。所谓该会接收运费五成，似系对于预借运费十五万元作为派员赴广调查派船等费之误。此应陈明者一。

　　（二）敝行前函贵局声明对于贵局允许该会延期履行，未得敝行同意不负保证之责。贵局于四月十日曾复函该会允其展期廿天，有函可凭，似难否认。来函对于有无允许该会展期履行之事实及敝行所持法律根据是否允协未邀明示。应请查核，庶免误会。此应陈明者二。

　　（三）来函又谓无限该行履行保证责任于三日内交还运费，赔偿一切损害等语似嫌未邀鉴，原查贵局与该会是否已经解约未据权告，无从臆断，如未解约而允许其展期履行，不特敝行已无保证之责任即该会亦无交还运费之责；如于敝行声明时业已解约，亦应请径向该会请示交还运费。必须执行无效。敝行始负保证之责。此应陈明者三。

　　素谂贵局长管制棉纱运筹裕如，其不致因些许棉纱未到而即陷于停工状况，更无待论应于函复敬希谅察不胜明祷。

此复

财政部花纱布管制局

　　　　　　　　　　　　　　　　　　　　　　　福昌贸易行经理郑洪福

　　　　　　　　　　　　　　　　　　　　　　　卅三年四月十八日

证据六

青理事长赐鉴，弟来广考察各方情形有为我方困难者，逐一分陈于后：

　　一、航政局广元办事处对上下船只扼制甚紧，多封装军公各货。

　　二、军方有私人办理运输经调船只而承运者多受其威胁。

　　三、旧新公会对峙，有时作无理之吹嘘及破坏与南充过去权似。

　　四、联运处揽接各托运机关之货甚多，而外来办运输者遭嫉不满。

　　上述诸端均为本会运输之障碍，如若办理要托有关要人疏通军方及航局，既有关机关不为工对下问题很小。特此布达

　　敬请公安不宜。

青镜湖。

三月廿三日夜。

理事长钧鉴：（中略）至未运花管局机棉其详情，谅由尚言史返渝面告。关于到此地办理运输之困难为各方所妒嫉，已致前函。刻广元卧立蜀通商行，其内容人事有杨师长为董事长，余参谋长为该行经理，余有花管局赵主任，航办事处伍某、马大全、范鸣皋等均为业务运输股长，各方配备皆蒂固根深之集合，随时与联运处作梗。其它承运商行皆感消极，若本会坚决运棉颇有冲突不小。凡人应识时务，故以不运为佳。但他们仍有意约史参加入股，弟在机关当中，慨已承认两股，不知尊意若何？希即明示以便遵循。肃此敬祝

大安

弟　镜湖　三月廿七日

笔录

原告：花纱布管理局，诉讼代理人吴骐律师。

被告：嘉陵江民船同业公会等，诉讼代理人林纪东律师。

右列当事人因返还运费，业经本院于中华民国三十四年十月廿九日午前八时，开民庭第一庭，出席职员如左。

审判长推事：李懋。

书记官：金巧英。

点呼右列当事人入庭，书记官朗读案由。

问：（原告代理人）原告。

吴骐律师起立答：第二项请求因无证据，请求当庭撤销该项请求。

问：原告与第一被告合同期满后是否又行展期？

答：双方同意展期的。

问：（被告代理人）对展期第二被告同意否？

林纪东律师起立答：对这展期，保人有信给原告，表示不同意展期。

问：（原告代理人）原告对第一项之请求有何证据？

吴骐律师起立答：有收据为证，下次开庭带来。

推事谕知俟再传。退庭。

中华民国三十四年十月廿九日

重庆实验地方法院民一庭

书记官：金巧英

推事：李懋

民事委任书

委任人：杜岷英，律师。

受任人：林纪东，律师。

为委任事，纱花布管制局与福昌贸易行因返还运费涉讼一案，委任人前受福昌贸易行委任为代理人，兹因委任人因事不能出庭，特委任林纪东律师为复。代理人所有权限悉依法律规定，合具委状为证。

谨呈

重庆实验地方法院民事庭公鉴。

中华民国三十四年十月二十九日

具状人：

重庆实验地方法院布告稿

案查花纱布管制局与嘉陵江民船同业公会因求偿欠款事件，被告嘉陵江民船同业公会法定代理人青出蓝之所在不明，应予公示送达。兹定于三十四年十二月十日上午九时半审理。除传票粘贴于本院牌示处外，所有应送达之书状缮本交由本院书记官保存，该被告得随时来院领取，仰即遵期到场，倘有违误，得由对造一造辩论而为判决。本公示送达自布告粘贴于本院牌示处之日起经过二十日起发生效力。并仰知照。此布

中华民国三十四年十月

重庆实验地方法院书记室公函

查花纱布管制局与嘉陵江民船同业公会等求偿公款案，被告嘉陵江民船业同业公会法定代理人青出蓝住居在贵院管辖区域内，兹有应行送达该被告之传票乙件，相应嘱托贵室查照，希速派员代为送达，并将送达证书迅送过院备查为荷。

此致

四川南充地方法院书记室

计送传票送达证书各一件

重庆实验地方法院书记官

四川南充地方法院书记室公函

诉字第八三号

案准贵室本年九月廿一日民诚字第六七七九号公函，附送财政部花纱布管制局与嘉陵江区民船同业公会等因返还运费一案，附送传票、送证各一件，嘱即代为送达。等由，准此。当即派员送证达去讫。兹据该员呈缴送证前来，相应将送证一件函送贵室请烦查收核实为荷！

此致

四川重庆实验地方法院书记室

附送证一件

四川南充地方法院书记室

中华民国三十四年十一月十四日

送达证书

书状目录：民国卅四年（诉）字第一一二五号返还运费案送达传票一件，副状一件。

受送达人：被告嘉陵江区民船商业同业公会法代人青出蓝。

受送达人署名盖章，若不能署名盖章或拒绝者，应记明其事实：福昌贸易行。

非交付应受送达人之送达应记明其事实：

送达处所：

送达方法：

送达日期：三十四年九月九日。

中华民国卅四年八月三十日

重庆地方法院送达员：王敦善

　　[同年十月二四日青赵氏代其夫青出蓝签收传票的送达证书略，十一月九日律师吴骐、律师杜岷英收到传票的送达证书二份略，十一月十三日财政部花纱布管制局、福昌贸易行法定代理人郑海福签收传票的送到证书略]

笔录

原告：花纱布管制局。

诉讼代理人：吴骐，律师。

被告：嘉陵江区民船同业公会。

诉讼代理人：杜岷英，律师。

证人：

右列当事人因返还运费案，经本院于中华民国三十四年十二月十日午前九时半，开民事第一庭，出席。

审判长推事：李懋。

书记官：金巧英。

点呼右列当事人入庭，书记官朗读案由。

推事：原告代理人陈述。

吴骐律师起立称：请求判令第一被告给付运费十五万元，并自卅三年三月一日起至执行之日止之迟延利息。如第一被告无力偿还时由第二被告负代偿之责。关于证据今天已带来。（呈阅证据及返还）

推事：请被告代理人答。

杜岷英律师起立称：对被告福昌贸易行之保证部分请求驳回原告之诉，因为保证人曾去信否认他们之展期的，并有来往信件可以证明，且被告并未放弃先诉抗辩权，应以主债务人之产业先为执行。

问：（原代人）原告与主债务人之契约已解除否？

答：原告与主债务人间之契约至今未解除。

推事谕知辩论终结定十二月十五日下午四时宣判。退庭。

中华民国三十四年十二月十日

重庆实验地方法院民庭

书记官：金巧英

推事：李懋

领条

凭条领到

财政部花纱布管制局预发代办运费十五万元正此据。

嘉陵江区民船商业同业公会条

二月廿九日

嘉陵江区民船商业同业公会图记

理事长：青出蓝印

宣判笔录

原告：花纱布管制局。

被告：嘉陵江区民船业同业公会。

右当事人间返还运费事件，于中华民国卅四年十二月十五日下午四时，在本院民事法庭公开宣判，出席职员如左。

推事：

书记官：

点呼事件后，推事起立朗读判决主文并口述判决理由之要领。

中华民国卅四年十一月十五日

重庆实验地方法院民事庭

书记官：金巧英

推事：李懋

四川南充地方法院书记室公函

甲助字第七一号

案准贵室民诚字第七八二号公函，附送财政部花纱布管制局与嘉陵江区民船业同业公会等返还运费一案，附传票、送证各一件，嘱即代为送达。等由，准此。当即一再派员督饬送达。兹据去员报称，遵即持票前往扶君、金宽、双桂各乡探傅该被告青出蓝，经三乡住所邻居均言早已至成都去了，其票由伊妻青季芳收转等情，前来相应连同送证函送遗室，请烦查收核办为荷。

此致

重庆实验地方法院书记室

计送证一件

中华民国三十五年二月廿五日

送达证书

书状目录：民国卅四年字第一一二五字第诉号，欠款案送达传票一件。

受送达人：被告嘉陵江民船业同业公会，法定代理人青出蓝。

受送达人署名盖章，若不能署名盖章或拒绝者，应记明其事实：青季芳代押。

于交付受送达人之送达应记明其事由：查青出蓝之传票持往该地送达，该伊之家属口称早已到成都去了等语其票，由伊妻青季芳代转于以送达特此陈明。十二月八日

送达日期：卅四年十二月八日上午十时。

中华民国卅四年十月卅日

法警：

重庆实验地方法院民事判决

中卅四年度诉字第一一二五号

原告：财政部花纱布管制局，设李子坝六号。

法定代理人：尹任先，住李子坝六号。

诉讼代理人：吴骐，律师。

被告：嘉陵江区民船业同业公会。

法定代理人：青出蓝，住址不明。

被告：福昌贸易行，住邹容路一零八号。

法定代理人：郑洪福，住邹容路一零八号。

诉讼代理人：杜岷英，律师。

右当事人间因返还运费等事件，本院判决如左。

主文

被告嘉陵江区民船业同业公会应返还原告国币十五万元，及自民国卅三年三月一日起至执行终了之日止，周年百分之五之利息。

原告声请之诉驳回。

诉讼费用由被告嘉陵江民船业同业公会负担。

事实

原告代理人声明求判令第一被告返还运费十五万元，及自卅三年三月一日起之法定利息，

并命第二被告负连带责任。其陈述略称：民国卅三年二月廿八日第一被告与原告订约由其以船只运送机棉一千吨，由广元至重庆、合川一带。同年三月一日已领去运费十五万元，然该被告迄未启运，第二被告为其保证人应请判决如声明云云。

被告福昌贸易行代理人声明求驳回原告之诉，其答辩略称，第一被告与原告订约后，因原告广元办事人员拒绝发交棉纱以致无法启程。且原告于契约所订期限届满后，曾允许第一被告展期二十天，并变更契约内容，被告当时表示不能同意，依法亦应不负保证责任云云。

被告嘉陵江区民船业同业公会经合法传唤，未于言词辩论期日到场，亦未提出准备书状，查照民事诉讼法第三百八十六条各款情形，应由原告一造辩论而为判决。

理由

查事件第一被告于去年三月一日，向原告领取运费十五万元有原告提出之收条为证，而该被告迄今尚未将原告机棉送达目的地又为造不争之事实，第二被告虽主张第一被告广元办事人员拒绝交货，以此不能启运，应由原告负责，然其所提供之证据尚难据以认定其主张为实在，第一被告自应返还原告十五万元，及自去年三月一日起至执行终了之日止，周年百分之五之利息。至原告提原订契约所定期限属备后，曾同意展限交纳一节，业经原告自认，而第二被告对两方展期不表同意，复有信函可凭，依民法第七百五十五条之规定，第二被告应不负保证责任。

据上论志原告之诉为一部分有理由，一部分无理由应予分别准、驳，并任实验地方法院办理民刑诉讼法补充办法第十一条、民事诉讼法第七十九条判决如主文。

中华民国卅四年十二月十五日

重庆实验地方法院民事第一庭

推事：李懋

送达证书

书状目录：民国三五年（诉）字第一一二五号返还运费案送达判决一件。

受送达人：原告财政部花纱布管制局，法定代理人：尹任先。

受送达人署名盖章，若不能署名盖章或拒绝者，应记明其事实：财政部花纱布管制局。

非交付应受送达人之送达应记明其事实：花纱布管制局总务处职员□□收。

送达处所：

送达方法：

送达日期：三十五年三月二十二日。

重庆地方法院执达员：

　　［同年三月二十三日（福昌贸易行无人收受判决）由浙江天宝银楼收转福昌贸易行郑洪福判决送达证书略。

另送达嘉陵江区民船业公会法定代理人青出蓝判决的送达证书略（无人签收）］

嘉陵江区民船商业同业公会呈复

嘉渝字第一八一号

窃以本江区公会前任理事长青出蓝，业于民国三十三年十月份逃匿无踪，其时曾经报载申明，而且社会部交通部航政局（及）船泊管理处悉出令通逮侦捕，均系无有觅获，咸已冰消。此非本会捏词抵渎，然皆有案可考以重实确。（夫）皆有制机关历尽辛苦，尚未捕获青出蓝完案，嗟我人民团体再由何处侦踪。谨此呈复状冀鉴核实为公便。

谨呈

重庆地方法院公鉴。

具呈复理事长：滕足三

中华民国三十五年四月七日

报告

为报告事窃奉交下卅四年度诉字第一一二五号民事判决三件，遵即前往按址分别送达，除原告尹任先、被告郑洪福收受填证外，惟被告嘉陵江区民船业同业公会法定代理人青出蓝并无其人。据该公会现任理事长滕足三向称该公会前任理事长青出蓝，业于民卅三年十月份外匿无踪，特呈复证明。理合报请钧核示遵。

谨呈

民庭推事公鉴。

民事卅五年四月八日

执达员：王朝奎

31.金仲寅诉王清泉要求履行保证责任赔偿案

民事诉状

起诉人：金仲寅，四十二岁，广东琼山人，住五四路九十八号警察分局楼上，粮食部储运局专员。

被诉方：福德栈王清泉、王成章，四川人，上南区马路四号，[二人系]福德栈老板。

敬呈者：查有木匠冒海龙，带有妻子，住城内上南区马路四号福德栈王家，与栈主王清泉、王成章系属亲戚同乡。前经福德栈担保包工修理郊外高滩岩永安旅社工程完毕，随即承包修理金仲寅租在中央医院附近覃家岗二十七号之房屋工程，即于四月三十日，在城内福德栈立约，包工价款十万元，言明一周完工，当日由福德栈盖章担保，仲寅又当众先交款八万元，乃逾期未曾兴工，该冒、王均称板窗等已在河边制就，五月十日即雇板车运往兴工，并要求交板车及伙食费，金仲寅又当众在栈中交给一万一千元，共为九万一千元。乃延未见冒海龙前往工作，复询担保人福德栈，王乃声色俱厉曰："冒已带妻子前往工作，但此事与我无关。"金仲寅此时已知冒、王二人有共同违背契约骗财之嫌，每日至该栈找王，均不出面，每次仅由其徒弟及妇女说："王老板已返乡，此事与栈无关。"等语。窃查冒既经福德栈担保领款，冒既潜逃，王复不出面，显系共谋违约骗财。又该栈既担保冒海龙修理永安旅社文姓工程于先，乃以金仲寅为外省人，遂有违约之念。经于前月请警察局侦缉总队追究，王乃请文君来云："他愿赔偿半数四万五千元，请勿追究。"等语，当经拒绝，足证此事为王所主谋，在此首都法律森严之下，竟有不顾国法人情之冒、王等人，实为法律所不容。恳请钧院依法追究，务使担保人福德栈赔偿九万一千元及五个月利息之损失。而覃家岗二十七号之房屋，金仲寅亦已退租矣。理合陈明原委。敬乞钧院主持正义，以申法纪，并缮同契约及请甲长调解副张各一份，请予鉴核。

谨呈

重庆实验地方法院

附呈：契约及甲长调解副张各一份

再：本案十月十二日，经刑事庭审讯一次，法官指示："要请求赔偿原款，应呈请民事庭追究。"合并陈明。

中华民国三十四年十月十三日

具状人：金仲寅

修理合约

订修理房屋两间及厨房连工人房合一间，覃家岗二十七号。

一、房屋二间，下作地板用松木，要平坦（周围用薄板围好）。

二、平顶用木架，涂白石灰，与墙一样（连带白石灰涂墙壁），须平坦。

三、木窗两个，连窗门窗底板。

四、厨房及工人房一丈长，七尺宽，用竹及石灰制造，上盖青瓦，门户一个，小窗一个。

五、先交洋八万元（盖有私章）买料子，余二万元候工作完满后交清。

六、包工共价十万元。以上各项工作，应作清楚，由房主满意接收，否则须另修造。

七、言明五月二日开工，九日完工，不得延误。

包工人：冒海龙（自签）（印）

房主：金仲寅（印章）

保证：福德栈（印章）

五月十日又交一万一千元作板车运费。

三十四年四月三十日立约

请该管甲长调解无效

一、请王老板出面会商（终不出面）。

二、如言价款不敷，可再增加若干，必须开工为原则。

三、既立有契约，不可毁约，即逾期开工亦可原谅，但担保人必须出面。

四、否则即请执法机关追究，请以信义为重。

五、福德栈既担保永安旅社文君工程清楚，为何担保本人工程即生流弊，望勿视为外省人而可欺也。

重庆实验地方法院征费单

征费机关：重庆实验地方法院。

缴款人：金仲寅。

案号：三四年度诉字第一三九〇号。

案由：赔偿。

标的：九万一千圆。

费别：裁判费。

征费数目：国币一千一百八十三圆。

复核员：（印章）

收费员：（重庆实验地方法院收费处印章）

中华民国三四年十月十三日

重庆实验地方法院民事案件审理（通知）单

赔偿案定于本年十一月廿一日上午八时审理，应行通知及提传人如左。

应传：两造，送副状。

推事：十月十六日上午发交

书记官：　月　日办讫

重庆实验地方法院民事送达证书

书状目录：民国三四年诉字第一三九〇号赔偿案送达传票、副状各乙件。

受送达人：被告福德栈王清泉、王成章。

受送达人署名盖章，如不能署名盖章或拒绝者，应记明其事由：王清泉、王成章（均未在家）。

于交付受送达人之送达应记明其事由：同居代收人李海清（印章）。

送达日期：卅四年十月十八日　午　时。

中华民国卅四年十月十八日
法警：卓炽

［原告金仲寅签收传票的送达证书略］

民事辩诉

状心编号民字一四七四号

民诚股诉字第一三五〇号

具答辩人：福德栈王清泉，四十五岁；王成章，四十岁。［二人均系］本市人，住本市上南区马路四号，职业为商人。

被辩人：金仲寅，年龄、职业未详，广东人，住本市五四路九十八号。

呈为咎由自取，诈欺显然，特此据实辨明，请求驳回原告之诉，并施检举治以刑责论科，用儆不法而免陷害事：

缘民被金仲寅捏诬赔偿事件控诉一案，昨奉钧院票传，示期于本月二十一日审理，自当静候法办曷读，惟有陈者无如本案不特无事实可查，且于证据上纯属伪造及涂改字迹，其中关键究竟有无责任问题以为断，兹既歧控涉累，但民亦不得不据理答辩以详陈，鉴核用凭驳结如下：

查上诉人与民素不相识，住隔数十里，而民营业旅栈尚有数十年之久，从未与人担保作证，亦不妄干滋非，街邻尽悉可查，讵告诉人所述之意旨，不过以民系栈宿有木匠冒海龙其人，即因此而联络关系，遂与捏造黑白，希图诈妪愚朴。不知民营旅栈专以住客为业，虽住有冒海龙是人，但确系木匠，时来时去，并不明其有无承包工程之事，不意前数月间而冒海龙已去之际，突来一金姓自称国春之名，当持一条据，谓为民证明有栈客（即冒海龙）承包伊之工程，不履行条约之情形，而民固答该冒木匠已离，毫未与伊证明或担保，殊金姓竟以模糊不明之福德栈号章，即非问民交人不可，言毕假作愤恨而去，未及数日，果有侦缉队不分曲直，将民苦逼赔款，以致黑禁数日，未久嗣取保乃释，故民曾提自诉以诈欺告争于刑事，业经三次票传不案（有庆股第二四七九号），有卷可调。孰知被告又以谬想天开，反以民事赔偿而作搪塞，此足显见其欲望之心久矣，复不知立据担保者，即为负责，其责任人究系何名，有无签名盖章及其有无复加号章，而其交款当众又系何人为证？设或立约，有无代笔之人可考？断不能以民等弟兄二人均列为经理要之以。民前次与冒海龙负责，试问证据安在？其担保者是谁，岂容信口开河耶。该告诉人既当众给付如是巨款何不以民给掣与收据耶？既为正大民事，何致以暗串侦缉胁迫耶？谁认赔偿半数，然何又不当时立其据乎？有是理欤？况告诉人非愚非痴，如谓其受骗之事虽三尺之童子亦不肯为之。总之，本案于情理法三者均有不合。为是，辩恳钧院俯赐衡情，准将原告之诉予以驳回，更令其负担诉讼费用，不胜沾感之至！

谨呈

重庆实验地方法院民庭公鉴。

中华民国三十四年十一月十三日

具状人：王清泉（押）、王成章（押）

笔录

原告：金仲寅。

被告：王清泉等。

右列当事人因赔偿案，经本院于中华民国三十四年十一月廿一日午前九时，开民事第一法庭，出席职员如左。

审判长推事：李懋。

书记官：金巧英。

点呼右列当事人入庭，书记官朗读案由。

问：金仲寅，年龄、住址？

答：四十二岁，住五四路九十八号。

问：请求如何判决？

答：请求判令被告赔偿九万一千元，自本年五月一日起至执行终止日止，以月息八分算付利息。

问：事实及理由？

答：本年四月三十日，冒海龙承包原告修理房屋，定价十万元，已付过九万一千元，由福德栈为保人，约令自五月二日起开工，九日完工，逾期并未前往工作，该冒海龙已潜逃。

问：（被告）年龄、住址？

答：四十二岁，住上南区马路四号。

问：有什么答辩？

答：王清泉是福德栈之经理，由其独资开设。王成章是其堂弟，过去有木匠冒海龙至栈内住，他有否承包原告工程不知道，王清泉也未作保，待原告来栈查询时，冒海龙已他往。

问：合同上之章子是否福德栈所盖？

答：是福德栈之章子，但未经王经理签名盖章，故不能负责。

推事谕知，辩论终结，定十一月廿六日下午四时宣判，退庭。

中华民国三十四年十一月廿一日

重庆实验地方法院民一庭

书记官：金巧英

推事：李懋

民事委任

状心编号民字四四七二号。

委托人：王清泉。

年龄：四十二岁。

籍贯：本市。

住址：上南区马路四号。

职业：饭店。

被委托人：邹鹤年，三十六岁，籍贯、住址同，职业：司账。

为委任代诉事：缘民被金仲寅捏以赔偿事件，昨奉钧票示期审理，本拟亲身赴质，无如民弟王成章被其侦缉陷害致病沉重，乃返乡看视，特委民戚谊邹鹤年到庭陈述，与民发生同一效力。此呈

重庆实验地方法院民庭公鉴。

中华民国三十四年十一月二十一日

具状人：王清泉（押）

重庆实验地方法院民事判决书

卅四年度诉字第一三九〇号

原告：金仲寅，住五四路九十八号楼上。

被告：王清泉，福德栈，住上南区马路四号。

诉讼代理人：邹鹤年，住同右。

右当事人间因履行保证责任事件，本院判决如左。

主文

原告之诉驳回。（印章）

诉讼费由原告负担。（印章）

事实

原告声明求判令被告赔偿国币九万一千元及自本年五月一日起至执行终止之日止，月息八分之利息。其陈述略称：本年四月卅日有居住被告栈中之冒海龙承包原告房屋修理工程工作，包价十万元，已付九万一千元，由被告作保，约定五月二日开工，九日完工，然工款领

取后，即告逃匿，应请保人赔偿云云。

被告代理人声明求为如主文之判决，其答辩略称：木匠冒海龙前曾住被告栈中，渠是否与原告订立合同，被告毫不知情，被告尤未为其担保，不能赔偿云云。

理由

查本件原告所称各节，纵令实在，然统未就主债人冒海龙之财产强制执行而无效果，且亦不能证明确有民法第七百四十六条所列各款情形之一者，被告自得拒绝赔偿，原告之请求即不能谓为有理由。

据上论结，原告之诉为无理由，应予驳回，依民事诉讼法第七十八条判决如主文。

中华民国卅四年十一月廿六日

重庆实验地方法院民事第一庭

推事：李懋（印章）

重庆实验地方法院民事送达证书

［民国三四年诉字第一三九〇号保证责任案判决乙件送达原告金仲寅和被告王清泉略］

四川高等法院第一分院书记室公函

温字第　　号

中华民国三十五年九月廿一日

查本院受理三十五年度上字第一三八号金仲寅与王清泉赔偿损害事件，业经判决确定，相应检同卷宗等件函送，即请查收为荷！

此致

重庆地方法院书记室

计送本院卷壹宗、原审卷宗一宗、证明物无。

书记官：李达同（印章）

重庆实验地方法院书记室公函

□字第二九三七号

案查本院受理金仲寅与王清泉赔偿损害事件，业经本院依法送达在卷，兹据金仲寅于法定期间内具状提起上诉到院，相应检齐卷证函送贵室查收核办！

此致

四川高等法院第一分院书记室

计函送卷乙宗，上诉状、裁定回证各一件。

书记官：（印章）

中华民国三十五年五月四日

民事上诉

状心编号日字一四四〇号

上诉人：金仲寅，四十二岁，广东琼山县人，住本市五四路九十八号三楼，粮食部储运局专员。

被诉方：王成章、王清泉，四川人，上南区马路旧门牌四号福德栈，商业。

敬呈者：窃仲寅请求王清泉、王成章兄弟清偿冒海龙所领包工价款九万一千元一案，于本年三月九日，奉到钧院卅四年度诉字第一三九号民事判决：为"原告之诉驳回，如不服本判决，应于收受正本二十日内提出上诉书状"等因。查本案于起诉时，因程序错误，言词简略，致遭驳回。兹特提出上诉书状，申明如次：

（一）仲寅在福德栈饭店交冒海龙包工介款，当场系由店主王清泉盖店章担保，经多次请求开工，冒、王均未出面。复经多次追究，仅据店员云：冒已他往，王已下乡。继经请该管保甲长调解，亦已无效，始知冒、王显系共同违约。因主债务人之住所变更，无法请求清偿，应由保证人履行清偿之责任，且此事系共同商议违约，保证人尤应完全负责。

（二）本案于发生之时，曾经报请重庆警察局侦缉总队侦查冒海龙之行踪，以便强制执行，未得结果，继由总队部将店主王成章拘提，讯问冒之去向，亦未明告。王则向钧院刑事庭自诉，经卅四自字第二四七九号刑事第一庭姚推事判决：开"金国春无罪（即金仲寅），理由为被告所缴保证单，不特有福德栈号章，并有保甲长证明，决非被告假造之文书。自诉人既为冒海龙担保。则因此而发生担保债务，应当由自诉人负责清偿，纯属民事问题，被告无诈欺犯行，至为明显"。故本案经强制执行而无效果，其保证责任亦已确定，有案可稽。

（三）王成章被侦缉总队审讯之际，王清泉仍未出面，曾托高滩岩永安旅店文老板向仲寅云：彼愿清偿半数四万五千元，请求了事，当经拒绝。盖王前已担保冒为永安旅店修理包工也。足以证明冒、王等以仲寅为外省人而共同违背契约，平均分款之事实。

为此，备文提起上诉，敬乞秉公审理，予以追还包工价款九万一千元及自上年五月起至清偿之日止每月八分之利息，以维正义，实为德便。

谨呈

重庆地方法院

附呈副本一份

中华民国三十五年三月十三日

具状人：金仲寅（印章）

送达证书

［民国三十四年诉字第一三九〇号赔偿一案送达裁定一件送达上诉人金仲寅略］

四川高等法院第一分院征费单

征费机关：四川高等法院第一分院。

缴款人：金仲寅。

案号：卅四年度诉字第一三九〇号。

案由：赔偿。

征费数目：国币一千七百七十四圆。

复核员（印章）

收费员（印章）

中华民国卅五年五月四日

重庆地方法院民事裁定

三十四年度诉字第一三九〇号

上诉人：金仲寅，住五四路九十八号三楼。

右上诉人与王清泉因赔偿事件不服本院第一审判决提起上诉，应缴裁判费国币一千七百七十四元未据缴纳，其上诉状亦未依民事诉讼法第四百三十八条表明上诉理由，兹限该上诉人于收受本院裁定时起十日内，径向四川高等法院第一分院驻渝临时庭（林森路第五九号）如数补缴，如逾期尚未遵行，第二审法院即行驳回上诉，切勿违延自误，特此裁定。

中华民国三十五年四月六日

重庆地方法院民事第一庭

推事：钱本海

本正本证明与原本无异。

书记官

中华民国三十五年　月　日

四川高等法院第一分院辩论通知

四川高等法院第一分院民事第□庭受理卅五年度上字第一三八号履行保证责任上诉事件，指定本年五月廿二日上午十时为言词辩论期日，应行传唤及通知诉讼关系人如左。

上诉人：金仲寅，住五四路九十八号楼上。

被上诉人：福德栈，即王清泉、王成章，住上南区马路四号。

主任推事：五月七日填送

四川高等法院第一分院送达证书

　　［民国卅四年上字第一三八号与金仲寅履行保证责任案传票一件送达福德栈，即王清泉、王成章略］

民事委状

状心编号民字四四七五号。

委托人：福德栈，右法定代理人王清泉、王成章，本市人，住上南区马路四号。

被委托人：戴炎如，四十六岁，巴县人，住址同右。

为请委代理人诉讼事：缘金仲寅以履行保证责任事件上诉民等一案，兹因民等奔丧返乡，不能分身赴案，特请委任店员戴炎如代理诉讼上一切行为，合具委状为证。

谨呈

四川高等法院第一分院民庭公鉴。

中华民国三十五年五月二十二日

具状人：王清泉（押）、王成章（押）

民事辩诉

答辩人：福德栈，王清泉，四十二岁，巴县人，住上南区马路四号，职业：福德栈；王成章，四十岁，籍贯、住址、职业同上。

上诉人：金仲寅，年龄、籍贯、职业未详，住五四路九十八号。

为对金仲寅告诉履行保证责任事件，提起上诉一案，依法答辩如左：

按本件诉讼之请求标的，谓民有担保冒海龙领得上诉人包修费九万一千元后，因承包人逃扬等语，为告请履行保证责任之理由，是该上诉人求偿债务之主债务人为冒海龙，而该上诉人有无交付冒海龙包费九万一千元之事实，在该上诉人尚未告该主债务人返还因违约未修之包价前，自无足以证明实有包修领价之实据，尤况本案之先决问题，即在其所持与冒海龙订立之包修契约载明为民保证一点，是否真实是也，查本案包修契约所载之保证，仅只盖有福德栈之号章，并未盖有店主或经理之民名私章，查保证债务，负有包含主债务人之利息违约金，损害赔偿及其它泛属于主债务人之负担责任何等重大，断未有仅以空洞无人负责之号章，而无该号之特定主体人泛场署名签押负责之理，兹该上诉人所持包约上之保证人，况只仅一号章而无民之名章，且其所谓之主债务人冒海龙，乃并无铺号，与一定住所之游动木工，并非长期住宿民栈，实不知其于何时，乘民铃盖逐日呈报宪警之旅客日报表时所窃盖，确无明证邀与保证包修之事实，今举下列两点证明之：

（一）查该冒海龙既系挑担售艺之流动木工，已如上述，试问该上诉人交付九万余元之巨数包价，岂不经民泛场，出立协同盖章之收据，乃竟平[凭]口空谈，此足证明民无保证者一。

（二）查其捏称订约交价时间，为去年四月卅日，约定开工日为同年五月二日，完工为同月九日，岂有延至去年，已事隔数月之久尚未照约开工，果民担保属实，岂有不一并具控，反而待民具诉诈期之后，始行告赔之理，此足证明民无保证者二。

据上观察，在事实上，已属民确无保证之事，应请驳回其上诉，维持原判之理才一也。再查该上诉人捏称王成章于侦缉队室讯时，强民有托永安旅馆文老闾致意，愿出四万五千元与和等诳，纯属张冠李戴，且民并不识有文老闾其人，焉有其事？况该上诉人既未告诉该主债务人清偿，在未就其财产为强制执行而无效果前，竟突如其来告民负担保赔偿责任，莫谓民确无与之保证之事实，纵令与担保，既然未传该主债务人到案，则其究竟清偿与否，从何而有为证明根据，则民当然拒绝其请求，此为民法第七四五条定有明文，乃竟捏词上诉，毫无理由，此应维持原判，而予驳回其上诉之理由二也。右列答辩理由，伏乞俯予驳回其无理上诉之判决，实不胜沾感之至。

　　谨呈

四川高等法院第一分院民庭公鉴。

中华民国三十五年五月十八日

具状人：王清泉（押）、王成章（押）

四川高等法院第一分院民事言词辩论笔录

言词辩论笔录　第　次

上诉人：金仲寅。

被上诉人：福德栈，即王清泉、王成章。

　　右列当事人间赔偿上诉事件，经本院于中华民国卅五年五月廿二日上午十时，在本院第一法庭公开言词辩论，出庭推事、书记官如左。

　　审判长推事：王鸣鸿。

　　推事：殷世新。

　　推事：牟照远。

　　书记官：李达同。

　　点呼事件后到场人如左。

　　上诉人金仲寅不到；被上诉人代理人戴炎如。

　　问：戴炎如，年龄、籍贯、住址？

　　答：四十六岁，住上南区马路四十六号。

　　问：你代理哪个？

　　答：我代理王清泉、王成章（呈委状）。

　　问：福德栈是哪年开设的？

　　答：他是廿七年开设的，当年就来做了，仍由一个姓的经营。

　　问：王清泉是否经理？

　　答：他是经理。

　　问：冒海龙是否住在栈房里？

　　答：冒姓是住在栈内。

　　问：福德栈是否承保过冒姓？

　　答：章子是福德栈的，但他并没有盖章，王与冒并非亲戚，焉能保他，大约是偷盖的。

　　问：现在冒海龙在哪里去了？

　　答：不知到哪里去了。

　　问：福德栈以前是否代冒姓保过永安旅社工程？

　　答：以前是代冒姓保过。

问：金仲寅请求你赔偿他九万一千元，你怎么说？

答：根本没有这回事，我们不能赔。

审判长再点呼金仲寅，不到。

问：今天金仲寅不到，有何请求？

答：请求缺席判决。

右笔录经当庭朗读无讹。

审判长宣言：本案辩论终结，定于本月廿七日下午四时宣判。退庭！

中华民国卅五年五月廿二日

四川高等法院第一分院民事第四庭

书记官：李达同

审判长：王鸣鸿

四川高等法院第一分院宣示判决笔录

上诉人：金仲寅。

被上诉人：福德栈，即王清泉、王成章。

右列当事人间赔偿上诉事件，经本院于中华民国卅五年五月廿七日下午四时，在本院第法庭公开宣示判决，出庭推事、书记官如左。

审判长推事：王鸣鸿。

推事：殷世新。

推事：牟照远。

书记官：李达同。

点呼事件后到场人如左：未详。

审判长起立朗读判决之原文，并告知理由。

中华民国卅五年五月廿七日

书记官：李达同

审判长：王鸣鸿

四川高等法院第一分院民事判决

三十五年度渝上字第一三八号

上诉人：金仲寅，住五四路九十八号三楼。

被上诉人：王清泉，即福德栈，住上南区马路四号。

右当事人间履行保证债务事件，上诉人对于中华民国三十四年十一月二十六日重庆实验地方法院第一审判决提起上诉，本院判决如左。

主文

原判决关于驳回上诉人请求赔偿九万一千元及逾年百分之五利息暨诉讼费用之裁判废弃。（印章）

被上诉人应赔偿上诉人国币九万一千元及自三十四年五月一日起至执行终了之日止逾年百分之五之利息。（印章）

其余上诉驳回。（印章）

第一、第二两审诉讼费用由被上诉人负担。（印章）

事实

上诉人受合法传唤未于言词辩论期日到场，其上诉状之声明请求废弃原判决另判，令被上诉人赔偿九万一千元及自三十四年五月一日起按月八分之利息，被上诉人代理人声明求驳回上诉人并求为一造辩论之判决，其余应记事实与第一审判决书所载者同，兹依民事诉讼法第四百五十一条引用之。

理由

本件上诉人主张被上诉人于民国三十四年四月三十日以其所经营之福德栈担保冒海龙包修房屋，当由冒海龙领去工款九万一千元，经提出冒海龙之承包文约以为证明，查该文约保证人项下盖有福德栈图章，该图章为被上诉人所有，又为其代理人所不否认，虽据辩称冒海龙居住福德栈其久，不知如何盗盖云云。惟被上诉人对于所经营之旅栈图章，自必妥为保管，岂能使住客任意盗用，语不近情，已难采信；且被上诉人在三十四年四月前，曾担保冒海龙包修高滩岩永安旅社工程，亦为被上诉人之代理人所自认，尤足证明上诉人主张被上诉人与冒海龙有特别关系而为其担保等情，可以认为真实，冒海龙领款九万一千元以后，迄未开工，近且逃匿无踪，既为被上诉人所不争执，则依民法第七百四十六条第二款之规定，被上诉人即不得主张合同法第七百四十五条之权利。原审驳回上诉人之请求，自欠允当，惟此项赔偿金钱之债务，依法仅能请求迟延利息周年百分之五，上诉人请求按月八分利息，难谓为全部有理，再王成章非原判决之当事人，上诉人自不能对之提起上诉。

据上论结，本件上诉为一部分有理由，一部分无理由，应依民事诉讼法第四百六十条、第三百八十五条、第四百四十六条第二项、第四百四十七条、第八十七条第二项、第七十九条判决如主文。

中华民国三十五年五月二十七日

四川高等法院第一分院民事第四庭

审判长推事：王鸣鸿

推事：殷世新

推事：牟照远

书记官：李达同（印章）

中华民国三十五年六月廿日

四川高等法院第一分院送达证书

［上字第一三八号履行保证责任判决正本一件送达金仲寅、王清泉略］

32. 顺昌公司重庆铁工厂诉张艺耘等要求履行合约案

顺昌公司重庆铁工厂民事起诉状

状新编号日字第一五七八号。

具状人即原告：顺昌公司重庆铁工厂，法定代理人马雄冠，四十一岁，江苏武进人，住重庆化龙桥对岸猫儿石，顺昌公司经理。

被告：兴隆煤铁矿股份有限公司，法定代理人张艺耘、石少荣，住重庆民族路一七六号附八号；建章木业股份有限公司，法定代理人蒋邦休，住重庆陕西路一四一号。

为诉请被告履行合约交付生铁事。兹将诉之声明及事实理由分陈如次：

一、诉之声明：

请求判决被告兴隆煤铁矿公司，应在其江北汉渝路石门渡口堆栈码头河边船上交付原告灰口铁三十公吨，如兴隆煤铁矿公司不为给付时，应由被告建章木业股份有限公司代为履行给付，诉讼费用由被告负担。

二、事实及理由：

缘原告于本年二月九日向被告兴隆煤铁矿公司订购灰口生铁五十公吨，立有合同言明每公吨价格国币柒万元，当付定洋国币三百万元正，限于签约之日起二十天内，在该被告江北汉渝路石门渡口堆栈码头河边船上交清生铁，挽有被告建章木业公司为其担保人，担保被告兴隆公司履行合同。但至今该兴隆公司仅交生铁贰拾公吨，其余三十公吨迄未照交，迭催无效。为此，不得已具状起诉，仰祈鉴核传审，准如诉之声明判决，以维工业而重生产。实为德便。

谨状

重庆实验地方法院民庭公鉴。

中华民国卅四年十一月六日

具状人：顺昌股份有限公司重庆铁工厂马雄冠印

征费单

征费机关：重庆实验地方法院。

缴款人：马雄冠。

案号：三四年度诉字第一五三二号。

案由：履行契约。

标的：二百一十万圆。

费别：裁判费。

征费数目：国币二万七千三百圆。

顺昌公司重庆铁工厂关于诉讼代理人之委任状

状心编号日字第一五七九号。

委任人：顺昌公司重庆铁工厂，法定代理人马雄冠，四十一岁，江苏武进人，住重庆化龙桥对岸猫儿石，顺昌公司经理。

被委任人：陈嗣庆，律师，住本市中正路美丰银行二楼。

为诉兴隆煤铁矿公司等交付生铁事件，委任诉讼代理人事。兹委任陈嗣庆律师为诉讼代理人，仰祈鉴准，实为公便。

谨状

重庆实验地方法院民庭公鉴。

中华民国三十四年十一月六日

具状人：

顺昌股份有限公司重庆铁工厂马雄冠印

报告

十二月二日于法警室。

奉交下三十四年度诉字第一五三号传票三件、通知一件，遵即前往按址送达，除三件送达外，惟被告建章木业公司蒋邦休一件无法送达。查该址现并无此公司，据称蒋邦休现已返江北两路口前面八里八角庙蒋家院等语，查该址距渝五十余里，似此情形无法送达，理合呈请具报鉴核。

谨呈

推事：

法警：曾俊修呈

重庆实验地方法院民事送达证书

书状目录：民国三十四年诉字第一五三二号履行合约案送达传票一件。

受送达人：原告顺昌公司重庆铁工厂，代理人马雄冠。

受送达人署名盖章，如不能署名盖章或拒绝者，应记明其事由：顺昌股份有限公司重庆铁工厂，卅四十二四。

中华民国三十四年十一月三十日

执达员：曾俊修

［同年十一月六日兴隆煤铁矿公司张艺耘、石少荣，陈嗣庆律师各自签收传票、通知的送达证书略］

顺昌公司重庆铁工厂关于诉讼代理人之民事委任状

状新编号民字三一九三号。

委任人：顺昌公司重庆铁工厂，法定代理人马雄冠，住化龙桥对岸猫儿石。

被委任人：陈嗣庆，律师，住中正路美丰银行二楼廿三号。

为与兴隆煤铁矿公司给付生铁事件，特别委任代理人事。兹委任陈嗣庆律师为特别诉讼代理人，除有普通代理权外，并有撤回诉讼之权。

谨状

重庆实验地方法院民庭公鉴。

中华民国卅四年十二月十四日

具状人：马雄冠　押

笔录

原告：

诉讼代理人：陈嗣庆，律师。

被告：

右列当事人因履行合约案，经本院于中华民国卅四年十二月十四日午前时开民事法庭，出席职员如左。

审判长推事：雷启汉。

书记官：周南强。

点呼右列当事人入庭，书记官朗读案由。

推事请原告代理人陈述。

原告代理人起立称，本案诉之声明，请求判令被告兴隆煤铁矿公司，应在其江北汉渝公路石门渡口堆栈码头河边船上交付原告灰口生铁三十公吨，如兴隆煤铁矿公司不为给付时，应由被告建章木业股份有限公司代为履行给付。

问：陈述事实？

答：原告于二月九日向被告兴隆煤铁矿公司订购灰口铁五十公吨，订明每公吨七万元，当付定洋三百万元，限签约日起二十天内在该被告石门堆栈码头河边船上交清生铁，由第二被告为担保人，但至今第一被告仅交生铁二十公吨，尚差三十公吨，迭催无效，故诉请判决如声明。

问：证据呢？

答：有的（呈被告函、提货单、收据及合同，合同发还）。

问：被告建章木业公司未能传到。

答：既未传到，请求撤回对第二被告之诉。

庭谕本案弁〔辩〕论终结，定本月十八日宣判。

中华民国卅四年十二月十四日

书记官：周难强

宣判笔录

原告：顺昌公司重庆铁工厂。

被告：兴隆煤铁矿股份有限公司。

右当事人间履行合约事件，于中华民国卅四年十二月十七日上午九时，在本院民事法庭公开宣判，出席职员如左。

推事：雷启汉。

书记官：周南强。

点呼事件后，推事起立朗读判决主文并口述判决理由之要领。

中华民国卅四年十二月十八日

重庆地方法院民事庭

书记官：周南强

推事：雷启汉

重庆实验地方法院民事判决

卅四年度诉字第一五三二号

原告：顺昌公司重庆铁工厂。

法定代理人：马雄冠，住化龙桥对岸猫儿石。

诉讼代理人：陈嗣庆，律师。

被告：兴隆煤铁矿股份有限公司。

法定代理人：张艺耘，住民族路一七六号附八号。石少荣，住同右。

右当事人间请求交付生铁事件，本院判决如左。

主文

被告应在江北汉渝路石门渡口堆栈码头河边船上交付原告灰口生铁三十公吨。

诉讼费用由被告负担。

事实

原告代理人声明求为如主文所示之判决，其陈述略称："原告于本年二月九日向被告订购灰口铁伍拾公吨，订明每公吨七万元，当付定洋三百万元，限签约日起二十天内在被告石门堆栈码头河边船上交清生铁，但至今仅交生铁二十公吨，尚差三十公吨，迭催无效，故诉请判决如声明。"提出合同、提单、收据、被告函件为证。

被告于弁[辩]论期日未到庭，亦未提出答弁[辩]状。

理由

本件原告代理人主张之事实，经其提出被告签印之合同、收据、提货单、信件，证明属实，其请求非无理由。

被告经合法传唤，无故不到，应由在场当事人为弁［辩］论而判决。

据上论结，本件原告之诉为有理由，应予照准，并依实验地方法院办理民刑诉讼补充办法第十一条、民事诉讼法第七十条判决如主文。

中华民国三十四年十二月十八日

重庆实验地方法院民事第一庭

推事：雷启汉

本件证明与原本无异。

书记官：（印）

中华民国三十五年三月十九日

重庆地方法院民事送达证书

［书状目录：民国卅四年诉字第一五三二号请求交付生铁案判决乙件送达原告顺昌公司重庆铁工厂马雄冠和被告兴隆煤铁矿股份有限公司张艺耘、石少荣略］

顺昌公司重庆铁工厂民事声请书

声请人：顺昌公司重庆铁工厂，法定代理人马雄冠，送达由美丰银行二楼廿三号陈嗣庆律师代收。

为诉兴隆煤铁矿股份有限公司交付生铁事件，声请发给判决确定证明书事。窃本事件已奉钧院卅四年度诉字第一五三二号民事判决在案，至今查已逾上诉期间，闻被告并未上诉，理合状请赐发判决确定证明书，以利执行。实为德便。

谨状

重庆实验地方法院民庭公鉴。

中华民国卅五年四月十五日

具状人：马雄冠　押

重庆实验地方法院关于判决确定证明书

发文字第三二四一号

查本院卅四年十一月七日受理诉字一五三二号顺昌公司重庆铁工厂与张艺耘等履行合约一案，业经本院判决确定。

特此证明

右给顺昌公司重庆铁工厂收执

中华民国卅五年五月十一日

（院衔）书记官：普敏智

33.牟裕昆诉李牟氏要求确认赠与案

原告牟裕昆民事诉状

原告：牟裕昆，三十四岁，巴县人，住石马乡瓦琢坝，务农。

被告：李牟氏（即牟焕远），三十二岁，巴县人，住马鬃乡翻草沟，绅。

为请求确认赠与契约有效，宣示假执行，扣押产业及收益，并判令被告返还田土与收益，恳予传案询究，以维权利事。缘民父牟耀廷所遗产业地名瓦琢坝于民国三十三年七月曾经钧院当庭和解，将所有田土、房屋、山林等由兄弟姊妹六人平均分割，各得田租六石在案。是年和解后，于古历九月十六日嗣胞妹李牟氏（即牟焕远）来家面称境遇优良，仁貌为怀，念民人口众多，子孙繁衍，一脉同生，骨肉有关，愿将自己应得产业六分之一、实值时市法币二十万元悉行赠与民名下，永远管业。此约系李牟氏亲书，有据可查（审呈）。民返赠黄谷五石，由牟大鹏手交口，可质可查。至民国三十四年秋收后，谁知李牟氏受旁人之挑动，不顾血统，翻悔三十三年所亲书之赠与约，意欲分产。查此约之真伪不难一查自明，因当庭和解笔录内有李牟氏亲书之押字，笔迹可考，倘有伪造情事，可具斩首之结。似此李牟氏心甘意悦所亲书之赠约尚可否认，则天下事何立约之有？国立民法何保障民权之说？为此，呈诉钧院，恳予传案询明，调卷查迹，确认赠约有效，宣示假执行，扣押产业及收益，并判令被告返还，以维民权利。实沾德便。谨呈

重庆实验地方法院民庭公鉴。

中华民国三十五年三月十一日

具状人：牟裕昆　押

重庆实验地方法院缴款单

征费机关：重庆实验地方法院。

缴款人：牟裕昆。

案号：三十五年度诉字第三〇三号。

案由：确认契约有效。

标的：廿万元。

费别：裁判费。

征费数目：二千六百元。

复核员：

收费员：（印）

中华民国三十五年三月十一日

重庆实验地方法院民事案件审理单

牟裕昆、李牟氏赠与案，定于本年四月二十日上午八时审理，应行通知及提、传人如左。

应传：两造。

推事扬雨田三月十四日上午发交

书记官：　　月　日办讫

重庆地方法院民事送达证书

［送达原告牟裕昆、被告李牟氏民国三五年（诉）字第〇二〇三号确认案传票文本略］

重庆地方法院

诉字三〇三号确认赠与等。

原告：牟裕昆到。

被告：李牟氏。

代理人：温代荣律师到。

本案办理终结，定四月十一日判决。

民国　年四月六日上午

李牟氏关于诉讼代理人的委任书

状心编号民字四三五二号

委任人：李牟氏，三十二岁，巴县人，住江津马鬃乡翻草沟，理家。

被委任人：温代荣，律师，住事务处，南纪门仁爱堂街二号。

为委任人被牟裕昆诉确认赠与一案委任代理人事，兹将其原因及权限列后：

（一）原因：依法委任。

（二）权限：依民事诉讼法第七十条规定。

右呈

重庆地方法院民庭公鉴。

中华民国三十五年四月六日

具状人：李牟氏

被告李牟氏民事答辩书

被告：李牟氏，三十二岁，巴县人，住江津马鬃乡翻草沟，理家。

原告人：牟裕昆，巴县人，住石马乡瓦琢坝或仁厚场中心小学。

为捏造文书套骗赠约依法答辩，请求驳回原告之诉，谨将答辩理由分陈于左：

（一）窃被告人先父牟耀庭于二十九年间病故，所遗巴县瓦琢坝房产、田业、山林等三十六石，为原告人牟裕昆把持霸占，当由么妹余牟氏与牟裕祥诉请钧院分析遗产，于民国三十三年七月二十四日由纪元庭长当庭和解，成立有三十三度诉字第四七号和解笔录可凭，将遗产划分六股，每股六石，全体牟裕昆、牟裕祥、牟周氏、余牟氏、李牟氏、廖牟氏平均承受。殊于和解成立之后，牟裕昆仍然霸据，且与牟裕祥互为勾结，除长嫂牟周氏外，以被告人姊妹出嫁外姓、妇女无知，竟谓此项遗产须请求法院执行划分，所有靡费须要共同负担，要求与被告人签立负担用费字约，由牟裕祥一人前来索请么妹余牟氏签字，而么妹余牟氏当以丈夫在外作工未归，此外又无其它人证，究竟纸上所写何字是何意义茫然不知，以致拒绝画押，而在被告人李牟氏方面亦由原告人牟裕昆用同样捏造套骗方法要求签约。嗣因原告人等霸产不交，支吾推延，违背和解笔录，乃于卅四年九月声请执行案，经实施强制交业后，乃该牟裕昆忽然提其捏造套骗之赠与文约，以为抵赖，经被告人当庭拒绝，足见被告人并无赠与之意思，赠约应属无效。此答辩者一。

（二）查民法第四〇七条规定，以非经登记，不得移转之财产为赠与者，在未为移转登记前，其赠与不生效力。该牟裕昆、牟裕祥等所主张赠与之产业，不特未为任何移转之登记，法应无效。而且么妹余牟氏目不识丁，雇工度日，丈夫余禹洲艺糊纸盒，工资低微，日日均在饥寒之中，此项遗产涉诉经年，花费至巨，每人仅有田租六石，岂有不顾自己衣食而悉敬赠人之理？被告人李牟氏家计贫寒，不识之无，丈夫在小学教书度日，辛苦异常，并非豪富，绝对不至以缠讼劳苦，渴望所得之遗产不顾本身生活，全行赠人。此在民法四一八条原有规定，赠与人因经济状况影响生活，当然拒绝履行。被告人生活困难，不特无力赠人，更望他人有以赠我，所得遗产之数，并非一百或八十可以分赠一二。何况该牟裕昆身为校长，拥有积资，牟裕祥勾结暗卖柴山，得资壹百余万，且其本身均有同样分受，何乃欺凌姊妹，必欲一无得，均置于饥寒之中，实属情理所无法所不容。纵令套骗成约，亦依照民法四一九条赠与人自可撤销。此答辩二也。

综据上开理由，应请驳回原告之诉，以维妇弱而保产权。不胜沾感之至。

谨呈

重庆实验地方法院民庭公鉴。

中华民国三十四年十二月五日

具状人：李牟氏　押

笔录

原告：牟裕昆。

被告：李牟氏。

右列当事人因确认赠与案，经本院于中华民国三五年四月六日午前时开民事一庭，出席职员如左。

审判长推事：杨雨田。

书记官：崔怡先。

点呼右列当事人入庭，书记官朗读案由。

问：你是牟裕昆？住何处？

答：是，住石马乡。

问：告何人？

答：告李牟氏。

问：告他为何？

答：把他赠与之六石谷财产交还。

问：有证明没有。

答：有，（呈上）文契。

问：为何不赠与呢？

答：由她丈夫之挑拨后否认。

问：六石租值好多钞？

答：价廿几万元。

问：以前打过官司未有？

答：以前打过，曾经撤回。

问：此田乃何人赠与？

答：这是我二妹赠与我，小妹赠与我二哥。

推事谕，请被告诉讼代理人陈述意旨。

律师：请求判令驳回原告之诉。所□文契并没有依法登记，不生效力。且被告生活之维持，全靠祖谷六石过活，故否认赠[与]。诉讼费由原告负担。并声请此赠与乃在和解笔录以后所立，故与情理不合，故请驳回之。事实及理由详答辩状。

问：此赠约是何人写的？

答：是被告他亲自写的。

问：财产交给你否？

答：没交。

推事谕，本案辩结，定四月十一日宣判。

中华民国卅五年四月六日

书记官：崔怡先

推事：杨雨田

审判笔录

原告：牟裕昆。

被告：李牟氏。

被告因确认赠与案件，于中华民国卅五年四月十一日上午八时在本院民事法庭宣告判决。出席职员如左。

推事：杨雨田。

书记官：崔怡先。

点呼事件后，推事起立宣告判决主文并告以判决理由之要旨，谕知各当事人于接受判决书送达后十日内得向本院提出上诉状，声明上诉。

推事问：被告是否舍弃上诉权？

答：□□□［以下缺］

中华民国卅五年四月十一日

重庆地方法院民事庭

书记官：崔怡先

推事：杨雨田

重庆地方法院民事判决

卅五年度诉字第三〇三号

原告：牟裕昆，住石马乡瓦琢坝。

被告：李牟氏，住马鬃乡翻草沟。

诉讼代理人：温代荣，律师。

右当事人间请求交付赠与物事件，本院判决如左。

主文

被告应将赠与原告租谷六石之田一份，及房屋山场交付原告管业。

诉讼费用由被告负担。

事实

原告及其代理人声明请求如主文之判。其陈述称：被告将其租谷六石之田，及房屋山林等赠与原告，约定三十四年秋季交付，届期不为交付，为此请求交付，云云。

被告及其代理人声明请求驳回原告之诉。其陈述称：原告提出之赠与契约，系欺被告不识字而签押。查民法第四〇七条之规定，非经登记不得移转之财产为赠与，在未为移转登记前不生效力；同法第四一八条规定，赠与人因经济状影响生活，当然拒绝赠与履行。所有被告赠与原告之田土房屋，原告未为移转登记，并且被告生活困难，不能交付云云。

理由

本件被告将其六石租之田及房屋等赠与原告，已据原告提出赠与契约证实。现因该田及房屋等未由被告移转与原告，则原告请求移转，未始非无理由。至于被告攻击原告欺其不识字而于契约上签名及经济状况不佳为不移转赠与物之论据，然未有相当证据证实。关于所谓非经登记不得移转之财产为赠与，在未为移转登记前不生效，方系对外而言，在当事人间不适用之，仍认为有效，被告亦不得以此为不移转赠与物。

据上论结，本件原告之诉为有理由，应准其请求，并依民事诉讼法第七十八条判决如主文。

中华民国卅五年四月十一日

重庆地方法院民事第一庭

推事：杨雨田

本件证明与原本无异。

书记官：（印）

重庆地方法院民事送达证书

［民国三五年（诉）字第三〇三号交付赠物案判决一件送达原告牟裕昆及牟李氏］

附：征费单（收据）

产字第伍柒号国币五千四百元。

征费机关：重庆实验地方法院。

缴款人：牟裕昆。

案号：三十五年度证字第伍拾陆号。

案由：赠与所有权。

标的：一八零零零零元正。

征费数目：国币五千四百元。

费别：登记。

中华民国三十五年五月三十一日
收费员章

李牟氏民事上诉状

上诉人：李牟氏，三十二岁，巴县人，住江津马鬃乡翻草沟，理家。

被上诉人：牟裕昆，巴县人，住石马乡瓦琢坝。

为声明上诉恳予检卷申送事。窃上诉人与牟裕昆因诈欺赠与无效涉讼一案，当于本年五月二十九日奉到钧院判决，主文内开各节实难甘服，为特法定期间二十日内声明上诉，恳予检卷申送。兹将不服理由分呈于左：

一、查民法第四〇七条规定，以非经登记不得移转之财产为赠与者，在未为移转登记前，其赠与不生效力。本案被上诉人未为移转登记，乃原判解释该条，故添枝节，谓系对外而言，在当事人间不适用之。查该条规定意在严行登记制度，固不分对内对外，一律以登记为要件，若在其它不必以登记为移转要件之财产（如动产）为赠与者，则无限制，当事人间随便可以赠与，惟非经登记不得移转之产业（如不动产），则赠与之前非登记不可，此种登记制度严防虚伪诈欺，慎重不动产之处分，对内对外均有同样意义。苟如原判屈解方法，则该条规定必系"非经登记不能对抗第三人"，而且钧院民庭正股钱本海推事对于余牟氏与牟裕祥同样赠与无效案件，则判定以非经登记不得移转之财产，如本案之房屋地产，即认定该项赠与不生效力。足见本案原判屈解，故未添枝节，不特与该条文意不符，抑且与钧院民庭同样事件

| 523 |

判决分歧。此不服者一。

二、查被诉人牟裕昆套骗上诉人李牟氏签押，谓系分担和息分产前，钧院纪元庭长讼案一切费用，上诉人因不识字，不明该被上诉人所写何种字据，以兄妹间当不至于有何诈害之处。当时上诉人果有赠与之意，则于三十三年七月二十四日在钧院民庭纪元庭长和解之时，必然当庭成立和解，上诉人应得之份作为分售与牟裕昆，何致于同年八月间，相隔不过二十余日，再有赠与之举，足见情理不符。而且上诉人丈夫在小学教书度日，收入不足维持生活，本身经济状况困难达于极点，何能有多余财产赠与他人？况上诉人与被上诉人均各分得六石田产，亦决不至于本身不要，而全部赠人之理，原判谓上诉人经济情形影响生活一点，未据提出证明，上诉人有当地保甲或学校同人均可证明，原审未令提出，遂尔判决，显见偏袒。此不服者二。

综据上开事实及理由，应恳检卷申送，请求变更原判，驳回被上诉人在第一审之诉，实为德感之至。

谨呈

诉讼标的田产六石值价四十万元，应缴上诉费七千八百元。

证人：

证物：

重庆地方法院民庭公鉴。

中华民国三十五年六月十四日

具状人：李牟氏　押

李牟氏关于诉讼代理人的委任书

委任人：李牟氏，三十二岁，巴县人，住江津马鬃乡翻草沟，理家。

被委任人：温代荣，律师，住南纪门仁爱堂街二号。

为委任人上诉牟裕昆赠与约无效一案委任代理人事，兹特将其原因及权限列后：

一、原因：依法委任。

二、权限：依民事诉讼法第七十条之规定。

右呈

重庆地方法院民庭公鉴。

中华民国三十五年六月十四日

声请书

声请案由：李牟氏与牟裕祥确认赠与案。

声请原因：因受李牟氏代理上诉。

声请目的：赐卷阅览。

批答：

右请

重庆地方法院民庭公鉴。

律师：温代荣（印）

中华民国卅五年八月卅日

声请人李牟氏民事催状

声请人：李牟氏，卅二岁，巴县人，住江津马鬃乡，文件送达由南纪门仁爱堂街二号温代荣律师转。

为案经上诉，即候裁定，缴费事。窃声请人与牟裕昆因诈欺赠与无效涉讼一案，当于三十五年六月十四日法定期间内声明上诉，当时以上诉费无法估计而且钧院不能代收，故将上诉状及理由书呈递后，迄已三月未见补缴上诉裁定发下。为特具状请，不胜沾感之至。

谨呈

重庆地方法院民庭公鉴。

中华民国卅五年八月三十日

具状人：李牟氏　押

赠与田土房屋山场文约

立赠田土房屋山场文约人牟焕远，请凭族戚牟照远、牟荣远、廖锡江、李淮君、余禹洲等，兹将先父耀廷、其母穆氏所遗产业田租三十六石地名瓦琢坝于民国三十三年由二胞兄牟裕祥请凭地方法院按照兄弟姊妹六人平均分割，每人应得田租六石。二胞妹焕远念以一脉同生，骨肉关系，子孙繁衍，生计维艰，今将应分田租六石及房屋山场等悉行赠到三胞兄牟裕昆（即晶远）名下，永远管业，招耕放佃。所有分关佃约等件，自分之后，亲交三胞兄永远存执，不得另生枝节，永勿翻改，此系必甘意悦，并勿曲从勒逼等情，恐口勿凭，特立赠约一纸，交与三胞兄永远存执为据。

凭：牟照远

　　牟荣远

　　廖锡江（是牟照远代押）

　　李淮君（是牟焕远代押）

　　余禹洲（是牟荣远代押）

中华民国三十三年甲申岁古历九月十六日

立出赠田土房屋山场文约人牟焕远亲笔

重庆地方法院民事裁定

三十五年度诉字第三〇三号

上诉人：李牟氏，住江津马鬃乡。

右上诉人与牟裕昆因交付赠与物事件，不服本院第一审判决，提起上诉，应缴裁判费国币七千八百元，未据缴纳，其上诉状亦未依民事诉讼法第四百三十八条表明上诉理由，兹限该上诉人于收受本裁定时起七日内，径向四川高等法院第一分院（林森路第五九零号）如数补缴，如逾期尚未遵行，第二审法院即行驳回上诉，切勿违延自误。特此裁定。

中华民国三十五年十月四日

重庆地方法院民事第一庭

推事：杨振修

本正本证明与原本无异

书记官：夏精诚

中华民国三十五年　月　日

重庆地方法院民事送达证书

［民国三五年（诉）字第三〇三号交付赠与物案裁定一件送达上诉人李牟氏略］

征费单

征费机关：四川高等法院第一分院。

缴款人：李牟氏。

案由：与牟裕昆交付赠与物。

标的：四十万元。

征费数目：国币七千八百圆。

备注：

复核员：

收费员：（印）

中华民国卅五年十一月十三日

重庆地方法院书记室公函

民亨字第一四九六号

案查牟裕昆与李牟氏为确认赠与，业经本院依法判决送达在卷。兹据李牟氏于法定期间内具状提起上诉到院，相应检齐卷证函送贵室查收核办。

此致！

四川高等法院第一分院书记室。

计函送卷壹宗，上诉状乙件，裁定回证乙件，赠约抄件乙件。

书记官：夏精诚

中华民国卅五年十一月廿六日

具状人：李牟氏

民事送达证书

　　［四川高等法院第一分院民国三五年上字第二九六八号与李牟氏交付赠与物传票乙件送达牟裕昆和温代荣律师略］

四川高等法院第一分院言词辩论笔录

上诉人：李牟氏。

诉代人：温代荣。

被上诉人：牟裕昆。

　　右当事人间因交付赠与物上诉事件，经本院于中华民国三十六年一月十八日上午九时，在本院第三法庭公开言词辩论，出庭推事、书记官如左。

　　审判长推事：冯藏珍。

　　推事：朱侧杨。

　　推事：刘伯泉。

　　书记官：彭定文。

　　点呼事件后到场人如左：

　　推事请上诉代理人温代荣律师陈述。

　　略谓：请求变更原判，驳回被上诉人第一审之诉讼。理由：民法四百零七条规定，非经登记不生效力，判决谓四百零七条是对付第三者，这种主张并无根据。第一审坚决否认赠与之赠与约并无其事，并说共计分六石，现在若赠与，他自己则无有了，据此岂有一点不要而赠与他人，连自己之生活都不顾了吗？这可想见。□即赠与有效，亦可依据生活困难拒绝赠与。是以请求如上述。

　　问：牟裕昆，你几姊妹？

　　答：六姊妹。

　　问：你有赠与约吗？

　　答：有的，前已抄呈案。

　　问：这字约是何人写的？

　　答：这是他本人亲自写的。

　　问：你在不动产登记处登记吗？

　　答：不动产未登记，但约据是登记了的。

　　问：你这约据是在判决时登记的吗？

| 527 |

答：是的，起诉在前，登记在后。

问：你请求如何判？

答：请求维持原判，驳回上诉人之诉。

审判长谕知，本案辩论终结，定期于本月二十日宣判。

右笔录无异。

中华民国三十六年一月十八日

四川高等法院第一分院

书记官：彭定文

审判长：冯藏珍

四川高等法院第一分院宣示判决笔录

上诉人：李牟氏。

诉代人：温代荣，律师。

被上诉人：牟裕昆。

右当事人间因交付赠与物上诉事件，经本院于中华民国三十六年一月二十日上午九时，在本院第三法庭公开宣示判决，出庭推事、书记官如左。

审判长推事：冯藏珍。

推事：刘伯泉。

推事：朱侧杨。

书记官：彭定文。

点呼事件后到场当事人如左。

两造均未到庭。审判长起立朗读判决主文并告知理由。

中华民国三十六年一月二十日

四川高等法院第一分院民事第三庭

书记官：彭定文

审判长：冯藏珍

四川高等法院第一分院民事判决

三十五年度上字第二九六八号

上诉人：李牟氏，住巴县马鬃乡。

右诉讼代理人：温宗荣，律师。

被上诉人：牟裕昆，住巴县石马乡。

右当事人间请求赠与物交付事件，上诉人不服中华民国三十五年四月一日重庆地院判决，提起上诉，本院判决如左。

主文

原判决废弃。

被上诉人在第一审之诉驳回。第一、二两审诉讼费用由被上诉人负担。

理由

按以非经登记不得移转之财产为赠与者，在未为移转登记前其赠与不生效力，此民法第四百零七条定有明文。本件上诉人将分得之遗产，地名瓦琢坝田租六石及房屋等，立据赠与被上诉人，但是项赠与之不动产系非经登记不得移转之财产，两造于赠与契约书立后，并未办理移转登记之手续，依上开规定其赠与契约不生效力。既非如此，被上诉人依据立据之赠与，请求交付财产，则其赠与既不生效力，上诉人自无交付财产之义务。原审未注意及此，遂准被上诉人之请求，自有未当，且误解前条规定为对外关系，亦无依据。上诉人之上诉论旨不能认为无理由。

据上论结，本件上诉为有理由，依民事诉讼法第四百四十七条、第七十八条判决如主文。

中华民国三十六年元月三十日

四川高等法院第一分院民事第三庭

审判长推事：冯藏珍

推事：刘伯泉

推事：朱侧杨

对于本判决如有不服，应于收受送达正本后二十日内向本院提出上诉书状。

本件证明与原本无异。

书记官：彭定文（印）

中华民国三十 年 月 日

民事送达证书

［四川高等法院第一分院民国三十五年上字第二九六八号与牟裕昆赠与物案判决乙件送达李牟氏及牟裕昆略］

［同日收到判决的送达证书略］

上诉人牟裕昆民事诉状

上诉人：牟裕昆，三十四岁，巴县人，住石马乡瓦琢坝，学。

被上诉人：李牟氏，巴县人，住马鬃乡，绅。

为案经上诉补具理由，恳请废弃第二审判决，恢复第一审原判决，甚为适法，以资折服而昭平允事。

情上诉人与被上诉人因请求交付赠与物移转登记事件，不服四川高等法院第一分院民国三十五年上字第二九六八号判决，已于法定期内向原审声明不服，提起上诉。爰将补具事实理由列左：

（甲）诉之声明：（一）被上诉人赠与上诉人瓦琢坝田土房屋之契约有效。（二）第一、二、三审诉讼费用概由被上诉人负担。

（乙）事实部分：按上诉人与被上诉人系属同胞姊妹，因故父牟耀庭所遗瓦琢坝产业及房屋山场，由兄弟姊妹六人平均分割，各得田租六石在案。二胞妹牟焕远曾于民国三十三年古历九月十六日亲笔书约，愿将已分之田租六石赠与上诉人（有据）。旋至三十五年五月三十一日，在重庆地方法院不动产登记处，双方出名办理移转登记在案（有据抄贴）。谁知被上诉人早受他人唆弄，乃提起否认，被上诉人直向重庆地方法院民事起诉，请求上诉人返还被上诉人三十四年度之租谷在案。经钱推事本海判决，被上诉人之诉驳回，诉讼费用由被上诉人负担，有三十四年度诉字第一七九一号之判决书可查。上诉人跟即执被上诉人亲书之赠与约，直向重庆地方法院民事起诉，请求被上诉人应将赠与上诉人之田租六石交付移转登记在案。经杨推事雨田判决，被上诉人应将赠与上诉人租谷六石之田一份及房屋山场交付上诉人管业，诉讼费用由被上诉人负担，有三十五年度诉字第三零三号之判决书可查。而高一分院不查移转登记收据，又不查上列各判决及赠与约等为根据，擅以非经登记不得移转之财产为赠与、不生效力等词，据以认定废弃原判，实属莫解。特提上诉，请求废弃第二审判决，恢复第一审之原判决，乃事实者也。

（丙）理由部分：查被上诉人赠与上诉人之田业契约，实系本人亲书并赠与，于诉讼和解之后，由上诉人返赠法币拾万元正，其款由牟大鹏如数交清，可质可查。并于三十五年五月三十一日在重庆地方法院不动产登记处办理移转登记在案，并派裴福田先生来家查勘界畔，有保甲书押作证。殊被上诉人因受他人唆弄、翻悔，发生诉讼，经第一审判决，赠与契约全部生效，手续可算完备，岂能容其否认。惟第二审审判长冯藏珍、推事刘伯泉、朱侧杨等不查赠与约及移转登记证据、证人合第一审之原判决与第一审租谷判决等证据，擅敢以民法第四零七条之明文规定，未经移转登记之财产，其赠与不生效力。查上诉人既经在重庆地方法院不动产登记处适法移转登记在案，并依法缴费，又经第一审判决生效，复判三十四年度之租谷归上诉人所有，上列各据同一法院办理之，均云对于赠与根本不发生动摇。而今第二审独不然，实难了解。查载在民法第四零七条、第四零六条，本约应予认为有效，方符法理，特提上诉。此理由者也。

缘上事理两点，于情于理于法均应废弃第二审原判决。为此状恳钧院鉴核，恳准如甲项之请求，恢复第一审原判决，以资折服而昭平允。德感深沾。

谨状

讼事标的：田谷六石值法币十八万元正。

最高法院民庭公鉴。

中华民国三十六年三月三日

具状人：牟裕昆　押

上诉人牟裕昆民事诉状

上诉人：牟裕昆，三十四岁，巴县人，住石马乡瓦琢坝，学。

被上诉人：李牟氏，巴县人，住马鬃乡，绅。

为检卷申送最高法院，俯恳废弃原判，恢复第一审之适法判决，以资折服而昭平允事。情民不服四川高等法院第一分院民事判决三十五年度上字第二九六八号李牟氏与牟裕昆请求赠与物交付事件壹案，恳予检卷申送最高法院，赓即依法缴费、补具理由，请求废弃原判，恢复第一审杨推事雨田之适法判决，以资折服而昭平允。实沾德便。

　　谨呈

　　证人：

　　证物：

　　四川高等法院第一分院民庭捷股推事公鉴。

中华民国三十六年三月三日

具状人：牟裕昆

四川高等法院第一分院民事裁定

民国卅六年度捷字第　号

上诉人：牟裕昆，住巴县石马乡瓦琢坝。

被上诉人：李牟氏，住巴县马鬃乡。

　　右当事人间，因请交付赠与物事件，上诉人提起第三审上诉到院，应征裁判费国币七千八百元，未据缴纳。兹限该上诉人于送达本裁定时起十五日内，向南京最高法院如数补缴（汇寄时准予扣除汇费），并将缴费收据呈递本院查核，如逾期尚未遵行，最高法院即认上诉为不合法，以裁定驳回，切勿迟延自误。

　　特此裁定

中华民国三十　年　月　日

四川高等法院第一分院民事第　庭

审判长：冯藏珍

中华民国三十六年三月十一日收领

书记官：彭定文印

民事送达证书

　　[四川高等法院第一分院民国三十六年捷字第　号与李牟氏赠与物案裁定一件送达牟裕昆。牟裕昆因事到渝，由同居之妻牟穆氏代收略]

上诉人牟裕昆民事诉状

上诉人：牟裕昆，三十五岁，巴县人，住石马乡瓦琢坝，学。

被上诉人：李牟氏（即焕远），三十三岁，巴县人，住马鬃乡，绅。

　　为补呈李牟氏（即焕远）所有权保存登记收据，以便证明审判事。窃牟焕远于民国三十六年三月三日兹将送与牟裕昆之田租陆石，业已在重庆地方法院不动产登记处办理登记保存在案，理合抄呈钧院，恳予鉴核审判。实沾德便。

谨呈

附呈牟焕远所有权保存登记收据于后。

征费单

征费机关：重庆地方法院。

缴款人：牟焕远。

案号：三六年度产字第一八号。

案由：所有权保存。

标的：十八万元正。

费别：登记。

征费数目：国币九百元。

备注：

中华民国：卅六年三月三日收费员章。

产字第一三八号

南京最高法院民庭公鉴。

中华民国三十六年四月廿五日

具状人：牟裕昆　押

上诉人牟裕昆民事诉状

上诉人：牟裕昆，三十五岁，巴县人，住石马乡瓦琢坝，学。

被上诉人：李牟氏（即焕远），三十二岁，巴县人，住马鬃乡，绅。

为案经上诉费已缴清，恳予检卷申送，以便审判事。缘民与李牟氏交付赠与物一案，于本月十九日顷接钧院裁定，限定十五日内遵照规定应缴法币七千八百元正，民于本月二十五日业已遵照规定，如数缴给南京最高法院民庭，查收在案。理合应将缴费收据及空挂号信收据粘呈钧院鉴核，恳予速急检卷申送，以便审判。实沾德便。

谨呈

（附呈收据两张，略）

重庆高一分院民庭公鉴。

中华民国卅六年四月廿五日

具状人：牟裕昆

征费单

征费机关：最高法院。

缴款人：牟裕昆。

案号：年度 字第 号。

标的：

费别：裁判。

征费目数：国币七千八百元。

备注：

复核员：（印）

收费员：（印）

中华民国卅六年四月廿八日

四川高等法院第一分院书记室公函

捷字第六二六五号

中华民国三十六年六月五日

查本院受理三十五年度上字第二九六八号李牟氏与牟裕昆因交付赠与物事件，业经判决。兹据牟裕昆于上诉期间内提起上诉，除裁定命其径向贵院缴纳裁判费，相应检同卷宗等件函请贵厅查照办理。

此致

最高法院书记厅。

计送本院卷一宗、原审卷一宗、上诉状三件、送达证书一件、证物赠约抄件一件。

最高法院书记厅公函

简由：函送牟裕昆理缮由　庭长（印）十月廿六日，书记官（印）十月廿一日。

中华民国卅六年十一月廿一日发

最高法院书记厅公函稿

民文字第六四四五号

径启者牟裕昆与李牟氏因交付赠与物事件，兹有应行送达当事人上诉理由书缮本一件，相应嘱托贵室代为送达，所有送达证书并请于送达后，函缴为荷。

此致

重庆地方法院书记室

计函达上诉理由书缮本一件、送达证书一件。

最高法院民事送达证书

[牟裕昆一案上诉理由书缮本一件送达李牟氏。李牟氏未归，由律师代收转交略]

重庆地方法院公函

元字第一一五号

案准贵厅民文字第六四四五号公函，嘱送李牟氏上诉理由书一件到院，当经派警送达去后，兹据缴回送达证书一件前来，相应函送贵厅查收为荷。

此致

最高法院书记厅

计附送达证书一件

中华民国卅七年一月十日

最高法院民事判决

三十七年度上字第六五八六号

上诉人：牟裕昆，住石马乡瓦琢坝。

被上诉人：李牟氏，住马鬃乡。

右当事人间请求交付赠与物事件，上诉人对于中华民国三十六年一月二十日四川高等法院第一分院第二审判决提起上诉，本院判决如左。

主文

原判决废异，发回四川高等法院重庆分院。

理由

按不动产物权依法律行为而取得，设定丧失及变更者，非经登记不生效力，固为民法第七百五十八条所明定，惟该条规定依合同法物权编施行法第三条第二项于土地法所规定之土地登记未开办地方不适用之，已有院字第二四九四号解释可据，从而依同法第四百零七条所为之赠与，在未经依土地法办理土地登记地方，自不因未为移转登记而失其效力。本件上诉人诉请被上诉人履行赠与、交付讼争不动产，原审未就重庆地方是否已依土地法举办土地登记加以阐明，遂以上诉人受赠之不动产未办理移转登记手续，认其赠与契约不生效力，有违民法第四百零七条规定，废异第一审判决，驳回其诉，显属理由未备。况上诉人于三十五年五月三十一日已向重庆地方法院不动产登记处办理赠与不动产之登记，虽法院依不动产登记条例办理不动产登记，仅有对抗第三人之效力。然原判决对于此种登记是否与民法第四百零七条所称之登记不合，亦未加以说明，不得谓非违背法令，应认为有发回更审之原因。

据上论结，本件上诉为有理由，依民事诉讼法第四百七十四条第一项、第四百七十五条第一项判决如主文。

中华民国三十七年九月十日

最高法院民事第二庭

审判长推事：刘钟英

推事：欧阳靖

推事：刘浚

推事：张询

推事：张劢

右正本证明与原本无异。

书记官：贾春霆

中华民国三十七年九月

最高法院民事送达证书

最高法院三十七年度上字第六五八六号赠与物上诉一案。

送达文件：判决正本一件。

受送达人：李牟氏。

送达处所：详正本。

受送达人签名画押盖章或按指印，若不能或拒绝签名画押盖章或按指印时，则记其事由：

非交付受送达人之送达应记明其事实由：

此受送达　　年　月　日　时

中华民国三十七年九月　日

送达人：

最高法院民事第二庭书记科公函

民字第二四六九号

查牟裕昆与李牟氏赠与物上诉事件，现经本院判决，合将判决正本连同卷证一并送请查收，并希于判决正本分别送达后，仍将送达证书附入本院卷内为荷。

此致

四川高等法院重庆分院。

附送卷证标目一纸、判决正本四件、送达证书两件，以上作一包另寄。

中华民国三十七年十月五日

民事送达证书

送达法院：四川高等法院重庆分院。

应送达之文书：民国三十八年上字第二五六三号与李牟氏赠与传票一件。

应受送达人：牟裕昆。

受送达人署名盖印，若不能或拒绝署名盖印，送达人应记明其事由：牟裕昆押。

送达日期：　年　月　日

中华民国三十八年七月　日

送达人：罗仲昆

［同年八月十二日下午四时牟治钦代李牟氏签收传票的送达证书略］

34. 朱侣樵诉张华杨要求给付股款案

原告朱侣樵民事起诉状

具状人：朱侣樵，三十岁，巴县人，住本市陕西路六四号，商。

被告人：张华杨，年龄、籍贯不详，住本市邹容路四八号，商。

呈为侵吞股款握账不算恳予传案追究事：情商与被告张华杨原系至亲。彼曾原贸庆兴商号于陕西路六十四号附一号经营纸业，至去年八月抗战胜利后，渝市商人多往长江下游上海一带，采运货物比较内地获利稍丰，被告亦前往上海采运透明纸张等货，邀商参加入股，计商参加股款二十二万元正，当由庆兴出立股本收据存执为凭（抄粘附呈）。被告去长江采运透明纸返渝售卖后，迄今数月，股款未予给付，而账簿亦未交出清算，竟将此款侵吞，另在邹容路四十八号改牌开设鸿利纸号，迭经催问，搁置不理。为此，状请钧院迅传被告到案，饬令被告先将商之股款贰拾万元给付，再请饬令将庆兴商号之账簿交出结算鸿利，实沾德便！

谨状

讼争标的金额二十二万元正。

物证：抄粘张华杨收据一张，原据审呈。

重庆地方法院民庭公鉴。

中华民国卅五年四月十五日

具状人：朱侣樵　押

收条

暂收到朱侣樵先生股本二十二万元正。右款并无限期，自生意结终后，按股本额摊算损益。此据

收款人：张华杨（庆兴商号章）私章

卅四年九月卅日

缴款单

缴款人：朱侣樵。

案号：三五年度诉字第五二五号。

案由：算账。

标的：二十二万元。

费别：裁判费。

征费数目：国币二千八百六十圆

备注：

复核员：

收费员：　印

中华民国三十五年四月十五日

重庆地方法院民事送达证书

书状目录：民国三五年诉字第五二五号给付股款案送达传票一件、副状一件。

受送达人：被告张华杨。

受送达人署名盖章，若不能署名盖章或拒绝者，应记明其事实：张华杨印。

送达日期：卅五年四月廿八日

中华民国三十五年四月二十四日

重庆地方法院执达员：曾县吾

[同日原告朱侣樵签收传票的送达证书略]

笔录

原告：朱侣樵。

被告：张华杨。

右列当事人因给付股款案，经本院于中华民国卅五年五月六日午前九时开民事庭，出席职员如左。

推事：钱本海。

书记官：朱白陵。

点呼右列当事人入庭，书记官朗读案由。

问：朱侣樵？

答：卅岁，陕西路六十四号。

问：朱侣樵，请求如何判决？

答：告张华杨，要他还我廿二万元。

问：什么理由？

答：去年九月间他叫我加入股本，由他到上海买透明纸，是他私人招股，去年十二月曾催问他了结账款，他说未卖出货物，后来他在苍坪街另开了一家纸铺，最初办货是用庆兴字号名义，现在他那纸铺叫鸿利字号，他本来约定货售出后结账，现在这项生意是否结束，我不知道，所买的货已经售出，入股时我只知有刘良成，他加入廿九万元。交股本与打收条是去年九月卅日同时的。

推事请被告代理人卢炳林律师申述意见，略称：被告、原告与刘良成三人合资是有此事，是卅四年五月，并非九月，收条是被告后来补交的，此项生意组成后买有丝带、毛巾、打字纸等物，由原告运往昆明销售，运到后由实泰丰保管转买，货价值一百余万元，在原告户上未交出，被告与之交涉，迟迟不交，被告并无带款往上海办货等事，原被告等三人合组生意运往昆明有关炳宣及祥泰丰号可证明。

问：（原告）有无被告代理人陈述的事实?

答：没有此事。

推事谕知本案辩论终结，定期本月七日宣判。

中华民国三十五年五月六日

重庆地方法院民一庭

书记官：朱白陵

推事：钱本海

宣判笔录

原告：朱侣樵。

被告：张华杨。

右当事人间给付股款事件，于中华民国卅五年五月七日上午九时，在本院民事法庭公开宣判，出席职员如左。

推事：钱本海。

书记官：朱白陵。

点呼事件后，推事起立朗读判决主文，并口述判决理由之要领。

中华民国卅五年五月七日

重庆实验地方法院民事庭

书记官：朱白陵

推事：钱本海

民事委任状

委任人：张华杨，二四岁，巴县人，住邹容路，商。

受委任人：卢炳林，律师。

为委任事：窃三十五年度诉字第五二五号给付股款事件，兹委任卢炳林律师为诉讼代理人，所有委任原因及权限列左。

（一）委任原因：依法委任。

（二）委任权限：普通代理。

谨呈

重庆地方法院公鉴。

中华民国三十五年五月六日

具状人：张华杨　押

民事辩论意旨书

律师卢炳林

兹就朱侣樵与张华杨给付股款事件补陈辩论意旨于左：

（一）本案据原告朱侣樵主张，伊与刘良臣等于上年九月，曾交股款数十万元与被告张华杨赴长江下游购买透明纸返渝销售，迄今逾数月，股款尚未返还，应令被告将原缴款二十二万元予以返还，云云。但据被告抗答，原告及刘良臣所出股款连同本已支出股款共计百余万元，悉经购办丝带、毛巾等货，交由原告运往昆明出售，长泰丰堆栈及官炳宣为证，至今多时，未据原告将货款交出等语。据此，是原被两造所出股款尽变为货而为原告所管有，在原告将在昆明售货所得之未交付被告之先，原告自不得再向被告索取股款。

（二）合伙人于合伙清算前，不得请求合伙财产之分拆，为民法第六百八十二条所明定，本案据原、被两造所述之合伙组成后，并未依法解散，更未依法清算，究竟是赢是亏，不得知，乃原告遂求被告负责将其所支出之股款悉予返还，以事分析，尤属不合。

据上论结，原告之诉显无理由，应请予以驳回。此上

重庆地方法院

律师：卢炳林

中华民国三十五年五月九日

重庆地方法院民事判决

三十五年度诉字第五二五号

原告：朱侣樵，住陕西路六十四号。

被告：张华杨，住邹容路四十八号。

诉讼代理人：卢炳林，律师。

右当事人间因请求返还股本事件，本院判决如左。

主文

原告之诉驳回，诉讼费用由原告负担。

事实

原告声明，求为判令被告返还股款廿二万元。其陈述略称：去年九月与被告合资经营纸业，原告出股本廿二万元，由被告采购货物，去年十二月曾催促被告结账，当时以货未售出，不愿清算，原系以庆兴号名义经营纸业，现被告又另开鸿利纸号，生意是否结束，我不知道，入股时被告出有条据可资证明。云云。

被告代理人答辩称：原告与被告等合资经营商业系去年五月之事，所购进之丝带、毛巾等类货物，由原告货运昆明销售，交祥泰丰转卖，货价一百余万元，原告尚未交出，目前不能返还股款。云云。

理由

本件原告请求判令被告返还股款廿二万元，虽经提出入股时被告所出收受股款之条据为证，但原被告合资共同经营之商业是否业已结束，即原告亦称不知，经查原告所提出之条据

载明生意结束后，照按出资比例分派损益，是原告既不能证明所经营之商业已经结束，即请求返还股本，尚难认为有理由。

据上论结，原告之诉为无理由，应予驳回，并依民事诉讼法第七十八条判决如主文。

中华民国三十五年五月七日

重庆地方法院民事第一庭。

推事：钱本海。

对于本判决如有不服，应于送达正本后二十日向本院提出上诉书状。

本件证明与原本无异。

书记官：

中华民国三十五年　月　日

重庆地方法院民事送达证书

书状目录：民国三五年诉字第五二五号返还股本案送达判决一件。

受送达人：原告朱侣樵。

受送达人署名盖章，若不能署名盖章或拒绝者，应记明其事实：朱侣樵未在，由友人时新洗染店代收。

非交付受送达人之送达应记明其事实：

代收人：重庆时新洗染店印。

送达日期：三十五年五月三十日。

中华民国卅五年五月廿六日

重庆地方法院执达员：向至善

［同日被告张华杨签收判决的送达传票略］

重庆地方法院书记室公函

民利字第四八一八号

案查朱侣樵与张华杨给付股款事件，业经本院依法判决送达在卷，兹据原告于法定期间内具状提起上诉到院，相应检齐卷证，函送贵室查收核办。此致

四川高等法院第一分院书记室

计函送卷乙宗，上诉、裁定、回证各一件

书记官：朱白陵印

中华民国三十五年七月六日

上诉人朱侣樵民事上诉状

呈为不服判决提起上诉恳予检卷申送事：窃商前诉张华杨侵吞股款、握账不算一案，已

于上月三十日收到钧院三十五年度诉字五二五号判决，竟将商之请求驳回，商心实不服，为此提起上诉，状请钧院恳予将本案卷宗申送四川高等法院第一分院更为审理，实沾德便。

谨状

重庆地方法院民庭

具状人：朱侣樵　押

中华民国三十五年六月十六日

重庆地方法院民事裁定

三十五年度诉字第五二五号

上诉人：朱侣樵，住陕西路六十四号附一号。

右上诉人张华杨因给付股款事件，不服第一审判决，提起上诉，应缴裁判费国币四千二百九十元，未据缴纳，其上诉状亦未依民事诉讼法第四百三十八条表明上诉理由，兹限该上诉人于收受本裁定时起五日内径四川高等法院第一分院驻渝临时庭（林森路第五九○号）如数补缴，如逾期尚未遵行，第二审法院即行驳回上诉，切勿违延自误，特此裁定。

中华民国三十五年六月二十六日

重庆实验地方法院民事庭

推事：

本正本证明与原本无异。

书记官：朱白陵印

中华民国三十五年　月　日

重庆地方法院民事送达证书

书状目录：民国三五年诉字第五二五号返还股本案送达裁定乙件。

受送达人：上诉人朱侣樵。

受送达人署名盖章，若不能署名盖章或拒绝者，应记明其事实：朱侣樵未在，由至戚刘良臣代收。

非交付受送达人之送达应记明其事实：代收人刘良臣。

送达日期：三十五年七月一日。

中华民国卅五年六月廿七日

重庆地方法院执达员：廖毅

四川高等法院第一分院民事裁定

民国卅五年度上字第二四八号

上诉人：朱侣樵，住陕西路六十四号。

被上诉人：张华杨，住邹容路四十八号。

右当事人间给付股款事件，上诉人对于中华民国三十五年五月七日四川重庆地方法院第一审判决，提起上诉，本院裁定如左。

主文

上诉驳回。第二审诉讼费用，由上诉人负担。

理由

按提起民事第二审上诉，应予缴裁判费，此为必须具备之程序。本件上诉人提起第二审上诉，未据缴纳裁判费，经原法院以裁定限期命其于送达时起五日内补正。此项裁定，已于民国卅五年七月一日送达。现已逾期，仍未补正，依上说明，其上诉显难认为合法。

据上论结，本件上诉为不合法，依民事诉讼法第四百四十一条第一项、第九十五条、第七十八条裁定如主文。

中华民国三十五年七月十七日

四川高等法院第一分院民事第 庭

审判长推事：王鸣鸿

推事：牟照远

推事：李侠平

四川高等法院第一分院书记官：何

四川高等法院第一分院送达证书

应送达之文书：民国三十五年上字第二四八号与张华杨求给股本案裁定一件。

应受送达人：上诉人朱侣樵。

受送达人署名盖章，若不能署名盖章或拒绝者，应记明其事实：

非交付应受送达人之送达应记明其事实由：熊翔宇代收。

送达日期：三十五年七月三十日。

中华民国卅五年七月十七日

送达人：蔡祥云

［同日被上诉人张华杨签收裁定的送达证书略］

四川高等法院第一分院书记室公函

民俭字第九五七八号

查本院受理三十五年度上字第二四八号朱侣樵与张华杨给付股款事件，业经裁定确定，相应检同卷宗等件函送，即请查收为荷！

此致

重庆地方法院书记室

计送本院卷一宗，原审卷一宗

中华民国三十五年九月五日

书记官：何答

35. 源泰祥海味号诉孙树勋要求偿还建筑费案

民事诉状

原告：源泰祥海味号。

法定代理人：郑成源，三十六岁，四川长寿人。

被告：孙树勋，四川江北人，住江北刘家台黄泥湾孙家花园。

为请求偿还建筑费，声明应受判决是项如左。

诉之声明：

一、被告应偿还原告建筑费一百一十三万一千八百元。

二、前项请求准予假执行。

三、诉讼费用由被告负担。

事实及理由：

窃原告于民国三十二年以永泰祥名义租用被告本市大阳沟保安路七十六号铺屋一栋，开设海味号，每月租金三千元。是时以该房屋陋烂不堪营业，经原告出资数万元略加修葺，始可居住。迨后三十四年被告以捐税过重为口实要求加租，原告以物资高涨，以前约定数额应酌予增加，遂经口头议定每季租金三万元，每季先交后住，被告复以其子女就学在即，需款缴纳学费因商请原告通融，将三十五年一月起至三十六年四月底止，四季租金作一次先行预付，共计国币壹拾贰万元正。由被告分季出具收据一共四纸，三万元交原告收执。原告当以前开铺屋原即陋溢，虽经原告于三十二年略加修整，然以空袭期间轰炸震动，其中椽桷墙壁均呈倾斜，又加之本年二月因后面彭姓修建房屋，将后墙拆去，其屋更时有坍塌之虞，乃要求被告修建，被告答复"上次修建系你们修建，现在仍由你们修建，修建好坏由你们做主"。原告因即须开业，遂耗资一百余万元购料向工务局呈报兴工，被告见原告已耗费如此之巨，如被告此时与之作梗，势难负担如此损失，便乘机要求加租。后经第二区区公所召集双方调解，□谓被告既已收去租金一年有余，复又要请加租，于情于理均属不合。讵被告未遂其愿，向钧院诉请终止租约，并谓原告非其承租人。殊不知原告商号在大阳沟开设有年，由永泰祥改为荣泰祥，又改为源泰祥，名称虽迭次变更而组织历年仍旧，众邻咸知，集证可讯，似此被告如此违背前约，而原告为其支出之必要修缮费用，自应请求偿还，用将经过情形状呈鉴核，仰恳钧院集证讯明，判决如前开声明，实为德便。

谨呈

重庆地方法院民庭公鉴。

中华民国三十五年七月十七日

具状人：源泰祥海味号

法定代理人：郑成源（章）

送达证书

［民国三五年（诉）字第一〇四六号偿还案传票一件送达原告源泰祥海味号、法定代理人郑成源，略］

笔录

原告：源泰祥海味号，法定代理人郑成源。

代理人：邹元，律师。

被告：孙树勋。

代理人：吴德城，律师。

当事人因返还建筑费案经本院于中华民国三十五年八月五日午前时开民事五法庭，出席职员如左。

审判长推事：雷启华。

书记官：褚崇诚。

书记官：朗读案由。

问：郑成源，年［籍］、住［址］？

答：三十六岁，住保安路。

问：告哪个？

答：告孙树勋。

问：怎样请求？

答：请求判令被告之偿还建筑费一百一十三万一千八百元，并宣告假执行。

问：什么理由？

答：原告承租被告保安路七十号铺房，租金已付至卅六年四月底止，本年二月因房屋倾斜，恐有倒塌之虞，要求被告修理，被告当答复由原告代修，现经原告修理完好，共享建筑费一百一十三万一千八百元，被告复要求加租，原告不允，被告乃另案在钧院诉请终止租约，被告既然违约，原告所付之建筑费自应诉请返还。

问：有何证据？

答：有发票及清单（呈发票一束，清单一件，清单附卷发票提存一件，其余因年无银贷□□，图章均发还□□）。

问：孙树勋，年［籍］、住［址］？

答：五十三岁，住江北刘家台。

问：对原告所诉如何答辩？

答：原告与我无租赁关系，我请工务局禁止他建筑□的。

问：有何证据？

答：在我另案告他终止租约案卷内（呈判决一件）。

笔录朗读无异，推事谕候调卷再讯，退庭。

中华民国三十五年八月五日

重庆地方法院民事第一庭

书记官：褚崇诚

推事：雷启华

委任书

委任人：源泰祥海味号。

法定代理人：郑成源，三十六岁，四川长寿人，住本市大阳沟保安路七十六号。

受任人：邹元，律师。

为委任代理事。窃民与孙树勋为请求偿还建筑费一案，民因不谙法律，委任邹元律师为诉讼代理人，代理权限悉依法律之规定。用特状呈钧庭。

谨呈

重庆地方法院民庭公鉴。

中华民国卅五年八月五日

具状人：源泰祥海味号

法定代理人：郑成源

委任书

委任人：孙树勋，五十三岁，住江北刘家台黄泥弯孙家花园。

受任人：吴德城，律师，住打锣巷十四号。

为源泰祥诉请偿还建筑费一案，兹委任吴德城律师为诉讼代理人，□为诉讼上一切行为之权。

谨状

重庆地方法院民庭公鉴。

中华民国三十五年八月五日

具状人：孙树勋（章）

送达证书

　　［民国三五年（诉）字第一〇四六号 建筑费案传票一件送达被告孙树勋；邹元律师代重庆源泰祥海味号签收；吴德城律师签收，略］

笔录

原告：源泰祥海味号，法定代理人邹成源。

诉讼代理人：邹元，律师。

被告：孙树勋，诉讼代理人吴德城。

当事人因偿还建筑费案，经本院于中华民国卅五年八月十六日午前时开民事法庭，出席职员如左。

审判长推事：雷启华。

书记官：褚崇诚。

书记官朗读案由。

问：邹成源，证据带来没有？

答：带来了（呈发票十三张）。

问：孙树勋，终止租约的卷已经调到工务局批示，系因租佃发生纠纷停止兴建的？

答：我们与原告并无租赁关系，请调阅原呈。

笔录朗读无异。推事谕知，候函重庆市工务局调查，退庭。

中华民国三十五年八月十六日

重庆地方法院民事庭

书记官：褚崇诚

推事：雷启华

重庆实验地方法院公函

案查本院受理源泰祥海味号、法定代理人邹成源与孙树勋因返还建筑费事件，讯据被告孙树勋供称，与源泰祥海味号并无租赁关系，并经呈请贵局停止原告建筑在案云云。相应函请查照，希将该孙树勋申请停止建筑之原呈检递过院，以资参考为荷。

此致

重庆市工务局

中华民国三十五年九月七日

重庆地方法院民事判决

三十五年度诉字第三三六号

原告：孙树勋，住江北刘家台黄泥湾孙家花园。

诉讼代理人：吴德城，律师。

被告：源泰祥海味号。

法定代理人：邹成源，住大阳沟保安路七十六号。

诉讼代理人：邹元，律师。

当事人请求迁让事件，本院判决如左。

主文

被告应将本市保安路第七十六号铺房两间迁让与原告；原告提供担保国币十万元后准就上项判决假执行；诉讼费用由被告负担。

事实

原告及其代理人声明，请求为如主文第一项意旨及愿提供担保予以假执行之判决。其陈述略称，原告于民国三十三年将上项铺房出租与永泰祥海味号经营生意，立有租约为凭。迨后该永泰祥号已退租，其租约关系当然终止。讵该被告于本年二月间未征得原告同意，竟将该铺房占住，视为己有，原告意欲收回自用，被告不允，遂具状起诉云云。并提出永泰祥号租约为证。

被告代理人声明，请求驳回原告之诉及假执行之声请。其陈述略称，原告所有上项房屋，原系破坏不堪，原告经准被告修理使用，本年租金已预付清，且有收条为凭。现原告主张被告迁让系无理取闹云云，并提出收条为证。

理由

查原告主张于民国三十三年将上项铺房出租与永泰祥号使用，迨后该号退租，即为被告占住。然据被告抗辩则称，该房屋系经原告准许被告修理居住，且本年租金已预付清，有收条为证。核其收条四张，虽各注明"原告收到法币三万元正"，但此款并未书明租金字样，殊难凭信。是被告既未与原告租赁关系而擅自居住，即属无权占有，原告请求被告将上项铺房迁让，其诉不能谓为无理，又查原告陈明在执行前愿担保，声请宣告假执行，如原告能提供担保币一十万元后准予假执行。并予记明。

据上论结，本件原告之诉及假执行之声请均为有理由，应准其请求，并依民事诉讼法第三百九十条第二项、第七十八条判决如主文。

中华民国三十五年六月二十二日

重庆地方法院民事第二庭

推事：王文纲

书记官：张继生

重庆市工务局公函

准贵院民真字第六二六二号公函内开，案查本院受理源泰祥海味号法定代理人邹成源与孙树勋回返还建筑费事件，讯据被告孙树勋供称，与源泰祥海味号并无租赁关系，曾经呈请贵局停止原告建筑在案云云。相应函请查照，希将该孙树勋申请停止建筑之原呈检送过院，以资参考为荷。等由准此。查该孙树勋确于卅五年二月廿五日、廿七日先得具呈控诉到局，经依章通知该王其志不准施工，俟租佃纠纷解决后，始可建筑，并函警局制止在案。准函前由相应将经办情形，暨附送原呈、抄件二份函复，查照办理为荷。

此致

重庆地方法院

附抄件二份

局长：刘为松

中华民国三十五年九月十八日

附件一：
孙树勋给市工务局的呈

    窃查民有保安路七十六号铺房一双间，前以被荣泰祥侵占房权，拒不退佃，拟将原房屋拆毁，另自兴工建造各情，曾于本年二月二十五日具文呈请钧局不予□给兴工执照在案。殊料该号竟藐视钧局法定规章，已大肆动工修造，民目睹此情，乃于二月二十六日亲趋钧局，查询该院是否领有兴工执照，查悉尚未领取。此种非法动工、侵占民之主权业生于万目昭昭之陪都，则道义何在？法纪何存？故作更进一步之请求，复恳钧局体恤小民苦情，予以切实查究，令饬即速停工，以维主权而伸法纪，则□戴不尽，至于有阅退佃手续，民自当依法办理。迫切陈词，不胜待命之至。

    谨呈
重庆市工务局

具呈人：孙树勋

被呈人：荣泰祥

经手人：王其志

卅五年二月二十七日

附件二：
孙树勋给市工务局的呈

    窃民有保安路七十六号铺房一双间，前租佃永泰祥经手人王其志开设干货，营业有年。后民因有需用上开房屋之必要，白其交涉收回自用。当经王其志允以须俟觅妥相当房屋后，乃能迁让。既后该号于本街上排觅就迁往营业，更名荣泰祥。该时，民只望其交还房屋，殊伊心存不测，并不将民之房屋交还，竟改为荣泰祥之分号。民又再四向其交涉，均是东推西推，不得结果。民今查觉该号更变本加厉，拟将民之房屋改建，以作不退佃、不交还房屋之步骤。民于查觉后，具体又向其交涉，竟遭拒绝，不可理喻，答以非修不可。不知伊是何居心？值此宪政推动时代，岂能任其如此？民实莫奈伊何？关于停止兴工部分，具呈钧局，求乞关于上开保安路七十六号铺房改修之兴工执照，不予发给；关于退佃部分，民自当□其依法理诉。倘兴工执照在民请之先已经发出，则仍请对于该项工作令饬其停止，俾免纠纷扩大。情迫眉急，伏乞俯准，实沾德便。

    谨呈
重庆市工务局

具呈人：孙树勋

被呈人：荣泰祥

经手人：王其志

卅五年二月二十五日

笔录

原告：源泰祥海味号，法定代理人郑成源。

代理人：邹元，律师。

被告：孙树勋。

代理人：吴德城，律师。

当事人因偿还建筑费案，经本院于中华民国三十五年十月三日午前时开民事法庭，出席职员如左。

审判长推事：雷启华。

书记官：贺守慎。

点呼两造当事人及诉讼代理人到场。

推事谕知，候函工务局调卷在讯，退庭。

中华民国卅五年十月三日

重庆地方法院民事庭

书记官：贺守慎

推事：雷启华

民事声请

声请人：源泰祥海味号，设本市大阳沟保安路七十六号。

法定代理人：邹成源，三十六岁，四川长寿人，住同右。

为声请迅予传讯事。窃声请人口诉请钧院，判令被告孙树勋偿还声请人建筑费用事件，曾沐传讯，饬令听候讯调阅有关卷宗后，再行示期审理。迄今惟时已久，未沐再传，声请人因代被告孙树勋所垫建筑费用数达一百余万元之巨，而声请人营业资本极属微薄，该项债款设久不得受偿，其资金堆累，实难负荷。为此，仰请鉴核，俯体下情，迅速调卷，定期审理结案，以免声请人遭受损失，实为德便。

谨呈

重庆地方法院民庭公鉴。

中华民国卅五年十一月十五日

具状人：源泰祥海味号

法定代理人：邹成源

重庆地方法院公函

中华民国卅五年十二月十四日

查本院受理卅五年度诉字第一〇四六号源泰祥（即荣泰祥）海味号与孙树勋偿还建筑费一案，据双方当事人供称：于发生纠纷时曾请贵局解决等语，本院对该案全卷宗有查阅之必要，曾经函请贵局检送卷宗，并于本年九月十九日准贵局松丙字第一一三六〇号函复，附送来被告孙树勋呈请阻止原告建筑之抄本二件在案。查该案全卷原呈，本院仍拟查阅，相应函请贵局迅予检送过院，以凭参考。悬案待结，敬希提前办理为荷。

此致

重庆市工务局

民事辩状

答辩人：孙树勋，五十三岁，巴县人，住江北刘家台黄泥湾孙家花园，商。

原告人：源泰祥。

法定代理人：邹成源，住保安路七十六号，商。

为答辩事。查源泰祥无约占住答辩人所有保安路七十六号铺屋，前经钧院三十五年度诉字第三三六号民事判决，源泰祥应将上开铺屋交还答辩人并准假执行，等因。惟在执行中，源泰祥狡不交屋，同时为本案之起诉要求赔偿修理铺屋费用一百余万元。至去年十一月三十日第二审法院废弃交屋之前判决。此铺至今仍为源泰祥占用中。是该源泰祥请求由房主赔偿修理费用，于法于情均有未合，况当源泰祥拆屋改修门面之初，即经答辩人认为无修缮之必要力加阻止，并呈请市工务局制止修建有案。乃源泰祥为自利起见，不顾一切，草草完工，此为铁的事实，当为源泰祥所承认。依民事法第四三〇条规定，租赁物有"修缮之必要""应由出租人负担者"及"催告出租人修缮"。具备此三要件，始得请求出租人偿还其修缮费用。本案源泰祥为扩张营业修理门面，非"必要之修缮"，又非"应由出租人负担之事"，且经房主力加反对，则其因此而耗若干修缮费用，依前开法条规定，自不得向房屋所有人为偿还修缮费用之请求，何况每期租金仅三万元，而修缮费竟达一百余万元，于法于情尤无使房主偿还之余地，敬乞驳回为祷。

谨状

重庆地方法院民庭公鉴。

中华民国三十六年一月三十一日

具状人：孙树勋（章）

笔录

原告：源泰祥海味号，法定代理人邹成源。

诉讼代理人：邹元，律师。

被告：孙树勋。

诉讼代理人：吴德城，律师。

当事人因返还建筑费案，经本院于中华民国卅六年元月卅一日六时开民事法庭，出席职员如左。

审判长推事：陈永藩。

书记官：贺守慎。

点呼右列当事人入庭，书记官朗读案由。

问：邹成源，年［籍］、住［址］？

答：三十六岁，住保安路七十六号。

问：孙树勋，年［籍］、住［址］？

答：五十三岁，住江北刘家台黄泥湾。

问：你是多久租的？

答：卅二年。

问：那时多少钱一季？

答：二千元。

问：现在呢？

答：三万元。

问：何时修整的？

答：卅五年二月至四月。

问：你租金交到何时的？

答：交到卅六年四月止。

问：你修房子时得被告同意否？

答：得到被告同意的。

问：所有费用有何证据？

答：有发票等项，已呈案上共计一百一十三万一千八百元，并请自建修之日起至执行终止日止，按市面利息至少应对加（谕知补缴讼费一百一十三万一千八百元）。

问：孙树勋，你的房子是租与原告吗？

答：不是，是租与永泰祥的，我与荣泰祥并无租赁买卖契约关系。

问：原告代理人有何陈述？

邹元律师起称：原告承佃被告房屋，由被告预收租金至卅六年四月止，当时因房屋过于坏了，不能再住，□□□被告同意建修房屋，故被告应负重责，即使照被告强辩，未曾通知，在法律上规定，建修不一定要执行通知，且房屋修好后，所受利益是被告所得，故亦应由被告负担。若请数目太大，被告拿不出来，此不过是不能负责，并非不应负责。

问：被告代理人有何陈述？

吴德城律师起立称：原告建筑房屋并未得被告同意，故请驳回原告之诉。

笔录当庭朗读无异。

推事谕知，辩论终结，定于二月四日宣判，退庭。

中华民国卅六年元月卅一日

重庆地方法院民事庭

书记官：贺守慎

推事：陈永藩

四川高等法院第一分院民事判决

三十五年度上字第二三三号

上诉人：源泰祥海味号，住大阳沟保安路七十六号，法定代理人邹成源，住同右。

诉讼代理人：邹元，律师。

被上诉人：孙树勋，住江北刘家台黄泥湾孙家花园。

诉讼代理人：吴德城，律师。

当事人间请求迁让事件，上诉人对于中华民国卅五年六月二十二日重庆地方法院第一审判决提起上诉，本院判决如左。

主文

原判废弃；被上诉人在第一审之诉及假执行之声请均驳回；第一、二两审诉讼费用由被上诉人负担。

事实

上诉人声明"请求废弃原判决，驳回被上诉人在第一审之诉及假执行之声请"。被上诉人声明"请求驳回上诉"。其余两造应记载之事实与第一审记载同，兹引用之。

理由

本件上诉人提出之收条四张，被上诉自认系其出立。重庆市房屋租金以四个月为一季，先交后住，为被上诉人所不否认。上诉人主张、被上诉人承认出租，且已交付租金至民国三十六年四月止，虽被上诉人否认其事，而辩称因欠王其志之款分为四期偿还，乃出具收条，以便按期凭条付款等语。但查总额仅十二万元，分为四期偿还已属不近情理，且均系收到法币三万元而非欠到或借到，显非借条、欠条之性质，而系收到款项之收条性质。每张数额即与去年每季租金之数额相同，每张日期又恰距离四个月，虽收到二字之下无租金字样，亦显见系属租金之收条。被上诉人之抗辩不足采信，依照收条日期最后之张为三十五年二月三十一日，足见租金已付至三十六年四月底止。被上诉人既已收受租金至三十六年四月底止，而收条又在上诉人手中，上诉人主张被上诉人承认出租自堪采信，自非无权占有人可比，被上诉人既将三十六年四月以前之租金收用，竟请求上诉人迁让，原判决予以照准自欠允洽，上诉论旨不能谓为无理由。

据上论结，本件上诉为有理由，依民事诉讼法第四百四十七条、第七十八条判决如主文。

中华民国三十五年十一月三十日

四川高等法院第一分院民事第三庭

审判长推事：冯藏珍

推事：刘伯泉

书记官：张伯勋

审判笔录

原告：邹成源。

被告：孙树勋。

当事人间偿还建筑费事件，于中华民国卅六年二月四日上午十时在本院民事法庭公开宣判，出席职员如左。

推事：陈永藩。

书记官：贺守慎。

点呼两造均来到，推事起立朗读判决主文并口述判决理由之要领。

中华民国卅六年二月四日

重庆地方法院民事庭

书记官：贺守慎

重庆地方法院民事判决

卅五年度诉字第一〇四六号

原告：源泰祥海味号，设大阳沟保安路七十六号，法定代理人邹成源。

代理人：邹元，律师。

被告：孙树勋，住江北刘家台黄泥湾孙家花园，代理人：吴德城，律师。

当事人间请求返还建筑费事，本院判决如左。

主文

原告之诉驳回；诉讼费用由原告负担。

事实

原告声明，请判令被告偿还建筑费一百一十三万一千八百元，并请自建修之日起至执行终结止，按市面利率给付利息一百一十三万一千八百元，请求宣告假执行，诉讼费用由被告负担。其陈述略称，原告承租被告保安路七十六号铺房一栋，每季租金三万元。卅五年二月因房屋倾斜、恐有倒塌之虞，要求被告修理，被告答复由原告代修，嗣经原告修理完善，共享建筑费一百一十三万一千八百元。被告复要求加租，原告不允，被告乃诉请终止租约，故此诉请偿还建筑费用云云。

被告声明，请求驳回原告之诉。其陈述略称，被告房屋系出租与永泰祥，与原告并无租赁关系，原告建筑房屋亦未得其同意，曾呈请工务局命令制止云云，提出呈请文书为证。

理由

按民法第四百三十条规定，租赁关系存续中，租赁物如有修缮之必要，应由出租人负担者，承租人得定相当期限催告出租人修缮，如出租人所其期限内不为修缮，承租人得自行修缮而请求出租人偿还其费用。本件原告承租被告所有坐落保安路七十六号房屋一栋，于租赁关系存德中果有修缮之必要时，承租人固得依前开法条规定，于催告不理后自行修缮。惟据被告述称，原告建筑房屋并未得其同意，当原告建筑时，曾呈请工务局命令制止有案，经本院函请工务局而查复属实。该原告虽主张系被告要求代为修建，但不能提出丝毫证据以资证明，空言主张，殊难采行。况查原告承租被告之房屋，全部租金每季仅三万元，被告修缮费竟达一百一十三万一千八百元，显已超过必要修缮程度，原告乃以此项修缮巨款请求被告加倍偿还，殊难认为有理由。

据上论结，原告之认为无理由，应予驳回，并依民事诉讼法第七十八条判决如主文。

中华民国三十六年一月四日

重庆地方法院民庭

推事：陈永藩

学习司法官：刘明余

送达证书

书状目录：民国三五年（诉）字第一〇四六号返还建筑费案送达判决一件。

应送达人：原告源泰祥海味号，法定代理人邹成源。

　　受送达人署名盖章，若不能署名盖章或拒绝者，应记明其事实：源泰祥海味号法定代理人：邹成源。

　　送达日期：卅六年三月三十日。

中华民国三十六年三月二十六

重庆地方法院送达员：谢本诚

[同日孙树勋签收判决的送达证书略]

四川高等法院第一分院书记室公函

　　查本院受理三十六年度上字第一九七五号邹成源与孙树勋因偿还建筑费事件，业经裁定，相应检同卷宗及裁定正本等件，函请查照，讯即派员妥为送达，并将送达证书附入本院卷内为荷。此致

重庆地方法院书记室

中华民国三十六年十月廿一日

重庆实验地方法院书记室公函

　　案查源泰祥海味号与孙树勋因偿还建筑费事件，业经本院依法裁定送达在卷。兹据原告于法定期间内具状提起上诉到院，相应检齐卷证，函送贵室查收核办。

　　此致

四川高等法院第一分院书记室

中华民国卅六年六月十八日

源泰祥海味号上诉状

上诉人：源泰祥海味号，设本市大阳沟保安路七十六号。

法定代理人：邹成源，三十六岁，四川长寿人，住同右。

被上诉人：孙树勋，四川江北人，住江北刘家台黄泥湾孙家花园。

　　为不服判决，声明上诉事。窃上诉人与孙树勋为事请求返还建筑费事件，于卅六年三月

廿九日奉到钧院卅五年度诉字第一〇四六号民事判决，主文开："原告之诉及假执行之请求均驳回，诉讼费由原告负担。"等因。上诉人对前开判决全部不服，谨求法定上诉期内依法声明上诉，仰请鉴核，迅即裁定第二审裁判费额，以便遵缴，并请速予检卷申送，以资平反。至上诉理由，容即补呈，实为德便。

谨呈

重庆地方法院民庭公鉴。

中华民国卅六年四月二日

具状人：源泰祥海味号

法定代理人：邹成源

重庆地方法院民事裁定

三十六年度诉字第一〇四六号

上诉人：源泰祥海味号。

法定代理人：邹成源，住保安路七十六号。

上诉人与孙树勋因偿还建筑费事件，不服本院第一审判决，提起上诉，应缴裁判费国币二万二千零卅五元，未据缴纳，其上诉状亦未依民事诉讼法第四百三十八条表明上诉理由。兹限该上诉人于收受本裁定时起五日内，向高一分院如数补缴。如逾期尚未遵行，第二审法院即行驳回上诉，切勿违延自误，特此裁定。

中华民国三十六年四月二十二日

重庆地方法院民事庭

推事：罗达尊

书记官：夏家林

送达证书

书状目录：民国三五年（诉）字第一〇四六号返还建筑费案送达裁定一件。

应送达人：源泰祥海味号。

法定代理人：邹成源，住保安路七十六号。

受送达人署名盖章，若不能署名盖章或拒绝者，应记明其事实：邹成源。

送达日期：卅六年五月十七日。

中华民国三十六年五月十五日

重庆地方法院送达员：陈仲廉

送达证书

四川高等法院第一分院。民国三十六年上字第一九七五号。

应送达之文书：偿还建筑费裁定一件。

应受送达人：源泰祥海味号。

法定代理人：邹成源，住保安路七十六号。

受送达人署名盖印，若不能署名盖印或拒绝者，应记明其事由：邹成源。

送达日期：卅七年五月二日。

中华民国三十六年十月廿四日

重庆地方法院送达员：罗仁是

［同日孙树勋签收裁定的送达证书略］

36. 喻仿陶诉罗以斯要求承兑票款案

民事诉状

原告：汇通银行重庆分行。

法定代理人：喻仿陶，四十二岁，乐山人，汇通银行重庆分行经理，文件由林森路五六六号吴骐律师事务所收转。

第一被告：富国实业社。

法定代理人：罗以斯，住民族路二三六号二楼。

第二被告：大安实业股份有限公司。

法定代理人：谭谦六，住陕西路余家巷廿一号。

第三被告：谭谦六。

为诉追承兑票款事，谨将诉之声明及事实理由分陈如次：

一、诉之声明

（一）请求判令被告及第二被告联带给付票款国币一百万元，并自民国卅五年一月廿二日起，照法定利率百分之六给付利息算，至执行终结之日为止。

（二）前项请求如第一第二被告无力负担，请求判令第三被告如数给付。

（三）请求判令被告等担负本案诉讼费用。

二、事实理由

窃第一被告于民国卅五年一月廿二日签发商业承兑汇票一纸，票面金额为国币一百万元，由第二被告担负承兑定期为发票后九十日，并在票面注明"此票免除"，作成拒绝证书，再由第三被告书立保单，保证该票据如到期有不付情事，立保单人愿抛弃先诉及检索抗辩之权，立即代为如数清付，其因延误所生之损失，并由立保单人照数赔偿。殊到期，原告前往第二被告取兑，竟被拒付；转向第一被告追索，仍遭不理；再向第三被告要求履行保证责任，如数照付，亦无效果。迄今数月，屡次催索，终不获兑，迫不得已，为特依据票据法第九十三条前项、第二十五条第二项、第三项及第五十五条与第五十八条前项之规定，具状控告，恳祈查核，饬传该被告等到案审理，准如前开诉之声明而为判决。又第三被告虽为第二被告之法定代理人，然在本承兑票据上系以个人名义保证，其在前为代表公司承兑责任，在后系其个人本身负保证责任。各有不同，合并陈明。

谨状

重庆地方法院民庭公鉴。

中华民国三十五年十月八日

具状人：汇通银行重庆分行

右法定代理人：喻仿陶

委任书

委任人：汇通银行重庆分行。

右法定代理人：喻仿陶，四十二岁，乐山人，由林森路五六六号吴骐律师事务所收转。

受任人：吴骐，律师。

为委任事。窃委任人控告富国实业社等给付票款一案，特委任吴骐律师为代理人，代理一切诉讼行为。

谨状

物证：商业承兑汇票一纸，贴现保单一纸，附副状两本。

重庆地方法院民庭公鉴。

中华民国三十五年十月八日

具状人：汇通银行重庆分行

右法定代理人：喻仿陶

送达证书

书状目录：民国卅五年（诉）字第一五三四号承兑票款案送达传票一件、副状一件。

受送达人：谭谦六。

受送达人署名盖章，若不能署名盖章或拒绝者，应记明其事实：谭谦六君赴上海由同居友谊李寒松负责代收转交（亲笔）。

送达日期：三十五年十月二十九日。

中华民国卅五年十月廿六日

重庆地方法院送达员：

［同日吴骐律师签收通知送达证书略，富国实业社罗以斯签收通知和副状送达证书略，汇通银行重庆分行代喻仿陶签收通知送达证书略］

民事声请

声请人：大安实业股份有限公司。

右法定代理人：谭谦六，男，四十六岁，南充人，住余家巷二十一号，商。

为声请展期审理事。窃声请人与汇通银行重庆分行为承兑票款一案（三十五年度诉字第一五三四号），奉传于十一月二十日上午九时审理。兹因声请人现于上海，未买得飞机票，不能归来，届时无法出庭。拟恳钧庭俯予展期十五日审理，无任厚幸。

谨状

重庆地方法院民庭公鉴。

中华民国三十五年十一月十九日

具状人：大安实业公司

右法定代理人：谭谦六

笔录

原告：喻仿陶。

被告：罗以斯。

右列当事人因承兑票款案，经本院于中华民国卅五年十一月廿一日午前时，开民事法庭，出席职员如左。

审判长推事：陈永藩。

书记官：贺守慎。

点呼右列当事人入庭，书记官朗读案由。

问：原告代理人诉之声明？

吴骐律师起立称：请求判令第一被告及第二被告连带负给伏票款国币一百万元，并口卅五年一月廿二日记，照法定利率百分之六给付利息算至执行终止之日，前项请求如第一、第二两被告无力负担，则由第三被告负担，诉讼费由被告连带给付。

问：事实理由？

答：如状。

问：被告未到，如何请求？

答：请求依照一造辩论判决。

右笔录当庭朗读无异。

推事谕知答辩终结，定于十一月廿四日宣判。退庭。

中华民国卅五年十一月廿日

重庆地方法院民事庭

书记官：贺守慎

推事：陈永藩

宣判笔录

原告：喻仿陶。

被告：罗以斯。

右当事人间承兑票款事件，于中华民国卅五年十一月廿四日上午十时，在本院民事法庭公开宣判，出席职员如左。

推事：陈永藩。

书记官：罗德容。

点呼事件后，推事起立朗读判决主文并口述判决理由之要领。

中华民国卅六年十一月廿四日

重庆地方法院民事庭

推事：陈永藩

书记官：罗德容

重庆地方法院民事判决

三十五年度诉字第一五三四号

原告：汇通银行重庆分行。

法定代理人：喻仿陶。

诉讼代理人：吴骐，律师，住林森路五六六号。

被告：富国实业社。

法定代理人：罗以斯，住民族路二三六号。

被告：大安实业股份有限公司。

法定代理人：谭谦六，住陕西路余家巷廿一号。

被告：谭谦六，住陕西路余家巷廿一号。

右当事人间请求给付票款事件，本院判决如左。

主文

富国实业社、大安实业股份有限公司应连带给付原告票款国币一百万元，并自民国三十五年一月廿二起至执行终了之日止，按周年百分之六算给利息；如富国实业社、大安实业股份有限公司无力给付，应由被告谭谦六代为给付；诉讼费用由被告连带负担。

事实

原告诉讼代理人声明，求为如主文所示之判决。其陈述略称，第一被告富国实业社于民国三十五年一月廿二日签发商业承兑汇票一纸，票面金额为一百万元，由第二被告大安实业股份有限公司承兑，定期为发票后九十日，并在票面注明"此票免除，作拒绝证书"，再由第三被告谭谦六书立保单，保证该票据如到期有不付情事，立保单人愿抛弃先诉及检索抗辩之权，立即代为付清，其因延误所生之损失，由立保单人照数赔偿。殊到期，原告前往第二被告大安实业股份有限公司取兑，竟被拒付，转向第一被告富国实业社追索，仍遭不理，再向第三被告谭谦六请求履行保证责任，如数给照付，亦无效。迄今数月，屡次催索，终不克兑，迫不得已，依票据法第九十三条第一项，第二十五条第二项、第三项，第五十五条诉请判令第一被告及第二被告连带给付原告票款一百万元，并自民国三十五年一月廿二日起照法定利率百分之六给付利息，算至执行终了之日为止，如第一被告、第二被告无力给付，由第三被告代为给付，被告未到，请就一造辩论而为判决。云云。呈商业承兑汇票一纸及贴现保单一纸为证。

被告未于言词辩论期日到庭，又未提出答辩状。

理由

本件被告富国实业社于民国三十五年一月廿二日与原告签发商业承兑汇票一纸，票面金额为一百万元，由被告大安实业股份有限公司承兑，定期为发票后九十日，并在票面注明"此票免除，作拒绝证书"，并由被告谭谦六书立保单，保证该票据到期有不符情事，立保单人抛弃先诉及检索抗辩之权，代为给付，其因延误所生之损害，由保人照数赔偿。此种事实，已据原告提出被告富国实业社签发商业承兑汇票一纸及被告谭谦六书立保单为证，被告又未提出丝毫异议，自应认为真实。按原告主张，定期届满后前往付款人大安实业股份有限公司取兑，竟被拒绝；转向发票人富国实业社追索，仍遭不理；再向保证人谭谦六请求履行保证责任，结果分文未给。依票据法第九十三条第一项，第二十五条第二项、第三项，第五十五条，

第五十八条诉请判令被告富国实业社、大安事业股份有限公司连带给付原告票款国币一百万元，并自民国三十五年一月廿二日起至执行终了之日按法定利率百分之六算给利息；如被告富国实业社及大安实业股份有限公司无力给付，判令被告谭谦六代给付。等语。核其请求，均无不合，自应认为有理。再，被告受本院合法传唤，未于言词辩论期日到庭，查无法定原因，许由原告请求一造辩论而为判决，以免拖累。

据上论结，原告之诉为有理由，应准其请求，并依民事诉讼法第七十八条、第八十五条第二项判决如主文。

中华民国三十五年十一月廿四日

重庆地方法院民事第一庭

推事：陈永藩

送达证书

书状目录：民国三十五年（诉）字第一五三四号给付票款案送达判决正本一件。

受送达人：汇通银行重庆分行法定代理人喻仿陶。

受送达人署名盖章，若不能署名盖章或拒绝者，应记明其事实：本人不在由同居同事代收（章）。

非交付应受送达人之送达应记明其事实：

送达处所：汇通银行民族路一二〇号

送达日期：三十五年十二月五日。

中华民国卅五年十二月

重庆地方法院送达员：陈杰

[同年十二月五日同居人罗礼斌代富国实业社罗以斯、十二月六日李寒松代大安实业公司法定代理人谭谦六、十二月七日吴骐律师签收判决的送达证书三份略]

民事上诉状

上诉人：富国实业社。

法定代理人：罗以斯，住民族路二三六号，经理。

被上诉人：汇通银行重庆分行。

法定代理人：喻仿陶，住林森路，经理。

为不服判决提起上诉，请予检卷核办事：窃上诉人与汇通银行重庆分行因给付票款涉讼事件，业经钧院三十五年度诉字第一五三四号民事判决主文内载："被告富国实业社大安实业公司应连带给付原告票款国币一百万元，并自民国三十五年一月二十二日起至执行终了之日止按周年百分之六算给利息，如富国实业社大安实业公司无力给付，应由被告谭谦六代为给付，诉讼费用由被告连带负责"等语，判决失平，实难甘服，兹于法定期间内提起上诉，请予检卷申送二审法院依法核办，实沾德便！

谨状

重庆地方法院民庭转呈重庆地方法院公鉴。

中华民国三十五年十二月十四日

高步腾律师撰状

具状人：富国实业社经理罗以斯

民事上诉状

上诉人：富国实业社。

法定代理人：罗以斯，四十一岁，重庆人，住民族路二三六号。

上诉人：大安实业股份有限公司。

法定代理人：谭谦六，四十六岁，南充人，住陕西路余家巷廿一号。

被上诉人：汇通银行重庆分行。

法定代理人：喻仿陶。

为不服判决，声明上诉，请予检卷申送二审法院核办事。

窃被上诉人因请求给付票款事件诉上诉人一案，顷奉钧院三十五年度诉字第一五三四号民事判决，其主文第一项载："被告富国实业社大安实业股份有限公司应连带给付原告票款国币一百万元，并自民国三十五年一月二十二日起至执行终了之日止按周年百分之六算给利息，如富国实业社、大安实业股份有限公司无力给付应由被告谭谦六代为给付"等语。上诉人万难折服。除不服理由，另状声叙外，兹特先行提起上诉，即恳检卷申送四川高等法院第一分院，废弃原判，另为适法之判决。

谨状

重庆地方法院民庭公鉴。

中华民国三十五年十二月二十四日

律师杜岷英撰

具状人：富国实业社

法定代理人：罗以斯

具状人：大安实业股份有限公司

法定代理人：谭谦六

重庆实验地方法院民事裁定

三十五年度诉字第一五三四号

上诉人：罗以斯，住民族路二三六号。

右上诉人与喻仿陶因承兑票款事件，不服本院第一审判决提起上诉，应缴裁判费国币一万九千五百元，未据缴纳。其上诉状亦未依民事诉讼法第四百三十八条表明上诉理由。兹限该上诉人于收受本裁定时起七日内，向本院如数补缴，如逾期尚未遵行，第二审本院即行驳回上诉。切勿违延自误。特此裁定。

中华民国三十五年十二月十七日

重庆地方法院民事第一庭

推事：陈永藩

书记官：罗德宋

送达证书

书状目录：民国三十五年（诉）字第一五三四号给付票款案送达裁定一件。

受送达人：上诉人罗以斯。

受送达人署名盖章，若不能署名盖章或拒绝者，应记明其事实：（章）。

非交付应受送达人之送达应记明其事实：

送达处所：民族路二三六号。

送达方法：

送达日期：三十五年十二月二十三日。

中华民国卅五年十二月

重庆地方法院送达员：（章）

四川高等法院第一分院民事裁定

民国三十六年度上字第八五号

上诉人：富国实业社。

法定代理人：罗以斯，住民族路二三六号。

上诉人：大安实业股份有限公司。

法定代理人：谭谦六，住陕西路余家巷廿一号。

被上诉人：汇通银行重庆分行。

法定代理人：喻仿陶。

右上诉人间给付票款事件，上诉人对于中华民国三十五年十一月二十四日四川重庆地方法院第一审判决提起上诉，本院裁定如左。

主文

上诉驳回；第二审诉讼费用由上诉人负担。

理由

按提起民事第二审上诉，先预缴裁判费，此为必须具备之程序。本件上诉人提起第二审上诉，未据缴纳裁判费，经原院以裁定限期命其于送达时七日内补正。此项裁定，已于三十五年十二月二十二日送达。现已逾期，仍未缴纳。依上说明，其上诉显难认为合法。

据上论结，本件上诉为不合法。依民事诉讼法第四百四十一条第一项、第九十五条、第七十八条，裁定如主文。

中华民国三十六年元月二十九日

四川高等法院第一分院民事第一庭

审判长推事：郭蔚然

推事：梅玉明

送达证书

书状目录：民国三十五年（诉）字第一五三四号给付票款案送达裁定二件。

受送达人：富国实业社，法定代理人罗以斯。

大安实业股份有限公司，法定代理人谭谦六。

受送达人署名盖章，若不能署名盖章或拒绝者，应记明其事实：罗以斯（程淑芹代收），谭谦六（李寒松代收）。

送达日期：三十六年二月十四日

重庆地方法院送达员：陈青云

［同日喻仿陶签收裁定的送达证书略］

37. 邓万国诉陈洪生等要求确认买卖契约无效案

民事诉状

右方：原告人，姓名：邓万国，二六，籍贯：巴县，住本市黄花园一四六号，商。

左方：被告人，姓名：陈洪生，籍贯：巴县，住本市瓷器街五十号。

邓银山，籍贯：巴县，住土主乡岩凼沟。

为蒙买蒙卖，侵害继承权利，依法缴费起诉事：

（甲）诉之声明：

（一）对于被告等就巴县虎溪乡，地名罗家石堰田业一股，蒙买蒙卖所缔结之买卖契约，请求判决撤销，确认无效。

（二）诉讼费用由被告等共同负担。

（乙）事实及理由：

缘巴县虎溪乡地名罗家石堰之田业一股，为原告生父邓银山（即第二被告）所置，乃原告继承之物，公同共有，全家老幼，生活之需，保甲族戚邓松山、高如松等咸知可证。不料原告生父邓银山，现将年满古稀，年老晕愦，神经错乱，不理家务，浪费财产，不顾一切，且又素性嗜酒，每日在场吃酒，不醉不休，及于酒醉之余，与人生纠，实难枚举。殊近有第一被告陈洪生以及其它奸人唐绍良等，因知原告父银山年老晕愦，神经错乱，易于欺骗，遂勾串一气，施以非法方法，多方套骗，并不使原告及生母等知悉，取得同意，于本三十五年十月一日，乘原告父在场上酒醉以后，竟就上述公同共有、原告应有继承罗家石堰之全部田业，私行成立买卖契约，以唐绍良为中人，以被告陈洪生为买主，套骗而为买卖。原告初尚不知，继闻人云，始悉情由，复往清询，事果属实，随经阻止，该被告不惟不允撤销套骗原告生父银山所为不合法之买卖契约，抑且横恶对付，赌控不畏。是此情形，实非法律所许，殊令难以甘服，致迫原告不得不诉请钧院依法裁判，撤销买卖，确认无效，以求法律上之保障，而维继承权利，举家生活。为特依法起诉，并遵缴公费。伏恳钧院鉴核，准为如声明之判决，以保权利，而杜侵害，实深沾感！

谨呈

计本件系争产业，估价三百万元正。

证人：邓松山、高如松

证物：

重庆地方法院民庭公鉴。

中华民国三十五年十月八日

具状人：邓万国　押

征费单

征费机关：重庆地方法院。

缴款人：邓万国。

案号：卅五年度诉字第一五〇一号

案由：确认买卖无效。

标的：三百万元。

费别：裁判费。

征费数目：国币三万九千圆。

备注：

复核员：

收费员：

中华民国卅五年十月八日

案件审理单

一五三三案定于本年十二月十八日下午一时审理，应行通知及提、传人如左。

应传：两造，原告指传证人邓松山、高如松。

推事□十一月二十九日下午发交

书记官 月 日办讫

重庆地方法院诉字一五三三号契约［案］

原告：邓万国押。

证人：高如松、邓子良。

被告：邓银山。

辩论终结，定期本月二十三日宣判。

中华民国三十五年十二月十八日

重庆地方法院诉字一五三三号契约［案］

被告：陈洪生。

民国三十五年十二月十八日上午

笔录

原告：邓万国。

被告：邓银山、陈洪生。

证人：高如松、邓子良。

右列当事人因确认买卖契约无效案，经本院于中华民国卅五年十二月十八午前八时，开民事乙庭。出席职员如左。

审判长推事：杨振修。

书记官：刘文祥。

点呼右列当事人入庭、书记官朗读案由。

问：原告年、籍等项？

答：邓万国，二十六，住黄花园一四六号。

问：告谁？

答：邓银山、陈洪生。

问：请求甚么？

答：请求确认被告间就虎溪乡罗家石堰田业一股所缔结之买卖契约无效。

问：罗家石堰田业为何人所有？

答：为我所有。

问：有何理由？

答：罗家石堰这地方我出了一部分□。

问：被告年、籍等项？

答：邓银山，六三，住土主乡岩幽沟。

问：罗家石堰田业什么时候买的？何时卖的？

答：民国十九年买的，今年九月初六日卖出去的。

问：面积多少？

答：卅几石谷（四十五石租打不起这多）。

问：卖价多少？

答：一千三百五十万元。

问：原告□从何处来的？

答：我妻赔稼［嫁］银子五百两收□来共同买的。

问：邓银山他妻赔稼五百两银子吗？

答：没有银子。

问：原告什么时候订的婚？何时结婚？

答：民国廿年正月初八日，廿四年结婚。

问：原告出的银子有何证人？

答：高如松，邓子良。

问：证人高如松，年，籍等项？

答：高如松，卅三，住土主乡。

问：何时订婚，是不是你的妹，有庚书否？

答：民国十八年，是我的妹，有的。

问：给他多少银子？

答：五百两银子。

问：证人年、籍等项？

答：邓子良，五十九，住土主乡。

问：你是媒人吗，你知道他的银子？何年订的婚？

答：我是媒人，五百银子，民国十八年订婚。

问：被告年、籍等项？

答：陈洪生，二十九，住瓷器街五〇号。

问：何时买的？

答：十月一日买的，价洋一千三百五十万元，有两万是押口，提出买约乙张为证。

推事谕知，辩论终结，定于本月二十三日宣判。

退庭。

> 中华民国卅五年十二月十八日
>
> 重庆地方法院民事乙庭
>
> 书记官：刘文祥

证人结文（问讯）

今为钧院　　年度　字第　号　　一案到庭作证，所为陈述均系真实，绝无匿饰增减，如有虚伪，当负法律罪责。

此上

重庆实验地方法院。

> 具结人：高如松
>
> 中华民国　年　月　日

注意：刑法第一百六十八条，于执行审判职务之公署审判时或于检察官侦查时，证人鉴定入通译于案情有重要关系之事项，供前或供后具结而为虚伪陈述者，处七年以下有期徒刑。

[证人邓子良具结文略]

送达证书

[民国三十五年（诉）字第一五三三号契约案传票乙件分别送达邓万国、陈洪生、邓银山、邓高氏]

民事补呈

右方：补呈人，姓名：邓万国，二六，籍贯：巴县，住本市黄花园一四六号。

左方：被告，姓名：程鸿森，住本市瓷器街五十号；邓银山，住土主乡。

为补呈理由，恳请迅予赐票传讯，以凭法判事：窃民与被告等为确认买卖无效事件，业经钧院一度审讯，并以卅五年度诉字第一五三三号裁定，兹际未票传讯之时补陈理由于次：

按本件系争民与邓银山公同共买其业，价为民妻陪嫁之款，审讯时亦有邓子良、高如松等到案证明，由是该业确属民与邓银山公同共有。既为公同共有物，其买卖应由公同共有人全体同意，被告单独向银山购买，何能有效？况被告皆以蒙蔽手段套骗银山，故民之生母等均未知悉而获同意，是以蒙蔽套骗，何生法律效力？此种不法买卖何能成立？为此补陈所有权之公同共有关系之理由，状恳钧院鉴核，俯准对本件详密审讯，判决买卖无效，被告等应负责赔偿一切损害。无任沾盛。

谨呈

重庆地方法院民庭公鉴。

中华民国卅六年二月十二日

具状人：邓万国押

重庆地方法院民事裁定

三十五年度诉字第一五三三号

原告：邓万国，住本市黄花园一四六号。

被告：陈洪生，住本市瓷器街五十号；

邓银山，住土主乡岩函沟。

右当事人间，请求确认买卖无效事件，本院裁定如左。

主文

本件已闭之言词辩论再开之。

理由

查原告与被告因确认买卖无效事件，业经于本年十二月十八日言词辩论终结在案。惟查本件事实尚有应行调查事项，合依民事诉讼法第二百十条之规定，再开已闭之言词辩论。特为裁定如右。

中华民国卅五年十二月二十一日

重庆地方法院民事第一庭

推事：杨振修

送达证书

书状目录：民国卅五年诉字第一五三三号确认买卖无效案，送达裁定一件。

受送达人：原告邓万国。

受送达人署名盖章，若不能署名盖章或拒绝者，应记明其事实：邓万国未在家，由同居姨姐高世云代收。

非交付受送达人之送达应记明其事实：

送达处所：本市黄花园一四六号。

送达方法：

送达日期：卅六年元月十五日。

中华民国三十六年元月十三日

重庆地方法院执达员：曾孙容

[同日程鸣森代陈洪生、邓银山分别签收裁定的送达证书二份略]

法院民事案件审理单

确认买卖契约无效案，定于本年三月十四日上午九时审理，应行通知及提、传人如左。

原［告］：邓万国。

被［告］：陈洪生、邓银山。

证［人］：高如松、邓子良（原指证人）。

推事：三月五日下午发交。

书记官：　月　日办讫

［重庆］地方法院

诉字一五三三号确认买卖契约

证人：高如松　押

邓子良　押

民国卅六年三月十四日上午

笔录

被告：

证人：高如松、邓子良。

右列当事人因买卖契约无效案，经本院于中华民国卅六年三月十四日午后时开　民事庭。出席职员如左。

审判长推事：任承善。

书记官：张海书。

点呼右列当事人入庭。书记官朗读案由。

问：高如松，年［龄］、住［址］等项？

答：卅三岁，住巴县土主场，农。

谕知证人之务又及伪证之处罚。

问：邓子良，年［龄］、住［址］等项？

答：四九岁，住土主场，农。

谕知人作证之义务及伪证之处罚。

问：高如松，你同邓万国何关系？

答：邓万国是我妹夫。

问：你妹何时出嫁？

答：卅三年。

问：订婚是何时？

答：十八年。

问：妹夫结婚？

答：五百元作陪嫁薪费。

问：虎溪乡的田产有多少？

答：不知道。

问：何时买的？

答：不知道。

问：你还有何说？

答：没有。

问：邓子良，你同［他（即邓万国）］有何关系？

答：侄子并且是亲的。

问：你作证有何话说？

答：侄子结婚，我作的媒人。

问：有何嫁薪？

答：五百元。

问：何时嫁的？

答：二十三年。

问：罗家寺的田产知道吗？

答：买卖都是我的中人。

问：他买这地方的钱？

答：因没有过门就拿结婚钱买的。

问：何时买的？

答：十七年买的。

问：拿了多少？

答：五百元。

问：那田□多少？

答：去买那田三千六百两银子。

问：邓万国那时多少岁？

答：十多岁。

问：用父名字买的吗？

答：是的。

问：何是卖的？

答：去年八月二十七日上午□卖的。

问：卖了多钱？

答：一千三百五十六万，是我的中人。

问：邓银山同邓万国分家吗？

答：没有分家。

问：卖与谁的？

答：陈洪生。

问：他买时，知道是用邓万国女人的钱买的吗？

答：不知道。

问：卖田时邓万国知道吗？

答：不知道。

问：邓银山吃烟酒？

答：吃。

问：为何要卖？

答：他说国家要抽他的税。

问：钱哪去了？

答：他死去了，花了七八百万，其余不知道。

问：邓万国在何处？

答：邓万国关在法院。

问：在何订约的？

答：在唐有良家里订的约。

问：他原来想卖吗？

答：是他原来就想卖。

问：陈洪生想买早吗？

答：陈洪生早就想买，就与龙金融商量。

问：邓银山这时被杀是谁杀的？

答：不知道，邓万国来告过案。

问：另外还有话说？

答：没有。

问：高如松还有话说吗？

答：没有。

右笔录经朗读无异，谕知证人饬回，退庭。

中华民国卅六年三月十四日

院衔

书记官：张海书

推事：任承善

证人结文（问讯）

今为钧院　年度　字第　号到庭作证，所为陈述均系真实，绝无匿饰增减，如有虚伪，当负法律罪责。

此上

重庆实验地方法院。

具结人：高如松、邓子良

中华民国卅六年三月十四日

注意：刑法第一百六十八条，于执行审判职务之公署审判时或于检察官侦查时，证人鉴定入通译于案情有重要关系之事项，供前或供后具结而为虚伪陈述者，处七年以下有期徒刑。

法院民事案件审理单

确认买卖契约无效案，定于本年三月廿一日下午二时审理，应行通知及提、传人如左。

应传：原告邓万国，另案在押。

被告邓银山，问原告。陈洪生，住瓷器街五十号。

推事三月十五日发交。

书记官　月　日办讫

报告

卅六年三月十九日于本院执达员办公室

奉交下卅五年度诉字第二五三五号传票三件，均已遵命送达。惟被告邓银山系注明由原告邓万国指传，讵料原告系在押人，并称不知该邓银山现住何处，故该邓银山之传票乙件实无法送达。理合报请推事鉴核。

执达员：黎道曙

重庆地方法院民事传票

卅五年度诉字第二五三五号确认买卖契约无效事件。

被传人姓名：被告邓银山。

住址：原告指传。

被传事由：审理。

应到时间：三月廿一日上午八时　分。

应到处所：林森路五八八号本院第　法庭。

注意：

（一）被传人务须遵时来院报到，如无故不到，得依对造一造辩论予以判决。

（二）被传人如呈递书状，必须记明年度号数并按对适当事人人数预备副本。

书记官：（印）

送达人：

中华民国三十六年三月十五日

送达证书

书状目录：民国卅五年度诉字第二五三五号确认买卖无效案，送达传乙件。

受送达人：被告邓银山。

　受送达人署名盖章，若不能署名盖章或拒绝者，应记明其事实：

　送达日期：

中华民国卅六年三月十七日

重庆地方法院执达员：黎道曙

[同年三月十八日邓万国签收的送达证书、程鸿森代陈洪生签收的送达证书两份略]

［重庆］地方法院诉字二五三五号买卖契约无效案

被告：陈洪生押。

原告：邓万国，另案在押。

　辩论终结，定期本月廿五日宣判

民国　年三月廿一日上午

笔录

被告：陈洪生。

证人：

　右列当事人因确认买卖契约无效案，经本院于中华民国卅六年三月廿一日午前时，开民事法庭。出席职员如左。

　审判长推事：任承善。

　书记官：陈海书。

　点呼右列当事人入庭，书记官朗读案由。

　问：邓万国，年［龄］、住［址］等项？

　答：二十七岁，巴县人，住黄花园，厨工。

　问：你陈述？

　答：撤销买卖。

　问：买田的钱是谁的？

　答：我妻子的。

　问：买的田在何处？

　答：罗家石，田七十多石谷。

问：用什么名字买的？

答：堂名邓泉兴。

问：邓泉兴？

答：是堂［名］。

问：邓银山是谁？

答：不是我父亲的名字。

问：邓银山在哪里？

答：邓银山死了。

问：邓银山出名卖的？

答：是邓银山出名卖的。

问：卖了多少钱？

答：卖了一千三百五十万。

问：陈洪生，年［龄］、住［址］等项？

答：三十岁，巴县人，住磁器街一五〇号。

问：你买邓银山的田地有何契？

答：有契据。

问：你向谁买的？

答：向邓银山买的，邓银山即邓泉兴。

问：以前是谁买的？

答：邓泉兴买，邓泉兴卖的。

问：价金交清了吗？

答：买价早就交清。

问：邓万国你说你父亲那［拿］你妻子的钱买的？

答：是的。

问：你妻子拿了多少钱？

答：五百两银子。

问：用何名义？

答：我父亲买的。

问：买田用去多少钱？

答：三千一百两。

问：为何契据上是邓泉兴？

答：不知道。

右笔录经朗读无异，谕知本件辩论终结，定本月二十五日宣判。

中华民国三十六年三月二十一日

院衔民庭

书记官：张海书

重庆地方法院民事判决

三十五年度诉字第一五三三号

原告：邓万国，住本市黄花园一四六号。

被告：陈洪生，住本市瓷器街五〇号。

邓银山，住巴县土主乡。

右当事人间，请求确认买卖契约无效事件，本院判决如左。

主文

原告之诉驳回。诉讼费用由原告负担。

事实

原告声明请求确认被告陈洪生承买邓银山巴县虎溪乡罗家石堰田业一股之契约，其陈述略称："上开田业为原告之父邓银山所买有，系原告应继承之财产，又民国十九年购买该业，曾以原告之妻陪嫁银子作为一部分价款，故该业确属公同共有。原告之父邓银山未得原告之同意，其处分自应为无效。"云云。

被告声明请求为如主文之判决，其陈述略称：上项田业，系民国三十五年十月一日（旧历九月初六日）由被告陈洪生以一千三百五十万元（另有两万书字分）向原告之父邓银山（即邓全兴）承买，并提出买契为证。

理由

按继承因被继承人死亡而开始，民法第一千一百四十七条定有明文，本件系争之产业系邓银山所有，为不争之事，原告之父邓银山自可单独处分。至购买该业，虽曾以原告之妻陪嫁银子作为一部分价金，惟系以原告之父邓银山（即邓全兴）一人出名购买。原告之妻其陪嫁银子付为业价，仅系债务问题，何得据以主张该业即为公同共有？原告之诉显为无理由，应予驳回。

据上论结，本件原告之诉无理由，应依民事诉讼法第七十八条判决如主文。

中华民国三十六年三月二十五日

重庆地方法院民事第一庭

推事：任承善

［本］件证明与原本无异。

书记官：张海书（印）

送达证书

［民国三十五年诉字第一五三三号确认契约无效案判决一件分别送达原告邓万国及陈洪生、邓银山略］

38. 薛文侯诉申慎行堂等要求给付修缮费案

民事诉状

原告：薛文侯，五十三岁，本市人，住本市中兴路一〇五号，中医师。

被告：申慎行堂、申仲先即申世奇，五十四岁，住本市上清寺春森路第十号；刘玉成、住本市九块桥二七号；赵泽波、住本市凉亭街二九号集云茶社。

诉之声明：

（一）认给修缮费不给，恳照请求数额判给宣示假扣押。

（二）蔑视优先承买权妄卖非有租佃权人应请宣告该项买卖无效，判由诉请人承买。

（三）诉讼费用归被告负担。

事实理由：

缘民于民国十五年承租中兴路一〇五号房屋居住，以行医营生，计廿余年，房主初为周姓氏，卅一年始为申慎行堂申仲先即世奇买有，民均逐年照市加租，至民卅五年三月五日租金，民均缴纳清楚，分厘无欠，惟民自卅一年十一月起，共垫有必需修缮费合现时法币一百四十万元正，有承包工人清单收条可凭，为出租人所已知，为民法四二九条四三七条所规定，应由出租人付给。民交租，亦未减，被告于民卅五年上年民租期已满，将租金交申慎行堂历年代收租金之建设银行，拒不收受，时声称补修仍租与原佃。八月十日，被告邀请第五区李区长、区民代表李平梁、区民代表树培茶话，如上言，又声称要将民住房出卖，当院内共法币二百四十万元正，院前铺面一间（现大门进出口）六十万元正，是民已贷款准价承买，故未续租，续交租金，但被告于民国卅五年九月至民国卅六年，先后将房屋私售与夺佃不成大价夯买之非有租佃权人刘亚成、赵泽波等承买。又廖斌、曾永久、陈有祥三人各一部，各价额八十万元正，旋托请周裕丰、陈尔爱等向民声说，愿给付民修缮费五十万元，民以数字相差过远，损失甚巨未允，今因蒙准钧院判决终止租约，判民迁让，准假执行后，竟欲籍判决之力，修缮费一厘不付，强迫迁让，昧良违法，莫此为甚。除提起上诉，请先判决撤销假执行外，特陈述事实及理由，恳请钧院依照民请求数额判给民修缮费一百四十万元，并愿提供担保，将民住房宣告假扣押，不准被告加以移转，抵押撤修等任何处分。

民住中兴路一〇五号房屋行医达廿余年，有租佃权，并有优先承买权，被告向民言说，民已满口认诺照价承买，何得于民卅五年九月私售与非有租佃权人之刘亚成、赵泽波等，有本市第五区第二保保长谢正伦之答复书（审呈）可为铁证。被告蔑视民之优先承买权，妄卖与非有租佃权人，有违民法习惯，应请宣告该项房地买卖作为无效，判由民承买，以重法纪，民有上二理由，被告毫无理由可言，故特另案提起给付修缮费及申、刘两姓等买卖民住房屋作为无效之诉，状请钧院鉴核，依法判被告给付民修缮费壹佰肆拾万元，民住房由民照刘姓买价承买，则民及子孙永远不忘，均沾大德，实为公便。

谨状

证人：周裕丰，住本市上回沟二十六号；陈尔曼，住本市马归街一〇八号南纪门；李平梁，住本市中兴路皮鞋铺三十号；叶荣培，住本市中兴路；蔚玉伦，住本市中兴路一一六号。

证物：保长答复书缮本一件，发票收条缮本三件，原发票收条审呈，计算清单一张。

重庆地方法院民庭公鉴。

中华民国三十六年四月十一日

具状人：薛文侯

重庆市第五区第二保办公处示

（卅六）三月二十九日

民呈字第〇一三号

呈悉，本保中兴路第一〇五号大字主权前系申慎行堂所有，去（即）三十五年九月申将整院出售与刘亚成等承买，廖、曾、陈各一部，各去币八十万元。此示

右给

薛文侯先生

保长：谢正伦印

收条

送回水沟五十九号内开交　当交□元。

发奉青瓦一千匹，合洋二百五十五元正，当交洋一百五十元下欠洋一另五元正，交清洋交力夫代回，匆候。此致

薛文侯

三十一年十一月卅日

伍树荣印条

收条

发奉青瓦五百匹、二百匹，每百价洋二十五元五角正，计法币一百二十元五角，昨欠洋五十五元，共计法币一百八十二元元五角正。

此致

（其洋交力夫代回，勿候）

薛文侯

三十一年十二月一日

建泰砖瓦号条

收条

今收到薛文侯先生补修本市中兴路第五十九号内材料、工资大洋法币一万四千元正，当日全数收清。

民国卅一年十二月十五日

承包人魏荣光收条

计抄计算修缮费清单

民国卅一年十一月卅日修缮青瓦一千匹，合生洋一千一百八十八元。

民国卅一年十一月一日修缮青瓦一千匹，合生洋一千一百八十八元。

民国卅一年十二月十五日修缮材料工资一万四千元，合洋一万四千元。

共计生洋一万六千另八十元正。

依当时次河米市价每市斗十元，现时每市斗三千二百元，约涨三十倍余，故□□合现时法币一百四十万元正。

民国三十六年四月八日薛文侯抄

征费单

征费机关：重庆地方法院。

缴款人：薛文侯。

案号：三十六年度诉字第八七九号。

案由：优先承买。

标的：二百四十万元。

费别：裁判费。

征费数目：国币三万一千二百元。

备注：补缴费，慎股。

复核员：

收费员：　　印

中华民国卅六年五月廿六日

征费单

征费机关：重庆地方法院。

缴款人：薛文侯。

案号：三十六年度诉字第八七九号。

案由：修缮费。

标的：一百四十万。

费别：裁判费。

征费数目：国币一万八千二百元。

复核员：

收费员：　印

中华民国卅六年四月十一日

民事声请状

声请人：赵泽波，三十九岁，巴县人，住董家石堡凉亭子街廿九号。

原告：薛文侯，年龄、籍贯在卷。

为偶染暴病，碍难到案，声请另示审期，再传审理，以资明了，而免蒙混事。

窃声请人与薛文侯给付修缮费事件被诉一案，昨奉三十六年度诉字第五五二号票传，票期五月二日审理，就遵曷渎。惟声请人偶染疾病，行动维艰，碍难遵期到案，伏乞钧院鉴核，准予缓期再审，嗣病痊愈，即行到案，俾便陈述本案一切事实。

谨状

重庆地方法院民庭公鉴。

中华民国三十六年五月一日

具状人：赵泽波　押

征费单

征费机关：重庆地方法院。

缴款人：赵泽波。

案由：声请。

征费数目：国币三百圆。

复核员：

收费员：　印

中华民国卅六年五月一日

民事案件审理单

案定于本年五月二日上午十时审理，应行通知及提传人如左。

通知：

应提：

应传：两造，证人周裕丰、陈尔曼、李平梁、叶树培、谢正伦。

推事：　　四月十二日上午发交。

民事送达证书

［民国三十六年诉字第五五二号给付修缮费案传票壹件，分别送达原告薛文侯，被告赵泽波、刘亚成，证人谢正伦、周裕丰、李平梁、叶树培、陈尔曼、申慎行堂申仲先即申世奇签收］

笔录

原告：薛文侯。

右列当事例因修缮费案经本院于中华民国卅六年五月二日午前十时，开民事法庭，出席职员如左。

审判长推事：易元良。

书记官：鲁振华。

点呼右列当事人入庭，书记官朗读案由。

问：原告薛文侯年、籍等项？

答：五十三岁，住中兴路一〇五号。

问：你请求什么？

答：请求判令被告给付原告修缮费壹百四十万，确认中兴路一〇五号房屋原告有优先承买权，确认上项房屋买卖无效，并请假执行。

谕传证人再审。

本笔录当庭朗读无异

中华民国三十六年五月二日

（全衔）民庭

书记官：鲁振华

被告刘亚成民事答辩状

具答辩状人：刘亚成，住九块桥廿七号。
被诉人：薛文侯。

为答辩薛文侯控修缮费事：

窃民奉钧院诉字第五五二号传票，为薛文侯控民已承买申世奇中兴路房屋，请给修缮费一案，奉传之时，不胜诧异，谨此答辩如左：

一、民不知申世奇为何人，无任何交易与来住，薛文侯所控民与申姓发生房屋买卖，不知根据何在，倘买卖不经当事人同意，只凭当地保长之一纸证据及地痞周玉丰等之口上证明，其房屋买卖即可成立，但有业产者，又凭何以自主，由此观之，薛文侯全属伪造。

二、薛文侯即系申姓之佃户，无论有无修缮费用，应向申姓交涉，与民何干，显系诬告。

三、薛文侯为市之庸医也，平时颇不安分，常与地痞勾结，鱼肉善良，此次欲利用民名而拖累申姓耳，此等奸讼之徒，不予与严惩，社会何安？特此状请钧院依法判决，实沾德便。

谨呈

重庆地方法院民庭公鉴。

中华民国三十六年四月三十日

具状人：刘亚成　押

被告申慎行堂关于诉讼代理人的委任状

委任人：申慎行堂，法定代理人申世奇，本市人，住上清寺春森路第十号。

受任人：尹康民，律师，住本市响水桥街第十二号。

为与薛文侯因给付修缮费事件，兹委任尹康民律师为诉讼代理人。

谨呈

重庆地方法院民庭公鉴。

中华民国三十六年五月二十五日

具状人：申慎行堂法定代理人申世奇

重庆地方法院民事送达证书

　　[民国三十六年诉字第五五二号给付修缮费案传票乙件送达原告薛文侯，被告申仲先即申世奇、赵泽波、刘亚成，证人曾集五、谢正伦，周受丰签收]

笔录

原告：薛文侯。

被告：赵泽波等。

　　右列当事人因给付修缮案经本院于中华民国卅六年五月廿六日午前十时，开民事　法庭，出席职员如左。

　　推事：王乃澄。

　　书记官：鲁振华。

　　点呼右列当事例入庭，书记官朗读案由。

　　问：原告薛文侯，年、籍？

　　答：五三岁，住中兴路一〇五号。

　　问：申世奇是申慎行堂的法定代理人吗？

　　答：申世奇是申慎行堂的法定代理人，其余是独立被告。

　　问：你请求什么？

　　答：请求确认第一被告与第二被告就中兴路一〇五号院内房地缔结之买卖无效，就前项之房地照第二被告之买价有优先承买权，在买价内扣除修缮及补偿损失费，愿提供担保请予宣示假扣押，并不准被告移转抵押之任何处分。

问：你为什么告第三被告王泽波？

答：请求第三被告补正为证人。

问：事实与理由如何？

答：民国十五年原告向丁家租的，民国三十年五月廿三日租申慎行堂（即申世奇）中兴路一○五号房屋，每届满一年改约一次，现在还是我住的，去年九月间第一被告卖给第二被告，卖时未通知我，划界时我也不晓得，卖价是六百万元，保长有证明可证明被告（第一）房屋已卖。

问：被告申世奇代理人陈述意见？

答：申世奇是申仲先的儿子，房屋是申世奇的。

问：原告申慎行堂的法定代理人有错误？

答：请求补正申世奇为申慎行堂之法定代理人，不告申仲先。

问：被告对原告的话有何参弁［辩］？

答：中兴路一○五号房屋是申世奇的，其父申仲先无权处分，原告则不能有优先承买，租约约定：上漏下湿和因空袭损坏，由承租人自理，决无补偿，假扣押应由另案办理，所有租约及所权状均在三十六年度诉字七四案号案内。

问：证人赵泽波，年、籍等？

答：三十九岁，住凉亭子二九号。

问：你说的话可以具结吗？

答：可以具结。

问：你知道什么？

答：中兴路一○五号房屋我知道是申世奇（地政局所有权状载的），外面是我买的，里面买没买我不晓得，出卖人是申世奇，代表人是申仲先，当时申仲先到场的，申世奇未到场。

问：原告是谁卖的？

答：据闻是申世奇卖的，是申仲先为代表人。

问：被告代理人，房屋卖了没有？

答：内外房都没卖。

问：原告还有什么话说？

答：其余被告未到，请求一选判决。

谕弁辩论终结，定于本月卅一日宣判。

本录当庭朗读无异。

中华民国三十六年五月廿六日

（全衔）民庭

书记官：鲁振华

推事：王乃澄

证人结文（问讯）

今为　年度　字第　　号到庭作证，所为陈述均系真实，绝无匿饰增减，如有虚伪，当负法律罪责。

此上

重庆实验地方法院

具结人：赵泽波　押

中华民国　　　年　月　日

注意：刑法第一百六十八条于执行审判职务之公署审判时，或于检察官侦查时，证人鉴定人通译于案情有重要关系之事项，供前或供后具结而为虚伪陈述者，处七年以下有期徒刑。

宣判笔录

原告：薛文侯。

被告：申慎行堂。

右当事人间给付修缮费事件，于中华民国卅六年五月卅一日上午八时，在本院民事法庭公开宣判，出席职员如左。

推事：王乃澄。

书记官：王克强。

推事起立朗读判决主文，并口述判决理由之要领。

中华民国卅六年五月卅一日

重庆地方法院民事庭

书记官：王克强

推事：王乃澄

四川重庆地方法院民事判决

卅六年度诉字第五五二号

原告：薛文侯，住本市中兴路一〇五号。

被告：申慎行堂。

法定代理人：申世奇，住本市上清寺春森路十号。

诉讼代理人：尹康民，律师。

被告：刘亚成，住本市九块桥廿七号。

右当事人间因请求确认买卖无效等事件本院判决如左。

主文

原告之诉及假扣押之声请均驳回。诉讼费用由原告负担。

事实

原告声明，请求判决确认被告间就本市中兴路一〇五号院内房地所缔结之买卖契约无效，原告就原买价有优先承买权及被告申慎行堂应赔偿原告修缮损失等费，并愿提供担保，请宣告假扣押。其陈述略称：原告于民国卅年五月廿三日承租被告申慎行堂本市中兴路一〇五号院内房地居住，第届满一年即修改租约一次，今以被告间于上年九月未通知原告乃就上开房地成立买卖契约，故请求如声明并愿提供担保声请宣告假扣押，被告刘亚成不到场，请一造辩论，尚为判决云云。并提出该管保长谢正伦证明书一纸为证。

被告申慎行堂诉讼代理答辩略称：被告间就本市中兴路一〇五号院内房地并无买卖行为，原告何能主张照原卖优先承买，原告承租被告上开房地居住，租约载明：上漏下湿，空袭损坏均由承租人自理，被告自不能赔偿原告修缮损失等费，至假扣押系另一程序，不得并案声请，故请求一并驳回云云。

被告刘亚成曾具状答辩略称：被告间就原告所称之房地并无买卖行为云云。

理由

本件原告所称被告间就系争之房地已于上年九月间成立买卖契约，不但被告极端否认，即讯据原告所举证人赵泽波之结证，亦不能证明原告之陈称为属实，是原告所提出该管保长谢正伦证明书显有瑕疵，不足采信。原告请求确认被告间就系争之房地所缔结之买卖契约无效及照原买价优先承买，显无理由。至原告请求被告申慎行堂赔偿修缮损失费部分，讯据被告诉讼代理人之答辩，原告与该被告所订立之租约载明上漏下湿，空袭损坏由承租人自理，原告对之并无异议，则其上项之请求亦难认为有理由，后查假扣押之声请系保全程序，不得就本诉并案而为声请，原告竟然为之，显有重大瑕疵，应予驳回。

据上论结，原告之诉为无理由，应予驳回，并依民事诉讼法第七十八条判决如主文。

中华民国卅六年五月卅一日

四川重庆地方法院民事第三庭。

推事：王乃澄。

如不服本判决，得于受送达书二十日内向本院提出上诉状。

本件证明与原来无异。

书记官：

中华民国三十六年六月十九日

重庆地方法院民事送达证书

[民国卅六年诉字第五五二号给确认买卖无效案判决乙件，分别送达原告薛文侯，被告申慎行堂法代人申世奇，刘亚成签收]

重庆地方法院书记室公函

三十六年十二月廿二日　发文六六四一号

三十六年度诉字五五二号

案查薛文侯与申慎行堂等给付修缮费等业经本院依法判决送达在卷，兹据薛文侯于法定期间内具状提起上诉到院，相应检齐卷证，函送贵室查收核办。

此致

四川高等法院第一分院书记室

计函送卷乙宗，状一件，裁定、回证各乙件，证据详袋

四川高等法院第一分院书记室公函

民齐字第七三六二号

中华民国三十七年六月四日

查本院受理三十六年度上字第三九八四号薛文侯与申慎行堂修缮费事件，业经裁定确定，相应检同卷宗等件函送，好请查收为荷！

此致

重庆地方法院书记室

计送本院卷一宗，原审卷一宗，证物一件

重庆地方法院书记室公函

滇字第六六四一号

案查薛文侯与申慎行堂等给付修缮费等业经本院依法判决送达在卷，兹据薛文侯于法定期间内具状提起上诉到院，相应检齐卷证，函送贵室查收核办。此致

四川高等法院第一分院书记室

计函送卷乙宗，状一件，裁定、回证各乙件，证据详袋

中华民国三十六年十二月廿二日

上诉人薛文侯民事上诉状

上诉人：薛文侯，五十三岁，本市人，住中兴路一〇五号，医业。

被上诉人：申慎行堂申世奇，住本市上清寺春森路第十号，刘亚成，住本市九块桥路廿七号。

为声明不服判决申请上诉事情：

民前以诉请优先承买、给与修缮费及假扣押等词控被告等一案，于七月五日奉钧院卅六年度诉字第五五二号判决，内开：原告之诉请优先承买、给与修缮费及假扣押声请均驳回等，谕民何能遵判。缘民被告申慎行堂，实已将民住中兴路一〇五号民有优先承买权之房屋，售与刘亚成事实千真万确，有证人、证据可以证明，修缮费被告早有明言认诺，并有单据呈验，乃仅据被告申世奇代理人之空言声述，将民诉驳回，民实难甘为此先声明不服，恳请钧鉴核，准予申送上级法院上诉，更为适当之判决，实为公便，理由书容后续呈。

谨状

重庆地方法院民庭公鉴。

中华民国卅六年七月廿三日

具状人：薛文侯

征费单

征费机关：

缴款人：薛文侯。

案由：上诉。

征费数目：国币一千圆。

复核员：

收费员：　印

中华民国卅七年七月廿三日

重庆实验地方法院民事裁定

三十六年度上字第五五二号

上诉人：薛文侯，住本市中兴路第一〇五号。

右上诉人与申慎行堂因优先承买权及修缮费事件不服第一审判决提起上诉，应缴裁判费国币六百七十四元，未据缴纳，其上诉状亦未依民事诉讼法第四百三十八条表明上诉理由，兹限该上诉人于收受本裁定时起五日内向四川高等法院第一分院如数补缴，如逾期尚未遵行，第二审法院即行驳回上诉，切勿违延自误，特此裁定。

中华民国三十六年十二月十七日

重庆实验地方法院民事庭

推事：王振常

本件证明与原本无异。

书记官：

中华民国三十六年十二月廿日

重庆地方法院民事送达证书

书状目录：民国卅六年诉字第五五二号案送达上诉裁定乙件。

受送达人：上诉人薛文侯。

受送达人署名盖章，若不能署名盖章或拒绝者，应记明其事实：薛文侯押。

非交付受送达人之送达应记明其事实：

送达处所：中兴路一〇五号

送达方法：

送达日期：卅六年十二月廿二日。

中华民国卅六年十二月廿日

重庆地方法院执达员：李文彬

四川高等法院第一分院民事裁定

民国三十六年度上字第二九八四号

上诉人：薛文侯，住本市中兴路一〇五号。

被上诉人：申慎行堂即申世奇，住本市上清寺春森路十号。　刘亚成，住本市九块桥二十七号。

　　右当事人间确认买卖无效事件，上诉人对于中华民国三十六年五月卅一日四川重庆地方法院第一审判决，提起上诉，本院裁定如左。

主文

　　上诉驳回，第二审诉讼费用，由上诉人负担。

理由

　　按提起民事第二审上诉，应预缴裁判费，此为必须具备之程序。本件上诉人提起第二审上诉，未据缴纳裁判费，经原审以裁定限期，命其于送达时起五日内补正。此项裁定，已于卅一年十二月廿二日送达。现已逾期，仍未补正，依上说明，其上诉显难认为合法。

　　据上论结，本件上诉为不合法，依民事诉讼法第四百四十一条第一项、第九十五条、第七十八条，裁定如主文。

中华民国三十七年二月廿五日

四川高等法院第一分院民事第二庭

审判长推事：刘伯泉

推事：饶世弟

推事：林金和

右裁定正本证明与原本无异。

中华民国三十七　年　月　日

四川高等法院第一分院书记官

四川高等法院重庆分院送达证书

应送达之文书：民国三十六年上字第二九八四号与申慎行堂买卖裁定正本一付。

应受送达人：薛文侯。

　　受送达人署名盖章，若不能署名盖章或拒绝者，应记明其事实：薛文侯印。

　　送达日期：三十七年三月九日。

中华民国三十七年二月一日

送达人：谭鹤

［同日被上诉人申慎行堂即申世奇，刘亚成签收裁定正本的送达证书略］

39. 金李士碧诉李周氏等要求返还赠与案

民事诉状

原告：金李士碧、潘李士荣，巴县人，住南岸前驱路一六九号，自业。

被告：李周氏、李大姑、李二姑、李三姑、李四姑、李么姑。

法定代理人：李周氏，巴县人，住忠兴乡八保三甲火土湾，自业。

为诉请李周氏母女等共同返还赠与产业事件，谨见诉之声明及事实理由列后，以凭讯判事。

（甲）诉之声明：

一、请求判令被告母女共同返还生母李王氏赠与原告等之田房产业一股，地名唐家磅，计田租老量十五石及瓦房一向，若唐家磅已卖，则在被告等所有其它业内划分十五老石及瓦房一向与原告。

二、上项判决宣示假执行。

三、诉讼费用由被告等共同负担。

（乙）事实及理由：

缘氏等兄妹三人，不幸于民国十二年生父月成被匪拉去身亡于外，仅赖孀母王氏抚育成人，氏姊妹二人亦先后出阁。士碧婚配与金青云，士荣婚配与潘树南。惟氏等出阁时，适值匪风严重，均系急期，所以对于妆奁，亦无寸布尺线，故生母王氏乃口头约定，将所有全部产业内之唐家磅提出田租老量十五石，瓦房全向，以作赠与。氏士碧及士荣姊妹二人为补给妆奁之业，由氏等平均分得。讵至民三十年秋生母王氏悲痛氏等胞兄俊才之惨死，更兼儿媳周氏（即首名被告）之横逆不孝，乃于同年古历九月初八日请凭族戚，由现已故之王金全代笔书立遗嘱，赠与士碧等唐家磅田租十五老石及瓦房一向文约一纸，由王氏母亲笔签押，给氏等为据。此后连年租谷，由王氏合价给氏等收领。不幸生母复于去年古历五月二十二日因受逆媳李周氏之威逼身亡，氏等随即提出赠与约，凭族戚向被告等讨索产业。殊该周氏等始则推给日期，继则支吾其词，终竟置若罔闻。查上项产业氏等既持有遗嘱赠与字据，依法即应属氏等所有权，被告等竟毫无狡卸之余地，惟查系争业唐家磅，如被告等已经出售他人，则可于被告所有其它全部业内划分田租十五老石及瓦房一向与氏等，于法并无不合，用特状请钧院做主，俯速传案讯明，如前请求而为判决，不胜沾感。

谨状

重庆地方法院民庭公鉴。

中华民国三十六年四月十五日

具状人：金李士碧、潘李士荣

"再有陈者，本案前曾起诉，惟因对于当事人适格有缺，故判决驳回，是以另案起诉，合并声明"。

"计系争标的田房系遵面谕准许，仍照二百万元依此计算缴费"。

证物：请调遗嘱赠与约一张在卷。

送达证书

［民国三十六年（诉）字第三七二一号产业案传票一件、副本一份，分别送达原告金李士碧、潘李士荣，被告李周氏、李大姑、李二姑、李三姑、李四姑、李么姑］

民事辩状

辩诉人：李周氏（五十六岁）、刘李昆秀（二十九岁）、尹李昆宪（二十七岁）、廖李昆伦（二十四岁）、李昆芳（十二岁）、李昆容（九岁），巴县人，均住忠兴乡，农。

原告：李士碧、李士荣。

为李士碧等返还赠与产业一案，谨答辩理由于左。

查氏翁于民国十二年古历正月间死亡，有金坛薄缴呈卅五年度诉字第一八三七号。案内可查夫妹（指原告）于是年先后出嫁，有备办妆奁订购行架约一纸呈验，为立证方法。是氏姑李王氏与原告姊妹均无继承权，至于翁夫全部遗产连同宗祧，应由氏夫李俊才一人继承。氏夫二十九年古历正月十一日逝世，彼时民法施行已久，配偶有相互继承权，氏女子五人亦有继承权，所有氏夫继承之遗产，当然由氏母女继承，亦无该原告等之分。而原告捏谓姊妹出阁急期，未备妆奁，幸有订购行架约可资证明。况当时氏家富有，架捏不尽情理，该原告等伪造氏姑李王氏遗嘱赠与约，妄争唐家磅遗产，殊不知遗产原因氏姑故后，无款安葬，请凭族戚及原告士荣之夫潘树南、周朋凯等提议将唐家磅产业变卖，以作一切费用，查请中约上潘树南、周朋凯等署名签押（请查卅五年度诉字一八五七号），已蒙钧院传集买主罗奉廷到案证明不虚。该原告等伪称卅一年氏姑李王氏书立遗嘱赠与约，王金全代笔，据此言之，倘有赠与情事，该原告之夫潘树南何能主变卖乎？而请中约上亲自签押乎？可见赠与不实，况王金全早已死亡，亦有故笔可证，显属伪造，毫无疑义。本案既经原告之夫潘树南主张变卖与罗奉廷，今又妄请返还，已属给付不能，其请求自不合法。何况全属虚构事实，而氏姑李王氏并未取得该遗产继承之所有权，又何能擅自处分？于理于法，是原告等主张迫返赠与物实属毫无理由。对于伪造遗嘱赠与约，俟另向刑事请求治罪外，本案原告等捏词缠讼，已蒙钧院于卅五年度诉字第一八七号判决驳回在卷，该原告等以同一案件既已经判决驳回，勿得重行起诉。法有明文规定，用特据实答辩，伏乞钧院鉴核俯准，驳回原告之诉，并饬其负担诉讼费用以符法例。

谨状

重庆地方法院民庭公鉴。

中华民国卅六年四月卅日

具状人：李周氏、刘李昆秀、尹李昆宪、
廖李昆伦、李昆芳、李昆容

笔 录

原告：金李士碧。

被告：李大姑等。

当事人因返还赠与案，经本院于中华民国卅六年四月卅日上午十时开民事法庭，出席职员如左。

审判长推事：易元良。

书记官：鲁振华。

书记官朗读案由。

问：原告金李士碧，年、籍等？

答：三十九岁，住前驱路。

问：被告李大姑（即李昆秀），年、籍等？

答：二十九岁，住忠兴乡。

问：被告李二姑（即李昆宪），年、籍等？

答：二十七岁，住忠兴乡。

问：被告李三姑（即李昆伦）年、籍等？

答：二十四岁，住忠兴乡。

问：原告请求什么？

答：判令被告等共同返还如诉之声明。

问：原告，你父亲叫什么名字？

答：我父亲叫月成，于十二年死的，我们有姊兄三人，我的哥哥叫李俊才，其妻为李周氏，余为女儿。我哥哥死了四五年，母亲叫李王氏，去年五月廿二日死的，父亲遗产有七八十石，租佃是我母亲的名字，母亲曾说给我二百两银子，卅一年把地给我的，并写的约，还请的有客，约立时，兄已死了。

问：被告，你对原告的话有何答辩？

答：没有赠给他，没那个事，约据是假的，那个地方已经卖了，为婆婆葬费，用完了，田卖给罗炳全，没有赠与的事情，约据是伪造的。

问：你说约据是假的，你能不能找到证明？

答：约据是假的，可以找到证明。

谕传证人再审。

本笔录当庭朗读无异。

中华民国卅六年四月卅日

重庆地方法院民庭

书记官：鲁振华

推事：

委任书

委任人：金李士碧、潘李士荣。

受任人：胡长泽，律师。

为与李周氏请求返还赠与产业事件，委任胡长泽律师为本案诉讼代理人，依法代理。

谨状

重庆地方法院民庭公鉴。

中华民国三十六年四月三十日

具状人：金李士碧、潘李士荣

委任书

具委任人：李周氏、刘李昆秀、尹李昆宪、廖李昆伦、李昆芳、李昆容。

受委人：钱藩，律师。

为与李士碧等返还赠与产业一案，声请委任代理由。

兹委任钱藩律师为本案诉讼代理人。

谨状

重庆地方法院民庭公鉴。

中华民国三十六年四月三十日

具状人：李周氏、刘李昆秀、尹李昆宪、廖李昆伦、李昆芳、李昆容

送达证书

〔民国三十六年（诉）字第五七四号返还产业案传票一件，分别送达原告金李士碧、潘李士荣，被告李周氏、李大姑、李二姑、李三姑、李四姑、李幺姑，证人王炳森、王金全、李水清、李建秋、李银洲，钱藩律师，胡长泽律师签收略〕

委任书

具委任人：李周氏等，五十六岁。

被委人：刘晋怀，二十七岁，巴县人，住太和乡，农。

为不能赴质，声请委任准予代理事。

窃李士碧、李士荣等诉返还赠与物一案，今值讯期，特委氏子婿刘晋怀为本案诉讼全权代理人，是以依法委任，沾感。

谨状

重庆地方法院民庭公鉴。

中华民国三十六年六月十六日

具状人：李周氏等

审讯笔录

原告：金李士碧、潘李士荣。

代理人：胡长泽，律师。

被告：李周氏。

代理人：钱藩，律师。

证人：王炳森、李水清、李建秋。

当事人因迫还赠产案，经本院于中华民国卅六年六月十六日午前时开民事庭，出席职员如左。

审判长推事：王乃澄。

书记官：王克强。

书记官朗读案由。

问：原告金李士碧，年籍、住址？

答：三十九岁，住前驱路。

问：告谁？

答：告被告，如诉状之被告。

问：请求如何？

答：请求如诉之声明。

问：原告共同代理人陈述本案诉之声明。

答：如诉状诉之声明。

问：本案事实及理由？

答：如诉状。

问：原告与被告打官司没有？

答：打过官司，已确定。

问：被告代理人刘晋槐，年籍、住址？

答：廿七岁。住巴县太和场。

问：你来给谁当代理人？

答：我来当李周氏的代理人。

问：你有什么答辩？

答：无答辩。

问：你明了本案事实么？

答：李周氏把争讼之田产于去年七月间卖了。

问：李周氏与被告曾打官司没有？

答：李周氏与被告曾打司。

问：被告共同诉讼代理人陈述本案事实及理由。

答：如答辩状。

问：证人王炳森，年籍、住址？

答：四十八岁，住太和乡，小贸。

问：你是来当证人么?

答：我是来当证人。

问：你与两造有关系没有?

答：李王氏是［与］我亲母子，两造都是亲戚。

问：可以具结么?

答：可以具结（具结）。

问：李王氏何时死的?

答：是去年死的。

问：李王氏有遗嘱没有?

答：民国卅一年九月初八日写的遗嘱。

问：为什么要写遗嘱?

答：因为要赠与李士碧、李士荣田产。

问：在李王氏写遗嘱时，李士碧、李士荣出嫁没有?

答：出嫁了。

问：遗嘱内容为何?

答：遗产中十五石租赠与李士碧、李士荣作妆奁。

问：证人李水清，年籍、住址?

答：三十岁，住中心乡。

问：你是来当证人么?

答：我是来当证人的。

问：你与两造有关系没有?

答：李周氏的丈夫是我亲堂弟兄。

问：可以具结么?

答：可以具结。

问：你证明什么?

答：李王氏立遗嘱将遗产内唐家磅田产十五石给李士碧、李士荣作妆奁，因出嫁时无妆奁。

问：李王氏立遗嘱时财产状况如何?

答：立遗嘱时有老量一百石租，遗嘱上赠与李士荣等十五石。

问：证人李建秋，年籍、住址?

答：四十岁，住前驱路一四九号。

问：你来当证人么?

答：是来当证人。

问：你与两造有关系没有?

答：李王氏是我姨妈，李周氏是我表嫂。

问：可以具结么?

答：可以具结。

问：你证明什么？

答：李王氏卅一年请客写字据，是遗嘱内容赠与十五石租为李士碧、李士荣妆奁。

问：被告代理人刘晋槐陈述。

答：卅年立遗嘱以前是李王氏收租，卅一年九月初八李周氏请客。

问：李王氏写了遗嘱没有？

答：没有。

问：被告诉讼代理人陈述。

答：事实上请客并不是赠与田产给李士碧。

问：李周氏的丈夫是何时死的？

答：李周氏的丈夫是廿九年死的。

问：证人李建秋陈述李王氏立遗嘱时有房子没有？

答：李王氏立遗嘱时没有房产。

问：原告诉讼代理人陈述。

答：请求写字约时别无字约，当然是遗嘱，廿二年上字第一六七号判例请注意。

问：被告共同诉讼代理人陈述李周氏卅一年九月八日请客以前是谁当家？

答：是李周氏当家。

推事谕知本案辩论终结，定本月廿一日上午八时宣判。

笔录经当庭朗读无异。

中华民国卅六年六月十六日

重庆地方法院民庭公鉴。

书记官：王克强

推事：王乃隆

宣判笔录

原告：金李士碧、潘李士荣。

被告：李周氏。

当事人间返还赠产事件，于中华民国卅六年六月廿一日上午八时，在本院民事法庭公开宣判，出席职员如左。

推事：王乃澄。

书记官：王克强。

点呼事件后，两造均未到场。

推事起立朗读判决主文并口述判决理由之要领。

中华民国卅六年六月廿一日

重庆地方法院民事庭

书记官：王克强

推事：王乃隆

四川重庆地方法院民事判决

三十六年度诉字第五七四号

原告：金李士碧，住南岸前驱路一六九号。

潘李士荣，住同右。

共同诉讼代理人：胡长泽，律师。

被告：李周氏，住忠兴乡八保火土湾。

诉讼代理人：刘晋槐，住巴县太和场。

被告：李大姑，住忠兴乡八保火土湾。李二姑，住同右。李三姑，住同右。李四姑，住同右。李么姑，住同右。

共同诉讼代理人：钱藩，律师。

当事人间因请求返还产业事件，本院判决如左。

主文

被告等应收唐家磅租谷老量十五石，产业返还原告；原告其余之诉及假执行之声请均驳回；诉讼费用由原告连带负担五分之一，被告连带负担五分之四。

事实

原告及其共同代理人声明，请求判令被告等将唐家磅租谷老量十五石产业及瓦房一向返还原告，并请宣告假执行。其陈述略称，原告之父李月成于民国十二年死亡，嗣后原告等出嫁，时因适值匪患严重，均未制办妆奁。民国三十一年古历九月初八日，原告等之母李王氏乃将先父遗产唐家磅产业划租谷老量十五石赠与原告，并书立遗嘱。讵料上年古历五月二十二日李王氏死亡，原告之嫂及侄女即被告等抗不将上开产业返还原告，故请求如声明，并请宣告假执行。原告与被告李周氏曾因此项产业涉讼，但因当事人不适格而被驳回云云。

被告及其共同诉讼代理人答辩略称，李王氏并未于民国三十一年古历九月初八日书立遗嘱，赠与原告财产。且被告李周氏之夫翁系于民国十二年死亡，母李王氏对被告夫翁之遗产并无权承继，又何能擅自处分而赠与原告？况原告与被告李周氏曾因此项产业涉讼，业经判决确定，今原告复以此项产业对被告等提起民事诉讼，显系同一事件重行起诉，应请驳回原告之诉，又被告李周氏之夫李俊才系于民国二十九年死亡云云，并提出本院三十五年度诉字第一八三七号民事判决为证。

理由

查原告之父李月成即被告李周氏之夫翁、其余被告之祖父系于民国十二年死亡，为两造不争之事实。依据当时之法律本件，原告及李月成之妻李周氏对李月成之遗产并无继承权，惟依照大理院民国七年上字第七六一号判例"亲女为亲所喜悦者，其母于父故之后得以遗产酌给"及最高法院民国廿二年上字第一六七号判例"女子有财产继承权之法令发生效力以前虽不得继承财产，而母于父故后对于亲女有酌给财产之权，则为当时法例之所是认。故酌给之数额苟未轶出法定范围，即毋庸得其子若孙之同意或追认"。是李王氏对其夫李月成之遗产自得酌给李月成之亲女即原告金李士碧、潘李士荣，且李王氏于民国卅一年古历九月初八日书立遗嘱时，李月成之遗产经证人李水清之结证，尚有老量租谷一百石租，李王氏以老量租谷十五石租之产业书立遗嘱赠与原告，显未轶出法定范围。其之赠与行为依照上开判例应认为合法，即有效。经李王氏确于民国卅一年古历九月八日书立遗嘱赠与原告系争之产业，又经证人李柏森、李水清、李建秋当庭结证属实，被告虽极端否认李王氏曾于民国三十一年古历九月初八日书立遗嘱赠，与原告系争之产业但不能提出证据以资证明，徒托空言不足采信，原告以李王氏业于上年古历五月二十二日死亡，依据遗嘱之记载，请求判令被告等返还系争之产业非无理由，□阅原告提出之遗嘱（见本院三十五年度诉字第一八三七号民事卷）并无瓦房一向之记载，原告请求被告等返还瓦房一向部分为无理由。又原告及其共同诉讼代理人并未为民事诉讼法第三百九十条第一项之释明，所为假执行之声请应予驳回。复查明同一事件系同一讼争标的及同一当事人而言，本件原告虽因系争之产业赠与本件被告李周氏涉讼，业经判决确定，但本件原告所提起本件之诉除争标的相同外，而当事人则有增加，显非前诉之同一当事人，自不能认为同一事件经终局判决确定后，复提起同一事件之诉。被告及其共同诉讼代理人指称本件系同一事件，经终局判决确定后再行起诉显无理由。

据上论结，原告之诉一部无理由，应分别予以准驳，并依民事诉讼法第七十九条后段、第七十八条判决如主文。

中华民国三十六年六月二十一日

四川重庆地方法院民事第二庭

推事：王乃澄

送达证书

〔民国三十六年（诉）字第五七四号返还产业案送达判决二件，分别送达原告金李士碧、潘李士荣，被告李周氏、李大姑、李二姑、李三姑、李四姑、李么姑，证人王炳森、王金全、李水清、李建秋、李银洲，钱藩律师，胡长泽律师签收〕

民事声请

起诉人：李周氏、李大姑、李二姑、李三姑、李四姑、李么姑，住巴县忠兴乡八保火土湾。

被上诉人：金李士碧、潘李士容。

为不服卅六年度诉字第五七四号判决提起上诉，请予检卷申送以资救济事。窃金李士碧等请求返还产业事件，曾沐钧院判决，主文内载，难甘拆服。特于法定期内声明上诉，所有不服理由书状及二审裁判费用，俟奉裁定后自向办理，合并声明。

　　谨状

　　重庆地方法院民庭公鉴。

中华民国卅六年七月廿八日

具状人：李周氏、李大姑、李二姑

李三姑、李四姑、李么姑

重庆地方法院民事裁判

三十六年度诉字第五七四号

起诉人：李周氏、李大姑、李二姑、李三姑、李四姑、李么姑。

上诉人与金李士碧因请求返还产业事件，不服本院第一审判决，提起上诉，应征缴裁判费国币五万二千元，未据缴纳，其上诉状亦未依民事诉讼法第四百三十八条表明上诉理由。兹限该上诉人于收受本裁定时起五日内向四川高等法院第一分院如数补缴。如逾期尚未遵行，第二审法院即行驳回上诉，切勿违延自误，特此裁定。

中华民国三十六年九月十九日

重庆地方法院民事第二庭

推事：潘大昕

书记官：刘文祥

送达证书

书状目录：民国三十六年（诉）字第五一四号返还产业案送达裁定一件。

应送达人：上诉人李周氏、李大姑、李二姑、李三姑、李四姑、李么姑。

受送达人署名盖章，若不能署名盖章或拒绝者，应记明其事实：李昆秀（大姑）、李昆宪（二姑）、李昆伦（三姑）、李昆芳（四姑）、李昆容（么姑）。

非交付应受送达人之送达应记明其事实：均未在家由其同居之母周氏代收。

送达日期：卅六年十月四日。

中华民国卅六年九月廿五日

重庆地方法院送达员：陈仲廉

重庆地方法院书记室公函

案查金李士碧与李周氏等请求返还产业事件，业经本院依法判决，送达在卷。兹据被告李周氏等于法定期间内具状提起上诉到院，相应检齐卷证，函送贵室查收核办。

此致

四川高等法院第一分院书记室

计函送卷一宗，上诉状一件，裁定一件

中华民国卅六年十月廿一日

送达证书

送达法院：四川高等法院重庆分院。

应送达之文书：民国卅六年上字第三三九八号与李周氏产业传票一件。

受送达人：金李士碧、潘李士容。

应送达人署名盖印，若不能或拒绝署名盖印，送达人应记明其事由：金李士碧、潘李士容。

送达日期：卅六年十一月十一日。

中华民国卅六年十一月　日

送达人：汪朗稀

执达员报告

为报告事。奉到钧院派送巴县金李士碧等与李周氏等产业一案传票二件，遵持往送，除李周氏等六名已获送到填证外，惟金李士碧、潘李士容二人不获送达，查南岸前驱路一百六十九号现无其人，询近邻亦不知迁往何处，再问，对方声称，风闻在大城但不确在何处，住址不明，谨无从送达。谨将原件呈缴钧核示遵。

谨呈

审判长公鉴

附缴传票一件，送证二件，保甲证明一张

民国三十六年十二月十六日

执达员：汪朗稀呈

［同年十二月七日李周氏、李大姑、李二姑、李三姑、李四姑、李么姑签传票的送达证书略］

民事声请

被上诉人：金李士碧、潘李士容，巴县人，住石岗乡，现通信收件处：本市下鲍家院七号张学孔代收。

起诉人：李周氏。

为奉上字第三三九八号传票一件，亦示期二月十九日审理。系李周氏等因返还产业上诉氏等一案，纯无上诉理由，副本不知是否蒙诬？恐答辩不合，特申请鉴核，准予批示，送达本市响水桥下鲍家院七号张学孔代收，以便前来请抄上诉理由，伏乞准抄。示遵。

谨呈

四川高等法院第一分院民庭公鉴。

中华民国三十七年元月十七日

具状人：金李士碧、潘李士容

民事声请

具理由人：李周氏（五十四岁）、李大姑（二十八岁）、李二姑（二十六岁）、李三姑（二十四岁）、李四姑（一十二岁）、李么姑（八岁），巴县人，住忠兴乡火土湾，农。

被上诉人：金李士碧、潘李士容。

为判决失平，补陈理由，请求废弃原判决，驳回被上诉人在第一审之诉，并饬其负担一、二两审诉讼费用事。查氏与被上诉人因请去返还赠与物事件上诉一案，兹将不服初判理由列后：

查氏翁李月成，于民国十二年正月间逝世，被上诉人姊妹亦于是年先后出嫁，依照当时法令，是被上诉人姊妹与氏姑李王氏均无继承权，所有氏翁遗产六十四石，连同宗祧均应由氏夫李俊才并同继承。迨二十九年正月十一日氏夫病故，又当由氏母女六人平均继承。若氏姑李王氏不过受氏等扶养权利，要无处分遗产可能。乃该被上诉人明知无继承权，不惜伪造氏姑赠与遗嘱，谓于民国三十一年九月初八日已将唐家磅遗产赠与田租十五石作抵伊姊妹嫁奁等谎，查上项遗嘱，虽未标明属于何种，但可推定为代笔遗嘱。复查民法第一千一百九十四条载："代笔遗嘱人指定三人以上之见证人，由遗嘱人口述遗嘱意旨，使见证人中之一人笔记、宣读、讲解，经遗嘱人认可后记明年月日及代笔人之姓名，由见证人全体及遗嘱人同行签名等语。所谓亲自签名及同行签名，乃系要式行为。倘未签名，则系要式不备，自不发生遗嘱效力。"今查该遗嘱上之证人王炳森、王金全、李水清、李银洲、李建秋等均未同行签名，连押字俱未号，仅由代笔人王金全一手书成，与法不合，焉能生效？次查氏姑既将氏等遗产赠人，理应通知氏等，并由氏等于上签名，乃该约并无氏母女名字，连氏母女映射不知，伪造显然，何能生效？再查卅一年九月初八日，氏为清算管事李水清经管连年账项，曾请有族长李世成、李幕伯、周纯丰在坐，均知是日仅为清算账项，并无写立遗嘱之事，应请添传质证。况查唐家磅全业田租廿六石，已于民国卅五年五月廿二日氏姑死时，该被上诉人姊妹估要从丰安葬，乃由被上诉人李士荣之夫潘树南、巴县现任参议长周朋凯提议，变卖与罗奉廷，得价以作丧葬费用，且其请中约上系由潘树南、周朋凯亲自签押"应请饬罗奉廷呈出查验"。此业如果系氏姑生前赠与李士荣姊妹者，该夫婿潘树南焉能请中约上签押变卖？既然请中签押变卖，即可证明氏姑并无赠与情事。其伪造遗嘱，尤极显然。且唐家磅全业二十六石均已变卖无存，买主罗奉廷可质。今告返还，已属给付不能。既属给付不能，氏又从何返还？故应请求将原告之诉驳回。查氏翁遗产只有六十四石。外有龙洞岩卅石，乃系氏五个女儿所积糖果钱由氏夫代为掌放生息，代为出名所买，红契可念，并非是祖父遗产。顾氏翁遗产既只有六十四石，除氏姑生前卖十五石修生基，死后又卖二十六石办丧葬外，实只余二十三石，氏作完粮垫款及维持生计犹不足，焉有余产再赠与伊等。

若该被上诉人姊妹之陪奁均系氏夫亲手所办，乃系全堂陪嫁，不少一物，何云未办？理合呈明。

为此，状恳钧院俯赐传证审理，准如声明判决，实沾德便。

谨呈

四川高一分院民庭公鉴。

证人：李世成、周纯丰、李幕伯、罗奉廷

中华民国三十七年　月　日

律师刘宗荣代缮

具状人：李周氏、李大姑、李二姑

李三姑、李四姑、李么姑

委任状

委任人：金李士碧、潘李士容。
受任人：陈嘉善，律师。

为委任代理事。缘氏等因给付田产与李周氏等涉讼一案，现被周氏等上诉一案，将委任陈嘉善律师为氏等诉讼代理人。

此状

重庆高等分院民二庭公鉴。

中华民国卅七年二月十九日
具状人：金李士碧、潘李士容

委任状

具委任人：李周氏、李大姑、李二姑、李三姑、李四姑、李么姑，法定代理人：李周氏。
被委任人：刘宗荣，律师。

为上诉金李氏碧等返还赠与物事件，声请委任代理由。兹委任刘宗荣律师为诉讼代理人。

谨呈

四川高等第一分院民庭公鉴。

中华民国三十七年二月十九日
具状人：李周氏、李大姑、李二姑
李三姑、李四姑、李么姑

言词辩论笔录

上诉人：李周氏。
被上诉人：金李士碧。

当事人间返还产业上诉事件，经本院于中华民国卅七年二月十九日上午十时在本院第五法庭公开言词辩论，出庭推事、书记官如左。

审判长推事：刘伯泉。

推事：林金松。

推事：饶世第。

书记官：敬国荣。

点呼事件后，到场人如左。

李周氏、刘宗荣律师、李三姑、李四姑、李世成、李幕白、金李士碧、陈嘉善律师。

问：李周氏，住［址］？

答：住忠兴乡。

问：李二姑等是你何人？

答：另外那几个上诉人都是家女。

问：请求怎判？

答：废弃原判决，驳回被上诉人在第一审之诉。

问：系争地方在谁手？

答：系争的地方已经卖了，是潘李士荣做的中人。

问：地方是谁的？

答：地方是父亲李月成遗留的，去年五月母亲死后，卖了办丧事用完了，是房族等人办的丧事。

问：卖是何人出名？

答：是我出的名卖的，钱一直在族人手。

问：李月成有几子？

答：只有我丈夫一人，我丈夫已死七八年。

问：你母亲提过养赡吗？

答：没有提过养赡，丈夫与李士碧亦未分过家。

问：李三姑，你祖母将地方赠与李士碧、李士荣，有这事吗？

答：没有的事。

问：为何有证人在原书证明过？

答：证人？我记都记不起？

答：我只有二十［六］石租，不是一百石。二十六［石］，年辰好，只收十七石。我们是分二次卖的，做斋卖一次、死时安葬卖一次，另外的早卖了。

问：李周氏，李王氏生前谁管业？

答：是我与母亲在管上粮，是用我的名。

问：你丈夫在时谁管？

答：我丈夫管，上粮是用丈夫名。

问：金李士碧，地方是谁的？

答：这地方是应归我的，是用来作陪嫁的产业，妈说赠与我的，有遗嘱。

问：赠与约是何时写的？

答：是我哥哥死后，卅一年九月初八写的。

问：赠约写后，你管业吗？

答：写后我妈招佃，年年都给我租客明说的，妈在生，她用，死后由我们姊妹管业。死后，我去问嫂嫂，她就不给与我们。

问：你妈妈提来作养赡，有约据吗？

答：有约在李周氏手，提时还请了客的，当时她承认了的。

问：你妈在时由谁招佃？

答：约写后，妈妈□□与我们，佃由妈妈招，我们姊妹共是十五石租。

问：李世成，谁叫你来的？

答：是李周氏邀我来的，我们是远房亲属。

问：九月初八写赠约遗嘱你在场吗？

答：写赠与的遗嘱我不知有此事。卅一年九月初八请客是为与李少周结账，我在场，约上也无我名。

问：你是族人吗？

答：我与他们间是族人关系。

问：究竟哪天写约的？

答：九月初八我在他们家，没有写赠约遗嘱的事。

问：金李士碧，他二人在写约那天在场吗？

答：他二人九月初八号在场，但写约时他们去赶场去了。

问：李幕白，是族人吗？

答：是族人。

问：写约前提过这事吗？

答：写前提过的。

问：李幕白、李世成，你们的话是真话吗？

答：我说的话是真的。如写约，我们为何无名？我们也从未听说过。他们是伪造的约，安的证人是她那面的。

谕知作证义务与伪证处罚，并令具结。

问：李周氏、李三姑、李四姑，你们请求相同吗？

答：我们请求相同。

请上诉代理人陈述上诉意旨。

刘律师起称：诉之声明如前。事实方面，被上诉人所提出证明赠与的遗嘱等显为伪造。因当时李王氏对于系争业无处分权。因妻女均未开始有法定继承权，即使有赠与约之存立，也无效。因李王氏丈夫在十二年时死亡，妻不能继承，更不能对其女酌给财产。原判决所举判例，但判例不能违反法律。李周氏夫已继承，李王氏不能处分，又适才证人等为族长，九月初八在场，都不知有遗嘱之事，足证为伪造。此为口授遗嘱，应有三人，证人均应签名。而实际约上只画押，李王氏不签名，不生法定效应。关于卖唐家磅地方二十六石租，是潘李士荣丈夫主张卖的，由其写请中约。被上诉人主张有十五石是赠与她姊妹的，为何其夫出名卖其业？又令当事人提出作证，上诉人原为九十三石，客因其母在时，见无孙子，又特别爱女，故将地方卖了几股，钱给其女了。今上诉人只有廿六石租，都已凭族卖了。该废弃原判，另为判决。

请被上诉代理人陈述答辩意旨。

陈律师起立称：请维持原判，驳回上诉。本案产业一向为李王氏管业，彼将其分之，一赠与其二女，也合情合理。今李周氏代理人供述遗嘱上非本人签名，只以押代。因彼不会写字，另有多少证人作证。至于金李士碧丈等请中约，与本案无牵连，是系李王氏丈夫之业，彼当然可处分，今讼争标的移转而消灭也，不能影响本案。同时系争业在刚出卖时即起诉，因漏写当事人被驳回。现才另起诉，请依法维持原判。

谕知本案辩论终结，定本月廿四日宣判。

中华民国三十七年二月十九日

四川高等法院第一分院民二庭

书记官：敬国荣

审判长：刘伯泉

宣示判决笔录

上诉人：李周氏。

被上诉人：金李士碧。

审判长推事：刘伯泉。

推事：林金和。

推事：饶世第。

书记官：敬国荣。

　　点呼事件后，到场当事人如左：均未到。

　　审判长起立，朗读判决主文并告知理由。

中华民国卅七年二月二十日

四川高等法院第一分院民事第二庭

书记官：敬国荣

审判长：刘伯泉

四川高等法院重庆分院民事判决

三十六年度上字第三三九八号

上诉人：李大姑（即昆秀）、李二姑（即昆宪）、李三姑（即昆伦）、李四姑（即昆芳）、李么姑（即昆容），均住巴县中兴大土湾。

法定代理人：李周氏。

诉讼代理人：刘宗荣，律师。

被上诉人：金李士碧、潘李士荣，住南岸前驱路一六九号。

诉讼代理人：陈嘉善，律师。

　　当事人间因交付产业事件，上诉人对于中华民国三十六年六月二十一日四川重庆地方法院第一审判决提起上诉，本院判决如左。

主文

　　原判决除驳回被上诉人其余之诉及假执行之声请及命被上诉人负担诉讼费用部分外废弃；被上诉人在第一审关于废弃部分之诉驳回；第一、二两审诉讼费用由被上诉人负担。

事实

　　上诉人声明，求将原判决除驳回被上诉人其余之诉及假执行之声请及命被上诉人负担诉讼费用部分外废弃，另为判决驳回被上诉人在第一审关于废弃部分之诉，并令负担一、二两审诉讼费用。被上诉人声明，请求驳回上诉，其余两造事实上之陈述与第一审判决书记载相同，兹引用之。

理由

本件被上诉人金李士碧、潘李士荣之父李月成死亡于民国十二年，依照当时法令，被上诉人等及其母李王氏对于李月成之遗产均无继承权。依民国二十二年最高法院上字第一六七号判例，李王氏虽得将李月成遗产酌给被上诉人，但亦限于旧法时代始得为之。自民国二十年五月五日民法继承篇施行后，李王氏已无酌给之权。至唐家湾［磅］产业被上诉人指为李王氏之赡业，李王氏有权处分。但据上诉人辩称，李王氏、李月成夫妇仅生上诉人李周氏之夫李俊才一子，李月成死后，李王氏母子并未分居，无提留赡产之事实云云。该被上诉人又不能提出相当证据以资证明，空言主张已难采信，纵令李王氏提留赡产不虚，李王氏对于李月成之遗产既无继承权，提留赡产亦仅有使用收益之权，依法不得处分。被上诉人提出之李王氏遗嘱纵属真实，亦属无处分权人，所为之处分行为不能发生效力。原判决判令上诉人将唐家湾［磅］十五老石租谷之产业交付被上诉人，于法殊有未合，上诉不能认为无理由。

据上论结，本件上诉为有理由，依民事诉讼法第四百四十七条、第八十七条、第七十八条判决如主文。

中华民国三十七年二月二十四日

四川高等法院重庆分院民事第二庭

审判长推事：刘伯泉

推事：林金和

推事：饶世第

对于本判决如有不服，得于收受送达正本后二十日内向最高法院提起上诉书状，应向本院提出。

书记官（章）

中华民国三十七年　月　日

送达证书

送达法院：四川高等法院重庆分院。

应送达之文书：民国卅六年上字第三三九八号与李大姑产业判决正本两件。

受送达人：金李士碧、潘李士荣。

应送达人署名盖印，若不能或拒绝署名盖印，送达人应记明其事由：金李士碧、潘李士荣押。

送达日期：卅七年四月九日下午六时。

中华民国卅七年三月

送达人：蔡祥云

［同年四月三日李周氏、李大姑、李二姑、李三姑、李四姑、李么姑签收判决的送达证书略］

民事诉状

具上诉人：金李士碧、潘李士荣，均为女性，巴县人，住东太和乡。

被上诉人：李大姑、李二姑、李三姑、李四姑、李么姑、李周氏。

呈为不服上诉判决，依法律声请检卷申送事。情李大姑等因继承案上诉，于三十七年四月九日奉到度上字第三三九八号之判决。主文内载：原判决除驳回被上诉人其余之诉及假执行之声请及命被上诉人负担诉讼费有部分外，废弃被上诉人在第一审关于废弃部分之诉，驳回第一、二两审诉讼费用由被上诉人负担。等因，奉此。实属骇异！本案程序在原审请求返还嫁奁产业，上诉判决继承不合法例，纯全以程序藉支判决，明显败诉。特据实状，恳钧院作主，依法将全卷检送上级审判，上诉人不胜沾感。

谨呈

四川高等法院重庆分院民庭公鉴。

中华民国三十七年四月二十二日

具状人：金李士碧、潘李士荣

四川高等法院重庆分院民事裁定

上诉人：金李士碧、潘李士荣，住南岸前驱路一六九号。

被上诉人：李大姑等。

当事人间请求交付产业事件，上诉人提起第三审上诉到院，应征裁判费国币五万二千元，未据缴纳。兹限该上诉人于送达本裁定时起三十日内，径向南京最高法院如数补缴（汇寄时准予扣除汇费），并将缴费收据呈送本院查核。如逾期尚未遵行，最高法院即认上诉为不合法，以裁定驳回，切勿迟延自误，特此裁定。

中华民国三十七年四月三十日

四川高等法院重庆分院民事第二庭

审判长推事：刘伯泉

送达证书

送达法院：四川高等法院重庆分院。

应送达之文书：民国卅六年上字第三三九八号与李大姑产业补正裁令正本一件。

受送达人：金李士碧、潘李士荣。

应送达人署名盖印，若不能或拒绝署名盖印，送达人应记明其事由：金李士碧、潘李士荣。

非交付应受送达之人送达人应记明其事由：由永复茶社□禹九代收亲笔。

送达方法：本市林森路五六一号永复茶社代收。

送达处所：

送达日期：卅七年五月三十日

中华民国卅七年五月

送达人：曾琪

民事声请

上诉人：金李士碧、潘李士荣。

被上诉人：李大姑（昆秀）、李二姑（昆宪）、李三姑（昆伦）、李四姑（昆芳）、李么姑（昆容）。

法定代理人：李周氏。

为与李大姑等因交付产业事件，对于四川高等法院重庆分院中华民国三十七年二月二十二日所为三十六年度上字第三三九八号之判决不服提起上诉一案，遵缴裁判费，并补具理由如次：

诉之声明

请将原判决废弃，发回四川高等法院重庆分院更为审判第一二三各级审诉讼费用由被上诉人负担。

理由

本件上诉人等所主张系因赠与而取得讼争业之所有权，并非因继承而请求交付产业。查上诉人等之故父李月成，死于民国十二年，彼时因匪患猖獗（上诉人等之父亦系被匪杀害致死），上诉人等均未成婚，乃由业经订婚之潘、金二姓商洽上诉人等之母李王氏及兄李俊才（即李周氏之夫），约定急期举行结婚礼，惟因并无丝毫奁仪，故由李周氏之夫李俊才及母亲李王氏，愿以讼争业赠与上诉人等以为折合奁仪之资。嗣后所有该业收益，以一部分为上诉人等之母李王氏之养膳，以一部分由上诉人等收受（有佃户张树周、王保臣可以传质）。不过彼此应系至亲关系，未能实时索取物权转移之书面证据。旋因俊才兄故，母亲患病，以母亲意思揣度，惟恐将来李周氏等（即被上述人）别有翻异，故于民国三十一年九月初八日请凭族亲到场，由上诉人等之母李王氏书立赠与契约，将讼争业赠与上诉人等管业。殊上诉人等自母死后，被上诉人等竟将业把握不交。以上事实，业经证人王炳森、李水清、李建秋等在第一审到庭诘证属实，乃第二审法院竟谓李王氏"系属无处分权人，所为之处分不能发生效力"等语，以为上诉人等败诉之原因。殊不知此项赠与契约虽系民国三十一年成立，而其实系民国十二年（上诉人等结婚时）即已有意思表示，同时由上诉人等对讼争业使用其收益，显见此项意思表示业已发生效力。依照当时法令，李王氏自属有权处分，何况该项赠与系取得该李周氏之夫李俊才之同意，所立显无丝毫瑕疵，自应将讼争业交由上诉人等管业，决无疑义。次查原判决谓"李王氏母子并未分居，无提留赠业之事实"等语，以为李王氏无权处分之认定。殊不知李周氏之夫李俊才死后，母媳不合，即已分居各爨，当时经族亲议定，以讼争业之一部分作李王氏生活，其余一部分仍由上诉人等收用，俟李王氏死后全部仍归上诉人等管业，并当时取得被上诉人等之同意。以此观察，足见原判决认定错误。

综上各节，足见本件赠与系合法行为，自应请求被上诉人等将讼争业交与上诉人等管业，原审未尽调证之能事，显系违背法领。谨状呈钧院鉴核，请准为如声明之判决，勿任沾感！

谨呈

最高法院民庭公鉴。

附三十六年度上字第三三九八号裁定书一件，遵缴裁判费五万二千元正（因不便兑，故购邮票）。

中华民国三十七年六月十九日

具状人：金李士碧、潘李士荣

四川高等法院重庆分院书记室公函

查本院受理三十六年度上字第三三九〇号李周氏与金李士碧因返还赠与产业事件，业经判决。兹据金李士碧于上诉期间内提起上诉，除裁定命其径向贵院缴纳裁判费，并将上诉状善本被上诉人外，相应检送卷宗等件，函请贵厅查照办理。

此致

最高法院书记室

计送本院卷一宗，上诉状一件

中华民国三十七年七月二日

送达证书

送达法院：四川高等法院重庆分院。

应送达之文书：与金李士碧副本一件。

应受送达人：李大姑、李二姑、李三姑、李四姑、李么姑、李周氏。

应送达人署名盖印，若不能或拒绝署名盖印，送达人应记明其事由：李大姑、李二姑、李三姑、李四姑、李么姑、李周氏。

送达日期：卅七年七月十四日。

中华民国卅七年七月 日

送达人：谭观

民事辩状

具答辩人：李昆秀、李昆宪、李昆伦、李昆芳、李昆容，巴县人，住忠兴大土湾。

法定代理人：李周氏。

上诉人：金李士碧、潘李士荣，巴县人。

为上诉人等与辩诉人等因请求交付产业一案，谨答辩理由如左。

甲、辩诉之声明：

请求维持原判，驳回上诉，并饬其负担第三审诉讼费用。

乙、事实理由：

查氏李周氏之翁李月成与姑李王氏，仅生氏夫李俊才与夫妹即上诉人金李士碧、潘李士荣兄妹三人，且氏翁早于民国十二年亡故。氏姑及夫妹等均无继承权，所有遗产宗祧均应由氏夫继承。及民国廿九年氏夫病故，又应由氏母女六人共同继承。业经原审认定，洵属不刊之论。惟上诉人等因无继承权，乃假藉氏母名义伪造遗嘱，谓于民国卅一年九月初八日，曾将唐家塝田租十五石赠与上诉人等谎，无论上项遗嘱氏等母女并不知悉，又未签押，即氏之亲房族长李世成、李慕白等亦均不知悉，伪造显然。再退步言之，假使遗嘱不虚，则当民国卅五年五月廿二日氏姑去世，办理丧葬时，该上诉人等必主张另卖他业承办，决不能卖其受赠之唐家塝，然而该上诉人等并不主张另卖他业，必须出卖唐家塝，且由上诉人潘李士荣之夫潘树南亲出请中约，亲自签押，始卖与罗奉廷承买，于此足证赠与不实，乃系伪造，以图混争，情极显然。且唐家塝既由上诉人等指定卖与罗奉廷去迄，今又告请氏母女交付，已属给付不能，尤见其毫无理由，故应请求予以驳回。

　　谨状

四川高等法院重庆分院转呈最高法院民庭公鉴。

中华民国三十七年八月十八日

具状人：李昆秀、李昆宪、李昆伦、

李昆芳、李昆容

法定代理人：李周氏

四川高等法院重庆分院书记室公函

　　查本院受理李周氏与金李士碧因返还赠与产业事件，业经本院判决后，据金李士碧提起上诉，曾于本七月二日以民严字第□○二○号函将全卷检送贵院在卷。兹据李周氏等提出答辩，相应检同答辩状暨上诉状缮本回证，函请贵院查照办理为荷！

　　此致

最高法院书记厅

　　计送答辩状一件回证一件

中华民国三十七年九月十日

40.邹廷荣等诉汤海合要求撤销赠与案

原告邹廷林、邹廷荣民事诉状

原告：邹廷林，二十岁，邹廷荣，十八岁，巴县人，住东石龙乡七保，农。
被告：汤海合，巴县人，住东石龙乡五保思历嘴。

为撤销赠与约，确认熟土草房所有权事件，诉请传讯。兹将事实理由列左。

诉之声明

请求撤销汤邹氏赠与约，确认石滩乡茶房熟土八斗五升、草房三间为原告等所有权，诉讼费用由被告负担。

事实理由

窃原告兄弟姊妹三人，长汤邹氏，次邹廷林，三邹廷荣，父母先后均亡故。姊汤邹氏出嫁时，已由原告等协商，将先父所遗石滩乡地名茶房熟土一股（计土租八斗五升）、草房三间赠与汤邹氏生养死葬之备用，当事赠与约一纸，交与为据外，窃汤邹氏之夫汤海合于卅一年间将赠与之产业出租罗绍林耕种，不幸卅三年汤邹氏亡故，而汤海合已将该业抵押与邱连臣国币一万四千元，原告等见该□□抵押，而汤邹氏又死亡，立与汤海合交涉，被告自知情亏，乃央请陈玉堂、陈治中等多人在场调解，结果，关于抵押之邱连臣国币一万四千元，由原告等给付邱连臣亲收领走，其赠与熟土、草房，由原告等收回所有权，即由邱连臣向原告等投佃纳租，凭证在场，立领佃一约可证（审呈）。复查汤邹氏之赠与约，理应揭销，以杜纠纷。而被告即答称，伊妻将亡，不识收藏何处，刻难清获，亲戚关系，待清获时，当面揭销，并无异言称说。如不揭销，央请陈玉堂负责，对撤销之手续已告完善。至卅五年间，原告等与邱连臣解约，复出租罗绍林耕种，押金食谷一石七斗，年纳土租苞谷六斗，当由邱步云代笔立领佃二约，扣立合同，各执为据。殊被告心存奸诡，嗣将赠与约及卅一年罗绍林之废佃约一并清获，遂乘此机，公然乘其原告复出租罗绍林耕种际，出而妄争，蒙控罗绍林给付土租在卷，幸有人证、物证可证可质。本案被告对受赠人汤邹氏生养死葬概不予理，反将赠与物凭其抵押处分，于法亦不容许，因之请托负责，既经自甘撤销，何得死灰复燃，今既妄争，迫原告等只得依据民法第四百十九条明文规定，用特据情遵照缴纳裁判费用，伏乞钧院鉴核，准予传讯，请求如声明之判决，以保权益。
谨状

［讼争以十万元估计］

证人：邱连臣、陈治中、陈玉堂

重庆地方法院民庭公鉴。

中华民国三十六年五月十日

具状人：邹廷林、邹廷荣

诉讼缴费单

征费机关：重庆地方法院。

缴款人：邹廷林。

案号：三十六年度诉字第八〇五号。

案由：撤销赠与。

标的：二十万元。

费别：

征费数目：国币二千六百圆。

备注：

履核员：

收费员：　　印

中华民国三十六年五月十日

重庆地方法院民事送达证书

书状目录：民国三十六年诉字第七四五号撤销赠与送达传票一件。

受送达人：原告邹廷荣。

受送达人署名盖章，若不能署名盖章或拒绝者，应记明其事实：邹廷荣。

送达日期：卅六年五月十八日。

中华民国卅六年五月十五日

重庆地方法院执达员：王安员

［同日被告汤海合签收传票的送达证书略］

民事笔录

原告：邹廷林。

被告：汤海合。

右当事人因撤销赠与事件，于中华民国卅六年五月廿六日午前九时，开民事法庭，出席职员如左。

审判长推事：罗达荣。

书记官：夏家琳。

点呼右列当事人入庭，书记官朗读案由。

问：邹廷林，年住？

答：二十岁，住东石龙乡。

问：汤海合，年住？

答：三十，住东石龙乡五保思历嘴。

问：原告，你告他□□？

答：撤销赠与契约。

问：赠与地方在哪里？

答：石滩乡茶房熟产业一股。

问：是哪个赠与的？

答：由邹廷林、邹廷荣赠与汤周氏。

问：原来赠与汤周氏的契约在吗？

答：没有。

问：现在汤海合已把地方抵与邱连臣了吗？

答：是。

问：汤海合，原告这地方是赠与汤周氏作生养死葬的吗？

答：不是，我还有证据陈上庭，阅后登还。

问：原告，你这产业是完全赠与的吗？

答：他不能抵与人家呀，同时他抵以一万四千元，是我拿的。

推事谕知辩论终结，候传再审。

中华民国卅六年五月廿六日

重庆地方法院民庭

书记官：夏家琳

宣判笔录

原告：邹廷荣。

被告：汤海合。

右当事人间撤销赠与事件，于中华民国卅六年五月卅一日在本院民事法庭公开宣判，出席职员如左。

推事：

书记官：夏嘉琳。

点呼事件后，点呼两造均未到。

推事起立朗读判决主文，并口述判决理由之要领。

中华民国卅六年五月卅一日

重庆地方法院民事庭

书记官：夏家琳

推事：罗达尊

四川重庆地方法院民事判决

三十六年度诉字第七四五号

原告：邹廷林，住东石龙乡第七保。

邹廷荣，住同前。

被告：汤海合，住东石龙乡第五保。

右当事人间因撤销赠与契约及确认所有权事件，本院判决如左。

主文

原告之诉驳回，诉讼费用由原告负担。

事实

原告声明，求为撤销赠与契约，及确认石滩乡茶房产业为其所有之判决。其陈述略称：窃原告兄弟姊妹三人，长汤邹氏，次邹廷林，三邹廷荣，姊汤邹氏出嫁时，原告等商议将先父所遗讼争产业赠与汤邹氏生养死葬。殊汤邹氏亡故，其夫即被告竟私擅处分该业，迫乃起诉，以求判决如声明，云云。被告答辩略称：讼争产业系我妇受赠得来，伊现已死，产业自当归我享有，原告之诉非有理由，应请驳斥原告之诉，云云。

理由

查讼争产业系由原告等赠与被告之亡妻汤邹氏，有被告提出之赠与文约为凭，自可采信。而查其约中载有甘愿送与胞姐汤邹氏名下永远管业等字样，是汤邹氏已因受赠而取得讼争产业所有权，现受赠人汤邹氏既已死亡，依民法第四百二十条规定，赠与之撤销权亦已削减，乃原告竟行之诉求撤销赠与及确认所有权，实无理由，应即予驳回。

据上论结，原告之诉为无理由，应予驳回，并依民事诉讼法第七十八条判决如主文。

中华民国三十六年五月卅一日

四川重庆地方法院民事庭

推事：罗达尊

如不服本判决，得于收受送达后二十日内向本院提出上诉书状。

书记官：

中华民国三十六年　月　日

重庆地方法院民事送达证书

书状目录：民国三十六年（　　　）字第七四五号契约案送达判决一件。

受送达人：原告邹廷荣。

受送达人署名盖章，若不能署名盖章或拒绝者，应记明其事实：邹廷荣。

送达日期：卅六年六月廿六日。

中华民国三十六年六月二十六日

重庆地方法院执达员：王泽民

[同日被告汤海合签收判决的送达证书略]

41. 危许氏等诉许唐全庆等要求确认买卖无效案

原告危许氏、许吴氏、许光耀民事诉状

原告：危许氏，住本市育婴堂街卅号附一号；许吴氏，打铜街重庆银行许光耀转；许光耀，重庆银行。

被告：许唐全庆，住本市至圣宫十八号；张羹尧，巴县惠民乡上房吴鸿发转；陈荣清，住巴县惠民乡大堡湾。

为擅自出卖共有物，恳请确认买卖无效，饬令返还田土房屋产业事。兹将应受判决之声明以及应有之陈述分列于后。

应受判决之声明

一、请确认许唐全庆与张羹尧于民国三十六年七月，就巴县惠民乡大堡湾全庆堂所有产业所立之买卖文约无效。

二、请判令第二、第三两被告将巴县惠民乡大堡湾全庆堂所有全份田土房屋产业返还原告。

三、请判令第一被告许唐全庆，依照许和声遗嘱将第一原告危许氏每年度应受赠之收益——黄谷老量十二石如数付清。

四、对前列各项之声明，请予宣告假执行。

五、对本年度收获黄谷，请予宣告假扣押。

六、本审诉讼费用请判由被告等共同负担。

应有之陈述

窃先君许和声于民国二十四年以全庆堂名义所置巴县惠民乡大堡湾田土房屋产业，于其去世之先曾书立遗嘱，将其每年收益分赠与民危许氏、戴许氏、钟唐氏等，经同样分别订明期限，以各受赠人寿终时为止。于今，危许氏等之受赠权尚在继续期中，该第一被告许唐全庆竟于本年七月中旬，本诸经管之责，未经受赠权人第一原告危许氏等及其法定继承人第二原告许吴氏、第三原告许光耀之同意，擅自将其卖与第二被告张羹尧。依据民法第八百十九条之规定，共有物之处分，须经共有人之同意，彼此擅自所立之买卖文约自不能认为有效。现有第三被告陈荣清者，未经原告等之许可，竟亦自向第二被告投佃，揆诸法理，更是违法串通，应请同时饬令搬迁、返还房屋田土。于今秋即将收获之际，若于判决确定以前不予执行，恐受难于计算之损害，甚至对本年收获并有无从执行之虞。为此，并依民事诉讼法第三百九十条及第五百十九条第一项之规定，恳请钧院俯如前项声明之判决，实为德便。

　　谨呈

重庆地方法院公鉴。

中华民国三十六年八月二日

具状人：危许氏、许吴氏、许光耀

征费单

征费机关：重庆地方法院。

缴款人：危许氏。

案号：三十六年度诉字第一二六八号。

案由：确认买卖无效。

标的：一千六百五十万元。

费别：

征费数目：二十一万四千五百元。

备注：

复核员：

收费员：（印）

中华民国卅六年八月二日

重庆地方法院征费单

征费机关：

缴款人：危许氏 。

案由：买卖无效。

征费数目：国币二千圆。

复核员：

收费员：（印）

中华民国卅六年八月二日

危许氏、许吴氏、许光耀关于诉讼代理人之民事委任状

状心编号民字九二四九号

委任人：危许氏，住育婴堂街卅号附一号；许吴氏，打铜街重庆银行许光耀转。

受任人：王先嘉，律师，住民族路一七六号。

为委任代理事。窃民等与许唐全庆等之间，请求确认买卖契约无效一案，因不谙法律，特委任王先嘉律师为代理人，有依法代理一切诉讼行为之权。恳请钧院俯予核准，实为法便。

谨呈

重庆地方法院公鉴。

中华民国三十六年八月二日

具状人：危许氏、许吴氏、许光耀

重庆地方法院民事送达证书

〔民国三十六年诉字第一二〇五号买卖无效案传票一件，送达原告危许氏及许吴氏、许光耀、张羹尧、陈荣清、许唐全庆、王先嘉律师签收〕

许唐全庆关于诉讼代理人的民事委任书

委任人：许唐全庆。

受任人：律师刘宗荣。

为危许氏等告民因请求确认买卖契约无效，兹请委任律师刘宗荣为诉讼代理人。

谨呈

重庆地方法院民庭公鉴。

中华民国卅六年九月九日

具状人：许唐全庆

律师刘宗荣代缮

张羹尧民事辩诉书

辩诉人：张羹尧，四十二，巴县惠民乡人，住本市厚慈街十六号。

被辩诉人：危许氏、许吴氏、许光耀、许唐全庆。

为捏蒙妄控讼累损害，依法辩诉，准予查卷澈讯，判驳原告之诉，以彰法儆奸事。

窃本年春季，经本乡公所许议长即县参议员张君仲与同庞良臣，向称许唐全庆愿将本乡大堡湾全股田产出售，计租二十五石，但许唐全庆之佃户吴洪发、吴泽生亦愿作中，决无纠纷各语，双方凭中议决妥当，议定价洋一千六百五十万元，本年古历四月内许唐全庆书立卖约，当众足价，该吴洪发等均向民书约投佃无异。殊危许氏等与许唐全庆发生争执，谓民承买此业系属伊等共有物，于本年八月三十日经许唐全庆登报驳斥（报纸审呈可核），危许氏等告许唐全庆竟将民株连在案，沐准票传，应遵曷〔渎〕。惟民凭中承买此业，非常清白，该氏等并未出头阻止，捏蒙妄控毫无疑义，只得据情辩诉，状请钧庭鉴核，准予查卷澈讯，判驳原告之诉，彰法儆奸，□结上叩！

证人：

证物：许唐全庆登载报纸审呈可核。

重庆地方法院民庭公鉴。

中华民国三十六年九月十日

具状人：张羹尧

重庆地方法院征费单

征费机关：

缴款人：张夑尧

案由：弁［辩］诉。

征费数目：国币二千圆。

复核员：

收费员：（印）

中华民国卅六年九月十日

许唐全庆民事答辩书

答辩人：许唐全庆，本市人，住至圣宫十八号。

被答辩人：危许氏、许吴氏、许光耀。

为答弁［辩］理由，请将原告之诉及假扣押、假执行之声请，均驳回，并饬其负担诉讼费用事。

查危许氏等告民因请求确认买卖契约无效及交还田产、给付欠租等情一案，谨答弁［辩］理由如次：

缘民夫许和笙，系二房治平之后，娶许吴氏，生独子许光耀。因民夫幼年，曾过继长房文光为孙，又因和笙原系寒士，垂涎民家富有，故又于民国十六年，续娶民为妻，兼祧长房，且系各立门户，并未同居共食（有门牌可证）。按之当时民法，尚未颁布，适用旧法时代，原未废止兼祧制度，故民在长房，并非妾之身份，乃取得配偶之资格。因此之故，该许光耀不敢以妾母或姨母称之，乃系以婶母称之，有伊亲笔信函可证。此可见房份各别、身份各异，自不容其歪曲事实者一。

民夫既系寒士，民乃出生洋三千元，助夫营贸边江生意，不惮夙兴祖寐，夫唱妇随，好容易才积蓄金钱。惟民夫舐犊情般，劝民与光耀置产，故经民先后出资与许吴氏母子，购置冷水场等处田谷乙百七十三石（祖业另乙百另七谷在外），及百子巷等处院子房屋九处，均系立许吴氏母子堂名管业，但其买价，全系民所支出，是民对于光耀母子不可谓不厚。但民夫系寒士之证明，因光耀无钱读书，夫又爱莫能助，民乃卖金锣一对、产口系得价洋三百元，与伊兑去，有伊回函可证。是民与光耀名虽婶侄，实属爱若亲生，此其二。

至民经商所获之款，曾托民夫先后代购大堡湾等处田谷乙百六十余石，深恐权利混淆，故买契上，均立民之名字全庆堂、许全庆或许唐全庆堂，以示与伊二房产业各别之意。查许光耀既系二房之后，民夫虽故，只能承继二房之财产，自不能承继长房之财产，且系民私款所买，乃民之特有财产，又非乃父所遗，伊更无承继权，然则伊所称民之大堡湾产业为共有物，究竟何所依据？应驳者三。

至民夫对危许氏补助生活谷之赠与约，民当不负责任。（一）因大堡湾产业，系民私人之特有财产，民夫不得慷他人之慨。（二）因赠与约，民未同意，未签押，连名字俱无，当然不受其拘束。（三）因该赠与约，未依法登记，尤不能为权利上之保障，故应请求将此部分之诉，予以驳回。民之出卖大堡湾产业，因民夫故后，忧虑成疾，医药费过多；又因各业佃户狡赖，致租无冗；加之夫族母党，应酬频繁，以致入不敷出，负债累累，背负子金甚巨，始出卖产业偿债。上业既系民特有产业，何有该许吴氏等置喙之余地？应驳者四。

上业既系民特有产业，并无该许吴氏母子之份，然则伊请假执行与假扣押租谷，实属毫无理由，应予以驳回，此其五。

为此，状恳钧院俯予查处审理，准如声明判决。实沾德便。

谨呈

证人：

证物：计附呈门牌乙张抄粘

重庆地方法院民庭公鉴。

中华民国三十六年九月九日

具状人：许唐全庆

律师刘宗荣代缮

笔录

被告：

代理人：刘宗荣律师。

右列当事人因确认买卖案，经本院于中华民国卅六年九月廿七日午前时开民事法庭，出席职员如左。

推事：郑国勋。

书记官：邹佩萱。

推事点呼右列当事人入庭，书记官朗读案由。

被告代理人刘宗荣律师起立称：本案已经和解，被告请求发给门牌号数。呈和约一件，阅后发还。

推事发还门牌号数证一件后，谕：案准和解，候原告撤回状。

中华民国三十六年九月廿七日

重庆地方法院民庭

书记官：邹佩萱

推事：郑国勋

危许氏、许吴氏、许光耀、许唐全庆民事撤销状

撤销人：危许氏、许吴氏、许光耀、许唐全庆。

为声请撤回诉讼事。窃民等因确认买卖无效申讼一案，旋经双方亲友从中调解，互愿和平解决，被告许唐全庆自愿承认仍照遗嘱对危许氏每年赠与租谷十二石，并以所有田租作为保证，立有和解文约，各执为凭。为此，恳请钧院俯将该案即予撤销，实为德便。

谨呈

证物：附抄件一件

重庆地方法院公鉴。

中华民国三十六年十月三日

具状人：危许氏、许光耀、许吴氏、许唐全庆

和约抄件

立出和解约人危许氏、许光耀、许唐全庆，因售卖大堡湾田土房屋（租谷三十石）涉讼一案，现正传讯中，经亲友杨伯景、杨寿安、程道南等调解，已得双方同意，许唐全庆仍照遗嘱每年对危许氏赠与租谷十二石，由许唐全庆所有田租保证，并另出书面作据。此系双方同意，和解后，不得异言，对本案仍由双方向法院撤销。今恐人心不古，特立和解约为据。

本案当事人　危许氏、许光耀、许唐全庆

调解人：杨伯景、程道南、杨寿安

中华民国三十六年九月二十五日立

重庆实验地方法院通知

诉字第一二〇五号

中华民国三十六年十月九日发文

案由：通知危许氏等确认买卖无效一案准予撤回。

收受通知人：危许氏、许吴氏、许光耀，住重庆银行许光耀转；许唐全庆、张龑尧、陈荣清，住至圣官十八号。

查危许氏等与许唐全庆等确认买卖无效一案，兹据原告等于本月三日具状撤回。业经照准，特此通知。

院长：□

庭长：（印）

推事：郑国勋（印）

书记官：

重庆地方法院民事送达证书

［民国三十六年诉字第一二〇五号确认买卖无效案通知一件，送达许唐全庆、张龑尧、陈荣清及危许氏、许吴氏、许光耀签收］

42. 牟刚诉廖树清要求解除租约并搬迁案

原告牟刚之诉状

原告：牟刚，二十五，巴县人，住本市化龙桥对岸猫儿石中央造纸厂，工。

被告人：廖树清，巴县人，住石马乡第三保鞍子沟，佃农。

为对被告解除租约搬迁交业事件，[缴]费起诉，谨将诉之声明及事实理由列后，发凭公断：

（甲）诉之声明：

一、请求判令原告与被告两造间所缔结巴县石马乡坐落鞍子沟田房限期一年之租约终止，并令被告对上开田房领押迁让，交还原告接收自耕。

二、对迁让交业部分宣示假执行。

三、本案诉讼费由被告负担。

（乙）事实及理由：

窃原告所有巴县石马乡祖遗坐落鞍子沟田房一股，曾于卅四年八月份取押金法币捌万元，出租与被告耕作，每年对全业正产物以主五五、佃四五分面租谷（有契约可凭）。殊入佃一年，被告怠于耕作，收益不丰；原告亦因生活高昂，人口增多，决心收回自耕。伊竟抗不领押迁让，迫于去岁卅五年国历七月九日，请伊至石马乡公所调解，被告以入佃未久，要求继租一年（有调解笔录可凭）。原告恐其狡诈，旋于同年古历六月十八日，与其同意成立暂佃一年之租约（审呈）。本年限期已满，被告仍倔强如故，抗不领押迁交，实属违悖契约与法令。为（此）特缴费起诉状，恳钧院鉴核，传案审理，准照甲项声明而为判决。无任沾感。

谨状

□□原告与被告□成立暂佃一年之租约，应受限期租约之拘束，如不沐提前准予假执行，恐有难于计算之损害，合并释明。

重庆地方法院民庭公鉴。

中华民国三十六年九月十日

具状人：牟刚（押）

重庆地方法院民事送达证书

书状目录：民国卅六年诉字第一四一五号解除租约案送达传票乙件。

应送达人：牟刚。

受送达人署名盖章，若不能署名盖章或拒绝者，应记明其事实：牟刚（印章）。

送达日期：三十六年九月十五日

中华民国三十六年九月十二日

重庆地方法院送达员：施光华（印章）

[同年九月二一日廖树清签收的送达证书略]

民事案件审理通知单

重庆地方法院诉字一四一五号解除租约案

原告：牟刚押

被告：廖树清（押）

本（案）辩论终结，定于□□日上午八时宣判。

中华民国卅六年十一月八日

审理笔录

原告：牟刚。

被告：廖树清。

前列当事人因解除租约案，经本院于中华民国三十六年十一月八日午前十时开民事法庭。出席职员如下。

审判长推事：王振常。

书记官：彭泽义。

点呼前列当事人入庭，书记官朗读案由。

问：原告牟刚，年［龄］、籍［贯］等？

答：二十五岁，住石马乡三保。

问：告谁？

答：告廖树清。

问：请求如何判决？

答：请求判令被告终止租约，搬迁交业，宣示假执行，诉讼费用由被告负担。

问：事实如何？

答：民三十四年八月间，原告所有石马乡鞍子沟田房一股，佃与被告耕种，去年七月换立暂佃一年约据，至本年搬迁，计押金八万元，租子为四六分，被告如期，数次通知搬迁不允，故具状起诉云云。

问：有何证明？

答：有佃约可凭。

问：廖树清，年、籍等？

答：五十五岁，住石马乡三保。

问：对于原告陈述如何答辩？

答：被告佃原告鞍子沟田房一股，去年换约为一年，如期可继续换约，租谷迄今都在原告仓内，现因被告还未找到房屋，要求多住一年。

推事谕知，本案试行和解。

问：原告准被告延期一年，愿意否？

答：不愿意。现因收回自耕，请求被告迁让。

问：被告愿搬迁否？

答：不愿搬迁。因本年未（早）［找］妥房子，请求暂缓一年。

推事谕知，本案调解不成立，继续言词辩论。

问：原告有何请求？

答：饬如前述及诉状。

问：被告有何答辩？

答：饬如前述。

推事谕知，本案辩论终结，定于本月十五日宣判。退庭。

前笔录当庭朗读无异。

中华民国三十六年十一月八日

重庆地方法院民事庭

书记官：彭泽义

推事：王振常

宣判笔录

原告：牟刚。

被告：廖树清。

前当事人间迁让事件，于中华民国卅六年十一月十五日上午八时，在本院民事法庭公开宣判。出席职员如下。

推事：王振常。

书记官：彭泽义。

点呼事件后，推事起立朗读判决主文并口述判决理由之要领。

中华民国卅六年十一月十五日

重庆地方法院民事庭

推事：王振常

被告廖树清之辩诉状

答辩人：廖树清，五十五，巴县人，代收文件处：本市南纪门外川道拐老炒米巷第九号张吉和收转，务农。

原告：牟刚。

为对于原告牟刚诉请判令终止租约、搬迁交业事件，依法提出答辩事：窃答辩人曾于三十四年间，约佃该原告牟刚所有巴县石马乡，地名鞍子沟田业一股，面积六十老石，由民押八万元，约注租谷以每年秋收后双方监视收割，主人占其六，佃户占其四，有佃约可核。迄今将届三年之久，毫无蒂欠行为，可资查考。延至本年收割时，该原告仍亲临监收，共收得黄谷三十三石四斗。殊该原告并不照约履行，竟恃其乡长与保甲系伊亲戚关系之淫威，又恃财主身份，以民乡愚可欺，故将全部黄谷估逼强面三十一石老量去，讫仅与民留得食谷两石，并不顾民一家之生活用度，又兼致秋后田土由民自耕，小春现已下种。经民迭次请伊清算积谷，该原告置之不理，颗粒均不添面，反向钧院捏词蒙诉，企图鲸吞全部积谷，已沐传讯庭谕候判。为本案经过事实，惟恐大院尚未明晰，为特据实答辩，状恳钧院鉴核，准予驳斥原诉，依法判决准由民继续租佃，并令其按照佃约规定，退还民黄谷以四六成计算，并判令负担讼费，赔偿损害。

为此谨伏

证人：

证物：

重庆市地方法院民庭公鉴。

中华民国三十六年十一月十三日

具状人：廖树清（押）

四川高等法院重庆分院民事判决

三十六年度诉字第一四一五号

原告：牟刚，现住本市化龙桥对岸猫儿石中央造纸厂。

被告：廖树清，住石马乡第三保鞍子沟。

前当事人因终止租约事件，本院判决如下。

主文

确认两造就原告所有鞍子沟田土房屋所订立之租赁契约，已于古历六月十八日终止。被告应于领取押金国币八万元后，将上项田房迁让并交还原告。原告假执行之声请驳回。诉讼费用由被告负担。

事实

原告声明请求如主文第一、第二两项所示，并宣告假执行之判决，其陈述略称，原告所有巴县石马乡鞍子沟田房一股，曾于民国三十四年八月份议取押金国币捌万元出租与被告耕作，每年对全业正产物以主五五、佃四五分面租谷。殊入佃一年，被告怠于耕作，收益不丰；原告亦因生活高昂，人口增多，决心收回自耕。伊竟抗不领押迁让，迫于去岁七月九日请伊至石马乡公所调解，被告以入佃未久，要求续租一年，旋于同年古历六月十八日与其同意成立暂佃一年之租约。本年限期已满，被告倔强如故，抗不领押迁交，实属违背契约，应请求判决如声明云云。

被告声明，请求判决驳回原告之诉，其陈述略称，被告前佃原告鞍子沟田房一股，去年换约为一年如期，可继续换约，租谷迄今尚在原告仓内。现被告未佃妥房屋，要求多住一年。

应请判决驳回原告之诉云云。

理由

本件原告主张，两造于去年古历六月十八日就系争田房换立新租约，押金八万元，每年租谷每石主人六斗，佃户四斗，定期一年，不特原告提出租约一件为凭，即质之被告亦谓非虚，被告既于去年同意订立限期一年之暂佃租约，自应受其意思表示之拘束。原告请求确认此项租约于本年古历六月十八日终止，并命被告领押迁让交业，不能认为无理由，至假执行之声请，未据释明理由，尚难准许。

据上论结，原告之诉为有理由，应准其请求，并依民事诉讼法第七十八条判决如主文。

中华民国三十六年十一月十五日

四川重庆地方法院民事第二庭

推事：王振常

如不服本判决，应于收受送达判决正本后二十日内，向本院提出诉书状。

民事催状

原告：牟刚，二十五，本市人，住猫儿石中央造纸厂，工。

被告：廖树清。

为案经辩论终结，宣判已久，催恳送达判决，以便执行交业贾用，免田土荒芜而资保障事情。民诉请判令被告止约迁让一案，已沐钧院于十一月八日集案审讯，一度谕令十五日宣判，殊候至迄今，尚未蒙作成判决，而被告以诉讼未终抗不迁让，田土因而荒芜。为此催请钧院鉴核，迅予送达判决，用期早结，无任沾感。

谨呈

重庆地方法院民庭公鉴。

中华民国卅六年十二月十六日

具状人：牟刚　押

重庆地方法院民事送达证书

书状目录：民国三十六年诉字第一四一五号终止租约案送达判决一件。

受送达人：被告牟刚。

应送达人署名盖印，若不能或拒绝署名盖印，送达人应记明其事实：牟刚押。

送达日期：三十六年十二月二十八日

中华民国卅六年十二月十八日

重庆地方法院执达员：王泽民

［同年十二月二十六日廖树清未收，由亲戚罗万山负责代收转付的送达证书略］

被告廖树清之上诉书

声请人：廖树清，五十五岁，巴县人，务农。

被声诉人：牟刚，年龄未详，籍贯本市，住化龙桥对岸猫儿石中央造纸厂，自业。

为不服原判，恳予检卷申送上级法院事：

窃声请人前被原告牟刚因请求终止租约事件涉讼一案，已沐传案审讯，确定判决在案，曾奉钧院作成三十六年度诉字第一四一五号民事判决一件，主文栏载：确认两造就原告所有鞍子沟田土房屋所订定之租赁契约，已于本年古历六月十八日终止。被告应于领取押金国币八万元后将上项田屋迁让并交还原告，原告假执行之声请驳回，诉讼费用由被告负担等。因裁判可稽，捧读之余万难甘服，特于法定期内具状声请钧院鉴核，准予将本案全卷检申上级法院。关于理由书状，容声请人径向四川高等法院第一分院民庭补陈，合并呈明。

为此谨状

重庆地方法院民庭公鉴。

中华民国三十七年元月五日

具状人：廖树清（押）

重庆地方法院民事裁定

三十六年度诉字第一四一五号

上诉人：廖树清，南纪门外川道拐老炒米巷十一号张吉和收转。

右上诉人与牟刚因解除租约事件，不服本院第一审判决，提起上诉，应缴纳裁判费国币五十二万元，未据缴纳，其上诉状亦未依民事诉讼法第四百三十八条表明上诉理由，兹限该上诉人于收受本裁定时起三日内，向本院如数补缴。如逾期尚未遵行，第二审法院即行驳回上诉，切勿违延自误。特此裁定。

中华民国三十七年元月十四日

重庆地方法院民事第　庭

推事：

书记官：宋××

重庆地方法院民事送达证书

书状目录：民国　年（　　）字第一四一九号解除租约案送达上诉裁定一件。

受送达人：上诉人廖树清。

应送达人署名盖印，若不能或拒绝署名盖印，送达人应记明其事由：廖树清由指定张吉和收转，张吉和未在家，由其同居之妻张刘氏代收转交。

非交付应受送达之人送达人应记明其事由：张刘氏。

送达处所：南纪门川道拐五一号

送达方法：

送达日期：卅七年元月二十二日

中华民国卅七年元月七日

重庆地方法院执达员：杨再祥

被告廖树清关于分期缴纳裁判费之声请

声请人：廖树清，五十五岁，巴县人，务农。

被上诉人：牟刚。

为遵照裁定缴费，声请准予分期缴纳上诉裁判费，以恤乡农而免逾期事：

窃声请人因与原告牟刚为解除租约事件，不服原判提起上诉一案，昨奉钧院作成三十六年度诉字第一四一五号民事裁定，略称：谕令声请人收受本裁定五日内，径向钧院缴纳上诉裁判费国币伍拾贰万元，如逾期未缴即行驳回等记载。应遵曷淟。惨声请人一介佃农，遭此讼累，又无储蓄存款，又无什物可卖，告贷无门，举目无亲，突然措此巨款五十二万元实深困难，又值旧历年关将近，欲向亲友借贷更是不易。辗转复思，一筹莫展，只得将家中棉被变卖，得价二十万元缴呈来案，下欠之三十二万元声请准予展期一月，跟即设法补缴，以符法制，而免违误。如蒙俞允深沾。

谨状

四川高等法院重庆分院民庭公鉴。

中华民国三十七年元月二十六日

具状人：廖树清

［计缴纳上诉裁判费二十万元正。］

征费单

征费机关：四川高等法院第一分院。

缴款人：廖树清。

案号：　年度字第　号

案由：与牟刚解除租约。

标的：计价六百六十六万六千六百元。

费别：

征费数目：国币二十万元。

备注：

复核员：

收费员：

中华民国卅七年一月二十六日

重庆地方法院书记室公函

慎字第九七八号

案查牟刚与廖树清解除租约，业经本院依法判决送达在卷。兹据廖树清于法定期间内具状提起上诉到院，相应检齐卷证，函送贵室查收核办。

此致

四川高等法院重庆分院书记室

书记官：李泽民（印章）

中华民国三十七年二月廿六日

计函送卷一宗、状一件、裁定回证各一件

送达证书

书状目录：民国三十七年　字第一四一五号，移付执行一本，批示一件。

受送达人：具状人牟刚。

受送达人署名盖章，若不能署名盖章或拒绝者，应记明其事实：牟刚未在，由收发室收转（中央造纸厂重庆□□产清理处信电用章）。

送达日期：卅七年三月十五日。

中华民国卅七年三月九日

重庆地方法院执达员：程兴中（章）

［另有廖树清送达文书，从略］

民事答辩

答辩人：即被上诉人，牟刚，男，二十五，四川巴县人，现住重庆市化龙桥对岸猫儿石中央造纸厂，工。

上诉人：廖树清，男，巴县人，住石马乡第三保鞍子沟，农。

为对于上诉人廖树清上诉终止租约事件一案，依法提出答辩，请求驳回上诉，维持原判，并请宣告假执行，更令上诉人负担第二审诉讼费用事。窃本案上诉人廖树清于卅五年六月十八日赠与被上诉人换立鞍子沟田土房屋租约，约载押金国币八万元，每年租谷每石佃户四斗、主人六斗，定期一年，有约可凭。乃至去年六月十八日定期已满，当然因期满而终止租约，搬迁交业，且租约并未订有存续期间。被上诉人又因生活高昂，人口增加，收回自耕亦为法所许，殊上诉人抗不领押，搬迁交业，致涉讼重庆地方法院民庭。虽上诉人辩称可以继续换约，但于卅五年六月十八日换立新约，约限一年，一便上诉人于此一年中可以另佃起佃，一便被上诉人于此一年后可以收回自耕，双方均得从容，不急不徐而为。而上诉人竟意存推给，沐重庆地方法院民庭洞烛其情，以卅六年度诉字第一四一五号民事判决，确认两造就原告所有鞍子沟田土房屋所订立之租赁契约于本年六月十八日终止，被告应该领取押金国币八万元后，将上项田房迁让并交还原告，原告假执行之声请驳回，诉讼费用由被告负担，送达判决在案。

揆之法理，原判除驳回假执行外，并无不合。兹又妄为上诉，未经送达上诉缮本，以致无从答辩，但上诉人还在石马乡公所以其子廖绍云在中坝空军四十三站服务，持该站证明书意图享受优待，进而据为本案上诉理由。经石马乡第三保办公处发觉，函请珞璜乡第四保办公处查复。据复，廖绍云与上诉人确系弟兄关系，廖绍云现在推船，其儿子当中亦无人服役。并查，应享受优待，以出征抗敌军人直系血亲持有出征抗敌军人家属证明书或在营服役证明书，如无出征抗敌军人家属证明书或在营服役证明书者，其壮丁确实在营服役，经当地士绅及壮丁所公认者，仍可享受优待。本案有如上诉珞璜乡公所第四保办公处复函，上诉人非廖绍云直系血亲，尊亲属所持该站证明书并非出征抗敌军人家属证明书，于前在大中坝空军四十三站服务，于卅四年该站来有公文，该绍云已被遣散之列，又非当时在营服务证明书，当石马乡公所又据上述大中坝空军四十三站遣散绍云公文，未予优待，并具呈县府，奉县令免予优待指令在案。被上诉人应尽防御攻击能事已领存，于审讯时提作反证（抄呈），且上诉人于第一审并无一言，谓有子在大中坝空军四十三站服务，显系事后串通所为，故无论如何决不能任其推绐。此应依法答辩，请求驳回上诉维持原判者一也。又查因终止租赁契约而请求搬迁交业案件，按今日计算标的方法可能上诉第三审，但自诉讼□□，至第三审判决确定至少需三年时日，结果出租人有享受胜诉判决虚名，未享受胜诉判决实益，此为极不合理现象。并查本案上诉人在未有诉讼前尚怠于耕作，收益不丰，今值栽种时又奔走诉讼，以显然无益之上诉，故意拖延日期，冀便被上诉人蒙受重大损失，而仅押金国币八万，在今人心不古与物价波涨之际，在判决确定前不为执行，实恐受难于抵偿或难于计算之损害。民事诉讼法第三百九十条有原告释明，在判决确定前不为执行，恐受难于抵偿或难于计算之损害者，法院应依其声请宣告假执行，又有原告陈明在执行前可供担保而声请宣告假执行者，虽无前项释明，法院应定相当之担保额，宣告供担保后得为假执行。原审未予注意，此应请求宣告假执行，更令上诉人负担第二审诉讼费用者二也。为此请求钧院鉴核，将上诉全部予以驳回，维持原审判决并宣告假执行，更令上诉人负担第二审诉讼费用，以符法纪而免损害。

　　谨呈

　　计抄呈珞璜乡第四保办公处复函、石马乡公所证明书、巴县政府指令于后。

　　物证：审呈

　　四川高等法院重庆分院民庭公鉴。

中华民国卅七年五月十日

四川高等法院重庆分院书记官

具状人：牟刚

江津珞璜乡第四保办公处公函

辉民字第四六号

　　民国卅七年五月发

　　事由：为查明廖树清与廖绍云系属弟兄关系，廖树清现并无儿子服役，复请查照由：

　　案准巴县石马乡第三保办公处卅七年四月一日□保字第十九号公函开：

"查本保居民廖树清，系于民国卅二年由江津迁入石马乡第四保大沟居住，后于卅四年迁入本保九甲鞍子沟约佃牟刚田土房屋居住耕种。称其子绍云现服役大中坝空军第四十三站。经本保调查，该廖树清与绍云系属弟兄并非父子，究属何种关系，该廖树清前在贵保长所辖居住多年，想必较为明晰。相应函请，烦为详查见后。并廖树清是否现有儿子尚在服役，仰将实际情形向四川高一分院出具证明书，辨明真象为荷！"

尊由准此，查廖树清与廖绍云确系弟兄关系，廖绍云现在推船，其儿子当中并无人服役。相应复请查照为荷！

此致

巴县石马乡第三保办公处

江津珞璜乡第四保保长：万祖辉（印章）

巴县石马乡公所证明书

石坊字第　号

民国卅七年三月　日

查廖绍云非［廖］树清之子，并非出征抗敌军人，前在大中坝空军四十三站服务，于卅四年该站来有公文，该绍云已被遣散之列，函请注销享受各种优待，尊由前来，当经本所注销在案。今持该站证书，借此讼累，实属于法未合。特此证明。

前给当地业主：牟刚

乡长：牟肇坊（章）

巴县政府指令

社优总（三七）（辰）第九六三号

中华民国卅七年三月　日

令石马乡公所：

卅七年三月　日石坊字第　号呈一件，为据实转详廖绍云非廖树清之子，并非出征抗敌军人，恳予转令证明，免受各种优待，而息讼累由：

呈悉：据称廖绍云既非出征抗战军人，又非廖树清之子。如果属实，依法不予优待，仰遵照再查核办具报！

此令

县长：杨思慈（章）

辩论通知

四川高等法院重庆分院民事第一庭受理卅七年度上字第七二四号，［五月］十四日上午八时为言词辩论期日，应行传唤及通知诉讼关系人如下：

上诉人：廖树清，档送达南纪门老炒米巷十一号张吉和转交。

被上诉人：牟刚，住化龙桥对岸猫儿石中央造纸厂。

主任推事： 月 日填送

审判长： 月 日核发

书记官： 月 日办讫

言词辩论笔录

上诉人：廖树清。

被上诉人：牟刚。

前当事人间，因解除租约上诉事件，经本院于中华民国卅七年五月十四日上午，在本院第五法庭公开言词辩论。出庭推事、书记官如下：

推事：王继纯。

书记官：

点呼事件后，到场人如下：牟刚。

问：依法述诉之声明。

答：案子已在案外和解，他自行［撤］案。我们是收回自种，古历三月间与他通知过收回自种。

推事谕知，案经回候调卷，闭庭。

中华民国卅七年五月十四日

四川高等法院重庆分院民一庭

民事和解

右方：具和解人，姓名：廖树清；性别：男；年龄：五十五岁，籍贯：巴县；住所或居所：石马乡。

左方：姓名：牟刚；性别：男；年龄：（在卷）；籍贯：（在卷）；住所或居所：（在卷）。

职业：在卷。

为案经和解，请求撤回上诉，回复原判事情。上诉人廖树清与被上诉人牟刚因终止租约上诉事件，兹经万祖辉、罗万山、牟绍林、牟化一等从中调解，双方均甘和息，其调解内容如下：（一）上诉人廖树清自甘服从重庆地方法院三十六年度诉字第一四一五号民事判决，于去年六月十八日终止鞍子沟田土房屋所订立之租凭契约，向四川高等法院重庆分院撤回上诉。（二）上诉人廖树清自愿于本年八月底腾空交业，领取押金法币捌万元，如逾期不腾空交业，得不经审判由被上诉人牟刚请求就原案强制执行。（三）上诉人廖树清自愿本年度秋收正产物（黄谷）与主人每石伍斗伍升分面，佃户肆斗伍升分面，给去年黄豆租柒升及本年度黄豆租壹斗伍升，于六月底以前，石马乡老量面与牟刚，不少升合。如逾期不面，亦不得经审判由被上诉人牟刚请求就原案强制执行。（四）本件和解内容容由四川高等法院重庆分院备查，日后交由重庆地方法院执行，由上诉人负担诉讼费用。以上所述有终止一切争执效力，双方并不得翻悔，除立和解文约一式三纸各执一纸外，理合附呈一纸连同具状请求钧院即审和解内容。准予撤回上诉，回复原判，实为德便。

此呈

四川重庆高等法院第一分院

附和解约一纸

中华民国三十七年五月十四日

具状人：廖树清

和解约正文

立出和解文约人廖树清、牟刚，□牟刚、廖树清因终止租约上诉事件，兹经万祖辉、唐继周、刘海庭、牟绍林、牟化一、罗万山等从中调解，双方甘愿和解，内容如下：

（一）廖树清自甘服从重庆地方法院三十六年度诉字第一四一五号民事判决，于去年六月十八日终止鞍子沟田土房屋至所订立之租赁契约，双方向四川高等法院重庆分院撤回上诉。

（二）廖树清自愿于本年八月底腾空交业，领取押金法币八万元正，如逾期不腾空交业，得由不经审判，由业主牟刚请求原案强制执行。

（三）上诉人廖树清自愿本年度田内正产物（黄谷）与主人五五分面，主人每石五斗五升、佃户四斗五升分面，给去年所欠黄豆租柒升及本年度黄豆租一斗五升，限于六月底以前石马乡老量交面与主人牟刚，不少升合，稻草租一百八。如逾期不交，亦得不经审判，由被诉牟刚请求原案强制执行。

（四）本件和解内容并由四川高等法院重庆分院备查，日后交由重庆地方法院执行，所立一切，今后不遵调解之时，诉讼费用由廖树清负责。

（五）以上所述与亲友牟绍林、牟化一、万祖辉、罗万山等从中调解了息，双方不得翻悔，倘业主牟刚翻悔，由牟绍林、牟化一负责；佃户廖树清翻悔，由万祖辉、罗万山负责。其状撤回，上诉复原判外，特立和解文约一式三纸，除各执一纸外，另附呈高等法院一份。

（六）本和解约至签字日发生效力。

调解负责人：万祖辉、罗万山、牟绍林、牟化一、穆雨成笔

中华民国卅七年古四月初二日立

和解人：牟刚、廖树清

四川高等法院重庆分院民事第一庭书记科通知书

为通知廖树清与牟刚因解除租约事件，据该上诉人廖树清具状撤回上诉到院，除通知上诉人知照外，特此通知：

前受通知人、住址：

上　廖树清，住石马乡。

被上诉人：牟刚，住重庆化龙桥对岸猫儿石中央造纸厂。

中华民国三十七年五月十八日

四川高等法院重庆分院书记官

［落款处盖有四川高等第一分院大印］

送达证书

送达法院：四川高等法院重庆分院。

应送达之文书：民国卅七年上字第七二四号，与廖树清为租约通知书乙件。

应受送达人：牟刚。

受送达人署名盖印，若不能或拒绝署名盖印，送达人应记明其事由：牟刚押。

送达日期：卅七年五月廿八日 午 时。

中华民国卅七年五月 日

送达人：邢少清

［同年五月二十八日廖树清签收的送达证书略］

重庆地方法院书记室公函

案查牟刚与廖树清解除租约事件，业经本院依法判决送达在卷。兹据廖树清于法定期间内，具状提起上诉到院，相应检齐卷证函送贵室查收、核办。

此致

四川高等法院重庆分院书记室

计函送卷一宗、状一件、裁定回证各一件。

民事发回确定案卷公函

四川高等法院第一分院书记室公函

民明字第八〇七〇号

中华民国卅七年六月十六日

查本院受理三十七年度上字第七二四号廖树清与牟刚为解除租约事件，业经撤回上诉，相应检同卷宗等件函送，即请查收为荷！

此致

重庆地方法院书记室

计送本院卷乙宗、原审卷乙宗、证物租约乙件、抄指令乙件。

书记官：黄光禧（印）

民事声请

声请人：牟刚，二十六，四川重庆市人，住化龙桥对岸猫儿石中央造纸厂，现住中兴路五一号附三号，工。

被上诉人：廖树清，四川巴县，住石马乡三保鞍子沟，农。

　　为声请移付执行事，窃民与廖树清因终止租约涉讼一案，经钧院卅六年度诉字第一四一五号民事判决，内开：确认两造就原告所有鞍子沟田土房屋所订立之租赁契约，已于本年六月十八日终止，被告应该领取押金国币八万元后，将上项房屋迁让并交还原告等因判决在案。查廖树清答辩并无充分理由，双方订立之租赁契约又系卅六年六月十八日终止，今逾期八月有零，损失已属不赀，□谓将来可以追偿，值此物价涨势不息，亦难计算。为此，依法状请钧院鉴核，迅予移付执行，照判迁让交业，以免损害而保权利。

　　谨呈

重庆地方法院民庭公鉴。

具状人：牟刚（押）

　　［具状上之批示］□□查该案业已上诉，所请应毋庸置议。仰□知照此批。

43. 军政部军需署诉中国工矿实业社要求解除契约赔偿损失案

民事声请抗补状

声请人即债权人：军政部军需四所即国防部经理署。署长陈良指定由东华观二十六号重庆被服总厂代送达。

委托代理人：王志凯。

缘军需署委由联勤总部重庆被服总厂代管对于债务人中国工矿实业社违约，诉请返还定金事件，业蒙贵院民事三十五、三十六年度诉字第一一三九、四五六二号判决在案，依照原判第二项及末项之所载，债权人在债权金额国币三千四百八十万元范围内享有立即声请命令该债务人等给付之权。为此，状请贵院查核原判，迅赐执行，以利结案，实为公、私两便。

谨状

附原判决本一件

重庆地方法院民事执行庭公鉴。

中华民国三十六年十一月三日

具状人：军政部军需署即国防部经理署

署长：陈良

委托代理人：王志凯

四川重庆地方法院民事判决

三十五、三十六年度诉字第一一三九、四五六二号

原告：军政部军需署（即国防部经理署）。

法定代理人：陈良，由本市东华观巷重庆被服总厂代收文件。

诉讼代理人：方文政，律师。

被告：中国工矿实业社，设本市林森路一一〇号附一号。

法定代理人：张友农，住同右。

被告：九通企业股份有限公司，设本市林森路西大街九九号。

法定代理人：白旭初，住同右。

共同诉讼代理人：李元。

被告：华茂贸易股份有限公司。

法定代理人：李恭启，住所不明。

被告：中国橡胶厂。

法定代理人：庄怡生、陈继新。

诉讼代理人：李元，律师。

右当事人间请求解除契约、赔偿等事件，本院判决如左。

主文

第一被告于三十四年五月七日与原告订立承制锌片三十八公吨契约，除已交付锌片五百六十五万六千八百八十七公斤部分外，应予解除，第一被告应返还原告定金国币三千二百一十八万二千八百九十元，并自三十四年五月七日起至执行终结日止，按周年百分之五算付迟延利息。

上诉第二项于第一被告经执行后无效果时，由第二、第三、第四被告各负三分之一代偿责任。

本件准予假执行。

原告其余之诉驳回。

诉讼费用由被告共同负担。

事实

原告诉讼代理人声明，请求判令如主文第一、第二两项及赔偿损害国币六千一百九十九万八千六百六十元并迟延利息与宣示假执行之判决。其陈述略称：第一被告于卅四年五月七日凭第二、第三、第四被告为保证，向原告订立承制锌片三十公吨契约，经领去定金国币四千二百七十二万元，依契约第一被告应于卅五年二月十七日交最后一批货，殊迄今只交六八八七公斤，仅值国币一千〇五十三万七千一百一十元，其余屡催不交，原告欲向市场另购同样货品，每公吨要受损害国币一百八十二万元，应令被告赔偿。为此，依法起诉，并声请一并宣示假执行，云云，提出契约缮本、领定金收据缮本及催告函二件等件为立证。

第一、第二被告诉讼代理人声明，求为驳回原告之诉及假执行之声请。其答辩略称：第一被告自与原告订立此契约后，因奉资源委员会康黔钢铁事业筹备处布告，为奉战时生产局卅四年六月十二日产（卅四）财三一三五号渝材已文代电以贵州、毕节、叙章、威宁等县土产铅锌可资利用，以为国防资料，所有开采、冶炼、运输均应由该筹备处统筹办理，无法采购制造交货，并非第一被告故违契约。再原告起诉时为解除契约退还定金，继又变更原诉赔偿损害，与民诉讼法第二百五十五条之规定不合，被告不予承认，担保人亦以原告违反契约不能负责，云云。提出资源委员会康黔钢铁事业筹备处布告缮本一份以为立证。

第四被告诉讼代理人声明，求为驳回原告关于保证人在主债务人给付总金额三分之一范围内各别与第一被告担负连带清偿责任之请求及假执行之声请。其答辩略称：原告自初即不重视合约，第一被告未足订货，原告违约径对第一被告交付尾款六百万元，且原告又未照原约第十一条予第一被告以罚款，及于迟延十日后取销合约，竟独断独行，私许工矿社延期三月交货，原告既违背契约，故请驳回其关于保证责任之诉，云云。

第三被告受合法传唤，未到场供述，亦无准备书状提出。

理由

第三被告受合法传唤，未于言词辩论期日到场，又查无民事诉讼法第三百八十六条各款情事，应准原告所请，由一造辩论而为判决，合先注明。

次查本件原告所主张第一被告邀同第二、第三、第四被告担保，订立承制锌片三十公吨之契约，已收定金四千二百七十二万元，仅交锌片六八八七公斤等事实为两造所不争执，第一被告且请求分期退还定金，查第一被告既已承诺，自应返还原告，扣除已交锌片六八八七公斤价款之定金三千二百一十八万二千八百九十元，并其迟延利息，至于第二、第三、第四被告是否应各负三分之一代偿责任，则视合约以为定。查原合约第十一条载明乙方即第一被告迟延交货十日后，合约取消，追回欠缴货款；第十二条又载乙方觅保，保证乙方履行本合同之一切责任，查第一被告既已迟延十日未交货品，则合约自应取销，而欠缴货款依约应返还甲方即原告。第二、第四被告答辩，请原告私行准许第一被告延期三个月，并交尾款六百万元，为违约，此点自系原告依照和约第十一条人力不可抗拒，经甲方认可迟延之意旨，并不得谓原告为违约，其原告主张保证人履行保证责任，尚非无理，应各依合约所载负三分之一代偿责任。再，原告追加之的请求第一被告赔偿损失国币六千一百九十九万八千六百六十元，由第二、第三、第四被告各负三分之一代偿责任，应予驳回之，理由有二：其一，即诉状送达，原告不得将原诉变更或追加他诉，原告于事后始行追加，且为变更诉讼标的，又与民事诉讼法第二百五十六条各款情事不合，第一被告既不予同意，故与诉讼程序不符；其二，即令辟除一述不符诉讼程序之理由，而第一被告于订立合约后，奉到资源委员会康黔钢铁事业筹备处布告，对贵州毕节等地一带之锌矿，不许自由买卖。原和约既订明质料，须为贵州赫章所产锌矿，纯百分之九十八小数零二，第一被告既无法采购，因其未履行契约显非故意，依民法第二百六十六条之规定，亦无负偿害赔偿责任，原告该项主张有假执行之声请并非有理，故予驳回。又原告所请宣示假执行，既据释明将来有难于抵偿之损害，故准许部分并予执行。

据上论结，原告之诉为一部分有理由，一部分无理由，假执行声请为有理由，应分别予以准、驳，并依民事诉讼法第八十五条第一项、第七十八条判决如主文。

> 中华民国三十六年八月二十七日
> 四川重庆地方法院民事第二庭
> 推事：郑国勋
> 书记官：

重庆地方法院执行命令

民国三十六年执字第八〇〇号

令本院执达员：何质彬。

债权人：军政部军需署，法定代理人陈良，东华观巷重庆被服总厂收转。

债务人：九通企业股份有限公司，法定代理人白旭初，林森路西大街九九号。

中南橡胶厂，法定代理人庄怡生，住邹容路一八四号。

华茂贸易股份有限公司（已停业），法定代理人李恭启（住居所不明）。

执行名义及其内容：本院判决主文写载，第一被告于卅四年五月七日与原告订立承制锌片卅八公吨契约，除已交付锌片六八八七公斤部分外，应予解除。第一被告应返还原告定金国币三千二百一十八万二千八万百九十元，并自卅四年五月十七日起至执行终结日止，按周年百分之五算付迟延利息。上述第二项于第一被告经执行而无效果时，由第二、第三、第四被告各负三分之一代偿责任，本件准予假执行，诉讼费用由被告等共同负担。

执行方法：抗不履行，带案讯办。

其它事项：

协助机关：警察局。

执行费用：鉴估标的，照章征收。

应征施费：三十元，不得额外需索。

具报限期：限七日办毕，原令仍缴。

卅六年十一月十九日

重庆地方法院公函

民国三十六年度执字第八〇〇号

查军政部军需署与九通企业股份有限公司等为赔偿损害一案业经移付执行，除派员前往依法执行外，相应函送贵局查照，希即届时派员临场协助一切，至纫公谊。

此致

警察局

三十六年十一月十九日

民事委任状

委任人：军政部军需署即国防部经理署，指定由东华观巷二十六号重庆被服总厂代受送达。

法定代理人：陈良，住同右，职业署长。

受任人：王志凯，住同右。

缘接获贵院三十五年度诉字第一一三九、三十六年度诉字第四六二号民事判决，军需署对于债务人中国工矿实业社张友农等享有照判求偿权，除委任方文政律师依法声请强制执行外，兹特别委任重庆被服总厂职员王志凯对于本件有指封债务人财产，暨领受债务人给付之权，谨将原因暨范围开列如后：

一、授权原因：因军需署于复员后在重庆所有诉追债务法律事件，系委由联勤总部重庆被服总厂代管，特此委任。

二、授权范围：受任人就本件民事执行有代理本人指封债务人财产、领受债务人给付之权。

谨状

重庆地方法院民事执行庭公鉴。

中华民国三十六年十一月十四日

具状人：军政部军需署即国防部经理署

署长：陈良

民事委任状

委任人：军政部军需署即国防部经理署，指定由东华观巷二十六号重庆被服总厂代受送达；法定代理人陈良，住同右，职业署长。

受任人：方文政，律师，住本市江家巷一号。

缘接获贵院三十五年度诉字第一一三九、三十六年度诉字第四六二号民事判决，军需署享有照判求偿权，兹特别委任方文政律师代理声请强制执行，谨将授权原因暨范围开列如后：

一、原因：依法委任。

二、范围：受任人就本件民事判决有代理本人依法声请法院强制执行之权，但对于指封债务人财产、领受债务人给付不包括在内，另由重庆东华观巷二十六号联合勤务总司令部重庆被服总厂特别委任职员王志凯执行公务。谨状

重庆地方法院民事执行庭公鉴。

中华民国三十六年十一月十四日

具状人：军政部军需署即国防部经理署

署长：陈良

民事声请状

声请人即债权人：军政部军需署、国防部经理署，法定代理人陈良。

左方他造当事人：中国工矿实业社等。

为补陈照判执行之债权总金额计算方法，请求核办事。缘依据贵院三十五年度诉字第一一三九号、三十六年度诉字第四六二号民事判决，军需署对于债务人中国工矿实业社张友农等所负债务声请执行一案，债权人照判所享债权总金额之计算方法应如左列：

一、应返还定金：三千二百一十八万二千八百九十元。

二、两年之利息：四千零一十五万三千五百六十一元（算至三十六年十一月十七日止，元以下四舍五取）。

三、裁判费：四十一万八千三百四十元。

以上计算方法并未计及复利，至于延至本年十一月十七日以后，债务人若未照判给付，每逾一个月应加给利息国币十三万三千八百四十五元正，理合状陈，以利贵院依法办理，至为公感。谨状

重庆地方法院执行庭公鉴。

中华民国三十六年十二月十九日

具状人：军政部军需署即国防部经理署

署长：陈良　押

报 告

奉令执行军政部军需署与九通企业股份有限公司一案，遵即前往该地执行，殊该原告之

代理人方文政律师口称，被告等正在与原告和解中，在三日内具状来院撤销完案，等语。是以前往该地执行经过情形，理合具报，钧核示遵。谨呈

推事潘公鉴。

呈缴原令一件

三十六年元月十日

执达员：何质彬

民事声请撤销执行状

声请人：军政部军需署即国防部经理署，指定由东华观巷二五六号重庆被服厂代受送达。
法定代理人：陈良。

特别委任人王志凯，住同右。

他造当事人：

中国工矿实业社，法定代理人张友农；

九通企业股份有限公司，法定代理人白旭初；

华茂贸易股份有限公司，法定代理人李恭启；

中南橡胶厂，法定代理人范怡生。

为债权人依照判决所享有债权总额已于本年元月五日，由主债务人张友农如数交到国币三千三百八十九万二千二百八十二元正，经军需署所委代管本件事务机关联勤总部重庆被服总厂收账，准予销案，除报经理署核备外，谨请贵院卷核，将声请人于三十六年十一月四日所陈军需署对于债务人中国工矿实业社张友农等依据贵院三十五年度诉字第一一三九号、三十六年度诉字第四六二号判决声请强制执行一案全部予以撤销，实为公、私两便。

谨状

重庆地方法院执行庭公鉴。

中华民国三十七年二月二日

具状人：军政部军需署即国防部经理署

署长：陈良

特别委任代理人：王志凯

代理撰状律师：方文政

44. 毛致荣诉徐胡兰贞要求履行契约案

民事诉状

原告：毛致荣，男，三十八岁，潼南人，住林森路二二八号，商。

诉讼代理人：李缉熙，男，二十六岁，潼南人，商。

被告：徐胡兰贞，女，住林森路二七八号。

为与被告履行契约事件，特依法起诉，请求判令被告赔偿损害及给付违约金。仅将诉之声名及事实理由详陈于后：

（甲）诉之声明：

一、被告应履行契约，将本市林森路二七八号房屋腾空交出原告接收。二、如被告违背前项契约，不能将上开房屋交出原告营业时，被告应履行契约退还定金租洋一千一百万元正，依约给付违约金一千万元，并按国库日折息照算，自订定租约之日起至执行之日终结之日止给付利息。三、对前开退还租金及给付违约金部分宣示假执行。四、诉讼费用由被告负担。

（乙）事实：

窃民于去岁年终时邀集伙友拟贸布业生理，当有被告徐胡兰贞来称，她有一铺房出租（林森路二七八号），该房于本年二月半间前佃户王某租期届满，即可无条件迁让交房，并依法事前三个月通知，前佃已认诺搬迁，无条件将房屋货柜一齐交还被告，出租与原告接收营业，并在本年农历一月十八日被告邀同原告凭证订立租赁契约，当交定金洋一百万元，有被告立书收约为凭，俟后被告迭次来口称，差欠应用，须多交定金，连取去五百万元正，有陈荣杰为证。殊至临期前一日，被告又来诈称，明日即可接收房屋，此时需钱应用，务必请再交定金五百万元，并口头约定翌日迁交房屋，并书立总收文约交付原告。殊知翌日到来，原告前去接收房屋，被告徐胡兰贞及前佃户王某私自沟通妥协，抗不履行契约迁让交房，置原告及各股东遭受之损害于不顾，原告处此危急之际，迫不获已，特投凭在证，由被告前来理剖，再催前佃户交还房屋，殊一再延缓，被告均未交房。安心意图为自己或第三人不法之所有，使原告及各股东受不法之损害。被告之诈术及背信行为，本应构成犯罪条件，呈告诉到法院，承蒙刘检察官德业当庭谕知，本案是履行契约，应向民庭起诉。特具状将事实述。请判令被告如状载诉之声明。

（丙）理由：

按契约之成立均由当事人双方自行订定之，但契约一经订定成立，双方当事人应受该项契约之拘束。本件租赁契约均已合法成立，被告应有交付房屋之义务，饬令前佃户搬迁腾空交付房屋，不因任何事故藉词使原告受不法之损害。况本件契约在法律上没有丝毫的阻力，亦就是在事实方面是可能的，决不能对抗善意第三人。被告徐胡兰贞抗不履行契约，使原告在物质上、精神上其信仰方面均受莫大之损害，被告甚至藐视法律，尤其不认诺上项行为，显而易见，被告之奸狡、其居心欺诈之阴谋由此透露。此时原告已受莫大之损害，在经济上遭受重大威胁，况币制日形贬值，原告之请求标的甚微，如不在判决确定前宣示假执行，将有难于计算及难于抵偿之损害，如不沐准假执行，倘被告藉讼拖延，奸狡异常，原告之损害终不能回复之一日。特恳请钧院依法裁判，并依职权宣示假执行，而维权利以符法纪，实沾德便。

谨状

重庆市实验地方法院民庭公鉴。

中华民国三十七年五月八日

具状人：毛致荣自缮

送达证书

书状目录：民国三七年（诉）字第六七七号履行契约案送达传票一件。

受送达人：陈荣杰。

受送达人署名盖章，若不能署名盖章或拒绝者，应记明其事实：陈荣杰票载由毛致荣指传，代收人：毛致荣（章）。

送达日期：三七年五月十五日。

中华民国卅七年五月十五日

重庆地方法院送达员：李中平

［同日毛致荣、徐胡兰贞签收传票的送达证书］

委任书

右方：毛致荣，男，三十八岁，四川潼南人，住林森路二二八号，商。

左方：李缉熙，男，二十六岁，四川潼南人，住林森路二二八号，商。

为与徐胡兰贞诉讼一案，兹特别委任李缉熙为民诉讼代理人，有认诺和解等特别权限。

谨呈

重庆地方法院民庭公鉴。

中华民国卅七年六月十九日

具状人：毛致荣

民事答辩状

具答辩人：徐胡兰贞，四十六岁，本市人，住本市林森路二七八号，布商。

原告人：毛致荣（在卷）。

为刑民两控、藉讼拖累，据实答辩，恳准查卷澈讯驳回原诉及假执行之声请，撤销不法租约，饬担本案讼费事。

　　窃本案起因：原告与氏为同业关系，本年正月十八日谎氏至其家赌雀牌，氏当答无款不赌。该致荣乘氏处于急迫中，随用手段圈套，甘愿借款与氏作赌金，当给氏法币三十万元，赌毕，共输去一百万元。该致荣乘此机会复套氏将所有林森路二七八号铺房出租与伊营业，至借给一百万元即作定金等语。此一百万元之字据，系其请人写就于牌桌上（嘱氏按指纹），同日即套书租约，但当时与彼口头交涉，须前佃解约搬迁乃成事实，否则即认息还其一百万元，租约即作无效，双方均表示同意。嗣后前佃王志远要求续租，无法解约，随措得一百万元并加息返还原告，伊则拒不收受，反向钧院检查处诬控氏诈欺，并奸串其店员陈元吉到案伪证，更诬氏先后两次支用其法币一千万元。而检察官以其无据空言，未为采信，兼陈元吉证言与毛致荣口供毫不一致（请调检查处案卷供，一查自明），故检察官知为伪证，套约情节毕露，立饬陈元吉交保候办，今该致荣竟特其握有不法租约以为套立有据，复向钧院蒙控，诉请履行，并妄请判令给付违约金一千万元，实属毫无理由。为此，辩恳钧院鉴核，秉公审理，驳回原诉及假执行之声请，并请撤销不法套立租约，用免损害，无任沾感。

　　谨呈
　　重庆地方法院民庭公鉴。

中华民国卅七年六月十八日
具状人：徐胡兰贞

证人结文（问讯）

　　今为钧院三十七年度诉字第六七七号到庭作证，所为陈述均系真实，绝无匿饰增减。如有虚伪，当负法律罪责。此上
　　重庆地方法院

具结人：陈荣杰
中华民国卅七年六月十九日

笔录

原告：毛致荣（不到）。
代理人：李缉熙。
被告：徐胡兰贞。
证人：陈荣杰。

　　右列当事人间履行契约案，经本押于中华民国卅七年六月十九日午前时开民事法庭，出席职员如左。

　　推事：郑国勋。
　　书记官：邬佩莹。
　　点呼右列当事人入庭，书记官朗读案由。
　　问：李缉熙，年住?

答：二十六岁，潼南人，住林森路二二八号。

问：你代理谁人？告谁人？

答：代理毛致荣，告徐胡兰贞。

问：什么事？

答：今年正月被告将林森路铺房佃与原告，立有约据，当时交了一百万元（呈约一件，收条一件）。

问：是好久立的？

答：是一月十八日订约，接收期是二月十五。

问：收回来接他们未？

答：接收时原佃遇被告置之不理，二月请他交房仍然不理，在检查处告过，指示告民事，才来起诉。

问：请求什么？

答：请求判令被告持林森路铺房交付原告，如不能交房，请求判令赔偿损失一千万元，退还押金一千一百万元，提供担保，宣告假执行，负担讼费。

问：交钱是几次交的？

答：先交一百万，是立约时交的，二月十三交五百万元，二月十五又交五百万，以后两次未出收条，约定交房后出总收条。

问：是谁人交的？有无证人？

答：是毛致荣交的，有陈荣杰在场。

问：陈荣杰，年、住？

答：三十八，潼南人，本市林森路二二八号。

问：你同毛致荣什么关系？

答：是帮毛致荣作先生。

推事告知为证义务及伪证处罚，命具结拆卷。

问：你证明什么？

答：证明毛致荣旧历二月十三交五百万元是徐胡兰贞来拿的。

问：为什么不出收条？

答：约的收齐了出收条。

问：何时交给何人？

答：二月十五交五百万还是本人来的，也未出条子。约的交房时出总收条。

问：他来怎样说的？

答：他说他需钱用。

问：他还有话说没有？

答：别的无有话说。

问：徐胡兰贞，年住？

答：四十六，巴县人，住林森路二七八号。

问：你怎样答辩？

答：正月间毛致荣在一月十八日来向我佃房子，我说以前佃迁了才作事卖。正月廿五我向毛致荣说原佃要续佃，他说以前佃要搬，一百万元还是打牌输了的，愿意退了他的，二月十八经保甲在场，将一百万元愿认子金退他，他要加成三百万元退他，我未承认，他在检查处告我，又在民庭告我，未用他的钱，无一千万元的收条。

问：约是你们订立的?

答：是他写的，我未看见内容，只叫我盖章。

问：你应看看才盖章呢?

答：是我在打牌，他拿来盖的章。

问：系一月十八打牌，二月十六立约呢?

答：是一次立的，我不能赔偿他的钱。

推事庭谕：辩论终结，本月廿四宣判。

中华民国卅七年六月十九日

重庆地方法院民庭

书记官：邬佩莹

推事：郑国勋

宣判笔录

原告：毛致远。

被告：徐胡兰贞。

右列当事人间履行契约案，经本院于中华民国卅七年六月廿四日上午九时，在本院民事法庭公开宣判，出席职员如左。

推事：郑国勋。

书记官：邬佩莹。

点呼事件后，推事起立朗读判决主文并口述判决理由之要领。

中华民国卅七年六月廿四日

重庆地方法院民事庭

推事：郑国勋

书记官：邬佩莹

四川重庆地方法院民事判决

三十七年度诉字第六七七号

原告：毛致荣，住林森路二二八号。

诉讼代理人：李缉熙，住同右。

被告：徐胡兰贞，住林森路二七八号。

右当事人间请求履行契约，本院判决如左。

主文

被告应返还原告定金租洋法币一千一百万元，并自订定租约之日起至执行终结之日止，按中央银行挂牌日折算付利息；被告应给付原告违约金法币一千万元；本件经原告提供担保法币五百万元准予假执行；诉讼费用由被告负担。

事实

原告代理人声明，求为判决被告履行租赁契约，将本市林森路二七八号房屋腾空交出原告接收，或如主文所示意旨并愿提供担保宣示假执行。其陈述略称，本年农历一月十八日两造凭证订立由原告租赁被告林森路二七八号铺房一间之契约，当由原告交定洋一百万元，有被告书立收约为凭。俟后被告又来两次连取法币一千万元，有陈荣杰眼见可证。及届期，被告抗不履行交房，原告向检查处告诉，奉谕向民庭起诉，故此声明，恳予依法判决。云云。提出佃约、收条等件为证。

被告声明，求为驳回原告之诉及假执行之声请。其陈述略称，原告本年一月十八日向我佃房子，我说过前佃迁了才作事实，二十五日我向原告说前佃要续租，愿意退还他一百万元及子金，一百万元还是打牌输了的，并未收他一千万元，约是他写的，我未看见内容，在打牌时他拿来盖的章。云云。

理由

本件原告主张与被告订立租赁林森路二七八号铺房，及交付定洋租金等前后共一千一百万元之事实，虽被告辩称在打牌时，由原告写好租乔纳来盖章及只收定金一百万元，但查定金收据系三十七年农历正月十八日所立，租约则系三十七年二月十六日书立，其前后日期已非如被告所称一次所立，乘被告打牌时套哄盖章。纵退一步言，订约时被告确在打牌，惟被告已四十许妇人，并非意识不充，纵在打牌，而与他人订立契约，尽可稍为停歇略参内容，断不至于轻率或急迫之境地。再，被告两次收受租洋共一千万元，既有陈荣杰为证，被告对此又无积极反证，是其抗辩自难认为有理由，从而原告请求履行契约或返还定金租洋与赔偿损失不能谓无理由，惟系选择之诉，前者被告尚未向前佃止约，自属不能向原告履行交房，故判令被告返还定金租洋一千一百万元按中央银行牌示算付利息及依契约由被告给付原告违约之赔偿金法币一千万元亦符民法第二百五十条之意旨，原告声请宣示假执行，既据陈述愿提供担保，爰依民法第三百九十条第二项命其提供法币五百万元予以准许。

据上论结，原告之诉及假执行之声请为有理由，应准其请求并依民事诉讼法第七十八条判决如主文。

中华民国三十七年六月廿四日

四川重庆地方法院民事第二庭

推事：郑国勋

书记官（章）

送达证书

书状目录：民国三十七年（诉）字第六七七号履行契约案送达判决书一件。

受送达人：毛致荣。

受送达人署名盖章，若不能署名盖章或拒绝者，应记明其事实：毛致荣（章）。

送达日期：三七年七月二十三日。

中华民国卅七年七月十六日

重庆地方法院送达员：李志策

［同日徐胡兰贞签收判决的送达证书略］

收条

今收到毛致荣名下承租重庆林森路二七八号铺房租金定洋国币一百万元正，其款收到之后，如有翻悔违约变改情事，自甘愿意赔偿信仰损失租佃权利国币一千万元正，以昭慎重，特此注明事实收条为据。

立收据人：徐胡兰贞

中华民国卅七年农历正月十八日立此收据

租佃文约

立出租佃铺房文约人徐胡兰贞，今出租佃与毛致荣名下所有本市林森路二七八号西式平街铺房一间、腰楼一间，租佃一年，调整租金一次为限，每年共纳租金国币一千九百万元正，押金一百万元正，其洋先交后座，不得短少分厘。自民国三十七年农历二月十六日起至民卅八年农历二月十六日为一年租期，届满由承租人与出租人互相取得同意后继续承租佃，如双方不同意时，出租人应无条件收回。兹将承租人应行遵守条件附录于后：

（一）承租人在租期时不得将上开房屋、腰楼顶打出让他人，三楼厨房公用，违者由同胜负完全责任。

（二）承租人如有狡骗租金行为，出租人不待期满随时可以终止租约。

（三）承租人于租期届满前一月时与出租人互相取得同照市增减租金，同意继续租佃。如双方不得同意，承租人应即迁让，将铺房、腰楼交出租人接收，不得需索搬迁费用，更不得以底货转让出租人。

（四）铺房电灯电线等物由承租人与出租人借用，租期满时铺房、腰楼同时交还出租人接收。

（五）期满后出租人将房屋出租时，承租人应得优先继租权，其中不虚，恐口无凭，特立出承租佃铺房文约，各执一纸为据。

"附属原议三楼房间一间，至租佃时起，应由承租人利用住宿，出租人并无异言。原笔注明。此批。"

出租人：徐胡兰贞

担保人：周胜（重庆同胜布号章）

承租人：毛致荣

证人：石孝文、唐延尧、夏精诚、段博渊、李权生、邹海荣

代笔人：李缉熙

中华民国卅七年农历二月十六日

立出佃铺房文约人：徐胡兰贞

重庆地方法院书记室公函

诉字第六七七号

案查毛致荣与徐胡兰贞履行契约一案，业经本院依法判决并予以送达在卷，兹据徐胡兰贞于法定期间内具状提起上诉到院，相应检齐卷证函送贵室查收核办。

此致

四川高等法院重庆分院书记室

计呈送卷一宗，上诉状一件，裁定一件，送证二件，证物袋一件，证据详袋

三十七年九月十日

四川高等法院重庆分院书记室公函

字第一四〇一一号

查本院受理三十七年度上字第三五三二号徐胡兰贞与毛致荣履行契约事件，业经撤回，相应检同卷宗及通知正本等件，函请查照，迅既派员妥为送达，并将送达证书附入本院卷内为荷。

此致

重庆地方法院书记室

计送本院卷一宗，原审卷一宗，通知正本二件送达

证书用纸二件详袋

中华民国三十八年十一月十五日

45. 向万福诉向炳林要求给付欠租案

民事起诉状

原告：向万福（即向氏祠），男，六十九，巴县人，住曾家乡八保向氏祠。

法定代理人：向仲肃。

被告：向炳林，男，巴县人，住曾家乡八保向氏祠。

为诉请给付欠租事件，谨陈声明及事实理由如左。

诉之声明：

（一）请示判令被告给付原告三十六年度租谷二十四石（旧量），并宣告假执行。
（二）诉讼费用由被告负担。

事实及理由：

本件被告承租原告所有田土一股耕种，约定每年租谷二十四石（旧量），有租约可凭（抄粘附后）。讵被告对于三十六年度应给付之租谷颗粒不给，经迭次催告，仍抗不置理。查被告承租原告田土耕种，依法应负给付租谷之义务，毫无推诿之余地。惟查件系属耕地，其面积每年田产稻谷可收益五十五石，土产胡麦、高粱可收获十石以上，依土地法，地租不得超过千分之三百七十五规定，被告每年给付租谷二十四石，并无不当；况值现在子金特高，祠内事务不容停顿，若不于判决确定前执行，挪借开支所负子金显有难于计算之损害，应请宣告假执行。故特依法起诉，敬请如声明之判决。

谨状

本件标的每石估价法币二百万，共四千八百万元。

证物：租约一纸抄粘。

重庆地方法院民庭公鉴。

胡文律师代缮

中华民国三十七年五月十七日

具状人：向万福（即向氏祠）

法定代理人：向仲肃　押

照抄租约

立出佃田土房屋文约人向炳林，凭众佃到向万福名下田土全股、小院全向，彼即面议押佃市洋法币二百元正，议定每年秋收面纳租谷二十四石，其谷务要干口洁净交与主人，旧量租斗面纳不少升，合房屋漏滥主料客工山林竹木务要护蓄。其佃不拘远近，俟不佃之日，田押两还，□□有凭立佃约一纸为据。

凭证：捷三、国珍、云汉，足生代笔

中华民国三十一年壬午岁古历七月二十四日，立佃约人向炳林

送达证书

书状目录：民国三十七年诉字第七〇〇号给付欠租案，送达传一件。
受送达人：原告向万福，法定代理人向仲肃。

受送达人署名盖章，若不能署名盖章或拒绝者，应记明其事实：向仲肃。

送达日期：三十七年五月二十三日。

中华民国三十七年五月十九日
重庆地方法院执达员：杨云壹

［同年五月二十二日胡文律师签收的送达证书、同年五月二十三日向炳林签收的送达证书略］

案件审理单

重庆地方法院诉字第七〇〇号给付欠租。
原告：向仲肃。
代理人：胡文律师，到。向治华。
添传证人：向炳发。

签到状

中华民国三十七年六月四日。
重庆地方法院诉字第七〇〇号给付欠租。
被告：向炳林。
代理人：刘宗荣律师，到。

中华民国三十七年六月四日

民事委托书

委任人：向万福（即向氏祠）。
法定代理人：向仲肃，住巴县曾家乡八保。
受任人：向治华，男，年三十五，住巴县曾家乡八保。

为与向炳林因经付租谷事件，委任人因年迈多病，不能到庭，特委任族人向治华为诉讼代理人，到庭陈述事实。

谨状

重庆地院民庭公鉴。

胡文律师 代缮

中华民国三十七年六月四日

具状人：向万福（即向氏祠）

法定代理人：向仲肃 押

民事答辩状

右方：答辩人，姓名：向炳林。

左方：被答辩人，姓名：向万福（即向氏祠）。

法定代理人：向仲肃。

为答辩理由，请将原告之诉驳回，并饬其负担诉讼费用事。

查原告告民给付三十六年度欠租二十四老石一案，谨答辩理由如左。

原民先租向万福宗祠，系两大房人，下又各分三房，共计六房。所有祠田，系由值年经管，值年则由各房公推充任，已数十年无异。所有三十六年度值年系公推向炳发充任，故所有银钱、账簿、契约，均交其掌管，应请特质。若该向仲肃，虽年高辈长，但并非值年，虽则伊有会议录，但系伊房之私造，并未得民房之同意，何能为凭？然则伊冒充法定代理人，实为当事人不适格应驳回者（一）；若三十六年度租谷，民已交与向炳发收去，并不欠租，今伊之告请给付，亦属毫无理由，应驳者（二）。

谨呈

重庆地方法院民庭公鉴。

中华民国三十七年六月三日

具状人：向炳林

民事委托书

右方：委任人，姓名：向炳林。

左方：受任人，姓名：刘宗荣，律师。

为向仲肃告民给付欠租一案，兹请委任律师刘宗荣为诉讼代理人。

谨呈

重庆地方法院民庭公鉴。

中华民国卅七年六月三日

具状人：向炳林 押

庭审笔录

原告：向仲肃，代理人：胡文律师，代理人：向治华。

被告：向炳林，代理人：刘宗荣律师。

证人：

右列当事人因给付佃租案，经本院于中华民国三十七年六月四日午前十时，开民事法庭，出席职员如左。

审判长推事：王振常。

书记官：李铸。

点呼右列当事人入庭。书记官朗读案由。

问：向治华，年、住？

答：到，三十五岁，住曾家场八保。

问：代理谁？

答：代理向仲肃。

问：向万福是什么？

答：是祠堂名称。

问：告谁？

答：告向炳林。

问：请求什么？

答：请求交付三十六年租谷二十四石黄谷。

问：向炳林佃的什么地方？

答：就是曾家乡。

问：每年租佃多少？

答：每年二十四石。

问：是哪年佃的？

答：三十一年佃的。

问：去年交了多少？

答：一颗未交。

问：三十五年交了多少？

答：交了十一石的样子。

问：田面积有多少？

答：有五十多石。

问：向炳林，年、住？

答：到，五十七岁，住曾家乡八保。

问：是佃向万福的田地吗？

答：是佃向万福的地方。

问：佃了多久？

答：我做十多年了，三十五年换了佃。

问：三十一年换佃没有？

答：没有。

问：三十五年换佃是多少押金租谷？

答：一石押金，二十四租石。

问：去年你应没有。

答：交了的，交与向炳发的，交了八石。

问：向仲肃是向家什么人？

答：不是向万福的法定代理人。

问：为什应去向炳发？

答：因为他是经手人。

问：田有多少面积？

答：四十石左右。

问：三十五年交了多少谷？

答：交了十一石谷。

问：三十四年交了多少？

答：交了十八石。

问：去年收了多少谷？

答：收了十八石多点谷的样子。

问：向仲肃要你交谷你如何？

答：不好说。

问：向治华，向炳林说向仲肃不是代理人？

答：那是错误，向仲肃是我们执年，经族人大家共选的。向炳发是向炳林的兄弟。

原告代理人陈述意见：

代理人起立陈云：请判令被告给付三十六年租谷二十四石，并宣告假执行。事实：被告承认承租向万福的田土是实，而三十六年租谷未应亦是被告不否认，被告抗辩云付给向炳发，但向炳发是向炳林兄弟亦为被告所不否认，他说向仲肃非执年，但祠堂有记录在案，毋庸狡辩，可知向仲肃为代理人是实。又因物价上涨，如不假执行，则难以补偿损失，故请宣告假执行。

被告代理人陈述意见：

代理人起立陈云：请驳回原告之诉，诉讼费由原告负担。事实：原告向仲肃当事人不适格，原因祠堂的法定代理人，是经大家公选，选后将前届之账簿、佃约、红契一律交与新执年行使职务。现向仲肃说是向万福之法定代理人，但并没有一项证明，既没掌有祠堂账簿、佃约、红契，就是原告说的会议录，也没有提示，可见一切皆无证据，而当事人为不适格，故请驳回原告之诉。而三十一年并未换佃，佃约是一种过时效的，因三十五年又换了一次佃，假执行方面，当事人不适格，更无假执行可言。

庭谕再传。

本笔录经朗读无异。

中华民国三十七年六月四日

重庆地方法院民庭

书记官：李铸

推事：王振常

民事案件审理单

给付欠租案定于本年十月十八日上午八时半审理，应行通知及提、传人如左。

通知：原告律师：胡文；被告律师：刘宗荣。

应传：两造；证人向炳发，由被告转传。

推事：王［振常］九月四日上午发交。

书记官　月　日辩讫

送达证书

〔民国三十七年诉字第七〇〇号给付欠租案传票乙件，送达原告向万福、向仲肃，被告向炳林、证人向炳发，胡文律师、刘宗荣律师签收〕

签到状

重庆地方法院三十七年度诉字七〇〇号给付欠租。

原告：向万福。

代理人：胡文律师，到；向华松，到。

被告：向炳林。

代理人：刘宗荣律师，到。

证人：向炳发。

辩论终结，定本月廿三日上午九时宣判。

中华民国三十七年十月十八日

笔录

原告：向万福，代理人：向华崧，代理人：胡文律师。

被告：向炳林，代理人：刘宗荣。

右列当事人因给付欠租案，经本院于中华民国三十七年十月十八日午前九时，开民事法庭，出席职员如左。

审判长推事：王振常。

书记官：李铸。

点呼右列当事人入庭，书记官朗读案由。

问：原告代理人，原告诉之声请如何？

答：起立陈述，诉之声请如前。

问：向炳林？

答：到。

问：你佃向万福地方吗？

答：是。

问：多少押金、租谷？

答：一石谷之押佃，二十四石租谷。

问：去年租谷交了吗？

答：卅六年租谷交了八石与向炳发。

问：向炳发是什么人？

答：他是向万福的首领人，去年接手的。

问：三十六年你收了多少谷？

答：三十六年只收了十七石多谷子。

问：向仲肃是什么人？

答：三十六年祠堂的首领。

问：向万福的法定代理人向仲肃要你给付租谷二十四石，你如何？

答：我交了，同时去年又未收到好多。

问：向华松？

答：到。

问：代理谁？

答：代理向万福我们祠堂。

问：你们向家祠堂执年首事是谁？

答：是向仲肃。

问：为什么被告说是向炳发呢？

答：那不是，我们有会议为凭，会议录现在未带来。

问：向炳林与向万福投佃吗？

答：投了佃的，有佃约。

问：三十五年换过吗？

答：换过佃的，佃约和账簿被向炳发拿去了。

问：向炳发？

答：到，四十二岁，住曾家乡七保。

问：向万福是向家祠堂官名吗？

答：是的。

问：同向炳林什么关系？

答：我们是弟兄，但我抱过了房的。

问：当证人说话能具结吗？

答：能具结，当庭具结。

问：你们祠堂是只有会首吗？

答：只有一个会首，保管一切事务。

问：现在会首为谁？

答：现在选举我的会首，以前是向仲肃。

问：你是会首，有什么证据？

答：有账簿、佃约由我执掌为凭。

问：向炳林是佃向万福地方吗？

答：是的。

问：租谷多少？两清否？

答：二十四石租谷，去年交了八石与我。

问：三十一年换过佃吗？

答：没有换过。

原告代理人陈述意见：

代理人起立陈云：诉之声明，请判令被告给付三十六年租谷二十四石。被告抗辩称，租谷应与会首向炳发的，为了证明会首为向仲肃，这里有检察处之和解录为凭。向炳发以账簿、佃约为会首之凭据，但此乃开会时向炳发强行拿去的，而庙祠产会首选举是有会议记录的，保管此簿者因到贵阳去了，此时无法提出。此届会首既非向炳发，债务当不能清偿，被告是应该纳交租谷的。故请如诉之声明为判决。

被告代理人陈述意见：

代理人起立陈述：请驳回原告之诉。事实：原告代诉人与被告承认三十五年换过佃，为不争之事实，但原告律师说是向炳发借去的，但借与岂有许久不还吗？此不辩自明。在祠堂首事是应掌管佃约和会簿的，今佃约和会簿该在向炳发手里，可以证明其为首事，而向仲肃只凭三十一年之废佃约而云是首事，于法当不合。由此，既非首事而来问政，在当事人方面是不合法的。租谷方面因收得少，故只交八石，而又为向万福法定代理人收受，租谷当然了结。故请驳回。

问：向炳发，你们与祠堂打过刑事官事吗？

答：是的。

问：有个和解笔录吗？

答：是有这事，那是祠堂上另一个地方。

谕知，辩论终结，定本月二十三日宣判。

右笔录经朗读无异。

中华民国三十七年十月十八日

重庆地方法院民庭

书记官：李铸

推事：王振常

证人结文（问讯）

今为钧院　年度　字第　号，到庭作证，所为陈述均系真实，绝无匿饰增减，如有虚伪，当负法律罪责。此上。

重庆地方法院

　　　　　　　　　　　　　　　　　　具结人：向炳林

　　　　　　　　　　　　　中华民国三十七年·十日十八日

　　注意：刑法第一百六十八条，于执行审判职务之公署审判时或于检察官侦查时，证人鉴定入通译于案情有重要关系之事项，供前或供后具结而为虚伪，陈述者，处七年以下有期徒刑。

民事委任

委任人，姓名：向万福（即向氏祠），法定代理人：向仲肃，巴县人，住曾家乡。
受任人，姓名：向华松，巴县人，住曾家乡。

　　为与向炳林因请求给付欠租事件，特委任本祠职员向华松为诉讼代理人到庭陈述事实。
谨状
　　重庆地院民庭公鉴。

　　　　　　　　　　　　　　　　中华民国三十七年十月十八日

　　　　　　　　　　　　　　　　　　胡文律师代缮

　　　　　　　　　具状人：向万福（即向氏祠），法定代理人：向仲肃

民事委任

委任人，姓名：向万福（即向氏祠），法定代理人：向仲肃。
受任人，姓名：胡文，律师。

　　为与向炳林因给付欠租事件，特委任胡文律师为诉讼代理人。
　　谨呈
　　重庆地院民庭公鉴。

　　　　　　　　　　　　　　　　　　胡文律师代缮

　　　　　　　　　　　　　　　　中华民国三十七年五月十七日

　　　　　　　　具状人：向万福即向氏祠，法定代理人：向仲肃　押

民事证明

证明人，姓名：向克明，男，四川巴县人，住曾家乡，现住重庆，经商；向斐成，男，六十八岁，四川巴县人，住曾家乡第八保，务农；向良臣，男，六十四岁，四川巴县人，现住璧山县，行医。

　　为具结证明而分泾渭事。缘民等先祖向万福遗下宗祠田产，作办春、秋二季之用，承办原为两房，后两房之下，各分三房，共六房。凡关本祠事务，听取各房代表出席商议，其余仅给予餐。主持祠务，收租放佃、办理春秋祀典，由六房代表公推值年主持，以公正热心能办事者，为有格，勿拘年龄尊卑，祠口特注，指示后人，历载无紊。去岁（三十六年），上届值年向用成，在蓉读书，无暇兼顾，于三十六年古历七月十九日，回家召开本祠各房代表临时会议，公推向秉发为值年，所有上届契约账据，当众交与炳发执管承办。民等特具状，切结证明，用分泾渭，倘有虚伪，甘受法律伪证之责。

谨呈

重庆地方法院民庭公鉴。

中华民国三十七年六月　日

具状人：向克明、向斐成、向良臣

宣判笔录

原告：向万福。

被告：向炳林。

右当事人间，因给付欠租事件，于中华民国三十七年十月二十三日上午九时，在本院民事法庭公开宣判。出席职员如左。

推事：

书记官：

点呼事件后，推事起立朗读判决主文并口述判决理由之要领。

中华民国三十七年十月二十三日

重庆地方法院民事庭

书记官：李铸

推事：王振常

四川重庆地方法院民事判决

卅七年度诉字第七〇〇号

原告：向万福（即向氏祠），住曾家乡八保向氏祠。

右法定代理：向仲肃，住同右。

右诉讼代理人：向治华，住同右。向华松，住同右。胡文律师。

被告：向炳林，住曾家乡第八保。

右诉讼代理人：刘宗荣，律师。

右当事人间，因给付租谷事件本院判决如左。

主文

原告之诉及假执行之声明均驳回。

诉讼费用由原告负担。

事实

原告及其代理人声明，判令被告给付原告三十六年度租谷二十四石（旧量），并请宣告假执行，诉讼费用由被告负担。其陈述略称：被告承租原告所有田土一股耕种，约定每年租谷二十四石（旧量），有租约可凭。讵被告对于三十六年度应给付之租谷颗粒不给，经迭次催告，仍抗不置理，是以诉请判决如声明云云。

被告及其代理人声明，请驳回原告之诉。其陈述略称：原被告先祖向万福宗祠系两大房人，下又各分三房，共计六房。有祠田系由值年经管，值年则由各房公推充任，已数十年无异，所有三十六年度值年系公向炳发充任，故所有银钱、账簿、契约均交其掌管，应请转质。若该向仲肃虽年高辈长，但并非值年，虽则伊有会议录，但系伊房之私造，并未得被告之房之同意，何能为凭？然则伊冒充法定代理人，实为当事人不适格，应驳者一；若三十六年度租谷被告已交与向炳发收去，并不欠租谷，今伊之告请给付，亦属毫无理由，应请驳回者二。云云。

理由

按当事人之适格为诉权成立要件之一，本件原告代理人因谓向仲肃为原告之值年首事，系属原告之法定代理人，但质之被告则极端否认，并经证人向炳发到庭结证属实，原告代理人又不能提出确切证据以资证明，显见向仲肃并非原告之法定代理人，堪资认定向仲肃既非原告之法定代理人，自不得以原告之法定代理人自居，今竟以原告之法定代理人起诉，显非适格之当事人。姑勿论其主张被告欠租是否实在，而当事适格显有欠缺，是则原告之诉既不能认为有理由，从而假执行之声请亦失所依据，不应准许。

据上论结，原告之诉为无理由，应予驳回，并依民事诉讼法第七十八条判决如主文。

中华民国三十七年十月二十三日

四川重庆地方法院民事第二庭

推事：王振常

本件证明与原件无异。

如不服本判决，应于收受送达正本后二十日内，向本院出上诉书状。

书记官：

中华民国三十七年 月 日

送达证书

［民国三十七年诉字第七〇〇号给付欠租案判决二件，卅七年十二月六日送达原告向万福、向仲肃及被告向炳林签收］

46. 谢光亮诉廖李朝玉要求解除买卖契约案

民事诉状

原告：谢光亮，女，五十岁，巴县人，住鱼洞镇十六保徐家岩。

被告：廖李朝玉，女，巴县人，住鱼洞镇十四保石墙口。

为迟延给付业价，催告不理，诉请解除契约以维法益事。兹将诉之声明及事实理由陈述如左。

（一）诉之声名：请求判决被告与原告于民国三十六年农历五月二十九日，就巴县鱼洞镇小河码头铺房一间所归缔结之买卖契约应予解除，并命被告将房屋返还原告；诉讼费用由被告负担。

（二）事实及理由：缘原告于民国三十六年农历五月二十九日，凭中证人郑海清、穆昌远、徐万和等出卖所有鱼洞镇小河码头铺房一间，当议定房价国币三百三十万元，立约时仅交一百万元，余欠二百三十万元约半月内如数付清。讵知被告奸狡成性，限期已逾，经原告迭往催收，被告均东推西缓，迟延至今，为时将近一年。原告本月复委请律师去函催告，限其接信后三日内履行，给付业价。被告于本年五月十三日接到信函，已逾一星期，仍不履行交付业价二百三十万元，如数清偿。值此百物狂涨，被告以原告年岁衰老、女流可欺，违约拖骗，惨使原告遭受损害颇巨。查本件买卖契约，被告既不照约履行给清房价，经原告催告限期三日内履行，仍置未理，不于期限内履行，有邮件回执可证，并有中证郑海清、穆昌远、徐万和等可以质证，依民法第二百五十四条规定，契约当事人之一方迟延给付者，他方当事人得定相当期限催告其履行，如于期限内不履行时，得解除其契约。是被告与原告于去年农历五月二十九日前项讼争房屋一间缔结之买卖契约，应予解除，毫无疑义。为此，照讼争标的价额三百三十万元缴纳裁判费，诉请钧院鉴核俯准，传案审理，如诉之声明判决，以保权益而符法制，无任沾感。

谨呈

重庆地方法院民庭

中华民国三十七年五月二十二日

具状人：谢光亮

［起诉状副状略］

送达证书

书状目录：民国三七年（诉）字第七四六号解除买卖契约案送达传票一件。

受送达人：被告廖李朝玉。

受送达人署名盖章，若不能署名盖章或拒绝者，应记明其事实：廖李朝玉未在家，由其同居之夫耕楠代收。

非交付应受送达人之送达应记明其事实：廖耕楠押。

送达日期：卅七年六月四日

中华民国卅七年六月四日

重庆地方法院送达员：陈仲廉

［同日谢光亮签收传票的送达证书略］

民事辩状

答辩具状人：廖李朝玉，女，三十岁；廖耕楠，男，三十二岁，均为巴县人，住鱼洞十四保石墙口，商。

被答辩人：谢光亮，女。

为对谢光亮捏词妄控、蒙请解除契约一案，兹特提出答辩。谨将本案事实理由陈明于后：

缘答辩人于三十六年古历五月二十九日，价买原告谢光亮小河码头之铺房一间，当于成交时约定二十日内由光亮交出老契批注，以凭持往投税印契，原伊该处计铺房六间，共一契约管业，故必须交业批注，然后由答辩人补足价款，有提手中证人张孔辉、廖绍韩等可证。讵伊事后意图悔约，故延不照约履行，将契交批领价，完清手续，迫答辩人将房价交存巴县县银行，呈请鱼洞镇公开所转知光亮从场批契领价。殊光亮于镇所伪称系将此房作典，竟否认有买卖情事。当时答辩人将款取出如数交伊，该光亮仍拒绝收受，经提出伊亲笔签押之契约，伊仍狡赖，镇所有卷可查（乞调）。自后复经中证等一再调解，该光亮均置不理，以致拖延至今。该光亮迭次霸毁卖氏房屋，意图侵占，均经答辩人依法自诉，先后判处该光亮徒刑及罚金，亦有案可查（乞调）。今该光亮犹不自悟，乃蒙请律师敬树诚来函催告，经答辩人复函照办外，并将价款交存中人张孔辉处，转知光亮立即从场批约领价。该光亮仍不照约履行，复恃健讼之能，竟捏以迟延给付业价，妄请解除契约，计图推翻所缔结之合法买卖契约，以逞奸谋。不思迟延给付之咎，系该光亮不交出老契批注，而非答辩人不照约补足价款。依民法第二五五条规定，依契约性质或当事人之意思表示非于一定时期为给付不能达其契约之目的，而契约当事人之一方不按时期给付者，他方当事人得不为前条之催告解除其契约，且查于催告时期既经答辩人请由中证人张孔辉等转知光亮持约交批领价，经中证等咸知可证，何得谓为催告不理。

综上论结，该光亮所诉各点纯属虚谬，殊无理由，为特据实答辩，状恳钧院鉴核俯准，澈讯详查，依法驳斥该原告之无理请求及饬负担讼费损失，以杜狡骗而维法益，无任沾感。

谨呈

重庆地方法院民庭公鉴。

中华民国三十七年六月二十日

具状人：廖李朝玉

委任书

委任人：谢光亮，女，籍贯巴县，住鱼洞镇。

受任人：敬树诚，律师。

为与廖李朝玉因解除买卖契约事件涉讼案，兹委任律师敬树诚为诉讼代理人，依法出庭代理。

谨呈

重庆地方法院民庭公鉴。

中华民国三十七年六月廿三日

具状人：谢光亮

委任书

委任人：廖李朝玉，女，三十岁，巴县人，住鱼洞镇十四保石墙口。

受任人：廖耕楠，三十二岁，巴县人，住鱼洞镇十四保石墙口。

为因事阻碍，无法到案投质，申请委任代理人代为到庭陈述，以利诉讼进行事。

缘谢光亮以解除契约事件控氏一案，理应遵期投审曷渎，无如氏因乳孩患病，非氏亲身料理医药不可，且以家务浩繁，种种关系，实无法离开家庭，是以委任氏夫廖耕楠为法定代理人，为到案投审，负本案诉讼全依责任，与氏同一效力。为此，据实申请钧院鉴核，俯准委任，以利诉讼进行而免贻误，无任沾感！

谨呈

重庆地方法院民庭公鉴。

中华民国三十七年六月廿三日

具状人：廖李朝玉

笔录

原告：谢光亮。

被告：廖耕楠。

右列当事人因解除买卖契约案，经本院于中华民国卅七年六月廿三日开民事法庭，出席职员如左。

审判长推事：刘仁宗。

书记官：冉惠敏。

点呼右列当事人入庭，书记官朗读案由。

问：谢光亮，年籍？

答：五十岁，住鱼洞溪。

问：告被告请求如何？

原告代理人陈述诉之声明，事实理由如诉状。

问：（谢）你将铺房卖给被告吗？

答：卖给他的价三百三十万，只给了一百万元，催他给，也不理。

问：廖耕楠，年籍？

答：卅二岁，住鱼洞溪十四保。

问：被告买原告的房子吗？

答：是的，先给了一百万元，限他把老契拿来□□，他未拿来，把钱提存于镇公所的。

问：（谢）你卖地方，为何不拿老契去批？

答：佃约、地亩单都已交给被告，后又由中人雷汉臣转交给被告，但未收。

原告代理人声请，追加谢国孜、谢国臣为原告。

右笔录朗读无异，谕知再传。

中华民国卅七年六月廿三日

重庆地方法院民一庭

书记官：周惠敏

推事：刘仁宗

送达证书

［民国年（诉）字第七四六号解除买卖契约案传票一件，送达原告谢光亮、谢国孜、谢国臣，被告廖李朝玉，敬树诚律师签收］

笔录

原告：谢光亮。

被告：廖耕楠。

右列当事人因解除买卖契约案，经本院于中华民国卅七年七月廿八日开民事法庭，出席职员如左。

审判长推事：刘仁宗。

书记官：冉惠敏。

点呼右列当事人入庭，书记官朗读案由。

问：郑海清，年籍？

答：五十七岁，住鱼洞溪。

问：与两造有亲戚关系吗？

答：没有。

问：被告买原告的地方，你的中人？

答：在场，不是中人，去年五月廿九日上午立约，价金三百三十万，当交一百万，余款未交。

问：徐万和，年籍？

答：四十二岁，住鱼洞溪。

问：你与两造有无亲戚关系？

答：原告是我的表姐，与被告无亲。

问：你知道些什么？

答：被告说老契未交，故不给那二百三十万。

问：原告为何不给老契？

答：老契在雷汉臣处，通知被告去取，他未去，原告取回来了。

问：徐玉然，年籍？

答：六十二岁，住鱼洞溪。

问：你与两造有亲戚关系吗？

答：原告是我表姐，与被告无亲。

问：你知道些什么？

答：五月廿九日立约，当交一百万元，约定那二百三十万在十天内交清。六月十六日谢光亮请客，愿退还一百万元不卖。被告未到场，也不给钱。

问：廖耕楠，年籍？

答：四十二岁，住鱼洞溪。

问：为何不交足价金？

答：原告不交老契。

问：交土地呈报单与你吗？

答：交的，后来我自己去补印的老契，已税契。

问：房子是你住吗？

答：我佃人住。

问：你愿和解吗？

答：不愿，我将钱交给中人的。

问：六月十九原告请客，有这回事？

答：有。

问：（谢）为何不交老契与被告？

答：我出了条子，叫他去取，他未去，因老契不是这一座房子的。

原告代理人陈述意见，请求解除契约，宣告假执行，因原告孤苦，生活无着，拖延不起，并请补正程序，谢国臣已死。

谕知再传。

右笔录朗读无异

中华民国卅七年七月廿八日

重庆地方法院民庭

书记官：冉惠敏

推事：刘仁宗

民事诉状

原告：谢光亮（五十岁）、谢崇如（十八岁）、谢崇实（十六岁）、谢崇林（六岁）。

右法定代理人：谢光亮、谢伯孜，均为籍贯巴县，住鱼洞镇。

被告：廖李朝玉。

为追加原非当事之人为当事人，以资补正事。窃原告谢光亮与廖李朝玉因解除买卖契约涉讼一案，经钧院审理在案。惟查谢伯孜、谢国臣为共同契约当事人，而谢国臣夫妇均皆死亡，尚有幼子三人谢崇如、谢崇实、谢崇林。

谢崇如、谢崇实、谢崇林等之法定代理人，依民事诉讼法第二百五十六条第一项第四款规定："该诉讼标的对于数人必须合一确定者，追加其原非当事之人为当事人。"是追加已故谢国臣之子谢崇如、谢崇实、谢崇林为原告当事人，原告谢光亮现为谢崇如等三人家长，依法为上开当事人三人之法定代理人。为此，状恳钧院鉴核俯准，予以补正，依法传审，为如原告起诉声明之判决，将买卖房屋契约解除，以符法制而维权益。

谨呈

重庆地方法院民庭

中华民国三十七年七月二十九日

具状人：谢光亮、谢崇如、谢崇实、谢崇林

右法定代理人：谢光亮、谢伯孜

送达证书

书状目录：民国　年（诉）字第七四六号解除买卖契约案送达传票一件。

受送达人：原告谢崇如、谢崇实、谢崇林。

法定代理人：谢伯孜。

受送达人署名盖章，若不能署名盖章或拒绝者，应记明其事实：谢崇如、谢崇实、谢崇林、谢伯孜。

送达日期：卅七年九月九日。

中华民国卅七年九月六日

重庆地方法院送达员：李仲平

［同年九月七日敬树诚律师、九月九日廖李朝玉签收传票的送达证书略］

笔录

原告：谢光亮。

被告：廖耕楠。

右列当事人因解除买卖契约案，经本院于中华民国卅七年七月廿八日开民事法庭，出席职员如左。

审判长推事：刘仁宗。

书记官：冉惠敏。

点呼右列当事人入庭，书记官朗读案由。

问：谢光亮，年籍？

答：五十岁，住鱼洞镇。

问：请求和过去一样吗？

答：是的，去年五月将房子卖给被告的，卖价三百三十万元，他只交了一百万元，现在他才答应给我那二百三十万元。

问：（廖）为何不给原告价金？

答：他不交老契我批，我曾通知他，叫他拿老契来取钱，他亦自己不来取。

问：谢崇实，年籍？

答：十六岁，住徐家岩。

问：你要说的话和谢光亮一样吗？

答：一样。

谕知本案辩论终结，定本月廿五日宣判。

右笔录朗读无异。

中华民国卅七年七月

重庆地方法院民一庭

书记官：冉惠敏

推事：刘仁宗

宣判笔录

原告：谢光亮等。

被告：廖李朝玉。

右当事人间解除买卖契约事件，于中华民国卅七年九月廿五日上午十时，在本院民事法庭公开宣判，出席职员如左。

推事：刘仁宗。

书记官：冉惠敏。

点呼事件后，推事起立朗读判决主文并口述判决理由之要领。

中华民国卅七年九月廿五日

重庆地方法院民事庭

推事：刘仁宗

书记官：冉惠敏

四川重庆地方法院民事判决

三十七年度第七四六号

原告：谢崇如，年十八岁，住巴县鱼洞镇。谢崇实，年十六岁，住同前。谢崇林，年六岁，住同前。

兼右三人法定代理人：谢光亮，住巴县鱼洞镇。谢伯孜，住同前。

共同诉讼代理人：敬树城，律师。

被告：廖李朝玉，住巴县鱼洞镇十四保石墙口。

诉讼代理人：廖耕楠，住同前。

右当事人间因解除买卖契约事件，本院判决如左。

主文

被告与原告于民国三十六年农历五月二十九日，就巴县鱼洞镇小河码头铺房一间所归缔结之买卖契约应予解除；被告应将前开房屋交还原告；诉讼费用由被告负担。

事实

原告及其代理人声明，求为主文之判决。陈述略称："原告于民国三十六年农历五月二十九日凭中证郑海清、穆昌远、徐万和等出卖所有鱼洞镇小河码头铺房一间，当议定房价国币三百三十万元，立约时仅交一百万元，欠二百三十万元约半月内如数付清。讵知被告届期不付，原告迭经权索，迄今年余，仍不给付。原告于本年五月曾委托律师去信催告，限其接信后三日内给付业价。被告于本年五月十三日接到信函，仍不履行。为此起诉，应请判决为声明"，云云。提出穆昌远、张孔辉、雷汉臣等证明书及收条一张为立证方法。

被告答辩略称："被告承买原告之田产，当卖业价一百万元，原告将该业老契交被告即定假未交付老契，业价提存镇公所"，云云。

理由

本件原告出卖系争产业与被告，业价国币三百三十万元，立约时当交付业价一百万元，尚欠国币二百三十万元，未为给付，此为两造不争之事实。兹应论究者，余款二百卅万元未为给付之过失责任究应谁负。原告主张，被告不照约定时期给付价款，经催告亦置不理，依法应解除其买卖契约。而被告则以原告未交付老契，致被告不能税契，致未为对待之给付为抗辩。惟查原告之系争产业老契，因债务关系被押于穆国富手，由穆国富出有收条一纸，原告以其收据交付被告，嘱被告代付债款四万元取出红契，经雷汉臣具状证明，被告未持条据往取红契。复经张孔辉、穆国富亦具状证明被告未如期交付价款，原告复邀集地方保甲、中证人等午酌，亦委托律师催告，限期给付价金，显见原告有买卖之决心，被告不持收据往取红契，当不能以之为抗辩。且被告未有此红契，亦已完成税契手续，其抗辩亦非有理，原告既经催告，被告不于约定期内履行，纵其提存该镇公所属实，不生给付之效力。依民法第二百五十四条之规定，原告请求解除两造间之买卖契约，当不能认为无理由，从而其请求被告交还房屋亦非无据，准其请求。

据上论结，原告之诉为有理由，应准其请求。爰依民事诉讼法第七十八条判决如主文。

中华民国三十七年九月二十日

推事：刘仁宗

书记官：（章）

中华民国三十七年九月十九日

送达证书

书状目录：民国　年（诉）字第七四六号解除买卖契约案送达判决一件。

受送达人：谢光亮。

受送达人署名盖章，若不能署名盖章或拒绝者，应记明其事实：收（章）。

送达日期：卅七年十一月二日。

中华民国卅七年十月廿九日

重庆地方法院送达员：陈宴平

[同日廖李朝玉、谢伯孜签收传票的送达证书二份略]

上诉状

上诉人：廖李朝玉，女，巴县人，住鱼洞镇十四保墙口，商。

代理人：廖耕楠，男，巴县人，住鱼洞镇十四保墙口，商。

被上诉人：谢光亮，女，籍贯同，住鱼洞镇。谢伯孜、谢崇如、谢崇实、谢崇林。

为声明不服，依法上诉，恳予检卷申送，另为适当判决，以资折服而昭公允事。

缘被上诉人谢崇如等以解除买卖契约事件控上诉人一案，兹奉三十七年度诉字第七四六号判决主文，内载："被告与原告于民国三十六年农历五月二十九日，就巴县鱼洞镇小河码头铺房一间所缔结之买卖契约应予解除；被告应将前开房屋交还原告；诉讼费用由被告负担。"等因曷渎。惟查原判决多有未当，上诉人实难泯服，除另状补具不服理由书外，为特于法定期内声明上诉，伏乞钧院鉴核，准予检齐本案卷宗申送第二审法院，废弃原判，另为适当判决，以资折服而昭公允。

谨呈

重庆地方法院民庭

中华民国三十七年十一月十日

具状人：廖李朝玉

重庆地方法院民事裁定

三十七年度诉字七四六号

上诉人：廖李朝玉，住鱼洞镇十四保石墙口。

右上诉人与谢光亮因解除买卖契约事件，不服本院第一审判决，提起上诉，应缴裁判费国币六万四千五百元，未据缴纳，其上诉已未依民事诉讼法第四百三十八条表明上诉理由。兹限该上诉人于收受本裁定时起七日内向四川高等法院重庆分院如数补缴，如逾期尚未遵行，第二审法院即定驳回上诉，切勿迟延自误，特此裁定。

中华民国三十七年十一月廿三日

重庆地方法院民事第一庭

推事：刘仁宗

书记官：（章）

送达证书

书状目录：民国　　年（诉）字第七四六号解除买卖契约案送达裁定一件。

受送达人：上诉人廖李朝玉。

受送达人署名盖章，若不能署名盖章或拒绝者，应记明其事实：廖李朝玉未在家，由指定代收人廖孔昭代收。

中华民国卅七年十一月廿七日

重庆地方法院送达员：陈仲廉

民事声请

具缴状人：廖李朝玉，女，巴县人，住鱼洞镇第十四保石墙口。

为遵谕缴纳费款，裁定未带，依法声请，恳予俯准赐给收据事。

缘声请人与谢光亮等为解除买卖契约无效事件上诉一案，已准上诉。于十二月八日接奉裁定，限期七日饬谕缴纳裁定费法币六万四千三百五十元。声请人因裁定带落，赶赴不及，特将原审（重庆地方法院民事诉讼码号卅七年度诉字第七四六号）诉讼编码附呈声请来院，恳祈钧院鉴核，俯准缴纳、赐给收据以维诉讼，不胜沾感。

谨呈

四川高等法院重庆分院民庭公鉴。

附缴纳裁定费法币六万四千三百五十元

中华民国卅七年十二月十一日

具状人：廖李朝玉

民事上诉书

具上诉理由书人：廖李朝玉，女，三十岁，巴县人，住鱼洞镇十四保石墙口，商。

代理人：廖耕楠，男，三十二岁，巴县人，住鱼洞镇十四保石墙口，商。

被上诉人：谢光亮（女），谢伯孜、谢崇如、谢崇实、谢崇林（男），住鱼洞镇暗室司保小河码头。

为声明不服三十七年度诉字第七四六号民事第一审判决，与谢光亮等蒙请解除买卖契约事件一案，兹特呈明上诉理由如次：

一、诉之意旨：请求废弃原判决，依法判令被上诉人等履行三十六年农历五月二十九日，凭中证张孔辉、廖绍韩等将其所有鱼洞镇小河码头之铺房一间出卖上诉人所缔结之买卖契约，并饬负担一、二两审诉讼费用。

二、上诉之事实及理由：缘上诉人凭证价买被上诉人等所有巴县鱼洞镇小河码头之铺房一间，议定房价国币三百三十万。当时立约交定国币一百万元，均为不争之事实。但所应审究者，当于立约时因伊该处铺房系六间，共一契约管业，故约定于二十日内取契批注后，由上诉人付清房价。该被上诉人等于事后另有所谋，故意将其老契于调解员雷汉臣手，掣取握存，捂不交出批注（因其老契系伊前卖另一间铺房立约后翻悔，经凭调解，故存调解员雷汉臣手中），藉此拖延，蓄意翻悔，计图使上诉人无法完清手续、授税管业、发生损害，斯时上诉人窥伊等存心叵测，诡诈异常，恐将房价如数付清，伊等藉管业之原契未批，持出原契发生异议，否认新约，久后另生枝节，故再凭中证声明，必须嘱伊交原契批注领价，上诉人并将房价交住鱼洞之巴县县银行保存，复一面具呈鱼洞镇公所传讯追伊等交原契批注领价，完清买卖手续。殊该谢光亮等到镇所果然违约翻悔，诈称系将该房作抵与上诉人，并否认有买卖情事，且拒绝交契批注照领房价（经鱼洞镇所记录口供，有案可凭，乞调）。时上诉人见伊果有揗契违约不轨之举，又恐延误投税三个月之限期，不特遭受罚累且恐影响上诉人承买该房屋之主权，是以依照税局无老契者，按照加倍双印税契之规定投税，以资完备管业证件（此因被上诉人不交老契批注，致上诉人遭受加倍缴税，所发生之损害颇巨）。自后上诉人复请凭中证等一再调解，该被上诉人等不惟仍坚决否认买卖，揗延不理，而且迭次据毁此房楼料板壁，均经上诉人控诉刑庭，有案乞查。嗣被上诉人等见于刑事不利，以否认成立买卖之奸谋败露，始改方针，乃请律师敬树诚为之作刀，初而来函催告，嘱上诉人于接函三日内照约履行，给清房价。时上诉人接函立将房价交由提手中人张孔辉转知该被上诉人等领取，并嘱伊持契交批，完清买卖手续，一面复函与敬律师，讵伊等乃系多此圈套之诡计，故仍置不理，反而捏诬上诉人未如期给付房价、催告不理等谬，遂蒙请解除买卖契约，故当经上诉人提出答辩，已声明上述各情，讵料原审偏袒、武断，一概抹杀，置之不理，竟以被上诉人等片面蒙欺，套中人张孔辉印章，串其内戚穆昌远等伪捏之书面证明颠倒事实，不加审查而采为判案基础，违法枉判，莫此为甚。

终上论结，足证上诉人并非不如期给付房价，实系被上诉人等于买卖立约后揗取老契揗握、延不如限交出批注领价，希图翻悔买卖成约，另谋不轨，故意拖延，其咎当应由被上诉人等负责，焉能凭其饰词掩咎，解除合法缔结之买卖契约，亦足证明原审判决之失当，已昭然若揭，势非调卷集据，澈加研讯，废弃原判，另为如上诉请求之原判，不足以资折服而昭公允，除于法定日期内依法声明上诉，请予检卷申送外，为特呈名上诉理由，状恳钧院鉴核，准予依法更判，无任沾感之至！

谨呈

四川高等法院重庆分院民庭公鉴。

中华民国三十七年十二月十一日

具状人：廖李朝玉

送达证书

［四川高等法院重庆分院送达民国卅七年上字第四八三四号与廖李朝玉、谢崇如等为解约传票三件，由穆国富、雷汉臣、张孔辉，廖李朝玉、廖耕楠、谢崇如、谢崇实、谢崇林，谢光亮、谢伯孜签收］

言词辩论笔录

上诉人：廖李朝玉。

代理人：廖耕楠。

被上诉人：谢崇如、谢崇实、谢崇林。

兼法定代理人：谢光亮、谢伯孜。

右当事人间解除买卖契约上诉事件，经本院于中华民国卅八年元月廿六日上午八时，在本院第　法庭公开言词辩论，出庭推事、书记官如左。

　　审判长推事：李泽之。

　　推事：王文纲。

　　推事：王继张。

　　书记官：焉松歆。

　　点呼事件后，到场人如左。

廖耕楠、谢崇实、谢光亮、敬树诚律师。

问：（廖耕楠），廖李朝玉是你什么人？

答：廖李朝玉，我女人。她不来，找我代理。

问：（谢崇实），你家里什么人管家？

答：家里由妈妈谢光亮管，父亲谢国臣死了。

问：（廖耕楠）此地方买价多少？

答：这地方买价总共三百三十万元。

问：买价怎么不交足？

答：谢家不拿契来批，所以价没交足。

问：张孔辉，今天怎么不来？

答：证人张孔辉死了，穆国富、雷汉臣是伪证。

问：（谢光亮）穆国富、雷汉臣怎么不来？

答：没有空，所以没来。

问：老契原来押给什么人的？

答：押给雷汉臣，卅六年旧历六月十六日还给我了。

问：廖李朝玉为什么不拿钱？

答：他就是不肯拿钱。

问：六月十六日请客，是不是要批？

答：找不着雷汉臣，就没有批。

问：价钱既然四万，怎么你自己不要？

答：托中人张孔辉去收钱，张［孔辉］就收不着钱。

问：廖李朝玉不拿钱有什么原因？

答：想拖骗。

问：他想拖骗，你通知过没有？

答：通知过廖家，不理会。

问：（廖耕楠）通知你，答复过没有？

答：答复过，我有答复的通知信，信可以证明，信有邮局的回执。

问：（谢光亮）你看这复信实不实在？

答：实在。

问：你说约定十五天交付，什么证明？

答：中人证明，约定同时交价，同时批约。

问：几起房子是几张契还是一张契？

答：几起房屋就只一张老契。

问：你在镇公所调解时承认当没有？

答：我是在镇公所说了当的话的。

问：请求怎样判？

答：驳回上诉。

问：（廖耕楠）请求怎样判？

答：废弃原判，驳回被上诉人第一审之诉。

谕知本案答辩终结，定于本日下午三时宣判。

右笔录当庭朗读无讹。

中华民国三十八年元月十六日

四川高等法院重庆分院民一庭

书记官：焉松歆

审判长：李泽之

委任书

委任人：谢伯孜、谢崇如、谢崇实、谢崇林、谢光亮（兼法定代理人）。

受任人：敬树诚，律师。

为廖李朝玉积储买卖契约事件上诉一案，兹委任律师敬树诚为诉讼代理人，合具委状。

谨呈

四川高等法院重庆分院民庭公鉴。

中华民国三十八年元月二十六日

具状人：谢伯孜、谢崇如、谢崇实、谢崇林、谢光亮（兼法定代理人）

四川高等法院重庆分院民事裁定

民国三七年度上字第　　号

上诉人：廖李朝玉。

被上诉人：谢崇如、谢崇实、谢崇林。

兼法定代理人：谢光亮、谢伯孜。

右当事人间解除买卖契约事件，上诉人对于中华民国三十七年九月卅日四川重庆地方法院第一审判决提起上诉，经言词辩论终结后，本院裁定如左。

主文

本案再开言词辩论。

中华民国三十八年元月廿六日

四川高等法院第一分院民事第一庭。

审判长推事：李泽之。

推事：王文纲。

推事：王继张。

中华民国三十八年元月廿六日

四川高等法院第一分院书记官：郑松歆

送达证书

送达法院：四川高等法院重庆分院。

应送达之文书：民国卅七年上字第四八三四号与谢崇如等为解约传票、裁定各一件。

受送达人：代理人廖李朝玉、廖耕楠。

应送达人署名盖印，若不能或拒绝署名盖印送达人，应记明其事由：廖李朝玉、廖耕楠。

送达日期：卅八年三月十九日

中华民国卅八年三月　日

送达人：徐绍卿

[同年三月十九日谢光亮三弟媳谢尹氏代穆国富、雷汉臣，廖李朝玉代廖绍韩签收传票的送达证书二份略，三月二十一日敬树诚律师签收传票的送达证书略]

巴县鱼洞镇镇公所函

民调字第八〇号

案奉贵庭民公字第二二六八号公函，嘱检送廖李朝玉与谢光亮等买房纠葛调解卷宗一案过所，相应将原卷宗一束共计七页函送贵庭查照，尚希办毕返还归档，并请给据为荷！

此致

四川高等法院第一分院民一庭审判长李

附检送廖李朝玉与谢光亮等调解卷宗一粟计七页

民国卅八年三月廿三日

镇长：李希贤

言词辩论笔录

上诉人：廖李朝玉。

代理人：廖耕楠。

被上诉人：谢崇如、谢崇实、谢崇林。

兼法定代理人：谢光亮、谢伯孜。

右列当事人因解除买卖契约上诉事件，经本院于中华民国卅八年四月十六日上午八时，在本院第　法庭公开言词辩论，出庭推事、书记官如左。

审判长推事：李泽之。

推事：王文纲。

推事：钱本海。

书记官：

点呼事件后，到场人如左：廖耕楠、谢光亮。

问：（廖耕楠）代理什么？

答：廖李朝玉。

问：谢崇如、谢崇实、谢崇林三人的父亲是什么人？

答：谢国臣。

问：你们先批还是先交钱？

答：先批，后交钱，只要在廿天之内。

问：是书面约定还是口头约定？

答：口头约定。

问：证人廖绍韩怎么不来？

答：没有空，不能来，他出有一张证明。

问：何时拿钱放县银行？

答：卅六年八月四日存到县银行，九月十八取出来了。九月十八□寄调解，那天谢光亮不到场，事情就没得到结果。

问：调解不成，以后又怎样？

答：以后他们来损坏这间房子，又告过他刑事案。他毁损过二次，我告过二次，二次刑事都判了，一次判的罚金，一次判的刑。

问：你以后请什么人说过？

答：请张孔辉说过二次，谢光亮也不答应，不肯拿契出来批。

问：你说在这时他就告你民事？

答：以后他告我们民事，就是本案，敬树诚律师通知过我们。

问：你怎样向穆国富取老契？

答：谢光亮拿地方当给穆国富，当价四万元，老契就放在穆国富手里，穆国富打了一张收条给谢光亮。以后谢光亮把穆国富的收条拿给我，叫我凭这张收条找穆国富，另外拿四万块钱给穆，好把老契取回批，等我拿四万元去时，穆国富却不承认。

问：卖价多少？

答：价是三百卅万元，已交一百万元，余款二百卅万元，限期廿日内拿契来批，批后再交。

问：（谢光亮）房子、地基都卖了？

答：房子地基都卖了，两张卖契。

问：限廿天内批契并交余款二百卅万元，是不是？

答：是。

问：穆国富的收条你拿给廖李朝玉的，是不是？

答：我们是拿收条给廖李朝玉，叫他以四万元在穆国富处取老契，因为穆国富要十万，就没取成。

问：刑事二次你打输了，判过刑，是不是？

答：一次拿钱，一次判刑。

问：你在调解时说的当是不是？

答：讲过这话。

问：（谢伯孜）你说廖李朝玉回信叫你三天之内拿钱，是不是？

答：是，不过拿钱时钱已贬值，就没有拿。

问：你看这封信真不真实？

答：真实。

问：张孔辉、廖绍韩二人通知你拿契来批的，对不对？

答：通知过，但以业价已贬值，所以不愿意拿契出来。

问：请求怎样判？

答：维持原判，谢光亮等的请求也一样。

问：（谢光亮）请求怎样判？

答：维持原判。

问：（廖耕楠）请求怎样判？

答：废弃原判，驳回被上诉人第一审之诉。

谕知本案辩论终结，定于四月廿一日宣判。

中华民国三十八年四月十六日

四川高等法院重庆分院民一庭

书记官：郑□□

审判长推事：

委任书

委任人：廖李朝玉，女，三十岁，巴县人，住鱼洞镇十四保，职业自业。

受委任人：廖耕楠，男，三十二岁，巴县人，住鱼洞镇十四保，职业自业。

为委任代诉事。

缘氏与被上诉人谢崇如为解约事件上诉一案，特委任氏夫廖耕楠到庭代理，负本案全权责任，有同一之效力。

谨状

四川高等法院重庆分院民庭公鉴。

中华民国卅八年元月二十六日

具状人：廖李朝玉

宣示判决笔录

上诉人：廖李朝玉。

被上诉人：谢崇如、谢崇实、谢崇林。

兼法定代理人：谢光亮、谢伯孜。

右当事人间解除买卖契约事件，经本院于中华民国卅八年四月廿一日上午八时，在本院第 法庭公开宣示判决，出庭推事、书记官如左。

审判长推事：李泽之。

推事：王文纲。

推事：钱本海。

点呼事件后，到场当事人如左：两造未到。

审判长起立朗读判决主文。

中华民国卅八年四月十一日

四川高等法院重庆分院民事第一庭

书记官：郑□□

审判长：李泽之

四川高等法院重庆分院民事判决书

三十七年度上字第四一三四号

上诉人：廖李朝玉，住巴县鱼洞镇。

诉讼代理人：廖耕楠，住同右。

被上诉人：谢崇如、谢崇实、谢崇林（住同右）。

兼法定代理人：谢光亮、谢伯孜。

右当事人间请求解除买卖契约及交还房屋事件，上诉人对于中华民国三十七年九月三十日四川重庆地方法院第一审判决提起上诉，本院判决如左。

主文

原判决废弃；被上诉人之诉驳回；第一、第二两审诉讼费由被上诉人负担。

事实

上诉人声明，请为如主文之判决。被上诉人声明，请驳回其上诉。其余应记载之事实与第一审判决所记载略同，兹引用之。

理由

查被上诉人谢光亮、谢伯孜，与谢崇如、谢崇实、谢崇林之故父谢国臣，于民国三十六年七月十七日，将共有之鱼洞镇小河码头圆门内上排第四间铺房一间连同地基一并出售于上诉人，计房价国币二百四十二万元，地价八十八万元，共计三百三十万元，除已付一百万元外，尚有二百三十万元未交。当时约定于二十日内由被上诉人交出老契（即被上诉人买契）批明再交余价。因此项老契前由被上诉人出押于他人，曾约定由上诉人代还押款取回老契，嗣以多寡发生争执，不果。乃至是年旧历六月十六日由被上诉人自行收回该老契，上诉人以被上诉人仍不肯交出老契、批明收条、领余价，向鱼洞镇公所声请调解，被上诉人谢光亮到场供称此屋系典当而非出售，致无结果。嗣谢光亮两次毁损该房屋，均经重庆地方法院判处罪行。而延至三十七年五月间谢光亮乃请律师敬树诚函知上诉人于三日内给付欠价完请手续，否则依法诉请解除契约。旋经上诉人函复允即将欠价交付原中，转知谢光亮于三日内将老契交出批注，完清手续，并经原中张孔辉等函知谢光亮、谢伯孜于三日内持老契批注领足价款。乃被上诉人以欠价贬值，不肯交契批注，照领欠价，遂以解除契约等情向原审具诉，有上诉人交出买契两纸、收价单两纸、穆国富收条一纸、重庆地方法院刑事判决两件、律师敬树诚信一件及函复、敬律师稿一件、挂号邮件凭单与收件回执各一件、张孔辉等与上诉人函稿一纸，暨鱼洞镇公所调解卷宗一册可核，复为两造不争之事实。就以上各点观察，则上诉人未即交清余价，由于被上诉人始终不肯如约先交契批注，且复毁损已卖之屋，并不承认曾经出售，后虽经律师函知限期足价而上诉人亦允如约办理，且将余价交由原中张孔辉等通知被上诉人如约批契领款，则被上诉人之未领得余价，责任固不在上诉人，纵或被上诉人以余价至今贬值、所得甚微，亦只得依法请求增加给付而不能要求解除契约、交还原屋，原审未予详察，为被上诉人胜诉之判决，实有未合。上诉非无理由。

据上论结，本件上诉为有理由，依民事诉讼法第四百四十七条、第八十七条判决如主文。

中华民国三十八年四月二十一日

四川高等法院重庆分院民事第一庭

审判长推事：李泽之

推事：钱本海

推事：王文纲

送达证书

送达法院：四川高等法院重庆分院。

应送达之文书：民国　年字第号廖李朝玉与谢崇如买卖判决二件。

受送达人：谢崇如、谢崇实、谢崇林、谢光亮、谢伯孜。

应送达人署名盖印，若不能或拒绝署名盖印，送达人应记明其事由：谢崇如、谢崇实、谢崇林、谢光亮、谢伯孜。

送达日期：卅八年六月九日。

中华民国卅八年五月　日

送达人：朱守正

［同日廖李朝玉签收判决的送达证书略］

声请书

窃查谢光亮与廖李朝玉为买卖房发生诉案，经原告谢光亮邀氏等到案作证，自应遵照曷渎，无如民等均因事务纷繁，不克分身，谨将经过情形缕陈如次：

缘原告谢光亮于民国三十六年农历五月二十九日，将其所有巴县鱼洞镇第十四保地名小河码头铺房一间凭中卖与廖李朝玉，价币三百三十万元正。当交价款一百万元正（招兑押在内），言明半月内足价，佃户立即投佃，管业证件由谢光亮交出，穆国富出具收到红契土地陈报证明单等件收条一张与廖李朝玉，无异。殊于是年古历六月十六日，谢光亮备酌邀请地方保甲中证人等，为因廖李朝玉不履行契约如期付款足价，声明撤销买卖契约，但当时廖李朝玉并未到场，嗣经调解会调解，未有结果，以致涉讼，氏等虽为中证，实未受双方中资，更不敢包价瞒价、把握价款等情事。

综上各节，理合具文呈请钧院鉴核，俯准免传，以免案累，实沾德便。

谨呈

具声人：张孔辉、穆昌远

民国三十七年七月二十六日

证明

现有人和镇第十保第九甲居民傅安华于三十六年六月十一日失火，房屋尽毁，故戚谢光亮存放买约已作燃烧。特此证明

保长：谢森荣

副保长：邵德全

镇民代表：徐德洋

甲长：傅忠荣

房主：鲁世顺

被失火住户：傅安华

中华民国三十六年六月十一日

四川省巴县税捐稽征处批复

税三字第一六四二号

具呈人：谢光亮。

八月十一日呈一件为买卖无效请予止印契约由。

呈悉：查买卖契约如证件合法，本处即应予税印，该廖李朝玉业价未清□自行会同中证处理可也！此批

中华民国三十六年八月十三日

处长：李

巴县鱼洞镇调解会证明

民调字第〇五号

窃绍韩现奉钧院三十七年度上字第四八一四号民事证人传票，饬于本（三八）年四月十六日到案作证，等因。理应遵照。惟绍韩因任本镇调解会主席及财产保管委员会主任委员等职，事务太繁，且值本镇自卫队检阅时期，经手办理经费收支，更无法抽身。至廖李朝玉承买谢光亮等房屋事件，当时合法成立契约，并无异议。孰料事后卖方不交老契批注领价，意图翻悔，并一再撤毁所卖房屋之料木，迭经本镇调解未果，以致买方无法足价，后经绍韩催促，卖方提手中人张孔辉再三劝解，亦无效果。是以呈明无法到案原因及证明买卖经过情形，理合具文呈请钧院鉴核，以明真象而凭裁判。

谨呈

四川高等法院重庆分院民庭公鉴。

中华民国三十八年二月十五日

鱼洞镇调解主席：廖绍韩

呈

窃查廖李朝玉与谢光亮为买卖铺房发生诉讼案件，民非中证，自无到案作证之必要。不过该房屋管业证件（红契分关土地陈报证明单），因谢光亮与穆国富债务关系，由民担负金额四万元，管业证件保存民手。俟谢光亮如数偿还债务时，将穆国富所出收条（收谢光亮证件）揭还，由民将所保存管业证件如数交还谢光亮。殊谢光亮卖房时乃将穆国富出具收条交与买方廖李朝玉，嘱其垫付法币四万元，持条向民领取证件。为时数月，廖李朝玉并未持条领取。嗣经谢光亮于三十六年古历六月十六日，为其买卖铺房纠纷备帖邀请地方保甲、中证人等在小河码头午酌，民因事未往，隔久始将证件交付谢光亮（系古历八月份）。今因双方涉讼，谢光亮奉票自邀证人，民因有事羁身不克到案，用特具文缕陈经过情形，俯恳钧庭鉴核，以资证明。

谨呈

重庆地方法院民庭

民国三十七年七月二十日

巴县鱼洞镇调解委员：雷汉成（印）

律师催告函

径启者，兹据当事人谢光亮来所委称："查光亮去年农历五月间凭中证出卖本□所有巴县鱼洞镇小河码头铺房一间与廖李朝玉，房价三百三十万元，当时仅交业价国币一百万元，尚欠业价二百三十万元。迄今将近一年未能给付。特委请贵律师代表去函催告买主廖李朝玉于接信后限三日内便履行给付上开所欠业价，完清手续；如逾期不理，则依法诉究，解除契约。"等语。据此，相应函送查照，希于接函后限三日内给清所欠当事人谢光亮业价，否则当照当事人意思提起诉讼，幸勿延误，自贻讼累为盼。

此致

廖李朝玉

律师：

卅七年五月十日

重庆地方法院刑事判决

三十六年度自字第二九四〇号

自诉人：廖李朝玉，女，三十岁，巴县人，住鱼洞镇十四保墙口，商。

兼右一人代理人：廖耕楠，男，三十二岁，余同右。

被告：谢光亮，男，年未详，巴县人，住鱼洞镇十五保徐家岩。

右列被告因毁损案件，经自诉人提起自诉，本院判决如左。

主文

谢光亮毁损他人之物，处罚金五十万元，如无力完纳，以一万元折算一日，易服劳役。

事实

被告谢光亮于去年十一月二十九日在院属鱼洞镇十四保小河码头因与自诉人买卖房屋发生争执，将自诉人所买房屋木板毁损，经自诉人提起自诉。

理由

右开事实虽该被告不到场承认，惟查自诉人房屋木板，经保甲穆国仁勘明毁损属实。并据自诉人指纹，历历记明笔录，似此供证明确，该被告虽不到场，要亦难容其狡展，应依法论科，姑念自诉人受害尚属轻微，予以从轻科处，以示允恰。

基上论结，应依刑事诉讼法第二百九十八条、第二百九十一条前段；刑法第三百五十四条、第四十二条第一项，修正罚金罚锾提高标准条例第一条前段、第二条判决如主文。

中华民国三十七年四月十三日

四川重庆地方法院刑事第　庭

推事：李墉

重庆地方法院刑事传票

年度自字第二九四〇号

自诉人：廖李朝玉、廖耕楠。

事由：讯。

住居所：鱼洞镇十四保墙口。

送达传票时期：三十七年二月十四日。

应到时期：卅七年四月十三日上午八时（古三月初五日）。

应到处所：林森路五八八号重庆地方法院刑事第　法庭

推事：

书记官：

中华民国卅七年二月五日

四川重庆地方法院刑事判决

三十六年度自字第二四四六号

自诉人：廖李朝玉，未到。

右诉代理人：廖耕楠，三十二岁，住鱼洞溪十四保，小贸。

被告：谢光亮，五十岁，住同上四保。余汉臣，五十二岁，住同上十五保，木匠。

右列当事人自诉被告毁损案件，经本院判决如左。

主文

谢光亮毁损他人之建筑物，处有期徒刑六月，缓刑二年。余汉臣无罪。

事实

缘被告谢光亮曾将其房屋售与自诉人廖李朝玉管业，嗣因该被告委托木匠即被告余汉臣拆卸以上房屋之木料，以图变卖，经自诉人以毁损罪提起自诉到院。

理由

查被告谢光亮对于拆卸自诉人所买房之木料一节，既已当庭自白不讳，应此项陈述为判决根据。惟该被告女流无知，以前又未受有期徒刑以上刑之宣告情节，不无悯恕，准予从轻处断，并宣告缓刑，以励自新。至被告余汉臣之拆卸木料既系受雇性质，自不构成毁损，应予宣告无罪。至被告谢光亮虽□租"房屋业价未清，所折木料并未出卖"，但该被告既已接受一部业价，且已订立卖契，所写"木料未曾出卖"一节，又未提出摘留字约以资证明，足证其所述显非事实，要难采取。

据上论结，合依刑事诉讼法第二百九十一条前段、第二百九十三条第一项、第三百三十五条，刑法第三百五十三条第一项、第五十七条、第七十四条第一款判决如主文。

中华民国三十六年十一月二十五日

四川重庆地方法院刑事第一庭

推事：潘大昕

书记官：（章）

重庆地方法院刑事传票

年度自字第二四四六号

自诉人：廖李朝玉、廖耕楠。

事由：审。

住居所：鱼洞十四保墙口。

送达传票时期：

应到时期：卅六年十一月十九日上午八时（古十月初七日）。

应到处所：林森路五八八号重庆地方法院刑事第　法庭。

推事：（章）

书记官：（章）

法警：王泽民

中华民国卅六年十一月四日

[形式相同的证人廖顺亲、管仲云、穆国仁、穆江龄的刑事传票略]

廖李朝玉等控诉谢光亮等揩约不批之原呈

案据本镇第十四保居民廖耕楠、廖李朝玉等申请公抄与谢光亮等买卖铺房及锯毁房屋料木，侵害权益等案之呈文暨经调解之记录。兹特抄附列后。

照抄廖李朝玉等控诉谢光亮等揩约不批之原呈文：

为揩约不批、蓄意拖骗、悬累难堪，呈请传案调处，交约批注、领清价款而凭投税由。情民于本年七月十七日，经张孔辉等作中顶买谢光亮、谢伯孜、谢国臣等所有本镇小河码头铺房一间连同该房地基，当时凭证议定实值价款三百三十万元，时该光亮声明原契约系数间房屋共此一张，只能交出批注。现该约存放他处，俟取返时交出批明投税，然后足价，并限期于两星期外十日内办理完善。殊光亮已用价款一百万元，去讫延期，至今逾期已久，仍不交约批注完清买卖手续。其蓄意拖害，使民无法投税印契，长此以往，逾期未税遭受罚累，损害何堪设想！除于八月四日已将是项房价交存本镇县银行，并呈报钧所，请予转知该光亮等交契领价外，殊为日已久，仍未照办。是以据实再呈钧所鉴核，准予传案调处，严饬该光亮等交批领价，迅即完清买卖手续，以免悬累而凭投税。

此呈

鱼洞镇公所

中华民国卅六年九月廿四日

具呈人：廖李朝玉、廖耕楠

巴县鱼洞镇第十四保办公所处呈

三十六年九月二十七日

事由：为据报锯毁房屋、侵害权益一案转请传案讯究由。

案据本保居民廖李朝玉、代理人廖耕楠等报告略称："缘民于本年七月十七日，凭证张孔辉等买有本镇十四保属小河码头谢光亮等出卖之铺房一间，由民买后仍投原佃穆江龄居住无异。殊至本（二七）。"日突据佃户穆江龄来民家报称，该谢光亮带同木工余汉臣等侵入该房，锯毁楼扶木料等语，不胜诧异。当民投凭该处之十四保副保长穆国仁、甲长管仲云及街邻等前往查勘，已将民房后楼锯毁殆尽，当拟收锯子、斧头，拿获挡送镇所，讵为谢光亮拖阻，乃经保甲穆国仁、管仲云等出面与民负责，嘱将是项器具退伊，然锯毁之木料现尚堆存该房，可以查勘。为特将经过情形报请钧处鉴核，准予赐勘，转请法办及饬赔偿损害，以敬奸顽而保权益。等请。据此，当经查勘属实，理令具文转呈钧所鉴核，准予传案讯究，依法核办，实为公便。

此呈

鱼洞镇公所

保长：廖顺亲

查勘证明人：副保长穆国仁

甲长：管仲云

佃户：穆江龄

照抄卅六年九月廿七日讯廖耕楠案笔录

廖李朝玉代理人廖耕楠称，因我于七月七日凭证张孔辉价买谢光亮铺房，价款共三百卅万元，当交一百万，其业经卖方约定在廿日内收老契交出批注足价。殊卖方迄未交出老契，又不来拿钱，始于八月四日将价款存于县行，现在他今天还请匠人来把楼扶锯了，我请保甲长去勘，尚在锯，我上街来报告，已将楼扶搬去。

廖耕楠（押）

谢光亮，本镇人。称：五月廿九日（系古历）在徐家岩有廖耕楠、廖孔昭、廖顺亲、李师爷、张孔辉、穆江龄、徐万和、郑海清、谢伯孜、谢国臣在场，当立约书合单，我签字，是当约。殊谢伯孜、谢国臣就作成卖约合单两张（一顶打、一地基），系我掌管，并亲收有一百万元之数，因为不是卖，我才去锯楼扶。

谢光亮（押）

传张孔辉，本镇人。谢光亮卖铺房初由谢伯孜交涉，系三百万元。俟经买放又加三十万元作书押等费。决定后，在徐家岩立约，系实在的，当交价款一百万元，余数限廿日内足价，并将老契交出批注，现在不知他们因何故复生异议。

张孔辉（押）

木匠余汉臣称，本日谢光亮请我拿开山［注：即斧头］、锯子去锯棒棒，殊才锯三根，即被廖耕楠来阻挡，并有保甲长一路勘明，共在廖耕楠房内锯三根后才搬去。

余汉臣（押）

处理情形仰向法院声诉可也

诉状

刑事自诉人：廖李朝玉（三十岁）、廖耕楠（三十二岁），均住巴县鱼洞镇第十四保墙口。

被诉人：谢光亮、余汉臣，年龄不一，住鱼洞镇徐家岩。

为被告谢光亮、余汉臣毁损侵占房屋木料一案，依法提起自诉，附带民诉。兹将诉之声明及事实理由陈明于后：

一、诉之声明：请判被告等共同毁损侵占等罪，并附带民事，判饬被告赔还侵占民有之房屋楼扶三根及赔偿毁损部分损失（即将锯毁房屋培修复原），以保主权而张法纪。

二、事实及理由：缘自诉人凭证价买第一被诉人弟兄姊妹所有出卖鱼洞镇地十四保地名小河码头之铺房一间，连同地基，成交后由自诉人投佃居住管业，时已数月。该光亮近见房价上涨，因横泼成性，遂存心痞赖，意图翻悔，故于本（九）月二十七日串同无赖之木工余汉臣突然侵入该房内，估将房料楼扶锯毁三根，经佃户穆江龄往阻不听，迫来自诉人家报告，自诉人当投凭该地之副保长穆国仁、甲长管仲云及街邻往阻，见被告等已锯毁楼扶三根，经保甲长勘明可证，并嘱伊等将料木堆存，交佃户看管，以待调处。讵料事后伊等乘佃户不防，竟暗由后门将木窃搬而去，经自诉人报请鱼洞镇公调解，该被告不但借故搪塞，反赌控不惧。以此情形，殊属不法，是以依法自诉及附带民事。状请钧院鉴核，俯赐传讯，准如自诉人声明之判决，保障权益而张法纪。

谨呈

证人：保长廖顺亲（章）

副保长：穆国仁（印）

甲长：管仲云（印）

佃户：穆江龄（印）

证物鱼洞镇公所原卷记录乞调

重庆地方法院刑庭公鉴。

具状人：廖李朝玉（拇纹）

法定代理人：廖耕楠（押）

中华民国三十六年十月

诉状

为被告谢光亮一再毁损，侵占权益，妨害权益，依法自诉暨附带民事判决。兹将诉之声明及事实理由陈明于后。

一、诉之声明：请判被告谢光亮毁损侵占等罪并附带民诉，判饬赔偿毁损［自］诉人房屋板壁之损害及返还侵占板壁之枋条木料，以维权益而张法纪。

二、诉之事实及理由：缘自诉人夫妇买有巴县鱼洞镇十四保所属小河码头之铺房一间，招佃穆江龄经营药店。因该房原为被告卖出，且左右均与被告其它房屋接连，伊竟居心不轨，意图翻悔从前成立之卖契约。故恃其女流横泼之势，一再侵害，前伊锯毁楼扶、霸占木料，曾经自诉人具诉在案，有卷可查（乞调）。殊被告视前案经钧庭审讯后，未饬取保逍遥法外，遂认为法无足畏，故于本（十一）月二十九日又毁损自诉人赔修该房之板壁，侵占枋条木料，缠害不休，似此情形，殊有妨害自诉人之权益，而且大干法纪若不依法从严惩办，后害不知伊于胡底，除当据佃户穆江龄来报，经自诉人投凭当地副保长穆国仁及甲长、店内伙友李兴辉（因甲长管仲云他去未返）与街邻等查勘属实，并经被告自认不讳外，为特依法自诉，状请钧庭做主，俯如自诉人声明之判决，无任沾感。

谨呈

证人：保长穆国仁；街邻李兴辉；佃户穆江龄。

重庆地方法院钧院刑事庭公鉴。

中华民国三十六年十一月三十日

具状人：廖李朝玉、廖耕楠

律师信

催字第七〇号

径启者，兹据当事人谢光亮来所委称，"查光亮去年农历五月间凭中证出卖本已所有鱼洞镇小河码头铺房一间与廖李朝玉，议定房价三百三十万元，当时仅交业价国币一百万元，尚欠业价二百三十万元，迄今将近一年，未能给付，特委请贵律师代表去函催告，买主廖李朝玉于接信后限三日内即便履行给付上开所欠业价，究清手续。如逾期不理，则依法诉究解除契约。"等语。据此，相应函达查照，希于接函后限三日内给清所欠当事人谢光亮业价，否则应照当事人意思提起诉讼，幸勿延误自贻讼累为盼。

致

廖李朝玉

律师：敬树诚（章）

廖李朝玉复信

敬复者，本（五）月十三日准贵大律师催字第七〇号函，为据谢光亮请求催告，限于接函后三日内即便履行给付谢光亮业价二百三十万元等由，理应照办，无如其中□象，恐大律师以伊片面之词尚不明了，故特缕晰声明如次：窃朝玉于上年凭中证张孔辉等说□承买谢光亮鱼洞镇小河码头之房屋，固为不争之事实，但延未如约履行、完清手续者，系于立约时双方凭中证等从场议定，限于廿日内由光亮交出管业契约批注，然后由朝玉给清房价。因该处光亮共有铺房六间，系凭一契管业。在当时，光亮之契因摘卖他间铺房与人，将契交出，尚未收转，故摘卖此间与朝玉亦必须交契批注，以便投税印契。讵料事后光亮意图翻悔，故已将契约收回而不如限交批领价，迫朝玉无奈，初将价款交由中证转知光亮交约足价，殊光亮仍置不理，嗣朝玉复将价款交县银行保存，呈请鱼洞镇公所召集光亮从场完清手续，讵伊于镇所伪称系将此房典当，否认有买卖情事，当朝玉提出伊亲押契约，伊仍狡赖，镇所有卷可稽，且有中人可质。其咎究应属谁当有公论，不待朝玉所赘述矣。兹准前由，除立将下余房价仍交原中转知光亮于三日内如约履行，完清手续外，特此声复，即希贵大律师亮察是幸。

此复

敬大律师树成

廖李朝玉

三十七年五月二十四日

刑事声请

声请人：廖李朝玉，女，三十岁，巴县人，住巴县鱼洞十四保石墙口。

法定代理人：廖耕楠，男，三十二岁，巴县人，住鱼洞镇十四保石墙口。

被声请人：谢光亮，女，年龄不详，籍贯巴县，住鱼洞九保。

为被告谢光亮连续毁损房屋材料，有意违法，声请撤销缓刑，按律治罪，以惩奸顽而张法纪事。

情氏于三十六年九月向钧院自诉谢光亮毁损侵占一案，业沐传审判决，主文内载：谢光亮毁损他人之建筑物，处有期徒刑六月，缓刑两年。等因。理应遵照。无如该被告横恶成性，接奉判决未久，反吼称法不足畏，其赖我何。故于同年十一月复连续霸毁氏房屋之板壁枋条木料，迫氏再向钧院依法提起自诉，奉到三十六年度第二九四○号判决主文，又载称：谢光亮毁损他人之物，处罚金五十万元，如无力完纳，以一万元折算一日，易服劳役。等因，在案。似蓄意违法，情殊可恶，应请撤销缓刑，执行坐罪，以儆奸顽而张法纪。用特据实声请钧庭鉴核，俯准查案，撤销原判缓刑，按律治罪，实沾德便。

谨呈

重庆地方法院刑庭公鉴。

中华民国三十七年五月十四日

具状人：廖李朝玉（押）

刑事委状

具委状人：廖李朝玉，三十岁，巴县人，住鱼洞镇十四保。

被委任人：廖耕楠，三十二岁，同右。

为自诉谢光亮毁损一案，遵谕补具委状，请予赏准委任代理事。缘氏自诉谢光亮毁损氏买房屋之壁板枋条一案，业沐钧院票传审理，当时氏因有要事耽延，无法遵期投质，故委托氏夫廖耕楠全权代为到庭陈述在案，曾蒙审判长谕饬，依法补具委状。等因。是以据实状请钧庭鉴核俯准，委任廖耕楠为代理人，复本案一切诉讼行为，与氏同一效力。如蒙赏准，实沾德便。

谨呈

重庆地方法院刑庭公鉴。

具状人：廖李朝玉（押）

47. 刘光荣诉李得章要求交还田业案

刘光荣起诉状

原告：刘光荣，男，卅四；刘大亨，男，四十四；刘绍荣，男，五十五，原告都是巴县人，均住在圆明乡第十一保萧家岚垭，农。

被告：李得章，男，巴县人，住圆明乡第十保毛谷田。

为违约狡赖，估耕田业事件，依法缴费，恳请传集审讯，判令交还田业，俾便收回自耕，以维生活，谨将本案事实及理由陈述如次。

（甲）诉之声明：

（一）请求判令被告，将民国三十五年古［历］五月十八日，所佃圆明乡第十保所辖地名毛谷田之田业十五石，房屋半间于本年（即三十七年）八月秋收，交还原告，并宣告假执行。

（二）诉讼费用，由被告负担。

（乙）事实与理由：

缘被告于民国三十五年古［历］五月十八日，约佃圆明乡第十保所辖地名毛谷田之田业一股，计地亩老量十五石，又房屋半间，议定押佃黄谷二石，全年谷租十一石五斗，均系圆明乡老量，定期一年交还田业，（即三十六年秋收，解约交业）当由被告请得孟瑞卿书立佃约，交民等执行为据，（佃约讯呈）殊被告至租期届满，则违反字约，拒不交还田业，民等一再追询，收回自耕，而伊则要求继续一年，并自认换约注明，至三十七年秋收解约交业，不得异言等语，民等以主佃情深，故允所求，乃该被告，存心诡诈，阳则认换字约，阴则狡赖推延，以致始及今期，字约仍未更换，而田业亦照常耕种，以此情形，实属居心狡诈，估耕田业之蓄意也，迫民等投凭本乡调解会与伊理剖，该被告亦支吾狡赖，仍无结果，窃被告承佃民等之田业，租佃期间，系双方合意行为，载明约内，今若任其违约狡赖，则民等之受累，何甚设想，兹为收回田业自耕，以维生活计，特依照讼争标的物，估计实值价款法币一亿五千万元，缴纳审判费用。状请钧院鉴核，讯将被告李得章，票传到案，查考字约，详为鞫讯，准如声明之判决。

谨呈

重庆地方法院民庭公鉴。

物证：佃约一张（讯呈）

中华民国三十七年六月七日

具状人：刘光荣、刘大亨、刘绍荣

诉讼费缴款单据

缴款人：刘光荣。

案号：三十七年度所字第七四〇号。

案由：迁让。

费用：裁判费。

征费数目：国币三百九十万元。

中华民国三十七年六月七日

送达证书

书状目录：民国三十七年诉字第八〇〇号交还田业案送达下列各件一件。

受送达人：原告、刘光荣、刘大亨、刘绍荣。

受送达人署名盖章，若不能署名盖章或拒绝者，应记明其事实：刘光荣、刘大亨、刘绍荣均未在家由其雇工代收转交。

非交付受送达人之送达应记明其事实：代约人陈海清。

送达处所：元明乡十一保。

送达日期：三十七年六月十六日。

中华民国三十七年六月十日

重庆市地方法院执达员：程兴中

［同日李曾氏代李德章签收的送达证书略］

民事案件审理单

重庆市地方法院诉字八〇〇号交还田业案。

原告：刘光荣、刘大亨、刘绍荣。

代理人：刘咸熙。

被告：李得章。

传证人：孟瑞卿到案质讯。

中华民国三十七年七月八日

庭审笔录

原告：刘光荣等。

被告：李得章。

前列当事人因交还田业案，经本院于中华民国三十七年七月八日午前八时民事法庭，出席职员如下。

审判长推事：王振常。

书记员：李铸。

书记官朗读案由。

问：刘光荣，年、住？

答：三十四岁，住圆明乡萧家岚垭。

问：刘大亨、刘绍荣是你什么人？

答：一个是叔父，一个是伯伯。

问：你们告谁？

答：告李德章。

问：请求何事？

答：请求交还圆明乡第十保田业一股计十五石面积，并宣告执行。

问：这地方叫什么地名？

答：圆明乡毛谷田。

问：多久佃约？

答：三十五年佃约。

问：多少租谷，多少押佃？

答：租谷十一石五斗，两石黄谷押佃。

问：佃地定期货没有？

答：定期一年。

问：有租约吗？

答：有租约。

问：为什么要他交还地方？

答：因时间满了，我要收回自耕，三十六年满了，他要求多做一年，我承认了他没有换约。

问：他要求多做，有证人没有？

答：当时孟瑞卿证约。

问：刘绍荣，年、住？

答：五十五岁，住圆明乡萧家岚垭。

问：刘光荣是你什么人？

答：我侄子，大亨是我兄弟。

问：分家没有？

答：分了的。

问：毛谷田这地方是你们大家的吗？

答：是的。

问：你所说的话与刘光荣一样吗？

答：是一样的。

问：你还有什么话说？

答：我们要求收回自耕。

问：刘咸熙，年、住？

答：三十七岁，住圆明乡萧家岚垭。

问：代理谁？

答：代理我父亲刘大亨。

问：圆明乡这地方是你们共同的吗？

答：是的。

问：你说的话与刘光荣一样吗？

答：是一样。

问：你们好久要他交还地方？

答：今年六月间交还，因我们昨年就应收回。

问：李得章，年、住？

答：三十六岁，住圆明乡毛谷田。

问：你佃刘光荣他们地方吗？

答：是的。

问：那年佃的，多少租谷押佃？

答：我是二十八年佃的，三十五年换过佃，租谷十一石五斗，押佃二石。

问：租约定期没有？

答：定的每年一换。

问：去年你要求多做一年是吗？

答：没有这事，他们没有说收回自耕的话。

问：原告要你终止租约，交还田业，你如何？

答：我不承认，因为我给他加了租押。

传证人孟瑞卿然后再讯。

本案据经朗读无异。

中华民国三十七年七月八日

重庆地方法院

书记员：李铸

推事：王振常

刘大亨关于租佃还让案诉讼代理人委托书

委任人：刘大亨，男，四十四岁，巴县圆明乡人，住第十一保萧家岚垭，农。

受委人：刘咸熙，男，三十七岁，四川省巴县圆明乡，住圆明乡第十一保萧家岚垭，农。

为与李得章因租佃还让事件兹委任小子刘咸熙为本案诉讼全权代理人此状。

谨呈

重庆地方法院民庭公鉴。

中华民国三十七年七月七日

具状人：刘大亨

民事诉讼追加理由状

三十七年度诉字第八〇〇号

追加理由人：刘光荣，男，三十四，巴县人，住圆明乡第十一保萧家岚垭，农。

刘大亨，男，四十四，巴县人，住圆明乡第十一保萧家岚垭，农。

刘绍荣，男，五十五，巴县人，住圆明乡第十一保萧家岚垭，农。

被告：李得章，男，巴县人，住圆明乡第十保毛谷田。

为被告李得章狡不换约，估耕田业事件，追加事实理由，恳请判令于本年（即三十七年）秋收，返还田业，以便自耕，而维生活事。

缘民等共有圆明乡第十保所辖地名毛谷田之田业十五石，又房屋半间，于三十五年间，承佃与被告耕种，限期三十六年返还田业，有约呈案可凭，及至期满，该被告则要求继续耕种一年，定期三十七年秋收交还田业，殊伊于耕种之后，肆行狡赖，延不换约，曾与被告在本乡调解会理剖，未得结果，迫民等诉请。

钧院请求判令更换字约，并于本年秋收返还田业在案，于集讯之时字约租期及继续耕种一年之事实，亦为被告当庭供认不虚，有卷可查，具被告自有产业二股，一在本乡第十二保所属地名石佛堂，一在江津第七保所辖之西林庵，均出租与人耕种，今又恃其现任甲长之职，依势欺凌，狡不换约，图谋霸据耕种，在伊所耕民等之业，纯系雇人耕作，坐享不劳之利，事实据在，岂容讳饰，再查被告家庭，仅有男女四人，每年所收之租，除供全年食用之外，尚有余存，而民等三户共计人数四十余口，专赖该业自耕以为生活，何能任其狡赖，估不换约霸耕耶，且被告对于本案事实及继续一年之经过，即于当庭供认不讳，更无再采证人证据之必要，现值生活高涨之际，民等人众业少，对于该业，非收回自耕，不足以自给，是以追加事实理由，肯乞鉴核，准予判令被告，于本年秋收，将所佃毛谷田之田业，全部返还，俾得收回自耕，用济生活，民等三户，四十余口之众，均德戴二天，铭感不忘矣。

谨呈

重庆地方法院民庭公鉴。

中华民国三十七年七月十九日

具状人：刘光荣、刘大亨、刘绍荣

民事案件审理单

交还田业案件定于本年十月二十六日上午九时审理应行通知及提传人如下：

应传：证人孟瑞卿。

推事：王

九月四日上午发交

送达证书

［民国三十七年诉字第八〇〇号交还田业案传票一件，送达原告刘光荣、刘大亨、刘绍荣及李德章签收］

辩论终结令

重庆地方法院字八○○号交还田业

被告：李得章

原告：刘光荣、刘咸熙

辩论终结令十一月二日上午九时宣判

中华民国三十七年十月二十八日

庭审笔录

原告：刘光荣。

被告：李得章。

前列当事人因交还田业案，经本院于中华民国三十七年十月二十八日午前　时，民事法庭出席职员如下。

审判长推事：王振常。

书记员：李铸。

点呼右列当事人入庭，书记员朗读案由。

问：刘光荣?

答：到。

问：刘大亨等是你什么人?

答：是我叔侄。

问：你们告谁?

答：告李得章。

问：请求什么事?

答：请求终止租约搬迁交业并给付租约，请求执行。

问：圆明乡毛谷田这地是谁的?

答：是我们三房人的。

问：好久租与被告的?

答：三十五年租的，十一石五斗租二石谷子押租。

问：租约定期吗?

答：定期一年。

问：为什么今年才来告案呢?

答：三十六年满后被告他请求继续承租一年。

问：终止租约的理由是什么?

答：我们收回自耕，因为期间届满，我们大多要自种了。

问：收回自种通知过被告吗?

答：三十六年三月间说过要收回自耕，今年也说过。

问：租谷纳清了吗?

答：租谷一颗未交，他身居甲长强迫不交谷子。

问：刘咸熙？

答：到。

问：代理谁？

答：代理父亲刘大亨。

问：你说的话与刘光荣一样吗？

答：是的，请求终止租约，我们全家人实在没办法。

问：李得章？

答：到。

问：毛谷田你是与刘光荣他们佃的吗？

答：是与他们佃的。

问：入多少租谷押租？

答：十一石五斗租谷二石押租。

问：租约定期否？

答：定期一年。

问：去年通知过你吗？

答：他没有说过。

问：期满后你请求续租一年的吗？

答：没有请求续租。

问：今年租谷交了吗？

答：没有交。

问：原告要你搬交业，给付租谷你承认吗？

答：我不承认搬迁，租谷还有九石他来收就是。

通知辩论终止，定于十一月二日宣判。

本案据经朗读无异。

中华民国三十七年十月二十八日

重庆地方法院

书记员：李铸

推事：王振常

李得章辩护状

具辩诉人：李得章，男，三十六，巴县人，住圆明乡第十保，农。

被辩诉人：刘绍荣，男，巴县人，住圆明乡。刘大亨，男，巴县人，住圆明乡。刘光荣，男，巴县人，住圆明乡。

为故意毁词交还田业陷害事件，依法具状答辩予以驳回原告之诉，声明及事实理由陈述如左。

甲之声明：

陈述理由：一、请驳回原告之诉。二、请本案诉讼费用由原告负担。余民三十七年度诉字第八〇〇号交还田业一案由，正在传讯期中。民应受合法传唤，理应遵期赴审临讯，温渎职听候审讯。余本月二十八日上午九时三十分审讯一案，民依法具状声明事实理由。

乙之事实：

缘于民国三十八年，民承租伊等所有巴县圆明乡第十保所属地名毛谷田，田土面积十五石。取押金三百五十元，年纳租谷十二石，圆明老量。又于二十九年加押租一千六百五十元，合计二千元。少租一石。在三十年又加押金二千元，共计四千元。少租五斗。于三十一年加押租金二千元，共计六千元。并未少租。三十三年加民租谷一石。老量于三十五年秋变更押租金六千元，拆本乡老量黄谷二斗，民外给付老量一石八斗。共计押谷二石，租谷十一石五斗。老量此种剥削承租人。于本年四月十五日又加民押谷三石。老量由管地保长刘准清调解，由业主自愿少本年度租谷一石。约十八日换约，将民押谷拆合一石老量，价洋四百万元当交六百万元，由保长手转交刘绍荣手收。忽然二十二日在乡公所与民理叙，否认并未收民押租，不依理谕，调解未果。民在二十九年修整房屋费用及三十六年修造厢房，并未给民分文。历年并无欠租可言。该业主连年迭次交租加押，不良之心似此实难容忍，民依法诉具理由。

状请钧院鉴核迅予将本案告诉予以驳回，判令原告负担诉费实沾得便。

谨呈

重庆地方法院公鉴。

中华民国三十七年十月二十八日

具状人：李得章

宣判笔录

原告：刘光荣。

被告：李得章。

当事人因交还田业事件，于中华民国三十七年十一月二日上午九时在本院民事法庭公开宣判，职员如下。

推事起立朗读判决主文，并口述判决理由之要领。

中华民国三十七年十一月二日

重庆地方法院

书记员：李铸

推事：王振常

重庆地方法院民事判决

三十七年度诉字第八〇〇号

原告：刘光荣，住圆明乡第十一保萧家岚垭。刘大亨，住圆明乡第十一保萧家岚垭。刘绍荣，住圆明乡第十一保萧家岚垭。

前诉讼代理人：刘咸熙，住圆明乡第十一保萧家岚垭。

被告：李得章，住圆明乡第十保毛谷田。

当事人间交还田业事件本院判决如下：

主文

原告之诉及假执行之声请均驳回，诉讼费用由原告负担。

事实

原告声明，请求判令被告，将民国三十五年古五月十八日所佃圆明乡第十保所辖地名毛谷田之田业十五石、房屋半间，于本年八月秋收交还原告并宣告假执行。诉讼费用由被告负担。其余陈述略称，被告于民国三十五年古五月十八日约佃圆明乡第十保所辖地名毛谷田之田业一股，计地亩老量十五石，又房屋半间，议定押黄谷二石，全年租谷十一石五斗，均系圆明乡老量，定期一年交还。田业有约可凭。殊被告至租期届满，则违反字约拒不交还田业。原告一再追询收回自耕，而伊要求继续一年，并自认换约，注明三十七年秋收后解约交业。原告以主佃情深，故允许所求。乃被告始至今期字约仍未更换，而田业亦照常耕种。原告为收回自耕计是以诉请判决如声明云云。

被告声明请求驳回原告之诉。其陈述略称，被告民国二十八年即承租原告之田业耕种，定期一年一换。去年未有通知原告收回自耕，被告亦未请继续租约，被告不承交业云云。

理由

本件原告主张出租与被告耕种之田业收回自耕，原告固谓于去年租期届满时，会有通知被告收回自耕之表示。但质之被告则极端否认。原告又不能提出确切证据以资证明，空言无凭殊难采信。原告请求被告交还田业不能为有理，从而假执行之声请亦失所依据不应准许。据上论结原告之诉为无理由，应予驳回，并依民事诉讼法第七十八条判决为无效。

中华民国三十七年十一月二日

四川重庆地方法院民事第二庭

推事：王振常

如不服本判决，应于受送达正本后二十日内向本院提出上述书状。

本件证明与原本无异。

书记官：

送达证书

书状目录：民国三十七年诉字第八〇〇号交还田业案判决一件。

受送达人：被告李得章。

受送达人署名盖章，若不能署名盖章或拒绝者，应记明其事实：李得章。

非交付受送达人之送达应记明其事实：

送达日期：三十七年十二月十四日。

中华民国三十七年十二月十日

重庆市地方法院执达员：廖志远

[同日刘光荣、刘大亨、刘绍荣分别签收的送达证书略]

四川高等法院重庆分院书记室公函

民事字第六三二七号

中华民国三十八年六月六日

查本院受理三十八年度上字第三四五号，刘大亨与李得章交还田业事件，业经当庭撤回确定相应。检同卷宗等件函送即请

查收为荷。

此致

重庆地方法院书记室

计送本院卷一宗，原审卷一宗，证物一件。

书记官

中华民国三十八年上字第三四五号

上诉人：刘光荣等

诉讼标的：交还田业

被上诉人：李得章

收案时期：三十八年元月二十四日

重庆地方法院书记室公函

慎字第四〇号

案查刘光荣与李得章交还田业事件，业经本院依法判决，送达在卷。兹据刘光荣等于法定期间内具状提起上诉到院，相应检齐卷证函送贵室查收核办。

此致

四川高等法院重庆分院书记室

计函送卷一宗、状一件、证各一件、证物一件。

书记官：李铸

中华民国三十八年一月二十日

声请诉状

三十七年度诉字第八〇〇号

声请人：刘光荣，男，三十四，巴县人，住圆明乡第十一保，农。刘大亨，男，四十四，

巴县人，住圆明乡第十一保，农。刘绍荣，男，五十五，巴县人，住圆明乡第十一保，农。

相对人：李得章，男，在卷。

为不服判决，声请检卷申送上级法院核办事情。民等前以违约狡赖估耕田业等词，具诉李得章一案已沐集讯判决，主文内载原告之诉及假执行之声请均被驳回，诉讼费用由原告负担等谕。奉读之下不胜骇异，窃被告承佃民等田业，租期早已载明约内，今佃期已满，该被告即肆行狡赖，不遵约返还田业，复不换约定期租赁，继续耕种，其居心之诡诈，实令人难甘遵判诉服者也，是以于法定期内，恳请将本案全卷，检送上级法院核办，而为适当之判决，至应缴上诉费用若干伏乞裁定示知，再有上诉理由书，民等径向第二审补呈合并声明。

谨呈

重庆地方法院民庭公鉴。

中华民国三十七年十二月二十七日

具状人：刘光荣、刘大亨、刘绍荣

重庆地方法院民事裁定

三十七年度诉字第八〇〇号

上诉人：刘光荣、刘大亨等，住圆明乡十一保。

前上诉人与李得章因交还田业事件，不服本院第一审判决，提起上诉，应缴裁判费国币金元二元未据缴纳。其上诉状亦未依民事诉讼法第四百三十八条表明上述理由，兹限该上诉人于收受本裁定时起十日内，向四川高等法院重庆分院如数补缴。逾期尚未遵行，第二审法院即行驳回上诉。切勿迟延自误，特此裁定。

中华民国三十八年一月十一日

重庆地方法院民事第二庭

推事：王振常

书记官：李铸

本件证明与原本无异

送达证书

书状目录：民国三十七年诉字第八〇〇号交还田业案裁定一件。

受送达人：上诉人刘光荣、刘大亨等。

受送达人署名盖章，若不能署名盖章或拒绝者，应记明其事实：刘大亨

送达日期：三十八年一月十三日。

中华民国三十八年一月

重庆市地方法院执达员：廖志远

上诉文书

四川高等法院重庆分院民事第二庭受理。

三十八年度上字第三四五号

上诉事件定三十八年五月十九日上午八时为言词辩论期日，应行传唤及通知诉讼关系人如下：

上诉人：刘光荣、刘大亨、刘绍荣，均住圆明乡。

被上诉人：李得章。

送达证书

[民国三十八年上字第三四五号交业传票一件，送达刘光荣、刘大亨、刘绍荣及李得章签收略]

民事委任书

委任人：刘光荣，男，巴县人，住圆明乡十一保萧家岚垭。刘大亨，男，巴县人，住圆明乡十一保萧家岚垭。刘绍荣，男，巴县人，住圆明乡十一保萧家岚垭。

受任人：梅刚中律师、刘咸熙。

为与李得章因终止租约给付租谷事件上诉一案，兹委任梅刚中律师及刘咸熙为诉讼代理人。合具委状为证，谨呈（又受任人刘咸熙有认诺和解及撤回上诉之权，合并声明）。

四川高等法院重庆分院民庭公鉴。

律师梅刚中缮

中华民国三十八年五月十九日

具状人：刘光荣、刘大亨、刘绍荣

言词辩论笔录

上诉人：刘光荣。

被上诉人：李得章。

当事人间交业上诉事件，经本院于中华民国三十八年五月十九日上午十时在本院第四法庭公开言词辩论，出庭推事书记官如左。

审判长推事：

推事：

推事：饶世第。

书记官：敬国容。

点呼事件后到场人如下。

刘咸熙、梅刚中律师。

李得章

问：刘咸熙，你代理谁？

答：我代理刘光荣等。

问：请求怎判？

答：这案子已另案起诉，本案请求撤回上诉。梅刚中押。

撤回人：刘咸熙押

本案上诉撤回，退庭。

中华民国三十八年五月十九日

四川高等法院重庆分院民二庭

书记官：敬国荣

推事：饶世第

48.罗炳周诉王义周请求返还借款案

民事诉状

原告人：罗炳周，二十八岁，綦江人，住綦江正自乡第六保岗上，农。

被告人：王义周，巴县人，住巴县南龙乡四保端公湾。

为拖骗借债不纳，状请传讯。严饬偿还结清手续，俾免奸骗而维债权。事缘自民国三十五年秋间有债务人王义周请民向外借债，民遵。于同年古历七月初八日与伊在郭华斋处借得国币十万元，对年照市行息共加食谷三石五斗（巴老量）。民全权负责出具字约与郭华斋，抵押品证据再由王义周出具。以猪牛为抵押品之契约为凭。至三十六年古七月初八日对载之际，该债务人王义周声言吾俩系关姨侄之宜，对此项债务吾再借一年息谷，仍还照时市行之五斗并本年应给之利谷，仍要借转二斗加息一石，合并共成三石五斗，合计照三十五年度之字据为总数，其国币及食谷头利等限三十七年古历七月初八日之际付楚等语。民视有戚谊之关，责无旁贷，只得遵从。照常与伊负借，已本年秋间对期之际民向债务人王义周收讨。该义周昧骗大计早经偿还，并未揭毁证据。民得急报请南龙乡调解会集案。该义周仍如昧言，妄语竟承还谷四斗。民伏思既经还债，有何应再给付之理？神天共察，似此昧良不法拖骗，令人堪痛，谨特缴呈讼费，依法伏请钧处俯赐传案讯究，严饬债务人王义周偿还给清手续而维债权。

谨伏

重庆地方法院民庭公鉴。

中华民国三十七年十一月

具状人：罗炳周

重庆地方法院书记室公函

三十七［年］诉一六七六号

院长：杜洪。

庭长：

推事：

书记官：彭土其。

三十七年十一月二十六日送稿

三十七年十一月二十七日签发

三十七年十一月二十七日发文八一九九号

重庆地方法院书记室公函

查罗炳周与王义周还借款一案原告位居在贵院管辖区域内，兹有应行送达该罗炳周传票一件，相应嘱托贵院查照，希速派员代为送达，并将送达证书，迅送过院备查。为荷！

此致

綦江地方法院书记室

计送传票送证各一件

四川綦江地方法院书记公函

地民字第三六五号罚

案准贵书记室三十七年十一月二十七日函，嘱送利刑字第八一九九号罗炳周借款一案传票，嘱代送达等由，当经饬员送达去后，兹据该员呈缴送达回证前来相应检同回证函送，查照为荷。

此致

重庆地方法院书记室

附送达回证一件

中华民国三十七年十二月十二日

送达证书

书状目录：民国三十七年利字第一六七六号案送达传票一件。

受送达人：原告罗炳周。

受送达人署名盖章，若不能署名盖章或拒绝，应记明其事实：罗炳周。

送达日期：三十七年十二月十日。

中华民国三十七年十一月二十六日

重庆地方法院执达员：陈璧臣

［同年十二月一日王义周签收的送达证书略］

王义周答辩状

辩讼人：王义周，男，五十四，住巴县南龙乡第四保端公湾，农。

原告人：罗炳周，男，二十八，住綦江正自乡六保，商。

事由：为提出答辩请予查核事，情民被罗炳周告诉借债不纳一案，经奉钧院三十七年度讯字第一六七六号传票传讯在案。谨将经过各情具实答辩如下：缘被告于三十五年七月初八日借到原告国币十万元，约定对年加息谷三石五斗，照月计算，被告于三十六年二月初七日将本还清计该息谷一石七斗约定秋收付给。秋收时被告经凭李绍全、杨云光、张显荣等在场，当由原告招付李绍全会谷四斗，原告亲身出去一石下欠三斗，原告当众计本利一并还清。原告当以借约未能带来，言定三五日内即可代交，被告以为宜属姨叔姨侄。殊原告居心昧良，推延不给，被告无可如何。经报告保甲申明原委可查。该原告竟于本年八月报告乡公所，亦经传讯查实被告实无拖欠情事，并有证人李绍全、杨云光（即两造所管甲长）及张显荣等到场具结证明还清。乡公所记录在卷，不必传证，请调卷即可证明。且呈乡公所之借约无笔证与原约不合，更不知居心何在。原告实为违约不给，昧良诬告，欺民本厚，不得已拟实办呈。

鉴核肯予查究，以维公道。

谨呈

重庆地方法院民庭

答辩人：王义周

和解协议

重庆地方法院诉字一六七六号还借款。

原告：罗炳周。

被告：王义周。

与庭和解成立：十二月十五日。

中华民国三十七年十二月十五日

被告十日内给原告黄谷七斗（老量），定时原告将借约返还被告。

审讯笔录

原告：罗炳周。

被告：王义周。

证人：

前列当事人因返还借款案，经本院于中华民国三十七年十二月十五日午前八时民事法庭，出席职员如下。

审判长推事：王乃澄。

推事：

推事：

检察官：

书记官：刘荣矩。

点呼前列当事人入庭，书记官朗读案由。

问：姓名、年［龄］、住址?

答：罗炳周，二十八岁，住綦江。

问：告哪个?

答：告王义周。

问：为什么事告他?

答：讨债。

问：何时借你的钱？

答：他三十五年七月初八日借我钱法币十万元。

问：利息多少？

答：每年利息在三十五年是三石五斗黄谷，三十六年是五斗，其钱就在他，还未还。

问：他交了多少利息？

答：利息他三十六年七月交了四斗黄谷。

问：有字证？

答：有他的借约。

问：王义周、年［龄］、住址？

答：五十四岁，住同状。

问：你三十五年是否借原告的钱，还了没有？

答：三十五年是借他十万元，但于三十六年二月已拿去还了他的。

问：利谷还了否？

答：其利谷亦于去年八月已支给他一石七斗，承他义让三斗，他只收了一石四斗。

问：你还了的为何借约还在原告手？

答：其借约当时他说找不到，就未将这约还我，我并经凭过保甲。

问：每年利谷多少？

答：每年利谷三斗五升。

问：你现在还他七斗谷子和解不？

答：要得。

问：原告，他还你七斗谷你愿意和解？

答：愿意和解。

其和解内容如和解笔录。

庭论和解成立，退庭。

前笔录经朗读无异

中华民国三十七年十二月十五日

重庆地方法院民一庭

书记官：刘荣矩

推事：王乃澄

重庆地方法院和解笔录

三十七年度诉字第一六七六号

原告：罗炳周，住綦江正自街六保岗上。

被告：王义周，住巴县南龙乡四保端公湾。

前当事人间因偿还借债事件，本院试行和解成立内容如下：

（甲）和解内容：

（一）被告愿于十日内给付原告黄谷老量七斗以偿还借款之本利。原告基于两造之戚谊关系，对之表示首肯，并表示于被告给付黄谷时即将原借约返还被告。

（二）诉讼费用由两边各自负担。

（乙）和解关系人：罗炳周、王义周。

（丙）和解年月日：

中华民国三十七年十二月十五日

重庆地方法院民事一庭

书记官：刘荣矩

推事：王乃澄

送达证书

书状目录：民国三十七年诉字第一六七六号还借款案笔录一件。

受送达人：原告罗炳周。

受送达人署名盖章，若不能署名盖章或拒绝，应记明其事实：罗炳周。

非交付受送达人之送达应记明其事实

送达处所：綦江正自乡岗上。

送达日期：三十八年一月四日。

中华民国三十七年十二月三十日

重庆地方法院执达员：钟海泉

［同日王义周之妻王李氏收转笔录的送达证书略］

49. 侯仲权诉吕克立请求确认买卖不成立案

侯仲权请中约文据

立书请中约人侯仲权，情以另有良谋，愿将昔年本人所置林森路六六四号地基铺房，全部出卖。特请托中证人朱遂良、周吉章、秦君琦等为中，介绍买主。于觅买主时即行立契成，不得反悔，恐口无凭，特书请中文约一纸为据。

立请中文约人：侯仲权（章）

中华民国三十七年国历三月六日

张志斌代笔

侯仲权与吕克立买卖地基铺房契约

立出卖地基、铺房契约文约人益德堂侯仲权，情以别有良谋，愿将昔年所买邹晓初所置五区管内、前由宝善寺镇伍家街口，即现在改名林森路六六四号平街铺房一间，天地俱全，地基面积二厘四毫，地图一幅（系财政局三十二年发给分割地图为凭）。四至界畔：东至王德宽借立为界，南至伍家街边滴水为界，北至林森路马路边为界，四界明其有管业证。前有卖主特向市政府地政局登记在案，而后地政局将管业证过户证件办理完善，通知发还，即交与买主执掌为凭。今特请托中证人朱遂良、周吉章、秦君琦等为中，介绍与吕克立名下承买永远管业，当凭中证议定实价国币地基四百万元，铺房八百五十万元，合计地基铺房实值国币一千二百五十万元正，当凭中证一次清收领足，并无短欠分厘等情。此系买卖二家双方心欢意悦，其中毫无逼勒、套哄等情，恐口无凭，特立买卖地基、铺房契约一纸为据。

实计地基、铺房业价全数国币一千二百五十万元正。

永远管业

中证人：朱遂良、周吉章、秦君琦、申显荣、曹春荣、张志斌

中华民国三十七年国历三月十四日

立书出卖地基铺房人：侯中权（章）

侯仲权收清业价所立文据

今收到吕克立交来林森路六六四号地基铺房业价全数国币一千二百五十万元正（右款系巴县县银行二月十五取现支票一张）。

立收清业主价款人：侯仲权（章）

中华民国三十七年国历三月十四日

民事判决

卅七年度诉字第七〇八号

原告：吕克立，住林森路六六四号，诉讼代理人钱藩律师。

被告：侯仲权，住南纪门川道拐六九号，诉讼代理人尹康民律师。

当事人间因确认买卖契约有效事件本院判决如下：

主文

确认原告与被告于本年三月十四日就本市林森路六六四号地基、铺房一间所缔结之买卖契约有效，诉讼费用由被告负担。

事实

原告及其代理人声明，求为如主文之判决。其陈诉略称，原告原佃居被告所有本市林森路六六四号铺房一间，立有租约，延至本年三月，经中人朱遂良、周吉章、秦君琦等特同被告请中约来家，一再劝原告承买，原告本无力，惟以搬迁麻烦，勉为承认，凭中议价国币一千二百五十万元。乃于是月十四日先立买契，成交之后，原告即交付巴县县银行支票一张，计一千二百五十万元正，取有被告收清之据并接收卖约即请中约。殊后生活日高，物价陡涨，被告遂生悔意，迭次向原告需索非加价两千万元不能交出所有权状。因买卖时伊称所有权状尚在地政局，故未及时交出，致有借搪需索之由来。被告见原告一再不允加价，竟捏称佃伊房约，蒙向钧院民庭诉请止租迁让，□□诉请判决如声明云云。

被告及其代理人声明，请求驳回原告之诉。其陈诉略称，被告卖房地与原告是实，业价六千万元。交来一千二百五十万元。并未书立卖约，亦无请中约，且未盖章。原告提出之卖约完全是伪造，并请驳回原告之诉。

理由

本件原告主张，其提出新、旧契约及收字、请中字各一件为证，并经朱遂良、申显荣、秦君琦、曹春荣、张志斌等结证属实，被告对于买卖及收房之据亦无争执，虽据弁［辩］称房价为六千万元，并未提出请中字，亦未订立买卖等语。然核阅卖契及请中字之私章与收字之私章，并无不符之处。被告又不能提出反证以资证明，空言抗弁［辩］何能采信？原告请求确认该项买卖契约为有效，不能认为无理由。

据上论结，原告之诉为有理由，应准其请求，并依民事诉讼法第七十八条判决如主文。

中华民国三十七年六月十二日

四川重庆地方法院民事第二庭

推事：王振常

书记官：李

如不服本判决，应于收到送达二十日内，向本院提出上诉书状。

四川重庆地方法院民事判决书

三十七年度诉字第四七六号

原告：侯仲权，住南纪门川道拐六九号，诉讼代理人尹康民律师。

被告：吕克立，住林森路六六四号，诉讼代理人钱藩律师。

当事人间因终止租约事件本院判决如下：

主文

原告之诉及假执行之声请均驳回，诉讼费用由原告负担。

事实

原告及其代理人声明，准原告与被告，就本市林森路六六四号铺房全间所立租约终止，被告应即迁让交业并假执行，诉讼费用由被告人负担。其陈诉略称，原告于三五年旧历七月初六日承买邹晓初所有林森路六六四号铺房全间，立有买卖契约为据，被告吕克立在原告买受上项房屋之先，已于同年二月间租得上项房屋，故于原告买受继续向原告认纳租金，计每季租金四十万元。现在原告因急需收回自用，经通知被告退租不允，特依房屋租赁条例第九条第一项第五款，请求判决如声明云云。被告及其代理人声明，请求驳回原告之诉，及假执行之声请。其陈诉略称，原告卖房屋与被告有契约为凭，且亲自签字及收到业价据条。原告亦承认卖房是实，同时亦收到被告一部分业价。由此可知，买卖实在，何有终止租约之权？原告完全虚构，只因物价上涨，只图狡赖，应请驳回原告之诉云云。

理由

本件原告既将系争之房屋出卖于被告，则原告与被告之租赁关系［业］已消灭，原告之物权即因移转与被告而丧失，同时被告即因移转而取得所有权，被告纵有业价未清之事，亦仅得请给付价款，乃请求终止租约迁让交业，显难认为有理。从而假执行之声请，亦失所依据，不应准许。综上论结，原告之诉为无理由，应予驳回，并依民事诉讼法第七十八条判决为主文。

中华民国三十七年七月三十一日

四川重庆地方法院民事第二庭

推事：王振常

对于本案不服，应予受收送达正本后二十日内向本院提出上诉书状。

书记官（章）

中华民国三十七年八月二十三日

四川重庆地方法院检察官不起诉处分书

被告：吕克立，男，卅四，住林森路六六四号；朱遂良，男，四十三，住石板坡九十号；申显荣，男，五十三，住川东师范对门布店；秦君琦，男，二十五，住棉花街八十三号；曹春荣，男，卅七，住坎井街二十三号；张志斌，男，卅四，住石板坡警察五分局。

前开被告等民国三十七年度侦字第五二七七号伪造文书案件，业经侦查完毕，认为应不起诉。兹将叙述理由如下：

按犯罪事实，应依证据认定之刑事诉讼法第二六八条有明文规定，本件侯仲权告诉被告等伪造文书一案，不外谓告诉人于本年三月间房屋转让与吕克立，价金六千万元，书立契约尚未签押，仅暂收定金一千二百五十万元正，经出收据一纸。嗣因出卖物原佃等发生争执，买卖作罢。乃被告等竟伪造该项契约，诉经民庭判决，确认买卖为有效云云。据被告等均矢口否认有伪造情事，并一致辩称该项契约系当众书立，经告诉人亲自盖章不虚等语。告诉人亦仅空言指摘（责），毫无具体左证可供参酌，且该项契约虽告诉人指称未经签押，惟于民事诉讼审判中，原审曾就卖契及收据请中约与收据之私章核对相符（见本院民庭诉字第七〇八号），而确认买卖契约有效。查其情节，显系告诉人于民事败诉而借故讼累，他无确据证明，被告等果有犯罪行为，犯嫌自属不足，爰依刑事诉讼法第二三一条第十款为不起诉处分。

中华民国三十七年十月十八日

四川重庆地方法院

检察官：杨方伯

书记官：

四川高等法院重庆分院民事判决

三十七年度上字第三六一六号

上诉人：侯仲权，住本市南纪门川道拐，诉讼代理人尹康民律师。

被上诉人：吕克立，住林森路六六四号，诉讼代理人钱藩律师。

当事人间请求终止租约事件，上诉人对于中华民国卅七年七月三十一日四川重庆地方法院第一审判决提起上诉，本院判决如下：

主文

上诉驳回，第二审诉讼费用由上诉人负担。

事实

上诉声明，请求废弃原判，另判两造就林森路六六四号铺房一间所缔之租约终止，并令被上诉人交业。

被上诉人声明，请求驳回上诉，其余两造应记载之事实与第一审判决决意所载相同，兹引用之。

理由

上诉人主张，彼于三十五年旧历七月间承买系争之铺房一间，被上诉人为该房之老佃。前以急需收回自住，于三六年冬月间通知其迁让云云。被上诉人抗弁〔辩〕，于本年三月十四日中人朱遂良、周吉章、秦君琦等，介绍上诉人已将该争系之房屋出卖与彼等语。经质之，上诉人虽不否认出卖系争房屋与被上诉人其事，但称并未立约。惟查被上诉人曾对□认该项买卖契约有效。业经判决，上诉人败诉。经确定在案，则上诉人此项抗弁已属不足采服，纵令该买卖未订立书面，仍与前定债权效力无碍。上诉人为该契约之当事人，亦不得不受其拘束。则上诉人出租人之地□，已因其出卖系争标的物而丧失原审，据以驳回上诉人之诉，于法并无不合，上诉人之上诉亦即不能认为有理。

按上论结，本件上诉为无理由。依民事诉讼法第四四六条第一项第七十八条判决如主文。

中华民国卅七年十一月

四川高等法院重庆分院民事第二庭

审判长推事：刘伯泉

推事：李墉

推事：林金和

书记官：

原告侯仲权诉状

原告：侯中权，男，卅五，籍贯本市，住南纪门川道拐六九号。

被告：吕克立，男，本市人，住林森路六六四号。

为与被告因确认买卖不成立暨伪造买卖约及业价收据失效等件依法缴买起诉，恳予传案讯判事。

（甲）诉之声明：

（一）请求确认原告与被告两造间，就本市林森路门牌第六六四号铺房一间，未经协议，成交之买卖为不成立。

（二）请求确认被告就上项房屋买卖所伪造原告名义之卖约一纸及业价收据一纸失效。

（三）请求核对伪造卖约收据及请中约等据之笔押、印章是否真实为原告行使所有。

（四）上项被告失权侵住之铺房，全部请求判令迁让，交还原告接收管业。

（五）对于被告迁让交房部分，请予宣告假执行。

（六）诉讼费用由被告负担。

（乙）事实及理由：

缘本市林森路门牌号第六六四号铺房一间，经原告于民国三十五年农历七月间凭中说合，向邹晓初合法承买，以供居住营业之需。惟该原佃户即被告吕克立因觅房困难，始允要求继续承租暂住，随即觅房搬迁（立有佃字可凭）。殊该被告□□□缓延不迁让，致害原告久难收回自住营业，迫请该被告理论，其仍借词推延，抗不纳租，原告当时气愤填胸，怒言既不纳租又不搬迁，我将此房出卖了他，讵该被告以原告坚决退佃而无再租可能。故于原告诉求判令止约迁让一案审讯时，而竟就原告气急怒称之语，伪造原告名义之卖房字约及业价收据、并请中约等字据提供伪证。揑称上述铺房已卖与伊，并伪造原告印章加盖于卖约、收据等字据之上供□□，其至亲好友周吉章、朱遂良、秦君琦等到庭伪证为中证。不知本件系争之铺房，原告并未出卖与被告，如谓此系争之房果已出卖，而原告必将管业契据交付被告，所有佃字退还被告。但对于此房之管业契据，以及被告出之佃房字据，现既全存原告手中，概未交付或退还于该被告者。对此系争之房，显未经原告两造同意成交。买卖难堪认定，且况现时房基如成交买卖，则必以本管保甲长、街临为中证，法所明定。而原告与被告就此系争之房有无成交买卖之举，惟本管甲长朱炳生、街邻吴海清、罗介儒、伍云程等最为知悉。只须传案一讯，则真伪明矣。至于该被告，虽齐有证人周吉章、秦君琦、朱遂良等，但均系属伪证，且均远距他处，并非近居街邻，虽提有卖契收据等据，但系该被告自行伪造而有，并非原告出立。至其买契及收据等据上之名章押迹，亦均由伊伪造所盖，并非原告本人亲署平日使用之印章。尚可核对，一经核对，立明真伪。是则该项伪造卖契及收据等伪据，依法自应诉请视为失效。而未经成立之买卖，即应认为不成立。该被告无权侵占之铺房，尤应立令迁让交还原告，至被告侵占之铺房，倘不沐准予判决确定，前宣告假执行之诚有难于计算及赔偿之损害，为特依法起诉，并按讼争标的物估价三千元金元缴纳诉讼费，状恳钧院鉴核，准为如声明之判决，以保业权而儆侵害。实深沾感！

　　谨状

查本件标的估计过低，请推事命其补缴。

［民国三十八年］元月十二日

人证：甲长朱炳生，街邻吴海清、伍云程

物证：管业契约各据讯呈

中华民国三十八年元月十二日

具状人：侯仲权

送达传票

书状目录：买卖无效传票一件。

受送达人：原告侯仲权。

　　受送达人署名盖章，若不能署名盖章或拒绝者，应记明其事实：侯仲权。

　　非交付应受送达人之送达应记明其事实：戴崇娴（章）。

　　送达日期：三十八年一月□日。

中华民国三十八年一月二十一日

重庆地方法院执达员：雷书田

［被告吕克立签收传票的送达证书略］

侯仲权关于诉讼代理人委任书

委任人：侯仲权，本市南纪门川道拐六九号。

受任人：尹康民，律师。

　　为与吕克立因确认买卖不成立暨伪造卖约及业价收据无效等一案，委任人依法委任尹康民律师为诉讼代理人。

　　谨呈

中华民国三十八年二月二十五日

具状人：侯仲权

被告吕克立辩诉书

辩诉人：吕克立，男，卅四，住本市林森路六六四号。

原告人：侯仲权，男。

为一事六控，今被侯仲权又捏确认买卖不成立暨契约、收据无效等件到案，应当答辩。谨将辩诉之请求及事项理由列下：

（甲）请求：

一、驳回原告之诉。

二、诉讼费用由原告负担。

（乙）事实：

缘民原租原告侯仲权之平街铺房一小间，在本市南纪门口，即林森路六六四号，面积二厘四毫，立有租约。迨至去（三七）年三月，经中人朱遂良、周吉章、秦君琦等特同原告人侯仲权之请中约来家，一再劝民就佃承买，民本无资，但恐搬迁艰难，勉为承认。凭中议价国币一千二百五十万元。乃于是月十四日先立卖契，成交之后，即由民付巴县县银行之支票一张，计数一千二百五十万元正，取有原告收清字据，并接收卖契及请中约（抄呈）。殊后生活陡涨，物价日高，原告人即起悔意，迭向民需索非增加业价到二千万元，不能交出所有权状。因卖业时伊称权状尚在地政局，未得同时交出所有权状，致有藉揢需索之词。一再见民不允加价，该原告即于三十七年四月六日，向钧院提起止租迁让交业之案，经钧院慎服审讯，结果以三七年度诉字第四七六号判决驳回。伊又上诉于高分院，又经高分院以同年上字第三六一六号判决驳回上诉（抄呈）。迨民始向钧院诉请确认买卖契约有效。经钧院民庭以三七年度诉字第七〇八号判决，确认原告与被告于本年三月十四日，就本市林森路六六四号基地铺房一间所缔结之买卖契约有效，诉讼费由侯仲权负担。伊又上诉于高分院，仍遭驳回（抄呈）。殊该仲权恼羞成怒，再向钧院检查处告诉民有伪造嫌疑，并告中人朱遂良、申显荣、秦君琦、曹春荣、张志斌五人有伪证嫌疑，经杨检察官方伯传讯多次，结果以侦字第五二七七号之不起诉处分书处分之（抄呈）。如此一案，经五控民刑判决，均已确定。何得再有起诉之余地，依民事诉讼法规定："一事不能再理，岂可一事而六控乎？照本案伊状所称未交所有权状为理由，查各地习惯，先立约，后收款，嗣后才交过岗老契者颇多。况伊由顶打而来，同时收价，同时交出老契。自称伊买时即无权状，问其权状，伊称尚在地政局，负责缓期交出，有中证等可质。今既败诉五次，而来再提买卖无效之案，显系图揢不遂，藉案拖累，使民损失不堪。想之痛心，思之泪血，买一小铺而遭讼累，钧院亦所不许，况确定之案不容再翻。法有明文，是特辩恳如甲项之请求而为判决。无任沾感。

谨状

附呈抄件判决三份，处分书一份，卖契一份。

中华民国三十八年二月二十五日

具状人：吕克立

吕克立关于诉讼代理人委任书

委任人：吕克立，男，卅四，本市人，住林森路六六四号。

受任人：钱藩，律师。

为被侯仲权具控确认买卖不成立暨契约收据无效等件一案，特依法委任律师为代理人。

此委

中华民国三十八年二月二十五日

具状人：吕克立

四川重庆地方法院民事裁定

卅八年度诉字第一〇六号

原告：侯仲权，住南纪门川道拐六九号，诉讼代理人尹康民律师。

被告：吕克立，住林森路六六四号，诉讼代理人钱藩律师。

当事人间确认买卖契约无效等事件，本院裁定如下：

主文

原告之诉及假执行之声明均驳回，诉讼费用原告负担。

理由

按原告之诉，其诉讼标的确定判决之效力所及者，法院应以裁定驳回之，民事诉讼法第二百四十九条第一项第七款末段定有明文。本件原告主张，其与被告就本市林森路第六六四号铺房一间所缔结之买卖契约，因未经双方一致之协议，请求确认该项买卖契约为无效等语。惟查被告曾就该项买卖契约请求确认为有效，业经本院民国三十七年度诉字第七〇八号判决确认有效，并确定在案。是本件之诉讼标的显为该项确定判决之效力所及，毫无疑义。兹原告复就该项买卖契约请求确认为有效，按之上开法条规定显不合法，原告之诉即不能认为有理由，从而原告其余之请求及假执行之声明请均失所附丽，不应准许。

据上论结，原告之诉及假执行之声请均无理由，应予驳回，并依民事诉讼法第九十五条、第七十八条裁定如主文。

中华民国三十八年三月三日

四川重庆地方法院民事第一庭

推事：刘仁宗

书记官（章）

[如不服本裁定，应于收受送达正本后十日内，向本院提出抗告书状。]

审判笔录

被告：吕克立。

前列当事人因确认买卖不成立案，经本院于中华民国三十八年二月二十五日民事法庭出席人员如下：

审判长推事：刘仁宗。

书记官：黄明盛。

问：原告侯仲权，年（龄）、住址?

答：三十五岁，住南纪门川道拐六九号。

问：请求对被告如何判决？

答：原告声明，对被告之判决如诉状上诉之声明。

问：请原告代理人代原告陈述诉之声明。

原告代理人起称：如诉状诉之声明。

问：林森（路）六六四号铺房是谁的？为什么应买卖无效？

答：是我的。前年七月佃给被告的，去年七月期满。去年三月十四日卖给被告，议价六千万元，交一千二百万元的定金，其余的未付。

问：有卖约没有？

答：写过卖约（呈上卖约）。

问：另外有一案吗？

答：是的，确认买卖有效，而且已经确定。

问：为什么这次要告他说买卖无效呢？

答：这次我来这打官司也没有证人。

问：被告吕克立，年（龄）、住址？

答：三十四岁，住林森路六六四号。

问：房子面积怎样？

答：面积很小，前面一排宽，后面进身不到两丈。

问：买约是原告画的押吗？

答：是他去画的押，画押费五十万元。

问：那时买成多少钱？

答：那时买成一千二百万元，买得到两包棉纱。

请原告代理人陈述意见。

原告代理人起称：原告未画押，故买卖契约无效，所有权状亦未交给被告，被告无权强占，且被告所呈之卖约，证人又属伪证，盖证人均在远方，原告卖案不由保甲证明，怎么会找远方不相识之人？故该约系伪造。

请被告代理人答弁［辩］：

被告代理人弁［辩］称：原被两造仅系争执价金数月，未争执买卖契约有效无效，可知买卖契约成立有效，而且经四次判决都认买约有效。那时一千二百万元也很值钱，币制改革后才贬值。证人都不识字，说是伪证一点，也经判决过，故原告之诉应予驳回，诉讼费用由原告负担。

问：你们还有什么？说说。

答：（原被告）没有。

前笔录当庭朗读，无讹。

庭谕，本案弁［辩］论终，传定于三月三日宣判。

四川重庆地方法院民事庭

书记官：黄明盛

推事：刘仁宗

宣判笔录

原告：侯仲权。

被告：吕克立。

当事人间确认买卖契约无效事件于中华民国三十八年三月五日上午十时在本院民事法庭公开宣判，出席职员如下：

推事：刘仁宗。

书记官：黄明盛。

点呼事件后，推事起立朗读判决主文，并口述判决理由之要领。

中华民国三十八年三月五日

重庆地方法院民事庭

推事：刘仁宗

书记官：黄明盛

送达证书

书状目录：买卖契约无效裁定一件。

应送达人：原告侯仲权。

受送达人署名盖章，若不能署名盖章或拒绝者，应记明其事实：

非交付应受送达人之送达应记明其事实：侯仲权。

送达日期：卅八年三月二十二日 午 时。

中华民国三十八年三月二十二日

重庆地方法院执达员：张学吉

［同日被告吕克立签收裁定的送达证书略］

原告侯仲权抗告状

抗告人：侯仲权，本市人，住南纪门下石板坡二八号。

被告人：吕克立，住本市林森路六六四号。

为不服裁定依法抗告，请予废弃原裁定中止诉讼程序，否则移送上级法院核办以资救济事。

缘民因确认买卖契约无效事件，具诉吕克立一案，本年三月二十六日奉钧院三十八年度诉字第一〇六号民事裁定主文"原告之诉及假执行之声明请均驳回，诉讼费用由原告负担"等因曷渎。惟查本件系争标的之买卖契约，纯系被告所伪造，约上证人无一系当时在场之中证，全系被告另安之伪证。民前以伪造案件向钧院检查处提起告诉，检察官以民无具体佐证，致受不起诉之处分在案。而民主权枉被侵害，沉冤不得伸白，内心之苦，欲说无词。奸巧者侥幸得逞，受害者冤抑到底。民心不死，何以甘服，嗣经多方采探被造伪造事实，现有发现新证，业经声请检查处重行侦察在案。查民事以刑事为根据，本件刑事既有□化之倾向，则民事即有续审之必要。为特声请钧院鉴核，俯予废弃原裁定，将本件诉讼程序暂予中止，以便于刑案解决后继续审判。否则请即申卷抗告法院核办，以资救济。无任沾感。

谨呈

中华民国三十八年四月二日

具状人：侯仲权

［三十八年四月二十五日侯仲权签收的买卖契约无效裁定（三十八年度诉字第一〇六号）送达证书略］

四川高等法院重庆分院民事裁定

民国三十八年度抗字第一〇八号

抗告人：侯仲全，住重庆下石板坡一八号。

抗告人因与吕克立请求确认所有权存在事件，对于中华民国三十八年三月四日四川重庆地方法院裁定提起抗告。本院裁决如下：

主文

抗告驳回，抗告诉讼费用由抗告人负担。

理由

按诉讼标的于确定之终局判决中经裁判者，当事人不得就该法律关系更行起诉，民事诉讼法第二百九十九条第一项有明文规定。本件讼争林森路第六六四号铺房，业经相对人吕克立另案诉向抗告人请求确认为伊所有，判决确定在案。有原审三十七年度诉字第七〇八号判决书可证，抗告人竟就该项铺房更行提起确认之诉，自与首开规定有违。原审依民法第二百四十九条第一项第七款予以裁定驳回，并无不合。抗告非有理由。

据上论结，本件抗告为无理由，应依民事诉讼法第四百八十九条第一项、第九十五条、第七十八条裁定如主文。

中华民国三十八年六月二十四日

四川高等法院重庆分原民事第一庭

审判长推事：李泽之

推事：王文刚

送达证书

应送达之文书：与吕克立所有权裁定一件。

应受送达人：侯仲权。

受送达人署名盖章，若不能署名盖章或拒绝者，应记明其事实：侯仲全（签字）。

送达日期：三十八年七月三十日。

中华民国三十八年七月

重庆地方法院送达人：黎永茂

［同年七月二十八日被告吕克立签收的送达证书略］

四川高等法院重庆分院书记室民事发回确定案卷公函

中华民国三十八年八月十八日

　　查本院受理三八年度抗字第一〇八号，侯中权与吕克立因确认所有权存在事件，业经裁定确认，应检同卷宗等件函送，即请查收为荷。

　　此致

重庆地方法院书记室

计送本院卷一宗、原审卷一宗、证物。

书记官：

重庆地方法院书记室公函

作字第一〇六号

　　案查侯中权与吕克立确认买卖不成立一案，业经本院依法裁定并予送达在卷。兹据原告侯仲权于法定期间内具状提起抗告到院，相应检齐卷证，函送贵室查收核办。

　　此致

四川高等法院重庆分院书记室

计函送卷一宗，抗告状、回证各一件，裁定二件。

目 录

【下 册】

第三编　刑事诉讼案例 /1039

第四编 行政诉讼案例 /1399

第二编

民事诉讼案例（二）

二、债 / 契约

50.吴金盛诉袁栋亭要求偿还押金案

民事声请状

右方：声请人，姓名吴金盛，男，五十六岁，籍贯巴县，住西彭乡十二保石对窝，经商。

左方：被声请人，姓名袁栋亭，男，籍贯巴县，住西彭乡十五保桥头河，务农。

为币制改革，年前约定押佃法币究应按何种标准给付，状请传案讯处事：缘被声请人于民国三十三年四月承佃声请人所有西彭乡十五保属桥头河田业股一股，计产量十石，取押佃法币二千元正，有契约可凭。嗣因生活渐高，法币日益贬值，经按年催告被声请人换约变押，竟置不理；旋于去年八一九币制改革，行使金圆券时，曾迭次通知被声请人，拟照行政院三十七年九月六日公布民国三十三年法币公债处置办法规定，迄照一千倍计算增加给付，仍未得果；兹币制又改为银元，是项押金究应按照何种标准给付，查无明文规定。声请人为杜绝后患及体恤该佃计，理合状请钧院鉴核，赐准票传被声请人到案讯处，饬令照判变押换约，是为公便。

谨状

四川重庆地方法院民庭公鉴。

中华民国三十八年八月二十日

具状人：吴金盛

民事诉讼缴款单

征费机关：四川高等法院重庆分院。

缴款人：吴金盛，卅八年度诉字第七五九号。

案由：给付租佃。

标的：五百元。

费别：裁判费。

征费数目：金圆拾壹圆〇角伍分。

中华民国卅八年八月二十五日

民事辩诉状

右方：辩诉人，姓名袁栋亭，男，五十八，籍贯巴县，住西彭乡十五保，务农。

左方：原告，姓名吴金盛，男，籍贯巴县，住西彭乡十二保，自业。

为捏词朦告具呈辩明、恳予详查、依法驳回原诉、维持佃农事情。吴金盛告请领押及增还押金事件具状呈诉民一案应辩，缘民于民国二十三年古历八月二十日约佃该吴金盛所有巴县西彭乡第十五保内地名桥头河之田业耕种，安押市银壹百壹拾两，已由该金盛出有领条一张，交民存执为据。及至民国三十三年，要民换立佃约，押金加成虽为二千元，今竟捏词告请领押而系以壹百壹拾两加成为二千元不题，但加押时已加租谷四石九斗（老量），共成四石九斗老斗，可以仅获田谷捌老石，伊于缮本注载十石。即以十石论，亦已超过土地法千分之三百七十五，而民均已依照佃约纳租，并未蒂欠。且安押二千元时，每一百元可买黄谷壹老石，共可买贰拾老石，况初安押壹百壹拾两，实可买十余老石。民以其田面出产又少，吃亏忍受，纳租无欠，尚无异言，伊今告请领押不外别名，告请止约交业而已。纵要加押，想亦不合法理，况民并无转租渔利，不合退佃土地法规，即要增加还民押佃，要待将来同意终止时，依法增还，断无有其无辜退佃之理。为此，具呈辩明，抄粘其居心叵测于前所出与民之壹百壹拾两银之押金收条一纸，伏恳钧院实予详查，依法判决，将其原告之诉予以驳回，维持续佃。沾感。

谨呈

证物：抄粘最前领约一张

重庆地方法院民庭公鉴。

中华民国三十八年九月十五日

具状人：袁栋亭

领约

立出领押佃市银文约人吴金盛，今领到袁栋亭名下押佃市银壹佰壹拾两正，其银如数入手亲收、领足，并无少欠分厘。每年秋收上纳租谷肆石贰斗正，年丰岁欠照市所囗。所有国税概由业主耽负。日后不耕，银业两还。今恐无凭，特立领约为据。

吴国宾。

凭吴容光。

同见黄南宣、黄森荣。

袁子初笔。

扣有合同。

民国廿三年甲戌岁古历八月廿日立出领银文约人吴金盛有押

送达证书

民国卅八年（诉）字第八六〇号偿还押金案送达传票。

受送达人：原告吴金盛。

受送达人署名盖章，若不能署名盖章或拒绝者，应记明其事实：吴金盛。

非交付受送达人之送达应记明其事实：

送达处所：西彭乡第十二保石对窝。

送达方法：

送达日期：卅八年九月十一日。

中华民国卅八年九月三日

重庆地方法院执达员：斯烟□

［同日袁栋亭签收传票的送达证书略］

民事诉讼撤案审批单

重庆地方法院诉字第八六〇号偿还押金案。

被告：袁栋亭到。

原告：吴金盛押。

［批注］准撤回

中华民国卅八年九月十五日

审理笔录

原告：吴金盛。

被告：袁栋亭。

右列当事人因还押金案，经本院于中华民国卅八年九月十五日午前九时开民事法庭。出席职员如左。

审判长推事：郑国勋。

书记官：刘荣振。

点呼右列当事人入庭。

书记官朗读案由。

问：原［告姓］名、年［龄］、住址？

答：吴金盛，五十六岁，住巴县西彭乡。

问：告哪个？

答：告袁栋亭。

问：如何请求？

答：请求确认押佃。

问：袁栋亭，年［龄］、住［址］？

答：五十八岁，住同状。

问：你何时佃原告的田？

答：我是民国卅二年佃他的田。

问：产量多少？

答：每年可产八石谷子。

问：现原告请求改定押佃，你承认不？

答：现在又如何改法？

问：改成黄谷，你承认不？

答：改成黄谷我不承认。

问：你愿否撤回本案？

答：我愿意撤回本案。

　　吴金盛

　　袁栋亭

右笔录经朗读无异。

庭谕准予撤回。

中华民国卅八年九月十五日

重庆地方法院民事庭

书记官：刘荣振

推事：郑国勋

民事补呈

右方：补呈人，姓名吴金盛，男，五十六，籍贯巴县，住西彭乡石对窝；务农。

左方：被告，姓名袁栋亭。

　　为违反政令狡抗不遵案，沐讯明，补陈恳请准予依法判决宣示假执行事。缘被告于民国卅三年古历四月初三日以押金法币二千元，承佃民所有巴县西彭乡桥头河田土耕种，该被告对于租谷连年均有蒂欠，而本年秋收更颗粒未□，狡赖万状。拟收回自耕，惟押银部分，因币制两度改革，约内之法币二千元已不再合于使用，为权宜计，应照政令规定予以返还，始符法令，而被告抗不遵从，足证狡赖万状，应请钧院准予依法判决宣示假执行。

　　谨呈

重庆地方法院民庭公鉴。

中华民国三十八年九月十六日

具状人：吴金盛

征费单

征费机关：四川高等法院重庆分院。

缴款人：吴金盛。　年度　字第　号

案由：补呈。

费别：缮状费。

征费数目：银圆〇圆六角〇分。

中华民国卅八年九月十六日

二、债 / 侵权行为

51.张学渊诉谭海清等要求赔偿损失案

原告张学渊诉状

原告：张学渊，二十六，永川人，住南纪门宝善街君子居栈内，米商。

被告：谭海清、胡绍钦，重庆人，现住南纪门河坝菜市上，现第一被告充任菜(业)主席，茶商。

为恃势损害，依法请求判令被告等负责赔偿损失，并令负担本案诉讼费用，庶符法纪事。

情民原属永川城内居住，此次因贩米来渝变卖。本日因到南纪门河坝起米，就便在河坝菜业主席谭海清开设之茶社吃茶，为与该店堂倌泡茶争执，孰意该店主人谭海清恃其充任菜业主席，希图偏护该店堂倌，既口出恶言，百般将原告辱骂，并唆使河坝之流痞胡绍钦等多人(余不知名)将原告推倒在地，饱施拳足，全身糊染稀泥，面衣内贮法币七千二百元完全损失，幸经行人劝息，行始止。似此恃势欺压异乡，羁旅无辜遭受损失，含默何甘？除将当时损失详细情形往该保保长王志中处陈明，适该保长尚在病中，只得请求其保长太太验明不虚外，为此依法起诉，状请钧院鉴核，伏乞传集被告谭海清等到案，予以判令被告等负责赔偿全部损失，并令负担本案诉讼费用，以维行商而符法纪，如蒙赐准，沾感无暨矣。

谨状

重庆实验地方法院公鉴。

证人：王海中，住南纪门河坝，现任河街保长。

中华民国三十四年三月二十六日

具状人：张学渊

庭审笔录

被告：谭海清、胡绍钦。

前列当事人因赔偿案，经本院于中华民国三十四年四月十二日午后二时间民事法庭出席职员如下。

审判长推事：蒋应□。

书记官：文栋学。

书记官朗读案由。

问：[姓名年籍]？

答：谭海清[四十五，巴县人]。

问：原告请求赔偿如何答？

答：我不知道，不能赔偿他。

问：他在你茶社内吃茶，钱不见七千二百元。如道明？

答：没有此事。

问：保长的女人［姓名、年、籍］呢？

答：保长的女人［姓名、年、籍］我不知。

问：原告住于何处？

答：张学渊住永川，何处我不知道。

推事谕再传，本笔录经宣读无异。

中华民国三十四年二月十三日

重庆实验地方法院

书记官：文栋学

推事：蒋应□

庭审笔录

原告：张学渊。

被告：谭海清、胡绍钦。

前列当事人因赔偿案经本院于中华民国三十四年五月十六日午后时间民事法庭出席职员如下。

审判长推事：蒋应□。

书记官：文栋学。

书记官朗读案由。

推事点呼，当事人皆未到庭，本案视为休止，退庭。

中华民国三十四年五月十六日

重庆实验地方法院

书记官：文栋学

推事：蒋应□

谭海清关于赔偿损失案委托代理人的委托书

委任人：谭海清，四十五，巴县人，住南纪门河坝菜市场。

被委任人：韩天和，卅二，江津□□，政。

为依法委任代理仰祈鉴核，便利诉讼进行事，兹将委任原因及权限列后：

一、委任原因：因赔偿案件本人因病不能到案，特委任韩天和为本案代理人。

二、权限：到庭代诉。

谨状

中华民国三十四年六月四日

具状人：谭海清（押）

重庆实验地方法院布告稿

案查张学渊与谭海清因赔偿事件，张学渊之所在不明，应予公示送达，兹定于三十四年六月四日下午二时半审理。涂传案票粘贴于本院牌示处外，所有应送达之书状缮本交由本院书记官保存，该张学渊得随时来院领取。仰即遵期到场，倘有延误，得由对造一造辩论而为判决。本公示送达自布告粘贴于本院牌示处之日翌日起发生效力，并仰知照，此布。

中华民国三十四年五月十七日

庭审笔录

被告：谭海清、胡绍钦。

前列当事人因赔偿案，经本院于中华民国三十四年六月四日午后时开民事法庭，出席职员如下。

审判长推事：蒋应□。

书记官：文栋学。

书记官朗读案由。

问：姓名等项？

答：韩天和，世交。

问：汝代理何人？

答：代理谭海清。

问：胡绍钦在何处呢？

答：胡绍钦，我不知道。

问：汝如何请求呢？

答：请求驳回原告之诉。

问：原告未到，如何请求呢？

答：请求一造辩论终结。

推事论结本件辩论结终，定本月九日宣判。

本笔录经朗读无异。

中华民国三十四年六月四日
重庆实验地方法院
书记官：文栋学
推事：蒋应□

宣判笔录

原告：张学渊。

被告：胡绍钦。

前当事人因赔偿事件，于中华民国三十四年六月九日午时在本院民事法庭公开宣判。出席职员如下。

推事：蒋应□。

书记官：文栋学。

点呼事件后，推事起立朗读判决主文，并口述判决理由及要领。

中华民国三十四年六月九日

重庆实验地方法院

书记官：文栋学

推事：蒋应□

重庆实验地方法院民事判决

三十四年度诉字第三一七号

原告：张学渊，所在不明。

被告：谭海清，住南纪门河坝菜市上。

诉讼代理人：韩天和，住同前。

被告：胡绍钦，住同前。

前列当事人间请求损害赔偿事件，本院判决如下：

主文

原告之诉驳回，诉讼费用由原告负担。

事实

原告经合法传唤未到场，提出诉请状声明，求为判令被告等赔偿法币七千二百元。其陈述略称，原告因贩卖食米，由永川来渝，于本年三月二十六日，在被告开设之茶社吃茶，与茶役发生争执，被告等偏护茶役，即见原告殴打，衣袋内存放之法币七千二百元完全损失，应请判令被告等赔偿等语。

被告等及其代理人声明，求为判决如主文。其陈诉略称：被告等并未殴打原告，以致遗失法币，原告所诉，被告等完全不知，应请驳回其诉，且原告竟合法传唤未到场，并请一造辩论而为判决等语。

理由

本件原告主张被告等于本年三月二十六日殴伤其身体时，使其衣袋内存放之法币七千二百元遗落损失，不仅为被告等所不承认，且原告并无证据提出以证明其主张为真实，空言主张，显不足采。被告代理人并以原告经合法传唤未到场，更无民事诉讼法第三百八十六条所列各款之情事，声请由其一造辩论而为判决，□□□□。

按上论结：本件原告之诉为无理由，应予驳回，并依民事诉讼法第三百八十五条第二项、第七十八条判决为主文。

中华民国三十四年六月九日

重庆实验地方法院民事第二庭

推事：蒋应□

52. 王泽忠诉李绍全等妨害权利案

刑事诉状

原自诉人：王泽忠，五十二，巴县人，住巴县兴隆乡第六保，农业。

被自诉人：李绍全，四十二，巴县人，住巴县兴隆乡第十一保，农业；李绍林，四十五，巴县人，住巴县兴隆乡第十一保，农业。

为自诉强取工器妨害行使权利，并附带私诉，恳予赔偿损害事。兹因于民国三十四年旧历三月十一日，民与吴尔俸订立转售松山杂树合约二纸，以下简称甲乙。两方开列各点。其尔俸转售约上载，原有山主与转卖各约悉归乙方接收（有山主原约为据），转售约第八条上载原约山主名称李炳臣原约定民国三十三年，又李绍全、李绍林原约定民国三十三年，惟有李炳臣已亡，由绍林、绍全负责，并有展期护山约为据，其展期约上载议定展期三十四、五年古历全月底砍完。于本年旧历四月二十八日，民与主人说明进山砍伐二十余日，山主并无异议，至五月十八日，山主李绍林、李绍全等将民工器锯子、斧头、齐刀等件强取，又胁迫工人将松树抬一节至郑锡钦保长，伊口称民窃伐伊之树。是日工人与民报告砍倒之树共计三十五根未成抬回，民至五月二十一日请凭保长郑锡钦验明数目无异。因此，窑内无料用不能下班，前后一星期停拖所生之损害、合砍倒之树共计损害一百五十万。后因民另买之树与伊山路过，又将民工器锯子、斧头、齐刀等件强取。民以声请公所通知迭次，坚决不理，如此凶恶专横不理，难以理喻，故意使民窑内无料用发生之损害，亦不遵守展山契约，伊等知其民窑内需料甚急，故意损害于民。因此请求钧院依法核办强取工器妨害行使权利之罪，并准附带私诉，请求赔偿［损］害壹百五十万元，民得受法律之保护。实为公便。

谨呈

重庆地方法院刑庭公鉴。

中华民国三十五年九月十六日

具状人：王泽忠

重庆地方法院民事送达证书

书状目录：民国卅五年（自）字第一八八九号妨害权利案送达传票一件。

受送达人：被告李绍全、李绍林。

受送达人署名盖章，若不能署名盖章或拒绝者，应记明其事实：本人不在由其叔代收转。

非交付受送达人之送达应记明其事实：代收人李炳林。

送达处所：兴隆场磨刀坎。

送达方法：

送达日期：三五年十月十一日。

中华民国卅五年十月八日

重庆地方法院执达员：陈杰

［同年十月十日自诉人王泽忠、证人郑锡钦各自签收传票的送达证书略］

笔录

自诉人：王泽忠。

被告：李绍全等。

证人：郑锡钦。

右列当事人因　案经本院于中华民国卅五年十月十六日午前时，开刑事法庭，出席职员如左。

审判长推事：林绍衡。

书记官：陈革。

点呼右列当事人入庭，书记官朗读案由。

问：王泽忠，年、籍等项？

答：五十二岁，巴县人，住兴隆乡六保四甲，农。

问：你告李绍全、李绍林为什么事？

答：本年四月廿八日我叫人去砍树子，一直砍到五月十八日，李绍全、李绍林出来拦阻，不准我们砍，把砍树的工具一起拉到保长处，并且已砍下的树子不准我抬走。

问：那山上的树子是谁家的？

答：原系李炳臣、李绍全、李绍林、李永安四人共有的，后卖给周炳清转卖蓝渭阳，再卖吴尔俸，嗣由吴尔俸手卖给我，立有契约（呈）。

问：李绍全，年、籍等项？

答：四十二岁，巴县人，住兴隆乡十一保四甲，农。

问：你的山卖给周炳清吗？

答：是的。

问：你为什么不准王泽忠砍树子？

答：在早，我们卖山有契约（呈）说明条件。

问：你的山最早卖给周炳清转卖冯东林，再转卖兰渭阳，又卖吴尔俸，转卖王泽忠，对吗？

答：对的。

问：你卖山的款收清否？

答：收清了。

问：你为什么拦阻王泽忠砍树？

答：在早我卖给周炳清时得了一万一千元。

| 729 |

问：周炳清卖给冯东林你知否他得了好多钱？

答：我不知道。

问：你是否把王泽忠砍树的工具拿去交给保长？

答：是我拿去投凭保长。

问：是否你把他砍下的树子抬走？

答：树子我没有抬走。

问：你为什么不准人家砍树？

答：我和吴尔俸有条件，过了卅四年不能砍树。

问：王泽忠，你买这山树是否有期限条件？

答：我们有展期约，卅四年砍不完，卅五年还可以砍。

问：你耗了好多钱，是否买全部山树？

答：六十二万元，买全部山树。

问：李绍全，你山上的树子是否完全卖给周炳清？

答：全部卖的。

问：王泽忠，你自何时起买吴尔俸的？

答：卅四年起，有买约。

问：李绍全，你和周炳清当初立契约是卅三年九月初十日砍完，但也没有说明期限满以后不能砍。

答：我只知道卅三年期限满不准砍。

问：你展期契约是否卅四年十二月止？

答：是的。

问：过了卅四年十二月不砍完，卅五年要给你一万五千元吗？

答：是说卅四年十二月止交我一万五千元，该项款我已收了吴尔俸的。

问：郑锡钦，年、籍等项？

答：四十八岁，巴县人，兴隆乡十保三甲，农。

问：你是否当保长？

答：是的。

问：王泽忠叫人去砍树子，李绍全去阻挡时你看到否？

答：阻挡时我没看到，后来李绍全把工具拿来投凭我。

问：他们卖山经过情形你详否？

答：不清楚。

问：李绍全，李绍林是你何人？

答：我的哥。

问：那天你去阻挡砍树，你哥哥没去吗？

答：一路去的。

问：王泽忠，你被阻，砍下的树拿回去吗？

答：卅五根大小都有放在山坡下，以后不见了，不知谁抬走。

问：郑锡钦，王泽忠被阻的树子你看到否？共有好多？

答：我看过，大小二三十根。

推事谕知，当证人之义务及伪证之处罚，令具结。

右笔录当庭朗读无异。

李绍全押，王泽忠押，郑锡钦押。

推事谕，本案候后再传。

中华民国卅五年十月十六日

院衔刑一庭

书记官：陈革

推事：林绍衡

证人结文（问讯）

今为钧院　年度　字第　号　一案到庭作证，所为陈述均系真实，绝无匿饰增减，如有虚伪，当负法律罪责。

此上

重庆实验地方法院。

具结人：郑席卿

中华民国　年　月　日

李绍全、李绍林刑事反诉状

反诉人：李绍全，四十二，巴县人，住兴隆乡十一保楼房湾，农。李绍林，四十五，巴县人，住兴隆乡十一保楼房湾，农。

被反诉人：王泽忠，巴县人，住兴隆乡六保内，自业。

为被反诉人王泽忠变造私文书计，图诬告侵占民之山地，窃伐摘留树木，兹特提起反诉，恳予并案审究，依法办罪以敬奸刁而维农朴事。窃民弟兄所有巴县属兴隆乡第十保内森林山地一段，除约载摘留树木外，将所有成林杂木于民国三十一年约卖与周炳清，限期民国三十三年九月内还山，载明条件：如到期不能还山，自由出卖人无条件收回山地与森林。自卖之后事，由周炳清移转卖与吴尔俸，又由吴尔俸移转卖与王泽宗，中间吴尔俸请多人要求民出卖人乞展限一年，计民国三十四年底还山，其它条件仍与原卖约相同（审呈）。孰到三十四年即由王泽忠雇人砍伐树木，已将森林砍尽，至年底应当还山，不料该泽忠不惟不还山，即经民弟于三十五年正月份请凭当地保甲直接请该等理剖，嘱其履行前约，还民山地，民以便植蓄树秧，一面当众检查摘留之树如松柏、杉树与掏节（即逗口之树儿）等树，悉行亦被其砍伐殆尽，犹不还民之山地，据该毫无理由。知民告诉，反以先发制人手段，措捏妨害行使权利之词，将民弟兄自诉在案。于前承钧院审问时，该泽忠则持出民前所立之字约，于当要年限处涂销原字，另改数字，当然将民之原约变造，一面侵占民之山地，一面妨害民之权利，又私行窃伐民之摘留树木，须经朱犀朗照，已在洞鉴之中，但依照诉讼程序，兹今提起反诉，恳予钧院鉴核，赏准并案审究，惩办王泽忠变造私文书与私行窃伐摘留树木之罪，俾敬奸刁。实沾德便。

　　谨呈

　　证人：甲长李炳林

　　重庆地方法院刑庭公鉴。

中华民国三十五年十一月

具状人：李绍全、李绍林

王泽忠刑事诉讼状

原自诉人：王泽忠，五十二，巴县人，住兴隆乡第六保，自业。

被自诉人：李绍全，四十二，巴县人，住兴隆乡第十一保，自业；李绍林，四十五，巴县人，住兴隆乡第十一保，自业。

　　为追加理由恳祈迅予示期传讯事。兹因十月十六日讯期，至今数十日之久未能传讯，因此请求钧院迅予示期传讯。再者被诉人当庭供称原卖约期限满了，蓄山展期约亦已限满，因此统众多人将他斧头、锯子、齐刀拿了，民查原卖约当然期间限满，其蓄山展期约上载并未满期；不过三十四、五年，其约上载（五年二字）笔画比他字要大笔点，但是距离相符，不是当中所添，亦不是侧面所添，乃是正写。三十四、五年之距离何为保存证据人所改？被诉人又供称吴尔俸打的稿子，他书的押，其蓄山展期约不是山主李绍林、李绍全二人交与民，乃是转卖山人吴尔俸交与民，是否属实，不归于民之责，其责任之关系，转卖约上载，概与原约履行。其前届转卖约与山主原约，转卖人吴尔俸悉行交于民，其展期约上载三十四、三十五年，今春砍伐并未逾期，民退步言之，纵然满期四个月，不能强取民之工器、料木等件，亦不得妨害他人之权利，只能催促民近日砍完还山，如若不砍，应在当地机关声请，逾期不砍，以后无效。其原约并未载有逾期不砍，无有买主砍伐之字据，既未载有逾期不砍，无有买主砍伐之字据，伊等应犯故意强取工器、妨害行使权利罪责，并附带私诉赔偿损害一百五十万元，例如民欠他人一万元，限于民国三十四年十二月底付还，逾期四个月未还，未必限欠约不生效，亦不还法币乎？以上各节追加理由，是此述明，特备文呈请钧院俯赐鉴核，依法迅予传集讯明，依法惩办之罪责，并准附带私诉。实为公便。

　　谨呈

　　重庆地方法院刑庭公鉴。

中华民国三十五年十一月　日

具状人：王泽忠

重庆地方法院民事送达证书

[民国三五年（自）字第一八八九号妨害权利案传票乙件，十一月十四日送达被告李绍全、李绍林及自诉人王泽忠，证人周炳清、蓝渭阳、吴尔俸签收]

笔录

自诉人：王泽忠。

被告：李绍全。

右列当事人因妨害权利案，经本院于中华民国卅五年十一月廿二日午前时，开刑事法庭，出席职员如左。

审判长推事：林绍衡。

书记官：陈革。

点呼右列当事人入庭，书记官朗读案由。

问：李绍全，年、籍等项？

答：年籍在卷。

问：李绍林为什么不到？

答：因病走不动。

问：王泽忠，年、籍等项？

答：年籍在卷。

问：吴尔俸来否？

答：没有来。

右笔录当庭朗读无异。

　　　王泽忠押

　　　李绍全押

　　　推事谕，候证人到案再讯。

问：吴尔俸，年、籍等项？

答：卅九岁，巴县人，住临江路廿七号，商。

问：你仝王泽忠有否亲戚关系？

答：没有。

　　　推事谕知当证人之义务及伪证之处罚，令具结。

问：吴尔俸，王泽忠买树是由谁手买的？

答：我卖给他。

答：你原来由谁手里买来？

答：蓝渭阳。

问：原来这树是谁的？

答：李家几个弟兄的。

问：你买树不买土地吗？

答：是只买树子。

问：为什么不伐树?

答：卅四年九月内契约期满，我卖给王泽忠时立有这项契约。

问：你们立契约是否过期限不准砍树?

答：有契约（呈）。

问：你是否说，过了期限不许砍树吗?

答：约上没有规定。

问：王泽忠，你立契约上说明过了卅四年要还山吗?

答：我逾期曾经向业主说明，今年我砍树廿多天才阻拦我。

问：你砍树前通知过业主否?

答：通知过，有王德成、刘再新、何海山知道。

问：李绍全，你这树已经卖了，为什么不准砍树?

答：去年腊月间我催他们砍树。

问：你认为今年这山树是你的吗?

答：我经保、甲长郑锡钦、李炳林调解过。

问：今年王泽忠砍树前告过你否?

答：没有告我。

右笔录当庭朗读无异。

　　王泽忠　押

　　李绍全　押

　　吴尔俸　押

　　推事谕，本案候再传。

中华民国卅五年十一月廿二日

院衔刑一庭

书记官：陈革

推事：林绍衡

证人结文（问讯）

　　今为钧院　年度　字第　号□□一案到庭作证，所为陈述均系真实，绝无匿饰增减，如有虚伪，当负法律罪责。

　　此上

　　重庆实验地方法院

具结人：吴尔俸　押

中华民国　年　月　日

重庆地方法院民事送达证书

[民国三五年(自)字第一八八九号妨害权利案传票乙件，十二月四日送达自诉人王泽忠，及被告李绍全、李绍林，证人王德成、刘再新、何[贺]海山签收]

李绍全、李绍林关于辩护人之刑事委任状

委任人：李绍全、李绍林，巴县人，住兴隆乡，农。
受任人：刘宗荣，律师。

为王泽忠自诉民等妨害行使权利一案，兹任律师刘宗荣为辩护人；至民等反诉王泽忠变造私文书事件，并请刘律师代理辩论。合并呈明。

谨呈

重[庆]地[方法]院刑庭公鉴。

中华民国卅五年十二月廿五日

具状人：李绍全、李绍林

笔录

自诉人：王泽忠。
被告：李绍全。
弁护人：刘宗荣律师。
证人：贺海山等。

右列当事人因妨害权利案，经本院于中华民国卅五年十二月廿五日午前时，开刑事法庭，出席职员如左。

审判长推事：林绍衡。

书记官：陈革。

点呼右列当事人入庭，书记官朗读案由。

问：贺海山，年、籍等项？

答：卅八岁，岳池人，住兴隆场第九保，常工。

问：你仝王泽忠有否亲戚关系？

答：没有。

推事谕知当证人之义务及伪证之处罚，令具结。

问：贺海山，王泽忠到山上砍树子是哪个阻止他？

答：李绍全。

问：你亲眼看到否？

答：没有。

问：是哪一个人阻止不让王泽忠砍？

答：我不知道。

问：王泽忠来砍树子以前通知过李绍全否？

答：通知过李绍全，还来拾树枝。

问：哪一天砍的？

答：四月廿八日。

问：李绍全那［哪］一天来阻止？

答：五月十八日。

问：李绍全为什么早不阻止，到五月十八日才阻止，是什么意思，你知否？

答：不知。

问：李绍全共来几个人来阻止？

答：我当时没有看见，过后听说有李绍全、李绍林，一共有三四个。

问：李炳林，年、籍等项？

答：卅五岁，巴县人，住兴隆场十保，商。

问：你当保长还是甲长？

答：当甲长。

问：王泽忠仝李绍全的事情经你调解过否？

答：没有。

问：他们的事你知否？

答：知道，后经凭保甲，我也在场，当时挡到斧头。

问：当时有几个人挡到？

答：李绍全、李绍林、保甲长等。

推事谕知当证人之义务及伪证之处罚，令具结。

问：李绍全，年、籍等项？

答：年籍在卷。

问：你的树子既卖给人家，为什么人家去砍树你来阻止？

答：我们立契约至卅四年止，过期无效。

问：上一次吴尔俸到案说过，转卖给王泽忠时已通知你。

答：我不知道。

问：是否全山的树子都卖完了。

答：是全卖，卅三年至卅四年，是一万五千元，过期不砍树即无效。

问：你事先通知过否叫他砍树？

答：通知过。

问：你全山卖完有否摘留？

答：有摘留，顶大松树摘留四根，杉树一根，我们双方经过伴据，有中人证明（呈）。

问：王泽忠，年、籍等项？

答：年籍在卷。

问：你定期卅四年为止，为什么卅四年不砍树？

答：因为我买吴尔俸的树子时，另有窑子没有说妥，所以去年底没有砍树，并且我通知李绍全。

　　问：李绍全，你为什么四月廿八日起砍树不阻止，一直到五月十八日才出来阻止？

　　答：没有这事，五月十八日才来砍树。

　　问：李绍林今天为什么不来？

　　答：病危要死，走不得。

　　右笔录当庭朗读无异。

　　李炳林　押，李绍全　押，王泽忠　押，贺海山　押

　　推事谕本案候再传。

中华民国卅五年十二月廿五日

院衔刑一庭

书记官：陈革

推事：林绍衡

证人结文（问讯）

　　今为钧院　年度　字第　号□□一案到庭作证，所为陈述均系真实，绝无匿饰增减，如有虚伪，当负法律罪责。此上

　　重庆实验地方法院

具结人：贺海山、李炳林

中华民国　年　月　日

重庆地方法院刑事暨附带民事诉讼判决

三十五年度自字第一八八九号

自诉人即附带民事诉讼原告：王泽忠，男，年五十二岁，住兴隆乡六保四甲。

被告：李绍全，男，年四十二岁，住兴隆乡十一保四甲。李绍林，年址不详。

　　右被告因妨害人行使权利案件，本院判决如左。

主文

　　李绍全、李绍林均免诉。

　　原告之诉驳回。

理由

　　按犯罪在中华民国三十五年十二月三十一日以前其最重本刑为有期徒刑，以下之刑者均赦免之，本年一月一日国民政府颁有明令，案件曾经大赦者，应知免诉之判决，刑事诉讼法第二百九十四条第三款亦有明文。本件被告因妨害人行使权利一案，系犯在中华民国三十五年五月十八日以前，其最重本刑为有期徒刑，以下之刑依照上开规定，该被告应谕免诉之判决，其所附带之民事诉讼亦无所依附，应并予驳回。

　　据上论结，应依刑事诉讼法第三百三十五条、第二百九十四条第三款、第二百九十九条、

第五百零七条第一项判决如主文。

中华民国三十六年二月八日

重庆地方法院刑事第一庭

推事：林绍衡

本件证明与原本无异。

书记官：陈革（印）

重庆地方法院民事送达证书

［民国卅五年度自附字第一八八九号妨害人行使利权案判决乙件，卅六年三月十二日送达被告李绍全、李绍林、自诉人王泽忠、检察官孙慎为签收］

53. 复中公司胡善修诉张绍曾损害赔偿案

四川重庆地方法院民事判决

三十六年度诉字第一二九一号

原告：复中公司，住本市尚武巷二十二号。

法定代理人：胡善修，住同前。

被告：兴国校车，住址不明，公示送达。

法定代理人：张绍曾，住址不明，公示送达。

当事人间因损害赔偿事件，本院判决如左：

主文

被告应赔偿原告国币三百一十二万二千五百五十元；诉讼费用由被告负担。

事实

原告声明，请求为如主文之判决。陈述略称，"被告之校车于民国三十五年国历十月十四日因司机疏忽，直驶碰撞原告之国字第一二二〇六号客车。原告之车为避让被告之校车，遂将一横穿马路之工人陈邦义压死，当由原告埋葬并给陈邦义家属抚恤金一百六十万元，合共原告损失三百一十二万二千五百五十元。压死之过失责任在被告，应由被告赔偿"云云。提出街临保甲证明书及与陈邦义家属和解书、埋葬用费表等以为立证方法。

被告经合法传唤未于辩论期日到场，并无民事诉讼法第三百八十六条所列各款情形，又未有准备书提出，故无事实之记载，兹准到场当事人之声请，由其一造辩论而为判决。

理由

本件原告以压死陈邦义之过失责任在被告，应由被告负担埋葬费及其家属抚恤金之责任，提出该校车肇事地之街邻保甲证明书以为证明。查该车肇事地之眼见人证于肇事时所出具之证明书，其压毙陈邦义之过失责任确在被告，则原告之请求被告应负埋葬费及其家属抚恤金之责任，究难认为无理由。至原告请求赔偿三百一十二万二千五百五十元之数额，提出埋葬时购棺木等之发票、计算表并抚恤金之和约等证件，经核算无误，当可凭信而为判决如原告之声明。

据上论结，原告之诉为有理由，应准其请求，爰依民事诉讼法第三百八十五条第一项、第七十八条判决如主文。

中华民国三十六年十二月三十一日

四川重庆地方法院民事庭第一庭

推事：刘仁宗

如不服本判决，应于收受送达正本后十日内向本院提出上诉书状。

中华民国三十七年一月二十六日

复中公司法定代理人胡善修起诉状

原告：复中公司，法定代理人胡善修，三十二岁，本市人，住尚武巷二十二号，商。

被告：兴国校车，法定代理人张绍曾，本市人，住民国路车站。

为与被告求偿损害及声请假执行事件，谨将诉之声明及事实理由陈明于下。

甲、诉之声明：

一、被告兴国校车张绍曾应赔偿原告复中公司胡善修损害国币三百一十二万二千五百五十元，并自三十五年十一月十四日起按周年百分之二十给付延迟利息，算至执行终结日止，并予以假执行。

二、诉讼费用由被告负担。

乙、事实及理由：

缘民国三十五年国历十月十四日午前八时许，适有原告所请司机马六由白市驿开往重庆之国字第三二〇六号客车，行至小龙坎正街时，为避让被告兴国校车由对面驶来猛速，将一横穿马路经过之工人陈邦义撞倒，跌仆于原告客车缓行于公路右后车轮下，已遭压毙，讵知被告司机见已肇祸，飞驰而去，以致岗警无法阻挡，乃经当地保长叶树勋、杜海清、甲长朱国安、街邻郑国武、陈家福等出面调解，劝由原告垫款三百一十二万二千五百五十元，购买衣、棺木板，将受害之陈邦义安葬，并给付陈邦义之妻陈兰英、余明刚抚恤费一百六十十万元（此款是在三百余万元之内），暂告知解。其原告垫付之款同时并经保甲叶树勋等联名出具证明，应由被告负责返还。讯呈证明文件，并请添传要证叶树勋、朱国安等到案，足以明证陈邦义之死是由兴国校车撞倒压毙，其所用款项，应由其负责。且经保甲劝谕原告和解，垫付款项之损害亦应由被告赔偿。殊经原告迭次被情追索，而被告今推明谕，竟置于不理，意图拖销，使原告受此有形之损害，实属恶极。为此，依法缴费起诉，恳请钧院准速票传被告兴国校车张绍曾及陈兰英、叶树勋等到案证明，并依原告之声明予以法判，实为德便。

谨状

重庆地方法院民庭公鉴。

中华民国三十六年八月十八日

具状人：复中公司胡善修

报告

奉交下三十六年度诉字第一二九一号传票三件，除原告及证人收受外，该被告张绍曾业已返京，曾由原告随员前往送达，亦属是实，理合报请备查。

　　谨呈

推事钧核

执达员：王泽民呈

三十七年八月十五日

送达证书

　　［民国三十六年诉字第一二九一号损害赔偿案送达传票、副状各一件，八月二十日送达被告兴国校车张绍曾，证人陈兰英、余明刚，胡善修签收］

审阅笔录

原告：胡善修。

被告：张绍曾。

　　当事人因损害赔偿案，经本院于中华民国三十六年八月三十日午前时开民事二庭，出席职员如左。

　　审判长推事：刘仁宗。

　　书记官：夏精诚。

　　书记官朗读案由。

　　点呼两造均未到庭，推事谕知被告公示送达后再传。

中华民国三十六年八月三十日

四川重庆地方法院民事庭

书记官：夏精诚

报告

　　奉交下传票三件，除均已送达外，惟张绍曾据其汽车站负责人称已去上海，而该车站亦拒绝出具证明。理会报请鉴核。

　　谨呈

推事：萧作中呈

送达证书

　　［民国三十六年诉字第一二九一号损害赔偿案送达传票一件，十二月三日送达复中公司代理人胡善修，证人陈兰英、余明刚签收，被告兴国校车张绍曾，证人陈兰英、余明刚，胡善修签收，张绍曾传票未签收］

重庆地方法院布告

案查复中公司胡善修与兴国校车张绍曾因损害赔偿事件，被告张绍曾之所在不明，应予公示送达，兹定于三十六年十二月二十二日上午八时审理。除传票粘贴于本院牌示处外，所有应送达之书状缮本交由本院书记官保存，该被告张绍曾得随时来院领取。仰即遵期到场，倘有违误，得由对造一造辩论而为判决。本公示送达自布告粘贴于本院牌示处之日翌日起，经过二十日发生效力，并仰知照。此布

中华民国三十六年十二月三日

笔录

原告：复中公司。
被告：兴国校车。

当事人因赔偿损害案，经本院于中华民国三十六年十二月二十六日午　时开　事　庭，出席职员如左。

审判长推事：刘仁宗。

书记官：张思荣。

点呼右列当事人入庭。

书记官朗读案由。

问：姓名等项？

答：胡善修，三十二岁，［住］尚武巷。

问：张绍曾是甚么人？

答：张绍曾是兴国校车的股东。

问：告他何事？

答：他的车子肇事，将人撞倒在我的车子后轮下，我代他负了赔偿责。

问：有证明人吗？

答：当地保甲证明。

问：如何请求？

答：请求赔偿三百一十二万二千五百二十元，并请再传施济浦、施梦林。

问：此案与施济浦、施梦林何关？

答：他们都是同一负责人。

问：代赔的哪些东西？

答：有衣、棺板木等。

问：有何证明？

答：有收据可证。

　　收据存案上阅后发还。

问：被告未来，怎样说？

答：请依一造辩论而为判决。

推事谕本案辩论终结，定于本月三十日宣判。

笔录当庭朗读无讹。

民国三十六年十二月廿六日

书记官：张思荣

推事：刘仁宗

宣判笔录

原告：复中公司。

被告：兴国校车。

当事人间损害赔偿事件于中华民国三十六年十二月三十一日 午　时在本院民事法庭公开审判，出席职员如左。

书记官：张思荣。

推事起立，朗读判决主文，并口述判决理由之要领。

中华民国三十六年十二月三十一日

重庆地方法院民事庭

书记官：张思荣

送达证书

［民国三十六年诉字第一二九一号损害赔偿案通知一件，三十七年五月十二日送达原告复中公司胡善修］

重庆地方法院布告

查复兴公司与张绍曾因损害赔偿事件，被告之所在不明，应予公示送达，兹有应送达之判决正本由本院书记官保存，该被告得随时来院领取。本公示送达自布告粘贴于本院牌示处之翌日起经过二十日发生效力。仰即知照。此布

中华民国三十七年一月二十六日

重庆实验地方法院书记室通知

查复中公司胡善修与兴国校车张绍曾损害赔偿事件，业经裁判确定。卷存证物亟应领取，兹限该原告复中公司胡善修于收受本通知后五日内来院领取，倘逾期不领，即将卷宗证物一并送乡归档。特此通知。

通知复中公司，住尚武巷二十二号胡善修。

送达证书

书状目录：民国三十六年诉字第一二九一号损害赔偿案送达判决一件。

受送达人：原告复中公司法定代理人胡善修。

受送达人署名盖章：胡善修押。

送达日期：三十七年元月三十日。

中华民国三十七年元月二十七日

重庆地方法院执达员：彭安都

54. 协华企业公司诉民生实业公司要求赔偿损失案

民事诉状

原告人：协华企业公司，法定代理人吴锡光，三十四岁，乐至人，住本市陕西路二〇七号，商；叶厚清，三十八岁，宜宾人，住本市陕西路二〇七号，商。

被告人：民生实业股份有限公司，法定代理人卢作孚，住本市中正路（打铁街）；璧山轮船主：邓植彬。

为祸遭覆舟灭顶，提起损害赔偿之诉事：缘锡光于上年十二月在宜宾采办桃米壹拾陆大件，计重捌千伍佰伍拾斤，雇厚清白木船载运，至十二月二十四日由江津开往重庆，约正午时行至小南海下面双柏树地方，突遇民生公司之璧山轮快车上驶，厚清及船夫遥远望见，即举手高呼改开慢车，讵该轮毫不顾及他船生命财产，急速直行，相遇于镶水之间，波浪汹涌，躲避不及，未经数浪，立刻沉没，人逐水流，虽经划舟救起，得庆再生，而船随浪没，家俱四散，片板粒桃无存。查璧山轮系逆水上驶，经厚清及船夫等遥远望见，举手齐声高叫，本可从容改开慢车，则不至于镶水湍流处相遇，值被波涛浪沉。有成渝铁路局测量队及当地保甲长目击可证。似此于险滩附近不顾他船之安全，不听警告与信号，开足马力直驶，闯此覆舟灭顶大祸，纵可诿非故意，亦属应注意而不注意之重大过失，应负民法第一百九十六条赔偿不法毁损他人之物及海商法第一百十五条因过失所负之赔偿损害责任。被告既对原告请李元律师函告置不答复，显具加害之故意，若不声请假执行，势必藉诉讼机会而拖累，使原告资金难以周转及生活无依之痛苦，受不可计算之损害。且被告民生公司近年在川河常因玩忽职务发生覆舟之惨剧，应请大院迅赐传审，如下列之声明以判决：

（一）请判令被告连带赔偿原告桃米捌千伍百伍拾斤及载三拾吨之白木船一艘。

（二）请宣示假执行。

（三）诉讼费用由被告平均负担，以弥损害而保航行之安全。

谨状

诉讼标的陆千万元，应缴审判费国币柒拾捌万元整。

重庆地方法院公鉴。

中华民国三十七年元月二十二日

具状人：重庆协华企业公司

吴锡光、叶厚清

缴款单

征费机关：重庆地方法院。

缴款人：协华企业公司。

案号：三七年度诉字第一五〇号。

案由：赔偿。

标的：陆千万。

费别：裁判费。

征费数目：柒拾捌万元。

备注：

复核员：

收费员：

中华民国卅七年元月廿二日

民事委任状

委任人：协华企业公司，法定代理人吴锡光，叶厚清，住本市陕西路二〇七号，商。

受任人：李元律师，住本市张家花园二六号。

为对民生实业股份有限公司等提起赔偿损害之诉事件，委任李元律师为代理人。

谨状

重庆地方法院公鉴。

中华民国三十七年元月二十二日

具状人：重庆协华企业股份有限公司

吴锡光、叶厚清

重庆地方法院送达证书

书状目录：民国三七年诉字第一一六号赔偿损害送达传票一件。

受送达人：原告吴锡光、叶厚清。

受送达人署名盖章，若不能署名盖章或拒绝者，应记明其事实：吴锡光、叶厚清不在家，由其代收。

送达日期：三七年二月廿六日。

中华民国卅七年二月十九日

四川重庆地方法院执达员：

［同日李元律师签收通知，被告卢作孚、邓植彬签收传票的送达证书二份略。］

民事诉状

原告人：协华企业公司，法定代理人吴锡光，三十五岁，乐至人，住本市陕西路二〇七号；

叶厚清，三十八岁，宜宾人，住本市陕西路二〇七号。

被告人：民生实业股份有限公司，法定代理人卢作孚，住本市中正路第一八〇号；璧山轮船主，邓植彬。

为补陈诉请判令被告赔偿理由并宣示假执行事：查原告诉被告赔偿桃米八千五百五十斤、载重三十吨白木船一艘案，本年元月二十二日即已缴费起诉，迄今月余，始奉到票传审理，而被告则气焰愈张，以璧山轮系去年十二月二十四日上午十时三十六分行经小南海下双柏树地方，有航行簿可证，与原告木船失吉时间相差达一点钟以上，且木船下水向走南漕，而轮船上水概沿北漕行驶，纵使木船曾与轮船同时相遇，而一走南漕，一走北漕，中间江面相距约二里之遥，亦无轮船能将木船浪沉之理，以事狡赖。姑无论白木船上并无时钟之设置，何能对时间估计准确，况其船行簿系被告自行记载，前大理院及最高法院均有出自一方记载之文件不能作证之判例。焉能以自写之航行簿据，以为无浪沉原告货船之事？小南海下双柏树地方南漕、北漕，亦犹汽车路线靠左靠右路线之分，如舵机之人不玩忽业务职责，能依照路线开驶，何致迭有沉船撞车之事发生？小南海下双柏树地方南北漕中间江面相距约二里之遥，唯洪水时期为然，至被告浪沉原告货船为最枯水时期，镶水之间，江面是否相距二里之遥，不但现在尚可一目了然被告之虚构事实，且彼时原告货船被被告璧山轮船浪沉，原因璧山轮船不听原告改开慢车之大声疾呼，致酿沉船之惨剧，附近地方观者多抱不平，为众目昭彰之事，岂能于事后借口南北漕航线之距离，掩饰其玩忽业务，浪沉他船财产之暴行？希图狡赖其赔偿损害之责任，迫得状请大院俯赐察核，依法判决被告连带赔偿原告桃米捌千伍百伍拾斤及载重三十吨之白木船一艘，并宣告假执行，以弥损害而保航旅。

　　谨状

　　重庆地方法院民庭公鉴。

中华民国三十七年三月一日

具状人：重庆协华企业股份有限公司

吴锡光、叶厚清

民事委任状

委任人：协华企业公司法定代理人吴锡光、叶厚清。

受任人：胡长泽律师，邹泽民。

　　为与民生实业股份有限公司请求赔偿损害事件，委任胡长泽律师与邹泽民为诉讼代理人。

　　谨状

　　四川重庆地方法院民庭公鉴。

中华民国三十七年三月廿五日

具状人：协华企业公司法定代理人

吴锡光、叶厚清

民事答辩状

具答辩人（即被告）：民生实业公司卢作孚，五十五岁，合川人，住本市模范市场民生大厦，职业总经理；邓植彬，璧山轮船主。

被答辩人（即原告）：吴锡光、叶厚清，年龄等不详。

为对于原告吴锡光、叶厚清以浪沉船货诉请赔偿损害告商公司一案，特具状答辩，恳祈详赐调查，准将该原告之诉判予驳回，以杜妄搕事。窃商公司璧山轮于去年（三十六年）十二月二十四日自渝开往泸县，于上午十时三十六分行经江津小南海下双柏树地方，并未遇见江面有任何船只经过，亦未发现江面有任何船只失吉情事，殊至本年一月十一日倏得李元律师代表船户叶厚清及货主吴锡光来信，谓商公司璧山轮于去年十二月二十四日正午时在江津小南海双柏树地方快车上驶，致将当时下水之叶厚清木船一只浪沉，并将该木船所载吴锡光之桃米八千五百五十斤完全损失，有当地保甲长目击可证，嘱令商公司负责赔偿船货等情，商公司当以该叶厚清木船系去年十二月二十四日正午行至小南海下双柏树沉没，其失吉时间与商公司璧山轮于当日上午十时三十六分经过双柏树相距至一点钟以上，焉有璧轮将其浪沉之事？因即函复李元律师，去讫，不料该原告又以请求赔偿损害一词向钧院起诉。查该诉状称，原告木船于去年十二月二十四日正午时行至小南海双柏树地方，遇商公司璧山轮快车上驶，曾于遥见时即举手高呼改开慢车，因璧轮不顾，致相遇于镶水之间，遭浪汹涌，躲避不及，而至沉没，板片及所载桃米全失无存，在成渝铁路局测量队及当地保甲长目击可证等云。殊不知商公司璧山轮当日行经小南海下双柏树地方之时间系在上午十时三十六分，与该木船正午失吉时间相差至一点钟以上，则该木船之失吉非璧山轮将其浪沉已可概见。复查木船下水向走南漕，轮船上水概走北漕，纵使木船曾与轮船在该地同时相遇，而一走南漕，一走北漕，中间江面相距约二里之遥，亦无轮船能将木船浪沉之理，该原告叶厚清谓璧山轮与该木船相遇于镶水之间，快车上驶，致躲避不及，因而沉没，云云。显系捏造攀诬，意图架赖。至云曾有当地保甲等目击可证一节，经商公司派人诣当地切实调查，据巴县民船工会白沙沱分会办事处证明，该原告木船系去年十二月二十四日上午十一时在大中坝石盘道擦漏，即向小南海南漕下流，至双柏树下沉没，并经该分会办事处派船施救不及，是时商公司之璧山轮上行已在北漕出口，有该分会办事处常务理事张建周出有证明书一纸可证（证明书抄呈，原件审呈）。具见该木船之沉没系因先在大中坝石盘道擦漏所致，而其在双柏树沉没之时，商公司璧山轮已在北漕出口，此为该分会办事处就当日施救时所目击与其所查明之事实，自属完全真实可信。复据巴县跳磴乡第八保保长李佐卿等发给证明书，亦证明当时璧轮上驶于北漕中，木船下行于南漕，内有数小划尾随其后，木船至双柏慢慢沉下时，璧山轮已北漕出口，该木船早已遇险，流至双柏树沉没，当为千真万确之事实。查该原告木船既系因基于擦漏而致失吉沉没，其在双柏树地方沉没时，璧轮又已上行在北漕出口，中间相距已数里之远，焉有璧轮快车将其浪沉之事实？其为故意架赖，用图搕索固极显然，为特具状答辩，恳祈钧院查核，准予详赐调查，将该原告等之诉判予驳回，以杜妄搕，不胜感幸。

谨呈

重庆地方法院民庭公鉴。

中华民国三十七年三月二十五日

具状人：民生实业股份有限公司
卢作孚、邓植彬

民事委状

委任人：民生实业公司卢作孚，五十五岁，合川人，住本市模范市场民生大厦，职业总经理；邓植彬，四十三岁，江北人，职业璧山轮船主。

受任人：程愚，律师，六十三岁，巴县人，住本市管家巷十三号。

为委任代理事缘：吴锡光、叶厚清告商公司浪没船货请求赔偿一案，奉钧院票传本月二十五日审理，今特委任程愚律师为商公司与民植彬之代理人，有代为诉讼上一切行为之权，即祈鉴核。

谨呈

重庆地方法院民庭公鉴。

中华民国三十七年三月二十五日
具状人：民生实业股份有限公司
卢作孚、邓植彬

审理笔录

原告：协华企业公司，法定代理人吴锡光、叶厚清。

代理人：邹泽民。

诉讼代理人：胡长泽律师。

被告：民生实业公司，法定代理人卢作孚。

璧山轮船主，邓植彬，诉讼代理人：程愚律师。

右列当事人因赔偿损害案，经本院于中华民国三十七年三月二十五日午前九时开民事法庭，出席职员如左。

推事：郑国勋。

书记官：谢永钧。

推事点呼右列当事人入庭，书记官朗读案由。

问（原告）：姓名、年籍？

答：邹泽民，二十八岁，住陕西路二〇七号。

问：代理谁？

答：代理吴锡光。

问：告谁？

答：告民生实业公司法定代理人卢作孚，璧山轮船主邓植彬。

问：告他们为何事？

答：去年十二月二十四日将采办之桃米八千五百五十斤，由江津开往重庆，正午时行至小南海下面双柏树地方，突遇民生公司之璧山轮快车上驶，船夫等高呼改开慢车，该轮毫不

顾及，急速直行，相遇于镶水之间，波浪汹涌，躲避不及，船遂沉没，所有桃米颗粒无存，故此请求赔偿损害。

问：出事时有何人看到？

答：有成渝铁路局工程师看见，并有保甲长的证明书。

请原告代理人胡长泽律师陈述辩论意旨。

原告代理人胡长泽律师起立言：（一）请判令被告连带赔偿原告桃米八千五百五十斤及载三十吨之白木船一艘。（二）请宣示假执行。

请被告代理人程愚律师陈述辩论意旨。

被告代理人程愚律师起立言：（一）原告木船系十二月二十四日正午行至小南海下双柏树沉没，璧山轮于当日上午十时三十六分经过双柏树，时间相距一点钟以上。（二）本船下水向走南漕，轮船上水概走北漕，中间相距约二里，决不能将木船浪沉。（三）民生公司轮船下水均开慢车，并拉信号。（四）原告找保甲长证明，书中有"业已查明，所报属实不虚"之句，此证非亲眼得见。

问（原告）：中间有无沙坝？

答：没有沙坝。

推事谕知候履勘。

中华民国卅七年三月二十五日

重庆地方法院民二庭

书记官：谢永钧

推事：郑国勋

重庆实验地方法院通知稿

诉字第一一六号

收受通知人：协华企业公司，胡长泽律师代收。民生实业公司，程愚律师代收。

查协华企业公司与民生实业公司赔偿损害一案，本院定期于本年四月十九日前往履勘，合行通知，仰两造当事人于履勘前三日，各缴履勘费廿万元来院为要。特此通知。

中华民国三十七年三月廿七日

重庆地方法院送达证书

［民国三七年诉字第一一六号勘费通知壹件，四月四日送达协华企业公司和民生实业公司签收］

民事委任状

委任人：协华企业公司，法定代理人吴锡光、叶厚清。

受任人：胡文律师。

为与民生实业公司因损害赔偿事件，特委任胡文律师为诉讼代理人。

谨呈

重庆地方法院民庭公鉴。

中华民国卅七年五月廿六日

具状人：协华企业公司法定代理人

吴锡光、叶厚清

民事声请

声请人：协华企业公司，法定代理人吴锡光、叶厚清，本市人，住陕西路二〇七号。

被告：民生实业股份有限公司，法定代理人卢作孚、邓植彬。

为与民生公司因请求赔偿损害事件声请传讯，以资早结事。

本件原告之木船遭受被告所有之璧山轮浪沉，对于当时枯水，现时洪水，江面变动特大，只须证人证明即可判决，根本无履勘之必要，乃被告为拖延计，当庭要求履勘，并愿派船，除原告已遵缴勘费外，钧院曾通知双方定期四月十九日前往查勘，殊临期，该被告竟不置理，拖延延今，一月有余，该被告拖延之计，故达目的，但原告之损害，即不堪设想，为特声请鉴核，免于履勘，迅赐传证判决。

谨状

重庆地方法院民庭公鉴。

中华民国卅年五月廿六日

具状人：协华企业公司

吴锡光、叶厚清

重庆地方法院送达证书

　　［民国三七年诉字第一一六号赔偿案传票一件，六月十三日送达原告吴锡光、代理人叶厚清，同日被告卢作孚代理人邓植彬签收，李元律师，胡长泽律师，程愚律师签收］

笔录

原告：协华企业公司，代理人邹泽明，胡文律师。

被告：邓植彬、卢作孚，代理人程愚律师。

右列当事人因赔偿案，经本院于中华民国卅七年六月廿九日午前时开民事法庭，出席职员如左。

推事：郑国勋。

书记官：邹佩萱。

点呼右列当事人入庭，书记官朗读案由。

问：原告代理人，年、住？

答：邹泽明，廿八岁，巴县人，住陕西路二〇七号。

问：你代理谁人？

答：代理协华企业公司。

问：你是公司什么人？

答：是公司里的职员。

问：请求什么？

答：事实前项供陈甚明，请求宣示假执行。

问：你有什么新证据？

答：美华营造厂有证明。

问：你同美华营造厂很熟吗？

答：船出事就在营造厂下面。

问：邓植彬，年、住？

人：四十三岁，巴县人，住土桥乡刘家湾。

问：你是璧山轮船主吗？

答：是璧山轮船上作驾驶员。

问：你怎样说？

答：去年腊月廿四日水甚小，小南海地是两轮水，我们是走北轮水，木船是走南水。

问：你驾驶是在船上面吗？

答：是的。

问：你看见有船吗？

答：未看见有船。

问：沿途都未看见吗？

答：我们走了很久，听见两岸小船都说是白木船先是搁漏了，然后沉在双柏树地方的。

请代理人陈述。

原告代理人胡文律师起立陈述：请求判令被告连带赔偿桃米捌千伍百伍十斤及载三十吨之白木船一艘，并宣告假执行，负担诉讼费用。事实与诉状相同，至被告邓植彬当庭供称未见有船与自沉等词，殊无可采，请求为诉之声明判决。

请代理人答弁［辩］。

被告代理人程愚律师起立答：小南海经与双柏树相隔三里之遥，木船下行是行南漕，轮船上行走北漕，中间隔有很大的沙坝，显无损害事实；再根据前次所呈明木船失事与民生公司轮行经地执相隔一点钟时间，亦可证明原告所举证明毫无可采，请求驳回原告之诉及假执行之声请。

原告代理人胡文律师：小南海河有两漕，原告并未查明，此次请求再传当［地］保甲人到证明。

推事庭谕：传双方证［人］，自邀。

只，宣判假执行，负担讼费。

问：谢永昌，年、住？

答：三十，巴县人，现在成渝铁路工作。

问：你上次是否出证明书？

答：我是出有证明书。

问：你与双方什么关系？

答：没有关系，是他们请之再三，我才来的。

推事告知为证义务及伪证处罚，命具结附卷。

问：当年十月廿四日你看见些什么？

答：当天我们正在小南海测量，看轮船走的我们一面，木船走的对面，一上 [水] 一下水，一刹就把木船冲沉了。

问：轮船与木船相隔好远？

答：轮船与木船距离不 [到] 二公尺。

问：在什么时候出事？

答：在我收工前。

问：还有人看见吗？

答：有几百工人看见。

问：木船上载的什么东西？

答：事后听说是桃米。

问：璧山轮来得快吗慢？

答：相当的快。

问：下来的木船有几只？

答：下来的木船只有一只。

问：船上的人在哪里？

答：人都在船棚上。

问：沉后璧山轮停未？

答：未停，他对直走了。

问：木船出事，轮船开走，相隔好远？

答：相隔二百公尺。

问：各是一漕，怎样会浪沉呢？

答：在镶水之处浪沉的。

问：过了小南海吗？

答：轮船未过小南海，木船出小南海的地方。

问：桃米是散的是包子？

答：是一包一包的，事 [后] 有人在河中捡得看见的。

问：你另外还有话说吗？

答：隔外 [注重庆方言，即另外] 无话说了。

问：黄嘉若，年、住？

答：四十，南部人，住美华营造厂。

问：你与双方什么关系？

答：双方均无关系。

推事告知为证义务及伪证处罚，命具结附卷。

问：你在小南海作什么？

答：我办公地在小南海一带。

问：你与谢永昌什么关系？

答：与谢永昌同事。

问：去年十月廿日你在小南海？

答：是的。

问：当天你看见怎样的？

答：看见上面一只木船，下面来只轮船，一上一下，轮上去，浪子即将木船冲动，二浪木船即沉下去了。

问：大概是好久时间？

答：十二点钟以前。

问：船载些什么？

答：是些桃米。

问：是散放的吗？

答：是包子，打散的。

问：那只轮船是璧山轮船吗？

答：是璧山轮。

问：璧山轮是上吗是下呢？

答：是上走，由重庆到江津。

问：出事是在小南海，是出小南海呢？

答：未过小南海。

问：木船在哪里？

答：木船已经过了小南海。

问：木船是碰着石头吗？

答：未碰石头，一浪就沉了的。

问：距离好远？

答：没有好远。

问：璧山轮当时停未？

答：未停。

问：轮船上的人［听见］未？

答：听不见。

问：木船上的人呢？

答：人都下水。

问：有好多人？

答：人数不详。

问：有人去救没有？

答：河边小船去救的。

问：工人都没有去救吗？

答：工人去了几个。

问：轮船遇见小船速度慢一点未？

答：速度是一样的，未慢。

问：你说的实话吗？

答：是实话。

问：木船是走了一段才沉的吗？

答：一浪起就沉了的。

问：邓植彬，年、住？

答：四十三岁，巴县人，住土桥刘家湾。

问：两个证人说的，你听见未？

答：枯水时小南海是个大坝。

问：你们未进小南海，木船已出小南海吗？

答：我们未看见有木船。

问：是不是在镶水处出事？

答：未看见。

问：证人都是这样说？

答：事后才听见木船连行连［进］水，在双柏树沉的。

谕代理人陈述。

原告代理人胡文律师起立陈述：请求判令被告等赔偿原告桃米八千四百斤（原文如此），并负担讼费，双柏树地点是镶水之地，如轮船不停，木船即有沉没之可能，至于轮船应否停止，被告代理人上次已经供认应当停止，而应停不停，当然应负过失之责，依法赔偿无疑，至被告提出保甲证明，毫不足采，请求如声明之判决。

邓植彬答：成渝铁路的人在半山中，相距甚远，当然看不清楚。

请代理人答辩。

被告代理人程愚律师起立答辩：本案原告所邀证之言毫不可采，前次所供是正午，在双柏树沉没，但璧山轮是十点三十分钟过的双柏树，时间相差一点多钟，原告主张出事时是在镶水之处，但璧山轮在双柏树时，木船还未下来，木船到双柏树时，璧山轮已进北漕上段出口了，绝无浪沉事实，轮船遇木船必定拉汽笛，但木船亦应准备，证人之言毫不可采，请求驳回原告之诉。

推事庭谕：弁［辩］论终结，指定八月廿日宣判。

中华民国三十七年八月十九日

书记官：邹佩萱

推事：郑国勋

宣判笔录

原告：吴锡光。

被告：民生公司邓植彬。

右当事人间赔偿事件，于中华民国卅七年八月廿四日上午九时在本院民事法庭宣判，出席职员如左。

推事：郑国勋。

书记官：邹佩萱。

点呼事件后，推事立起朗读判决主文并口述判决理由之要领。

中华民国卅七年八月廿四日

重庆地方法院民事庭

书记官：邹佩萱

推事：郑国勋

四川重庆地方法院民事判决

三十七年度诉字第一一六号

原告：协华企业公司。

法定代理人：吴锡光，住陕西路二〇七号。

诉讼代理人：曹端甫，住同右。

原告：叶厚清，住同右代收。

共同诉讼代理人：胡文律师。

被告：民生实业股份有限公司。

法定代理人：卢作孚，住中正路民生公司。

被告：邓植彬，住同右。

共同诉讼代理人：程愚律师。

右当事间请求损害赔偿事件，本院判决如左。

主文

被告等应连带赔偿原告桃米八千五百五十斤及载重三十吨之白木船一艘，原告假执行之声请驳回，诉讼费用由被告等连带负担。

事实

原告等代理人声明：求如主文所示及宣告假执行之判决。其陈述略称：商公司于上年十二月自宜宾采办桃米八千五百五十斤，雇厚清白木船载运来渝，十二月二十四日至小南海双柏树地方，突遇民生公司之璧山轮上驶，急速直行，致将民之木船浪沉，片板粒桃无存，似此应注意而不注意之重大过失，应负损害赔偿之责，请判令赔偿。云云。提出证明书及谢永昌等证言以为立证方法。

被告代理人声明，求为驳回原告之诉及假执行之声请。其陈述略称：去年十二月二十四日璧山轮自渝驶泸，于上午十时三十六分行经小南海双柏树地方，并未见江面有任何船只失吉，原告所称正午时分遇事，时间上不合，且一走南漕，一走北漕，亦无相遇浪击之理，有巴县民船公会白沙沱分会办事处证明书可证。原告所称不实，请求驳回其诉。云云。提出证明书等件以为立证方法。

理由

本件原告等主张被告之璧山轮急速航行，致将其木船及所载桃米八千五百五十斤浪沉之事实，虽据被告辩以当日（三十六年十二月二十四日）璧山轮驶经小南海双柏树上午十时三十六分与原告所称正午时间不合，且小南海向例上下分漕而行，当日未见任何木船等，嗣以解卸，但据证人谢永昌与黄嘉若分别供称，当日亲眼看见璧山轮鼓浪击沉载桃米之木船只，时间在正午前不久，姑匆论被告轮中所记载之航行时间系一方自行记载之文件不能作为证据，况木船设备简陋，未带钟表，而乡间一般习惯均以太阳位置大概计时，估计绝不能精确，被告就此指摘，不足采据，复以被告所称上下水南北两漕各别航驶，无相碰之理，殊不知正遇于镶水之处，一出漕一未入漕非不可能，根据证人之供词亦正遇于漕口镶水处，此外被告虽有提出巴县民船公会白沙沱分会办事处及巴县跳磴乡第八保保长、保民代表等所出证明书并无浪沉木船之事实，但未到场具结供述，所称又嫌空泛，亦不足采信，从而原告之主张堪信，其为有理由，惟声请之假执行未释明将来有若何难于计算或难于抵偿之损害与事实，则以不准为宜。

据上论结，原告之诉为有理由，假执行之声请为无理由，应予分别准、驳，并依民事诉讼法第七十八条判决如主文。

中华民国三十七年八月二四日

四川重庆地方法院民事第二庭

推事：郑国勋

如不服本判决应于收受送达正本二十日内向本院提出上诉。

本件证明与原本无异。

书记官：邹佩萱

中华民国三十　年　月　日

重庆地方法院送达证书

书状目录：民国三七年诉字第一一六号赔偿损害送达判决乙件。

受送达人：原告协华企业公司法定代理人吴锡光。

受送达人署名盖章，若不能署名盖章或拒绝者，应记明其事实：吴锡光未在家，由该公司收发室代收。

非交付应受送达人之送达应记明其事实：协华公司收发室印。

送达日期：卅七年九月廿八日。

中华民国卅七年九月十五日

重庆地方法院书记室公函

案查协华企业公司与民生实业公司赔偿损害事件，业经本院依法判决并予送达在卷。兹据民生实业公司于法定期间内具状提起上诉到院，相应检齐卷证函送贵室查收核办。

此致

四川高等法院重庆分院书记室。

计函送卷一宗，上诉状、裁定各一件，送证贰件，证物袋一伯证据袋详

中华民国三十七年十一月廿日

重庆地方法院民事裁定

三十七年度诉字第一一六号

上诉人：民生实业公司；法定代理人：卢作孚，住民生大厦。

右上诉人与吴锡光因赔偿损害事件不服本院第一审判决提起上诉，应缴裁判费国币一百一十七万元，未据缴纳，其上诉状亦未依民事诉讼法第四百三十八条表明上诉理由。兹限该上诉人于收受本裁定时起七日内，向重庆高分院如数补缴，如逾期未遵行，第二审法院即行驳回上诉，切勿达处延自误，特此裁定。

中华民国三十七年十月十八日

重庆实验地方法院民事第二庭

推事：郑国勋

本正本证明与原本无异。

书记官：

中华民国三　年　月　日

重庆地方法院送达证书

书状目录：民国三七年诉字第一一六号赔偿损害送达裁定乙件。

受送达人：上诉人民生实业公司法定代理人卢作孚。

受送达人署名盖章，若不能署名盖章或拒绝者，应记明其事实：卢作孚未在由该公司负责人代收。

非交付应受送达人之送达应记明其事实：代收人王。

送达日期：卅七年十一月八日。

中华民国卅七年一一月一日

民事上诉状

上诉人：民生实业公司。

法定代理人：卢作孚，男，五十五岁，合川人，住本市模范市场民生大厦，民生公司总经理；

邓植彬，男，四十三岁，巴县人，璧山轮驾驶员。

被上诉人：协华企业公司吴锡光，叶厚清，男，年龄等不详。

为不服判决依法声明上诉，恳祈检卷申送第二审查核改判，以资救济事。窃吴锡光、叶厚清前以浪沉船货请求赔偿损害告商公司与民植彬一案，本年九月廿八日商公司与民植彬奉到钧院三十七年度诉字第一一六号判决，主文内开："被告等应连带赔偿原告桃米八千五百五十斤及载重三十吨之白木船一艘，诉讼费用由被告等连带负担。"等因。诵悉之余，实难甘服。缘判决理由所认定璧山轮浪沉原告桃米木船系根据证人谢永昌、黄嘉若之捏诬供证，谓璧山轮去年十二月廿四日正午与原告木船系在中坝镶水处相遇，一出漕，一未入漕，因而将货船浪沉，即认商公司与民植彬应负连带赔偿原告船货之责，并认商公司所提出之航行簿所载之航行时间为一方自行之记载，不能作证，至巴县民船公会白沙沱分会办事处及巴县跳磴乡第八保保长与保民代表等出具之证明书，则并未由该证明人等到场具结供述，且以该证明书所称又嫌空泛，即不足采信，殊不知本案商公司之璧山轮去年十二月廿四日自渝开泸系于上午十时三十六分行经双柏树地方，有航行簿记录可考，当时璧轮并未遇见江面有任何船只，亦未发现江面有任何船只失吉情事。至该原告叶厚清装载桃米之木船，据其诉称系于是日正午行至小南海双柏树地方与璧轮相遇，被快车将其浪沉，以时间上言之，璧轮航行簿所记载经过双柏树之时间与原告所称经过双柏树之时间，相去在一点钟以上，其非同时相遇已显然，如谓木船未有钟表，只依乡间习惯以太阳位置大概计时，估计不能精确，然原告方面诉词及最初托李文律师致函商公司与其历次在庭之供述，均谓该船浪沉时间为是日正午，所谓正午者，即系一般乡间人平时观察在阳位置正值中天，即谓之为正午，虽认其所估计之时间不能十分精确，然正午当为十二时左右，最多不得提早一、二刻钟（即半小时）。应可断定，退万步言，即认其所谓正午，当为是日上午十一时半，或十一时（即原告所举证人谢永昌、黄嘉若前在庭供述，亦称在正午前不久，可见木船失吉时，不得退至十时半，当在十一时或十一时半左右），但与璧轮经过双柏树航行簿上所记载之时间，亦相去一点钟与半点钟之久，焉能混称同时相遇于双柏树漕口镶水处，有将其木船浪沉之事实？再，商公司各轮之航行簿，关于每日轮船开行与停泊及沿途经过地方系何时间，或快车，或慢车，均须一一详细记载，而每轮于到达埠时，其地如有航政局或航局分办事处，必须将航行簿送阅铃盖印章，以完手续，故航行簿虽为本轮一方自行之记载，但经航政局查阅盖印，应认为其有文书上之效力，其所载经过双柏树时间为去年十二月廿四日上午十时三十六分，实为确切不易，今原告叶厚清桃米木船系是正午在双柏树地方失吉，纵认正午十二时之时间估计，未能十分精确，然绝不能倒行估计为十时半左右，故原判在时间上认该原告木船系同时相遇于双柏树漕口镶水处，实属极端错误，此商公司等不服应行上诉者一。

二、复次去年十二月廿四日系枯水时间，双柏树地方上面为大中坝，江流至中坝分为南北两漕，木船下水走南漕，璧轮船上水则概走北漕，当日璧山轮于十时三十六分经过双柏树后，即沿北漕上行，彼时并未发现江面有任何船只，计该原告叶厚清木船在上午十时三十六分当正行在南漕中，并未行至出漕口镶水处，焉有在出漕口镶水处相遇之事实？既彼时一在南漕，一在北漕，中间有大中坝沙碛相隔，正如风马牛之不相及，焉有轮船能将木船浪沉之理？证以巴县民船工会白沙沱分会办事处张建中及巴县跳磴乡第八保保长李佐卿等证明，该原告木船系在大中坝石盘道擦漏，由南漕流至双柏树沉没，其沉没时，璧山轮已达小南海北漕上段出口，足见该木船沉没时间，璧轮已由北漕上行甚远，原判谓璧轮与木船正遇于出漕口镶水处，一出漕，一未入漕，非不可能，实属以臆揣测，等于扪钥叩盘之谈，对于当地河道情形，完全未能明了。此商公司等不服应行声明上诉者二也。

三、原告所举证人谢永昌、黄嘉若等供称，当日曾亲眼看见璧山轮鼓浪击沉桃米船只，时间在正午前不久，该谢、黄两人系在铁路上服务，为原告邀约而来，所云亲眼看见，是否系该原告方面串支揑供，不然该等在九龙坡铁路工程上服务，何以独于是日在江干看见木船失吉情事，而该原告亦即知其曾亲眼看见，遂邀其到案作证，故该证证言是否足以采信，当不无疑问。至巴县民船公会白沙沱分会办事处常务理事张建中及巴县跳磴乡第八保保长李佐卿、刘治国及保民代表伍云卿、保队附刘泗云、甲长温治安等所出具之证明书，对于原告木船如何失吉叙证极明，原审并未传其到案加以质讯，乃以其未到场具结，并以其供述涉嫌空泛，即认为不足采信，实对于审判能事有所未尽，其论断实涉于偏颇，此商公司等不服应行声明上诉者三也。

综上论结，原判决显然错误偏徇，为特陈明不服上诉理由，恳祈钧院查核，准予检齐全卷申送第二审四川高等法院重庆分院核办，准予废弃原判决，将该被上诉人即原告叶厚清、吴锡光在第一审请求赔偿损害之诉判予驳回，并令负担一、二两审诉讼费用，以资救济而杜搪赖，无任感幸。再，本案应缴第二审诉讼费用，并请钧院裁定饬知，当即呈缴不误，合并陈明右上诉状。

谨呈

重庆地方法院民庭公鉴并转呈四川高等法院重庆分院民庭公鉴。

中华民国三十七年十月十一日

具状人：民生实业股份有限公司

卢作孚、邓植彬

缴款单

征费机关：四川高等法院重庆分院

缴款人：卢作孚。

案号：　年度　字第　号

案由：与吴锡光赔偿损害。

标的：贰拾元。

费别：裁判。

征费数目：金圆〇圆三角九分。

备注：

复核员：

收费员：

中华民国卅七年十一月十六日

四川高等法院重庆分院送达证书

应送达之文书：民国卅三十七年上字第四四四九号与吴锡光为损害赔偿元、五、传票乙件。

应受送达人：民生实业公司法定代理人卢作孚、邓植彬。

受送达人署名盖印，若不能或拒绝署名盖印，送达人应记明其事实：

非交付应受送达之人送达人应记明其事实：代理人：王。

送达日期：三七年十一月廿九日。

中华民国三十七年十一月　日

[同日谢永昌、陈嘉若、范吉轩、鲜海顺，吴锡光、叶厚清签收传票的送达证书二份略]

民事委任状

委任人：协华企业公司，法定代理人吴锡光，本市人，住陕西路二〇七号；叶厚清。

受任人：胡文律师，曹端甫。

为对于民生公司因损害赔偿上诉事件，特共同委任胡文律师为诉讼代理人，并由委任人吴锡光委任店员曹端甫为代理人，到庭陈述事实。

谨呈

四川高等法院重庆分院民庭公鉴。

中华民国卅八年元月五日

具状人：协华企业公司法定代理人

吴锡光、叶厚清

民事声请状

声请人：协华企业公司，法定代理人吴锡光，叶厚清。

上诉人：民生实业公司，法定代理人卢作孚，邓植彬。

为对于民生公司因损害赔偿上诉事件声请宣告假执行事。请求就本件原判决主文第一项赔偿桃米、木船部分依民诉法第四五四条规定宣告假执行。

谨呈

四川高等法院重庆分院民庭公鉴。

中华民国卅八年元月五日

具状人：协华企业公司法定代理人

吴锡光、叶厚清

言词辩论笔录

上诉人：民生公司。

代理人：程愚律师。

被上诉人：协华公司。

代理人：曹端甫、胡文律师。

右当事人间赔偿损害上诉事件，经本院于中华民国卅八年元月五日上午八时，在本院第　法庭公开言词辩论，出庭推事、书记官如左。

推事：钱本海。

书记官：郭志清。

点呼事件后，到场人如左：曹端甫。

问：曹端甫，年籍？

答：廿七岁，住陕西路二〇七号。

问：请求如何判？

答：请维持原判。

问：什么时候发生的事情？

答：卅六年十二月廿四日小南海荡沉我们木船一只，损失桃米八千五百五十斤。

问：有什么证明？

答：有保甲证明，谢永昌、黄嘉若到案证明过的。

上诉代理人陈述略称：请废弃原判，驳回被上诉人之诉。其理由：被上诉人之船是十二点钟沉没的，民生公司那时并没有遇见什么船。

问（曹端甫）：数目是多少，有证据否？

答：有水簿可证。

谕知候再传。

中华民国卅八年元月五日

四川高等法院重庆分院民一庭

书记官：郭志清

推事：

四川高等法院重庆分院送达证书

应送达之文书：民国卅三十七年上字第四四九号与吴锡光等为损害赔偿传票乙件。

应受送达人：卢作孚、邓植彬。

受送达人署名盖印，若不能或拒绝署名盖印，送达人应记明其事实：

非交付应受送达之人送达人应记明其事实：代理人王。

送达日期：三八年一月二五日上午十二时。

中华民国三十八年元月　日

送达人：黎永民

［同日吴锡光、叶厚清签，谢永昌、陈嘉若、范吉轩、鲜海顺签收传票的送达证书略］

言词辩论笔录

上诉人：民生公司。

被上诉人：吴锡光等。

右当事人间赔偿损害上诉事件，经本院于中华民国卅八年三月十九日上午十时，在本院第二法庭公开言词辩论，出庭推事、书记官如左。

审判长推事：李泽之。

推事：钱本海。

推事：王文纲。

书记官：

点呼事件后，到场人如左。

上诉代理人：程愚律师。

被上诉人代理人：曹端甫，胡文律师。

曹端甫，廿七岁，住本市陕西路二〇七号。

问：你请求如何判决？

答：请求驳回上诉。

律师程愚。

问：代理人陈述诉之声明？

答：请求废弃原判，驳回被上诉人之诉。

问：叶厚清不到，请求判决否？

答：叶厚清不到，请求一遵辩论判决。

问：上诉人请求有何理由？

答：叶厚清他的船浪沉在十二点钟，璧山轮是十点卅六分钟经过，并未与其木船相遇，轮船上行沿南漕行走，他们下行沿北漕走的，他们所举证人、证言不可靠，民生公司有当地保民代表可以证明。

曹端甫。

问：你请求如何判决？

答：请求驳回上诉，照原判。

问：木船在何处浪沉的？

答：浪沉有事实，我们走下水，民生公司轮船上行，在镶水地方浪沉。

问：在何处失吉的？

答：是小南海下面（重庆一面）双柏树地方，正正出槽口，与轮船相距二百公尺远。

问：有何证明？

答：有证人谢永昌、保长范吉轩可以证明。

问：浪沉有什么货品？

答：浪沉的是桃米十六件，约计八千余斤，另有水单可查。

问：船老板是何人？

答：船老板是叶厚清，他计的时间是估计的，并不算准。

问：有契税否？

答：这是土产，货是不上税的。

问：叶厚清为何不到，他有胡律师代理？

答：叶厚清不能到案。

谢永昌，卅岁，住本市大坪马家堡十号。

问：你在一审到过案吗？

答：一审到过案。

问：卅六年璧山轮浪沉叶厚清木船，你知道此事吗？

答：当日在双柏树浪沉的，我们在那里工作（铁路工作），那时工人尚未吃午饭，头一浪木船船头浪沉，镶水时，船改走一边，因为有一个山遮蔽，对面看不见，如看见，已抵面。浪沉在小南海以下。轮船上行很缓，木船下行水势湍急，速度要快一点。浪沉是事实。

问：浪沉损失好多？

答：浪沉损失不清楚。

问：死人没有？

答：当日我们有百十工人去打救人，□□船也来打救。

问：装的是重载轻载？

答：装的是重载，说的是桃米、桐油。

范吉轩，四十岁，住巴县跳磴乡。

令具结并告知证人义务及伪证处罚。

问：当日浪沉木船你知道否？

答：浪沉木船是我们看见的。

问：何处浪沉的？

答：轮船行走湾湾头，木船失吉在双柏树镶水地方。

问：你们听闻轮船拉汽笛否？

答：未听闻拉汽笛。

问：是在什么时间？

答：□间□吃（上）［稍］午[1]。

问：木船载重不重呢？

答：是一个重载。

问：装的什么货物？

答：桃米十几件。

---

[1] 吃稍午，重庆方言，意即吃午饭。

上诉代理人陈述辩论意旨。

律师程愚陈述，请求废弃原判，驳回被上诉人之诉。查民生公司璧山轮于卅六年十二月廿四日由渝开驶江津白沙，当日有叶厚清装有桃米廿件木船在小南海双柏树地方失吉，律师李文于民生公司有一函，说是叶厚清木船被民生公司璧山轮浪沉的，经公司查询船主邓植彬，称当日璧山轮十点卅六分钟经小南海，并非十二钟，他的木船失吉在十二钟时间，相差一小时多之久，可见他的木船失吉另有原因，又非璧山轮浪沉，其实是木船早在石盘上擦漏，行至双柏树沉没，在镶水时，一入漕，一出漕，在镶处地方沉没，认为民生公司有责任，殊属失察，应请如声明判决。

曹端甫称供第□石盘上擦漏，船还能进行入漕口，至双柏树（约隔二百公尺）镶水地方已不近情。

律师胡文陈述：请求驳回上诉。查上诉人对于本案上诉以一个上行走南漕，一个下行走北漕，未看见木船不负责任，又主张上诉人轮船经过小南海时，为十点三十六分钟，被上诉人是估计时间，看见太阳当顶，是正午时间，两队铁路工人尚未午饭。钟无有边界，据他们说是十点卅二分，很准确的，今天证人证明很清楚，在上午时间，上诉人所供到庭说是木船擦漏了失吉的，轮船上行，木船下行，轮船上行开快车，浪子很大，速度很快，明明白白是浪沉的，轮船上行在□□地方应拉汽笛，以便木船避让，上水船应让下水船，在滩口上，下水船流行甚急，如果上行船开慢车，稍停一下，木船决不会浪沉的。既不拉汽笛，又不开慢车，上诉人有过失之责，上诉人上诉无理由，应予驳回。至桃米数量，被上诉人提出水单账簿为凭，总之，商家进货凭账簿，收货凭水单。代理如此陈述。

审判长谕知辩论终结，定期三月廿二日宣判，退庭。

中华民国卅八年三月十九日

四川高等法院重庆分院民一庭

书记官：

审判长：李泽之

宣示判决笔录

上诉人：卢作孚。

被上诉人：吴锡光等。

右当事人间因赔偿损害事件，经本院于中华民国卅八年三月廿六日上午十时，在本院第三法庭公开宣示判决，出庭推事、书记官如左。

审判长推事：李泽之。

推事：钱本海。

点呼事件后，到场当事人如左：两造均未到。审判长起立朗读判决主文。

中华民国卅八年三月廿六日

四川高等法院重庆分院民事第一庭

书记官：黄光祖

审判长：李泽之

民事声请状

具呈声请人（即上诉人）：卢作孚，男，五十六岁，合川人，住模范市场民生大厦，总经理；邓植彬，男，四十四岁，江北人，璧山轮驾驶。

被声请人（即被上诉人）：吴锡光，男；叶厚清，男。

为依法声请准予重开辩论事。窃商公司与民植彬为赔偿桃米及木船损失上诉协华企业公司吴锡光与叶厚清一案，本月十九日经钧院票传审理，业已宣告辩论终结在卷，惟查本案该被上诉人吴锡光、叶厚清请求赔偿桃米八千五百五十斤及载重三十吨木船一艘，仅有桃米损失人吴锡光委任代理人到案，至木船损失人叶厚清则在第一、二审均始终未见其本人到庭，其本人是否系拟要求商公司赔偿，殊不敢知。前日（十九日）审讯时，虽经该被上诉人之代理律师向钧院陈明，系受吴、叶两人之委任，但该代理律师并不能提出叶厚清直接委任之证明，显见本案完全系吴锡光一人包办，代叶厚清主张，而叶本人是否有此要求主张，尚属疑问，此应请钧院准予重开辩论，并添传叶厚清本人到案质讯者，一也。复查本案该叶厚清木船之失吉沉没，系在大中坝石盘擦漏，至双柏树下沉没，其沉没时，商公司璧山轮已上行甚远，此有巴县民船公会白沙沱分会办事处常务理事张达周与巴县跳蹬乡第八保保长李佐卿、刘治国及保民代表伍云卿、乡保队附刘泗云、甲长温治安等出有证明书可查，此次钧院票传本月十九日审理时，商公司曾派人往邀该等到案作证，殊该等以未奉钧院票传，不允前来，致本案该叶厚清木船失吉情形无法证明，而被上诉人（即原告）之证人谢永昌、范燮卿等则系该被上诉人串支而来，其所为虚伪供证，倘一经张建周等抵面质对，则该木船失吉真相不难立即判明，此应请钧院准予重开辩论，并准分别票传张建周、李佐卿、刘治国、伍云卿、刘泗云、温治安一干人等到案，详为审讯者，二也。又查该被上诉人吴锡光前日在庭呈出之桃米八千五百五十斤之证明文件，乃系宜宾分公司办事处自行所抄清单，并未提出原始之桃米发售单（商家发售货品应有发售单），究竟伊所告桃米八千五百五十斤是否确有此数，不无可疑，原审遽凭一面请求，判令商公司如数赔偿，自有未当，关于此点，亦应请钧院准予重开辩论，饬令被上诉人交出确切证据，俾能有真实之考查者，三也。

总而言之，本案就该木船失吉时间考查，已与璧山轮经过双柏树时间相距有一点半钟之差，而失吉处复非巨浪险滩，决无相遇浪沉之理，其为本身自行擦漏，流至双柏树沉没，异图嫁祸璧山轮以为搞索，实极显然。为此，谨具状申请钧院俯赐查核，准予依法重开辩论，秉公裁判，将原判决废弃，驳回上诉人在原审请求之诉，以杜诬赖，不胜感幸。

谨呈

四川高等法院重庆分院公鉴。

中华民国三十八年三月廿二日

具状人：民生实业公司

卢作孚、邓植彬

四川高等法院重庆分院民事判决书

三十七年度上字第四四四九号

上诉人：民生实业公司。

法定代理人：卢作孚，住本市模范市场民生大厦。

上诉人：邓植彬，住本市中正路民生公司。

诉讼代理人：程愚律师。

被上诉人：协华企业公司。

法定代理人：吴锡光，住本市陕西路二〇七号。

诉讼代理人：曹端甫，住同右。

被上诉人：叶厚清，住同右。

诉讼代理人：胡文律师。

右当事人间请求赔偿损害事件，上诉人对于中华民国三十七年八月二十四日四川重庆地方法院第一审判决提起上诉，本院判决如左。

主文

上诉驳回，第二审诉讼费用由上诉人负担。

事实

上诉人及其代理人声明，求为废弃原判决，驳回被上诉人之诉。被上诉人及其代理人声明，求为驳回上诉。两造其余应记载事实与第一审判决所载者同，兹引用之。

理由

本件被上诉人主张民国三十六年十二月，由被上诉人协华企业公司自宜宾采办桃米八千五百五十斤交，由被上诉人叶厚清用木船载运至渝，同年十二月廿四日，在小南海双柏树地方被民生公司之璧山轮过失浪沉，提出证明书、水单，并举证人谢永昌、范吉轩等为立证方法。上诉人虽以璧山轮当日自渝驶泸，并无在小南海浪沉被上诉人木船之事为抗辩，然据证人谢永昌、范吉轩等一致结证，亲见璧山轮在小南海双柏树地方浪沉被上诉人重载木船，未闻轮船鸣放汽笛在卷，足见璧山轮实有过失，浪沉被上诉人重载木船之事，被上诉人所为主张自足认为真实，原判并无不合，上诉为无理由。

据上论结，本件上诉为无理由，应依民事诉讼法第四百四十六条第一项、第七十八条判决如主文。

中华民国三十八年三月二十六日

四川高等法院重庆分院民事第一庭

审判长推事：李泽之

推事：王文纲

推事：钱本海

本件证明与原本无异。

书记官：

中华民国三十年　月　日

四川高等法院重庆分院送达证书

应送达之文书：民国卅三十七年上字第　　　号与协华企业公司赔偿损害　判决二件。

应受送达人：卢作孚、邓植彬。

受送达人署名盖印，若不能或拒绝署名盖印，送达人应记明其事实：指定代收。

非交付应受送达之人送达人应记明其事实：民生公司印。

送达日期：卅八年六月廿四日。

中华民国三十八年六月　日

送达人：谢代福

[同日吴锡光、叶厚清签收判决二件的送达证书略]

民事上诉状

上诉人：民生实业公司卢作孚，男，五十六岁，四川合川人，住重庆道门口民生实业公司，航业；
邓植彬，男，四十四岁，四川巴县人。

被上诉人：协华企业公司吴锡光，叶厚清，年龄等项不详。

为不服判决依法声明上诉并陈上诉理由，恳祈鉴察，准予检卷申送第三审最高法院查核改判，以资救济事。

窃商公司与民植彬前为赔偿桃米船只损害事件，不服第一审重庆地方法院所为三十七年度诉字第一一六号判决，上诉协华企业公司与叶厚清一案，本年六月二十四日奉到钧院三十年度上字第四四九号判决，主文内开："上诉驳回，第二审诉讼费用由上诉人负担。"等因。判决书尾后并注明"不得上诉"四字，诵悉之余，莫名诧异！查本案该被上诉人（即原告）协华企业公司吴锡光、叶厚清去岁（三十七年）在第一审重庆地方法院起诉，请求判令商公司赔偿损失桃米八千五百五十斤与载重三十吨之白木船一只时，当时（即起诉时）桃米市价每斤约值法币八万元，其八千五百五十斤共应值法币六亿八千四百万元，至载重三十吨之白木船一只，当时亦可值法币四五亿元左右，殊该协华企业公司于起诉时为图减少诉讼费用，对于桃米、船只之诉标的竟以数十万元之极少数价额缴纳讼费，商公司彼时初未察觉，故对于该被原告起诉缴费是否足额一层未予攻击，迨商公司上诉第二审时，以为本案第一审判决错误偏颇，在第二审必可获胜邀公允之裁判，因对于该被上诉人在第一审起诉缴费是否足额一节亦未置意，不料钧院此次判决竟以本案在起诉时讼争标的缴费甚微，应不在上诉第三审之列，故于判决书尾后特注明"不得上诉"字样，此虽依照通常诉讼程序，不得诉于第三审，然本案该被上诉人即原告前在第一审起诉时，为图少缴讼费，并未按照当时桃米市价与木船真实价额缴足诉讼费用，虽一、二两审对于该诉讼标的价额是否真正未与调查，亦未命其补缴裁判费，但就事实上言，该项桃米八千五百五十斤，当时已值法币六亿八千四百万元，现时则值银币三千元左右（合金元券一亿五千万亿元），当时约值法币四五亿元，而木船一只现亦约值银币一千数百元（约合金元券六千余亿元），此项巨额赔偿损害之案件，依其实值，价额与金额，其应适用之程序，自得上诉于第三审，决不能以该被上诉人即原告在原起诉时未曾缴足诉讼费用，即认本件为不得上诉于第三审而将商公司与民植彬上诉权予以剥夺、限制，何况本案一、二两审判决实极偏徇草率，未尽审判能事，商公司与民植彬决难甘服，此不能不声明上诉，并先就本案诉讼标的之真实价额与金额详为呈明，请求钧院查核，仍准商公司与民植彬上诉，并饬该被上诉人协华企业公司与叶厚清就其起诉时之桃米与木船两项标的的之真实价额金额补缴裁判费，并将本案全卷检送第三审最高法院核办，以资救济，不胜感幸之至。至于商公司与民植彬对本案上诉理由谨分四点详陈如次，伏赐垂察。

（一）原审对于本案未就时间上考查，实极草率也。

查第一审判决根据证人谢永昌、黄嘉若之捏诬供认定璧山轮浪沉原告桃米木船系于三十六年十二月二十四日上午在中坝镶水处彼此相遇时，一出漕，一入漕，因而将原告货船沉没，商公司与民植彬即应负过失赔偿损害之责，并认商公司所提出之航行簿所载之航行时间为一方自行之记载，不能作证，至巴县民船工会白沙沱分会办事处，及巴县跳磴乡第八保保长与保民代表等出具之证明书，则并未由该证明人到场具结供述，且以该证明书所称又嫌空泛，即不足采信，而第二审判决理由复以该原告所举证人谢永昌、范吉轩等一致到案结证，曾亲见璧山轮在小南海双柏树地方浪沉木船，未闻轮船鸣放汽笛，即认该木船浪沉，璧轮实有过失，从而认该被上诉人即原告所为主张应为真实，而原判亦并无不合，殊不知本案商公司之璧山轮三十六年十二月二十四日自渝开泸，系于上午十时三十六分行经双柏树地方，有航行簿记录可考，当时璧山轮并未遇见江面有任何船只，亦未发现江面有任何船只失吉情事，至该被上诉人叶厚清装载桃米之木船，据其诉称系于是日正午行至小南海双柏树地方与璧轮相遇，被快车将其沉没，以时间上言之，璧轮航行簿所记载经过双柏树之时间与该被上诉人所称经过双柏树之时间相去在一点钟以上，其非同时相遇已极明显，如谓木船未有钟表，只依乡间习惯，以太阳位置大概计时估计，不能精确，然被上诉人在原审起诉状词及最初托请李文律师致函商公司与其历次在第一审当庭之供述，均谓该船浪沉时间为是日正午，所谓正午者，即系一般乡间人平时观察太阳位置正值中天，即谓之正午，虽认其所估之时间不能十分精确，然正午当为十二时左右，最多不得提早一、二刻钟（即半小时），应可断定，退万步言，即其所谓正午当为是日正午十一时半或十一时（即被上诉人所举证人谢永昌、黄嘉若前在第一审当庭供述，亦称在正午不久可见木船失吉时，不得退至十时半，当在十一时或十一时半左右），但与璧轮经过双柏树航行簿上所记载之时间亦相去上一点钟与半点钟之久，焉能混称系同时相遇于双柏树漕口镶水处，有将其木船浪沉之事实？再，商公司各轮之航行簿关于每日轮船开行与停泊及沿途经过地方系何时间，或快车或慢车均须一一详细记载，而每轮于到过埠时，其地如有航政局分办事处必须将航行簿送阅铃盖印章，以完手续，故航行簿能为本轮一方自行之记载，但经航政局查阅盖章，应认其有文书之效力，其所载璧轮经过双柏树时间为三十六年十二月二十四日上午十时三十六分，实为确切不易，今被上诉人人叶厚清桃米木船系是日正午在双柏树地方失吉，纵认正午十二时之时间估计未能十分精确，然绝不能倒行估计为十时半左右，故第一审判决就时间上认该被上诉人木船系同时相遇于双柏树漕口镶水处属实，极端错误，而第二审对于璧轮与该木船是否是时相遇一层，亦全未考查，凭被上诉人方面邀案之谢永昌、黄嘉若虚伪供证，谓曾亲见即认系真实，不免草率速断，此商公司等不服应行声明上诉理由者，一也。

（二）原审对于双柏树地方未行履勘，实未尽审判能事也。

查三十六年十二月二十四日系属枯水时间，双柏树地方上面为大中坝，江流至中坝分为南北两漕，木船下水走南漕，至轮船上水则概走北漕，是日璧山轮于午前十时三十六分经过双柏树后，即沿北漕上行，彼时并未发现江面有任何船只，至该叶厚清木船在上午十时三十六分当正行在南漕中，并未行至出漕口镶水处，焉有在出漕口镶水处与璧轮相遇之事实？既彼时一在南漕，一在北漕，中间有大中坝沙碛天然间隔，正如风马牛不相及，焉有轮船能将木船浪沉之理，证以巴县民船工会白沙沱分会办事处张建中及巴县跳磴系第八保保长李佐卿等之证明，该叶厚清之木船系在大中坝石盘道擦漏，由南漕流至双柏树地方沉没，其沉没时璧轮已达小南海北漕上段出口，足见该木船沉没时间，璧轮已由北漕上行甚远，第一审判决谓璧轮与木船正遇出漕口镶水处，一出漕，一未入漕，非不可能，实属以臆揣测，对于当地河道情形完全未能明了，商公司前在第一审曾请求承审推事郑国勋亲临双柏树履勘，以明真相，已蒙允定期前往履勘在案，殊嗣因江水涨发，中坝淹没，南北漕口已不可观，遂尔未果。然假使郑推事能俟至水枯时间，中坝出现，南北漕口恢复旧状时，再行往勘，必可明了轮船与木船之航行线各别，并可就地传集巴县民船工会白沙沱分会办事处常务理事张建中与跳磴乡第八保保长李佐卿等，质讯当时该木船在大中坝石盘道擦漏情形，乃不料郑推事事后竟未履勘，即凭其片面认定，遽尔判决所谓"非不可能"一语，直等于打签叩盘之谈。而第二审复未蒙履勘，并谓"原判并无不合"，实对于审判能事均有未尽，此商公司不服应行上诉理由者，二也。

（三）原审对于证人张建中、李佐卿等未予传讯，实嫌偏徇也。

查本案商公司前在第一审曾提出巴县民船工会白沙沱分会办事处常务理事张建中及巴县跳磴乡第八保保长李佐卿、刘治国，暨保民代表伍云卿、保队附刘泗云、甲长温治安所出具证明书，证明该被上诉人叶厚清木船失吉，系其自在大中坝石盘道擦漏，由南漕流至双柏树地方沉没，其沉没时，璧轮已达小南海北漕上段出口，此项真实情形，第一审并未传张、李、刘、伍、温诸人到案加以质讯，乃以其未到场具结，并以其供述嫌其空泛，即认为不足采取，至被上诉人方面所邀之证人谢永昌、黄嘉若在一、二两审到案供称，系亲见璧轮将木船浪沉，云云，则俱认系真实。殊不知该谢、黄两人系九龙坡成渝铁路工程上服务，与该被上诉人既素不相识，何以独于是日上午恰在江岸看见木船失吉情事，而该被上诉人亦即知其曾亲眼看见，遂邀其到案作证，显见该谢、黄两证人完全系由该被上诉人串支而来，其所供证亲眼看见，云云，绝难采信，商公司前奉第二审票传审理时，传票上虽盖有"自邀证人"四字，但经商公司往邀张建中、李佐卿等到案作证时，彼等均以未奉传票不允前来，由此可见公正之证人均不肯自行到案，以免有串通之嫌，而彼方之证人每案必到者，实为贿买而来，其证言之虚伪可以断定，商公司代理律师前在一、二两审中曾请求票传张建中、李佐卿等到案质证，乃均未出票传讯，致本案真相无法判明，实不胜其遗憾，此商公司等不服应行声明上诉理由者，三也。

（四）原审对于商公司等请求重开辩论未予准行，亦有未合也。

查本案该被上诉人前在原审请求赔偿桃米八千五百五十斤与载重三十吨木船一只之损害，仅据桃米损失人协华企业公司之法定代理人吴锡光委任代理人到案陈述，至该木船损失人叶厚清则在第一、二两审均始终未见其本人到庭，究竟该叶厚清本人是否系拟要求商公司等赔偿木船损害，则殊不敢知，本年三月十九日，经第二审开庭审理时，虽据该被上诉人之代理律师申明系受吴、叶两人之委任，但该代理律师并不能提出叶厚清直接委任之证明，显见本案完全系协华企业公司吴锡光一人包办，代叶厚清主张，而叶本人是否有此要求主张，尚属疑问。又，巴县民船工会白沱分会办事处常务理事张建中与巴县跳磴乡第八保保长李佐卿、刘治国及保民代表伍云卿、保队附刘泗云、甲长温治安所出具之证明书，既证明该叶厚清木船之失吉系由其在大中坝石盘道擦漏，然后流至双柏树沉没，其沉没时，璧轮已上行甚远，则第二审对于此点，实有传张建中、李佐卿等诸人到案审讯之必要，故商公司于本年三月十九日宣告辩论终结后，曾赓于同月二十二日状请第二审准予重开辩论，添传叶厚清、张建中、李佐卿、刘治国、伍云卿、刘泗云、温治安一干人等到案详讯，并请饬令被上诉人协华企业公司提出原始之桃米发售单以证明该吴锡光所告之桃米八千五百五十斤，是否确有此数，因该吴锡光前在第二审呈出之桃米若干斤之证明文件，乃系该宜宾分公司办事处自行所抄之清单，应不生证明之效力，乃第二审对于商公司请求重开辩论一层竟未准行，遽尔判决将商公司等上诉驳回，其于本案程序上实不无重大瑕疵。此商公司等不服应行声明上诉理由者，四也。

综上论结，原审判决实不无草率偏颇之嫌，应恳钧院俯赐查核，准予依照通常诉讼程序检齐全卷，申送第三审核办，废弃一、二审判决，将该被上诉人在原审请求赔偿桃米木船损害之诉判予驳回，并令负担一、二两审诉讼费用，以资救济，而杜搪赖，无任感幸。再，本案商公司在第二审上诉时对于讼争标的所缴之上诉费用，依照该被上诉人最初起诉时桃米及木船之价额金额既未缴足，应恳钧院另以裁定饬知，商公司当即按照当日所值法币十一亿八千四百万元之数目再行补缴第二审上诉费用，至于此次上诉第三审应缴第三审应缴之裁判费，究共折合银币若干，亦恳钧院一并裁定饬知，当即遵缴不误，合并呈明右上诉状。

谨呈

四川高等法院重庆分院公鉴并转呈最高法院民庭公鉴。

中华民国三十八年七月十一日

具状人：上诉人民生实业公司

卢作孚、邓植彬

缴款单

征费机关：四川高等法院重庆分院

缴款人：卢作孚。

案号：　年度　字第　号

案由：上诉。

标的：四千。

费别：缮状费。

征费数目：金圆叁拾贰元。

中华民国卅八年七月十二日

四川高等法院重庆分院民事裁定

民国三七年度上字第四四九号

上诉人：民生实业公司卢作孚，住本市道门口民生公司；邓植彬。

被上诉人：协华企业公司吴锡光，住本市陕西路二〇七号；叶厚清。

右当事人间因损害赔偿事件，上诉人对于中华民国三十八年三月廿六日本院第二审判决提起上诉，本院裁定如左。

主文

上诉驳回，上诉诉讼费用由上诉人负担。

理由

按民事诉讼法第四百六十三条第一项载，对于财产权上诉讼之第二审判决，如因上诉所得受之利益不逾九百元者，不得上诉。又复员后办理民事诉讼补充条例第二十六条规定，民事诉讼法第四百六十三条所定上诉利益之额数，自三十七年八月二十日起，一律以金圆计算，至对于不得上诉之判决而上诉者，原第二审法院，应以裁定驳回之。民事诉讼法第四百四十一条第一项亦定有明文。本件讼争标的为法币七千万元，因上诉所得受之利益，显然不逾金圆五百元，自在不得上诉之列，其上诉应即驳回，并依民事诉讼法第九十五条、第七十八条裁定如主文。

中华民国三十八年八月三日

四川高等法院重庆分院民事第一庭

审判长推事：李泽文

推事：王文纲

推事：钱本海

本件证明与原本无异。

中华民国三十八年八月　日

四川高等法院重庆分院书记官：

四川高等法院重庆分院送达证书

应送达之文书：民国三十七年字第　　号与民生公司赔偿。裁定一件。

应受送达人：协华公司吴锡光、叶厚清。

受送达人署名盖章，若不能署名盖章或拒绝者，应记明其事实：吴锡光押，叶厚清押。

送达日期：三十八年八月八日。

中华民国三十八年八月八日

执达员：陈青云

[同日民生公司卢作孚、邓植彬签收裁定的送达证书略]

二、债/标会

55.夏克常诉赵治清要求返还会款案

民事诉状

右方：姓名夏克常，三十岁，四川巴县人，住本市中一支路特十一号，柴商。

左方：姓名赵治清，四川綦江人，住本市老街三十八号，职业面馆。

呈为俯恳鉴核，该赵治清无故拖骗会款，洋十三万二千元正，请予讯究一案由。具呈人夏克常，男，年三十岁，四川巴县人，柴商，现住本市中一支路特十一号。情因于民国三十五年农历二月中旬，有首会王汉臣者，请会一个，共数十九人结成该会，行至途中，已接十一人，未接八人，该首会欠债深重，无法付偿，私知逃口。该会无主，系本年农历九月三十日经全体会友公推克常为该会全权代表，负全会内一切责任。至经手来头一、二会并无异件，照规行至三会突发便异，有已接会友赵治清一人，口称现在经济不便，求缓期数日付款，至期满已过数日，该赵治清勒逼横估，不付此款，只得报请钧院传案讯究，依法填还会洋。该治清拖款潜逃，复转家中，民向该治清言及清算上项账目，该赵治清返言民吃去面食洋数万元，民并无欠债面食洋等语。治清搪塞伪造账项，民请该治清到保办公处面询调解，不从，无故不到。次日，该赵治清备出书面请民三十五年十二月三十一午后五时在通远茶社吃茶调解，民按时到场，治清请来之客有十余人之多，民一人不能认识，又无地方保甲人员同场，突拿出草纸单文伪造之账项计洋二万九千余元。该治清用威胁手段勒逼民交出会规收据，民无法抵抗，只得具文呈报本区公所调解，该治清仍无故不到区所，无法调解，随后转案警察分局，钧局令警士一名勒传该治清归案。治清另言早经任老太婆借去洋三万元，此洋我早已准备上会支资，已作抵扣可否？民急达治清曰：不可抵扣，吾负有重要责任。警局问案，局员分示本局依照证物调解，治清应付代表人夏克常，手收领有代表人正式收据，始能发生效力，否则，转付他人概不生效。如双方服从调解则罢，如不服调解，你们另起诉高级机关。该治清违抗调解，不认全数填还付口，俯恳钧院鉴核，如蒙允准，沾感靡暨实沾德便。

谨呈

赵治清无故拖骗会款十三万二千元

证物：会书纪录及公推书各乙件

重庆地方法院公鉴。

中华民国三十六年二月　日

具状人：夏克常

征费单

征费机关：重庆地方法院。

缴款人：夏克常。

案号：三十六年度诉字第一七〇号

案由：会款。

标的：十三万二千元。

费别：裁判费。

征费数目：国币一千七百二十元。

中华民国三十六年二月十一日

案件审理单

返还会款案定于本年三月廿一日下午二时审理，应行通知及提、传人如左。

应传：传两造，发副本。

推事：王文纲二月十四日　午发交。

书记官　月　日办讫

送达证书

民国三十六年诉字第一七二号返还会款案，送达副状一件，传票一件。

受送达人：被告赵治清。

受送达人署名盖章，若不能署名盖章或拒绝者，应记明其事实：赵治清。

送达处所：老街第三八号。

送达日期：三十六年二月二十日。

中华民国三十六年二月十七日
重庆地方法院执达员：罗业荣

［同年二月二十一日夏克常签收传票的送达证书略］

地方法院案件审理单

诉字一七二号返还会款

原告夏克常到，辩论终结，定本月二十日六日宣判。

民国三十六年三月二十一日下午

笔录

原告：夏克常。

被告：赵治清。

证人：

右列当事人因返还会款案，经本院于中华民国三十六年三月二十一日午后二时开民事法庭，出席职员如左。

审判长推事：易元良。

书记官：彭泽义。

点呼右列当事人入庭。

书记官朗读案由。

问：原告夏克常年、籍等？

答：三十岁，住中一支路附十一号。

问：陈述诉之声请？

答：请求判令被告返还原告会款十三万二千元。

问：事实如何？

答：王汉臣请了月月会，共十九人，共洋三十六万元。被告于三十五年古四月二日接的会，须欠上十三［万］二千元不付，故具状起诉，云云。被告对陈祖辉、段家峰、李太太、朱志敏、魏海贤及原告等六人未上会费，故起诉云云（即被告应给付原告等每人二万二千元）。

问：有何证明？

答：有会簿为凭（用毕返还）。

问：被告□□有何请求？

答：请求依公弁［辩］论而为判决。

推事谕知，本案弁［辩］论终结，于本月二十六日宣判。

退庭

右笔录当庭朗读无异。

中华民国三十六年三月二十一日

重庆地方法院民事庭

书记官：彭泽义

推事：易元良

重庆地方法院民事判决

三十六年度诉字一七四号

原告：夏克常，住中一支路特十一号。

被告：赵治清，住老街三十八号。

右当事人间，因请求给付会款事件，本院判决如左。

主文

被告应给付原告国币二万二千元。

原告其余之诉驳回。

诉讼费用由原告负担六分之五，被告负担六分之一。

事实

原告声明，请求判令被告给付会款国币十三万二千元，其陈述略谓："王汉臣曾邀一月月会，共会员十九人，集资三十六万。被告于民国三十五年古历四月二日收受会金后，尚应给付会款六次，每次国币二万二千元，共应给付国币十三万二千元，即应给原告及陈祖辉、段家峰、李太太、朱志敏、魏海贤每人各二万二千元，殊被告拒不给付。为此起诉"等语，举出会簿一本为证。

被告未到庭，亦无准备书状。

理由

本件原告主张，被告应给付原告会款国币二万二千元之事实，已据原告提出会簿一本为证，则原告此部之诉，已非无据，自应认为有理由。其余，被告应给付陈祖辉、段家峰、李太太、朱志敏、魏海云会款国币十一万元。原告就为诉讼标的之法律关系，无为诉讼之权能，换言之，即原告在私法上非有请求权之人，则原告其余之诉当事人适格自有欠缺，应予驳回。被告于言词辩论期日未到，经原告申请，由其一造辩论而为判决。

据上论结，本件原告之诉为一部有理由、一部无理由，应分别予以准、驳，并依民事诉讼法第七十九条后段、第三百八十五条第一项判决如主文。

中华民国三十六年三月二十一日

重庆地方法院民二庭

推事：易元良

当事人如有不服，应于判决送达后二十日内，向本院具状上诉。

报告

五月五日于执达员办公室呈

窃职奉夏克常诉赵治清给付会款一案，遵于五月五日前往收受文件人居住所送达，除夏克常送达外，惟赵治清□间迁移，去向不明。经管辖甲长出具证明，理合检附证明及未送达判决回证一并呈请。核示

谨呈

推事鉴核

执达员：王伯卿（印）呈

证明书

查本甲管辖区内老街第卅八号住户赵治清，现经迁移，不知去向，特此证明是实。

谨呈

重庆地方法院公鉴。

本市二区九保四甲。

甲长：周荣财具

三十六年五月五日

送达证书

民国三十六年（　）字第　号会款案，送达判决一件。

受送达人：被告赵治清。

中华民国三十六年四月二十六日

重庆地方法院执达员：王伯卿

［同年四月二十九日由朋友罗荣清代夏克常签收判决的送达证书略］

重庆地方法院布告稿

三十六年八月十三日 三七五二牌示

查夏克常与赵治清因返还会款事件，被告赵治清之所在不明，应予公示送达。兹有应送达之判决正本，由本院书记官保存，该被告赵治清得随时来院领取。本公示送达自布告粘贴于本院牌示处之日起经过二十日之翌日起发生效力。仰即知照。此布

中华民国三十六年八月四日

56. 汤式民诉简荣芳追偿会款案

民事起诉状

原告：汤式民，六十岁，江西人，住重庆民族路一四四号，商。

被告：简荣芳，住重庆民族路一二八号爱仁堂。

为私换收据，吞骗会金，恳请传案公判追偿事。窃式民于中华民国三十五年十一月间经被告简荣芳邀约，加入朱正阳等之三庄五脱公平均益会，计首庄朱正阳，二庄简荣芳，三庄史树诚，式民与吴让之等八人合成八散局。式民占一散局，于三十五年十一月三十日及三十六年一月三十日两次各上法币一百三十五万元，共上足会金二百七十万元。式民因与简荣芳素相认识，且入会又系其邀约，所有首庄填发之收据及所订会书均托其代存，依照会例，各散局于上足两会会金后于三庄接得会金期开摇，上摇下接，每一散局均可于摇得后接收会金一千万元，即除去原上会金二百七十万元外，实得利息七百三十万元。讵该简荣芳于二十六年三月十五日忽向朱正阳证称，伊已顶受式民之局，私将收据更换，并将会书揹不交给式民。查式民应上会金，早于三十五年十一月三十日及三十六年一月三十日交讫。兹查该荣芳于三十六年三月二十五日，忽狂称伊已顶受式民之局，不惟绝无顶让证据，且从无与式民议及顶让之事实，委系存心吞骗会金。现收据虽被诓私换，而式民曾两次上足会金，明有首庄朱正阳可质，会书虽被霸揹，尚有其余会友之会书可资参证。该简荣芳私换收据，吞骗会金，委系不法已极，迫得具状起诉，恳请钧院严传该被告简荣芳到案，判令交出式民两次所上会金二百七十万元之收据及会书，如被告不能交出，或该散局已被其摇得，则请判令被告给付会金原本二百七十万元及利息七百三十万元，以保权利，实为德便。

谨状

重庆地方法院民庭公鉴。

中华民国三十六年六月二十日

具状人：汤式民

律师：王豫

委托书

委托人：汤式民，六十岁，籍贯江西，住重庆民族路一四四号，商。

受任人：王豫律师。

为委任代理事。兹因对简荣芳起诉私换收据、吞骗会金，恳请传案公判追偿一案。委任王豫律师为诉讼代理人，代理一切诉讼行为，谨提出委任状。

重庆司法法院民庭公鉴。

中华民国三十六年六月二十日

具状人：汤式民

送达证书

书状目录：民国三六年（诉）字第一〇〇三号追偿案送达传票一件。

受送达人：被告简荣芳。

受送达人署名盖章，若不能署名盖章或拒绝者，应记明其事实：简荣芳未在家由同居友人陶世俊代收。

非交付应受送达人之送达应记明其事实：陶世俊。

送达日期：三十六年七月十二日。

中华民国三十六年七月十二日

重庆地方法院送达员：何潜

［同年七月十五日汤式民、七月十六日王豫律师签收传票的送达证书略］

委任书

委任人：简荣芳，住本市民族路一三八号。

被委任人：吴友清律师，住本市中正路美丰银行大楼二楼二十三号。

为汤式民追偿债款一案，委任诉讼代理人事。兹委任吴友清律师为本案诉讼代理人，仰祈核准，实为公便。

谨状

重庆地方法院民庭公鉴。

中华民国卅八年八月五日

具状人：简荣芳

笔录

右列当事人因案经本院于中华民国卅六年八月六日午前时开民事法庭，出席职员如左。

点呼右列当事人入庭，书记官朗读案由。

问：原告，年住等？

答：汤式民，六十岁，住民族路一四四号。

问：告谁？

答：简荣芳。

问：请求为何判决？

答：请求判令被告支付原告国币二百七十万元，会本收据两纸。

问：事实如何？

答：去年十一月间打有三庄五脱会，一局合成八个散局，每会两月由卅五年十一月卅日及卅六年一月卅日两次已上会款的，亲自上给简荣芳，第一次应当支朱正阳，他到场，不相识，我是简荣芳约我的，先请吃酒，复比期上会款。我交款交至爱仁堂简荣芳本人，他不给收据，第二次也交他本人的，也没有收据。

问：为何不向他要收据？

答：他推说等一下。

问：原代人有何说法？

答：据朱正阳说，会款原告已递给被告。

问：被代人吴友清律师有何答辩？

答：原告说被告未出收据。而其诉状收款及会书已交被告代存，卅五年十一月卅日原告交朱正阳会款一百卅五万，已给收据的；今年一月廿八日原告的会顶与被告去了，所以把收据及会书交给被告去了，被告交了原告一百卅五万元，原告提不出收据、会书，显系空言主张，这事由原告交给被告时已生赁权关系，现在这会已五期了，为何三、四期不说？何至延到今日发生？不是寄存，而是赁权。

问：被告有何话说？

答：两次都是简荣芳交会款的。

谕知候再传。

中华民国卅六年八月六日

书记官：刘文祥

推事：

送达证书

［民国三六年（诉）字第一〇〇三号追偿案传票一件，九月九日送达王豫律师、吴友清律师、简荣芳、朱正阳签收］

笔录

原告：汤式民。

被告：简荣芳。

右列当事人因返还会款案，经本院中华民国卅六年十月十六日午前十时开民事法庭，出席职员如左。

审判长推事：王振常。

书记官：彭泽义。

点呼右列当事人入庭，书记官朗读案由。

问：原告汤式民，年籍等？

答：六十岁，住民族路一四四号。

问：告谁？

答：告简荣芳。

问：请求如何判决？

答：请求被告返还会书收条及会簿与原告。

问：事实如何？

答：上年朱正阳当会，简荣芳二庄，原告为散角。是被告所邀，卅五年十一日及本年一月各上一百卅五万计二百七十万元，而被告事后将会书改换，本年五日标会时，被告不认，请如诉状等。

问：你交钱与被告时，有何人知道？

答：当时是我亲自交给的，并刘世杰可以为证。

问：证人刘世杰，年籍等？

答：三十三岁，住蔡家湾九三号。

问：你与原告是何关系？

答：是朋友关系。

推事谕知为证之义务及伪证之处罚。

答：遵（守），可以具结。

问：被告邀原告来会事，你是否知道？

答：当时约会一千万元时，我知道。原告计上两会，一次上会与简荣芳时，计一百卅五万元，我看见的；二次因我不在，故不清楚了，有二张上会收条，被告未交原告。

问：原告代理人陈述意见？

原告律师起立陈述：去年十一月间朱正阳邀了一千万元三庄五脱会，被告为二庄，即邀原告为散角，原告当即于上年十一月及本年一月各上国币计二百七十万元。本年三月被告向朱正阳述原告已退，将原有名字改掉，直自原告五月约会时始悉，故具状起诉，如诉之声明。

问：被告代理人陈述答辩？

被告律师起立陈述：关于原告所述上诉状大为不符，并以初次原告庭述证人朱正阳而今日为刘世杰，但刘世杰前为被告伙计，后因开除而怀仇恨，显与事实不符，对于本案经过，须朱正阳太太（即张仁德）始可知道，现已到案，径可质讯。

问：证人张仁德，年籍等？

答：四十二岁，住观音岩。

问：朱正阳是你什么人？

答：是我丈夫。

问：你是否邀一千万元之会呢？

答：邀过，但在吃会酒时原告到场，会簿是交简太太后转交原告，当时我看见的，第二次吃会酒时我没到场，二庄是简荣芳约会。二月五日简太太向我说，因原告不相信我，故将条据更换。

问：被告代理陈述意见？

被告律师起立陈述：对于本案，业经证人陈述甚详，在吃会酒时即将会簿散发，由被告转交原告，经会首看见。自第二会后，原告向被告云，因上会不合算，申请退出，于二月份被告即将原告会约退还，并向首会将原告名字改换，即将会簿收条等交与首会，以此请求驳回原告之诉等。云云。

推事谕知，候再传，退庭。

右笔录当庭朗读无异。

中华民国卅六年十月十六日

重庆地方法院民事庭

书记官：彭泽义

推事：王振常

证人结文（问讯）

今为钧院卅六年度诉字第一〇〇三号汤式民与简荣芳返还会簿到庭作证，所为陈述均系真实，绝无匿饰增减。如有虚伪，当负法律罪责。

此上

重庆地方法院

具结人：张仁德

中华民国卅六年十月十六日

证人结文（问讯）

今为钧院卅六年度诉字第一〇〇三号汤式民与简荣芳返还会簿到庭作证，所为陈述均系真实，绝无匿饰增减。如有虚伪，当负法律罪责。

此上

重庆地方法院

具结人：刘世杰

中华民国卅六年十月十六日

送达证书

［民国三六年（诉）字第一〇〇三号追偿案传票一件，卅七年元月十五日送达王孙律师，汤式民、简荣芳、吴友清签收］

笔录

原告：汤式民。

被告：简荣芳。

右列当事人因追偿案，经本院于中华民国卅七年元月廿九日午前时开民事法庭，出席职员如左。

审判长推事：王振常。

书记官：宋饶羽。

点呼右列当事人入庭，书记官朗读案由。

原告：汤式民。

问：请求何事？

答：请求给付会款之原据及会书。

问：会多少钱？

答：一千万元。

问：会由谁办？

答：朱正阳办，两月一会。

问：你有收据吗？

答：在简荣芳手中，未交与我，会簿也未交与我。

问：你的会钱交与谁的？

答：交与简荣芳的。

问：有证人吗？

答：店内中人皆看见。

被告代理人：简懿宣，卅，住民族号一三八号。

问：简荣芳是你吗？

答：是的。

另补委任状。

问：朱正阳曾邀有一会吗？

答：是的。

问：汤式民在会吗？

答：在会。

问：汤式民交有钱吗？

答：第一会交了，第二会未交。

问：会簿等已交与原告了吗？

答：已交与他，这是第一会，第二会时他说子金太高，愿退会，所以就没有他了。

问：会簿上有批明吗？

答：已批明了。

问：谁批的？

答：是我丈夫去吃的会，不知是谁批的。

问：第一会他上的钱已退还他吗？

答：已退还与他，是我退的。

问：有他给你的收据吗？

答：没有收据。

问：对原告之请求如何？

答：他已退会，自然反对。

原告代理人起立陈述：第一次会原告交有一百卅五万，第二次会也是交了一百卅五万。期到，被告不给会簿及收条，故才起诉，至被告之抗辩，皆是不近情理。

被告代理人起立陈述：本诉之性质是保管之性质，依民诉讼法二七七条规定原告应负举证之责；又，本件是债权移转之性质，故应适用民法第二五〇条至三〇六条之规定，见二九四、二九六条即知；又，依民国七年司法院上字第五〇七号之解释即知，再从人情上口论，簿据等乃轻便之物，随时可以携带，何必定要交与被告保管呢？同时起诉应在三月间，原告则于会之将终再始行起诉，此不近人情也。以上乃答辩之理由，故请驳回原告之诉。

本案辩证终结，定二月二日宣判。

本笔录当庭朗读无异。

中华民国卅七年元月十九日

书记官：宋饶羽

推事：王振常

宣判笔录

原告：汤式民。

被告：简荣芳。

右当事人间追偿事件于中华民国三十七年二月二日上午九时在本院民事法庭公开宣判。

出席职员如左。

推事：

书记官：

点呼事件后，推事立起朗读判决主文并口述判决理由之要领。

中华民国卅七年二月二日

重庆地方法院民事庭

书记官：李

推事：王振常

四川重庆地方法院民事判决

卅六年度诉字第一〇〇三号

原告：汤式民，住本市民族路一四四号。

右诉讼代理人：王豫，律师。

被告：简荣芳，住本市民族路一三八一号仁□。

右诉讼代理人：吴友清，律师。

右当事人间因交行会书及收据事实本院判决如左。

主文

原告之诉驳回；诉讼费用由原告负担。

事实

原告及其代理人声明，请求判令被告交付原告会书一本及会款收据二件。其陈述略称，原告于民国三十五年十一月间经被告邀约加入朱正阳等之三庄五脱公平均益会，计首庄朱正阳，二庄简荣芳，三庄史树诚，原告与吴谦让之等八人合成八散局，原告占有一散局，于同年十一月三十日及三十六年一月三十日，两次各上法币一百三十五万元，共上足会金二百七十万元。原告因被告素相认识，且入会又系由其邀约，即有首庄填发之收据及所订会书均托其代存，依照会例，各散局于上足两会会金后，于三庄接得会金期开摇，上摇下接，每一散局均可于摇得后接收会金一千万元，即除去会金二百七十万元之外，实得利息七百三十万元。讵被告于三十六年三月二十五日忽向朱正阳诳称，伊已顶受原告之局，私将收据更换，并将会书捎又不交给原告，是以该请判决如声明。云云。

被告乃其代理人声明，请求驳回原告之诉。其陈述略称，本案业经证人陈述甚详，在吃会酒时即将会簿散发，由被告转交原告。经会首在场，眼见自二会后原告向被告称，因上会不合算，申请退出，于二月份被告即将原告会洋退还，并向首会将原告名字改换，即将会簿、收据等交与原告、首会。云云。

理由

按当事人主张有利于已之事实者，就其事实有举证之责任。本件被告应否给付原告会书与收据，当以原告是否将首庄朱正阳所填发之收据及会书请托保管及原告是否向被告上有会款以为断。原告固谓有将该项会书及收据请托被告保管并向被告上有会款之事实，但质之被告代理人，则极端否认，即证人张仁德亦称有交付会书与原告及原告退会之事，原告不能提出确切证据，以资证明，空言无凭，殊难采信，原告之诉不能认为有理。

据上论结，原告之诉为无理由，应予驳回，并依民事诉讼法第七十八条判决为主文。

中华民国三十七年二月二日

四川重庆地方法院民事第二庭

推事：王振常

送达证书

［民国三六年（诉）字第一〇〇三号追偿案判决书一件，卅七年三月廿五日送达被告简荣芳、汤式民］

民事上诉状

上诉人：汤式民，六十一岁，江西人，住重庆民族路一四四号，商。

被上诉人：简荣芳，住重庆民族路一三八号爱仁堂。

为不服中华民国三十七年二月二日卅六年度诉字第一〇〇三号判决对简荣芳请求交付会书及收据一案，具状提起上诉事。本案式民于上月二十五日奉钧院送达判决正本，主文开：原告之诉驳回；诉讼费用由原告负担。其理由则谓原告不能提出确切证据以资证明，空言无凭，殊难采信。各等因。查式民经被上诉人简荣芳邀约加入其与首庄朱正阳所集之会，明有其它会友所执之会书记载明确，并经当庭呈验。是对于第一、二两期会金业已上足，已足积极证明。至会书收据何以存于被上诉人之手，乃因彼此素识，近在比邻。初不疑其有他，且式民在会内乃系散局，须至三十六年三月三十日三庄史树诚接得会金之日，始有执会书或收据前往开摇之必要，在其以前会书收据原无若何用处，因而未及向被上诉人索取，因属人情之常。讵料三月三十日开摇之期，式民竟未接得通知，始觉有异，经向首庄查询，始悉被上诉人于三月二十五日诳称，伊已顶受式民之局。其时被上诉人正骗赖式民别项债务，避不见面，式民无法交涉，故只得迫而于六月二十日起诉。以上经过，事实明明白白，式民如果有机会获与被上诉人当面质对，谅被上诉人当亦俯首无词，乃被上诉人始终避不见面，而原判则仅凭其代理人片面粉饰、支吾之游词，转认为原告不能提出确切证据以资证明，于事实、法律委系极端错误，式民万难甘服。理合具状依法提起上诉，恳祈钧院将卷宗送交第二审四川高等法院重庆分院，废弃原判，更为公平判决，至第二审诉讼费用应恳俯赐裁定，以凭预纳，合并声明。

谨状

重庆地方法院民庭公鉴。

中华民国三十七年四月三日

具状人：汤式民

重庆地方法院民事裁定

三十六年度诉字第一〇〇三号

上诉人：汤式民，住民族路一四四号。

右上诉人与简荣芳因追偿事件，不服本院第一审判决提起上诉，应缴裁判费国币七万零二百元，未据缴纳，其上诉状亦未依民事诉讼法第四百三十八条表明上诉理由。兹限该上诉人于收受本裁定时起十日内，向重庆高分院如数补缴，如逾期尚未遵行，第二审法院即行驳回上诉，切勿迟延自误，特此裁定。

中华民国三十七年四月六日

重庆地方法院民事庭

推事：王振常

送达证书

书状目录：民国三六年（诉）字第一〇〇三号追偿案送达裁定一件。

受送达人：上诉人汤式民。

受送达人署名盖章，若不能署名盖章或拒绝者，应记明其事实：汤式民。

送达日期：卅七年四月九日。

中华民国卅七年四月六日

重庆地方法院送达员：李文彬

四川重庆地方法院民事证人传票

民国三十七年度上字一六〇一号

证人姓名：史树诚。

讯问事项：作证。

应到时间：民国三十七年七月十四日上午九时

应到处所：重庆林森路五九〇号本院民庭。

注意：

一、被传人务须遵时来院报到如无故不到得依他造之辩论予以判决。

二、本件送达费应查明收据核定数目实时交付送达人不准拖欠。

三、送达人如有意外需票准即告发人被传人如呈递书状应记明　年　字第　号。

四、此票由被传人带院报到兼代入门证用。

书状官：（章）

送达人：徐绍卿

中华民国三十七年五月十三日

［同日吴让之签收的作证传票一份略］

委任书

委任人：简荣芳，住本市民族路一三八号。

被委任人：吴友清，律师，住本市中正路美丰银行大楼四楼。

为与汤式民返还会薄上诉事件，委任诉讼代理人事。兹委任吴友清律师为本案诉讼代理人，仰祈核准，实为公便。

谨状

四川高等法院重庆分院民庭公鉴。

中华民国卅七年七月十四日

具状人：简荣芳

委托书

委托人：汤式民，男，六十一岁，江西人，住渝民族路一四四号，商。

受托人：张友于，男，三十二岁，重庆人，住小龙坎复元寺二号，商。

为民国卅七年度上字第一六〇一号返据上诉案，业蒙钧院定期本年七月十四日开庭辩论，惟届期式民因事下乡，不克应传讯亲临受讯。兹特委托亲戚张友于莅庭代理一切诉讼事宜。

谨呈

四川高等法院重庆分庭公鉴。

中华民国卅七年七月十四日

具状人：汤式民

言词辩论笔录

上诉人：汤式民。

被上诉人：简荣芳。

右当事人间请求返据上诉事件，经本院于中华民国卅七年七月十四日上午八时，在本院第三法庭公开言词辩论，出庭推事、书记官如左。

审判长推事：温熙臣。

推事：吴星海。

推事：罗达尊。

书记官：颜侣奎。

点呼事件后，到场人如左。

上诉代理人：张友于。

被上诉代理人：吴友清，律师。

问：张友于，你住哪里？

答：住重庆市小龙坎复元寺二号。

问：你与上诉人什么关系？你代理他有委状没有？

答：他与我是亲戚关系，递了委状的。

问：你代理他上诉，请求如何判决？

答：请求废弃原判决，要判令被上诉人交付上诉人会簿一本，会款收据二张。

问：你这会是哪个起的会？

答：是朱正阳起的会。

问：你怎样要他拿会簿与你？

答：因简荣芳与上诉人是好友关系，他来约的上诉人，每会的钱上在简荣芳手里，上了两会，同时会簿及收据均请他代为保管，现会要终了，闻他说会是顶与他去了，他把会簿名字来改了。

问：有证人说你退会，你把会书交了，把会钱退回去了的？

答：没有。

审判长请被上诉代理人辩论。

被上诉代理人吴律师起称：本案上诉人看到了市面子金过高，要求退会，请被上诉人退还他一百三十万元，会簿与收条是他当时退会交出来的，今天他说交与被上诉人保管，原审证人已到庭证明了的，这会已经要终了才来打官事（司），打败了，藉此欲图报复，应请驳回上诉人之诉，维持原判决。

审判长谕知答辩终结，定于本月十九日宣判。

右笔录当庭朗读无讹。

中华民国卅气年七月十四日

四川高等法院重庆分院民四庭

书记官：颜侣奎

审判长：

宣判笔录

上诉人：汤式民。

被上诉人：简荣芳。

右当事人间请求返据事件，经本院于中华民国卅七年七月十九日上午八时，在本院第三法庭公开宣示判决，出庭推事、书记官如左。

审判长推事：温熙臣。

推事：吴星海。

推事：罗达尊。

书记官：颜侣奎。

点呼事件后，到场当事人如左。

两造均未到庭。

审判长起立朗读判决主文并告知理由。

中华民国卅七年七月十九日

四川高等法院重庆分院民事第四庭

书记官：颜侣奎

审判长：温熙臣

四川高等法院重庆分院民事判决书

三十七年度上字第一六〇一号

上诉人：汤式民，住本市民族路一四四号。

诉讼代理人：张友于，住本市小龙坎复元寺二号。

被上诉人：简荣芳，住本市民族路一三八号。

诉讼代理人：吴友清，律师。

右当事人间请求交付会书书事件，上诉人对于中华民国三十七年二月二日四川重庆地方法院第一审判决提起上诉，本院判决如左。

主文

上诉驳回；第二审上诉费用由上诉人负担。

事实

上诉代理人声明，请求废弃原判决，另为判决被上诉人交付上诉人会薄一本、会款收据两张。被上诉人代理人声明，请求驳回上诉，维持原判。其余应记载之事实与第一审判决树所记载者相同，兹引用之。

理由

按当事人主张有利于已之事实就其事实有举证之责任，为民事诉讼法第二百七十七条着有明文。本件上诉人起诉主张，伊搭朱正阳所起会一局、会薄一本及已填会二次由首会所出具之会款收据二纸，并请托被上诉人保管，被上诉人应负返还寄托物会薄一本、会款收据二纸，云云。既不能举证证明起诉之原因事实为真正。而被上诉人抗辩主张，上诉人业已退会，并将会款退回等情业经证人张仁德在第一审结证属实，是上诉人之请求显无足取，原审据以而为上诉人败诉之判决即无不合，上诉人空言上诉自难认为有理由。

据上论结，本件上诉为无理由，爰依民事诉讼法第四百四十六条第一项、第七十八条判决如主文。

中华民国三十七年七月十九日

四川高等法院重庆分院民事第四庭

审判长推事：温熙臣

推事：吴星海

送达证书

书状目录：民国三六年（诉）字第一〇〇三号追偿案送达判决正本一件。
受送达人：汤式民。

受送达人署名盖章，若不能署名盖章或拒绝者，应记明其事实：汤式民未在家，由同居之族弟负责收转。

非交付应受送达人之送达应记明其事实：汤季衡代收。

送达日期：卅七年九月十三日

中华民国卅七年九月四日

重庆地方法院送达员：（章）

［同日简荣芳签收判决的送达证书略］

57. 赵茂廷诉赵璧生要求返还会款案

民事诉状

原告人：赵茂廷，六十一岁，住巴县西彭乡四保水井湾，农。

被告人：赵璧生，年龄不详，住巴县西彭乡十九保罗丝沟，商。

为诉请迅传被告到案判饬返还会款，兹将诉之请求事实理由析陈之。

一、诉之请求

（一）请判饬被告返还原告于癸酉年古历八月初十日（即民国二十二年）上给被告会银叁拾捌两肆钱陆分正，并填注会簿内，每年上还生银肆拾两正。

（二）请判饬被告于到期日起至执行终了日止之法定迟延利息。

（三）请准对上开一、二两项宣告假执行。

（四）请判令诉讼费由被告负担。

二、事实及理由

缘被告人于癸酉年古历八月初十日邀请变通会一局，民被邀入局，遵照会规上纳会银叁拾捌两肆钱陆分正，至次年对期由被告上还会银肆拾两正，并详批于会簿内，到期无银，愿将本巴［八］分受田业作抵，系被告亲笔所批（讯呈）。至甲戌年古八月初十日（即民国二十三年），民依照摇接之规定，自当收回，该被告推月缓迟不交付，民莫伊奈，实不得已，依法缴费，状请钧院悬予鉴核，准予请求之判决，如数清偿，早维民损，以符法纪而实保障民权。

谨呈

本案标的金圆券壹千壹百贰拾元正。

证人：商淮卿，年龄不详，籍贯巴县，住西彭乡七保，地名黑岩子，职业农；李邦治，年不详，籍贯江津，城内鞍子街，职业小贸。

证物：附照抄会簿乙册

重庆地方法院民庭公鉴。

中华民国三十七年十二月三十一日

具状人：赵茂廷

征费单

缴款人：赵茂廷。

费别：缮状费、裁判费。

征费数目：国币四角正。

复核员：

收费员：

中华民国卅七年十二月卅一日

征费单

征费机关：

缴款人：赵茂廷。

案号：三十七年度诉字第一七九二号。

案由：返还会款。

标的：一千一百廿元。

费别：裁判费。

征费数目：金圆十四圆六角〇分。

复核员：

收费员：

中华民国卅七年十二月廿一日

重庆地方法院送达证书

书状目录：民国卅八年诉字第三十八号返还会款案，送达左列各件：传付各乙件。

受送达人：被告赵璧生。

受送达人署名盖章，若不能署名盖章或拒绝者，应记明其事实：赵璧生押。

送达处所：巴县西彭乡十九保罗丝沟。

送达日期：卅八年元月九日。

中华民国卅八年一月四日

重庆地方法院执达员：黄昌灼

［同日原告赵茂廷及诉讼代理人赵霖签收传票的送达证书略］

辩论笔录

原告：赵茂廷。

代理人：赵霖。

被告：赵璧生。

右列当事人因返还会款案，经本院于民国卅八年一月十五日，开民事法庭，出席职员如左。

审判长推事：刘崇德。

书记官：祝道义。

点呼右列当事人入庭，书记官朗读案由。

问：赵霖你代理赵茂廷告赵璧生有何请求？

答：请求被告返还原告四十两生银，折合大洋五十六元。

问：有什么证据？

答：有会簿为证。

问：他应该什么时候还？

答：应该卅四年还。

问：赵璧生你对原告之请求有何答辩？

答：我们这一个会是散了的，原告根本没有上银与我，故我不能还他。

问：你有什么东西可以证明你没有收到银子呢？

答：因为我们上银的规矩是要出收据，我没有收他的银子，请原告拿收据来看。

问：赵霖你有收据否？

答：没有收据，有他的会簿为据。

问：他什么时候收你的银子？

答：他是民国卅二年收的。

问：怎么会簿上没有批明呢？

答：因为赵茂廷不识字，故受被告之骗，没有在会簿上批明（会簿阅后发还）。

问：你还有啥话说？

答：没有啥话说。

谕知本案辩论当庭宣判原告之诉驳回，诉讼费用由原告负担。

本笔录经当庭朗读认证无异。

中华民国三十八年一月十五日

院衔民庭

书记官：祝道文

推事：刘崇德

民事辩诉状

被告：赵璧生，男，五十六岁，巴县人，住西彭乡十九保，农。

原告：赵茂廷，男，巴县人，住西彭乡水井湾。

为右列两造间因请求返会款事件，辩恳驳回原告之诉，并命负担讼费事。

按请求权十五年间不行使而消灭，民法第一百廿五条着有明定。本件被告于民国廿二年旧历八月，向本拟邀请五百两银之变通会一局，不意嗣因信用人力均感不足，故未成功（被详），各会并未上款，原告亦不例外，不但该原告未上分厘，退万步言之，纵令原告照规付有被告会款属实，但时至迄今，已逾十五年久，依据上开法令规定，原告请求权早已消灭，毫无疑义，此应驳回原告之诉者一。再有附带陈明者，该原告自始至今既未向被告追收会款一次，亦未经凭本乡公所调解委员会或保甲理剖，由此可知，原告并未上给被告会款，了无疑义，且被告在会书上批注，以被告分受本乡所属地名螺丝沟不动产作抵，被告已于民国廿九年出卖与李姓为业，该原告近在咫尺，并非不知，如果上有被告会款者，该原告岂能缄默如是之久不闻不问，即本件仅就此一端考查，亦足以证明原告之诉显无理由，应予驳回者二也。再查乡间请会之习惯，以会簿为参考之证据，会员已上会款者，应由首会出给收据为凭（表示收到会款为请会成功之要件），会员收会后，应退还首会收据以清手续，此为必不可少之行为（如乡间佃约其金钱另以合单为凭），本件被告所邀十五人之变通会一局，计会员彭森荣（二），李耀廷（一），李恒裴（一），李炳章（一），李锡洲（一），郭银洲（一），刘治荣（一），赵三合、廖中堂（一），赵杨氏（一），赵茂廷（一）（即原告），周焕廷（一），赵焕廷、吴洪青（一），彭金顺、彭金三等于邀宴时将会簿发出，即遭会中数人不愿赞成或未赴会，因而流产未能成功，故被告未收会款，即不能出给会款收据，已发出之会簿天然无效，此种作废会簿既因会不成功而失有效价值，收回与否，均无用处。原告赵茂廷并非愚鲁之辈，焉能上纳未成功之会款。如果念族谊而上会款，岂不索给被告之收据作为收回会款之凭。若以此作废会簿而生有效，则前开会脚多人均各持一本皆可诉追，被告实不胜枉累矣。此原告无收据提出其诉，显非有理，应请驳回者三也。原告所举商淮卿、李邦治为证人，查商、李二人并非会内会脚，又不与被告相识，从未晤面一次，试问所证者何事，此种勾串不攻自破。现彭森荣、郭银洲、赵三合尚在，应请添传作证，以明原告籍讼诈欺，此应驳回者四也。综上所陈各情，均足证明原告之诉毫无理由，彰彰明甚，为特辩恳钧院核准驳回原告请求，以符法令，实沾德便。谨呈

重庆地方法院民庭公鉴。

中华民国卅八年一月十五日

具状人：赵璧生

民事补状

补具人：赵茂廷，年籍住在卷。
被告人：赵璧生，年籍住在卷。

为三十八年度诉字第三八号返还会款一案补具理由，恳予判饬照数给付，并请准予假执行，兹为钧长析陈之：

（1）本案被告邀集之会，取得入会人照会规议定的同意，均应由在会人共同遵守，照会规进行终结本会，本案被告接得众会人之会款，亲笔批明会簿内，自愿将田业抵押证据朗在，何以推卸此。应请判饬如数给付，并准假执行之一也。

（2）本案被告邀集族戚谊友入局，依法自应继续终结，何能于接会之次年（廿三年）宣布解散本会，按年摊还，先后次序至期领款还簿，则本案被告诈期之用心，显然可见，此应请判饬如数给会，并准假执行之二也。

（3）本案被告仗其财多势大之力，昨知补具人依法告案，迭经友好之劝解，将本应给还之数终不给还。讼声称籍诉讼程序，尽量拖到底，则补具人将来所受之损失，实难于计算和执行之虞，此应请判饬如数给付并准假执行之三也。

总上各情，缕呈鉴核恳予如请求之判决，以维法益而实保障。

谨状

重庆地方法院民庭公鉴。

中华民国三十八年一月十五日

具状人：赵茂廷、赵霖亲缮

民事委任状

委任人：赵茂廷，六十一岁，住巴县西彭乡四保水井湾，农。

被委任人：赵霖，二十二岁，年籍住同右。

委任之关系：父子。

委任之原因：情因给付会款一案本应遵期到院候审，因民年高而又被病所缠，步行困难，实不能到案听候，故特具委前来由子代理。

委任之目的：自委任之时起，本案所有送达一切档，委任受任人接收，并负责本案终结。

谨呈

重庆地方法院民庭公鉴。

中华民国三十七年十二月三十一日

具委状人：赵茂廷

四川重庆地方法院民事判决

卅八年度诉字第三八号

原告：赵茂廷，住巴县西彭乡。

诉讼代理人：赵霖。

被告：赵璧生，住同上。

右当事人间请求返还会款事件，本院判决如左。

主文

原告之诉驳回，诉讼费用由原告负担。

事实理由

原告代理人声明，请求判令被告返还原告会银四十两，折合银元五十六元。被告声明，请求驳回原告之诉。按当事人主张有利于己之事实者，就其事实有举证责任，本件原告请求被告返还会银四十两，自应提出被告收到原告会银之收据以资佐证，原告代理人仅提出普通会谱乙本，无从证明被告于民国廿二年有收到原告会银之事实，原告空言主张，殊难采信，从而原告之诉即不得谓为有理。据上论结，原告之诉无理由，应予驳回，并依民事诉讼法第七十八条判决如主文。

中华民国三十八年元月十五日

四川重庆地方法院民事庭

推事：刘崇德

送达证书

［民国三十八年诉字第三十八号返还会款案判决一件，三月廿四日送达被告赵璧生，同日原告赵茂廷亦签收］

重庆地方法院书记室公函稿

诉字第三八号

三十八年五月十八日发文三九六号

案查赵茂廷与赵璧生因返还会款事件业经本院依法判决并予送达在卷，兹赵茂廷于法定期间内具状提起上诉到院，相应检齐卷证函送贵室查收核办。

此致

四川高等法院重庆分院书记室

计函送卷一宗，上诉状一个，裁定及回证壹件，证物详袋。

民事上诉状

上诉人：赵茂廷。

被上诉人：赵璧生。

为不服判决，声明上诉状，请鉴核移卷并请裁定第二审裁判费用事：

缘上诉人为被上诉人间为返还会款事件经钧院民庭（三十八度诉字第三八号）判决驳回原告之诉，并负担诉讼费用等各在案，遵查钧长受理本案或因未明真相，以致判决失手，上诉人实难甘服，为特于法定期内具状声明上诉，恳予鉴核移卷并请裁定第二审裁判费用，俾资遵照缴纳用凭废弃原判，更为合法判决，以资救济，实为德感。

谨状

重庆地方法院民事庭公鉴。

三十八年四月十日

重庆地方法院民事裁定

三十八年度诉字第三八号

上诉人：赵茂廷，住西彭乡四保。

右上诉人与赵璧生因返还会款事件不服本院第一审判决提起上诉，应缴裁判费金元券二十一元九角，未据缴纳，其上诉状亦未依民事诉讼法第四百三十八条表明上诉理由，兹限该上诉人于收受本裁定时起十日内，向高一分院驻渝临时庭如数补缴，如逾期未遵行，第二审法院即行驳回上诉，切勿违延自误，特此裁定。

中华民国三十八年四月廿九日

重庆实验地方法院民事第　庭

推事：苟易章

本正本证明与原本无异。

书记官：祝道文

中华民国三十八年　月　日

重庆地方法院送达证书

书状目录：民国卅八年（诉）字第三十八号返还会款案送达才［裁］定一件。

受送达人：上诉人赵茂廷。

受送达人署名盖章，若不能署名盖章或拒绝者，应记明其事实：赵茂廷押。

送达处所：巴县西彭乡。

送达日期：卅八年五月十日。

中华民国卅八年五月三日

重庆地方法院执达员：钟海永

征费单

征费机关：四川高等法院重庆分院。

缴款人：赵茂廷。

案由：与赵璧生返还会款。

标的：一一二三〇七

费别：

征费数目：金圆贰拾壹元玖毛。

复核员：

收费员：

中华民国卅八年五月十日

送达证书

送达法院：四川高等法院重庆分院。

应送达之文书：民国三十八年　字第　号赵茂廷与赵璧生会款　六　廿九　传票一件。

应受送达人：赵茂廷。

受送达人署名盖印，若不能或拒绝署名盖印，送达人应记明其事实：赵茂廷押。

送达日期：卅八年六月五日。

中华民国卅八年五月　日

送达人：吕家□

［同日被上诉人赵璧生，证人商淮卿、李邦治，证人彭森荣、郭银洲、赵三合签收传票的送达证书三件略］

民事委任状

委任人：赵茂廷，年籍住在卷。

受任人：赵霖，年籍住同右。

委任之关系：父子。

委任之原因：情因与赵璧生给付会款事件年老时被病所缠，不能来院候审，特具委前来。

委任之目的：负责本案终结。

谨状

四川高等法院重庆分院民庭公鉴。

中华民国三十八年六月二十日

具状人：赵茂廷　押

民事上诉状

上诉人：赵茂廷，年籍住在卷。

被上诉人：赵璧生，年籍住同右。

为三十八年度上字第一九五三号返还会款一案，依法补陈理由，恳予废弃原判事，并更为合法之判决，兹将诉之理由为钧长析陈之：

一、查原审法院对上诉人主张有利于己之事实已负举证之责，不予调查事实，不予传集人证等到案佐证籍资认定，乃竟以臆断之词，认为上诉人所举之证据不足采证，显与一八年民上字第二二五九号判例大于违背，此上诉人不服，应请废弃原判，更为判，饬归还会款并准假执行者一也。

二、上诉人在原审法院已尽举证之责，并提出本案有关人证，本会之脚等，原审法院竟不采纳，不予传审，遽予判决，殊嫌未尽审判之能事，更不责令被告对其反对之主张有负举证之责，与分担举证之旨大于违背。一八年民上字第二八五五号之判例意旨不符，暨一九年民上字第二三四五号，此应请废弃原判，更为判饬归还会款并准假执行者二也。

三、查遵上纳会款一班［般］习惯，均以批注会簿为准，不再出收条。钧长明鉴并票传本会各会员到案讯明取据，则本案之真实之可辩明。此应请废弃原判更为判令归还会款，并准假执行者三也。

综上各情，缕陈鉴核，恳予废弃原判，更为判令归还会款给付迟延利息，并准假执行，以维债权而资保障。

谨状

四川高等法院重庆分院民庭公鉴。

中华民国三十八年六月二十日

具状人：赵茂廷　押

言词辩论笔录

上诉人：赵茂廷。

被上诉人：赵璧生。

右当事人间会款上诉事件，本院于中华民国卅八年六月廿九日上午八时在本院第一庭公开言词辩论，出席职员列左。

审判长推事：李泽之。

推事：王文纲。

推事：王继成。

书记官：

点呼事件后当事人均未到庭，审判长宣言本件两造均未遵期到庭，应予休止诉讼程序，闭庭。

> 中华民国三十八年六月廿九日
>
> 四川高等法院重庆分院民事第一庭
>
> 书记官：郑松□
>
> 审判长：李泽

送达证书

送达法院：四川高等法院重庆分院。

应送达之文书：民国三十八年 字第 号赵茂廷与赵璧生会款通知书一件。

应受送达人：赵茂廷。

受送达人署名盖印，若不能或拒绝署名盖印，送达人应记明其事实：赵茂廷押。

非交付应受送达之人送达人应记明其事实：本案请予撤回。

送达日期：卅八年九月十三日。

> 中华民国卅八年九月 日
>
> 送达人：谭鹤

四川高等法院重庆分院 事第 庭记录科通知书

查赵茂廷与赵璧生会款事件曾定于六月廿九日言词辩论，经合法传唤届期两造均未到庭，依民事诉讼法第一百九十一条及第一百九十条第二项之规定，视为休止诉讼程序，自休止时起（即六月廿九日），如于四个月内不续行诉讼者，视为撤回上诉，特此通知。

右受通知人姓名：赵茂廷，住巴县西彭乡。

> 中华民国三十八年七月十日
>
> 书记官：郑□□

三、亲属

58. 廖素贞等诉王子臣等要求确认婚约无效案

廖素贞、廖石氏告王子臣、王老太婆民事状

原告：廖素贞，十六岁，巴县人，住本市菜园坝铁路坝朱炳林茶庄，居家；廖石氏，五十岁，巴县人，现住本市菜园坝铁路坝朱炳林茶庄，居家。

被告：王子臣、王老太婆，住黄甲长内。

为诉请判令婚姻无效事。窃氏等是小贸营生，历无非妄，街众咸知，衅因有被告王子臣于去岁古历冬月十二日经王老太婆前来媒说素贞为室。当时氏虽然信口认诺，但须俟征得素贞本人同意后始克有效。讵未及商议素贞，旋后即因烟案嫌疑将氏捕禁，婚姻之议遂未提及。孰知被告狼子野心，有机可乘，前来利诱素贞，以之同居，拒未允许，竟以威胁手段强迫同居，幸经街邻出而援助始免被防辱。民石氏现已释出，得悉前情不胜骇异，投凭保甲理剖，抗不从场。窃思被告虽有提议素贞婚姻之事，未征得本人同意其婚姻尚属无效。何况石氏仅与提议而已，并未订约，当然不能认为合法。乃竟出以非礼胁居，不啻毁傍名誉，其行诚属无赖之禽兽也。为是，诉请钧院传案审讯，判令婚姻无效以维女权而免侵害。

谨状

重庆地方法院民庭公鉴。

中华民国三十二年六月三十日

具状人：廖素贞、廖石氏

送达证书

书状目录：民国三十二年诉字第三六一号廖素贞等传票一件副本一件。

受送达人：被告王子臣、王老太婆。

非交付受送达人之送达应记明其事实：查本甲铁路坝黄甲长早已去职，其有王子臣、王老太婆户口册内并无二人，特此证明，菜园坝镇第六保十甲长曹金廷。

送达日期：三十二年七月四日。

中华民国三十二年七月三日

重庆地方法院执达员：陈克明

[同日廖素贞、廖石氏签收传票的送达证书一份略]

报 告

为廖素贞等诉王子臣等传票二件，遵即前往送达。除原告廖素贞、廖石氏填证外，惟被告王子臣、王老太婆均住菜园坝铁路坝黄甲长内，员在该处询问黄甲长，早已去职迁移，不知去向。其王子臣等现住户口册内并无此二人户籍。当□□回证盖章以资考核，理合报请推事鉴核。

（缴呈回证二件原票一件）

员：陈克明

三十二年七月二十一日

送达证书

书状目录：民国三十二年诉字第三六一号廖素贞与王子臣确认婚约无效案送达传票一件。

受送达人：原告廖素贞、廖石氏。

受送达人署名盖章，若不能署名盖章或拒绝者，应记明其事实：廖素贞、廖石氏。

送达日期：三十二年七月三十日。

中华民国三十二年七月二十八日

四川重庆地方法院执达员：张鹤云

[两张同上王老太婆、王子臣没有签收传票的空白送达证书略]

报 告

为报告事。奉交下廖素贞等与王子臣等确认婚约无效一案，警遵即持票按址分别传达。除原告廖素贞、廖石氏依法填票外；惟被告王子臣住址不明，无从传达；又王老太婆已于六月六日病故，并经当地甲长周寿全出具证明。将往传达情形检同甲长证明条备文呈报鉴核。

谨呈

推事钧鉴

计缴原传票二件回证一件

法警：张鹤云

中华民国三十二年八月十八日

报 告

为票传廖素贞与王子臣一案，票由法警张鹤云送达外。兹值讯期，已逾该被传人等均未来院报到，理合报请钧核。

谨呈

推事公鉴。

值日员：薛隆伟

三十二年八月十八日

民事撤回状

声请人：廖素贞，十六岁，巴县人，住菜园坝铁路坝。廖石氏，五十岁，巴县人，住菜园坝铁路坝。
被声请人：王老太婆，已故；王子臣，在逃。

　　为声请撤回告诉事情。氏等以诉请判令婚姻无效等词，告王子臣等一案。沐准票传。审讯中该被告王子臣自知情虚，难逃法网，潜逃而去，加以被告王老太婆于本年古历六月六日死亡。似此情形，无法传案，如不即立声明撤回告诉，若再票传，实属麻烦已极，为此状恳钧庭鉴核俯查前情，恩准撤回告诉，以省讼累，沾感。

　　谨呈
　　重庆地方法院民庭公鉴。
　　中华民国三十二年八月九日
　　具状人：廖素贞、廖石氏
　　状悉。既据撤回起诉，仰候通知被告可也。
　　此批

　　　　　　　　　　　　　　　　　　　　中华民国三十二年八月十八日

送达证书

　　〔民国三十二年诉字第三六一号确认婚约无效案批示一件，九月十六日送达廖素贞、廖石氏签收〕

59. 黄文存诉王建文要求解除同居关系案

民事起诉状

状心编号民字一三七六号

原告人：黄文存，二十五，湖南人，本市老两路口警报球队台南园。

被告人：王建文，五十，湖南人，本市老两路口警报球队台南园。

为意志不合诉请传讯，判令同居关系为不存在事。

窃民因国战发生原郡沦陷，不得已始逃奔来川。于客岁古历正月在成都与被告王建文邂逅相识。遂因相识而结为同居。只冀可以暂时苟安，殊厥后至十一月随建文来渝，始悉建文尚有发妻刘木兰。惟木兰不但性情泼悍，朝夕嚼骂，视氏如眼中钉，不与氏饮食，而建文又系独无业分子，亦视氏如路人。惨氏苦无宁日。似此不如一死为快。势迫情切，理合诉肯前来。

请求：钧院鉴核，票传被告王建文到案讯究判决，确认氏与王建文之同居关系为不存在。庶几斩断纠纷，俾氏方针有向，则恩同再造！

谨状

重庆实验地方法院民庭公鉴。

中华民国三十三年七月十八日

具状人：黄文存

民事告诉

具状人：黄文存，二十五，湖南浏阳人，代收文件处中正路第一九八号。

被告人：王建文，均在卷。

为术诱同居伙同虐待，叩肯详为审理，依法确认同居关系，不发生法律上婚姻之效力，实无拘束原告自由之权，以杜侵害，而全义命事，缘氏命不逢辰，因国难逃蓉暂住，手中尚有重量金饰与现款，约值洋数万元，被王建文知悉，于去岁旧历正月间竟术诱同居，旋即邀约来渝，与其妻刘木兰互相勾结，将氏之金饰与现款一律骗出花费罄尽之后，忽百般虐待，动辄不打便骂，时刻难安，本拟实时与之离开，然该王建文又如狼似虎，意欲将氏贾卖获利，不许氏自由，不知同居关系，原不发生法律上婚姻问题，何有拘束氏自由之权。情迫为此叩肯院长鉴核，赏准详为审理，依法确认同居关系，不发生法律上婚姻之效力，无拘束原告自由之权，以杜侵害，而全义命，实为公德两便。

谨呈

重庆实验地方法院民庭公鉴。

中华民国三十三年八月十四日

具状人：黄文存

定八月二十二日上午八时审理传两造，注明各将证据带齐到案，送副本

审问笔录

原告：黄文存。

被告：王建文。

右列当事人因确认同居关系案，经本院于中华民国三十三年八月二十二日上午九时，开民事法庭，出席职员如左。

审判长推事：李懋。

书记官：周浩峰。

点呼右列当事人入庭，书记官朗读案由。

问：黄文存，年、住？

答：年二十五，住两路口警报队台南园。

问：你请求什么事情？

答：我请求脱离同居关系。

问：你要脱离同居关系怎不找人调解？

答：因他不到场，调解不成，这才告他。

问：你是与他结婚的吗？还是同居呢？

答：去年正月在成都同居的没有结婚。

问：你以前与人结过婚否？

答：前夫死了才与他同居。

问：既与他同居了，为什么又要脱离？

答：因他家庭对我不好，他有妻子，两个对我都不好，所以请求脱离。

问：王建文，年［龄］、住［址］？

答：年四十六，住同前。

问：你与黄文存是结婚的还是同居的？

答：我三十年二月在重庆正式同居的，有证人张金山可质。

问：你与她结婚否？

答：没有结婚，只是同居。

问：你现在是与正式妻子同住否？

答：现在是与正式妻同住。她是受人指示来告的。

问：是你对她不好，才来告你吧？

答：因她是湖南浏阳人，在汉口一路均由我照顾，因她无依，经张金山出来方园我们正

式同居。这事因她受人指使来打官司，她还约人将我的东西拿了，我们并未对她不好。

推事谕知本案辩论终结，指定本月二十六日上午十一时宣判后退闭庭。

右笔录经供述人承认无异。

中华民国三十三年八月二十二日

重庆实验地方法院民事庭

书记官：周浩峰

推事：李懋

宣判笔录

原告：黄文存。

被告：王建文。

右当事人间确认同居关系事件，于中华民国三十三年八月二十六日上午十一时，在本院民事法庭公开宣判，出席职员如左。

推事：梅玉明。

书记官：周浩峰。

点呼事件后，推事起立朗读判决主文，并口述判决理由之要领。

中华民国三十三年八月二十六日

重庆地方法院民事庭

重庆实验地方法院民事判决

三十三年度实诉字第七十三号

原告：黄文存，住本市老两路口警报球台南园。

被告：王建文，住同右。

右当事人间请求脱离同居关系事件，本院判决如左。

主文

原告之诉驳回；诉讼费用由原告负担。

事实

原告声明请求为准许两造脱离同居关系之判决其陈述略称：原告因国难逃蓉，于去岁正月为被告术诱同居，旋邀约来渝。被告与其妻刘木兰勾结将原告饰物现款一律骗出。复百般虐待，应求判决准予脱离同居关系，云云。

被告声明请求驳回原告之诉其答辩略称：被告与原告系同居关系，原告之请求系受人指示，被告并未虐待原告，不愿脱离同居关系，云云。

理由

查本件原告主张其与被告仅属同居关系并未正式结婚。被告对此亦无争执。是两造间本无婚姻关系。原告如不愿继续与被告同居尽可进行脱离，毋庸经过判决准许。原告就不合法之法律关系提起诉讼，不能为有理由。

据上论结原告之诉为无理由，应予驳回，并依民事诉讼法第七十八条判决如左文。

中华民国三十三年八月二十六日

重庆实验地方法院民事　庭

推事：李懋

不服本判决应于收受达后二十日内向本院提出上诉状。

本件证明与副本无异。

中华民国三十三年九月九日

送达证书

[民国三十三年实诉字第七十三号黄文存告王建文案判决一件，九月十一日送达原告黄文存签收]

书状目录：

受送达人：

受送达人署名盖章，若不能署名盖章或拒绝者，应记明其事实：

中华民国三十三年

重庆实验地方法院执达员：郑立军

报告

为报告事奉交下三十三年度诉字七十三号黄文存诉王建文请求脱离一案，判决二件，警遵即按址送达。除被告王建文依法收受取证外，惟原告黄文存系证明两路口警报球台南园送达。警前往该址查询。据王建文称黄文存于前月离开他，现不知去向等语，理合似此无从送达。情形备文报请钧核。

谨呈

推事公鉴。

法警：郑立军呈

呈缴回证一件原判一件

中华民国三十三年九月二十六日

送达证书

书状目录：民国三十三年实诉字第七十三号黄文存告王建文案送达判决一件。

受送达人：被告王建文。

受送达人署名盖章，若不能署名盖章或拒绝者，应记明其事实：王建文。

送达日期：三十三年九月十四日。

中华民国三十三年九月十一日

重庆实验地方法院执达员：郑立军

布 告

送达机关：本院牌示处。

事由：为公示送达黄文存确认同居关系一案判决由重庆实验地方法院。

　　查黄文存与王建文因确认同居关系一案原告黄文存住址不明，兹有应送达于该黄文存之判决正本，应予公示送达，该项正本，由本院书记官周浩峰保存，该黄文存得随时来院领取，本公示送达，自布告粘贴于本院牌示处之日起，经过二十日发生效力。

　　仰即知照，此布。

60. 郑牟氏诉王郑氏等要求撤销监护案

重庆实验地方法院民事卷宗

中华民国三十三年度实诉字第二三六号

民事起诉书

原告：郑牟氏，四十岁，巴县人，住鱼洞镇窑坝，自业。

被告：第一被告王郑氏，年龄不详，居家；第二被告郑志诚，十七岁，读书。二者均系江北人，住鱼嘴沱。

为对第一被告不法监护，依法请求判令撤销及无因管理事件，兹将诉之声明及事实理由部分逐一缕陈如左。

甲、诉之声明：

（一）关于第一被告不法监护、无故侵害他人权益，应请求判令撤销之。

（二）请求判令第一被告应返还原告人所有巴县鱼洞镇窑坝田土房屋全股之红契二张及耕种人牟银才佃约一纸。

（三）请求判令第二被告由原告监护之。

（四）诉讼费用由被告负担。

乙、事实及理由：

按未成年之子女依法应由法定代理人监护之，其监护之人应以直系血亲之尊亲属依顺序选任何方为合法，此乃民法亲属篇上定有明文，夫何待言？如本件该第一被告即原告夫姐，因原告之夫（名怀山）不幸于民国二十四年四月初二日去世后，竟遗有上开田业一股，计租谷十九石，当所弃幼子名志诚（年仅七岁）并原告母子各一，孀居寡幼，均专赖此业抚孤即为生活，讵料该第一被告于民国三十一年间，突籍省亲为名，竟蓄意将氏子（即第二被告）引诱至伊家，表面虽谓导侄求学，而实则企图谋夺孀产，以取得一种不法监护权利。故伊遂于民国三十一年五月初六日，胆敢私串伊王门婿曾姓，擅将此产佃约书为第二被告之经理人王郑氏名下，（即第一被告）去讫，并窃去上开田业之红契二张及佃约一纸。待至本年后，因伊与牟银才佃户发生租佃关系，涉讼上诉，氏始发觉。查民法亲属篇，对于子女之继承法明载，受限制行为能力人，虽应由法定代理人监护之。且原告之夫既死，其志诚之法定代理人当属配偶（原告）即为之监护，方为合法，岂由他人任意监护，即取得无因管理权乎？倘该第一被告若谓管理有因时，则试问，伊究系何人选举，或尚有五人以上之亲属会议录，而可为证明乎？盖伊既无任何证据籍资佐证有上开监护情事，则伊之监护即显不适格，已毫无疑义。为此，依法请求撤销不法监护之诉，状请鉴核。如蒙将被告等迅予传案审理，准如前开诉之声明第一、二、三、四项请求，庶符法制。实沾公便！

　　谨呈

　　附：缮本一份

　　重庆实验地方法院民庭公鉴。

中华民国三十三年八月三十日

具状人：郑牟氏　押

四川重庆地方法院征费单

　　（略）郑牟氏与郑志诚撤销监护一案

　　计捌元

重庆实验地方法院民事送达证书

书状目录：民国卅三年实诉字第二三六号与王郑氏撤销监护案送达传票乙件。

受送达人：原告郑牟氏。

　　送达人署名盖章，若不能署名盖章或拒绝者，应记明其事实：郑牟氏押。

　　送达处所：鱼洞镇窑坝。

　　送达日期：卅三年九月十日。

中华民国卅三年九月九日

重庆实验地方法院执达员：贺国良

［同日牟银才，王郑氏、郑志诚签收传票的送达证书二份略］

民事言词辩论笔录

原告：郑牟氏。

被告：王郑氏、郑志诚（未到）。

证人：牟银才。

　　右列当事人因撤销监护案，经本院于中华民国卅三年九月廿一日午前八点四十分时开民事法庭，出席职员如左。

　　审判长推事：谢怀杖。

　　书记官：邓夏藩。

　　点呼右列当事人入庭。书记官朗读案由。

　　问：郑牟氏，你告王郑氏请求怎样判决？

　　答：请求判令被告返还红契贰纸，佃约一纸。

　　问：郑志诚是你什么人？

答：是我儿子，我不告他，当庭撤回。红契是他偷去了，佃约也同样偷了，系鱼洞产业是我丈夫父亲买的，今年租谷是交给我。

问：王郑氏，年龄、住址？

答：五十岁。

问：原告要你交出红契、佃约，你承不承认呢？

答：请求驳回原告之诉，红契我虽拿了，但是原告与人通奸，因恐契约被原告奸夫拿去，所以亲族议决叫我收捡，郑志诚今年十七岁，现在读书并在我锅里吃喝。

问：你们以前是不是打过官司呢？

答：打过数次，有判决为证（呈判决四纸）。

问：郑牟氏，你丈夫是哪年死的？

答：民国二十四年死的，田有贰拾石面债。

问：王郑氏，你兄弟是哪年死的？

答：是［民国］十八年死的。

问：证人牟银才，你租土是系谁的。

答：是原告系争业有三个佃客，我同李海清是佃窑坝产业。

推事试行和解再三，和解内容详和解笔录。

右笔录经当庭朗读无异。

推事谕知：本件既经和解，候和解笔录。

退庭。

中华民国三十三年九月廿一日

重庆实验地方法院民第二庭

书记官：邓夏藩

推事：谢怀杕

重庆实验地方法院和解笔录

三十二年度实诉字第二三六号

原告：郑牟氏，住鱼洞镇窑坝。

被告：王郑氏，住鱼嘴沱。

右列当事人撤销监护、交还红契等事件，本院试行和解成立，其内容如左。

甲、和解内容：

（一）原告承认将其夫郑怀山所有田土房屋产业，除马路边地皮（共十六间房屋）外，一概交由被告代郑志诚管理，放佃收租。所有该业上之粮税由被告完纳。

（二）被告承认每年给原告黄谷贰石伍斗（老斗）正。

（三）马路边地皮由原告收租放佃，被告不加干涉。

（四）所有郑怀山田产之红契、佃约概由被告保管。

乙、和解关系人：

郑牟氏（手印）、王郑氏（手印）

丙、和解年　月　日

中华民国三十三年九月廿一日

重庆实验地方法院民事第二庭

书记官：邓夏藩

重庆实验地方法院民事送达证书

[民国卅三年实诉字第二三六号案和解笔录一件，十月三日送达原告郑牟氏、王郑氏签收]

民事声请

状心编号民字二八五三号。

原告：郑牟氏，四十岁，巴县人，住鱼洞镇窑坝，自业。

被告：郑志诚，十九岁，江北人，住鱼嘴沱，读书。

法定代理人：王郑氏，年龄不详，籍贯、住址同上，居家。

为不谙诉讼程序，致被和解，受其拘泥，依法提起推翻和解之诉，请求继续审判，兹将本件声请之事实理由及法律关键胪列诸端，逐一缕陈如左。

甲、声请之目的：

（一）请求将本年九月廿一日关于两造间所当庭成立之和解笔录撤销。

（二）请求另为判令该王郑氏之监护代管权为无效。

（三）诉讼费用由被声请人负担。

乙、事实及理由：

缘声请人因与被告为请求撤销监护代管权事件，业沐钧院传集审理，旋于言词辩论期日，即被推事试行和解成立，但内容除声请人每年收谷二石及地租外，余仍由该被告收管三年后，始返还志诚，为其所有，殊对于声请原告之配偶继承权，并请求撤销该被告无请托、无选举，即又无因之监护代管权等项，尚毫不提及。由是而论，声请人不独受损过巨，且被告实无因无故，亦无任何委托关系，竟籍无行为能力人志诚名义，而把持他人之财产，局谋伪造佃约一纸，从中渔利，遂使其有所有权之直系血亲尊亲属反为不能管理，似此不法行为之不当利得，已不待其赘述，显昭然若揭也。此外，对于伊之监护身份，既于法无据，则声请人根据民法物权篇上，所有权被其侵害者，及有妨害所有权之虞，依法应请求排除之，是了无疑义。何况原告之夫，系死亡于民国二十四年四月初二日，其配偶之相互继承权，乃早已开始乎。然查该未成年之志诚，其抚养义务依法应由法定代理人监护，原告既系法定代理人，依法自应监护之，夫何待言？此应请求撤销被告非法监护之理由者一。

丙、声请之法理：

按和解，有重大瑕疵而违背当事人之真意及法令者，依法应请求撤销之。如本件声请，原告不特未谙诉讼程序，抑且系目不识丁之一介女流，孀寡之愚，岂知讼事？倘不将该被告之监护权撤销，若再任其代管三年后，则此每年拾余石之谷无辜受损，试问岂不伊于胡底而何堪设想耶。今原告既不容许他人干预家政，复不让任何人有所侵害其财产上之某种企图，是钧院舍弃其请求撤销监护之一方，而为他方之和解，盖不但有重大瑕疵，实违背当事人之本旨。此应请求推翻和解之理由者又一。为此，依法提起撤销和解之诉，状请鉴核，俯准继续审判，另为前开甲项声请目的之第一、二、三款，请求判决，以维法权，不胜感祈之至。

　　谨状

　　附缮本一件。

　　重庆实验地方法院民庭公鉴。

中华民国三十三年九月廿五日

具状人：郑牟氏（手印）

重庆实验地方法院民事案件审理（通知）单

　　实诉二三六号案定于本年十月廿六日上午八时半审理，应行通知及提传人如左。

　　应提：送副状与被告。

　　应传：原告郑牟氏，住鱼洞镇窑坝。被告王郑氏，住鱼嘴沱。

推事：十月七日下午发交

书记官：　月　日　办讫

重庆实验地方法院民事送达证书

　　［民国卅三年（诉）字第三三六号撤销监护案送达传票一件，十月十四日送达原告郑牟氏、王郑氏签收］

笔录

原告：郑牟氏。

诉讼代理人：吴毓麟，律师。

被告：王郑氏。

　　右列当事人因撤销监护案，经本院于中华民国卅三年十月卅日午前九时开民事法庭，出席职员如左。

　　审判长推事：谢怀栻。

　　书记官：文栋高。

　　点呼右列当事人入庭。书记官朗读案由。

　　问：原告代理人，原告声请继续审判之理由（是何）？

　　答：原告诉讼本意在请求撤销被告之监护人资格，和解结果反而承认被告代管田产、教养儿子，殊非原告起诉本意。

　　推事谕知：和解系由两造同意成立，并经双方按捺指印于条约上。

　　原告代理人称：民法第七百三十八条第三款规定，当事人一方对他方资格有错误，得撤销和解。本件被告即无资格监护原告之子。

推事问被告：你有何话说？

答：没有话说，原告到现在还没有照和解履行。

问：你们两处田土各值价多少？

答：窑湾田土共约三十石，约值卅万元；外，梅子溪熟土一股，约值五万元。

原告代理人称：请求依法判决。

推事谕知：辩论终结，定于十月卅日宣判。

右笔录宣读无异。

中华民国卅三年十月廿六日

重庆实验地方法院民庭

书记官：文栋高

推事：谢怀栻

民事委状

状心编号民字三八五二号。

委任人：郑牟氏，年龄、籍贯、住址、职业在卷。

受委人：律师吴毓麟（印章）。

为委任人与王郑氏撤销和解笔录一案，委任律师代理诉讼由。兹特别委任律师吴毓麟为诉讼代理人，授权范围：

上诉和解撤回再审，补正事实及其它一切诉讼行为。

谨状

重庆实验地方法院民庭公鉴。

中华民国三十三年十月二十六日

具状人：郑牟氏　押

宣判笔录

原告：郑牟氏。

诉讼代理人：吴毓麟，律师。

被告：王郑氏。

右列当事人间撤销监护事件，于中华民国卅三年十月卅日在本院民事法庭公开宣判，出席职员如左。

推事：蒋应杓。

书记官：文栋高。

点呼事件后，推事起立朗读判决主文并口述判决理由之要领。

中华民国卅三年十月卅日

重庆实验地方法院民庭

重庆实验地方法院民事判决

三十三年度实诉字第二三六号

原告：郑牟氏，住鱼洞镇窑坝。

诉讼代理人：吴毓麟，律师。

被告：王郑氏，住鱼嘴沱。

右列当事人间请求撤销监护、返还红契事件，本院判决如左。

主文

本件已因和解而终结。

诉讼费用由原告负担。

事实

本件以其夫亡故，有子志诚尚未成年，有产业鱼洞镇窑坝田土房屋及梅子溪熟土二处赖以为生，乃近年被告（即原告之夫姊）将其子诱去，声称监护其侄，并将上开田土之红契两纸窃去，不许原告管业，为此，特诉请判决撤销被告之不法监护，并判令其返还红契，云云。被告略称：原告之夫逝世后，原告在家与人通奸，不安于室，亲族耻之，其子亦不愿随原告居住，乃由亲族会议公决，将未成年之子交由被告教养，田产红契亦交由被告保管，被告系原告故夫之姊，又自有财产，绝无意侵害其产业，云云。双方到庭后，经本院试行和解成立（本年九月廿一日），原告承认将其故夫所遗产业划出一部分交由被告代管以为其子之教育费用，俟其子成年后，再由其子自行收回。经两造于和解笔录中按捺指印在卷，乃原告忽又以状声请继续审判前来。

理由

按和解，只须当事人就其内容彼此同意，即为成立，如非程序上有重大瑕疵，当事人后即不得任意反悔。本件原告声请继续审判，所持理由无非谓和解后，被告对原告故夫所遗产业仍有管理权，对其子仍有教养权，但此既系原告和解时所承认，即不得于事后再为指摘。至原告代理人主张被告对原告之子有无教养权，乃被告之资格问题，而此项资格如有不合，依民法第七百三十八条第三款应认和解为得撤销。但查本件中，被告对于原告之子有无教养权，即原两造间之系争事实，此项系争事实自得因和解而确定，民法该条款中所谓当事人一方对于他方之资格有错误云者，系指当事人为该项和解行为有无适当之资格而言，并非指如本件之情形而言，原告据此以主张和解得以撤销，显非有理由。据上论结，原告声请继续审判为无理由，依民事诉讼法第七十八条判决如主文。

中华民国三十三年十月三十日

重庆实验地方法院民事第二庭

推事：谢怀栻

如不服本判决，应于收受送达后二十日向本院提出上诉书状。

本件证明与原本无异。

书记官：文栋高（印章）

中华民国三十三年十一月十六日

重庆实验地方法院民事送达证书

　　[民国卅三年实诉字第二三六号返还红契案送达判决乙件，十一月十九日送达原告郑牟氏和王郑氏签收]

四川高等法院第一分院书记室公函

民捷字第一〇二四号

中华民国三十四年六月卅日

　　查本院受理三十四年度上字第三九四号郑牟氏与王郑氏撤销监护事件，业经判决确定，相应检同卷宗等件函送，即请查收为荷！

　　此致

重庆实验地方法院书记室。

计送本院卷一宗、原审卷一宗、证物无。

书记官：

重庆实验地方法院民事案件审理单

　　诉字八八六号案定于本年七月卅一日上午十时十分审理，应行通知及提传人如左。

　　应传：原告郑牟氏，住鱼洞镇窑坝。被告王郑氏，住鱼嘴沱。

推事：谢七月十三日　午发交

书记官：　　月　日办讫

重庆实验地方法院民事送达证书

　　[民国三四年诉字第八八六号撤销监护案传票乙件，七月十八日送达原告郑牟氏和王郑氏签收]

民事委状

状心编号民字一九九二号。

委任人：郑牟氏，年龄、职业在卷，巴县人，住渔洞镇窑坝。

受委人：律师江永清（印章）。

　　为与王郑氏撤销监护权一案，特请委任律师江永清为全权代理人，有法律一切行为之权，合具委状为证。

谨状

重庆实验地方法院民庭公鉴。

中华民国三十四年七月三十一日

具状人：郑牟氏（印章）

民事追加

状心编号民字一一七〇三号。

原告：郑牟氏，四十一岁，巴县人，住鱼洞镇窑坝，自业。

被告：第一被告王郑氏；第二被告郑志诚，十八岁，读书。二者系江北人，住鱼嘴沱朱家坝。

为与第一被告（即法定代理人）王郑氏不法监护，因请求判令撤销，并恳予返还红契事件，经第二审判决（主文栏）："原判决认为关于撤销监护教养之诉，已因和解而终结，部分废弃，发回重庆实验地方法院，其余上诉驳回，第二审驳回上诉部分之诉讼费用由上诉人负担。"除原告其余上诉驳回部分，早经声明检卷上诉最高法院外。兹特再将本件事实理由及法律关键补陈如次：

甲、更审追加之请求：

（一）关于王郑氏不法监护、无故侵害继承权利，应请求撤销。

（二）请求判令王郑氏应返还原告及子（志诚）共同所有巴县鱼洞镇窑坝田土房屋全股，并梅子溪熟土二处及上开产业红契二张，及佃户牟银才佃约一纸，并请求宣示假执行之。

（三）请求判令第二被告即原告之子，饬其返家，由原告教养监护，共同继承权利。

（四）诉讼费用及更审费用归被告负担。

乙、追加事实及理由：

（一）按未成年之子女，依法应由法定代理人监护之，其监护之人，应以直系血亲尊亲属顺序选任方合法，此乃民法亲属篇上明文规定，夫何待言。且原告之夫于民国二十四年死亡，其（志诚）之法定代理人当属于原告，了无疑义，岂能由第一被告，即原告之故夫胞姐，为（志诚）之法定代理人，于法于理显不适格，提出追加此其一。

（二）次查王郑氏为（志诚）之监护人，监护该产一切权益，必须由亲属会议以法定五人公推之，且开亲属会议必有议案或纪录，而可提出证明乎？盖伊提不出强有力之证据，该监护人之身份，大有欠缺，既无监护人身份，亟应请求撤销。提出追加此其二。

（三）该王郑氏诉请佃户牟银才迁让交业涉讼，曾经第二审迭讯在案。仅有一二族人，凭口公推为监护人，且无议案纪录，有第二审判决可凭（前第二审讯附粘卷内）。至今该伊如何翻异或变更，势不可能。为此，提出追加之诉，请求依法判决。状请鉴核，准予如前开（甲）更审追加之请求：第一、二、三、四款请求，而为判决，庶符法制，实沾德便。

谨状

重庆实验地方法院民庭公鉴。

中华民国三十四年七月三十一日

具状人：郑牟氏（印章）

笔录

原告：郑牟氏。

代理人：江永清律师。

被告：王郑氏。

证人：

右列当事人因撤销教养权案，经本院于中华民国卅四年七月卅一日午前时间开民事法庭，出席职员如左。

审判长推事：谢怀栻。

书记官：蒲家英。

点呼右列当事人入庭。书记官朗读案由。

原告代理人声明：请求判决撤销被告郑志诚之监护教养权，并判令被告将郑志诚交与原告，因为原告系郑志诚之亲母，现为被告所教管，原告要领回自己教养。

问：被告郑志诚，好大了？

答：今年二十岁了，十月间满。

问：（被告）你愿意将郑志诚交回原告教养吗？

答：原告与人通奸，有谋害郑志诚之意思。郑志诚自己不愿意跟她，我交回给她万一被他谋害了，我对不起兄嫂。

推事谕知：本件辩论终结，定八月四日上午九时宣判。

中华民国三十四年七月卅日

重庆实验地方法院民二庭

书记官：蒲家英

推事：谢怀栻

宣判笔录

原告：郑牟氏。

被告：王郑氏。

右列当事人间撤销教育［养］权事件，经本院于中华民国卅四年八月四日上午九时在本院民事法庭公开宣判，出席职员如左。

推事：谢怀栻。

书记官：蒲家英。

点呼事件后，推事立起朗读判决主文，并口述判决理由之要领。

中华民国卅四年八月四日

重庆实验地方法院

书记官：蒲家英

推事：谢怀栻

重庆实验地方法院民事判决

三十四年度诉字第八八六号

原告：郑牟氏，住鱼洞溪窑湾。

诉讼代理人：江永清，律师。

被告：王郑氏，住鱼嘴沱。

右列当事人间请求撤销监护教养事件，本院判决后经四川高等法院第一分院发回本院，更为判决如左。

主文

被告应将郑志诚交由原告教养。

前第一审关于部分之诉讼费用及本审诉讼费用均由原告负担。

事实

原告声明请求判决撤销被告对郑志诚之监护教养权，命被告将郑志诚交由原告教养，其陈述略称郑志诚系原告之子，现年十九岁九个月，原告之夫死亡，则郑志诚应由原告监护教养，乃被告将其置于自己监护之下，并声称为其监护殊属非是，云云。

被告声明请求驳回原告之诉，其答辩略称，被告与人通奸，常欲谋害其子，故其子郑志诚自行不与同居，而住于被告家中，被告为志诚之姑母，自当保护之，不能交与原告云云。

理由

查本件原告在前第一审言词辩论期日（三十三年九月二十一日）所为诉之声明，仅为请求返还红契佃约，经本院和解后，原告请继续审判，乃又提出请求撤销监护之声明，即为一种诉之追加。惟被告已就之为实体上之辩论，应认已同意其追加而认原告之新诉为合法。

次按母为未成年子之法定代理人，在其亲权未经法院宣告停止时，对其子自有监护教养之权，而未成年人以其法定代理人之住所为住所。本件原告示既未经法院宣告停止亲权，对于郑志诚即仍有监护权，被告不允将郑志诚交出，原告向之请求，即非无理由。惟其请求判决撤销被告之监护权，查被告无所谓监护权，自无用撤销，此点应予纠正。而就其请求交付未成年人之部分予以判决。

据上论结，原告之诉为有理由，应准其请求并依民事诉讼法第八十七条第二项后段、第七十八条判决如主文。

中华民国三十四年八月四日

重庆实验地方法院民事第二庭

推事：谢怀栻

如不服本判决，应于收受送达后二十日内向本院提出上诉书状。

本件证明与原件无异。

书记官：蒲家英（印章）

中华民国三十四年八月卅日

重庆实验地方法院民事送达证书

　　［民国卅四年诉字第八八六号撤销监护教养一案判决壹件，九月廿四日送达原告郑牟氏和王郑氏签收］

重庆实验地方法院书记室公函

民家字第五一二号

　　案查郑牟氏与王郑氏撤销监护一案，业经判决，送达在卷，相应检齐卷证函送贵院查收核办。

　　此致

四川高等法院第一分院书记官

　　计函送卷壹宗，上诉状、裁定各一件，送证二件，印纸三一七四元正。

书记官：文栋业
中华民国三十四年一月卅一日

民事声请

声请人：郑牟氏，年龄在卷，巴县人，住鱼洞镇窑坝，自业。
被声请人：王郑氏，五十四岁，江北人，住鱼嘴沱朱家坝，职业为居家。
为不服判决、声明上诉、恳予检卷申送事：

　　缘上诉人诉请撤销王郑氏不法监护，本件审讯终结，于本年十一月十九日接奉钧院三十三年度实诉字第二三六号判决"主文栏"，本件已因和解而终结，诉讼费用由原告负担等记载，氏读之余，不胜骇异，特于法定期内，早日具呈声明不服，前来伏恳钧院赐予裁定，迅将本案全卷一并检申上级法院核判，至氏所有不服详细理由，且待申到时，直向补呈上级法院收领，合并声明，实沾德便。

　　谨呈

本件标的请求返还之窑坝湾田产价三十万元。

重庆实验地方法院民庭公鉴。

中华民国三十三年十二月六日
具状人：郑牟氏　押

重庆实验地方法院民事裁定

三十三年度实诉字第二三六号
上诉人：郑牟氏，住鱼洞溪窑湾。

　　右上诉人与王郑氏因撤销监护等事件，不服本院第一审判决，提起上诉，应征裁判费国币三一七四元未据缴纳，其上诉状亦未依民事诉讼法第四百三十八条表明上诉理由，兹限该

上诉人于收受本裁定之翌日起五日内，向本院如数补缴，如逾期尚未遵行，第二审法院即行
驳回上诉，切勿违延自误，特此裁定。

中华民国三十三年十二月十一日

重庆实验地方法院民事第二庭

推事：谢怀栻

重庆实验地方法院民事送达证书

[民国卅三年实诉字第二三六号撤销监护等案裁定一件，十二月十六日送达上诉人郑牟氏；王郑氏签收裁定缮本]

重庆实验地方法院粘贴司法印纸用纸

郑牟氏与王郑氏撤销监护上诉案。

计叁仟壹佰柒拾肆元。

中华民国三十三年十二月十八日

四川高等法院第一分院案件审理 [通知] 书

四川高等法院第一分院民事第　庭受理卅四年度上字第三九九号重庆郑牟氏与王郑氏为监护上诉事件，指定卅四年三月二十日上午八时为言词辩论期日，应行传唤及通知诉讼关系人如左。

上诉人：郑牟氏，住鱼洞镇窑坝。

被上诉人：王郑氏，住鱼嘴沱。

推事：二月十日下午填送

书记官：　月　日办讫

四川高等法院第一分院民事送达证书

应送达之文书：民国卅四年上字第三九四号与郑牟氏监护案送达三月廿日传票一件。

应受送达人：王郑氏。

送达人署名盖章，若不能署名盖章或拒绝者，应记明其事由：王郑氏押。

送达日期：三四年三月一三日。

中华民国卅四年二月十七日

送达人：徐行

[同日郑牟氏签收传票的送达证书略]

民事言词辩论笔录

上诉人：郑牟氏。

被上诉人：王郑氏。

右列当事人间撤销监护上诉事件，经本院于中华民国卅四年三月廿日 午 时在本院第 法庭公开言词辩论，出庭推事、书记官如左。

审判长推事：张学义。

推事：马镇燕。

推事：李泽之。

书记官：彭春晖。

点呼事件后到场人如左：王郑氏、郑牟氏。

问：王郑氏，年岁等项？

答：五十四岁，住江北鱼嘴沱。

问：请求如何判？

答：请求驳回上诉。

问：郑志诚今年多少岁？

答：今年十月满二十岁，郑牟氏不为好人，已改嫁了。

问：这红契是何时交与你的？

答：我母亲在时便将这红契贰纸交与我的，廿九年我见郑牟氏还在好好照理家事，便将红契还她了，卅一年郑牟氏怀了孕，我们怕将地方出脱了，我侄无法生活，所以又才凭族戚将红契仍交我掌管。

问：卅一、卅二、卅三这三年是谁收租？

答：卅一、卅二两年都是上诉人收，卅三年佃户牟银才便未交租。

问：上诉人主张小孩归她监护，你承认否？

答：我不承认。

问：你兄弟叫何名，何时死的？

答：郑怀三，十七年死的，依法他［她］也无继承权。

问：这业是否小孩在管理？

答：小孩子未管。

问：郑牟氏，年岁等项？

答：四十一岁，住鱼洞镇，志诚是我儿子，今年十九岁。

问：你的儿子何时到他家去的？

答：我只记得去了两年，不知何时，现在我的生活不够，我的儿子我弄回来。

问：何以他弄去你不说话呢？

答：我自己都无吃的，如何管他？

问：你请求如何判？

答：请求废弃原判决，判令撤销监护，返还红契。

审判长谕知：辩论终结，定三月廿四日宣判。闭庭。

中华民国三十四年三月二十日

四川高等法院第一分院民三庭

书记官：彭春晖

审判长：张学义

宣示判决笔录

上诉人：郑牟氏。

被上诉人：王郑氏。

右列当事人间撤销监护事件，经本院于中华民国卅四年三月廿四日　午　时，在本院第　法庭公开宣示判决，出庭推事、书记官如左。

审判长推事：张学义。

推事：马镇燕。

推事：李泽之。

书记官：彭春晖。

点呼事件后到场当事人如左：两造均未到。

审判长起立朗读判决主文并告知理由。

中华民国卅四年三月廿四日

四川高等法院第一分院民事第三庭

书记官：彭春晖

审判长：张学义

民事上诉［状］

状心编号七三二六号

上诉人：郑牟氏，四十一岁，巴县人，住鱼洞镇窑坝，自业。

被上诉人：第一被上诉人王郑氏，五十四岁，江北人，住鱼嘴沱，居家；

第二被上诉人郑志诚，十九岁，籍贯、住址同上，读书。

为与被上诉人王郑氏不法监护，并请求返还红契事件，上诉人对于重庆实验地方法院三十三年度实上诉字第二三六号之判决不服，依法提起上诉，兹将本件之事实理由及法律关键逐一向钧院缕陈如次。

甲、上诉之目的：

（一）请求将原判决"主文"本件已因和解而终结，诉讼费用由原告负担部分废弃。

（二）关于王郑氏不法监护，无故侵害他人权益，应请求判令撤销之。

（三）请求判令王郑氏应返还上诉人所有巴县鱼洞镇窑坝田土房屋全股及梅子溪熟土二处，红契二张，并请求宣示假执行。

（四）请求判令第二被上诉人（志诚）即上诉人之子饬其返家，由上诉人监护之。

（五）第一第二两审诉讼费用由被上诉人负担。

乙、事实部分：

窃查被上诉人王郑氏即上诉人之夫胞姐，不幸氏夫于民国二十四年间死亡后，仅遗有上开之系争产业，计租谷拾玖石（老斗），当所弃幼子（名志诚，年仅七龄）并上诉人母子各一，孀居寡幼，专赖此业抚孤，即为生活。讵王郑氏于民国三十一年间，忽籍以省亲为名，竟蓄意将上诉人之子引诱至伊家，然表面虽谓求学，而实际谋夺孀产，暗使局串伊王门婿（曾祥林）擅将此系争产业之租约，书佃为（志诚）之经理人王郑氏名义，并窃去上开产业之红契二张及佃约一纸，以企图攫取得法定代理人之监护身份，以作招租放佃之基础，乘其每年收入，希图从中渔利。待至三十三年，因伊与佃户牟银才止约交业返还租赁物涉讼上诉，氏始发觉，因而参加诉讼，早经钧院判决在卷，有判决可资证明者一。

丙、上诉理由：

按未成年之子女，依法应由法定代理人监护之，其监护之人应以直系血亲尊亲属以顺序选任方为合法，此乃民法亲属篇上定有明文，夫何待言？复查民法亲属篇，对于子女之继承法朗载："受限制行为能力人，应由法定代理人监护之。"且上诉人之夫于民国二十四年死亡，其配偶之相互继承权乃早已开始，然（志诚）之法定代理人当属配偶之，应由上诉人为之监护，方合法理，焉由他人无因无故任意监护即取得无因管理权乎？倘该王郑氏若谓管理有因，则试问伊究系何人委托，或由何人选举，纵令亲属会议，必然有议案或纪录及其它证据而为证明，究将安在乎？盖伊如提不出强有力之证据籍资证明，则伊之监护身份于法无据，显不适格，更毋庸议质言之。上诉人得根据继承之所有权，依法应请求排除之，若再任该王郑氏竟籍无行为能力人（志诚）之名义而把持他人财产，则此每年收益受损过巨，试问，岂不伊于胡底而何堪设想耶。今上诉人既不容他人干预家政，复不让任何人侵害财产上一切权益。查该王郑氏曾经在钧院临时庭迭次审讯庭称不讳，仅由二三人公推为监护人，凭口无据，即令至今如何翻异，抑或事实变更，势不可能，有判决可证，毫无掩饰之余地，何能侵害他人财产之权利乎。

综上各节，原判曲解事实，因而上诉人实不足以昭折服，为此依法提出上诉理由状请鉴核，请求废弃原判，另为适法改判，准予如甲上诉人之目的第一、二、三、四、五款，请求而为判决，以符法益而免侵害，实沾德便。

谨呈

四川高等法院第一分院民庭公鉴。

附：本件缮本一件；判决书缮本一件（原判决审呈）

中华民国三十四年三月十二日

具状人：郑牟氏　押

四川高等法院第一分院民事判决

三十四年度上字第三九四号

上诉人：郑牟氏，住巴县鱼洞镇窑坝。

被上诉人：王郑氏，住江北鱼嘴沱。

右列当事人间请求撤销监护、返还红契事件，上诉人对于中华民国三十三年十月三十日重庆实验地方法院第一审判决提起上诉，本院判决如左。

主文

原判决认为关于撤销监护教养之诉已因和解而终结部分废弃，发回重庆实验地方法院，其余上诉驳回。

第二审驳回上诉部分之诉讼费用由上诉人负担。

事实

上诉人声明请将原判决废弃，另为撤销监护及返还红契之判决，被上诉人声明请驳回其上诉，其余两造陈述之事实，与第一审判决所载同，兹引用之。

理由

查核原审和解笔录，仅有载上诉人承认被上诉人代管其子郑志诚之产业及保管红契佃约，并未涉及教养一项，嗣上诉人向原审请予继续审判，主张撤销监护，返还红契，原审认为上诉人对于郑志诚产业管理权及教养权，已于和解时，承认由被上诉人行使，不得于事后再为指摘，因于主文内，宣示本件已因和解而终结，然该和解笔录，并无上诉人承认被上诉人行使教养权之记载，则关于上诉人请求撤销此项监护职务之诉，自应另行审判，不得谓已在和解范围之内。遽宣示因和解而终结，其诉讼程序实有重大瑕疵，兹为维持审级制度起见，合将原判决关于此部分废弃，发回更审。至被上诉人代管产业、保管红契，既于和解笔录内载明，并无有无效或得撤销之原因，上诉人既不得违反和解，要求被上诉人返还红契及撤销其代管产业之监护职务，原判决关于保管红契及代管产业之监护职务部分宣示已因和解而终结，尚无不合，上诉人关于此部分上诉，为无理由。其余上诉，尚非无理。

据上论结，本件上诉，一部分有理由，一部分为无理由，依民事诉讼法第四百四十六条第一项、第四百四十七条、第四百四十八条第一项、第七十八条，判决如主文。

中华民国三十四年三月二十四日

四川高等法院第一分院民事第三庭

审判长推事：张学义

推事：马镇燕

推事：李泽之

对于本判决如有不服，得于送达正本后二十日内向最高法院提起上诉状，至上诉状向本院提出。

本件证明与原件无异。

书记官：彭春晖（印章）

中华民国三十四年　　月　　日

四川高等法院第一分院书记室公函

年　字第五四七〇号

中华民国卅四年四月十四日印发

查本院受理卅四年度上字第三九四号郑牟氏与王郑氏因撤销监护事件，兹有应行送达当事人之判决正本，相应检同送达证书，函请贵院迅派员妥为送达，并将送达证书送院备查为荷。

此致

　　江北地方法院书记室。

　　计送判决正本乙件，送达证书乙件。

江北地方法院书记室公函

民义字第一二七四号

　　案准：贵室三十四年四月十四日民捷字第五四七〇号公函嘱代送郑牟氏与王郑氏等撤销监护等由，准此当即派员送达去讫。兹据去员缴呈回证前来相应检同原件函送贵室，即希查收为荷。

　　此致

　　四川高等法院第一分院书记室

　　计送送达证书壹件。

中华民国三十四年五月九日

四川高等法院第一分院民事送达证书

　　应送达之文书：民国卅四年上字第三九四号与郑牟氏撤销监护案送达判决正本乙件。

　　应受送达人：王郑氏。

　　受送达人署名盖章，若不能署名盖章或拒绝者，应记明其事由：王郑氏未晓，由其同居之子王惠民负责代收。

　　非交付应受送达人之送达应记明其事实：其子王惠民押。

　　送达日期：卅四年四月廿六日。

中华民国卅四年四月十三日

送达人：

[同日郑牟氏签收判决的送达证书略]

61. 姚贤贵等诉禹老四等要求返还聘金案

刑事诉状

原告人：姚贤贵，四十八岁，湖北人，寄住重庆江北潮音街三号，民生轮船大副。姚传和，二十四岁，湖北人，寄住重庆江北潮音街三号。

被告人：禹老四即兴顺，四川江北人，住体仁堂街，小食业；禹贵英，四川江北人，住体仁堂街，小食业。

　　为翻悔婚约、纵女另配、欺骗聘金，恳祈讯明，以维人道事。窃民原籍湖北，寄住重庆，营业轮船大夫。膝下一子，名唤传和，刻以成丁。兹因去岁腊月有熊何氏为媒，说合江北打鱼湾禹老四（即兴顺）之女贵英订婚，经双方父母同意，子女会面，采取旧氏婚约手续做香、次行报期，耗费礼物六七万圆（另有金戒子贰个，金耳环一对），三节礼物不计外，自报期于本（八）月十六日结婚迎娶。征询禹贵英衣服式样，均已欢悦乐从。迨至期临，该禹老四突向媒人提说翻悔婚约，不能给与。民接人诧异非常，向民言说，民即请伊茶社面理，经地方评判，既与婚约给民子接人，以资寝事。禹老四片言不答，不知何故，经街邻往劝，始悉伊有配杨操，早与苟合。自杨操送有禹老四法币拾万圆之事实，故所翻悔。以理责之，无词可辩。遂称全堂黄货四季衣物方可允嫁。民于临期归来，通知亲友，该禹老四死口翻悔，欺骗显然。民呈报九分局亦无理由辩护，遂经警局转送钧院，民特具状诉前来，伏乞钧院主张人道，俯予传该禹老四（即兴顺）与禹贵英到案讯判，饬赔聘金以彰法纪而维人道，深沾。

　　谨呈。

重庆实验地方法院刑庭公鉴。

中华民国三十四年九月十八日

具状人：姚贤贵、姚传和

证人：媒人熊何氏

证物：旧式婚约

民事送达证书

　　［民国三十四年诉字第一四七六号伪造聘金案传票一件，分别送达原告姚贤贵、姚传和，被告禹兴顺、禹贵英签收］

询问笔录

原告：姚贤贵、姚传和。

被告：禹老四、禹贵英。

当事人间返还聘礼案，经本院于中华民国三十四年十一月三十日午前八时半，开民事第一庭，出席职员如左。

审判长推事：李懋。

书记官：金巧英。

点呼右列当事人入庭，书记官朗读案由。

问：姚贺氏，年［籍］、住［址］？

答：四十四岁，住江北潮音寺街三号。

问：原告等请求如何判决？

答：请求判令被告返还聘礼，计旗袍料毛呢及布的各一件、金戒子一对重四钱五、耳环一对重一钱五、一万元押庚金、四瓶大曲酒、茶食十包。

问：事实及理由？

答：去年腊月十二日姚传和与禹贵英订婚，约定今年八月十六日结婚，上述聘礼即当时拿去的，现在被告不愿意完婚了。

问：禹贵英，年［籍］、住［址］？

答：十六岁，住江北体仁堂四十六号。

问：对本案如何答辩？

答：去年与姚传和订婚，聘礼有布料二件、袜子一双、猪蹄二只、雪花膏二瓶、酒二瓶，本约定今年八月十六日结婚，但事后知道他家中有妻子。

问：禹兴顺，年［籍］、住［址］？

答：六十一岁，同前。

问：对本案为何答辩？

答：除收布二件，其它如袜子、雪花膏等零件，原告所说金戒子、耳环，均没有收到。

问：熊何氏，年［籍］、住［址］？

答：六十四岁，住大坟堡二十四号。

问：与双方有亲戚关系否？

答：无。

推事谕知伪证罪处罚并命具结附卷。

问：去年他们订婚有些什么聘礼？

答：有金戒子二只，耳环一对，衣料二段，猪蹄二只，酒二瓶，袜子、皮鞋、拖鞋各一双，此外还有茶食之类。

推事谕知，限原告于三日补缴裁判费一千三百元，并补具委任状后再传讯，退庭。

中华民国三十四年十一月三十日

重庆实验地方法院民一庭

书记官：金巧英

民事辩诉状

辩诉人：禹国英（即贵英），十六岁，江北人，住打鱼湾河街四十六号，小贸。

禹兴顺，江北人，住打鱼湾河街四十六号，小贸。

为套骗婚姻、捏诬聘礼，辩恳依法驳斥，以维婚姻自由事情。姚贤贵等以翻悔婚约等词控女一案，奉到钧院三十四年度诉字第一四七六号传票，示期十一月三十日审讯，应遵谒渎。窃男女婚姻自由，法有明文规定，父母不得包办，任何人不得妄干。惟女现年十六，业已成年，依法婚姻应当自主。讵去〔年〕腊〔月〕，原告人之妻母熊何氏套骗女父即民兴顺私相议订。其订婚纳彩，并未举行仪式，纯全私相办理。至订婚礼物，仅花布二段（每段七尺），棉袜一双，万县皮鞋一双，杂糖四包，猪蹄一对，酒二小罐而已，别无他物。与媒熊何氏所议礼物，完未照办，纯属套骗婚姻行为。后女察觉，极端否认拒绝，女父母不敢强迫，已迭向媒声明退还以上礼物，殊原告父子见女坚决拒绝婚姻，乃恫言恐吓。寻女面称，如再故意拒绝，要强接过门，才认得到他等恶语威逼。女见该父子惟暴横悍，且属外籍，如勉强从婚，设过入伊门，必受其荼害，将来随其还籍，女处身异地，被其虐死，尤无人昭雪，是以拼死不愿，女父母莫何。始与其评理，当众退婚，伊不允。乃投局，无解。始移送来院。查婚姻应由双方当事人之同意方可成立，此种套骗婚姻并非男女当事人之意思，完全由父包办，依法应不生效，何况出于套骗行为。曾经警局讯明，彼亦自知议婚之行为不当，难望成立，乃虚捏订婚礼物朦诉，欲以套婚不成而行诈财，索赔礼物。不知实在，礼物早已由媒返还。因退物始发生此纠纷，岂容捏诬栽朦。为此，据实声明套骗诬索情形。辩恳钧院鉴察，俯予讯明，驳斥原诉，以杜套骗而免诬索，实深沾感之至。

谨呈

重庆实验地方法院民庭公鉴。

中华民国三十四年十一月

具状人：禹国英、禹兴顺

民事委任状

委任人：姚贤贵，四十八岁，住潮音街三号；姚传和，二十四岁，住潮音街三号。

被委任人：姚贺氏，四十四岁，住潮音街三号。

呈为父子远出，不克赴审，故特依法委任代诉，以资辩论事情。民父子前以翻悔婚约、纵女另配等词具控禹兴顺及女贵英于钧院一案，沐经票传，示期十一月三十日赴案审理。奈民父子因在民生公司胜昌轮船机器舱做事，现已开往南京，不克投讯，只得委任民妻姚贺氏（即原告姚传和之母）到案代理，并负本案全权责任。中间不虚，具委任是实。

谨呈

重庆实验地方法院民庭公鉴。

中华民国三十四年十一月三十日

具状人：姚贤贵、姚传和

民事送达证书

[民国三十四年诉字第一四七六号伪造聘金案传票一件，十二月二十三日分别送达原告姚贤贵、姚传和，被告禹兴顺、禹贵英签收]

民事辩诉状

辩诉人：禹贵英，十六岁，江北人，住打鱼湾四十六号，小贸。禹兴顺，六十一岁，江北人，住打鱼湾四十六号，小贸。

为籍婚诬搚，支匿不案，辩恳依法驳回，以免拖累绝生事。情姚贤贵以返还聘金诉控女等一案，曾经钧院三十四年度诉字第一四七六号传讯，该婚姻之当事人不案，兹复票传示期一月二十一日复讯，应候曷渎。无如本案原告所诉之婚姻，纯属一种套骗行为，完全非双方婚姻当事人之同意，乃是其父贤贵套骗女父老耄昏聩，私相窃议，并未举行订婚之礼。所案之媒，乃贤贵之妻母熊何氏。其来之礼物，实仅花布二段（每段七尺）、棉袜二双、万县皮鞋一双、杂糖四包、火酒二小罐而已，别无他物。前已呈供在卷，事实可查考。因女察觉及时，该贤贵以威胁手段恐吓，女不从，女父始当众退伊之礼物，不受，始投局调解，伊并未声明有如是之聘礼。因调解不谐，移送来案，彼见婚姻自知不能成立，始藉婚捏诬聘礼，虚栽财物，意欲搚财。其所栽捏各物，曾经讯明不确，并经其妻母熊何氏为本案之媒证到庭供称，不知聘礼多少（有供在卷）。可见其栽诬虚捏不实，可知藉婚搚财显然。并将其子传和支匿在渝，隐不到案，欲使本案久悬，女父无力拖累，必出资与其求和，达其搚财目的。惨女父原一老耄昏聩之人，乡愚诚朴，岂识其奸术套骗，无端遭其欺诈，已受重大损失，何堪再加栽诬虚捏，实无力负担。且家贫小贸，不堪久累，有绝生活。综之，女父当止接伊如是之礼物，只能负责如物返还，其所虚捏栽诬各物，实无其事，应不能由其骗搚。且女父实无力负担，亦无力久拖，兹复奉传，特此据情再呈，恳请钧院俯予迅为讯结，依法判决，驳回原诉以杜套骗诬搚而免拖累绝生，不胜沾感之至。

　　谨呈

重庆实验地方法院民庭公鉴。

中华民国三十五年元月十四日

具状人：禹贵英、禹兴顺

民事和解状

原告：姚传和、姚贤贵，湖北人，住江北潮音街三号。

被告：禹贵英，十六岁，江北人，住打鱼湾四十六号，小贸。禹兴顺，六十一岁，江北人，住打鱼湾四十六号，小贸。

为案经和解，协恳注销事。情民贤贵等以婚姻事件扩请返还聘金控民兴顺等一案，曾经钧院三十四年度诉字第一四七六号传讯在案，应候审判，曷渎无如。民贤贵同子传和乡在急，不暇久累，民兴顺同女贵英小贸营生，亦不堪久讼，是以双方请凭傅慎之、周贯之等从中调解，各剖别真相。除婚姻不成立不生问题外，惟劝民兴顺返还原告人订婚损失（即财礼）法币两万元，其款当众交清，由原告人返还被告之庚帖（即红庚婚书），民等双方各照调解互交清楚，毫无异议，均甘和解息讼。是以，特此据情协请钧院俯予和解，注销本案以免参商而示和平，实沾德便。

　　谨呈

　　重庆实验地方法院民庭公鉴。

中华民国三十五元月二十一日

具状人：姚传和、姚贤贵、禹贵英、禹兴顺

调解人：傅慎之、周贯之

62. 熊长禄等诉李萧氏等要求抚养案

民事诉状

原告：熊长禄，七岁；熊长文，五岁；熊小女，二岁。

法定代理人：熊玉厚，三十四岁，江北人，住三洞桥平民村。熊银山，四十六岁，巴县人，住兴隆乡街上熊久舒转。

被告：李萧氏即熊萧氏；李海云，巴县人，住兴隆乡水岩附近。

为父母抛弃子女，不顾生活，依法诉请抚养由。兹将本案请求标的列左。

诉之声明

被告李萧氏、李海云等应连带负责，按月给付原告等抚养费三万元，交由熊玉厚、熊银山收受，以作抚养开支，如不履付时，被告等应在熊玉厚、熊银山手将原告三人领回自行抚养。前项抚养费用并假执行之诉讼费用由被告等共同负担。

事实及理由

窃原告等之故父熊金山公与母萧氏生原告长禄、长文、小女兄妹三人，不幸金山公在三十二年六月间因病死亡，尔时居住巴县兴隆乡松林岗，系佃农生活，兄妹均各在孩提襁褓之中，爰有二叔银山、三叔玉厚召集族亲从长计议母子善后生活，当时熊久舒出款一万五千元，左荣发、吕德利、杨正泉、熊汉卿、熊周氏五人各出资一万，共计六万五千元亲交母亲萧氏保存，放利以作原告等三人之抚养费，由是母亲将原告长禄、长文二人交由银山、玉厚抚养，将小女交由师弟黄海清乳哺，据云上开利金，由其收来分别交付银山、玉厚等分给黄海清之抚养费等语，因此，该氏在外庸工，为本乡贺放生之仆妇，饮食衣服均有着落，前项资金放利并无花销，不料母志不坚，受其邻人陈兴发、马绍文诱惑，媒嫁当地李海荣，于本年古历三月初七结婚，将前开抚养本利一并携去，归继父李海荣接收，并将故父家资金全部带去，事前并未通知三叔、二叔，且未将再醮李海云之事实告诉，并不给付历年放利子金与玉厚、金山分给与黄海清之抚养费，是母亲萧氏对原告兄妹之生活费用，本利金全握在手，不顾子女三人生活，显为法所不许，原告等无诉讼能力，因此以二叔、三叔为法定代理人共同起诉，请求如诉之声明，判决本案扶费每月三万元，全缴讼费三百九十元，合并声明。此呈

证人：左荣发、吕德利、杨正泉、熊久舒、熊汉清。

重庆地方法院民庭公鉴。

中华民国三十五年五月二十一日

具状人：熊长禄、熊长文、熊小女、

熊玉厚、熊银山

缴款单

征费机关：

缴款人：熊长禄。

案号：三十五年度诉字第七三八号

标的：三〇〇〇〇元

费别：裁判费。

征费数目：国币三百九十元。

复核员：

收费员：重庆地方法院收费章

中华民国卅五年五月廿一日

四川重庆地方法院民事案件审理单

定于本年八月七日上午八时审理，应行通知及提传人如左。

应传：熊长禄、熊长文、熊小女，熊玉厚、熊银山，李萧氏（熊萧氏）、李海云。

推事：朱

七月廿八日　午发交

重庆地方法院民事送达证书

书状目录：民国卅五年诉字第七三六号抚养案送达通知乙件。

受送达人：原告熊长禄、熊长文、熊小女、熊玉厚。

受送达人署名盖章，若不能署名盖章或拒绝者，应记明其事实：熊玉厚。

送达日期：卅五年八月二日。

中华民国卅五年七月廿九日

重庆地方法院执达员：明玉田

［同日原告法定代理人熊银山，被告李萧氏（即熊萧氏）、李海云签收传票的送达证书略］

证人结文（问讯）

今为三十五年度诉字第七三八号到庭作证，所为陈述均系真实，绝无增减，如有虚伪，当负法律罪责。此上

重庆实验地方法院。

具结人：石荣发、熊周氏。

中华民国三五年八月七日

注意：刑法第一百六十八条于执行审判职务之公署审判时，或于检察官侦查时，证人鉴定人通译于案情有重要关系之事项，供前或供后具结而为虚伪陈述者，处七年以下有期徒刑。

笔录

原告：熊银山、熊玉厚。

被告：李萧氏、李海云。

右列当事人因抚养案，经本院于中华民国三十五年七月八日午八时开民事法庭，出席职员如左。

推事：朱国琅。

书记官：李连群。

点呼右列当事例入庭，书记官朗读案由。

问：姓名，年、住？

答：熊玉厚，卅六岁，住三洞桥。

　　熊银山，四十五岁，住兴隆场。

问：熊长禄等为何不来？

答：他们太小不能来，我代理他们。

问：诉之声明？

答：一、请求判令被告等连带按月给付生活费三万元，交由熊玉厚作为抚养开支，否则熊长禄等请求由被告领回抚养。

二、请求被告返还财产六万五千元。

三、诉讼费用由被告负担。

问：三万元如何计算的？

答：三个小孩的生活用度。

问：诉之事实？

答：李萧氏未通知熊宗即将财产六万五千元及□等物与李海云串通搬去，并将小孩丢下，嫁于李海云。

问：被告，姓名，年、住？

答：李萧氏，四十二岁，住兴隆乡。

问：有何答辩？

答：我并未带熊宗款项、用具、保物。

问：李海云为何不来？

答：他病了。

问：何时嫁的人？

答：今年三月，三年孝满后嫁的。

问：六万元钱是否你拿的？

答：我没拿。

问：小娃的抚养你承认不？

答：他家的小孩应他们抚养。

问：原告有何证明？

答：有证人左荣发、熊周氏为证。

问：证人，姓名，年、住？

答：左荣发，五十六岁，住兴隆场。

问：有何证明？

答：被告三月初七出孝，决定改嫁，我劝她不嫁，家里有钱，有几岁小孩子又太小，她不听，后来他们在家人所调解，我也到了，的确他熊家不知道，她承认没通知熊家，六万块钱是我们凑给她养小孩子的，她带起走了。

问：证人，熊周氏，年、住？

答：卅八岁，住斯江门。

问：你出了好多钱给原告？

答：拿了一万块钱。

问：被告有好说话？

答：我一个钱没拿。

谕知辩论终结，十二日宣判。

中华民国卅五年八月七日

重庆地方法院民事庭

书记官：李连群

推事：朱国琅

宣判笔录

原告：熊长禄、熊长文、熊小女、熊玉厚、熊银山。

被告：李萧氏（熊萧氏）、李海云。

右当事人间抚养事件，于中华民国卅五年八月十二日上午十时在本院民事法庭公开宣判，出席职员如左。

推事：朱国琅。

书记官：李连群。

点呼事件后，推事起立朗读判决主文，并口述判决理由之要领。

中华民国卅五年八月十二日

重庆地方法院民事庭

书记官：李连群

推事：朱国琅

重庆地方法院民庭公鉴民事判决

卅五年度诉字第七三八号

原告：熊长禄，住三洞桥；熊长文，住同上；熊小女，住同上。

右法定代理人：熊玉厚，住同上；熊银山，住兴隆乡。

被告：李萧氏即熊萧氏，住兴隆场；李海云，住同上。

右当事人间因生活费事件，本院判决如下：

主文

被告李萧氏应返还原告生活费国币六万五千元，准予假执行。原告其余之诉驳回，诉讼费用由被告李萧氏负担。

事实

原告法定代理人声明，请求判令被告按月给付原告生活费三万元，如不给付时，被告应将原告领回抚养，并返还原告国币六万五千元，并宣告假执行。陈述略称：原告之父熊金山于民国卅二年六月间死亡，亲族左荣发鉴于原告母子生活堪虞，集资六万五千元交其母即被告李萧氏存放生息，以维生活，讵被告李萧氏守志不终，于今年旧历三月间复与李海云结婚，家用细软均经带走，并将上开生活费本息一并携去，原告乃由代理人熊玉厚等抚养，因生活高涨，无法维持，并恐受难于计算之损害，遂是状如诉之声明，并举左荣发等为证。

被告李萧氏请求驳回原告之诉及假执行之声请。陈述略称：被告因生活无着，故于今年春改稼〔嫁〕与李海云为妻，原告已抱与代理人为子女，被告自无供给原告生活费之义务，改稼〔嫁〕时亦无携去物件及国币六万五千元之事，不负返还责任。云云。

理由

本件原告法定代理人主张，被告李萧氏应按月给付原告生活费三万，以原告与该被告有母子关系为立论根据，惟被告既经改稼〔嫁〕，对于原告自不复有抚养义务，原告法定代理人此项主张非有理由，应予驳回，至请求返还国币六万五千元，当时如凑交被告李萧氏存放生息各情形，不独原告法定代理人言之历历，复有原出资人左荣发、熊周氏到庭证明属实，要非该被告所能出言否认，自应如数返还原告，俾惟生活，原告法定代理人已释明在判决确令前不为执行，恐受难于计算之损害，请求宣告假执行，应予准许，其次被告李海云对于原告并不发生抚养义务，于当事人适格显有欠缺，应予驳回。

据上论结，原告之诉一部为有理由，一部为无理由，依民事诉讼法第七十九条但书判决如主文。

中华民国卅五年八月十二日

重庆地方法院民事庭

推事：朱国琅

本件证明与原件无异

书记官：刘文祥

中华民国三十五年九月十三日

重庆地方法院民事送达证书

〔民国三十五年诉字第七三八号生活费事件一案送达判决一件，分别送达原告熊长禄，被告李萧氏、李海云签收〕

63. 周光华诉甘玉金要求离婚案

四川高等法院重庆分院书记室公函

民肃字第七二二四号

中华民国三十七年六月廿八日

　　查本院受理三十七年度上字第一三〇〇号甘玉金与周光华离婚事件，业经判决确定，相应检同卷宗等件函送，即请查收为荷。

　　　　此致

　　　　　　　　　　　　　　　　　　　　　　　　重庆地方法院书记室

　　　　　　　　　　　　　　　　　　　　计送本院卷一宗、原审卷一宗、证物一袋以附卷。

原告周光华民事诉状

原告：周光华，十九，巴县人，住本市青年路十五号附十一号。

被告：甘玉金，四十四，重庆人，住巴县屏都镇孙家沟陆军监狱。

　　为与被告因离婚一案，谨将诉之声明及事实理由叙述如左。

诉之声明

　　请求判令：

　　（一）原告与被告准予离婚。

　　（二）诉讼费用由被告负担。

事实及理由

　　缘原告与被告于三十一年废历九月十六日在渝么塘结婚，是时被告在军政部团山堡二十一号军械库任中尉库员，旋于三十三年六月调任泸县军政部军械第五总库上尉库员。殊被告不尽忠职守，竟因贪污被解渝讯办，由前军法执行总监部讯明，判处有期徒刑十五年，拨监执行。自是之后，原告为生活所困，不得不另谋出路。是以起诉，按被处徒刑三年以上或因犯不名誉之罪被处徒刑者，足为离婚之原因，民法第一千零五十二条十款定有明文。本案被告犯贪污罪，既经前军法执行总监部讯明，判处有期徒刑十五年执行在案，按上开法条规定，原告得诉请离婚，毫无疑义。理合具状起诉，恳钧院鉴核，传讯判决如原告之声明，以维法益，实为德便。再本案为非因财产权诉讼，遵章缴纳裁判费　　　元，合并陈明。

　　　　谨状

　　　　重庆地方法院民庭公鉴。

中华民国三十六年三月三日

律师曾庆民撰状

具状人：周光华

征费单

征费机关：重庆地方法院。

缴款人：周光华。

案号：三六年度□字第二九〇号。

案由：离婚。

标的：

费别：裁判费。

征费数目：国币一千圆。

复核员：

收费员：（印）

中华民国卅六年三月三日

原告周光华关于诉讼代理人的委任书

状心编号民字一三二六号

委任人：周光华，十九，巴县人，住本市青年路十五号附十一号。

被委任人：曾庆民，律师，住事务所本市民权七十二号。

为委任诉讼代理人事。窃具状人起诉甘玉金离婚一案，兹委任曾庆民律师为诉讼代理人，代为一切诉讼行为，理合状请钧院鉴核。

谨状

重庆地方法院民庭公鉴。

中华民国三十六年三月三日

具状人：周光华

重庆地方法院民事送达证书

[民国三六年诉字第二八二号离婚案传票乙件，三月十九日分别送达原告周光华，被告甘玉金、律师曾庆民签收]

被告甘玉金辩诉书

具辩诉人甘玉金，安徽舒城县，现年四十一岁，住屏都镇孙家沟陆军监狱。缘于本年三月十一日，接奉钧院民事传票卅六年度诉字二八二号离婚一件，限于四月十五日上午八时到庭听候审讯，等因奉此，自应遵照，惟因守法期间，不能准时赴审，所有本案真相，分别详陈如后，籍供参考，以资法判。

一、被告人玉金与当事人周光华，卅一年秋间结婚后，情感甚洽。迨于卅四年二月，玉金因案失去自由，由泸抵渝屏都镇军法总监部投案，当将该当事人托友觅就其娘家邻近居住，不到三四月，以不惯乡村生活，彼即来渝，寄居其姑妈家海棠溪盐店湾十一号，伙食费用，按月由玉金负担，历三四个月之久，同时该当事人行为浪荡，往来旅馆舞厅，数日恒不归，经其姑母劝诫，不惟不听，并且反目，竟于卅四年十月十七日将玉金所有数十年之蓄积，及有关一部分文件席卷而离去其姑母家。此后年余，托友四处探询，杳如黄鹤，亦未见其片纸，此种情事，该当事人之姑母尚有信件可资佐证。果如该当事人所谓生活无着，则其流浪旅馆，衣食住费用，试问其既不事生产，将由何去？且何以不见只字？兹因玉金脱法在即，为避免出而与其家庭根究，乃出此离婚之计，足见其居心不良，显而易见。

二、基上情节，该当事人既诉请依法离婚，被告人固无异词。惟其不安本分亦不欲责备，但过去与之结婚用度及玉金名誉损失，不得不声请要求赔偿，以为水性杨花者戒。（甲）该当事人周光华，携去物品如后：（1）玉金过去任职证件十五件。（2）泸县军械库任内命令及收发文件十三件。以上皆属玉金本人应用对象，其余家俱及该事人首饰、寒热衣服不在其内，至上述档，当时如不被该当事人携去，玉金或不致判刑。坐视失其效用，每一念及，不禁心伤。（乙）物品类：大皮箱两只，小皮箱一只。如服装类，计存八成新英国藏青哗叽呢中山装一套，夏布罗帐、布两匹，八成新英国藏青哗叽呢长衫一件，金戒子（本人用）两只，计重廿五钱三分，全新本国制草黄哗叽中山服一套，新棉被一床，帆布夏威夷汗衫两件，圆顶蚊帐一条，八成新日本黄呢子西装大衣一件，胶胎底黄皮鞋一双，全新丝棉绿绣花被面白洋布被子一床。

以上各种物品敬恳钧院鉴核，俯准断令该当事人周光华悉并如数赔偿，以免损失，而维物权。无任迫切感祷，恭祈核予批示只遵，实为德便。

谨呈

重庆地方法院

附当事人姑妈邓周氏原信三封及其表姐郑德芳信一件。

被告：甘玉金谨呈

笔录

原告：周光华。

被告：甘玉金。

右列当事人因离婚案，经本院于中华民国卅六年四月十五日午前开民事法庭。出席职员如左。

审判长推事：刘明余。

书记官：陈军。

点呼右列当事人入庭，书记官朗读案由。

问：周光华，年、籍等项？

答：十九岁，住青年路十五号，已结婚。

问：告谁?

答：甘玉金。

问：如何要求?

答：离婚。

问：另外还有什么要求?

答：没有。

问：什么理由?

答：生活不能解决，因为他犯了贪污罪。

问：什么证据。

答：有信（呈）收回。

问：判决罪刑否。

答：我去监狱看他，据说已判了十五年罪，他本人也这样说。

问：可否不离婚?

答：他不能负担我生活，家无分文，我无能力自立。

原告代理人曾庆民声称：因为本案被告已判决徒刑十五年，原告又无能力自立，况被告年已四十余，事实上原告自不能再等待。生活无依，迫于请求离婚。

推事谕，本案候再传。

右笔录当庭朗读无异。

中华民国卅六年四月十五日

重庆地方法院民一庭

书记官：陈军

推事：刘明余

重庆地方法院民事送达证书

［民国三六年诉字第二八二号离婚案传票一件，六月二十一日分别送达原告周光华，被告甘玉金、律师曾庆民签收］

重庆地方法院为提送甘玉金过院候审给四川军人监狱函

利字第二九五〇号

中华民国卅六年六月廿五日

查本院于卅六年三月五日受理诉字（二八二）号周光华告诉甘玉金离婚一案，兹定期于本年七月一日再讯，惟以被告甘玉金现禁贵监狱，相应函请查照，希将该被告甘玉金一名提送过院，一俟辩论终结即行还禁。合并函明。

此致

院长：雷彬章

国防部四川军人监狱复函

军监三六渝字第〇九二七号

中华民国卅六年七月三日

事由：为函复监犯甘玉金如有讯问必要请派员来监迎提由。

　　准贵院本年六月廿五日利字第二九五一号函，以周光华告诉监犯甘玉金，因离婚案定期审讯，嘱将被告提送至院辩论等由。准此，经查该犯案情重大，如贵院有讯问之必要，即请派遣法警持函，连同正式印据来监迎提。兹准前由，相应函复，查照办理为荷。

　　此致

　　重庆地方法院

高震华

审问笔录

原告：周光华。

代理人：曾庆民律师。

　　右列当事人因离婚案，经本院于中华民国卅六年六月一日午前八时开民事法庭。出席职员如左。

　　审判长推事：吴蜀樵。

　　书记官：杨渠。

　　推事点呼右列当事人入庭，书记官朗读案由。

　　问：姓、年等项？

　　答：周光华，十九岁，重庆人，住青年路。

　　问：告甘玉金何事？

　　答：离婚。

　　问：何年结婚？

　　答：卅一年九月十五日。

　　问：有何理由？

　　答：结婚一年后，被告犯贪污罪，处刑十五年。

　　推事请原告代理人曾庆民律师陈述意见。

　　曾庆民律师起立陈述：被告今未到庭，可否一造弁［辩］论终结？又被告之被处刑，是否拟调查清楚，如提被告时押解费为公家不能支出，原告可以负担。

　　推事谕，等候提甘玉金到案再夺。候传。退庭。

　　右笔录当庭宣读经认无讹。

中华民国卅六年七月一日

（全衔）民事庭

书记官：杨渠

推　事：

被告甘玉金辩诉书

　　具辩诉人甘玉金，籍贯、年龄、住址在卷。顷奉钧院卅六年六月廿日民事传票卅六年度诉字第二八二号离婚一案件，定于七月一日上午八时到庭听候审讯等因，奉此，被告自应准时赴审，特因尚在守法时间，不能如愿。伏念本案前于同年三月八日曾奉钧院同年度同样案件，当经被告先后辩诉，并申请将案情真相分析详陈，声请发核秉公决判，暨依法保障，追还损失，由邮双号寄奉，并各奉到钧院值日章收据。奉传前因，实属无法分身，谨特申辩，今该当事人周光华，既听他人唆使，决意离异，固无不可，惟前报□案之分外损失，除缄请被告乡友秦毓超（住渝磁器口一〇三号）届时全权代表出庭待审外，特再恳祈俯准，依照被告前呈辩诉及申请书一切损失、债务各项，先行断令悉并赔偿，再行判决离异。迫切陈词，无任叩祷之至，恭请核示祗遵，实感德便。

　　谨呈

　　重庆地方法院

被告：甘玉金叩呈

重庆地方法院民事传票

三六年度诉字第二八二号离婚事件

　　被传人姓名：原告周光华。

　　住址：本市青年路十五号附十一号。

　　被传事由：审理。

　　应到时间：十月十四日上午八时〇分。

　　应到处所：林森路五八八号本院第　法庭。

　　注意：

　　（一）被传人务须遵时来院报到，如无故不到，得依对造一造辩论予以判决。

　　（二）被传人如呈递书状，必须记明年度号数，并按对造当事人人数预备副本。

书记官：

送达人：

中华民国卅六年九月廿五日

重庆地方法院民事送达证书

　　书状目录：民国三六年诉字第二八二号离婚案送达传票乙件。

受送达人：原告周光华。

受送达人署名盖章，若不能署名盖章或拒绝者，应记明其事实。

中华民国三十六年九月二十六日

重庆地方法院执达员：

证明

查本甲青年路一五□第二五户居民周光华，确已离渝赴申，特此证明。

第二区十五保第六甲

甲长（印）

一九四七年十月四日

［同年十月三十日甘玉金、十月七日曾庆民律师收到传票的送达证书略］

当事人甘玉金辩诉书

查当事人甘玉金姓名、年龄、籍贯、地址均在卷。顷奉钧院三十六年度九月廿五日诉字第二八二号离婚案民事传票乙纸，嘱于十月十四日上午八时出庭辩诉等因。缘当事人守法在狱，未能按时出庭，惟该原告周光华，在玉金失自由后，曾向敌友罗鸣皋搽借款项一部，暨卷去衣物证件等物，避匿不见，抹尽天良。经玉金将罗君索款函件及衣物证件等清单连同函呈，以邮局挂号，先后于本年三月十八、四月十四、六月廿八等日详陈钧院在卷，并有回单值日章可稽。现该女一再要求脱离，恳请钧院秉公依法饬知对造，先予缴还借款及所损各物后，再断予离婚，以恤窘困。是为至祷。

谨呈

重庆地方法院

当事人：甘玉金

重庆地方法院为提审被告甘玉金给四川军人监狱函

利字第五二一六号

中华民国卅六年十月十三日

查本院受理周光华与甘玉金离婚事件，被告甘玉金现禁贵监，曾于本年六月廿五日，以利字第二九五〇号公函请予提送该被告来院，旋准贵监本年七月军监（三六）渝字第〇九二七号公函，准予迎提等由，各在卷。本案兹定期于十月十四日上午八时审理，相应函请查照，即祈赐予交警迎提，审毕即行解还，为荷。

此致

国防部四川军人监狱

院长：雷彬章

国防部四川军人监狱复函

军监（三六）渝字第一五九三号

中华民国三十六年十月十三日

事由：为函复请派法警持印据来监迎提以资慎重由。

案准贵院本年十月十三日利字第五二一六号公函开："查本院受理周光华与甘玉金离婚事件，被告甘玉金现禁贵监，曾于本年六月廿五日，以利字第二九五〇号公函请予提送该被告来院，旋准贵监本年七月军监（三六）渝字第〇九二七号公函，准予迎提等由，各在卷。本案兹定期于十月十四日上午八时审理，相应函请查照，即祈赐予交警印提，审毕即行解还"等由，自应照办，惟来人既无制服，又无身份证明，而文内并未注明该法警之姓名及印据，为慎重起见，未便交解，相应函复，即希查照。另派法警持具印据，注明来警姓名，来监迎提为荷。

此致

重庆地方法院

监狱长：高震华

审问笔录

原告：周光华。

被告：甘玉金。

右列当事人因离婚案，经本院于中华民国卅六年十月十四日午前十时开民事法庭。出席职员如左。

审判长推事：刘□宇。

书记官：杨渠。

推事点呼右列当事人入庭，不到。

推事谕候再传。

书记官：杨渠

推　事：刘□宇

报告

三十六年十月三十日

奉交下三十六年度诉字第二八二号传、通各一件，除律师收受外，警前往原告周光华送达，闻同居口称，该周光华已迁移他处，不知住所。现由该甲甲长具证明似此情形，难已送达。理合检同报请鉴核。谨呈

民庭推事公鉴。

警：何西根呈

[附证明乙件，回证二件，传票乙件。]

证明

查本保所辖之青年路十五号附十一号居民周光华，现已迁移他往，地址不明。特此证明

此证

二区十五保六甲甲长高崇德

重庆地方法院钧鉴。

民国卅六年十月廿六日

重庆地方法院民事传票

三六年度诉字第二八二号离婚事件

被传人姓名：原告周光华，住址：青年路十五号附十一号。

被传事由：诉

应到时间：十一月廿一日上午八时　分

应到处所：林森路五八八号本院第　法庭

注意：

（一）被传人务须遵时来院报到，如无故不到，得依对造一造辩论予以判决。

（二）被传人如呈递书状，必须记明年度号数，并按对适当事人人数预备副本。

书记官：

送达人：

中华民国卅六年十月廿日

重庆地方法院民事送达证书

书状目录：民国三六年诉字第二八二号离婚案送达传票乙件。

受送达人：周光华

中华民国卅六年十月二十二日

重庆地方法院执达员：何西根

［同年十月二十八日律师曾庆民收到传票的送达证书略］

审问笔录

右列当事人因离婚案，经本院于中华民国卅六年十一月廿一日午前十一时开民事法庭。出席职员如左。

审判长推事：王振常。

书记官：杨渠。

推事点呼右列当事人入庭，书记官朗读案由。

推事告知，原告未经合法传唤及未迎提被告到案。谕知候再传。

右笔录当庭朗读无异。

中华民国卅六年十一月廿一日

（全衔）民事第一庭

书记官：杨渠

推事：

民事案件审理单

离婚案，定于本年十二月廿九日上午八时审理，应行通知及提、传人如左。

通知：律师曾庆民。

应传：原告周光华。

被告甘玉金，并届期派员迎提，讯后送还。

推事：王

十二月一日下午发交

重庆地方法院民事送达证书

书状目录：民国卅六年诉字第二八二号离婚案送达左列各件：传票壹件。

受送达人：原告周光华。

受送达人署名盖章，若不能署名盖章或拒绝者，应记明其事实：曾庆民律师事务所代收。

非交付受送达人之送达应记明其事实：周光华未在家，由曾庆民律师代收转。

中华民国卅六年十一月廿九日

重庆地方法院执达员：何西根

［同年十二月五日律师曾庆民、十二月十四日甘玉金收到传票的送达证书略］

重庆地方法院为迎提甘玉金给四川军人监狱函

利字第六七三七号

中华民国卅六年十二月廿七日上午九时发

事由：为备同印据函请准予迎提甘玉金到院由。

查本院受理周光华与甘玉金离婚事件，被告甘玉金现禁贵监，曾迭函，以无印据未准迎提等由各在卷。兹本案定期于本月廿九日午前八时审理，特派司法警长田致和、执达员吴道枢持函连同印据前来迎提。相应函请查照，希将被告甘玉金壹名交来警带院，审毕解还。

此致

国防部四川军人监狱

院长：雷彬章

附借讯甘玉金印据一件。

兹借提贵监押禁军法犯甘玉金一名，讯毕解还。

此据

四川重庆地方法院院长：雷彬章

中华民国卅六年十二月廿八日

重庆地方法院为派员迎提甘玉金并沿途严加防范令

利字第六七三八号

中华民国卅六年十二月廿七日上午九时发

事由：为令派该员迎提被告甘玉金沿途严为防范以免乘隙逃逸由。

令本院司法警长田致和、执达员吴道枢。

案查卅六年度诉字第二八二号周光华与甘玉金离婚事件，业经定期于本月廿九日上午八时审理，惟被告甘玉金因犯重大军法案件，监禁国防部四川军人监狱，除备函连同印据请该监准予迎提外，合行令派该员等整着服装、佩带证章、持函前往迎提。又查该被告系重大军法人犯，沿途应严为防范，以免乘隙逃逸，切勿瞻徇致干重究。切切。此令

院长：雷彬章

当事人甘玉金申辩书

当事人甘玉金，姓名、年龄、籍贯、地址均在卷。顷奉钧院（三六）年度诉字第二八二号离婚事件民事传票乙纸，饬于本（十二）月廿九日上午八时出庭辩诉等因，惟当事人在监守法，势难届时出庭辩论。该对造在玉金困厄之境，一再提出离诉，丧尽妇道，殊感痛疚，现既势难挽回，恳祈庭上届时依法秉公先行饬知对造，交还玉金存伊处之历年服务经历证件及衣服等对象（详细清单经由玉金于本年三月十八、四月十四、六月廿八、十月廿六等日申辩书先后由邮局双挂号寄送钧院，并有回执值日章可稽），然后断处离异。且当事人调役刑期已满，在明年二月间当可恢复自由，其时觅找工作，势需曩日之资历证件，请口加追回。无任翘企之至，是为至祷。

谨呈

重庆地方法院民庭

当事人：甘玉金谨呈

签到簿

重庆地方法院诉字第二八二号离婚案。

原告：周光华。

代理人：曾庆民律师到。

辩论终结，定一月三日上午八时宣判。

中华民国卅六年十二月廿九日

审问笔录

右列当事人因离婚案，经本院于中华民国卅六年十二月廿九日午后二时开民事法庭。出席职员如左。

审判长推事：王振常。

书记官：杨渠。

推事点呼右列当事人入庭，书记官朗读案由。

问：原告？

答：周光华，十九岁，住神仙洞一八九号。

问：告谁？

答：告甘玉金。

问：如何请求？

答：请求判决原告与被告离婚。

问：汝等何年结婚？

答：卅一年结婚。

问：有何理由。

答：被告为军人，因贪污受军法处刑，故请求如声明。

推事劝勉原告顾全感情，不要离婚。

原告以被告年龄太大，刑期久远，坚请判决离异。

问：被告？

答：甘玉金，四十一岁，安徽宿□，现押军监。

问：原告是汝妻吗？

答：是的。

问：何年结婚？

答：在卅一年于重庆么塘正式结婚。

问：原告要求离异，汝愿否？

问：离婚原告理由正大，是可以的，但原告在我失自由后将财物拿走，现在我将保外服役，不愿与原告离婚。

问：汝因何受刑？

答：因侵占公有物罪受有期徒刑十五年。

问：汝尚有何陈述？

答：我因供给原告生活，致犯贪污罪，现将出狱，不愿离婚。

问：汝要原告还汝东西吗？

答：如离婚即应还我。

推事告知，此仍反诉或另案范围，被告不得就此主张。

推事劝勉两造进行调解，原告坚请判决，调解不成立，开始辩论。

问：原告有何陈述？

答：请求依法判决离婚。

问：被告，汝愿否？

答：不承认离婚。

推事请原告代理人曾庆民律师陈述意见。

曾庆民律师起立陈述诉之声明，请求判令原告与被告离婚。查原告与被告于卅一年在重庆么塘正式结婚，被告为军械库库员，于卅四年因侵占公物罪，为军法执行总监部判处刑期十五年。依法有法定离婚原因，故提起离婚之诉，被告空口抗辩，不足采取。请求如原告声明之判决。

问：原告，被告判罪汝自时知悉？

答：卅五年十一、二月间，自卅六年三月起诉，未见及判决，仅听得监口人是已处刑了。

问：被告，汝受刑事处分有正式判决吗？

答：有的，未带来。

问：汝尚有陈述吗？

答：无。

问：原告有无陈述？

答：无。

推事谕知，本案辩论终结，定一月三日上午八时宣判。

右笔录当庭朗读无异。

中华民国卅六年十二月廿九日

（全衔）民一庭

书记官：杨渠

推事：王振常

重庆地方法院押票

姓名：甘玉金，男，住军监。

案由：向军监借提。

羁押理由：寄押。

状貌特征：

备考：

此送看守所长查照办理

押所收到日期：月　日　午　时　分

中华民国卅六年十二月廿九日上午八时〇分

发票人推事（印）　　持票人司法警察

重庆地方法院为解还人犯甘玉金并将借提印据带回给四川军人监狱函

利字第六八一八号

中华民国卅六年十二月廿九日下午四时

事由：为解还人犯甘玉金一名，希收借提印据检交由来警带院由。

查本院向贵监借提人犯甘玉金一名到院候审，案经辩论终结，相应解还，即祈查收并希将借提印据一纸检交来警带院为荷。此致

国防部军人监狱

计解还人犯甘玉金一名

院长：雷彬章

重庆地方法院为解还人犯甘玉金并将借提印据带回令

利字第六八一九号

中华民国卅六年十二月廿九日下午四时

事由：为仍着该员等将人犯甘玉金解还国防部四川军人监狱即将本院借提印据带回由。

令本院执达员吴道枢、司法警长田致和。

查前令该员等前往国防部四川军人监狱借提人犯甘玉金一名，业经审理终结，应即解还该监。仍着该员等押送返监，即将本院借提印据带回，沿途自应妥慎戒护，以免脱逃，致于罪戾。切切。此令

计交解人犯甘玉金一名

院长：雷彬章

国防部四川军人监狱收据

兹收到重庆地方法院送来还押人犯甘玉金等壹名，公函壹件。

经手人：陈光英（印）

中华民国三十六年十二月三十日

宣判笔录

原告：周光华。

被告：甘金玉。

右当事人间离婚事件，于中华民国卅七年一月三日上午八时在本院民事法庭公开宣判。出席职员如左。

推事：王振常。

书记官：杨渠。

点呼事件后，推事起立朗读判决主文，并口述判决理由之要领。

中华民国卅七年一月三日

重庆地方法院民事庭

书记官：杨渠

推事：王振常

四川重庆地方法院民事判决

三十六年度诉字第六二号

原告：周光华，住本市神仙洞一八九号。

右诉讼代理人：曾庆民，律师。

被告：甘玉金，住巴县屏都镇陆军监狱。

右当事人间因离婚事件，本院判决如主文。

主文

原告与被告准予离婚。

诉讼费用由被告负担。

事实

原告及其代理人声明请求判令原告与被告准予离婚，诉讼费用由被告负担。其陈述略称：原告与被告于卅一年废历九月十六日在渝么塘结婚，是时被告在军政部团山堡二十一号军械库任中尉库员，旋于三十三年六月调任泸县军政部军械第五总库上尉库员，殊被告不尽忠职守，意图贪污被解渝讯办，由前军法执行总监部讯明，判处有期徒刑十五年，拨监执行。自是之后，原告为生活所困，不得不另谋出路，是以诉请判决如声明，云云。被告声明请求驳回原告之诉。其陈述略称：被告与原告于民国三十一年秋间结婚，情感甚洽。被告于三十四年二月因案失去自由，〔由〕泸抵渝屏都镇军法总监部投案，经军法总监部判处有期徒刑十五年。被告因供给原告生活致犯贪污罪，原告请求离婚理由正大，固无不可，但原告在被告失自由后，将财物携去，被告现将出狱，不愿与原告离婚，云云。

理由

本件原告主张，其配偶即被告于民国三十四年因贪污案被军法执行总监部判处有期徒刑十五年，拨监执行后，即属生活穷困，此项事实不特原告言之确凿，质之被告亦谓非虚。则原告因被告被判处十五年之徒刑后，生活穷困，难甚久待，请求判决离婚，核与民法第一千零五十二条第十款之规定，尚属相符，应予照准，并依民事诉讼法第七十八条判决如主文。

中华民国三十七年一月三日

四川重庆地方法院民事第一庭

推事：王振常

如不服本判决，应于收受送达正本后二十日内向本院提出上诉书状。

本件证明与原本无异。

书记官：

中华民国三十　年　月　日

重庆地方法院民事送达证书

书状目录：民国三六年诉字第二八二号离婚案送达判决一件。

受送达人：原告周光华。

受送达人署名盖章，若不能署名盖章或拒绝者，应记明其事实：周光华印。

送达处所：神仙洞一八九号

送达日期：三十七年一月二十九日。

中华民国卅七年一月廿六日

重庆地方法院执达员：田光耀

［同年一月二七日甘玉金收到传票的送达证书略］

当事人甘玉金申辩书

具申请人书甘玉金，籍贯、住址在卷。前因奉钧院传票，嘱限四月十五日到庭矣讯周光华诉请离婚一案，经于本年三月十三日邮呈辩诉，并奉到钧院值日章收据，本□届时诣庭，听矣审讯，无如守法于兹，难期如愿，所有本案真相，前经辩诉详陈清听，惟仍有应行申请者，补呈如后。兹得友人罗君鸣皋函告，该周光华前曾在其家住居数月，所需伙食及在罗君母亲处借用币十余万元，与其戚杨云生借用数万元，并罗君亲手借币十万元，又罗君之口人登策手，二次用去五万五千元。谨特连同罗鸣皋原信一并附呈，伏乞钧院察核，俯准并予前呈辩诉书内各项，悉并勒令该周光华分别赔偿，先必履行债务，然后判予离异。否则如其若谓生活所关，须知该周光华为现在大红舞女，决不致于发生恐慌也。特再申请钧院做主，依法保障，俾追损失，而清款目，不腾叩祷待命之至，仍恳核予批示祗遵。

谨呈

重庆地方法院

附呈罗鸣皋原信一纸

申请人：甘玉金谨呈

甘玉金给曾庆民律师信

敬启者，顷接贵律师卅五年十二月十四大函：以据当事人周光华女士委称：略与玉金离婚一案，嘱查照赐复等由。正办理间，旋奉重庆地方法院卅六年度诉字第二八二号离婚案，限本年四月十五日上午八时到庭矣审等因前来，当以守法期间，不能按时到达，并将本案始终真相径向法院辩明，暨要求断令当事人周光华赔偿被告各种损失外，相应函复。查照为荷。

此致

大律师曾庆民先生

甘玉金启

三月十三日

重庆地方法院书记室公函

案查周光华与甘玉金离婚事件，业经本院依法判决送达在卷。兹据被告于法定期间内具状提起上诉到院，相应检齐卷证，函送贵室查收核办。

此致

四川高等法院第一分院书记室

计函送卷乙宗，申请书一件，裁定、送证各乙件，证五件，详证袋。收到证信笺七件，信封四个，律师信乙件，地院信乙件。

书记官：罗功永（印）

中华民国卅七年四月五日

甘玉金再诉申请书

申请再审人：甘玉金，现住土桥军监。

被申请再审人：周光华，原告。

原告诉讼代理人：曾庆民，律师。

事由：为不服原判申请再审，用资折服而维法权由。

窃申请人甘玉金以原告周光华诉请离婚一案，于本年元月廿七日获奉钧院卅六年度诉字第二八二号民事判决书，其主文载称："原告与被告准予离婚"等因（理由在案）。查申请人在本案言词辩论中既未经合法诉讼代理人辅助辩论，而仅凭原告代理强词夺理而遽令离婚，似难折服。爰依民诉法四九二条第三款及第六款之规定，提出再审之申请，兹并将其理由分陈于左：

（一）关于离婚部分：查民法第一零五二条第十款规定之请求权，系指他方犯有不名誉之罪名或受有期刑三年以上而自知悉未满一年者，方得有离婚之请求权，条文所载，孰能抹煞。况玉金虽已受法律之裁判，而该光华之生活并无影响之处，且事逾三载，自与该条款所载原意相背，依法应不得准予所请。纵予所请，则应将有利于被告或无利于被告者同时注意，始称公允，今计不及此，一味偏颇，仅据一面之申请而不详审其端末，遽然定谳，匪特难昭折服。而被告因离婚所受之损害，责将谁负？而判决书竟一字不提，法理焉在？此应请钧院准予再审者一也。

（二）关于损害部分：查玉金自三十三年十二月失去自由后，所有家庭应用器具及私有财物，概与周光华保管（除列有清单在案外，恕不再赘）。今彼去心既决，而所有一切私有财物即应依法令其交出，而不听其据应为已有，今既迭请友人与之说明，犹未履行，则乘人之危而侵占他人私有财物，实有犯刑法三百三十五条之罪之重大嫌疑。果尔变卖，亦应援民法一零五六条之规定，饬其赔偿，如该周光华狡谓因生活无着而变价维生，则前经呈案之各方借债凭据，足资证明其生活并无受迫之处，事实显然更无变卖他人私有财物之可能。尚且民法一零四七条载称"夫妻因家庭生活费用所负之债务，如夫无支付能力时，由妻负担"，况所有因家庭生活所负之债务，玉金并未与之负担，反将他人之私有财物侵据变卖，实属天良昧尽，法无可宥。且玉金历年任职之证明文件，悉存伊手，理应并请追还，否则贻害前途，良非浅鲜。是特伏请钧院准予再审，用维法益。

谨呈

重庆地方法院

再审申请人：甘玉金呈

批示：

查民事诉讼系采当事人进行主义，关于提起上诉或再审之诉及其它诉讼行为，原则上均应由当事人自由主张。本件声请人系向本院声请再审，本院自未便认为保准起上诉。

重庆地方法院民事裁定

三十六年度诉字第二八二号
上诉人：甘玉金，住士桥军监。

右上诉人与周光华因离婚事件，不服本院第一审判决，提起上诉，应缴裁判费国币二千元，未据缴纳，其上诉状亦未依民事诉讼法第四百三十八条表明上诉理由。兹限该上诉人于收受本裁定时起七日内向高渝分院如数补缴，如逾期尚未遵行，第二审法院即行驳回上诉。切勿违延自误。特此裁定。

中华民国三十七年三月四日
重庆地方法院民事第　庭。
推事：王振常代
本件证明与原本无异。

书记官（印）
中华民国三十七年　月　日

重庆地方法院民事送达证书

书状目录：民国三六年诉字第二八二号离婚案送达裁［定］乙件。
受送达人：上诉人甘玉金。
受送达人署名盖章，若不能署名盖章或拒绝者，应记明其事实：甘玉金。
送达日期：卅七年三月十七日。

中华民国三七年三月十六日
重庆地方法院执达员：罗仁里

甘玉金上诉申请书

申请上诉人：甘玉金，现住土桥军监。
被申请上诉人：周光华，原告。
原告诉讼代理人：曾庆民，律师。
事由：为不服原判申请上诉，用资折服而维法权由。

顷奉重庆地方法院三十六年度诉字第二八二号民事裁定："以右上诉人与周光华因离婚事件，不服本院第一审判决，提起上诉，应缴裁判费国币二千元，未据缴纳，其上诉状亦未依民事诉讼法第四百三十八条表明上诉理由。兹限该上诉人于收受本裁定时起七日内向高渝分院如数补缴。"等因，自应遵办，兹特检附上诉裁判费邮票二千元，恳祈钧院依法上诉。至上诉理由，前经具呈渝地院在卷。是为至祷。

谨呈

四川高等法院重庆分院

附邮票两千元暨裁定书乙份。

申请上诉人：甘玉金具呈

三月十九日

征费单

征费机关：四川高等法院重庆分院。

缴款人：甘玉金。

案号：　　年度　字第　号。

案由：与周光华离婚。

标的：□□□千六百元。

费别：裁判。

征费数目：国币二千元。

备注：

复核员：

收费员：（印）

中华民国卅七年三月廿三日

民事送达证书

[四川高等法院重庆分院民国三十七年上字第一三〇〇号与周光华离婚传票一件，五月十六日分别送达上诉人甘玉金和被申请上诉人周光华签收]

周光华关于诉讼代理人的民事委任书

委任人：周光华，女，二十，巴县人，住神仙洞街一八九号。

受任人：曾庆民，律师。

为委任诉讼代理人，缘甘玉金与委任人因离婚上诉一案，兹特委任曾庆民律师为诉讼代理人。谨状

四川高等法院重庆分院公鉴。

律师：曾庆民代撰

中华民国三十七年七月十四日

具状人：周光华

言词辩论笔录

上诉人：甘玉金。

被上诉人：周光华。

右当事人间因离异上诉事件，经本院于中华民国卅七年七月十四日上午八时在本院第六法庭公开言词辩论。出庭推事、书记官如左。

审判长推事：刘伯泉。

推事：林金和。

推事：彭昇。

书记官：刘旭。

点呼事件后，到场人如左。

上诉人：甘玉金。

被上诉人：周光华。

问：甘玉金，年、贯、住所、职业？

答：四十一岁，安徽人，现住南岸罗家坝菜市场一百八十号。

问：你们为什么事情？

答：因离异事件。

问：你上诉有什么理由？

答：我同被上诉人民国卅一年九月十六日在南岸结婚，对方生活毫无影响，不足离婚条件。

问：你犯的什么案？

答：贪污案。

问：判处多少年徒刑？

答：十五年，经减刑后保外服役，现已期满。

问：你愿意同周光华离婚否？

答：不愿意离婚。

问：你请怎样判？

答：请求废弃原判，驳回第一审之诉。

问：周光华，年、籍、住所？

答：卅岁，住重庆神仙洞街一百八十九号。

问：你同甘玉金为什么要离婚？

答：因上诉人犯贪污案被禁，我的生活异常困难，被迫作舞女，乃向上诉人离婚，现已同他人同居。

问：你现在还愿意同上诉人同居否？

答：不愿意。

问：不愿意的什么理由？

答：我已被迫作舞女，他平常对我的感情也不好，如现在仍然同居，将来更不堪痛苦。且上诉人因犯贪污案，被处有期徒刑十五年，如仍同居，亦更不名誉。

问：你请求怎样判？

答：请求驳回上诉，维持原判。

审判长命被上诉人代理人陈述弁［辩］论意旨。

曾庆民律师起称本案诉之声明，请求驳回上诉，维持原判，并判上诉人担负诉讼费用。

其上诉理由，上诉人因贪污被判处有期徒刑十五年，原判判决离异，于法并无不合，请求庭上如诉之声明而为之判决。

右笔录经朗读无讹。

审判长谕知，本案弁［辩］论终结，定于七月十九日上午十时宣判。

中华民国三十七年七月十四日

四川高等法院重庆分院民二庭

书记官：刘旭

审判长：刘伯泉

宣示判决笔录

上诉人：甘玉金。

被上诉人：周光华。

右当事人间因离异事件，经本院于中华民国卅七年七月十九日上午八时在本院第二法庭公开宣示判决。出庭推事、书记官如左。

审判长推事：刘伯泉。

推　事：林金和。

推　事：彭异。

书记官：刘旭。

点呼事件后到场当事人如左。均不到。

审判长起立朗读判决主文并告知理由。

中华民国卅七年七月十九日

四川高等法院重庆分院民事第二庭

书记官：刘旭

审判长：刘伯泉

四川高等法院重庆分院民事判决

三十七年度上字第一三〇号

上诉人：甘玉金，住重庆市南岸罗家坝菜市场一百八十号。

被上诉人：周光华，住重庆市神仙洞街八十九号。

诉讼代理人：曾庆民，律师。

右当事人因请求离婚事件，上诉人对于中华民国三十七年一月三日四川重庆地方法院第一审判决提起上诉，本院判决如左。

主文

上诉驳回；第二审诉讼费用由上诉人负担。

事实

上诉人声明请求废业原判决，另为驳回被上诉人在第一审法院［之］判决。被上诉人及其诉讼代理人声明请求维持原判决。两造事实上之陈述与第一审判决书所记载之事实同，兹引用之。

理由

本件上诉人于民国三十四年因犯渎职罪被军法执行总监部判处有期徒刑十五年，确定执行在案，为不争之事实。按民法第一千零五十二条第十款规定，夫妻之一方以他方被处三年以上之徒刑者，得向法院请求离婚。被上诉人以上诉人被军法执行总监部判处十五年之徒刑，生活无着，据此请求离婚，原判决予以准许，于法尚无不合，上诉论旨非有理由。

据上论结，本件上诉为无理由，合依民事诉讼法第四百四十六条第一项、第七十八条判决如主文。

中华民国三十七年七月十九日

四川高等法院重庆分院民事第二庭

审判长推事：刘伯泉。

推事：林金和。

推事：彭异。

如不服本判决，应于收受送达证本后二十日内向本院提出上诉书状。

本件证明与原本无异。

书记官：杨旭（印）

中华民国三十　　年　　月　　日

证明

查本保十九甲居民甘玉金现已迁出他往。特此证明。

此证

重庆市第十二区第六保办公室。

四月十二日

送达证书

送达法院：四川高等法院重庆分院。

应送达之文书：民国三十八年上字第一三〇号请求离婚判决正本乙件。

应受送达人：甘玉金。

受送达人署名盖印，若不能或拒绝署名盖印送达人，应记明其事实：

送达日期：　年　月　日。

中华民国三十八年四月二日

送达人：李朝勋

［中华民国卅八年四月十四日周光华收到判决的送达证书略］

法警李朝勋关于甘玉金上诉案法庭判决书送达情况报告

具报告事，曾奉钧庭判决贰件，警遵即前往，除周光华依法收填证外，惟甘玉金住南岸罗家坝菜市场一百八十号，警至该处清询其人，该号声称此人已迁出他往，不知去向，复往保办公处询问，以同情之声称，当时办公处出据证明，是实。是以送达情形，理合报请鉴核示遵。

谨呈

民庭推事钧鉴

法警：李朝勋呈

民国卅八年四月十六日

四川高等法院重庆分院布告

查甘玉金与周光华因离婚事件，业经判决，惟该上诉人住址不明，应行收受之判决正本，无法送达。合依民事诉讼法第一百四十九条第三项规定，特为公示送达。自公布之翌日起廿日内即发生效力。

此告

中华民国三十八年四月二十六日

附判决正本一件。

院长：

64. 王道秀诉卢明孝要求解除婚约案

原告王道秀民事诉状

原告：王道秀，二十一，合川人，〔代收文件处〕本市小龙坎豫丰纱厂产业公会王华英转。

被告：卢明孝，合川人，〔代收文件处〕本市棉絮街十一号下面张少清木匠转。

为诉请解除婚约事件，谨陈声明及事实理由如下：

诉之声明

（一）判令原告经父母代办与被告订立之婚约解除。（二）诉讼费用由被告负担。

事实及理由

缘原告与被告系属姨表关系，于民国二十五年（仅十岁时）经双方父母代办订立婚约。殊二十七年被告之母因病死亡，斯时原告仅十二岁，依乡间旧习过门吊孝，即住被告家中。旋因被告之父续娶之后，后母不贤，该母子两人对于原告备极虐待，因饥寒难当，迫使原告出外谋生，在合川、重庆两地纱厂作工，已逾五载，毫未回家，始终并未正式举行结婚仪式。按婚约不得强迫履行，民法第九百七十五条着有明文，况原告与被告订婚之时双方均未满订婚年龄，毫无认识能力，纯由父母代为包办，是此项未得本人同意之婚约，于法根本无效，应予解除毫无疑问。谨缴费起诉，敬请如声明之判决。

谨呈

重庆地方法院民庭公鉴。

中华民国卅六年三月五日

具状人：王道秀（押）

胡文律师代缮

缴款单

〔重庆地方法院征缴王道秀解除婚约裁判费一千元，略。〕

王道秀关于诉讼代理人的委任书

状心编号字一九六一号

委任人：王道秀。

受委任人：胡文，律师。

为与卢明孝因诉请解除婚约事件，特委任胡文律师为诉讼代理人。

谨呈

重庆地方法院公鉴。

中华民国卅六年三月五日

具状人：王道秀

送达证书

书状目录：民国三六年诉字第三〇一号解除婚约案传票一件。

受送达人：原告王道秀。

受送达人署名盖章，若不能署名盖章或拒绝者，应记明其事实：王道秀（手印押）。

非交付受送达人之送达应记明其事实：

送达处所：小龙坎豫丰纱厂王华英二六一二工号。

送达日期：三十六年三月十七日。

中华民国三十六年三月十三日

重庆地方法院执达员：施光华

　[同年三月十七日胡文律师签收传票的送达证书、三月二十二日被卢明孝拒绝签收传票后留置送达的送达证书略]

审理笔录

原告：王道秀。

被告：卢明孝，未到。

前列当事人因解除婚约案，经本院于中华民国卅六年四月十五日午前时，开民事法庭。出席职员如下。

审判长推事：罗达尊。

书记官：陈华。

点呼前列当事人入庭，书记官朗读案由。

问：王道秀，年［龄］、籍［贯］等项？

答：廿一岁，住小龙坎豫丰纱厂。

问：你告卢明孝解除婚约吗？

答：是的。

问：你和他何时订的婚？

答：民国廿五年由双方父母主张订的婚，是时我才十岁，他才十五岁。

问：结婚否？

答：没有结婚。廿七年因为被告母亲害病死了，接我过门吊孝，后因被告之父续娶，晚母虐待不堪，所以我离家庭在外求生活。

问：如何请求？

答：我的婚姻非本人意思，请求解除婚约。

前笔录当庭朗读无异。

推事谕，本案后再传。

中华民国卅六年四月十五日

重庆市地方法院民一庭

书记官：陈华

推事：罗达尊

送达证书

［民国三六年诉字第三〇一号解除婚约案送达传［票］一件，四月二十五日分别送达原告王道秀和被告卢明孝签收］

庭审笔录

原告：王道秀。

代理人：胡文。

被告：卢明孝。

当事人因解除婚约案，经本院于中华民国卅六年五月九日午前九时开民事六庭。出席职员如下。

审判长推事：罗达尊。

书记官：夏家琳。

点呼前列当事人入庭，书记官朗读案由。

问：王道秀，年［龄］、住［址］？

答：二十一岁，住豫丰纱厂。

问：卢明孝，年［龄］、住［址］？

答：二十二岁，住棉絮［街］十一号。

问：王道秀，你告被告做啥？

答：解除婚约。

问：你与被告订婚好久？哪年到他家，哪年出［来进］厂？

答：二十九［五］年订婚，二十七年到他家，三十年出［来进］厂。

问：你过门吊孝，与他同居没有？又拜堂没有？

答：没有同居，也未拜堂。

问：你为何与他离婚？

答：他骂我、打我。

问：卢明孝，你好久与王道秀订婚的？

答：二十六年订婚，二十六年腊月拜堂的。

问：原告他说与你没有婚姻关［系］，现在你与他解除可以吗？

答：不可以。

问：王道秀，他说与你拜堂的呀！

答：没有。

问：现在你转去可以吗？

答：不可以。

推事谕知，请原告代理人胡律师陈述本案意见。

胡文律师起称：关于原告请求解除婚约一案，如状：（一）诉之声明。（二）事实及理由。

推事谕知，此庭审终结退庭。

中华民国三十六年

四川重庆地方法院民五庭

书记官：夏家琳

庭审笔录

原告：王道秀。

代理人：胡文，律师。

当事人因解除婚约案，经本院于中华民国卅六年六月九日午前时开民事法庭。出席职员如下：

审判长推事：罗达尊。

书记官：贺守慎。

点呼前列当事人入庭，书记官朗读案由。

问：王道秀，年［龄］、住［址］？

答：廿，住小龙坎豫丰纱厂。

问：告谁？

答：告卢明孝。

问：诉之声明？

答：请判令原告经父母代办与被告所订立之婚约解除，诉讼费用由被告负担。

问：事实理由？

答：与起诉状同。

请原告代理人陈述。

胡文律师起称：原告与被告本系姨表关系，原告在未成年前，经父母一手包办之婚姻，经原告成年后，诉请解除自为合法，故请如原告之请求而为判决。

问：被告未到，如何请求？

答：请求一造辩论判决。

本笔录当庭朗读无异。

推事谕知，辩论终结，定本月十三日宣判。退庭。

中华民国卅六年六月九日

（全衔）民庭

书记官：贺守慎

推事：罗达尊

宣判笔录

原告：王道秀。

代理人：胡文，律师。

被告：六［卢］明孝。

前列当事人间解除婚约事件，于中华民国卅六年六月十三日上午十时，在本院民事法庭公开宣判。出席职员如下：

推事：罗达尊。

书记官：贺守慎。

点呼事件后，所呼两造均未到。推事起立朗读判决主文。

中华民国卅六年六月十三日

重庆地方法院民事庭

书记官：贺守慎

推事：罗达尊

民事判决

三十六年度诉字第三〇一号

原告：王道秀，住小龙坎豫丰纱厂。

诉讼代理人：胡文，律师。

被告：卢明孝，住棉絮街十一号。

当事人间，因解除婚约事件，本院判决如下：

主文

两造间之婚约准予解除。

诉讼费用由被告负担。

事实

原告及其代理人声明，求为如主文所示之判决。其陈述略称：原告于民国二十五年（仅十岁）与被告之成立婚约，纯系由双方家长包办，依法不生法律上之效力，经请求解除婚约未果，迫乃起诉。被告受合法传唤无故不到，并请准予一造辩论判决云云。

被告于前次审理时答辩略称：二十六年订婚，二十六年拜过堂的，不愿解除云云。

理由

查被告经传唤，而无民事诉讼法第三百八十六条所列情形之一而不到场，原告声请由其一造辩论判决，应予准许，合先说明。

次查法律行为违反强制或禁止之规定者无效，及男未满十七岁、女未满十五岁者，不得订立婚约，为民法第七十一条、第九百七十三条着有明文。相件两造订立之婚约，查订立时均未到法定订婚年龄，依照首开法条规定，自不发生法律上之效力，从而原告之诉即为有理。

据上论结，原告之诉为有理由，应予准许，并依民事诉讼法第三百八十五条第一项、第七十八条判决如主文。

中华民国三十六年六月十三日

四川重庆地方法院民事第一庭

推事：罗达尊

如不服本判决，应于收受送达后二十日内，向本院提出上诉书状。

重庆地方法院民事送达证书

［民国卅六年诉字第三〇一号解除婚约案判决一件，六月廿一日分别送达原告王道秀和被告卢明孝签收］

重庆地方法院书记室公函

中华民国卅六年八月初六日收到（印章）

案查王道秀与卢明孝解除婚约一案，业经本院依法判决，送达在卷。兹据被告卢明孝于法定期间内具状提起上诉到院，相应检齐卷证函送贵室查收核办。此致

四川高等法院第一分院书记室

计函送卷一宗、裁定乙件、送达回证二件、上诉状乙件。

书记官：（印章）

中华民国卅六年八月五日

四川高等法院第一分院书记室公函

民明字第五五五八号

中华民国三十七年四月卅日

查本院受理三十六年度上字第二五五五号卢明孝与王道秀为确认婚约无效事件，业经判决确定，相应检同卷宗等件函送。即请查收为荷！

此致

重庆地方法院书记室

计送本院卷乙宗、原审卷乙宗、证物无。

书记官：（印章）

上诉人卢明孝民事声明书

上诉人：卢明孝，住棉絮街十一号。

被上诉人：王道秀，住小龙坎豫丰纱厂。

为不服判决，声明上诉，恳请检卷申送上级法院，以凭另为适法判决事。

窃声明人与王道秀前为解除婚约事件，业蒙钧院三十六年度诉字第三〇一号判决，主文栏载"两造间之婚约准予解除，讼费由被告负担"等判。查本件初审时，民未将证据携带，证人未齐，第二次未蒙审理竟行判决，反谓民未受合法传唤而予一造辩论判决，再按本件虽由双方父母订立，但已获本人同意，何有包办之理？似此偏判，难甘折服，谨于法定期日内声明上诉，状恳钧院鉴核，俯予将本案全卷申送上级法院，以凭另为适法判决，沾感。

谨状

证人：添传张绍卿、张绍荣、卢荣山。

证物：红庚（审呈）

重庆市地方法院民庭公鉴。

中华民国三十六年六月二十五日

具状人：卢明孝（押）

缴款单

［重庆地方法院征缴卢明孝解除婚约裁判费国币六百圆；略。］

重庆地方法院民事裁定

三十六年度　字第三〇一号。

上诉人：卢明孝，住棉絮街十一号。

上诉人与王道秀因解除婚约事件，不服本院第一审判决，提起上诉，应缴裁判费国币一五〇〇元。未据缴纳，其上诉状亦未依民事诉讼法第四百三十八条表明上诉理由，兹限该上诉人于收受本裁定时起五日内向本院如数补缴。如逾期尚未遵行，第二审法院即行驳回上诉，切勿违延自误。特此裁定。

中华民国三十六年六月三十日

重庆地方法院民事第一庭

推事：吴蜀想

本件证明与原本无异。

书记官：（印章）

中华民国三十六年七月九日

送达证书

［民国三六年诉字第三〇一号解除婚约案裁定一件，分别送达上诉人卢明孝和被上诉人王道秀签收］

四川高等法院第一分院通知

四川高等法院第一分院民事第一庭受理卅六年度上字第二五五五号，卢明孝与王道秀解除婚约上诉事件，指定本年十月十七日上午八时为言词辩论期日，应行传唤及通知诉讼关系人如下：

上诉人：卢明孝，住本市棉絮街十一号。

证人：张绍卿、张绍荣、卢荣山。

被上诉人：王道秀，住小龙坎豫丰纱厂。

主任推事［王继］纯八月廿八日填送

审判长：　　月　　日午核交

书记官：　　月　　日办讫

法警黎永茂关于卢明孝之送达证书未曾送达报告

具报告事，为卢明孝等因解除婚约上诉一案，曾奉钧院传票，遵即往送，除王道秀送获外，惟卢明孝，据棉絮街十一号该管甲长傅树清向称，住户卢明孝早已迁移，尚有证明（随呈）。复往白子巷三号清询，据其住户答云卢明孝乃系木匠工人，在此佣工早已离去等语。以致本案证人无法送达，理合报请钧院鉴核。此呈

民庭公鉴。

证明

兹证明，查本保棉絮街第十一号住户居民卢明孝等，并无其人。特此证明属实。谨呈

四川高等法院第一分院民庭公鉴。

重庆市第四区第廿八保第十三甲长：傅树清（印）

三六年九月十二日

送达证书

应送达之文书：民国卅六年上字第二五五五号与卢明孝解除婚约传票乙件。

应受送达人：王道秀。

受送达人署名盖印，若不能或拒绝署名盖印送达人，应记明其事由：王道秀（押）。

送达日期：三十六年九月十五日下午五时。

中华民国三十六年八月　　日

送达人：黎永茂

民事当事人传票

民国卅六年上字第二五五五号与王道秀解除婚约上诉事件。

当事人姓名：卢明孝。

住所或居所：本市棉絮街十一号、白子巷三号。

被传事由：言词辩论。

应到日期：民国三十六年十月十七日上午八时。

应到处所：重庆林森路五九〇号本院民庭。

　　当事人不到场之法定效果：民事诉讼法第二百七十三条当事人之一造于准备程序之期日不到场者，应对于到场之一造行准备程序，受命推事不得终结准备程序。

　　民事诉讼法第三百八十五条第一项言词辩论期日，当事人之一造不到场者，得依到场当事人之声请由其一造辩论而为判决，不到场之当事人经再传而仍不到场者，并得依职权由一造辩论而为判决。

　　民事诉讼法第一百九十一条当事人违延迟误言词辩论期日者，除别有规定外，视为休止诉讼程序。

书记官：黄光禧

送达人：黎永茂

中华民国三十六年八月　日

送 达 证 书

　　应送达之文书：民国卅六年上字第二五五五号与王道秀解除婚约传票乙件。

　　应受送达人：卢明孝

中华民国三十六年八月　日

送达人：黎永茂

民事证人传票

　　民国卅六年度上字第二五五五号卢明孝、王道秀解除婚约事件。

　　证人姓名：张绍卿。

　　住所或居所：上诉人指传。

　　讯问事项：作证。

　　应到日期：民国三十六年十月十七日上午八时。

　　应到处所：（重庆）　　本院第　　法庭

　　注意：一、证人受合法之传唤无正当理由而不到场者，法院得以裁定，科五十元以下之罚款。二、证人已受前项裁定，仍不遵行到场者，得再科一百元以下之罚款，并得拘提之。三、证人得请求法定之日费及旅费。

书记官：黄光禧

中华民国三十六年八月　日

［张绍荣签收的送达传票、卢荣山签收的送达传票略］

被上诉人王道秀民事答辩状

被上诉人：王道秀，本市人，住小龙坎豫丰纱厂，乙班摇纱，工号二五八八号。

上诉人：卢明孝，本市人，住棉絮街第十一号。

为与卢明孝因请求解除婚约事件被上诉一案，谨具答辩于后：

窃被上诉人于民国二十五年，年仅十岁与上诉人之成立婚约，系由双方家长包办，未经被上诉人同意，迭凭向其请求解除婚约，始终未果，迫向第一审起诉。该上诉人初讯时到庭供谓，二十六年订婚，二十六年拜过堂的，不愿解除等语，实属荒谬。查其当时年龄十一，与被上诉人年亦十岁，均未达订婚年龄，何能拜堂结婚？于情、于理、于法均不允许。曾经原审研讯明晰，依法判决甚属公平。该上诉人希图拖累上诉，实无理由。为此答辩，状恳钧院鉴核，准予将上诉人之无理上诉驳回，维持原判，令其负担诉讼费用，无任沾感。

谨呈

四川高等法院第一分院民庭公鉴。

中华民国三十六年十月四日

具状人：王道秀（押）

［副本：内容同正本，略］

四川高等法院第一分院收款通知书

费别：

案由：答弁［辩］

缴款人姓名：王道秀

计法币：一千六百元

出纳书记官：（印）

中华民国卅六年十月四日

言词辩论笔录

上诉人：卢明孝。

被上诉人：王道秀。

前列当事人间，因解除婚约上诉事件，经本院于中华民国卅六年十月十七日上午十时在本院第五法庭公开言词辩论，出庭推事、书记官如下：

推事：王继纯。

书记官：黄光禧。

点呼事件后，到场人如下：王道秀。

问：你请求如何判决？

答：请求照原判。

问：你们是何时订婚的？

答：民国廿五年订婚，廿七接去与他母亲冲喜，路上人已病。

问：你过门□成婚没有？

答：订婚才十岁，过门才十二岁，□□才廿岁，我过去并未成婚。

问：你与他同过屋否？

答：过门后未同过屋。

问：卢明孝现有好大年岁？

答：现在卢明孝有二五岁，当订□□十四岁。

问：你是何时离开他家庭？

答：卅年离开他家庭。

问：上诉人住址不明，传票无从送达，你请求公示送达否？

答：声请公示送达。

推事论俟定期再讯，闭庭。

中华民国卅六年十月十七日

四川高一分院民一庭

书记官：黄光禧

推事：王继纯

四川高等法院第一分院民事送达证书

应送达之文书：民国卅六年上字第二五五五号与王道秀解除婚约传票乙件。

应受送达人：卢明孝

中华民国三十六年十一月　日

送达人：

四川高等法院第一分院布告

庭长：李华之（印）。

推事：［王继］纯。

主任书记官：黄光禧（印）。

四川高等法院第一分院布告稿

查本院受理卅六年上字第二五五五号，卢明孝与王道秀因解除婚约上诉事件，查上诉人住址不明，传票无从送达，经被上诉人王道秀声请公示送达。兹定卅七年一月十九日审理，今依民事诉讼[法]第一百四十九条第一项第一款予以公示送达，□该受送达人遵即来院提□，勿得延误为□。此告

该公文送达传票一件。

[民国三十六年十一月二十五日王道秀签收传票的送达证书略]

言词辩论笔录

上诉人：卢明孝。

被上诉人：王道秀。

前列当事人间，因解除婚约上诉事件，经本院于中华民国卅七年一月十九日下午三时在本院第四法庭公开言词辩论，出庭推事、书记官如下：

审判长推事：李泽之。

推事：王继纯。

推事：王文纲。

书记官：黄光禧。

点呼事件后到场人如下：王道秀。

问：你与卢明孝订过婚没有？

答：廿五年订婚。

问：你今年好大年岁？

答：今年廿一岁了。

问：你们拜堂没有？

答：未拜堂，他母亲廿七年去世，吊过孝，在娘屋时多在他家住过几日，我出来即未回去了。

问：你为何到卢家去的？

答：我去冲喜，在半途[他]母亲即死了。

问：你去住了好久？

答：我去住了几月。

问：卢明孝今年有好大年岁？

答：卢明孝今年有廿五岁了。

问：你如何□三十年才离开他家庭呢？

答：三十一年才离开□的。

问：你与卢明孝同屋过没有？

答：未同他同屋过。

问：上诉人不到，你请求解决否？

答：上诉人不到，请求一造辩论判决。

问：你请求如何判决？

答：请求驳回上诉，照原判。

审判长谕知，辩论终结，定期一月廿四日宣判。闭庭。

中华民国卅七年一月十九日

四川高等法院重庆分院民一庭

书记官：黄光禧

审判长：李泽之

宣示判决笔录

上诉人：卢明孝。

被上诉人：王道秀。

当事人间因解除婚约事件，经本院于中华民国卅七年一月廿四日上午十时在本院第四法庭公开宣示判决，出庭推事、书记官如下：

审判长推事：李泽之。

推事：王继纯。

推事：王文纲。

书记官：黄光禧。

点呼事件后，到场当事人如下：两造均不到。

审判长起立朗读判决主文。

中华民国卅七年一月廿四日

四川高等法院重庆分院民事第一庭

书记官：黄光禧

审判长：李泽之

四川高等法院重庆分院民事判决

民国三十六年度上字第二五五五号

上诉人：卢明孝，原住重庆棉絮街十一号。

被上诉人：王道秀，住重庆小龙坎豫丰纱厂。

当事人间，请求确认婚约无效事件，上诉人对于中华民国三十六年六月十三日四川重庆地方法院第一审判决提起上诉，本院判决如下：

主文

原判决关于准许两造间之婚约解除部分废弃。

确认两造间订立之婚约无效。第二审诉讼费用由上诉人负担。

事实

上诉人于言词辩论期日未到场，据其书状声明请求废弃原判决、另为适法之判决，被上诉人声明请求驳回上诉人之上诉，并声请一造辩论判决，其余应记载之事实与第一审判决书所载者同，兹引用之。

理由

本件上诉人受适法传唤，未于言词辩论期日未到场；被上诉人声请，由其一造辩论而为判决，依民事诉讼法第三百八十五条第一项规定，委属可许。次查上诉人（男）于民国二十六年与被上诉人（女）订立婚约，是时年仅十四岁，为上诉人在原审所自认，而其主张曾于二十六年腊月间与被上诉人举行婚礼一节，经被上诉人否认后，未据提供佐证，即难采信。上诉人之是项婚约，既系未满十七岁时所订立，而其订立又为家长之意思，依法自属无效。被上诉人于起诉时，虽以解除婚约为其应受判决事项之声明，而其真意实在基于该项无效之婚约，而求确认其效力不存在，原审认其请求为有理由固无不合，惟判决用语仍取用当事人之声明，自有未当。上诉人声明予以废弃改判，不能谓无理由。

据上论结，本件上诉为有理由，应依民事诉讼法第四百四十七条、第七十八条判决如主文。

中华民国三十七年　月　日

四川高等法院重庆分院民事第一庭

审判长推事：李泽之

推事：王文纲

推事：王继纯

对于本判决如有不服，得于送达正本后二十日内向最高法院提起上诉，上诉状应向本院提出。

本件证明与原本无异。

书记官：黄光禧

中华民国三十年　月　日

送达证书

送达法院：四川高等法院重庆分院。

应送达之文书：民国卅六年上字第二五五五号与卢明孝确认婚约判决乙件。

应受送达人：王道秀。

受送达人署名盖印，若不能或拒绝署名盖印送达人，应记明其事由：王道秀（押）。

送达日期：卅七年二月十七日上午十二时

中华民国三十七年二月　日

送达人：陈青云

陈青云关于判决书无法送达上诉人卢明孝的报告

为报告事，奉钧院派送卢明孝上诉王道秀因确认婚约无效一案判决二件，除王道秀照收判决外，又往重庆棉絮街十号送上诉人卢明孝判决，因其回合川原籍，无人收受。隔壁十一号张少清木匠口称：不知卢明孝合川详细住址，不能代其收受等语，并经该管保长李沛霖具

条证明，理合具报核示。谨呈

审判长公鉴。

附原判决一件、送证二件、证明条一纸。

执达员：陈青云（印）

中华民国三十七年二月十九日

证明

兹证明本保棉絮街门牌十号住户居民卢明孝早已迁移，不知去向。特此证明是实。

四川高等法院重庆分院。

重庆市四区廿八保保长：李沛霖（印）

中华民国卅七年二月十八日

四川高等法院重庆分院布告

三十七年诉字第一五五号

庭长：李华之。

推事：王继纯代。

主任书记官：黄光禧。

中华民国三十七年二月廿一日印发。

查本院受理卅六年上字第二五五五号，卢明孝与王道秀因解除婚约上诉事件，查该上诉人住址不明，前经本院公示送达传票在卷，兹有送达该上诉人之判决书，仍然无从送达，今依民事诉讼法第一百四十九条第三项予以公示送达，并将该项判决，暂由本院书记官保存，该应受送达人得随时来院领取为□，切切。

此告

65.余胡氏诉刘治林要求撤销婚姻案

民事起诉状

原告：余胡氏，女，四十四岁，合川人，住小龙坎正街树人中学对门集成茶社内（罗君臣代收文件），居家。

被告：刘治林，男，年龄、籍贯、职业不详，住本市铜鼓台八号附二号。

为撤销婚姻无效事件诉恳传案法判事，谨诉之声明及事实理由分陈于后：

（甲）诉之声明：

请求判令被告于民国卅七年正月十二日与唐太芳缔结婚姻关系撤销之。

（乙）事实及理由：

缘氏命不展，发夫早亡，再醮余姓前配所生一女唐太芳，随外婆及二胞兄唐有臣生存，现年十五岁，尚未达到结婚年龄，竟有刘治林串通房族唐海云于上年腊月十八日嘱太芬到唐海云家玩耍打毛线，旋于卅七年正月十二日竟以滑竿估抬太芬到其家中，临时安媒估逼成婚，径至本年古历二月间，被告同来氏家，方知结婚，复将太芬喊回氏家，提起本诉。查民法九百九十条（结婚违反九百八十一条之规定者，法定代理人得向法院请求撤销之，但自悉其事实之日起，已逾六个月，或结婚后已逾一年，或已怀胎者，不得请求撤回。）查唐太芬现年十五岁，氏系生母，自应为其法定代理人，又系本年二月间方知被告有结婚事实，迄今尚未逾六月，核与上开法合相符，自可依法诉请撤销，且被告间结婚时并未公开，正式以花轿或新式举行结婚典礼，依据民法九百八十八条第一项规定亦应无效。为此，请求如声明之判决！

谨状

重庆地方法院民庭公鉴。

中华民国卅七年八月廿五日

具状人：余胡氏　押

缴款单

征款机关：重庆实验地方法院。

缴款人：余胡氏。

案号：三七年度诉字第一一六一号。

案由：婚姻无效。

征费数目：贰拾陆万圆。

复核员：

收费员：

中华民国卅七年八月廿五日

民事案件审理单

案定于本年九月廿四日上午十一时审理，应行通知及提传人如左。

应传：两造，证人唐有臣（原告自邀），唐海云（被告自邀）；送副状。

推事：（印章）

八月廿七日上午发交

书记官：　月　日办讫

送达证书

书状目录：民国三十七年诉字第一四一八号撤销婚姻终止租约案送达传票、副状各一件。

受送达人：被告刘治林。

应送达人署名盖印，若不能或拒绝署名盖印送达人，应记明其事实：刘治林不在家，由其同居之弟代收。非交付应受送达之人送达人应记明其事由：弟刘智勇押。

送达日期：卅七年九月二十二日

中华民国卅七年九月二日

重庆地方法院执达员：周光程

［同年九月三日于胡氏签收传票的送达证书］

民事言词辩论笔录

原告：唐胡氏。

被告：刘治林。

右当事人因撤销婚姻案，经本院于中华民国卅七年九月廿四日午前十一时开民事法庭，出庭职员如左。

审判长推事：刘仁宗。

书记官：冉惠敏。

点呼右列当事人入庭，书记官朗读案由。

问：唐胡氏，年龄、籍贯？

答：四十四岁，住小龙坎。

问：告被告请求如何？

答：如诉之声明。

问：你为何要撤销被告的婚姻？

答：唐太芬是我的女儿，今年十五岁，他们结婚我不知道，是她的叔父唐有臣做的主。

| 879 |

问：刘治林，年龄、籍贯？

答：卅二岁，住和平路十一号。

问：唐太芬是唐胡氏的女儿吗？

答：是的，唐胡氏改了嫁，唐太芬住在唐有臣家里，今年一月十二日结的婚，去年二月十六日订的婚。

问：唐太芬多少岁？

答：十五岁。

问：（唐胡氏），你是何时改嫁的？

答：廿五年改嫁的。

问：唐太芬住何处，由谁照管？

答：住在她二叔家十多年了。

问：唐有臣，年龄、籍贯？

答：四十五岁。

问：唐太芬是你谁？

答：我的侄女，抱给我的，她在我家住。

问：婚姻是你做的主吗？

答：她自己做的主。

原告代理人陈述意见：唐胡氏虽已改嫁，对其女仍为法定代理人之身份，请判令如诉之声明。

问：（刘）你愿意与唐太芬脱离夫妇关系吗？

答：不愿意。

谕知：本案辩论终结，定本月卅日宣判。

右笔录朗读无异。

中华民国卅七年九月廿四日

重庆地方法院民一庭

书记官：冉惠敏

推事：刘仁宗

民事委状

委任人：余胡氏即唐胡氏，女，年龄、籍贯、住址、职业在卷。
受委任人：尹康民，律师（印章）。

为与刘治林撤销婚姻事件，委任诉讼代理人事。兹委任尹康民律师为本案诉讼代理人，依法代理。谨状

重庆地方法院民庭公鉴。

中华民国三十七年九月二十四日

具状人：唐胡氏

尹康民律师（印章）代缮

宣判笔录

原告：唐胡氏。

被告：刘治林。

右当事人间撤销婚姻事件，于中华民国卅七年九月卅日上午九时在本院民事法庭公开宣判，出庭职员如左。

推事：刘仁定。

书记官：冉惠敏。

点呼事件后，推事起立朗读判决主文，并口述判决理由之要领。

中华民国卅七年九月卅日

重庆地方法院民事庭

书记官：冉惠敏

推事：刘仁宗

四川重庆地方法院民事判决

原告：余胡氏，住小龙坎正街集成茶社。

诉讼代理人：尹康民，律师。

被告：刘治林，住本市铜鼓台八号附二号。

右列当事人间因撤销婚姻事件，本院判决如左。

主文

原告之诉驳回；诉讼费用由原告负担。

事实

原告声明，请求判令撤销被告于民国卅七年正月十二日与唐太芬所缔结之结婚契约。其陈述略称，唐太芬乃原告之女，今年仅十五岁，与被告结婚乃太芬之叔父唐有臣做主，原告不知悉，为此起诉，应请判决如声明。云云。

被告答辩略称，唐太芬年已十七岁，原告早已改嫁，太芬住唐有臣家，去年二月十六日订婚，今年一月十二日结婚。云云。

理由

按由夫或妻起诉者，以其配偶为被告；由第三人起诉者，以夫妻为共同被告。但其撤销婚姻之诉，其夫或妻死亡者，得以生存者为被告，民事诉讼法第五百六十五条定有明文。本件原告诉请撤销其女唐太芬与被告之婚姻关系，仅以刘治林为被告，当事人适格已有欠缺，则其请求显非有理。

据上论结，原告之诉为无理由，应予驳回，爰依民事诉讼法第七十八条判决如主文。

中华民国卅七年十月四日

四川重庆地方法院民事庭

推事：刘仁宗（印章）

送达证书

〔民国卅七年诉字第一四一八号撤销婚姻案判决乙件，十一月六日分别送达原告余胡氏和被告刘治林签收〕

重庆地方法院书记室公函

享字八六四号

案查余胡氏与刘治霖撤销婚姻事件，业经本院依法判决送达在卷，兹据余胡氏于法定期间内具状提起上诉到院，相应检齐卷证，函送贵室查收核办。此致

四川高等法院重庆分院书记室。

计函送卷乙宗，上诉状、判决、裁定、回证各一件。

书记官：

中华民国卅七年十二月十七日

上诉声请状

上诉人：余胡氏，女，四十四岁，籍贯等项在卷，送达代收人：中正路一一三号余海洲代收转交。

被告：刘治林，男，年龄等项在卷。

为不服判决声明上诉事：窃氏与刘治林因撤销婚姻无效案件，昨奉钧院卅七年十月四日民事判决，殊难甘服，仅于法定期间内声明上诉，伏乞俯予检卷申送上级审法院，更为适法判，以资救济。

谨状

重庆地方法院民庭公鉴。

中华民国三十七年十一月十八日

具状人：余胡氏

重庆市地方法院民事裁定

三十七年度诉字一一四八号

上诉人：余胡氏，住小龙坎树人中学对门集成茶社。

右上诉人刘治林因撤销婚姻事件，不服本院第一审判决提起上诉，应缴裁判费国币三十九万元，未据缴纳，其上诉状亦未依民事诉讼法第四百三十八条表明上诉理由，兹限该上诉人于受收本裁定时起七日内，向四川高等法院重庆分院如数补缴，如逾期尚未遵行，第二审法院即行驳回上诉，切勿违延自误，特此裁定。

中华民国三十七年十一月廿三日

重庆地方法院民事第一庭

推事：刘仁宗

本件证明与原本无异。

书记官：

中华民国三十七年十一月　日

重庆地方法院送达证书

书状目录：民国三七年诉字第一四一八号撤销婚姻终止租约案送达裁定一件。

受送达人：余胡氏。

应送达人署名盖印，若不能或拒绝署名盖印送达人，应记明其事实：余胡氏未在家，由其同居之夫代收，转交。

非交付应受送达之人送达人应记明其事由：收代人余保生。

送达日期：卅七年十二月二日。

中华民国三十七年十一月一日
重庆地方法院执达员：陆年

缴款单

征款机关：四川高等法院重庆分院。

缴款人：余胡氏。

案号：　年度　字第　号。

案由：与刘治林撤销婚姻。

标的：陆万陆角柒分。

费别：裁判

征费数目：金圆〇圆壹角叁分

中华民国卅七年十二月六日

四川高等法院重庆分院送达证书

书状目录：民国三十七年上字第四八六号与刘治林婚姻传票一件。

受送达人：余胡氏。

应送达人署名盖印，若不能或拒绝署名盖印送达人，应记明其事实由：余胡氏。

送达日期：卅八年一月十日。

中华民国卅七年十二月　日
送达人：

[同日刘治林签收传票的送达证书略]

民事委任状

委任人：余胡氏，性别等项在卷。

受任人：尹康民，律师。

为氏与刘治林因婚姻上诉一案，兹委任律师尹康民为代理人。
谨呈
四川高等法院重庆分院民庭公鉴。

中华民国三十八年一月二十六日
具状人：余胡氏

言词辩论笔录

上诉人：余胡氏。

诉讼代理人：尹康民，律师。

被上诉人：刘治林。

右当事人间因撤销婚姻上诉事件，经本院于中华民国卅八年元月廿六日上午八时在本院第五法庭公开言词辩论，出庭推事、书记官如左。

审判长推事：刘仁泉。

推事：林全和。

推事：李镛。

书记官：刘旭。

点呼事件后，到场人如左。

上诉人：余胡氏。

诉讼代理人：尹康民律师。

被上诉人：刘治林。

问：刘治林，住所？

答：住重庆和平路。

问：你好大岁数？

答：三十四岁。

问：你的妇人唐太芳好大岁数？

答：十七岁。

问：你们哪年结婚？

答：是去年正月间。

问：哪个主婚？

答：双方的家长。

问：你请求怎样判？

答：请求驳回上诉，维持原判。

问：你的妇人现在哪里住？

答：在她娘家去了。

问：她（即唐太芳）愿同你同居的吗？

答：不愿意了。

审判长命上诉代理人陈述弁［辩］论要旨。

尹康民律师起称：本案上诉人之女未到法定年龄，而与被上诉人结婚，应不发生效力，如庭上认为唐太芳应为共同诉讼时，则追加唐太芳为共同上诉人。再，被上诉人说唐太芳已满十七岁，但她结婚是卅六年十二月中，亦未满十八岁，请求庭上准为废弃原判、撤销婚姻之判决。

问：刘治林，你还有何话说？

答：我是同唐太芳正式结婚，请求维持原判，格外没有话说。

右笔录经诵读无讹。

审判长谕知本件弁〔辩〕论终结，定于本月廿七日上午十时宣判，并分谕退庭。

中华民国三十八年元月二十六日

四川高等法院重庆分院民二庭

书记官：刘旭

审判长：

四川高等法院第一分院民事裁定

民国卅七年度上字第三八二号

上诉人：余胡氏，住小龙坎正街集成茶社。

被上诉人：刘治林，住铜梁股台八号附二号。唐太芳，住小龙坎正街集成茶社。

右当事人间请求撤销婚姻事件，上诉人对于中华民国三十七年十月四日四川重庆地方法院第一审判决，提起上诉，经言词辩论终结后，本院裁定如左。

主文：

本件再开言词辩论。

中华民国三十八年一月廿七日

四川高等法院第一分院民事第二庭

审判长推事：刘伯泉

推事：林全和

推事：李庸

四川高等法院重庆分院送达证书

书状目录：民国三十七年上字第二八二八号与刘治林婚姻裁定、传票各一件。

受送达人：余胡氏。

应送达人署名盖印，若不能或拒绝署名盖印送达人，应记明其事实由：余胡氏。

送达日期：卅八年二月十六日

中华民国卅八年二月　日

送达人：余绍程

[同日唐太芳、刘治林各签收裁定、传票，尹康民律师签收通知的送达支书三份略]

言词辩论笔录

上诉人：余胡氏。

被上诉人：刘治林。

右当事人间因撤销婚姻上诉事件，经本院于中华民国卅八年三月十二日上午八时在本院第一、二法庭公开言词辩论，出庭推事、书记官如左。

审判长推事：刘仁泉。

推事：林全和。

推事：李庸。

书记官：刘旭。

点呼事件后，到场人如左。

上诉人：余胡氏。

诉讼代理人：尹康民律师。

被上诉人：刘治林。

问：余胡氏，住所？

答：住本市小龙坎。

审判长命上诉代理人陈述上诉意旨。

尹康民律师起称：本件诉之声明，请求废弃原判，判决刘治林与唐太芳之婚姻关系应于撤销，并负担诉讼费用。理由：唐太芳未达结婚年［龄］而与刘治林结婚，依法应不生效。请求庭上准如诉之声明而为之判决。再，今天被上诉人唐太芳没有到，请求一造弁［辩］论终结。

问：刘治林，住所？

答：本市和平路。

问：你请求怎样判？

答：请求驳回上诉，维持原判。

问：你哪年同唐太芳结婚？

答：是去年。

问：现在唐太芳多大岁数？

答：十七岁。

问：结婚时哪个主持？

答：唐太芳的父亲唐有臣主持。

问：唐太芳的母亲同意否？

答：她的母亲是已出嫁的。

问：现在唐太芳在哪里？

答：是她母亲刁唆起不回我的家，在她母亲那里。

问：你还有何说的没有？

答：我是正式结婚，请求驳回上诉，维持原判，此外没有话说了。

问：上诉代理人唐太芳之父是否存在？

答：已死亡了的，原告所称其父主婚不实，那是他的叔父唐有臣。

右笔录经诵读无讹。

审判长谕知本件弁［辩］论终结，定于本月十四日上午十时宣判，谕退庭。

中华民国三十八年三月十二日

四川高等法院重庆分院民二庭

书记官：刘旭

审判长：刘伯泉

宣示判决笔录

上诉人：余胡氏。

被上诉人：刘治林。

右当事人间因撤销婚姻事件，经本院于中华民国卅八年三月十四日上午十时，在本院第二法庭公开宣示判决，出庭推事、书记官如左。

审判长推事：刘伯泉。

推事：林全和。

推事：李庸。

书记官：刘旭。

点呼事件后，到场当事人如左：均不到。

审判长起立朗读判决主文并告知理由。

中华民国卅八年三月十四日

四川高等法院重庆分院民事第二庭

书记官：刘旭

审判长：刘伯泉

四川高等法院重庆分院民事判决

三十七年度上字第四八二八号

上诉人：余胡氏，住重庆小龙坎正街集成茶社。

诉讼代理人：尹康民，律师。

被上诉人：刘治林，住重庆铜鼓台八号附二号。唐太芳，住重庆小龙坎正街集成茶社。

右当事人间请求撤销婚姻事件，上诉人对于中华民国卅七年十月四日四川重庆地方法院第一审判决提起上诉，本院判决如左：

主文

上诉驳回，第二审诉讼费用由上诉人负担。

事实

上诉人代理人声明，请求废弃原判决，判准撤销被上诉人间之婚姻，并声请第一造辩论而为判决，被上诉人唐太芳未到场辩论。被上诉人刘治林声明，请求驳回上诉。其余事实陈述与第一审判决书所载同，兹引用之。

理由

本件上诉人主张，被上诉人唐太芳于三十七年正月十二日结婚时年仅十四岁，首应就该

| 887 |

被上诉人当时只有十四岁之事实负举证之责，但查上诉人并未就其事实举出丝毫证据以资证明，空言主张已不足信，且上诉人在原审自认其于民国二十五年已改嫁余姓，被上诉人唐太芳即由其二叔唐有臣抚养，历十余年，该唐有臣原审复供"被上诉人唐太芳系抱与民收养，在民家住"各等语，是被上诉人唐太芳已因为唐有臣之养女，其法定代理人不复为上诉人，而为唐有臣。依民法第九百八十条之规定，上诉人亦无撤销讼争婚姻之权，原审判驳上诉人之诉，虽所持理由不同，而其结果无殊。上诉为无理由，被上诉人唐太芳受合法传唤而不到场，准予一造辩论判决。

综上论结，本件上诉为无理由，应依民事诉讼法第四百四十六条第一项、第四百六十条、第三百八十五条第一项、第七十八条判决如主文。

中华民国三十八年三月十四日

四川高等法院重庆分院民事第二庭

审判长推事：刘伯泉

推事：林金和

推事：李庸

对于本判决如有不服，应于收受送达正本后二十日内向最高法院提起上诉，至上诉状应向本法院提出。

书记官：

中华民国三十年　　月　　日

四川高等法院重庆分院送达证书

书状目录：民国三十七年上字第二八二八号与刘治林婚姻，判决正本一件。

受送达人：余胡氏。

应送达人署名盖印，若不能或拒绝署名盖印送达人，应记明其事实由：余胡氏。

送达日期：卅八年五月一日。

中华民国卅八年五月　　日

送达人：李朝勋

［同日刘治林、唐太芳签收判决正本的送达证书二份略］

四川高等法院重庆分院书记室公函

查本院受理三十七年度上字第四八二六号余胡氏与刘治林撤销婚姻事件，业经判决确定，相应检同卷宗等件函送，即请查收为荷！

此致

重庆地方法院书记室

计送本院卷一宗，原审卷一宗，证物八件。

书记官：

三十八年七月廿三日

四、继承

66. 王刘氏诉王天培等要求扶养案

原告王刘氏民事诉状

原告：王刘氏，四十，巴县人，住铜罐乡，代收送达铜罐乡正街潘海云。

被告：王天培。

法定代理人：王吴氏，六十一，巴县人，住陶家乡石堡寨。

为与王天培抚养事件，诉请依法审判事，兹将诉之声明及理由叙后：

一、声明

被告应在财产收益中指定田租二十四石（陶家场老量），交与原告作为每年抚养之支付。

二、理由

原告之夫王世成，民国十八年间病故，原告仍与王杨氏（即王世成之妻）、王李氏（王世成之妾）及王吴氏（王世成之继母）同居家续，因彼此发生意见，原告遂返母家居住，并由王吴氏等给与原告生活费五百元，惟生活程度日高一日，不但该五百元之生活费现已用罄，且负债累累，被告为原告亲生之子，收有田租一百数十石，土租数十石，依法对原告负有抚养义务，但若按时支给抚养费用，恐王吴氏、王杨氏等从中发生窒碍，势必影响原告之生计，为此，状请钧院如原告之声明以为判决（参院字第七七○号末段解释）。再，被告系与王吴氏、王杨氏同居，但王杨氏非被告之生母，仅属姻亲，依民法一○九四条一款，故以王吴氏（被告同居祖母）为法定代理人，又现时谷价（陶家场老量）每石约值八千八百元，合计诉讼标的为四万三千二百元，应缴裁判费四百五十元四角五分，一并遵缴。

谨状

重庆地方法院民事庭公鉴。

中华民国三十三年　月　日

具状人：王刘氏

重庆地方法院民事案件审理单

请求抚养案定于本年一月卅一日下午二时审理，应行通知及提传人如左。

应传：原告王刘氏，被告王天培，法定代理人王吴氏。

推事：一月十一日上午发交

重庆地方法院民事送达证书

书状目录：民国卅三年诉字第三六号请求抚养案送达传票一件。

受送达人：原告王刘氏。

受送达人署名盖章，如不能署名盖章或拒绝者，应记明其事由：

于交付应受送达人之送达应记明其事由：代收人潘海云。

送达处所：铜罐乡正街潘海云。

送达方法：

送达日期：卅三年一月十八日。

中华民国卅三年元月十一日

四川重庆地方法院执达员：杨鹤云

［同日王天培、王吴氏分别签收的送达证书略］

王刘氏关于诉讼代理人的委任书

委任人：王刘氏，四十，巴县人，住铜罐乡正街六十三号。

被委任人：吴昱恒，六十，湖北英山人，住重庆白象街八十号，律师。

兹因与王天培为请求抚养涉讼事件，特委任吴昱恒律师为诉讼代理人，有依法代理一切诉讼行为之权。

谨状

重庆地方法院民庭公鉴。

中华民国三十三年元月二十九日

具状人：王刘氏

民事声请书

声请案由：王刘氏与王天培因抚养涉讼事件。

声请原因：受王刘氏委任为诉讼代理人。

声请目的：声请阅卷。

批答：准阅。元月卅一日。

右请

重庆地方法院民庭公鉴。

律师：吴昱恒

中华民国三十三年元月三十一日

律师报到书

本律师经委任代理王刘氏与王天培因请求抚养事件，现已遵期于元月卅一日下午二时到

院，特此报到。此致

四川重庆地方法院民庭

律师：吴昱恒

四川重庆地方法院民庭

原告：王刘氏。

诉讼代理人：吴昱恒律师。

被告：王天培、王吴氏。

民国卅三年元月卅一日

笔录

原告：王刘氏。

被告：王天培。

法定代理人：王吴氏。

右列当事人因抚养案，经本院于中华民国卅三年一月卅一日午后二时开民事法庭，出席职员如左。

审判长推事：邹峰。

书记官：王正宇。

点呼右列当事人入庭，书记官朗读案由。

推事问：原告住址？

答：住铜罐乡。

问：被告王天培，年岁、住址？

答：十五岁，住陶家乡。

问：你结婚没有？

答：没有结婚。

问：被告代理人王吴氏住址？

答：住陶家乡。

问：原告诉之声明？

答：请求判令被告在财产中拨谷田二十四石给我，作为我每年生活费用，归我所有。

推事谕知本案应缴裁判费一千四百一十七元七角，除已缴四百五十元零五角外，应补缴九百六十七元二角。

原告代理人起称，原告现负债无资，力请求诉讼救助。

问：原告，你能提将出保甲证明书证明你贫富吗？

答：可以提出。

问：多少天可提出？

答：半个月可以提出。

推事谕知本案应缴裁判费，原告应于二月十五日以前提出证明书呈核，如不能提出保甲证明书，应照缴裁判费，否则即予驳回。

问：王吴氏，你对原告之请求如何？

答：请求驳回原告之诉。

问：王刘氏，王天培是你什么人？

答：王天培是我亲生的儿子。

问：王天培，你是不是王刘氏的儿子？

答：我不知道，我祖母知道。

问：王吴氏，王刘氏是不是王天培的母亲？

答：是的。

问：王刘氏，你是王世成什么人？

答：我是王世成的妾。

问：王世成什么时候死的？

答：王世成是十八年死的。

问：你改嫁没有？

答：我没有改嫁。

问：你什么时候离开王家的？

答：民国十九年离开的。

问：王吴氏是王世成的什么人？

答：是王世成的继母。

问：你离开王家后，王天培是谁在抚养？

答：是王吴氏在抚养。

问：王世成现在还有多少产业？

答：一共一百七十石谷田。

问：王世成现在还有什么人？

答：还有他的妻王杨氏和妾王李氏。

问：王吴氏，王刘氏是王世成什么人？

答：是王世成的妾。

问：王世成什么时候死的？

答：十八年冬月初一死的。

问：王刘氏什么时候离开的，她改嫁了没有？

答：十九年正月间，改嫁不改嫁我不知道。

问：王刘氏离开的时候给她生活费没有？

答：没有。

推事谕知本案候补缴裁判费后再定期传讯。

中华民国三十三年一月三十一日

四川重庆地方法院民事第一庭

被告王吴氏民事答辩状

答辩人：王吴氏，六十一，巴县人，住陶家乡，自业。

被答辩人：王刘氏，在卷。

为依法答辩并粘呈处分书，请求调卷彻查，判决将原诉驳回事。

缘王刘氏以给付抚养费等词诉民等一案，已沐钧院一度审讯，理合提出简明答辩如次：

窃民本王天培之祖母，而天培之法定代理人乃王杨氏耳，兹该原告竟以氏为天培之法定代理人，显不适格，此应请驳回原诉者一。复查该原告昔虽为氏子王世成之妾，但世成殁后，刘氏与氏等因产业纠纷，一再涉讼，嗣因刘氏寡媳犯奸，不守妇道，经氏于石桥口获，始于民廿一年三月十四日，经凭本管乡长、区长及族人等解决，由氏媳王杨氏给与王刘氏生活费洋五百元，书约脱离王氏家庭关系，并于约内注明由其生父刘春廷领回，再婚与否，均听自便等字可查。不意事逾十余年，该氏祸心不死，客岁曾以侵占等词告诉于同院检察处，并提出民廿年未脱离家庭关系，以前之和解笔录为证，幸钧院明镜高悬，认为先之笔录应受后脱离家庭关系约之拘束，将该氏告诉处分，既经脱离王氏家庭关系，此约现存吴检察官处可查，有何抚养之有，应请驳回原诉者二。

基上以观，该氏之诉实属违理，合提出答辩，并粘呈处分书，请求钧院鉴核，调阅检察处氏客岁呈缴之王刘氏脱离王氏家庭关系约，彻查判决，将原诉驳回，并令负担诉讼费，则氏不胜沾感。

谨呈

重庆地方法院民庭公鉴。

中华民国三十三年二月一日

具状人：王吴氏

原告王刘氏民事交状

原告：王刘氏，四十四，巴县人，住铜罐乡正街。

被告：王天培，年籍等项详卷。

为遵补缴讼费事。原告与被告王天培因请求抚养事件，前于元月三十一日蒙钧庭审理，谕知应补缴讼费九百六十七元五角，兹谨遵谕，如数补缴，伏乞传审为祷。

谨状

重庆地方法院民庭公鉴。

中华民国三十三年二月二十二日

具状人：王刘氏　押

重庆地方法院民事案件审理单

王刘氏与王天培抚养案定于二月廿八日下午二时审理，应行通知及提传人如左。

通知：吴昱恒律师。

应传：原告王刘氏，住铜罐乡正街潘海云。

被告王天培，住陶家乡石堡寨。

被告代理人王吴氏

推事

二月十四日　午发交

重庆地方法院民事送达证书

[民国卅三年诉字第三四号抚养案传票一件，二月廿二日送达原告王刘氏，同月二十日律师吴昱恒、同月二十一日王天培、王吴氏分别签收]

民事声请书

声请案由：王刘氏与王天培因抚养涉讼事件。

声请原因：受王刘氏委任为诉讼代理人。

声请目的：声请阅卷。

批答：给阅。

右请

重庆地方法院民庭公鉴。

律师：吴昱恒印

中华民国卅三年二月廿八日

告王刘氏民事诉状

原告：王刘氏，四十，巴县人，住铜罐乡正街六十三号潘海荣转。

被告：王天培。

法定代理人王吴氏，年籍等项在卷。

为与被告王天培因请求抚养事件，前曾具状陈述理由，并蒙钧庭一度开庭审理在案，兹再扼要补陈理由如左：

（一）诉之声明

请示判被告就陶家场石堡寨等处田拨出二十四石（老量）归原告收益，为每年抚养费用；诉讼费用由被告负担。

（二）理由

窃原告系被告之生母，已为被告及其法定代理人王吴氏不争之事实，只因先夫王世成在日，对于王杨氏（即被告现与同居之姻亲尊亲属）、王李氏（系先夫之妾，亦与被告同居）等吸食鸦片表示痛恨，同时又因与原告感情甚笃，故王杨氏等恨原告刺骨，民国十八年，先夫弃世，彼等即协同排斥，原告坐是迭与诉讼，原告不能见容于夫家，只得返回母家，忍苦度日，除由王吴氏等给原告伍百元之生活费外，毫无其它收入，而亲生子即被告王天培全由王杨氏把持，不许与原告见面，先夫遗产四百余石，因王杨氏等任意挥霍，任意处分，置民国二十年与原告所立之和约不顾，前后卖去二百余石，现仅存田租一百一十余石，土租六十石，被告受王杨氏等之挟持，对原告之含辛茹苦，莫能顾及，现物价日益高涨，原告生活艰难，精神痛苦，绝非笔墨所能形容其万一，故不得不请求被告负抚养之义务，惟以被告所继承之先夫遗产，概在王杨氏等掌握之中，若请求被告给付不确定之抚养费，则将来仍不免随时发生纠纷，为生活较有保障计，只得请求就被告所有陶家场石堡寨等田产拨出二十四石归原告收益，作为每年抚养费用，是时并声明原告只有收益权，而无单独处分权，诉讼费用请求判令被告负担，虽据被告之法定代理人王吴氏提出闪辩，谓原告：（1）不列王杨氏为被告法定代理人于法不合。（2）原告已脱离王氏家庭，由父亲刘春廷领回，无权再主张由王姓给付抚养费，云云。讵知王杨氏非被告生母，仅属姻亲，按照民法第一千零九十四条，当然以同居之祖母王吴氏为法定代理人，何行指为违法，至谓原告脱离王姓家庭，由父亲刘春廷领回一节，此全属王杨氏捏造，事实岂知原告之父刘春廷于民国二十八年古历七月初八日病故，在上年原告对检察官不起诉处分声请再议时，即已表明，何以二十一年尚有领回原告之事由，此足见王杨氏捏故陷害，情节昭然。从而原告关于抚养费之请求理由，至为正当，伏乞钧庭赐予鉴准如原告所为诉之声明而为判决，实深感戴。

　　谨状

　　重庆地方法院民庭公鉴。

中华民国卅三年二月二十八日

具状人：王刘氏

律师报到书

　　本律师经委任代理王刘氏与王天培请求抚养一案，现已遵期于二月廿八日下午二时到院，特此报到。此致

　　四川重庆地方法院民庭

律师：吴昱恒

四川重庆地方法院民庭报到书

　　原告：王刘氏。

　　被告：王天培、王吴氏。

　　律师：吴昱恒。

民国卅三年二月廿八日

笔录

原告：王刘氏。

诉讼代理人：吴昱恒，律师。

被告：王天培。

法定代理人：王吴氏。

右列当事人因抚养案，经本院于中华民国卅三年二月廿八日午后二时开民事法庭，出席职员如左。

推事：谢国治。

书记官：王正宇。

点呼右列当事人入庭，书记官朗读案由。

问：王刘氏，年、籍等项？

答：四十岁，巴县人，住铜罐乡正街六十三号。

问：王天培是你什么人？

答：是我儿子。

问：王世成是你什么？

答：是我丈夫。

问：你是王世成的小老婆，是不是？

答：是的。

问：王世成是什么时候死的？

答：民国十八年死的。

问：王天培现在谁抚养？

答：王吴氏抚养。

问：你请求如何判？

答：请求判令被告就陶家场石堡寨等处田产拨出二十九石（老量）归我收益人为每年抚养费用；诉讼费用由被告负担。

问：王吴氏，王世成是你什么人？

答：是我儿子。

问：他什么时候死的？

答：民国十八年冬月初一死的。

问：王刘氏是他什么人？

答：是他第三个妾。

问：王天培是不是王刘氏生的？

答：是她生的。

问：王天培今年好大年纪？

答：十五岁。

问：何人在抚养他？

答：我在抚养。

问：王刘氏什么时候离家的？

答：王世成一死她就离开的。

问：王刘氏离开之后你们给过她生活费用没有？

答：没有，因为在民国二十一年三月十四日我们曾经凭乡长、区长等立过约，王刘氏脱离我们家，由他父亲刘春廷领回，并由王杨氏给过她五百块钱的。

问：立的约现在在哪里？

答：今年二三月里检察官问案，已经存到卷里去了。

问：立约在场有哪些人？

答：有刘仿周、刘伯康、王永来、王杨氏、王李氏等。

问：王刘氏，你是不是已经立过约脱离王家的？

答：我没有立过约，我父亲民国二十年古历七月初八已经病故，怎么二十一年还会领我回去，请庭上行文到乡调查我父亲刘春廷究竟什么时候死的，便可知道了。

问：你离开王家之后如何过日子的呢？

答：有时住在娘家，有时封市雇度日。

问：你离开王家后，王家给过你钱没有？

答：没有。

问：王吴氏，王世成现在遗下了田产还有多少？

答：还有田租五十石，土租数十石。

问：王刘氏，王世成现在遗下的田产还有多少？

答：田租一百一十石，土租六十石。

问：王吴氏，你对原告诉之声明如何说？

答：请求驳回原告之诉。

推事谕本案候传人证后再讯。

右笔录经当庭朗读无讹。

中华民国三十三年二月廿八日

书记官：王正宇

推事：谢国治

证人王南辉等的民事声明状

证明人：王南辉、王国璋、王应平、王文玉、王锡文、王有顺，巴县人，住陶家乡，自业。
被证明人：王吴氏，王天培，住同右。

为据实证明，请求鉴核事。

窃王刘氏以给付抚养费等词诉讼王吴氏等一案，既沐钧院准理在案，民等不敢旁渎，惟兹据王吴氏请求将当日经过证明，庶分泾渭等情前来，民等为主张公道起见，谨将详情缕陈如次：查王刘氏昔虽为已故王世成之第三妾，但世成早殁，刘氏不守妇道，与人通奸，经其姑于石桥乡将私生胎儿捉获，故于民国二十一年三月十四日投凭本乡乡长及民等族人从长解决，由世成之妻王杨氏给付刘氏生活费洋五百元，书立脱离王氏家庭关系，并由刘氏生父刘春廷将刘氏领回，复于约内注明再婚与否，均自便等字可考，岂期刘氏于十年后欲死灰复燃，计图不当利，得揑控抚养，殊不知以事理、法律而论，既经当众书立契约，脱离王氏家庭关系，于前逾十余年后，奚能妄请给付抚养？于兹，理合协结公证，前来请求钧院鉴核，秉公判决，驳回刘氏无理之诉，则不独吴氏感德，及民等亦当顶祝无暨矣。

　　谨状

　　重庆地方法院民庭公鉴。

中华民国三十一年二月二十八日

具状人：王南辉、王国璋、王应平、王文玉、王锡文、王有顺

四川重庆地方法院民事案件审理单

　　抚养案定于本年三月廿三日下午二时审理，应行通知及提传人如左。

　　通知：原告诉讼代理人吴昱恒

　　应传：原告王刘氏

　　被告：王天培

　　法定代理人：王吴氏

　　应讯人：刘仿周、刘伯康、王永丰、王杨氏、王李氏

　　调刑事卷

推事：二月廿九日上午发交

重庆地方法院民事送达证书

　　［民国卅三年诉字第三四号抚养案传票一件，三月四日送达原告王刘氏，同日王吴氏为其本人及分别代其孙子王天培、刘仿周、刘伯康、王永丰、王杨氏、王李氏签收、三月十三日律师吴昱恒签收］

征收裁判费核定单

　　诉讼标的之金额或价额：廿三万三千四百元。

　　计算方法：

　　应征裁判费：一千四百一十七元七角正。

签名：

盖章：

推事：梅玉朋

中华民国三十三年三月廿日

民事声请书

声请案由：王刘氏与王天培因抚养涉讼事件。

声请原因：受王刘氏委任为诉讼代理人。

声请目的：声请阅卷。

批答：准 三月廿二日

右请

重庆地方法院民庭公鉴。

律师：吴昱恒印

中华民国卅三年三月廿二日

律师报到书

本律师经委任代理王刘氏与王天培请求抚养一案，现已遵期于三月廿二日下午二时到院，特此报到。此致

四川重庆地方法院民庭

律师：吴昱恒

笔录

原告：王刘氏，诉讼代理人：吴昱恒律师。

被告：王天培，法定代理人：王吴氏。

证人：刘仿周、王国璋。

右列当事人因抚养案，经本院于中华民国卅三年三月廿二日午后二时开民事法院，出席职员如左。

点呼右列当事人入庭，书记官朗读案由。

问：王刘氏，年、籍、住、业？

答：四十岁，巴县人，住铜罐乡，业农。

问：王吴氏，年、籍、住、业？

答：六十一岁，巴县人，住铜罐乡，业农。

问：刘仿周，年、籍、住、业？

答：四十八岁，巴县人，住陶家乡，业农。

问：王国璋，年、籍、住、业？

答：五十八岁，巴县人，住同前，业农。

问：王刘氏，你请示抚养，怎样请求说？

答：我请求判令被告给付廿四石田交我收入作为抚养，并请判令诉讼费用由被告负担。

问：你有何理由请求？

答：我因他父亲于十八年死了，在十九年二月廿四就打官司，过后和解的。

问：王天培是你儿子否？

答：是我的儿子。

问：他今年有多少年纪？

答：今年十七岁了。

问：你从前不是脱离家庭了吗？

答：没有此事。

问：王吴氏，你是王世成的母亲吗？

答：是的。

问：这王刘氏要王天培给他抚养费廿四石田，你怎么说呢？

答：她是脱离家庭的，不能给她抚养。

原告代理人吴昱恒起立，谓王刘氏并未脱离家庭关系，因与王杨氏、王吴氏、王李氏同居不行，即返母亲家居住，实未脱离，按照民法一〇九四条规定，请求是合法的，在被告方面亦应尽抚养义务，弁［辩］论如何不能削减的，但被告以廿一年脱离文约为凭，请庭上详查这字据是廿年所呈还是十九年所呈，如果是廿年呈的，足见是伪造不错的。

问：王刘氏，你丈夫死后遗产有多少产业？

答：他死后遗有四五十石的样子，有二石租子。

问：现在还有收得多少租子咧？

答：现在还有六七十石租子。

问：这租子归谁保管呢？

答：归王杨氏保管。

问：这王杨氏是他的原配否？

答：是的。

问：这产业王世成死后分了否？

答：他死后没有分的。

问：王吴氏，刚才王刘氏说你们还有一百七十石谷，是否有这多咧？

答：没有这样多，只有五十石谷子。

问：刘仿周，你与双方有无关系否？

答：我与双方无关系。

问：今天传来当证人，要说实话，你能具结否？

答：我愿具结，照直说话。

问：你来与他们证明什么？

答：我来证明王刘氏廿一年三月廿四已脱离家庭关系的事是实。

　　推事递解除关系，你看这约是否真的？

　　接约阅后。

答：这约是真的，仍呈案上。

问：这约上说每年给王刘氏十五石谷是否有此事？

答：那是她要分居就说第年给她十五石谷，［事］后她脱离家庭就没有成立了。

问：王世成是哪年死的？

答：十九年死的。

问：王吴氏，这王世成是否十九年死的。

答：是十九年死的。

问：你是当乡长否？

答：是当乡长。

问：这王世成究有多少产业？

答：大概有三四百石田的产业。

问：现在有多少呢？

答：现在我不知道他有多少了。

问：你现在还当乡长否？

答：现在没有当了。

问：王国璋，你是代理王杨氏来的吗？

答：是的。

问：王吴氏是王世成的什么人？

答：是他母亲。

问：王杨氏是王吴氏什么人？

答：是她的媳妇。

问：王杨氏是哪个的妻子？

答：是王世成的妻子。

问：王世成死后留有多少产业？

答：留有四百多担谷子。

问：你今天来当代理，递有委托书否？

答：递有的。

问：王世成他家现在还有多少谷子？

答：现在还有五十多石谷子。

问：你认识字否？

答：我认识字。

推事递佃客单给阅，据王刘氏说这单子上所有的佃客都是他的产业，现在还有这样多，你看是否有这多地主［佃客］。

接阅后，答：这些地方都是卖了，这上面只有牟少林廿四石、杨炳成卅石、王朱氏廿石这三个佃客的未卖还在的，其余的均卖了。

原告代理人吴昱恒起，谓现在要知王世成还有多少产业，请至征收局查粮税，就明白他们现还有多少产业。

问：王刘氏，这王国璋说这产业分了的？

答：没有分的。

问：［王国璋］你说他们分了有何证明？

答：我只知道他们是分了，没有证明。

问：王吴氏，这王世成先死吗，还是王赞廷先死呢？

答：王世成先死。

问：王刘氏，这些佃客下次开庭你能邀到？

答：因经济困难不能邀来。

问：刘仿周，这王世成与王赞廷谁先死？

答：王世成先死，王赞廷后死。

问：王赞廷死后，他们产业分了否？

答：我不知道。

推事谕知本案候传人证再讯。

右笔录经当庭朗读无异。

中华民国三十三年三月廿二日

四川重庆地方法院民事庭

书记官：周浩峰

推事：梅玉朋

证人结文（问讯）

当据实陈，［无］匿饰增减。

具结人：刘仿周押。

中华民国三十三年三月廿二日

注意：刑法第一百六十八条于执行审判职务之公署审判时，或于检察官侦查时证人、鉴定人、通译于案情有重要关系之事项，供前或供后具结而为虚伪陈述者，处七年以下有期徒刑。

王杨氏关于诉讼代理人的委任书

具委任人：王杨氏，七十五，巴县人，陶家乡，农。

被委任人：王国璋，五十八，同，同，农。

为委任代诉声请照准事：

缘王刘氏以给付抚养费等词诉讼王天培，添传氏为证人一案，应遵候讯曷读，惟氏不但染病未愈，卧床不起，举行维艰，抑且年逾古稀，耳目均早失听明，是故特委任民侄孙王国璋为氏代诉所有本案，当日经过情形国璋尽悉，由国璋到案陈述，生同等效力，尚乞俯准以利进行。

谨状

重庆地方法院民庭公鉴。

中华民国三十三年三月二十二日

具状人：王杨氏

四川重庆地方法院民事案件审理单

抚养案定于本年四月十二日下午二时审理，应行通知及提传人如左：

应传：原告王刘氏

被告：王天培

法定代理人：王吴氏

推事：

月　日上午发交

重庆地方法院民事送达证书

[民国卅三年诉字第三四号抚养案传票一件，四月九日送达原告王刘氏，同月十日潘海云代王天培签收]

笔录

原告：王刘氏。

被告：王天培等。

右列当事例因抚养案，经本院于中华民国卅三年四月十二日午后二时开民事法庭，出席职员如左。

推事：梅玉明。

书记官：周浩峰。

点呼右列当事例入庭，书记官朗读案由。

推事命点当事人入庭。

问：王刘氏，年、住？

答：年四十，住铜罐［驿］。

问：你说王天培有一百多石谷子，有何证明？

答：我都调查来的，他实在有一百多石。

问：这王天培手里一百多石租，都是他继承吗？

答：王世成十八年［死］，王世成死都是在他后里，通通未有分叙。王吴氏、王杨氏并无膳［赡］养的。

问：这王世成十八年冬月死的？

答：王世成是十八年冬月死的。

问：这红契在哪个手里？

答：我丈夫没死，红契都在我手里，王世成在时因王杨氏、王李氏均有嗜烟，王刘氏并无嗜烟，丈夫在时自有偏爱，对于各种可以看得出来。我丈夫一死，王杨氏、王李氏他们就有报复，王杨氏等就与祖母王吴氏串通来把红契拿去了。

问：本院前次要你把佃客缴来，怎么今天没来？

原告代理人吴昱恒起谓，本宁前次经钧院分付缴佃客不错，但被告所说的只有两股地方所有，此次原告回去调查，各佃户均系原主，并未卖出去，换佃之说显是被告蒙骗，应请详查，为依法之判决。

问：王刘氏，你回去这次把各佃户调查清楚了吗？

答：我调查清了，前次所呈的各佃户名字均是他的不错。

问：你这案子的回证未缴还，〔俟〕再传。

答：是的。

推事谕知本案俟定期传人证，饬退闭庭。

中华民国三十三年四月十二日

四川重庆地方法院民事庭

书记官：周治浩

推事：梅玉朋

声请人王天培民事声请状

具声请人：王天培，十五，巴县人，住陶家乡，读书。

为卧病不愈，碍难赴案，声请展限以资救济事：

缘王刘氏以给付抚养费等词诉讼民一案，昨奉钧院票传，示期本日审讯，应遵候讯曷读，惟民梁悉疾病，卧床不起，举步维艰，碍难遵期赴案，是以特声请前来伏乞钧院鉴核，准展限两星期以资救济，一俟病愈限满即行到案，如蒙俞准，实沾德便。

谨状

重庆地方法院民庭公鉴。

中华民国三十三年四月十二日

具状人：王天培

被告王天培、王吴氏的民事答辩状

答辩人：王天培，十五，王吴氏，六十一；巴县人，住陶家乡石堡寨，自业。

被答辩人：王刘氏，在卷。

为被诉抚养事件，谨再提出答辩之事实理由及证据缕陈于下：查原告王刘氏与答辩人等及其法定代理人王杨氏，早于民国二十一年国历三月十四日脱离家庭关系，并补给原告生活费伍百元，当由其生父刘春廷当凭各方调解，有人证杨子蔚、李伯宗、彭选三、王南辉、王永丰、王华丰、刘伯振、刘仿周等在场，领回娘家，听其自由再婚，尔时书立脱离字约各执朗凭，且原告脱离辩诉人家庭十余年之久，与人同居或结婚不一而足，讵知原告突于上年（三十二）三月，复向钧院检察处告诉答辩人之代理人王杨氏侵占遗产事件，荷蒙吴鼎侦检察官依法为不起诉之处分，曾在前次答辩状上粘呈处分一本，并请调集脱离约一件，均足以证明其原告对于答辩人家庭既经同意脱离关系，则答辩人决不应负任何义〔务〕，依法既不应负任何义务，又有何抚养可言？查去年原告在检察处告诉，既以王杨氏为王天培之法定代理人（脱离约定王杨氏为法定代理人），今向钧院滥诉，复以王天培之祖母王吴氏为法定代理人，显见淆乱聪听，依法亦为当事人不适格，况处分书注明原告自认（我）（我字指原告而言）已经脱离王家字约属实，其约又注明刘春廷领回原告，今向钧院蒙称刘春廷是民国二十年死亡，更见其原告之虚伪，陈述自相矛盾，况有圆明乡乡长孟朔宇之证明，谅已投递，实足证明原告之主张毫无理由，为此，再补答辩，恳请钧院查准将原告之请求予以驳回，以敬讼拖累者戒。

谨状。

重庆地方法院民庭公鉴。

中华民国三十三年四月二十日

具状人：王天培、王吴氏

重庆地方法院民事送达证书

书状目录：民国卅三年诉字第卅六号为王胡氏与王天培抚养案送达通知一件。

受送达人：律师吴昱恒。

受送达人署名盖章，若不能署名盖章或拒绝者，应记明其事实：吴昱恒印。

送达日期：卅三年四月十日

中华民国卅三年四月廿六日

四川重庆地方法院执达员：王变卿

［另有送达传票给原告王刘氏、被告王天培略］

笔录

原告：王刘氏。

被告：王天培。

法定代理人：王吴氏。

右列当事例因抚养案，经本院于中华民国卅三年五月五日午后二时开民事法庭，出席职员如左：

推事：梅玉明。

书记官：周浩峰。

点呼右列当事例入庭，书记官朗读案由。

推事谕知本案更新审理，以前笔录当继续有效。

问：王刘氏，年、住？

答：年四十，住铜罐乡。

问：王吴氏，年、住？

答：年六十一，住铜罐乡。

问：你是王天培什么人？

答：我是王天培祖母。

问：这王天培的父亲死了好久？

答：王天培之父死了十几年，他死时王天培还未满岁。

问：现王刘氏要王天培给廿四石谷抚养，你承认否？

答：王天培未一岁她就走了，毫无抚育之恩，不能承认。

问：这王世成死后有多少租谷？

答：王世成死后有四百谷子，又安置他父亲，又安置他自己，后来只剩得一百石了。

问：现共计还有多少呢？

答：现共计有一百石租。

问：每年收多少谷子？

答：一年收卅九石谷子。

问：这王天培有弟兄姊妹否？

答：王天培有一个姐姐。

问：这田业现归何人收租子？

答：现归王杨氏收租子。

问：这王天培是王刘氏生的否？

答：王天培是王刘氏生的。

问：王刘氏，刚才王吴氏说王天培还有一姐姐。

答：他没有姐姐，有一个是王李氏前门车姓带来，已嫁二年了。

问：你为何要请求这样多？

答：我请求廿四石做生活，因王杨氏她们吃大烟，所以请求这样多，并且我得这廿四石租是维生活，决不会乱用，将来还是仍归王天培所有的。

问：王吴氏，她说王天培姐姐是车姓带来的吗？

答：她女儿是车姓带来上了抱约的。

问：王刘氏，你就是请求要王天培给付抚养费廿四石吗？

答：是的。

推事请原告代理人陈述意旨。

原告代理人吴昱恒起立谓，本案原告请求提抚养廿四石租归原告收入，为每年作生活费用，并请假执行，至王天培乃王刘氏亲生之子，应负抚养，在法律上是有抚养义务，但王天培为王刘氏亲生子，此被告所不否认，被告既是王刘氏亲生，以民法一千一百十四条规定，关亲血亲属应负抚养，且被告王天培是有财产的，而原告是无产的，困难异常，以此更应负抚养，又依民法一千一百十七条一项规定，在亲属血亲关系亦应负抚养义务，以王刘氏方面，正合这规定，致他移留之业，均未卖掉尚在，查石门乡十石蓝草湾十石租子土租六十石，木竹林四十石，王彭氏三十石等处都是在的，原告提廿四石亦不算过分，关于被告说弁［辩］之词关系，狡赖不给，但其狡赖非王天培所为，乃是王杨氏、王吴氏而为，并不王天培与王刘氏见面，足见被告是被压迫所致，应请判令给付廿四石租谷，并假执行。

推事谕知本案辩论终结，指定本月十日定判，饬退闭庭。

右笔录经供述人承认无异。

中华民国三十三年五月五日
四川重庆地方法院民庭
书记官：周浩峰
推事：梅玉朋

原告王刘氏民事诉状

原告：王刘氏，四十，巴县人，住铜罐乡正街，文件由重庆白象街八十号吴昱恒律师转。

被告：王天培，法定代理人：王吴氏，年籍等项详卷。

为补述辩论意旨请求核判事：

窃原告与被告因请求抚养事件，昨蒙审判长命开言词辩论，并谕知辩论终结在案，曷胜感激，惟原告之辩论意旨，尚有应补充陈述者如左：

（一）原告所以请求由被告现有不动产中提出田租老斗二十四石移交原告掌管收益之理由，实因鉴于被告所有财产现完全操于与原告同居之王杨氏、王李氏两人掌握之中，该王杨氏、王李氏均染鸦片嗜好，浪费无度，原告先夫王世成去世时之四百余石租谷节年由王杨氏等变卖，现仅存一百七十石，若原告请求被告按年给付租谷，不将田箅（即田产）移交原告掌管收益，则不但每年领谷时王杨氏等要故意留难，且该项田产有随时被杨氏等变卖，以致租谷无着之危险，故不得不请求审判长判令被告提出老头号二十四石田租交原告掌管收益，作为每年抚养费用，同时原告郑重声明对此项田产只能收益以供膳养，不得变卖或有其它处分，此其一。

（二）原告所以请求就交付田租二十四石作为每年抚养费部分，宣示假执行之理由，实因与被告同居之王杨氏等浪费既成习惯，而又与原告立于仇人地位，如蒙审判长判令被告交付工开田租以作每年抚养，而不于判决确定前执行，则王杨氏等必运用鬼蜮伎俩，将指使被告籍上诉程序以拖延时间，或陆续将现有田产变卖，或向各佃户丈量增加押金（现查各佃客之押金已为数甚巨）等于变相出典，如此则将来判决确定时，无法执行，执将使原告遭受难于抵偿之损害，故不得不请求审判长依民事诉讼法第三百九十条第一项就交付田租二十四石作每年抚养费部分之判决宣示据点执行，以资生活上之保障，此其二。

（三）被告法定代理人王吴氏对于其现有田土租共一百数十石，并不否认，惟饰称仅收租谷三十余石，此实欺人之谈，盖普通年成按八折收租（即一石收八斗谷），此为四川通例，最少亦不能低减至七折以下，况被告现有田土均属膏腴上产，平均收租当在八折以上，此就其增加各佃客押金一点观之，即明乃王吴氏故意短报其收租数额，显欲缩减原告之抚养费用，殊不可信，此其三。

（四）王吴氏提出被告尚有妹夫王天林以为现在财产不尽属被告所有之抗辩，岂知王天林系王李氏前夫车建之之女，并非原告先夫王世成所生，此观于审判长讯问王吴氏时，王吴氏吞吐其词，已甚明显，先夫民国十八年患病时，曾嘱提大洋二万给该女作妆奁，该女三十年古历腊月嫁李辉元，实际已花洋八万元，是对于被告现在财产显无分配之权，兹王吴氏欲籍该女名义以分耗被告之财产，比而欲削减原告应行之抚养额，显无理由。此其四。

综合右述各点，请求审判长赐予鉴核，并参阅以前庭陈各理由，准如原告关于诉之请求而为判决，无任感戴。谨状

重庆地方法院民庭公鉴。

中华民国三十三年五月六日

具状人：王刘氏

宣判笔录

原告：王刘氏。

被告：王天培。

右当事人间抚养事件，于中华民国卅三年五月十日下午二时在本院民事法庭公开宣判，出席职员如左。

推事：梅玉明。

书记官：周浩峰。

点呼事件后，推事起立朗读判决如主文，并口述判决理由之要领。

中华民国卅三年五月十日

重庆地方法院民庭

书记官：周浩峰

推事：梅玉明

四川重庆地方法院民事判决

三十三年度诉字第三十六号

原告：王刘氏，白象街八十号吴昱恒律师收转。

诉讼代理人：吴昱恒律师。

被告：王天培。

法定代理人：王吴氏。

右当事间因请求抚养费事件，本院判决如左。

主文

被告应拨出田谷廿四石交原告收益作为抚养；原告如提供担保费国币五万元后，本件准予假执行；诉讼费用由被告负担。

事实

原告声明求为如主文之判决，并宣示假执行。其陈述略称，原告为已故王世成之第三妾，生有一子王天培，王世成于民国十八年身故，遗有田产四百余石，因王世成另无子女，由王天培一人继承，但该项田产均在王天培继母王杨氏及祖母王吴氏手中经管，原告为王杨氏所不容，寄身娘家，生活无着，应请王天培给付抚养，并因王杨氏等浪费无度，且与原告积有仇怨，若命被告每年给付抚养，恐为王杨氏等设计将田产变卖，致无法请求，故请一次拨出

谷田廿四石交原告收益，并请宣示假执行，以救眉急。云云。

被告法定代理人王吴氏答辩，求为判决驳回原告之诉。其陈述略称，王天培虽系原告所生，但原告不守妇道，早已脱离王氏家庭，自无权再请求抚养名，请驳回原告之诉，云云。

理由

本件原告为已故王世成之妾，王世成于民国十八年身死，遗有一子王天培，即系原告所生，被告现尚有田租一百一十石，为两造所不争执之事实。原告主第被告为原告上歇子现有田租一百一十石，原告生活无着，应拨出田租廿四石支原告收益以作抚养；被告则以原告已脱离家庭，非王姓之人，不得请求抚养为招弁［辩］。但查妾于夫死后脱离家庭，不过其家属关系消减，其所生之子则为从己身所出之血亲，此项血亲关系并不因此消减。被告所称原告已脱离王姓家庭，纵令属实，亦不过使原告与王姓之家属关系消减，原告与被告血亲关系并不因此而消减。被告既系原告之亲子，现拥有田租一百一十石，而原告于夫死后流落在外，生活无着，被告自应给予相当抚养，俾原告能维持生活，被告之招弁［辩］，殊不足采。被告既拥有田租一百一十石，原告诉请其拨出田谷廿四石交原告收益，以作抚养，查其请求数额尚属相当，从而原告诉请被告拨出田谷廿四石交原告收益以作抚养，既难谓为无理由，又本件原告声请假执行，为预防被告受有损害，于原告提供担保国币五万元后准许之。

据上论结，原告之诉为有理由，应予准许，并依民事诉讼法第七十八条判决如主文。

中华民国三十三年五月十日

四川重庆地方法院民事第二庭

推事：梅玉明

如不服本判决，应于收受送达后二十日内向本院提出上诉状。

本件证明与原本无异。

书记官：　　印

中华民国三十三年六月十六日

王天培民事声明状

声明人：王天培，二十一，巴县人，住陶家乡石堡寨，自业。

为声明抚养请求移付执行交业事。

窃声明人亲母王刘氏诉追抚养事件前蒙判决，主文内开：被告王天培应划出田产二十四石（老量）交与原告管业，并以每年收益给付原告王刘氏之抚养费用，本件原告提供国币伍万元，应予假执行，诉讼费用由被告负担，惟查故父王世成所遗田产一百二十石（老量），依民法一千一百三十八条规定，为第一顺序继承人早有报本之念，尽其亲母之抚养义务，不过长次两母，嗜好洋烟，乘声明人青年，致将应继上项田产，一并握管，蓄吞，兼有滥族王国璋，又与二母王李氏有暧昧情事，从中唆弄，不准声明人亲母返家，是故前蒙审讯，声明人到庭只好哭啼，以全两面情谊，然钧院洞鉴其中奸情，蒙判抚养，实达人子报本良心，曷胜感激，不过未奉判决以前，闻其王国璋意图聘请律师上诉，声明人概不负责，并具状声明，倘钧院发现上诉状，请祈传讯质对，以杜滥诉，并自愿服从判决，认诺给付抚养费用，务恳钧院鉴核，克日将本案全卷移付执行处实施，派员来乡执行，划分田产二十四石交与亲母王刘氏管业，以重人伦，实沾德便。

谨状

重庆地方法院民庭公鉴。

中华民国三十三年六月一日

具状人：王天培

重庆地方法院民事送达证书

书状目录：民国卅三年诉字第三六号王刘氏与王天培案送达判决一件。

受送达人：原告王刘氏。

受送达人署名盖章，若不能署名盖章或拒绝者，应记明其事实：吴昱恒律师代收。

送达日期：卅三年六月十八日。

中华民国卅三年六月十七日

四川重庆地方法院执达员：谢隐

［同年六月二十四日王吴氏签收判决的送达证书略］

上诉人王天培民事上诉状

上诉人：王天培，十五。法定代理人：王吴氏，六十一，王杨氏，七十六，均巴县人，住陶家乡。

被上诉人：王刘氏，四十，巴县人，住铜罐乡。

呈为不服判决，先为声明上诉，恳请迅予检卷送事。

情民等被王刘氏以请求给付抚养等情在钧院具诉一案，昨见钧院揭示判决主文，内开：被告应拨出田谷二十四石交与原告管业，以每年收益作为原告抚养，原告如能提供国币五万，本件准予假执行等语。阅之不胜骇异，窃王刘氏系氏子王世成之第三妾，世成死时仅有遗产田谷九十石，每年收信除完粮上税外，以这作为全家三辈人之生活及氏孙天培之教育经费，尚苦不足，有佃户及亲族王南晖、王鼎武等可质，该王刘氏于世成死后，即不安于室，业于民国二十一年三月十四日，经凭本管乡保长及族戚人等脱离氏家关系，在外漂泊流浪已十余年，兹今一旦受奸人播弄，忽以请求给付抚养等词，向钧院起诉，钧院不加详查，竟一如其请求，判令氏等应拨出田谷二十四石交与管业，作为抚养，且准宣示假执行，不知该王刘氏虽系氏孙天培之生母，但天培所应抚养者，尚有祖母、嫡母及在家守志之庶母，实不只该王刘氏一人，该王刘氏一人即独得田谷二十四石，其它应受抚养权利之人，又将何以为生，况该王刘氏在外流连忘返，早已与氏孙恩断义绝，纵依现行法律血统关系仍然存在，然亦不过在该王刘氏回心转意时，得听其回家与氏等同样穿衣吃饭，换言之，即是得以所以抚养氏等者，抚养该氏足矣，又安能拨产授业，任其在外胡行浪漫益助长奸人之阴谋，是钧院之判决不特于世道人心相反，即按诸国家立法原则亦太觉背戾，氏等绝难甘服，是特先为声明上诉，恳迅将本案卷宗申送上级法院核办，以资救济，无任沾感。

谨呈

重庆地方法院民庭公鉴。

中华民国三十三年六月十六日

具状人：王天培

右法定代理人：王吴氏、王杨氏

巴县地方法院民庭和解笔录

原告人：王刘氏，住巴县圆旺场。

代理人：黄宗策，律师。

被告人：王杨氏，住巴县陶家场。

王李氏

彭连三

右列两造因管理家产纠葛涉讼一案，经本院审讯劝谕和解，当庭成立，其和解内容如左。

和解内容：

（一）家庭日常事务由王杨氏主管，仍有重大事故，须商得同意进行。（二）关于管理财产上之使用收益处分，须王杨氏、王李氏、王刘氏三人同意，方能生效。（三）所有契据归王杨氏保管。（四）对于王刘氏所生之子王天培均当善为抚养、教管。（五）王杨氏、王李氏、王刘氏衣食住三者须同，一律不得稍有厚薄。（六）王刘氏守志与否，听其自便，王杨氏、王李氏家族均不得借故逼迫改稼。（七）此次讼事费用概由王杨氏代在王世成遗产项下开支。（八）上列各项系环境王天培未成年以前办法，中间如人事有变动，兹协议同意时得交更之。（九）至控刑事伤害案件双方撤回。（十）王刘氏零用每月以四元为限。

质之两造，均无异议，并于庭单上署名签押，特发给和解笔录，俾资遵守，以杜翻异，此志。（谢实秋印）

和解成立关系人：王吴氏、李伯宗

和解成立年月：民国二十六年六月十八日

巴县地方法院民庭

王天培民事声请状

声请人：王天培，法定代理人：王吴氏、王杨氏，年龄在卷，均巴县人，住陶家乡。

被声请人：王刘氏，四十，巴县人，住铜罐乡。

呈为案经声明上诉，恳请先就假执行部分为辩论及裁判费事情：

民等与王刘氏因抚养事件涉讼，不服重庆地方法院三十三年度诉字第三十六号判决上诉钧院一案，应候核办曷读，惟本案原判决准许被上诉人提供国币五万元即予移付假执行，现闻被上诉人与奸人筹划即将提供担保，以促成假执行之实现，盖以现在巴县田谷二十四石最低限度亦应值国币三十万，彼以五万元之保证，即可攫取三十万之田产，自无不乐于为之也。惨氏孙王天培仅有田谷九十石，除完粮上税外，尚有一家三辈人之生活是赖，倘任听被上诉人一人即索去二十四石，以后氏家又将如何结局，况该被上诉人在外行为浪温，又有十余年未归，一旦将田产执行入手，势必一般奸人马上一挥而尽，纵将来案情平反，恐亦无还珠返璧之可能，万不获已，是以特依照民事诉讼法第四百五十二条具状声请，前来恳请钧院俯赐鉴核，迅予先就关于假执行之上诉为辩论及裁判，以资救济，不胜迫切，待命之至。

　　谨呈

　　四川高等法院第一分院民庭公鉴。

中华民国三十三年六月三十日

具状人：王天培

右法定代理人：王吴氏、王杨氏

上诉人王刘氏民事上诉状

上诉人：王刘氏，年籍在卷，住铜罐乡，代收文件处：重庆白象街八十号吴昱恒律师事务所。

被上诉人：王天培，法定代理人：王吴氏，年籍在卷，住陶家乡石堡寨。

　　为声明一部分上诉事：

　　窃上诉人对被上诉人请求抚养一案，于本年六月十八日接奉钧院三十三年度诉字第三十六号民事判决主文，内开："被告（即被上诉人）应拨出谷田二十四石交原告（即上诉人）收益，作为抚养，原告如提供担保国币五万元后，本件准予假执行，诉讼费用由被告负担。"上诉人因生活无着，故迫而对被上诉人提起抚养之诉，并声请假执行，以期维持衣食之急需，安有资力提供五万元之巨额担保，对于原判提供担保国币五万元部分实难甘服，除详细理由容后补陈外，合于法定期间内声明一部分上诉，伏乞鉴核，申送上级法院核办为祷。

　　谨状

　　重庆地方法院民庭公鉴。

中华民国三十三年七月七日

具状人：王刘氏

上诉人王天培民事上诉状

上诉人：王天培，十六。

法定代理人：王吴氏，六十一，王杨氏，七六，均巴县人，住陶家乡。

被上诉人：王刘氏，四十，巴县人，住铜罐乡。

　　呈为不服判决，恳请迅予检卷申送事件：

　　民等与王刘氏因抚养事件涉讼，昨奉到钧院三十三年度诉字第三十六号判决书，除已于本年六月六日在未奉到判决前即已声明上诉，并向高一分院声请先就假执行部分为辩论及裁判外，此再行声明上诉，恳请迅将本案卷宗即予申送上级法院核办，以资救济，无任沾感。

　　谨呈。

重庆实验地方法院民庭公鉴。

中华民国三十三年七月七日

具状人：王天培

法定代理人：王吴氏、王杨氏

重庆实验地方法院民事裁定

三十三年度上字第十七号

上诉人：王天培，法定代理人：王吴氏，住陶家乡石堡寨。

右上诉人与王刘氏因抚养事件不服第一审判决提起上诉，应缴裁判费国币陆佰七十五元〇角〇分〇厘，未据缴纳，其上诉状亦未依民事诉讼法第四百三十八条表明上诉理由，兹限该上诉人于收受本裁定时起七日内本院如数补缴，如逾期尚未遵行，第二审法院即行驳回上诉，切勿违延自误，特此裁定。

中华民国三十三年七月十五日

重庆实验地方法院民事庭

推事：梅玉朋

重庆实验地方法院书记室公函

民字第六五一号

查王刘氏与王天培因抚养事件，案经判决送达在卷，兹据王天培等于法定期间具状声明上诉到院，相应检齐该案卷件，函送贵书记室查收核办为荷。

此致

四川高等法院第一分院书记室

计送卷一宗，上诉状三件，裁定三件，送达证书一件，判决一件，证物一袋，详套。

卅三年八月七日

重庆实验地方法院民事送达证书

书状目录：民国　年（　）字第号　案送达上诉状副本乙件。

受送达人：被上诉人王天培，法定代理人王吴氏。

受送达人署名盖章，若不能署名盖章或拒绝者，应记明其事实：王天培押。

送达处所：陶家乡。

送达日期：卅三年八月十四日。

中华民国卅三年八月十日

重庆实验地方法院执达员：何云光

重庆实验地方法院书记室公函

民字第六五一号

查王刘氏与王天培因抚养事件，业经判决送达在卷，兹据王天培等于法定期内具状声明上诉到院，相应检齐该案卷件，函送贵书记室查收核办为荷。

此致

四川高等法院第一分院书记室

附送卷一宗，上诉状三件，裁定二件，送达证书一件，判决一件，证物一袋，详套。

中华民国三十三年八月十二日

送达证书

送达法院：四川高等法院重庆分院。

应送达之文书：民国卅三年 字第 号抚养上诉案上诉理由状缮本二件，十月十二日传票一件。

应受送达人：王刘氏。

收受送达人署名盖章，若不能署名盖章或拒绝者，应记明其事实：吴昱恒代收件章。

送达日期：卅三年九月十八日上午八时。

中华民国卅三年九月三日

重庆地方法院执达员：贺福安

[同日上诉人王天培，法定代理人王吴氏，证人王南辉、王鼎盛签收传票的送达证书略]

王天培关于诉讼代理人的委任书

委任人：王天培，十五，法定代理人：王吴氏，六十一，王杨氏，七十六，均巴县人，住陶家乡。

受任人：成祚律师，住民权法律事务所设重庆陕西路大麻巷二五一号。

呈为呈请委任事情：民因抚养上诉王刘氏一案，兹特委任律师成祚为民代理人，请予照准为感。

谨呈

四川高等法院第一分院民庭公鉴。

中华民国三十三年十月七日

具状人：王天培

法定代理人：王吴氏、王杨氏

被上诉人王刘氏民事答辩状

答辩人即被上诉人：王刘氏，四十一，巴县人，代收处重庆白象街八十号吴昱恒律师事务所。

上诉人：王天培，法定代理人王吴氏、王杨氏，年籍等项在卷。

为依法答辩，请求将上诉人王天培上诉驳回并判令负担诉讼费用事：

窃被上诉人与上诉人王天培为请求抚养，该上诉人对于原审判决提起上诉，其所持理由不外下列两点：（一）谓被上诉人于世成死时即不发于室，民国二十一年三月十四日，经凭本管乡保长及族戚人等脱离王家关系，在外漂浪，与被上诉人恩断义绝，安难拨产授业，任其在外胡行云云。（二）谓世成死时仅遗田产九十石，以之作全家三代人之生活费，尚基不足，何能一如被上诉人之请求令上诉人拨出田谷二十四石交与管业，且准宣示假执行云云。兹特指驳如次：查被上诉人之先夫世成在时，因王杨氏（系先夫之妻）、王李氏（先夫之妾）均染鸦片嗜好，深感痛恨，而对被上诉人刻苦治家时表好感，故所有产业契据，悉交被上诉人保管，讵先夫一旦弃世，王杨氏等即向被上诉人群起而攻，以图报复，一面夺去被上诉人褓抱婴儿（即王天培），使被上诉人孤立无恃，一面将被上诉人保管契据强迫索去，使产权全操彼手，并不许被上诉人居住夫家，于是被迫而依老母为活，因与王杨氏等发生诉讼，民国二十年间，经戚族调处所有先夫世成遗产，须王杨氏、王李氏、王刘氏三方同意，始得处分，有和约缴案可查，乃王杨氏等于和解后，仍私行盗卖遗产，被上诉人闻知控告彼乃伪造被上诉人脱离王姓关系字据，以为抵制，该字据内污损被上诉人行为不端，于二十一年三月间交先父刘春廷领回云云，而当时检察官误信为真，将被上诉人所告诉者予以不起诉处分，岂知被上诉人之先父刘春廷已于民国二十年古历七月初八日去世，有本地保甲长可查，何有于二十一年领被上诉人回家之事，此点已于当时声请再议状内述明，有刑事卷宗足按，兹上诉人仍执行此污蔑之词，以为不应受抚养之抗辩，显无足采，此应请驳回上诉者一。先夫世成死时，遗有田产四百余石，此为上诉人法定代理人王吴氏在原告所自承（见原审三十三年五月五日诉讼记录）。嗣因王杨氏、王李氏吸食鸦片，挥霍无度，卖脱二百余石，尚存谷租一百一十石，土租六十石，有卷附佃客单可查，即王吴氏在原审所供虽对土租一层讳不提及，但亦承认现有田租一百石（见同日原审诉讼记录），兹乃诡称世成死时仅遗田租九十石，将谁欺？欺天乎？此应请驳回上诉者二。抑尤有陈者，当民国二十年双方和解时，曾讲明每年由王杨氏等给被上诉人黄谷十五石以为生活费，此有缴卷之彭选三、王吉修所出谷条一纸可证，嗣王杨氏等因欲任意处分遗产，打销被上诉人应得之黄谷，故不惜伪造被上诉人脱离王姓关系字据，以为釜底抽薪之计，其用心毒辣，真有难以言语形容者，总之，被上诉人为上诉人之直系血亲尊亲属乃不争之事实，按诸民法第一千一百十四条、第一千一百十六条、第一千一百十七条规定，对于上诉人实有先王杨氏等而受抚养之权利，而上诉人所继承遗产，有田生一百一十石，土租六十石，业如前述，且被上诉人之窘于生活，完全受王杨氏等排挤之结果，原审怜被上诉人之无依，判令上诉人拨出田谷二十四石交被上诉人收益，作为抚养费，并宣示假执行，诉讼费用命上诉人负担，并无不合，除假执行一节，原判命被上诉人提供担保国币五万元之部分，被上诉人不能允服，已另状上诉，应请废弃外，提供担保部分以职权宣示假执行，谨答辩如右，伏乞钧院鉴核，为驳该上诉人上诉之判决，并命负担第二审诉讼费用，实深沾感。

　　谨状
　　四川高等法院第一分院民庭公鉴。

中华民国三十三年十月十二日
具状人：王刘氏

王天培关于诉讼代理人的民事委状

委任人：王天培，十五，法定代理人王吴氏，六十一，王杨氏，七十六，均巴县人，住陶家乡。

受任人：彭选三，四二，巴县人，住陶家乡。

为呈请委任事情：民等与王刘氏因抚养事件涉讼上诉钧院一案，兹特委任彭选三为民等代诉人，务恳照准为感。

谨呈

重庆实验地方法院民庭公鉴。

中华民国三十三年十月十二日

具状人：王天培

法定代理人：王吴氏、王杨氏

上诉人王天培民事上诉状

上诉人：王天培，法定代理人：王吴氏、王杨氏，年龄在卷，巴县人，住陶家乡。

被上诉人：王刘氏，巴县人，住铜罐乡。

呈为追加上诉理由，恳予查核，废弃原判决，另为适法判决事。情氏等与王刘氏因抚养事件涉讼，不服第一审重庆地方法院判决，上诉钧院一案，除前已呈递不服理由外，惟尚有未尽理由，兹追加补呈于次：

缘氏夫王赞廷生子女各一，子名王世成，女名王玉极，玉极适彭性，现虽死亡，尚有外孙在世，成生有一子二女，子名王天培，女名王天淮、王天［麟］（世系表另单粘后），赞廷死于民国二十年阴历三月二十日，即国历五月七日，依照现行民法第一千一百四十四条第一款，氏夫所有遗产田谷九十石，瞬息万变，应由氏与玉极、世成三股平均继承，每股只能分得三十石，而世成所应分之三十石，又应由其配偶王杨氏与其子女王天培、王天淮、王天［麟］四股平均继承，每股只能分得七石五斗，由是以言，是王天培本人纵颗粒不食，只有七石五斗，又安能拨出二十四石，以作为被上诉人王刘氏之抚养，原审对于事实毫未调查明白，以致误将氏等所共有之财产认为系王天培一人之财产，奚能令人折服，兹为准备言词辩论计，是以特再追加补呈如上。

谨呈

附呈抄粘王赞廷遗产及世系表一纸

四川高等法院第一分院民庭公鉴。

中华民国三十三年十月十二日

具状人：王天培

法定代理人：王吴氏、王杨氏

王赞廷所有遗产共计九十石如左

（一）金竹林　卅石　佃户莫绍林　土佃赵易氏。

（二）堰塘湾　卅石　佃户杨炳臣　土佃王开禄。

（三）石朝门　卅石　佃户王君实　土佃艾焕廷。

［王赞臣家庭系统表（略）］

王刘氏关于诉讼代理人的民事委任状

委任人：王刘氏，四十一，巴县人，代收文件处重庆白象街八十号吴昱恒律师事务所。

受任人：吴昱恒，六十，湖北英山人，住重庆白象街八十号，律师。

兹因与王天培为抚养涉讼上诉一案，特委任吴昱恒律师为诉讼代理人。

谨状

四川高等法院第一分院民庭公鉴。

中华民国三十三年十月十一日

具状人：王刘氏

言词辩论笔录

上诉人：王天培。

被上诉人：王刘氏。

右列当事例因抚养上诉事件，经本院于中华民国卅三年十月十二日上午十一时，开临时法庭公开言词辩论，出席职员如左：

审判长推事：孔容照。

书记官：

点呼事件后，到场人如左：

上诉人代理人：成祚律师，彭选三。

被上诉人：王刘氏。

代理人：吴昱恒。

证人：王鼎武。

审判长问：彭选三，年、贯？

答：四十二岁，住陶家乡。

问：你代理何人？

答：王天培、王杨氏、王吴氏。

问：上诉请求及理由？

答：请求废弃原判决，驳回被上诉人在第一审之诉，理由之：王赞廷为王天培的祖父，死于民国二十年三月廿日（古历）（国历五月七日），生一子一女，即天培之父，名世成，女名玉极，现已死，然遗有子女，世成生一子二女，子名王天培，女名天淮、天麟，依民法第一千一百四十四条第一款，王赞廷所遗产业九十石应由天培祖母吴氏、玉极、世成三人各继承三十石，而世成三十石又应由其配偶杨氏、子天培、女天淮、天麟四股平均继承，量天培一股只能分七石五斗，原判判为给付抚养二十四石，为事实上不可能。

问：王刘氏，年、贯，并上诉理由状副本。

答：四十岁，住铜罐驿，我的话请律师说。

律师吴昱恒起立辩论，略谓：上诉人法定代理人王吴氏污蔑被上诉人行为为论于二十一年三月间交被上诉人父亲刘春廷领回，被上诉人生父春廷已于民国二十年古历七月初八去世，有本地保甲可查，何能在二十一年领被上诉人回家之事，王世成死时遗有产四百余石，上诉人王吴氏在原判所自认（卅年五月五日记录），嗣因杨氏、李氏（世成之妻妾）挥霍无度，吸食鸦片，卖去二百余石，尚有谷租一百一十石，土租六十石，前其代理人又诡称只九十石，王吴氏前亦承认有谷租一百石之事，被上诉人为上诉人之直系血亲、尊亲，属乃不争之事，依法定有向杨氏、李氏等而受抚养之义务，上诉人继承遗产谷租一百一十石，土租六十石，每年拨出田谷廿四石交被上诉人收益赡养，并无不合，请驳加上诉云云。

问：（王刘氏）王天培还有姐妹吗？

答：有一姐，未成年，早就死了。

问：王赞廷何时死的？

答：二十年热天里死的。

问：王世成呢？

答：死于十八年冬月十八。

问：（王鼎武），年、籍？

答：五十八岁，住陶家乡。

问：王天培个人（除去其它）可得受的财产多少？

答：九十石田口子，定口只收得四十二石谷，还要上税。

问：他父亲死时有多少租？

答：四百多谷。

问：怎么只剩了九十石了呢？

答：这是王天培一个人可管的，别人不能处。

问：九十石一个未成年的小孩也用不了？

答：他需要教育费。

问：他母亲廿四石抚养不为多？

答：他母亲可以回家过口，不必要抚养。

问：他母亲从廿年就同他祖母及王杨氏等人打起官司，还能回到家里生活吗？你这人不通人情了。

答：（无言）。

审判长谕知两造在外和解。

中华民国三十三年十月十二日
四川高等法院第一分院临时庭

书记官：

审判长：

证人结文（问讯）

今到场为证人，当据实陈述事，决无匿饰增减。此结

证人：王鼎武

中华民国　年　月　日

王刘氏民事声请状

声请人：王刘氏，四十一，巴县人，代收文件处：重庆白象街八十号吴昱恒律师事务所。

为声请准予诉讼救助事。

窃声请人与王天培为请求抚养涉讼，对于原审各市地三十三年度诉字第三十六号民事判决命提供国币五万元担保，始准假执行部分提起上诉在案，本应遵章缴纳审判费，惟声请人自先夫王世成去世后，即被王杨氏、王李氏百计排挤，百计陷害，无以为生，难与生母同居，而举室萧条，朝不保夕，仅靠替人浆洗、缝补以资度日，前于原审进行诉讼时，连执达员二百余元之送达费亦无法交纳，故当庭请求梅推事准由代理律师收转传票，有卷可查，即此一端，足证声请人确属赤贫，委无支出讼费能力，理合声请钧院援照民事诉讼法第一百零七条，准予诉讼救助，不胜沾感。

谨状

四川高等法院第一分院民庭公鉴。

中华民国三十三年十月十七日

具状人：王刘氏

四川高等法院第一分院民事裁定

三十三年度渝声裁字第一七号

声请人：王刘氏，档由吴昱恒律师代收。

右声请人因与王天培请求抚养上诉事件声请救助，本院裁定如左。

主文

本件准予诉讼救助。

中华民国三十三年十月三十一日

四川高等法院第一分院民事临时庭

审判长推事：罗国昌

推事：孔容照

推事：王鸣鸿

本件证明与原件无异。

书记官：
中华民国三十三年　月　日

四川高等法院第一分院送达证书

　　[吴昱恒律师收民国卅三年渝声裁字第一七号王刘氏与王天培请求抚养案裁定正本一件，略。]

送达证书

　　[法定代理人王吴氏、王杨氏及王刘氏、成祚律师、吴昱恒律师分别签收民国卅三年上字第三二九五号与王刘氏抚养案传票，略。]

言词辩论笔录

上诉人：王天培。
被上诉人：王刘氏。

　　右列当事例因抚养上诉事件，经本院于中华民国卅三年十二月廿八日上午八时开临时法庭公开言词辩论，出席职员如左。

　　审判长推事：罗国昌。

　　推事：孔志河。

　　推事：王鸣鸿。

　　书记官：

　　点呼事件后，到场人如左：

　　被上诉人代理人：吴昱恒。

　　审判长问：被上诉人代理人，王世成为王天培何人？

　　律师吴昱恒起立称：王世成为王天培之父。

　　问：王刘氏是否为王天培之亲生母？

　　答：是。

　　问：王死于何时？

　　答：十九年冬月。

　　问：王赞廷死于何时？

　　答：死于二十年。

　　问：上次你代被上诉人主张的上诉人有田租一百一十石，土租六十石，各在何处，何人佃种？

　　答：有石门一处，土十石，石老二佃种，田三十石，王君武佃种；金竹林一处，土十石，

| 921 |

石炳宣佃种，田四十石莫绍林佃种；堰塘湾一处，田三十石，杨炳成佃种；滥草坟一处，土二十石，王大嫂、张口通各种十石，田十石，王大嫂佃种；小朝门一处，土十石，广钟德佃种。共田租一百十石，土租六十石。

问：此产系是王赞廷的还是王世成的？

答：是王世成的，因为他很能干事，所以也能口，有几房妻妾，大买田产，上诉人所提出之遗嘱全属伪造，世成于十九年死，继承法尚未颁行，上项田产应由王天培一人继承，与被上诉人为母子关系，请求抚养实无不合。

审判长谕当应查看上项田产契据，候再传，退庭。

中华民国三十三年十二月二十八日

四川高等法院第一分院临时庭

书记官：

审判长：罗国男

开庭日期律师通知书

第　　号

为通知事，兹有民国卅三年上字第二二九号王天培与王刘氏抚养一案本院定于卅四年三月十二日上午十时在民事第一分院驻渝临时法庭开庭审理。特此通知。

成祚律师

中华民国卅四年元月八日

四川高等法院第一分院驻渝临时法庭书记官

四川高等法院第一分院民事临时庭记录科通知书稿

查王天培与王刘氏抚养上诉事件，状请本院提前示期开庭，根据和约制成和解笔录销案等情，合函通知之期，限于收受本通知后，两告自行舍同利既各解可也，特此通知。

右受通知人姓名：王天培，法定代理人王吴氏，住陶家乡，王刘氏，吴昱恒律师代收。

中华民国三十四年一月　日

书记官：季德

王天培民事声请状

声请人：王天培，法定代理人王吴氏、王杨氏，住巴县陶家乡石堡寨，王刘氏，住重庆白象街八十号吴昱恒律师事务所代收文件。

为案经和解，检呈和解合约一份，状请提前示期开庭，制成和解笔录销案事：

窃声请人等因抚养涉讼上诉一案，蒙钧院定期本年三月十二日开庭审理在卷，惟双方系属骨肉之亲，特请凭戚族到场调处息争，立有和解合约，各执为据。兹谨检呈和解合约一份，状请钧院准予提前示期开庭，根据合约制成和解笔录销案，无任感祷。

谨状

证物：附呈和解合约一纸。

四川高等法院第一分院民庭公鉴。

中华民国三十四年元月二十日

具状人：王天培

法定代理人：王吴氏、王杨氏、王刘氏

和解合约

立和解合约人：王刘氏（以下称甲方）。

王天培、王吴氏（以下称乙方）。

双方因抚养问题涉讼，已上诉四川高等法院第一分院在案，今凭族戚到场调解，双方愿意息讼，议定条款如左：

（一）乙方愿提出谷田石朝门十石，乱草坟十石（老量）房屋半向交甲方掌管，收益作为每年抚养费用，并交付国币二万元以补偿甲方诉讼损失。

（二）甲方对于前项谷田除掌管收益外，不得以片向意思私行变卖。

（三）乙方在甲方掌管前项谷田以作抚养费期间，亦不得就该管田有所处分。

（四）甲、乙双方于和解签约及田谷交割后，即检同和解合约一份，呈请法院制成和解笔录销案。

合约一式三纸，除检呈法院一纸外，甲、乙双方各执一纸存。

证明人：杨国光、杨子蔚、廖兴智、刘戒之、彭选三、王有顺、王永丰、王南异、王锡久、王久玉、王雅昌笔。

中华民国三十四年二月七日

立和解合约人：王刘氏、王天培

法定代理人：王吴氏

四川高等法院第一分院书记室公函

渝良字第二四二八号

查本院受理三十三年度上字第三二九号王天培与王刘氏抚养上诉事件，业经判决确定，相应检同卷宗等件函送，即请查收为荷！

此致！

重庆实验地方法院书记室

计送本院卷二宗，原审卷壹宗，证物六件。

中华民国三十四年九月十七日

书记官：　印

67. 罗李氏诉罗炳云要求分割财产案

原告罗李氏诉状

原告罗李氏，六十八，巴县人，住白市驿观音阁侧陈家纸厂，居家。
被告罗炳云，四十六，巴县人，住白市驿罗家上湾二十保，农。

为欺孤灭寡生活无着，依法缴费，恳予判令分拆产业事：

窃氏与被告有产业一股，面积六石余，为被告占据。氏前以霸产绝生等词字诉于钧院刑庭，沐奉裁定载明，令饬被告请凭族人将全部产业作两股与氏平均分派。氏已遵令已于一月二日邀请族戚到场分拆产业时，不料被告竟阳奉阴违，隐匿不面。氏此时无法可设，只得将到场族戚成立笔录一纸以资证明（笔录审呈）。是此，该被告心怀叵测，蓄意霸产无疑。惨氏孤苦无依，生活断绝，莫奈伊何。只得泣恳钧院鉴核，讯传被告到案质讯，明确判令分拆产业，并担负一切诉讼费用，如蒙允准，沾感。

谨状

计照面积田业三石，估三万元缴纳讼费。

证人：陈志远、罗炳章

证物：笔录一纸审呈

中华民国三十四年元月十三日

具状人：罗李氏

重庆实验地方法院民事送达证书

书状目录：分割财产一案传票一件。

受送达人：原告罗李氏。

受送达人署名盖章，若不能署名盖章或拒绝者，应记明其事由：罗李氏。

送达日期：卅四年元月廿四日。

中华民国卅四年元月廿四日

执达员：邱经伟

[同日罗炳云签收传票的送达证书略]

讯问笔录

原告：罗李氏。

被告：罗炳云。

证人：陈志远。

右列当事人因分割产业案，经本院于中华民国三十四年二月十七日午前时开民事法庭，出席职员如左：

审判长推事：梅玉明。

书记官：蒲家英。

点呼右列当事人入庭，书记官朗读案由。

问：原告，年住等？

答：六十八岁，住白市驿观音阁陈家纸厂。

问：被告，年住等？

答：四十六岁，住白市驿罗家上湾。

问：原告，你告被告何事？

答：要他将上湾地房与我平均分割。

问：这股产业是何人的？

答：是老人遗留下来的。

问：被告，原告是你什么人？

答：是我婶娘。

问：这上湾地方好多田面？

答：三石多点。

问：是你老人遗留下来的吗？

答：是的。

问：你父辈几弟兄？这地方分过没有？

答：我父辈两弟兄，三姐妹，一概没有分过家。

问：这地方现在是你在放佃吗，佃户叫什么名字？

答：现在是我在放佃，佃户叫邓炳云。

问：你愿意将这地方分一半给她否？

答：我愿意分一半给她，不过安葬老人拉得有账，有两万多元，这也要和她平摊。

问：原告，这上湾地方有多少田面？有证明否？

答：有七石田面，他娘娘知道，请传讯。

问：陈志远，年住等？

答：五十岁，住白市驿，做杂糖生意。

问：你与原、被告有亲否？

答：和原告是亲家。

推事谕知作证义务及伪证处罚谕具结附卷。

问：你证明何事？

答：原告曾请凭族戚，与被告分割产业，被告匿不出面，被告前在刑庭是承认分三石给原告，上湾田原有七石田面，被告说只有三石多点，不确实。

推事谕知本案候传证再讯，当庭宣期三月十三日上午九时，下次被告带分割佃约到案。

中华民国三十四年二月十七日

重庆实验地方法院民事庭

书记官：蒲家英

推事：梅玉明

证人结文（问讯）

今为钧院　卅四　年度　字第　五十二　号一案到庭作证，所为陈述均系真实，绝无匿饰增减，如有虚伪，当负法律罪责。

此上

重庆实验地方法院

具结人：陈志远（押）

重庆实验地方法院民事送达证书

书状目录：民国卅四年诉字第五十二号分割财产传票一件。

受送达人：原告刘罗氏。

受送达人署名盖章，若不能署名盖章或拒绝者，应记明其事由：刘罗氏未在家，由其被告代收负责转交。

非交付应受送达人之送达应记明其事由：罗炳云。

送达处所：白市驿廿七保罗家上湾。

送达方法：

送达日期：卅四年二月廿五日。

中华民国卅四年二月廿二日

执达员：杨

罗李氏关于诉讼代理人的委任书

状新编号民字一一一二号

具委人：罗李氏，六十八，巴县人，住白市驿观音阁侧陈家纸厂，居家。

被委人：陈志远，四十六，同前。

为年迈多疾，不能赴质，声请委任准予代理事。

缘氏告罗炳云分割财产一案，二月十七日庭谕双方自行来案复讯。无如氏已当庭声明，特委由陈志远到案代理各节，是以依法声请钧院鉴核，俯准为人代理，沾感。

谨状

中华民国三十四年三月十三日
具状人：罗李氏

讯问笔录

原告：罗李氏。

代理人：陈志远。

被告：罗炳云。

右列当事人因分割产业案，经本院于中华民国三十四年三月十三日午前时开民事法庭，出席职员如左。

审判长推事：李懋。

书记官：蒲家英。

点呼右列当事人入庭，书记官朗读案由。

问：原告，年住等？

答：六十八，住白市驿镇第二保。

问：你请求如何判呢？

答：要分三石斗产业，地名罗家湾，田房各分一半。

问：这产业是何人的？原告丈夫何时死的？她有子女否？

答：是原告父亲遗留下来的，原告丈夫死在他父亲以后，原告有女，嫁在陈家，原告与其女儿从未分过家，被告还有个弟弟，现尚在。

问：这产业是何人的？你祖父、父亲、叔父各是何时死的？

答：是我祖父的产业与房子，田面二三石，祖父是民〔国〕十八年死的，我父亲是民〔国〕二十四年死的，叔父是死在祖父以后，原告无儿有女，我母亲也死了，我还有弟弟，父辈两弟兄均死了。

问：你愿分与她否？分关带来否？

答：是愿分，不过账也要分。分关早拿去抵押借款了。

推事谕知本案辩论终结，定三月十九日下午四时宣判，闭庭。

中华民国三十四年三月十三日
重庆实验地方法院民事庭
书记官：蒲家英
推事：李懋

宣判笔录

原告：罗李氏。

代理人：陈志远。

被告：罗炳云。

当事人因分割产业案，经本院于中华民国三十四年三月十九日下午四时，在本院民事法庭公开宣判，出席职员如下：

推事：李懋。

书记官：蒲家英。

点呼事件后，推事起立朗读判决主文，并口述判决理由及要领。

中华民国三十四年三月十九日

重庆地方法院民事庭

书记官：蒲家英

推事：李懋

重庆实验地方法院民事判决书

三十四年度诉字第五一号

原告：罗李氏，六十八，巴县人，住白市驿观音阁侧陈家纸厂。

诉讼代理人：陈志远，同前。

被告：罗炳云，四十六，住白市驿二十保。

当事人间因分割遗产事件本院判决如下：

主文

原告之诉驳回，诉讼费用由原告负担。

事实

原告代理人声明，请求判令被告将罗家湾田土房屋分割一半交与原告管业。其陈述略称：罗家湾田业七石及所砌房屋，系原告之翁所遗产业，翁死多年，原告之夫去世较晚。被告为原告之侄女，霸占全部产业，不予分割，应请判决如声明云云。

被告声明，请求驳回原告之诉。其答辩略称，原告为被告之婶母，讼争田业虽为被告祖父所遗，但因祖父之死欠账甚多，原告只享权利不尽义务，应请驳回其诉云云。

理由

查本件讼争田业，为原告之翁即被告之祖父之产业，该被继承人共有两子，一为原告之夫，一为被告之父，均在被继承人死亡之后死亡。惟原告尚有一女适陈姓，被告亦有一弟，现在生存。而讼争田房迄未分割，是两造原告之女及被告之弟四人，对此项遗产后系取得公同共有之权利。原告如有所主张，应一同起诉或被诉方合当事人适格要件。本件原告之诉于当事人适格要件显有欠缺，从而其请求即不能认为有理由。

据上论结，原告之诉为无理由，应予驳回，并依民事诉讼法第七十八条判决如主文。

中华民国三十四年三月十七日

重庆实验地方法院民事第一庭

推事：李懋

书记官：蒲家英

如不服本判决，应于送达收受后二十日内向本院提起上诉书状。

重庆实验地方法院民事送达证书

书状目录：民国卅四年诉字第五十一号分产案判决一件。

受送达人：原告罗李氏，代理人陈志远。

受送达人署名盖章，若不能署名盖章或拒绝者，应记明其事由：罗李氏（陈志远代收）。

送达日期：卅四年四月十三日。

中华民国卅四年四月九日

执达员：刘祖光

[同年四月十一日罗炳云签收判决的送达证书略]

重庆实验地方法院刑事裁定

三十三年度实字第三三二号

自辩人：罗李氏，女，六十八，帮工，住白市驿观音阁陈家老纸厂。

被告：罗炳荣（即树清），四十六，农，住白市驿二十保。

被告因侵占案件本院裁定如下：

主文

罗炳荣无罪。

理由

本件 诉 略称"被告与自诉人系叔侄关系，原有田业数亩。在自诉人之夫未亡前，即已同受权益。嗣余夫病故，该业全部为被告所占，为此提起自诉，请求依法治罪"等。查其所述，纯系析产纠纷，讯据被告既不否认自诉人之所有权，又自愿凭中分割田产，显无侵占之意图可言，可依民事程序诉请判决，被告不负有刑事罪责，应予谕知。

据上论结，应依非常时期刑事诉讼补充条例第十三条第一项第四款裁定如主文。

中华民国三十三年十一月二十五日

重庆实验地方法院刑事庭

推事：周汉勋

书记官：罗浅贤

68. 王沛仁诉王刘氏要求分割遗产案

民事起诉状

原告：王沛仁，四十四岁，本市人，住小龙坎黄葛湾四十六号。

被告：王刘氏，本市人，住小龙坎黄葛湾四十六号。

为诉请分割遗产事。

（甲）诉之声明：

（一）请求判令两造间对于王哲夫所遗黄葛湾田土一股、房屋半向、又坐屋半向、小龙坎街上铺房三幢、杨家沟永义厚炭石股权三股、土主场水口湾同昌炭厂股权四股等财产，各分割二分之一。

（二）诉讼费用由被告负担。

（乙）事实及理由：

窃原告于光绪年间甫七岁时，由王哲夫立为嗣子，为最高法院判决认定之事实，虽王哲夫死亡于民国二十七年二月间，在民法继承篇施行以后，但依该篇施行法第七条所载民法继承篇施行前所立之嗣子对于施行后开始之继承，其继承顺序及应继分与婚生子女同之规定，足见原告对于王哲夫所遗财产有继承权。况原告曾对被告提起交付王哲夫遗产契约之诉，经钧院二十七年八月二十九日判决，主文明载"王哲夫生前遗产契约，应由原告与被告共同保管"。业经第三审判决确定在卷，更足证明原告对于王哲夫所遗财产有二分之一继承权毫无疑问。况原告既系王哲夫生产所立嗣子，并非被告之养子，虽被告曾经提起终止养子关系之诉，亦经判决确定，但对于原告为王哲夫嗣子之身份，及王哲夫死后遗产之应继毫无影响，实甚明显。乃被告竟将王哲夫所有遗产契约，概不交出共同保管，并对于每年之收益完全把持浪费，若不请求分割，原告难免遭受重大损害。为特照全部财产二分之一应值法币一百三十万元标的缴纳裁判费用。状呈钧院鉴核，请求如前开声明之判决。实为德便。

谨呈

地名：黄葛湾田土一股、房屋半向，计租谷十五石，估价一百六十万元；

小龙坎街上房屋三幢，每幢估价二十万元，共六十万元；

坐屋半向，估价二十万元；

杨家沟永义厚炭厂股权三股，原股本每股六百元，照一百倍计算，值十八万元；

土主场水口湾同昌炭厂股权四股，因系废厂，值二万元；

共计全部应值价金二百六十万元，二分之一即一百三十万元。

证物最高法院及高一分院判决各一件（审呈）。

重庆地方法院民庭公鉴。

中华民国卅四年七月二十五日

具状人：王沛仁

送达证书

书状目录：民国卅四年诉字第九六一号分割遗产案送达传票乙件、缮本乙件。

受送达人：被告王刘氏。

受送达人署名盖章，若不能署名盖章或拒绝者，应记明其事实：王刘氏押。

送达处所：小龙坎黄葛湾四六号。

送达日期：卅四年八月七日。

中华民国卅四年八月二日

执达员：彭哲之

[同年八月五日胡文律师、八月七日王沛仁签收产品的送达证书二份略]

民事委任状

委任人：王沛仁，籍贯巴县，住小龙坎。

受任人：胡文律师。

为与王刘氏分割遗产之诉一案，特委任胡文律师为诉讼代理人。

谨呈

重庆实验地方法院民庭公鉴。

中华民国卅四年七月二十五日

具状人：王沛仁

民事委任状

委任人：王刘氏即王刘哲良，籍贯本市，住小龙坎黄葛湾四十六号。

受任人：陈述虞律师。

为委任代理事。窃民因王沛仁请求分割遗产涉讼一案兹委任律师陈述虞为诉讼代理人，其一切权限悉依法律规定。合具委任状为证。

谨状

重庆实验地方法院民庭公鉴。

中华民国三十四年八月十日

具状人：王刘氏即王刘哲良

笔录

原告：王沛仁。

被告：王刘氏。

右列当事人因分割遗产案，经本院于民国卅四年八月十日午前开民事一庭，出席职员如左。

审判长推事：朱念慈。

书记官：首轫。

点呼右列当事人入庭，书记官司朗读案由。

问：王沛仁代理人诉之声明？

答：请求判令对于王哲夫所遗黄葛湾田土一股、房屋半向又坐屋半向、小龙坎街上铺房三幢、杨家沟永厚义炭厂股权三股、土主场水口湾同昌炭厂股权四股等财产各分割二分之一。并请求诉讼费由被告负担。

事实与理由详呈状所载。

问：王沛仁你是王刘氏有何关系？

答：她是我的姨母，是王哲夫的妾，我是王哲夫的嗣子。

问：王哲夫还有何人？

答：只有我与王刘氏二人。

问：被告代理人请求驳回原告之诉，并由原告负担诉讼费用，因原告请求分割遗产，须先确认王沛仁嗣子身份，关于王沛仁的嗣子身份曾经最高法院判决废弃其嗣子身份，所以原告无继承权利。原告之请求分割遗产为无理由。

原告代理人称：关于原告嗣子身份，被告亦曾承认自有继承权。自王哲夫十七年逝世后王沛仁即取得继承权。又被告称已有废弃之诉，然原判决仅为废弃王刘氏与王沛仁养子关系。盖王沛仁□□即为王哲夫嗣子。斯时王刘氏当未为王哲夫妻，所以王沛仁仍有嗣子身份，被告之抗辩自为无理。

问：代理人王刘氏是王哲夫的妻吗？

答：经第二审法院确认王刘氏为王哲夫妻。

问：废继之诉是王刘氏与王沛仁废弃养子身份吗？

答：判决是废止原告与被告养子关系。然判决当时仅有养子名而无嗣子名，且该法律虽经废止，王沛仁自无嗣子身份。

问：（被告代理人）关系财产有无问题？

答：关于分割财产部分已无问题。

问：废继之诉何时提起？

答：在二十九年提起的。

问：废继之诉如何判决？

答：废继之诉第三审驳回，依照第一审原判决。

问：王刘氏现财产归谁管？

答：契约归我管。

庭谕辩论终结，定本月十五日宣判。

中华民国卅四年八月十日

书记官：首轫

推事：朱念慈

宣判笔录

原告：王沛仁。

被告：王刘氏。

右当事人间分割遗产事件，于中华民国卅四年八月十五日上午十一时，在本院民事法庭公开宣判，出席职员如左。

推事：萧树勋。

书记官：谢□秋。

点呼事件后，推事起立朗读判决主文并口述判决理由之要领。

中华民国卅四年八月十五日

重庆地方法院民事庭

书记官：谢□秋

推事：萧树勋

重庆实验地方法院民事判决

卅四年度诉字第九六一号

原告：王沛仁，住黄葛湾四十六号。

诉讼代理人：胡文律师。

被告：王刘氏，住同上。

诉讼代理人：陈述虞律师。

右当事人因分割遗产事件，本院判决如左：

主文

被告应将王哲夫所遗黄葛湾田土一股、房屋半向、又坐屋半向、小龙坎街上铺房三幢、杨家沟永义厚炭厂股权三股、土主场水口湾同昌炭厂股权四股等财产分割二分之一与原告管业。诉讼费用由被告负担。

事实

原告及代理人声明求为如主文之判决。其陈述略称：原告于光绪年间年甫七岁时，即由王哲夫立为嗣子，已为最高法院判决认定之事实。王哲夫于民国二十七年二月间身故，依法对于其遗产有继承之权。讵被告王刘氏把持全部遗产，反诉请与原告脱离养子关系，曾经判决脱离养子关系。然原告对于王哲夫遗产之继承权合法。故特诉请如声明云云。

被告及代理人声明，求为驳回原告之诉之判决。其陈述略称：原告虽为王哲夫之嗣子，然与被告业已终止养子关系，经最高法院判决在案，是原告已因养子之终止不能有继承之权。应请依法判决云云。

理由

本件原告为王哲夫之嗣子，经最高法院判决认定，且亦为被告所不争。王哲夫于二十七年死亡，依民法继承篇施行法之规定，自有继承王哲夫遗产之权。被告抗辩谓原告与被告间之养子关系业经判决确定终止，自不得再行继承王哲夫财产云云，显属违误。按原告与被告有终止养子关系之判决，则仅被告之财产自终止后不得再由原告继承而已，并不影响原告对于王哲夫之遗产继承问题，是属明确。从而原告请求与被告分割该项遗产，不得认为无理。原告主张应分所遗产业数目，被告亦未有所争执。自当据以作为判决之基础。

据上论结原告之诉为有理由，应予照准。令依民事诉讼法第七十八条判决如主文。

中华民国三十四年八月十五日

院衔民事第一庭

推事：朱念慈

送达证书

书状目录：民国三十四年诉字第九六一号分割遗产案送达判决壹件。

受送达人：原告王沛仁。

受送达人署名盖章，若不能署名盖章或拒绝者，应记明其事实：王沛仁押。

送达处所：黄葛湾四十六号。

送达日期：卅四年十月十二日。

中华民国三四年十月九日

法警：王伯卿

[同日王刘氏签收判决的送达证书略]

重庆实验地方法院书记室公函

民亨字第四一六号

案查王沛仁与王刘氏分割遗产一案，业经本院依法判决送达在卷。兹据王刘氏于法定期间内具状提起上诉到院，相应检齐卷证函送贵室查收核办。

此致

四川高等法院第一分院书记室

计函送卷乙宗上诉状裁定及回证各一件

中华民国卅五年一月十七日

民事声明上诉状

上诉人：王刘氏即王刘哲良，住小龙坎黄葛湾四十六号。

被上诉人：王沛仁。

为判决违法声明上诉以资救济事。

窃声明人与王沛仁因请求分割遗产涉讼一案，奉钧院三十四年度诉字第九六一号判决，查其内容关于适用法律，委属见解偏僻，以致裁判颠倒，铸成大错，自难昭示折服。特于法定期间声明上诉。即乞检卷申送上级法院审核改判，以资救济为要。至于第二审裁判费计数若干，并请迅予裁定示知，俾便遵缴。合并陈明。

谨状

重庆实验地方法院民庭公鉴。

中华民国三十四年十月十五日

具状人：王刘氏即王刘哲良

重庆实验地方法院民事裁定

三十四年度诉字第九六一号

上诉人：王刘氏，住小龙坎黄葛湾四十六号。

右上诉人与王沛仁因分割遗产事件，不服本院第一审判决提起上诉，应缴裁判费国币一万九千五百元，未据缴纳。其上诉状亦未依民事诉讼法第四百三十八条表明上诉理由。兹限该上诉人于收受本裁定时起十日内，向高一分院驻渝临时庭如数补缴。如逾期尚未遵行第二审法院即行驳回上诉。切勿违延自误特此裁定。

中华民国三十四年十一月一日

重庆实验地方法院民事第一庭

本正本证明与原本无异。

推事：蒋大杓

书记官：首轫

中华民国三十四年十一月

送达证书

书状目录：民国三四年度诉字第九六一号分割遗产案送达裁定壹件。

受送达人：上诉人王刘氏。

受送达人署名盖章，若不能署名盖章或拒绝者，应记明其事实：王刘氏。

送达日期：卅四年十一月十二日。

中华民国三四年十一月八日

法警：周口燧

送达证书

送达法院：四川高等法院第一分院。

应送达之文书：民国卅五年上字第二十六号与王刘氏分割遗产传票一件、上诉缮本一件。

应受送达人：被上诉人王沛仁。

受送达人署名盖章，若不能署名盖章或拒绝者，应记明其事实：王沛仁押。

送达日期：卅五年元月二十八日。

中华民国卅五年元月二十五日

送达人：王济世

［同日王刘氏签收传票的送达证书略］

民事声请状

声请人：王沛仁，籍贯本市，住小龙坎黄葛湾。

上诉人：王刘氏。

为对于王刘氏因分割遗产上诉事件，声请宣告假执行事。

本件遗产之被继承人王哲夫于民国二十七年死亡，声请人对于其遗产与上诉人各有二分之一继承权为最高法院判决确定之事实。虽上诉人于事后提起终止收养关系之诉，但对于声请人应继承遗产二分之一部分，实不发生丝毫影响，若本件不于判决确定前执行，倘上诉人对于不动产有处分与典当情事，及租谷租金并永利厚，煤厂之利润收入等，均有难于计算或难于抵偿之损害。谨依民诉法第四百五十四条规定声请均院鉴核，准予就原判决宣告假执行。

谨呈

四川高一分院民庭公鉴。

中华民国卅五年三月六日

具状人：王沛仁

民事理由状

上诉人：王刘氏即王刘哲良，籍贯巴县，住小龙坎黄葛湾。

被上诉人：王沛仁。

为与王沛仁因请求分割遗产事件上诉一案谨具陈上诉理由，恳予废弃原判决，驳回被上诉人在第一审之诉，以维法益为幸。

按原判决论旨，一则曰原告为王哲夫之嗣子经最高法院判决确定，是为被告所不争，王哲夫于民国二十七年死亡。依民法继承篇施行法之规定，自有继承王哲夫遗产之权。再则曰原告与被告虽有终止养子关系之判决，则仅被告之财产自终止后，不得再由原告继承而已，并不影响原告对于王哲夫之遗产继承问题。从而原告请求被告分割该项遗产，不得认为无理云云。此种法律见解，直为断章取义，浅陋已极，殆不知终止养子关系即为废继承成立，更不知嗣子身份与继承财产有不可分离之关系，因而大错特错。堪以发噱也。兹请申论之如次：

窃上诉人为王哲夫之妻，被上诉人为王哲夫之嗣子，关于两造之身份，各有确定判决在案。上诉人对于被上诉人以嗣母之身份，请求废继，亦经终审判决确定，采用民法亲属篇关于终止养子女收养关系之法理，准予终止养子关系在案。此三者均属铁案不移。今该被上诉人妙想天开，复诉请分割遗产，是则应行审究之点，厥惟废继成立，判决确定，其遗产继承权是否因身份消灭而随之丧失，换言之，即上诉人与被上诉人间终止养子关系之确定判决，是否影响被上诉人之遗产继承权而已。查最高法院十七年上字第九七号判例载"继子不得于所后之亲，听其告官别立，所谓所后之亲者，自包括继母而言，故父所立之子，于父故后若继母即不相能，其继母当然有废继别立之权"。又二十二年上字第九零五号判例载"在民法亲属篇施行前所立之嗣子女，于民法亲属篇施行后如发生废继之情形，自应采用民法亲属篇关于终止养子女收养关系之法理，以断定其继嗣之应否撤销"各等语。据此本件上诉人为王哲夫之妻，被上诉人为王哲夫之嗣子。王哲夫于民国二十七年死亡后，该被上诉人逞其枭獍之性，对于上诉人肆行伤害，妄加侮辱，上诉人迫不得已，始提起废继之诉。荷蒙层审明察，准予终止养子关系，业经判决确定在案。其判决理由栏内并经引述前判例说明其继嗣之应行撤回，判决具在，可以复按。废继成立了无问题，该被上诉人原有之嗣子身份当然受确定判决之拘束，已不复存在何等明了，乃原判决谓终止养子关系之判决并不影响被上诉人对于王哲夫遗产之继承问题，实为大惑莫解，岂废继判决之效力止对于继母存在，而不及于嗣父有是理乎？又查最高法院民国十七年上字第二三八号判例载"继子身份与所继财产有不可分离之关系，继子经废继，财产当然随之丧失，不得主张仍有所有权"等语。此本件被上诉人为王哲夫之嗣子，王哲夫死于民国二十七年固属不争之事实，依照民法继承篇施行法第七条之规定，自有继承遗产之权，但上诉人经起废继之诉，既经判决成立，臻于确定，则被上诉人对于王哲夫之嗣子身份已不存在，对于王哲夫之遗产，究安有主张继承之余地？原判决谓被上诉人与上诉人间终止养子关系之判决，仅为上诉人之财产自终止后不得再由被上诉人继承。显然不明废继判决之效果，而与上述判例大相违背，宁非滑稽之至耶。

基上论结，原判决偏颇不当，彰彰明甚。伏乞钧院明察，判决予以废弃，并将被上诉人在第一审之诉驳回，俾资纠正而维法益无任祈感。谨状

四川高等法院第一分院民庭公鉴。

中华民国三十五年三月十二日

具状人：王刘氏即王刘哲良

民事委任状

委任人：王刘氏即王刘哲良，籍贯巴县，住小龙坎黄葛湾。

受任人：陈述虞律师。

为委任代理人事。

窃民与王沛仁因请求分割遗产事件上诉一案，兹委任陈述虞律师为诉讼代理人有为一切诉讼行为之权。

谨状

四川高等法院第一分院民庭公鉴。

中华民国三十五年三月十二日

具状人：王刘氏即王刘哲良

民事委任状

委任人：王沛仁，籍贯本市，住小龙坎黄葛湾。

受任人：胡文律师。

为对于王刘氏因分割遗产上诉事件，特委任律师胡文为诉讼代理人。

谨呈

四川高一分院民庭公鉴。

中华民国卅五年三月十三日

具状人：王沛仁

言词辩论笔录

上诉人：王刘氏。

被上诉人：王沛仁。

右当事人间分割遗产上诉事件，经本院于中华民国卅五年三月十三日上午九时，在本院第　法庭公开言词辩论，出庭推事书记官如左：

审判长推事：王鸣鸿。

推事：殷世新。

推事：李侠平。

书记官：李达同。

点呼事件后，到场人如左：

上诉人代理人：陈述虞律师。

被上诉人：王沛仁。

诉讼代理人：胡文律师。

问：王沛仁，年籍等项？

答：四十四岁，住小龙坎黄葛湾四十六号。

问：上诉人代理人为何声明及其理由陈述？

陈述虞律师起称：请求废弃原判决，驳回被上诉人在第一审之诉，并判令负担第一、二两审诉讼费用。本案事实并无争执，完全是法理问题：上诉人是王哲夫之妻，被上诉人是王哲夫之养子，关于终止养子关系曾于民国二十九年一月四日经重庆地方法院二十八年诉字第八十九号确定判决，其主文：被告与原告之养子关系应予终止，被上诉人既因废继，不是上诉人之嗣子，被上诉人何能请求分割遗。其废继现已成立，被上诉人即丧失其继承遗产权利。最高法院十七年上字第九七号及二十二年上字第九零五号判例（详理由书）前者是继母有废继别立之权。后者亦以采用民法亲属篇施行前所立之嗣子女发生废继情形，关于终止养子收养关系自应采用民法亲属篇施行后之法理。两造间之继嗣既经确定判决终止关系，被上诉人自应受其拘束。原判实有未当，请如声明而为判决。

问：被上诉人代理人如何答弁［辩］？

胡文律师起称：请求驳回上诉并宣告假执行。上诉人所持上诉之唯一理由，不外以与被上诉人经确定判决终止收养关系不能取得继承权，殊不知被上诉人是上诉人之夫王哲夫立之嗣子，经立嗣后被上诉人即取得继承权，其继承财产自系从被继承人死亡之时开始。民国二十七年王哲夫死后，被上诉人即已开始取得该产业之所有继承权。上诉人王刘氏虽谓有废继之确定判决，这是应该有分别的，该判决并不影响被上诉人之继承权，其所请求分割王哲夫遗产，自属正当，至上诉代理人引用之判例，并不影响被上诉人之请求。请如声明判决，并依民事诉讼法第四百五十四条宣告假执行。

问：上诉人代理人对假执行如何答弁［辩］？

陈述虞律师答称：被上诉人之答弁［辩］为无理由。上诉人确信□□诉之判决，请求驳回其假执行之声请。

右笔录经当庭朗读无讹。

审判长宣言：本案弁［辩］论终结，定于本月十六日下午四时宣判，谕毕退庭。

中华民国卅五年三月十三日

四川高等法院第一分院民事第四庭

书记官：李达同

审判长：王鸣鸿

民事答辩状

答辩人：王沛仁，籍贯本市，住小龙坎黄葛湾。

上诉人：王刘氏。

为因分割遗产事件王刘氏对于重庆实验地方法院三十四年八月十五日判决不服提起上诉一案谨具答辩事。

本件上诉人所持为上诉理由，无非谓上诉人与答弁［辩］人之收养关系经判决终止，根据判例应丧失继承权而已。殊知民事法律所未规定者依习惯，无习惯者依法理，民法第一条着有明文。上诉人所引用之判例不过为民法有前之法理，自民法施行以后关于此种事项，在法律上已有明文规定者，自无适用之余地。查民法第一千一百四十七条继承因被继承人死亡而开始，又继承篇施行法第七条民法继承篇施行前所立嗣子对于施行后开始之继承，其继承顺序及应继承分与婚生子女同。答弁［辩］人为被继承人王哲夫生前在民法继承篇施行前所立之嗣子，有最高法院二十八年度渝上字第一三六五号确定判决可据，且为上诉人所不争之事实。依上开法律规定被继承人王哲夫于民国二十七年死亡时，答弁［辩］人即与上诉人共同继承其遗产而为公同共有人。答弁［辩］人既合法取得公同共有权，决非上诉人所得利用终止收养之判决而推翻其效力。答弁［辩］人根据公同共有权利而请求分割王哲夫之遗产自系合法。乃上诉人忽视法律明定，谬引过去已失效之十七年判例理由而为主张，实属显无理由，至其所引二十二年上字第九〇五号判例更与本件不相干连，盖此项判例为保护嗣子之权利，并非保护嗣母之权利，因过去法律嗣子不得于所后之亲，准其告官别立，所谓不得于所后之亲，只凭其亲之主观认定即为已定，而于嗣子权利则无丝毫之保障，故本号判例采用民法第一千零八十一条所列举之客观事实较正其先而寓保护嗣子之意，即本号判例亦可见与民法施行前判例之精神不同。上诉人何谓籍民法施行前之判决例而为上诉理由耶？至上诉人主张收养关系终止一节，其主文明明载明上诉人与答弁［辩］人之收养关系终止，并非答弁［辩］人与王哲夫之收养关系终止，此种判决效力当然只能解为答弁人对于上诉人之财产无继承权，而不能为答弁［辩］人对于王哲夫之遗产无继承权，原判已有释明，兹不复赘。基于答弁［辩］，敬请驳回上诉，并就维持原判部分宣告假执行。

谨状

四川高一分院民庭公鉴。

中华民国卅五年三月十四日

具状人：王沛仁

宣示判决笔录

上诉人：王刘氏。

被上诉人：王沛仁。

右当事人间分割遗产事件，经本院于中华民国卅五年三月十六日下午四时在本院第 法庭公开宣示判决，出庭推事书记官如左。

审判长推事：王鸣鸿。

推事：殷世新。

推事：李侠平。

书记官：李达同。

点呼事件后到场当事人如左。审判长起立朗读判决主文并告知理由。

中华民国卅五年三月十六日

四川高等法院第一分院民事第四庭

书记官：李达同

审判长：王鸣鸿

四川高等法院第一分院民事判决

三十五年度上字第二十六号

上诉人：王刘氏，住黄葛湾四十六号。

诉讼代理人：陈述虞，律师。

被上诉人：王沛仁，住黄葛湾四十六号。

诉讼代理人：胡文，律师。

右当事人间分割遗产事件，上诉人对于中华民国三十四年八月十五日重庆实验地方法院第一审判决提起上诉，本院判决如左。

主文

上诉驳回；原判决分割并交付产业部分应予假执行；第二审诉讼费用由上诉人负担。

事实

上诉人代理人声明求废弃原判决驳回被上诉人第一审之诉。被上诉人及其代理人声明求驳回上诉并请宣告假执行。其余应记事实与第一审判决书所载者同。兹依民事诉讼法第四百五十一条引用之。

理由

本件被上诉人为上诉人之夫王哲夫于民国七年所立之嗣子。王哲夫已于民国二十七年死亡为双方不争之事实。依民法继承编施行法第六条之规定被上诉人对王哲夫之遗产应有继承权利即属毫无疑问。上诉人与被上诉人间虽经民国二十七年法院判决养母子关系应行终止，但此项判决之效力仅在于双方之养母子关系从此终止，被上诉人为王哲夫之嗣子身份并不因而消灭。王哲夫死于民法继承编施行以后，被上诉人对王哲夫遗产所取得之继承权利尤属不受影响。上诉人持继承编施行前已为今日所不适用之判例为攻击论据自无可采。王哲夫死后除上诉人与被上诉人外别无其它继承人，王哲夫遗有黄葛湾田土一股房屋半向又坐屋半向、小龙坎街上铺房三幢、杨家沟永义炭厂股权三股、土主场水口湾同昌炭厂股权四股既为上诉人所不争执。原审判令上诉人应将前开产业分割二分之一交与被上诉人管业即非不当，上诉论旨不能谓为有理由。原判决既经维持被上诉人声请假执行应予照准。

据上论结本件上诉为无理由。假执行之声请为有理由。应依民事诉讼法第四百四十六条第一项第七十八条判决如主文。

中华民国三十五年三月十六日

四川高等法院第一分院民事第四庭

审判长推事：王鸣鸿

推事：李侠平

推事：殷世新

对于本判决如有不服，得于送达正本后二十日内向最高法院提起上诉，至上诉状向本院提出。

书记官：李达同

中华民国三十五年四月二十九日

四川高等法院第一分院书记室公函

三十五年温字第六五〇号

查本院受理王刘氏与王沛仁分割遗产事件，业经本院依法判决送达并宣告假执行在卷。相应检同判决正本一件，函请查照依法办理为荷。

此致

重庆地方法院民事执行处

计送判决正本一件

送达证书

送达法院：四川高等法院第一分院。

应送达之文书：民国卅五年上字第二六号分割遗产案判决正本一件。

应受送达人：王沛仁。

受送达人署名盖章，若不能署名盖章或拒绝者，应记明其事实：王沛仁押。

送达日期：卅五年五月九日。

中华民国卅五年四月二十九日

送达人：唐蔚昌

[同年五月十六日王刘氏签收判决的送达证书略]

四川高等法院第一分院书记室公函

查本院受理三十五年度上字第二六号王刘氏与王沛仁分割遗产事件业经判决，兹据王刘氏于上诉期间内提起上诉，除裁定命其径向贵院缴纳裁判费，并将上诉状缮本送达被上诉人外，相应检同卷宗等件函请贵厅查照办理。此致

最高法院书记厅

计送本院卷一宗原审卷一宗上诉状一件，送达证书一件。

证物五件裁定一件。

上诉声明状

上诉人：王刘氏，巴县人，住小龙坎黄葛湾。

被上诉人：王沛仁。

为声明上诉以资救济事。

窃上诉人与王沛仁因请求分割遗产事件涉讼一案，奉阅钧院本月十八日揭示判决主文开：上诉驳回，原判决分割及交付遗产应予假执行等语，实属违法偏颇难昭折服。特予送达前声明上诉悬予送达判决，即将应缴第三审裁判费数额裁定示知俾利进行。关于上诉之理由一俟判决送达后即当依法补呈。合并陈明。

谨状

四川高等法院第一分院民庭公鉴。

中华民国三十五年三月二十三日

具状人：王刘氏

四川高等法院第一分院民事裁定

民国卅五年度上字第二六号

上诉人：王刘氏，住小龙坎黄葛湾四十六号。

被上诉人：王沛仁，住同右。

右当事人间分割遗产事件，上诉人提起第三审上诉到院，应缴裁判费国币一万九千五百元，未据缴纳，兹限该上诉人于送达本裁定时起十日内，向重庆最高法院如数补缴（汇寄时

准予扣除汇费），并将缴费收据呈送本院查核，如逾期尚未遵行，最高法院即认上诉为不合法，以裁定驳回，切勿迟延自误。特此裁定。

中华民国三十五年四月八日

四川高等法院第一分院民事第四庭

审判长：王鸣鸿

中华民国卅十五年四月八日收领

四川高等法院第一分院书记室：李达同

送达证书

送达法院：四川高等法院第一分院。

应送达之文书：民国卅五年上字第二六号分割遗产上诉一案□□裁定正本一件。

应受送达人：王刘氏。

受送达人署名盖章，若不能署名盖章或拒绝者，应记明其事实：王刘氏。

送达日期：卅五年五月十日

中华民国卅五年四月二十九日

送达人：唐蔚昌

民事上诉状

上诉人：王刘氏，籍贯巴县，住小龙坎黄葛湾四十六号。

被上诉人：王沛仁。

为补陈上诉理由，以供核判事。窃上诉人与王沛仁因请求侵害遗产事件涉讼，不服四川高等法院第一分院中华民国三十五年三月十六日所为第二审判决，已经提起上诉，遵缴裁判费在案。兹特补陈理由，将原判决违背法令之处论述于次。

查民法继承篇施行前所立之嗣子女，对于施行后开始之继承，其继承顺序及应继分与婚生子女同，此为民法继承篇施行法第七条之规定。原判决引用民法继承篇施行法第六条了不相干之规定为根据，已属粗率，显有错误，且此第七条之规定明明在无废继事实之下始有适用之余地。本案被上诉人已经废继成立判决确定，其不得适用该条规定对于王哲夫遗产主张继承权，乃法理解释之当然，毋庸阐述。考钧院二十一年上字第二〇〇九号判例载"凡继承开始在民法继承篇施行前，而无直系血亲卑亲属。如依当时法律有继承权人。对于继嗣关系出而告争，或继承开始在民法继承篇施行后。而在民法继承篇施行前所立之嗣子提起确认之诉，或对其立嗣关系因继承遗产而有所告争者，不论其起诉在该篇施行之前后，法院自应均应依其当时之法律审判"等语。兹所谓依其当时之法律审判，是即不得适用民法继承篇施行法之规定甚为明显。本件被上诉人为民法继承篇施行前所立之嗣子，其继承开始系在民法继承篇施行以后，此为不争之事实。今该被上诉人于废继成立判决确定之后，诉请分割遗产自系对其立嗣关系因继承遗产而有所告争。依照上开判例显然应适用其当时之法律审判，而不得适用民法继承篇施行法之规定，毫无疑问。乃原判竟适用民法继承篇施行法之规定，反谓上诉人持继承篇施行前已为今日所不适用之判例为攻击论据，无可采取，宁非适用法律不当，陷于错误而不自觉？再按，被上诉人既为继承篇施行前所立之嗣子，在民法亲属篇施行后始发生废弃之情形，依照钧院二十二年上字第九〇五号判例自应采用亲属篇关于终止养子女收养关系之法理，以断定其继嗣之应否撤废。原废继诉讼之确定判决即基此以判定，被上诉人继嗣之应行撤废，在其判决理由内叙述甚明。继嗣既经撤销则被上诉人之嗣子身份，即已根本消灭，安得谓此判决之效力仅在于双方之母子关系终止？所有被上诉人对于王哲夫之嗣子身份不因而消灭，然则废弃之意义竟作何解释？上诉人提起废继之诉，得勿多此一举？夫废继判决之性质，实具消灭身份之效力，若谓废继成立之判决，仅为消灭母子间之关系而不能消灭父子之关系，果何异谓天下有无母子之国。征诸旧律守志之归，尚有立嗣之权，嗣母应有废继之权。上诉人既为王哲夫之妻，当然为被上诉人之嗣母。依旧律嗣母既有废继之权，而该被上诉人又系旧律时代所立之嗣子，其于废继判决确认之后，请求分割遗产依据前述二十一年上字第二〇〇九号判例之所昭示，当然适用旧律审判。旧律继子身份与所继财产有不可分离之关系。继子一经废继，则所继财产当然随之丧失，不得主张仍有继承权（见钧院十七年上字第二三八号判例）。顾原判适用法律不当，反指摘上诉人持继承篇施行前已为今日所不适用之判例为论据，不可采取，实属违背法令，颠倒是非，万万难昭折服。基上论结，伏乞钧院俯赐明察，准予废弃原判决及第一审判决，并驳回被上诉人在第一审之诉，俾维法益而儆枭獍，无任纫感。

　　谨状

　　最高法院民庭公鉴。

中华民国三十五年六月

具状人：王刘氏

民事缴状

上诉人：王刘氏，籍贯四川巴县，住小龙坎黄葛湾四六号。

被上诉人：王沛仁。

　　为缴呈裁判费仰祈查收赐据以利进行事。窃上诉人与王沛仁因请求分割遗产事件涉讼不服四川高等法院第一分院所为第二审判决，声明上诉，顷奉四川高等法院三十五年度上字第二十六号裁定，限期十日径向钧院缴纳裁判费国币壹万玖仟伍佰元，汇寄时准予扣除汇费等示。按汇费每百元为玖元伍角应缴裁判费一万九千五百元，除汇费一千八百九十五元二角五分外，实得汇款为一万七千六百另四元七角五分。兹扣除整数一千元实得汇款一万八千五百元。即乞查收，以利进行为幸。

　　谨状

附呈汇票壹纸计金额一万八千五百元

中华民国三十五年五月二十一日

具状人：王刘氏

最高法院书记厅公函稿

民文字第五二三号

　　径启者查王刘氏与王沛仁因分割遗产事件贵室代为送达所有送达证书，并请于送达后函复为荷。

此致

四川重庆地方法院书记室

计函送上诉理由书缮本一件送证一件。

重庆实验地方法院公函

民慎字第一四二三号

案准贵厅公函送达王沛仁上诉理由书缮本一案，业经相应检同送达证一件送请查收为荷。

此致

最高法院书记厅

计送回证壹件

中华民国三十六年三月卅一日

送达证书

送达文件：上诉理由书缮本一件。

受送达人：王沛仁。

送达处所：黄葛湾四十六号。

受送达人签名画押盖章或按指印，若不能或拒绝者，应记明其事实：王沛仁。

收受送达之年月日时：卅六年三月十六日。

民事答辩状

答辩人：王沛仁，籍贯四川省重庆，住小龙坎黄葛湾。

上诉人：王刘氏。

为对于王刘氏因分割遗产事件上诉一案谨陈答辩事。

按民法第一千一百四十七条继承因被继承人死亡而开始，又继承篇施行法第七条，民法继承篇第一千一百四十二条养子女之继承顺序与婚生子女同。查答弁［辩］人为王哲夫之嗣子，已为上诉人不争之事实。被继承人王哲夫于民国二十七年死亡，答弁［辩］人对于王哲夫之遗产自有二分之一继承权，况答弁［辩］人对于王哲夫之遗产与上诉人共同所有，业经钧院判决确定在卷。虽上诉人对于答弁［辩］人有终止养子关系之诉，不惟在继承开始之后，且上诉人并非答弁［辩］人直接收养之人，而又非继承上诉人之遗产。是王哲夫之遗产既未分割答弁［辩］人请求分割公同共有之全部遗产，委无不合。今上诉人引用早经废止而不适用之判例为上诉理由，显难谓合。谨呈鉴核，敬请将上诉驳回，并令负担讼费。

谨状

最高法院民庭公鉴。

中华民国卅六年五月十五日

具状人：王沛仁　押

69. 管炳卿诉管海泉等要求分产案

民事起诉状

状心编号民字四二五四号

原告人：管炳卿，五十岁，巴县人，住磁器口金碧后街十七号，职业命理。

被告：管海泉、管怀林，年不一，巴县人，住青木关第二保管家石堡，农。

为请求分割遗产之事由：谨将诉之声明及理由，开列于左。

（甲）"诉之声明"：

一、请求确认青木关管家石堡田业三石及瓦房乙间半为原告所有。二、被告等应将上项田业房屋返还原告管业。三、诉讼费用归被告等平均负担。

（乙）"事实及理由"：

缘原告弟兄二人，兄名炳和，专以务农为生，原告因业命理，终年谋食四方，卖艺糊口。关于祖遗老业六石，因弟兄情感关系，曾由原告经凭房族，交由胞兄炳和一人耕种，历经有年，并未分析。本年五月炳和去世，被告弟兄二人，即乘原告远居磁镇，竟将此项共有田产，平均瓜分"每人三石"，不但对于死者并不烧灵化帛，更对原告恶言侵犯，完全蓄意侵占原告产权，既为情理难容，尤为法律不许，为此遵章缴费，状恳钧庭鉴察，准将被告等传案讯明，而为如诉之声明之判决，则感德不尽矣！

谨状

诉讼标的：田业三老石约值法币十五万元正。

证人：管元盛、管兴顺

重庆实验地方法院民庭公鉴。

中华民国三十四年十月八日

具状人：管炳卿

征费单

征费机关：重庆实验地方法院。

缴款人：管炳卿。

案号：三十四年度执字第一三五九号。

案由：分割遗产。

标的：一五〇〇〇〇元。

征费数目：国币一千九百五十元。

收费员：重庆实验地方法院收费处。

中华民国三十四年十月八日

重庆地方法院民事案件审理单

管炳卿与管海泉等请求确认所有权案，定于本年十一月十四日下午一时审理，应行通知及提传人如左：

应传：原告管炳卿，住磁器口金碧后街十七号。

被告：管海泉、管怀林，住青木关二保管家石堡。

推事：应杓

十月十一日

重庆实验地方法院民事送达证书

书状目录：民国三十四年诉字第一三五九号确认所有权案送达传票一件。

受送达人：原告管炳卿。

受送达人署名盖章，若不能署名盖章者或拒绝者，应记明其事实：管炳卿。

送达处所：巴县青木乡公所。

送达日期：三十四年十月二十三日下午。

中华民国三十四年十月十四日

法警：黄学陶

重庆实验地方法院民事送达证书

书状目录：民国三十四年诉字第一三五九号确认所有权案送达传票一件、副状二件。

受送达人：被告管海泉、管怀林。

受送达人署名盖章，若不能署名盖章者或拒绝者，应记明其事实：管海泉、管怀林均未在家由同院之戚代收。

于交付受送达之人送达应记明其事由：代收人瞿厚安押。

送达日期：三十四年十月二十日。

中华民国三十四年十月十四日

法警：黄学陶

民事辩诉状

状心编号民字一四三五号

辩诉人：管海泉，三十八岁，籍贯巴县，住青木关第二保管家石堡，农。

管怀林，三十三岁，籍贯巴县，住青木关第二保管家石堡，农。

被呈人：管炳卿。

为蒙蔽虚诬捏控拖累诉请传讯驳回原诉事：缘民因分拆家产被管炳卿控诉一案，已沭钧院准理传讯，应遵曷渎。惟查本件纠纷，兹分两点陈明如下：窃民等先父所有弟兄两房早经分炊各居，不意民等两房于昔请凭亲族以先人所有计不动产田业老量二石，于分割时即由原告需款，折合民之方面收买补给价金转让民之所有，嗣后祖母仙逝，所耗一切共计一百九十元之巨，由民两房平均分担各半，计法币九十五元，另外补给二十八元之数，共成一百二十三元，早已分别算结清楚，书有骈约可证致，无再行生枝诉请之必要。再原告所云此产属伊所有，究有何种证凭可资核考？今原告所谓分拆家产，纯是信口空谈实勿采取之余地，且为原告无聊至极，意图籍势妄控，拖民受此无谓之损累已属显明。为此辩请钧院赏予澈讯，驳回原告请求沾感。

谨呈

重庆地方法院民庭公鉴。

中华民国三十四年十一月十五日

具状人：管海泉、管怀林

笔录

原告：管炳卿。

被告：管海泉、管怀林。

右列当事人因分产案，经本院于中华民国三十四年十一月十四日午后时，开民事法庭，出席职员如左：

审判长推事：蒋应枸。

推事：蒋应枸。

书记官：张继生。

问（海泉）：年龄、住址？

答：三十八岁，住管家石堡。

问：做何生意？

答：出力苦。

问（怀林）：年龄、住址？

答：三十三，住同前。

问：做何生意？

答：在磁器口做苦力。

问：原告主张之田是否属实？

答：原告是卖与我们的。

问：何时买的？

答：二十六年卖与我老人管炳和的。

问：有字据否？

答：有字据（推事看过）。

问：管杏林为谁？

答：即原告。

问：现契定人都在否？

答：除管炳林已死余均在。

问：下次再仰请判决？

答：请求判决。

推事谕知十九日判决，退庭。

中华民国三十四年十一月十四日

（本院全衔民二庭）

书记官：张继生

推事：蒋应杓

民事诉状

状心编号民字四三六七号

原告人：管炳卿，五十岁，巴县人，住磁器口金碧后街十七号，算命。

被告：管海全、管怀林，巴县人，住青木关管家石堡第二保，窑厂下力。

为具实陈明理由，请求重开辩论，另票示期传讯以维产权事。

窃原告前因确认所有权请求分割遗产事件：具控管海泉、管怀林在案，昨沐钧庭票示期十一月十五日下午二时审理，原告遵期到案，惟所乘木船沿途耽延，以致到院时已经二点三十分，该被告即乘原告尚未到达之际，首先开单送审，因此，原告尚未到庭亲身陈述，显见本案事实未尽明了，且关于本案要证并无一人到庭质讯，足证所述尤欠真实，应请另票示期当庭质对，庶免蒙蔽。再查被告供称，此项系争遗业早于民国二十六年，由原告以一百三十余元之数，并卖伊父（即原告胞兄）管业等语，殊不知该项并卖字约，实由被告与管元盛暗中伪造，并非真实，不但当时未给分文，且共有财产在产权尚未分割前，有何并卖之可言，由此已可证明，其抓沙抵水，希图霸占遗产之情节显然，况所谓遗产有一半约三石，是由伊父购买即为私人所有，尤不尽情。查共有财产在未经分割前，其所生之利益当仍为共有财产，在未经分割前其收益亦应共同均分，法律明定，焉能恣意搪塞乎？总之，此产自伊生父管炳和生时即未分割，至本年五月，炳和去世之后，亦未凭众析居，始终并无分开文约为证，该被告何得听信管元盛教唆，东挪西扯而妄想霸占乎？为此情迫莫何，叩恳钧庭做主，准予另票示期，重开辩论以彰公理，而杜侵吞，则感德不尽矣。

谨状

证人：添传管兴顺、管玉廷

重庆实验地方法院民庭公鉴。

中华民国三十四年十一月十五日

具状人：管炳卿

重庆实验地方法院民事判决

三十四年度诉字第一三五九号

原告：管炳卿，住巴县磁器口金碧后街十七号。

被告：管海泉，住本市青木关第二保管家石堡；管怀林，住同前。

右当事人间因请求确认财产权等事件，本院判决如左。

主文

原告之诉驳回；诉讼费用由原告负担。

事实

原告经合法传唤未于言词辩论期日到场，据其书状声明求为判决。

（一）确认本市青木关管家石堡田业三石及瓦房乙间半为原告所有；

（二）被告应将上项田业房屋返还原告管业；

（三）诉讼费用由被告等平均负担。

其陈述略称：原告弟兄二人、兄名炳和、祖遗田业六石，因原告出外谋生，经凭房族，由兄炳和一人耕种，迄未分析，本年五月，炳和去世，被告兄弟二人，竟将上项共有田业平均爪分，显是侵害原告产权，故诉请为如上声明之判决云云。

被告等声明求为如主文所示之判决，其陈述谓上项田业已于民国二十六年由原告出卖与被告等之父管炳和管业等语，提出字约一件为证。

理由

按当事人主张有利于己之事实，就其事实有举证之责，为民事诉讼法第二百七十七条所明定。本件原告主张祖遗本市青木关管家石堡田业六石，未经分割并无任何证据提出以供调查，空言主张显不足采，且被告等于系争田业已据提出原告所书立之卖约可证，是原告之主张，尤难采信，又原告受合法传唤未到场，查无民事诉讼法第三百八十六条各款所列情形，合由被告等一造辩论而为判决。据上论结原告之诉为无理由，应驳回其请求，并依实验地方法院办理民刑诉讼补充办法第十一条民事诉讼法第七十八条判决如主文。

中华民国三十四年十一月十九日

重庆实验地方法院民事第二庭

推事：蒋应杓

实习审判官：陈□年

送达证书

书状目录：民国三十四年诉字第一三五九号确认财产权送达左列各件判书一件。

受送达人：原告管炳卿。

受送达人署名盖章，若不能署名盖章或拒绝者，应记明其事实：管炳卿。

送达日期：三十四年十二月三十一日。

中华民国三十四年十二月二十六日

执达员：谢隐

民事送达证书

书状目录：民国三十四年诉字第一三五九号确认财产权案送达左列各件。

受送达人：被告管海泉。

受送达人署名盖章，若不能署名盖章或拒绝者，应记明其事实：管海泉。

送达日期：三十五年元月二日。

中华民国三十四年十二月二十六日

执达员：谢隐

[同日管怀林签收判决的送送达证书略]

字约

今将管朝江受分祖业田土房屋山林竹木一股请凭族叔弟兄在堂今将朝江田土房屋一股踩成贰股，议定天地字号，弟兄二人各拈一号，兴龙拈得天字号，兴廷拈得地字号。致于双亲亡故衣裳、棺木、酒席共用去洋九十五圆正。今请凭房族弟兄二人心甘意悦。兴廷拈得地字号一股愿将拈受地字号批与天字永远管业凭族议定。兴龙天字号补兴廷地字号市洋二十八大元整，如数入手亲收领足，并无蒂欠。角仙致补之后此是自己心甘意愿永无翻悔，并无勒逼导哄等情。特立批约一纸，永远为据。

凭族：管元盛、管兴顺、管炳林、管介烦

民国二十六年古历十月十二日

立批约人：管兴廷

重庆地方法院书记室公函

院长：□□□

庭长：□□□

推事：□□□

书记官：□□□

案查管炳卿与管海泉等分产业经本院依法判决送达在卷，兹据管炳卿于法定期间内具状提起乙件到院，相应检齐卷证函送贵室查收核办。

此致

四川高等法院第一分院书记室

诉函送案一宗、诉状裁定回证各一件

三十五年一月二十六日

四川高等法院第一分院书记室公函

民俭字第九五八一号

查管炳卿与管海泉因请求分割事件。业经本院依法判决送达及缴还送达证书各在卷，现已确定相应检齐全卷，连同本院卷宗送请查收为荷。

此致
重庆地方法院书记室
计送卷两宗证物一件

书记官：何应愚
中华民国三十五年九月五日

重庆地方法院书记室公函

民慎字第六九七号

案查管炳卿与管海泉等分产，业经本院依法判决送达在卷，兹据管炳卿于法定期间内具状提起上诉到院，相应检齐卷证函送贵室查收核办。

此致。
四川高等法院第一分院书记室
计函送卷一宗上述状裁定回证各一件

中华民国三十五年一月十九日

民事上诉状

状心编号日字二五四五号

上诉人：管炳卿，五十岁，籍贯巴县，住磁器口金碧后街十七号，职业算命。

被上诉人：管海泉、管怀林，籍贯巴县，住青木关管家石堡第二保，职业窑厂。

为判决失平，难资折服，依法声明上诉，请准检卷申送上级法院核办，以资救济，而维业权事：窃上诉人因确认所有权事件告诉被告等，于钧庭沐准示期十一月十五日审讯，惟当时上诉人所乘木船沿途耽延，该被告即乘上诉人尚未到院之际，首先开单送审以致上诉人未得亲身到庭陈诉，昨奉裁判主文内开：原告之诉驳回，详查事实理由，遂为如其请求之判决，上诉人对此实难甘心，查被告主张之抗辩理由，捏谓此项是争田业，已于民国二十六年由原告出卖与被告之父管炳和管业等语，提出字约一纸为证，殊不知此项字约并非真实，完全出自管海泉等私自伪造，何能据以为认定业权之基础：况与本案字约有关之人管元盛、管兴顺、管玉廷，均无一人到庭证明其字约是否真实，何能仅凭一面之词，遂为如其请求之判决，由此可见原判事实未尽明了，认证亦欠斟酌，且要证失传，掩没真相，使用权上诉人无端失去祖业，誓死不能心甘，为此特于法定期内状恳钧庭鉴核，准将本案卷宗申送高等第一分院另为合法判决，沾感！

谨状
证人：管元盛、管兴顺、管玉廷。
重庆地方法院民庭公鉴。

中华民国三十五年元月五日

具状人：管炳卿

经手发行处：四川高等法院第一分院

民事送达证书

［民国三十四年诉字第一三五九号案裁定一件，元月十八日送达上诉人管炳卿］

重庆实验地方法院民事裁定

三十四年度诉字第一三五九号

上诉人：管炳卿，住磁器口金碧后街十七号。

　　右上诉人与管海泉等因请求确认财产权事件不服本院第一审判，提起上诉，应缴裁判费国币三千二百十八元，未据缴纳，其上诉状亦未依民事诉讼法第四百三十八条表明上诉理由，兹限该上诉人于收受本裁定时起七日内向林森路五九〇号四川高等一分院驻渝庭如数补缴，如逾期尚未遵行第二审法院即行驳回上诉切勿违延自误码特此裁定。

中华民国三十五年元月八日

重庆实验地方法院民事庭

推事：杨□□

本正本证明与原本无异。

民事缴状

状心编号日字第二五五八号

具状人：管炳卿，五十岁，籍贯巴县，住磁器口金碧后街五十七号或丁荣辉茶馆，职业算命。

　　为遵谕缴呈审判费，仰祈鉴核，俯准以利诉讼进行事。窃上诉人因与管海泉等请求确认所有权事件，不服重庆地方法院判决提起上诉一案兹于昨"十六"日奉到裁定一件，饬上诉人于七日之内措缴裁判费国币三千二百十八元正，以资办理等因，兹特遵限如数缴呈，伏乞鉴核，俯准迅赐出票，传讯实沾公便矣！

　　谨状

四川高一分院民庭公鉴。

中华民国三十五年元月十九日

具状人：管炳卿

经手发行处：四川高等法院第一分院

征费单

　　征费机关：四川高等法院第一分院。

缴款人：管炳卿。

案号：三十四年度诉字第一三五九号。

案由：请求确认财产权。

标的：十六万四千六百元。

费别：裁判费。

征费数目：国币三千二百十二圆。

中华民国三十五年一月十九日

民事催状

状心编号日字二五五三号

上诉人：管炳卿，五十岁，巴县人，住磁器口金碧后街五十七号，算命。

被上诉人：管海泉、管怀林，巴县人，住青木关管家石堡第二保，职业窑厂。

为经缴费鹄候票传审理声请迅赐示期集讯以维主权而杜侵占事。窃上诉人与管海泉、管怀林因确认财产所有权事件，提起上诉在案，曾奉钧院裁定饬缴上诉审判费三千二百十八元以凭核办等因，上诉人遵于三十五年一月十九日照数呈缴，迄今已逾一月未奉票传，殊深惶惑，为此状请钧院俯鉴核，迅赐出票传讯，以资合理解决，实为公便德便矣！

谨状

四川高一分院民庭公鉴。

中华民国三十五年二月二十六日

具状人：管炳卿

民事催状

状心编号日字二九八三号

上诉人：管炳卿，五十岁，巴县人，住磁器口金碧后街七五号，算命。

被上诉人：管海泉、管怀林，巴县人，住青木关管家石堡，农。

为与管海泉等确认财产权上诉一案。缴费已久，鹄候票传催恳迅赐查明票传审究以免拖延事。

窃上诉人因请求确认产权一案，前于一月十九日遵缴裁判费三千二百十八元在卷。殊缴费迄今已逾二月，未奉票传审讯，殊深惶惑，该被上诉人管怀林等反而出恶言，公然阻止上诉人不准进屋，且早年由上诉人所置棉絮及家俱亦不准携取，其目无尊卑叔侄之分，已堪认定，若不迅予传案审究，则被上诉人得进屋居住，为此具状催恳钧庭做主，迅赐出票传讯以分泾渭而杜横霸，则感德不尽矣！

谨状

四川高一分院民庭公鉴。

中华民国三十五年四月二日

具状人：管炳卿

案件审理单

四川高等法院第一分院民国三十五年度上字第三十八号

确认财产所有权上诉事件，指定本年四月二十二日下午二时，为言词辩论期日应行传唤及通知诉讼关系人如左。

上诉人：管炳卿，住磁器口金碧后街五十七号

被上诉人：管海泉、管怀林，住青木关第二保管家石堡

主任推事四月十日

四川高等法院第一分院送达证书

［民国三十五年上字第三八号与管海泉确认财产所有权案传票一件，四月十七日送达上诉人管炳卿，被上诉人管海泉、管怀林签收。］

言词辩论笔录

上诉人：管炳卿。

被上诉人：管海泉。

右当事人间请求分割财产上诉事件，经本院于中华民国三十五年四月二十二日下午二时，在本院第一法庭公开言词辩论，出庭推事书记官如左。

推事：李侠平。

书记官：何应愚。

点呼事件后到场人如左。

上诉人：管炳卿。

被上诉人：管海泉。

推事问：上诉人，姓、年、住？

答：管炳卿，五十岁，住磁器口。

问：被上诉人，姓、年、住？

答：管海泉，三十八岁，住青木关管家石堡。

问：（管炳卿）你上诉请求为何判决？

答：请求废弃原判另为判决分割青木关管家石堡田谷三石为上诉人所有。

问：有多大的田面积？

答：一共有六石田面积。

问：你们分过家没有？

答：没有分过家。

问：（管海泉）你父亲尚在吗？

答：我父亲死了。

问：你爷爷有几个儿子？

答：我爷爷有两个儿子。

问：管炳卿是你什么人？

答：我父亲死了，管炳卿是我伯伯。

问：你父亲他们分家没有？

答：我们分家没有，我不晓得。

问：你父亲死后，没有交分关出来吗？

答：我父亲死后只有一张卖契，没有分关。

问：你们分家没有，你何以不知道？

答：分家没有要，管元盛、管兴顺才晓得。

问：（管炳卿）你父亲死后有多少田产？

答：我父亲死后只有三石田，[嗣]后由母亲买了管相全三石田，今为六石田。

问：你说你没有卖有谁知道？

答：有管兴顺、管元盛、管介烦他们都晓得，他们都住在青木关。

问：你们分开住了好久？

答：我在磁器口已住了九年。

推事谕知待传管兴顺、管元盛、管介烦到案核办。

右笔录当庭朗读无讹。

中华民国三十五年四月二十二日

四川高等法院第一分院民四庭

书记官：何应愚

推事：李侠平

民事案件审理单

四川高等法院第一分院民国三十五年上字第三八号

分割遗产确认所有权，于本年五月二十九日下午二时，为言词辩论期日，应行传唤及通知诉讼关系人如左。

上诉人：管炳卿，住磁器口金碧后街十七号。

证人：管兴顺、管元盛、管介烦，住青木关管家石堡。

被上诉人：管海泉、管怀林，住青木关管家堡第二保。

四川高等法院第一分院送达证书

应送达之文书：民国三十五年上字第三八号与管海泉等分割遗产五月二十九日传票一件。

应受送达人：管兴顺、管元盛、管介烦。

受送达人署名盖章，若不能署名盖章或拒绝者，应记明其事实：管兴顺、管元盛、管介烦。

送达处所：巴县青木乡乡公所。

送达日期：三十五年五月十八日。

中华民国三十五年五月六日

送达人：唐时昌

[同年五月二十日管炳卿收到传票的送达证书一份略，管兴顺、管元盛、管介烦收到传票的送达证书一份略]

言词辩论笔录

上诉人：管炳卿。

被上诉人：管海泉。

查当事人间请求分割遗产上诉事件，经本院于中华民国三十五年五月二十九日下午二时，在本院第一法庭公开言词辩论，出庭推事书记官如左。

审判长推事：王鸣鸿。

推事：殷世新。

推事：李侠平。

书记官：何应愚。

点呼事件后到场人如左。

上诉人：管炳卿。

被上诉人：管海泉。

证人：管元盛。

审判长问：上诉人，姓名、住址？

答：管炳卿，住磁器口金碧后街十七号。

问：被上诉人，姓名、住址？

答：管海泉，住青木关管家石堡。

问：（管炳卿）你上诉请求为何判决？

答：请求废弃一审判决，另为判决，确认青木关管家石堡田业三石为上诉人所有。

问：你父亲叫什么名字？

答：叫管朝江，是二十年死的。

问：你父亲死后遗有多少产业？

答：父亲死时遗有六石田业。

问：你这一辈是几弟兄？

答：我们是两弟兄，哥哥叫管元和。

问：证人，姓名、年龄、住址？

答：管元盛，六十五岁，住青木关。

问：本案双方是你什么人？

答：管炳卿是我侄子，管海泉是我侄孙。

推事谕知具结之义务及伪证之处罚。

问：管炳卿他们分过家没有？

答：他们分过家没有，我不晓得。

问：管炳和买得有地皮吗？

答：管炳和买三石谷，我晓得。

问：是谁卖的？

答：是管朝金卖的。

问：买田时他母亲还存在吗？

答：买田时他母亲还在。

问：是哪年买的？

答：民国十九年买的。

问：是哪个拿钱出来买的？

答：他们是分开坐的，哪个拿钱买的我不知。

问：二十六年写批约你晓得吗？

答：二十六年写约据我晓得。

问：约据内容是怎样的？

答：是将三石田批给他哥哥了。

问：批约是谁写的？

答：是管介烦写的。

问：管炳卿在批约上下押没有？

答：批约上管炳卿下了押的。

问：（管炳卿）证人谈你这地方是批给哥哥了吗？

答：我们根本没有分家，那有批约。

问：你为什么不早点去理呢？

答：因为哥哥说要将母亲的斋事了了。

问：（管海泉）你们分过家没有？这地方是谁的？

答：这地方是并给我了的。

问：你说是并给你了的，有何证据？

答：有买约可凭，还有并约（当庭呈买约、批约各一件，买约发还批约附卷）。

问：你上粮有粮票没有？

答：粮票没有带来。

问：（管元盛）后来那三石田是哪个拿钱买的？

答：是他哥哥管炳和即管继臣拿钱买的。

问：管炳卿搬出来好久了？

答：本来是住在一屋，民国二十八年才搬出来的，他们现在是各坐各的。

问：（管炳卿）在你哥哥未死前你为什么不说？

答：因为我哥哥去年才死的，其实我随时都去的，都找过他。

问：（管海泉）管炳卿在你家来过吗？

答：来是来过，不过没有谈分家事。

问：（管炳卿）你还有什么话说？

答：我话是没有什么话说，不过我们是没有分家，请求大院平均分割。

问：（管海泉）你还有什么话说？

答：今天证人也来证明了，请求驳回上诉。

问：（管炳卿）今天管怀林没有来，你请求为何？

答：管怀林没有来，请求依一造辩论判决。

审判长谕知本案今天辩论终结，定六月三日下午四时宣判，领回退庭。

右笔录当庭朗读无讹。

中华民国三十五年五月二十九日

四川高等法院第一分院民四庭

书记官：何应愚

审判长：王鸣鸿

证人诉文（问讯）

今到场为证人，是据实陈述，并无匿饰增减，此结。

证人：管元盛

中华民国三十五年五月二十九日

宣示判决笔录

上诉人：管炳卿。

被上诉人：管海泉。

右当事人间请求分割遗产事件，经本院于中华民国三十五年六月三日下午四时，在本院第一法庭公开宣示判决，出庭推事书记官如左。

审判长推事：王鸣鸿。

推事：殷世新。

推事：李侠平。

书记官：何应愚。

□□□□□到□当事人如左：两造均未到庭。

审判长当庭朗读判决主文并告知理由。

中华民国三十五年六月三日

四川高等法院第一分院民事第四庭

书记官：何应愚、王鸣鸿

四川高等法院第一分院民事判决

三十五年度渝上字第三八号

上诉人：管炳卿，住磁器口金碧后街十七号。

被上诉人：管海泉，住青木关管家石堡。

右当事人间请求确认财产权事件，上诉人对于中华民国三十四年十一月十九日，重庆实验地方法院第一审判决提起上诉，本院判决如左。

主文

上诉驳回；第二审诉讼费用由上诉人负担。

事实

上诉人声明求将原判决废弃另为如上诉人在第一审请求之判决。被上诉人声明求驳回上诉，其余应记载事实与第一审判决书所载者同，兹引用之。

理由

本件上诉人主张其祖遗青木关管家石堡田业六石，与被上诉人是属其有历未分割等情，未据提出何种证据以次证明其主张之为真实，被上诉人则主张上项田业早经分割。上诉人于民国二十六年并将其受分部分出卖与被上诉人之故父管业，提出上诉人所书立之卖约为证，查该项卖约上之签押与上诉人当应所书之十字笔意完全相同，并经其族长即约载证人管元盛到庭证明属实，足见被上诉人主张上诉人于系争田产已丧失所有权尚属可信。原审驳回上诉人之请求殊非不当，上诉不能谓有理由，据上论结本件上诉为无理由，应依民事诉讼法第四百四十六条第一项第七十八条判决如主文。

中华民国三十五年六月二日

四川高等法院第一分院民事第四庭

审判员推事：王鸣鸿

推事：殷世新

推事：李侠平

书记官：何应愚

中华民国三十五年七月八日

四川高等法院第一分院送达证书

应送达之文书：民国三十五年上字第三八号与管海泉确认财产权判决书一件。

应受送达人：上诉人管炳卿。

受送达人署名盖章，若不能署名盖章或拒绝者，应记明其事实：管炳卿。

送达日期：三十五年七月十日　午时。

中华民国三十五年七月八日

送达人：蔡祥云

［同年七月十四日管海泉收到判决书的送达证书略］

五、民事诉讼及其它 / 各类认证（公证性质）

70. 周慧贞与罗明君收养养子认证案

公证申请书

声请之标的：认证私证书。

声请公证之事项：为收养罗明君所生之子罗弟弟为养子，经于本年十一月二十三日立约为据，请赐认证。

证明文件及参考事项：原收养契约壹件（抄件）。

公证费：

右呈

重庆地方法院公证处。

中华民国三十三年十一月三十日

声请人：周慧贞，卅九岁，杭县人，医，住重庆市五四路五号；

罗明君，二十五岁，巴县人，住江北。

附：养子文约

为立交、养子约人罗明君（即九妹）、周慧贞，兹因明君生有一子，命名弟弟（系三十三年国历九月三十日未时生），现年一岁，自顾不暇，无力护养，诚恐遭受冻馁，影响前途，经商得慧贞同意收养为子，嗣后本生母子关系因其收养而断，恐无凭，立约为据。

立交、养字约人：罗明君、周慧贞。

中华民国三十三年十一月二十三日

同意人：虞介和

本件经核对与原本无异。

公证人：徐福基

卅四年一月十一日

四川重庆地方法院收款通知证

费别：

案由：收养认证。

缴款人姓名：周慧贞。

计法币：八十元〇角〇分。

出纳书记官：

中华民国卅三年十一月卅日

重庆实验地方法院公证处授权书

委任人：罗明君，女，二十五岁，四川巴县人，住江北。
受任人：吴德城，男，卅二岁，广东人，律师，住打锣巷十四号。

 兹委任吴德诚为代理人，请求作成认证私证书，特将委任之原因及权限开列于后。

 原因：为不明公证声请手续。

 权限：依公证法代理一切声请办理之权。

 右呈

 重庆实验地方法院公证处公鉴。

中华民国三十三年十一月三十日

授权人：罗明君

重庆实验地方法院公证处授权书

委任人：周慧贞，女，三十九岁，浙江杭县人，医，住重庆市五四路五号。
受任人：王善祥，男，三十二岁，至德人，律师，住中华路一八五号。

 兹委任王善祥为代理人，请求作成认证私证书，特将委任之原因及权限开列于后。

 原因：为不明公证声请手续。

 权限：依公证法代理一切声请办理之权。

 证明文件：

 右呈

 重庆实验地方法院公证处公鉴。

中华民国三十三年十一月三十日

授权人：周慧贞 押

重庆实验地方法院民事送达证书

 〔民国三三年（证实）字第四四号收养养子案通知一件，十二月七日送达周慧贞、罗明君，王善祥律师、吴德城律师各自签收〕

认证笔录

 声请人：周慧贞。

 代理人：王善祥律师。

 声请人：罗明君。

 代理人：吴德城律师。

 右声请人因收养养子，请求认证事件于民国三十三年十二月十四日上午九时，在本院公证处认证，出席职员如左：

公证人：徐福基。

佐理人：王正宇。

到场当事人：王善祥律师、吴德城律师

公证人问：吴德城，年、籍等？

答：三十二岁，广东人，住打锣巷十四号。

问：周慧贞结过婚没有？

答：结过婚的。

问：现在丈夫还在吗？

答：还在。

问：他收养养子经她丈夫同意了没有？

答：同意的。

问：有什么证明档可以证明？

答：可以补呈。

公证人宣称本件候声请人提出证明文件及补正声请手续后，再行定明认证。

右笔录经当场阅览无讹。

中华民国三十三年十二月十四日

重庆实验地方法院公证处

佐理员：王正宇

公证人：徐福基

重庆实验地方法院民事送达证书

　　〔民国三三年（证实）字第四四号收养养子案传票一件，卅四年元月五日罗明君、吴德城律师签收，六日王善祥律师、周慧贞、吴德城律师签收〕

民事证明书

证明人：王善祥，律师，住中华路一八五号。

吴德城，律师，住打锣巷十四号。

被证明人：罗明君、周慧贞，虞介和。

为证明签押属实事。查罗明君将子名弟弟交与周慧贞为养子，并经周慧贞之夫虞介和同意，立约为据，所有约上签名画押及印纹均系各自签押，善祥等均曾目击属实。特予证明。

此状

重庆实验地方法院公证处公鉴。

中华民国三十三年十二月廿七日

具状人：王善祥、吴德城

证明

为周慧贞收养罗明君之子弟弟为养子一案，双方之声请公证系由其亲自签押，特予证明。

律师：吴德城、王善祥

中华民国三十四年一月十一日

认证笔录

声请人：周慧贞。

代理人：王善祥律师，到。

声请人：罗明君。

代理人：吴德城律师，到。

右声请人因收养养子声请认证事件，于民国卅四年一月十一日下午二时在本院公证处认证，出席职员如左。

公证人：徐福基。

佐理人：张金叔。

公证人问：王善祥，年、籍等项？

答：卅二岁，至德人，住中华路一八五号。

问：请求什么？

答：为周慧贞收养罗明君所生之子罗弟弟为养子，请求认证。

问：何时订立收养约据的？

答：卅三年十一月二十三日。

问：罗明君丈夫死了多少时候？

答：已半年多了。

问：收养文约怎么仅一张？

答：是的，仅一张，由周慧贞收执的。

问：收养文约上签的押是否自己签的？

答：是的。

问：周慧贞的丈夫叫什么名字？

答：虞介和。

问：那么周慧贞收罗弟弟为养子虞介和同意吗？

答：同意的。

问：吴德城，年、住等？

答：卅二岁，广东人，住打锣巷十四号。

问：有什么请求？

答：我所要请求的和刚才王律师所谈的话一样，并没有别的请求。

问：罗明君以其子送给周慧贞收养，双方均同意吗？

答：同意的。

问：约据上的押是亲自签的吗？

答：是的。

问：罗明君丈夫死了多少时候？

答：确已死了半年多。

公证人宣称，本件准予认证。

右笔录经阅览无讹。

律师：吴德城、王善祥

中华民国卅四年一月十一日

重庆实验地方法院公证处

佐理员：张金叔

公证人：徐福基

认证书

证字第四十四号

请求人：周慧贞，女，三十九，浙江人，医，住五四路五号。

代理人：王善祥，男，三十二，至德人，律师，住中华路一八五号。与公证人认识者其理由：因职务。

请求人：罗明君，女，二十五，四川巴县人，住江北。

代理人：吴德城，男，三十二，广东人，律师，住打锣巷十四号。与公证人认识者其理由：因职务。

认证方法：右请求人等于卅三年十一月二十三日订立收养契约，如附卷缮本所载，请求认证前来，经审核属实，应准认证。

有第三人允许或同意者其证明：

有通译或见证人到场者其事由：

登簿号数：第六号。

认证之年月日及处所：经于中华民国卅四年一月十一日在重庆实验地方法院公证处认证，右认证书经左列在场人证明无误。

请求人：周慧贞

代理人：王善祥

请求人：罗明君

代理人：吴德城

中华民国三十四年一月十一日

重庆实验地方法院公证处公证人：徐福基

71. 建川煤矿股份有限公司与中国银行重庆分行关于增资质押透支合约认证案

公证声请书

声请之标的：请求认证建川煤矿股份有限公司于民国三十三年十一月二十八日与中国银行重庆分行所订立之增资质押透支合约。

声请公证之事项：建川煤矿股份有限公司于民国三十三年十一月二十八日，以其现在及将来全部固定资产作为担保，向中国银行重庆分行增借国币一千万元整，利率约定每月行息三分二厘，每月结算一次。由中国银行重庆分行如数给付，保约有效期间，自三十三年十一月二十八日起至三十四年十一月二十八日止，并由中国建设银公司为承还担保人。以后建川煤矿公司在售出炭款中，每吨提出四百元，作为本增资借款还款基金，随售随送中国银行重庆分行专户。存储按普通存款利率计算。其由燃料管理处收购或代收之煤炭价款，仍由建川煤矿公司送中国银行重庆分行收账。至民国三十二年四月所订质押透支合约，无论满期或未满期或建川煤矿公司已否将借款本息还清，所有该项合约条文在本资增借款未还清前，仍应与本件请求认证之合约一并生效。

证明文件及参考事项：建川煤矿公司与中国银行重庆分行所订增资质押透支合约一件。

公证费：

右呈

重庆地方法院公证处

中华民国三十四年一月二十二日

声请人：建川煤矿股份有限公司孙保基，三八岁，江苏无锡人，矿业，住重庆山洞镇四楞碑二号。

中国银行重庆分行孔士谔，四十岁，浙江杭县人，金融，住中正路中国银行。

四川重庆地方法院收款证

款别：送达费。

案由：借约认证。

缴款人姓名：孙保基。

计法币：八十元。

注：此证系证明缴纳数目，请领时应缴还，如遗失或甲缴乙领，另具领条呈缴会计室备查，

特此声明。

出纳股书记官：

中华民国卅四年一月廿二日

建川煤矿公司质押透支国币一千万元合同

立增资质押透支合约，建川煤矿股份有限公司、中国银行重庆分行（以下简称甲、乙方并包括代理人及继承人、受让人而言）。甲方前因采煤工程需款，经四联总处第一九〇次理事会会议核准，由甲方以现在及将来所有之全部固定资产作为担保，于民国卅二年十月四日向乙方订借国币一千万元有案，兹因甲方增产购料，仍需资周转，愿再以上项之担保品作为担保，并呈由经济部工矿调整处为见证人，仍邀中国建设银公司为承还保证人，在卅三年度民营工贷案内向乙方商借国币一千万元，继双方同意订定条件如左，以资共守。

一、本增借款总额以国币一千万元为限，由甲方按实际需要经乙方派驻稽核核明无误后，开具支票继续支用。

二、本增借款项指定专作甲方周转资金之用，不得移作别用。

三、本增借款利率定为月息三分二厘，每月底结算一次，应由甲方如数结付，不得延误。

四、本合约有效期间定为十二个月，自卅三年十一月廿八日起至卅四年十一月廿八日止，自订约后第七个月起按月平均摊还借款本息，期满本息全部清偿。

五、本合约系卅二年十月四日质押透支合约之增借合约，仍由甲方以现在及将来之全部固定资产作为新旧借款担保品，并候所欠乙方各案借款本息全部□□□□□□要求撤回任何□份之担保品。

六、甲方应再造具资产清单，作为本合约之附件，并负担费用，会同乙方向主管法院办理公证手续，其将来设置之资产，由甲方随时造具清单，送交乙方存查。

七、甲方以售出煤炭价款中每吨提出四百元作为本增借款还款基金，自本合约签订后，应随售簿送乙方专户存备，按普通存款利率计算，其由燃料管理处收购或代收之煤炭价款，仍应由甲方送乙方收账。

此项还款基金即按本合约第三、四条所订还本付息期限摊还借款本息，如有剩余，待乙方随时支用，如有不敷，应由乙方负责立即以现款补足，不得拖延。

八、本增借款仍由中国建设银公司为承还担保人，在甲方所欠乙方各案质押借款全部本息未经偿还以前保证责任不归消灭。

九、卅二年十月四日所订质押透支合约无论满期或未满期，甲方已否将借款本息违约还清所有该项合约条文在本增借押款未还清前，仍应有效与本合约一并发生效力。

十、本增借押款一切条令与其它未尽事宜悉依据卅二年十月四日双方所订质押透支合约各项规定办理之。

十一、本增借合约一式正本一份□□□□□□□□□□□□□副本三份由甲方及承还保证人、见证人各执一份存证另以一份由乙方□□□□□□□案。

甲方：建川煤矿股份有限公司，矿长孙保基。

乙方：中国银行重庆分行，副经理孔士谔。

承还保证人：中国建设银公司，潘铭新。

见证人：经济部工矿调整处，副处长张兹□。

证明律师：江庸

借款运用申明书

　　兹经本　郑重申明在本案贷款合约有效期内，绝对遵守经济部、四联总处监督工矿贷款办法及四联总处办理战时生产事业贷款实施办法第十暨十一两条之规定，确照原定借款用途及原定产量推进业务，如有违背，甘受部处监督，[及]工矿贷款办法第八条规定之应得处分。此致

中国银行重庆分行。

借款人：建川煤矿特种股份有限公司孙保基

中华民国三十三年十一月廿八日（签订借款合约时同时签立）

附录

　　（一）经济部、四联总处监督工款贷款办法第四、五、六、七、八条：

　　四、凡向部处贷款各工矿事业应将贷得之款在四行两局立户往来，或照贷款契约规定之存款办法办理，非经核准不得转存其它行庄。

　　五、各工矿事业对所贷款项，均应照约定正当用途之用，不得另充他用，尤不得转行贷放图谋高利。

　　六、凡向部处贷款各工矿事业，其生产量应照借款订划保持预定限度，不得借故减缩。

　　七、各工矿事业不得利用借款购储货物囤积居奇。

　　八、违反本办法各项规定者，除依法惩处外，并由贷□□□期收回贷款，前项办法经呈奉　委员长待秘字第一八〇一三号代电备案，并指定须切实施行，对于借款工矿，应随时派员监察其工作，稽核其账目，务使所借款项能切实用于增产之途为要等因。

　　十、生产事业经四行贷款协助者，应遵守下列各点：（一）本总处对贷款机关之财务业务会计有随时稽核之权，如认为有须改善之处，借款机关应尽量接受，并切实执行。（二）借款人不得以资金购置非本业所用之设备或原料、物料，擅行转售谋利。（三）借款机关产量应保持指定限度，其每月产销数量、价值应按期报告本总分支处查核。（四）产品应随时脱售，不得囤积居奇。（五）产品之配销定价应按照物资主管机关之规定办理。

　　十一、借款机关在合约有效期间，如有下列情事本总处得按情形轻重移请主管机关依法究办，或饬其提前归还全部借款本息，并取消其续借款项权利，（一）违反借款合约履行还本付息及其它条款者。（二）移用借款作订定用途以外之经营者。（三）以借款转存其它银行或高利贷出套取利息者。（四）不努力增加生产，企图囤积原料居奇待价者。

四川重庆地方法院公证处授权书

受任人：鄢梧秋，男，四十三岁，四川梁山人，律师，住本市林森路五三二号。

兹委任鄢梧秋律师为代理人，请求作成认证证书，特将委任之原因及权限开列于后：

原因：

权限：办理建川煤矿公司质押透支合约公证

证明文件：

右呈

四川重庆地方法院公证处公鉴。

中华民国三十三年　月　日

授权人：中国银行重庆分行孔士谔

四川重庆地方法院公证处授权书

受任人：江庸，男，律师，住本市林森路五三二号。

兹委任江庸律师为代理人，请求作成认证证书，特将委任之原因及权限开列于后：

权限：办理建川煤矿公司质押透支合约公证。

证明文件：

右呈

四川重庆地方法院公证处公鉴。

中华民国三十三年　月　日

授权人：建川煤矿股份有限公司孙保基

重庆实验地方法院民事送达证书

书状目录：民国卅四年证字第六号透支合约认证案送达通知一件。

受送达人：中国银行重庆分行法定代理人孔士谔。

受送达人署名盖章，如不能署名盖章或拒绝者，应记明其事由：中国银行重庆分行法定代理人孔士谔。

送达日期：卅四年一月廿六日。

中华民国卅四年元月廿四日

执达员：陈树雷

[同日江庸、鄢梧秋律师，建川煤矿股份有限公司法定代理人孙保基签收通知的送达证书略]

证明

今证明中国银行孔士谔、建川煤矿公司孙保基双方声请均系本人，此证。

律师：鄢梧秋、江庸

认证笔录

声请人：建川煤矿股份有限公司。

法代人：孙保基。

委任代理人：江庸律师到。

声请人：中国银行重庆分行。

法代人：孔士谔。

委任代理人：鄢梧秋律师，到。

右声请人因增资质押透支合约请求认证事件，于民国卅四年一月卅一日下午二时，到本院公证处认证，出席职员如左。

公证人：徐福基。

佐理员：张全叔。

问：江庸，年、籍等项？

答：六十六，福建人，住林森路五三二号。

问：请求什么事件？

答：请求关于建川煤矿股份有限公司与中国银行重庆分行所订立之增资质押透支合约认证。

问：该项契约何时订立的？

答：卅年十一月廿八日。

问：增借款额多少？

答：国币一千万元。

问：约定多少利率？

答：每月利息三分二厘。

问：订定期限没有？

答：一年。

问：有何担保？

答：以现在及将来全部固定资产作为担保。

问：尚有其它条件吗？

答：一切均详载合约。

问：合约上之签盖是否均系本人所为？

答：是的。

问：鄢梧秋，年、岁等项？

答：四十三，梁山人，住林森路五三二号。

问：有什么请求？

答：所有请求的事和刚才江庸律师所陈述的一样，没有别的话。

问：合约是否均经本人签盖？

答：是的。

问：声请人等尚有其它陈述否？

答：没有了。

公证人宣称本件准予认证。右笔录经当场阅览无异。

中华民国卅四年一月三十一日

重庆实验地方法院民庭

佐理员：张全叔

公证人：徐福基

认证书

证字第六号

请求人：建川煤矿公司法定代理人孙保基。

代理人：江庸，职业住所等详卷，与公证人认识者其理由：因职务。

请求人：中国银行重庆分行法代人孔士谔。

代理人：鄢梧秋。

与公证人认识者其理由：因职务认证之方法：右请求人等于民国卅三年十一月廿八日，订立增资质押透支契约合同如附卷缮本，请求认证，前来经审核属实，应准认证。

有第三人允许或同意其证明：

有通译或见证人到场者其理由：

登簿号数：第十二号。

认证之年月日及处所：经于中华民国卅四年一月卅一日在重庆实验地方法院公证处认证。

认证书经左列在场人证明无误。

请求人：建川煤矿股份有限公司法定代理人孙保基

代理人：江庸

请求人：中国银行重庆分行法定代理人孔士谔

代理人：鄢梧秋

中华民国三十四年一月卅一日

重庆实验地方法院公证处公证人：徐福基

72. 莫荣生与李翠明婚约认证案

公证声请书

声请之标的：声请认证婚约。

声请公证之事项：缘翠明嫁夫夏绍斌因病死亡，荣生早年丧偶，中匮乏人，经苏玉丰介绍，双方成立婚约于三十三年古历十二月十一日（即国历三十四年元月二十五日）在重庆以公开仪式举行结婚，实行同居，为明身份起见，理合抄附婚约全文声请钧院求为就婚约予以认证，实为公便。

证明文件及参考事项：婚约乙纸，报纸乙份。

公证费：

右呈

重庆实验地方法院公证处

中华民国三十四年二月十六日

声请人：莫荣生，四十岁，合川人，职业商，住本市较场口中山路十号。李翠明，廿二岁，巴县人，住家，住本市较场口中山路十号。

结婚文约

立结婚文约人：莫荣生，年四十岁，合川人；李翠明，年二十二岁，巴县人。

缘翠明前夫夏绍斌亡故身后，茕茕一身，孤苦乏依，不得不自谋出路，以求生活。荣生亦以丧偶，内助无人，兹经苏玉丰先生介绍，谨詹于本年农历腊月十一日在重庆举行正式结婚者，系男女双方心甘意悦，愿偕白首，共图幸福，爱结同心，永失匆渝，而翠明系自主自嫁，对于亡夫家庭并无手续不清，亦无身份不明，或其它瓜葛情事，亲属人等不得借故干涉生枝节，恐口无凭，特立此结婚文约为据。

介绍人：苏玉丰

证人：甘鉴明，于嘉漠，贺云德

代笔人：陈光贵

证明律师：石韫琛

中华民国三十三年农历腊月十一日

立结婚文约人：莫荣生，李翠明

四川重庆地方法院收款证

款别：送达费。

案由：认证婚约。

缴款人姓名：莫荣生。

计国币四十元〇角〇分。

右款如当事人承领时应将此联送会计室批注，特此声明。

出纳股书记官：

中华民国卅四年二月十五日

莫荣生、李翠明结婚启事

《国民公报》×年×月×日×版

兹承苏玉丰先生介绍，谨詹于三十三年古历腊月十一于渝中山路十号结婚，特此登报启事。

重庆实验地方法院民事送达证书

书状目录：民国卅四年证字第一一号莫荣生与李翠明案送达通知一件。

受送达人：莫荣生。

受送达人署名盖章，如不能署名盖章或拒绝者，应记明其事由：莫荣生押。

送达处所：中山路十号。

送达日期：卅四年二月十八日。

中华民国卅四年二月十七日

执达员：陈云汉

同日李翠明签收通知一件略

重庆实验地方法院公证处认证笔录

声请人：莫荣生、李翠明。

右列声请人因结婚约认证事件声请认证，于中华民国卅四年二月二十日下午一时四十分，在本院公证处认证，出席职员如左：

公证人：徐福。

佐理员：张全叔。

问：（莫荣生）年、籍等项？

答：四十岁，合川人，住中山路十号，做手艺。

问：有身份证吗？

答：有的，提出仁字二三三七七九号身份证（阅后发还）。

问：你以前结过婚吗？

答：结过婚，但前妻在卅年七月间死了。

问：和李翠明何时结婚的？

答：去年腊月十一日在较场口中山路十号结婚的。

问：请过客吗？

答：请了十多席客。

问：结婚有仪式吗？

答：旧式结婚，拜过天地。

问：（李翠明）年、籍等项？

答：二十二岁，巴县十口人，住中山路十号。

问：有身份证吗？

答：有的，提出忠字一三八七五三号身份证（阅后发还）。

问：你以前结过婚吗？前夫叫什么名字？

答：结过婚的，前夫叫夏绍斌。

问：前夫何时死的？

答：去年阴历九月间死的（九月廿一日）。

问：害什么病死的？死在哪里？

答：生疮病死的，死在江北城内，原住在南纪门消防街四十九号。

问：你和莫荣生何时结婚的？

答：在去年腊月十一日在中山路十号结婚的。

问：有客人来吗？

答：请了十多席客人。

问：有仪式吗？

答：拜过天地。

问：（莫荣生）这婚约有几张？

答：一张由我收执。

问：尚有何请求？

答：没有了。

公证人宣称本件准予认证。

本笔录经当场阅览无异。

中华民国卅四年二月二十日

佐理员：张全叔

公证人：徐福基

认证书

证字第十一号

请求人：莫荣生，性年籍等祥卷，与公证人不认识者，其证明书或证人：提出仁字第二三三七七九号身份证。

请求人：李翠明，性年籍等祥卷，与公证人不认识者，其证明书或证人：提出忠字第一三八七五三号身份证。

认证之方法：在请求人等于卅三年十二月十一日（国历卅四年元月廿五日）在渝结婚，并举行公开仪式，所订立之结婚文约如附卷缮本，请求认证前来，经审核属实，应予认证。

有第三人允许或同意其证明：

有通译或见证人到场者其理由：

登簿号数：第十七号。

认证之年月日及处所：经于中华民国卅四年二月三十日在重庆地方法院公证处认证。

右认证书经左列在场人证明无误。

请求人：莫荣生

请求人：李翠明

中华民国卅四年二月二十日

重庆实验地方法院公证处公证人：徐福基

73. 邮政储金汇业局与庆记协丰机器制造厂质押借款公证案

公证声请书

声请之标的：质押借款认证，标的国币一百万元正。

声请公证之事项：庆记协丰机器制造厂以保证品清单所列六尺重式车床三部，向本局质押，贷借国币一百万元，订有合约，同时该厂依据质押借款合约第七条之规定，出立借据，又向本局借用前项车床三部。兹将质押借款合约及保证品清单、六尺车床全图，并借据等件，呈请钧处认证，请求作成公证书，载明到期如不履行，应径受强制执行。

证明文件及参考事项：质押借款合约正副本共柒份，保证品清单柒份，六尺车床全图柒份。

借据容补缴一份。

公证费：国币一千零零九元正。

右呈

重庆地方法院公证处

中华民国三十四年十二月四日

声请人：邮政储金汇业局重庆分局，法定代理人张玖，三十九岁，江苏高邮人，储汇局重庆分局经理，住民权路三十九号。

庆记协丰机器制造厂在江北董家溪四十一号。

征费单

征费机关：重庆实验地方法院。

缴款人：邮汇局重庆分局。

案号：三十四年度证字第一一二号。

案由：借款认证。

标的：一百万元。

费别：公证。

征费数目：国币一千零零九元。

备注：作成公证费。

复核员：

收费员：

中华民国卅四年十二月四日

合同（副本）

立质押借款合约邮政储金汇业局重庆分局、庆记协丰机器制造厂（以下简称甲、乙方，并包括其继承人、受让人及法定代理人），兹因乙方以抗战胜利后营业萧条，周转困难，向甲方恳贷紧急工贷国币壹百万元正，以资周转也。经四联总处核准并以放字第六二二七二通知书知照。

双方同意协订条款如左：

一、借款额度以国币壹百万元正为限，由乙方陆续开具支票支用。

二、借款期限订为一年又六个月，自三十四年十月六日起至三十六年四月六日止，约定自订约后第十三个月起（三十五年十一月）由乙方按月平均摊还借款本金六分之一，届期如数清偿，决不拖欠。

三、借款利率按月息三分四厘计算，每月结付一次。

四、借款用途专作乙方业务周转之用，不得挪作别用。

五、乙方以自己所有之原料成品及机器设备按估价七折作为本借款之抵押品，向甲方质借款项，如抵押品价格低落于立约时之估价或有低落之趋势时，乙方应负责立即增加或掉换相当质物或缴入现款，至少以补足低落之价格为准。

六、乙方提供之抵押品原料成品部分，由乙方以坐落全部仓库无偿贷与甲方使用，专堆甲方质物，并于仓库门首悬挂"邮政储金汇业局重庆分局质物仓库"字样之招牌，以明质权；其机器设备部分应由乙方开具详细清单，绘制安装地址图作为本合约附件；并由乙方负担费用，会同甲方向主管法院办理公证手续。

七、乙方提供抵押之机器设备得仍由乙方出立借据，向甲方借用，但应由乙方负一切善良保管责任，如有损坏或发生障碍时，应由乙方立即出资修理完善，以期完全适用。

八、甲方如认为抵押品必须迁移堆存或改善处理时，一经通知乙方，自当负担费用，立即照办，万一因迁移或改善处理而发生损失，乙方亦自愿负责，与甲方无涉。

九、抵押品除防火之石棉原料制品及不虞火患之钢铁品材等可暂免保火险外，所有其它押品应由乙方按照时价用甲方名义，向甲方同意之保险公司投保火险，一切保费概归乙方负担，所有保险单及保费收据应交甲方收执。倘遇不测，听凭甲方直接向保险公司领受赔款，抵偿借款及其它□□款项，如保险赔偿不足甚至不得赔偿，乙方仍当负责立即另缴相当质物或现款，决不借口意外损失，推卸责任，如在未经领受赔款以前，甲方认为须另行提供相当质物时，乙方亦愿照办。

十、乙方如怠于登记过户、迁移保险或办理其它手续或缴付各项费用时，甲方均得代办或代付，其代办代付之费用应由乙方立即偿还，但甲方并无代办代付之义务，如不代办代付，亦不因而负担任何责任与损失。

十一、所有质物应由乙方负担一切善良管理全责，质物如有走漏损坏，或因天灾人祸以及其它不可抗力事故，以致消灭全部或一部分时，甲方概不负责，仍由乙方负责立即增加或另缴相当质物或现款。乙方因业务上需要必需掉换或移动或增减质物时，应先行填具质物报告表，由负责人员签字盖章，送交甲方查核确实，同意后，始得实行，若擅自变动或所告不实，致甲方受有损失时，由乙方负担一切法律上责任。

十二、本合约签订后，乙方所有存汇款项应尽量与甲方一家往来。

十三、乙方如违背或不履行本合约所订各条时，或甲方认为有违背或不履行之虞时，所有甲方贷款及垫付之款得要求乙方立即清偿，甲方并得毋庸通知乙方及承还保证人，还将质物变卖或处分，乙方及承还保证人对于变卖方法、卖价高低及变卖迟早或如何处分决无异议，但甲方并无变卖或处分之义务，如未经变卖或处分而时价低落，所有损失与甲方无涉，其因变卖或处分所付之一切费用，均由乙方负担。

十四、质物变卖或处分所得之款项即以抵偿借款本息及各项费用，如不足清偿，仍由乙方负责立即补足，如有余款，甲方并得移偿或扣抵乙方所欠甲方其它款项。

十五、乙方如到期不将本息如数清偿时，由承还保证人负责立即代为如数清偿承还，保证人决不以质物未经变卖或处分或对乙方所有财产未为强制执行，或借口其它任何理由延缓履行保证责任，并自愿抛弃先诉及检索抗辩之权。

十六、本合约签订后，甲方得随时派员赴乙方稽核账目，如有查询，乙方负责人员并应详尽答复。

十七、本合约应由乙方负担费用，会同甲方向主管法院办理公证程序。

十八、本合约一式五份，正本一份，由甲方存执副本四份，乙方及承还保证人各执一份，其余二份由甲方陈送总局及四联总处备案。

  立合约人：甲方 邮政储金汇业局重庆分局。

      乙方 庆记协丰机器制造工厂，地址：江北董家溪四十一号。

证明律师：林秉奇

见证人：局长翁文灏

委托书

兹委任贵律师办理庆记协丰机器制造厂质押借款，声请法院作成公证书，并授权为代理人，代为一切法律行为，即希查照为荷。

此致

林秉奇律师

邮政储金汇业局重庆分局

经理：张玖

卅四年十一月三十日

授权书

委任人：邮政储金汇业局重庆分局，法定代理人张玖，男，三十九岁，籍贯江苏高邮人，职业邮汇局重庆分局经理，住民权路三十九号。

受任人：林秉奇律师，住中正路三九七号。

兹委任林秉奇为代理人，请求作成认证公证书，特将委任之原因及权限开列于后。

原因：不谙法律。

权限：代为一切法律行为。

证明文件：委托书一件。

右呈

重庆实验地方法院公鉴。

中华民国三十四年十二月四日

授权人：邮政储金汇业局重庆分局法定代理人张玖

授权书

委任人：胡再庆，男，三十五岁，浙江人，职业机械工业，住江北董家溪四十一号。

受任人：胡文光，男，二十二岁，浙江人，职业机械，住同右。

兹委任胡文光为代理人，请求作成认证公证书，特将委任之原因及权限开列于后：

原因：因事不能到处。

权限：授权办理工贷法律责任。

证明文件：证明公函乙件。

右呈

重庆实验地方法院公证处公鉴。

中华民国三十四年十二月十四日

授权人：胡再庆

重庆实验地方法院民事送达证书

书状目录：民国三十五年证字第一一二号　案送达通知乙件。

受送达人：林秉奇律师。

受送达人署名盖章，如不能署名盖章或拒绝者，应记明其事由：林秉奇印。

送达日期：卅四年十二月十一日下午一时。

中华民国三十四年十二月十一日

执达员：陈治康

［同日庆记协丰机器制造厂签收通知的送达证书略］

重庆实验地方法院公证处认证笔录

声请人：邮政储金汇业局重庆分局。

授权人：林秉奇律师。

声请人：庆记协丰机器制造厂。

授权人：胡再庆。

右列声请人因质押借款合约事件声请认证，于中华民国卅四年十二月十五日上午十时〇分在本院公证处认证，出席职员如左。

公证人：高季侯。

佐理员：谕客秋。

问：胡文光，年岁、住址？

答：廿二岁，住江北董家溪。

问：代理什么人？

答：代理胡再庆。

问：请求什么事？

答：庆记协丰机器制造厂以所有机器、原料、成品及设备，向邮政储金汇业局重庆分局质押贷款，请求认证。

问：贷款好多？

答：贷款一百万元。

问：利率如何约定？

答：月息三分四厘。

问：何时成立契约？

答：卅四年十月六日成立契约。

问：期限好久？

答：限期十八个月。

问：有无其它条件？

答：一切条件详载合约。

问：林秉奇律师，年岁、住址？

答：五十九岁，住中正路三九七号。

问：代理何人？

答：代理张玖。

问：请求何事？

答：与刚才胡文光所述同，如中途违约或到期不履行，请径付强制执行合约请求认证。

公证人宣称本件准予认证。

中华民国卅四年十二月十五日

佐理员：谕客秋

公证人：高季侯

证 明

兹证明胡文光确系本人，此证。

律师：林秉奇

律师：徐炳璋

中华民国卅四年十二月十五日

重庆实验地方法院认证书

证字一一二号

　　请求人：邮政储金汇业局重庆分局（经理张玖），三十九岁，江苏高邮人，住民权路；与公证不认识者其证明书或证人：由律师林秉奇具证明书。

　　代理人：林秉奇律师，年龄籍贯职业详卷，住中正路；委任代理之原因及权限：办理贷款合约认证；与公证人认识者其事由：因职务。

　　请求人：庆记协丰机器制造厂，职业机械，住江北董家溪。

　　代理人：胡文光，男，二十二岁，籍贯浙江人，职业机械，住江北董家溪。

　　委任代理之原因及权限：办理贷款合约认证；与公证不认识者其证明书或证人：由其律师徐炳璋出具证明书。

　　认证之方法：右声请人等于民国卅四年十月六日所订立质押借款合约，如中途违约到期不履行，请径付强制执行，如附卷缮本，请求认证前来，经审核属实，准予认证。

　　有第三人允许或同意者其证明：

　　有通译或见证人到场其事由：

　　登簿号数：一百号。

　　认证之年月日及处所：于中华民国卅四年十二月十五日，在重庆实验地方法院公证处认证。

　　右认证书经左列在场证明无异。

请求人：邮政储金汇业局重庆分局

代理人；林秉奇律师

请求人：庆记协丰机器制造厂

代理人：胡文光

中华民国卅四年十二月十五日

重庆实验地方法院公证处公证人：高季侯

74.叶树清与叶仁安交付遗产认证案

公证声请书

声请之标的：为交付遗产并指定监护人作成私证书，请求认证。

声请公证之事项：缘树清配夫树华，生子仁安。不幸民国二十九年夫故，当其弥笃时，遗嘱将所遗巴县虎溪乡叶家沟叶家砖房子田业一股，计谷二十五石分给独生子仁安管业；其开设之重庆市统一麦糊公司生意，则交树清经营。因仁安尚未成年，故其田业仍由树清为之管理。兹仁安行将成年，立志大学毕业，而预料每年所需非有百余万元莫办，但树清又无力担负，爰集族戚商议，金以应分上项田业收益作其学费专款，即将其业交其管理，并为设置监护即指定其堂叔叶荣华为其监护人，代为经理一切，荣华亦承认无异，特另立分管文约一式二纸，为此，请求认证，以便各相遵守为感。

证明文件及参考事项：照抄原约一纸，证明书一件。

公证费：田产与营业各值价洋四百万元整。

右呈

重庆地方法院公证处

中华民国三十五年十二月　日

声请人：叶树清，三十七岁，巴县人，商，住沧白路三三号。叶仁安，十八岁，巴县人，住同上。叶荣华，四十五岁，巴县人，住虎溪乡。

公证收费单

征费机关：重庆地方法院。

缴款人：叶树清。

案号：三十五年度证字第九三号。

案由：遗产认证。

标的：八百万元。

费别：公证。

征费数目：国币四万零一百元。

中华民国三十五年十二月十四日

授权书

委任人：叶仁安，男，十八岁，四川巴县人，肄业学校，住沧白路三三号。

监护人：叶荣华，男，四十五岁，住虎溪乡叶家沟。

受任人：刘宗荣，男，五十七岁，四川中江县人，律师，住林森路五七六号。

兹委任刘宗荣为代理人，请求作为认证私证书，特将委任之原因及权限开列于后。

原因：不谙法律。

权限：委任出席认诺契约付与之行为。

证明文件：

右呈

重庆实验地方法院公证处公鉴。

中华民国三十五年十二月十三日

授权人：叶仁安

监护人：叶荣华

授权书

委任人：叶树清，女，三十七岁，四川巴县人，商，住沧白路三三号。

受任人：汪度，男，六十岁，浙江吴兴县人，律师，住水沟街五号。

兹委任汪度为代理人，请求作为认证私证书，特将委任之原因及权限开列于后：

原因：不谙法律。

权限：委任出席认诺契约付与之行为。

证明文件：

右呈

重庆实验地方法院公证处公鉴。

中华民国三十五年十二月十三日

授权人：叶树清

证明书

查叶树清与叶仁安因交付遗产、设置监护声请认证事件，兹证明叶树清、叶仁安、叶荣华确系本人。此证。

谨呈

重庆地方法院公证处。

证明人：律师刘宗荣、律师汪度

中华民国三十五年十二月十三日

遗产分割认提文约

立遵遗嘱，分割、认提遗产文约人叶树清、叶仁安，情树清配夫树华，生子名仁安。不幸氏夫于民国二十九年病故，当其弥笃时，当谆谆遗嘱，务将所遗巴县虎溪乡叶家沟叶家砖房子附近田业二十五石，分与儿子仁安管业；其一手创办之重庆市统一面糊公司营业，则交与氏经营。因仁安尚未成年，故其应分之田业亦由氏代为管理。兹仁安年将成立，要求大学毕业，需学费百余万元。但氏一介女流，且又营业萧条，无力担负，爰请凭族戚商议，均谓继承业已开始，且氏夫早有遗嘱，不如将遗产平均分割，听其各自经营，各奔前程等语。并经族戚商决，仍照遗嘱将砖房子附近田土房屋山坡共田面积二十五石，共有红契拾张，约合时价四百万元分与仁安，其余统一面糊公司招牌营业及生财器具等项约合时价四百万元，则分氏管业，氏同子仁安亦均欢允，故即照此分割，氏并指定叶荣华为仁安监护人，代为招佃收租，助其求学，但氏仍保有监督清算之权，以昭□实。从此分割后，尔仁安务须仰体祖父创业艰难，更求发扬光大，并须专心学业力图上进，置身青云扬名显亲，方不负氏守节抚孤暨遵嘱割产助学之盛意，除将契佃各约当众点交外，恐口无凭，特立遵嘱分割、认提遗产文约一式二纸，签押各执为据。

　　证人：刘金镛、王学渊、叶彦彬、张永福、汤子江、陈汉江、薛贵林、叶如林、赵志华、陈敬修、冯玉林、雷恒九、方有章、叶如森、郝炳荣、李鸿祥，同在，刘庄秋代笔

中华民国三十四年古历冬月初二日

立分割认提遗产文约人：叶树清、叶仁安

重庆地方法院送达证书

　　书状目录：民国三十五年证字第九三号案送达通知书一件。

　　受送达人：监护人叶荣华。

　　受送达人署名盖章，若不能署名盖章或拒绝者，应记明其事实：叶荣华。

　　送达日期：卅五年十二月廿九日。

中华民国三十五年十二月二十六日

地方法院执达员：

　　［同日汪度律师，刘宗荣律师，叶仁安、叶树清签收通知书的送达证书两份略］

重庆实验地方法院公证处认证笔录

　　请求人：叶仁安。

　　监护人：叶荣华。

　　代理人：刘宗荣律师。

　　请求人：叶树清。

　　代理人：汪度律师。

　　右列声请人因交付遗产事件声请认证，于中华民国卅五年十二月卅一日下午二时　分，

在本院公证处认证，出席职员如左。

公证人：陈永藩。

佐理员：何钟川。

问：刘宗荣律师，请求人姓名等项？

答：叶仁安，巴县人，十八岁，学，住沧白路三三号。

问：叶荣华为何人？

答：叶仁安之监护人，现住虎溪乡叶家沟。

问：汪度律师，请求人姓名等项？

答：叶树清，巴县人，卅七岁，商，住沧白路三三号。

问：刘宗荣律师，遗嘱带来否？

答：原系口授遗嘱。

问：叶树清与叶仁安何关系？

答：为叶仁安之生母。

问：叶荣华呢？

答：叶荣华为叶仁安之堂叔。

问：请求认证何事？

答：缘叶树清与叶仁安母子分家，叶仁安应分产业经亲属会议指定叶荣华为叶仁安之监护人，双方同意书立契据，请求认证，余详分割遗产契约。

公证人谕知准予认证。

右笔录经朗读无异。

中华民国卅五年十二月卅日

重庆实验地方法院公证处

佐理员：何钟川

公证人：陈永藩

重庆地方法院认证书

证字第九三号

当事人：

请求人：叶树清，女，三十七岁，四川人，商，住沧白路三三号，由律师具证明书。

代理人：汪度，律师，代理认证。

请求人：叶仁安，十八岁，四川人，住沧白路，监护人叶荣华，四川人，住虎溪乡叶家沟，由律师具证明书。

代理人：刘宗荣，律师，代理认证。

认证之方法：缘叶树清遵故夫树华遗嘱，与其生子仁安分家，将砖房子附近田土房屋山坡共田贰拾伍石分与仁安，其余统一面糊公司招牌营业及生财器具等项，则分叶树清管业，并指定叶荣华为叶仁安之监护人，代为招佃收租，助其求学，但叶树清仍保有监督清算之权，余详分割遗产文约。本件经审核属实，应予认证。

有第三人允许或同意者其证明：

有通译或见证人到场其事由：

登簿号数：第一九八号。

认证之年月日及处所：于中华民国卅五年十二月卅日在重庆地方法院公证处认证。

右认证书经左列在场人证明无误

请求人：叶树清

代理人：汪度律师

请求人：叶仁安

监护人：叶荣华

代理人：刘宗荣律师

中华民国卅五年十二月卅日

重庆地方法院公证处公证人：陈永藩

重庆地方法院送达证书

书状目录：民国　年（　）字第　号　案送达认证书一件。

受送达人：监护人叶荣华。

受送达人署名盖章若不能署名盖章或拒绝者应记明其事实：代收人叶劲秋。

非交付受送达人之送达应记明其事实：叶荣华未晤，由叶劲秋代收。

送达日期：三六年一月十五日。

中华民国卅六年一月十五日

地方法院执达员：

［同日叶仁安、叶树清签收认证书的送达证书略］

75. 萧万成与余绍姒赠约认证案

公证申请书

声请之标的：赠与并移转重庆市两路口可居楼房产全部及其地基之不动产所有权。

声请公证之事项：窃声请人萧万成与声请人余绍姒因夫妻关系曾于民国二十七年，书立赠与字据，愿于生前将万成所置重庆市两路口可居楼房产及其地基之全部，赠与并移转其所有权于绍姒，嗣后无论绍姒如何处分，万成均不干涉，再将来如有意见不合，不能同居之情事，并由萧万成付与余绍姒赡养费壹万元及退还妆奁费壹万元，立有赠与并移转所有权契约壹纸为凭。特为声请准予认证，再上项房屋约值贰千万元正，合并陈明。

证明文件及参考事项：民国二十七年二月　日萧万成凭证书立赠与并移转重庆市两路口可居楼房及其地基全部所有权契约一纸（抄件附呈，原件庭呈）。

公证费

右呈

重庆地方法院公证处。

中华民国三十五年十二月

声请人：萧万成，四十九岁，四川奉节人，住牛角沱三七号。

余绍姒，四十四岁，四川云阳人，住同右。

征费单

征费机关：重庆地方法院。

缴款人：萧万成。

案号：三五年度证字第九五号。

案由：赠与认证。

标的：二千万元。

费别：公证。

征费数目：国币壹拾万零一百五十圆。

备注：

复核员：

收费员：

中华民国三五年十二月三十一日

委任契约

兹委任陶惟能律师为认证赠与证书，经约定条件如左：

（一）委任事由：萧万成因赠与并移转重庆市两路口可居楼全部房屋所有权于余绍姒由。

（二）授权范围：受任人有代为认证私证书一切行为之权。

（三）公费：无。

（四）书缮费：无。

（五）保证人对于上二项费用负连带责任。

（六）本约履行地。

（七）授权人口述或书面声述之事实及所提出之证件如有不实，授权人负其责任，受任人并得解除契约。

（八）诉讼事件诉讼费用归授权人负担。

（九）授权人有二人以上者，对于约定费用负连带责任。

（十）附加条件。

委任人：萧万成

代笔人：赵希贤

中华民国三十五年十二月卅一日

［另一份余绍姒委任杜岷英律师契约，其他内容与此完全相同，略］

授权书

委任人：萧万成，男，四十九岁，四川奉节人，参议员，住牛角沱三七号。

受任人：陶惟能律师，住林森路五二九号。

兹委任陶惟能律师为代理人，请求作为认证赠与证书，特将委任之原因及权限开列于后。

原因：不谙公证手续。

权限：有代理为认证私证书一切行为之权。

证明文件：委任契约一件。

右呈

重庆实验地方法院公证处

中华民国三十五年十月　日

授权人：萧万成

授权书

委任人：余绍姒，女，四十四岁，四川云阳人，住牛角沱三七号。

受任人：杜岷英律师，住林森路五二九号。

兹委任杜岷英律师为代理人，请求作为认证赠与证书，特将委任之原因及权限开列于后。

原因：不谙公证手续。

权限：有代理为认证私证书一切行为之权。

证明文件：委任契约一件。

右呈

重庆实验地方法院公证处

中华民国三十五年十二月　日

授权人：余绍姒

证明书

查萧万成因赠与并移转重庆市两路口可居楼全部房屋所有权于余绍姒声请公证事件，兹证明萧万成及余绍姒确系本人。此证

本人：萧万成（即赠与人暨移转房产所有权人）

余绍姒（即受赠人暨受让房产所有权人）

证明人：杜岷英律师、陶惟能律师

中华民国三十五年十二月　日

赠 与 字 据

立字据人萧万成因发妻余绍姒辅助事业半生劳苦，今愿将萧万成名义所置重庆市两路口可居楼一所产权让与余绍姒自由管业，自立字之后，无论如何处分，万成不加干涉，再有将来如有意见不合，不能同居之时，万成应付绍姒赡养费一万元，并有绍姒当初所带妆奁费一万元，一并无利归还，恐口无凭，特请中证人证明，并立此据为证。

附可居契纸登记证等全份。

立字人：萧万成

中证人：余俊卿，王炳南

中华民国二十七年二月　日

重庆地方法院送达证书

书状目录：民国三六年证字第一号　案送达通知乙件。

受送达人：萧万成。

受送达人署名盖章，若不能署名盖章或拒绝者，应记明其事实：萧万成。

送达处所：牛角沱街卅七号。

送达日期：三十六年一月十日。

中华民国三十六年一月六日

重庆地方法院执达员：施绍振

［同日余绍姒、陶惟能律师、杜岷英律师签收通知的送达证书三份略］

重庆实验地方法院公证处认证笔录

请求人：萧万成。

代理人：陶惟能律师。

请求人：余绍姒。

代理人：杜岷英律师。

右列声请人因赠约事件声请认证，于中华民国卅六年一月十六日上午九时　分在本院公证处认证，出席职员如左。

公证人：陈永藩。

佐理员：何钟明。

问：杜岷英律师，委任人姓名等项？

答：余绍姒，四十四岁，四川云阳人，现住牛角沱卅七号。

问：陶惟能律师，委任人姓名等项？

答：萧万成，四十九岁，奉节人，现住牛角沱卅七号。

问：请求认证何事？

答：请求认证萧万成赠与并移转重庆市两路口可居楼房产全部及地基之不动产所有权与余绍姒，均详赠与契约。

公证人谕知准予认证。

右笔录经当庭朗读无异。

中华民国卅六年一月十六日

重庆地方法院公证处

佐理员：何钟明

公证人：陈永藩

重庆地方法院公证书

证字第一号

当事人：

请求人：萧万成，男，四十九岁，四川人，住牛角沱三七号，与公证人不认识者其证明或证人，由律师见证明书。

代理人：陶惟能，律师，委任代理之原因及其权限：代理认证。

请求人：余绍姒，女，四十四岁，住牛角沱卅七号，与公证人不认识者其证明或证人：由律师见证明书。

代理人：杜岷英，律师，委任代理之原因及其权限：代理认证。

认证之方法：缘民国廿七年萧万成赠与并移转重庆市两路口可居楼房产全部及其地基之所有权于余绍姒，余详赠与契约。本件经审核属实，应予认证。

有第三人允许或同意其证明：

有通译或见证人到场者其理由：

登簿号数：第二〇〇号。

认证之年月日及处所：于中华民国卅六年一月十六日在重庆地方法院公证处认证。

右认证书经左列在场人证明无误。

请求人：萧万成，代理人：陶惟能律师

请求人：余绍姒，代理人：杜岷英律师

中华民国卅六年一月十六日

重庆地方法院公证处公证人：陈永藩

重庆地方法院送达证书

书状目录：民国三六年证字第一号。

案送达认证书乙件。

受送达人：萧万成。

受送达人署名盖章，若不能署名盖章或拒绝者，应记明其事实：萧万成。

送达日期：卅六年二月七日。

中华民国卅六年一月廿八日

重庆地方法院执达员：温叙恒

［同日余绍姒签收认证书的送达证书略］

76. 中国实业银行与益州总号抵押契约认证

公证声请书

声请之标的：

声请公证之事项：兹以本号总经理李子游所有本市陕西路一〇七号楼房一栋，作为本号向中国实业银行借款一千六百万元之质押品，上项借款到期如不清偿本息，愿凭中国实业银行自行处分，特具声请事实。

证明文件及参考事项：益州总号出票，鹤兴字号承兑商业汇票卅六年二月十五日期国币一千六百万元。

益州总号向中国实业银行贴现借款保证书一纸，担保人瑞生药号，国币一千六百万元。

公证费：

右呈

重庆地方法院公证处。

中华民国三十六年一月卅一日

声请人：重庆中国实业银行代表人陈善燮，年龄三十八岁，湖北人，银行，住本市中正路一四二号本行。

重庆益州总号代表人李子游，年龄五十三岁，山西人，商，住本市陕西路一〇七号本号。

征费单

征费机关：重庆地方法院。

缴款人：中国实业银行。

行号：三六年度证字第八号。

案由：房屋。

标的：一千六百万元。

费别：公证。

征费数目：十六万圆。

中华民国卅六年二月五日

报 告

三十六．二．十七

奉交下卅六年度证字第九号通知二件，警遵即送达，除陈善燮收受填证外，惟李子游住陕西街一〇七号益州号，查该李子游已逃匿，无从送达，理合报请钧核示遵。

谨呈

推事公鉴。

法警：施光华呈

四川重庆地方法院公证处通知书

卅六年度证字第九号

受通知人姓名：益州总号代表李子游，住所：陕西路一〇七号，通知事由：认证。

应到时期：二月二十日上午九时　分　应到处所：本院公证处。

注意：请求人如为公证人所不认识者，应提出公证人所认识之证人二人出具之证明书或其它相当之证明书以证明其实系本人，如本人有身份证者，应随带身份证，请求人为外国人者，得提出该本国公使或领事之证明或护照。

佐理员：何钟明

送达人：

中华民国卅六年二月十日

重庆地方法院送达证书

送达证书　第九号

书状目录：民国三六年证字第九号　案送达通知书乙件。

受送达人：益州总号代表李子游。

中华民国卅六年二月十日

重庆地方法院执达员：

［同日中国实业银行代表陈善燮签收通知书略］

重庆实验地方法院公证处认证笔录

中国实业银行代表陈善燮
益州总号代表李子游

右列声请人因抵押事件声请认证，于中华民国卅六年二月廿日上午十时　分，在本院公证处认证，出席职员如左。

公证人：陈永藩。

佐理员：何钟明。

问：陈善燮，年、住等？

答：卅八岁，湖北人，银行业，住中正路一四二号，中国实业银行。

问：李子游未何未到？

答：因益州总号垮了，他已不见。

公证人谕知：本件不能认证。

右笔录经朗读无异。

中华民国卅六年二月廿日

（院衔）公证处

佐理员：何钟明

公证人：陈永藩

77. 慕泽冰借款认证案

授权书

委任人：慕泽冰，男，三十五岁，四川巴县人，自耕农，住巴县圆明乡第十三保地名老鹅湾。

受任人：农民银行，住民权路。

兹委任农民银行为代理人，请求作为认证证书，特将委任之原因及权限开列于后：

原因：不谙法律。

权限：办理公证。

右呈

重庆实验地方法院公证处公鉴。

中华民国三十六年四月二十九日

授权人：慕泽冰

公证声请书

声请之标的：为购地自耕，以民慕泽冰新购老鹅湾之土地房屋为标的，设定第一值抵押权，向农民银行息借国币六十万元正。

声请公证之事项：窃民慕泽冰因购地自耕，以自己新购老鹅湾之土地为标的，设定第一值抵押权，于卅六年四月廿九日，向农民银行息借扶植耕农贷款六十万元正，请予公证。

证明文件及参考事项：

公证费：

右呈

重庆地方法院公证处。

中华民国三十六年四月二十九日

声请人：慕泽冰，籍贯巴县，农，住园明乡老鹅湾

代理人：中国农民银行重庆分行

证收费单

征费机关：重庆地方法院。

缴款人：慕泽冰。

案号：三十六年度证字第八〇号。

案由：借贷公证。

标的：六十万元。

费别：公证。

征费数目：国币三千三百圆。

备注：

复核员：

收费员：

中华民国卅六年六月廿五日

重庆地方法院送达证书

书状目录：民国三十六年证字第五七号案送达通知一件。

受送达人：慕泽冰。

受送达人署名盖章，若不能署名盖章或拒绝者，应记明其事实：中国农民银行重庆分行土地金融股印。

送达日期：三十六年七月三十日。

中华民国三十六年七月二十八日

重庆地方法院执达员：冯俊德

［同日农民银行签收通知的送达证书略］

重庆实验地方法院公证处认证笔录

右列当事人因　事件，声请　认于中华民国卅六年七月卅一日　午　时　分在本院公证处认证，出席职员如左。

公证人：刘澄宇。

佐理员：张思荣。

问：姓名等项？

答：慕泽冰，卅五岁。

问：声请人认证何事？

答：慕泽冰因购地自耕，以自己新购老鹅湾之土地，于卅六年四月廿九日向农行息借六十万元。

民国卅六年七月卅一日

张思荣

重庆地方法院认证书

证字第五九号

当事人：

请求人：慕泽冰，三十五岁，住园明乡十二保老鹅湾。

代理人：农行。

认证之方法：慕泽冰因购地自耕，以自己新购老鹅湾之土地，于卅六年四月廿九日向农行息借六十万元。

有第三人允许或同意者其证明：

有通译或见证人到声其事由：

登簿号数：二七八号。

认证之年　月　日及处所：于中华民国三十六年七月卅一日在重庆地方法院公证处认证。

右认证书经左列在场人证明无误。

请求人：慕泽冰

代理人：靳朝班

中华民国三十六年七月三十一日

重庆地方法院公证处公证人

重庆地方法院送达证书

书状目录：民国　年证字第五九号　案送达认证一件。

受送达人：慕泽冰、农行、靳朝班。

受送达人署名盖章，若不能署名盖章或拒绝者，应记明其事实：

送达日期：三十六年八月二十二日。

中华民国卅六年八月十九日

重庆地方法院执达员：

78. 范嘉纳堂与程尔康租赁契约认证案

公证声请书

声请之标的：当事人间为本市临江门外兴隆台街五十一号地基一幅之租佃契约声请认证。（租金共二百四十万元）

声请公证之事项：出租人范嘉纳堂、代理人范治琅，

承租人程尔康（以下简称甲、乙方）声请认证之事项如左：

（一）乙租用上项地基限于搭造简易建筑。

（二）租期以肆年为限，期满如甲方收回自用，乙方自行拆迁，无条件返还地基，如双方同意得继续承租，其内容另行协议之。

（三）租金每年六十万元，分三季给付，于每季先交，租金每年调整一次。

（四）地价税由甲方负担，其余税捐由乙方负担。

（五）当事人任何一方如有违背情事，由担保人负责。

（六）本约于双方签字后有效，合同为凭。

证明文件及参考事项：有合同契约为证，当事人双方各执一纸。

公证费：

右呈

重庆地方法院公证处。

中华民国三十六年十一月十七日

声请人：范嘉纳堂，代理人范治琅，二十八岁，江津人，学，住临江门正街一号周兴隆转。

程尔康，四十岁，巴县人，职业商，住临江门吉祥寺七十三号。

征费单

缴款人：范治琅。

案号：三十六年度证字第一一四号。

案由：租赁认证。

标的：二百四十万元。

费别：公证。

征费数目：国币一万二千一百五十元。

备注：

复核员：

收费员：

中华民国卅六年十一月十七日

重庆地方法院送达证书

书状目录：民国　年　字第　号与程尔康案送达通知一件。

受送达人：范治琅。

受送达人署名盖章，若不能署名盖章或拒绝者，应记明其事实：范治琅由指定代收人。

非交付应受送达人之送达应记明其事实：代收人周兴隆押实。

送达日期：卅六年十一月廿一日。

中华民国卅六年十一月廿日

重庆地方法院执达员：

［同日程尔康签收通知的送达证书略］

民事委托状

请求认证人：范嘉纳堂，范治琅，二十八岁，江津人，住临江正街一号周兴隆转，学。

代理人：周兴隆，四十五岁，重庆人，住临江正街一号，商。

　　窃请证人为本市临江门外兴隆台街五十一号地基一幅出佃与程尔康君使用之租佃契约请求认证事，刻因有远行，不克出庭参加认证，恳请准予委托周兴隆君代理有关一切法律行为。谨呈

重庆地方法院公证处公鉴。

中华民国三十六年十一月二十一号

具状人：范嘉纳堂，代理人范治琅

征费单

征费机关：

缴款人：范治琅。

案由：证明。

征费数目：国币八百元。

复核员：

收费员：

中华民国卅六年十一月廿一日

重庆实验地方法院公证处认证笔录

右列声请人因租赁事件声请认证于中华民国卅六年十一月廿一日 午 时 分，在本院公证处认证，出席职员如左。

公证人：刘澄宇。

佐理员：张思荣。

问：姓名等项？

答：范治琅，廿八岁。

问：姓名等项？

答：程尔康，四十岁。

问：声请人认证何事？

答：（一）证乙方租用临江门外兴隆台街五十一号地基一幅，限于搭造简易建筑。

（二）租期以肆年为限，期满如甲方收回自用，乙方自行拆迁，无条件返还地基，如双方同意得继续承租。

（三）租金每年陆拾万元，分三季给付，于每季先交，租金每年调整一次。

（四）地价税由甲方负担，其余税捐由乙方负担。

（五）当事人任何一方如有违背本约情事，由担保人负责。

（六）本约于双方签字后有效，合同为凭。

民国卅六年十一月廿一日

张思荣

四川重庆地方法院认证书

证字第一一四号

当事人：

请求人：范嘉纳堂，临江门正街一号周兴隆转。

代理人：范治琅，二十八岁。

请求人：程尔康，四十岁，住临江门吉祥寺七十三号。

认证之方法：缘乙方租用临江门外兴隆台街五十一号地基一幅，限于搭造简易建筑，租期以四年为限，期满如甲方收回自用，乙方自行拆迁，无条件返还地基，如双方同意得继续承租，租金每年六十万元，分三季给付，于每季先交租金，每年调整一次。地价税由甲方负担，其余税捐由乙方负担。当事人任何一方如有违背本约情事，由担保人负责。本约于双方签字后有效，以合同为凭。

有第三人允许或同意其证明：

有通译或见证人到场者其理由：

登簿号数：

认证之年月日及处所：于中华民国三十六年十一月十一日在重庆地方法院公证处认证。

右认证书经左列在场人证明无误。

请求人：范嘉纳堂

代理人：范治琅

请求人：程尔康

中华民国三十六年十一月廿一日

重庆地方法院公证处公证人：刘澄宇

重庆地方法院送达证书

书状目录：民国卅六年证字第一一四号认证案送达认证书一件。

受送达人：范嘉纳堂，代理人范治琅。

受送达人署名盖章若不能署名盖章或拒绝者应记明其事实：范治琅未在家由同屋周兴隆代收。

非交付应受送达人之送达应记明其事实：代收人周兴隆。

送达日期：卅六年十一月卅日。

中华民国卅六年十一月廿七日

重庆地方法院执达员：彭安都

[同日请求人程尔康签收认证书的送达证书略]

五、民事诉讼及其它／各类声请（申请）

79.何王氏及其子声请破产案

民事声请状

具声请人：何王氏，同子德邦，年龄不一，巴县人，住石滩乡，现住本市储奇门外正街第八号，住家。

呈为负债重巨，碍难清偿，依法声请破产，恳予查封拍卖，俾便给清债务事：

情民籍居县属石滩乡，先夫早亡，遗氏孀守持家，纺绩度日，膝下育子德邦，现方成年，庸愚多疾，虽受祖遗田业一股，地名滩子口，田租九石，但因负债重巨，每年获谷尚不敷给子金。窃氏负债之原，首以夫殁，措资安厝所需各费，概由氏向外所借，第因连遭干旱，收获无几，迫氏告贷，以维全家生计，自是债务年增月进，不数年间，竟负外债三百元之巨，而各债权等日常追索，氏实莫法予措偿，现各债权等有已予起诉，饬氏付还者，有意欲诉追，尚未进行者，纷纷攻击，似疑氏有故意殆延不予给付之意，刻氏以各债权等既经欲予诉追，均不免售业分给，始能寝事。以故，同子协商，甘将所受遗产破产偿债，除恳与氏母子酌提生活外，余款悉作给清债务，俾杜纷争，而免讼累。然声明破产应予依法声请钧院做主，查核办理，庶可有效，是特将负债经过及所欠金额，并众债权人名详为膳陈，呈恳钧院做主，俯赐鉴核，准予声请破产，给清债务，至氏所有滩子口业租九石，应恳立予查封，估价拍售，以恤孀孤而免纷争。如沐俯准，则氏母子沾感大德无暨矣。再有陈者，兹特附缴声请费洋一元，其余各费，俟批准后即予补正，合并声明。

此呈
附缴声请费洋一元。
证物：抄粘债权名单一纸。
巴县地方法院民庭公鉴。

中华民国二十五年十一月十七日
具状人：何王氏，同子德邦

债权人名单

兹将众债权人名金额抄列于左：
林志轩，生洋七十五元正；
陈华林，生洋一百四十元正；
萧达之，生洋三十元正；

蒋现廷，生洋三十元正；

张沛霖，生洋四元正；

以上五柱共计生洋二百七十九元。

重庆地方法院民事送达证书

书状目录：民国廿六年（　　）字第　号何王氏破产案送达传票一件，二月廿三日讯。

受送达人：何王氏，何德邦。

受送达人署名盖章，若不能署名盖章或拒绝者，应记明其事实：何王氏，林洪云代收押。

送达处所：巴县第五区石滩乡联保办公处。

送达日期：廿六年二月十三日。

中华民国廿六年二月十五日

四川重庆地方法院执达员：张国策

［同日债权人陈华林、林志轩签收传票的送达证书略］

报　告

为报告事。案奉钧票往传何王氏声请破产一案，除声请人、被声请人依法填票外，惟今临讯期，该双方不知为何不能来庭，以致无从送审。为此，具报钧核示遵。

谨呈

主任推事

执达员：张国策呈

民国二十六年二月　　日

四川重庆地方法院民事裁定

廿五年度破字第四六号

声请人：何王氏，住巴县石滩乡。

右声请人因声请宣告破产事件，本院审核裁定如左。

主文

声请驳回，声请费用由声请人负担。

理由

按债务人声请宣告破产时，法院得传讯债务人、债权人及其它利害关系人，此为破产法所明定。本件何王氏声请宣告破产，经本院示期传讯，旋据执达员报告略称："声请人何王氏与债权人林志轩、陈华林等均已依法填票，惟至今讯期，双方均未来院，以致无从送审"等语。据此观察，足见声请人声请各情，完全不实，应予驳回，合依民事诉讼法第九十五条、第七十八条裁定如主文。

中华民国廿六年三月十七日

四川重庆地方法院民庭

推事：李宣
书记官：

当事人如有不服，得于收受裁定后十日内向本院提出书状，抗告四川高一分院。

重庆地方法院民事送达证书

书状目录：民国廿六年（破）字第四十六号何王氏破产案送达裁定一件，受送达人：何王氏。

受送达人署名盖章，若不能署名盖章或拒绝者，应记明其事实：何王氏，林洪云代收押。

送达处所：巴县第五区石滩乡联保办公处。

送达日期：廿六年三月三十一日。

中华民国廿六年三月廿日
四川重庆地方法院执达员：张国策

80. 吴安仁等声请撤销假扣押案

民事声请状

声请人：吴安仁，三十五岁，巴县人，住木洞镇；吴昭喜，三十岁，巴县人，住木洞镇。

相对人：吴氏敦孝堂、吴国昌，年籍住在卷。

　　为遵照裁定缴纳提供担保金请求撤销假扣押事，窃民与吴国昌祠产纠纷涉讼一案，相对人声请假扣押在卷，奉到钧院三十五年度全字第五三号民事裁定主文，后段略开：债务若提供国币一万二千元或相当价额之有价证券为担保后，准予停止或撤销假扣押，民兹遵照上开规定如数措齐国币一万二千元，状恳钧院鉴核查收，并准将假扣押返销以符法制而免讼累，实沾德便。

　　谨状

　　重庆地方法院民执行庭公鉴。

中华民国三十五年六月二十日

具状人：吴安仁、吴昭喜

重庆地方法院送达证书

　　书状目录：民国　年　字第三九四号。

　　案送达批示乙件。

　　受送达人：吴安仁、吴昭喜。

　　受送达人署名盖章，若不能署名盖章或拒绝者，应记明其事实：吴安仁、吴昭喜。

　　送达处所：巴县木洞镇。

　　送达日期：卅五年十月十日。

中华民国三十五年十月一日

重庆地方法院执达员：□筱北

重庆地方法院令

民国三十五年执字第三九四号

令本院执达员何质彬：

　　查债权人吴氏敦孝堂与债务人吴安仁等为祠产纠纷假扣押声请一案，前经本院将债务人吴安仁等所有木洞镇禹王庙街六十三号内方桌三张、长板凳四根、黑漆椅子四把，依法扣押在案。兹因债务人遵照裁定提供担保，并声请启查前来，核与法尚无不合，除公告撤销查封外，合亟令仰该员前往会同双方当事人暨保甲长、原保管人眼同启封，将上开动产点交吴安仁、吴昭喜接收具领，仍将办理情形，限七日内具报备查，此令。

中华民国三十五年十一月八日
院长：徐尔傍

重庆地方法院公告

民国三十五年度执字第三九四号

查债权人吴氏敦等与债务人吴安仁等为祠产纠纷假扣押执行一案，前经本院将债务人所有后开财产依法查封在案，兹因债务人遵判提供担保，并请求撤销扣押前来，自应照准。除派员办理外，应亟公告启封，仰商民人等一体周知，此布。

计开就前扣押债务人吴安仁等所有木洞镇禹王庙街六十三号内方桌子三张、长板凳四根、黑漆椅子四把，予以启封。

重庆地方法院送达证书

书状目录：民国三十五年执字第三九四号撤销假扣押案送达左列各件：十一.十六.传票一件。

受送达人：被声请人吴氏敦孝堂法定代理人吴国昌

受送达人署名盖章，若不能署名盖章或拒绝者，应记明其事实：吴国昌押。

送达日期：卅五年十一月十一日。

中华民国卅五年十一月七日
重庆地方法院执达员：□□□

民事声请状

声请人：吴氏敦孝堂，法定代理人吴国昌，五十三岁，巴县人，住木洞镇朝阳街第四五号，商业。

被声请人：吴安仁、吴昭喜，年龄在卷，巴县人，住木洞镇禹庙街敦孝堂，职业祠堂。

呈为声请停止假扣押以便增加担保金，再予假扣押而资保障共有祠产租益，免被侵吞俱尽妨害将来执行事。

情民因吴氏敦孝堂祠产系为吴氏三房子孙共有，而吴安仁弟兄仅有一房之租益权，横占独行癖踞，并侵吞共有租益及窃卖祠内器物等情，民因诉追返还祠产，清算账目，交由轮流保管之案，迭经更审，拖延未决。民于三十三年六月按照祠产之房舍及河土租益估计一万二千元，声请假扣押，遵照钧院民庭裁定并书记室三十四年度全字第五三号通知书，于是年十月四日缴足担保金，准予实施假扣押布告在案，殊被假扣押人乘返还祠产之案未能彻底判决，意图对于共有租益长久侵吞，且欲加押拖用，使成皮肉俱尽，对于本案假扣押之裁定提起抗告，业经高一分院裁定驳回，复又反提供担保金一万二千元，请求撤销假扣押。民闻其进行之后，除已于本年十月三十一日呈请钧院民庭维持假扣押之保障外，昨日忽奉钧院民庭执字第三九四号撤销假扣押案件之票传，示期十一月十六日审讯，民遵传之下，决定依期到案候讯。惟民对于假扣押之案，理应声请停止撤销。民按现刻生活增高，查吴氏敦孝堂祠产房舍之租益及河土租益并祠内器物，兹估计十万元，民愿按照提供担保金十万元，声请钧院核查，再准予假扣押，俾资保障，而免防害共有祠产将来之执行，则沾感大德矣。谨呈

（兹附增加状纸费国币五百五十元）

重庆地方法院民执行庭公鉴。

中华民国三十五年十一月十三日

具状人：吴国昌

重庆地方法院送达证书

书状目录：民国　年　字第　号声请停止假扣押案送达批示一件。

受送达人：吴国昌。

受送达人署名盖章，若不能署名盖章或拒绝者，应记明其事实：

送达处所：木洞镇。

送达日期：卅五年十一月二六日。

中华民国卅五年十一月二五日

重庆地方法院执达员：罗生荣

报告

奉令执行吴氏敦孝堂与吴安仁等为祠产纠纷声请假扣押一案，遵即前往该地执行，启封完结。谨将经过情形理合具报钧核示遵。

谨呈

执行庭推事杨，公鉴。

呈缴原令笔录收条各一件。

执达员：何质彬

中华民国三十六年一月廿八日

重庆地方法院执行笔录

案由：吴氏敦孝堂与吴安仁等为祠产纠纷声请假扣押一案。

地点：巴县木洞镇禹王庙街六十三号。

标的物：启封交还方桌三张、长板凳四根、黑漆椅子四把。

时间：民国三十六年元月十六日上午。

执行经过：员奉令前往该地，会同乡保甲长及原被两造当事人等从场，经员实施执行，将前所假扣押方桌三张、长板凳四根、黑漆椅子四把及租佃户晏炳全、万大娘之租金予以启封。除公告撤销查封外，并由原保管人到场共同启封，当将前保管各物一并点交被告吴安仁等接收，并具领条一件呈案。是以前往该地执行启封经过情形作成笔录，当交到场人员阅览后均各署名签押，以资考核，此致。

巴县木洞镇镇长：刘百昌

保长：万炳荣

甲长：刘国之

原告：吴氏敦孝堂

被告：吴安仁　押　吴昭喜　押

收条

今收到重庆地方法院执行撤销假扣押一案交来方桌三张、长板凳四根、黑漆椅子四把及佃户晏炳全、万大娘之租金，一并接收清楚是实。此呈

重庆地方法院执行处公鉴。

接收人：吴安仁　押　吴昭喜　押

民国三十六年一月十六日具

报告

三十六年一月六日

奉令执行吴氏敦孝堂与吴安仁等为祠产纠纷声请假扣押一案，遵即前往该地，会同保甲长及原被两造当事人等从场，经员实施执行启封之际，据原告吴国昌到场口称，昨奉法院批示，仅向民庭声请增加担保金，再予假扣押在案，其余启封之案，恳请法院暂缓启封，停止撤销假扣押等语，并由原告吴国昌具声请书一件呈案，是以前往该地执行经过情形，理合具报钧核示遵。谨呈

执行庭推事杨公鉴。

执达员：何质彬

呈缴原令、布告、声请书各一件

吴国章之声请暂缓假扣押状

呈为已向民庭声请增加担保金，再予假扣押或假处分，静候裁定。其期间应请暂行停止启封而免妨害事由：

窃被假扣押人吴安仁对于共有祠产扣押在案之房舍租益及器物居心独吞，业已反提供担

保金一万二千元请准撤销，民前奉钧庭第三九四号票传，已于十一月十六日当庭请求暂缓启封停止撤销，并详呈在案甚明，随于十一月十八日已直向民庭声请增加担保金为十万元，恳予再行假扣押或假处分在案。殊于十一月二十六日接奉钧庭执字第三九四号批示云：状悉着向民庭声请，此批等语，但民静候民庭裁定以便缴纳增加担保金，迄今尚未奉到裁定，拟再呈催请之际，兹有执达员何质彬奉撤销命令前来启封，除据情恳请交涉暂缓外，理合呈请钧庭赏准停止启封，以免被扣押人吴安仁乘民增加保金，再予假扣押或假处之请求未奉裁定之前，伊将共有祠产独行侵吞，妨害共有权益，使将来无从执行之患，则沾感大德不忘矣。

谨呈

重庆地方法院执行推事杨公鉴。

具呈人：吴国昌

被扣押人：吴安仁、吴昭喜

中华民国三十五年十二月

领条

今领到重庆地方法院执行庭发还假扣押之提供担保金一万二千元正，中间不虚，具领是实。此呈

杨推事钧鉴。

具领条人：吴氏敦孝堂法定代理人吴国昌　押

卅六年三月四日

81. 张贵德等诉何树山等要求假扣押假处分案

民事声请书

声请人：张贵德，十六，巴县人，住鱼洞溪胜利街二号；张贵禄，廿二，巴县人，住鱼洞溪胜利街二号。

被告：何树山、封汉成、谭华廷，均巴县人，住永胜乡。

为声请假扣押与假处分而免奸拖，以维法益事：

窃声请人等与被告何树山、封汉成等因终止租约及欠租事件，分别起诉，曾沐钧院三十四年度诉字第一五八三号及三十三年度实诉字第四四五号判决在卷（原判审呈）。对于被告何树山部分，判令给付声请人租谷廿五石（老量）；被告封汉成部分，判令给付原告张贵德租谷十七石（老量）；被告谭华廷应给付声请人张贵禄租谷廿石（老量）等因。殊该被告等奉判之后，故意不服，提起上诉，将声请人之谷侵握在手，与民拖讼，连年租谷颗粒不口，私储其家，现有十余石之多，以及本年土内所产豆麦亦约数石，而转瞬秋收又届，现时田谷将已成熟，若不声请假处分，今秋田内所产黄谷，必遭彼等窃占盗割无疑，将来必感执行困难之虞，且有难于计算之损害。为特声请钧院鉴核，迅赐假扣押之命令，将被告等仓储之黄谷，以及豆麦粮食予以分别扣押；对于本年田内黄谷，请准假处分，合并分别辩理，以维法益，应缴提供担保金额裁定遵缴。

谨呈

（按讼争租谷六十石值法币八十万元左右，应缴提供担保金额裁定示遵。）

证人：

证物：

重庆地方法院民庭公鉴。

中华民国卅五年六月廿四日

具状人：张贵德（押）

征费单

征费机关：重庆地方法院。

缴款人：张贵德。

案号：三十五年度全字第　号。

案由：假处分。

标的：声请。

费别：裁判费。

征费数目：国币一百三十圆。

复核员：

收费员：（印）

中华民国三十五年六月廿四日

民事裁定

三十五年度全字第五七号

债权人：张贵德，住鱼洞溪胜利街二号；张贵禄，住同前。

债务人：何树山，住永胜乡；封汉成，住同前；谭华廷，住同前。

债权人债务人间，因租佃事件请求假扣押、假处分，本院裁定如下。

主文

声请驳回。声请费用由声请人负担。

理由

按多数债权人对于多数债务人请求假扣押或假处分，其债权债务间应有牵连关系，多方符合并请求之。本件债权人对于债务人何树山之请求为一件事，债权人张贵禄对于债务人封汉成之请求又为一事，债权人张贵禄对于债务人谭华廷之请求又为一事，自应分别具状声请。兹以一状声请，显难认为合法，应予驳回，并依民事诉讼法第九十五条、第七十八条裁定如主文。

中华民国三十五年六月二十六日

重庆地方法院民事第一庭

推事：雷启汉

本件证明与原本无异。

中华民国三十五年七月六日

不服本裁定，得于收受后十日内向本院提出抗告状。

送达证书

书状目录：民国三十五年全字第五七号假扣押案送达裁定正本二件。

受送达人：张贵德、张贵禄。

受送达人署名盖章，若不能署名盖章或拒绝者，应记明其事实：张贵德押、张贵禄押。

送达日期：卅五年七月十一日。

中华民国三十五年七月六日

重庆地方法院执达员：罗仁里

［同年七月二十二日何树山、封汉成、谭华廷分别签收的送达证书略］

82. 胡淮清声请回避案

胡淮清民事声请书

声请人：胡淮清，三十七岁，本市人，住中一支路二八号，商。

为依法声请回避，俯准另派审判官审理事。

缘民诉请彭张氏贞赔偿损害事件，已沐示期于七月二十二日集审，曷渎，惟民于奉票之后，始查悉主办推事为前日审判被告诉民交还房屋及民诉被告确认变造佃约两案之吴蜀樵，该推事对于交还房屋一案，竟认定彭张氏贞之变造佃约为有效，予民不利之判决；而对于确认变造佃约无效一案，并不将民诉请确认之标的变造佃约调案，查核该约是否变造属实，竟乃马虎了事。予民不利之裁定略谓："不得就已起诉之事件，于诉讼进行中更行起诉"云云，殊不知民于交还房屋案件审理时，始查悉被告有变造佃约行为，赓即提起刑诉，主办推事以被告变造佃约之罪系三十五年度所为，应在免诉之列，谕民于民事请求确认变造佃约无效，不意吴推事并不向高院将其变造佃约调取来案考核，似此不独未尽审判之能事，实属显有偏颇之重大行为。特依照民诉法第三十三条第二项之规定，请求回避，用特具状声请钧座做主，俯准依法裁定，以资折服，而昭公允。

谨呈

重庆地方法院院长公鉴。

中华民国三十六年七月　日

具状人：胡淮清

房屋租佃字据

立出更换佃字人胡淮清，今凭证更换到彭张氏贞名下中一支路二十八号铺房全间佃字壹纸，内注明该房两楼一底，后至民国二十九年七月八日十二时，被敌机将上项房屋房盖板壁户格炸毁，由佃户继续垫资修葺，至三十四年始将该房房盖全部修复缮竣，议明该项修缮费用日后不住之时，由主客双方请凭当地保甲街邻等到场目睹、照时市价估计，由房主负责给付。现换佃字时铺房仍系两楼一底，原有押金生洋伍拾元，另有收据为凭。所有租金至三十五年二月一日以增加为每季国币陆万元正，先交后住，不得短少角仙。以后房屋漏溢，佃户自理，如遇天灾不在此限。其有该房一楼后走楼上，由佃户拪有木板过道一幅，日后不住之时，由佃户自动撤去。恐口无凭，特立更换佃字一纸为据。

邓泽农签字、陈焕章签字

梁文渊、郑顺清、雷莲波、谢林安、廖烈先笔

民国三十五年二月　日立更换佃字人

胡淮清与彭张氏贞房屋纠纷经过情形

（一）初度增租调解在重庆市第四区调委会调解，彭张氏贞当众将佃约揭众参观，该佃约并未涂改添加限期等字。

（二）该彭张氏贞后至法院告诉时，将佃约图改，正文侧边添加"六月一日止满期"七字，法院利股推事未加详查，照添限期判决交房。

（三）发现该氏将佃约变造，实属欺骗，余另在刑庭告诉变造佃约，经地检处集训三次，庭谕该氏变造佃约本属犯罪，但变造日期在卅五年内，国民政［府］公布已经大赦刑事部分，应予免诉。变造部分，另向本院民庭声请确认之诉等谕在卷。

（四）依地检处庭谕在民庭提起确认一案，又经利股推吴蜀樵不加详查，不调佃约来案，并未目见该约是否有无变造情形，已民事裁定驳回原告之诉。查此案被告在民庭告诉（照约交房而论）（原告系诉确认变造而论）案由各别，昭裁定驳回，显非实当，此案抗告第二审。

（五）胡现照佃约履行告诉请求偿还该房修建费用。佃约内注明后至民国廿九年七月八日该房被炸，由佃户垫资修造，不住之时，由房主照时市价负责给付。此案现以仍属吴蜀樵推事主办，因有显非不当情形，因三个案件仍属一推者，实有回避可能。双方当事人避免显有偏袒不当。

重庆地方法院民事裁定

三十六年度声字第四三号

声请人：胡淮清，住本市中一支路。

右声请人因与彭张氏赔偿事件，声请推事回避，本院裁定如左。

主文

声请驳回。

声请诉讼费用由声请人负担。

理由

按民事诉讼法第三十三条第一项第二款，所谓足认推事执行职务有偏颇之虞之情形，系指推事于诉讼之结果有利害关系或与当事人有亲交嫌怨等客观的事实，足使人疑其为不公平之审判者而言，若推事不容纳当事人调查证据或其它类此情形，不得谓有声请回避之原因。本件声请人声请推事吴蜀樵回避，其所举之原因核与上开法条所定之情形不合，自属不应准许声请，应予驳回，并依民事诉讼法第九十五条、第七十条裁定如主文。

中华民国三十六年九月一日

重庆地方法院民事第二庭

审判长推事：刘澄宇

推事：张冠群

推事：郑国勋

本件证明与原本无异。

书记官：（印）

中华民国三十六年　月　日

重庆地方法院民事送达证书

书状目录：民国三十六年（声）字第四三号赔偿案送达裁定壹件。

受送达人：胡淮清。

受送达人署名盖章，若不能署名盖章或拒绝者，应记明其事实：胡淮清押。

送达日期：三十六年九月二十二日。

中华民国三十六年九月廿一日

重庆地方法院执达员：向君齐

83. 赵润普声请诉讼救助案

赵润普民事声请状

声请人：赵润普，三十三，湖北人，住本市林森路四六八号附三号，警校学员。

为与谢棠等因请求损害赔偿事件，声请裁定，准予诉讼救助，以资救济事。

窃声请人籍隶湖北，历任下级军官，因抗战身受重伤，在医院医治年余方始痊愈出院，现在警官学校学员队受训，有警官学校证明书可考。以声请人异地羁身，又系下级公务员，所得薪水用以维持一家生活尚感困难，实属赤贫，何有能力支出本件裁判费用。矧本件被告谢棠将声请人之女碾压身死，业经判处罪刑在卷，足证被告依法应赔偿声请人之损害，则本件显非无胜诉希望者可比。为特依民诉法第一百零七条规定，声请鉴核，请求裁定准予诉讼救助，以资救济。

谨状

证物：附警官学校证函一件

重庆地方法院民庭公鉴。

中华民国三十六年元月四日

具状人：赵润普

律师：胡文代缮

中央警官学校第四分校公函

渝校办字第二七一号

中华民国卅五年十二月十九日

事由：为据情转请准予免缴讼费，俾资救助由。

据本校警官班学员赵润普呈称：缘员八岁小女玲利于十一月二十六日在重庆行辕门前被交通部公路总局国字三零二三四号汽车辗毙，业经向重庆地方法院告诉，判处被告司机谢棠罪刑在案，关于附带民诉部分，因未接得法院传票，致迟未提起，现在须独立提起民诉。惟员穷困情形，早在洞鉴之中，且于小女被辗毙以后，所有衣棺埋葬等费均系向人借贷，实无力缴纳讼费，拟向法院声请诉讼救助，而达损害赔偿之目的。惟关于穷困实情，须有学校证明，方可获得法院准许，为此呈恳准予具函证明，以利进行存殁均感等情。据此，查该员家境清贫，确属实情，□应函请贵院准予免缴讼费，以资救助为荷。

此致

兼主任：余锦源

副主任：应怀宗

重庆地方法院民事裁定

卅六年度声字第三号

声请人：赵润普，住林森路第四六八号附三号。

右声请人与谢棠等因赔偿损害事件，声请诉讼救助，本院审核裁定如左。

主文

准予诉讼救助。

中华民国三十六年元月十三日

重庆地方法院民事第二庭

推事：王文纲

本件证明与原本无异。

书记官：

重庆地方法院民事送达证书

书状目录：民国三十六年声字第三号救助案送达裁定一件。

受送达人：声请人赵润普。

受送达人署名盖章，若不能署名盖章或拒绝者，应记明其事实：赵润普不在家。

非交付受送达人之送达应记明其事实：同居程宣秩印。

送达日期：卅六年二月廿日。

中华民国卅六年二月十七日

重庆地方法院执达员：卓炽

84. 刘海全诉王张氏等声请交业调解案

原告刘海全、刘锡丰民事声请状

声请人：刘海全，男，五十五岁，巴县人，住歇马乡桂花庄，农；刘锡丰，男，五十二岁，巴县人，住同上，农。左方：王张氏，女，巴县人，住歇马乡小观音岩，农；王成利，男，巴县人，住同上，农；王仲辉，男，巴县人，住同上，农。

　　一、请求目的：声请再赐调解，以准完结而免讼累。

　　二、事实理由：情民等与王张氏、王成利、王仲辉等因迁让涉讼，经钧院于三十七年八月九日当庭和解，发有三十七年度诉字第七四七号和解笔录，内容对于王张氏等之押金注明依法时（三十八年）物价标准酌量增加退与被告，此乃钧院体恤伊等，故未照原押饬全给予，但查民等与王张氏等所结之租约为三十四年，其押金为法币六百五十元，依照和解笔录，伊等应于本年秋收后迁让，民等援乡俗之习惯于农历端节后备具现款请其收领，伊等拒不接收，民等请求乡公所调处，遵照钧院笔录劝民等给予黄谷（老量）二斗，而该王张氏等亦不承认，现距秋收不远，转瞬即届，押金若不早为解决，将来必多纷忧，特状恳钧院体恤农民，再赐调解，以省讼累，实深公感！

　　谨呈

　　证物：抄呈和解笔录一纸

　　重庆地方法院调解庭公鉴。

中华民国　年　月　日

具状人：刘海全、刘锡丰

重庆地方法院和解笔录

三十七年度诉字第七四四号

原告：刘海全，住巴县歇马乡桂花庄。

诉讼代理人：刘锡丰，住同上。

被告：王张氏、王成利、王仲辉，均住巴县歇马乡小观音岩。

　　右当事人间迁让：

（甲）和解内容。

一、原告、被告同意被告续租原告所有之小观音岩脚田土半股、房屋猪圈一年，至民国卅八年乡俗秋收之日期满，期满后被告应自行迁让，将耕房屋交与原告，原告并将押金依当时物价标准酌量增加退与被告，续租租约内容依卅四年原约。

二、诉讼费用由各自负担。

（乙）和解关系人刘海全、刘锡丰、王张氏、王成利、王仲辉。

（丙）和解年月日：卅七年八月九日。

中华民国三十七年八月十三日

重庆地方法院民事一庭

缴费单

征费机关：

缴款人：刘海全。

案号：　年度　字第　号。

案由：声请。

标的：国币二亿四千万元。

费别：裁判费。

征费数目：三百元。

备注：

复核员：

收费员：

中华民国卅八年七月六日

重庆地方法院送达证书

书状目录：民国三十八年调字第二十七号交业案送达传票一件。

受送达人：声请人刘海全、刘锡丰。

受送达人署名盖章，若不能署名盖章或拒绝者，应记明其事实：刘海全、刘锡丰由其刘海全代收转知非交付受送达人之送达应记明其事实：代收人刘海全押。

送达日期：卅八年七月十八日。

中华民国三十八年七月八日

重庆地方法院执达员：罗仁里

［同日王张氏、王成利、王仲辉签收传票略］

笔录

声请人：刘海全、刘锡丰。

他造当事人：王成利等。

右列当事人因调解案，经本院于中华民国卅八年七月廿八日午前时开民事法庭，出席职员如左。

推事：郑国勋。

书记官：邹佩萱。

点呼右列当事人入庭，书记官朗读案由。

问：［当事人］年、住？

答：刘海全，五十五，住歇马乡。刘锡丰，五十三，住北碚。王成利，三十，住小观音岩。王仲辉，三十四，住歇马乡红家坡。

问：刘海全，请求什么？

答：请求交押金。

问：什么事？

答：去年案经和解，要他收押，他下去就不接收。

问：你的和解笔录？

答：带来的，呈笔录一件。

问：今年秋收后才期满吗？

答：是的。

问：收多（少）押金？

答：法币六百五十元，三十四年的事。有约据可证明（呈约一件，阅后发还）。

问：你现在退好多？

答：当时和解是说照交押时物价合交，今年交他是合的谷价，他不收，三十四年正月谷价是一万八千五百万元一石，今年我合的二斗谷。

王成利答：去年他是告的租谷不清和解的，我们是三十七年搬上庄的，是一千三百一十生洋，他的据是假的，我有收据为凭（呈收据一件，阅后发还）。

刘海全答：他呈的是废了的。

问：王仲辉，田量好多？

答：出三十石。

问：你要好多押？

答：我要照约交付生洋。

问：刘海全，你退他五百生洋？

答：他的约是废的。

问：你钱还了没？

答：退了的。

问：怎么约不收回呢？

不答。

问：你退不退？

答：愿增加退他。

问：你退五百元吗？

答：不能退那么多。

问：你愿退好多？

答：退十石谷。

问：王成利、王仲辉，你们愿意吗？

答：请求照约退还我。

推事庭谕见庭单。

中华民国三十八年七月廿八日

重庆地方法院民庭

书记官：邹佩萱

推事：郑国勋

五、民事诉讼及其它 / 其它

85. 振裕银号公示催告案

公示催告声请

声请人：振裕银号。

法定代理人：曾永臣，六十岁，江西吉水人，住本市第一模范市场第廿五号。

为遗失振裕银号本票，声请公示催告事。窃声请人发行之第一五六七五号及第一五六七六号本票两纸，票面金额各为即期国币八十万元正，共计国币一百六十万元正。不料于本年一月三十一日被人窃去，除通知各银钱业拒绝收售，并登报催告该执票人来号声明权原外，特再依据票据法第十六条及民诉法催告程序之规定，状请钧院鉴核，准予实行公示催告，宣示该二张本票为无效，实为德便。

谨呈

重庆地方法院民庭公鉴。

撰状人：周宾梅（章）

中华民国三十五年三月十日

具状人：重庆振裕银号曾永臣（章）

重庆地方法院民事裁定

声请人：振裕银号。

法定代理人：曾永臣，住本市第一模范市场第廿五号。

右声请人因被窃有本票事件，声请公示催告，本院裁定如左。

主文

本件准予公示催告。

理由

本件声请人以其发行之第一五六七五号及第一五六七六号本票两纸，票面金额各为即期国币八十万元正，共计国币一百六十万元正。不料于本年一月三十一日被人窃去，除通知各银钱业拒绝收售外，声请公示催告。核其声请，与民事诉讼法第五百五十三条至第五百五十五条之规定尚无不合，应予照准，并依合同法第五百卅六条裁定主文。

中华民国三十五年四月十五日

重庆地方法院民事第一庭

重庆地方法院布告

查声请人振裕银号（法定代理人曾永臣）以被窃其所发行之第一五六七五号及第一五六七六号本票两纸、票面金额各为即期国币八十万元正，共计国币一百六十万元正，声请公示催告，申报权利业经照准，仰持有此项本票之人，于布告粘贴本院布告栏，最后登载本报之日起六个月内，向本院申报权利并提出本票，如不申报及提出本票，本院即将为除权之判决，宣告本票无效。

特此布告

中华民国卅五年五月十七日

重庆地方法院书记室通知书

查该声请人因被窃本票事件，声请公示催告，业经本院裁定照准，除由本院布告外，兹检同布告一份送达该声请人登报三日，并将登载报纸呈送一份备查，特此通知。

右通知声请人：振裕银号。

法定代理人：曾永臣，住本市第一模范市场第廿五号。

中华民国三十五年五月二十二日

推事：雷启汉

书记官：褚崇诚

重庆振裕银号函

贵室卅五年五月廿二日卅五年度公字第三号通知书开："查该声请人因被窃本票事件声请公示催告，业经本院照准，除由本院布告外，兹检同布告一份送达该声请人登报三日，并将登载报纸呈送一份备查，特此通知"等由，准此。遵经登载中央日报三日，兹特检具报纸一份送呈登收备查为荷！

此致

重庆地方法院书记室

重庆振裕银号（章）

中华民国三十五年六月十日

86. 永利贸易股份有限公司诉吕德富堂要求指定提存所案

民事声请

声请人：永利贸易股份有限公司。

法定代理人：房振惠，住本市林森路十七号。

　　为声请指定提存所事。窃声请人承租吕德富堂所有本市林森路十七号铺房有年，每年租金七十二万元，分三季缴纳，立有不定期租约存执为凭。乃业主吕德富堂竟于去岁将声请人承租之房屋售与大川银行，声请人于去年底，特本年第一季租金国币二十四万元开具支票，由邮寄交前业主吕德富堂，遭其退回，声请人更于本月十日，遵前业主之通知，将上项应付之租金国币二十四万元开具支票，由邮寄交大川银行，亦遭退回，拒绝收受。查所有权之移转并不影响已取得之□□权为民法第四二五条之所明定。现债权人既有拒绝受领之情事，爰依照民法第三二七条第一项之规定，状请钧院指定提存所，俾便依法提存，实为德便。

　　谨状

　　重庆地方法院民庭公鉴。

中华民国卅六年元月廿日

具状人：房振惠（章）

送达证书

　　书状目录：民国年（诉）字第五号指定提存案送达传票一件。

　　受送达人：永利贸易股份有限公司。

　　法定代理人：房振惠。

　　受送达人署名盖章，若不能署名盖章或拒绝者，应记明其事实：房振惠（章）。

　　送达日期：卅六年二月三日。

中华民国卅六年二月一日

重庆地方法院送达员：（章）

委任书

委任人：永利贸易股份有限公司。

法定代理人：房振惠，住本市林森路十七号。

被委任人：吴友清，律师，住本市中正路美丰银行大楼二楼二十三号。

为声请指定提存处所事件，委任诉讼代理人事。兹委任吴友清律师为本案诉讼代理人，仰祈核准，实为公便。

谨状

重庆地方法院民庭公鉴。

中华民国三十六年三月

具状人：房振惠（章）

笔 录

声请人：房振惠。

右列当事人因指定提存案，经本院于中华民国卅六年三月十日午前时开民事法庭，出席职员如左。

审判长推事：刘明余。

书记官：罗德容。

推事点呼右列当事人入庭，书记官朗读案由。

请代理人陈述。

代理人起立称，利息提存债权人大川银行、法定代理人颜泽傅。

问：事实如何？

答：债务人租林森路房屋一栋，后吕德富堂将房屋卖与大川银行。后声请人将房屋租金付给大川银行，大川银行不认，故声请指定提存，有信为证呈阅、租约照片呈阅。

推事谕知候核办。

右笔录当庭朗读无异。

中华民国卅六年三月十日

重庆地方法院书记官：罗德容

推事：刘明余

重庆地方法院民事裁定

卅六年度声字第五号

声请人：永利贸易股份有限公司。

法定代理人：房振惠，住本市林森路十七号。

诉讼代理人：吴友清，律师。

债权人：大川银行，设林森路二十一号。

法定代理人：颜泽傅，住同右。

右当事人间声请指定提存所，本院裁定如左。

主文

声请人应给付债权人国币二十四万元，准提存中央银行；声请诉讼费用由债权人负担。

理由

据声请人述称，声请人承租吕德富堂所有林森路十七号房屋一栋，约定每年租金七十二万元，分三季缴纳，每季二十四万元，立有租约为凭。殊业主吕德富堂于卅五年将出租房屋出售与债权人。后声请人应付本年第一季租金于本年一月十日向债权人交付，讵债权人拒绝受领。爰依民法第三二七条第一项规定，声请指定提存所□情并提出租约及债权人拒绝，受领行□等件为证，核无不合，应予准许，并依民事诉讼法第九十五条、第七十八条裁定如主文。

中华民国三十六年三月十日

重庆地方法院民庭

推事：刘明余

送达证书

书状目录：民国三六年（声）字第五号指定提存案送达裁定一件。

受送达人：声请人永利贸易股份有限公司。

法定代理人：房振惠。

受送达人署名盖章，若不能署名盖章或拒绝者，应记明其事实：（章）

送达日期：卅六年四月十五日。

中华民国卅六年四月十三日

重庆地方法院送达员：刘萍

送达证书

书状目录：民国三六年（声）字第五号指定提存案送达裁定一件。

受送达人：债权人大川银行。

法定代理人：颜泽傅。

受送达人署名盖章，若不能署名盖章或拒绝者，应记明其事实：（章）

非交付应受送达人之送达应记明其事实：颜泽傅未在家由其职员代收。

送达日期：卅六年四月十五日。

中华民国卅六年四月十四日

重庆地方法院送达员：

87.左志全诉李彬质要求签发支付命令案

左志全民事诉状

声请人：左志全，男，二十五，江津人，住高歇乡六保十甲地名草房。

被告：李彬质，巴县人，住龙岗乡。

为执照逾期，骗赖不付，请求予以支付命令，以维权利而保法益事。

缘龙岗乡李彬质于本年农历元月十四日立执照老量食谷贰石正，限期立即交付，另抄呈阅。殊民次日前往挑运，颗粒未交，推迟至今骗赖不给，查执照与有价之证券效力相同，岂谷任其不付？为此，粘证呈请钧院鉴核，予以支付命令，执行交食谷老量贰石，以维权利而保法益。沾感。

谨状

证物：抄粘证据一份。

重庆地方法院民庭公鉴。

中华民国三十七年八月廿三日

具状人：左志全

凭条

即付老屋基租谷租斗老量贰石正，□交来人，干急不□。此据。

三十七年元月十四日

立条人：李彬质亲笔

征费单

征费机关：重庆地方法院。

缴款人：左志全。

案号：三七年度证字第一一四七号。

案由：支付命令。

征费数目：国币陆万伍千元。

履核员：

收费员：（印）

中华民国卅七年八月廿三日

重庆地方法院民事送达证书

书状目录：民国卅七年促字第六八号债务案送达支付令一件。

受送达人：债权人左志全。

受送达人署名盖章，若不能署名盖章或拒绝者，应记明其事实：左志全未晤，由其同居之友代收。

非交付受送达人之送达应记明其事实：代收余文斗。

送达日期：三七年九月十二日。

中华民国三七年九月四日

重庆地方法院执达员：查群

［同日债务人李彬质签收支付命令的送达证书略］

重庆实验地方法院支付命令

三十七年度促字第六八号

债权人：左志全，住江津高歌乡六保十甲。

债务人：李彬质，住龙岗乡。

右债权人以债务人延欠食谷贰石未为给付，声请发支付命令到院。核与民事诉讼法第五百零四条之规定相符，应即命令债务人李彬质于本件送达后十五日内，向债权人清偿其请求，并赔偿督促程序费用国币六万五千元。如逾期不为清偿，又不于上述期间内以书状或言词向本院提出异议，债权人即得声请宣告假执行。特发支付命令如右。

中华民国三十七年八月卅一日

重庆实验地方法院民事第二庭

推事：王振常

左志全民事声请书

声请人：左志全，男，二十五，江津人，住高歌乡第六保十甲草房，农。

被声请人：李彬质，男，巴县人，住龙岗乡。

为违反命令，抗不清偿，请求依法宣告假执行事。情因李彬质欠民食谷高歌老量贰石，出有执照，延期不付，当请支付命令于八月三十一日行令，限期十五日内清偿在案。殊至今逾期一月以外，而债务人抗不清偿，自应依法状请钧院鉴核，依法予以李彬质欠谷贰石宣告假执行，以维债权。实沾法便。

　　谨呈

重庆地方法院民庭公鉴。

中华民国三十七年十月廿七日

具状人：左志全　押

四川重庆地方法院民事裁定

三十七年度促字第六八号

债权人：左志全，住江津高歇乡第六保十甲。

债务人：李彬质，住巴县龙岗乡。

右当事人间因声请就支付命令宣示假执行事件，本院裁定如左。

主文

本院三十七年度促字第六八号支付命令准予假执行。

声请诉讼费用由债务人负担。

理由

查本院所发三十七年度促字第六八号支付命令，业经本年九月十二日送达债务人收受，该债务人在法定期限内，并未提出辩议。兹据债权人声请就支付命令宣告假执行，核与民事诉讼法第五百十三条第一项前段、第二项之规定相符，应予照准。在本裁定送达后十五日内仍得提出辩议，合并记明。特此裁定如主文。

中华民国三十七年十月二十九日

四川重庆地方法院民事第二庭

推事：王振常

本件证明与原本无异。

　　　　　　　　　　　　　　　　　　　　书记官：

　　　　　　　　　　　　　　中华民国三十七年　　月　　日

重庆地方法院民事送达证书

书状目录：民国三七年促字第六八号债务案送达裁定一件。

受送达人：债务人李彬质。

受送达人署名盖章，若不能署名盖章或拒绝者，应记明其事实：李彬质押。

送达日期：卅七年冬月廿五日。

　　　　　　　　　　　　　　中华民国三七年十一月十五日

　　　　　　　　　　　　　　重庆地方法院执达员：朱伦

　　　　　　　［同年十一月廿四日债权人左志全签收法院裁定的送达证书略］

88. 朱文忠诉谢海钧要求提存租金案

民事声请

声请人：朱文忠，住本市化龙桥正街一五二号。

债权人：谢海钧，住本市化龙桥正街一二一号。

为声请提存事，窃民租用谢海钧化龙桥正街一五二号房屋业已多年，租金全年三十万元，每半年付一次十五万元。自上年七月起至年底应付租金十五万，余因出租人谢海钧拒收，经声请人自动加增为二十万元，依法声请提存在案，至上年年底声请复向之给付三十七年元月至七月租金二十万元，该出租人仍复拒收，自应照前列提存，为此具状，声请提伏乞鉴核，准予提存，俾免延迟责任，实感德便。

　　谨状

　　附提存书两份

　　重庆地方法院提存公鉴。

中华民国三十七年元月三十一日

具状人：朱文忠

撰状律师：唐炳林

提存书

提字第一二八号

提存人姓名住所：朱文忠住化龙桥正街一五二号（送达代收人卢炳林律师）。

提存之原因事实：出租人谢海钧（住化龙桥正街一二一号）拒收租金。

提存物之名称种类数量：应给化龙桥正街一五二号房租三十七年七月起止，半年租金二十万元。

　　对待给付之标的及其它领取存物时所附之条件。

　　附呈文件

　　右呈

　　重庆地方法院提存所。

　　中华民国三十七年元月三十一日

　　提存人：朱文忠。

　　批示：准予提存，特向本市中央银行缴纳，并将存款回单呈所核办。

中华民国三十七年二月二十八日

重庆地方法院提存所推事：郑国勋

送达证书

书状目录：民国三十七年（提）字第一二八号提存案送达提存书一件。

受送达人：朱文忠。

受送达人署名盖章，若不能署名盖章或拒绝，应记明其事实：朱文忠。

送达处所：化龙桥正街一五二号。

送达日期：三十七年三月八日。

中华民国三十七年三月三日

重庆地方法院执达员：□□□

提存司法纸状

提存人：朱文忠，年龄不详。

为缴存提存回单事，窃朱文忠与谢海钧为本市化龙桥正街一五二房屋提存租金事，业经将应行提存之租金二十万元，遵令提存中央银行。理合将中央银行发给手据，具状缴案，敬乞鉴核。

谨状

附中央银行重庆分行回单一纸

重庆地方法院提存所公鉴。

中华民国三十七年五月二十五日

具状人：朱文忠押

民事声请

债务人：朱文忠，住化龙桥正街一五二号。

债权人：谢海钧，住化龙桥正街一二一号。

为声请提存事窃声请人租用谢海钧化龙桥正街一五二号房屋，每半年付租金一次及二十万元（由声请人自动逐渐加到此数），出租人谢海钧恒予拒收，经依法提存至三十七年七月止，在案现声请人应续付三十七年七月至三十七年十二月底止之租金计二十万元，该出租人仍然拒收，特照前提存数加价四倍共为一百万元，备特声请提存伏乞鉴核，准予提存，实感德便。

谨状

重庆地方法院提存所公鉴。

中华民国三十七年七月二十二日

具状人：朱文忠

提存书

提字第一二九号

提存人姓名住所：朱文忠，住化龙桥正街一五二号。

提存之原因事实：出租人谢海钧（住化龙桥正街一二一号）拒收租金。

提存物之名称种类数量：化龙桥正街一五二号房租三十七年七月底半年计一百万元。

对待给付之标的及其它领取存物时所附之条件。

附呈文件

右呈

重庆地方法院提存所

中华民国三十七年七月

提存人：朱文忠

批示：准予提存□□本市中央银行缴纳，特持存金收据呈□再提。

中华民国三十七年七月三十日

重庆地方法院提存所推事：郑国勋

送达证书

书状目录：民国三十七年（提）字第一二九号提存案送达传票一件。

受送达人：朱文忠。

受送达人署名盖章，若不能署名盖章或拒绝，应记明其事实：朱文忠未在家由同屋郭素昌代收。

非交付受送达人之送达应记明其事实：代收朱文忠郭素昌等。

送达处所：化龙桥正街一五二号。

送达日期：三十七年八月十一日。

中华民国三十七年九月四日

重庆地方法院执达员：彭安

民事缴状

提存人：朱文忠，住化龙桥正街一五二号。

为缴存提存回单事，窃朱文忠与谢海钧为化龙桥正街一五二房屋提存租金事，业经将应行提存之租金一百万元遵令提存中央银行，理合将中央银行发给收据具状缴案，敬乞鉴核。

谨状

附中央银行重庆分行回单一纸

重庆地方法院提存所公鉴。

中华民国三十七年八月十九日

具状人：朱文忠　押

送达证书

书状目录：民国三十七年（提）字第一二九号提存案送达取款通知一件。

受送达人：朱文忠。

受送达人署名盖章，若不能署名盖章或拒绝，应记明其事实。

送达处所：化龙桥正街一五二号。

送达日期：中华民国三十七年九月七日。

重庆地方法院执达员：吴筱清

证明

查本甲化龙桥正街一五二号住户朱文忠早已迁移不知去向特此证明属实。

重庆地方法院钧鉴。

重庆市第八区六保第一甲甲长：程钧平
民国三十七年九月十一日

报告

三十七年九月十四日

奉交下三十七年度提字第一二九号收款证一件，警遵即前往送达，殊该受送达人住址为化龙桥正街一五二号并未其人，经多方探询有言迁移城内不知何街者，有言不知此人者，似此去没送达，理合报请鉴核示遵。

谨呈

推事：

附呈证明一件

法警：吴筱清呈

送达证书

书状目录：民国三十七年（提）字第一二九号提存案送达取款通知一件。

受送达人：谢海钧。

受送达人署名盖章，若不能署名盖章或拒绝，应记明其事实：谢海钧。

送达日期：三十七年九月九日。

中华民国三十七年九月四日
重庆地方法院执达员：陈仲廉

89. 王仲陶失窃银行支票提货单公示催告案

民事声请状

具状申请人：王仲陶，男，三十岁，遂宁人，住育婴堂街六十四号，商。

为厂车被窃特依法申请准予公示事：

窃申请人纱商为业，于本年四月二十九日晚在本市民国路电信局通话之际，因不慎被扒手窃去皮夹一个，内装渝新纱厂第四三三号栈单一张，计二十支红忠孝纱五包，抬头为裕民花行，该栈单登记提货日期为四月十七日，除当向该纱厂挂失止付，暨登载本市国民公报启事栏声明外，并具文向该处地方治安警察机关备查外，理合具状申请钧院鉴核准予公示催告，对上开栈单认为无效，以维权益，实沾德便！

谨状

重庆地方法院民庭公鉴。

证物：附粘呈本市国民公报五月一日启事

遗失豫康商业银行支票渝新纱厂栈单申明作废启事

鄙人不慎于昨（廿九日）晚在民国路电信局被扒手窃去皮夹一个，内装豫康商业银行空白支票簿一本（印监不全），渝新纱厂第（四三三）号栈单一张，计廿支红忠孝纱五大包，抬头为裕民花行，该栈单登记提货日期为四月十七日，除已向该银行及该纱厂挂失止付提外，并在有关机关备案存查，惟上项支票提单无暨论界不明。特此郑重声明。

王仲陶启

中华民国三十八年五月十九日

具状人：王仲陶

四川重庆地方法院民事裁定

卅八年度公字第一八号

声请人：王仲陶，住育婴堂街六十四号。

右声请人因遗失栈单声请公示催告本院裁定如左。

主文

本件准予公示催告。

理由

本件申请人以于本年四月二十九日晚在本市民国路电信局通话之际因不慎被扒手窃去渝新纱厂第四三三号栈单一张。计二十支红忠孝纱五包，抬头为裕民花街，该栈单登记提货日期为四月十七日，除向该纱厂挂失止付及登载本市国民公报启事栏声明外特声请准予公示催告，宣告上开栈单为无效等语。核与民事诉讼法第五百五十五条规定相符，爰同第五百三十六条第十一项裁定如主文。

中华民国三十八年五月二十一日

四川重庆地方法院民事第二庭

推事：王振常

布告

查声请人王仲陶于本年四月廿九日晚在民国路电信局通话之际被窃渝新纱厂第（四三三）号栈单一纸。计二十支红忠孝纱五包，并载明为四月十七日提货，其抬头为裕民花行，是以申请公示催告前来。业经本院照准，仰持有该栈单之人于本布告粘贴日起三个月内向本院申报及提出栈单。本院即得依声请人之声请为除权判决，宣告其栈单无效。

此布

院长：雷彬章

报告

卅八年六月十四日

奉交下卅八年裁定一件。声请人王仲陶住育婴堂六十四号，遵往送达，惟该号并无此人，经保甲出据证明外理合将遵职情形报请鉴核。谨呈

推事：

警：周昌明

证明

兹证明：查本保辖区育婴堂街第六十四号居民并无王仲陶其人，特此证明。

此据

重庆地方法院钧庭。

重庆市第二区第四保长：丁愚淘

民国三十八年六月十四日

送达证书

书状目录：民国三八年（公）字第一八号王仲陶案送达布告一件，裁定一件。

受送达人：王仲陶。

受送达人署名盖章，若不能署名盖章或拒绝者，应记明其事实：

中华民国卅八年六月八日

重庆地方法院送达员：周昌明

第三编

刑事诉讼案例

特别诉讼案件

90.田鑫诚诉刘春膏等妨害兵役案

四川高等法院第一分院刑事判决

三十四年度上字第七五七号

上诉人：田鑫诚，男，年三十八岁，业：农，住铜梁班竹乡。

被告：刘春膏，男，年三十九岁，教员，住同上。张燧南：男，年三十四岁，业：农，住同上。李鲁民：男，年三十五岁，住同上。苏子成：男，年六十岁，业：商，住同上。周少青：男，年二十六岁，业：警，住同上。杨少文：男，年不详，住同上。唐全安：男，年三十八岁，业：商，住同上。杨清云：男，年三十九岁，业：农，住同上。刘树林：男，年三十二岁，住同上。

指定辩护人：万敷，重庆市公设辩护人。

上诉人自诉被告妨害兵役案件，不服四川铜梁地方法院中华民国三十四年六月十五日第一审判决，提起上诉，本院判决如下：

主文

上诉驳回。

理由

查被告刘春膏系铜梁班竹乡乡公所乡长，张燧南系乡队附，李鲁民系保长，苏子成、唐全安、杨清云系甲长。周少青、杨少文、刘树林系乡公所义警。上诉人田鑫诚即鑫成系中口壮丁。民国三十三年农历四月十一日，刘春膏因奉到铜梁县长征集田鑫成之征集票，乃派由李鲁民转派苏子成等三甲长将田鑫诚由侣俸场带往侣俸乡乡公所。旋由周少青等三义警，带往班竹乡乡公所。次日送往铜梁县政府，为上诉人所不争复有征集票可证，则被告此次征集上诉人于法即无不合。兹上诉人称苏子成等三甲长在侣俸场将其拉着时，会将其衣撕破，并打伤伊鼻子，血流衣上有田缉熙可证。周少青等三义警将伊由侣俸乡乡公所捆往班竹乡乡公所，有陈际虞（即际于）可证。次日送往县政府，又由刘春膏、张燧南、李鲁民教该三义警捆打，是其有凌虐行为，又上诉人系独子，依法亦应缓役云云。然据田缉熙供称当时三甲长并未将上诉人打出血，亦没有拉破上诉人衣服。陈际于则称是三义警将上诉人拉着并拉破其衣服，将他捆起，寄放在侣俸乡乡公所，后才带回去云云。不惟与上诉人所述冲突，而陈际于与田缉熙所供又互相矛盾，则上诉人所称三甲长与三义警凌虐之事，显难置信。其称在班竹乡乡公所经刘春膏等教义警捆打之事，尤属空言无据。所称被告共有凌虐行为并无相当证明，至被告奉县政府征集令办理征兵之事。纵上诉人系独子得请缓役，亦非被告等所能擅自准许，即不能藉此谓被告征集为不合。此外上诉人称县政府将其羁行，系因刘春膏打电话请复验之故，查此节原判决已加驳斥，其在本院亦不能提出任何证据以资证明，自难认为事实。原审适用刑事诉讼法第二百九十三条第一项论知被告等无罪，尚无不合，上诉非有理由。被告刘春膏、张燧南、苏子成等受合法传唤不到庭，合不待其陈述，进行判决。

据上论结，依刑事诉讼法第三百六十条、第三百六十三条，判决如主文。

中华民国三十五年六月二十二日

四川高等法院第一分院刑事第二庭

审判长推事：李乡之

推事：程志伊

推事：李志□

本件自送达判决后十日内，得上诉于最高法院，但上诉书状应向本院提出，如未叙述理由。限于提出上诉书状后十日内补叙，并须照他造当事人人数提出缮本份数，否则径由本院驳回上诉。此志

本件证明与原本无异

书记官：

中华民国三十五年七月十八日

最高法院刑事判决

三十六年度上字第一零一七号

上诉人：田鑫诚，男，年三十九岁，业：农，住铜梁班竹乡。

被告：刘春膏，男，年四十岁，教员，住同上。张燧南，男，年三十五岁，业：农，住同上。李鲁民，男，年三十六岁，住同上。苏子成，男，年六十一岁，业：商，住同上。周少青，男，年二十七岁，业：警，住同上。杨少文，男，年、业不祥，住同上。唐全安，男，年三十九岁，业：商，住同上。杨清云，男，年四十岁，业：农，住同上。刘树林，男，年三十三岁，住同上。

上诉人因自诉被告妨害兵役等罪案件，不服四川高等法院第一分院中华民国三十五年六月二十二日第二审判决，提起上诉，本院判决如下：

主文

原判决及第一审判决均撤销。

本件免诉。

理由

按案件曾经大赦者，应论知免诉之判决，此在刑事诉讼法第二百九十四条第三款已有明文规定。本件上诉人因自诉被告等妨害兵役等罪案，经原审维持第一审论知无罪之判决。查其所诉不外谓被告犯刑法第三百零二条第一项及妨害兵役治罪条例第六条第一项等罪其最重本刑均为有期徒刑，而其被诉犯罪日期复在民国三十五年十二月三十一日以前，依照罪犯赦免减刑令甲项，系在赦免之列，合将两审判决均予撤销，论知免诉。

据上论结，应依刑事诉讼法第三百八十九条、第三百九十条第三款、第三百七十九条、第二百九十四条第三款，判决如主文。

中华民国三十六年三月八日

最高法院刑事第六庭

审判长推事：周韫辉

推事：冯庆鸿

推事：罗人骥

推事：胡恕

推事：王柔远

上正本证明与原本无异。

书记官：郭重征

中华民国三十六年三月二十八日

最高法院刑事附带民事诉讼判决

三十六年度附字第一六四号

上诉人：田鑫诚，男，年三十九岁，业：农，住铜梁班竹乡。

被上诉人：刘春膏，男，年四十岁，教员，住同上。张燧南，男，年三十五岁，业：农，住同上。李鲁民，男，年三十六岁，住同上。

上诉人因自诉被告等妨害兵役等罪案件，不服四川高等法院第一分院中华民国三十五年六月二十二日第二审附带民事诉讼判决，提起上诉，本院判决如下：

主文

上诉驳回。

理由

按刑事诉讼谕知无罪免诉或不受理之判决者，应以判决驳回原告之诉，刑事诉讼法第五百零七条第一项定有明文。本件上诉人自诉被上诉人等妨害兵役等罪刑事诉讼部分既经谕知免诉，则其附带民事诉讼部分之诉即应以判决驳回原审驳回上诉人之诉。虽以被告等无罪为理由非以大赦免诉为理由，要其判决之结果并非不合，上诉非有理由。

据上论结，应依刑事诉讼法第五百十三条第二款，判决如主文。

中华民国三十六年三月八日

最高法院刑事第六庭

审判长推事：周韫辉

推事：冯庆鸿

推事：罗人骥

推事：胡恕

推事：王柔远

上正本证明与原本无异。

书记官：郭重征

中华民国三十六年三月二十八日

91. 彭文长等妨害兵役案

辩护书

上诉人：彭文常、刘维齐。

上开上诉人因妨害兵役事件，原审检察官不服中华民国三十三年三月二日长寿地方法院第一审判决，提起上诉，指定本辩护人予之辩护。兹提出辩护意旨如下：

按非故意之行为不为罪，为刑法第十二条所明载，查被告人彭文常为傅河乡第十九保保长刘维齐充保队附，于去年废历五月间将告诉人周万顺之胞弟周明钟拉服兵役为被告人等在原审所不否认，虽告诉人诉称其弟已经分居独立门户而且并未中签，不应拉服兵役等情，惟查按照多丁之家抽送壮丁早为长寿县政府所明定，而接收部队驻扎该地限日送交壮丁两名，经乡公所发出紧急命令催促实行，被告人等因而将呈有兄弟多人之周明钟拉服兵役纯系按照县政府命令办理，既非上诉人等自己主裁，核之前开法条显不能认为犯罪，且按长寿县政府六九八号代电关于壮丁抽签直至三十一年十一月方始举办，回溯是年五月间长寿县属尚无中签壮丁，告诉人殊不能借口中签与否为之攻击原审查，核被告等确系遵照县政府命令办事，与故意拉壮丁本不同，因判决宣示无罪诿无不合。原审检察官不服上诉所称强拉壮丁应认犯罪难属不无片面理由，试问县政府代电催丁急为星火，是否能容被告径容劝导有无其他方法抗不遵行该检察官在上诉理由中并未加以阐明混言强拉即为犯罪似难认为有理。据上陈述应请贵庭维持原判，驳回上诉。此致

四川高等法院第一分院刑二庭

重庆市公设辩护人：张凯

四月二十七日

四川高等法院第一分院刑事判决

三十三年度上判字第五八一号

上诉人：四川长寿地方法院检察官。

被告：彭文常即彭文长，男，年四十二岁，长寿傅河乡保长。刘维齐，男，年二十八岁，长寿傅河乡保队附。

指定辩护人：张凯，重庆市公设辩护人。

上列上诉人，因被告妨害兵役案件，不服四川长寿地方法院中华民国三十三年三月二日甚一日第一审判决，提起上诉，本院判决如下：

主文

原判决撤销。

彭文常前任长寿傅河乡第十八保保长，刘维齐任该保保队附，民国三十一年七月十一日（即废历五月二十八日）共同强拉不应征集之壮丁周明钟使服兵役，经周明钟之弟周万顺诉由长寿地方法院检察官侦查起诉。

理由

本件被害人周明钟并非中签之壮丁，系上诉人等于民国三十一年七月十一日（废历五月二十八日）共同强拉送服兵役，乃为被告不争之事实。纵令长寿县政府，于民国三十一年十一月间始经规定抽签办法，以前征送壮丁，均未实行抽签并经该县政府令由各保发起三丁运动，尔周明钟弟兄二人又系多丁之家但查征送壮丁，应经抽签之程序此在兵役法及战时征补兵员实施办法，均有明文规定。彭文常等均为办理兵役人员，自不得委称不知乃明知之而竟不待经过抽签之程序，即将周明钟强行拉送兵役即不得于事后以奉有上级公务员命令为借口希图免除刑责，惟查被告系因公犯罪情堪悯恕，量刑上自不妨酌从未减原判决来于详，遂于等无罪，未免失当，上诉为有理由。刘维齐经合法传唤无正当理由不到庭应不待其陈述，迳行判决。

依上论结合依刑事诉讼法第三百十一条、刑法第十一条第二十八条、第五十九条妨害兵役治罪条例第六条第一项判决如主文。

本件经检察官彭时俊莅庭执行职务。

中华民国三十三年六月二十七日

四川高等法院第一分院刑事第二庭

审判长推事：胡恕

推事：成崇实

推事：刘藩

本件自送达判决后十日内，得上诉于最高法院，但上诉状应向本院提出，如未叙述理由，限于提出上诉书状后十日内补叙，并须按照他造当事人人数提出缮本份数，否则迳由本院驳回上诉。此致

本件证明与原本无异。

书记官：

中华民国三十三年七月十日

92. 金俊甫妨害兵役案

四川重庆地方法院刑事判决

三十一年度诉字第一○七六号

公诉人：本院检察官。

被告：金俊甫，男，年四十二，住萧家沟五十二号。

选任辩护人：朱建勋，律师。

上被告因妨害兵役案件，本案判决如下：

主文

金俊甫办理兵役对于违背职务之行为，要求贿赂，处有期徒刑七年，褫夺公权七年。

事实

金俊甫系本市菜园坝镇，第十三保保长，本年四月间奉命办理兵役征抽壮丁，乃假借职权擅拉未中签之壮丁周树成要求贿赂法币四百元，免予抽送，及周树成交付金俊甫三百元贿赂之际为宪兵特二队将人赃一并查获，移解到院，经检察官侦查起诉。

理由

查被告金俊甫如何假借征抽壮丁名义，擅拉未中签之居民周树成要求贿赂四百元，以及如何交付三百元之际，被宪兵特务人员查获之事实，不惟周树成在宪兵司令部陈述历历即被告亦承认不讳，且核与宪兵特务第二队保长周康杰调查报告之情形相符，证据已属确凿，嗣俊被告虽狡翻前供，否认要求贿赂，并辩称周树成因未报户口，被镇公所带去，他女人托我说情保出，晚上约我到茶社说拿三百元作为津贴中签壮丁，成不愿收，他将三百元放在茶桌上宪兵特务员过来，说我违法受贿，将我逮捕等语，按人民有服兵役之义务中签壮丁，即应依法缴送，并无使人津贴之规定，果如被告所述周树成是愿出三百元津贴中签壮丁，被告不收，岂能以被告假供抽丁向其要求贿赂四百元相加，况查周树成交付被告之法币三百元，系在被告身上搜获，有宪兵特务队之报告为证，是被告违背办理征抽壮丁职务，向周树成要求贿赂之犯罪事实，足资认定，自应依法论科，至其砌辩意图诿卸罪责之嗣，殊无足采。

据上论结，应依刑事诉讼法第二百九十一条，妨害兵役治罪条例第五条第二项，刑法第三十七条第二项，判决如主文。

本件经检察官，邓少禹莅庭。

中华民国三十一年十一月二十八日

四川重庆地方法院刑事庭

推事：张凤翥

本判决当事人不服，应于送达收受后，十日内向本院提出上诉状。

本件证明与原本无异。

书记官：罗志熙

中华民国三十一年十一月二十八日

刑庭公函

案查重庆地方法院呈送金俊甫妨害兵役上诉一案卷证到院，查该案系属公诉案件，应有送请贵首席检察官查阅必要，相应检齐该案卷证送请查收，并希于阅后二日内送还为荷。

此致

本院首席检察官

计送原卷三宗，院卷一宗

中华民国三十二年二月一日

四川高等法院第一分院检察官函片

三十二年度检月字第七四号

案准

贵庭函达重庆金俊甫因妨害兵役罪上诉一案卷宗过处，业由承办检察官查阅完毕。相应将该案卷宗送请查收为荷。

本院刑庭

计送原卷三宗，院卷一宗

中华民国三十二年二月二日

四川高等法院第一分院通知书

本院民国三十二年七字第七七号为金俊甫妨害兵役一案，定于本年二月十三日上午九时在第一法庭公开审理，应请贵检察官届时莅庭为荷。此致

本院检察官

四川高等法院第一分院刑一庭

书记官：

中华民国三十二年二月十日

四川高等法院第一分院刑事判决

三十二年度上判字第一四一号

上诉人：金俊甫，男，四十三岁，住重庆市萧家沟，保长。

委任辩护人：熊材达，律师。

上诉人因妨害兵役案件，不服四川重庆地方法院中华民国三十一年十一月二十八日第一审判决，提起上诉，本院判决如下：

主文

原判决撤销、金俊甫转理兵役，对于违背职务之行为，收受贿赂，判有期徒刑七年，褫夺公权五年。

缴获贿款法币三百元没收之。

事实

金俊甫系重庆市菜园坝第十三保保长，三十一年四月间，奉命办理兵役，征抽壮丁，竟违背职务，拉未中签之壮丁周树成，要求贿赂法币四百元，免予抽送，及周树成交付金俊甫三百元贿赂之际，为宪兵持二队将人赃一并查获，解由重庆地方法院检察官，侦查起诉。

理由

本件讯，据上诉人金俊甫供，周树成我未拉他的壮丁，我们自四月奉令征集第二期壮丁二十八抽签，一十九乡公所派丁挨户清查，在菜园坝九十二号，是去清何安邦的雇工姓李的中签壮丁，清到周树成无户口，把他喊去乡公所，周树成的女人来喊我去，当时问他，说被防护团拉去了，我到乡公所帮他说情，立即帮他补登户口，并准取保出来，他怕保内攻击，愿送洋津贴姓李的壮丁，拿出三百元钱来，要我转送，我还未答应，他早早串通宪兵，就把我拉到司令部，钱是在桌上，并非在我身上搜出来的。卷查宪兵司令部讯问笔录，问上诉人道次周树成他是不是中签的壮丁，答他不是中签的壮丁，问他是在什么时候拉到镇公所去的，答是四月三十号下午十一时，问是什么时候取保出来的，答是五月一号上午，问你拿了周树成多少钱，答拿了三百元，问你拿这种钱是不是违法，答我是违法，请从宽处理。又在原审侦查时，上诉人亦供，周树成未中签，是何安邦请的姓李的中了签，云拉姓李的，见着他莫得□□，才被镇公所抓去的，是他在镇公所取保出来，他托人来向我说，拿四百元，说四百元只拿有三百元，不是我要他的，是他自己愿出四百元，并据宪兵特二队队长周康杰报告，据报本市菜园坝镇十三保保长金俊甫，强拉未中签之壮丁周树成，勒索法币四百元，经派员密查属实，当于本月四日下午七时，在菜园坝茶馆，乘周树成交款与金俊甫之际，将金逮捕，并在保长金俊甫身上，搜得法币三百元。核与周树成呈称民由江北迁移菜园坝属萧家沟居住，殊尚未到两日，于五月一日，该管菜园坝十三保保长金俊甫即率领防护团员多名，将民私擅逮捕，拘禁在所，该保长当向民声称给付洋四百元，则可保释了结，否则送去当壮丁各情，均足以资互证。周树成交付上诉人贿赂法币三百元，既系由上诉人身上搜得，上诉人对于违背办理兵役职务之行为，收受之贿赂法币三百元，又未予没收，亦属疏漏，应予改判，本件上诉认为有理由。

据上论结，合依刑事诉讼法第三百六十一条第一项上半段，妨害兵役治罪条例第五条第二项第十一条，第三十七条第二项，妨害兵役条例第五条第五项，判决如主文。

上经本院检察官彭时俊莅庭。

中华民国三十二年二月十九日

四川高等法院第一分院刑事第一庭

审判长推事：范韵珩。

推事：雷彬章。

推事：艾作屏。

本件自送达判决后，十日内得上诉于最高法院，但上诉状应向本院提出，如未叙述理由，限于提出上诉书状后十日内补叙，并须按照他造当事人人数提出缮本份数，否则迳由本院驳回上诉。此致

本件证明与原本无异。

书记官：

中华民国三十二年三月一日

为补叙上诉理由请撤销原判决发回更审事：窃上诉人不服四川高一分院三十二年度判字第一四一号刑事判决，业经于法定期间内声明上诉在案，兹补叙理由于下：

按犯罪事实应依据认定为刑事诉讼法所明定而上诉人之是否成立办理兵役，对于违背职务之行为，收受贿赂之罪，又须视上诉人有无收受贿赂即已否收受贿赂得以为断，窃上诉人于民国三十一年五月四日下午在德万茶社品茗时，周树成取出法币一叠恭请上诉人收用，当经上诉人谢绝其贿款放置桌上，上诉人迄未动领。此为该社主人皮维周及茶役周森林所目睹。奈因周树成串同宪兵特务员故意陷害，乘贿款露置桌上之际，即以上诉人求受贿赂为词拘送队部转解究办。而第一、二两审，既不传周树成到案质讯，又不传集茶社老闆及伙计侦审，竟以宪兵下级特务人员之所报告视为金科玉律颠扑不破，对上诉人在庭请求传证，均不置理，刑事采取真实主义之法则，岂如是乎。被告之自白，当应仍调查其他必要之证据，以察其是否与事实相符。（见开诉法第二七○条第二项）而一故意陷害之宪兵特务员所言即无须调查其他必要之证据，以察虚实。原审之违背刑事证据法则至为明显，应请钧院撤销原判决，发回更审之理由一。

查收受贿赂罪之成立与否，以已否得手为唯一关键，盖妨害兵役治罪条例，并无该罪未遂犯之规定。退一步之果如宪兵所呈上诉人有贿求情事，然周树成所取出之款，尚置放桌上请求上诉人收用，而上诉人已经婉谢，并未接取该款。此时周树成行贿或上诉人求贿尚未得手，充其量，只能成立收受贿赂之未遂犯而已。然该条例并无未遂犯之规定，则法无定罪。上诉人之不能成罪，了无可疑。原审不加细察，误以为上诉人已经收受贿赂实难谓无违误，应予声明不服者二。

总之本案原审不以发现真实为主义，不以真实证据为罪证，不传集必要之人证，以为判决之根据，显系不适甲法则，依刑诉法第三百七条规定，显系违背法令伏请撤销原判决，准予将案发回更审，以资平反，而免冤屈至感法便。谨状附证明书一件。

最高法院刑事庭公鉴。

中华民国三十二年三月十八日

具状人：金俊甫

答辩书

上诉人：金俊甫。

上上诉人因妨害兵役案件不服本院刑庭中华民国三十二年二月十九日第二审判决提起上诉，本检察官于本年四月二日接到上诉理由状，兹依法答辩如下：

查上诉人充当保长奉命办理兵役，违背职务，强拉未中签之壮丁周树成要求法币四百元，免予抽送，迨周树成交付三百元贿赂之际，即被宪兵特务队拿获等情，既经宪兵特务第二队队长报告在卷，复经上诉人在宪兵司令部自白不讳，核与被害人周树成所述情形又属相符，是其犯罪事实毫无疑义。第二审撤销第一审判决，依妨害兵役治罪条例第五条第二项、刑法第十一条、第三十七条第二项，妨害兵役治罪条例第五条第五项，判处上诉人罪刑，并将贿款三百元没收，于法尚无不合上诉意旨，谓贿款并未接收，又谓系周树成串同宪兵队陷害云云，空言争执，显为无理由，合依刑事诉讼法第三百七十五条第二项答辩如上。

检察官：彭时俊

中华民国三十二年四月六日

最高法院刑事判决

三十二年度上字第二二五八号

上诉人：金俊甫，男，年四十二岁，充保长，住重庆市萧家沟。

上上诉人因妨害兵役案件，不服四川高等法院第一分院中华民国三十二年二月十九日第二审判决，提起上诉，本院判决如下：

主文

原判决关于罪刑部分撤销。

本件不受理。

理由

原判决认定上诉人系重庆市菜园坝第十三保保长，三十一年四月间奉令办理兵役征抽壮丁，竟违背职务抽未中签之壮丁周树成要求贿赂法币四百元免予抽送及周树成交付上诉人三百元贿赂之际，为宪兵特二队将人赃一并查获之事实，系以上诉人在宪兵司令部审查中之自白，宪兵队长周康杰之报告，周树成之指纹为凭。依妨害兵役治罪条例第五条第一项及其关系各条头版罪刑，在判决当时适用法则因非无据，惟自惩治贪污条例施行后此项行为已规定于同条例之中。从因行为瑗实体法律变更而应适用裁判前有利于行为人之法律，但依同条例第十一条规定应依特种刑事案件审判程序办理。而在该程序未制定法律公布以前，按照国民政府渝二字第四四六号训令，仍暂依军事审判程序办理。则因诉讼程序法□□□之效果普通法院无审判之权。原判决就实体上所为之裁判即属无可维持。应由本院依职权予以撤销，另为判决。据上论结应依刑事诉讼法第三百八十九条、第三百九十条第二款、第三百九十五条第六款、第三百七十九条判决如主文。

中华民国三十二年十月十四日

最高法院刑事第一庭

审判长推事：叶在均

推事：周韫辉

推事：朱志翔

推事：何宇玲

推事：吴□□

上正本证明与原本无异。

中华民国三十二年十一月二十六日

送达证书

最高法院三十二年度上字第二二五八号妨害兵役一案。

送达文件：判决正本一件。

受送达人：金俊甫

中华民国三十　年　月　日

最高法院书记厅公函

刑字第七六五九号

查金俊甫因妨害兵役上诉一案业经本院判决兹将判决正本及送达证书函送贵科，希即代为送达，所有送达证书请于送达完毕后送还贵院检察处附入第三审卷内为荷。

此致

四川高等法院第一分院刑事科

计送判决正本三件，送达证书一件

中华民国三十二年十二月九日

最高法院检察署训令

本字第三六二三号

令四川高等法院第一分院首席检察官：

查金俊甫因妨害兵役不服原判决上诉一案，经最高法院判决，于本年十二月十四日函送卷判前来，合行转发该首席检察官查照依法办理。此令

计发院卷一宗，原卷一宗，判决正本二件，证物一封，详封面。

中华民国三十二年十二月三十日

最高法院刑事裁定

三十三年度职字第七号

上诉人：金俊甫，男，年四十三岁，曾充保长。

上诉人因妨害兵役案件经本院判决，因上诉人住所不明无从送达。本院裁定如下：

主文

本院中华民国三十二年十月十四日上字第一二五八号判决应对上诉人为公示送达。

理由

查当事人住居所及所在地不明者得为公示送达。又：公示送达属于审判者应经法院之许可征诸刑事诉讼法第五十九条第一款、第六十条第一项之规定自明，本件上诉人金俊甫因妨害兵役案件经本院判决后嘱托原审法院代为送达，兹据复称该，上诉人所在不明无从送达等情，并缴回判决正本到院。依照文开规定，自应由本院许可为公示送达。特为裁定如主文。

中华民国三十三年二月二十五日

最高法院刑事第二庭

审判长推事：张于浔

推事：孙祖贤

推事：林尚滨

推事：孙葆衡

推事：朱志翔

上正本证明与原本无异。

书记官：

中华民国三十三年三月　日

最高法院书记厅公函

前准贵院函缴金俊甫因妨害兵役上诉判决正本以金俊甫住址不明，无从送达等由到院，兹经本院裁定，本件应对金俊甫为公示送达。相应将裁定正本，连同原判决正本送请查照代为公示！

此致

四川高等法院第一分院刑事庭书记科

计送裁定正本三件判决正本一件

中华民国三十三年三月十六日

四川高等法院第一分院书记室公函

第七〇八号

查金俊甫因妨害兵役案件，兹遵最高法院书记厅嘱托，送达金俊甫判决正本到院。相应检同原件函请贵室查照希即转饬公示送达。并将送达证书请于送达完毕后送还是荷，此致

重庆地方法院书记室

计送裁定正本二件，判决正本一件

公函

事由：函送金俊甫贪污一案卷宗请查收核办由。

　　案奉最高法院检察署　上年十二月三十日平字第三六二三号训令内开："查金俊甫因妨害兵役不服原判决上诉一案，经最高法院判决于本年十二月十四函送前来，合行转发该首席检察官查照，依法办理此令"等因，奉此查该被告系触犯惩治贪污条例第三条第四款，依国民政府渝文字第四四六号训令，应依军事审判程序办理。相应检齐该案卷宗函送贵组查收核办。并希于连坐法后，仍将原卷送还为荷。此致

军事委员会军法执行总监部审判组

　　计送卷五宗，被告金俊甫一名在保。

　　事由：为送还金俊甫贪污一案卷五宗判决书请查照由。

国民政府军事委员会军执行总监部审判组公函

法审三十三渝字第一〇一号

　　查本组受理金俊甫贪污一案，业经判决执行，相应送还原卷五宗函请查收。

　　此致

四川高等法院第一分院

附送原卷五宗

中华民国三十三年八月　日

组长：□焕臣

四川高等法院第一分院检察官训令

三十三年度粮字第一四八五号

　　令　暂兼重庆实验地方法院首席检察官李师沅：

　　案查金俊甫妨害兵役罪上诉一案，业经第二审判决确定函送卷判处，除原判决撤销，本件不受理，合将原卷令发该处，仰即查照依法办理？

　　中华民国三十三年九月十一日

　　查本院受理金俊甫妨害兵役上诉一案，经判决后，据金俊甫具状声明上诉已依刑事诉讼法第三百七十五条第二、三项分别办理完毕，相应将该案卷宗及证物函送贵署查收办理。此致

最高法院检察署

计送卷四宗证物件，上诉状一件，答辩书一件，送达证书二件

渎职罪

93. 胡贤臣等检举长寿地方法院院长杨坤渎职违法、受贿包庇案

刑事上告

检举人：胡贤臣，性别：男，年龄：在卷，籍贯：长寿渡舟，住所或居所：渡舟乡公民代表。

张德明，性别：男，年龄：在卷，籍贯：长寿渡舟，住所或居所：渡舟乡公民代表。

胡伯卿，性别：男，年龄：在卷，籍贯：长寿渡舟，住所或居所：渡舟乡公民代表。

华雨生，性别：男，年龄：在卷。籍贯：长寿渡舟，住所或居所：送达代收人长寿河街大街同春药房胡贤臣收，渡舟乡公民代表。

詹次祥，性别：男，年龄：在卷，籍贯：长寿渡舟，住所或居所：送达代收人长寿河街大街同春药房胡贤臣收，渡舟乡公民代表。

刘家樵，性别：男，年龄：在卷，籍贯：长寿渡舟，住所或居所：送达代收人长寿河街大街同春药房胡贤臣收，渡舟乡公民代表。

郑向荣，性别：男，年龄：在卷，籍贯：长寿渡舟，住所或居所：送达代收人长寿河街大街同春药房胡贤臣收。渡舟乡公民代表。

叶文达，性别：男，年龄：在卷，籍贯：长寿渡舟，住所或居所：送达代收人长寿河街大街同春药房胡贤臣收，渡舟乡公民代表。

被检举人：杨坤，性别：男，年龄：不详，籍贯：不详，住所或居所：不详，备考：长寿地方法院院长。

为渎职违法拖延不理，显系受贿包庇无疑。依法提起行政诉院，恳予撤职查办或严令审判，具报俾符法例而昭公允事，窃代表等于民国三十六年十二月十日，以现任长寿渡舟乡长周知禄捏名吞食抗属优待黄穀六十石，又吞没结存之优待黄谷一百五十七石，共计二百一十七石之贪污一案。曾具状检举于国防部、警备部、省政府及军师团各管区司令部，附呈贪污证据及照片均蒙批准，令饬长寿优委会查明具报。复据渡舟乡代会主席殷召南新笔书据证明及县府明密所查结果均认该知禄贪污不虚，呈覆国防部、警备部、省政府及军师团管区有案，省主席兼军管区司令王陵基阅之，赫然震怒。严令长寿县府将本案移送长寿地方法院依法讯办。具报业经检查官黄汉侦查终结贪污不虚，证据确实。于本年五月十日按照惩治贪污条例提起公诉，送请刑庭判决，有起诉书送达在案。

该周知禄因检察官提起公诉之故深恐判罪，乃向法院大势活动，固脱法纲。院长杨坤居心包庇，延至七月七日始，票传一次于审理时，原告当庭验明证据确凿。该知禄毫无狡展余地。原告等当庭请求羁押依法治罪。该院长不但不准所请，反谓原告再补具理由，以资迅速再传等语。立嘱被告先行退庭不容原告再述，以致该知禄未能伏法。自审之后原告等因案情重大不便拖延久不出票有碍判决，乃遵于七月十四日补具理由，同月二十二日加具催呈恳予迅传

结判。该院长予以不理，无奈于九月十七日重加催呈请予迅传，否则恳予明白答复。该院长亦置若罔闻，熟视无睹至今时近四月之久，仍不答不理。查法律所定一审之后，须若干时间才审二次，想法律所载亦有明文，该院长杨堃胆敢渎职违法不理，显系受贿包庇无疑。是以检齐法院，检察官起诉书一份，七月七日刑庭传票一份，国防部批示一份，四川军管区批示一份，重庆师管区批示二份，江北团管区批示三份，重庆警备司令部批示一份，抄粘附呈与原件无异，并依法提起行政诉愿，恳予将该院长杨堃予以撤职查办或严判。具报本案自检举以来时迅一载，虽经检查官依法提起公诉，只以院长一人梗阻，毫无结果。现以乡民受累过深，渴望解决刻不容缓，尤望宸衷速断，迅赐施行更为感德以上，各缘由是否有当否，祈批示祗遵！谨呈

　　重庆高一分院院长公鉴。

　　批示送达处：长寿河街大街口同春药房胡贤臣收。

四川长寿地方法院检察官起诉书

被告：周知禄，三十五岁，渡舟乡乡长。

　　上列被告民国三十七年度特字第四五、七〇号贪污一案，业经侦查终结，认为应行起诉，兹将犯罪事实及所犯法条记载于后：

犯罪事实

　　被告周知禄任渡舟乡长，于三十四年奉令发放三十二年度之出征抗敌军人家属优待积谷。（一）渡舟全乡共筹优待谷七百三十一石，在其三十四年十月十一日以渡优字第七号呈报县府文中，已发放五百七十四石，尚余一百五十七石，交由乡仓保管委员会保管，而乡仓保管委员会并未接收有尚余一百五十七石之优待积谷。（二）其呈报已发五百七十四石，而事实上仅发出五百一十四石，又吞没六十石。综上两项被告共侵食优待积谷二百一十七石。经渡舟乡乡民代表胡伯卿等检举后经长寿县政府送处究办。

证据及所犯法条

　　关于侵食一百五十七石部分：据被告周知禄述称，三十四年度发放三十二年度之优待积谷，尚余一百五十七石是实，本应交乡仓保管委员会保管（在我呈报县府文中已述及），惟乡仓保管委员何卓然接事至今，尚未交他其所余积谷，现存在民间，事实上并未贪污云云。又据何卓然供称：我于三十六年三月即已赴任乡仓保管委员会主任委员，周知禄并未交任何谷子与我，事实上亦无仓库云云。经长寿县政府函中亦据渡舟乡民代表会主席殷召南亲笔书据，证明属实。是其上述之贪污情事不但经何卓然、殷召南证明不虚。即被告亦自认不讳，关于侵食六十石部分：不但经检举人胡伯卿等供称其事实历历，并当庭呈阅发放优待谷四联单六十份（每份谷一石）为证，且据被告并称我向县府呈报五百七十四石是实，事实上仅发去五百一十四石。联单内系我盖的章，由我发放惟这六十名（即六十石）完全是乡公所职员程华斌意图使我受刑事处罚捏造的云云。查其六十石之数，虽被告狡展为程华斌捏造，

然既不能举出程华斌捏造事实及证据，而由被告自行盖章发放向县府呈报多发六十石是实，实难逃刑事之罪责。综上论结，被告周知禄实有惩治贪污条例第三条第二项之侵占公有财物罪嫌，应以刑法第五十六条连续数行为而犯同一罪名得加重其刑二分之一论科。爰依特种刑事案件诉讼条例第一条第一项、刑事诉讼法第二百三十条第一项，提起公诉，送请刑庭判决。

同院刑事庭

检察官：黄汉

中华民国三十七年五月十日

书记官：盖章

94. 汪学余渎职案

四川高等法院第一分院刑事判决

二十九年度上判字第二二五号

上诉人即被告：汪学余，男，三十一岁，江北县人，住人和场，曾任江北地院检验员。

委任辩护人：陈嘉善，律师。

上上诉人因渎职案件，不服江北地方法院中华民国二十八年十二月二十八日第一审判，决提起上诉，本院判决如下：

主文

上诉驳回。

事实

汪学余任江北地方法院检验员。去年九月九日奉派赴院辖石坪堰开棺检验胡赵氏尸身，告诉人雷正刚请汪学余在该场吃晚饭耗费一元七角五分，吸鸦片用去三元九角均由雷正刚付款，经江北地方法院检察官侦查起诉。

理由

查原审侦查笔录问被告：雷正刚说你在谢师爷铺子吃鸦片，他花了三元九角钱。答着在那里吃有没有证人。问：又在文汉光馆子吃夜饭雷正刚又花了钱。答：是他来请我们去吃的，证人王永福结称他们吃了夜饭，我同雷正刚去拿钱，左治先结称是有几个人跟到雷正刚要钱，我代他给谢勉文三元九角烟钱，是汪吃的质之谢勉文。虽否认其事，显系避免自己开烟馆之罪责，其所各反证实不足采，被告既已供认吃夜饭是雷正刚家请去吃的。兹又称该场主任向师颜因与我素有来往，请我宵夜云云。意图翻异尤为显然，被告以依法令从事于公务之人员，乃对于职务上之行为收受不正利益，原判依刑法第一百二十一条第一项处以有期徒刑三月于法并无不合，上诉非有理由。

据上论结，合依刑事诉讼法第三百六十条，判决如主文。

上经本院检察官胡恕莅庭

中华民国二十九年二月二十九日

四川高等法院第一分院刑事第一庭

审判长推事：方闻

推事：谢正丙

推事：艾作屏

本案自送达判决后十日内，得上诉于最高法院，但上诉书状须向本院提出。如未叙述理由，限于提出上诉书状后十日内补叙，并须按照他造当事人人数提出缮本份数，否则由本院驳回上诉，特此志明。

中华民国二十九年　月　日

书记官：

最高法院刑事判决

三十年度仁字第一九七一号

上诉人：汪学余，男，年三十二岁，住江北县人和场，前任江北地院检验员。

上上诉人因渎职案件不服，四川高等法院第一分院中华民国二十九年二月二十九日第二审判决，提起上诉，本院判决如下：

主文

上诉驳回。

理由

查上诉书状应叙述上诉理由，其未叙述理由者，应于提起上诉后十日内补提理由书于原审法院，其未依此规定补提上诉理由者，应以判决驳回之，此在刑事诉讼法第三百七十四条、第三百八十七条已有明文规定。本件上诉人因渎职案经原审判决后于二十九年十月十四日收受送达判决书，十月十九日提出上诉书状并未叙述上诉理由，迟至同年十一月四日始补提理由书于原审法院，核已逾越法定期间，按照上开规定其上诉显属违法。

据上论结，应依刑事诉讼法第三百八十七条，判决如主文。

中华民国三十年六月二十一日

最高法院刑事第三庭

审判长推事：何蔚

推事：张孚甲

推事：杨寿岑

推事：徐造凤

推事：林拔

上正本证明与原本无异。

书记官：孙学海

中华民国三十年七月十四日

最高法院刑事裁定

三十一年度职字第二三号

上诉人：汪学余，男，年三十三岁，前任江北地方法院检验员，现有上上诉人因渎职案件经本院判决后，因上诉人住址不明，无从送达。本院裁定如下：

主文

本院中华民国三十年六月二十一日上字第一九七一号判决，应对上诉人为公示送达。

中华民国三十一年一月二十九日

最高法院刑事第四庭

审判长推事：杨天寿

推事：曾劭勋

推事：殷曰序

推事：冯庆鸿

推事：徐造凤

上正本证明与原本无异。

书记官：孙学海

中华民国三十一年三月五日

95.姚治道、刘玉桐贪污案

四川重庆地方法院检察官起诉书

被告：姚治道，刘玉桐。

上述被告民国三十六年度侦字第一五三九号贪污案件，业经侦查终结，认为应行起诉，兹将犯罪事实及证据并所犯法条叙述如下：

查被告姚治道于三十五年任本市警察局第十四分局巡官，刘玉桐于同年任该分局局员兼代分局长职务，共同侵占该分局储藏室寄放之西药三十五瓶之事实，业据该局督察处及司法科侦查属实，并取具各有关人证朱显福、王嫂、粟明远、吴德华等供述被告等如何进储藏室窃取该项西药，后如何包装运走及变换封条各情历历，如□核与事实相符，非证据鉴实，有刑法第二十八条惩治贪污例第三条第一项第三款之犯嫌，合依刑事诉讼法第二百三十条第一项起诉。此致

同院刑事庭

计送卷贰宗

被告等候传

中华民国三十七年九月二十四日

四川重庆地方法院

检察官：刘德业

本件证明与原本无异。

书记官：

中华民国三十七年十月九日

［ 通缉书 ］

事由：请通缉逃犯姚治道等归案法办由。

查本院受理三十七年度特诉字第四九号姚治道等贪污案内，被告姚治道等二名业已逃亡，除严缉外，理合填具通缉书呈请钧院鉴核，转呈通缉务护归案法办，实为公便。

谨呈

四川高等法院院长：苏

附呈通缉书一份

四川重庆地方法院院长：雷彬章

申请

　　函请派警通缉逃犯姚治道等旧案办案由案查公诉姚治道等贪污，案内被告姚治道等业已逃亡，除呈请四川高等法院通令所属协综检同通缉书函请贵处查照转饬各警一体严缉归案法为荷。此致

本院检查处

计送通缉书一份

巴县县政府指令

中华民国三十五年二月二十七日发
事由：令仰遵照由。
令冯宗乡长：庄北西。

　　三十五年一月日呈一件为秤息应征项自呈请示遵由呈悉。关于公营市场衡器使用费征收标准，前综县参议会第一届大会议决，以原有称息的物为征收范围，其税率一律为百分之二。通知本府转饬遵照在案，除令饬该认收员姚定国切实遵照征收外仰即知照！

　　县长：

　　其限条人姚奎云捐自本年一月一日开始征收马宗乡瘦猪捐与红苕等捐，自朝限期拉有二三日停止征收限条是实。此致

马宗乡代表会：谢公旷

主限条人：姚奎云

中华民国三十五年九月二十三日

巴县政府经收处训令

经二（三五二）字第二八六〇呈
事由：为奉令自七月二十一日公营市场衡器使用费，提高税率及增收牲畜使用费增配比额，令仰遵照由令马鬃乡公营市场衡器使用费。
认收员：姚定国。

　　案奉

　　巴县政府财字第四六〇二号训令开：案查前奉四川省政府三十五年四月二十三日计丙一字第三四零零号训令即述：为规定各县市场三十年度四月份起改善员二补助费及各县市政府办公费调整标准，其增加所需经费就开源节流。原则依照指示各项挹注为有不敷约，征求县参议会同意自觅合法财源弥补等，因奉此自应照办。查此次省令改善县各级公教人员待遇及调整办公费，各项开支告繁，经费不敷甚巨，除遵照指示各项筹措外，仍感不敷，若不亟于设法弥补即难平衡预算。爰经详查本县各乡镇公营市场衡器使用费前经县参议会认为征收范围过去狭小。其各乡镇市场牲畜交易额大为不平均，征收实与四川省各县市（局）设置公营市场办法所载三必未设有固定商店售卖之物器，应一律移入公营市场出售，并向卖方征收使

用费之规定来合该项牲畜进入市场交易，应即征收衡器使用费，且衡器使用费征收税率亦较低县为催亟，当酌予增加。经于日前先行召集地方党团参议会开联席会议商讨办法，合以县财政各项支出浩繁。若不整理税收，难以维系查征收各乡镇公营市场牲畜交易衡器使用费，既与省令不相违背与为增辟财源。计自应即照征收衡器作使用费，且衡器使用费税率亦应年高改为百分之三一件，明令征收到以税收入等语记录在卷。复经提交县参议会本年七月二日临时大会核议决议，自本年七月份先行实施，再行报省备查等语，以议字第二六七号公函请查照办理等由过府应即照办，除呈报四川省政府备查并布告通知外，所有征收牲畜衡器使用费仍责由原衡器使用费认收人依期征收缴纳，倘对于新规定若有抗不征缴，推卸责任或有纠纷问题发生，先行撤查过去有无征收百分之二牲畜类衡器使用费情事，如查有实据者，应即追缴已收全部税额并重严处其无衡器使用费。认收员之乡镇应划交乡镇公所代征，合行抄发原比额表一份，令仰遵照为要。此令。附比额表一份等因；奉此。自应遵办除分行令外，合行抄发该乡镇应增比额数字一份，令仰遵照如期办理按月收缴为要。

　　此令

　　附比额表一份。

乡镇别	三十五年七月二十一日起十二月底止摊派比额		备考
马鬃	一〇九〇〇〇	〇〇	

巴县县政府经收处公函

经二（三五）第二九四四号
中华民国三十五年十一月十一日发

　　转函证明马鬃乡姚定国征收瘦猪、红苕、麻纱等衡器使用费均属合法，由案据本县马鬃乡公营市场衡器使用费认收员姚定国本年十一月十日呈称：窃定国自三十四年十二月间，勾钧处投票承包统收巴县马鬃乡公营市场使用费以及税收等情，但定国自本年元月起，遵照规定章程收取市场衡器各物用费，计该处大宗收入为猪称红苕麻纱外，均在少数嗣因该乡乡长庄北西杨彬如等觊觎该项收入，意图强取，爰于本年四月将定国之雇员姚树荣逮捕拘禁，曾经定国呈请钧处，令上饬该乡长协助办理，并将应收猪双红苕指明应在收取之列与出示布告张贴该乡外，乃该乡长图谋不遂，于本年十月在重庆地方法院检察处告发定国与案外人周俊辉、李治鹏、姚树荣等共同贪污，本案于十一月九日讯期，定国与俊辉等到案，据该告发人庄北西杨彬如等谓定国违法收取称费，定国当辩系照钧处规定百分之二，及被庄北西杨彬如强迫停收三月始于七月开始收取，惟法院未明事实，责令定国及同案人交保并令定国三日将本年开始收费账簿交案候查等情，但定国之账簿于今年四月即被该乡乡长庄北西等将雇员姚树荣逮捕拘禁停放之时掠夺而去，钧处为定国之主管机关，对各项税收有明文规定毫未违法。该乡长庄北西等为图谋不遂，竟诬控定国于重庆地方法院，希图阻挠税收，抗拒国税。除向地方法院呈明外，理合呈请钧处鉴核。恳予将三十五年度政府颁布各市县衡器使用费规定办法通知重庆地方法院检察院处，明是非得以保障税收是感等情。据此查姚定国于去年十二月向本处认收马鬃乡三十五年度衡器使用费，曾经依照规定缴足押金取具保证，有案至瘦猪、红苕、麻纱一节依奉。四川省政府三十四年八月财三午灰代电附颁。行政院核准四川省各县市局设置公营市场办法规定并无不合。本年五月八日复奉，四川省三十五年四月十三日财三字号第三七八七号训诫令，据该乡参议员刘朝珍以同一案由呈控该姚定国为不法，除以查牲畜等系属未设有固定商店售卖之物类。遵照行政院核准四川省各县市局设置乡镇公营市场办法之规定，应一律移入公营市场出售，向买方征收公营市场使用费作为地方法定收益，自无不合等语批示外并饬本处遵照各等，因在卷该姚定国合法取得承包征税权利，又系遵照规定征收，自无违法，貌合于征税款者不同前曾于本年五月六日准贵院刑总字号第三〇一七号公函查询详情，当于五月十七日以经二（三五）字第二一七七号公函，复请查照有案据呈前情，除批后外，相应函请贵院查照为荷。此致

重庆地方法院检察处

刑事辩诉

辩诉人：姚定国，年龄：四十二岁，籍贯：巴县，住址：马鬃乡五保五甲，职业：商。

周俊辉，年龄：四十六岁，籍贯：重庆，住址：重庆南纪门外猪行街，职业：商。

李治鹏，年龄：四十一岁，籍贯：重庆，住址：重庆临江门顺城街四十号，职业：商。

姚树荣，年龄：三十一岁，籍贯：巴县，住址：马鬃乡五保五甲，职业：商。

告诉人：庄北西，年龄：不一，籍贯：巴县，住址：马鬃乡四保，职业：乡长。

杨彬如，年龄：不一，籍贯：巴县，住址：同福场六保，职业：乡长。

奉令核定状心工本费国币四十元整，令自三十三年九月十一日发售固贰份。

为被庄北西、杨彬如等告发贪污一案提出辩诉理由请求予以不起诉之处分由。

查告发人所提告诉证件为三十二年之省政府令停止公营市场，收取衡量之猪只秤费及该场猪市居间人之证明周俊辉、姚树荣、李治鹏等有伙同包收之嫌与该乡公所将姚树荣逮捕拘禁时所出之文件谓有违令收取猪秤费三件证件，认为贪污有据。因此于十一月九日讯期，主办县检察官讯明，责令被姚定国在三日内提出经收市场之秤费账目备查，被告合其辩诉上项理由请求处分。

（一）依据省政府之令文停征猪秤，系在三十二年间之事，被告姚定国不得而知。虽在三十五年向县府经收处投标承包马鬃乡公营市场衡器使用费，系遵照经收处之布告指令内容，照百分之二收取并未超出上开数目，系依法令之行为并不为罪。如果姚定国并未向经收处投标承包而擅与假借名目收取猪秤，则必无县府经收处之各项证明文件，既有文件证明则在不法之列倘省政府之令自三十二年起停征猪秤则县府自必不予张贴布告，公然招标承包，商人之意必定县府奉到省府命令撤销始能招标，虽该告发人持出之省令作为证据，其责任在于县府经收处出具布告招标之负责人，而非被告姚定国本人，此不足为贪污之特证。

（二）马鬃乡之市场猪行居间人之证明，谓被告李治鹏、周俊辉、姚树荣有合伙承包之统收猪秤行为，则其内容系为听闻，并未将合伙证明提出佐证，既为听闻则可见马鬃乡公营市场衡器使用费为姚定国一人所包，与治鹏、俊辉无涉。如姚树荣不过为姚定国雇员之一，

系雇佣性质，并非主体合伙人，不能以经收秤费即为合伙人。如果该定国一人真正违令收取责不及旁。

（三）姚树荣被乡公所逮禁所出之文件，虽有收取猪秤费一节，系该告诉人强逼书立之证件，其意无非将树荣拘禁二日，恐其出外告诉妨害自由与强逼停收公营市场之秤费损失证明。系因违法收费被禁各情形，告发人对于证件使用佐证，不过意图将省令与前项证件合并为证，认为贪污司实之证明耳。须知收取猪秤费系奉县府之指令，有一、二两次布告及各项文件，并非有不应收取而收取之行为，法无犯罪可能，且为分内应收之项目又何有贪污可言。

（四）该告发人在本年四月将姚树荣拘禁时，对公营市场衡器使用费之账簿追收清查至今未还，所有该账无从缴出，势必饬令告发人交出不可。且当交出之时，有江津同时之征收人刘君平等可证，是账簿尚在告发人手，定国无法交案。

经上各情论据，被告姚定国虽承包县府经收处之马鬃乡公营市场衡器使用费收取过秤各物费，完全根据县府指定应收秤费，并未照规多取，纯系包商性质并非公务员身份，何有贪污情形为特状。请钧处鉴核，准予对前述事实详为侦查，予以不起诉之处分。则被告勿任翘企之至。此状

重庆地方法院检察处公鉴。

中华民国三十五年十一月十一日

姚定国 押

具状人：周俊辉 押，李治鹏 押，姚树荣 押

巴县马鬃乡乡公所呈会衔

巴县马鬃乡乡民代表会呈

中华民国三十五年十一月　日发

事由：为再呈违法征税情形，恳请依法治罪以敬奸贪污，案查擅征瘦猪捐款一案，业沐钧院赏准传讯属实，经收人姚定国等亦自认不虚在案，此擅收捐款法所难容应治罪者一也。再查县府规定征收各项捐款税率均系百分之二，经收人姚定国等则擅征百分之三或百分之四不等（有猪市牙行供单可稽）。县府全年包额仅有贰万元，该定国等迄今所收数字已违数拾余万元，此违章征税，图饱私囊法所难容应治罪者二也。复查征收牲畜捐一项系经本县县参议会决议，应自本年七月份开始办理规定税率始为百分之三，然而经收人姚定国等竟自一月一日起征朦令征税率实属不法已亟，此惩治罪者三也。擅设红苕秤捐值百抽二，每场约计收入数千余元，虽经本所一再制止，伊等亦仗势征收如故，似此违法藐令擅征捐款更属触犯刑章，此应治罪者四也。

综上四端，该经收人姚定国、李志鹏、周俊辉、姚树云（即姚树荣）等藐令征税违法贪污罪无可逭，为此具文呈请钧院鉴核，恳予传案讯究依法严惩而敬奸贪。谨呈

重庆地方法院检查处。

具呈人：乡民代表主席杨彬儒押。

内有呈：马鬃乡长庄北西。

被呈人：姚定国住巴县马鬃乡第五保。李志鹏住巴县马鬃乡第一保。周俊辉住巴县马营乡第二保。姚树云住巴县马鬃乡第五保。

事由：为违法藐令擅征税款恳予拘案法办由。

窃查瘦猪捐一项，曾于三十二年四月，奉巴县县政府财字第五七九三号训令转奉四川省政府财三字第二一六一号代电附特许费办理注意事项行息即瘦猪捐停征，自本年五月一日起同时实行通令之后不准私自征收，违则严予议处，又征收范围秤息灰炭、油、麻、丝、棉、漆、药材、白蜡大宗特产为限，原征之猪牛等行息应一概剔除等因，奉此当即转饬本乡经收人将行息瘦猪捐依限停止征收，并录令布告各在案，殊至本年度有承包秤行息人姚定国、周俊辉、李志鹏、姚树云等对于瘦猪捐复行征收，并擅征红苕与麻纱等捐值百抽二，雷厉风行竭书苛扰，迭经本所制止，伊辈仗恃劣势焰压迫征收，似此违法藐令，擅征税款触犯刑章罪无可逭，为此具文呈请钧院鉴核，俯准拘传姚定国、李志鹏、周俊辉、姚树云等到案质讯依法惩办，以杜奸贪，实为公便。

重庆实验地方法院

征收范围令暨制止令牙行供词讯呈

具呈人巴县马鬃乡乡民代表会主席：杨彬儒

乡长：庄北西

被呈人：姚定国住马鬃乡第五保。李志鹏住马鬃乡第一保。

周俊辉住马鬃乡第二保。姚树云住马鬃乡第五保。

中华民国三十五年三月　日

96. 警员何玉麟贪污渎职案

中国国民党中央执行委员会秘书处公函

据重庆市第九区米亭子镇、木关街镇、四方井镇、体仁堂镇、三洞桥镇公民代表谭孝柏等呈，为该市警察第九分局局员何玉麟贪污渎职历陈事实十项，恳派员查明撤惩等情相应抄同原呈函达即希查照核办见复为荷。此致

重庆市政府。

附抄原呈一件。

抄原呈

为贪污渎职殃害地方，恳乞泊朒查明撤惩以安闾口事窃查重庆市第九分局局员何玉麟自到第九区工作以来，终日不务正业，利用警察职务勾结流氓地痞作种种不法行为，全区民众怨声载道怒不敢言因之党羽口增声势浩大。兹检举事实缕陈于后：

一、吸食并贩卖吗啡鸦片。查吗啡鸦片危害国家民族及个人身体莫此为甚，政府有鉴及此早经明令严禁，并处以极刑有案。该员身为执行国家政令公务员，竟敢利用职务掩护勾结流氓陈金鳌、魏琨等（住三山庙农本局附近）经常在雅安贩卖吗啡鸦片，（每月一次）每晚十二时许在住宅机房储纱小房内秘密开设红灯吸食，并由魏琨及其管事胞弟等（住军需学校）售与各烟户利润均分。乞派侦缉队要员于晚间一时许从侧门缉拿，或予考验及传陈、魏质讯真伪自明。

二、囤积棉纱。查政府棉纱编制早有明令，禁止民间私自买卖。该员利用警察身份开设机房在福生庄以低款购来棉纱，逐月囤积，计三十余包照。目前黑价出售约值八百万元。该纱现存机房住宅楼上各处。乞秘密派员搜查封存充公，以快人心。

三、估买民物。该员去岁买有房屋一栋，旧木料数十方。照现价约值款十余万元。因以警察官地位关系，仅付款半数，其木料款至今未结。人民已不敢催讨从呼。奈何，事实俱在，恳派员询及尹局员来镇马镇长、体镇戴镇长、木镇黄镇长。便知，但务须秘密以免该员事后弥缝。

四、敲磕人民。该员机房去岁送布时管事不慎遗失数定，翌日即诬赖小机房陈某偷估计该民扣押，旋经侦缉第五中队黄队长将原案解送大队部，不料事被泄露该员即用巨款五万元活动，始行寝事此案尚悬未结，恳派员在江北侦缉五队及大队部查明当时底蕴。

五、卖放烟。案，查烟案分局无权处理，总局早有明文规定，该员去岁竟敢不时将烟案取保，每名约三四千元不等，公开与各所所长及分局警长平均分肥，事实如何请派员查明。去岁案件簿并密询负责去职巡官逐一查封当有线索。

六、暴富由来。该员民国二十九年到九区时衣服褴褛、行装单薄、两袖清风、举家嗷嗷，

不三年间拥资八九百万元，并购买房屋二栋，布置华丽、婢妪成群，每日开支约三千元，上等富翁已不过如斯，可见富之由来非利用职务经营不法生意与贩卖吗啡烟土歇克臻此。

七、组织党派图谋不轨。该员经常以某党关系作社会活动，联络江北青年界蓝某秘密集会研究社会问题，诋毁政府征兵法令类如连年兵役抽签，该布场既不出钱又不出人，保甲长有过问者即指使流氓捣乱，俨然以小领袖自居。请派员搜集该家所藏开会记录情形自明。

八、藉母寿招摇礼款六七万元。去岁五六月间该母寿期公开受礼，宴客三天，第一日为警察局员官长警，第二日为全区保甲长以上人员，第三日机房帮与民众，共计收礼六七万元。想礼单尚存，恳派员秘密检查自有证据。

九、经营木厂。该员前岁集股二十余万元在河边开设复和木厂，去岁结账因受害亏本，该员恼羞成怒将经理方既昭拘押月余，勒令赔偿，以致方谋倾家荡产如数奉赔，闻该案后控诉警察总局与法院，该员用巨款各处活动，此案尚悬未决，请派员至江北汇川门询问方某便明。

十、收买黄金。该员因拥资过巨不便储藏，存放银行又恐泄露，遂使其党羽遍去收买黄金三四斤。若派员检查其太太或其母衣箱自易获得。总之该员违法事件如鳞，罄竹难书。综上各端情节，易检查明故分条检举，其余如聚赌抽头，纵党殃民不胜枚举，钧长明镜高悬爱民如子，值此宪政狂潮，伏乞俯念民意迅派科长以上人员逐条彻查，明正典刑以彰国法而快人心。谨呈

中央党部

重庆市第九区米亭子镇公民代表谭孝柏、陈子忠

木关街镇公民代表李时春、黄俊杰

四方井镇公民代表黎文川、杨子惠

体仁堂镇公民代表汪玉泉、周正

三洞桥镇公民代表陈康功、何筱麟

中华民国三十三年元月　日

本市川东师范贺公函

重庆市政府市长贺钧启

江北公民谨呈

重庆卫戍总司令部训令

兑服字第四四〇号

中华民国三十三年二月二十五日

案据本市第九区米亭子镇公民谭孝柏等呈控何玉麟贪污渎职一案，除批示外，合行检同原呈令仰该局长即便查明，依法核办具报为要！

此令

计发原呈一件办毕随缴

总司令：刘峙

事由：为重庆市警察第九分局局员何玉麟贪污渎职，恳派员查明法办以肃官箴由。

［以下抄录原呈文，同上《中国国民党中央执行委员会秘书处公函》所附原呈文同。此处略］

重庆市临时参议会公函

议字第〇九五二号

事由：为据第九区米亭子木关街等镇公民代表谭孝柏等十人具诉何玉麟贪污渎职案，转请查明办理见得复由。

案据本市第九区米亭子木关街四方井体仁堂三洞桥等镇公民代表谭孝柏等十人，联名具诉第九分局局员何玉麟贪污渎职恳请撤查究办一案前来，查所举十项，情节似极重大！相应抄录原文，随函送请贵局查照办理，并希见复为荷！

此致

重庆市警察局

计抄本市第九区米亭子、木关街、四方井、体仁堂、三洞桥等镇公民代表谭孝柏等十人原呈一件。

议长：康心如

副议长：李奎安

重庆市警察局传票

姓名：黎文川、杨文惠。

事由：传讯。

住居所：第九分局四方井，系公民代表。

应到时期：三十三年三月九日上午。

应到处所：重庆市警察局。

中华民国三十三年三月九日

重庆市警察局传票回证

姓名：陈康功、何筱辚。

事由：传讯。

住居所：第九分局四方井，系公民代表。

应到时期：三十三年三月九日上午。

应到处所：重庆市警察局。

中华民国三十三年三月九日

事由：为重庆市警察第九分局局员何玉麟贪污渎职，恳派员查明法办以肃官箴。

拟办：许主任核办。

警察处派员密查具报，以凭核办奉发明撤。

决定办法：调查股照办。

签呈

谨呈者，窃民历住本镇向营盐业从不染非，本日清早突奉钧所转来　市总局传票壹张并以公民代表名义加诸民身捧诵之下不胜骇异，查民经营盐业在外时多，既非公民代表又未与人纠纷，往来文信均以本人私章为凭，他人偷名作证未经盖章民即不负责，为特签请　钧所俯赐转呈无任沾感。谨呈

重庆市九区江北木关警察分驻所所长：转呈

李时春谨呈

三十三年三月九日

签呈

三月十二日于木关街分所

案奉　吴科员核办九分局三月九日交下钧局传票二份，一为木关镇公民代表李时春、黄俊杰二名，一为四方井镇公民代表黎文川、杨子惠二名。饬查户籍代传等固立急遵办，查黄俊杰、黎文川、杨子惠三人户籍册并无此三名，惟木关镇李时春确有其人，当急前往代传渠称并未与人纠纷，现已有签呈来所，理合将原件及李时春签呈一并签请钧局鉴核。

谨呈

局长：徐

附原传票二份签呈一纸

巡官：冉陵川

重庆市警察局第九分局审判案件庭单

出席职员：代局长：何

局员：陈

被质问人：章素华，男，三十四岁，北平人，住江北节孝祠九号。李学良，男，三十岁，合川人，住江北撑花街十三号，工人。

当庭笔录：讯得章素华供原词。

刘聚丰领棉纱系于四月二十二日星期六、由我一人经手在东水门仓库领出转售江北三洞桥各机房，款已由刘聚丰拿走了等语，查该学良串通刘聚丰拐骗纱款属实，着饬取妥保限一星期交正犯刘聚丰案讯夺。此致

中华民国三十三年五　日

事由：为敝厂雇工刘聚丰拐纱款潜逃祈严缉由。

窃职雇工刘聚丰涪陵李度乡人，年三十一岁，于本月二十二日旧花纱管制局纱条二十七并，并布款二万余元提纱至今未返厂，显系拐纱潜逃，拟请转呈上峰严缉该聚丰归案法办，是为沾感。

谨呈

重庆市警察第九分局
建新布厂启
中华民国三十三年四月二十四日

为拐纱潜逃请予缉捕由

窃厂前于四月二十二日被雇工刘聚丰拐逃一案，当即报请缉办在案，刻闻当时刘聚丰串通本地流痞李学良将纱二十七并由花纱管制局仓库提出，（有力夫做证）同时有兴德布厂提纱二十九并与该学良同船赴江北可证该纱即由李学良售卖于三洞桥各机房，刻闻该学良亦欲潜逃，拟请缉捕讯办，以维生产而警奸宄。谨呈

重庆市警察第九分局钧鉴

建新布厂

负责人：章书华

李学良住撑花街

中华民国三十三年五月六日呈

具保证人：任顺成，年三十岁，四川江北人，住江北撑花街八号。

具实保得李学良因刘聚丰在建新丰厂拐逃一案，经钧局讯明取保倘有潜逃，概有保人是问并负随传随到，中间不虚具保是实。

谨呈

九分局局长钧鉴。

具保人：任顺成

被保人：李学良

查保人：姚德洲

中华民国三十三年五月七日

重庆市警察局第九分局审判案件庭单

出席职员：代局长何；局员：陈。

被质问人：章书华，男，三十四岁，北平人，住江北节孝祠九号机房。李学良，男，三十岁，合川人，江北撑花街八号，工人。

当庭笔录：讯得章书华供称，仍请严追交刘聚丰到案讯办，据李学衣供称已□处我刘聚丰□来会晤各等语，查该学良狡獭不交刘聚丰到案，致本案无法讯结，以案关滥拐除原告外，着送侦缉大队讯办。

此致

中华民国三十三年五月十七日

案据本管区建新布厂报称"云云"等情前来当即提讯，据章书华供同原词，复据李学良供认，我请刘聚丰领棉纱二十七并系于四月二十二日（星期六）下午，由我一人经手在东水门仓库领出，转售江北三洞桥后机房，款已由刘聚丰拿走了等语，查学良串通刘聚丰拐骗纱

款属实，当即饬令该学良取妥保派一星期交正犯刘聚丰到案讯夺，殊已逾限□不将刘聚丰交案以致本案无法讯结□□学良一名解送贵队严予讯办为荷。

此致

侦缉大队

附李学良一名

代局长：何

[证明]

兹证明江北撑花街门牌第八号住户李学良妻杨占云，于六月二月十一，迁往鱼子沱居住，她自称生活不清，故奔该地自谋生计，其中不虚，是实。

同居人：王刘氏

民国三十三年六月二十四日

[证明]

兹证明江北撑花街门牌第八号住户李学良妻杨占云，于六月二月十一，迁往鱼子沱居住，她自称生活不清，故奔该地自谋生计，其中不虚，证明是实。

户籍室

民国三十三年六月二十四日

钧曾在侦缉大队担保李学良一案现因李学良潜逃无法交出，又前出三万元之执照条子系与李学良私人关系与何玉麟无关。

牟焱钧

事由：为谭孝柏等控何玉麟贪污渎职一案，仰查明核办由。

报告

六月二十七日于调查股

案奉钧长交下第九分局局员何玉麟贪污渎职一案饬即详查具报等因，遵即前往，经各方调查兹将各情分别具报于后：

一、查该局员何玉麟自奉派九分局股务已逾五载从未被控告，该员之奉公守法本局人员所共知，原并所食吸贩卖烟土，收买黄金，终日不务正业利用职权勾结流氓地痞作种种不法行为一节全系捏造事实，市府亦曾数度派员视察往其家搜查均无此事。（第一、第四、第七、第七四项均不确）

二、查该员何玉麟确开设机房于分局隔壁，此业纯在政府统制之下，所作之布，亦在花纱管制局领给，只得其工资费耳。利用职权囤积棉纱一事，经市府派员视察率警搜查，全为捏造。又该员诬赖小机房陈某偷布数定亦无此事。（第二、四两项）

三、查该局员何玉麟废旧云岁修建房屋，是时体镇戴镇长在河嘴之旧屋收被□淹云，欲想出售，评证言明，如将该屋售与何玉麟其中并无勒索情事。又三十一年度确与友人在河坝组织木料厂，因种种关系中途瓦解其。（第三、九两项）以上两项与事实不符。

四、据该分局长谈称，各所送呈之烟犯，分局均皆移送总马法办，从未经分局取保，马员更无处理此案之权，经查该分局之案件登记簿逐同考查，各所送解者均转解总局法办。

五、查该局员何玉麟借母寿招谣收礼，经分往各镇询问，均不知悉，各副镇长称，该员之母生期自何日亦不得而知，此项全不确。

六、查原呈各镇代表逐一调查并无其人居住，其所列举之各镇代表均系假造，匿名控告，所控各节与事实不符。

奉令兹因理合将调查情由检同原呈报请鉴核示遵！

谨呈

主任：陈 转呈。

督察长：彭 转呈。

处长：东方 转呈。

局长：徐。

职：方国明呈。

案查内政部警政司交下江北公民谭孝柏等控告第九分局局员何玉麟贪污渎职一案，经票传原告等人迄未到案，复据各该解讯地分所报告，当地户口并无谭孝柏等居民，是证为匿名控告，拟将本案移督察处调查具报再行核办当否，乞核示。

奉交下江北公民谭孝柏等本年二月十五日呈诉重庆市警察局第九分局局员何玉麟贪污渎职，恳请派员查办以未官箴等情：查本案系越级呈控，且与人民呈递书状连坐法规定不符，依法应不受理。唯案关贪污，相应检同原呈，函请核办见复，原呈仍请掷还，以凭转呈，为荷！

此致

重庆市警察局

附检谭孝柏等原呈乙件

内政部警政司启

三月六日

案由：据谭孝柏等呈为警察第九分局局员何玉麟贪污渎职历陈事实，恳派员查明撤惩等情，抄送原呈希核办见复由。

民国三十三年二月二十三日

报告

三十三年七月十一日于视察室。

提要

案情摘要：查报警察第九分局局员何玉麟滥用职权，严刑拷打案。

调查结果：所控各点，全与事实不符。

拟具办法：本案拟请备查。

奉派查报警察第九分局局员何玉麟滥用职权，严刑苦拷一案，遵经前往各有关方面，明密调查，谨将调查情形，分陈于下：

（甲）调查经过

九分局局员何玉麟之妻章素华，开有建新布厂于江北节孝祠街九号，该厂有管事刘聚丰，任事五年，相安无事。本年四月二十二日，刘聚丰依照向例，由厂运布二十七疋至东水门花纱布局挘领棉纱二十七并，刘领棉纱后，交由在江北撑花街八号住居之织布工人李学良，转售三洞桥各机房，转售后，将款交与刘聚丰，刘即携款逃走。（附证一）建新布厂于四月二十四日呈请九分局通缉刘聚丰，（附证二）后闻有学良经手售卖情形，复于五月六日呈请九分局拘讯李学良。（附证三）经九分局饬令取保，限一星期内，交出刘聚丰。（见附证一）（附证四）建新布厂于五月十七日，再请九分局严追李学良交出刘聚丰，李学良不能交出刘聚丰。（附证五）九分局以案关卷逃，无法讯结，乃于十八日转送侦缉大队讯办，（附证六）原控所称九分局痛予鞭打，并施以倒吊，灌水，种种酷刑一节，全为意造之语，侦缉大队于五月十九日收到李学良，以案件过多，于二十六日予以讯问，仍着李学良取保交出刘聚丰，原控所称侦缉大队施以酷刑，意图将李学良陷害至死一节，全与事实不符，侦缉大队果施以酷刑，则五月二十六日讯问之后，必不令其当日取保开释。原控之所以如此云者，以为一入侦缉大队，必难免酷刑。侦缉大队之施刑，确有其事，但仍视案情之轻重，与犯罪之行为，以及违法者之身份而定。并非一切案件，一入侦缉大队即施以酷刑也。李学良于五月二十六日取保开释后，以刘聚丰无法寻获，乃于六月二十一日迁往鱼子沱另谋生计。（附证七、八）再者原控何玉麟逼令李学良请由大中华棉织厂出具担保三万元之执照一事，经询大中华棉织厂经理牟炎钧，据称系彼与李学良私人债务之事，与何玉麟无干（附证九）经查所控各点全与事实不符。

（乙）拟具办法

何玉麟之妻章素华，开设建新布厂，业已五年。此次失纱二十七并，为人所共晓之事实。原控所称各点，与事实不符。因该案转解侦缉大队李学良之妻杨占云，因恐伊夫受刑，故以危言耸词，呈控于本府。实则九分局与侦缉大队，并未施以任何刑罚，李学良现已迁他处，刘聚丰又在逃未获，保人牟炎钧又无法交出李学良，何玉麟损失奇重，加以又被控告，物质、精神两受打击，彼为求息事，自愿设法赔偿花纱局棉纱。本案拟请钧座准予备查，是否有当，理合连同各项证件一并报请鉴核。

谨呈

主任：郑　转呈

秘书长：杨　转呈

市长：

附呈原件一份及证件九件

职：马辉鹏呈

事由：为呈报滥用职权，严刑苦拷，意图勒财害命。恳予传案讯究，并从速开释无辜事。

窃民夫李学良在江北经营织布业务，已历十余载之久。勤俭自持，勉可生活。殊本年四月二十四日，突有钧属警察第九分局局员现代理局长何玉麟，派遣警士多名，将民夫传去，声称彼所独资经营之建新布厂管事刘聚丰，拐去棉纱二十七并潜逃。并谓民夫与聚丰友善，应该将聚丰寻获，否则即行拘禁。查民夫虽与聚丰相识，但对拐纱之事，毫不知晓，当然决无代其寻获之责，故即提出抗议。嗣后彼多方情商，而民夫为息事宁人计，始允代为控查，惟当时申明不负任何责任。是时聚丰离渝不远，旋于当日在本市较场坝将聚丰寻获，随耶扭交与何玉麟，任其处理。不料五月一日，该玉麟又派警士多名，前来将民夫及聚丰之兄刘成在非法拘捕，羁押于第九分局内。据言："聚丰已缴出棉纱一大部，其余一小部须到大城取回，彼遂派警士一名陪同前往，不意聚丰于途中乘机逃脱，不知去向。"因此，该玉麟即责令民夫及成在赔还。民夫当时答去：聚丰亏纱，既未在场，第一次潜逃，复经民以情感关系，将聚丰觅获送交玉麟处。时不严为追偿，而任再数日后，始说聚丰又行逃逸，而责令民赔偿，□□借局勒财，实属不合已极。肩并肩麟不由分辩，竟将民夫及成在痛予鞭打，并施以倒吊、灌水种种酷刑。民夫不胜其苦，始允代缴三万元，以图恢复自由，当商由大中华棉织厂与民夫担保出于五月十七日得法院传票后，自觉非法有罪，故再行逮捕民夫到局，假公济私，施以酷刑。同时玉麟又对民夫言："如你能自去法院撤销告吾之案，除前出具三万元之执照作废外，即聚丰之逃亦与你无关。"民夫本属正当商人，守己安分，终未应允。因此，玉麟见民夫不受圈套，竟仗恃局员之势力，捏词将民夫转送警察侦缉大队部内，并活动在队人员施以酷刑，意图将民夫陷害至死，使永无对证质询之人。查玉麟身为治安机关高级公务，竟敢滥用职权，擅行逮捕，妨害自由，时逾十五日，并施以严刑苦拷，意图勒财害命。及在法院控诉有案时，又恃势将民夫捏词转送侦缉大队必欲置之死地而后快，尤属违法鸿纪，草菅民命。除民夫在转送时间，已由民具状呈诉警察总局外，理合再行具文呈请 钧府迅传该玉麟到案质询，治以违法渎职，妨害自由及滥用刑罚意图勒财害命等罪，并转饬侦缉大队开释民夫及追回三万元，执照二纸，以维法纪，而伸民权，如蒙俞准，实沾德便。

　　谨呈

　　重庆市长：贺　公鉴

　　民夫李学良现拘禁来龙巷侦缉大队部内。

　　民杨占云谨呈

　　现住江北撑花街八号。

　　铺保：时亨布店

　　住址：江北桶井乡正街。

中华民国三十三年五月　日

重庆市警察局稿

事由：为呈复办理第九分局局员何玉麟贪污渎职一案经过情形请鉴核备查由。

民国三十三年七月十二日

　　全衔呈

　　案准钧部本年二月二十五日呈服字第四四〇号训令为报（长交下）第九区米亭子等讲习

读公民谭孝柏等呈控何至磷贪污渎职一案，饬查明核办具报等因奉此遵查，本案迭经本局督察处调查无据复饬司法科认真研讯，又以第九区所属各居民并无谭孝柏等人，现无从质讯复查，呈所控各节多有失实，显系匿不控告希图陷害，除饬第九分局长严密察□□至祷之行动。奉令前因理合检同原发呈文一件报请钧部（长）鉴核备查。

谨呈

总司令：刘［峙］

副总司令：陈

市长：贺

附呈缴原发呈文乙件（本件系缴还卫戍总部请注意）

局长：徐

查第九分局局员何玉麟被控，迭经督察处调查均无实据，而具应呈控之人又无清查传质讯显系虚妄，实匿名诬控，殊属查恶之至。拟分函内政部警政司、中央执行委员会秘书处、重庆市临时参议会并呈复市政府卫戍总部备查当否，乞核示。

报告

七月十七日于调查段

查第九分局局员何玉麟滥用职权严刑拷打一案，已于本年六月二十八日呈报并奉批示收，全案移司法科办理各在案，拟请将本案仍移司法科并案办理，可否之处理合报请鉴核示遵。

谨呈

主任：陈　转呈

督察长：彭　转呈

处长：东方　转呈

局长：徐

职：方国明

案由：据报警察第九分局局员何玉麟滥用职权，严刑拷打案。

右案奉市长谕"交警察局讯办具报"等因，相应通知即希查照办理为荷！此致

原件仍缴警察局

重庆市政府秘书长：杨绰安

中华民国三十三年七月十二日

妨害选举罪

97. 黄海龙诉江万邦妨害选举案

[诉状]

告诉人：黄海龙，四十八岁，住江津罗坝乡第六保，农。

被告：江万邦，江津罗坝乡乡公所。

　　呈为钧院三十五年度侦字第四——号妨害选举案件，五月六日侦讯，殊被告江万邦等自知渎职违反国府于去年八月公布民众选举，被告通令规定不告诉，乃罪民亦依期到庭攻击，并有遵传证人刘海棠等再候审理，应点到庭证明咨送严惩各语，庭谕仅候调齐县府被告蒙准候补代表王用锡冒充卷，及该公民等所请当选公证人抗不转委，其次发监于亦属不能前呈抄明而反蒙准跌宕地方之王用锡摘译违法已极请，两次呈攻不合全卷核办草包渎。惟查本管保甲于民国三十三年选举乡民代表，仅有李树全票多，其次惟告诉人所有，而王用锡无人投票，何今运动反认为候补，三尺童子尤不足信，何喜获丰收，冒哄府如王用锡已报请为候补代表，该江乡长于三十四年十二月四日焉能滋事选举，第六保乡民代表之理人谁肯信，况前任乡长刘志斌被伊估蒙移交案，经江乡长叠向乡民大会申称，追交后于三十四年九月县府饬令第三区彭区长如今新旧于白沙区署督饬移交出结有案，何江乡长既不查卷又未请示，显有压毙武陈乡氏手段，探诉各由前来，再恳钧院调齐县府被告蒙准候补乡代表卷宗及该公民等光后两次呈词攻击全卷，并恳令调罗坝乡公所选举案件连同新旧任乡长移交卷宗一并撤核弊害层出以凭移，送刑庭依法严惩，国家幸徼戎将来。

　　谨呈

江津地方法院检察处公鉴。

具状人：黄海龙

征费机关：四川江津地方法院

缴款人：黄海龙

案由：补呈

征费数目：国币一百

中华民国三十三年六月十五日

审核声请再议期间表

申请人姓名：黄海龙

收到处分月日：三十五年六月十三日

提出再议状月日：三十五年六月十七日

四川高等法院第一分院首席检察官再议处分书

三十五年度议字第　号
申请人：黄海龙。
被告：江万邦、夏衮甫，住江津罗坝乡。

上申请人因诉被告妨害投票案，不服四川江津地方法院检察官于民国三十五年五月三十日所为不起诉处分，申请再议，本首席检察官审核处分如下：

本件告诉人于上年十二月参加单行罗坝乡乡民代表以其得票最多应于当选，被告江万邦因充任乡长向其索取贿赂四百元未遂，乡民代表主席即被告夏衮甫复索取证件不果，即以将票较少之王用锡当选有共同舞弊等情，惟查被告江万邦索取贿赂一节并无证据，足资证明空言主张已难采信，况参加竞选应予检核证件，告诉人因无证件可资，检核结果以□为较少之王用锡当选自不得□有犯罪？原检察官予以不起诉处分当无不合，本件申请非有理由，合依刑事诉讼法第二百三十七条前段，驳回如下。

首席检察官：
中华民国三十五年十月十一日
本件证明与原本无异。

书记：
中华民国三十五年十月十四日

四川高等法院第一分院检察官指令

三十五年度检利字第五四一号

令四川江津地方法院首席检察官余素廉。

本年六月二十五日呈一件呈送黄海龙诉江万邦等妨害投票，申请再议一案由。

呈卷均悉。此案已经本首席检察官依法予以驳回之处分。合将处分书，送达证书，连同原卷，令发该处，仰即查收同，饬警送达，将送达证书附入该处原卷备查。此令

计发原卷一宗处分书二件，送达证书二件

中华民国三十五年十月十二日
首席检察官：

审核申请再议期间表

申请人姓名：黄海龙。
收到处分月日：三十五年六月十三日。
提出再议月日：三十五年六月十七日。
事由：为奉三十五年议字二八五号处分一案依法提起再议之诉恳予彻查以凭起诉应科事由。

窃申请人因原审处分不当提起再议，尚未彻底侦查，再议处分，民有应遵难遵之处敢为钧院申请再再议之查处称仍谓民于上年十二月参加竞选，罗坝乡民代表，以其得票最多应

不当选被告江万邦乡长，取贿未遂又夏衮甫乡代表主席复索证件不果各节，核其用意，以江万邦取贿并无证据证明，空言主张不忍敛财各事，不但该乡长智高分子，不出证件，谚云三个眼精钱财亦不敢取，无论何人，那方那地，智愚妇乳等类事件，绝不因其出据应请再再议者一也。又称参加竞选应予检核证件民无证件等语此话从何说起不为所要那件，不知民于民国二十四年伊胞弟江奉先叠辞团正央民谓民由专修校毕业对于合团，迭维正义事项有据及任清算员务，与孝顺滩合作社代表等职均有证件可凭，民叠向该乡与原审呈明在卷，胡又一概采煞不露何云因无证件，显从天降，应请再再议者二也。末称结果以票数较少之王用锡当选一层殊属事实变更，曾经民众代表，李代初等迳向该乡声明意改坏党后祸谁负，逼民告诉始奉票传开单数证列质殊原检察官，因何不点不讯任民选再攻击，谕调县卷有无报民名候补不应另选若云应选伊又无票亦谕应咎，并况民稍有证件，再存可攻通令合格兹又未题显原变分按诸法律有关主管机关自治法团，层峰明令法办，多云候补何用另选等谕，伊党故违偏添几宗合格，如果无弊何又夏建子曾充县长等职其证件都不合耶，谓非通同舞弊任意妨害投票而何人谁肯信，倘此风一介将来层见叠出至于不可收推事矣，应请再再议者三也。

以上三项理合于法定不变期内，即为提起再再议之诉各由，为特再请钧院彻核，恳予依法提起公诉移交刑庭按律应科，除蠹良安免再受害否请收回成命出示晓众，再原审究调县府报民各卷并入本案卷宗否，又民无法遵取状纸，迫贴印花，求为谅鉴，合并声明。谨呈

四川高等法院第一分院检察处公鉴。

被申请人：江万邦、夏衮甫，住江津罗坝街上。

具申请人：黄海龙，住四川江津罗坝六保，年四十八岁，农民。

送呈

四川高等法院第一分院首席检察官亲启

四川江津罗坝乡六保缄

脱逃罪

98. 王继先、夏恒雨脱逃案

四川重庆地方法院刑事判决

二十八年诉字第四八二号

被告：王继先，男，年二十九岁，长寿人，住金马寺□□巷二十六号，前本院执达员。

上委任辩护人：钱藩律师、张玲宣律师。

上被告因脱逃案件经检察官提起公诉，本院判决如下：

主文

王继先因过失，致依法逮捕拘禁之脱逃，处罚金五十元，为易服劳役以二元折算一日。

事实

缘被告前充本院执达员，于本年二月十三日下午四时解送犯人夏恒雨至第二监狱还押，行至大水井地方因疏于注意，致夏恒雨乘间脱逃无踪，经本院上开情形函由检察收侦查起诉。

理由

查被告系本院执达员，于本年二月十三日下午四时解送犯人夏恒雨至第二监狱还押行至大水井地方夏恒雨乘间脱逃之事实为被告所不争，虽辩称："我解送夏恒雨至大水井正上坡之突来不知姓名者数人将我推倒在地上致夏恒雨脱逃"等语，但被告并无伤痕可验显系饰词、冀图狡赖、疏脱人犯无可诿卸，据上论结应依刑事诉讼法第二百九十一条前段，刑法第一百六十三条第二项，第四十二条第一项、第二项、第四项，判决如主文。

检察官吴序发莅庭执行职务

中华民国二十八年三月二十七日

四川重庆地方法院刑事庭

书记官：于

四川重庆地方法院刑事判决

公诉人：本院检察官。

附带民诉原告人：王继先，年三十四岁，本院执达员。

被告：夏恒雨（即刘君如），年十八岁。

上被告因脱逃案件，经检察官提起公诉，王继先提附带民诉，本院判决如下：

主文

夏恒雨脱逃处有期徒刑三月。

附带民事诉讼原告之诉驳回。

事实

缘夏恒雨犯诈财案羁押第一监狱，本年二月十三日因钱泰本与夏恒雨求偿炭款涉讼，经本院民庭提夏恒雨到院讯问，完毕后于同日下午四时由执达员王继先解送夏恒雨至二监狱还押，讵行至大水井地方，夏恒雨竟乘间脱逃。此经王继先具报由检察官侦查起诉，王继先请求判令夏恒雨赔偿损失八十元提起附带民诉到院。

理由

夏恒雨对于前开犯罪事实虽不供承担，夏恒雨脱逃之经过形情既据王继先言之甚详，人曾具报在案，并经周标荣保长王树槐甲长等证明属实，委无狡赖之余地，致于王继先虽称因夏恒雨脱逃曾往长寿涪陵等处寻找，用去川资三十元及悬赏缉捕夏恒雨用去奖金五十元共计八十元等语，但共所用川资三十元既不能提出任何证据而具领奖金者姓名又不能指明，显系空言主张不足采取等请求判令夏恒雨赔偿此项损失之附带民事诉讼为无理由。应予驳回。据上论结应依刑事诉讼法第二百九十一条前段、第五百〇五条前段、第五百〇六条第一项，刑法第一百六十一条第一项，判决如主文。

本案经检察官吴序实莅庭执行职务

中华民国二十八年四月二十六日

四川重庆地方法院刑庭

推事：张先信

书记官：于凤坡

刑庭公函第　　号

案查巴地法院呈送王继先因脱逃罪上诉一案，卷件到院。查该案系属公诉案件应有送请贵首席检察官查阅必要，相应检齐该案卷证，送请贵首席检察官查收，并希于阅后二日内送还为荷。此致

本院首席检察官

计送原卷三宗，院卷二宗

中华民国二十八年六月八日

四川高等法院第一分院检察处公函

案准贵庭函送重庆王继先因脱逃罪上诉一案卷宗过处，业由承办检察官查阅完毕。相应将该案卷宗，送还贵庭，希即查收为荷。此致

本院刑庭

计送还原卷三宗，院卷二宗

中华民国二十八年六月九日

四川高等法院第一分院刑事诉讼人报到名单

收二监狱夏恒雨脱逃上诉一案，到案人如下。

上诉人：夏恒雨，收二监狱。

原告人即上诉人：王继先

中华民国二十八年七月二十四日

[下有七月二十五、六日同内容刑事诉讼人报到名单二份，从略。]

四川高等法院第一分院刑事判决

二十八年度上字第六二五号

上诉人：夏恒雨（即刘君如），男，十八岁，长寿人，住磁器口。

上上诉人因脱逃案件，不服四川重庆地方法院中华民国二十八年四月二十六日第一审判决，提起上诉，本院判决如下：

主文

上诉驳回。

事实

本案第一审判决书所记载之事实，兹依刑事诉讼法第三百六十五条之规定引用之。

理由

本案上诉意旨不外谓民肄业复旦高中，因事来渝，行至新街口忽遇王继先误认民为前逃之夏恒雨，竟扭往重庆地方法院曾经一审不究深理不查事实，将长寿之刘君如作为涪陵之夏恒雨而真实之夏恒雨畏罪逃口等语，不持本院传讯钱太平到庭证称他（指夏恒雨言）说他父叫夏则盛，夏恒雨是他不错之语，足以证明无疑，又由本院函请复旦中学调查三年级有无刘君如其人，据复称本校仅上下两班尚未达到三年级班次，夏恒雨当庭供称各语全属子虚云云，尤可见上诉人空口主张殊难置信。至谓是他（指王继先）二牌的押送我在五福街二十一号陈崇兹借二十元私自把我放了的一节，匪惟王继先当庭否认即本院饬警一再查传无着，然就地调查该号住户，据张李氏供称已住一年多了没有姓陈的住过这个地方，由此数语以观其言毫无根据更不足以采取。原审认定上诉人脱逃之经过情形既据王继先之详报复有周树荣、王树槐证明属实，依法第一百六十一条第一项规定之脱逃罪处以有期徒刑三月于法委无刑不当上诉论旨非有理由。

据上论结合依刑事诉讼法第三百六十条，判决如主文。

本案经检察官胡恕出庭。

四川高等法院第一分院刑事第一庭

审判长推事：方闻

推事：谢正丙

推事：邱廷举

本案依刑事诉讼法第三百六十八条，不得上诉于最高法院。特此志明

中华民国二十八年七月三十一日

书记官：向学勤

四川高等法院第一分院刑事判决

二十八年度上字第六三二号

上诉人：王继先，三十四岁，长寿县人，住金马寺蓼巷二十六号。

上上诉人因过失逃脱案，不服四川重庆地方法院中华民国二十八年三月二十七日第一审判决，提起上诉本院判决如下：

主文

上诉驳回。

事实

本案第一审判决书所记载之事实，依刑事诉讼法第三百六十五条之规定引用之。

理由

查上诉人应否负过失脱逃罪责，当以其押送夏恒雨至第二监狱还押，行至大水井地方乘间脱逃是否因不注意而不知犯罪事实之存在以为断据，上诉人在本院当庭供称夏恒雨还押时在途行中打我一掌爬起来就跑了与在第一审所供在大水井上坡跑的当时是来几人一口夏恒雨打我一掌我跌下去他就跑了之语前后尚属一致由此情形观察是上诉人无犯意而不注意以致发生犯罪事实甚为显着，至夏恒雨供称是他跑二牌的送我还押，在五福街二十一号陈崇兹借二十元私自把我入的之言上诉人固当庭否认，即经本院调查其言亦属毫无根据殊难采信则上诉人系因过失致夏恒雨逃脱显然无疑，原判依刑法第一百六十三条第二项、第四十二条二四两项，论以过失致依法逮捕禁之人脱逃罪处罚金五十元如易劳役以二元折算一日属无不当上诉人之上诉不能认为有理由。

综上论，结合依刑事诉讼法第三百六十条，判决为主文。

本案经本院检察官胡恕出庭。

中华民国二十八年七月三十一日

四川高等法院刑事第一庭

审判长推事：方闻

推事：谢正丙

推事：邱廷举

本案依刑事诉讼法第三百六十八条，不得上诉于最高法院。特此志明

中华民国二十八年七月三十一日

书记官：向学勤

四川高等法院第一分院检察官诉讼人报到名单

夏恒雨脱逃宣判一案到案人如下：

上诉人：

被告人：夏恒雨收所。

证人：上诉驳回。

中华民国二十八年七月三十一日

呈为案经终结刑期已逾，空袭紧张求学迫急，恳请宥释以重民命事情因脱逃案件不服重庆地方法院判处刑期三月提起上诉，沐提审理经终结，现奉钧院二十八年上字第六二五号刑

事判决，主文内开"上诉驳回"任照原判执刑在监理应静守依法开释曷敢宥渎，缘民本属初入社会之青年素性忠实故易受人局套，遭此惨累学业荒废不但对于家庭父兄有愧，而且朋友难见刻已追悔莫及悲痛已达极点兼又收囚四月有余，（民于本年三月三十一日监兹已八月三日计贺业已四月三日之人）业已超越刑期判决月余矣，现值国难当前空袭紧张倘有不测，民个个牺牲无谓而具减少青年增加抗战最后胜利之效果，惟时迫急殊属惨然哀恳无门素仰仁天怜恤改过之青是特伏恳钧院鉴核赏准不咎既往网开三面恩施一线，早日依法宥释以避空袭而重民命，如蒙允准不胜感激之至。谨呈

　　第二监狱所长：汪转呈

　　四川高一分院检察处公鉴

　　具呈人：刘君如即夏恒雨押

　　中华民国二十八年八月三日

首席检察官孔　阅

二十八年八月十日拟办

四川高等法院第一分院检察处批示

检字第　号

　　具状人巴县刘君如即夏恒雨状一件，为刑期已逾迫，恳宥释由，呈悉。候刑庭卷判送到再夺，此批。

四川高等法院第一分院刑庭公函

法字第三四一八号

　　案查巴县夏恒雨等因脱逃上诉一案，业经本院判决确定，相应将该案卷宗证件，函送首席检察官查收办理。

　　此致

　　本院首席检察官

　　计送原卷三宗，院卷一宗，判决四份

　　夏恒雨一名在押，王继先在保

中华民国二十八年八月十一日

具状人：李清铨

四川高等法院第一分院检察处提票回证

　　姓名：夏恒雨。

　　谨呈

　　四川高等法院第一分院检察处

犯罪行为：脱逃

中华民国二十八年八月十二日

四川高等法院第一分院刑事诉讼人报到名单

夏恒雨脱逃一案到人如下：

上诉人：夏恒雨。

被告人：

中华民国二十八年八月十二日

四川高等法院第一分院检察处稿

年 字第四七三号

事由：函重地院调夏恒雨窃盗诈财各卷一案

二十八年八月十五日送稿

全衔公函

检字第 号

案查巴县夏恒雨因脱逃上诉一案，业经本院刑庭判决确宣，函送卷判及人犯过要。当由承办覆盆之冤倌查核，认夏恒雨窃盗诈财各案卷宗，均有调阅必要。于应函请贵院，烦收呈项全卷，检送来要，以凭核办为荷！此致

重庆地方法院

中华民国二十八年八月十五日

具报告法警胡达三为夏恒雨取保一案，顷奉钧处发下保状一件，饬警调查夏恒雨之保人李清铨，殊警至花街子七十一号清询，原此处系任荣辉在此居住并非李清铨，该清铨与任荣辉系属戚谊关系，偶尔在该处进出而矣并非在该处经商，持将经过情形据实呈报。

钧核，示遵谨呈。

四川高等法院第一分院检察处公鉴。

查保始不确实所请应毋庸议。八月二十一日

具报告法警：胡达三呈

中华民国二十八年八月二十二日

四川高等法院第一分院检察处稿

年 字第三七四七号

事由：令发夏恒雨一名及窃盗脱逃审判办理一案。

二十八年八月二十三日送稿

全衔训令

检字第　号

令重庆地方法院首席检察官。

案查夏恒雨因脱逃上诉一案，业经本院刑庭判决确定，函送审判过要，查系上诉驳回，原判徒刑三月之件，当由承办检察官审核卷件，该夏恒雨系本年三月三十一日入监羁押，于本年七月判决确定，所处在三月刑期，以致羁押日数批抵，业已届满，毋庸本要再予势。惟查该犯在原审当犯有窃盗诈财各罪，未便即予开释，合收该夏恒雨一名，连脱逃窃盗各案卷判，令发该要，仰即查收，依法办理。再前调夏恒雨卷宗，并知院方毋庸函送此令。

计发原卷六宗，本院卷乙宗，判决一件，夏恒雨乙名（押第二监狱）。

中华民国二十八年八月二十三日

四川重庆地方法院公函

刑字第五八八五号

事由：送夏恒雨请宥释白呈一件请查收办理由。

案查本院检察官公诉夏恒雨等脱逃一案。前据夏恒雨王继先等于法定期内具状声请上诉到院，该案卷宗业于五月三十一日函送在卷，兹据夏恒雨以青年少见泣恳鉴怜宥释等情具呈前来，相应将是项白呈函送贵室查收核办。为荷。

此致

四川高等法院第一分院书记室

计函送夏恒雨白呈一件

中华民国二十八年九月十三日

四川高等法院第一分院检察处文稿

事由：函还夏恒雨恳宥释白，呈请查照办理一案。

中华民国二十八年

全衔书记室公函

检字第　号

案准同院刑庭转来

贵院函送夏恒雨恳宥释白，呈请查收办理一，卷查夏恒雨等脱逃案，除王继先一名，由本院办理外，至夏恒雨所要三月刑期，以致羁押日数相抵，业已超过，毋庸本悉再予制，惟因该民在原审当犯有窃盗诈财各罪，业于本年八月二十四日收卷判及人犯令发重地法院于奉悉依法办理至仰转去。

贵院毋庸函送卷宗在，于应归原呈函还贵室，希即查照转送原检处核。此致

重庆地方法院书记室

计送夏恒雨的呈二件

全衔书记室启

九月二十一日

具呈人：夏恒雨，年籍在卷，现押第二监狱。

为案沐判决，刑期已逾，恳恩提释，而恤青年，免废学业事；情因脱逃一案，不服四川重庆地方法院之一审判决处民"有期徒刑三月"。提起上诉前来，幸蒙钧院惠提到案，业沐说明晰，现奉判决"上诉驳回。"执行在案。朝朝悔过，痛改前愆，前月承蒙提民当庭宣示，发回一审执行，民当恳祈取保，未明允否，致未具保，故以青年少见一词，泣恳一审鉴怜宥释，免废学业之请求，于中华民国二十八年九月十四日，奉到四川重庆地方法院检察处之批示"呈悉。查本案已据该民声明上诉检卷送上诉法院核办去讬所呈各即仰自向四川高等法院第一分院请求可也。此批。"接此批示之下，不但始悉钧座鉴怜青年，未将本案发回一审执行，实胜铭感五内，刻骨难忘，而且已明一审恩准，无须发回执行，是特据实声明，给延未具保状之原因，兹应取具保状，随呈叩恳，熟料民属青年，初出实会，认识不广，兼因空袭之下前觅之保，业已迁移，实难再觅，惟函通家庭，往返必需半月之久，况又开校，刻不能再缓，有误学业，惟时迫急，五内如焚，查民刑期业已逾判三月，虽自取，亦可矜怜青年少见之错误，是以泣恳仁天，俯念下情，赏准提释，体恤青年，免废此期学业，如蒙恩准，曷胜感戴之至，永不忘此大德矣！

谨呈

四川第二监狱所长：汪核转

四川高等法院第一分院检察处公鉴。

具呈人：夏恒雨　押

中华民国二十八年九月二十五日

四川高等法院第一分院检察官批示

检字第　号

具状人重庆夏恒雨一件，为刑期已逾恳准提释一词由。

呈悉。查该民在原审尚犯有窃盗诈财各罪，业于本年八月二十九日将卷宗令发重地法院检察处办理在案，该民应否提释仰似向重地检察处请求可也。此批

四川重庆地方法院公函

刑字第三三一号

事由：为函复夏恒雨窃盗一案。

案准贵处四七三号函调夏恒雨窃盗等案卷宗，查该案前注本院判决确定已移送执行，相应函复查照为荷。

此致

四川高等法院第一分院首席检察室

院长：邓济安

中华民国二十九年一月十六日

伪证及诬告罪

99. 项治民等栽赃诬陷刘泽普案

重庆市警察局司法科侦讯单

案由：栽赃诬陷等情。

应讯人：

姓名：项治民，年龄：二十四岁，籍贯：涪陵，职业：第十八局三等警士。

姓名：刘文哲，年龄：三十五岁，籍贯：涪陵，职业：染织商，住石桥段三九号。

姓名：刘泽普，年龄：三十五岁，籍贯：涪陵，职业：织布商，住石桥段十六号。

上被告项治民系本局第十八分局警士、坚石供认有栽赃诬陷刘泽普情事、刘文哲召认有唆使项治民栽赃诬陷刘泽普等语，惟据该管分局查报其详。并据保甲街民结证刘泽普不及□□□有栽赃诬陷情事、据其行为项治民应构成禁烟禁毒治罪条例第十一条之罪、刘文哲应构成刑法第二十九条之罪。刘泽普既被检举有禁烟禁毒第八条第一项之罪。拟并移地检处侦办当否乞核示。

司法警察官：科员

签注意见

并送地检处侦查调验，有毒办罪无毒则刘文哲、项治民不无诬告□□□□□。警士项治民在位门尚时间突与其他警士调换夜巡勤务，报请检官刘泽普吸售毒品，该分局专欠缺滇遂尔于命似恙?

事由：为证明刘泽普无吸毒情事呈请

鉴核俯保释用维良善由。

为联名具呈证明事，兹证明得本（十一）保五甲石段十六号附一号居民刘泽普住居有年，系会正大商人素不吸毒与无贩毒情事，街邻咸知可保可结，兹以该泽普为被诬陷违反禁政一案街邻等以良善须保事实正确起见未敢含默，特为联名具呈证明前来请祈钧局鉴核，俯准保释，用维良善。倘查出有妄证之处街邻等甘受虚证之究。谨呈。

重庆市警察局

具证明人街邻：

徐鹤龄，住石桥段二十八号。刘云清，住石桥段十六附一号。朱国荣，住石桥段二十八号。蒋春林，住石桥段十九号。何禹然，住石桥段有志于此六号附一号。张儒渊，住石桥段二十一号。何云凯，住石桥段十八号。吴兴富，住石桥段二十五号。林仲如，住石桥段二十六号。甘发林，住石桥段二十五号。靳树臣，住石桥段特十三号。李炳臣，住石桥段三十号。

汪泽民，住石桥段十四号。李文才，住石桥段三十二号。蒋兴武，住石桥段十六号。王合成，住石桥段三十号附一号。秦文光，住石桥段十六号。苟银海，住石桥段三十七号。田海云，住石桥段十七号。周治荣，住石桥段三十七号。刘万祥，住石桥段十九号。刘伯均，住石桥段四十五号。冯云武，住石桥段十九号。刘树臣，住石桥段四十五号。

中华民国三十六年十二月　日

重庆市第十八区区公所公函

事由：为据区第十一保办公处，呈以该保居民何云讯等，联名报以刘泽普确系正大商人，素不吸毒及贩毒一案，函请查照由。

拟办批示：案据本区第十一保办公处三十六年十二月二十八日治保字第一零六号呈称："窃据本保居民何云讯、朱国荣、林仲好等八户联名报称：情本（十一）保五甲石桥段十六号附一号住户刘泽普住居为年为人诚实毫不妄为，你属正大商人，素不吸毒亦无贩毒情事，因遭核嫌陷害氹诬以违反禁政一十八分局转送市警察局处理经讯明无吸售情事，堂谕万田本管保甲及区公所证明问候语予保释等谕，查住户刘泽普经营正大业务素无不良嗜好，亦无贩毒情事可保可结，街邻等以良善须保为事实正确起见未便含点特为联名协请贵保长发给证明书并祈转请区公所俯赐证明用积善良实为公便等情，据此查居民何云凯等所称各情属实，除因本保发给证明书外理合据情转呈钧所鉴核，俯赐发给证明书，以资证明而维良善谨呈。"等情据此经查属实相应函请贵局烦为查照并希讯明开释为荷！此致

重庆市警察局

区长：

副区长：

证明

民国三十六年十二月二十八日

为具证明事，窃查本保第五甲石桥段十六号附一号居民刘泽普确系正大商人，并无吸食烟毒及贩售情事，特此证明。

谨呈

重庆市警察局

保长：陈治平

副保长：周森甫

甲长：汪泽民、林仲如、王清春

项治民讯问笔录

男，二十四岁，涪陵人，住十八分局，三等警士。

问：你当警士几月？

答：六月了。

问：近□吸毒派在何处查出的？

答：是在刘泽普香基（神龛）上花瓶里□一包，香基抽内搜出吸毒纸。

问：搜出□□等件有何人在场？

答：我们去时，先同黎巡官、王玉璋、莫泽洲、叶子良、汪甲长先到楼上搜查，无据后，由另一个同事将刘泽普监视着，并未下楼，我与黎巡官、□□□下楼在他堂屋里，由黎巡官看着，由我们搜查，当由我搜出的□□等件，当时甲长同王玉璋在搜查其妻房间。

问：据刘泽普先是搜查堂屋而寝室，而楼房，在楼房搜查时你在楼下堂房发现之□□的？

答：他说的是不对的，可找巡官甲长证明的。

问：唆唆[1]是你带去的？

答：实不是。

问：是刘文哲教你带去的唆唆？

答：也不是，不过刘文哲本月（十二月）二十二日下午来与我说刘泽普做唆唆生意，（贩卖）叫我去查因未、密告状纸所以叫做一个来才去并等上面批准，以致刘文哲二十四下午又来说，做使再不去抓，恐刘泽普的唆唆后有了，我乃报告分局长派黎巡官同我们去的，并且当时刘文哲教我搜查时注意□及香基上花瓶（玻璃花瓶）。

问：原供刘文哲与你是同乡关系，所以叫你帮他的忙，帮的什么忙？

答：是要我们去抓刘泽普的唆唆。

上笔录经当庭朗读无异。

审讯人：项治民

三十六年十二月二十七日

司法警察官

刘泽普讯问笔录

男，三十五岁，涪陵人，住石桥段十六号，织布商。

问：在你家什么地方查出毒证？

答：本月二十四日晚上更前时，我已在楼房里睡了，我妻睡在楼下寝室里，即有人来叫，说是警察，我即叫我住儿到区钧将门开了，开了后即叫不动，随即甲长汪泽民来我家，当即开始检查，先将堂房搜查，再到我妻睡的房间，再甲长同上楼来，皆检查无任何证据，在楼上检查还未完毕时，楼下警士项治民说在堂房查获唆唆及吸毒纸等件，可是我不吸毒，又不贩运，而有此种毒证，实是项治民带来栽赃陷害的。

问：项为什么要诬害你呢？

答：项是受刘文哲的指使，因刘文哲是我二哥（同姓）与我有仇，喊项来害我，他们自己曾已承认了的。

---

[1] 唆唆，重庆土话，指鸦片等毒品。

问：你与刘文哲有什么仇？

答：原我与刘文哲伙作复华染厂，因营业不好，在上年腊月我退了股，但我经手的李大姐及王大姐各加入的股（每股五十万元）在今年五月间才退的当，退时是初六的天，因中途退股不算有无红利，所以李王来向我读吃口太大，我当时即去，大约是当天下午五时，殊刘文哲认为是我作祟，出言骂我，我说要打吗，就出来到田坝里打，文哲竟至出来了，我们发生抓扯，幸有人从中劝阻，也就分散回家。后在茶社凭人理说寝事，可见息后口占月后有谈话，当然他恨我的。

问：究竟是否项带来的毒证？

答：刘文哲在出事的当天清早也来过我家的。所以是否项带来毒证要项自己才知道。

问：你吸毒好久？

答：我不吸，可具结，并保、甲、街邻都可证明的。

上笔录经当庭朗读无异。

被审讯人：刘泽普
三十六年十二月二十七日
司法警察官

刘文哲讯问笔录

男，三十五岁，涪陵人，住石桥段三九号附一号，染织商。

问：在刘泽普家查出的唆唆，是你亲自抛在他家里，还是项治民带去的？

答：不是我抛在他家里，也不是我叫项治民带去的。

问：是你叫项治民去抓的吗？

答：是的。

问：为什么密报刘泽普做唆唆生意呢？

答：我没有密告泽普卖唆唆，是检举他吸不是卖。

问：为什么要检举他吸呢？

答：因为我们是弟兄，所以刘泽普因肚子痛吸，我恐他吸起瘾癖，是检举他，而恕他自新的。

问：你为曾与刘泽普为染厂下股事发生口角报复的？

答：曾在今年发生级小的气？但后情感也较融洽，决无为此事而报复，有事可考的。

问：今年五月下股发生打架的？

答：没有打架，是互相吵了一下，有罗伯文（警校职员）在场。

问：二十四日清晨你到泽普家去的？

答：没有，我一早就过江来会车载明的（住民口口一七八号思饮茶社内）。

上笔录系经朗读无异。

司法警察官

重庆市警察局第十八分局呈

事由：为呈解嫌疑烟犯刘泽普及栽赃陷害嫌疑犯项治民、刘文哲三名请依法讯办由。

　　查本月二十四日晚，据分局警士项治民返局报称，有刘文哲者向其密告石桥段十六号附一号刘泽普家运来大批烟土即将他运□派巡官黎镇率警前往检查去讫，嗣据该员将刘泽普带回并查获唛唛一小包及锡箔玻璃纸数小张请予法办等情。前来，于审讯中当发觉本分局警士项治民有与密告人刘文哲串谋挟陷情形，经彻查，据警士项治民供称，密告人与刘文哲系同乡关系，曾数度托请帮忙缉办刘泽普泄忿人讯，据刘泽普供称与刘文哲因合伙营商以致结仇，项治民充当警士系由刘文哲介绍担保，入宅时态度凶横，唛唛一包系项治民挟陷为刘文哲泄忿等语均记录在卷。再查项治民在值勤□警士罗建民掉换勤务参加夜巡，在途中请警长改巡查路线，呼唤刘文哲前来告发，警长王玉章以未奉命令，项治民即返局报告，此后密告人刘文哲复欲以酒食款待，并私嘱项治民特别注意刘泽普堂屋花瓶及抽柜。综合各情刘文哲显有设谋唆使项治民挟陷刘泽普罪嫌，案情重大理合全案解请钧局请予法办！

　　谨呈

局长：施

　　（附刘泽普、刘文哲、项治民三名口供指纹各三份，毒品唛唛十小包，玻璃纸数小张）

第十八分局分局长：杨琨

［证明］

　　兹证明十八分局地官黎镇章警士［在］刘泽普家检查，当查出玻璃纸数张、锡箔纸烧过壹小条、唛唛一小包，其他银钱货物概无损失，此证。

甲长：汪泽民
三十六年十二月二十八日

重庆地方法院检察处卷宗

　　案由：栽赃诬陷

　　被告：项治民、刘泽普

　　本卷连底面目共叁拾伍页

重庆市警察局公函

法审正　字第二五八五号

中华民国三十七年元月五日

事由：为函送栽赃诬陷犯项治民等三名一案，请烦查收讯办由。

　　案据本局第十八分局详送栽赃诬陷犯项治民等三名案，案关刑事，除外相应将该犯等连同后开附件函送贵处，请烦查收讯办为荷！

此致

重庆地方法院检察处

附送：人犯项治民、刘文哲、刘泽普等三名卷乙宗，毒品唆唆壹小包，锡箔玻璃纸数小张。

甲长：汪泽民。

诬陷，项治民、刘文哲收押。

刘泽普交保。

问：项治民，年籍等项？

答：二十四岁，涪陵人，警士。

问：刘泽普家中查出烟吗？

答：我同巡官在右花瓶内面搜出的，花瓶是在他堂屋［神龛上］。

问：花瓶中放多少烟呢？

答：一两厘。

问：甲长在场吗？

答：搜出烟毒时黎巡官、有个同事三个人在场。

问：巡官未与你证明呀？

答：证明的，巡官向局长报告的。

问：没有巡官口供呀？

答：是的。

问：你与黎巡官在场，卷中无笔录呀？

答：加在局长向前□□。

问：后为何知道花瓶中有毒呢？

答：我听同事所请他□□禁品生意。

问：刘泽普，年籍等项？

答：三十五岁，涪陵人，布商，弹子石石桥段十六号。

问：你花瓶中毒品何来呢？

答：那晚我在家内搜遍都无，后来黎巡官说在花瓶中搜出，当时就用绑腿捆到，拉在分局问了一晚，我向局长问项治民今晚不该你值班为何你去巡查，他答以帮同事办事，局长知道有毛病就没有深问，况且两厘唆唆吃也过不［了瘾］，就卖也卖不了多少钱。

问项治民：你检查花瓶时还有其他东西吗？

答：别无他物，只有一点唆唆。

问：刘文哲，年籍等项？

答：三十五岁，涪陵人，商业。

问：你和刘泽普过去有纠纷吗？

答：没有，做生意发生很小纠纷。

问：你向警局如何报告的呢？

答：检举他吃，是反对他吃，希望他改过自新，并无恶意。

问：你为何不向局长报呢？

答：因项治民当班，想给他个警告。

问：为何不向法院报告呢？

答：警局职员也是指引禁烟毒职务。

问：你为何知道花瓶中有烟呢？

答：我叫在房屋中注意。

问：花瓶中是你放的烟吗？

答：我未进他家。

问：他放烟不致放在花瓶中呀？

答：我未进他家，那天一早进城中去并未在家，请转任云清问讯。

上笔录经受讯人犯阅为无讹。

项治民　押

刘文哲　押

刘泽普

庭谕详单

中华民国三十七年元月六日

感证官：岳应

检察官：

重庆地方法院检察处押票

重庆地方法院检察处用纸第八号

被告姓名：项治民、刘文哲贰名。

案由：诬陷

羁押理由：收押

刑事保状

具保人：姓名：李仁杰，年龄：二十五岁，籍贯：涪陵，住址：现住弹子石石桥段二十二号，职业：布业。

被告人：姓名：刘泽普，年龄：三十五岁，籍贯：涪陵，住址：现住弹子石石桥段十六号附一号。

具保之原因：缘被告刘泽普烟毒一案庭谕饬交铺候讯。

具保之关系：友谊。

具保之责任：民实保得被告，随传随到并代办本案一切文件，倘有籍保逊匿传讯不到案情事，开生保人愿负完全责任，中间不虚具保是实（限四日即本月七号进行院禁毒）。

谨呈

准保。

重庆地方法院书记室公函

查公诉项治民、刘文哲诬告一案，业经本院判决处死刑及有期徒刑十年送达在案，相应将本案卷宗函送贵厅查收，依法复判，为荷！

此致

最高法院书记厅

计送卷叁件，宗状叁件

四川重庆地方法院刑事判决

三十七年度禁烟字第二○九号

公诉人：本院检察官。

被告：项治民，男，二十四岁，涪陵人，警士，在押。刘文哲，男，三十五岁，涪陵人，染织商，在押。

委任辩护人：张玲宣，律师。

上被告因诬告案件，经检察官起诉，本院判决如下：

主文

项治民共同栽赃诬告他人贩卖毒品，处死刑褫夺公权终身。

刘文哲共同栽赃诬告他人贩卖毒品，处有期徒刑十年。

唆唆一小包，锡箔玻璃纸数小点没收之。

事实

被告刘文哲与其宗兄弟刘泽普挟有嫌怨，乃串通该管警察第十八分局警士即被告项治民，预以唆唆一小包与锡箔玻璃纸数小点，分置于刘泽普家中堂前花瓶中与香几抽屉内，由项治民报告局内谓刘泽普贩卖烟土，派遣官警于中华民国三十六年十一月二十四日同其赴刘泽普家搜索，当由项治民在上述处所拿出唆唆一小包，锡箔玻璃纸数点以为证据，嗣为警察第十八分局识破，乃连同人赃解由警察局函送过院，检察官侦查，终结提起公诉。

理由

查被告刘文哲因与其宗兄刘泽普为共营商业发生纠纷，既经刘泽普历历陈述亦为刘文哲所不争，是刘文哲与刘泽普挟有嫌怨至为明显。又刘文哲于中华民国三十六年十二月二十二日向项治民相商，密告刘泽普贩卖唆唆。同月二十四日又催促项治民速即前往查拿，并指明注意香几上花瓶各处等语，又经被告等在侦审各庭所供认，此项供词自可为被告等共同设计栽赃诬告之证明。再查同往检查之官警有六人之多，而独由项治民一人查出唆唆一小包，锡箔玻璃纸数点，更可为此项唆唆与锡箔纸玻璃纸皆为被告商通事前所指藏，兼之刘泽普又经本院法医师检验无毒，是刘泽普既不吸用唆唆且又无贩卖唆唆之证据，而被告项治民竟受刘文哲之指使向该管警局为处伪之告发，是被告等共同栽赃诬告刘泽普贩卖唆唆与吸食唆唆之事实毫无疑义，均不能任其狡展。项治民系警察应处死刑褫夺公权终身。刘文哲处有期徒刑十年。唆唆一小包、锡箔玻璃纸数小点，系供犯罪所用之物予没收。

据上论结应依特种刑事案件诉讼条例第一条第一项，刑事诉讼法第二百九十一条前段，禁烟禁毒治罪条例第十一条、第十二条，刑法第十一条、第二十八条、第三十七条第一项、第三十八条第一项第二款、第五十七条第一款、第二款、第四款、第七款、第八款、第九款，判决如主文。

中华民国三十七年六月十六日

四川重庆地方法院刑事第二庭

推事：蒋德葆

书记官：

本件证明与原本无异。

刑事声请

声请人：项治民。

为不服判决，依法声请复判事！

查检察官起诉声请人诬告渎职一案昨奉钧院宣判主文"项治民共同栽赃诬告他人，贩卖毒品，处死刑褫夺公权终身"等判奉悉，实胜诧异，惟查本案事实真相，诸多错误未获明晰，难甘拆服，兹特于法定期内先行声明不服，所有不服，理由候奉判决送达，正式补正，以凭检卷申送上级法院参考复判。

谨呈

重庆地方法院刑庭公鉴。

具状人：项治民

收缴机关：重庆地方法院

缴款人：项治民

案由：执法

征费数目：国币壹万圆

中华民国三十七年六月二十三日

刑事声请

声请人：项治民，性别：男，年龄：二十四岁，籍贯：涪陵，住所或居所：在押。

为不服判决，声请申送上级法院审理事，窃声请人前以诬告株连嫌疑一案，本月二十二日接奉钧院三十七年度特烟字第二〇九号判决，主文内开"项治民共同栽赃诬告，处死刑褫夺公权终身"等因。奉此判非其罪万难折服，除理由书另文呈遞外，理合具请钧院鉴核准，予检卷申送上级法院审理，以别经渭而雪冤诬。

谨呈

所长：江转

重庆地方法院刑庭推事：吴　公鉴。

中华民国三十七年七月二十八日

具状人：项治民

刑事声请

声请人：刘文哲，性别：男，年龄：三十五岁，籍贯：涪陵，住所或居所：在押。

为不服判决声请上诉高等法院审判事，窃声请人前以诬告嫌疑一案本月二十二日接奉钧院三十七年度特烟字第二〇九号判决，主文内开"刘文哲共同栽赃诬告，处有期徒刑十年"等因奉此判非其罪，万难折服，除理由书另文呈送外，理合具请钧院鉴核准予检卷申送高等法院审理，以究竟而雪冤诬。

谨呈

所长：江转

重庆地方法院刑庭推事：吴　公鉴。

中华民国三十七年七月二十八日

具状人：刘文哲

刑事复判声请

声请复判人：项治民。

为被检察官公诉诬告案件，对于四川重庆地方法院中华民国三十七年六月十六日所为三十七年度特烟字第二〇九号宣告死刑之判决不服声请复判一案，特补具理由请予撤销原判发回更审事。

理由：本件声请人应否负诬告罪，现要以警察第十八分局在刘泽普家所拿获之唆唆及锡箔玻璃纸是否为声请人所栽诬，及声请人与刘文哲有无事先预谋栽诬之动机，方能为本案之论断。查声请人与刘文哲素不相识惟因民国三十六年十二月二十二日由该文哲向声请人审报刘泽普吸食唆唆始，与文哲有初度谈话，此点经原审讯明口供在卷可稽，然声请人以此种情形转告长官亦声请人职务上应尽之责任（如不转报应受包庇之嫌），至声请转报后其责任固属终了，但关于长官何时发动及如何派遣搜索，声请人即不得而知，及至同月二十四日由本所派黎巡官、王警长率队前往搜索时，因该为声请人所转报，故派声请人同往搜索，适在刘泽普家之花瓶内搜出唆唆及锡箔玻璃纸等项。惟原审判决书理由栏记载"刘文哲于民国三十六年十二月二十二日向项治民（即声请人）相商密告刘泽普贩卖唆唆"等语以为声请人应负罪嫌。殊不知所谓"相商"二字究系何所依据，该刘文哲与声请人既素不相识，根本已无相商之机会，而刘文哲与声请人密报本声请人职务上应尽之责任。试问以一素不相识之密报人能不与警士达到相商设计栽诬之可能，其所谓相商者必有相商之原因或相商之事实及其证据，方能采为判决基础，原审不究竟以虚渺无凭之类推理想采，判决依据显已失掉刑事务采真实主义之原，则其未尽调查之能事已堪认定复查。原判决又载"同月二十四日催促项治民即前往查获并指明注意香几上花瓶"等语，此点已足证明所拿获之犯罪证据本非声请人所携带栽诬，惟应审究者声请人是否预知具有藏匿栽诬之注意而已，此点亦不过知刘文哲虽为密告人其与刘泽普谊属宗族弟兄或常有往来，深知泽普将犯罪证据搁置香几上花瓶者有之要，不能认为声请人因此即预知该文哲有栽诬之动机，是声请人与刘文哲毫无相商栽诬之事实极为明显，再查原判决又载"同往检查之官警有六人之多而独由项治民一人查出唆唆一小包及锡箔玻璃纸"等语，尤不知此项证据虽由声请人查出，要以声请人有无事先预谋之动机以为断，假定声请人有预谋之动机即为他人查出。亦应负罪刑，而声请人对本件事实之发生纯系由该刘文哲密报所致，则声请人完全以职务上正当手续行使检举显无任何罪刑。原审认定声请人查出唆唆一小包及锡箔玻璃纸即以声请人应负罪刑实属错误。至刘文哲与刘泽普有无分怨及该项证据是否为刘泽普所有，声请人根本不知。总之声请人所查出之证据不特有同往检查之长官所眼见，且有该管保甲长及刘泽普之妻子一同在场监视搜索，眼见查出毫无异素，始由保甲长秉公具证在卷，当足证明声请人毫无犯罪之行为情极明显。试问声请人如果真有代赃栽诬情事岂有该妻在场与同保甲监视搜索，归见查出不予立即声明，而反听由保甲证明之举，于情不难想见。更查检察官起诉书载"搜之烟毒为数甚微吸食尚嫌不足以致贩卖自非供被告吸食贩卖之用"，此点请查刘文哲辩诉状称"被告因病藉作止痛之用"，其数虽少不无由来，是声请人所查获之证据，决非受刘文哲之指使亦可想见。原起诉书又载"项治民是夜非夜巡勤系自动与他人掉换"等语，殊不知声请人系受长官派遣前往搜索并非自动与他人掉换，假定非长官派遣，岂能容声请人与第三人调换勤务而故为同行外作检查之事耶，况警局管理甚严决非其他机关可比，每日除任勤务外均不能无故外出，尤不能任意掉换勤务，此亦足以认定原审检察官认定错误，按犯罪事实应依证据认定之为刑法第二百六十八条所明定，本件原审判决理由要点不外以声请人与刘文哲相商，密报刘泽普吸食唆唆为判处声请人以死刑褫夺公权终身根据，惟不能举出丝毫证据足资证明声请人与刘文哲有相商之事实，纯以类推理想以为判决基础，殊于刑事务采规实主义之原则大相违背，且本件非其他普通刑事案可比，尤不能以一己之偏见而判处声请人以死刑，似此依照前开法条之规定显有未合。为特补呈理由状请钧院鉴核恳予撤销原判，另为发回更审之判决，勿任沾感！

谨呈

南京最高法院公鉴。

中华民国三十七年九月二日

具状人：项治民

声请人：项治民，男，二十四岁，四川涪陵人，在押重庆地方法院石板坡分所。

［以下声请状内容与上列相同。此处从略］

谨呈

最高法院刑庭公鉴。

中华民国三十七年十月二十一日

具状人：项治民　押

四川重庆地方法院函

三十七年庭辰字第六六○○号

中华民国三十七年十月一日

事由：为补刘文哲诬告案声请复判理由书由。

案查本院受理三十七年度特烟字第二○九号刘文哲等诬告案已于本年九月七日以辰字五九七一号申送复判在卷。兹据案内被告刘文哲具状复判理由书来院，相应检同原状送请贵厅查收办理为荷。

此致

最高法院书记厅。

附原状壹件。

声请人：刘文哲，男，三十五岁，涪陵人，商。

为不服判决，具实陈述理由恳请详察实情，撤销原判，另为无罪之复判事。

缘声请人以检举刘泽普吸烟一案，本年七月二十三日，接奉重庆地方法院刑事判决主文内开："刘文哲共同栽赃诬告他人贩卖毒品处有期徒刑十年"等因：奉此。罔顾事实臆断枉判实难折服，除声请复判书已于收管判决法定期内声请检卷外，兹特提出事实理由辩请详察：

甲、事实：

查刘泽普与声请人系属弟兄，情感素洽，惟其惯好吸烟。屡诫不信，恐久成患，故检请警局勒戒，欲其及早改革，乃伊不明大义，公然反目，竟采敌对行为，利用袍哥势力，串通警察十八分局，颠倒事实，捏造栽赃诬告罪名，逮捕声请人入狱处重刑等肆其金钱势力，而声请人则一布衣不识社会、不谙神通、枉罹冤狱、徒唤奈何耶！

乙、理由：

查原判决主文栏载："刘文哲共同栽赃诬告他人贩卖毒品云云"按本案事实首先错误，声请人之检举泽普贩卖，且有全部代词及书状可查，决非抵祸起萧墙之词，不知该原审推事所采贩卖二字从何而生，主题错误，足证全部错误，其为罗织枉判，已可根见，并有违刑事诉讼法第三七一条第十二款、第十四款之规定此不服者一。

按声请人之检举泽普吸烟。原出善意对公为帮助他人戒烟，对私为纠正私人不良嗜好，于理于法并不违悖，惟自检举是基任务即付诸警察十八分局，酌情办理，是否符合检举程序，是否受理及如何派人前去检查。该局受理后，所生事自不应负任何责任，至谓声请人与其有仇而栽赃诬陷，尤属无稽，盖就利害关系言既欲害之则惟恐手段不毒，自以迳举警贩卖为是何，以声请人仅检举其吸食一端耶，且结仇事实，并无证明。至于栽赃，更属舀诞。盖声请人于出事前一月因诫泽普戒毒言语发生龃龉后，旋即因事返涪陵原籍，再来重庆时，并未到刘泽普家一行，此事其妻可以质证，则栽赃之□然荒谬，盖如何栽赃，利用何种手段，达成栽赃之目的，何人见证，何种证据，蛛丝马迹亦俱无，自不能以捕风捉影，空隙来风凭空臆断。而枉判人于罪也，查刑法贵求真实主义，犯罪事实，应依凭证据认定之，是则原审所持理由，毫无法律根据实违刑事诉讼法第二六七条、第二六八条、第二八○条之规定，此不服者二。

卷查十八分局，前往搜查时：（1）由带队人黎巡官镇亲身督率，眼见搜出，并经原审传讯结证有案。（2）有该管甲长汪泽民在场眼见搜索，当时当地当众出据证明属实。（3）刘泽普及其家属，均在室内门口眼见，亦无异议。（4）刘泽普曾具状声请撤回，并载："民经商有年，家内来往人多究属何情实难揣度"等语，综上各端，退一万步言，该项唆唆少许，纵非泽普所食余剩，亦当或为渠往来客商所遗留，至极明显，该泽普事后憬悟，良心发现，乃自愿具状撤回，此点更足旁正有仇之说之谬妄。至该汪甲长泽民与泽普，系属同社袍哥屋舍接连，当时迫于众目共睹，出具证明，而事后谎称"并未眼见"等语。查泽普仅屋一间，既凭同往何能不见，拨诸情理宁非怪事，刑事贵采初供事实核查，岂容其出尔反尔，串通伪证，意图颠倒是非，诅知原审推事，对上述证据，枉加审酌实有违刑事诉讼法第二条之规定，此不服者三。

再查十八分局于获案后曾将泽普人赃一并带局，并据讯问自白吸食不讳，正送办间忽，永汉社大爷何云凯、何香池等到局活动后，（何等为刘泽普袍哥思拜兄十八分局长杨琨局员李复伦均为该社社员，而本案又系李局员承办）案即迥然大变，漂灭初供，颠倒是非实另录供单"栽赃"之来，实基于此，如该十八分局，果无串通变造情事，何以既讯口供二次，而无第一次笔录送案，（详项治民第一审办诉状）且羁延三日之久，其非变造而何，原审不察以讹审讹草菅人命，民何以堪，实违刑事诉讼法第九十七条之规定，此不服者四。

要之：

本案事实既经错误，所有证据亦未审酌，变造事实，复不追究，声请撤回，又不问理请求复验，更不依行竟以牵强附会，罗织拼凑，之断章取义，荒诞见解，判声请人以最重之罪，午夜思维疾首痛心，法官若此实有玷法律尊严尤失国家设官为民理屈伸冤之旨，奉判前因理合状请钧院鉴核，详察实情，准予撤销原判，另为无罪之复判以维人权而雪冤诬，临呈不胜涕泣待命之至！

谨呈

重庆地方法院转

最高法院

中华民国三十七年九月二十五日

具状人：刘文哲

［刘文哲于民国三十七年十月二十一日以相同内容声请状呈报最高法院刑庭。从略］

最高法院特种刑事复判卷宗

原审法院：重庆地院

案由：毒品诬告

声请人：项治民等

最高法院重庆分庭特种刑事判决

声请人：项治民，男，年二十五岁，警察局警士，住四川涪陵县。

刘文哲，男，年三十六岁，业商，住四川涪陵县。

上声请人等因烟毒一案件，对于四川重庆地方法院中华民国三十七年六月十六日判决，声请复判，本院判决如下：

主文

原判决撤销。

项治民共同意图他人受刑事处分，向该管公务员诬告，处有期徒刑十年六月，褫夺公权十年。

刘文哲共同意图他人受刑事处分，向该管公务员诬告，处有期徒刑七年，褫夺公权七年。

唆唆一小包、锡箔玻璃纸数小点没收。

理由

本件声请人刘文哲与其宗弟刘泽普因经营商业积有嫌怨，乃通与该处警察第十八分局警士、即声请人项治民共同串谋，以唆唆一小包与锡箔玻璃纸数小点，分置于刘泽普家中堂屋花瓶中香几抽屉内，由项治民报告分局长谓刘泽普贩卖鸦片，经派遣口警与项治民于民国三十六年十二月二十四日，同往刘泽普家搜查，当由项治民在上述处所拿出唆唆一小包及锡箔玻璃纸数小点以为据即时此证物连同刘泽普带局讯办此项事实既据被害人刘泽普在警局及原审侦查中，指供明确。而声请人刘文哲，在警分局与原审亦供认与刘泽普因共营染厂分伙后发生口角，此次以口头向项治民密报其卖烟及吸食唆唆属实即声请人项治民对于刘文哲于二十二日密报刘泽普贩卖唆唆，二十四日又催促速往查拿，并指明注意香几上花瓶且与刘文哲系同乡关系为他帮忙各情之事实。在警局及八分局，均已历历供陈不讳。再花瓶与香几抽屉，显非贩卖唆唆或吸食唆唆所能置放唆唆之处。而同往检查之官警六人何独该项治民一人查出，其为事先同谋设计栽诬殊无可疑，基于上述各种情命。参观互证是征声请人等有共同栽赃陷捏造据诬告他人贩卖毒品之事实极为明显。原审据以认定声请人等有上述之犯罪行为，依当时有效之禁类禁毒治罪条例已于三十七年八月二日期满失效。现行禁烟禁毒于同年十一月二十六日始公布施行。在此新旧条例中断期间，自适用相应当之中间法，以资衔接。查声请人等所犯之捏造诬告及栽赃诬陷他人贩卖毒品之罪，系与刑法一百六十九条第一项、第二项之罪相当。从而新旧法比较轻重时刑法自亦在比较之列。再依刑法第二条第一项但尽，应适用最有利于行为人法律之规定。本院现在裁判，自应适用最轻之刑法处断。再意图他人受刑事处分供用伪造证据与诬告二罪，有方法结果关系依刑法第五十五条应从较重之诬告罪论科。后查声请人项治民系警察局之警士显为依法令从事于公务之人员。乃竟假借职务上之权力而诬告他人。应加重本刑二分三科处声请意旨。否认有串通诬告情事，纯属空言饰辩，固无可采。而原审判决后，既因法律之变更，原判决已属无可维持，应予撤销改判以符法令。

据上论结，应依特种刑事案件诉讼条例第二十二条第一项前段，刑法第二十八条，第一百六十九条第一项、第二项，第五十五条，第一百三十四条前段，第三十七条第二项，第三十八条第一项第一二两款，判决如主文。

中华民国三十八年十月二十九日

最高法院重庆分庭刑事第二庭

审判长推事：汤造凤

推事：王思桐

推事：米衔

推事：杨路志

推事：王景曾

100. 张心培等诉张李氏等诬告案

自诉人：张心培、张子清、张耿光、李国钧。

被告：张李氏、张先福。

中华民国三十一年三月三十一日

答辩人：张李氏、张先福，住巴县石龙乡。

被答辩人即自诉人：张心培、张耿光、张子清，住巴县石龙乡。李国钧：巴县人，住龙岗乡。

为对张心培、张耿光、张子清、李国钧等捏以诬告赔损事件，自诉已故胞嫂张李氏及女先福一案，依法提出答辩事：缘该自诉人张心培等以诬告自诉，先福昨于本月二十五日午后三点钟，始奉钧院三十一年度自字第一四〇号，示期三月二十四日上午十点钟审理之传票及缮本各一件，除填给回证外，是先福奉票时，实已逾越讯期，况已于二十六日赴院，当请先福常年律师梅刚中赴院清查，复悉钧院已因先福未案，实不知执票法警何泽俊之如何朦复而赐拘提，示期本月三十一日审理之票也，除只得遵候二次审期，未请临审外，兹谨依法提出答辩如次。

按刑法第一六九条第一项规定之诬告罪，须以有明知其事为虚伪而为之报告，更须意图他人受刑事或惩戒处分，而向该管公务员为诬告者，乃能构成要件。窃先福同已故胞嫂张李氏及张代斌等，前于钧院自诉，该自诉人张心培、张耿光、张子清、李国钧等伤害诈取及抢夺毁损等情，除伤害罪部分，业已科处罚金在案外，其余抢夺诈欺毁损等部，虽经上诉三审，奈以无法提举其犯罪之积极证据而未成立，然不过系属告诉之不适当耳，要非毫无事实，而纯属虚构事实者可比，故有被科伤害罪之确判，及钧院民庭判还红契、佃约之民刑确定判决可稽，况其当日，除始而诈取先福之红契、佃约外，关于所为统众抢谷、打毁门扇、强毁楼板作柴之种种强暴胁迫手段，致有伤害之结果，是又何能构成上述法条之要件者乎。再就附带民诉之诬赔损失部分，查先福与已故胞嫂张李氏纯系保卫自己所有权益，而排除其欺凌孀孤之不法侵害所迫为之告诉，究与无端捏诉之行为有别，故该等虽可免于刑法上之罪责，然究不能免乎民事上之判还业契责任，况该心培等今尤勾串张炳阳为首，而乘张李氏之死，一局提起撤销先福之监护权，冀达吞产诡谋之民诉被驳在案，可为始终密谋分割之铁证，是则先福等既系基于排除侵害之所迫为而诉，以先福等均属孀孤弱女，实已受诉讼损失非浅，则该等实出意图不法侵害孀孤之有权而被诉之用费，姑无论其为数若干要无判令受害者负赔偿责任之理，何况并非诬告行为者乎。综上论述，为特依法答辩，仰恳钧院鉴核，予以宣告先福等无罪，驳回其附带民诉之请求，以怜孤幼，而敬刁恶，实存殁均感。谨呈

重庆地方法院刑庭推事梁公鉴。

中华民国三十一年三月三十一日

具状人：张先福

四川重庆地方法院刑事判决

三十年度自字第一四〇号，附字第一二二号

自诉人即附带民事诉讼原告：张心培，男，四十七岁，住南龙乡大湾，业：学。张耿光，男，四十四岁，住同上。李国钧，男，二十七岁，住同上。张子清，男，五十三岁，住同上。

被告：张李氏，死亡。张先福，女，二十三岁，住同上。

上委任辩护人：梅刚中，律师。

上被告，因诬告案件，经自诉人提起自诉并附带民事诉讼，本院审理判决如下：

主文

张先福意图他人受刑事处分，向该管公务员诬告，处有期徒刑三月。

被告应赔偿原告国币一千一百三十元。其余自诉部分不受理。

事实

被告张先福与已死亡之张李氏，于去岁一月间，以诈欺管业契约，抢夺租谷，毁损楼板等词，告诉自诉人等在卷，经三审判决，均宣告自诉人等无罪确定后，自诉人遂以诬告等词自诉到院。

理由

查被告前以诈欺、抢夺、毁损等词，告诉自诉人，经本院第一审宣告自诉人均无罪，而被告明知自诉人之行为不成立犯罪，犹一再声明不服上诉第三审，是被告意图他人受刑事处分，而为诬告实堪认定，惟查被告知识程度甚低，宜于科刑范围内减轻论处，被告张李氏已死亡，其自诉部分应谕知不受理，据自诉人等称：被告因诬告自诉人诉讼累年余，共耗用国币一千一百三十元，请求赔偿云云，查核属实，应判令被告照数赔偿，即原告附带民事诉讼自应认为有理。

据上论结，合依刑事诉讼法第二百九十一条、第二百九十五条第五款、第五百零六条第二项，刑法第一百六十九条第一项，判决如主文。

中华民国三十一年三月三十一日

四川重庆地方法院刑事庭

推事：梁尚经

不服本判决，应于送达后十日内向本院提出书状，上诉于四川高等法院第一分院。

刑事答辩

具答辩人：张耿光，四十四岁，巴县人，住南龙乡大湾，业：学。张心培，四十七岁，住同上。李国钧，二十七岁，住同上。张子清，五十三岁，住同上。

被答辩人：张李氏、张先福。

呈为罪证确凿捏蒙上诉，依法答辩，恳予维持原判，驳回无理上诉，依法提出附带上诉，请求加判罪刑并附带民诉饬令赔偿损失，以敬妄诬而维法益事。缘民等与张李氏等因诬告案件涉讼，该张李氏等藉故不服四川重庆地方法院刑事三十一年度自字第一四〇号、附字第一二二号所为之合法判决，捏词蒙控一案，兹民等谨将本案经过实情答辩如下，以资鉴核。

（一）事实：情张李氏之故夫作琴与民系同胞手足，不幸于民国二十九年逝世，亲属均以张李氏之愚朴及钟代宾张先福等之盗卖租谷与加押等情并请凭族戚在场清理契佃约，只冀清理之后始行成立监护管理权，殊该代宾乃唆使张李氏、张先福等以诈欺抢夺等词诬控民等在案，业经第一审宣告无罪。据该张李氏等上诉于第二三审均被驳回（有判决可凭），足见捏词妄诬应请治罪者一。（二）理由：查张李氏等误听旁唆以无理告争企图拖累，不知民等清理契佃之时经凭族戚在证，且由张先福于钟合清家取回交民国钧再转交与张姓族长子清管理，均各出具领条，毫无欺哄，何有诈欺之可言。窃该作琴去世，其妻李氏愚朴，子女幼小，不能主持丧葬，乃由民等代理，因伊家无余资只得卖谷以作办丧之需，关于开支账目当众算明，而出谷时则向格李氏处领取钥匙，出后仍即交还，手续清楚，并无抢夺行为。该张李氏等不以为德反而诬控，既经三审判决确定谕知无罪，害民等受损甚巨，况人生名誉关系重大，无故遭其诬陷，应请治罪方为合法，查原审仅审处张李氏等分有期徒刑三月，似觉罪重刑轻，请求加判罪刑，又赔偿国币一千一百三十元等判于法委无不当此其二。基上事由证据确凿无强辩之余地，用特辩恳钧院鉴核准予维持原判，驳回无理上诉，依法提出附带上诉请求加判罪刑并附带民诉饬令赔偿损失，以儆妄诬而维法益，实沾德便。谨状

四川高等法院第一分院刑庭公鉴。

中华民国三十一年五月五日

具状人：张心培、张耿光、李国钧、张子清

［刑事上诉状］

刑事上诉人：张先福，女，年二十三岁，住巴县南龙乡。

被上诉人：张心培，男，年未详，住同上。张耿光，男，年未详，住同上。张子清，男，年未详，住同上。李国钧，男，年未详，住巴县龙岗乡。

为补陈上诉理由事：

缘先福声明，不服重庆地方法院所为科刑赔损之判决，提起上诉一案，已沐传讯，谨为陈明不服理由如下。

按刑法第一六九条第一项规定诬告罪之要件，须以明知其为虚伪之事而为之报告，更须以意图他人受刑事或惩戒处分，而向该管公务员为诬告者，乃能构成。窃先福同已故胞嫂张李氏，因被该被上诉人张心培、张耿光、张子清、李国钧等，乘胞兄张作琴（即已故张李氏之夫）之死，及李氏与先福并李氏所生之女济芳，仅四岁，现亦夭亡，与现仅存之子济承，年甫一岁，孀孤朴幼可欺，遂敢统众先将张代斌毒殴捆扎之后，复行撞门入内，抄毁箱柜，抢担食谷，诈勒管业红契等等，强暴胁迫手段之霸产灭嗣行为，尤敢于逼得红契分关佃约过手后，即敢借口管理已故胞嫂张李氏家务，而勒彭家沟佃户、郭家嘴佃户与之投佃，除仅黄香斋与之投佃外，所幸郭家嘴佃户程发顺未投，即行断绝李氏母子同先福之生活，致与代斌李氏提起伤害抄毁抢夺等罪之自诉，除张代斌之伤害部业已科刑外，虽则关于李氏与先福所诉之毁损抢夺诈取部分，经一、二两审均判无罪。然考一审宣告该等无罪之论断，系据与其同局图产之张海三伪证，并无毁损抢夺及诈取等语之证言为理由，（请调张李氏告张海三

等撤销管理交还契据及给付食谷案已判张海三等停止管理权，可知该海三亦其同局，则其证言自不可采），第二审则以先福等所举证人刘象乾证称之毁损情形及时间，不尽与先福等所述相符，谓为无确切之佐证，而宣其无罪。殆不过以先福等告诉之未适法，未得提出其犯罪之积极证据以之证明耳，要不能谓毫无强暴胁迫之事实，否则何以先福等提起交还契据之民诉案，仍判被上诉人等交还红契、佃约之判决乎。（请调重地院民庭民庭三十年度诉字第四二三号判决为证）是则先福等诉该被上诉人等抢夺毁损及诈取等罪，自不能谓为虚构事实，尤况该被上诉人等，并未因此而受有若何罪刑之处分，依法即非构成诬告之要件，无如原审不查，竟以诬告论刑，得无谓为违法乎。

再查原审判赔损害之论断，盖不过以先福既受诬告罪刑之宣告，从而应负赔偿其损害之责为理由。窃先福与李氏纯系迫于排除该被上诉人等强暴欺凌而诉，并非无端具控之行为，今该被上诉人等虽能幸免于刑责，然究不能免于民事上应负返还其非法强取之业契责任。（已有民事判决可查）况李氏与先福均系孀孤女流，而遭该等无理欺凌而诉，实已受诉讼上之损害非浅。则该被上诉人等既系出于意图不法侵夺幼孤权益而被控，姑无论其为数若干，要无反令受害者赔偿加害损失之理由。况查所谓之损害，系因诉讼而所耗之费用，并非因犯罪而生之损失，莫谓其尚未逐笔开列之计算，纵使逐项说明，然亦只能单独提起民事请求，而非附带主张之事件，无如原审不查，竟判赔偿，是又乌得谓之合法。

上列理由，仰恳钧院察核，予以废弃原判，宣告先福无罪，实存殁均沾至德矣。谨呈
四川高等法院第一分院刑庭公鉴。

中华民国三十一年五月二十五日
具状人：张先福

四川高等法院第一分院刑事判决

三十一年度上判字第四九八号

上诉人：张先福，女，年二十三岁，住巴县南龙乡。

自诉人：张心培，男，年四十七岁，住同上。张耿光，男，年四十四岁，住同上。李国钧，男，年二十七岁，住同上。张子清，男，年五十三岁，住同上。

上上诉人因诬告案件，不服四川重庆地方法院，中华民国三十一年三月三十一日第一审判决，提起上诉，本院判决如下：

主文

原判决关于张先福罪刑部分撤销；张先福无罪。

理由

按诬告罪，以意图他人受刑事或惩戒处分，虚构事实向该管公务员诬告者，为构成要件，若事出有因，诉由误，均不负诬告罪责，应经著有判解。本件上诉人在前固曾以诈欺抢夺毁禹等情，指诉自诉人等，已经刑事三审判决确定，宣告自诉人等无罪。然查原判决所以宣告自诉人无罪者，不特非谓上诉人所指诉各点，无此事实，甚且认定所诉均属事实，不外以自诉人等犯罪构成之要件，尚有欠缺而已，有原三件附卷，可以稽考，足见上诉人前之所诉，均有原因，殊非虚构之事实。而具诉原因，又纯因自诉人等把持其遗产，亦非单纯使人受刑

事或惩戒处分之意图，亦即不能构成诬告之罪甚为显明。原审遽加论处，殊属率断，上诉为有理由，应予撤销改判，宣告上诉人无罪。又自诉人张子清，已受合法传唤，无故不到，并依法不待其陈述，迳行判决。

基上论结，爰依刑事诉讼法第三百六十一条第一项前段、第三百五十六条、第三百三十五条、第二百九十三条第一项、第三百二十三条第一项，判决如主文。

中华民国三十一年五月三十日

四川高等法院第一分院刑二庭

审判长推事：范韵珩

推事：胡恕、杨崇实

本件自送达判决后十日内，得上诉于最高法院。但上诉书状应向本院提出。如未叙述理由，限于提出上诉书状后，十日内补叙，并须按照他造当事人人数提出缮本份数，否则迳由本院驳回上诉，此志。

本件证明与原无异。

书记官：陈彩洋

中华民国三十一年六月　日

四川高等法院第一分院刑事附带民事判决

三十一年度附判字第二〇二号

上诉人：张先福，女，年二十三岁，住巴县南龙乡。

被上诉人：张心培，男，年四十七岁，住同上。张耿光，男，年四十四岁，住同上。李国钧，男，年二十七岁，住同上。张子清，男，年五十三岁，住同上。

上上诉人因诬告案件，附带民事诉讼，不服四川重庆地方法院，中华民国三十一年三月三十一日第一审判决，提起上诉，本院判决如下：

主文

原判决关于附带民事诉讼撤销。

被上诉人在第一审之诉驳回。

理由

按刑事诉讼谕知无罪之判决，应以判决驳回原告之诉，刑事诉讼法第五百零七条第一项前段，定有明文。本件刑事诉讼部分，既经本院第二审判决，将第一审所为上诉人有罪之判决，予以撤销，改判上诉人无罪。则关于附带民事诉讼部分，第一审所为上诉人败诉之判决，亦应予以撤销，改判将被上诉人在一审所提起之诉，予以驳回，甚为显明，上诉亦即为有理由。被上诉人张子清奉传，无故不到，并依法不待其陈述迳行判决。

基上论结，爰依刑事诉讼法第四百九十四条、第三百六十一条第一项前段、第五百零七条第一项前段、第五百零二条，判决如主文。

中华民国三十一年五月三十日

四川高等法院第一分院刑二庭

审判长推事：范韵珩

推事：胡恕、杨崇实

本件证明与原本无异。

书记官：陈彩洋

刑事委状

委任人：张李氏，二十四岁，住巴县南龙乡，自业。张先福，二十三岁，住巴县郭家嘴。

受委人：雷庶甲，四十七岁，重庆人，通讯处仁厚乡封姓源祥旅社，律师。

为上诉张子清、张心培等诈取侵占等刑事诉讼一案，委任代理事，今将委作代理之原因与权限列后。

（一）因民等不谙法律。

（二）以阅卷撰状及出庭辩论为限。此呈

四川高等法院第一分院刑庭公鉴。

中华民国三十年四月八日

具状人：张李氏、张先福

律师委状

委任人：李国均、张子清、张心培、张耿光。

被委人：刘德社，律师。

为委任事。兹因与张代斌、张李氏等为伤害妨害自由与毁损案上诉到院，委任之原因与权限分列如次。

原因：未谙法律。

权限：依法辩护。

四川高一分院刑庭公鉴。

中华民国三十年四月十九日

具状人：李国均、张子清、张心培、张耿光

刑事理由

上诉人：张李氏，二十四岁，住巴县南龙乡。张先福，二十三岁，住巴县郭家嘴。

被上诉人：张子清、张心培、张济柽、张耿光、李国均，住巴县南龙乡。

为补具理由，呈恳查核讯明，撤销原判，另为按律科罪，并令交还契约租谷，赔偿楼板之判决事情不服第一审宣告张子清等均无罪之判决，提起上诉一案，曾沐。

钧院票传于四月十九日审讯，理合补陈不服理由，以凭采择判决，窃本案犯罪事实：（一）系去年旧历十月十八日，张心培、张耿光，命张济柽统率力夫二十余人，来民佃户程发顺处，实施强暴，抢去谷子五石五斗经被告供认不讳。（二）系被告五人串通一局，于十月二十日来家，在民先福手套去红契一件，佃约二件，亦经被告供认不讳。（三）系套约过手，同日即向佃户换约，否令搬迁，如程发顺佃约，虽未换新，亦批为佃到张子清名下，并注明以后租谷，任何人不准交携，既有佃约存伊手为证，又有谷票存佃户手为据。（四）系抢谷时，毁损楼板八块，略值洋贰拾元。亦有佃户程发顺及投凭之保甲岑旭初、程汝霖、调解员刘象乾可为质证，既属证据确凿，即应依法科罪。无如原审推事，竟偏听滥族坏戚，冒充族长，即一味袒护，枉法判决，并将民先福之口供，故意错误，民言张济柽统率二十余人，抢挑谷子五石五斗，而原审笔录故错为民言佃户程发顺来挑，带了二十个人挑了五石五斗谷子去等语，是非显为存心偏袒，故意错乱之笔录乎，即以原判理由而论，亦不过偏信张子清为族长，李国钧系李氏胞兄，遂认保管红契约条之行为，概属善意，毫无意图不法之所有，自不负何种刑事责任，殊知民佃户程发顺手尚有张□□、张耿光等。亲笔谷票注明，其他谷子任何人不能出一斗，务须好好保存，以后每次出谷，非济柽亲身来此决不生效等字样，足为被告五人串通一局，实施侵占之铁证也。原审若非存心袒护，被告五人，暗知程发顺身上带有确据，何以于二月三日庭单上明证人程发顺划有十字，表示已到，而推事竟故不□其到庭结证，及于该程发顺名下书未到二字者乎，据此种种，均足确证原判实有偏袒违法之处，特为补具理由，呈恳钧院查核讯明，撤销原判，另为依法科罪，并令交还契约租谷，赔偿楼板八块之判决，不胜沾感之至。谨呈

证人：程发顺、张先儒、刘乾、岑旭初、程汝霖

证物：谷票一纸（审呈为据）

四川高等法院第一分院刑庭公鉴。

中华民国三十年四月十九日

具状人：张李氏、张先福

事由：呈为张李氏愚蠢恐久讼产尽，日后母子生活无着，恳请赐予附案同审，从此结案并判托监护李氏家产权由。

窃民等缘为张李氏愚蠢，其夫张作琴不明而死，遗留家产两股，现存租谷贰拾余硕，当被张代宾偷卖其谷六硕，其族人等见事不佳，乃将其红约追出执掌，既出有收领红契单据，自可放心，惟该主使人，原系害命图产，而红约未得，所谋因此未遂，故耳唆使蠢人李氏起诉，将亲族一并告发，欲索取契约，实则亲族真为保护李氏之家产，殊反被控，如此连告上诉，则李氏家产仍难保救。倘被控亲族以事不关己，受逼灰心，红契出而与之，或当或卖，其家产固危，今日久讼不止，无论其亲族娘屋人及李氏本人，与张代宾兄妹，往返路费伙食，双方所请律师种种用款，均为张李氏之钱，如不从此结案，长此以往，李氏家产有限，一旦用尽，母子数口，将来生活如何结局。何况近日来，更欺李氏愚蠢，谓子非伊所生，唆使邻人谣啄纷纷，居然使人有售子索款之举。此事已于四月十五日，在南龙场理剖。查李氏之子，系民国二十九年旧历冬月三十日所生，并李氏曾抱此子上堂审案，并无人说非伊所生。今该主使人以前谋占产业，唆使李氏索取红约案审失败，故有此害子谋占李氏产业之举，于此可见，谋占产业，渐渐逼来，尤甚者潘茂轩、刘象乾、岑旭初、程汝林等主谋，率众霸据李氏坐宅郭家嘴，如民等再袖手不顾，将由一害作琴，二害其子，三害其女，四害李氏，灭门之祸，即可立待，似此惨案，言之伤心，古今同恨，国泽以伊舅公之义，华山以伊舅父之情，原理以伊胞兄之亲，云章以伊血表伯之谊，目睹李氏情实可悯，深为痛惜，孰无心肝，能不救护

不得已禀救人以德之心，不罪于人之念，主张公道，联名请求钧院大发慈悲，俯准附于张李氏案内并审，邀求从此结案。并恳赐予判托监护李氏家产权，以便监管其财产及保护其母子，俾免发生意外，实为德便。谨呈

四川高等法院第一分院

具呈人：牟国泽，七十八岁，巴县烟坡场人

［讯问笔录］

本院受理三十年度上字第三八一号张李氏等因张子清等上诉案件，经受命推事方闻于民国三十年四月十九日上午九时，在本院第 法庭讯问诉讼关系人，并经书记官张光辅出庭，其讯问情形如下：

问：张李氏，年，籍贯，住址，职业？

答：年二十四岁，住巴县南龙乡郭家嘴，无业。

问：张先福，年，籍贯，住址，职业？

答：年二十二岁，住巴县南龙乡，无业。

问：你是哪年生的？

答：我是庚申年古历十一月三十日生。

问：张子清，年，籍贯，住址，职业？

答：年五十二岁，住巴县南龙乡，务农。

问：有无前科？

答：没有前科。

问：张心培，年，籍贯，住址，职业？

答：年四十六岁，住巴县南龙乡，教书。

问：有无前科？

答：没有前科。

问：张耿光，年，籍贯，住址，职业？

答：年四十三岁，住巴县南龙乡，务农。

问：有无前科？

答：没有前科。

问：李国钧，年，籍贯，住址，职业？

答：年二十六岁，住巴县龙岗乡，明丽染织厂厂长。

问：有无前科？

答：没有前科。

问：张李氏，你告什么人为什么事，你说？

答：我告张子清、张心培、张耿光、李国钧，他们是因我丈夫张作琴于去年旧历十月十二日死了，用了四百多元钱，我就出了四百元，他们也不算账就来担我五石五斗谷子，又将我的红契、佃约逼去了，我无生活所以才告他们的。

问：你丈夫死后你出有丧葬费四百元是交谁人呢？

答：这丧葬的事是张心培经手。所以我钱也是交他的，先是我交他一百元，二次张先福又交他三百元。

问：你丈夫是几弟兄？

答：我丈夫是三弟兄，大哥心培，二哥耿光，我的丈夫是老三有个妹妹张先福，大哥、二哥都是前娘牟姓生的，我丈夫跟张先福的生母姓黄。

问：你们分家是哪年？

答：是民国十九年。

问：你丈夫分得许多产业？

答：分的郭家嘴彭家沟两处地，有三十余石谷的地方。

问：你两处地方的佃户什么姓名？

答：彭家沟的佃户是黄秉斋，郭家嘴的佃户是陈发顺，我自己也在郭家沟居住。

问：他们来挑谷是哪天，怎样的情形？

答：挑谷是去年旧历十月十八日由张济桴拿有张心培、张耿光的条子来，喊佃户陈发顺发发谷，并来有二十几人挑谷，我当时就在仓门去坐着，不许挑谷，他们将我掀开，就将谷子挑去了。

问：你告他们就是为挑谷子么？

答：我告他一则是他们不该将我的谷子挑去了，让我无生活，二则是我的红契大约与佃约也被他们逼去了。

问：他们逼你的红契、佃约又是怎样的事呢？

答：这是去年阴历十月二十日张心培、张耿光乘我未在家，就在张先福手里逼去我郭家嘴红契一张，陈发顺、黄秉斋的佃约二张。

问：张先福，张李氏的红契、佃约是你交出来的么？

答：去年阴历十月二十日午大哥张心培、二哥张耿光同来要契约，当时嫂嫂上坡去了不在家，他们就逼起我要交出来，我就去拿了红契一张、佃约二张交大哥张心培去了，现在李氏嫂不承认，所以我要请求他们交还。

问：他们挑谷是哪天的事，哪些人来的？

答：挑谷是阴历十月十八上午由张济桴带来二十几个人来挑的。

问：张李氏，你告谁人烧了你的楼板呢？

答：是去年旧历十月十八日张济桴带起人来挑谷子，把我的楼板拿去烧了煮饭吃，有佃户陈发顺可以证明。

问：你隔张心培他们有许多里路？

答：有三十几里路远。

问：张心培，你们是几弟兄，何时分家的？

答：我们是三弟兄，我本长，次弟耿光，三弟作琴，我们是民国十九年就分家的，各分得三十余石谷地方。

问：张先福是你妹子，你们分家时又怎样办法呢？

答：他同作琴是同母所生，所以在议约分关都请明提妆奁费壹百元由作琴负全责。

问：张先福是否分家时跟你提有一百两作妆奁费，以后你的生活及出嫁的妆奁都由张作琴负责咧？

答：分家时是提了一百两但只作妆奁费，每年的生活原议母亲在时每年每人两石谷，母亲死后每人一石谷，现在我已有四年没有收到谷子了。

问：张心培，担张李氏五石五斗俱子的谷子是你写的么？

答：是我写的。

问：你怎样要写条子去发他的谷呢？

答：因我么弟死了，我经理丧事用去了丧葬费九百七十五元二角，要卖谷子来付。

问：你卖五石五斗谷卖了多少钱？

答：共卖了七百三十块钱。

问：张李氏不是拿了四百元钱跟你们么？

答：她拿的现款是交二弟耿光的我不知多少。

问：你经理张作琴丧事的账簿带来否？

答：没有带来。

问：张作琴的丧事由张李氏交你们四百元，你们又卖谷七百三十元，不是与你们所说的数目不符么？

答：实只用的九百七十五元五角，我们卖谷是比着数目卖的，不知张李氏交耿光的现款是多少。

问：张作琴是怎样死的？

答：他原是在重庆城里就病了，即到他隔山弟兄钟和兴家死的。

问：他死的地方隔你们多远又距张李氏家多远？

答：他死的地方隔我十里，隔张李氏又是三十几里。

问：你们又是何时才知道你兄弟死了的信咧？

答：他在钟家死了拿信来，我才知道，我们才去料理，用了九百几十元。

问：张耿光，张作琴的丧事你们经理用了许多钱？

答：共用了九百七十五元二角，张李氏交了二百一十几元其余应付的钱，都是卖谷付的，谷子是比着差的钱卖的。

问：到张李氏家去挑谷的条子，是你们出的么？

答：是我同大哥张心培出的，我侄子张济梓去发的。

问：你们卖谷是卖与谁人呢？

答：是卖的三个米贩子去挑的。

问：你们出的条子写有其他之谷任何人不能出一斗，务须好好保存，以后每次出谷非济梓亲身来此决不生效是什么意思？

答：这是因作琴隔山弟兄钟代宾盗卖了他六石谷子，在我们写这条子的意思就是阻止以后发生这类事，所以不许其他外人出谷，钥匙是张李氏在发，当然没有限制她不出谷。

问：张心培，你写这条子是什么意思？

答：就是因钟代宾盗卖了他六石谷，所以不许其他外人出谷，当然不限制张李氏不出谷。

问：张李氏，你装谷的仓的钥匙是谁人保管的？

答：这钥匙以前是佃户管，因租谷是他包仓发，经张济桴来发谷后，他拿出条子绝了我的生活，我才在佃户手去把钥匙拿来了。

问：张先福，你要交还红契、佃约是交的哪些人呢？

答：红契、佃约是我交大哥张心培的，张耿光、张子清、李国钧都在场，所以我要他们四人交还。

问：李国钧，张先福要你交红契、佃约你怎样说？

答：张李氏原是我的亲妹，因其愚蠢不证天日，而红契、佃约又被张代宾作祟弄到佛字岩他家去了，我恐怕我妹妹以后没有生活，才商量他们族人来保管契据，去年阴历十月二十日我们是到他家去要红契、佃约，当时我妹未在家，由张先福到张代宾（即钟代宾）家去拿来交张心培的，何能要我交还他咧。

问：张先福交张心培是几件契据？

答：交的红契一件，佃约贰件。

问：张子清，你领的什么东西呢？

答：红契一件，佃约贰件，共三件。

问：你何以领成红契分关贰纸咧？

答：我本不识字。

问：张作琴的丧葬费共用了多少钱你算过么？

答：他的丧葬费是用的九百七十四元五角，经我于阴历十月十九日算过账的。

问：张心培，张李氏告你儿子烧了他的楼板你怎样说？

答：我儿子张济桴下谷后就到学堂去了，没有烧他的楼板。

问：张代斌，年，籍贯，住址，职业？

答：年三十岁，住重庆聚□□钱庄二十九号，打杂。

推事谕知证人作证义务及伪证之处罚并令具结他附卷。

问：你到案证明哪点？

答：我证明去年阴历十月十八日张济桴带人来挑谷时我在他家，来的二十几个人挑了五石五斗谷子。

问：交红契的事你知道否？

答：红契是二十日由张先福交张子清的。

问：陈发顺，年，籍贯，住址，职业？

答：年二十四岁，住巴县南龙乡，务农。

问：你同双方有无亲戚关系？

答：没有亲戚关系，我是张李氏的佃户。

推事谕知证人作证义务及伪证之处罚并令具结附卷。

问：张李氏交出的条子是怎样来的？

答：是去年阴历十月十八日张济桴带人来挑谷时，交我之转交张李氏的。

问：你这关租谷的仓的钥匙是谁人管理的？

答：钥匙先是张李氏管，那天他们发谷去把钥匙拿来后就交给我了，并说以后除张济柽以外任何人不许发。

问：张济柽那天来发谷是何时去的，有无烧楼板的事呢？

答：张济柽他们是要黑了才去的，正午煮饭没有柴，是烧了张李氏的楼板八块。

代理人雷庶甲陈述意见：本案被告张济柽前往张李氏家发谷时，张李氏上前阻挡被力夫拖开才开仓发谷，实有抢夺，张心培等所写的条子上有其他之谷任何人不许出一斗，每次出谷张济柽亲身来者决不生效，可见被告等实系串通一局想侵占张作琴财产如，如视系善意何以接收契约时不出条据与张李氏，而张子清即要逼黄秉斋等之投佃，现黄秉斋以向张子清投佃，陈发顺佃约也另批的了，毁损也有陈发顺证明，自诉人等提起自诉不能视无理由，应请撤销原判处被告等罪刑。

问：陈发顺，你的佃约是否另批了的呢？

答：是另批了的。

问：怎样批的？

答：是批的，以后的租谷要向张子清纳之跟其他的人就不生效。

问：黄秉斋是否已向张子清投佃的？

答：他是已跟张子清投佃了。

问：张子清，黄秉斋是否已跟你投佃？陈顺发的佃约也是批了的么？

答：他们换佃批约是有此事，但我不识字不知李国钧他们怎样批的。

问：李国钧，你们将张李氏的红契、佃约拿去后就要黄秉斋等佃之投佃么？

答：只在佃约批过，但我们都是开过亲族会议，选出监护人张子清来监张李氏财产，所以佃约上也是批明张作琴死后，我妹妹愚蠢，他的财产已选监护人张子清监护，佃户以后就应向张子清纳租。

问：张子清，你保管的红契、佃约带来否？

答：没有带来。

问：张李氏，张子清保管你的契约是经亲族会议举的，你怎样说？

答：我的红契、佃约要他们交还我由我管，张子清也不是，族长他们也没有举过，怎能管我的契据。

张李氏、张先福、张心培、张耿光、李国钧、陈发顺、张代宾、张子清。

上笔录当庭经供述人承认无异并签押。

推事谕度另定期传案审判闭庭。

中华民国三十年四月十九日

四川高等法院第一分院刑一庭

书记官：张光辅

推事：方闻

证人结文（讯问后）：今到场为证人，系据实陈述，并无匿饰增减此结。

证人：张代斌、陈发顺

中华民国　年　月　日

审判笔录

上诉人：张先福、张李氏。

被告：张子清、张心培、张耿光、张济桴、李国钧。

上诉人因诉欺等案件，经本院于中华民国三十年五月二十四日上午十时在本院第 法庭公开审判，出庭推事检察官书记官如下。

审判长推事：方闻。

推事：艾作屏、雷彬章。

书记官：张光辅。

到庭诉讼关系人如下。

上诉人：张先福。

代理人：雷庶甲。

被告：张心培、张耿光、张济桴、李国钧。

辩护人：刘德楷。

应讯人：张代宾。

被告在庭未受身体拘束。

本日公开审理张先福等因张子清等诈欺等罪，上诉一案。

问：张先福，年，籍贯，住址，职业？

答：年二十三岁，住巴县南龙乡，无业。

问：张心培，年，籍贯，住址，职业？

答：年四十六岁，住巴县南龙乡，教书。

问：有无前科？

答：没有前科。

问：张耿光，年，籍贯，住址，职业？

答：年四十三岁，住巴县南龙乡，无业。

问：有无前科？

答：没有前科。

问：张济桴，年，籍贯，住址，职业？

答：年十八岁，住巴县南龙乡，读书。

问：有无前科？

答：没有前科。

问：李国钧，年，籍贯，住址，职业？

答：年二十六岁，住巴县龙岗乡，明丽染织厂厂长。

问：有无前科

答：没有前科。

问：张先福，你同张李氏自诉张心培等诈欺抢夺毁损等罪，经原审判决他们无罪，你同张李氏不服提起上诉的么？

答：是的，我同张李氏提起上诉。

问：你是管哪一件事对何人不服呢？

答：我是请求张心培交还红契、佃约，因去年阴历十月二十日大哥张心培同二哥张耿光、李国钧、张子清一路来家，当时作琴嫂上坡去了，大哥张心培就来逼起我交红契、佃约，我说等作琴嫂回来就交大哥都不承认，逼迫起我在屋里去拿出来交了。现在，作琴嫂要问我要契据我只得对大哥张心培请求交还，刑事部分原审未判张心培诈欺罪刑，所以我提起上诉。

问：你说张心培逼迫你交红契、佃约的情形怎样？

答：他说如我不将红契、佃约交出，就要将我捆起来打，如我交出后他愿负我生活全责，现交出后他反说我们无生活了。

问：张心培，你对于张先福上诉你诈取红契、佃约怎样说？

答：我们去取他的红契、佃约是得了亲属人等的同意的，因张代宾要加他郭家嘴田业一千二百元去浪费到我们去取红约的，还由张先福在钟家（即张代宾之兄距张李氏二十几里）去拿来的，我们去拿红契、佃约来还出有条子跟他举人保存也是为他利益，况且张先福他是交李国钧由国钧交我的，他怎能对我主张负刑事责任啊。

问：李国钧，张先福所交的红契、佃约是交跟你的么？

答：当我同张心培等到我妹子家，我就向我妹子说将他红契、佃约交出找人保管，当时我妹子很愿意的命张先福在钟家去拿来由我妹子交我，我因不便管理，他们族人才举出张子清来代他管理，由子清出有领条交我。

问：张先福，李国钧他说契据是由张李氏直接交他的你怎样说？

答：没有这事，是由我交大哥张心培手里，李国钧虽是同来的，但作琴嫂没有在家嘛。

问：张心培，张子清代管的红契、佃约今日带来否？

答：只带来两张佃约，陈发顺的一张是李国钧批的，黄秉斋的一张没有批过（是佃约二张）红契还在张子清手里没有带来。

问：李国钧，陈发顺这张佃约是你批的么？

答：是我批的。

问：你批的意义是怎样？

答：是借我妹子的口气说他不能料理家务推二哥子清跟他纯全管理。

问：何以契约上他没有署名画押呢？

答：他虽没有列名画押但他是在场的。

问：李百举也是你的名字么？

答：是的，李百举也是我。

问：张心培，你写这条子说其他之谷子任何人不能出一斗，每次出谷非张济柽亲身来此决不生效等语是什么意思？

答：我写这条子说以后的谷子要交张济柽，不许其他的人出谷，是因张代宾曾盗卖了他谷子六石，恐他的谷再被盗卖，所以写之条子，但仍是除了张李氏以外不许其他人出他的谷子。

问：张耿光，你同张心培同出这条子，说跟陈发顺叫他出谷五石五斗交张济柽，其他谷子任何人不能出一斗，也交张济柽才生效是什么意思？

答：就因作琴的母亲前在钟家所生的张代宾曾盗卖了六石谷子，我们恐他再盗卖，所以那样写的，但张李氏出谷是在例外，当然能出谷。

问：你将管理张作琴丧葬的账簿带来否？

答：已带来（是账簿一本）。

问：你这账上张先福共交来多少钱呢？

答：共收张先福的钱二百二十八元，他两次交的，一次一百一十元，一次一百一十八元是卖一石谷的钱。

问：你卖五石五斗谷共得多少钱？

答：先卖两石，每石是一百二十八元，共得二百五十六元，后又卖三石五斗，每石价一百四十元，共得四百九十元，总共卖的五石五斗谷，共得七百四十六元。

问：这个丧葬共费了许多钱？

答：共用了九百七十四元，由李国钧批准的。

问：张先福，办张作琴丧葬，你交的是二百二十八元钱跟张耿光么？

答：我交的钱是四百元数目上不符。

问：他们去年阴历十月十九日算账，你在场否？

答：他们算账我未在场，收的多少用的多少，我都不知道。

问：李国钧，这账簿是你批的么？

答：是我们当凭他们亲属核算后由我批的。

问：张济桴，去年十月十八日到张李氏家挑谷是你去的么？

答：是我去挑的，说是为丧葬费卖了五石五斗谷子，他也很欢喜的，在佃户处去把钥匙拿来开仓发谷。

问：携谷是谁人过斗与否？

答：携谷过斗都是佃户陈发顺。

问：你去挑谷，是否烧了张李氏的楼板八块咧？

答：我携谷后，就到学堂去了，没有烧他的楼板。

问：你没有烧，挑谷的人又烧没有？

答：我走了过后就不知道。

问：他的佃户陈发顺曾证明你是天将黑了才去的，正午煮饭没有柴，是烧了楼板八块，你对这点怎样说？

答：我们谷子未到正午就携好了，我就到学堂去了，他的证明不实在。

问：你去携谷的地方距学堂许多里数？

答：有八九里。

问：张先福，张李氏告张济桴烧他楼板是在何处的，楼是全楼或半楼呢？

答：是他灶房上的半楼。

问：烧的许多块数，每块有许多长呢？

答：他烧的八块楼板，每块有八尺长二尺多宽。

审判长请代理人陈述意见，代理人陈庶甲陈述意见，本代理人对本案分为四部说明：对刑事请求改判罪刑，对民事则分别请求于下列民事各点说明（一）对张心培等强担佃户令租谷五石五斗共卖出之价值一时为一百一十八元一时又为一百四十元，惟张先福于被告等未卖谷以前曾卖谷一石，得值为二百元，即以此推定，实应卖洋元一千一百元，况办丧事由张先福先交张耿光洋四百元，其中又因张心培等父亲在时曾有遗嘱对张心培等说伊制有棺木三具，明示以后三弟兄谁先死即埋大的一具，今张作琴死，张心培等反在外买棺材，所以张李氏对此买棺材之二百七十元有不愿付的意思。（二）即诈取红约，去年九月二十日张心培等到张李氏家是日张李氏未在家，张心培即逼迫张先福将红契、佃约交出，还承认他以后的生活，否则即将其捆起，张先福被迫即将红契、佃约交给张心培了。（三）为佃户投佃证人张济桴条子可以证明，今年租谷作八携当为自己处分，又张先福曾向陈发顺携谷不携并问张心培等要不买米已连数次均无着落，红契、佃约已悄还出此点可明为不法所有之意图。（四）为毁损部分去年十月十八日张济桴带人往张李氏挑谷毁损了楼板八块，既经陈发顺证明对刑事应请处张济桴以毁损罪刑，惟其价值不过二十元附带民事并请求，判张济桴赔偿。

问：张心培，你对张李氏自诉你挑他谷子怎样说？

答：我同张作琴本分家多年未管他的事，此次不过因作琴丧葬的事虽费了钱也有账可查。

问：张耿光，你又怎样说？

答：我们卖他的谷是有账可查，至于说我们条子上写了以后谷子非交济桴不生效是恐张代宾再盗卖他的谷子，因他以前盗卖他的谷子，当我们算账的天，他还开出单子的（呈账单一张），至于拿契约出来，是我们开过亲属会议选出张子清跟他善意保管。

问：张代宾，这张单子是你写的么（提示）？

答：我没有写这张单子，请核对笔迹吗（笔迹附卷）。

问：李国钧，你对本案怎样答辩呢？

答：他们告我都是为我妹子将红契、佃约拿出来了，张先福、张代宾他们就无加押或管卖我妹子业产之权，所以要告我们交还，其实我代妹子是愚蠢不识数的人，我们也是善意跟他保管，取约当时我说给我妹子听，他也很愿意交出来的。

问：张济桴，你对毁损楼板八块怎样说？

答：我去携谷，携了就走了，没有烧他的楼板，佃户陈发顺的证明不实在。

审判长请辩护人陈述意见。

辩护人刘德楷陈述意见：本案自诉人所诉张济桴毁损即据张先福所述仍属恼恍，究竟是何人毁损又与毁损要件不合，况张济桴于携谷后就到学堂，至□张子清代管红契、佃约有处分意思，现既经将佃约交出，虽批了一张也是批出代管的意思，张心培等在陈发顺佃户发谷五石五斗也是为办丧葬所用，已有账可查，是本案被告等并无刑事责任，纯全是为张子清代管了张李氏财产而张李氏又属妇人女子性本愚蠢受张代宾之唆使告状应请驳回上诉。

问：张心培，你还有话说么？

答：没有话说了。

问：张耿光，你还有话说么？

答：没有说的了。

问：张济桴你还有话说否？

答：没有了。

问：李国钧你还有话说否？

答：没有话说了。

审判长谕辩论终结定本月二十九日上午十时审判续行审判附带民事部分。

问：张先福，你的请求怎样？

答：我请求张心培要交还我红契一张，佃约二张。

问：有什么理由呢？

答：因我是将契约等交给他的，现在作琴嫂要向我要，我只得请他仍然还我。

代理人雷庶甲陈述，张李氏附带民事请求为对张心培、张耿光，张济桴请求连带赔还谷子五石五斗，并对张济桴请求赔偿毁损楼板八块洋二十元，其事实为张心培与张耿光所开发票张济桴发谷故对该等请求负连带赔偿，再生对楼板八块既为张济桴发谷时所烧既经佃户证明属实，应请判张济桴赔偿洋二十元。其事实为张心培与张耿光所开发票，张济桴发谷子故对该等请求负连带赔偿责任，至楼板八块既为张济桴发谷子时所烧，既经佃户证明属实，实应请列张济桴赔偿洋二十元。

问：张心培，你对张先福请求交还红契、佃约及张李氏请连带赔还谷子五石五斗怎样答辩？

答：张李氏所请求赔还的谷子五石五斗都是办了作琴的丧葬有账可查，何能赔还他，红契一张、佃约二张都由张先福交李国钧转交我的，现由张子清代管出有领条我何能负责交还。

问：张耿光，你对赔还谷五石五斗的请求怎样说？

答：我们是办张作琴丧事用了钱卖的谷，有账可查的，我何能赔还他咧。

问：张济桴，你对张李氏所请求你连带赔还五石五斗谷，并毁损楼板洋二十元你怎样答辩？

答：谷子是办幺叔张作琴的丧葬费用了去发的，我没有毁损他的楼板，这两项我都不应赔偿。

问：张心培，你还有话说否？

答：没有话说了。

问：张耿光，你还有话说否？

答：没有话说了。

问：张济桴，你还有话说否？

答：没有话说了。

张先福、张心培、张耿光、张济桴、李国钧、张代宾。

上笔录当庭经供述人承认无异并签押。

审判长谕辩论终结与刑事同定本十月二十九日上午十时宣判。闭庭。

中华民国三十年五月二十四日

四川高等法院第一分院刑一庭

书记官：张光辅

审判长：方闻

十月十九本年租谷□石正石除碾谷贰石五斗，济桴出谷五石一斗，代宾前提四石乙斗正一。

张代宾笔

宣示判决笔录

上诉人：张李氏、张先福。

被告：张子清、张心培、张耿光、张济桴、李国钧。

上诉人因诈欺等案件，经本院于中华民国三十年五月二十九日上午十时，在本院第　法庭公开宣示判决，出庭推事检察官书记官姓名如下：

审判长推事：方闻。

推事：艾作屏、雷彬章。

书记官：张光辅。

到庭人如下：均未到。

审判长起立朗读判决主文说明其意义，并告以判决理由之要旨，又告以上诉期间及提出上诉状之法院。

中华民国三十年五月二十九日

四川高等法院第一分院刑事第一庭

书记官：张光辅

审判长：方闻

四川高等法院第一分院刑事判决

三十年度上判字第五四九号

上诉人：张先福，女，二十三岁，无业，住巴县南龙乡。张李氏，二十四岁，余同上。

上代理人：雷庶甲，律师。

被告：张心培，男性，年四十六岁，业教书，住巴县南龙乡。张耿光，年四十三岁，业农，余同上。张子清，年五十二岁，余同上。李国钧，男性，年二十六岁，业：明丽染织厂厂长，住巴县龙岗乡。

上委任辩护人：刘德楷，律师。

被告：张济桴，男性，年十八岁，业：读书，住巴县南龙乡。

上上诉人因自诉被告抢夺诈欺及毁损等罪案件，不服四川重庆地方法院中华民国三十年二月六日第一审判决，提起上诉，本院判决如下：

主文

上诉驳回。

理由

查张先福系张心培、张耿光等同父异母之妹，张李氏系张心培、张耿光等同父异母弟张作琴之妻，张济桴系张心培之子，李国钧系张李氏之兄。去年十一月十七日（旧历十月十八日），张心培、张耿光二人开立发条交给张济桴，向张作琴郭家嘴佃户陈发顺（即陈明发，程发顺）出谷五石五斗变卖，系因张作琴于四月十一日死亡，张心培、张耿光二人为之经理丧葬葬卖谷开支等情，不惟张心培、张耿光、张济桴与李国钧等供述明白并经提出李国钧批立之账为证，即上诉人张李氏对于代理丧葬一节亦并不否认，陈发顺提出张心培、张耿光等开立之发条又载有凭票发郭家嘴租谷五石五斗正交来人张济桴手为要字样，是被告张心培、张耿光、张济柽等此种出谷行为匪特不能证明有何不法所有之意图，且亦未施用若何抢夺手段自难科以抢夺罪刑，至于发条后面所载其他之谷子任何人不能出一斗，务须好好保存今年租谷照八携计算可也，以后每次出谷非济柽亲身来此，决不生效等语，无论已据张心培、张耿光等供称是因张代宾（张作琴同母异父之兄即钟代宾），曾盗卖六石谷子，我们恐他再盗卖，所以那样写的。张李氏当然能出谷以及张李氏供认该仓谷钥匙出谷后即由伊本人保管，即令有何不当亦纯是民事问题并不能令其担负如何刑事罪责，原审因此谕知无罪并无不合，至于上诉人张李氏另诉被告张济柽带人出谷时，曾将楼板八块烧了煮饭一节，虽经佃户陈如顺为之到庭作证，但讯之该被告则六称：我们谷子未到正午就携好了，我就到学堂去了。没有烧他的楼板陈发顺的证言不实在，而张先福又供称他烧的八块楼板每块有八尺长二尺多宽。以一顿饭而烧有如许楼板亦与实际情形不合，是该被告关于此部分犯罪嫌疑究属不能证明，原审因此谕知无罪亦无不当，至上诉人张先福虽诉称去年十一月十九日（旧历十月二十日）上午大哥张心培，二哥张耿光同李国钧、张子清一路来要契约，当时嫂嫂上坡去了，大哥张心培就逼起我要交红契、佃约，我就拿了红契一张、佃约二张交大哥张心培去了，现在李氏嫂不承认，所以我对大哥张心培请求交还，但讯之张心培则供称我们去取他的红契、佃约是得亲属人等的同意的，因张代宾要加他郭家嘴田业一千二百元押佃去浪费，到我们去取红约时还由张先福在钟家（即张代宾之兄距张李氏三十多里路）去拿来的，跟他举人保存也是为他利益，况且张先福他是交李国钧由李国钧交我的，李国钧亦供称张李氏原是我的亲妹因其愚蠢不记天日，而红契、佃约又被张代宾（即钟代宾）作祟弄到佛子岩他家去了。我恐怕我妹妹以后没有生活才商量他们族人来保管契据，我们到他家去要红契、佃约，当时我妹未在家，由张先福到张代宾家去拿来交张心培举出张子清来代他保管，由子清出有领条交我，张耿光、张子清等供述情形亦复相同，张子清出立之领条一纸亦经李国钧提出主案佃约上并经李国钧批明，由亲族商议公推子清经管，租谷是被告张心培、张耿光、张子清、李国钧等关于此项保管契约行为令张李氏不同意亦只是民事问题，要难令其担负刑事上诉欺罪责。原审谕知无罪亦无错误，上诉人等以原审未依据上诉人自诉抢夺毁损诈欺等情，判处罪刑不服，上诉非有理由。

据上论结，应依刑事诉讼法第三百六十条，判决如主文。

中华民国三十年五月二十九日

四川高等法院第一分院刑事第一庭

审判长推事：方闻

推事：艾作屏、雷彬章

本案自送达判决书后十日内，得上诉于最高院，但上诉书状须向本院提出。如未述叙理由，限于提出上诉书状后十日内补叙，并须按照他造当事人人数提出缮本份数，否则迳由本院驳回上诉此志。

本件证明无原本无异。

书记官：张光辅

中华民国三十年六月二日

四川高等法院第一分院刑事附带民事诉讼判决

三十年度附判字第一四〇号

上诉人：张李氏，女性，年二十四岁，无业，住巴县南龙乡。张先福，年二十一岁，余同上。

上诉讼代理人：雷庶甲，律师。

被上诉人：张心培，男性，年四十六岁，业：教书，住巴县南龙乡。张耿光，年四十三岁，业：农，余同上。张济桴，年十八岁，业：读书，余同上。

上上诉人因自诉被告抢夺毁损胁肩谄笑上欺等罪案件，不服四川重庆地方法院中华民国三十年二月六日第一审附带民事诉讼判决，提起上诉。本院判决如下：

主文

上诉驳回。

事实

张李氏代理人声明，请求将原判决撤销，判令张心培、张耿光、张济桴等连带赔还谷子五石五斗，张济桴另外赔偿法币二十元，其事实上之陈述略称去年十一月十七日，张心培、张耿光二人开立发条交给张济桴，向张李氏佃户陈发顺出谷五石五斗应令如数赔还，张济桴于出谷时又烧毁张楼板八块应令赔偿法币二十元。张先福声明请求撤销原判决，改判张心培返还红契一张，佃约二张，其事实上之陈述略称去年十一月十九日我将上开张李氏之契约交与张心培现在张李氏向我要我只请他仍然还我。张心培、张耿光、张济桴等声明请求驳回上诉其答辩，意旨在张心培声称谷子五石五斗都是卖了作张李氏故夫张作琴丧葬费用，有账可查，何能赔还他。红契一张，佃约二张都由张先福交与李国钧转交我的现由张子清代管出有领条我何能负责交还张耿光，则称我们是办张作琴丧事用了钱卖的谷子，有账可查的，我何能赔还他咧。张济桴亦称谷子是办么叔张作琴的丧葬费用去发的，我没有烧毁他楼板，这两项我都不应赔偿。

理由

查上诉人等自诉各被告抢夺租谷烧毁楼板及诈取契约之刑事诉讼，既经原审分别谕知无罪，并经本院驳回上诉，则附带民事的审依据刑事诉讼法第五百七条第一项将上诉人等之诉驳回并无不合，上诉人等不服上诉非有理由。据上论结，应依刑事诉讼法第四百九十四条、第三百六十条，判决如主文。

中华民国三十年五月二十九日

四川高等法院第一分院刑事第一庭

审判长推事：方闻

推事：艾作屏、雷彬章

本案自送达判决后十日内得上诉于最高院，但上诉书状向本院提出如未述叙理由，限于提出上诉书状后十日内补叙并须据照他造当事人人数提出缮本份数，否则迳由本院驳回上诉，此志

本件证明与原本无异。

书记官：张光辅

中华民国三十年六月二日

101. 任绍卿诬告案

四川高等法院第一分院刑事判决

三十三年度上判字第九七九号

上诉人：任绍卿，男，年四十五岁，住长寿新市乡。

　　上诉人因诬告案件，不服四川长寿地方法院中华民国三十三年六月二十六日第一审判决，提起上诉，本院判决如下：

主文

　　原判决撤销。任绍卿意图他人受刑事处分，向管公务员诬告，判处有期徒刑三月。

事实

　　任绍卿于本年五月七日即废历四月十五日即购买猪肉与杨金堂、张万清、江海清等发生争执，恨甚深，因次日以张万清等持枪追捕事情向长寿地方法院检察官供诉，经检察官查明不实，以诬告罪提起公诉。

理由

　　本件上诉人因购买猪肉与张万清等发生争执，当经该管乡公所处理完结，固无诈欺可言，上人所诉张万清等持枪追捕一节，微论张万清等一再否认其事，且买肉争执既已了结，张万清等亦无持枪追捕之必要，更就上诉人陈述当时情形言之，上诉人所有之肉，已由任绍田带归交给上诉人家中，业经任寿田到庭供明，则上诉人归家在途行走时，手中并未携有猪肉可知，乃迭次庭讯上诉人竟谓手中所携肉酒等，均被打落。事后清查，系张万清等卖给任寿田了云云，显饰词狡争，意图他人受刑事处分，自应负诬告罪责，原审依法判处上诉人罪刑固非无据，惟犯罪在六月一日以前，应依减刑办法予以减轻，原判未予减刑自属无可维持，上诉非全无理由。据上论结，应依刑事诉讼法第三百六十一条第一项前段，刑法第一百七十九条第一项，减刑办法第一条前段、第四条前段，判决如主文。

　　本件经检察官蒞庭执行职务。

　　中华民国三十三年十月三日

　　四川高等法院第一分院刑事第一庭

　　审判长推事：范韵珩

　　推事：艾作屏

　　推事：龙天植

　　本件自送达判决后十日内，得上诉于最高法院。但上诉书状应向本院提出，如未叙述理由，限于提出上诉书状后十日内补叙，须按照他造当事人人数提出缮本份数，否则迳由本院驳回上诉，此志。

本件证明与原本无异。

书记官：
中华民国三十三年十月十一日

最高法院刑事判决

三十四年度上字第三九八号

上诉人：任绍卿，男，年四十六岁，业农，住长寿县新市乡。

上上诉人因诬告案件，不服四川高等法院第一分院中华民国三十三年十月三日第二审判决，提起上诉，本院判决如下：

主文

原判决撤销，发回四川高等法院第一分院。

理由

本件上诉人任绍卿于民国三十三年五月七日（即废历四月十五日）曾因购买与杨金堂、张万清、江海清等口角冲突，迨至次日杨金堂等持杠诈欺持枪威吓等情，向长寿地方法院检察官具状告诉，业经杨金堂、张万清、江海清等历历供明质之，上诉人亦自承无异固属显著之事实。原审以上诉人之行为系挟嫌诬告无罪，以上诉人与张万清等因购买猪肉争执，既经该管乡公所处理完结固无诈欺可言，该张万清等亦无持枪追捕之必要，并以上诉人所买之肉已由任寿田携回，业经任寿田到庭供明，则上诉人所称手中所携肉、酒、盐巴等物均被打落云云，显系捏词妄告为其论据，本院核阅卷宗，据上诉人述称伊于三十三年废历四月十五日上午在新市乡向江海清定买猪肉五斤当交洋五百元，迨至下午往取，该江海清竟照黑市计算，不肯将余款找还杨金堂、张万清同为屠户亦帮同讹诈质之江海清、张万清等则均谓任绍卿系向张万清购买猪肉六斤，当时仅交定洋四十八元，其后来取，张万清原系按照定价每斤八十八元计算，因任绍卿未肯将余款付清，臻彼此发生冲突等语，情词各执究竟实情如何原审毫未调查讯明，竟以其彼此争执既经该管乡公所处理完结，遽认张万清等固无诈欺之可言，已嫌率断，至上诉人所买猪肉系由任寿田代为携回，虽经任寿田结证无异，但据该任寿田供称："任绍卿买张万清猪肉丢在大街上，我把肉给他提起来交他，他不要"该上诉人买猪肉是否被打落地，亦存疑义，且据江海清、杨金堂辩称，江海清与任绍卿因买肉争执，经乡公所处理后，任绍卿复到街上窝尿于张万清肉桌上，经周副乡长发觉派警追捕，任绍卿始行逃云（见江海清等三十三年九月二十八日辩诉状）则上诉人所称"该金堂等胆串一人身着便衣负枪同追前来"之语是否确系出于捏词诬告，尤非无审究余地，原审判决于上述各点未予查明，遽行定谳臻上诉论旨得就采证上指摘其违法，尚难认为无理由。

据上论结应依刑事诉讼法第三百八十九条、第三百九十三条，判决如主文。

中华民国三十四年四月六日

最高法院刑事第二庭

审判长推事：张子澡

推事：孙祖贤

推事：殷日序

推事：林尚滨

推事：罗人骥

上正本证明与原本无异。

书记官：

中华民国三十四年　　月　　日

最高法院刑事裁定

三十四年度职字第四三号

上诉人：任绍卿，男，年四十六岁，业农，所住不明。

上上诉人因诬告案件，经本院判决后，因上诉人所住不明，无从送达，本院裁定如下：

主文

本院中华民国三十四年四月六日上字第三九八号判决，应对上诉人为公示送达。

理由

查当事人住居所及所在地不明者得为公示送达，又公示送达属于审判者应经法院之许可征诸刑事诉讼法第五十九条第一款、第六十条第一项之规定自明，本件上诉人任绍卿因诬告案件，经本院判决后，嘱托原审法院代为送达，兹据复称，该上诉人所在不明无从送达等情，并缴回判决正本送达证书到院，依照上开规定自应由本院许可为公示送达，特为裁定如主文。

中华民国三十四年十二月二十一日

最高法院刑事第二庭

审判长推事：张于浔

推事：孙祖贤

推事：殷日序

推事：林尚滨

推事：罗人骥

上正本证明与原本无异。

书记官：朱鸿□

公共危险罪

102. 何绍卿公共危险案

四川高等法院第一分院刑事诉讼尾卷

案由：公共危险。

上诉人：何绍卿。

四川高等法院重庆分院刑事判决

三十七年度上字第九四七号

上诉人：何绍卿，男，年五十六岁，住璧山狮子乡八保，业农。

委任辩护人：蒋叔理，律师。

上上诉人因公共危险案件，不服四川璧山地方法院中华民国三十七年三月十五日第一审判决，提起上诉，本院判决如下：

主文

原判决关于何绍卿罪刑部分撤销。何绍卿无罪。

理由

查上诉人介绍张桂廷向何绍卿买土造汉阳枪一支，虽经上诉人在原法院供认明确，但该枪业经本院训令原法院送请陆军第十训练处新编第二十二旅司令部详为鉴定，复函开已鉴定该枪系土造汉阳，品质甚坏，并撞针已断等语在卷，是该枪显不能供军用，自不能认为系刑法上之军用枪支，至无疑义，原判决论知上诉人帮助他人未受允准，而贩卖军用枪支罪刑，殊非允当应予撤销改判，上诉非无理由。

据上论结，应依刑事诉讼法第三百六十一条第一项前段、第三百五十六条、第二百九十三条第一项，判决如主文。

本件经检察官雷永年莅庭。

中华民国三十七年十二月十八日

四川高等法院重庆分院刑事第一庭

审判长推事：马志洲

推事：雷启汉

推事：钟志伊

书记官：

本件证明与原本无异。

中华民国三十七年　　月　　日

103. 田水清公共危险案

案由：公共危险。

侦查结果：起诉。

被告：田水清。

告诉或告发人：职权检举。

检察官：萧树勋。

书记官：时健庭。

本卷共 51 页

事由：为据石桥所报称以陈家坪六号房屋倒塌致死数人转□□派员检验由。

　　重庆市警察局第十七分局呈

　　中华民国三十三年五月九日

　　案据石桥铺分驻所巡官郭鉴萍报称："窃要石桥铺陈家坪六号董姓房屋于三十二年□□□中间墙壁全用土筑成，忽于本日晨四时许倒塌一部，接生医师吕佩鸣等三人被压，当即发现毙命。除查传包修该房之泥水工头田水清送请讯办外，并请法院派员检验理合报请鉴核示遵"等情，据此，查该巡官所报各节经查属实，理合将本案经过情形备文报请钧院派员前来检验，实为德便！

　　谨呈

　　重庆市地方法院

分局长：于杰

勘验笔录

时间：中华民国三十三年二月十日。

地点：石桥铺陈家坪六号董姓家中。

现场情形：新盖西式洋楼一座，坐东朝西，家右楼房塌下，屋内土墙倒塌。

在场人：死者岳父李警云；保长：王树林；死者学徒刘炳坤。

　　问：李敬之，年，籍等项。

　　答：李敬之，五十五岁，巴县人，住南岸龙门浩周家湾六十六号，商。

　　问：死者董伟光是你何人？

　　答：我女婿。

　　问：董小妹是你何人？

　　答：是我外孙女。

　　问：吕佩鸣呢？

　　答：他是接生医师。

问：他们为何死的？

答：这新房子是我女婿董伟光盖的，是由田水清包，又于去年腊月间盖好，当时就搬进来住，董伟光家中有一个母亲、一个妻就是我的女儿、一个女孩子、一个男孩子。董李萝娟即我女儿，最近因将生产那天，肚子有点痛，就请医师吕佩鸣到家中来接生，到了天快亮，忽然墙倒上面塌下来，就把董伟光、董小妹和吕医师压死了。

问：现在田水清人在何处？

答：田水清在上桥住。

问：董伟光的妻子住何处？

答：在石桥铺广济医院。

督员验明尸身填单附。

上笔录朗读无异。

李敬之

森树林

刘炳坤

中华民国三十三年二月十日

检察官：吴□□

四川重庆地方法院检察处

领尸体结文

具尸体结人李敬之兹因一案，已蒙□□验明，填具验断书在卷。今当检察官□前经领得董伟光、董小妹、吕佩鸣尸体一具遵谕交历静候□查特具显尸体结是实。

谨呈

四川重庆地方法院检察处公鉴。

具领尸体结人：李敬之

中华民国三十三年二月十日

验断书

已死董伟光，生年三十五岁，巴县人。

勘得：尸段所在地方石桥铺陈家坪，依法检验；尸身所在方向头西脚东，尸身所附衣物具全。

量得：身长四尺四寸，膀阔一尺，胸高六寸。

验得：仰面，面钯赤色，全身肤色赤色。致命顶心，致命偏左，致命偏右，致命囟门，致命额颅，致命两额角左一伤皮破，直长一寸，缩宽三分，深抵骨未损，痕口参差不齐，系木器压伤右，致命两太阳穴左右。［编选者注：以下验尸"不致命"部位太繁复，未预设格式性项目。故略去。］致命咽喉一伤痕，宽，散温，紫红色，有血瘀，系土墙压伤；致命胸膛，致命两乳左右，致命心坎无故，致命肚腹平，致命肾子，致命脑后，致命两耳根左右，致命脊背上中下，有停尸血痕，致命腰。

验毕：男尸一具，致死之理由验明该尸　余无别故，实系生前被土墙压伤身死，验毕。

检验员：曹登吉

中华民国三十三年二月十日

验断书

已死吕佩鸣，生年约四十岁，不详；职业：医师。

勘得：尸身所在地方石桥铺陈家坪，依法检验；尸身所在方向头西脚东，尸身所附衣物具全。

量得：身长四尺四寸，膀阔一尺，胸高六寸。

验得：［编选者注：以下验尸项目雷同。故略去。］

验毕：女尸一具。致死之理由验明该尸余无别故，实系生前被土墙压伤身死。

检验员：曹登吉

中华民国三十三年二月十日

验断书

已死董应梅，生年五岁，巴县。

勘得：尸身所在地方石桥铺陈家坪，依法检验；尸身所在方向头西脚东，尸身所附衣物具全。

量得：身长二尺六寸、膀阔八寸、胸高四寸。

验得：仰面，面色赤色，全身肤色赤色。［编选者注：以下验尸项目雷同。故略去。］

验毕：女尸一具，致死之理由，验明该尸，余无别故，实系生前被土墙压伤身死。

检验员：曹登吉

中华民国三十三年二月十日

四川重庆地方法院检察官办案进行单

定于本年二月二十八日讯问应进行事项如下：

传唤或通知之人：被告田水清，住土堡。

为报告事，奉交下三十三年度侦字第四三七号公共危险案传票一件，遵即前往土桥乡传达田水清四处清询无着，询据该管付乡长彭李融声称，本乡实无田水清其人等语，以致无从传达，理合报请钧核示遵。谨呈

检察官公鉴。

计缴原票一件

民国三十三年二月二十四日

法警：陈树荣呈

为报告事

奉交下三十三年度侦字四三七号公共危险案传票三件，警持票往传，除李敬之、王树林等收受传票外，惟被告田水清票注由李敬之指传，询据李敬之声称，本人并不认识田水清其人，并在票上批明外，理合呈报钧核。

谨呈

书记官：核转

检察官：公鉴

计缴传票一件回证二件

民国三十三年三月六日

法警：刘□□

送达证书

应送达之文件：民国三十三年侦字第四三二号传票一件。

应受送达人：田水清

中华民国三十三年二月二十五日

送达人司法警察：董承年

［编选者注：以下送达证书分别送达树林、刘炳辉、李敬之等。为格式文书，内容略］

四川重庆地方法院检察办案进行单

定于本年三月十三日时讯问应进行事项如下：

传唤或通知之人：关系人李敬之、王树林、刘炳坤。

被告：田水清。

审讯笔录

中华民国三十三年三月十三日

中华民国三十三年度字第四七三号公共危险案经本三十三年三月十四日上午八时。

点李敬之到庭。

问：年籍、住业？

答：李敬之，年五十五岁，巴县人，住南岸下龙门浩。

问：董伟光是你何人？

答：是我女婿。

问：他怎样死的？

答：九号晚上被房子压死的。

问：房子何时倒的？

答：二月九号早上倒的。

问：房子倒时你在场吗？

答：我不在场。

问：修房子时你在不在？

答：我不在场。

点王树林入庭。

王树林：年三十三岁，巴县人，住石桥铺，农，九保保长。

问：董伟光的房子何时修的？

答：去年七月间。

问：是包工修的吗？

答：包工。

问：房子何时倒的？

答：九号天未长时倒的。

问：你去时被压的人挖出来没？

答：没有挖出来。

问：董李萝娟怎救出来的？

答：因有一根木柄撑起所以未压死。

问：田水清修房时去工务局请示没？

答：我不晓得。

问：你去时的情形？

答：泥墙没有做紧所以才倒下来。

问：土墙是谁包的？

答：是田水清包的工。

问：田水清住哪里？

答：住新桥过云上桥戴家沟乡，当副保长。

点刘炳坤入庭。

刘炳坤，年三十一岁，住临江路。

问：你与董伟光何关系？

答：是我师叔。

问：房子倒时你在哪里？

答：我不在那里。

上笔录经供述人承阅无异。

李敬之押，王树林押，刘炳坤押。

中华民国三十三年三月十三日

书记官：时健庭。

为报告事，奉交下田水清公共危险一案传票一件（批谕随票到案）遵经持往所在住址上桥戴家沟询，据被传人田水清之父田炳森称，田水清因事出外大略在五六天决能返家等语，并经该保保长吕义河出具证明属实，为此无从传案情形理合备文报请查核。谨呈

检察官

计缴原传票一件，证明一纸

法警：王仁君

中华民国三十三年三月二十四日

查本保副保长田水清，已于本月因要事出外属实，据其父田炳森向称，大略在五六天决能返家等语，特此证明。

谨呈

重庆地方法院检察官

上桥镇第二保保长：吕义河
中华民国三十三年三月二十一日

送达证书

应送达之文件：民国三十三年侦字第四三七号为□□一案传票一件。

应受送达人：田水清。

中华民国三十三年三月十六日。

送达人司法警察：王仁君。

民国三十二年农历七月二十八日立折包工人田水清，今凭证包到董伟光先生名下地名双堰塘筑墙工程，计筑房屋工程每团工价三百六十元，院墙工价每团二百六十元，工资伙食悉行包在价内，照团点算。开工时间以立之日起一百天内开工，如超过一月外，物价涨跌另行再议，自包之后无论物价涨跌彼此不得异言，所筑工程筑好之后及房屋全部完成一月后，如遇偏斜倒坏概归承包人负责。院墙盖草是包工人应有责任，盖瓦不在此内，今凭证预交定洋六千元作为购买食米之需，其余工价视已面工作值价多寡陆续支付，倘有长支遇用由负责人完全负责，发以无凭特立包折为凭。

承包人：田水清。

负责人：秦炳森。

证人：五五一志光，魏荣卿，刘季勤。

八月收法币六千元正，九月二十五日收法币三千元正，十月一日收法币四千元正，十月二日收法币二千元正，至此止共用一万五千元正。

十月十二日收法币一千元正，十一月二十一日收法币八千元正，交田水清本人。

十二月二日收法币三千元正，在茶馆交水清本人。

八日收法币七千元正，十六日收法币一千元正，二十八日收法币一万元正，补十八日收

法币一千元正,三十三年元月十一日收法币五千元正,十日收法币一万元正,收煤二百六十八元正,收伙食一百五十元正。

共用六万一千四百一十八元正。元月二十一日收一万一千元正。

秘有工资包价：元月二十一日收一万一千元正。

所有工资包价。一切工作费均已如数付清田水清。

详田水清陆续支用款项均盖有本人私章。

讯问笔录

点田水清入庭。

田水清，年三十一岁，住上桥镇戴家沟。

问：董伟光的房子是你做的？

答：是他找人做我也在场做。

问：墙是你打的？

答：也是找人做我也在场做的。

问：房是几时做的？

答：去年八月间。

问：墙是何时打的？

答：八月二十日。

问：工程是谁包的？

答：工程包□没有，我也找人做，他也找人做。

问：打墙时你在场吗？

答：我带人做，听他指挥做的。

问：墙打得坚固吗？

答：是坚固的。

问：为何倒下了？

答：我做好□后董伟光又要打洞洞，我说打不得，董伟光要我打洞安楼福。

问：你是个工头吗？

答：我也是个工人，不是工头。

问：商得了好多？

答：每天五十元钱。

上笔录经供述人承认无讹。

田水清　押

中华民国三十三年三月二十五日

书记官：时健庭

刑事辩诉

被告：田水清，三十一岁，巴县人，住上桥镇，农。

为公共危险案件辩，恳予以不起诉之处分事，谨将事实理由陈述如下，窃民以帮工为生，近忽奉票传，注明为公共危险案件，大略有人告诉系包揽建筑董伟光之土墙，但查（一）民法第四九〇条称承揽者，谓当事人约定一方为他方完成一定之工作，他方俟工作完成给付报酬之契约，董伟光于去年秋间虽顾被告建筑土墙但系零星顾用，并非整个包工与承揽之性质，回不相符，自不合于刑法第一九三条以承揽为要件之规定。况被告，既非包工自无企图工程早完之理，必将工作认真，以期需延时日多得工价，据此以观，被告显无刑事责任之理由者一。（二）查土匠为筑墙工人，泥水匠乃糊墙或修灶之工人。被告乃一土匠，去年董姓筑墙，系于古历冬月初六日完工即去，该屋系于本年废历正月十五日始行倒塌一间，当中之一壁足见其非被告之过失，查其原因，新建土筑泥湿水分在内须逾三月，始可涂加石灰，殊董姓不待墙干，急时糊灰，去年古腊月底即行涂完灰，中水重将墙浸湿易于倒塌且乡间习惯，新建土屋须经过六个月以上之时间，待土墙干燥坚实时，方能住人该董伟光不待墙干乃于去年腊月，即行迁入居住，显系董姓之过失与被告无关。此应予以不起诉处分之理由二。（三）查该屋共计四大间（分为八九小间）其他当风寸处周围均未倒塌惟董姓所住之房间倒塌一壁，若谓工作不精必致全院倒塌，不能单留影倒塌一壁，查其倒塌之根本原因实由董姓在墙上凿孔穿梁造楼将墙挖松且于楼上戴盆望天积家具货物其多，又兼其妻是日在楼上生产服侍之人过多将墙压倒，显系载重过量决非钧处核准添传证人文章等讯明，依法予以不起诉之处分以符法纪，实沾德便。谨状

重庆地方法院检察处公鉴。

中华民国三十三年三月二十五日

具状人：田水清

刑事保状

具保人：甘锡泉，二十五岁，江北人，现住本市凤凰街二十一号内，菜业。
被保人：田水清，三十一岁，巴县人，住上桥镇戴家沟二保二甲，农。

具保之原因缘传讯田水清公共危险一案沐讯庭取住家保。

具保之关系：友谊。

具保之责任：民实保得田水清随传随到，倘有临讯不到，借保逃匿等情，由民负责交案并代收一切文件，中间不虚具保是实。谨呈

重庆地方法院检察处公鉴。

中华民国三十三年三月二十五日

具保人：甘锡泉

四川重庆地方法院检察官起诉书

被告：田水清，三十一岁，住上桥镇戴家沟，农。

犯罪事实

田水清以承揽工为业，去年七月向董伟光包筑石桥铺陈家坪第六号房屋一栋，乃田水清漫不经心，草率完成。本年二月九日屋内墙壁因建筑不坚倒塌，压毙董伟光、董应梅及助产医师吕佩鸣三人，经重庆市警察局第十七分局报请勘验，侦得前情，依法检举。

证据及所犯法条

本件已死董伟光、董应梅、吕佩鸣三人尸体均各全身膚色赤色，两鼻窍、两耳窍有血流出，额鼎，额角，两颧，咽喉，两血盆，两膀，两臂，两协肋，两后肋，脊背，具有伤痕，均系压伤（各尸体伤痕，详注各验断书，兹不具录。），业经督员验明填具验断书在卷，孟勘查该房坐东朝西，左楼房塌下，屋内土到塌，亦经记录附卷。讯据证人王树林供称："该项房屋墙壁是田水清包工筑的，泥墙没有筑紧所以才倒下来。"等语，而该项房屋墙壁系□□完成，本年二月即行倒塌，又为公知之事实，致董伟光等三人之死，由筑墙工作不坚殊堪断定。虽据被告田水清辩称："工程谁也没有包，我也找人做，他（指董伟光）也找人做。我带人做，听他指挥做的。"云云但既系带人筑墙，对于墙壁坚固与否，即应特别注意。而□□与否，又非事前不能注意。乃被告应注意能注意而竟不注意，以致压毙。上过失致人于死之咎，实无可辞。应认其犯有刑法第二百七十六条第二项之罪嫌，合依刑事诉讼法第二百三十条第一项起诉。此致

本院刑庭

计送卷一宗，被告，田水清一名。（在保）

中华民国三十三年四月二十四日

检察官：萧树勋

学习审判官：袁麒麟

送达证书

[民国三十三年五月十日田水清、李敬之，王树林、刘炳坤各收到侦字第四三七号起记诉书一件。]

四川重庆地方法院案件审理单

本案定于本年六月十七日上午八时审理，应行通知及提传人如下：

应讯人：被告田水清，保人甘锡泉，住凤凰街二十一号。

王树林，住石桥铺九保。

李敬之，住龙门浩周家湾六十六号。

刑事委任

委任人：田水清，三十一岁，巴县人，住上桥乡，工人。
受任人：胡文，律师。

为检察官公诉被告过失致人于死案件兹委任胡文律师为辩护人。谨状
重庆地方法院刑庭公鉴。

中华民国三十三年六月六日

具状人：田水清

刑事阅卷声请书

声请人

为声请阅卷事，查　年　字第　号田水清因过失致人死一案，本律师经田水清委任辩护人，所有本案卷宗亟待查阅，为此声请大院即将全卷连同附件交给阅览钞录实为厚幸。谨上
重庆地方法院公鉴。

中华民国三十三年六月六日

律师：胡文

刑事附带民诉

原告：姓名：董郝氏，年龄：五十五岁，籍贯：重庆，住址：文件由林森路五六六号吴骐律师事务所收转，职业。
姓名：董李萝娟，年龄：二十五岁，籍贯：重庆，住址：文件由林森路五六六号吴骐律师事务所收转，职业。

为被告过失致人于死，依法提起附带民事诉讼请求赔偿损害事，谨将诉之声明及事实理由分陈如次。

诉之声明

（一）请求判令第一被告赔偿死者损害费国币肆佰贰拾万元正。
（二）请求判令第一被告赔偿扶养费国币肆佰贰拾肆万元正。
（三）请求判令第一被告赔偿扶养费及教育费国币壹佰陆拾陆万元正。
（四）请求判令第一被告赔偿丧葬费国币拾万元正。
（五）请求判令第一被告赔偿医药费国币叁万元正。
（六）请求判令如第一被告无力负担，判令第二被告如数给付。

事实及理由

窃第一原告为被害人董伟光之生母，现年五十五岁，第二原告为被害人董伟光之发妻。亡子、亡夫于本年二月九日被墙倒压毙，第二原告当时亦被压，全幸未至死，现手桡骨断几成残废。蒙钧院检察官明察，认定承揽修造房屋人田水清有过失致人于死情事提起公诉在案。原告等丧夫全家生活无着，为特在方词辩论以前提起附带民事诉讼，请求赔偿损害如次：

（一）被害人现年二十五岁，生前在商场上经营，每月至少有一万元，一年为十二万元，如照人生年龄平均为六十岁，计尚有三十五年，应有国币肆佰贰拾万元正。

（二）依据民法第一九二条第二项及同法第一九四条之规定，第一原告现年五十五岁，照前条年龄计至少尚有五年生活，又第二原告现年二十五岁尚有三十五年生活，以现在物价计算每人每月至少三千元方能生活，合计如前开数额。

（三）第一原告产男一方两岁，产女一方于墙倒后出生前，尚须过十八年成年后则直过二十年成年，被害人对此两孩均有扶养义务，如均以每人每月须生活费三千元又教育费以平均每年三千元计，每人从小学至高中毕业约为十五年，合并计算亦如前数。

（四）依据民法第一九二条前项之规定，第一被告应赔偿殡殓费十万元。

（五）第二原告在医院医治伤害共计国币医药费十万元。

（六）墙倒房屋损坏几全部不能使用如谋回复□□元难以完成。

（七）第二被告为第一被告之担保人，该房屋修建未及兼□即行倒塌显为担保不实，应负连带赔偿。

综上各点恳祈。查核准如所请判决。谨状

四川重庆地方法院刑庭公鉴。

中华民国三十三年六月十七日

具状人：董郝氏、董李萝娟

刑事委任

委任人：董郝氏，五十五岁，重庆人，文件由林森路五六六号吴骐律师事务所收转。

董李萝娟，二十五岁，重庆人。

被委任人：吴骐，律师。

为委任事，窃委任人等告诉田水清等过失致人于死及提起附带民事诉讼一案，特委吴骐律师为代理人，代理一切诉讼行为。谨状

四川重庆地方法院刑庭公鉴。

中华民国三十三年六月十七日

具状人：董郝氏、董李萝娟

笔录

被告：田水清。

证人：王树林、李敬之、张和清。

上列当事人因过失致死案，经本院于中华民国三十三年六月十七日午时间刑事法庭审理，出席职员如下：

推事：焦沛澍。

检察官：萧林勋。

书记官：何懋昭。

问：田水清，年籍、住等？

答：三十六岁，巴县人，住上桥乡二保。

问：你从前犯过法没？

答：未犯过法。

推事请检察官陈述起诉要旨。

检察官起立，读起诉书。

问：你做建筑事业有许多时间？

答：已七八年了，都是替人作泥水工作，非工程师。

问：你去年替董伟光造石桥铺房子么？

答：我做的，但系零工，非包工□□，工人虽有七个之多，都由他自己选择。

问：尽是你找的零工么？

答：不是，他自己也在找，每人工资五十元，由董伟光支付我转交。

问：你从前替董伟光建筑过房子么？

答：没有替他做过房子。

问：他房子是何时开始工作？

答：十二年八月开工，腊月完毕交工。

问：做的楼房么？

答：原来做的平房，以后加做楼房二层，改为洋房样式。是土筑的。

问：你做泥土有营业执照么？

答：有营业执照，我是有替人做零工。

问：你原先与董伟光认识么？

答：不认识。

问：既不认识，何以找你建筑房子？

答：因为平素我在石桥铺做工，人尽皆知。

问：你去年腊月交工？有手续么？

答：没有手续，做完后他将工放了（解雇）。

问：你为建筑房子，主有包工字据么？

答：没有立包工字据。

李敬之插供，立有包工折纸为凭，呈折子一个，来自死者身上。

问：包工折子是你立的吗？

不答。

问：你立与折子上不是证明包工性质吗？

答：立折后物价飞涨，我拒绝交工。古历八月二十日他在基脚安好后才动工。

问：折子上交款日期是古历□□？

答：不晓得，折子每次都是董伟光写好由我加盖私章（我不认识字）。

问：土取自何处？

答：就地取土，找工人做工作都是遵照董伟光指挥行事。房子一楼一底做好后董伟光又要做一楼，土墙重量并于未干时粉刷。

问：李敬之，年籍、住等？

答：五十五岁，巴县人，住南岸龙门浩周家湾，航业。

问：董伟光与你什么关系？

答：是我女婿。

问：董小妹几岁了？

答：已五岁，是我外孙女。

问：董伟光石桥镇房子倒塌，你何时知道，压死几人？

答：压死三人，董伟光弟弟报告我后，我到场查看过，我到场时尸体都已挖出。

问：董伟光家属现存者几人？

答：有妻李萝娟，男女孩各一。

问：当时李萝娟带伤么？

答：她也带重伤，我去时已送医院。

问：她的伤现在痊愈么？

答：伤口已好，但行动很难。

问：王树林，年籍、住等？

答：三十三岁，巴县人，住石桥铺□保长，农。

问：你居所离董伟光房子好远？

答：在董伟光倒塌房子侧边。

问：董伟光石桥铺房子何时动工造建？

答：去年七八月动工。

问：房子是中式吗？

答：二楼一底，中西合并房子。

问：被告替董伟光建筑房子是包工？零工？

答：不知道，因我与董姓素无往来。

问：该房地基平顺么？

答：是平地。

问：他房子何时倒塌？

答：正月十五□□。

田水清押、王树林押、李敬之押。

问：张和清，年籍、住等？

答：二十一岁，巴县人，住上桥狐狸坡，泥工。

问：你与田水清同在董伟光家做工么？

答：粉墙时董伟光找做的，非与田水清同道。

问：董伟光每天给你工资许多元？

答：每天工资五十元，董伟光给付，我做粉刷石灰于墙上的工作。

问：你做粉刷石灰工作时，该房屋二楼一底么？

答：我粉刷石灰后又挖洞加楼一层，原先是一楼一底。

张和清　押

上笔录当庭经应讯人承认无异。

推事谕本件候调查后核办。

四川重庆地方法院刑庭

书记官：何懋昭

推事：焦□□

刑事辩状

辩诉人：田水清，三十一岁，巴县人，住上桥乡，工。

为检察官公诉被告过失致人于死案件，辩恳前往鉴定添传证人列，明瞭真相谕知无罪，判决以免冤累而符法令事，谨将辩诉分陈如次：

（一）据检察官起诉意旨略，以被告去年七月间，包筑董伟光之土墙，漫不经心，草率完成，以致倒塌，压毙三人认为应负刑责之关键，惟查其墙，高有数丈实为川省罕，见其工作之认真，超过附近土墙坚固多也，是其墙壁除倒少数而外，尚存多数，可以勘验非如其他已经消灭无形，或能易更之事物，可能讳饰者可比。查本案独以其墙是否建筑坚固为判断之基础显有鉴定之必要，且刑事案件，对于勘验与鉴定，极其重要。是故刑事诉讼法第十二章及第十四章各条规定既详且严兹依合同法第二条第二项，被告得请求前项公务员为有利于已之必要处分之规定，请求钧院依据合同法第一八五条规定，选任土木工程师一人，随同钧院前往鉴定后以便裁判。

（二）查所建筑之土墙多未倾倒，如果工作不坚即应全部倒毁何以惟董伟光所住之处，倒塌一壁，足见土墙未干载重过量以致倒塌毫无疑义。据上考查不但被告非包揽工作，不负刑事责任，退一步言，纵系包工被告亦无过失其理昭然若揭者二。

（三）至伪证王树林供称墙是田水清包工筑的，泥墙没筑紧，所以才倒塌云云，显系挟仇伪证无疑。查被告非包工，有证人张春和等可质，而其墙已筑坚固，现存者可以比例且可鉴定，检察官轻听虚伪之证言而起诉，自属误解者三。为此辩恳钧院鉴核，准予选任鉴定人前往鉴定，添传后开证人质讯明其真相。依法谕知被告无罪以名累而符法令沾感。

谨状

重庆地方法院刑庭公鉴。

证人：张春和、张和清住上桥乡第三保一甲狐狸坡。

中华民国三十三年六月十六日

具状人：田水清

四川重庆地方法院案件审理单

通知检察官萧

吴骐，胡文律师。

应传：被告田水清，保人甘锡泉住凤凰街二十六号。应传人：李敬之，住龙门浩周家湾六十六号。

送达证书

书状目录：民国三十二年特字第二四号过失致人于死案送达下列各件传票一件。

受送达人：被告田水清。

送达日期：三十三年十月十一日。

中华民国三十三年七月六日

四川重庆地方法院执达员：萧

刑事委任

委任人：吕唐氏，六十岁，广东南海人，文件由林森路五六六号吴骐律师事务所收转。

被委任人：吴骐，律师。

为委任事，窃委任人控告田水清、秦炳森过失致人于死提起附带民事诉讼一案特委吴骐律师为代理人，依法代理一切诉讼行为。谨状

四川重庆实验地方法院刑庭公鉴。

民国三十三年七月二十日

具状人：吕唐氏

附带民事诉状

原告：吕唐氏，六十岁，广东南海人，文件由林森路五六六号吴骐律师事务所收转。

被告：田水清，秦炳森。

为被告过失致人于死依法提起附带民事诉讼请求赔偿损害事，谨将诉之声明及事实理由分陈如次。

诉之声明

（一）请求判令第一被告赔偿死者损害费国币七百五十六万元正。

（二）请求判令第一被告赔偿扶养费国币二十万元正。

（三）请求判令第一被告赔偿殡殓费国币十万元正。

（四）前三项请求如第一被告无力负担，请求判令第二被告如数给付。

事实理由

窃原告为被害人吕佩鸣生母，被害人于民国三十三年二月九日在董伟光家接生，墙倒屋崩被压致死，该屋由第一被告包建，第二被告担保，早由钧院检察官侦察终结提起过失致人于死之公诉，移送钧庭审理在案，兹谨于言词辩论以前提起附带民事诉讼。爰将理由分陈之。

（一）被害人吕佩鸣系内政部卫生署检核合格助产士，有助产士证书（内政部卫生署产字第三八二八号）可凭，又于民国三十年在重庆市开业，领有重庆市卫生局助字第五四号助产士开业执照为证，现年三十九岁，每月收入可获法币三万元，如就其业务工作到六十岁方退休，尚有二十一年应总得法币七百五十六万元正。

（二）被害人为原稿毫女，原告丈夫已亡仅尚有幼子一人年十一岁，皆靠被害人扶养，现被害人去世，原告全家两口生活无着，且幼子教育更形中断，应由被告等一次给付扶养费法币二十万元正。

（三）被害人殡殓现仅草草了事，已用去四五万元，如将来抗战胜利运回南海故乡，更非数万元不可，估计至少总共应耗法币十万元正。以上三者依据民法第一九二条及第一九四条之规定状请查核恳准如前开诉之声明而为判决，以慰死者，而安生者至沾法便。谨状

重庆实验地方法院刑庭公鉴。

中华民国三十三年七月二十日
具状人：吕唐氏

刑事退保

声明人：甘锡泉，二十三岁，住江北二十一号，菜业。
被告：田水清，为声明退保事。

窃田水清因公共危险一案，经钧院检察处侦讯由民具保在案，现本案已经提起公诉，咨送钧院审讯应候曷渎，惟民现因生活关系拟外出贸易，实无力兼顾担保责任，为特据实声明钧院鉴核准予退保，以免旁累而维诚朴。谨状

重庆实验地方法院刑庭公鉴。

中华民国三十三年七月二十日
具状人：甘锡泉

笔录

原告：董李萝娟，吕唐氏，董郝氏。
律师：吴骐。
被告：田水清。
律师：胡文。
保人：甘锡泉。

上列当事人因过失致人于死案，经本院于中华民国三十三年七月二十日午时间审理，刑事法庭出席职员如下：

推事：焦沛澍。

检察官：萧林勋。

书记官：何懋昭。

点呼上列当事人入庭。书记官朗读案由。

问：田水清，年、住等?

答：三十四岁，住上桥乡二保。

推事请检察官陈述起诉要旨。

检察官起立陈述起诉书。

问：甘锡泉，年、住等？

答：二十三岁，住凤凰街二十一号，被告保人。

问：你今天到案用意安在？

答：因为我将离开重庆，特来退保的。

推事谕甘锡泉声明退保应照准，着先退庭。

甘锡泉押。

问：李萝娟，年籍、住等？

答：二十五岁，重庆人，住临江路二十五号，居家。

问：你伤痕好了么？

答：已经好了，但骨骼仍未痊愈。

问：今年二月九日你石桥铺房屋倒塌压死几人？

答：我丈夫董伟光，五岁女小孩一个，产科医生吕佩鸣，共三人。萝受重伤。

问：倒塌时是晚上吗白天？

答：天将亮的时候。

问：那天你家有些什么人？

答：当时我家有奶姆二位，产科医生一人，因我已临产，女仆人一个，小儿子一，小女孩一，我夫妇二人，均分别入睡。

问：该房系包给田水清建筑么？

答：是，合同系我丈夫与田水清订立（折子可凭）。

问：房屋是中式吗西式？

答：西式洋房，土墙，两楼一底。

问：最后一楼是土墙筑好后重新计划增设的么？

答：不是，原先设计都是两楼一底。

问：田水清交工是何时？

答：去年冬月二十九日交工，腊月二十九日搬入居住。

问：冬月间交工何以迟至腊月始行迁入居住？

答：石工在继续作工，木工做地板未完，被告是土工。

问：折子上写的每团，是什么意思？

答：针对土培，指系筑墙一层即算一团。

问：你房屋倒塌时各种工人都完竣么？

答：未完成在工，木工仍在继续做，但倒塌原因是基于土工土坷垃喷水未筑紧，不坚固所致，经工程师鉴定明白，不与石工、木工相干。

问：你房屋的门窗口安好？

答：木工安的，但系依据田水清筑墙时留下的空格安装。

问：倒塌之先现些什么状态？

答：当晚我分娩将临盆，产科医生吕佩鸣与我床寝，伟光移于前房与女小孩同睡，先听着天上杀杀响声，几十分钟及楼房从下崩塌。

问：结果压倒几间房？

答：我房屋仅六间，前房三间倒塌，后房三间未倒。

问：未倒的三间有人居住么？

答：一间住女仆人，带岁半的男小孩，另二间无人居住。

问：田水清交工时你曾检查过土墙的坚固么？

答：我未问，系我丈夫与他直接交涉。

问：筑墙时你们派人监工么？

答：没有派人监工，我们夫妇住居城内。

问：你附带民诉请求法令被告赔偿几多元？

答：□□。

问：田水清，李萝娟是□包工折子是你立与么？

答：折子是董伟光家写好，私章任他加盖我私章放在他手里，至今未还。

问：房屋何时交工？

答：冬月初六日交工。

问：约上注明房屋如有倒塌情事归你负责吗？

答：是写过这些话，但限期仅一个月。

问：交工后董伟光找你去过么？

答；没有找我去过。

李萝娟插供：交工后虽未曾找他，但交工前伟光曾问过"是否能搬入居住"经他答应"不要紧可以居住"等话后才迁入的。

推事请检察官陈述。

检察官称：董伟光父女及产科医师吕佩鸣三人为被告包工建筑之房屋倒塌压毙系被告不争事实，但该房倒塌原因实基于被告筑墙不坚固所致，过失致死罪责请予以公判。

推事请原告代理人陈述意见。

吴律师称：董伟光、吕佩鸣等因被告田水清筑墙不坚固过失致死事实，经检察官陈述明白，勿须复述，附带民诉原告董郝民系董伟光生母，李萝娟系董伟光发妻，请判令被告田水清赔偿死者董伟光损害国币四百二十万元，赔偿郝氏扶养费一百四十四万元，李萝娟及其子女抚养及教育费一百六十六万元，死者丧葬费十万元，李萝娟医药费三万元，房屋损失五十万元计共七百九十三万元正，再吕唐氏附带民诉请判令田水清赔偿死者吕佩鸣国币七百五十六万元，抚养费二十万元，殡葬费十万元，计共七百八十六万元正。如田水清无力负担时请判令保证人秦炳森照数给付，其细数和理由详诉状云云。

推事请被告律师陈述。

胡律师称：本案董伟光等之死，死于房屋倒塌压毙，为人众皆知之事实，惟该房倒塌过失咎由谁负，有详细考查研究必要。建筑土墙房屋，照普通在半年内不能粉刷油漆居住等，而董伟光房屋被告田水清建筑，完工后，该伟光不特于未干时粉刷油漆且加做楼房一层，重新着眼加方，使某一部分载重过量，以致倒塌，其过失责任归死者自负，不能委之于被告也，如系墙未筑坚何以建筑之土墙各数尚存，仅倒塌董伟光夫妇自居部分，证明李萝娟今天供术倒塌状况即明。检察官转听王树林伪证之，而起诉自属误会，请予无罪判决。刑事部分被告既不负担，原告等附带民诉更无从提起。请予一并撤回，且主张地屋□空令萝据，殊无采取价值云云。

问：田水清你还有话说么？

答：没有话说，刑事减价、我不负责附带民诉的请一并驳回。

上笔录当庭朗读经应讯人承认无异。

董李萝娟　押

田水清　押

推事宣示：本月二十六日宣判。

重庆实验地方法院刑庭

书记官：何懋昭

推事：□□

送达证书

〔民国三十三年特字第二四号田水清过失致送达人于死案传票一件，分别送达被告田水清、及应讯人王树林，李敬之〕

刑事保状

具保人：董协荣，四十五岁，江津人，住柑子堡，泥水工。

被保人：田水清，三十一岁，巴县人，住上桥镇第二保二甲，泥水工。

具保之原因：缘传讯田水清公共危险一案。

具保之关系：友谊。

具保之责任：实保得田水清随传随到，并代收一切文件，如田水清借保逃匿，传不到案，由民负责交到案。

谨呈

重庆实验地方法院刑庭公鉴。

中华民国三十三年七月二十日

具保人：董协荣

宣判笔录

被告：田水清。

被告因过失致死案件，于中华民国三十三年七月二十六日午　时，在本院刑事法庭宣告判决，出席职员如下：

推事：焦沛澍。

书记官：何懋昭。

点呼事件后，被告推事起立宣告判决主文，并以判决理由之要旨，谕知各当事人于接受判决书送达后十日内，向本院提出上诉状，声明上诉。

推事问：被告是否舍弃上诉权？

答：舍弃。

中华民国三十三年七月二十六日

四川重庆地方法院刑事庭

书记官：何懋昭

推事：焦沛澍

重庆实验地方法院刑事判决

三十五年度特字第二四号附二二号

公诉人：本院检察官。

被告：田水清，男，年三十一岁，住土桥乡二保。

委任辩护人：胡文，律师。

附带民诉原告：董郝氏，女，年五十五岁，吴骐律师事务所代收文件转。董李萝娟，女，年二十五岁，其余同上。吕唐氏，女年六十岁，余同上，未到。

上共同代理人：吴骐，律师。

附带民诉被告：秦炳森，未到，年均不详。

上被告因过失致人死案件，并经附带民诉原告附带提起民事诉讼，本院判决如下：

主文

田水清无罪；原告之诉驳回。

理由

本件起诉意旨略称："被告田水清以承揽土工为业，去年七月间向董伟光包筑石桥铺陈家坪第六号房屋一栋，乃田水清漫不经心，草率完成，本年二月九日屋内墙壁倒塌，压毙董伟光、董应梅及助产医师吕佩鸣三人，被告负有业务上过失致人于死之咎"等语。石桥铺陈家坪六号房屋于本年二月九日倒塌压毙董伟光及其幼女董应梅与助产医师吕佩鸣三人，业经检察官督员验明分别填注验断书，均系生前压伤身死因□实在。惟该石桥铺陈家坪六号房屋除系被告向已故董伟光承包土工筑建墙壁外，经于上年废历腊月间交由董伟光验收无误外。该房屋之木工、石工部分，则系由董伟光另行觅人分别承包尚未交工董伟光即与其全家人等已迁入居住，经董李萝娟及其父李敬之先后供明在卷，复据董李萝娟供称该夜生产，请来助产师吕佩鸣亲友来看，倒塌时从我的房间倒起，先听着天上杀杀响声，几十分钟后楼房崩塌等语，呈缴该房因使用过早未□固加以当夜因董李萝娟临盆期近亲友省视，人数过多，致"天上杀杀作响于几十分钟崩塌此外□无所证明□□殊难证明，被告于承建墙壁时有业务上过失或违背建筑术成规情事，自应谕知无罪，以昭□□从而附带民诉原告之附带民诉请求亦无由附□依法应予驳回附带民诉，原告吕唐氏、董郝氏及被告秦炳森，均经合法传唤无正当理由不待庭，应不待其陈述先行判决"。

据上论结，应依刑事诉讼法第二百九十三条第一项、第五百零二条、第五百零七条第一项，判决如主文。

本件经检察官萧树勋莅庭。

中华民国三十三年七月二十六日

重庆实验地方法院刑事第二庭

推事：焦

如不服本判决，应于收受送达后十日内，向本院提出上诉状。

送达证书

书状目录：民国三十三年特字第二四号□□案送达下列各件，判决一件。

受送达人：吕唐氏。

送达日期：三十三年九月十五日。

中华民国三十三年九月八日

重庆实验地方法院执达员：何

四川重庆地方法院案件审理单

案由：过失致人死。

被告：田水清。

上诉人：董李萝娟。

中华民国三十三年十月十六日

事由：函送田水清过失致死案上诉卷证请查收由。

案查公诉田水清过失致死，告诉人提起附带民诉案件，业经本院依法判决送达在卷，兹，据告诉人董李萝娟，于法定期间内具状提起上诉到院，相应检齐卷证送请。

贵室查收核办！

此致

四川高等法院第一分院书记室

计送原卷二宗，上诉状一件，判决书一件

中华民国三十三年十月十四日

刑事上诉

原告：董郝氏，董李萝娟，吕唐氏，由林森路五六六号，吴骐律师事务所收转。

被告：田水清。

为不服判决声明上诉事，窃原告等告诉田水清过失致人于死及附带民事诉讼一案，顷于本月十五日奉到钧院刑事判决（三十三年度特字第二四号附二二号），主文内开田水清无罪，原告之诉驳回，殊深冤屈碍难甘服，特在法定期内具状声明上诉，恳祈查核准予检卷申送四川高等法院第一分院刑庭另为适当之判决，以慰死者而安生者，至沾法便。谨状

重庆实验地方法院刑庭公鉴。

中华民国三十三年九月二十一日

具状人：董郝氏，董李萝娟，吕唐氏。

应通知之人：检察官。

应传唤之人：上诉人董郝氏，董李萝娟，吕唐氏，吴骐律师代收文件。

被告：田水清，住土桥乡二保。

四川高等法院第一分院检察官函片

案准贵庭函送董李萝娟过失致人于死罪上诉一案卷过处，业由承办检察官查阅完毕。相应将该案卷宗送请查收为荷。此致
本院刑庭。
中华民国三十四年元月二十三日
案准贵庭函开董郝氏过失致人于死一案，三月十四日上午九时开庭等由，准此本处现派检察官郑大纶届时莅庭，特此具复本院刑庭。
中华民国三十四年三月十三日
具报告事为田水清与董郝氏过失致人于死一案曾奉　钧庭传票一件，警遵即前往巴县土桥送达，殊知该乡第二保并无田水清其人，警在该处乡公所保长办公处清询，具言不知田水清其人，当由该管保长董植三出据证明（随呈），是此往传情形理合呈报钧庭鉴核。谨呈
四川高一分院驻渝临时庭刑庭公鉴。
具报告法警：周国安
中华民国三十四年三月八日
查本保已照户籍册逐户清查确无田水清其人。此证

保长：董植三
田水清：住土桥乡二保
审讯：三十四年三月十四日

刑事委状

委任人：董郝氏，五十五岁；董李萝娟，二十五岁；吕唐氏，六十岁，文件由林森路五六六号吴骐律师事务所收转。
被委任人：吴骐律师，事务所林森路五六六号。

为委任事，窃委任人等上诉田水清过失杀人及附带民事诉讼一案，特委吴骐律师为代理人代理一切诉讼行为。

谨状
四川高等法院第一分院刑庭公鉴。

中华民国三十四年三月十四日
具状人：董郝氏、董李萝娟、吕唐氏

案件审理单

应通知之人：检察官，代理人吴骐律师。
应传唤之人：上诉人董郝氏、董李萝娟、吕唐氏，吴骐律师代收文件。
被告田水清，保人戴荣清住柑子堡五保六甲二六号。

案准贵庭函开董李萝娟过失致人于死一案四月二十日下午三时开庭等由，准此本处现派检察官郑大纶届时莅庭，特此具复本院刑庭。

中华民国三十四年四月二十日

上诉人：董郝氏、董李萝娟、吕唐氏。

被告：田水清。

上诉人因过失致人死案件，经本院于中华民国三十四年四月二十日下午三时在本院法庭公开审判，出庭推事检察官与书记如下：

审判长推事：罗国昌。

推事：周建文。

推事：陈士武。

检察官：郑大纶。

书记官：□□。

审判长谕两造未到，请检察官论述，郑大纶检察官起称，请依法判决。

审判长谕本案因两造未到。请检察□□定于四月二十四日下午四时宣判。

书记官：□□

检察官：郑大纶

中华民国三十四年四月二十四日

四川高等法院第一分院刑事附带民事诉讼判决

三十四年度附字第三十号

上诉人：董郝氏，女，年五十五岁，住重庆。董李萝娟，女，年二十五岁，同上。吕唐氏，女，年六十岁，同上。

上诉讼代理人：吴骐，律师。

被上诉人：田水清，男，年三十一岁，住巴县土桥乡二保，工。

上上诉人因被上诉人过失致人死附带民事诉讼案件，不服重庆实验地方法院第一审判决，提起上诉，本院判决如下：

主文

上诉驳回。

理由

查刑事诉讼论知罪之判决者其附带民事诉讼□□于刑事诉讼之判决有上诉时不得上诉，此为刑事诉讼法第五百〇七条所明定。本件刑事部分原审谕知无罪，未经检察官提起上诉业已确定在案。对于附带民事诉讼依上述规定自属不得上诉，仡上诉人竟对之提起上诉关系违背法律上程式。

据上论述，合依刑事诉讼法第四百九十四条前段、第三百五十九条、第三百六十四条，判决如主文。

中华民国三十四年四月三十日

四川高等法院第一分院刑事临时庭

审判长推事：罗国昌

推事：周建文

推事：陈士武

本件证明与原本无异。

书记官：

中华民国三十 年 月 日

送达证书

应送达之文书：田水清过失致人死案判决正本三件。

应受送达人：董郝氏、董李萝娟、吕唐氏。

中华民国三十四年六月七日

为报告事奉派送达田水清判决乙件遵往到送达居所并无此人员，复至土桥管辖屏都镇公所查询据，该公所言云实无其人，故所无从送达，有该公所在送达证书面盖章证明，带回检同送达文件理应报请钧鉴示遵。谨呈

主任推事：

计呈判决，送达证各乙件。

执达员：冯修三谨报

中华民国三十四年六月 日

送达证书

应送达之文书：民国三十四年渝附字三零号因过失致人死判决正本一件。

应受送达人：田水清

中华民国三十四年六月七日

事由：为公示送达田水清由

布 告

案查本院受理董李萝娟上诉田水清过失致人于死附带民事诉讼事，业经本院判决，兹查该被上诉人田水清居住处所不明，所有应行送达之判决正本无法送达，合依刑事诉讼法第五十九条第一项之规定，该项判决正本粘贴于本院牌示处，现为公示送达仰该田水清知照。此布

计粘判决正本一份

院长：孙

伪造货币罪

104. 彭云清伪造法币案

四川重庆地方法院刑事判决

公诉人：本院检察官。

被告：彭云清，年二十二岁，璧山人，住本城。

指定辩护人：丘心田，律师。

上被告因伪造法币案，经检察官提起公诉，本院处理判决如下：

主文

彭云清意图行使而伪造通用货币，处有期徒刑五年，褫夺公权六年，伪造辅币二十四枚半、药料一包、钢锉一把、瓷笔筒一个、瓦钵一支、铁瓢一把，均没收之。

事实

被告在家伪造通用辅币，经李兴发向守城卫兵告发逮捕，连同证物送经检察处侦查到院。

理由

被告对上开事实虽狡称出于告发挟嫌相诬，然伪辅币及供犯罪所用之器具等件，既是当场搜获，且经保长谌占云，甲长胡炳云切实证明则事实真确委无推卸余地，核其犯罪性质有褫夺公权之必要，辅币等件应予没收。

综上论断合依刑法第一百九十五条第一项、第三十七条、第二三九条各项、第二百条，刑诉法第二百九十一条前半，判决如主文。

民国二十七年五月十六日

本案经检察官张学义莅庭执行职务

推事：岳少武

重庆四川高等法院第一分院刑事判决

二十七年度上字第一六四六号

上诉人：彭云清，男，年二十一岁，璧山县人，住本市安乐洞。

指定辩护人：张典书，律师。

上上诉人因伪造货币案件，不服重庆地方法院中华民国二十七年五月十六日第一审判决，提起上诉，本院审理判决如下：

主文

上诉驳回。

事实

本件事实与第一审判决书所记载者相同，依刑事诉讼法第三百六十五条引用之。

理由

查上诉人在本市安乐洞街佃居李兴发房屋，本年废历三月初八日始经兴发查觉其伪造通用辅币，立即报知通远门守城卫兵前往逮捕，当场搜获伪造镍币二十四枚半，药料一包，钢锉一把，瓷笔筒一个，瓦钵一支，铁瓢一把，连同人赃呈解警备司令部转送到案，不仅告发人李兴发造次陈述甚详，且经该管保长谌占云，甲长胡炳荣在原审供证属实。是上诉人意图供行使之用而伪造通用货币之情事极为显著无疑，原审依刑法第一百九十五条第一项、第三十七条第二项，处以有期徒刑五年褫夺公权六年并按刑法第二百条没收伪造辅币及药料等件已属从轻论科，上诉殊无理由。

基上论结合依刑事诉讼法第三百六十条之规定判决如主文。

本案经检察官赖毓吴蕰庭执行职务。

中华民国二十七年六月二十九日

四川高等法院第一分院刑事第一庭

审判长推事：廖成廉

推事：周淦

推事：张峻德

本判决自送达后起算，得于十日内上诉最高法院，但上诉书状应向本院提出，如未叙述理由，应于提起上诉后十日内补具理由，否则由本院裁定驳回上诉，此志。

中华民国二十七年六月三十日

书记官：敬淑世

本件证明与原本无异。

105. 夏清云伪造货币案

具呈人：夏清云，年龄，籍贯，在卷，现押一所。

为判决失平难甘折服，恳予检察申送上级法院另为适法公判，以资平反而省枉累事情，民被诬伪造货币案件经　钧院审讯终结于本年一月七日奉到。钧院于中华民国二十六年十二月二十八日所为之刑事判决主文罪刑，夏清云共同连续意图供行使之用交付伪造纸币于人，各处有期徒刑五年。查事实栏载被告均以贩卖伪造为常业，重庆市政府得来后即派肃反室行动股员李英贤等严密侦查，英贤等奉令后经人介绍与被告接洽购买伪造云云，以上记载事实纯全根据该市政府肃反室行动股员一纸报告片面之词何足为凭□逮处罪刑难甘折服。为此提起上诉并将上诉理由呈诉如后：本案事实侦查未明，民本系佣愚，乡间连年干旱无法谋生乃营小贸购买旧棉絮旧衣服运往贵州省一带发卖赚得盈余养活家口，非贩卖伪造为常业。假设以贩卖伪造为常业，该市府肃反室行动股员何不拿获证据而后，方施行逮捕耶□至谓交付伪造中央银行纸币一张、一元纸币一张、五角纸币一张作为样张，至同月十一日大批交货之期即将被告分别逮捕云云，按交付纸币业经张清泉承认一元伪卷□交付五元与五角伪卷。据杜凯供称余仲全栽诬并非民夏清云交付已当庭诉明，是民清云并非共同连续供行使之用交付伪造纸币于人罪责应不成立。原审伪据一面之词，不侦查实据，即判处罪刑万难甘服，此上诉理由一也。查原判理由为谓被告等系当场捕获之现行犯供认于先，岂容狡赖于后云云。按民之被冤诬各情已经在审讯时呈明，兹不冗渎，查现行犯者系指当场实施犯罪者而言，本案所判犯罪事实为交付纸币，民清云并未交付纸币与共同被告并无共同行为，何能谓之曰现行犯，又岂能无政加以连续供行使之用而交付伪币于人耶，虽曰欲加人罪不患无词，但立法保障人民，断不能凭空偏信其它机关编纂事实而故入人罪，致失立法之真义。为此具呈不服理由，呈请钧院鉴核，检察申送上级法院废弃原判，另为适法公判，以资平反而雪冤。谨呈

　　所长：郝转呈

　　重庆地方法院刑庭公鉴。

　　具呈人：夏清云

　　中华民国二十七年一月十四日

　　具上诉人：杜凯，年贯在卷，现押一所。

呈为不服上诉据实呈明，恳予检卷申送上级法院撤销原判，另为无罪宣告，以免咬诬而资昭雪事情。民被行使伪造株连由市府解送钧院审理沐讯终结，处民有期徒刑五年等因在卷，奉判之后深为惶骇，谨将不服各点呈明如次，请赐鉴核转呈以资另判。缘民小贸为生素无不法。本案肇始原因实由面识之余仲全挟民仇怨致串市府李英贤（化名余姓）诈称与仲贤系属弟兄关系编害罗织而成，扣押市府二十余日，且又强暴胁迫迮用非刑逼供不由分辩。惟据李英贤咬诬之词以为认定该英贤编害由伊主张逮捕堕诬由伊演出，本案真像委由英贤被仲全之贿串

无异一手造成，将届一月始移钧院审理，关于事前经过各情业在侦查审讯中书面口头均已详诉，未敢兄渎所认事实根本错误。窃查判载谓民等与李英贤接洽，先以一元、五元、五角伪币各一张以为样张等语，此项事实确系李英贤砌词虚构并无其事。此项伪卷仅有一元由张清泉售买衣服得来，业经清泉当庭自认不虚有供在卷，与民并无若何关系。对于五元一张之伪卷，纯为谋害民等之余仲全所持出以为堕诬之据，曾在事前经仲全托民掉换，业被民眼见属实，兹乘此次挟民仇怨藉此栽害其余之五角伪币。英贤既存心陷害，何尝不能假赃诈诬，方令伪钞普遍英贤等从何寻此将民堕诬当然不能知悉，且该英贤将民逮捕拘禁市府数日，断绝饮食复严刑吊拷查讯问被告不得用强暴胁迫之手段已在刑诉法规定甚明。似此刑求虽系初供根本无采取之价值。钧院不加彻察仅据市府解送公文以为定谳，此种根据不啻李英贤异口同词判谓民翻异前供实属含冤已极判谓民等与英贤接洽以对折之价出售伪钞三百元，约期十一月十一日（即逮捕民等之日）大批交货等语，窃英贤既为实施调查伪为接洽民等既约英贤限期交货当然不防其奸。如果确有其事，该英贤岂不俟其大批伪钞交出以为犯罪证据，何致仅以样张遽行报发，卒至十一月十一日将民逮捕竟无三百元伪钞在案，更见假赃堕害愈属显然。

钧院不衡情理偏据片面栽诬之词，遽予判处重罪，誓难甘服，特就不服各点缕呈如上，伏祈检送上级法院撤销原判，另为无罪公判，民当感戴无涯矣。谨呈

所长：郝　转呈

重庆地方法院刑庭公鉴。

具呈人：杜凯

中华民国二十七年一月十一日

为不服判决，依法上诉，恳祈检卷申送事情，民因重庆市政府行动服务员李英贤所拘获伪造货币移送钧院一案，沐经为民终结处有期徒刑五年，难甘遵服，爰依法定期间具文恳请钧院鉴核赏准，速将卷综检送高等法院另为合法裁判，庶免屈服而符法规深沾德便。

谨呈

所长：郝　转呈

重庆地方法院刑庭公鉴。

具呈人：张清泉

中华民国二十七年一月十五日

案准贵庭函送夏清云因伪造货币罪上诉一案卷宗过处，业由主任检察官阅完毕。相应将该案卷宗，送还贵庭，希即查收为荷。此致

本院刑庭

计送还原卷四宗

中华民国二十七年二月十一日

具呈人：夏青云，年贯在卷，现押第一所。

为呈恳取保停押以示体恤事情，民因意图行使伪币案件被重庆地方法院判处有期徒刑五年，上诉钧院未沐审讯，当兹非常时期为顾及安全选聆所长传谕未决案件准其觅具妥保停押候案，民就本市能觅妥保恳请钧院俯赐鉴察准予提交法警押外取保以示体恤而策安全如蒙俯允实沾德便。谨呈

所长：郝　转呈

高一分院刑庭钧鉴

具呈人：夏青云

中华民国二十七年一月　日

具呈人：杜凯，年籍在卷，羁押一所。

呈为呈请取保候案以维生计事情，民为妨害国币案件不服重庆地方法院判处有期徒刑五年，上诉钧院未业审理终结，羁押在禁时逾数月，民家老小靠民生活，自遭本案株累羁禁后，老小生活皆失依赖又兼避免倭寇空袭危险市面已呈惶恐之状谋生更属不易，家人流离，诚实堪悯，只得具呈钧院，恳准取保停押以维生计，民就本市能觅殷实妥保取保之。候钧院审讯随传随到。合并呈明如业俞先实沾德便。谨呈

所长：郝　转呈

高一分院刑庭公鉴。

具呈人：杜凯

中华民国二十七年二月　日呈

为无辜受累补具理由，恳请撤销原判另为无罪公判，以资伸雪而昭折服事情。民历住本市已二十余年，以小贸为业从未越法妄为触犯刑章，去冬十一月十一日晚与街邻夏清云、杜凯在水巷子茶馆吃茗，突来携带手枪便衣数人将民等逮捕至市政府禁锢两旬，其间讯问谓民等贩卖伪造货币严刑拷供强迫供认，民以从未有此种行为实难屈认，因至重刑独遭刻下足犹痛。讵意该府伪造承招供词将民等同送地院侦讯，业经终结于本年一月七日奉到该院刑事判决书一份捧读之余不胜骇异。查该判主文栏载，民等共同连续意图供行使之用交付伪造纸币于人各处有期徒刑五年，其余部分无罪。又事实栏载民等均以贩卖伪钞为常业市政府得悉派服务员李英贤严密侦查，于同年十一月间托人介绍与被告等接洽购买伪钞与之议定以对折价值卖出伪钞三百元并交伊样张三张，至十一日大批交货之期即将民等分别逮捕等情。查该院判决理由完全根据英贤之书面报告及捏砌口述即含混判断一并论列实有未合不详。查英贤虽公务员惟对本案确居告诉人地位，如仅据其自述不帷失之公允，亦失法律平衡，实符其诬陷善良获邀赏之声誉，究其事实何难明晰？该员久服市府公务责有专司市府俱以得悉民等之行为伊难免不知其详，何不指出其它事件再伊托人与被告接洽竟不指出何人，又与被告何人接洽所陈样张究系谁人交付，至谓十一日大批交货之期既已确定，何至逮捕之时复无丝毫伪卷时届晚间已不为早，是则该员之鬼蜮伎俩，不攻自破、不言已明，平日一味渎职只知贪纳污，一旦奉令即指鹿为马敷衍塞南上邀奖，谕下获庇护之结果，故不讳诬良陷害而作斯极不近情理之卑劣行为也。迫民残哀忠朴之人，帷伊陷害委实难甘，缘持具呈理由恳为无罪之宣告昌胜沾感。谨呈

所长：郝　转呈

高一分院刑庭公鉴。

具呈人：张清泉，年贯在卷，现押一所。

为恳取保停押以示体恤事情，民因意图行使伪币案件被重庆地方法院判处有期徒刑五年，上诉钧院未沐审讯，当兹非常时期为顾及安全，迭聆所长传谕未决案件准其觅具妥保停押候案，民就本市亦能寻觅妥保恳请钧院俯赐鉴察，准予提交法警押外取保，以示体恤而策安全。如蒙俯允，实沾德便。

谨呈

所长：郝　转呈

高一分院刑庭公鉴。

具呈人：张清泉。年贯在卷，现押一所。

中华民国二十七年二月八日

审讯笔录

问：夏清云，年贯、住址、职业？

答：三十五岁，合川县人，住本市石板坡，办衣服卖。

问：原审判你五年的徒刑你不服吗？

答：是的。

问：你有什么理由呢？

答：我根本没有卖伪票子。

问：你不是同杜凯伙卖票子吗？

答：是杜凯同姓余的约起来害我的。

问：你同杜凯平常认得吗？

答：素来认得。

问：哪一个姓余的？

答：姓余的叫余宗全，他哥？在市政府做事。

问：杜凯约你是做什么？

答：杜凯起初是约我卖鸦片。

问：你不是找的张清泉同你们卖伪票子吗？

答：莫得这事。

问：你不是还交万一块伪票子跟姓余的吗？

答：是的，是头天张胡子卖衣服来的，张胡子拿跟我去换，被姓余的拿去。

问：杜凯，年贯、住址、职业？

答：三十五岁，重庆人，小工。

问：原审判你五年徒刑你不服吗？

答：是的。

问：你是哪阵被抓的？

答：二月十二，余仲全把我带到水巷子去抓的。

问：有个姓李的你认识吗？

答：姓李的是余仲全介绍的。

问：余贤就是余仲全吗？

答：余仲全的哥才叫余贤，在市政府做事。

问：你不是同姓李的在水巷子吃饮食吗？

答：在水巷子吃饮食只有余仲全两弟，并没有姓李的。

问：你拿了一张五元的伪票子给姓余的吗（指在案伍元伪币给看）？

答：我没有拿这块出来。

问：你们不是在市府供得清楚，怎么现在不认呢？

问：张清泉，年贯、住址、职业？

答：六十二岁，合川人，住本市，卖衣服。

问：市政府是哪阵拉的你们？

答：十月十二拉的我们。

问：拐卖的伪票子是你的不是？

答：我卖衣服卖的有张一元的伪票子，给夏清云帮我用去了。

问：是不是杜凯引你去同姓李的在石灰市会面？你不是伪票一千两千都办得到？要分你还拿一张一元的伪票？

答：并无那事，我那一张票子是交跟夏清云，姓李的我并不相识。

问：姓李的还拿五十块分你吗？

答：姓李的同我熟都不熟，怎能交我呢？

请检察官陈述意见。

胡检察官起立谓：本案被告伪造货币之所为，经第一审判处罪刑，认定事实似非无据，不过当时市府谍查员与被告等接洽，定十一日交换货币，为期将被告等逮捕，而未将大批伪造抄获，仅以一二张伪票以为证据，殊嫌不是完全证实被告等犯罪且张清泉并不否认一元伪币口称伊卖衣服得来，系交与夏清云掉换，其情形似可采信，被告等均称市府□□□，受刑不过所致。如果属实，初供即不能供采纳，原审仅根据初供判处被告等罪刑实不是以昭慎重，可否传某市府谍查员余介立等到案质讯，请贵庭斟酌，为贵庭认无传讯必要。

请本调查之所得，予以判决。

请辩护人陈述意见。

律师敬树诚起立谓，查犯刑事罪刑，应具有确实证据为要件，法有明文规定。本案上诉人等经原审各判处徒刑，并无真正证据证明，仅根据市府供词为断，据市府收上诉人等获案数度审讯，动机非法交加，上诉人供词，系受刑乃过所供，于法根本不能以供采纳。原审不查意，各处上诉人有期徒刑五年，应请贵庭废弃原判定，告无罪之判决。审判长谕本案辩论终结定期宣判被告等还押。

夏清云、杜凯、张清泉　押

上笔录经当庭朗读当无人承认无异。

书记官：费德福

审判长：沈仲英

四川高等法院第一分院刑事判决

二十六年度上字第九七二号

上诉人：夏清云，男，三十五岁，合川县人，住重庆石板坡，小贩。杜凯，男，三十五岁，蓬溪县人，住重庆千厮门，无业。张清泉，男，六十二岁，合江县人，住重庆石板坡，收荒。

指定辩护人：敬树成，律师。

上上诉人等因帮助他人意图供行使之用，交付伪造纸币于人未遂案件，不服重庆地方法院中华民国二十六年十二月二十八日第一审判决，提起上诉，本院判决如下：

主文

原判决关于夏清云、杜凯、张清泉罪刑部分撤销。

夏清云、杜凯、张清泉共同帮助他人意图供行使之用交付伪造纸币于人未遂，各处有期徒刑十月。

伪造中央银行五元纸币一张、一元纸币一张、四川省银行五角卷一张均没收。

事实

重庆市政府肃反室前探得杜凯等有出卖伪造纸币情形，当派行动股员李英贤、密查员余潜查办。民国二十六年十一月十日李英贤即化装为烟贩，余潜以化妆为经纪人，向杜凯、夏清云、张清泉接洽购买伪造纸币。杜凯、夏清云、张清泉均允居间介绍。旋由杜凯等先后交出伪造中央银行五元纸币一张、一元纸币一张、四川省银行五角卷一张作为样张。李英贤当与购买伪造中央银行五元纸币三百元议定价洋一百五十元，约期三月内交货。至期李英贤等至间间居茶社与杜凯、夏清云、张清泉会晤，杜凯等即令交洋一百五十元，然后带其同往取货。李英贤不允，要其将货带到该处交付然后交钱，杜凯等亦不允，李英贤等穷于应付，即将其一并逮捕送由市政府转送重庆地方法院检察官侦查起诉。

理由

查上诉人等连日与李英贤接洽买伪造纸币未遂情形，业拟李英贤向市政府报告及在侦查中到案言之甚详，并有上诉人等给与之伪造中央银行五元纸币一张、一元纸币一张、四川省银行五角卷一张之样张可证，上诉人事先向李英贤声明及于市政府讯问中亦称该项伪币另有卖主，伊系介绍人核与李英贤之报告及事后在其家搜索并未发现伪币之情形尚属可信。以此观察上诉人等实应犯共同帮助他人意图供行使之用交付伪造纸币于人未遂之罪。原审乃认其共犯连续意图供行使之用交付伪造纸币于人之罪尚嫌未当上诉论旨空言狡赖虽无可采。然原判决既有不当自仍应认其上诉为有理由予以撤销改判。查上诉人等所犯前项之罪既系帮助他人犯罪又属未遂，自应予以遞减本刑二分之一。再其生活状况均非优裕，智识亦极浅薄，犯罪情节尚非重大，亦应于减刑范围内处以较低之刑，至其交作样张之伪币三张仍应依法没收。

基上论结，合依刑事诉讼法第三百六十一条第一项前段，刑法第二十八条、第三十条第一项前段、第一百九十六条第一项后段、第三项，第三十条第二项，第二十六条前段，第五十七条第五款、第七款、第九款，第二百条，判决如主文。

本案经检察官胡仁荣莅庭执行职务。

中华民国二十七年二月十六日

四川高等法院第一分院刑事第二庭

审判长推事：沈仲荧

推事：杨崇实

推事：张本豫

书记官：李广田

106. 朱荣清等私运银币案

　　呈为冤遭不白，泣恳迅传集侦查并请调卷考核迭次口供，准予不起诉处分，抑准取保候讯，以折冤狱状事。窃民世居经商有年，素未外染，乡里咸知，可资调查，衅于本年六月二十五日午后四时，民在望龙门轮渡经过突遇相识，但常川未能蒙面之曾国良者手提皮箱一口，伊即招呼于民相见立谈未久，适值宪兵到来检查伊之皮箱，问内系何物，而民并不知国良自心有愧，当伊乘隙巧言去拿钥匙，藉故逃匿隐避不面，斯时民与宪兵守待已久未见到来，继复有伊国良同路之刘中明一女性王师美向宪兵交涉，而王师美口称系马太太，并言其箱属于已有，内贮生洋四百元并非他种违禁物品，希请原谅。当由刘、王二人拿出国币一百元送与宪兵而宪兵当不接受等情形。复经宪兵立即着伊将皮箱打开，殊内果贮有生洋四百元，当宪兵见民与国良同在立谈，始误疑民与国良为同伙，故将民押解同走预备带至连部之间，适值国良之友刘中明女王师美到来，此二人民素不相认识则伊等属于国良之友是否为国良所托而来民亦不知情。彼时见他二人向宪兵言及前语，当宪后见伊，师美等自认不讳即将民释放，就将伊二人带回连部并经讯问。伊始供称现洋为民所有等语，又称民系当场脱逃。后连部将民传案，由连部复将民与刘中明等转营部，经讯问伊刘、王二人又供称其洋系陈夷的，继复将陈夷传案讯问时，而陈夷供并不认识，并称民无借洋之事，只认识刘、王二人因与同居等供有卷供可考可稽，就将刘中明、王师美交保释放。复由营部将民拷讯逼迫招供，按民既经陈夷供称素不相识，且在箱内之现洋当由宪兵检查时，民亦不知为谁所有，兼系王师美始行自认不讳，况又在营部供称系陈夷的。查伊王、刘二人在轮渡处及连部营部供称时前后矛盾不相符合，民何有事实可供招乎。况民居住渝市有年，行动尚有一定邻里亦可调查，盖为人在社会上经商服务一面相识者多，岂有别人以礼貌先行招呼而民亦不能自大不相问询乎。再国良之平素行为职业是否良善，民平日各谋生活，与伊又非密友且素来并未常川见面之友，又焉能得知之耶。再每次同轮共渡之人就是不相识，亦有偶然彼此相谈之常事，民亦不能预知他人行为不法就不予谈话呢？况民与伊国良立谈未久数语之间，而伊见宪兵到来检查时心有所虚藉故逃匿，当民亦不知情，继由王、刘二人谎供前后供词矛盾（请调阅宪兵营部卷宗即明），就指民为同犯嫌疑加之拷打逼供，恐于法有所不许，始由营部解团部兹转钧处核办将民羁押在案则素征。钧处秦镜高悬，明断若神，而民此次无辜遭累之情事实难逃洞鉴中，是以不揣渎缕陈事实颠末，央恳钧处鉴核准予传集调卷侦查及不起诉处分，抑准取保候讯以折冤狱而保良善，实为公、德两便。
谨呈
　　典狱长兼所长：汪　核转
　　地方法院检查处检查官公鉴。

中华民国三十年八月　日
具状人：朱荣清

四川重庆地方法院检察官起诉书

被告：朱荣清，男，年二十一岁，巴县人，住太平门第五十五号在押。

王诗美，女，年十九岁，巴县人，住堤坎海泉路第十五号。

刘忠民，男，年十九岁，汉川人，住清水溪正街第十八号。

上述被告民国三十年度侦字第一二三五号渎职案件，业经侦查终结，认为应行起诉，兹将犯罪事实及证据并所犯法条叙述如下：

犯罪事实

朱荣清本年七月二十五日下午四时，与曾国良携带藏有银币四百元之手提箱一只，行至本市龙门浩码头渡江，经宪兵第十九团检查，宪兵罗淮挡款检查，曾国良乘间逸去，朱荣清则邀王诗美等充江津军粮局马主任之太太认领箱子未获，乃由刘忠民来谈付一百元与宪兵罗淮以为免查放行之贿赂，经罗淮呈报该间转解侦查到处。

讯据及所犯法条

讯据被告朱荣清矢口否认有私运银币及行贿情事，并谓系刘忠民交一百元与宪兵请其免查放行等语为辩解，但核阅宪兵第十九团本案侦查卷，内载有朱荣清供称该项银币系由贵州东溪兴龙坪湖坝买的，用汽车运到四川叙府专售与卖梨子的人。因为在贵州用五元法币可兑一元银币，在叙府一元银币要卖七元法币。箱子是曾国良提来交给我要我交给王诗美，他还教我说这银币是江津军粮局马主任太太的，并且要王诗美去冒充马太太。被告王诗美供称朱荣清因箱子被宪兵扣留要我去证明就可以放行。我一时糊涂被他们利用，冒充马太太就同朱荣清、刘忠民三人去认领箱子并曾借给朱荣清一百元钱，被告刘忠民供称我也不知道他们是什么事情。宪兵又不准走大事情有相当的重。朱荣清呼我要拿一百元一张的法币给宪兵请放走他们等语，被告朱荣清系仅为曾国良看守提箱而不知其确有贩运银币情事，则该项银币如何由贵州购买、如何运送、如何出售以及银币系属何人所有等何以知之甚详，又何致当宪兵方久检查之际，而被告竟请由王诗美冒充马太太前往认领，以图宪兵免查放行，若谓被告王诗美对于私运银币事前原不知情，则其当时为何甘愿冒充马太太认领提箱，且若非朱荣清原曾与其约定会面处所，何以恰于此时能在水馆寻获而使其冒充马太太，断无如是之巧。由此种种供述互为印证，朱荣清、王诗美因恐私运银币经检查而被发觉乃向宪兵行贿，以为不经检查而即放行之代价至为明显。至于被告刘忠民就其所供述明知朱荣清箱内藏有不可检查之违禁物品，乃代以百元交付宪兵以为贿赂亦堪认定。是则被告朱荣清、王诗美、刘忠民等各犯有刑法第二十八条、第一百二十二条第三项共同行贿之罪嫌，爰依刑事诉讼法第二百三十条第一项，提起公诉。此致

同院刑庭

计送卷宗起诉书一份被告

中华民国三十年八月十八日

检察官：孔容照

实习司法官：庞希武　拟

四川重庆地方法院检察官不起诉处分书

被告：朱荣清，男，年二十一岁，巴县人，住太平门第五十五号在押。
曾国良所住不详。

上述被告民国三十年度侦字第一二三五号贩运银币案件业经侦查完毕，认为应不起诉，兹特叙述理由如下。

被告朱荣清于本年七月二十五日下午四时与在逃之嫌疑犯曾国良共同贩运银币四百元，行至本市龙门浩码头渡江，经宪兵罗准查获，呈报宪兵第十九团转解侦查到处，查该被告等私运银币是否有故存隐匿或意图偷漏出口情事，因而触犯妨害国币惩治暂行条例罪名尚无确实证据，依运输银币银类请领护照及私运私带处罚办法第四条第一项之规定，即应由军政警机关办理，除移送该管机关外，爰依刑事诉讼法第二百三十一条第十款，为不起诉之处分如上。

中华民国三十年八月十八日

检察官：孔容照

实习司法官：庞希武　拟

中华民国三十年八月　日

本件证明与原本无异。

107. 谢海林等收集及行使假币案

重庆地方法院检察官起诉书

被告：谢海林，年四十五岁。张克修，年二十八岁，巴县长生桥。黄炳生，年二十五岁。

上被告民国二十六年侦字第三六一一号收集及行使伪造纸币案，兹认为应行起诉，特叙述其事实理由如下。

犯罪事实：被告谢海林、张克修夙相友善，克修认识一贩卖伪币之宁波人遂相与谋议，由海林出洋十五元，交克修前往买。集中央中农之伪币计十元三纸，旋即以中央伪币十元，交被告黄炳生赴长生桥买米，致被当地驻军察觉，遂送由该乡联保转中央银行函送到处。

上述事实虽被告在本处坚不承认有收集伪币之事，但核阅被告谢海林在长生桥联保办公处供称："这三张十元的伪币，是请本乡张克修与代买的，价五折，去洋十五元，因生活艰难，希图赚钱"等语，而被告张克修亦供承"此三十元的伪法币，是代谢海林买来的"云云，是被告谢海林、张克修共同意图供行使之用，而收集伪币，情节彰彰明甚，实有刑法第一百九十六条后半段之罪嫌。至被告黄炳生行使伪币，以致当场扭获，罪证亦极明确，亦难辞刑法第一百九十六条前半段之罪责。伪纸币计十元三纸，应请依同法第二百条没收。爰依刑诉法第二百三十条第一项起诉。

此致
同院刑庭

检察官：万树梅
民国二十六年八月十日

[询问笔录]

问：张克修，年岁，籍贯，住址，职业？
答：二十八岁，巴县人，住长生桥，务农。
问：你从前犯过罪没有？
答：没有犯过。
推事请贵检察官陈述起诉意旨。
检察官万树梅起立发言，论本案起诉意旨与起诉书。
问：谢海林，检察官起诉书你看了的？
答：以前做烟馆托张克修跟卖烟收的票子，因在病中托黄炳生买米认为是假的。

问：你托张克修跟你卖的好多烟？

答：四十一两烟。

问：卖好多钱？

答：五十二元。

问：你喊黄炳生买米是用的中央银行？中农银行？

答：都记不清楚。

问：张克修你同谢海林什么关系？

答：没有关系。

问：谢海林好久托你卖烟？

答：四月间。

问：是好多烟？

答：四十一两烟。

问：卖的什么价？

答：卖的一元四分一两。

问：卖好多钱？

答：除扣称的五十六元。

问：烟卖与谁人？

答：卖给船上的。

问：你在乡公所借的宁波人票子由谢海林跟你去买的？

答：没有此事，因地方有点挟嫌罚二十元，没有认，所以才送在中央银行的。

问：谢海林你曾经供认的你托张克修去一半价买的？

答：没有此事，因地方上□们有嫌怨。

问：谢海林、张克修还有什么话说？

答：没有话说。

推事庭谕宣告辩论终结，定本月二十日判决。

谢海林、张克修。

上笔录经当事人阅览承认无异。

中华民国二十六年八月十八日

四川重庆地方法院民庭。

书记官：谢实秋。

推事：刘毓珠。

案据巴县第四区长生乡代理联保主任陈植安公函称："敝乡所驻中央军第五师骑兵连士兵韩俊，于本月二十九日午前九钟扭交强迫行使伪造法币犯黄炳生一名，并中央银行伪法币拾元一张到处请予彻查究办。前来敝处当即侦询，据该黄炳生供称这张伪造中央法币拾元系本街谢海林请托我在米市去与他买米，殊被米贩认为是伪造的，坚不收受，我偏说确是真的，彼此吵闹言语争执，竟被士兵见到认为是假，将我扭交到处等供去后，敝乡曾联队附海清旋将所供之谢海林拿获，该海林手中尚握执中央、农民两银行伪造拾元的法币各一张。合并拿获到处，据该海林供称这三张拾元的伪法币，我是请本乡张克修与我代买的，价五折，云洋十五元，因我生活艰难，希图赚钱，供认不详，继复派丁将张克修缉获到处，该克修供认此三十元的伪法币三张，是我代谢海林买回来的。其买的原因，系我在崇文乡（即黄葛垭）赶场在茶社沏茶，由朋友介绍一位朋友是宁波人，当时私自取一张伪法币与我看，果真造得好，价要五折，是轮船上来的，要现钱交易。我回乡向谢海林言谈，他才请托我代买的，我是跟他说拿出门去用，殊他不听。在本乡使用，故被破获等供不讳，查伪造法币及购买、行使均属触犯刑章为法律所不许，理合具函将该犯张克修、谢海林、黄炳生等押解贵行并伪法币中央银行拾元两张，农民银行拾元一张，一并申送前来请予严讯彻查究办并请跟追伪造人犯用根据而免欺诈。人民幸甚，社会幸甚。可否请奖鼓励出力员丁，尚希赐复"等情，相应检同十元伪券三张，并押同行使伪券犯张克修、谢海林、黄炳生等三名，一并送请贵院依法讯办，以警奸宄，而维币政，并希见复为荷。此致

重庆地方法院。

附件

中央银行重庆分行：

呈为因病昏瞆误认法币以伪作真，恳恩原宥准予保释，抑或候讯以维商艰事情，民因上年曾留官膏烟店，嗣归本乡公所代售以致停留，民更业行商贩卖烟坭，虽属禁物，民实遵章粘贴印花，未敢私行贩售于今旧历六月二十一日，民正在病中因托友张克修代民出售烟土卖得洋五十六元，未悉伊否何被人欺骗于五十六元内夹有伪券（系中央银行拾元两张，农民银行拾元一张）共计叁拾元，由克修交民之手。不谙其中夹有伪券故未认出，兼民乡愚智识浅薄，加以目不识丁，又因沉疴之际以致脑筋昏瞆误将此券捡存。未久民病稍愈，因着雇工黄炳生购米以为此券完全是真，亦未复行检阅，随手交与该雇工拾元一张，上市买米致被米贩认出将该雇工连人带券挡至长生乡乡公所，旋由乡公所派人直到民家检查竟由所余四十六元内复行捡出拾元伪券二张，除二十六元真券未抄外，内所夹伪券贰拾元连民带券一并押至乡公所，未经提讯。于是月二十四日故将民移送钧处沐恩侦讯，民所供以上各词谅蒙洞鉴谕，准民取具妥保，民因一时难以觅保仍即收禁惨，民家有迈母年晋古稀，妻弱子幼合家生活全赖民一人营谋。为此遵谕取保具呈叩恳钧处，俯核原情恩施格外准予取保宥释。日后调查若有不法行为，讯时随传随到。如蒙俞允实沾德便。谨呈。

重庆地方法院检察官侦讯笔录

被质问人：谢海林、张克修。

上列人等因　案于中华民国二十六年八月五日审讯，出席职员如下：

点：谢海林。

问：好多岁，哪里人？

答：四十五岁，巴县长生桥人。

问：你那托黄生林的票子是在哪里来的？

答：是卖东西来的。

问：你说是在一个宁波人那买来的吗？

答：不是的，是卖烟土五十六元混在里面，我收受后并不知是假。那天我请的人去买米才知道是假的。

点：张克修。

问：好多岁？

答：二十八岁。

问：你在乡公所供是去买的票子吗？

答：并不是去买假来的，是卖东西五十元在里面夹的。

问：你照实说那宁波人姓什么？

答：并不是在宁波买的，不知他姓什么名字？

上笔录经当庭供读无讹，遂令签押于下：

谢海林　押、张克修　押。

检察官宣示庭谕。

书记官：张恪勤。

检察官：高树梅。

与或为有偿之互易或买卖悉属行使范围，不过有偿者更触犯第三三九条诈欺取财之罪，即未经行使而意图供行使之用以收集或交付者亦构成本罪。"但其收集未交付并无供行使之意图者，则不为罪。"况民实托售烟坭，并未托收伪券行使之说。旋该克修归来只谓烟土已售，毫未缔及售得之券叙明真伪时。民病沉未敢染指，只得顺手捡放于枕边，其罪责不归于民，而归于克修是也。

尤查该张克修原审供称此洋实代售烟土得来之款交与民的，并交易场中一手交钱一手交货，并不认识何人所买去等语云云，足证民托克修卖货属实，并非托收集伪券行使者，可比此应请更为审判者。

查本乡（即长生乡乡公所）函谓民自白不讳（见原审判决所载是也）拨其函谓纯然无中生有。况本件发觉时毫未经本乡乡公所提讯一次。既未提讯，何谓自白之语，此种捏称纯为以卷伪不言亦可谓自白藉以张克修交付之券，则民误未认明此项伪券既属伪券，显系克修之所为希图累害。民愚朴目不识丁，适因染病难以分悉，即此无幸，致被判民重罪心难甘服。

本上事由上诉人不服共同收集行使罪情有可原，当然不为罪实施中湅，民托收伪券亦非有意行使，以就无犯意，民罪亦不成立，其罪应归于谁，事实理由甚属明了，是以故特提出不服，依法上诉，陈明原委，具状请求钧院详核撤销原判，另为以合法宣示无罪之判断，以昭折服而伸冤，抑实沾德便。谨呈

重庆四川高等法院第一分院刑庭公鉴。

中华民国二十六年九月　日

具状人：谢海林

四川高等法院第一分院刑事判决

二十六年度上字第三五六号判决

上诉人：张克修，男，年二十八岁，巴县人，住长生桥，业：农。谢海林，年四十五岁，开烟馆，住同上。

上上诉人因收集行使伪券案件，不服重庆地方法院中华民国二十六年八月二十日第一审判决，提起上诉，本院审理判决如下：

主文

原判决关于谢海林、张克修罪刑部分撤销。谢海林意图供行使之用而收集伪造银行券，并交付于人张克修帮助，意图供行使之用，而收集要伪造银行券并交付于人，各减处有期徒刑一年六月。

事实

依刑事诉讼法第三百六十五条，引用第一审判决书所记载之事实。

理由

查上诉人谢海林托上诉人张克修收买伪券，张克修以五折价向一宁波人收买伪券三十元，计中央银行十元伪券二张；中国农民银行十元伪券一张，均经交付于谢海林。谢海林旋于本（二十六）年七月二十九日以中央银行伪券一张交付于在逃之黄炳生在长生坊行使，因而被获，谢海林于拿获当时手中尚握执中央、农民两银行十元伪币各一张，该上诉人谢海林、张克修与在逃之黄炳生当在四区长生乡联保办公处各别自白且均能相符其为。该上诉人等收集交付行使伪银行券之行为确为真正事实，了无疑义。原审依刑法第一百九十六条第一项处断及第二百条没收本无不合，惟该上诉人张克修实系帮助行为而漏引刑法第三十条殊嫌疏略，应予揭明以资补正。又查该上诉人谢海林在联保办公处称因生活艰难，希图赚钱等情是其犯罪实堪悯恕，原审判决对于该上诉人等各处有期徒刑三年亦觉稍重，自应依刑法第五十九条、第七十三条、第六十六条前段予以减轻，以示矜恤。故本件上诉仍应认为有理由。

综上论结，合依刑事诉讼法第三百六十一条第一项前段及上述刑法各条，判决如主文。

本案经本院检察官许鸿禧莅庭执行职务。

中华民国二十六年十月十八日

四川高等法院第一分院刑事第二庭

代审判长推事：张本豫

推事：杨崇实

推事：涂尧

本判决自送达后十日内，得上诉于最高法院，惟上诉书状应向本院提出，如未叙述理由，限于提出上诉书状后十日内补叙理由（并须附具缮本），否则径由本院驳回上诉，特志。

中华民国二十六年十月　日

书记官：费德福

四川高等法院第一分院检察处检察官答辩书

上诉人：张克修、谢海林。

上上诉人等，因收集行使伪券案件，不服本分院刑庭中华民国二十六年十月十八日第二审判决，提起上诉，本检察官就其上诉理由，答辩如下：

卷查上诉人谢海林，在巴县长生桥联保办公处供称：这三张十元伪币，是我请本乡张克修与我代买的，价五折，去洋十五元，因我生活困难，希图赚钱等语。而上诉人张克修，亦供承此三十元伪法币，是我代谢海林买来的云云，是谢海林意图供行使之用，而收集伪造银行券，张克修帮助意图供行使之用，而收集伪造银行券之犯罪事实及证据，至为显著。原审以第一审依刑法第一百九十六条第一项处断及第二百条没收，本无不合，惟该上诉人张克修，实系帮助行为，而漏引刑法第三十条殊嫌疏略，应予揭明，以资补正，并以其绝非情节，尚堪悯恕，第一审各判处有期徒刑三年，亦嫌过重，撤销另判，依刑法第五十九条、第七十二条、第六十六条前段，予以减轻，以示矜恤，于上诉人等均无不利，自无上诉之必要，乃谢海林仍以因病沉之时，始请张克修收讨烟款，不知该克修否何收集而来，使民无辜受累，而张克修亦仍谓此项伪券，实系谢海林收集行使，将民无据咬诬各等词，为不服上诉之论据，并以长生桥联保主任之供词，纯系捏告相指摘，其为彼此推诿，饰词狡卸，均不足采，本件上诉，非有理由，爰依刑事诉讼法第三百七十五条第二项，答辩如上。

检察官：许鸿禧

中华民国二十七年一月二十八日

最高法院检察署检察官意见书

被告：张克修、谢海林。

查本案原审判决系引用第一审判决书所记载之事实。据第一审判决认定之事实略谓张克修近认识一贩卖伪币之宁波人，遂与谢海林谋议由海林出洋十五元，张克修持向宁波人购买伪中央银行十元纸币二张，中国农民银行十元纸币一张，以供行使之用。本年七月二十九日，海林遂以伪中央银行十元纸币一张交在逃被告黄炳生，在乡购米云云。果如所言则张克修系与谢海林同谋收集伪币，即系以自己犯罪之意思而参与犯罪构成要件之行为，其与谢海林自均为正犯，乃原判误认张克修为帮助犯未免失当且查被告等收集并行使伪币，似在妨害国币惩治暂行条例施行以后，原审未经调查明确遂依刑法科处亦属不合。

此致

最高法院

最高法院检察署检察官：孙□□

中华民国二十七年三月五日

最高法院刑事判决

二十八年度上字第二一一一号

上诉人：张克修，男，年二十八，巴县人，住长生桥。

谢海林，男，年四十五岁，巴县人，住长生桥。

上上诉人等因行使伪币案件，不服四川高等法院第一分院中华民国二十六年二月十八日第二审判决，提起上诉，本院判决如下：

主文

原判决撤销，发回四川高等法院第一分院。

理由

查原判决认定事实称张克修、谢海林素极及善。克修近认识一贩卖伪币之宁波人，遂与海林谋议由海林出洋十五元，克修持向宁波人购买伪中央银行十元纸币二张、中国农民银行十元纸币一张，以供行使之用。民国二十七年七月二十九日，海林遂以伪中央银行十元纸币一张交在逃被告黄炳生在该乡购米，致被驻军察觉等语。如果属实，则该张克修之收集伪币自系以自己犯罪之意思，而参与犯罪构成要件之行为其与谢海林应均系收集伪币之共同正犯，原判决竟论以帮助犯，法律见解显然错误，且事实栏既认为收集伪造中央银行纸币、中国农民银行纸币而主文内又宣示为收集伪造银行券之罪。既将第一审判决撤销改判，而于各该伪造纸币亦漏未没收，又该上诉人等之收集伪造纸币本合于妨害国币惩治暂行条例第五条第二项之规定，而原审判决且在该条例施行以后竟于该条例弃置不顾，收集后而又交付于人者，其交付行为固为刑法上之犯罪，而收集行为既合于妨害国币惩治暂行条例之犯罪。则其交付行为应为收集行为所吸收，只依收集行为处断，即为已足原判决乃将收集与交付均于主文内宣示，而其本意究依收集处断，抑依交付论处，亦不明了均有未合。再该上诉人等之共同收集伪造纸币，究在何时原审并未明白审认。如果收集系在妨害国币惩治暂行条例施行以前，而裁判在该条例施行以后，本应以该条例与其法律比较择其有利者适用。如其收集已在该条例施行以后，则又应单依该条例处断，与其它法律无关，原审于此收集行为之确期，既未审究明白，致上诉意旨指摘原判决不当非无理由。

据上论结，应依刑事诉讼法第三百八十九条、第三百九十三条，判决如主文。

中华民国二十八年四月二十九日

最高法院刑事第三庭

审判长推事：何蔚

推事：张则奂

推事：张孚甲

推事：徐造凤

推事：叶旭瀛

上正本证明与原本无异。

书记官：吕美口

中华民国二十八年七月一日

108. 杨辅臣等诉张鸿绪伪造文书案

案由：伪造文书

上诉或告发人：杨辅臣。

被上诉人或被告人：张鸿绪即家震。

本卷宗连底面文件目录共计 27 页。

案查杨辅臣等诉张鸿绪伪造文书一案，业经侦查终结，予以不起诉处分送达在案，兹据告诉人杨辅臣等于法定期间内具状申请再议，依法审核，认为无理由。理合填具再议期间表连同卷状备文呈送钧处俯赐察收核办。

谨呈

四川高等法院第一分院检察官：李

计呈送本案原卷二宗，再议状一件，再议期间表一份，典契存根一本证封（内证据二十四件）。

署四川綦江地方法院检察官：邹嶧

中华民国三十年八月八日

［ 申请 ］

申请人：杨辅臣，二十六岁；杨瑞华，四十九岁；杨胡氏，六十九岁，住紫荆乡，农。

被申请人：张家震即鸿绪。

为不服处分依法申请检卷再议事，窃民以伪契窃印侵夺主权等词告诉张家震即张鸿绪案业经侦查终结于本月一日奉到钧处不起诉处分书，民心实不甘服，除再议理由俟向高级检察官另呈外为特声明不服状请钧处予以检卷申送再议时法德均沾。

谨呈

綦江地方法院检察官：周　公鉴

中华民国三十年八月七日

具状人：杨辅臣、杨瑞华、杨胡氏

与张家震检卷申送一案件状费购贴印纸人姓名杨辅臣

中华民国三十年八月七日计贴印纸零元三角零分

四川高等法院第一分院处分书

三十年度议字第五二五号

申请人：杨辅臣、杨瑞华、杨胡氏。

被告：张鸿绪。

上申请人因诉张鸿绪伪造文书案件不服綦江地方法院检察官中华民国三十年七月二十六日不起诉处分，申请再议，本首席检察官审核处分如下：

卷查申请人诉被告张鸿绪伪造文书等情无据，谓申请人所有坝上田土三股系于民国二十六年废历五月十八日当与被告之姪张家震（即张鸿绪）耕种，并未绝卖，被告提出之卖契出于伪造为其告诉之论据，然不特道士招认有伪造卖契情事，即证人杨晋康、刘德余、王荫卿、杨冠军等到案，亦均谓该坝正产业是卖与张家震的，不是当的等语，且查该产业在出层状前有请中约，立约之后有交收单，足价之日，复由王节卿书写足领，杜患字据，并由申请人先后交出上手老契十张及提约一张又于申请人杨辅臣、杨瑞华之分关内批明坝上产业已出口于张家震等字样，是该产业确已出卖，被告并无伪造行为情形亟为明瞭，虽被告于民国二十六年九月间曾用典契投税不无可疑，但据称当时用卖契投税要八九百元，用典契役税只要一百多元，因手中无钱，才用典契投税。到了二十八年间契税减轻，始用真卖契投税云云。核其情形尚属可信，原察官以被告等犯嫌不足予以不起诉处分实无不合，本件申请为无理由，合依刑事诉讼法第二百三十七条前段驳回如上。

首席检察官：李师沆

中华民国三十年八月二十九日

本件证明与原本无异。

书记官：

中华民国三十年九月二日

四川高等法院第一分院检察官指令

三十年度检兼字第七四一号

令四川綦江地方法院检察官邹嶧。

本年八月八日呈一件呈送杨辅臣等，诉涨鸿绪伪造文书申请再议一案由。

呈卷均悉。此案已经本首席检察官依法予以驳回之处分。合将处分书，送达证书，连同原卷，令发该处仰即查收饬警送达，将送达证书附卷备查，此令。

计送原卷两宗、处分书五件，送达证书两件、典契存根一本，证物详面。

中华民国三十年九月十四日

然不备若系原检察自动绪查犹可为言词，词之申述如不自动绪查岂可不命补正，而辄为送交之理似兹未备理由而即潜行送交岂非即使上级检察官无所鉴查，而尤陷人民负屈于莫可昭诉之境，今申请人竟受此害于申请再议后正引领渴望原检处之示谕俾有遵循，不意于九月二十八日迳忽奉到钧处所为议字第五二五号之处分书，已将民等之申请驳回，终致民等于不知不觉之际而受兹重屈巨损，此岂国家立法保障人民之至意乎。查刑诉法第七十条规定迟误申请再议之期间，得准用前三条规定申请回复，今本案非因过失而未备理由使钧处未明事理之真谛，致以处分驳回民行装之申请如是情形不沐命令，原检察官依法站正程序传案绪要将何以，期回复而资救济，为特申请钧处鉴核俯准速令原检处补行侦查程序期得罪证真相用张法纪，而维权益，德惠深沾谨呈，再者民等现寓巴县仁厚乡街上巴南旅社，踪候批示务祈早期送达为祷。

刑事申请

具申请人：杨瑞华，四十九岁，綦江人，住紫荆乡，农。杨辅臣，二十六岁。杨胡氏，六十九岁，綦江人，住紫荆乡。代收文件处巴县仁厚乡街上巴南旅社代收转交。

被告人：张鸿绪即张家震。

呈为各式未备误遭驳回损害深重冤无由申，迫切申请合依原检察官依法补正绪行侦查以期回复而资救济事，缘民等前在綦江司法处告诉张鸿绪以典业权而伪造买卖契约之私文书一案，迭经企望该被告等均坚不供认典权以价买民等坝上产业应立买契投税为辩解，及至本县法院成立原检察官第二次侦讯，已将民国二十六年九月间该被告在綦江征局税印此业之典契存根调取到案，持出相示该被告词穷难对，直至第三次侦查始变，称当年因税价过高投印买契须款八九百元值伊无钱故只得以典约报税，仅去银一百余元等语，其不近情理已露出，实有伪造之形迹，何等显然况所称二十六年成立买卖时，先好书有请中字据旋又立有交收合单，但查其请中约系与买契同日书，立明为临时造作，前在司法处庭讯时已鉴定其不合而谕令该被告取保以凭法办，不意如此罪证明确之件，其间因遭空袭紧张司法改组迁移，辗转延诉经两载迄于本年八月一日民等始忽奉到，原检处之不起诉处分书反认该被告为无罪，民受此屈抑而更酿莫大之损害（查此坝上业产每年收租百石，就在民国二十六年亦价值万余，近今实值业价十余万元）心何甘服，所以于接奉原处分之后，随即依法申请再议，惟尚未录陈种种不服理由，状尾曾注明俟申送后自向钧处补具，殊延候多日原检处迄无批复影响，窃念再议之申请，依刑诉法第二百三十六条规定，原检察官认为有理由者应撤销其处分继绪侦查或起诉原检察官认申请为无理由者，应即将该案卷宗及证物送交上级法院首席检察官，且照同条第三项明定原法院首席检察官认为必要时于送交前尚得亲自或合依他检察官再行侦查，有是上列三项法定办理，本案再议之申请原检处或送交、或绪查、或由原院首席检察官亲自或命其他检察官再行侦查，民自无由得知意在具陈理由，则对于原处分势必有所攻击，情词遇激，如经原检察官自动绪查岂不触其怒于本案之损益有关，倘或言论含蓄，又恐案卷已经送交，何能揭穿其隐微，值兹两难进行之际，自非奉有一定之示谕，实不能予，补陈，窃再议尚未，具呈理由程式当。

四川高一分院检察处公鉴。

中华民国三十年九月三十日

具状人：杨辅臣、杨瑞华、杨胡氏

四川高等法院第一分院检察官批

具状人綦江杨辅臣等三十年九月三十日状一件，为诉张鸿绪伪造文书一案请合依原检察官绪行侦查。

状悉，查本案前据该具状人申请再议业经依法驳回在案，所请合依原检察官绪行侦查一节应毋庸议。此批

中华民国三十年十月四日

送达证书

应送达之文书：批示一件。

应受送达人：杨辅臣。

送达处所：巴县仁厚乡巴南旅社收。

送达日期：三十年十月十三日。

中华民国三十年十月四日

刑事申请

申请人：杨辅臣，二十六岁；杨瑞华，四十九岁；杨胡氏，六十九岁，綦江紫荆乡农。
被告人：张鸿绪即张家震。

呈为理由未申辄遭处分依样驳回心何甘服，迫恳调卷彻查，更为法办或令原检察官补正未备之程序绪施侦查，以明罪证而资救济事，缘民等于九月三十日曾以程式未备误遭驳回等词申请钧处合依綦江法院原检察官绪查衽张鸿绪等伪造买契一案，殊于本月十二日奉到批示上开状悉，查本案前据该具状人申请再议业经依法驳回在案，所请合依原检察官绪行侦查一节，应毋庸议此比等因曷再繁渎惟查法定程序为法院与当事人互应遵守之要件，如稍违背逾越即生误会而酿损害，兼以诉讼之争执不服判决及处分提起上诉与申请再议自必具有攻击原判或原处分之新理由以供参阅，为上级裁判与处分之论据，如上诉或申请人尚未得有机会申述其不服理由，上级法院遂予依原有模样辄加裁处是何异于未为上诉及未为申请之情形乎。所以在上级法院凡对于不为辩论不为传讯之上诉及申请，无论民刑事件均须限期命当事人补具理由或有可补正者令其补正，原为注意于当事人得完全陈述之机会，庶裁判及处分上之立论有所依据而不致有疏漏不周之缺，是为国家立法允当之至意，岂可忽视而陷人民之冤屈，至于莫可昭诉之境地乎。本案再议既系由原检处依法申请，原检察官接得此项申请词状在法定程序上既有原检察官自动绪查或由首席检察官命其他检察官绪行侦查之规章，至不绪查时，始送交于上级法院首席检察官核办，惟其是否送交即应谕知于申请人，以便为申请理由之准备，兹民尚处于不知不觉之际负屈之理由未申，而钧处驳回之处分已下，使民丧失十数万金之业权其损害已属不喜获丰收，而被告等尤复乘机反诉诬告，以图陷民等于罪刑发生如是之误会损害，岂非原检处违越法程序以致之情迫于万不得已是只再恳钧处鉴原俯准调卷彻查，更为依法办理或饬原检处补正未备之程序，绪施侦查以明罪证而资救济德便深沾。

谨呈

四川高一分院检察处公鉴。

中华民国三十一年十月十八日

具状人：杨辅臣、杨瑞华、杨胡氏

四川高等法院第一分院检察官批

具状人綦江杨辅臣等三十年十月十八日状一件为诉张鸿绪伪造文书，合依绪行侦查状悉，查本案不起诉处分业经确定，如有新事实或新证据之发见，仅可请求原检察官核办至再议书状，原应由告诉人于七日内叙述不服之理由经由原检察官审核文书等，经过二十余日尚未叙述再议理由。未免有意，应毋庸议仰即知。此批

中华民国三十年十月二十一日

四川高等法院第一分院检察官训令

三十年度检字第一四七八号

令四川綦江地方法院检察官邹嶂。

案据杨辅臣等诉张鸿绪等伪造文书一案，请求命令绪行侦查等情前来，查本件业经批示，合将批示连同送达证书，令发该处，仰即饬警依法送达。将送达证书附卷备查。此令

计发批示一件，送达证书一件

中华民国三十年十月二十一日

刑事申请

申请人：杨辅臣，二十六岁；杨瑞华，四十九岁；杨胡氏，六十九岁，綦江紫荆乡农。

被告人：张鸿绪即张家震。

呈为冤陷莫伸损失已臣泣恳提案彻查，严令依法办理以资保障事，缘民等于本年九月内曾以程式未备误遭顺等词告张鸿绪等申请钧处调卷法办在案，殊于十月十二日奉到批谕仍将再议之申请驳回，民受朒过巨、心实难甘、情迫于万不得惊心悼胆，秘复以理由未申轍遭处分等情，于十月十八日申请钧处令饬原检察官补正程序绪行侦查在卷，殊至此投呈之后悬今未奉批复。本案究应如何救济之处，民等实无从悬揣。查綦江地方法院以争执过臣蒙蔽横行总欲摘去民申请救济之机会，以致民虽闻钧处发有令饬原检处之合依及对民之通知，民终无有领到，其弊害图利情实，显然是特实追陈状恳钧处鉴核俯准，调卷彻查，撤销原处分，严令绪查起诉以凭判科因刑伸张法纪而资保障，再者本件批示务祈赐交巴县仁厚乡巴南诱社代收，民在此寒假批示决不违误。谨呈

四川高一分院检察处公鉴。

中华民国三十年十一月二十七日

具状人：杨辅臣、杨瑞华、杨胡氏

四川高等法院第一分院检察官批

具状人綦江杨辅臣等三十年十一月二十七日状一件为诉张鸿绪等伪造文书案请核办由。

状悉，查本案前据该具状于本年十月十八日　理由未申辄遭处分等情状诉到处，经转白批示并令綦江地方法院检察官依法送达在案，兹据状称前情除将原批抄送外仰即知照。此批

中华民国三十年十二月四日

首席检察官

送达证书

应送达法院：四川高等法院第一分院。

应送达之文书：批示贰件。

应受送达人：杨辅臣等。

送达处所：仁厚场上巴南旅社代收转交。

送达日期：三十年十二月十日午时。

中华民国三十年十二月十日

妨害风化罪

109. 张兴第妨害风化案

四川高等法院第一分院刑事判决

三十二年度上判字第八二七号

上诉人：张兴第，男，年十八岁，业：农，住璧山接龙场。

委任辩护人：尹康民律师。

上上诉人因妨害风化案件，不服四川璧山实验地方法院中华民国三十二年五月二十日第一审判决，提起上诉，本院判决如下：

主文

上诉驳回。

事实

傅细女本姓彭，经傅袁氏抚养为女。民国三十二年废历二月二十六日上午在所住接龙乡石马坡砍柴。张兴第因割草踵至，见野静无人，傅细女又属年仅九岁之幼女顿起淫念，将傅细女按地强奸。经傅袁氏诉由四川璧山实验地方法院检察官提起公诉。

理由

查傅细女现年九岁，经原审检察官送经璧山县卫生院检验，其处女膜已破，有裂痕微流血函复在卷，弱小幼女别无足致处女膜破裂之原因。检验时距肇事时已阅四日尚流血未止其为被奸受创过甚所致自属毫无疑义。上诉人身体发育已经成人，高与其父张文卿相若，结婚复经三载乃称年未十四（供称今年冬月二十三日满十四岁）亦显知罪无可追，欲藉未达刑事责任年龄以为脱卸之计。纵不供认而情重畏究之心实已昭然若揭。且傅细女为上诉人以暴力强奸情形已据傅细女在原审及本院历历供明，而当时流血地上染及衣裤不能行走，由张徐氏背回傅家，张徐氏在璧山接龙乡乡公所及原审供述明白，核与检验结果及傅细女所述之语相符。上诉人辩称是日不在家中不特经其同屋佃客徐光全在接龙乡乡公所证明不实并称："没有走甚么地方去"其所述看见上诉人"今天穿的青布马褂，头包黄色毛线帕子"等语与傅细女所供被奸时瞥见上诉人衣帕复相吻合。据上诉人供称其家距傅家数里，如未在野相遇傅细女何能悉其身穿青布马褂，头包黄帕即上诉人之父张文卿又何肯于事发之后？立和约情愿和解以致和而未谐又复涉讼。纵张徐氏在侦查中曾翻供不认在接龙乡乡公所有看见血迹之语，然经原审诘问复查陈如前则其侦查时之供亦阅不足采，准是以所原审认上诉人强奸属实。依刑法第二百二十一条第一项（赘引二项）、第五十九条、第六十六条判处有期徒刑二年六月并无不合上诉非有理由。

据上论结，依刑事诉讼法第三百六十条，判决如主文。

本案经本院检察官方理琴莅庭执行职务。

中华民国三十二年七月十九日

四川高等法院第一分院刑事第一庭

审判长推事：范韵珩

推事：艾作屏

推事：雷彬章

本件自送达判决后十日内，得上诉于最高法院，但上诉书状应向本院提出，如未叙述理由，限于提出上诉书状后十日内补叙，并须按照他造当事人人数提出缮本份数，否则迳由本院驳回上诉，此志。

本件证明与原本无异。

书记官：

中华民国三十二年七月二十三日

四川高等法院第一分院刑事附带民事诉讼判决

三十二年度附带字第三一○号

上诉人：张兴第，男，年十八岁，已婚，业：农，住璧山接龙乡。

被上诉人：傅细女，女，年九岁，业：无，住同上。

法定代理人：傅袁氏，女，年四十岁，业：商，住同上。

诉讼代理人：彭志尧，男，年二十八岁，教书，住同上。

上上诉人因妨害风化案件，不服四川璧山实验地方法院中华民国三十二年五月二十日第一审附带民事诉讼判决，提起上诉，本院判决如下：

主文

上诉驳回。

事实

上诉人请求撤销原判，驳回被上诉人之诉，略称：无强奸被上诉人之事，原审判令赔偿医药及旅费五百元及精神上之损害五千元，自属不合云云。被上诉人请求驳回上诉，其诉讼代理人陈□略称，被上诉人为上诉人强奸，受害甚巨，原判并无不当云。

理由

按因犯罪而受损害之人于刑事诉讼程序得附带提起民事诉讼，并于被告请求回复其提审，刑事诉讼法第四百九十一条第一项有明文规定。本上诉人刑事部分经第一审判处罪刑上诉本院，复经判决驳回，依照上开规定，原审按被上诉人实际所受损失，并斟酌其精神上之损害，判令上诉人赔偿此两项费用共五千五百元，并无不合，上诉非有理由。

据上论结，依刑事诉讼法第四百九十四条、第三百六十条，判决如主文。

中华民国三十二年七月十九日

四川高等法院第一分院民事第二庭

审判长推事：范韵珩

推事：艾作屏

推事：雷彬章

本件证明与原本无异。

书记官：

中华民国三十二年七月二十三日

四川高等法院第一分院刑事裁定

民国三十二年度声裁字第一三二号

声请人：张兴第，男性，年十八岁，业：农，住所：璧山接龙乡。

上列声请人，因妨害风化案件，声请停止羁押，本院裁定如下：

主文

声请驳回。

理由

查本件被告声请人，前经本院认为有刑事诉讼法第七十六条第　款情形，执行羁押，兹查此项情形，依然存在，不能因具保而使之消灭，声请人（即被告），声请具保停止羁押，自难准许，应予驳回。特为裁定如上。

中华民国三十二年七月二十七日

四川高等法院第一分院刑事第一庭

审判长推事：范韵珩

推事：吴序宾

推事：雷彬章

上裁定正本证明与原本无异。

中华民国三十二年七月二十八日

四川高等法院第一分院书记官

四川高等法院第一分院刑事裁定

三十二年度声裁字第一四九号

声请人：张文卿，男，年三十三岁，农，住璧山接龙乡。

被告：张兴第，男，年十八岁，在所。

上声请人因被告妨害风化案件，声请停止羁押，本院裁定如下：

主文

原请驳回。

理由

查本件被告前经本院认为有刑事诉讼法第七十六条第四款之情形，执行羁押。兹据声请人即被告之父母被告病重命危，声请准予具保停止羁押前来，经令饬四川第二监狱会覆略称："查该犯张兴第在监患病，业经医治痊愈，现已恢复常态。"显无刑事诉讼法第一百十四条第三款之原因，自难准许，爰为裁定如主文。

中华民国三十二年八月十一日

四川高等法院第一分院刑事第一庭

审判长推事：范韵珩

推事：艾作屏

推事：雷彬章

本件证明与原本无异。

书记官：

中华民国三十二年八月二十日

最高法院刑事附带民事诉讼判决

三十二年度附字第五八九号

上诉人即被上诉人：张兴第，男，年十八岁，已婚，业：农，住璧山县接龙乡。

上诉人即被上诉人：傅细女，女，年九岁，住同上。

法定代理人：傅袁氏，女，年四十岁，业：商，住同上。

上上诉人等，因张兴第妨害风化案件，不服四川高等法院第一分院中华民国三十二年七月十九日第二审附带民事诉讼判决，各自提起上诉，本院判决如下：

主文

原判决撤销发回四川高等法院第一分院。

傅细女之上诉驳回。

理由

按第三审法院认为，刑事诉讼之上诉有理由撤销原审判决，而将该案件发回原审法院者，应并就附带民事诉讼之上诉为同一之判决，刑事诉讼法第五百十四条著有明文，本件上诉人张兴第因妨害风化案，不服原审附带民事诉讼判决，连同刑事诉讼一并提起上诉，兹其刑事诉讼之上诉既经本院认为有理由，将原审判决撤销，发回更审。依照上述说明，其附带民事诉讼部分自应并予发回复查提起上诉，系当事人不服下级法院判决向上级法院请求救济之方法。此观于刑事诉讼法第三百三十六条第一项之规定。本院对于所诉或上诉事项已经判决为其前提，本件原审仅就张兴第上诉部分予以判决。至傅细女不服第一审判决所提起之上诉是否合法及有无理由，原审并未加以裁判。拨之前开说明殊无不服之可言，乃该傅细女竟对于原审判决向本院提起上诉显非适法，自应从程序上予以驳回。

据上论结，应依刑事诉讼法第五百十四条、第四百九十四条前段、第三百八十七条，判决如主文。

中华民国三十二年十二月十日

最高法院刑事第二庭

审判长推事：张于浔

推事：孙祖贤

推事：林尚潘

推事：吴秦璋

推事：冯爱鸿

上正本证明与原本无异。

书记官：朱鸿堃

中华民国三十三年一月　日

110. 王庆云强奸未遂自诉伤害案

上诉或告发人：王庆云。

案由：伤害。

四川潼南县司法处刑事判决

二十八年度易字第九三号

自诉人即反诉被告：王庆云，男，年二十五岁，住塘坝镇，织布。

被告：何林芳，男，年二十五岁，住同前，布商。

被告即及诉被害人：何张氏，女，年二十一岁，住同前。

上被告等因伤害及强奸未遂案件，本处审理判决如下：

主文

何张氏伤害罪免除其刑；何林芳宣告无罪。

王庆云强奸未遂罪，着减处有期徒刑二年又八月，褫夺公权三年。

事实

缘自诉人即反诉被告王庆云织布佣工于被告何林芳家，于本年废历八月初二日（即国历九月十四日）黄昏时乘被告何林芳出外求医未返之际，觑其妻张氏赔置括布刀于枕未之声张王庆云以为张氏已行默许即潜入卧室，直追塌前拥抱图奸，张氏出刀将庆云手足及脊等处砍伤，负伤而逃强奸未果。王庆云与何张氏同于九月十八日各以伤害及妨害风化等词自诉来处，当经本处传案审理，事实已明，依法应予判决。

理由

本件自诉人王庆云称于本年废历八月初二日饷午时与被告何林芳因工资不付押挡布疋争执即被何林芳用刀砍伤等语质之被告，何林芳、何张氏夫妇均供称系于初二日擦黑时候，王庆云于何林芳市药未在家入房意图强奸，何张氏为防卫起见以刀将王庆云砍伤不讳并反诉请求治以风化之罪等语，再讯诸该王庆云之证人王荣廷供称，王庆云于受伤后奔出与刘石匠相遇之时间既为黑了一阵的时候，足证该王庆云受伤时间确为黄昏时而非饷午已可概见，斯时何林芳出外市药未在家，又经陈立生、何伦等到案上结证明属实在卷，复足证明该王庆云被害之加害人当非何林芳所为，况经何张氏自首自白在案，其伤害之加害人确为何张氏无疑，除何林芳犯罪嫌疑不足应予宣告无罪外，该保张氏实触犯刑法第七十七条第一项之伤害罪，惟查何张氏与王庆云别无仇隙，其所以加害原因实由该王庆云乘何林芳不在家，潜入张氏卧室并搂抱之以图强奸，张氏为防卫而免除被奸之侵害，情急以刀致将庆云砍伤，虽嫌过当，其情不无可原，且于犯罪后复能自首自白更属可宥，准依刑法第二十三条规定免除其刑，再被告王庆云实施强奸行为，经被害人何张氏武力拒绝未遂，核其行为实犯刑法第二百二十一条第三项之罪并依同法第二十六条规定减轻处以有期徒刑二年又八月，依同法第三十七条第二项规定褫夺公权三年合依刑事诉讼法第二百九十一条前段、第二百九十三条、第三百三十三条闪段规定，分别判决如主文。

中华民国二十八年十月七日

四川潼南县司法处刑庭

审判官：王开佑

如有不服于送达判决书后十日内得向本处声请上诉于四川高等法院第一分院　并志

中华民国二十八年十月　日

书记官：黄栋材

刑庭公函

案查潼南司法处呈送王庆云因伤害罪上诉一案卷证到院，查言词　系属自诉案件应有送请贵首席检察官，查明必要，相应检齐该案卷证。送请贵首席检察官查收，并希于阅后二日内送还为荷，此致

本院首席检察官

计送原卷一宗，院卷一宗，判决二件

中华民国三十八年十月二十八日

四川高等法院第一分院检察处公函

案准贵庭函送王庆云因伤害罪上诉一案卷宗过处，业由承办检察官查阅完毕。相应将该案卷宗送还贵庭希即查收为荷。此致

本院刑庭

计送还原卷一宗

中华民国二十八年十月三十日

四川高等法院第一分院公函

中华民国二十九年五月十五日

事由：王庆云强奸未遂一案自诉人何张氏远扬请担当其诉讼由。

查潼南县何张氏自诉王庆云强奸未遂一案，据潼南县该管塘坝镇联保主任王甸宇呈称，自诉人何张氏业已远扬不知踪迹等情前来合依刑事诉讼法第三百二十四条规定请贵检察官担当诉讼，相应检同该案卷证送请查收阅毕送还，再该案已经饬传本月十七日上午九时审判并希届时莅庭为荷。

此致

本院检察处

附送卷二宗

四川高等法院第一分院检察官公函

案准

贵庭刑字第六一〇〇号函开"云云"此致等由过处经承办检察官查核，依法担当本案诉讼，相应函复贵庭，请烦查收核办为荷。此致

本院刑庭

计送卷二宗

中华民国三十九年五月十七日

四川高等法院第一分院民事诉讼案件报到单

上诉人：王庆云。

代理人：刘远云。

中华民国二十九年五月二十日

四川高等法院第一分院刑事判决

二十九年上判字第六九五号

上诉人：王庆云，男，年二十五岁，潼南县人，住塘坝。业工。

上指定辩护人：刘连生，律师。

反诉人：何张氏，女，年籍未详。

上担当诉讼人：本院检察官。

上上诉人因妨害风化案件，不服四川潼南县司法处中华民国二十八年十月七日第一审判决，提起上诉，本院判决如下：

主文

原判决关于王庆云罪刑部分撤销；王庆云无罪。

理由

本件上诉人仅对于反诉妨害风化被告部分上诉。对于自诉伤害部分，则已抛弃上诉权，应先说明。按强奸罪，系对于妇女，以强暴胁迫、药剂、催眠术或他法使达于不能抗拒之程度，而奸淫之，为构成要件。本件据何张氏诉称：上诉人乘其夫何林芳外出机会，先在其房外窥探，投石入房，并假系咳嗽，何张氏见此情状，即出至房外，在布机上，将刀拿放床上，上诉人旋即入室，拥抱摸索，为防卫自己，故举刀乱砍，等情。查此案发生，系由上诉人，以何张氏、何林芳，共同伤害人提起自诉之后，何张氏始以上诉人强奸，提起反诉。所诉如果属实，何至待被诉之后，始行提出，已觉已疑，后就其叙述情形，加以观察，何张氏既已明知上诉人调戏之行为，其同屋居住，又有数家，何不严词诘责，声扬于外，既已能出至房外取刀为了自卫又何以不将房门掩闭，使不得侵入，举不在情理之内。且所称拥抱摸索，不特无以证明，抑且上诉人为一壮男，自卫已负数伤而何张氏何至竟无一伤，足供呈验，指为被人强暴胁迫，尤属不□，足征反诉不实，纯为借口自卫，用以脱卸其应负伤害罪责而已，

原审未予详察，竟以上诉人所诉被伤害之时间，偶有可疑，遽认何张氏自首自白之言，为足采信，从而论处上诉人以强奸罪刑，殊属错误，故虽予减轻，仍难折服，上诉为有理由。再反诉人何张氏，所在不明，依刑事诉讼法第三百二十三条第二项由检察官担当诉讼，附予说明。

基上论结，爰依刑事诉讼法第三百六十一条第一项前一段、第三百五十六条、第二百九十三条第一项，判决如主文。

本院经本守检察官赖毓灵莅庭执行职务。

中华民国二十九年五月二十五日

四川高等法院第一分院刑二庭

审判长推事：杨崇实

推事：陈民声

推事：胡恕

中华民国二十九年六月十日

书记官：王作瑞

四川高等法院第一分院刑庭公函

中华民国二十九年十月三十日

案查潼南县王庆云因妨害风化上诉一案，业经本院判决，确定相应将该案卷宗证件函送贵首席检察官查收办理。

此致

本院首席检察官

计送原卷一宗院卷一宗判决三件

中华民国二十九年十月二十九日

四川高等法院第一分院检察官训令

检字第一九〇五号

令 四川潼南县司法处

案查该县王庆云因妨害风化案，不服该院第一审判决上诉一案，业经第一审判决，确定函送卷判到处，查系宣告无罪之件。合将卷判令发仰即查收。

此令！

计发原卷乙宗卷乙宗，判决乙件

中华民国二十九年十月三十一日

妨害婚姻家庭罪

111. 刁渭清等略诱营利案

案查检察官公诉刁渭清等略诱营利一案，业经本院依法判决，并送达在卷。兹据刁渭清等于法定期内，具状声请上诉到院。除批准予申送外，理合检齐该案卷件，备文呈送钧院，俯赐查收核办，并予令遵，实为公便。

谨呈

四川高等法院第一分院院长：费

计呈送卷二宗，张银卿、刁渭清二名在所，诉状五份。

署四川巴县地方法院院长方仲颖。

中华民国二十五年二月二十五日

呈为声明不服，恳祈检卷申送事情，民因郭长卿略诱林长英一案，株民其间经钧院集讯终结判民，意图营利略诱未满二十岁之女子脱离家庭，处有期徒刑三年。奉悉判决万难甘服，乃于法定期内声明不服，恳祈钧院鉴核准予检卷申送上级法院以资采纳，另□□□所有不服理由容后补呈如蒙俞允实沾德便。

谨呈

所长：甘转呈

巴县地方法院刑庭公鉴。

具呈人：刁渭清

中华民国二十五年二月

呈为声明不服，恳祈检卷申送事情，民因郭长卿引诱林长英一案，株民其间经钧院集讯终结判民意图营利略诱未满二十岁之女子脱离家庭，处有期徒刑三年奉悉判决，万难甘服，乃于法定期内声明不服，恳祈钧院鉴核准予检卷申送上级法院以资采纳，另□□□所有不服理由容后补呈如蒙俞允实沾德便。谨呈

所长：甘转呈

巴地法院刑庭公鉴。

具声明人：张银卿

中华民国二十五年二月

呈为声明事理，恳祈鉴核废弃原判，俾伸冤抑事情，因郭长卿略诱林长英一案株民，其间经巴院刑庭判决谓民意图营利收受被略诱人处有期徒刑八月，奉判后冤沉难甘，业已依法声明不服。转呈巴院外，兹将不服之点声明于后。查林长英究为何等人物，住于何地概不知觉，面亦不识，是否略诱或正当出来民也如坠雾中，而长英在前之行为卖淫与否民概未闻。后值民病卧床弗起之际，遂由李淑超向民称云，伊之弟媳有出佣工之意，斯时民因病沉欲雇相当者利于煎汤熬药，以致互相允洽，乃将长英雇入民家，自雇之后纯系扶持于民，并无异外行动。不忆是日扶民出街诊视，忽有不识者谓长英系作之媳，民闻不胜骇异，该不识者竟不由

分辩将民同行送交巴院检察处，殊该院仍不查完，竟遽尔判决，不服者一。查判载谓民意图营利收受被略诱人等语，窃长英之未既由淑超确称伊之弟媳原出佣工，不适民以病危始雇伊扶持此是正大行为，并非将长英另作他图，既无此事何有意图营利之言，且雇人作工市面之常情，又何为收受耶。既谓意图营利民将长英营利于谁？如是无证无据处民之罪？不服者二。查判载谓李淑超因他停歇淫业乃将长英送至张银卿处搭班等语，窃思淑超原营何业，民不得知，雇长英于民实云伊之弟媳，其民历属清白之家人众咸知。可当调查判谓搭班究为何说，令人莫解，既谓搭班而长英与民接客者为谁有何考究，既系平空妄谈，显见民属无辜遭累者明矣。不服者三。综上论结，本案实无辜旁累，竟陷图圄判民之罪，心实难甘，是特补具不服之点，叩恳钧院鉴核转念不情烛破其奸，准予集讯彻查，废弃原判，俾伸冤抑，实沾德便。谨呈

　　所长：甘转呈

　　高一分院刑庭分鉴。

　　具呈人：张银卿

　　中华民国二十五年二月

　　呈为补具理由，恳祈鉴核废弃原判，俾宣无罪事情。民因郭长卿诱拐林长英一案，株民其间涉讼，巴地法院结果判民意图营利略诱未满二十岁之女子脱离家庭，处有期徒刑三年，不服判决，上诉钧院，兹将不服之点录列于后，查林长英原住何地究为何人民不知觉毫不认识，嗣经郭长卿同至民处与民佃屋居住后，林长英与民方能识认，不忆郭长卿原为军人因剿赤前往未归，该林长英遂云移住他处，纯系林长英自行主持，民属小商，当未过问，本案发生株民其间实属错误已极，不服者一。查郭长卿同林长英来佃屋，特而郭长卿亦与民系初面，伊云林长英与伊司其夫室，既以夫室相称平时坐卧亦属夫室行动，如是情形民实疑伊等究为诱拐，究为明婚，民坠雾中茫不知，郭长卿虽佃民屋诸事与民无关，其市面抬租放佃者不少，若是来清去白后另有其人，行为涉及原佃之人恐讼塞官府亦难解决。不服者二。查长英之来既有郭长卿民则无过，林长英之去既属自动则民更无错，也判载谓民处为妓馆等语，窃民住此已久院邻咸知可调可查，有何娼亦未卖淫，以此考究民实无过无错者明了，不服者三。判载又谓民与罗瑞生将林长英押与邓海清等语，既民等有押林长英之事瑞生所供与民不识而海卿又供与民无往来，且长英又未供民有押伊之举（有供可查），民果意图营利已物比较当押如何交涉，价洋如何过交字约如何，条件要有相当证据以资实在，既侦讯无凭无据显见平空诬本者无疑，不服者四。综上论结对于本案民实无过似此诬本实难甘服。是特补具理由，恳祈钧院鉴核，垂怜下情，格外施仁，准予集讯彻查，废弃原判，俾宣无罪，如蒙俞允，实沾德便。谨呈

　　所长：甘转呈

　　高一分院刑庭公鉴。

　　　　　　　　　　　　　　具呈人：刁渭清　押

　　　　　　　　　　　　　　中华民国二十五年二月

[询问笔录]

点呼：刁渭清、张银卿、罗瑞生、邓海清、李淑超、陈玉山、林源三到庭。

均答：到。

问：刁渭清，年龄，住址，职业？

答：四十二岁，永川人，小生意。

问：你送前供称你在开妓馆吗？

答：并未开妓馆。

问：罗瑞生，年龄，住址，职业？

答：四十六岁，武胜人，小生意。

问：你在开妓馆吗？

答：并没有开妓馆。

问：邓海清，年龄，住址，职业？

答：三十七岁，江北人，帮人。

问：你在开妓馆吗？

答：我女人在开妓馆。

问：陈玉山，年龄，住址，职业？

答：六十一岁，合川人，小生意。

问：李淑超，年龄，住址，职业？

答：二十二岁，江北人，开牛肉铺。

问：你是开妓馆的吗？

答：并不是开妓馆的。

问：张银卿，年龄，住址，职业？

答：三十三岁，江津人，洗衣服。

问：你是开妓馆的吗？

答：并不是开妓馆的。

问：你是现在都不承认开妓馆！

答：未供开妓馆。

问：林源三，年龄，住址，职业？

答：五十岁，本城人。木工。

问：林长英是你的什么人呢？

答：是我抱的媳妇。

问：好大岁数呢？

答：十五岁。

问：圆房没有呢？

答：没有圆房。

问：今天怎么不到呢？

答：二月间送娘家去了。

问：林长英什么时间走的呢？

答：废历六月初九从家里走的。

问：怎么传到的呢？

答：在小梁子遇到的。

问：有没有人同路呢？

答：有人同路认不到。

问：张银卿怎么弄到的呢？

答：他未清把他抓到的。

问：张银卿，林长英怎么到你家里来的呢？

答：李淑超弄来搭伙食的，我同他过来看朋友遇到了弄去的。

问：你去请的吗？

答：因为李淑超要人我去请的。

问：你供在你妓馆卖淫分了六十七元与李淑超吗？

答：不是搭班子是搭伙食。

问：李淑超，怎么把林长英引去卖淫呢？

答：陈玉山介绍来的，作弟媳。因家里不准，弄到张银卿处搭伙食。

问：你花了好多两呢？

答：花了两锭银子。

问：买来做什么呢？

答：买来作弟媳。

问：怎么弄到张银卿处呢？

答：弄去搭伙食。

问：他开妓馆的怎么弄到他那里搭伙食呢？

答：他不是开妓馆的。

问：陈玉山你怎么把林长英弄去押呢？

陈玉山答：是邓海清找我介绍的。

问：押成好多两呢？

答：押成二十八元。

问：你分了好多两呢？

答：二十八元我未分，李成超给了一元的茶钱。

问：写字约没有呢？

答：写了字约的。

问：是卖是押呢？

答：押给他。

问：他押去做什么呢？

答：他押去做兄弟媳妇。

问：邓海清你说一说呢？

邓海清答：刁渭清？我的会洋三十元，去年五月初二的事情，七月初九罗瑞生引来押的两锭银子。

问：出约有无字据呢？

答：出约有字据，刁渭清亲自写的约据。

问：你没有开妓馆，抵押来做什么呢？

答：我女人在开妓馆，是我女人抵押的。

问：罗瑞生你说一说呢？

罗瑞生答：刁渭清与邓海清都是熟人，他们因两锭银子纠葛在龙王庙茶社争执，我们才与他调解约好付还□□未交，刁渭清才说他有个乐女拿来抵押，押二十八元。

问：刁渭清是做什么的呢？

答：刁渭清是开妓馆的。

问：邓海清是做什么的呢？

答：他也是开妓馆的。

问：刁渭清把林长英抵押与邓海清出？有无约据呢？

答：刁渭清出有约据，刁渭清亲笔写的。

问：刁渭清你说一说呢？

刁渭清答：林长英原本不认得，由郭长兴来佃我的房子居住才认得，长兴同长英他们行同夫妇，□长兴前去剿匪未归，长英自行迁移完全与我无干，长兴欠外面的账我是负担的，我与邓海清并无会款纠葛。

问：在你那里卖淫吗？

答：并没有在我那卖淫。

问：邓海清拿出来这张约据是你的亲笔吗？

答：是我的亲笔。

问：约据内注明了是你妓馆内的乐女吗？

答：不答。

问：罗瑞生在你家里住了一夜吗？

罗瑞生答：在我家里住了一夜。

问：林源三你要把林长英交案呢？

林源三答：我恨□□交案。

上笔录已与庭朗读无讹。

刁渭清押，张银卿押，罗瑞生押，邓海清押，李淑超押，陈玉山押，林源三押。

推事谕知□定好公判□庭

书记官：沈夕孙

推事：廖成庆

四川高等法院第一分院刑庭传票回证

被传人姓名：林源三、林长英。

中华民国二十五年三月二十一日

法警：陈告□

四川高等法院第一分院刑庭传票回证

被传人姓名：邓海清、李淑超、陈玉山。

中华民国二十五年三月二十日

法警：陈告□

审讯笔录

上诉人：刁渭清、罗海生、邓海清、张银卿、陈玉山。

被害人：林长英。

原诉人：林源三。

上列上诉人因略诱罪。

中华民国二十五年三月二十四日下午，在四川高等法院第一分院刑事法庭审理出席职员如下：

四川高等法院第一分院刑庭。

审判长推事：

推事：廖成庆。

四川高等法院第一分院书记官：沈夕孙。

点呼上列当事人入庭。

书记官朗读案由。

总呼：林长英到庭。

答：到。

问：年龄，住址，职业？

答：十四岁，合川人，木匠。

问：你何时满十四岁？

答：去年三月满十四岁。

问：娘家姓什么呢？

答：娘家姓张。

问：抱到林家几年？

答：到林家今年四年了。

问：圆房没有呢？

答：没有圆房。

问：你怎么逃跑呢？

答：有个郭大嫂帮庙前姓黄的，我们在庙后住就有认识郭大嫂。郭大嫂后说有帮姓黄的就去刁家帮我买一双鞋子。刁渭清就来喊我说郭大嫂喊我去挈鞋面，头次未去，又来喊，二次我才去挈，郭大嫂说过江北去了，叫我在那里等，等到黑了郭大嫂也没有转来，刁渭清就不许我走，第二天刁渭清喊罗瑞生把我送到邓海清妓馆里。

问：刁渭清家里住了好多人呢？

答：只有他一家人。

问：那晚上你那个人呢？

答：我一个人。

问：你怎么不走呢？

答：他不许我走。

问：你没有拿东西吗？

答：手上带有六十元，五十六千铜元。

问：放在什么地方的呢？

答：放在身上的，用帕子包起的。

问：怎么身上带几十元几十千铜元做什么呢？

答：放在我身上的。

问：挈鞋面身上要带几十元呢？

答：是第二次拿去的。

问：你说头一次喊你去挈鞋面你未去，第二次来喊你你才去的，去了他就不许你走，今天怎么供称你是第二次带去的呢？

答：刁渭清刁唆我跑。

问：何时刁唆你的呢？

答：拿鞋面刁唆我的。

问：以前向你说过没有呢？

答：以前没有向我说过。

问：郭大嫂以前喊过你跑没有呢？

答：以前他也没有向我说过。

问：你家里有好多人呢？

答：家里有一哥，一个嫂嫂，兄弟老人。

问：刁渭清家里先去过没有呢？

答：先同郭大嫂去过。

问：他叫罗瑞生送你到邓家你怎么要去呢？

答：他说是送我回。

问：刁家住了好久呢？

答：住了五天。

问：你刚才说是第二天就叫罗瑞生送你到邓家吗？

答：刁家住了五天。

问：刁家接客没有呢？

答：刁家没有接客，在邓家接的客。

问：是卖给邓家吗？

答：不知道。

问：邓家住了好久呢？

答：在邓家住了四个多月。

问：怎么又到李淑超家里去了呢？

答：叫我到李淑超家里去耍。

问：谁人介绍到李淑超家里的呢？

答：陈玉山介绍去的。

问：在李淑超家里接客没有呢？

答：在李家接了客的。

问：怎么又到张银卿家里的呢？

答：李淑超母亲不许，才到张银卿妓院搭班子。

问：怎么把你拿获的呢？

答：过来看□在小梁子遇到的。

问：你怎么不回呢？

答：不知道路，邓家在顶楼上住刁家是伺院子。

问：拿鞋以前未叫你走过吗？

答：挐鞋面以前未叫我走过。

问：在刁家以后见着郭大嫂没有呢？

答：以后未见着郭大嫂了。

问：在罗瑞生家里？好久呢？

答：在罗家住了一夜。

问：刁家住了好久呢？

答：刁家住了五六天。

问：在邓家接了好多客呢？

答：在邓家很接了一些客，得了六七十元。

点呼林源三、刁渭清、邓海清、罗瑞生、陈玉山、张银卿到庭。

均答：到。

问林源三：林长英何时走的呢？

答：六月初九上午十一钟走的。

问：挐东西走没有呢？

答：拿了六十元，五十七千铜元走的。

问：你怎么拿几十元与她呢？

答：因家里没有人，交她保管到。

问：你家里还有媳妇吗？

答：大媳妇是去年二月间接的。

问：叫她去拿鞋面怎么带几十元在身上呢？

答：她去过两次，是实在的。

问：林长英你去过几次呢？

答：头次挈鞋面二次拿去的。

问：他叫你去你就去呢？

答：他说去穿好的吃好的。

问：刁渭清，林长英是由你家里转出去的你怎么说呢？

答：实是由郭长兴来佃房子住，他带来的，以为他们是夫妻。

问：郭长兴你要交出来呢？

答：郭长兴前去剿赤去了。

上笔录已当庭朗读无讹。

刁渭清押，张银卿押，罗瑞生押，邓海清押，李淑超押，陈玉山押，林源三押。

推事谕知本案定于本周星期四日公判退庭。

书记官：沈夕孙

推事：廖成庆

四川高等法院第一分院检察处公函

案准贵庭函送刁渭清因略诱罪上诉一案卷件遇雾，业由主任检察官核阅完毕。相应将该项卷件送还贵庭，希即查收为荷。此致

本院刑庭。

计送还原卷二宗庭卷一宗。

中华民国三十五年三月二十六日

笔录

上诉人：刁渭清、张银卿、罗瑞生、邓海清、陈玉山。

原诉人：林源三。

被害人：林长英。

上列上诉人因妨害风化上诉一案。

中华民国二十五年四月二十六日下午，时在四川高等法院第一分院刑事法庭审理出席职员如下：

四川第一分院刑庭：

审判长推事：廖成庆。

推事：陈齐栋。

推事：唐尚仰。

四川高等法院第一分院检察官：杨奉璋

四川高等法院第一分院书记：沈夕孙

点呼上列当事人入庭。书记官朗读案由。

点呼刁渭清、邓海清、罗瑞生、张银卿、陈玉山、林源三、林长英到庭。

均答：到。

审判长宣告本日公开合议庭审理刁渭清等因妨害风化罪上诉一案，查被告李淑超已受传唤而不到庭应迳于审判。

问：刁渭清把你不服原判的理由说一说呢？

刁渭清答：林长英并非我去拐逃她？是郭长兴引来佃房子住，我以为他们是夫妇，长兴在前方剿赤去了，我帮他招呼，有三十元零账，仅长英自行迁移的，并未在我那卖淫，请减点刑期。

问：邓海清把你不服的理由说一说呢？

邓海清答：我并未经手，我女人与刁渭清因会款纠葛，渭清欠我女人三十元，罗瑞生担有□□付还，到了限期□不付还，他才说有一个乐女林长英来转押的，长英他是退还了的。

问：罗瑞生把你的理由说一说呢？

罗瑞生答：刁渭清与邓海清因会款纠葛，我担负渭清限付还，渭清到了限期还是没有办。他才说他有个乐女林长英弄来抵押。有生意做生意，无生意认伙食。我是借口传言，并非我自愿诱拐他，我因在龙王庙吃茶□遇。

问陈玉山：把你不服的现由说一说呢？

陈玉山答：我是做小生意的，李淑超到邓海清家里看人，邓海清要淑超找人负责，淑超才找我负责，抵押二十八元。淑超过后给了我一元钱吃的茶。

问：张银卿把你的理由说一说呢？

张银卿答：林长英是李淑超引来搭伙食的，长英生了病，过来诊病，被林当到了淑超找我要人，我才过来请他到七区。我先并不知道他们是拐人家的。如知道他们是拐人家的，我决定不会来请了。

问：你家里做生意没有呢？

答：我家里做了生意的。

问：李淑超抵押与你的吗？

答：是到我家里搭伙食。

问：林长英你说一说呢？

林长英答：去年六月间刁渭清来喊我去挐鞋面，我去，他说郭大嫂过去了，黑了即转来，到了黑了，郭大嫂没有转来我就要走，渭清就不许走，第二天他喊罗瑞生把我送到邓海清家里的。

问：你怎么不走呢？

答：他不许我走。

问：他不让你走，你就不走吗？

答：他估到不许我走。

问：他喊你拿鞋面喊过几次呢？

答：喊过两次，头一次未去，二次来喊才去的。

问：他如何喊你走呢？

答：他说叫我走，他与我另放人户，我未答应。

问：头次叫你走没有呢？

答：头次说叫我去拿鞋面，未叫我走，我没有去。

问：什么时间向你说的呢？

答：六月初八说的。

问：在张家接客没有呢？

答：在张家接了客的。

问：刁渭清，林长英说你去引他走的，你怎说呢？

刁渭清答：他同郭长兴来佃房子才认得，我并未喊他来拿鞋而诱拐他的。

问：你说郭长兴引来的，你应该把郭长兴交出来？

答：他到前方剿赤去了。

问：邓海清什么时间抵押与你的呢？

邓海清答：六月初九抵押与我的。

问：在你家里住了好久呢？

答：住了两个月病退还他的。

问：李淑超向你出字据没有呢？

答：向我出了字据的。

问：在你那里上捐没有呢？

答：未捐的。

刁渭清答：在我那里没有上捐。

问：罗瑞生你怎么与他们介绍呢？

罗瑞生答：不知道他是诱拐来的。

问：张银卿，林长英在你家时住了好久呢？

张银卿：我家里住了二十九天，弄来搭伙食的。

问：你怎么容许在你家里搭伙食呢？

答：不知道他们是拐来的。

问：刁渭清你还有无话说呢？

刁渭清答：请减一点刑期。

审判长请检察官发表意见。

检察官发言，查本案经过事实很明了的，刁渭清诱拐林长英到手后又辗转相押是实在的，而张银卿不知道刁渭清诱拐而来，即不得犯罪，原判认为收受被诱人确有不当。

问：林源三你还有无话说呢？

林源三答：林长英带去有六十六元，五十七串铜元，四套衣服，请求赔偿我。

问：林长英有没有这件事情呢？

林长英答：有这件事情。

问：那你交与哪个的呢?

答：交与刁渭清的，到邓家就没有了。

问：刁渭清林长英说交了几十元与你，怎么说呢?

刁渭清答：头次说四十元，六十串铜元，二次说五十几元，今天又说六十元，三次不合，我没有接收。

问：你还有无话说呢?

答：我没有话说了，请减罪刑。

问：邓海清你还有无话说呢?

邓海清答：刁渭清欠我女人的会款，抵押我女人的，我实不知道。

问：罗瑞生你还有无话说呢?

问：头次来喊什么时间呢?

答：头次喊了有十几天又来喊的第二次。

问：刁家你住了好久呢?

答：住了几天，罗瑞生家里住了一夜。

问：你去，郭大嫂在不在那里呢?

答：郭大嫂不在那里。

问：在邓海清家里住了好久呢?

答：在邓海清家里住了四个多月。

问：在他家，做生意没有呢?

答：做了生意的。

问：办谁人的呢?

答：另归邓家。

问：如何到李淑超家里去的呢?

答：是陈玉山介绍的。

问：在李家做生意没有呢?

答：李家没有做生意。

问：李家住了好久呢?

答：李家住了两夜。

问：张银卿家住了好久呢?

答：在张家住了二十几天。

罗瑞生答：刁渭清说是我妓院的乐女我不知她是拐来的。

问：张银卿你还有无话说呢?

张银卿答：是李淑超来搭伙食的，我不知她们是拐来的。

问：你来清查什么呢?

答：人当到了，李淑超找我要人我才过来请的。

问：陈玉山你还有无话说呢?

陈玉山答：李淑超到邓海清家里看人，邓海清要李淑超找人负担，李家找我去负责，我实在不知道她们是诱拐来的。

问：你□□吗？

答：事情过后李淑超给了我一元钱吃茶。

问：林源三林长英带了几十元，为什么一个小女子拿几十元与她呢？

林源三答：因她在管家。

问：你家里另外没有人吗？

答：还有一个大媳妇。

问：怎么不拿与你大媳妇管呢？

答：大媳妇初才按的。

问：有好多呢？

答：有六十元又五十七串铜元，四套衣服。

问：你还有无话说呢？

答：没有话说。

问：刁渭清你还有无话说呢？

刁渭清答：刑事部分请减一点刑，民事部分林源三三次供不对□□是借题开□。

右笔录已与庭明读无讹。

刁渭清、张银卿、罗瑞生、邓海清、陈玉山、林源三、林长英押

审判长庭谕本案辩论终结候判决退庭。

书记官：沈夕孙
审判长推事：廖成庆

［宣判笔录］

点呼：刁渭清、陈玉山、张银卿、邓海清、罗瑞生、林源三到庭。

均答：到。

审判长宣告，本日宣示刁渭清等因妨害风化罪上诉一案判决主文：

并请明核要旨

问：你们听清楚没有呢？

刁渭清答：听清楚了。

审判长谕知，如不服本院判决，接收判决后于十日内提起上诉。

刁渭清押，陈玉山押，张银卿押，邓海清押，罗瑞生押，林源三押

四川高等法院第一分院刑庭

书记官：沈夕孙
审判长推事：廖成庆

四川高等法院第一分院刑事判决

二十五年度上字第三七五号

上诉人：刁渭清，男，年四十六岁，永川人，开妓馆。

罗瑞生，男，年四十岁，武胜人，赋闲。

邓海清，男，年三十七岁，江北县人，赋闲。

陈玉山，男，年六十一岁，合川县人，赋闲。

李淑超，女，年二十二岁，江北县人，开妓馆。

张银卿，女，年三十三岁，江津县人，开妓馆。

附带民诉上诉人：林源三，男，年五十岁，巴县人，业工。

上上诉人等，因妨害家庭一案，不服巴县地方法院中华民国二十五年一月二十一日所为第一审判决，提起上诉，经审理判决如下：

主文

原判决关于刁渭清、罗瑞生、邓海清、陈玉山、李淑超、张银卿部分撤销。

刁渭清意图营利略诱未满二十岁之女子脱离家庭，处有期徒刑二年。

罗瑞生、邓海清、陈玉山、李淑超、张银卿均无罪。

林源三附带民事诉讼之上诉驳回。

事实

缘林源三之童养媳名长英年十五岁，住本市圣宫街，有年与邻人黄姓雇人郭大嫂相认识，继而郭大嫂后受雇于开妓馆之刁渭清家，长英□□相遇，刁渭清以长英年幼可欺，顿起诱拐之意，去年废历六月初九日以郭大嫂约长英往取鞋面为词，将长英诱至其家藏匿数日后，始令其秘密卖淫一月余，因欠邓海清会款无偿，凭同罗瑞生将长英押给海清始行上捐卖淫约两月之久，十月间又转押于妓女李淑超家，淑超复转送于张银卿妓馆搭班卖淫，延至十二月十五日林源三无意中在本市小梁子将长英撞遇，扭交一区警署嗣连同张银卿一并扭交巴县地方法院检察处侦查，始由长英供明前情起诉予以究办。

理由

查上诉人李淑超于合议庭审理日期受合法传唤而不到庭，依刑事诉讼法第三百六十三条迳行判决合先予以说明。

查被害人林长英被上诉人等展转抵押，其间经过事实均不否认，不过刁渭清以长英系由郭长卿引诱而来为抗辩理由，但不能证明实有郭长卿其人，况经长英当庭指陈历之该刁渭清自不能不负刑法第二百四十条第二项之罪责，惟原判依据该条项处以有期徒刑三年微□过重，查林长英已经寻得无损害可言，依前条项及第五十条第九款应予撤销，另判处以有期徒刑二年。至邓海清，李淑超之展转抵押罗瑞生，陈玉山之相继介绍，其意图营利因不得言，然直接引诱林长英使之脱离家庭者仍为刁渭清一人，该邓海清等此项行为尚与前条项之构成要件不符原判同一论科殊难谓合，若张银卿之容纳林长英搭班系妓馆常有之事，非直接□林长英脱离家庭之人已不能证明确知其为被诱而来，原判谓为收受被诱人论以刑法第二百四十三条第一项之罪已不允当，关于邓海清等与张银卿各部分均应撤销，依刑事诉讼法第二百九十三条第一项谕知无罪。再查林源三附带民诉之请求继原审查明不实判决被驳回后前来于法定期间内提起上诉，是该部分早已确定兹复提起上诉，附带民诉之上诉实难设为合法，应依刑事诉讼法第三百五十九条予以驳回。

基上论结合依刑事诉讼法第三百六十一条第一项、第三百五十六条、第二百九十三条第一项、第三百三十九条，判决如主文。

中华民国二十五年四月二十九日

上案经检察官杨奉璋莅庭执行职务。

四川高等法院第一分院刑庭

审判长推事：廖成庆

推事：陈栋梁

推事：郑尚修

上诉理由书

具理由书人：刁渭清，年、籍在卷，现禁巴地一所。

为不服判决补具抗告理由恳予昭雪事，窃抗告人被本市林源三捏诬叼拐控民一案，于第一审不查真相违法枉判处刑三年，抗告人应不折服依法上诉高一分院已于集讯终结枉处徒刑二年，捧读判章不胜骇异，抗告人对于查案供词理由各方侦查应不负刑法之责，卷宗载明慨可洞悉何得处刑二年焉能使人折服，是此具陈抗告理由陈述如下：（一）查原判处抗告人意图营利略诱未满二十岁女子处有期徒刑二年这样论罪确不实当，抗告人应不负责，何者林源三之童养媳林长英与抗告人素不相识，确系与伊同居之郭长卿与妻郭大嫂引诱而来，在当庭讯问该长英业已供出郭大嫂如何引诱如何圈套明明白白有供在卷，与抗告人何干。高分院不采证言实属错认，枉判刑法，抗告人焉能受判而折服哉，此其不服者之一也。（二）原判株抗告人开营妓馆引诱长英来家卖淫属系枉株□已达极点，查本市开留妓馆者政府早有规定在警署注册登记纳税方可营业，试问收该税款机关有无抗告人之册名不难考究，何得恣意枉使人焉能折服，此其不服之二也。（三）原判既株抗告人开妓馆政府有章收纳捐款，以钱买女乃营妓者常有之事，何违法也，而林长英当庭自供由郭大嫂引诱并未供出有抗告人叼拐情形，以此考查何得受处，此其不服者之三也。（四）本案发生实由郭大嫂而为基罪，原判何论无罪继又第出罗瑞生、邓海清、李淑超、张银卿等均科无罪独认一人犯罪，况抗告人对于本案确无犯罪之一点，此其不服者四也。综上已端，叩恳最高法院彻实侦查、依法判决、宣告无罪以雪深冤而正纪纲，则抗告人全家老幼不胜沾感矣。

巴县地方法院第一看守所所长转呈。

四川高等法院第一分院鉴恳乞检卷申送。

最高等法院刑庭公鉴。

具抗告人：刁渭清

中华民国二十五年五月二十四日

最高法院刑事判决

二十五年度上字第六七一七号

上诉人：刁渭清，男，年四十二岁，小生意，住永川县内。

上上诉人因意图营利，略诱未满二十岁之女子案件，不服四川高等法院第一分院中华民国二十五年四月二十九日第二审判决，提起上诉，本院判决如下：

主文

原判决关于刁渭清罪刑部分撤销。

刁渭清意图营利，略诱未满二十岁之女子，处有期徒刑三年。

理由

查本件上诉人，于民国二十四年七月九日即旧历六月初九，以约往取物为词，将林源三十五岁之童养媳林长英诱至伊家，旋将长英与邓海清家为妓以抵债款，嗣又押于妓女李淑超家，复由李淑超转送张银卿妓馆搭班为妓等情不特被诱人林长英指陈历历，即上诉人在侦查中亦曾称她（指林长英）在我处住不久就把她引到罗家去宿一夜，又把她引到邓家去，邓家是开堂子的，在他处接过客的等语对于辗转匿一节亦自承认无异，更证以陈玉山所称林长英是刁渭清立约主卖的，邓海清是见证人及罗瑞生所称因刁渭清欠邓海清的会款就把这林长英拿去抵押与邓海清的各等语与邓海清之陈述相同，李淑超复承认有转押之事综是以观上诉人意图营利略诱未满二十岁之女子脱离家庭自无诿卸之余地，原审认定事实尚无错误，上诉意旨谓林长英系与伊同居之郭长卿及其妻郭大嫂引诱而来与上诉人无涉空言争执殊无理由，惟查原审既认上诉人为营利略诱乃又误引刑法第二百四十条第二项之和诱罪论处，而同法第二百四十一条第二项之略诱罪其刑期则为三年以上十年以下之有期徒刑，原判决科处有期徒刑二年又在该条法定范围以下由本院依法改判。

据上论结，应依刑事诉讼法第三百八十九条、第三百九十条第一款，刑法第二百四十一条第二项，判决如主文

中华民国二十五年五月二十九日

最高法院刑事第四庭

审判长推事：叶在均

推事：李□昀

推事：黄文翰

推事：李午亭

推事：李廷俊

上正本证明与原本无异。

书记官：王克刚

中华民国二十六年九月二十六日

112. 谭致祥妨害家庭及诈欺人案

四川武胜县司法处呈

刑字第九六五号

中华民国三十四年九月十九日

事由：为申送谭致祥妨害家庭及诈欺人一案上诉卷件由。

案查本处受理检察官公诉谭致祥妨害家庭及诈欺人一案，业经判决，依法送达取具回证在卷，兹据公诉人检察官被告谭致祥各具书状声明不服判决，请予检卷申送前来，除批示外，理合具文连同卷件呈送。

谨呈

四川高等法院第一分院首席检察官：汪

计呈原卷二宗，上诉书状二件

四川武胜县司法处审判官：梁国栋

四川武胜县司法处刑事判决

三十四年公字第六六号

公诉人：本县县长。

被告：谭致祥，男，年□□岁，住武胜县走马乡。谭龙氏，女，未拘到。

上袆因妨害家庭及诈欺人案件，经县长提起公诉，本处判决如下：

主文

谭致祥略诱未满二十岁之女子，脱离家庭而奸淫之，判处有期徒刑二年，其余被诉部分无罪。

谭龙氏公敌缉获归案另结。

事实

缘被告谭致祥等系告诉人李瑞福之佃户，谭致祥、谭龙氏夫妻二人即寄居告诉人之寨门口，告诉人之女李良英饶猪往返妯时，道经该被告之门，被被告谭致祥引诱成奸，旋于三十三年四月二十六日被告谭致祥等复藉言朝佛，竟将李良英略诱潜逃住于遂宁白胜术为时六月，迨本年正月初十日始由告诉人在本县走马乡谭炳荣家清获，报经乡颂扬将李良英领回。诉请检察官侦查起诉。

理由

本案告诉人李瑞福略称，被告谭致祥于去年四月二十六日将其女李良英诱拐至遂宁，并窃去绸缎各物，有失单在卷请求判罪交返还窃盗各物等语，质之李良英略谓我是民国十八年生的今年十六岁了，去年四月二十六日夜被谭致祥、谭龙氏两夫妻用酒把我灌醉了，用滑杆送到文镜明家住宿了一夜，第二天就到遂宁的，因他想我的银钱绸缎，由谭龙氏串逗在未走以前就发生关系的等语。历如绘即，被告谭致祥亦供称李良英同我□□是实，但是他自愿与我结婚的并不是略诱等语自白不讳。查衽谭致祥有妻谭龙氏所称李良英自愿与其结婚之语显系籍贪心不足掩罪殊不近情，且李良英年龄未漏二十岁，被告于去年四月二十六日用酒将我灌醉，灌醉后将其送往文镜明家住宿一夜，被告对此情节毫未抗辩，显系事实，即以被告所供结婚二字已无异于自招，是被告略诱未满二十岁之女子脱离家庭而奸淫之，极为显然，实已触犯刑法第二百四十一条第一项之罪嫌其情未可悯恕，自应依法处以有期徒刑四年，惟被告犯罪期间是三十三年六月前，前依减刑办法第一条及第二条第一项第二款之规定减处有期徒刑二年，以正风化，至告诉人诉被告以诈欺人窃取其布匹各物部分，经证人刘仁亲供证，谭致祥李良英到我家来时莫得滑杆挑子，告诉人等亦不能提出佐证以资证明，自不能令负刑责，被告谭龙氏未经拘到，俟缉获归案另结。

据上论结，爰依刑事诉讼法第二百九十一条前段刑法第二百四十一条第一项刑诉法第二百九十二条，减刑办法第一条及第二条第一项第二款各规定，判决如主文。

中华民国三十四年八月二十八日
四川武胜县司法处刑庭
审判官：梁国栋

四川武胜县司法处检察官上诉理由书

被告：谭致祥。

上开被告谭致祥因妨害家庭自由及诈欺人案件，经贵庭判处有期徒刑二年殊嫌处罚过轻用特起上诉，兹将理由声于后。

查该谭致祥略诱未满二十岁之女子脱离有监督权之家长，并用诈述将其灌醉而奸淫之，过使同居衣据供证，实已犯刑法第二百二十一条一项及二百四十一条一项之罪刑，而谭龙氏既为其妻尚共同生活一处，复诱李良英成婚实犯刑法第二百三十七条之罪刑均已显无疑义，至多其妻用诈欺人手段骗取李瑞福家中银钱衣物曾经该原诉人于去夏李良英被诱逃时，列单报请备查在案，不能因证人刘仁亲未见滑杆挑子之证言遂予弃置不究，复查该谭致祥原系贫苦之小农，将李良英诱逃遂宁同居半年之久，其生活用度果从何而来，当为平日诈骗李良英家中之所获不难推断，据此而观，是该谭致祥罪犯重重原判生原判决仅判徒刑四年减处二年，并未依照一刑法第五十条第五十一条及第六十九条之规定办理，殊嫌处罚过轻，不足以警侦而正风化，合依法提起上诉理由申请转评核示，更为判决，如上。

此致
四川武胜县司法处刑事庭

县长兼检察官：孔庆镒
中华民国三十四年九月七日

四川省高等法院第一分院检察官函片

三十四年度检俭字第　号

案据四川武胜县司法处呈送谭致祥因诈欺人等案上诉一案卷宗过处，业由承办检察官查阅完毕，相应将该案卷宗送请查收为荷。此致
　　贵院刑庭
　　计送达原卷二宗，上诉书及上诉状各一件

中华民国三十四年十月一日

四川高等法院第一分院通知书

本院民国三十四年上字第二一六号为谭致祥妨害家庭一案，定于三十四年十一月二十一日上午八时在第一法庭公开审理，应请贵检察官届时莅庭为荷。此致
　　本院检察官
　　四川高等法院第一分院刑一庭

书记官：
中华民国三十四年十月二十日

四川高等法院第一分院刑事判决

三十四年度上字第一一一六号
上诉人：四川武胜县司法处县长兼检察官。
上诉人即被告：谭致祥，男，年二十八岁，业农，住武胜县半边乡。
指定辩护人：万敷，重庆市公设辩护人。

上上诉人因妨害家庭等案件，不服四川武胜县司法处中华民国三十四年八月二十八日第一审判决，提起上诉，本院判决如下：

主文

原判决关于谭致祥罪刑部分撤销。

谭致祥意图奸淫和诱未满二十岁女子脱离家庭，处有期徒刑二年。

其他上诉驳回。

事实

谭致祥系李瑞福之佃户，在武胜县半边乡比邻而居，与李瑞福未满二十岁女李良英素有情感，于上年五月十八日即旧历四月二十六日将其诱往遂宁县北宸街同居半载有余，同年十二月即旧历冬月间旋返，被李瑞福查悉，报由四川武胜县司法处检察官侦查起诉。

理由

本件上诉人谭致祥与告诉人李瑞福之女李良英比邻而居，素有情感，于上年五月十八日即旧历四月二十六日潜离武胜原籍，偕往遂宁县北宸等处同居半载有余，旋经告诉人查悉，

报由武胜县走马乡公所将李良英领回之事实系为显著之事实，虽据被诱人指攻上诉人以酒劝醉始被诱送文镜明家次日随往遂宁并非自愿云去，但告诉人则谓被诱人在家喂猪往返，随时道经上诉人门前，早有情感，足微被诱人事先同意未尝受其人，又查告诉人与被诱人在侦查中初供均称被诱人当时已满十六岁尚属可信，嗣执被诱人改称未满十六及上诉人提出被诱人算命八字一纸指为已满二十岁云云，均难认为真实，应以上诉人和诱未满二十岁女子脱离家庭论罪，原审遽以略诱拟处未免错误，合将原判决此部分撤销，并以事在上年六月一日以前予以减刑，而引诱人女破坏家庭恶性较深酌，处以相当之刑以资惩儆。复查上诉人虽早有妻室但据被诱人云，系上年旧历四月二十六日被诱，次日到达遂宁同居，并未正式结婚，其日期地点与上诉人初供相同，尚喜获丰收，认为实在，上诉人继又供系同年旧历润四月初二日尚在原籍与被诱人正式结婚，意图解免奸淫罪责显系推委之词，自不能以重婚罪相继，又被诱人在本审供明被诱之日与上诉人之娣即文镜明之妻文谭氏同床而睡，其所诉行前被上诉人以酒劝醉强奸一节可见并非事实，至告诉人谓被诱人将绸缎布疋等件为敷甚巨，陆续交上诉人系属诈欺人云去，不但上诉人坚词否认即被诱人初供亦仅称拿的衣服国币彼此互不相符已难认为真实，且既系被诱人随身带去自非上诉人窃盗更无诈欺人之可。原审对此重婚强奸诈欺人窃盗部分判决谕知上诉人无罪并无不合。原检察官此部分上诉即非有理由，应予驳回。

据上论结，应依刑事诉讼法第三百六十一条第一项前段，刑法第二百四十条第三项，减刑办法第一条，刑事诉讼法第三百六十条。判决如主文。

本件经检察官王□廷莅庭执行职务。

中华民国三十四年十一月二十八日

审判长推事：胡恕

推事：艾作屏

推事：藩明鹤

对于本判决如有不服，应于十日内向最高法院提起上诉，上诉状向本院提出，本件证明与原本无异。

书记官：

中华民国三十五年一月十九日

四川高等法院第一分院刑庭公函

中华民国三十五年六月

案查谭致祥因被公诉妨害家庭上诉案件，业经本院判决确定，相应将该案卷宗证件函送贵检察官查收办理。

此致

本院检察官

计送原卷二宗，本院卷一宗，证物一件

令四川武胜县司法处

案查谭致祥因妨害家庭等上诉一案，业经第二审判决确定，附送卷讯到处令将卷令发处，仰即查收，依法执行此令。

计送原卷三件

中华民国三十五年六月十五日

首席检察官：

刑事申请

申请人：李瑞福，五十岁，武胜人，住半边乡。

辅佐人：李新民，五十四岁，余同上。

被申请人：谭致祥。

为申请迅予转令原法庭照判决执行徒刑不详宽贷事，窃被申请人略诱未成年之女子被判减处徒刑二年业经确定终局判决在案，惟查被申请人即该刑事被告自在羁押中得被承保免押后迄已确定终局判决有日，并已由钧院令原武胜司法处照判执行徒刑在案，乃该被告迄尚在逍遥法外，其作法如故，毫不知悔改，不知究属何故，此罪重刑轻判之徒刑而都不予执行，尚何足以惩恶扬善而肃法纪，是以曾受其害之申请人殊难甘缄默，为特具状申请钧院鉴核，即迅予转令原法庭照判决执行徒刑，不得宽贷，实为法便。谨状

四川高等法院第一分院首席检察官

中华民国三十五年十月　日

具状人：李瑞福

辅佐人：李新民

四川高等法院第一分院检察官批

三十五年度上字第　号

具状人：李瑞福，李新民，住武胜半边乡，三十五年十月十二日状一件为谭致祥妨害家庭案请令饬由状悉。查本案早经判决确定，仰便检发原状令武胜县司法处查明依法速迅执行。此批

中华民国三十五年十月十七日

首席检察官：

四川高等法院第一分院检察处训令

三十五年度检利一四三九号

令四川武胜县司法处兼检察官胡国成。

案查李瑞福诉谭致祥妨害家庭诈欺人一案起诉请执行前来，查本件业经批示合依批示令发该处。仰即依法执行并□□□。

中华民国三十五年十月十七日

褻瀆祀典及侵害坟墓尸体罪

113. 程海龙诉白云集亵渎祀典案

重庆实验地方法院刑事判决

三十四年度自字第二三九零号

自诉人：程海龙，男，年四十八岁，重庆人，业商，住响水桥十二号。

被告：白云集，男，年三十六岁，江津人，业商，住同上。

上列被告因亵渎祀典案件，本院判决如下：

主文

白云集妨害祭礼，处罚金五千元，如易服劳役，以二百五十元折算一日。

事实

白云集于本年废历端午节将麦粉数袋置于程海龙祭祀家神之香案上，妨害程海龙之祭礼，经程海龙提起自诉到院。

理由

本案被告白云集仅据供认曾将麦粉数袋置于自诉人祭祀家神之香案上，而不承认有妨害祭礼情事，但查时值端午节香案之上不得放置杂物，而今被告在自诉人香案上放置麦粉数袋其为妨害祭礼极为显然，且经证人陈端生到案结证属实，尤不由被告空言诿卸罪责。

据上论结合，依刑事诉讼法第三百三十五条、第二百九十一条前段，刑法第二百四十六条第二项、第四十二条第一项，战时罚金罚锾提高标准条例第一条、第二条，判决如主文。

中华民国三十四年七月七日

重庆实验地方法院刑事第二庭

推事：纪元

本件证明与原本无异。

中华民国三十四年九月一日

114. 李树荣诉刘树廷等掘墓毁尸案

四川高等法院第一分院刑事判决

民国三十五年度上字第七一七号

上诉人：李树荣，三十八岁，住永川石庙乡。

被告：刘树廷，三十七岁，住璧山广普乡。

刘世荣，四十六岁，住璧山马场乡。

王海江，六十岁，住同上。

上上诉人因掘墓毁尸案件，不服璧山地方法院中华民国三十五年六月十八日第一审判决，提起上诉，本院判决如下：

主文

原判决撤销。刘树廷、刘世荣、刘桂廷、王海江免诉。

理由

本件上诉人诉于三十四年古历七月二十九日夜掘墓毁尸，经原审法院判决被告无罪，上诉人不服，提起上诉到院，本院侦查，被告犯罪系在中华民国三十五年十二月三十一日以前所犯，最重本刑又系有期徒刑以下之刑，依照国民政府三十六年一月一日大赦令应予赦免，原判决自难予以维持，上诉认为有理由。基于论结，合依刑事诉讼法第三百六十一条第一项前段、第三百五十六条、第二百九十四条第三款、第二百九十九条，判决如主文。

中华民国二十六年二月七日

四川高等法院第一分院刑事第一庭

审判长推事：米衔

推事：程志伊

推事：雷启汉

书记官：

本件证明与原本无异。

中华民国三十　年　月　日

妨害农工商罪

115. 李胡氏窃盗及妨害水利案

上诉或告发人：李正发。

被诉人：李胡氏。

案由：窃盗及妨害水利。

中华民国三十四年五月十九日

四川高等法院第一分院刑事判决

三十四年度上字第四七三号

上诉人即自诉人：李正发，男，年三十六岁，铁匠，住江北五宝乡。

上诉人即被告：李胡氏，女，年四十五岁，住同。

委任辩护人：孙定华，律师。

上上诉人等因窃盗等罪案件，不服四川江北地方法院中华民国三十四年四月十日第一审判决，提起上诉，本院判决如下：

主文

原判决关于李胡氏窃盗无罪部分撤销。李胡氏窃盗处有期徒刑二月，合以窃占他人之不动产罪，判处有期徒刑四月，执行有期徒刑四月。

其他上诉驳回。

事实

李胡氏租赁李正发所有暇蟆外河旁新房子三处之土，江北地方法院依据民事和解笔录于三十四年二月二日（即废历二十三年腊月二十日），派员执行交业在案，李胡氏交业后，复私自占有该项产业，并于同年四月一日（即废历二月十九日）在窃占产业之外，李正发所有地段之内窃砍树木，经李正发向江北地方法院提起自诉。

理由

查讼争产业现为李胡氏所占有，为不争之事实，虽李胡氏供称该项产业。为伊所有，但此种主张匪独空言无凭。李胡氏与李正发等曾在原审成立民事和解，李胡氏承认将讼争产业交出，并经原审于三十四年二月二日执行交业，即李胡氏在侦查中初供，只否认有犯罪之事实，而于讼争产业是否为其所有并未主张，嗣后改称系伊夫生前购置遗产，显系捏词混争，李胡氏于已交还之产业又复私自占有，其应成立窃占他人之不动产罪毫无疑义，原审依刑法第三百二十条第二项（漏第一项），处有期徒刑四月尚无不合。至在窃占产业内砍伐树木，此乃窃占当然之结果，固不成立窃盗罪名。惟李胡氏于窃占产业以外，而将李正发地内树木私自砍伐，既经李华堂称眼见李胡氏将被窃之树肩运回家，则李胡氏应成立窃盗罪亦无可疑。原审竟将窃盗部分谕知李胡氏无罪，殊有未洽。又李正发自诉李胡氏妨害水利部分，迭经传证质讯，并不能证明李胡氏确有决放田水之事实，原审就此部分谕知李胡氏无罪亦无不当。上诉人李胡氏之上诉为无理由，上诉人李正发关于窃盗部之上诉为有理由，其余部分无理由。

据上论结，依刑事诉讼法第三百六十一条第一项前段，刑法第三百二十条第一项，第五十一条第五款，刑诉法第三百六十条，判决如主文。

中华民国三十四年六月十五日

四川高等法院第一分院刑事第二庭

审判长推事：龙天植

推事：王口

推事：刘藩

本件证明与原本无异。

书记官：

中华民国三十四年六月三十日

116. 李昌荣违反印花税法案

案由：违反印花税法。

上诉或告发人：李昌荣。

案据司法警察送达本院刑庭裁定：李昌荣自诉违反印花税法抗告案裁定一件到处，差细新收案件理合送请首席检察官轮与各检察官办理。谨呈

鉴核

四川高等法院第一分院检查处收发股谨呈

中华民国三十一年十一月二十六日

四川重庆地方法院刑事裁定

三十一年度字第一九九号

举发人：重庆市财政局。

被告：李昌荣，住鱼洞溪。

上列被告违背印花税法案件本院裁定如下：

主文

李昌荣借据一件不贴印花，处罚一千五百六十元，并应补贴印花二十六元，罚锾应与裁定确定后三日内迳向本院完纳，逾期即强制执行。

中华民国三十一年八月五日

四川重庆地方法院刑庭

推事：李懋

四川高等法院第一分院刑事裁定

三十一年度抗字第二七六号

抗告人：李昌荣，男，四十二岁，住巴县鱼洞溪窑坝。

上抗告人因违反印花税法案件，不服四川重庆地方法院中华民国三十一年八月五日第一审裁定提起抗告，本院裁定如下：

主文

抗告驳回。

理由

查抗告人立给四川省银行之抵押借据，漏贴印花二十六元，由重庆市财政局查获并经四川省银行于具结单内盖有图记证明自属实在，原审因而依印花税法第十六条第十九项第十八

条，非常时期征收印花税暂行办法第六款处罚锾一千五百六十元尚无不合，抗告意旨略称，转票未及到场贴花，非出故意云云，存转由。

据上论结，合依刑事诉讼法第四百零四条，裁定如主文。

中华民国三十一年十月二十九日

四川高等法院第一分院刑事第一庭

代理审判长推事：雷彬章

推事：胡恕

推事：艾作屏

本件证明与原本无异。

书记官：

中华民国三十一年十一月十八日

四川高等法院第一分院刑庭公函

中华民国三十一年十二月十四日

案查重庆市李昌荣因违反印花税法抗告一案，业经本院裁定，相应将该案卷宗证件函送贵首席检察官查收办理。

此致

本院首席检察官

计送原卷一宗，院卷一宗，裁定一件

四川高等法院第一分院检察处传票回证

被传人姓名：李昌荣。

被传事由：执行罚锾一千五百六十元补贴印花二十六元。

中华民国三十二年十二月二十四日

具报告事，为李昌荣违反印花税法执行罚锾一案，曾奉钧处传票遵即前往传业，由被执行人李昌荣收受传票填据回证，且据被执行人向称，依期来案缴纳上项罚锾等语，迄今讯期已逾尚未来案，理合具报钧处鉴核示遵。谨呈

四川高等法院第一分院检察处公鉴。

具报告人：法警张封谨呈

中华民国三十一年十二月三十一日

四川高等法院第一分院检察处传票回证

被传人姓名：李昌荣。

被传事由：执行罚锾一千五百六十元补贴印花二十六元。

三十二年一月十七日

具报告事，为李昌荣违反印花税法执行一案，曾奉钧处传票由警遵即前往巴县鱼洞溪送达，当由该被执行人李昌荣收受传票填具回证，并云准定依期来案缴纳，今当讯期已届，该被执行人李昌荣尚不来案遵缴。理合具请呈报钧处鉴核示遵。谨呈

四川高等法院第一分院检察处公鉴。

具报告人：法警万厚廷呈

中华民国三十二年元月十六日

四川高等法院第一分院检察处传票回证

被传人姓名：李昌荣。

被传事由：执行罚锾一千五百六十元并补贴印花二十六元。

中华民国三十二年一月十九日

具报告事，为李昌荣违反印花税法执行罚锾一案，昨奉钧处传票遵即前往传业，由被执行人李昌荣收受传票填据回证，兹值讯期已逾尚未来案，理合具报钧处鉴核示遵。谨呈

四川高等法院第一分院检察处公鉴。

具报告人：法警徐行谨呈

中华民国三十二年一月二十五日

四川高等法院第一分院检察处传票回证

被传人姓名：李昌荣。

被传事由：执行罚锾一千五百六十元并补贴印花二十六元。

应到日期：三十二年一月三十日

中华民国三十二年一月二十七日

具报告事，为李昌荣违反印花税法抗告一案，曾奉钧处传票，遵即前往巴县鱼洞溪送达，殊知该李昌荣未家，据其妻李曹氏向称，此案至经高院执行时，我已向省银行侦查，借据并未漏贴印花，现我正预备呈请高院调取省银行借据，以便侦查虚实云云，当由伊妻收受传票填具回证，是此往传情开，理合呈报钧处鉴核示遵。谨呈

四川高等法院第一分院检察处公鉴。

具报告人：法警万厚廷谨呈

中华民国三十二年元月三十日

［声请状］

声请人：李昌荣，年四十一岁，原籍合江，现住巴县鱼洞溪窑坝。

为裁定错误声明异议，恳予撤回执行声请，调卷详究，以凭撤销原裁定另为免罚之裁定事情，民奉钧处票传执行罚锾一千五百六十元补贴印花二十六元一案，实有裁定错误之处，特将错误之事实，依法声明异议如下：

缘民于民国三十年九月半，向省银行抵借国币二万元正，至三十一年二月半还款一万元。详查该行于立抵借此款之单据时，已由该行依照印花税法算贴足印花三十八元，有该行之存根可查，依照印花税法第十六条下列之所定，每件凭证所贴印花之最高额不得超过二十元。第十九项载，借款或抵押单据，凡以信用或他种担保、或以货物抵押向人借贷银钱、或货物所立之单据者，皆属之每件按金额每百元贴印花二分，不及一百元者亦以百元者以百元计之规定计算。言之，民向四川省银行抵借之法币两万元，由该行照当时之法令贴足印花三十八元，依照上开规定委无漏贴之过失。乃重庆市财政局不查究竟，妄为举发，致有如裁定罚锾一千五百六十元补贴印花二十六元之错误。除声请重庆市财政局及四川省银行为之证明外，为此声明异议状，恳钧处鉴核，俯予撤回执行，声请钧院同级刑庭调市财政局及四川省银行卷宗详加审究，以凭撤销原裁定另为免罚之裁定，以无辜沾感。谨呈

四川高等法院第一分院检察处公鉴。

中华民国三十二年二月二日

具状人：李昌荣

四川高等法院第一分院检察处拘票

发给拘票理由：抗不缴纳。

为拘提事，因民国三十一年执字第二七号为违反印花税法应行讯问，火速拘提到处，听候审讯勿延。此令

姓名：李昌荣

住址：巴县鱼洞溪窑坝

中华民国三十二年二月十日

执行笔录

中华民国三十二年二月二十日下午三时在本院一法庭开庭，出席职员如下。

检察官命行当事人入庭。

被告：李昌荣。

问：李昌荣，年籍、住、职？

答：四十三岁，巴县鱼洞溪，赋闲。

问：你向四川银行借款是用什么抵押？

答：红契。

问：借多少款？

答：二万元。

问：你漏贴印花？

答：我没有漏，曾状请抗告。

问：你已经一、二两审裁定罚锾一千五百六十元执行在案，有何抗告呢？

答：那应就宽期。

检察官谕，限你一星期缴清即本月二十七日不是。

问：你还有何话说了没有？

检察官谕，将被告交保。

本笔录经被讯人阅览承认在卷。

李昌荣

民国三十二年二月二十日

书记官：张希明

检察官：张文恩

刑事保状

具保状人：李银洲，五十岁，住巴县仁厚乡王家湾，自业。

被保状人：李昌荣，在卷。

（一）具保之关系：族谊。

（二）具保之原因：缘李昌荣因违反印花税法执行罚锾一案，兹经庭谕取具妥保。

（三）具保之责任：倘该李昌荣如有借保不案等情，慨有保人负担完全责任。具状是实，中间不虚。此呈

四川高等法院第一分院检察处公鉴。

具保人：李银洲

中华民国三十二年二月二十日

四川高等法院第一分院检察处拘票

发给拘票理由：抗不缴纳。

为拘提事因民国三十一年执字第二七〇号为违反印花法执行一案，应行讯问火速拘提到处听候审讯，勿延此令。

姓名：李昌荣

住址：巴县鱼洞溪窑坝

中华民国三十二年三月六日

报告书

为报告事，现为票拘李昌荣因违反印花税法执行，罚锾一千五百六十元一案，缘警遵即往拘，业该被执行人李昌荣遵照缴纳罚锾一千五百六十元正，又补贴国税印花二十六元正予以完结，理合具报钧处鉴核。谨呈

四川高等法院第一分院检察处公鉴。

计缴一千五百六十元印花二十六元

法警：罗仲昆

中华民国三十二年三月十一日

事由：函送李昌荣违反印花税法案卷宗

全衔公函

李昌荣因违反印花税法抗告一案，业□□卷宗送请贵院查收为荷。此致

四川重庆地方法院

计送卷二宗

117. 雷俊修违反所得税法案

四川高等法院第一分院刑事裁定

三十五年度抗字第一九二号

抗告人：雷俊修，男，年未详，商，住江津长冲乡。

上抗告人因违反所得税法案件，不服四川江津地方法院中华民国三十五年九月二日决定，提起抗告，本院裁定如下：

主文

抗告驳回。

理由

按抗告人欠缴三十三年度所得税一万元，主管征收机关于三十四年十二月十日以书面通知其依限缴纳后，迄未遵行，业经川康区直接税局江津分局于原书函在卷，抗告人虽辩称其业已缴纳，但并无相当证据可凭，自不足采，原审依所得税法第三十九条第三款，处以三万元之罚锾，尚无不合，抗告非有理由。

综上论结，合依刑事诉讼法第四百零四条，裁定如主文。

中华民国三十六年九月十一日

四川高等法院第一分院刑事第　庭

审判长推事：李如萍

推事：雷启汉

推事：谭云朗

本件证明与原本无异。

书记官：

中华民国三十六年　月　日

鸦片罪

118. 胡荣生烟毒案

重庆市警察局特种刑事案件移送书

法审萍字第六四八号

中华民国三十六年三月二十二日

被告：胡荣生，男，五十六岁，业，代书，住渠家沟十八号。

上被告因吸毒案件，本局认为应行移送审判，并详开各项于后。

犯罪时间：三十六年三月十二日。

犯罪地点：凤凰台。

犯罪事实：上被告吸毒由第五分局查获解案经□终结认为应以审判。

犯罪证据：毒品一小包。

所犯法条：胡荣生犯禁烟禁毒治罪条例第八条第一项之罪嫌。

对于本案意见：人卷并送法院审判。

附送：嫌疑犯胡荣生一名，软烟一小包，卷一宗。

此致

重庆地方法院

重庆市警察局

移送烟犯

被告胡荣生投押

自认吸食烟毒不讳据报讯办

民国三十六年三月二十五日

笔录

被告：胡荣生。

上列当事人因吸毒案，经本院中华民国三十六年下□刑事法庭出庭职员如下。

审判长推事：周允明。

书记官：袁丽钦。

书记官朗读案由。

问：被告胡荣生，年籍等?

答：五十六岁，江北人，住徐永沟栈房十八号，业，代书。

问：你是在什么地方被扒到的？

答：在街上。

问：在你身上搜到什么？

答：没有搜到什么。

问：你过去犯过什么案？

答：窃盗嫌疑两次。

问：你吃烟多久了？

答：是去年吃的。

问：在你身上搜到什么？

答：我在地上捡了点唆唆。

问：你吃过未？

答：因病吃过的。

上笔录经庭宣读无异。

胡荣生　押

中华民国三十六年三月二十六日

重庆地方法院刑庭

书记官：袁丽钦

被告：胡荣生

案由：民国三十六年度字第　号吸毒一案

顺序号数：6860

物品名：软烟

数量：一小包

押票回证

姓名：胡荣生。

案由：吸毒。

中华民国三十六年三月二十五日下午

发票人：推事。

持票人：司法警察。

　　胡荣生五十六岁，江北人，因吸毒本三月二十五日周推事发押人断胃出血及□□，理合报请。

　　谨呈。

重庆地方法院院长：雷

中华民国三十六年四月十二日

重庆地方法院提票回证

姓名：胡荣生一名

犯罪行为：烟毒

谨呈

重庆地方法院

中华民国三十六年四月十五日下午

发票人：推事

持票人：司法警察

笔录

被告：胡荣生。

上列当事人因吸毒一案，经本院于中华民国三十二年四月十五日刑事一庭审理，出席职员如下。

审判长推事：林绍衡。

书记官：文栋荣。

书记官朗读案由。

问：姓名等项？

答：胡荣生，五十六岁，江北人。

问：你有什么病呢？

答：吐血病。

问：你有保吗？

答：有保。

上笔录朗读无异。

胡荣生　押

推事谕知交保。

中华民国三十六年四月十五日

重庆地方法院刑一庭

书记官：文栋业

推事：林绍衡

刑事保状

具保人：贾国栋，二十九岁，江北人，住本市陆西路七十七号，医，洁而精即经济食堂。

被保人：胡荣生，五十六岁，江北人，住本市瞿家沟十二号栈房，看相。

（1）具保之原因：缘提讯胡荣生烟毒一案，沐讯庭谕交妥实住家保两家候案。

（2）具保之关系：友谊。

（3）具保之责任：民实保得，被告胡荣生随传随到，倘有临讯不案逃匿等情，由民保负责交案，并代收一切文件，所保是实。

谨呈

重庆地方法院刑庭公鉴。

中华民国三十六年四月十五日

具保人：贾国栋

被告：贾国栋收转陕西路七七号

胡荣生在保

送达证书

送达状目录：函送三十六特诉字第九四〇号烟毒案送达下列各件：传票一件。

受送达人：被告胡荣生。

胡荣生未在，由保人贾国栋收转。

代收人：贾国栋。

送达处所：陕西路七十七号。

送达日期：三十年七月三十日。

中华民国三十六年七月二十六日

送达证书

送达书目录：民国三十六特诉第九四〇号烟毒案送达下列各件：通知一件。

受送达人：检察官。

送达日期：三十六年七月二十九日。

中华民国三十六年七月二十六日

重庆地方法院特字九四〇号烟毒案被告：胡荣生

保人：贾国栋

中华民国三十六年八月二十九日

笔录

问：姓名等项？

答：贾国栋，二十九岁，江北人，住陕西路七十七号。

问：胡荣生是你保的吗？

答：是的。

问：他为什么不到案呢？

答：他有病很重，故没有来。

上笔录朗读无异。

胡荣生　押

谕知核办

中华民国三十六年七月二十九日

重庆地方法院刑庭

书记官：文栋业

推事：林绍衡

送达证书

书状目录：民国三十六年特诉字第九四〇号烟毒案送达下列各件：传票一件。

受送达人：被告胡荣生

送达日期：三十六年九月二十日。

中华民国三十六年九月十五日

重庆地方法院执达员：

送达证书

书状目录：民国　年　字第九四〇号胡荣生烟毒送达下列各件：通知一件。

受送达人：检察官。

送达日期：三十六年九月二十二日。

重庆地方法院执达员：

重庆地方法院刑事传票

保人：贾国栋。

事由：讯问。

住居所：陕西路七十七号。

应到时期：三十六年十月二十日上午九时。

书记官：文栋业

中华民国三十六年九月二十三日

法警：刘世平

重庆地方法院特字九四〇号烟毒案

被告：胡荣生。

保人：贾国栋。

中华民国三十六年九月二十六日

笔录

问：姓名等项？

答：贾国栋，二十九岁，江北人，住陕西路。

问：你保的是何人？

答：胡荣生是我保的，现在不保了，请求退保。

问：姓名等项？

答：胡荣生，五十六岁，江北人。

问：传你几次为什么不到呢？

答：因病未到。

上笔录朗读无异。

胡荣生　押

贾国栋　押

推事谕知退保，被告胡荣生收押。

中华民国三十六年九月二十六日

重庆地方法院刑一庭

书记官：文栋业

推事：林绍衡

重庆地方法院押票回证

姓名：胡荣生一名。

案由：烟毒。

羁押理由：无保收　押

中华民国三十六年九月二十六日下午

报告

三十六年九月二十六日

奉钧谕交下被告胡荣生烟毒一案，饬具妥实铺保候讯，遵同被告前往本市羊子堡、赣江街、朝天门等地均无人承保，因被告非觅保不可，始到江北溉澜溪伊之姑母承保，具住家保二家是否可当理合报请钧核示遵。

谨呈

庭长：林

执达员：王泽民呈

案件审理单

烟毒案□□十月二十日上午九时，应行通知被传人。

检察官

被告：胡荣生

保人：贾国栋，住陕西路七十七号。

推事　　九月八日

重庆地方法院提票回证

姓名：胡荣生一名。

犯罪行为：烟毒。

谨呈

重庆地方法院

中华民国三十六年十月二十一日

发票人：推事

持票人：司法警察

笔录

被告：胡荣生。

上列被告人因烟毒案，经本院于中华民国三十六年十月二十一日午后四时间刑事　庭出席职员如下。

审判长推事：林绍衡。

书记官：冉惠敏。

书记官朗读案由。

问：胡荣生。

答：五十六岁，住江北洛碛人，第四保。

问：曾犯法否？

答：没有，曾犯窃案。

问：吃了多久？

答：吃了一个多月，一天吃一口，是因病。

问：警局送法院办罪，有何话说？

答：没话说，求推事开恩。

问：最后还有何话说？

答：没有话说。

上笔录朗读无异。

胡荣生　押

谕知本案辩论终结，当庭宣判，被告处刑一年。

中华民国三十六年十月二十一日
重庆地方法院刑庭
书记官：冉惠敏
推事：林绍衡

重庆地方法院押票回证

姓名：胡荣生。
案由：烟毒。
中华民国三十六年十月二十一日
发票人：推事。
持票人：司法警察。

为案经终结，判决未颁，恳予迅赐颁发，以符法令而示矜全事。

窃呈请人胡荣生年籍在卷，以吸食烟案前经钧院判决处有期徒刑一年，并限期勒令禁戒等因，奉此本应静候裁夺，曷敢琐渎无如明判，迄今二月有余，判决尚未颁发，且钧院体念民瘼，凡吸烟部分均按保安处分，免予执行，得以宥释者源源不绝，呈请人于本年三月份失自由以来历八月之久，天然脱瘾，禁闭狱中沉染重病吐血，失立日启蒙体疮痕惨状难言，并民家庭赤贫，上有七旬兹母，倚门念望，下有群群小孩，嗷嗷待哺，尚奈民维持生计，如久禁狱中，全家生活似有断炊之状，是以不揣冒渎，俯祈钧院抚恤民艰，鉴核恩准迅赐判决，或按保安处分提前宥释，以符法令而示矜全，合家戴德沾感之至。谨呈。

主任徐　转
所官马　转
重庆市地方法院刑庭推事林公鉴。

具呈人：胡荣生
中华民国三十六年十二月　日谨呈

报病单

重庆地方法院看守所分所呈

查本所人犯胡荣生，现年五十六岁，籍贯四川省巴县，于三十　年　月　日因烟毒案，由经林推事发押，兹患吐血病，除派医妥为诊治外，理合报请鉴核。谨呈

重庆地方法院院长：雷
重庆地方法院看守所分所所官：马树人
中华民国三十六年十二月二十九日

重庆地方法院提票回证

姓名：胡荣生一名。

犯罪行为：烟毒。

谨呈重庆地方法院

中华民国三十六年十二月三十日上午

发票人：推事

持票人：司法警察

笔录

问：姓名等项？

答：胡荣生，五十六岁，江北人，住朝天门下陕西街。

问：你被判多少罪呢？

答：一年。

问：你有什么病呢？

答：吐血病。

问：你还在吸烟吗？

答：已经戒断了。

问：你有保人吗？

答：有。

上笔录朗读无异。

胡荣生　押

谕知交保并交付。

中华民国三十六年十一月三十日

重庆地方法院刑一庭

书记官：文栋业

民事保状

具保人：张胡氏，五十五岁，江北人，住溉澜溪左后街九十四号附二号，理家。

钱世贞，二十四岁，江北人，住十六保十二甲左后街九十四号。

被保人：胡荣生，五十六，江北人，准保人，相士。

（一）具保之原因：兹因被告胡荣生因烟毒一案，沐谕交两家妥实住家保候讯。

（二）具保之责任：民实保得胡荣生随传随到，倘有籍逃扬及临讯不弃等情，惟民问决不推诿，所具承保不虚实是。

（三）具保之关系

谨状

重庆地方法院刑庭公鉴。

中华民国三十六年二月三十日

查保人：王安贫

保人：张胡氏

具状人：钱世贞

重庆地方法院刑事判决

三十六年度特诉字第九四〇号

被告：胡荣生，男，年五十六岁，住渠家沟十八号。

上被告因吸食鸦片案件本院判决如下：

主文

胡荣生吸食鸦片，处有期徒刑一年并限期三月勒令禁戒。

软烟一小包，没收销毁。

事实

胡荣生，于本年三月十二日在凤凰台吸食鸦片经警查获并同软烟一并解回，警察局移送到庭。

理由

被告吸食鸦案据当庭自白不讳，且有当场查获吸用之烟物可证，□□应于论科，并限期三月勒令禁戒，□□鸦片烟应没收销毁。

据上论结爰依特种刑事案件诉讼条例第一条第一项第二项前段，刑事诉讼法第二百九十一条前段，禁烟禁毒治罪条例第八条第二项第三项前段、第十七条第一条前段第八十八条第二项判决如主文。

中华民国三十六年十月二十一日

重庆地方法院刑事第一庭

推事：林绍衡

如不服本判决，应于十日内向本庭提出上诉状。

书记官：文栋业

送达证书

书状目录：民国三十六年特诉字第九四〇号烟毒案送达下列各件：胡荣生案判决一件。

受送达人：检察官

中华民国三十六年十二月三十日

重庆地方法院执达员：钟海山

送达证书

书状目录：民国三十六年特诉字第九四〇号烟毒案送达下列各件：判决一件。

受送达人：胡荣生

送达方法：当庭送达

送达日期：三十六年十二月三十日

中华民国三十六年十二月三十日

重庆地方法院执达员：钟海山

119. 潘质彬等吸食鸦片案

刑庭公函

鉴查实验地方法院呈送胡寿廷等因吸食鸦片上诉一案卷证到院，查该案系属公诉案件，应有送请贵检察官查阅必要，相应检齐该案卷证，送请查收，并希于阅后二日内送还为荷。

此致

本院检察官

计送原卷一宗，院卷一宗

中华民国三十五年十一月二十二日

四川高等法院第一分院检察官函片

案准贵庭函送重庆胡寿廷于吸毒鸦片上诉一案卷宗过为，业上承辩检察官查明完毕。相应将该案卷宗，送请查收为荷。此致

本院刑庭

计送原卷二宗

中华民国三十五年十一月二十五日

重庆地方法院刑事判决

民国三十五年度特诉字第七二号

被告：潘质彬，男，三十岁，住黄桷垭二二号。胡廷寿，男，三十六岁，住黄桷垭新街五号。景槐林，男，三十九岁，住黄桷垭一一四号。

上被告因吸食鸦片案件，本院判决如下：

主文

潘质彬、胡寿廷、景槐林吸食鸦片各处有期徒刑一年六月，褫夺公权二年。烟泡二十五个，烟灰二两六钱，烟膏一钱，烟盒六个，烟铗一个，烟枪两支，烟灯两盏，烟打石一块，烟瓶一个均没收销毁。

事实

潘质彬、胡寿廷于本年四月二十八日在黄桷垭后街二十三号吸食鸦片，经宪兵第二十四团士兵当场查获，并连同烟具烟泡等件解送到院。

理由

讯据被告潘质彬对于上述犯罪事实供认不讳，其合法自白殊堪采信，应予以法论科。被告胡寿廷、景槐林虽否认吸食鸦片，第查被告等均系当场拿获之现行犯，且有烟具烟泡等缴案为证，自不能任其狡辩而卸刑责。

据以论结，应依特种刑事案件诉讼条例第一条第一项、第二项前段，刑事诉讼法第二百九十一条前段，禁烟禁毒治罪暂行条例第六条第二项前段、第十六条第一项、第十七条，判决如主文。

中华民国三十五年七月十七日

重庆地方法院刑事第一庭

推事：成乃章

本件证明于原本无异。

书记官：

中华民国三十 年 月 日

四川高等法院第一分院刑事判决

三十五年度特复字第一六九号

声请复判人：胡寿廷，男，年三十六岁，住黄桷垭新街五号。景槐林，男，三十九岁，住黄桷垭一一四号。

上声请复判人等因吸食鸦片案件，对于重庆地方法院民国三十五年七月十七日判决声请复判，本院判决如下：

主文

原判决关于胡寿廷景槐林罪刑部分核准。

事实

本审认定事实与第一审判决所载者相同，兹引用之。

理由

查声请复判人等吸食鸦片，业于宪兵第二十四团侦查中自认不讳，并经原审法医师鉴定有毒，附具鉴定书在卷，是其自白与鉴定情形亦合相符，自应采为犯罪证据。原审依禁烟禁毒治罪暂行条例第六条第二项前段、第十七条各处声请复判人有期徒刑一年六月，褫夺公权二年，查核尚无不合，应予核准。

基上论结，合依特种刑事案件诉讼条例第二十条第一项第一款，判决如主文。

中华民国三十五年九月二十六日

四川高等法院第一分院刑事第三庭

审判长推事：萧树勋

推事：卓照远

推事：李瑞丰

本件证明与原件无异。

书记官：

中华民国三十 年 月 日

四川高等法院第一分院刑事判决

被告：潘质彬，男，年三十岁，住黄桷垭二二号。

上被告因吸食鸦片案件，经共同被告胡寿廷等声请复判，本院判决如下：

主文

原判决关于潘质彬罪刑及没收部分撤销，发回重庆地方法院。

理由

本件被告与胡寿廷、景槐林等于本年四月二十八日在其住宅为宪兵第二十四团拿获，并当场搜出鸦片及烟具等件，已据该团连长樊述呈报在卷，查被告于该团侦查中曾供称"三十四年二月开烟馆已有一年多了，吸食鸦片有三四年了，其妻潘张氏供称我的丈夫开烟馆"，胡寿廷供称"我从前在陈耀，余焕章等处吸被警察抓了以后（系指烟馆被警察抓了）才到此地（指被告处）"各等语。究竟被告系偶然约人至家吸食鸦片，抑系意图营利设所供人吸食鸦片，尚不无审究之余地，原审未予详查，遂认为被告吸食鸦片罪自嫌率断，合予发回更为审理。

基上论结，合依特种刑事案件诉讼条例第十六条、第二十二条第一项，判决如主文。

中华民国三十五年九月二十六日

四川高等法院第一分院刑事第三三庭

审判长推事：萧树勋

推事：牟照远

推事：李瑞丰

本件证明与原本无异。

书记官：

中华民国三十　年　月　日

四川高等法院第一分院刑事第三庭公函

刑忠字第一六六

中华民国三十五年十一月三十日

查本院受理三十五年度延长字第一六九号胡寿廷等吸食鸦片，上诉案件业经判决确定，相应检同卷宗等件函请遵照办理。此致

本院检察官

计送本院卷一宗，原审卷一宗，判决正本二件

杀人罪

120.陈华亮抗告王辉福等劫杀案

抗告人：陈华亮，年三十九岁，住江北两岔乡天凤屋基，农。

为不服批示依法抗告，恳予调集原卷核办，以重人命而肃法纪事，窃民生父荣兴被王辉福、王联芳、熊华清等行为劫杀一案，查此案曾经江北法院检察官将行为劫杀之王辉福、王联芳、熊华清等提起公诉在卷，不图江北法院刑庭一味偏徇，结果予以宣告无罪之判决，坐使网漏吞舟，逍遥法外，此种劫杀要犯不为诛锄何足以儆其余，是不惟使死者含恨九泉直不啻养痈贻患流毒乡里，究竟该等行为劫杀事实俱在未便抹杀，因江北法院刑庭对该等宣告无罪判决后，即经民声明不服及请检察官代为上诉，殊奉批示揭载"收悉。原判决理由并无不合，所请代为上诉应毋庸议，仰即知照。此批"等因何异使该等遂其行为劫杀之恶，查善良人民所恃以保障其生命财产者唯国家之法，耳国法不存善良人民之生命财产何保，是以民因不服此项批示特为提起抗告，谨向钧院提出不服，抗告理由如后。查原检察官起诉书载王辉福、王联芳、熊华清与在逃之王辉海、刘建洪均有密切关系。上年九月二十日晚持有马枪、电棒前往陈华亮家抢劫并将其父刀伤毙命云云。当然侦查确实，不然在逃之王辉海、刘建洪何以知其与王辉福、王联芳、熊华清具有密切关系，其主要不法为行为劫杀，既谓上年九月二十日晚持有马枪电棒前往陈华亮家抢劫并将其父刀伤毙命倘非取有切实口供，何以知其然，此项起诉书情形想非检察官之所构造。既王辉福、王联芳、熊华清等明明对此项起诉书无遁逃劫杀罪责余地，而竟由江北法院刑庭予以宣告无罪判决，其为庇护罪犯，已属显而易见。就以上年九月二十日晚发生劫杀言，是夜民在楼上寝室睡熟之际忽惊觉有匪徒拾余人破门汹涌而入为之大骇，民父荣兴因在楼下另一寝室睡眠，同时亦在梦中惊起，被拉至住宅另一磨房内，用木杠加于民父荣兴腹上，脚踩两头致民父荣兴呼天抢地惨不忍闻。彼时民于楼隙眼见熊华清背马枪一支，王辉海提尖刀一把，王联芳持火炬一根。复有握电棒者四面照射并王辉福、王辉海、熊华清又共同踩杠，子民父荣兴实于是夜被刀伤杠踩至次夜而死。并有民母陈罗氏亦同时目击，此属千真万确毫发不虚之事实。与检察官起诉书所列载亦相昭合。独江北法院刑庭视本案劫杀为轻并原宥行为劫杀者之无罪，至检察官则又因批示认为原判理由并无不合与所为原起诉书大相矛盾，岂非终始参差苍黄反复，况系应行代为上诉之案件不予代为上诉，何足使民甘服，且又因之使此劫杀重案无形消灭，彼行为劫杀者固得矣，其如民家待被抢劫民父待被杀害何，为此不服上开批示，提出抗告理由到案，恳请钧院予以调集原卷核办，以重人命，而肃法纪，则民感祷不朽矣。谨呈

四川高等法院第一分院检察处公鉴。

中华民国三十五年五月一日

具状人：陈华亮

［抗告状］

抗告人：陈华亮，年三十九岁，住江北两岔乡，业农。

为惨遭劫杀不服屈法长恶特为掬陈抗告理由，恳予调卷核办事。窃民父亲陈荣兴年逾六旬，前被黄全安、唐全三、刘建洪、王辉海、王辉福、王联芳、熊华清等共同劫杀请由江北法院检察处传案侦查一案，除江北法院刑庭已对同一案件之王辉福等偏护无罪判决，经民不服声请检察官代为上诉之批示，向钧院抗告外，兹因江北法院检察处对主犯黄全安等不传不理复为掬陈，现被抹杀全，抗告理由如下，查国家以人命为重自古同然及今，法制国家尤以杀人越货为应受法律严重之处裁。如民家虽在两岔乡范围然切近永兴乡界边，所谓永兴乡之各执事者见恃险阻莫不如虎如狼杀人越货视为故常，民家本有薄产，且家中除民妻小外仅迈父在堂花甲已周，因民父子具农朴无识，历来不染外事，家有齿不免焚身可为太息，况父仇不共戴天岂容置之漠然，当民父亲荣兴之被杀家被劫后，跟由民匍匐号泣报请江长邻岳合五县边区联防队呈送重庆第四分区司令部，函请江北法院严办所有。已获之王辉福、王联芳、熊华清三名被江北法院收禁后，民正待传主动之黄全安、唐全三、刘建洪、王辉海中意以为法难漏网而民共戴天之仇又可得报，谁知有所望于江北法院检察处者则亦竟化为乌有矣，言之已足痛心，兹以江北法院检察处办理此案经过，言民父子本农朴无识也，劫财杀人都因上述被告等利用此点敢于目无法纪，民一经被劫被杀由江北法院检察处严重票传人证侦讯中，不料在乡即经黄全安、唐全三等串使民族叔祖陈子珂对民横加恐吓，用胁迫手段强民和解，民思此案重大并父仇未报岂有和解之理，况属公诉案件检察官即为原告人岂有强民和解而可发生效力之理。民被强和解后登时反对，当中颠遭缴纳保证金五万元及邀取妥保之累，况于本月十五日在最后一次被侦中，始悉已在禁中之要犯王辉福、王联芳、熊华清三名业被释放，至主动要犯黄全安、唐全三等并未票传，一任给予无形消灭，致使死者抱恨九泉，生者待唤奈何法之不肃良由，执法者之不尽能事。若舍法原情此种劫杀重件并无情可原，要在执法以绳法不肃则奸不止，用法以止奸并非用法以养奸。江北法院检察处何尝计及此，明明上诉被告等行为劫杀非虚，民莫奈何则仰之法院，法院否为深究应难谓法为人民生命财产之保障，兹又以民家及民父荣兴当日之被劫杀实情言，民父子所居系单家独户距四邻亦远，夜近三更时民适在所居楼上卧于睡梦中，突闻匪警惊起不敢下楼，只见屋外电棒、火炬齐明，一时匪徒蜂涌入室，民不得已在楼上放有一枪并坚闭楼门，以故匪徒未敢上楼，转而打进民父荣兴卧室，一时电棒、火炬明彻中，民即在楼压缝中潜窥后，据民母罗氏谓民父荣兴手执床头春秋刀一把自卫，认得有熊华清在民父荣兴手内夺取春秋刀过手，当给民父荣兴头部砍有数刀未至毙命，复又拉至另一磨房内为民所亲见，由该匪徒等用木杠一根加民父荣兴腹上，两头并刀磕踩，民又认得熊华清背的马枪一支，王辉海提的尖刀一把，王联芳拿的火炬，拿电棒者未认清楚，其踩木杠者又为熊华清、刘建洪、王辉福、王辉海，该匪徒散去后之次夜，民父荣兴因伤致毙，既劫又杀可谓惨无人理，嗣经中队长艾南薰在黄全安家清出原凶器马枪一支，为行为劫杀时由熊华清所背者，又清出原凶器尖刀一把，为行为劫杀时由王辉海所提也，黄全安无从置辩，此项凶器曾由中队长艾南薰送交联防处转在案，彼时唐全三因情虚畏懼牵连旋在两岔乡请客说情，本管保甲罗衡升、唐瑞成等具在座可证，此属实在情形。岂知江北法院检察处至今对于此案已获之要犯王辉福等反予释放，在案之要犯黄全安等反曰不传，当庭不问所控案情只谕民下去，何异反为劫财杀人者所快而使罹劫财杀人之祸者冤沉海底也。民因父仇所在，哽咽之余应不服江北法院检察处之宽贷上述被告等，屈法长恶，特为掬陈情形提起抗告到案，恳请钧院俯予调卷核办，以重民命而肃法纪，不胜沾感之至。

　　谨呈

　　四川高等法院第一分院检察处公鉴。

中华民国三十五年五月十六日

具状人：陈华亮

121.孟君璞过失致于死案

被告：孟君璞

罪名：过失致于死

中华民国三十八年三月十日

本卷连底面目录共计 35 页

讯录口供单

二月十日

孟君璞，男，三十二岁，河南开封人，现住太平门邮政管理局，职业：驾驶汽车司机。

问：你驾驶汽车多少时间了？

答：我驶汽车已有十二年余了。

问：你在邮局是驾驶多少号的汽车？

答：我是驾的是 21-1227 号的邮政卡车，邮局编号是 3926 号。

问：你今天是从何地驶往何处的呢？

答：我是今晨从太平门局里送航空邮件。

问：你驾汽车行驶化龙桥是如何将行人压毙的？

答：我驾驶至化龙桥正街电信厂门前，遇有一抬枢出葬的丧事，由城内至小龙坎方向，行至右边的急有行人在抬丧的人群中猛然横过马路。我见该行人已强过路心突然他又转回，神色不定的样子停在那里。故将其撞死并非压死。

问：你既知将其撞倒为何你要强迫地逃走呢？

答：因为我送有航空赶班要件，如果我停下来对于该信件的军机赶之不及。所以我赶急驶走了。

问：以上供称是否确定。

答：概是实在的。

问：你平时到白市驿几点钟出发。

答：我平时是八点钟出发，而今天因邮包大多，六点钟才出发车子速度比往常稍快一点。

被讯人：孟君璞

讯录口供单

二月十日

张志臣，男，三十一岁，广安县人，现住磁器口四川省立教育学院，职业：警卫。

问：你与死者是什么关系？

答：死者是我侄孙子是亲的族人。

问：这死者叫什么名讳，他家里有无父母兄弟呢？

答：死者乳名张毛子，他家里只有母亲张周氏并无兄弟，在家父亲早死。

问：你可以与死者负完全责任否？

答：我可以与死者负责任。

问：你对死者有何主张。

答：我对死者有两个主张。第一是死者衣棺由肇事人厚葬，第二是死者母亲生活费用。

问：你愿意兴讼否。

答：愿到法院解决请求贵分局与我们解决。

被讯原告：张志臣

呈报孟君璞驾驶第 39-26 号邮车撞伤致死张毛子一案，业凭中证人劝导在外和解。请鉴核备案由。

窃民侄孙张毛子于民国三十八年二月十日晨六时行经化龙桥因横越马路碍于地势，被孟君璞所驾驶第 39-26 号邮车撞伤殒命。

钧局存案，兹因死者寡母远在广安不能前来，民系死者亲叔祖理应就近代为料理。顷经朱保长森铨及中证人李钟熙、唐俊伯及唐相廷诸先生劝导，双方情愿和解谨将双方所立和解书一份备文送呈，敬祈鉴核准予备案。

谨呈

重庆市警察局第八分局

附和解书一份

民：张志臣谨呈

中华民国三十八年二月十一日

[**和解书**]

立和解书人：张志臣、孟君璞。

兹因张志臣姪孙张毛子于民国三十八年二月十日行经化龙桥，横过马路阻于地势被孟君璞行驾驶第 39-26 号邮车撞伤殒命，除已在警察八分局备案外，经凭当地保长朱森铨及士绅唐俊伯、李钟熙、唐相达诸位先生劝导，双方情愿和解。由孟君璞赔张毛子家属代表张志臣金元十三万元。丧葬及运柩回籍等项悉由张志臣料理，余额作为死者老母生活费用。法律责任双方均不追究。并经在证人一体证明张志臣确系死者张毛子家属全权代表。上项调解经双方同意绝无反悔，并烦在证人一件签章交警察八分局存一份，双方各抄一份存查。

立和解书人：张志臣、孟君璞、李钟熙、唐俊伯，在证人：唐相达，张明贵、张明友、李文钦。

代笔人：韩世寿

中华民国三十八年二月十一日

四川省□□渝同乡会□□

迳启者敝同乡会会员张明贵、张志臣函称死者系其之孙，经同乡查明属实。据各方人士谈该车肇事情□□伤害人命恳请 钧座准予严办，并且死者家有老母，兄在前方服役，家庭贫苦万分。如何处理体念伊之老母年迈无一人料理家庭为荷。

此致

重庆市警察局第八分局公鉴。

兼主任：宋森铨

重庆市警察局第八分局代电

重庆地方法院检察处钧鉴：本（十）日午前七时许，有 3926 号邮政汽车在化龙桥正街电信厂对出马路处，将一行人张毛子（男性，十八岁，广安人，拉船业）压毙。请即派员莅场勘验以重人命。重庆市警察局第八分局分局长刘桐灰印。

勘验笔录

时间：民国三十八年二月十一日上午十一时。

地点：本市化龙桥第八分局。

问：张志臣，年籍等。

答：年三十一岁，广安人，住磁器口教育学院任警卫。

问：死者张毛子是你什么人？

答：是我□□。

问：他有多大年纪，何处人？

答：十八岁，广安人。

问：他是何时被汽车压倒的？

答：是昨天晨早被汽车压倒的。

问：在什么地方压倒的。

答：化龙桥街上压倒的。

问：汽车是何处的？

答：是邮政局的车子。

问：司机挡获没有？

答：挡获了的。

问：压倒身上何处？

答：压倒他的头部及脚部。

问：你有什么［要求］？

答：请求死者安埋费及他母亲的生活费。

问：你还有什么话说没有？

答：没有什么话说。

上笔录当场承认无异。

张志臣

中华民国三十八年二月十一日

书记官：朱忠贤代

检察官：

领尸体结文

具领尸体结人　　兹因　告诉一案已蒙督员验明填具验断书在卷。今当检察官台前谨领得张毛子尸体一具。遵谕安历静候侦查将具领尸体结是实。

谨呈

重庆地方法院检察处公鉴。

具领尸体结人：张志臣

中华民国三十八年二月十一日

重庆市警察局第八分局呈

事由：为呈报处理3926邮政汽车在化龙桥正街压毙行人张毛子一案，捡呈有关各件请予鉴核由。中华民国三十八年二月十八日

一、本（二）月十日据化龙桥分所呈称，本（十）日晨七时许有3926邮政汽车在化龙桥正街压毙行人张毛子。该车于肇事后即行逃走，当派员警赶山洞，于是日午后始将肇事汽车及该车司机孟君璞带所。死者家属张志臣亦闻讯赶来，除死者母亲由张志臣以电话通知其速来渝办理死者善后外，谨将司机孟君璞及死者家属张志臣等二名连同肇事汽车一并送请法办。

二、经讯被原被两造供，同供司机孟君璞自认于本月十日上午七时许在化龙桥正街因驾驶不慎致将行人张毛子压毙，不废墟嗣。据该原被两造邀请地方人士调解赔偿民事两甘自息事。死者张毛子经电请　钧处派员莅临验勘后，业由其家属张志臣掩埋。

三、至肇事汽车据该局来函以邮运紧急不能间断，业问候语其暂行领回。司机孟君璞驾驶车辆速度过快，致将行人张毛子压毙。民事部门已由该原被两造自行协议解决。惟过失杀人已涉及［刑法］，具妥保听候传案讯办。

四、将本案处理情形并检呈有关各件一并随文赍呈请予依法传究。

上四项谨呈

重庆地方法院检察处。

附呈邮局汽车站公函一件、领条一纸、孟君璞口供一纸、保状一件、张志臣口供一份、呈请和解报告一件、和解书一纸、广安同乡会公函一件。

重庆市警察局第八分局分局长刘桐

地方法院检察处钧启

重庆市警察局第八分局缄

事由：为公务迫切需要函请光行开释本站在押司机孟君璞由

查本站司机孟君璞于本年二月十日夺六时自渝驾驶 39-26 号邮车赴白市驿送交军机邮件，行经化龙桥地方适张毛子自马路右侧出殡行列之前急驰横越马路忽又折回致被车头撞伤头部重伤殒命相关司机当经贵局拘押□办现民事部分业经肇事双方和解和解书业经送请贵局存查，在卷刻本站急需司机驾驶邮车前已电请成都西川邮政管理局急派司机代替亦以名额不敷经未派到，兹以邮运不一日中断为维持公务起见贵局或重庆地方法院传讯时自应转饬□□另立保证书送查外相应函请查照，惠予先行开释，用维邮运致级公感。

此致

重庆市警察局第八分局

站长：李文钦

本站第 39-26 号邮车一辆兹以公务需用先行领回此据（明日九时仍以原车开来）。

重庆邮政汽车管理站。

站长：李文钦。

三十八年二月十日

江津县人在化龙桥正街开设怀卿商店商号，情愿担保邮车司机孟君璞开释在外，嗣后钧局或法院传讯保证随传随到，绝不延误所具保证书是实。

谨呈

重庆市警察局第八分局

保证商号：怀卿商

化龙桥邮局

查保人：袁风鸣

重庆地方法院检察官起诉书

被告：孟君璞，男，三十二岁，住太平门邮政管理局。

上开被告民国三十八年度特侦字第五二一号过失致死案件，业经侦查终结。认为应行起诉兹将犯罪事实及证据并所犯法条叙述如下。

查被告孟君璞于本年二月十日驾驶邮车行经化龙桥正街，不慎将行人张毛子撞伤毙命之事，实业据其在警察八分局自白不讳，核与验断结果亦相符，合罪证确凿实。有刑法第二百七十六条第二项之犯嫌，合依刑事诉讼法第二百三十条第一项起诉。

此致

本院刑事庭

计送卷一宗

被告在保

中华民国三十八年二月二十四日

重庆地方法院检察官

书记官：

本件证明与原本无异。

重庆地方法院检察官起诉书

被告：孟君璞，男，三十二岁，住太平门邮政管理局。

上开被告民国三十八年度特侦字第五二一号过失致死案件，业经侦查终结认为应行起诉，兹将犯罪事实及证据并所犯法条叙述如下：

查被告孟君璞于本年二月十日驾驶邮车行经化龙桥正街，不慎将行人张毛子撞伤毙命之事实，业据其在警局八分局自白不讳，核与验断结果亦相符合，罪证确凿实。有刑法第二百七十六条第二项之犯嫌，合依刑事诉讼法第二百三十条第一项起诉。

此致

本院刑事庭

计送卷一宗，被告在保

中华民国三十八年二月二十四日

重庆地方法院

检察官：杨方伯

本件证明与原本无异。

书记官：

中华民国三十　年　月　日

[送达书]

书状目录：民国三十八年特字第十四号过失杀人传票件。

受送达人：被告，孟君璞。

中华民国三十八年三月十九日

重庆地方法院执达员：施绍振。

书状目录：民国三十八年特字第十四号过失杀人案送达左列各件通知一件。

受送达人：检察官杨

中华民国三十八年三月十九日

重庆地方法院执达员：施绍振。

被告：孟君璞。

中华民国三十八年四月十二日

上列情事人过失路人于死，业经本院于中华民国三十八年四月十二日字，兹将罚刑事庭出席。

[庭审笔录]

审判长推事：刘□□。

书记官：周□□。

点呼上列当事人入庭。

书记官朗读□

［被告人］孟君璞，男，三十二岁，住太平门□□。

问：以前犯过罪吗？

答：未曾。

检察官转述。

问：孟君璞你□□□。

答：那天我开车到化龙桥，张毛子横撞过来车子停不及就撞死了。

检察官被告本案依法判决。

问：孟君璞还有何话说。

答：请从轻判决。

上笔录与当庭朗读无异。

孟君璞

中华民国三十八年四月十二日

重庆地方法院书记官：周文姪

推事：刘天庆

宣判笔录

被告：孟君璞（未到）。

　　被告因过失致人于死案件于中华民国三十八年四月十四日午十时在本院刑事法庭宣告判决出席职员如下。

　　推事：刘天庆。

　　检察官：

　　书记官：蒋□□。

　　点呼事件后被告。

　　推事起立宣告判决主文并告以判决理由之要旨，谕知各当事人，于接受判决书送达后十日内得向本院提出上诉状声明上诉。

　　推事问：被告是否舍弃上诉权

　　答：

中华民国三十八年四月十四日

重庆地方法院刑事庭

书记官：

推事：刘天庆

四川重庆地方法院刑事判决

三十八年度特字第一四号

公诉人：本院检察官。

被告：孟君璞，男，三十二岁，太平门邮政管理局。

上列被告因过失致人于死，案件经检察官提起公诉本院判决如下：

主文

孟君璞因业务上之过失致人于死，处拘役五十日并科罚金三千元。

事实

被告于本年二月十日驾驶邮车行经化龙桥正街，不慎将行人张毛子撞伤毙命之事实，业据其在警察第八分局供认不讳，经该局电请检察派员莅场勘验相符，填单在卷，复经检察官侦讯起诉。

理由

上述犯罪事实业经警局将被告肇祸之人车在化龙桥并挡获，更有尸家亲属张志臣在勘验时指陈，历历验明撞伤致死，填单附卷；被告在审判中已自白与事实相符，应负刑责。惟该两造立有和解书，给有丧葬费，而犯罪又出于过失，故处以相当之拘役并科罚金。据上论结合依刑事诉讼法第二百九十一条上段，刑法第二百七十六条第二项判决如主文。

本件经检察官杨方伯莅庭执行职务。

中华民国三十八年四月十四日

案由：过失致死

被告：孟君璞

重庆地方法院刑庭片

三十八年度特字第一四号

案查孟君璞过失致人于死一案业经本院依法判决已于五月十六日确定，相应检同卷判片送请查明为荷！

此致

本院检察处

计送原卷二宗，判决二份，被告在保

中华民国三十八年七月二十日

重庆地方法院检察处传票

被传人姓名：孟君璞。

被传事由：讯。

中华民国三十八年八月六日

应送达之文件：民国三十八年讯字第九二二号为八月六日一案传票乙件。

应受送达人：孟君璞。

中华民国三十八年八月

送达人司法警察：施光华。

问：姓名，年籍。

答：孟君璞，三十二岁，河南人，住太平门邮政管理局司机。

问：你今年二月十号在化龙桥驾车时压死一人，叫张毛子，有这回事吗？

答：有的。

问：法院已经判决了送来执行五十天拘役。

答：我现在业务上很忙。

检察官□□监执行拘役五十日

孟君璞

中华民国三十八年八月二十五日

书记官：张德乐

检察官：

被告姓名：孟君璞

案由：过失致死。

羁押理由：执行徒刑。

中华民国三十八年八月二十五日

检察官：司法警察。

应讯人到场报告单。

民国 年度字第九二二号

指定 月 日 午 时 分讯问兹将到场人报告于后

被告：孟君璞

检察官鉴核

中华民国三十八年八月二十五日

收到孟君璞执行书判决书各一件

重庆地方法院检察官的执行徒刑拘役指挥书

查判决确定刑事人犯一名，合行直具执行书并附判决书送交贵监验收执行。

此致

四川重庆监狱

附判决书一件

计开

人犯姓名：孟君璞

年龄：三十二岁

住所：在押

罪名：过失致人于死

刑名：拘役

刑期：五十日

执刑起算日：三十八年八月二十四日

执刑期满日：三十八年十月十二日

注意：如遇停止执行须另行更新计算，执行期满日本执行书失其效力。

中华民国三十八年八月二十五日检察官

案由：过失致死

检察官：杨方伯

书记官：邹君平

收案日期：民国三十八年二月十日

结案日期：民国三十八年二月二十四日

被告：孟君璞

本卷连底面共 28 页

重庆邮政汽车管理站公函

中华民国三十八年十一月十一日

事由：为函请先行发还 39-26 号邮车以维邮运由。

  查本站第 39-26 号邮车（牌照 21-1227）于本年二月十日晨六时自渝市赴白市驿送交军机航空四件，途经化龙桥时适有出丧行列自化龙桥赴小龙坎方向沿马路右侧偏中前进。该车由同一方向自马路中间偏左以正常速度前行，适有行路人张某自出丧行列之前（即马路右侧）突奔赴马路左侧，正经过车前本已越过张某忽又折回，事出仓卒虽急速刹车，终因不能立刻停止致被左轮创伤旋即殒命。除肇事责任应请查照惠问候语先行领回应用至级公谊。

  此致

重庆市警察局第八分局

站长：李文钦

122. 孟以珍过失杀人案

案由：过失杀人
告诉或告发人：王金富（十一分局送）
被告：孟以珍
侦查结果：起诉
中华民国三十七年四月十七日

重庆市警察局第十一分局呈

中华民国三十七年四月十七日
事由：为呈解指控庸医杀人之原被告及供单并请讯办由。

  案据本分局玄坛庙所呈解单称："案据王金富报称'我丈母患凉寒病于本月十一日上午有女医孟以珍者由街上过路，我即将她请来诊治，殊她不明医理乱拿药服，于十四日将药吃下，是日就不能吃饭同时病加厉害，不幸于今（十六）日上午身死，请所严办，并追赔命价'等情前来，查事关命案职未敢擅处，经讯口供如供单（附供单）理合检同口供解请钧分局讯办"等情附呈解如文，据此经侦讯该两造各扫一词莫衷谁是。查本案死者是否药误所致，本分局无法鉴定，案关指控庸医杀人有□□章理合备文将原案呈解钧处鉴核讯办！
  谨呈
  重庆地方法院检察处
  附呈解原告王金富被告孟以珍共两名供单二纸

重庆市警察局第十一分局分局长：吴必信

口供单

王金富：二十岁，遂宁人，住中学街八十二号附一号。

  问：你为甚么事情?
  答：因我丈母患凉寒病，于本月十一日上午有女医生孟以珍者由街上过路。我即将她请来诊治。殊她不明医理乱拿药服，于十四日将药服下，是日就不能吃饭，同时病加厉害。不幸于今（十六）日上午身死。此案以生命为儿戏之庸医，请以严办并追赔命价。

  问：说的实话吗?
  答：实话。

具供人：王金富
三十七年四月十六日

口供单

孟以珍，四十岁，巴县人，住新生院三十三号。

问：你当医生请有医师执照否？

答：我没有医生执照。

问：你行医多少年了？

答：有二十九年了。

问：王金富的丈母是你医的吗？

答：是我医的。

问：你拿此甚么药她服？

答：我拿的些丸药给她服。

问：她服你的药后为何死了？

答：她是出麻子才死的。

问：都是实话吗？

答：是实话。

具供人：孟以珍

三十七年四月十六日

应讯人到场报告单

民国　年度　字第　号指定　月　日　午　时分讯问，兹将到场人报告于后。

告诉人：王金富。

被告：孟以珍。

检察官　鉴核。司法警察。

中华民国三十七年二十月十七日

问：王金富，年籍或住？

答：年二十岁，遂宁人，住中学街八十二号附一号。

问：是何事？

答：告孟以珍以药杀死我岳母林余氏。

问：林余氏原患何病？

答：系患气喘病。

问：何时吃药？

答：孟以珍是三月初二日看病，初三吃药，初八日（四月十六日）死去的。

问：孟以珍□□吃药？

答：她没有主方，是些丸药。

问：林余氏尸停何处？

答：该孟以珍处停起。

问：孟以珍，年籍或住？

答：四十六岁，本市玄坛庙新生院三十三号。

问：你行医多久？

答：二十九年。

问：有执照吗？

答：是祖传，无医生执照。

问：林余氏是你□□？

答：三月初二日我帮她看脉，曾以止咳丸给她吃。

问：林余氏初三日吃了你药初八日就死了？

答：我初四日去看，她说病已好转，不知何故于初八日死了。

问：她患何病死的？

答：是出麻子死的。

为此□□读证明无异。

王金富　押

孟以珍　押

三十七年四月十七日

勘验笔录

时间：三十七年四月十九日下午

地点：玄坛庙新生院。

在场人：尸亲王金富。

十一区二十二保保长：颜玉卿。

警校学员：萧超俊。

问：王金富，年籍，住所？

答：二十岁，遂宁人，织布，住玄坛庙中学街八十二号附一号。

问：林余氏是你什么人？

答：是我岳母。

问：她是哪天死的？

答：阴历三月初八死的。

问：她是怎样死的？

答：吃药毒死的。

问：她死前得病否？

答：原有凉寒病。

问：吃哪个医生的药？

答：是孟以珍医的。

问：是哪天吃孟医生的药？

答：三月初二日吃的。

问：吃的什么药？

答：孟医生给的丸药她吃。

问：萧超俊，年籍住等？

答：三十二岁，浙江人，警校学员，在警校。

问：余氏是你的佣工吗？

答：是的。

问：她帮你好久了？

答：有四个月。

问：她是何时得病的？

答：她得病前我不知道，三月初六日吃孟医生的药后病即变得重了，校医诊断是肾脏坏了。住院医治后经受害人家属及孟医生同意后，经孟医生处继续医治，初七午后六钟抬去，次日午后五时许死的。

问：（王金富）林余氏死后愿意领尸吗？

答：愿意领。

问：颜玉卿，年籍住等？

答：三十七岁，巴县人，屠牛，住玄坛庙新生院六号。

问：你是二十六保保长吗？

答：是的。

问：孟以珍是住在你保里吗？

答：是的。

问：她是医生吗？

答：她不是正式医生，平时是算命的。

问：林余氏是她医过的吗？

答：不知道。

问：林余氏是何时死的？

答：四月十一日午后二点钟许死的。

上笔录经朗读无异。

王金富　押

颜玉卿　押

萧超俊　押

三十七年四月十九日

检察官：

领尸体结文

具领尸体结人王金富，兹因告诉孟以珍杀人一案，已蒙督员验明填具验断书在卷，今当检察官台前谨领得林余氏尸体一具，遵谕安历静候侦查，特具预尸体结是实。

谨呈

重庆地方法院检察处公鉴。

具领尸体结人：王金富

中华民国三十七年四月十九日

刑事诉状

具保人：苟青山，四十五岁，住南岸玄坛庙中学街十九号，职业，苟森技记。

被保人：孟以珍，四十岁，巴县人，住南岸玄坛庙新生院三十三号。

（一）具保之原因：警局函送被告杀人一案庭谕饬取保候传讯。

（二）具保之关系：友谊。

（三）具保之责任民实□□被告孟以珍□□并代收本案一切□件，倘有藉□□不案等情由民负责交案，中间不虚，具保实。

谨呈

重庆地方法院检察处

中华民国三十七年四月十七日

具状人：苟青山

刑事辩诉

辩诉人：孟以珍，女，四十岁，住南岸玄坛庙新生院三十三号，职业：医。

告诉人：王绍荣，男，年龄未详，本市人，住南岸中学街操场坝二八号。

为被警察局误认王绍荣告诉被告业务过失嫌疑送请侦查一案，辩诉处分本案由：查死者林嫂系萧某之雇工于民国三十七年古三月初二日因患咳嗽病向被告求医，取诊药费五万元当付三万元下欠二万元，被告对症发药为沉香丸一包专医咳病症，被告因在初四日向该林嫂索款据称病状较好转，同月初七日该萧某请被告至家看病，始称被告错发医药，被告当同检查林嫂身体发现红斑点，知为病转为痘痳刁林嫂之妻五林氏（即王绍荣妻）谓被告有业务过失送人到家，被告与之同赴警察十一分局复请同保长颜玉卿及警察局等，同至被告处所相验亦为痘痳，乃嘱王林氏将人领回，次日林嫂毙命，被告因与王林氏之母医治咳嗽病所发为沉香丸，并非毒药，虽该萧某与其婿王绍荣误会，谓被告有业务过失，致死林嫂之媳，被告身为女医，为人治病以医治他人为目的，其心专为社会人群服务，未具供医杀人意旨，不过林嫂之病先为咳嗽转为痘痳是为病症发生变化，林嫂为痘痳症而死，并非系被告所发之沉香丸所毒害，被告实无负业务过失之明证，查林嫂之死因，既为咳嗽病而转为痘痳症因病而死，被告虽在前与医咳嗽病，所发药品纯系对症下药并无毒害意思，纵该萧某与王绍荣告诉，谓被告涉有业务过失致人于死，有钧院之派法医师当同督栓林嫂尸体被告在医林嫂之病，总之并无业务过失，事有误会，请求详查检验尸体，对被告上开事实予以不起诉之处分。

谨状

重庆地方法院检察处公鉴。

中华民国三十七年四月二十日

具状人：孟以珍

告诉人：凌汉臣，男，四十二岁，岳池人，住本市南岸野猫溪中学街八十二号。

被告：孟以珍，女，四十岁，四川巴县人，住本市南京十区二十六保。

为假借行医，故意杀人，依法告诉，恳予严拘到案，侦讯起诉，论罪追偿命价，以惩不法而重人命事。

窃告诉人籍隶岳池，系因抗战出征军人，迄国战赦平四川在前下力营生，家境贫苦，有原配发妻林余氏（即受害人）及小女二人适值物价高涨，下力家缴不敷，乃告诉人之妻林余氏在本市南岸弹子石复兴路三十四号警校学员萧超俊家帮工，充当庸妇，殊于本年四月十四日（即古历三月初六日）偶患痰喘在门外小憩之际，忽被告孟以珍路过门口，虽属近邻彼此寒暄，谈叙病源，被告声称"我能包医此病要药资六万元"等语，告诉人之妻（即死者）林余氏当给被告法币三万元之后，该被告孟以珍即给死者凌余氏各种颜色之丸药十余粒，嘱即吞服立愈见效，但死者系妇女不明药性之猛毒，信为真实，遵嘱而服，钧逾二小时后即头晕眼花腹痛如绞，嗣至半夜病势转剧，经十五日拂晓（即初七日）由雇至萧超俊央请警校医诊治据云，中毒过深医贤赃腐坏拒不发药催送医院检视，当经雇主通知告诉人之女会同被告孟以珍同往萧宅省亲看病，被告孟以珍亲口承认系服其药丸所致，并认诺抬至伊家当众应允负责延医诊治，乃经死者及其女同意抬往被告住宅，系本月十五日（即初七日）午后六时，但死者既抬往被告家中，不但不用解毒药剂，友视人命如草菅，加死者以权残为儿戏，使死者匍匐呻吟奄奄一息惨状难长之权威且詈骂不休，延至次日十六日（即古历初八日）午后五时擅用强迫手段将死者拖于门外，死者临终时以致流血口外毙命，似此不法行为掷尸暴露三日，言念及此，实为签心，乃报钧处蒙检察官会同法医吏警亲身莅场，检验尸体腹部发黑，口中腐滥血迹模糊确系生前中毒加害毙命烁然可见，查被告假医敲诈，故意杀人罪证确凿，犯刑法第二百七十一条之杀人罪嫌已无狡展脱卸刑责之余地，死者不明冤屈莫伸，窃告诉人因糊口，他乡闻悉恶耗后跟即返渝至经过情形，死者之女婿王金富深知綦详可资质证。爰依刑事诉讼法第二百一十四条第二项三规定提起告诉。伏乞鉴核俯准迅票严拘被告孟以珍到案侦讯，起诉论罪，追赔命偿，以凭不法而重人命，实沾德便。

谨状

重庆地方法院检察处公鉴。

证人：王金富

中华民国三十七年四月二十三日

具状人：凌汉臣

岳池县旅渝同乡会公函

岳渝函字第三号

查本县人林余氏被庸医孟以珍误投药石致死，业经其婿夫凌汉臣诉请贵处请求法办在案，本会以林余氏惨死堪怜，误人良医理无可宥，特请依法严惩以维人权至级公谊。

此致

重庆地方法院检查处

理事长：赖健君

中华民国三十七年五月　日

被告：孟以珍，女，年四十岁，中医，住南岸野猫溪新生院三十三号。

被告素以行医为业，于本年四月十日（即旧历三月初二日）为林余氏诊病给以止咳丸染服用，旋于同月十六日死亡之事实，业据其自白不讳，虽称系对症下药，但经法医师难明，该林余氏全身皮□呈紫蓝色，系服植物卤中毒致死，并填具验断书在卷，是被告因业务上过失致人于死之刑责殊堪认定，实有刑法第二百七十六条第二项之犯嫌，爰依刑事诉讼法第二百三十条第一项起诉。此致

本院刑事庭

计送卷一宗被告在保

中华民国三十七年四月二十七日

检察官：李善群

罪名：过失杀人

被告：孟以珍

检察官：李善群

推事：林绍衡

书记官：文栋业

本卷连面底目录共计 40 页

四川重庆地方法院检察官起诉书

被告：孟以珍，女，年四十岁，中医，住南岸野猫溪新生院三十三号。

上列被告民国三十七年度特侦字第二一九二号过失杀人案件业侦经查终结，谓为应行起诉，兹将犯罪事实及□据并所犯法条叙述如下。

被告素以行医为业，于本年四月十日（即旧历三月初二日）为林余氏诊病，给以止咳丸药服用，旋于同月十六日死亡之事实，业据其自白不讳，虽称系对症下药，但经法医师验明□林余氏全身皮肤呈紫蓝色，系服植物卤中毒致死，并填具验断书在卷，是被告因业务上过失致人于死之刑责殊堪认定，实有刑法第二百七十六条第二项之犯嫌，爰依刑事诉讼法第二百三十条第一项起诉。此致

本院刑事庭

计送卷一宗

中华民国三十七年四月二十四日

重庆地方法院

检察官：李善群

本件证明与原本无异。

中华民国三十　年　月　日

案件审理单

三十七年特三〇号

过失致人死案定于本年六月二十五日下午二时审□应行通知及□。

被告：孟以珍，南岸野猫溪新生院街三十三号及保人苟青山。

告诉人：王金富，南岸中学街操场坝二十八号。

送达证书

[民国三十七年特字第三〇号过失致人死案传票一件，分别送达告诉人王金富、本院检察官：李]

笔录

告诉人：王金富。

被告：孟以珍。

□□等人因过失致人死案经本院于中华民国三十七年六月二十四日午后时间，刑事庭出席职员如下：

审判长推事：蒋

书记官：

点呼下列当事人入庭。

书记官朗读案由。

问：王金富，年职？

答：二十岁，遂宁人，住南岸中学街。

问：是你何人死？

答：我岳母。

问：你何日找孟以珍诊治？

答：三月初四，药是在孟以珍处拿的，为□□各色都有。

问：何日死的？

答：初八死的。

问：孟以珍年籍？

答：四十岁，巴县人。

问：你挂牌行医的？

答：没有。

问：林余氏生的什么病？

答：喘咳病。

问：你给的什么药？

答：□□元在九坝桥买的，共给的五□□。

问：王金富的岳母死时怎□□。

答：你岳母死前叫了□□。

此笔录当庭朗读无异。

孟以珍　押

王金富　押

中华民国三十七年二月二十五日

重庆地方法院书记

推事：蒋□葆

被告孟以珍过失致人死案由民继续承保。

谨呈

重庆地方法院公鉴。

具保人：苟金山即青山

中华民国三十七年六月二十五日

事由：为函请化验丸药是否会有毒质见复由。

中华民国三十七年七月三十一日

全衔公函

案查本院受理孟以珍过失杀人一案，据该被害人之亲属凌汉臣称被害人之死，系被告错发丸药所致，检呈经饬被告提示所用丸药□□何种原料构成是否含有毒质及是否服此丸药即行致命，相应函请查照详为化验，传化验结果见复，以便核办为荷！

此致

重庆市卫生局

附丸药一包

事由：兹请化验丸药是否含有毒质一案函复查照由。

重庆市卫生局公函

中华民国三十七年八月二十四日

案准本院三十七年八月五日申字第五一九七号公函内附送嘱一化验见复等由，准此当经本局送交卫生试验所化验去后。兹据该所之报化验结果前来相应检同原化验报告函复。

查照为荷。此致

重庆地方法院

附原化验报告书一件

局长：李□郁

重庆市卫生局卫生试验所化验报告

品名：丸药（孟以珍）。

请验者：重庆地方法院。

供应分量：一包（红色三粒，黑色四粒）。

剩余分量：无。

封口状况及外观性状：装纸袋内。

收到日期：八月十四日。

化验开始日期：八月十五日。

报告日期：八月十八日。

化验目的：鉴定含毒质否。

化验结果：按照中华药典分咖喱作下之试验。

铁：无（本品外貌似红色补丸，故试其有无铁质）。

砒：无（Beand's bicl）。

汞：无。

注：本品供应分量过少，不敷作有机毒物之鉴定。

案件审理单

过失致人死案是于本年九月十五日下午二时审理应行通知及提传人如下：

应传：孟以珍保人苟金山即青山住中学街一九号携带丸药五十粒。

报告于九月十四日

奉交下三十七年度特字第三〇号为孟以珍过失致死一案传票一件，遵即前往送达，查被告孟以珍住中学街，保人苟金山即青山处，经警启蒙寻探询，尚未得获其中宁街之地名，似此情形无从送达，理合报请鉴核。

谨呈

推事：钧鉴

法警：陈祥贵

重庆地方法院刑事传票

姓名：孟以珍。

事由：讯。

三十八年度特字第三〇号过失致死。

备考：携带丸药五十粒。

住所：保人苟金山（即青山）住中学街一九号。

中华民国三十七年九月七日

案件审理单

过失杀人案，定于本年十月八日下午二时审理，应行通知及提传人如下：孟以珍、苟青山系住南岸五柱石中学街十九号，携带丸药四十粒。

九月二十日上午发交

送达证书

书状目录：民国三十七年特字第三〇号过失致死案送达下列各件：传票一件。

受送达人：孟以珍

送达处所：南岸新生院三十三号

送达日期：三十七年九月二十四日

中华民国三十七年九月二十一日

重庆地方法院执达员：施□振

重庆地方法院特字〇三二号过失致死

被告：孟以珍

着被告提供丸药五十粒。

中华民国三十七年十月八日

审讯笔录

被告：孟以珍。

上列当事人过失杀人案，经本院民国三十七年十月八日午后时间。出席职员如下：

审判长推事：蒋德葆。

书记官：张

书记官朗读案由。

点孟以珍入庭。

问：年籍住？

答：四十岁，巴县人，住南岸玄坛庙中学街十九号。

问：你药丸拿来没有？

答：我拿来了。

问：好久拿来的？

答：当时拿来的。

问：你好久拿来？

答：明天拿来。

上笔录经朗读受讯人承认无异。

推事谕如庭单

孟以珍　押

中华民国三十七年十月八日

院衔刑庭

书记官：张宇缄

事由：为准函检送丸药请化验是否含有毒质见复由。

中华民国三十七年十月二十一日下午五时

全衔公函

刑特四字第三〇号

案准贵局三十七年八月二十四日卫字第三四七六号公函开附化验报告略载，予本品供应分量过少，函敷作有机毒物之鉴定等由，准此当经本院饬该被告再提示所用丸药五十粒到院，相应函请查照前函详为化验，并将化验结果见复以便核办为荷！此致

重庆市卫生局

附丸药一包（五十粒）

院长：雷

事由：为请化验丸药是否含有毒质一案函复查照由。

重庆市卫生局公函

卫生二字第四三号附一件

中华民国三十七年十一月二十六日　发

案准贵院三十七年十月二十一日甲字第七二九二号公函并附送嘱即化验见复等由问候语此当经本局送交卫生试验即化验去后兹据□□呈报化验结果前来，相应检同原化验报告函复查照为要。此致

四川重庆地方法院

附原化验报告书一份

局长：李云郁

化验报告

品名：丸药。

请验者：重庆地方法院。

供应分量：50粒。

剩余分量：0。

封品状况及外观性状：本品用纸袋盛加章具封。

收到日期：三十七年十月二十八日。

化验开始日期：三十七年十一月一日。

报告日期：三十七年十一月二十日。

化验目的：鉴定本品含毒否？

化验结果：本品系按照系统分析及中华药典之检查法做之，结果本品加氰氧化钾之醇溶液热之变为红色，结论：本品内含有山道宁（santominum）。

案件审理单

被告：孟以珍，南岸五柱石新生院三三号或保人苟青山住南岸五柱石中学街一九号，传。

送达证书

书状目录：民国三十七年物字第三六号过失杀人案送达在下列各件，传票一件。

受送达人：孟以珍

送达日期：三十七年十二月二十六日

中华民国三十七年十二月二十日

重庆地方法院执达员：王鹤鸣

审讯笔录

被告：孟以珍。

中华民国三十七年十二月二十九日

问：孟以珍，年，住，业？

答：四十岁，住五柱石新生院三十三号，药妈。

问：你是中医还是西医？

答：中医。

请检察官李善群陈述起诉要旨。

检察官李善群起诉如起诉书。

问：你行医好久了，是外科还是内科呢？

答：十八岁行医，是内科。

问：你是哪个时候与林余氏医的毛病，你医林余民是什么病？

答：今年三月初二找我医病，他是咳病。

问：你拿什么药给他吃呢？

答：拿发汗丸子。

问：为何要发汗。

答：有寒要发汗。

问：用的什么药品，是自己的药品吗？

答：在城里买的沉香丸，我是买的，不是我自己的。

问：沉香丸是治什么病的？

答：沉香丸医寒症，止咳的。

问：林嫂（林余氏）是哪天死的？

答：林嫂是二月初八死的。

问：什么病死的？

答：是痘麻死的。

问：既是痘麻为何服沉香丸呢？

答：服了沉香丸就后才现痘子麻子的。

请检察论告。

检察官李善群起称本案犯罪事实已明，请依法论科。

问：还有话说没有？

答：没有。

上笔录经朗诵无讹。

谕书并□□本月三十一日定刑。

孟以珍　押

中华民国三十七年十二月二十九日

院衔刑事庭

书记官：

推事：周

四川重庆地方法院刑事判决

三十七年特字第三十号

公诉人：本院检察官。

被告：孟以珍，女，年四十一岁，住南岸野猫溪新生院三十三号，在保。

上列被告因过失致人于死案件，经检察官提起公诉，本院判决如下：

主文

孟以珍业务上过失致人于死，处有期徒刑一年缓刑三年。

事实

孟以珍以行医为业，本年四月十日林余氏因患痘症，孟以珍为之医治，竟认为受寒，应予发汗给以含有山道宁毒质之丸药服用，因未能对症下药，致林余氏服药后即于同月十六日中毒而死，经林余氏之婿王金富告由重庆警察第十一分局移送，检察官侦查，提起公诉。

理由

查已死林余氏经检察官督同法医师验明全身，皮肤呈紫蓝色，可能系服植物卤中毒身死，填具验断书附卷，而被告所用治病之丸药，经送卫生局代验，内含有山道宁，已有化验报告可稽查。被告以行医为业，林余氏原系患痘麻症，事前未能详加诊断，竟认为系受寒给以发汗止咳，而内含山道宁之药品使之服用，以致林余氏中毒身死，自应负过失致人于死之罪责，应即依法科处徒刑一年，以为庸医杀人者戒，惟查被告前未害受有期徒刑以上刑之宣告，认为以暂不执行为适，当特予宣告缓刑，以期自新，基上论结，合依刑事诉讼法第二百九十一条上段，刑法第二百七十六条第二项、第五十七条第七款、第七十四条第一款，判决如主文。

本案经检察官李善群莅庭执行职务。

中华民国三十七年十二月三十一日
四川重庆地方法院刑事第一庭
推事：周口明

宣判笔录

被告：孟以珍。

被告因过失杀人案件，于中华民国三十七年十二月三十一日下午二时在本院刑事法庭宣告判决。出席职员如下：

推事：周元明。

检察官：李善群。

书记官：点呼事件后被告入庭。

推事起立宣告判决主文，并告以判决理由之要旨，谕知各当事人于接受判决书送达后十日内，得向本院提出上诉状声明上诉。

推事问：被告是否舍弃上诉权？

中华民国三十七年十二月三十一日
重庆地方法院刑事庭
书记官：

送达证书

［民国三十七年特字第三○号过失致死案送达判决正本一件，中华民国三十八年元月十九日送达被告孟以珍、本院检察官］

重庆地方法院刑庭片

三十七年度特字第三十号

案查公诉孟以珍过失杀人一案，业经本院依法判决送达于二月二日确定，相应检同卷判片送贵处，请烦查照，为荷。此致

本院检察处

计送原卷二宗，判决二份，被告在保

中华民国三十八年二月七日

123. 王沈氏、王子昆杀人案

四川高等法院第一分院检察处三室卷宗

分案日期：民国二十八年七月十三日岁字第六〇呈原官署：潼南

案由：杀人

检察官：胡恕

书记官：纪

上诉或告发人：检察官

被上诉人或被告人：王沈氏、王子昆

归档日期：民国二十九年七月十二日

四川高等法院第一分院检察处

应另编一检察官第三审上诉案

四川高等法院第一分院检察官咨片

案查王沈氏王子昆杀人上诉一案。业经贵庭判决送达在案。经检察官查核原判，尚有未协，应于法定期内，先行声明不服，提起上诉。希将办理。相应片请贵庭，烦为查照是荷！此致

同院刑庭

检察官：胡恕

（注意）本片文务希附入原卷，以资上级审核，上诉期间幸勿附入尾卷特此声明。

中华民国二十八年七月十三日

四川高等法院第一分院检察官片

案查王沈氏等杀人一案，经贵庭第二审判决后，业经承办检察官查核，认为原判失当，于法定期间内声明上诉，菠按该检察官补具上诉理由书，相应片送贵庭依法办理。此致

本院刑庭

附送上诉理由书三件

中华民国二十八年七月　日

四川高等法院第一分院检察官上诉理由书

被告：王沈氏、王子昆。

上列被告因杀人案，经四川高等法院第一分院于中华民国二十八年六月二十七日第二审

判决，本检察官于同年七月八日收受送达，认为原判失当，除已于法定期间内声明上诉外，蒞特补具理由为志。

查本案被告人黄普兴，身受铁器伤及刀砍伤，共有六处，既按被告王沈氏供称伊用加害，维不无杀人之直接故意，最低限度，应必具有杀人之间接故意，原判决乃与第一审判决持同一之见解，认该被告之意，仅在使人受重伤，因而致死，未免失出。又查被害人黄万兴除受铁器伤及刀砍伤外，其两肘尚受有捆痕二道，为果系在黄万兴受伤前即加以捆缚，来于不可为该被告意在杀人之佐证，原判决对于专点未加详究，无嫌疏忽。再查黄万兴为一年轻力壮之人，而乃谓被告王沈氏以一妇人与一年甫十四岁之王致君，而能加以捆缚，复令其身受铁器伤及刀砍伤至六处之多，并无他人共同实施加害，显属不近情理，被告王子昆与王沈氏同睡至半夜，黄万兴又系死在空屋之内，与该被告等住室相距匪远，乃谓衽王子昆于沈氏半夜起身于该空屋内杀人，毫不知情，显与真正事实不符，原判决怎采取该衽等之事后饰词，维持第一审判决，仅编被告王沈氏以共同杀人受重伤致死及以非法方法剥夺人之行动自由之罪。被告王子昆以共同以非法方法剥夺人之行动之罪，自不是以成信谳。其余理由，已经本检察官于第二审上诉理由书中详细声叙。应请按刑事诉讼法第三百八十九条、第三百九十三条，予以发回之判决。特具上诉理由书为上。

此致
最高法院刑庭。

四川高等法院第一分院检察官谨呈

中华民国二十八年七月十五日

四川高等法院第一分院公函

刑字第五八八九号
中华民国二十八年十月二十一日

事由：函送潼南王沈氏伤害人致死案，人犯至原县羁押候案由。

案查王沈氏因伤害人致死上诉一案，经本院判决后，王沈氏复于法定期间内提起上诉。兹据呈请押回原县候案等情，前来相应将该人犯一名函送贵处查照办理。此致

本院首席检察官

计送人犯王沈氏一名

中华民国二十八年十月二十一日

四川高等法院第一分院检察官训令

检字第〇三八号
令潼南县司法处。

案准本院刑庭函开："案查云云去致"等由；准此。除将人犯王沈氏一名，函送江北县政府遞解外，合行令仰该检察官于人文到时点收羁押，呈报备查。此令！

中华民国二十八年十月二十五日

首席检察官：孔度余

四川高等法院第一分院检察官公函

检字第五二〇号

　　案准本院刑庭函送王沈氏为伤害致死案人犯过处，查系请解原县羁押之件，除令知潼南县司法处外。相应将该案人犯王沈氏一名函送贵府，请烦派递解潼南县司法处点收为荷。
　　此致
　　江北县政府
　　计送人犯王沈氏一名。

中华民国二十八年十月二十五日

四川高等法院第一分院检察处　庭提票回证

　　姓名：王沈氏
　　谨呈
　　四川高等法院第一分院检察处

中华民国二十八年十月二十七日

出监人犯报告单

　　出监人姓名：王沈氏
　　出监原因：提解
　　命令出监之机关：高检处
　　出监日期：二十八年十月二十八日
　　备考：胡熙

［收条］

今收到高一分检察处公函壹件附犯王沈氏壹名。
中华民国二十八年十月二十八日复

　　呈　乙解附卷
　　具声恳状人：王沈氏，年籍在卷，现押第二监狱。
　　为空袭紧张案经上诉，恳请解借以避危险事情因义愤杀人一案（伤害致死），不服钧院二十八年度上字第四六七号所为二审之判决提起上诉三审在案，应候三审公判，曷敢冒渎，缘民本属潼南，来此异乡，家庭难以接济，兼系女流，举目无亲，艰困已极，惨实难言。况又值此空袭紧张，生命危迫之下，倘遭不测，不但民个人牺牲无谓，并必累及幼稚子女，决难为生，言念及此，悲痛万状，是以不避斧钺，哀叩恳，伏乞。
　　仁天鉴怜此惨，赏予速解潼南，既可以避空袭之危险，又可以利家属之接济，如蒙俞尤德载，绣像顶烛，以报此再造之大德矣！谨呈

四川第二监狱所长：汪核转

四川高等法院第一分院检察处公鉴。

具声恳人：王沈氏

中华民国二十八年十月二十七日

四川潼南县司法处呈

二十八年十二月十八日发法字第八〇六号。

事由：为查收羁押人犯王沈氏一名仰祈鉴核备查由。

案准合川县县政府法军字第三四一号公函！为转解人犯王沈氏一名嘱代为羁押一案等由：查该犯业于本年十二月十五日押解过处，除查收羁押外，理合备文呈请钧院俯赐鉴核备查！谨呈

四川高等法院第一分院

中华民国二十八年十二月二十三日收到

署四川潼南县司法处审判官：王闻佑

最高法院刑事判决

二十九年度上字第四〇九号

上诉人四川高等法院第一分院检察官

上诉人即被告：王沈氏，女，年三十九岁，住潼南县塘坝。王子昆，男，年三十七岁，业小贸，住潼南县塘坝。

上上诉人等因被告等伤害人致死案件，不服四川高等法院第一分院中华民国二十八年六月二十七日第二审判决提起上诉。本院判决如下：

主文

原判决及第一审关于使人受重伤因而致死，暨执行刑部分之判决均撤销。

王沈氏共同伤害人致死，处有期徒刑八年。

妨害自由部分发回四川高等法院第一分院。

其他上诉驳回。

理由

检察官上诉意旨谓，查此案被害人黄万兴身受铁器伤及，刀砍伤共有六处，既据衽王沈氏供认系由伊所加害，纵令无杀人之直接故意，最低限度亦必具有杀人之间接帮意。原判决乃与第一审判决持同一之见解，认该被告之意仅在使人受重伤因而致死，未免失出，又查被害人黄万兴除受铁器伤及刀砍伤外，其两肘尚受有捆痕二道，如果系在黄万兴受伤前即加以捆缚未始不可为，该衽意在杀人之佐证，原判决对于此点未加研究亦嫌疏忽，再查黄万兴为一年轻力壮之人，而乃谓被告王沈氏以一妇人与一年甫十四岁之王致君，而能加以捆缚，复令其身受铁器伤及刀砍伤至六处之多，并无他人共同实施加害，显属不近情理，被告王子昆既与王沈氏同睡至半夜，黄万兴又系死在堂屋之内，与该衽等住室相距匪远，乃谓衽王子

昆于沈氏半夜起身于该堂屋内杀人，毫不知情，显与真正事实不符。原判决怎采取该衽等之事后饰词，维持第一审判决，仅编被告王沈氏以共同使人受重伤致死及以非法方法剥夺人之行动自由之罪，被告王子昆以共同以非法方法剥夺人之行动之罪，自不是以成信谳。王沈氏上诉意旨对于砍伤黄万兴致死情事并不否认，所斤斤置辩者无非谓黄万兴与伊弟妇王何氏通奸，被伊遇见将其扭获，原拟送官究办，乃黄万兴竟敢将伊右手背咬伤，伊一时气忿，顺取刺刀将其砍，实系当场激于义愤与普通伤害人致死之情莆不同。原审维持第一审适用刑法第二百七十八条第二项之规定，判伊罪刑实难甘服，王子昆上诉意旨略谓，民于是夜天将明时，闻有喧嚷声，因与黄万兴之父黄三太同往看望，疑为窃盗，遂同问捆倒没有，第一审笔录误将王沈氏供词记为王子昆叫他将黄万兴捆倒，判伊徒刑四月，实系无辜受累各等语。查上诉人即被告王沈氏于民国二十七年六月一日（即废历五月初四日）破晓时，见已死黄万兴在其弟妇王何氏门首站立，疑为前往行奸，当即上前捉捕，彼此互相揪扭，其子王致君遂至厨房内取一刺刀交与王沈氏，共同将黄万兴砍伤，黄欲图逃未遂，跑至堂屋因伤重倒，地旋即毙命，此项事实业据原审采取王沈氏迭次自白及王何氏之述词，暨潼南县司法处验明黄万兴委系因受刀伤身死，所填具之验断书予以认定，并以王沈氏与黄成兴素无仇怨，因捉奸互殴，致用刺刀将其砍伤毙命尚难认为有杀人之故意，至黄万兴之父黄三泰虽指诉王子昆图财害命，但原审依据该当诉人供称，王子昆叫我站在堂屋门外，他有无动手去杀，我不知道，质之黄□□新亦称，我的老人听见黄万兴说是王沈氏同王致君杀了他云云，认王子昆杀人嫌疑不能证明，已于判决理由内予以阐明。检察官上诉意旨，谓黄万兴系一年轻力壮之人，决非王沈氏母子二人所能加害肇事之，夜王子昆既与王沈氏同床睡宿，其于王沈氏之行凶不能诿为不知，且黄万兴受伤至六处之多，又系铁器伤与刀砍伤，是被告等最低限度亦必具有杀人之间接故意云云，本院按犯罪事实应依证据认定之刑事诉讼法第二百六十八条着有明文，本件被告王子昆对于砍伤黄万兴情事始终坚不自承，即王沈氏亦供认系伊母子二人所加害，并未述及王子昆共同行凶，此外更无何等凭据足为其参与砍伤黄万兴之证明，自不能以王子昆于是夜系与王沈氏同床睡宿遂为共犯之推定，至于间接故意即所谓以故意论，系指行为人对于构成犯罪之事实预见其发生，而其发生并不违背其本意者而言，征诸刑法第十三条第二项充规定至为明显。本件据原判决引用第一审判决所载事实略谓，王沈氏因捉奸与黄万兴互相抑扯，王沈氏之子王致君遂赴厨房取一刺刀交与王沈氏，共同将黄万兴戳伤。原审并以讯据王沈氏俱称莫得心杀死他，先刺一刀，后拿刀背打他头，就倒地下坐起去了，我在堂屋捆的他等语，核与检验结果尚属相符，认王沈氏尚无杀人之决心，据此认定是黄万兴之因伤身死，实非王沈氏所能预见，更难认为系与其本意相合。又王沈氏砍伤黄万兴既系因互殴之所致，本无义愤之可言，虽其互殴之原因系由于捉奸而起，但核与当场激于义愤之情形显不相当，各上诉论旨就伤害人致死部分所为之指摘均无可采。唯查刑法第二百七十八条第二项之所谓使受重伤因而致人于死，系指被告于加害之初即有使人受重伤之故意，其后被害人复因重伤致死者而言。本件原审引用第一审判决所载事实，只谓王沈氏与其子王致君共同将黄万兴戳伤，旋黄万兴即因伤重身死，并未述及王沈氏于加害之初即具有使黄万兴受重伤之故意，核其行为自应成立刑法第二百七十七条第二项前段之罪。第一审竟适用同法第二百七十八条第二项处断，原审判决仍予维持均系违误。关于此部分自就由本院依职权将两审判决均撤销并予改判，以资纠正。复查刑法第三百零二条第一项之妨害自由罪须以被害人生存为其要件，若人已死亡即属尸体，纵使加以捆缚亦不发生妨害自由之问题，当然不能以该系条项之罪相绳。本件原审认定被告等应成立妨害自由罪，系王沈氏之自白暨附卷之验断书为其所凭之证据。本院核阅验断书内载，黄万兴两肘有绳痕二道无血荫之云，如果所载非虚，似被告等实施捆缚时黄万兴业已死亡，否则其绳痕何以毫无血荫。原审于此项与罪刑有关之证据未予查明，遂以第一审论处被告等以非法方法剥夺人之行动自由罪为无不合予维持未免率断。各上诉论旨就此而为，指摘难谓为无理由。

据上论结，应依刑事诉讼法第三百八十九条，第三百九十条第一款，刑法第二十八条，第二百七十七条第二项前段，刑事诉讼法第三百九十三条，第三百八十八条第一项判，决如主文。

中华民国二十九年二月二日

最高法院刑事第二庭

审判长推事：张于浔

推事：孙潞

推事：孙祖贤

推事：林牧

推事：林尚滨

上正本证明与原本无异。

书记官：张励珍

中华民国二十九年二月十五日

最高法院检察署训令

平字第五五一号

令四川高等法院第一分院首席检察官。

查王沈氏等因伤害人致死，原检察官及被告等不服原判决上诉一案，经最高法院判决于本年二月二十一日函送卷判前来，合行转发该首席检察官查照，依法办理此令。

计发院卷一宗、原卷伍宗、判决正本叁件、证物八封详封面。

中华民国二十九年二月二十四日

检察官长：郑

四川高等法院第一分院检察官公函

案奉最高法院检察署平字第五五一号训令，发还王沈氏等伤害人致死妨害自由案卷判下处，主文载原判决，及第一审关于使人重伤而致死，及执行刑部分之判决均撤销，王沈氏共同伤害人致死处有期徒刑八年，妨害自由部分发回四川高等法院第一分院，其他上诉驳回等语，检最高法院判决一份并填发执行书令项对王沈氏伤害人致死部分，先予执行。相应将该

案判决函送贵庭请烦查收为荷。此致

同院刑庭

计送三审判决一份，原卷五宗，最高法院卷一宗。

中华民国二十九年三月十八日

四川高等法院第一分院检察处文稿

事由：令发王沈氏三审判决及执行书仰查宣执行由。

首席检察官

中华民国二十九年

发文字第六六九号

全衔训令

令潼南县司法处：

案奉最高检察署平字第五五一号训令发还王沈氏等伤害人致死及妨害自由卷判下处，主文载，原判决及第一审关于使人受重伤因而致死暨执行刑部分之判决均撤销，王沈氏共同伤害人致死处有期徒刑八年。妨害自由部分发回四川高等法院第一分院。其他上诉驳回等语。查该王沈氏一名前于二十八年十月二十七日解回该处代押候判在案，兹奉前因除将卷判函送本院刑庭外，合行先将该王沈氏伤害人致死部分，填发执行书，仰即查照执行。此令

计发三审判决一份，执行书一件。

衔名

四川高等法院第一分院检察官执行书存根

查判决确定刑事人犯王沈氏一名，合行填具执行书送交贵监收执行，此致潼南县监狱。

计开判决一件。姓名：王沈氏，年龄：三十九岁，籍贯：潼南，刑各及刑期：有期徒刑八年，刑期起算日：二十九年二月二日起，羁押日数：一年七月又二十七日，折抵日数：一年七月又二十七日，执行期满日：三十五年六月四日满，备考：被告妨害自由部分尚在更审中。

注意：如遇停止执行须另行更新计算，执行期满日本执行书失其效力。

中华民国二十九年三月十八日

检察官：胡恕

二十七年六月五日起押至二十九年二月二日止。六年三月又三日。

自二十九年二月二日起应至三十五年六月四日满

四川高等法院检察处训令

事由：令饬查潼南王沈氏妨害自由一案已否更审由。

令署四川高等法院第一分院首席检察官李师沆。

案查前据署潼南地方法院检察官兼行首席检察官职务周宏迹转呈监犯王沈氏身份簿等件请予假释外处。当以该分院检察官指挥撬收备考栏内载明"被告妨害自由部分尚在更审中"究竟更审结果如何□无从查考，如更审判决有罪即应与伤害致死案罪刑合并另行裁定刑期另填执行书，如判决无罪即应于声请假释文内声明，指令饬知在案。兹据署该院检察官兼行首席检察官职务张凤地□转据该看守所所长兼附设监狱监长王宗元呈称："王沈氏妨害自由部分奉最高法院二十九年度上字第四零九号刑事判决书摘为未免案断复查奉□执行指挥书迄今将近四年尚未更审"等情，据此。所呈是否属实□仰该首席检察官查明呈复来处，以凭核办，此令。

　　首席检察官：林超南

　　四川高等法院第一分院检察处文稿

　　别文：呈。

　　送达机关：呈四川高检处。

　　事由：为呈复潼南王沈氏妨害自由一案经更审判决无罪。

首席检察官：李师沆

全衔呈

案奉钧席三十三年五月八日训纪甲字第六九二号训令开。

案查以下抄原令至此令，等因奉此。卷查王沈氏妨害自由部分经最高法院判决发回后已由本分院刑庭于中华民国二十九年五月六日判决主文载，原判决关于王沈氏王子昆共同以非法方法剥夺人之行为自由部分撤销，王沈氏王子昆上开部分无罪，该案早经判定并经本处于同年六月二十一日将原卷令发前潼南县司法处查收在案，奉令前因理合将查明情形具文呈请钧座鉴核旅行。谨呈

四川高等法院首席检察官：林［超南］

四川高等法院第一分院首席检察官：李［师沆］

124. 陈义廷等过失致人死案

四川合川地方法院刑事判决

二十七年度第一二四号

公诉人：四川渠县县司法处兼检察官。

被告：陈义廷，男，年四十六岁，业：农，住渠县有庆镇吴家场，前任四十保保长兼民练队小队长。

辅佐人：陈维纶，男，年三十六岁，业：农，住渠县有庆镇，系陈义廷之胞侄。

被告：任心泽，男，年四十四岁，业：农，住渠县有庆镇吴家场，前任民练队中队长。

指定辩护人：翟志镛，律师。

上公诉人因被告等过失致人死案件向渠县县司法处提起公诉，于审理中经四川高等法院第一分院裁定移转本院管辖，本院判决如下：

主文

陈义廷共同杀人，处有期徒刑十五年，褫夺公权十年。

任心泽教唆杀人，处有期徒刑十五年，褫夺公权十年。

事实

陈义廷前任有庆镇民练队小队长，任心泽任中队长，与宝城镇糜玉琛素无嫌隙。民国二十五年夏季，有庆镇联保主任任德高因匪氛其炽，以糜玉琛曾有为匪嫌疑，乃于七月三十日即废历六月十二日晚间，命令任主泽会集已死第十六保保长任光一，在逃第十一保保长任光培及陈义廷将糜玉琛拿获，立地枪决。任心泽即于当夜转饬任光一、任光培、陈义廷等率领队丁六十余名前往，于天明时将糜玉琛住宅包围，开枪示威，糜玉琛闻警逃往谷田内避匿，旋被抓获，即由任光一、任光培、陈义廷等共同开枪击伤，登时身死。据糜玉琛之妻糜刘氏，诉经渠县司法处兼检察官侦查，以陈义廷、任心泽系犯过失致人死罪，提起公诉。

理由

查糜玉琛尸骨左太阳穴有子弹入口，伤一处，围圆二寸六分，右太阳穴子弹出口伤一处，围圆二寸八分，骨碎，右血盆骨子弹伤一处，长八分，骨损前入后出右协肋子弹入口伤一处，长五分，骨断；左后协肋子弹出口伤一处，长一寸五分，骨断，均焦赤色，有血瘾，上下牙齿龈红色有血瘾，委系被枪轰伤身死。业经渠县司法处□检察官派员验明，填书在卷。该糜玉琛系被抓获后由任光一（即任光益）、任光培、陈义廷各开一枪击伤毙命。不惟在场目睹之杨盛安、朱心田及共同前往一之队丁糜家贵、袁明华、方大云、方大文等历历供明（见渠县司法处二十六年十一月二十三日及三十日笔录）即该陈义廷亦自认系任光一打的头炮，任光培打的二炮，该被告打的三炮，打在糜玉琛膀子上等情不讳（见渠县司法处二十七年七月十一日及本院同年十二月十五日各笔录），核与糜玉琛尸骨右血盆有枪伤一处之情形，甚属相符，其共同杀人之犯罪证据已极确凿。虽任心泽仍称彼时正在病中，不能行动，任德高杀人命令，系任光一从街上带回，并未折视迨陈义廷等回来，将命令缴还后，始看明内容，系将糜玉琛立地枪决，陈义廷亦以枪杀糜玉琛，系奉令执行为词，主张不负刑责，无论联保主任无擅行杀人之权，乃尽人所知，遵依此种违法命令之行为，依刑法第二十一条第二项但书仍应成立犯罪，陈义廷之辩解显无理由。而任心泽于奉到杀人命令之后，既已转派任光一、任心培、陈义廷等带队前往实施，乃谓于奉到命令之后，未经拆视，尤属妄谬之至，况任德高之杀人命令，确经该被告拆视，已据传达命令之任光益（即任光一）证明（渠县司法处二十七年四月三十日笔录）更非空言所可狡卸，维该被告并未带队前往，已据共犯陈义廷等供明。告诉人糜刘氏亦称其夫糜玉琛被获枪杀时，未见任心泽在场，不能谓有共同实施行为，但其教唆杀人之罪责究难脱免。至未经检察官提起公诉之造意首犯任德高，在渠县司法处侦查及审理时，为解免个人责任起见，虽一再诿称系令任心泽派队在大石桥、谭家桥一带游击，并未令其派队将糜玉琛立地枪决，陈义廷等枪杀糜玉琛，伊不知情，系据陈义廷呈报当场格毙，伊据情转报县政府备案云云，并前后提出命令暨陈义廷、任心泽、任光金等报告及县政府指令各一纸为证，但查该任德高之杀人命令，已于事后由任德高向任心泽索还。业据任心泽言之凿凿，且任心泽于陈玉廷等枪杀糜玉琛时，并未共同前往，如陈义廷所转达之命令，果系派队游击，而非将糜玉琛立地枪决，则任心泽对于糜玉琛之被害身死，并不负任何责任。该任心泽既一再坚称其所转达者确为将糜玉琛立地枪决之命令。此种不利于已之陈述，自属真实可信，况卷附任心泽、陈义廷向任德高报告捕获张文思、格杀糜玉琛之呈文，据陈义廷、任心泽均称不知其事。而陈义廷等捕获张文思，系在七月三十日（即废历六月十二日）夜间，与糜玉琛家相距四五里路之谭家桥，迨将张文思送交任心泽之后，至七月三十一日（废历六月十三日）天明始赶往糜玉琛家将其抓获枪毙，乃各方不争之事实。该任德高缴案任心泽、陈义廷、任光金之报告，竟注明"于七月三十日夜"字样，显在糜玉琛被害以前，其为事后由任德高捏造，实属毫无疑问。参观互证，任心泽、陈义廷之枪杀糜玉琛确系奉有任德高之命令，实极灼然，尤不得以任德高诿卸之词，而认被告等之供认为非真实，惟查任心泽之教唆及陈义廷之共同杀人均系听从指挥，尚非穷凶极恶，应予从轻科处。

据上论结，应依刑事诉讼法第二百九十一条，刑法第二十九条第一第二两项、第二十八条、第二百七十一条第一项、第三十七条第二项，判决如主文。

本案经本院检察官叶寅出庭。

中华民国二十七年十二月二十六日

四川合川地方法院刑事庭

推事：关福森

不服本判决，得于送达判决书后十日内，向本院提出书状，上诉于重庆四川高等法院第一分院。

书记官：张宪梅

中华民国二十七年十二月　日

四川合川地方法院刑事附带民事判决

二十七年度诉字第一九〇号

原告：糜刘氏，住渠县宝城镇。

代理人：刘三品，住同上。

被告：陈义廷，住渠县有庆镇吴家场。任心泽，住渠县有庆镇。

上原告因被告等杀人案件于刑事诉讼程序附带提起民事诉讼，本院判决如下：

主文

被告等应连带负责赔偿原告殡葬费二百五十元。原告其余之诉驳回。

事实

原告代理人：岚明请判令被告等赔偿四百六十元，其事实陈述略谓原告之夫为被告等所枪杀，迄今尚未葬，历将来殡葬计需棺材费六十、殓衣费一百元、超荐费三百元，共四百六十元，应请判令被告等赔偿云云。被告等岚明驳回原告之诉陈义廷事实陈述略谓，打死糜玉琛系奉令执行不能赔偿。任心泽陈述则谓我无力赔偿如许多元各等语。

理由

查不法侵害他人致死者，对于支出殡葬费之人应负损害赔偿责任，为民法第一百九十二条第一项所明定。本件被告任心泽教唆陈义廷枪杀原告之夫糜玉琛身死之事实，业经本院于该被告刑事案内详予证明，并将被告分别判处罪刑在案，按诸上开规定其对原告应负赔偿殡葬费责任实极明显，被告等主张不能赔偿固非正当。惟原告请求赔偿四百六十元，按照现时物价及社会习俗亦未免过巨，应由本院斟酌已死糜玉琛及原告之身份地位及当事人双方财产状况，命被告连带负责赔偿殡葬费二百五十元以昭平允。

据上论结，原告之诉为一部有理由、一部无理由，应依刑事诉讼法第五百零六条第一项、第二项，第五百零五条，判决如主文。

中华民国二十七年十二月二十六日

四川合川地方法院刑事庭

推事：关福森

不服本判决，得于送达判决书后十日内，向本院提出书状，上诉于重庆四川高等法院第一分院。

书记官：张完格

本件证明与原本无异。

中华民国二十七年十二月　日

四川高等法院第一分院刑事判决

二十九年度上字第五九八号

上诉人：陈义廷，男，年四十九岁，住渠县有庆镇，农。

指定辩护人：张典书，律师。

上诉人：任心泽，男，年四十五岁，住渠县吴家场，农。

指定辩护人：尹康民，律师。

上上诉人因杀人及强盗案件，不服合川地方法院中华民国二十七年十二月二十六日第一审判决，提起上诉，本院判决如下：

主文

原判决撤销。

陈义廷共同杀人，处有期徒刑十年，褫夺公权五年，又共同强盗处有期徒刑五年，褫夺公权五年，并合执行有期徒刑十二年，褫夺公权八年。任心泽帮助杀人，处有期徒刑四年，褫夺公权四年。

上诉人：陈义廷，前任渠县有庆镇民丁小队长，任心泽任中队长，于民国二十五年七月三十日（即废历六月十二日）心泽奉该镇联保主任任德高命令，将宝城镇匪犯糜玉琛拿获，立即枪决。适心泽卧病在床，不能同往，乃于是夜口头转令已死第十六保保长任光一及在逃第十一保保长任光培与队长陈义廷等，率民丁六十余名，前往将糜玉琛住宅包围，鸣枪示威，玉琛仓惶中逃匿于屋侧之谷田内；该陈义廷等，遂将糜玉琛家中衣物、银钱，一搂而空。嗣被哨丁瞥见，始将糜玉琛捕获，由陈义廷、任光一、任光培等共同开枪击毙，其妻糜刘氏，诉经渠县司法处，旋由本院裁定，移转合川地方法院讯判。

理由

查已死糜玉琛尸骸左太阳穴一俟入子弹处，围圆一寸六分。右太阳穴出子弹外围圆二寸八分，骨碎滥，右血盆骨一伤长八分骨损，前入后出后协肋。子弹入口伤一处，长五分，骨断，后协肋近左出子弹处一伤，长一寸五分，骨断，均焦赤色，有血瘾，上下齿龈红色，有血瘾实系被枪轰伤身死。业经渠县司法处派员验明填具验断书在卷，讯据陈义廷，对于杀人之事实，在原审迭经自承"系任光一打的头一炮，任光培打的二炮，我打的三炮，打在糜玉琛肩膀上"等语。不惟在场目睹之杨盛安、宋心田及队丁糜家贵、袁明华、方大云、方大文等之证明不虚，且核与糜玉琛尸骸右血盆有枪伤一处之痕迹，亦属相符。姑无论是否奉命令之行为，亦应负共同杀人罪责，毫无疑义。次查该陈义廷等将糜玉琛家中银钱、衣物，悉行抢去。行至任家沟，始私分，据陈义廷供称，"我们去打匪，共有六十多人，东西是大众分了的"，该义廷虽未明白承认所分何物，但其队丁张炳轩、任光金、任玉光、任光显等将分受之赃物，业经渠县政府追缴在案，由告诉人糜刘氏一并认领，呈有领单在卷，是上诉人陈义廷强取他人财物，亦极明显，陈义廷强取财物，系在杀人之先，显系临时见财起意，并非基于一个概括之意思，自不应负强盗杀人之竞合罪名，应予分别论科，方为适法。原审于强盗部分未予审究，殊有未当。再上诉人任心泽于奉令捕杀糜玉琛，特正在病中，不能走动，业经告诉人糜刘氏及同案被告之陈义廷等一致证明不虚，然该心泽转令任光一、陈义廷等，将糜玉琛杀毙，因非出于自己之意思，当不应负教唆杀人责任，但明知联保主任无杀人之权，此种违法命令予以遵行，以致酿成杀人之结果，自难辞帮助杀人罪责，虽百家难辩，原判未予注意，论以教唆杀人，不无错误，均应撤销改判。惟查上诉人等，以公务员假借职务之权力及机会犯罪，应加重本刑二分之一，但念其智识浅薄，因公受累，犯罪情状，实堪悯恕。上诉人陈义廷，酌减本刑二分之一，上诉人任心泽酌予迭减其刑，以励自新。原判既属不当而撤销，上诉不能谓无理由。

据上论结，应依刑事诉讼法第三百六十一条第一项前段，刑法第二十八条、第三十条第一项第二项、第二百七十一条第一项、第三百二十八条第一项、第一百三十四条前段、第三十七条第二项、第五十九条、第六十六条前段、第七十一条第一项、第五十一条第五款、第五十七条第七款，判决如主文。

本案经本院检察官李如详莅庭执行职务。

中华民国二十八年七月二十一日

四川高等法院第一分院刑事第二庭

审判长推事：夏惟上

推事：杨宗实

推事：饶世科

本案自送达判决后十日内，得上诉于最高法院，但上诉状须向本院提出。如未叙述理由，限于提出上诉后十日内补叙，并须按照他造当事人之数提出缮本份数。否则径由本院驳回上诉，特此志明。

中华民国二十八年七月二十五日

书记官：杨秀峰

[上诉状]

具上诉状人：陈义廷，年籍在卷，现押第二监狱。

呈为判决失平，业经上诉依法补具理由，泣恳做主详查全卷，废原判无罪。谕知以昭折服而伸冤累事情。民因杀人一案不服合川地方法院中华民国二十七年十二月二十六日第一审判决提起上诉，于四川高等法院第一分院沐讯明结，现奉二审二十八年上字第五九八号刑事判决。虽蒙体恤将原判所载共同杀人十五年改处十年，褫夺公权十年改判五年，曷腾沾感但复案外生枝，砌加以共同强盗又另处有期徒刑五年，褫夺公权五年，合并执行有期徒刑十二年，褫夺公权八年。殊属错误，于法不合，誓难甘服，已于法定期内恳予检卷申送。兹将其荦荦大者，缕晰分于下，以便鉴纳。窃上诉人前任渠县有庆镇四十九保保长兼民丁小队长克书乃职，毫无不法。其糜玉琛之死之由，但上有联保主任任德高兼联队附中有任心泽、任中队长，所有本案之发生实民国二十五年七月三十日，因该任德高发令于任心泽，命将该匪糜玉琛立地枪毙，复由心泽转令于已死第十六保保长任光一，及在逃第十一保保长任光培指挥秘密一切。上诉人虽由调遣前往，但当率丁数名前往该心泽之办公室，始由该中队长面谕协同前往，听受命之任光一等指挥不可违抗，如其不然，则以违抗命令论罪。此事实之经过不难侦查。故虽协往，实为命令所迫。协令不注重于主令之任德高，转令之任心泽，指挥之任光一等而徒以，上诉人一同前往，遂以共同杀人目之不分主从，不别轻重一至于此。上诉人之不服者一也。是故本案着重之要点在于违法命令之有无，有而不去则以违抗通匪论处，去而乱枪轰决又犯刑责。上诉人不知必如之何而后可实事处两难，今命令虽为高心泽以宗族观念将杀人命令换为缉捕命令，缴案将所有违法行为加诸于上诉人，但求其实际不但该心泽在渠县司法处有供可查，而且具有指结可证心泽皆供有转令立决属实。前该一审不检送全卷，而心泽之供结留下，今二审不调齐全卷，不查供结，徒以表面意想为定谳，似此马虎塞责何能分其泾渭，天乎惨惨。上诉人既遭该第一审黑暗包庇德高，准保纵逃于前，后遇二审之明晰于后，未免伸冤仍冤未断，为掩其它妨不置论究以尸伤而究。如果属缉获枪决，其伤必前进后出或后进前出，何得该玉琛之伤竟左右侧面出入□既伤如此，可见无缉获枪毙之事实可证明实乱枪轰毙之实不然必不如此显而易见。况围住之时彼此交击，乱枪扫射，枪林弹雨，岂能知为何人毙命□如上诉人有罪，则同去之人岂能脱逃法网□上诉人如应负刑事罪责，则该德高、心泽主使教唆之罪自当尤甚。今主使者不传不究，反准保纵逃教唆者，反迭减其刑，以教唆者反迭减其刑以教唆改为帮助。惟上诉人事前无犯意，事后无嫌疑，所有罪名不但不能更改，反一波未平，二波又起，共同杀人减轻五年复砌以强盗之名，另判五年较之心泽之罪未免欠当，当此上诉人之不服者二也。当上诉人处于层层节制阶级之下，依保甲法规有服从令命，尽保卫缉捕之责，故往时亲率队丁先往，该中队长之办公室请命。为慎重起见，继由该心泽亲令原光一等之指挥，其余之事不必过问，故至围住其家。上诉人犹不知其为何居住所来何事，及至玉琛乱枪射死，所有玉琛之家私物件亦由领令之光培等传令抄出代回，以遵命令事后代回该中队长办公室，仍由光培面陈各情。该心泽亲自检视，颇为嘉奖，将所有上等之物提归已囊。其次则散给三保各丁，并谕可以变卖以偿子弹损失，以作慰劳言犹在耳，何能隐违似此情形，事前直由该中队长传令光培等酿成杀人之结果。上诉人不知详细，事后复提上散次以启强盗之罪嫌所有违法行为，莫非该心泽一人所为及见告发始缴少数之物到案，亦该心泽所为欲移祸于曹，乃伪造为上诉人所缴，其用心奸险实不可预料，是事前事后与上诉人漠不相关，何能又加强盗不讳大题于上诉人一人之身□且虚实虽可瞒，官府真伪自在地方不沐彻底侦究，调齐供结穷根穷源，何能水清石现以分泾渭而明事实□此上诉人之不服者三也。且一、二审之认有判罪之基础不过以一审据杨盛安、宋心田、糜家贵、张炳轩、任光金、袁明华等之言为标准，虽有采取之地但与上诉人在一审之时并未质讯，既未对审则伊等之伪供，当然无效。既属无效，今以无效一面之供加罪无辜，既受杀人刑事裁判犹受强盗罪责，该主使指挥杀人者及逍遥法外无拘无束，该任心泽有转令、教唆、帮助等之罪，不但不能增加反改判四年，非所以重法律保障人民。况任光金为任心泽之师爷，自当帮辨假作证人。虽事如此，但有该光金奉心泽之命，收物之时亲书派有价单一纸呈缴在案，即此即可证明移害上诉人，帮助心泽可供侦查。此上诉人之不服者四也。故将综上不服之点请究之地据实详陈，为此情迫用特具文。

钧院祈怜冤沉，莫白轻重不分，恳将全卷供结调齐，原判撤销，另行判决，以伸冤累而资折服。谨呈

四川第二监狱所长汪转呈

四川高等法院第一分院刑庭核转

最高法院检察处公鉴。

具上诉人：陈义廷

四川高等法院第一分院刑事裁定

二十八年度上字第七四九号

上诉人：陈义廷，男，四十九岁，渠县人，住有庆镇，农。

上上诉人因杀人及强盗案件，不服本院中华民国二十八年七月二十一日第二审判决，提起上诉，本院裁定如下：

主文

上诉驳回。

理由

查上诉书状应叙述上诉理由，其未叙述者应于提起上诉后十日内补提理由书于原审法院，否则认为上诉违背法律上之程式，应以裁定驳回之刑事诉讼法第三百七十四条第一项、第三百七十六条定有明文。该上诉人陈义廷因杀人及强盗案件经本院判处徒刑。上诉人不服提起上诉并未叙述上诉理由。业经本院通知上诉人于提起上诉后十日内补提理由书，未案以凭，核办上诉人于二十八年八月八日收受。此项通知填具回证在卷迄今逾期多日，仍未补提前来显属违背法律上之程式，自应予以驳回。

据上论结，依刑事诉讼法第三百七十六条，裁定如主文。

中华民国二十八年八月二十五日

四川高等法院第一分院刑事第二庭

审判长推事：夏惟上

推事：杨崇宾

推事：饶世科

中华民国二十八年八月二十五日

书记官：杨秀峰

本件证明与原本无异。

四川高等法院第一分院检察官答辩书

上诉人：任心泽。

上上诉人因杀人案不服本分院刑庭中华民国二十八年七月二十一日第二审判决提起上诉，本检察官于同年八月二十六日收到上诉人理由状，兹依法答辩如下：

上诉人不服论旨略称，原审告诉人糜刘氏之证言不采，偏信同案被告陈义廷之言以为判案基础，殊与采证法则不合，又民之口头命令，不过曰联保主任任德同叫我们剿匪，我病了不能去，你们去，若是岂能以从犯论罪，民于当时身染重病，神智已昏，即令单独合民剿匪，由民转令他人，亦不能辨别联保主任无人之权。是民虽有错误表示，亦非民之真意，即不得认为有故意或过失，依法不能成立犯罪，原审未注意及此，此民不服等语。查证言之执为可信。司法官本有自由采择之权，原判谓上诉人于奉令捕杀糜玉琛时身在病中，不能走动，转令任光一、陈义廷等将糜玉琛杀毙，其事实之认定系兼采告诉人糜刘氏及同案被告陈义廷之供词，何得指为偏信违反法则，又谓上诉人明知联保主任无杀人之权，此种违法命令，予以遵行致酿成人命之结果，应负帮助杀人罪责，并以犯罪情状，尚可悯恕，撤销初审教唆杀人之判决，酌予递减其刑，判处有期徒刑四年，褫夺公权四年，于法均无不合，何得诿为因病不能辨别权限，无犯罪之故意或过失。综上论据上诉理由，殊难成立，合依刑事诉讼法第三百七十五条第二项提出答辩如上。

　　检察官：赖毓灵

　　中华民国二十八年八月二十九日

　　本件证明与原件无异。

书记官：

中华民国二十八年八月　日

四川高等法院第一分院刑事裁定

二十八年度上字第七四九号

上诉人：陈义廷，男，四十九岁，渠县人，住有庆镇，农。

　　上上诉人因杀人及强盗案件，不服本院中华民国二十八年七月二十一日第二审判决提起上诉，本院裁定如下：

主文

上诉驳回。

理由

　　查上诉书状应叙述上诉理由，其未叙述者应于提起上诉后十日内补提理由书于原审法院，否则认为上诉违背法律上之程式，应以裁定驳回之，刑事诉讼法第三百七十四条第一项、第三百七十六条定有明文。该上诉人陈义廷因杀人及强盗案件经本院判处徒刑，上诉人不服提起上诉并未叙述上诉理由，业经本院通知，上诉人于提起上诉后十日内补提理由书来案以凭核办上诉人于二十八年八月八日收受此项通知填具回证在卷。迄今逾期多日，仍未补提前来，显属违背法律上之程式，自应予以驳回。

　　据上论结，依刑事诉讼法第三百七十六条，裁定为主文。

中华民国二十八年八月二十五日

四川高等法院第一分院刑事第二庭

审判长推事：夏惟上

推事：杨崇宾

推事：饶世科

中华民国二十八年八月二十五日

书记官：杨秀峰

四川高等法院第一分院刑事裁定

二十八年度抗字第八六号

抗告人：陈义廷，男，年四十九岁，渠县人，住有庆镇，务农。

上抗告人因杀人强盗等案件，不服本院中华民国二十八年八月二十五日将其提起第三审上诉驳回之裁定，提起抗告，本院裁定如下：

主文

原裁定更正。本件准予申送，上诉于第三审法院。

理由

查本件抗告人所犯为杀人强盗案件，本得以上诉第三审法院。本院前以该抗告人于声明提起第三审上诉之后，逾越法定限期久不补具上诉理由书，认属违背法律上程式，依据刑事诉讼法第三百七十六条裁定将其上诉驳回，兹据状称曾于八月八日补具理由书，邮呈为邮政局误递于最高法院，奉有最高法院检察署批示附呈为证，故不服驳回上诉之裁定提起抗告等情。本院查核属实是迟误之原因，应不由该抗告人负责其抗告为有理由，应予将原裁定更正准予申送上诉于第三审法院，爰依刑事诉讼法第四百条第二项前段裁定如主文。

中华民国二十八年九月七日

四川高等法院第一分院刑二庭

审判长推事：杨崇实

推事：邱廷举

推事：饶世科

中华民国二十八年九月九日

书记官：杨秀峰

四川高等法院第一分院刑事判决

二十九年度上字第五九八号

上诉人：陈义廷，男，年四十九岁，渠县人，住有庆镇，农。

指定辩护人：张典书，律师。

上诉人：任心泽，男，年四十五岁，渠县人，住吴家场，农。

指定辩护人：尹康民，律师。

上上诉人因杀人及强盗案件，不服合川地方法院中华民国二十七年十二月二十六日第一审判决，提起上诉，本院判决如下：

主文

原判决撤销。

陈义廷共同杀人处有期徒刑十年，褫夺公权五年，又共同强盗处有期徒刑五年，褫夺公权五年，并合执行有期徒刑十二年，褫夺公权八年，任心泽帮助杀人处有期徒刑四年，褫夺公权四年。

事实

上诉人陈义廷前任渠县有庆镇民丁小队长，任心泽任中队长，于民国二十五年七月三十日（即废历六月十二日），心泽奉该镇联保主任任德高命令将宝城镇匪犯縻玉琛拿获，立即枪决。适心泽卧病在床不能同往，乃于是夜口头传令已死第十六保保长任光一及在逃第十一保保长任光培与队长陈义廷等率民丁六十余名前往将縻玉琛住宅包围鸣枪示威。玉琛仓惶中逃匿于屋侧之谷田内，该陈义廷等遂将縻玉琛家中衣物、银钱一搂而空，嗣被哨丁瞥见始将玉琛捕获，由陈义廷、任光一、任光培等共同开枪击毙。其妻縻刘氏诉经渠县司法处，旋由本院裁定，移转合川地方法院讯判。

理由

查已死縻玉琛尸骸左太阳穴一俟入子弹处围圆一寸六分，右太阳穴出子弹处围圆二寸八分，骨碎滥，右血盆骨一伤，长八分骨损，前入后出后协肋子弹入口伤一处，长五分，骨断，协肋近左出子弹处一伤，长一寸五分，骨断，均焦赤色有血瘢，上下齿龈红色，有血瘢，实系被枪轰伤身死。业经渠县司法处派员验明填具验断书在卷，讯据陈义廷对于杀人之事实在原审迭经自承"系任光一打的头一炮，任光培打的二炮，我打的三炮，打在縻玉琛肩膀上"等语。不惟在场目睹之杨盛安、宋心田及队丁縻家贵、袁明华、方大云、方大文等之证明不虚，且核与縻玉琛尸骸，右血盆有枪一处之痕迹亦属相符，姑无论是否奉命令之行为，亦应负共同杀人罪责毫无疑义。次查该陈义廷等将縻玉琛家中银钱、衣物悉行抢去，行至任家沟始行私分。据陈义廷供称"我们去打匪共有六十多人，东西是大众分了的"。该义廷虽未明白承认所分何物，但其队丁张炳轩、任光金、任玉光、任光显等将分受之赃物业经渠县政府追缴在案，由告诉人縻刘氏一认领呈有领卷，是上诉人陈义廷强取他人财物亦极明显。矧陈义廷强取财物系在杀人之先，显系临时见财起意，并非基于一个概括之意思，自不应负强盗杀人之竞合罪名，应予分别论科方为适法。原审于强盗部分未予审究，殊有未当，再上诉人任心泽于奉令捕杀縻玉琛时，正在病中不能走动，业经告诉人縻刘氏及同案被告之陈义廷等一致证明不虚，然该心泽转令任光一、陈义廷等将縻玉琛杀毙，固非出于自己之意思，当不应负教唆杀人责任。但明知联保主任无杀人之权，此种违法命令予以遵行以致酿成杀人之结果，自难辞帮助杀人罪责，虽百喙难辩。原判未予注意论以教唆杀人不无错误，均应撤销改判，惟查上诉人等以公务员假借职务之权力及机会犯罪，应加重本刑二分之一。但念其智识浅薄，因公受累，犯罪情状实堪悯恕，上诉人陈义廷酌减本刑二分之一。上诉人任心泽酌予迭减其刑，以励自新。原判既属不当而撤销上诉不能谓无理由。

据上论结，应依刑事诉讼法第三百六十一条第一项前段，刑法第二十八条、第三十条第一项第二项、第二百七十一条第一项、第三百二十八条第一项、第一百三十四条前段、第三十七条第二项、第五十九条、第六十六条前段、第七十一条第一项、第五十一条第五款、第五十七条第七款，判决如主文。

本案经本院检察官李如详莅庭执行职务。

中华民国二十八年七月二十一日

四川高等法院第一分院刑事第二庭

　　审判长推事：夏惟上

　　推事：杨崇实

　　推事：饶世科

　　本案自送达判决后十日内得上诉于最高法院，但上诉状须向本院提出。如未叙述理由，限于提出上诉后十日内补叙，并须按照他造当事人人数提出缮本份数，否则径由本院驳回上诉，特此志明。

中华民国二十八年七月二十五日

书记官：杨秀峰

最高法院刑事判决

二十九年度上字第七二一号

上诉人：陈义廷，男，年五十岁，业：农，住渠县有庆镇。任心泽，男，年四十六岁，业：农，住渠县吴家场。

　　上上诉人等因杀人等罪案件，不服四川高等法院第一分院中华民国二十八年七月二十一日第二审判决，提起上诉，本院判决如下：

主文

　　原判决关于陈义廷强盗罪刑及刑之执行暨任心泽部分均撤销，任心泽部分发回四川高等法院第一分院。

　　陈义廷其他之上诉驳回。

理由

　　按第二审法院应就原审判决经上诉之部分调查之为刑事诉讼法第三百五十八条所明定，是未经上诉之部分第二审法院自不得审理裁判。本案告诉人糜刘氏指诉陈义廷强求财物部分并未据第一审兼检察官之渠县县长提起上诉，第一审法院亦未就该部分予以判决，上诉人陈义廷系对于第一审所判处之杀人罪刑提起第二审，上诉其杀人行为与前述之强取财物部分复与何种审判不可分之情形，原审自应专就杀人一节审理裁判，乃原审竟于撤销第一审判决改处杀人罪刑外，又论以共同强盗罪刑并依并合之例定其刑之执行。关于该强盗部分之诉讼受理显属不当。案经上诉应由本院以职权撤销藉资纠正，再原审判决认定上诉人陈义廷前任渠县人庆镇民丁小队长。民国二十五年七月三日该镇联保主任任德高命令将宝城镇匪犯糜玉琛拿获，立即枪决。由中队长任心泽转令该上诉人陈义廷及第十六保保长任光一、第十一保保长任光培率同民丁六十余名前往，将糜玉琛住宅包围，鸣枪示威，玉琛仓惶中逃匿于屋侧之谷田内，被哨丁瞥见捕获，上诉人陈义廷及任光一、任光培即共同开枪将糜玉琛击毙等情系采取证人杨盛安、宋心田、队丁糜家贵、袁明华、方大云、方大文等之陈述及渠县司法处验明糜玉琛委系被枪轰伤身死，所填具之验断书并上诉人在第一审自认系任光一打的头炮，任光培打的二炮，我打的三炮，打在糜玉琛肩膀上之情形为其所凭之证据。该陈义廷之上诉意旨略谓民在第一审仅言在田塝上亦开枪两响，殊问官不能明晰及载为民亲开两枪中于膀上，甚属错误即以尸伤而论。如果缉获枪决其伤必自前进后出或后进前出，何得该玉琛之伤竟左右侧面出入，亦可证明系乱枪轰毙，且民系奉命行事，不奉令则以通匪论罪，遵令又罹法网，原审并不穷究根源，何能折服云云。本院核阅第一审笔录，据陈义廷供称"后来打了火，任光一先打，接着我们亦打，后来在谷田里打死一个人是糜玉琛"，讯以"方大云是那个"，答"是我带去的壮丁"，讯以"他说过第三炮是你打的"，答"他倒是那么说过"，讯：以"你第三炮打在糜玉琛什么地方"，答："膀子"，又讯以"第三炮是你打的"，答："我打了一炮"，讯以"你们为什么要打死他"，答："中队长的命令（第一审二十七年十二月十五日及同年十二月十九日笔录），是上诉人陈义廷共同开枪将糜玉琛当场击毙，已在第一审明白供认。经记载笔录可稽，该项笔录并经载明当庭朗读，当事人等均各承认无讹，由该上诉人书押附卷，何得以当时误录为词空言翻异，原审以其所述情节核与验明书所载糜玉琛尸伤及队丁糜家贵等各供均属相符，而糜玉琛确系捕获后始行枪决，并非由于拒捕之乱枪所中，复经在场目睹之杨盛安、宋玉田分别供明，因认上诉人陈义廷为杀人共犯自非无据，虽糜玉琛中枪部位经渠县司法处验明为左太阳穴一伤，入子弹处围圆二寸六分，右太阳穴出子弹处围圆二寸八分，右血盆骨击伤，长八分，前入后出，后协肋子弹入口伤一处，长五分，后协肋左出子弹处一伤，长一寸五分均以子弹从侧面射入居多，但此种枪杀行为其开枪射击非必限于一定之部位，即不能以弹系侧面射入，执为原审采证违反法则之主张至依上级公务员命令之行为限于为其职务上行为，且非明知违法者始在不罚之列。刑法第二十一条第二项著有明文，上诉人陈义廷等将捕获之匪犯糜玉琛立即枪决，固系奉有联保主任任德高等之命令前往实行，但该联保主任等对于捕获之匪犯并无枪决之权，为稍具常识者所周知。此项枪杀之命令亦显非属于陈义廷等之职务上之行为，乃上诉人陈义廷竟以奉有命令将已捕获之糜玉琛任意枪杀，其应负假借职务上之机会共同杀人罪责，自属无可解免。原审以其知识浅薄，因公受累，犯情尚堪悯恕适用刑法第二十八条、第一百三十四条前段、第二百七十一条第一项加重本刑后仍依刑法第五十九条酌减其刑二分之一，处以有期徒刑十年，并依第三十七条第二项褫夺公权五年，于法亦属无违陈义廷之上诉意旨，就原判杀人部分所指摘各点殊难认为有理由。复查上诉人任心泽充任渠县有庆镇民丁中队长，因奉该镇联保主任任德高命令，将糜玉琛拿获枪决。即口头转令，陈义廷等遵办，固为原审所认定之事实。惟查原审判决，对于此项事实之认定究系凭何证据，及其认定之理由安在，并未经原判决依法记载。且据上诉人任心泽在原审迭次辩称当时伊患病卧床，于奉到命令后未能拆视内容，即行照转等情是否属实，亦未经原判决予以阐明，其判决自非合法，该任心泽之上诉意旨就此有所指摘即非无理，应予发回更审。

据上论结，依刑事诉讼法第三百八十九条、第三百九十条第一款、第三百九十三条、第三百八十八条第一项，判决如主文。

中华民国二十九年三月十五日

最高法院刑事第二庭

审判长推事：张于浔

推事：孙潞

推事：孙祖贤

推事：林拔

推事：林尚滨

上正本证明与原本无异。

书记官

中华民国二十九年三月二十二日

民国二十八年九月十五日奉钧处同月八日检字第三八零六号训令："案准本院刑庭函开：'案查合川县陈义廷等因杀人上诉一案，业经本院判决处陈义廷有期徒刑十二年，任心泽有期徒刑四年，并因任心泽声明不服，将卷件函送最高法院检察署在案，惟查上诉人任心泽尚由本院代押，兹值非常时期，当呈请司法行政部核准发解原县代为羁押，至被告陈义廷部分，现已确定，并应移送执行，相应将该任心泽、陈义廷二名一并送请贵处查照分别办理为何。'等由，计送被告陈义廷、任心泽二名。准此，除将人犯陈义廷、任心泽二名函送江北县政府递解外，合行检发判决，令仰该检察官于人犯解到时点收分别办理。仍将收到日期具报备查，至陈义廷执行书俟最高检署将卷件发下再为填发，并仰知照。此令。计发人犯陈义廷、任心泽二名（由江北县递解）判决一份。"等因，查陈义廷、任心泽二名，已经江北县政府于同月十七日解到羁押在案。至本年四月二十日复奉钧处同月十五日检字第八三二号训令开：

"案查陈义廷等杀人不服该院前司法处第一审判决上诉一案，业经第三审判决确定，查系原判决关于陈义廷强盗罪刑及刑之执行及任心泽部分均撤销，任心泽部分发回本院更审之件，除将任心泽部分函送本院刑庭核办外，合行令发陈义廷执行书及判决二件，仰即查收依法执行。此令。计发执行书一件，二审判决一件，三审判决一件。"等因，亦将陈义廷依法执行在案。兹据渠县有庆镇人陈德安、陈维纶（系陈义廷之子）邮寄刑事状一件，请将漏未究办之主犯任德高及带队指挥之任光培传案依法核办，状末载有"今任德高因诈搕杨有恒洋八百六十圆，经四川高一分院拘提在案"等语。查陈义廷、任心泽杀人一案，系钧院裁定移转本院管辖。关于任德高、任光培二人，是否同在移转管辖之列，应否由本院办理，以及渠县县长兼检察官对于任德高、任光培、曾否予以不起诉处分，因卷宗未奉发回，均无可考查。除批示送达外，理合呈请钧处鉴核示遵。

谨呈

四川高等法院第一分院首席检察官：孔
署　四川合川地方法院检察官：叶寅

四川高等法院第一分院刑事判决

二十九年度上判字第七零七号

上诉人：任心泽，男，年四十六岁，住渠县吴家场，业农，前任民练队中队长。

指定辩护人：尹康民，律师。

上上诉人因杀人案，不服四川合川地方法院中华民国二十七年十二月二十六日第一审判决，提起上诉，经本院判决后又提起上诉，由最高法院判决发回本院更审，判决如下：

主文

原判决关于任心泽罪刑部分撤销。

任心泽教唆杀人，处有期徒刑七年六月，褫夺公权七年。

事实

任心泽前任渠县有庆镇民练队中队长，民国二十五年七月三十日（即旧历六月十二日），奉该镇联保主任任德高命令，将宝城镇匪犯糜玉琛拿获，立即枪决。适任心泽卧病在床，不能同往，乃于是夜口头转令已死第十六保保长任光一（任光益）及第十一保保长任光培，与小队长兼中队附陈义廷等率民丁六十余名，前往将糜玉琛住宅包围，鸣枪示威，糜玉琛逃匿于屋侧之谷田内，旋被抓获，即由任光一、任光培、陈义廷等共同开枪击伤身死，经糜玉琛之妻糜刘氏诉由渠县司法处兼检察官侦查起诉。

理由

本件上诉人奉该镇联保主任任德高命令将匪犯糜玉琛拿获，立即枪决，适因卧病在床，不能同往，当即以口头转令任光一、任光培、陈义廷等率丁前往将糜玉琛拿获枪决各情。既经渠县司法处兼检察官派员验明糜玉琛委系被枪轰伤身死，填具验断书附卷，复据任光一等供述甚详，并据陈义廷述称："我们是奉命而行，中队长不吩咐，为何敢冒此不韪呢"，是上诉人对于任光益等之枪杀糜玉琛确曾于奉到联保主任任德高命令后为之转令，殊无□义。上诉意旨无非谓未经诉阅联保主任命令之一点，然既据上诉人述称当时系交与陈义廷等照命令办理而谓当时，未经诉开已属不近情理，况据任光一述称："命令是封口的，我交给任心泽拆开的，内面写的是把糜玉琛立即枪决"，尤难任上诉人□□空言□□，图卸责任。察核情节，上诉人教唆杀人之罪，且系公□□□机会而犯罪应于加重本刑二分之一，惟查上诉人知识□单，因奉有联保主任命令，遂不假思索，转令杀人，究系因公受累，核情尚堪悯恕，合于加重本刑酌减其刑二分之一，以昭公允。原判决未予详察，遽依刑法第二十九条第一第二两项、第二百七十一条第一项、第三十七条第二项，处上诉人以有期徒刑十五年，褫夺公权十年，用法即嫌疏略，量刑亦嫌过重，应认本件之上诉为有理由。

依上论结，合依刑事诉讼法第三百六十一条第一项，刑法第二十九条第一项第二项、第十三条、第六十六条、第三十七条第二项，判决如主文。

本件经检察官顾毓灵莅庭执行职务。

中华民国二十九年六月三日

四川高等法院第一分院刑事第二庭

审判长推事：刘毓俊

推事：杨崇实

推事：胡恕

本件自送达判决后十日内得上诉于最高法院，但上诉书状须向本院提出始末，叙述理由限于提出上诉书状后十日内补叙，并须按照他造当事人人数提出缮本份数，否则径由本院驳回上诉，特此志明。

中华民国二十九年　月　日

书记官：

125. 欧阳春等诉欧昌德杀人案

四川高等法院第一分院刑事判决

三十五年度上字第一四一六号

上诉人：欧昌德，男，年二十四岁，四川铜梁人，住安居镇五保六甲，业：商。

上辩护人：梅刚中，律师。

上诉人：欧纯舟，男，年四十岁，四川铜梁人，住高楼乡二保四甲双碑，业：农。

上辩护人：吴毓麟，律师。

上诉人：欧阳春，男，年七十五岁，四川铜梁人，住安居镇五保七甲，无业。

上公设辩护人：万敷。

上上诉人等因杀人案件，不服四川铜梁地方法院中华民国三十五年十一月五日判决提起上诉，本院判决如下：

主文

原判决关于欧纯舟、欧阳春罪刑部分撤销。欧纯舟、欧阳春均无罪。其余上诉驳回。

事实

死者欧述周系欧阳春之次子，欧纯舟之胞兄，欧昌德之父，生前吸食鸦片，夫妻反目。其子昌德忤逆不孝，嫖赌游荡，结交非人。完婚未久即听其叔、岳父陈玉楷之主张，于民国三十一年农历正月十八日分家将其祖父欧阳春于十年分授与其父之田租一百担，强分去六十担。欧述周愤而脱离家庭，由安居镇迁往高楼乡双碑湾，其四弟欧纯舟家寄居多年，所有伙食均系由欧纯舟供给，欧昌德从兹父子恩情断绝数年不通往来。

欧述周因受子昌德刺激遂于三十三年农历六月间赴其族长欧瑞丰家决意戒烟，并时向族长及族众欧文光、欧耀德、欧春海、欧洪太、欧遂良、欧文举等声明负债过重，俟烟戒绝即欲请凭族尊将欧昌德所分去之财产全部收回，提出一部分变卖偿债并欲清算其历年收支账目，迨农历七月底烟已戒绝，旋于八月初四日复回其四弟欧纯舟家调养。欧昌德闻悉后突于同月十五日晚（农历中秋日即国历十月三十日）突来欧纯舟家晚餐，毕独至后门外竹林附近高歌，就寝时坚欲其父同室同床，至夜半，欧纯舟忽于睡梦中惊醒，闻欧述周寝室内有异声，起而往视见欧述周已被杀毙于寝室内，地下身受十三伤，遗有凶刀三把，欧昌德则已由后门潜逃，并将身上所穿染有鲜血之长衫抛弃于后门外。当其经过高楼场乡公所时仅向其戚李福伯借长衫一件，匆匆而去滥泥沟（由高楼至安居必经之水道），甫上船开口即问船夫高尚荣"前面几个人走有好远了"。黎明抵安居镇家中仅告知其母欧文氏，随又匆匆奔至中和场其叔岳父陈玉楷家中隐匿，经欧纯舟于翌日（十月四日）报请高楼乡公所缉获归案，一面向铜梁地方法院检察处告诉欧文氏因子被拘押，迟至同月十一日始述状骸处告诉欧阳春教唆欧纯舟杀害其夫欧述周，检察官并案侦查起诉。

理由

兹分为二部说明如下：（甲）关于欧昌德共同杀害直系血亲尊亲属部分：本件被告欧昌德虽否认有共同杀害其父欧述周情事，但查死者被杀之夜，欧昌德与之同床同寝则为不争之事实，其父被杀十三刀，自非一刀所能毙命，欧昌德既不喊救随亦由后门潜逃，所遗门外之血衣又为欧昌德所有之物，其袖口及胸前均染有鲜血，而血衣袋内之火纸一束又与死者复部伤口刀上之火纸相符，凶刀遗有三把，杀害其父当非一人，证以血衣欧昌德当场共同实施固已至堪认定。况查其事后经过高楼乡公所时并未据报案请立即就近缉凶，向其戚李福伯借长衫一件法币二百元只云"赌钱赌输了要逼我去跑滩"（跑滩二字系铜梁俗语即逃亡之意）对其父被杀则讳莫如深，匆匆赶至滥泥沟甫上船开口即问船夫周尚荣"前面几个人走有好远了"船夫问"前面是些什么人"则诡答"是由高楼场赌钱回来的"迭经证人李福伯及周尚荣等在原审及本审再四到庭结证在卷参加互证，欧昌德对于其父之被杀既不报告高楼乡公所，向李福伯借衣借款时又不肯将父已被杀情形告知一字，始终秘而不宣，同时由高楼深夜赶船回安居之前面数人，显系其密约予伏于欧纯舟后门外竹林中之群凶，而非由高楼赌钱回安居之人，就寝前独至后门外高歌盖系一种暗示，是其因财产纠纷共同杀害直系血亲尊亲属罪证益臻明确。原审依刑法第二十八条、第二百七十二条和一项、第三十七条第一项，判处无期徒刑褫夺公权终身，尚无不合，欧昌德之上诉殊难认有理由。

（乙）关于欧纯舟共同杀人及欧阳春教唆杀人部分，查被告欧纯舟与死者欧述周系同胞弟兄，欧述周生前不见容于其妻欧文氏及子欧昌德，自民国三十一年农历正月十八日分家后即迁往其四弟欧纯舟处寄居有年，经济极感困难，所有伙食均系由其弟欧纯舟供给，业据证人（即告诉人欧文氏之胞侄），欧昌俊（即欧昌德已故胞伯海周之子，现肄业重庆重华大学）及欧昌俊（即欧昌德已故胞三叔盛隆之子，出肄业成都商业高校）等到庭结证属实，是被告欧纯舟对于死者生前兄弟怡情至为友爱相依为命，毫无恶感之可言，概可想见实与欧昌德之对于其父争夺财产忤逆不孝忍动杀机，固系立于相反之地位，如果欧纯舟对于死者产业有为自己不法所有之意图，欧述周既寄居其家有年，此随地随时均可易杀，何至俟其子欧昌德同床共寝时始杀害，于其家内又何必不连同欧昌德一并杀毙，其理尤为显明，原审认定欧昌德杀害直系血亲尊亲属，固不为无见而谓欧纯舟有联络之行为事实究不无矛盾。复查被告欧阳春系死者欧述周之父，原判决认定欧述周之被杀为欧阳春所教唆，系以告诉人欧文氏之指诉证人陈玉楷之证言关死者生前吸烟为欧阳春所痛恨曾于三十二年间拉其沉河及石，光系欧阳春之学徒，为所凭之证据微论有无拉往沉河情事，但已事过情迁与本案杀人不能发生直接因果关系即难作为欧阳春教唆杀人之积极证据。至在逃之共犯石□光虽曾为欧阳春铺店内之学徒，然业经早已开革感情变失自无可共秘密听其指挥之可能，况查石□光与欧昌德尤系至交三十二、三十三年间仍合伙贸易是其对于欧昌德之情感，当然比对于欧阳春较深。且真欧阳春既明知之岂有犹利用欧昌德朝夕与共形影相随所最亲信之人而杀其父之理，人虽至愚决不出此下策，矧欧阳春行年七十有五，日薄西山，产既早分，并无利害关系，纵痛恨其吸烟不谋杀于烟未戒绝以前而谋杀于烟已戒绝以后，允不尽情。此外又无其他证据提出足以证明欧阳春有教唆杀人之犯罪行为，原审遽依刑法第二十八条、第二百七十一条、第三十七条第二项，判处欧纯舟共同杀人有期徒刑十二年，褫夺公权十年，欧阳春教唆杀人有期徒刑六年，褫夺公权六年均嫌无据自不足以昭折服，原判决关于此部分判有未当，应由本院撤销谕知无罪，欧纯舟、欧阳春等上诉不得谓无理由。

据上论结，爰依刑事诉讼法第三百六十条第三百六十一条第一项前段、第三百五十六条，刑法第二百九十三条第一项，判决如主文。

本件经检察官雷永年莅庭执行职务。

中华民国三十六年十二月三十一日

四川高等法院分院刑事第一庭

审判长推事：马志渊

推事：程志伊、雷启汉

本件自送达判决后十日内得上诉于最高法院，但上诉书状应向本院提出，如未叙述理由限于提出上诉书状后十日内补叙，并须按照他证当事人人数提出缮本份数。此志

本件证明与原本无异。

书记官：

中华民国三十　年　月　日

四川高等法院重庆法院公函

三十七年刑智字第八九六六号

查本院受理三十七年度上字第一四一六号欧昌德等杀人上诉案件，经判决后据欧昌德提起上诉已依刑事诉讼法第三百七十五条第二、三项分别办理完毕，相应检同卷宗等件函送贵署查照办理。此致

最高法院检察署

计送本院卷壹宗，原审卷肆宗，上诉状壹件，上诉理由书乙件，检察官答辩书乙件，送达证书贰件，证物壹袋详封面。

最高法院重庆分庭公函

渝刑字第八八号

查欧昌德因杀人上诉一案业经本院判决，兹将判决正本及送达证书函送贵院希即代为送达，所有送达证书请于送达完毕后，送由贵院检察处附入第三审卷内为荷。

此致

四川高院重庆分院计送判决正本三件，送达证书乙件

中华民国三十八年三月二十二日

最高法院重庆分庭刑事判决

三十八年度渝上字第一二九号

上诉人：欧昌德，男，年二十六岁，业：商，住铜梁安居镇第五保六甲。

上上诉人因杀人案件不服，四川高等法院第一分院中华民国三十六年十二月三十一日第二审判决，提起上诉，本院判决如下：

主文

上诉驳回。

理由

本件上诉人欧昌德系被害人欧述周之生子，欧纯舟之胞姪，欧阳春之孙，因其父欧述周吸食鸦片夫妇反目，上诉人尤忤逆不孝嫖赌妄交，于是祖孙叔姪早经分居，并将其祖父欧阳春于十五年分授其父之田租一百担强分六十担自行管理。欧述周愤而脱离家庭，迁居高楼乡双碑湾其四弟欧纯舟家寄居，从此父子恩情断绝，不通往来。三十三年欧述周因受上诉人不孝之刺激决意戒烟，迨至同年七月烟已戒绝。即拟请族众将上诉人所分之财产全部收回，提出一部变卖偿债，上诉人闻悉后突于同年农历八月十五日晚来至欧纯舟家，晚餐毕，独至后门外竹林附近高歌，以示暗号，就寝时坚与其父同床，至夜半欧述周被杀毙命，上诉人即由后门潜逃等情不特告诉人欧纯舟指诉历历，即上诉人亦供认是夜与其父同床共寝夜办，其父被杀属实，并参以证人李福伯供称"欧昌德借长衫一件，法币二百元，只云赌钱输了要逼我跑滩（跑滩即逃亡之意），并未提及其父被杀"云云是其借衣潜逃诸事实，核与上诉人潜逃时抛去血衣意欲消减杀人证据互相印证相符合，再证以船夫高尚荣所述上诉人登船时之经过，更足证明是夜先于上诉人搭船者即为上诉人杀人之伙犯，原审依上述各供证为认定事实之基础，因认上诉人应负刑法第二十八条、第二百七十二条第一项之罪，将其上诉驳回，自非无据。上诉意旨谓其父被害系欧纯舟所加害，欧阳春所教唆，是夜与其父同寝为欧纯舟所坚留。原审仅信欧纯周之告诉判处罪刑殊难甘服等语□□上诉人将欧述周杀害已据欧纯舟供证确凿，核与其他证据悉相吻合，已如上论按之□□，上诉殊难认为有理由。

据上论结，应依刑事诉讼法第三百八十八条第十项，判决如主文。

中华民国三十八年六月二十四日

最高法院重庆分院刑事第二庭

审判长推事：谌祖陶

推事：王景会、施以觉、宋彻、冯浩

本件证明与原本无异。

书记官：

中华民国三十八年七月　　日

126.杨文明药毒杀人案

为处分失平声请移转管辖办理状，恳检卷核阅赏准裁定，饬将全案卷宗移送指定法院检察处接收办理，继续传案侦讯起诉法办藉资折服事，情民告诉杨文明药毒杀人一案，兹奉长地检处所为三十六年侦字第一八二号处分书阅悉，内容与事实不符，显见偏颇失平，难甘折服，特将理由补陈如下：窃刑事案件应以事实行动审核为犯罪要件，以证人证据为犯罪佐证，刑诉法第二百六十八条规定甚详，本件被告杨文明医学无术，未经名师传授，亦未经政府检核考取发给合格证明书注册可查，今恃杨振华任乡长杨德明充任中医公会理事长往来于有关机关之势住乡，假医业敛财为害社会安全，伊乃于今古二月十六日诈欺民妻青年，为子世华感冒微病延医，被告竟自言民子病崩溃，病要断肠要他诊脉主方才治此病，以致请伊主方服药次日再饮毙命，登时口鼻齐出鲜血染良，迭经本乡调解会研讨，伊云崩溃病及伊主药方与病相反所误杀，此其事实之佐证。伊藉医业上诈财诊脉应注意而不注意以药杀人之犯罪要件，长检处陈检察官不究事证、不传调解员项旭辉等对质、不采调解会记录鉴定"评判抄粘在卷"、不验尸身病死情况，由伊到庭颠倒供词，又云寒热病药方亦治寒热病方，交中医公会研究答复，以掩偏颇之究。此不服者一也。查中医公会研讨药方时，应依法召集双方在场，解剖药性清查病源乃为合法。讵知杨理事长以叔侄关系捏词回复，陈检察官不尽侦查能事，据此处分，此不服者二。惟查二次侦讯传票注李检察官名义传唤售药铺主人冉登武到庭时，又系陈检察官审讯谕令该登武签押后不予讯问，亦不鉴定证件，退庭予以处分，此不服者三。殊该文明事后传言乡里以五十万元之数将案处分尽人悉知可查，迫使民有冤难伸，尤以上述事实而论，陈检察官不尽侦查能事偏颇处分，谓伊药方与病为案悬累深。惨死难甘折服，泣恳迅予核办，令犯罪的审首席检察官继续侦讯起诉法办，以慰幽魂而彰法纪事，情民告诉杨文明杀人案件，接阅长寿地检察处处分书一件，已于法定期日声请再议。检卷申送核办在案应候候喝渎，惟查本件真相未明，原检察官偏颇失平违法处分不特法理失效，民子身体失其保障惨死难服。窃该被告无医学技术，假医业诈欺乡愚，用毒药误杀良民取财，本乡人士骇异，调解会伊供病源及药方治法，系主治寒热病之辩词与病相反之供言可查，今伊热药性治法病源相符不扛尸检验，竟以被告族兄杨德明任医会理事长之机会函咨研讨，殊该医会不合法召集两造，公开释明药方治法病源相符，妄捏片言主张互相函复后，讵知陈检察官乃票传售药人再登武到庭，今彼划押于白纸上面，讯后造供予以处分者尤此可证偏颇违法，实难甘服者一也。惟本件被告杨文明诈欺用药杀害情形，迭经乡调委会主席项华普，名医陈德渊等，究计药性治法病源及尸身嘱其答辩，伊自知理屈难答，乃请托项元林担保，说了有记录可考，亦有证人项华普、项元林等可质，此其不服者二。也然查本件民正依法程请求检卷核办中，又沐钧座批示仰候令，原首席检察官查明法办至今数月，聊如黄河诉期超过。法定期日再议之诉亦无因信，冤海难伸的服失望，为此泣恳鉴核，俯念情惨，迅予核办，令饬原首席检察官续行侦查起诉法办，藉资折服，深沾德便。谨呈高等法院第一分院检察处公鉴。

中华民国三十六年四月十二日
具状人：孙玉清

为不服处分，恳准检卷申送上级核办以维正义而资折服事，缘民告诉杨文明药毒杀人一案，兹奉三十六年度侦字第一八二号不起诉处分书一件，其理由谓长寿中医公会函复称双方所称病情与所开药方考较，并非杀人之药等语，显见对侦察未尽能事。惟查该中医公会未经召集双方宣告药性，亦未经钧处检验央受病情况，民尚不知何能与病相宜，足证偏颇冤认难慰情节难服，除理由详陈刘检察处核办外，为此状恳鉴核，俯将原卷检送上级核办，藉资折服。谨呈。

为提出新证据、新事实状恳再议续行侦讯起诉法办，而慰幽魂以彰法纪事。缘民告诉被告杨文明杀人案件已沐不起诉处分，在案葛渎，惟本件被告于本年古历二月十二日晨，诊脉主方服药后，病状越加沉重。民妻急询伊药性及病源相反所致，伊答药力与病相斗，顷刻间耳病自然减轻，至午后病仍然如故，双询伊如何，该杨文明乃现出立药单，服饮后始于次日立刻毙命，口鼻齐出鲜血湿衣足证药毒□□即投请调解会及名医陈德渊调解员项华普等研讨药与病相反，饬伊答称称是发绝又是崩溃病，我的药是治此病，经众考究药毒属实，饬伊停业，并由伊请项元林担保等情之新事实"评判可核抄呈"，原审侦察未及于此，并该杨文明次主之药单遗漏，未能检出作证民实于觉查殊深遗漏及此，既经伊因病沉重再主药方与病所毒杀，亦应检呈侦查是依法举证检呈诉事实新证据及评判等证件前来再恳鉴核，俯准再议，续行侦查，起诉法办，以慰幽魂，藉资折服，存没均感大德！

为不服原审批示，依法抗告，状恳裁定予以回避以符法纪事。缘民等告诉杨文明杀人一案声请回避案件，复于本月十九日奉到长寿法院检察处批示一件，内容谓被告杨文明前后主立病方，均经长寿国医馆研讨，并经检察官审核处分无新证据之可言等语，显见事实不符偏颇有据嫌疑重大，应予自行回避而不回避，民依法声请回避不理，此应抗告恳准回避之裁定者一也。窃本件杨文明误用毒药杀人，不特有伊在本乡调解会自供评判可核，亦有伊请托担保人项元林可质，并有调解主席项华普名医陈德渊等可证，原检察官陈光虞违反侦察，不传证人、不验尸身竟、替伊办事将单移送长寿国医馆理事长杨德明即被告兄镕局回复不召集两造公开化验锛，民静候传讯不知奸究予以处分在案。迫民不得已乃检出前被失伊主立二次药方提出作证，此乃新证据并请添传证人陈德渊、项元林等到案对质提起告诉，该陈检察官传案侦讯时不准民妻陈述，只向民谈及人说我得杨文明法币五十万元你云问河街杨某即下口我并没得钱等语，尤此是否而论则证嫌疑重大应予回避，民依法请求该陈检察官亦不回避而何收记官应回避而不回避竟参与其事由何书记官一手造成，批示谓民二次药方均经长寿国医馆研讨并经钧座审核。惟查此项证据前告诉时失放未获从何审核及研讨足证偏颇抹煞并加盖伊印可查予以批答驳回，显见许首席检察官尚未召集全院职员裁决无疑，然许首席年老事繁决于觉查则民之声请由何书记官包，办此应恳回避之裁定者二也。综上所述，实难折服，特依刑诉法三百九十五条规定恳请钧处做主俯念下情，准予令饬陈检察官回避之裁定，以符法纪而慰幽魂，深沾感德便。谨呈为依法声请令饬长寿法院检察处继续传案侦讯公诉法办而彰法纪事情，民告诉杨文明杀人案件兹于本月三日奉到钧处三十六年八月五日批示一件悉，由各节谓民声请再议法办，如发现新证据仰向原检察处告诉法办等因曷渎，惟本件被告之杀人实有意为之，事后竟恃魔力将案处分，民依法再行检出之新证据及举证人提起告诉，而原检察官陈光虞彻底偏颇违反侦察置人命不顾，迫民有再议陈述之必要。既经钧座批答续行侦查严究，而原检察官偏颇不理，民不得不再请令饬长寿法院首席检察官传案侦讯，起诉法办而彰法纪以慰幽魂，如沐赏准存没沾感。谨呈。

四川长寿地方法院检察处呈。

中华民国三十六年十月一日

事由：呈复办理杨文明杀人案之经过情形请鉴核由。

案奉钧处本年九月十六日检木字第一六五一号训令略开："案据孙玉清诉杨文明杀人一案业经批示。合行抄发原状令仰依法送达并查明办理。"等因发抄状批示，送达证各一件，奉此。除遵即送达外，查该案前经本处迭次侦查，毫无犯据。复函准长寿县中医师公会本年三月三十日医字第二号公函略开："死者孙世华所患病症，与医师杨文明所用药方，业经召开理监联席会议讨论，金谓并无不当。"云云是该被告显无罪嫌，爰依法予以不起诉之处分。旋据告诉人具状声请再议前来，复经检齐全卷呈奉钧处处分驳回在卷。查抄状所称各节，纯系漫事砰出，全属子虚。奉令前因，理合呈复钧处鉴核。

谨呈

四川高等法院第一分院首席检察官：彭□□
署四川长寿地方法院首席检察官：许建烈

为案久累深，状恳迅赐裁定以便诉讼，藉资折服事，缘民告诉杨文明杀人案件提起抗告声请回避之裁定一案，惟本件检呈第二次药单及证人再恳传案讯法办，讵知陈检察官偏颇一串政策置人命不顾湮灭证据不予考查，显见有意彻底偏颇处分之虞迫民申请回避之诉，又沐陈检察官之书记官何学元参与做主盖章批驳使民有冤难伸，仅此提起抗告之诉，恳准裁定。又因原审分谕听候钧处裁定在案，惟现今诉讼已逾数月未奉裁定及批答，实令民顾测不安结束诉讼无期，为此再恳鉴核，俯准迅赐裁定，以便诉讼，藉资折服，深沾德便！

为案延难资折服，状恳迅予令饬原法院首席检察官传讯起诉法办而彰法纪事情，民告诉杨文明杀人一案经原检处据片面主张偏颇，使本件真相难明，民子冤魂难伸，故民等依法声请回避及抗告之诉在案。兹今接奉钧座批示阅悉，内容抄发原状令长寿法院首席检察官查明依法办理等因应遵曷渎。窃本件现今拖延已达数月，原审又复搁置未理，不特民子冤伸无期，对诉讼法令相违反，为此再恳鉴核俯准迅赐令饬长寿法院首席检察官续传侦讯起诉法办，藉资折服而彰法纪，实为德便！

谨呈

为依法声请移转管辖命令原法院之同级法院核办俾符法纪事，缘民等告诉杨文明杀人案件声请原审民回避。兹奉原首席检察官批示申送钧处裁定在案复奉钧处批示，仰候抄发原卷，令饬长寿法院首席检察官查明依法核办等因曷渎。窃本件被告杨文明兄杨德明任药师公会理事长以书记官何书元系邻近涪陵县医学往来交情深厚之朋友，互相局弊贿通陈检察官偏颇，本案不依法函咨医师公会召集双方合法鉴定药单，况妄捏前废弃之医药公会名义伪造鉴定单，迫民依法声请回避之诉复接批示阅悉骇异，对该批示承办黄书记官印章竟变为何书元之章文，显见首席检察官以景仰官僚同情意。民恐将案处分冤沉难申，乃声请钧处予以回避之裁定连接批示令饬原首席检察官查明核办在案然，本件原首席检察官意以仰承同僚不采民之申诉，不特冤海难白，诉讼难期，公平法例难，彰民实难遵是，特恳请钧座做主，俯准命令原法院之同级法院核办，以释嫌疑而符法纪。

谨状

伤害罪

127. 张有为伤害案

案由：伤害。

上诉人或告发人：张有为。

民国三十四年十二月二十二日

四川高等法院第一分院刑事判决

三十年度上刑字第一三九二号

上诉人：张有为，男，年三十六岁，住巴县曾家乡，未到。

上诉人因伤害案件，不服四川重庆地方法院中华民国三十年十月二十三日第一审判决，提起上诉，本院判决如下：

主文

上诉驳回。

事实

本审认定之事实与第一审判决书记官载者相同亦引用之。

理由

本件上诉人对于伤害告诉人张谢如卿之事实虽坚不承认，但张谢如卿头部偏左、背部左液肋、左膀、右腿等处受有撞伤拳伤及脚踢伤，经原审检察官督员验证。而该伤确为上诉人所加害。复经张谢如卿历历楷陈，其肇事之原因系张谢如卿赴上诉人家索取伙食费，经上诉人拒绝，方始发生争执及毁损器物情事，即上诉人亦不否认。则上诉人应负伤害罪责自丝毫无疑。原审以上诉人犯罪情节轻微依刑法第二百七十七条第一项、第四十二条第一、二、四等项判处罚金五十元。如服劳役以一元折算一日于法不合上诉论旨空言指摘，非有理由。又上诉人受合法传唤无正当理由不到庭，应不待其陈诉迳行判决。

据上论结，上诉为无理由，依刑事诉讼法第三百六十条、第三百六十二条，判决如主文。

本件经检察官方理莅庭执行职务。

中华民国三十年十二月三十一日

四川高等法院第一分院刑事第二庭

审判长推事：范韵珩

推事：胡恕

推事：杨荣实

本件依刑事诉讼法第三百六十八条不得上诉于第三审法院。此致

本件证明与原本无异。

书记官：

中华民国三十一年一月　日

四川高等法院第一分院刑事附带民事诉讼裁定

三十年度附裁字第三九〇号

上诉人：张有为，男，年三十六岁，住巴县曾家乡，未到。

被上诉人：张谢如卿，女，住巴县曾家乡张家沟，未到。

上诉人因伤害案件，不服四川重庆地方法院中华民国三十年十月二十三日第一审附带民事诉讼刑事提起上诉，查其内容繁辩，非经过长久时日不能终结其审判，依刑事诉讼法第五百零八条第一项移送本院民事庭以资审理，特此裁定。

中华民国三十年十二月三十一日

四川高等法院第一分院刑事第二庭

审判长推事：范韵珩

推事：胡恕

推事：杨荣实

本件证明与原本无异。

书记官：

中华民国三十一年一月　日

128. 聂镇国诉彭汉儒等伤害毁损案

案查聂镇国告诉彭汉儒等伤害及毁损一案，业经本处依法判决，送达在卷。兹据聂镇国声明不服，恳予检卷申送上诉前来，除批揭示外，理合检同全案卷证，钤印封固，备文呈送钧院俯赐查收核办，指令只遵！

谨呈

四川高等法院第一分院检察处

计送原卷一宗原判二份上诉状一件

四川江津县司法处主任审判官：高凌

中华民国二十七年三月三十一日

四川江津县司法处刑事判决

二十六年度易字第　号

公诉人：县长兼检察官。

告诉人：聂镇国，住长冲场。聂燮忠，住油溪。

被告：彭汉儒，男，年三十二岁，住油溪，农。彭既冈，男，年四十岁，住油溪，农。彭建章，男，年未详，住油溪。聂明安，男，年未详，住油溪。熊炳发，男，年未详，住油溪。彭老二，男，年未详，住油溪。傅炳云，男，年未详，住油溪。傅老二，男，年未详，住油溪。

上被告因伤害及毁损案，经县长兼检察官提起公诉，本处判决如下：

主文

彭汉儒、彭既冈、彭建章、聂明安、熊炳发、彭老二、傅炳云、傅老二均无罪。

理由

本件告诉人聂镇国略谓，本年三月一日（即废历正月三十日）到兄弟聂燮忠家中，即有被告彭汉儒等估住燮忠搬家因燮忠未归，民说俟其归来再搬，被告等不依，要民搬迁，民当即否认，即被被告等殴打并将家具打毁不少，而告诉人聂燮忠亦称毁损东西，告诉人等遂以毁伤等词告诉到案，讯据被告彭汉儒、彭既冈不仅矢口否认有毁损告诉人家具及殴伤告诉人之事，并辩称"那天政警奉令会同联保派人来强制他搬家，他们不搬""是政警同壮丁搬东西出来，我们并未去搬"各等语，并经该管联保主任呈明，当日并无非法行为属实，经本处调阅县府第三科公产卷宗参考，因该告诉人聂燮忠抗不搬迁，其家人横泼异常致无结果，该告诉人现尚被押政警室。据此考察显见被告等无毁伤，告诉人之事当属可信，况该告诉人聂镇国又无伤痕可验尤难置信，是该被告彭汉儒等之犯罪嫌疑尚属不能证明自应，谕知无罪之判决，惟被告彭建章、聂明安、熊炳发、彭老二、傅炳云、傅老二受本处合法传唤无正当理由而不到庭，应不待其陈述迳行判决特为说明。

据上论断合依刑事诉讼法第二百九十三条第一项、第二百九十八条判决如主文。

中华民国二十七年三月二十一日

四川江津县司法处刑庭

审判官：邓坤载

不服本判决应于送达后十日内向本处提出上诉，此致。

中华民国二十七年三月二十一日

书记官：杨绍先

本件证明与原本无异

四川高等法院第一分院刑事判决

二十六年度上字第一三四七号

上诉人：本院检察官。

被告：彭汉儒，男，年三十二岁，业：农，住江津油溪。彭既冈，男，年四十岁，住同上。彭建章，男，年五十四岁，住同上。聂明安，男，年三十三岁，住同上。熊炳发，男，年五十八岁，住同上。彭老二，男，年不详，住同上。傅炳云，男，住同上。傅老二，男，年十八岁，住同上。

上上诉人因被告等伤害毁损案，不服前江津县司法处中华民国二十七年三月二十一日第一审判决，提起上诉，本院判决如下：

主文

上诉驳回。

理由

本件上诉意旨无非以本年三月一日（即废历正月三十日）告诉人聂镇国在其弟聂燮忠家中之际，适政警王蜀津带同壮丁即被告等因公产关系强制聂燮忠搬迁发生争执，被告等曾将聂镇国殴伤并毁损其什物等情，原审于聂镇国是否受伤未加鉴定毁损亦未勘明云云，经本院将是日执行强制搬迁之政警王蜀津传唤到案，据称是日搬迁确有被告等在场，是请联保办公处派的，当时搬运物件之际如木桶、木架等件，因不留心打坏几件则有之实，非故意毁损并未殴伤聂镇国等语，查被告等多数为联保办公处派与帮同搬迁之人，谓无故意及毁损物件及伤人情事拨诣情理尚属可信。况聂镇国并未受伤，案经王蜀津供明确未与聂镇国抓扯，若果受伤痕何以在一、二两审均不请求检验其为无伤可验，至为明显。原审依刑事诉讼法第二百九十三条第一项谕知被告等无罪之判决洵属允当。本件上诉非有理由，被告彭老二、傅炳云经合法传唤无正当理由不到庭。应不待其陈述，迳行判决，合并说明。

据上论结，应依刑事诉讼法第三百六十条、第三百六十三条，判决如主文。

本案经检察官赖毓灵莅庭执行职务。

中华民国二十七年六月三日

四川高等法院第一分院刑事第一庭

审判长推事：廖成廉

推事：周淦、夏惟上

依法不得上诉第三审

中华民国二十七年六月二十一日

书记官：匡泰禧

129. 李绍全伤害致死案

四川高等法院第一分院检察处二审卷宗

案由：伤害致死

上诉或告发人：李绍全

被上诉人或被告人：

四川高等法院第一分院刑事判决

三十四年度上字第一〇八九号

上诉人：李绍全，男，年四十岁，业农，住铜梁关溅乡。

委任辩护人：范克炜，律师。

上上诉人因伤害案件，不服四川铜梁地方法院中华民国三十四年七月二十六日第一审判决，提起上诉，本院判决如下：

主文

原判决关于李绍全部分撤销。李绍全伤害人之身体处有期徒刑一年六月。

事实

李绍全于民国三十三年三月十五日（即废历二月二十一日）因其弟李辅云将其鸭翅打落，前往李辅云家捡取鸭蛋，致与其妻李陈氏发生冲突，李绍全即用手将李陈氏左耳及左眼胞殴打成伤后，李陈氏行至大安溪自跳河内溺毙，由其娘姓之叔陈炳光等以伤害致死等情诉经原审法院检察官侦查起诉。

理由

查已死李陈氏左耳及左眼胞各有伤，围圆三寸六分，皮肉红色均系掌伤，业经原审检察官饬员验明填具验断书附卷可稽，该项伤痕系上诉人李绍全所加害，亦据告诉人陈炳光、陈逢吉、陈锡卿等历历陈明，上诉人虽否认有与李陈氏因捡取鸭蛋发生冲突，并将其殴打成伤之事，然经证人刘锡实在侦查中证称"二月二十一日（指废历）李辅云将他嫂嫂鸭翅打落了，第二天听说李绍全捡李辅云的鸭蛋，李绍泉（即李绍全）等与李陈氏打架实在，李陈氏就去跳水淹死了"证人李国良亦称"听闻人说为小事情李绍泉古二月二十一日捡李辅云的鸭蛋发生打架，不知是那些人在打，李陈氏来投凭，我看见她身上有伤打架属实，不知如何死的"各等语，是上诉人确有伤害，李陈氏情事委堪认定殊难卸却伤害罪责，至李陈氏虽于被殴后跳河溺毙并经验明李陈氏头受有斜长四分宽深各一分，中脊背后微有淡红色垫伤一处，两鼻窍及口内均有水沫流出，两手心发白，左右十指甲均有泥沙，肚腹胀拍□□，安系生前因伤后溺水身死确实，但查李陈氏之跳河溺毙实非上诉人所能预见，至于李陈氏□斗及中脊背所受之磕垫也不特无积极证据足证系上诉人推撲所致，即就头门一伤而论如被推撲倒地致受斜长四分宽深各一分之重伤，据告诉人陈炳光等所具状内述明，争殴地点距河有五里之遥，势亦不能步行至数里以外，上诉人辩称"因她跳到河里在石卡拉出来的，是她自己碰的伤"云云其辩解不无可采。核其伤害行为并不致引起死亡之结果，仅因被害人之自行跳河而致死亡则与上诉人之加害行为实无相当因果关系，与因伤后参入自然力以助成死亡之结果者有别，审核上诉人所为实触犯刑法第二百七十七条第一项之伤害罪原审判决竟论以同法同条第二项之伤害致死罪殊属违误。查上诉人因？故将其弟媳李陈氏殴伤犯情无可原恕，应从重处罚，惟其犯罪在民国三十三年六月一日以前应依减刑办法第一条前段减轻其刑二分之一，爰由本院将原判决撤销，改处有期徒刑一年六月以示惩戒。本件上诉应认为有理由。

据上论结，应依刑事诉讼法第三百六十一条第一项前段、第三百五十六条，刑法第二百七十七条第一项，减刑办法第一条前段、第四条前段，战时罚金罚锾提高标准条例第一条前段，刑法第二条第一项后段，判决如主文。

本件经检察官王□廷莅庭执行职务。

中华民国三十五年一月九日

四川高等法院第一分院刑事第二庭

审判长推事：王众远

推事：艾作屏

推事：李志超

书记官：

中华民国三十五年三月十四日

130. 曹世康伤害致死案

上诉或告发人：曹世康。

案由：伤害致死。

中华民国三十二年二月二十六日

四川重庆地方法院刑事判决

三十一年度诉字第一一三五号

公诉人：本院检察官。

被告：曹世康，男，二十六岁，浙江人，在押，机工。

指定辩护人：吴骐，律师。

上被告因伤害致死案件经检察官提起公诉本院判决如下：

主文

曹世康伤害致人于死处有期徒刑五年，褫夺公权五年。

事实

曹世康为缅甸中央飞机制造厂工人，于本年阴历正月初四日在腊戌向已故曹成追索欠债六十卢比不得并受其持枪恐吓乃邀同高元、史奎发共同将曹成击伤致死。腊戌失陷后曹世康辗转来重庆北碚金刚碑中国滑翔修造厂工作。八月十八日死者师兄潘仲厅在化龙桥嘉宾茶社吃茶，忽遇曹世康当责询其致死曹成情事不得要领即报告宪兵十九团将曹世康拘捕转送本院检察官侦查。

理由

查已故曹成欠被告六十卢比债款，因追索不遂，遭其持枪恐吓，即由气愤而邀同史金发高元共同将曹成击伤致死之事实。已据该被告在宪兵十九团供认不讳。历历可据，即其在检察处亦供称与曹成在腊戌因债款发生斗殴。曹成即于打架后，两三天死在腊戌医院核与告发人潘仲奇证人陈子才之供证。殊相符合。自属真实可信。惟该被告辩称，宪兵团之供词系受刑讯而来检察处之供词系因言语不通所误录，然其在宪兵团所受何种重刑，并无证据提出即认所辩属实，则其供词何竟又与告发人及证人所指攻者极相一致况彼此素无仇怨。如其确无伤人致死之情事，亦何致架词诬陷，遗害于无辜，再就检察处之供词而论书记官之记载甚为明晰。毫不含糊草率，更不致发生错误该被告始则承认犯罪属实，继又事后翻异，显属空言狡卸，不足采信，自应依法严加惩处，惟查该被告与已死曹成素具友谊，并具金钱关系，而此次肇事原因，又为气愤所刺激，不无情有可原，应于法定刑内处有期徒刑五年，褫夺公权五年，以资惩警，至高元史，金发所在不明无法拘传应候另行缉案讯结。

据上论结，应依刑事诉讼法第二百九十一条刑法第二百七十七条第二项、第六十六条判决如主文。

本案经检察官陈耀常莅庭

中华民国三十一年十二月二十六日

四川重庆地方法院刑事庭

推事：孟普庆

如不服本判决应于送达十日内向本院提出上诉书状本件证明与原本无异。

书记官：杨景俟

中华民国三十二年　月　日

四川高等法院第一分院通知书

本院民国三十二年上字第二三二号

曹世康伤害致死上诉一案定于本年三月九日上午九时在第一法庭公开应请贵检察官届时莅庭为荷。此致

本院检察官

四川高等法院第一分院刑一庭

中华民国三十三年三月八日

四川高等法院第一分院刑事判决

三十二年度上判字第一一三六号

上诉人：曹世康，男性，二十七岁，浙江人，住北碚，机械工人。

指定辩护人：张凯，重庆市公设辩护人。

上上诉人因伤害致人死案件，不服四川重庆地方法院中华民国三十一年十二月二十六日第一审判决，提起上诉，本院判决如下：

主文

原判决撤销。曹世康共同杀人，处有期徒刑五年，褫夺公权五年。

事实

曹世康为缅甸中央飞机制造厂工人，于去年旧历正月初四日，在缅甸腊戌地方，向已死曹成追索欠债六十卢比，不得，并受其持枪威吓，乃邀同高元史金发等共同将曹成用刀棍击死，腊戌失陷后曹世康辗转来重庆北碚金刚碑中国滑翔修造厂工作，经已死曹成之师兄潘仲奇，报告宪兵十九团，将曹世康拘获，解由重庆地方法院检察官侦查起诉。

理由

本件讯据上诉人曹世康对于前开事实，虽完全否认，并质以在宪兵团，据供，因为他欠我六十个缅币，我问他要钱，他先打我的耳光，打我的腿，打伤了，第二天他拿手检要打死我，我没有办法，就邀几位朋友云打他，当时用铁棍打他的头，打伤了，第二天才死，朋友一个叫高元，一个叫史金发，上诉人又以供由刑讯，任意翻异，然查上诉人在原审侦查时，

亦供，我们打过架，在腊戍打的，是在正月初四，听说他是在打架后两三天，就死在医院里，并据证人陈子才在审判中，□□我在滇缅路做事，仰光失守后，曹成同曹世康一路退到腊戍，他二人先很要好的曹成曾借曹世康的钱，后到腊戍，他二人都没有钱，不过曹成还有朋友接济，所以曹世康向曹成要钱，曹成说你若要钱，我就打你，曾拿空枪恐吓曹世康，曹世康不知道，以为你要打死我，我也要打死你，但曹世康是打不过曹成的，才约几个朋友，把曹成打了，腊戍那里风俗，无论大小身边都带有刀子，曹世康他们也是用刀子砍曹成的，曹世康拿刀子劈了脑袋一下，姓高的拿大木头，把脑袋打破了，其余二人，拿锉刀，每人锉了一下，当时就死了，送到医院云收尸不是医伤，我没在场，是他们抬到医院云时我见着的，还有虞丙华，他同曹成在一个房里睡觉，发生这事后虞丙华也被警察抓去了，我送东西给他时他告诉我的，就其所称打破曹成脑袋之说，核与上诉人所供打伤他的头之语，亦极相符合，是上诉人与高元、史金发等重就轻，何能采信，惟事由曹成拿枪恐吓，有激而成，犯罪情状，尚堪悯恕，自可酌量减轻其刑，原判决以伤害致人于死论，究有未合，本件上诉认为有理由。

据上论结，合依刑事诉讼法第三百六十一条第一项上半段，刑法第二十八条、第二百七十一条第一项、第五十九条、第七十三条、第六十六条、第三十七条第二项，判决如主文。

上经栖院检察官彭时俊莅庭。

中华民国三十二年三月十三日

四川高等法院第一分院刑事第一庭

审判长推事：范韵珩

推事：雷彬章

推事：艾作屏

本件自送达判决后十日内得上诉于最高法院，但上诉书状应向本院提出，如未叙述理由限于提出上书状后十日内被叙并须按照他造当事人人数提出缮本份数，否则迳由本驳回上诉，此志。

本件证明与原本无异。

书记官：

中华民国三十二年三月十八日

妨害自由罪

131. 徐光禄、张质彬妨害自由案

四川高等法院第一分院刑事判决

二十八年上字第五四七号

上诉人：重庆地方法院检察官。

被告：徐光禄，三十四岁，住巴县二圣乡，农。张质彬，三十二岁，住巴县二圣乡，农。

委任辩护人：张元成，律师。

上上诉人因妨害自由案件，不服重庆地方法院中华民国二十七年三月十七日所为第一审判决，提起上诉，经本院判决后又上诉最高法院，发回更审，本院更为判决如下：

主文

原判决关于徐光禄、张质彬罪刑部分撤销。徐光禄、张质彬共同私行拘禁二罪，每一罪各处罚金三十元，各应执行罚金五十元，如易服劳役，以一元折算一日。

事实

张质彬为巴县二圣乡民丁联队附，徐光禄亦为该乡民丁分队长，民国二十七年一月四日即旧历腊月初二日因据骆顺清之报告，谓杨治均、任嘉祥有藉赌诈财情事，遂将杨治均、任嘉祥逮捕缚禁于该乡联保办公处，并将杨治均所带法币三元，任嘉祥所带法币二十三元与零星物什搜出列单保存。次日杨治均之弟杨治成与张纯斌闻讯前往探视，张质彬、徐光禄复认其系同伙亦予一并扣留，饬令将诈欺之钱如数返还骆顺清，迄至一月十二日杨治均、张纯斌被押出外筹款因得乘间脱逃，当以前情请诉重庆地方法院检察官究办。张质彬闻悉遂于一月十四日会同该联保主任郑沛甘将杨治成、任嘉祥呈解区署转送重庆地方法院检察处办理。经检察官侦查终结认为张质彬、徐光禄有私禁及侵占罪嫌一并提起公诉。经重庆地方法院判决后检察官认为未洽，并以原起诉书对被告等以强暴胁迫使人行无义务之事一节未予论列，一并送请撤销原判决另为判决。

理由

按本件最高法院发回之要旨，一、以被告等缚禁杨治均、任嘉祥，扣留杨治成、张纯彬饬令将诈得之钱如数返还，除应成立私禁罪外，尚不无触犯以强暴胁迫使人行无义务之事之罪嫌。二、以被告等每次私禁均有二人显系同时侵害两个法益自属一行为触犯数罪名，原审未依刑法第五十五条从一重处断亦属违误。三、以被告等是否具有公务员之身份以及其犯罪行为是与职务有关并未予以释明，因而发回更审，查前审笔录我问汝们怎么将他关七八天之久，被告徐光禄答任嘉祥承认返还骆顺清七十四元钱了事，他们因找钱，一天推一天还是没找着钱，就迟延下去的。被告张质彬亦供他们要未了息一天约一天就迟下来了。问：杨治均既没有放你你又怎么出来了的？答：喊我出来找钱。问：你出来找钱有兵押着你否？答：我出来办钱有两个兵押着。并据李全胜结称我看见杨治均、张纯斌出来有兵同他们一路，是被告等对于杨治均、张纯斌除犯刑法第三百零二条第一项之罪外，更有以强暴胁迫使人行无义务之事，因属有牵连关系，应从一重处断，原判竟置刑法第三百零四条第一项于不顾，亦仅以私禁罪论科洵有未合。次查被告等先后两次私禁杨治均等四人，因应成立两个刑法第三百零二条第一项之罪，且每次私禁均有二人同时侵害两个法益自属一行为而触犯数罪名并依刑法第五十五条从一重处断，原判仅认其各犯一个上开罪名亦属违误，至就被告等之身份而论仅系民丁联队附及民丁分队长于备防之时轮流负责，既非合法编制即不得认为具有刑法第一百三十四条加重之原因。原判竟引该条加重其刑，应由本院撤销改判。上诉意旨不能谓为无理由。

据上论结，合依刑事诉讼法第三百六十一条第一项前段，刑法第二十八条，第三百零二条第一项，第三百零四条第一项，第五十五条第七款，第四十二条第一项、第二项，判如主文。

本案经检察官赖毓灵莅庭执行职务。

中华民国二十八年五月　日

四川高等法院第一分院刑事第一庭

审判长推事：方闻

推事：邱廷举

推事：艾作屏

本判决自送达后起算得于十日内上诉最高法院，但上诉书状应向本院提出，如未叙述理由，应于提起上诉后十日内向本院补具理由,，否则本院裁定驳回上诉。此致

书记官：王仲瑜

中华民国二十八年五月三十一日

事由：函送徐光禄因私禁上诉一案卷证由。

中华民国二十八年八月十四日

四川高等法院第一分院刑庭公函

案查重庆市徐光禄因私禁上诉一案业经本院判决确定，相应将该案卷宗证件函送贵首席检察官查收办理。

此致

本院首席检察官

计送原卷三宗，最高法院卷一宗，原卷二宗，证物一封（详面共计七件）

中华民国二十八年八月十日

四川高等法院第一分院刑事判决，二十八年度上字第五四七号。

132. 毛发祥诉唐蒋氏等妨害人行使权利

四川潼南地方法院检察处呈

民国三十二年六月二十二日

事由：为呈送毛发祥告唐蒋氏、蒋定先等妨害人行使权利，请再议案卷，状请核办由。

案查本县城区镇商民毛发祥告本县接龙乡第六保居民唐蒋氏、蒋定先等妨害人行使权利一案，经侦查终结，认为应不起诉，业于本年五月二十九日，以侦字第二六五号不起诉处分书，分别送达去讫。兹于同年六月十七日，后据该告诉人毛发祥以不服处分，声请再议，等情前来，查核原状，似无理由。除以"呈悉。仰检卷申送上级法院首席检察官核办。"等语；批示揭送外，理合检同该案卷状随文呈请钧座，俯予核办示遵！谨呈

四川高等法院第一分院首席检察官：李

附呈毛发祥声请再议状一纸、卷一宗

署四川潼南地方法院检察官兼行首席检察官职务：周宏迹

处分书

声请人：毛发祥。

上声请人因诉被告唐蒋氏等妨害人行使权利等案，对于潼南地方法院检察官中华民国三十二年五月二十九日不起诉处分声请再议，本首席检察官审核处分如下：

查声请人状诉被告唐蒋氏等强暴胁迫妨害其佃户杨春林等车戽堰塘之水及将其所买之田一坵强栽过丰等情，为其告诉之论据。唯讯据证人曾坤三供称："当时被告只有口头招呼，他们莫车堰塘之水，并无拿棍棒打架情事，我并在中间问过他们，两下都各自退认了。至四月初九那天，被告蒋兴发、蒋定先是栽堰塘的秧子，大约栽有两挑谷子那样宽。"足征当时被告唐蒋氏等均无强暴胁迫情形，即与刑法第三百零四条第一项之规定不符。原检察官认为纵使声请人受有损害无应依民事诉讼程序请求赔偿，不能遽入人罪依法处分不起诉尚无不合，本件声请就有理由。合依刑事诉讼法第二百三十七条前段驳回，特为处分为上。

首席推事：李

中华民国三十二年六月三十日

四川高等法院第一分院检察官指令

三十二年度检辰字第五一七号

令兼行四川潼南地方法院首席检察官职务：周宏迹

　　本年六月二十二日呈一件呈送毛发祥诉唐蒋氏等妨害人行使权利声请再议一案由。呈卷均悉。此案已经本首席检察官依法予以驳回之处分。合将处分书，送还证书，连同原卷，令发该处，仰即查收，饬警送达，将送达证书附卷备查。此令

　　计原卷壹宗，处分书一件，送达证书一件。

中华民国三十一年六月三十日

首席检察官

　　为对于六月二十一日不服潼南地方法院检察官不起诉之处分，声请再议一案，补具不服理由，请求查核，撤销原处分，令饬潼南地方法院检察官，即行起诉，以重法纪，而免枉纵事：窃抗告人于潼南地方法院告诉唐蒋氏、蒋定先、蒋兴发、蒋国臣、蒋朋程、蒋德昭、蒋中华、蒋泽民、蒋秉章、蒋植材等触犯刑法妨害水利及妨害人行使权利罪一案；当于六月十六日，收受原处分，法院三十二年五月二十九日，所为侦字第二六五号之不起诉处分书，谓被告等并无犯罪嫌疑，认为应不起诉；抗告人不甘拆服，曾于法定期中，依法声请再议已蒙批以"仰候加具意见，送请上级法院裁定。"等谕；兹特将不服理由，叙述于下：

　　（一）查刑法第二五二条意图加损害于他人并实施妨害其农事上之水利者处二年以下有期徒刑、拘役或三百元以下罚金。译其意旨，如有加损害于他人之意图并实施妨害农事上水利之行为，即属构成此罪，至为明暸；今处分书既谓："该业大堰告诉人佔十分之七，有判决书可证，告诉人佃户□□□□□□"之主权所有，已经最高法院终局判决，而该被告等之阻止车灌，又经侦查属实；且至本年不□□抗告人之佃户车灌，而该被告等更将堰水出卖于无权佔有之人后，又将堰坎彻底毁损，使现在之水，流尽无存，将来之水，无所归纳。其加害于抗告人而妨害农事上之水利，可谓毒极恶极，实无一不可查勘，无一不非事实；乃处分书谓："无强暴胁迫之行为，尚难认其成立妨害人行使权利之罪。"宁非故意出人于罪乎？盖本条既未有"强暴胁迫"之规定，又以"意图损害他人妨害农事水利"为成立犯罪之要素，即不能以无强暴胁迫行为予以宥恕也此原处分不合，应请撤销者一。

　　（二）查刑法第三百零四条："以强暴胁迫使人行无义务之事或妨害人行使权利者，处三年以下有期徒刑。"译其要素，固非有强暴胁迫之行为，不能构成该条之罪然所谓："强暴胁迫行为"亦明白规定，必须达到伤害或若何程度为限；今抗告人所买蒋氏之业，取得主权，实行管理收益，已经三载，乃该被告等突于最高法院终局判决后，集合多人，各持棍棒，将佃户杨春林驱逐不克耕种，以致估栽去田一块，又被告蒋定先、蒋兴发等供称："我主人蒋伯玉、蒋树奇、蒋国臣等，喊我不要毛家车水"，因而结伙多人，各持棍棒，胁迫佃户杨春林弃田潜伏，不敢出而防御，遂使佃户失去佃权，抗告人失去土地行使权及堰水享有权，事实俱在，一查即明；夫当彼春种耕作之际，天灾水贵之时，若非感受重大胁迫！谁愿放弃主权，减少秋季收益？何况该被告等结伙多人而又各持棍棒，大肆打杀之威，不但本乡乡长条令保甲，制止抗告人与佃户车水，以免遭受重大伤害，影响秩序条令可

证；且被告在庭供认："奉主人命不要毛家车水"口供可证，是强暴胁迫行为，已属无一而不可概见，其损害水利与妨害行使土地权之行为无一而不可查勘，则该被告等之应负本条刑责，显然无可遁希乃于最高法院以民诉终局判决后，又以事涉民诉等语，而将刑事抹煞谓该被告等，并无犯罪嫌疑，如非故出人罪又何为而作？如是主张此原处分不合应请撤销者二。

据上所陈述，特状请钧院鉴核，准予撤销原处分，令饬潼南地方法院检察官，提起公诉或侦查起诉俾符立法之精神而维有罪必罚之原则，则抗告人不胜沾恩戴德之至！

谨状

四川省高等法院第一分院

首席检察官公鉴。

中华民国三十二年七月　日

具状人：毛发祥

妨害名誉及信用罪

133. 蒋志成诉胡先桢妨害名誉及信用案

重庆实验地方法院刑事附带民诉判决

三十三年度实自字第四百五十号

自诉人即附带民诉原告：蒋志成，男，年三十八岁，业：商，住北碚天津路二十二号。

代理人：姚嘉鹏，律师。

被告：胡先桢，男，年三十六岁，业：商，住本市林森路一百九十三号。

选任辩护人：王扶霄，律师。

上被告因妨害名誉及信用案件，原告并提起附带民事本院判决如下：

主文

胡先桢无罪。原告之诉驳回。

理由

查诽谤罪之处罚，以意图散布于众指摘，足以毁损他人名誉之事而非真实者为要件，观乎刑法第三百一十条规定甚明。本件自诉人蒋志成诉被告胡先桢妨害名誉及信用，无非以福记宝成银楼早经转让，余成名乃被告不查事实，贸然委托律师登报启事一则曰共同侵占存金，再者曰蓄意侵占云云，然讯据自诉人业称，对于该银楼于去年冬月已无独资经营之意，初则系以生财作价十万元与余成名合伙共营，嗣即退伙，于本年三月初取回股本三万元，五月间又取一部分，六月四日始完全退还等语，复查自诉人有金块二件计重九十□两条系于六月二日寄存于该宝成银楼亦已为余成名所供认，其后经手店员李强于发现持金潜逃情事，余成名对此虽不认之并谓蒋志成为李强于之保人"是有这句话"云云，由是而观显见被告寄存金条系在自诉人完全退股之前且存金发生纠葛□自诉人亦有保人关系是难即谓自诉人早经脱离福记宝成银楼，嗣于六月二十二日被告忽接余成名委托律师通知宣告清理，因事起遽然，关系人又匿避，而被告亦逐即委托律师于本年七月十五日登大公报警告该蒋志成、余成名、李强于三人速将原物归还并请各界生意勿与成交□□运财物。被告此项所为对自诉人虽不无影响其名誉及信用然，查其指摘各节尚属情理之中，核与首开说，问被告行为不罚应即谕知为罪徒而附指民诉无所附电亦应驳回。

据上论结，应依刑事诉讼法第三百三十五条、第二百九十三条第一项、第五百○七条，判决如主文。

中华民国三十三年十月二十四日

重庆实验地方法院刑事第二庭

推事：关国治

如不服本判决应于收电十日内向本院提出上诉状

本件证明与原本无异。

书记官：

中华民国三十三年　月　日

四川高等法院第一分院刑事附带民事诉讼判决

上诉人：蒋志成，男，年三十八岁，业：商，住北碚天津路二十二号。

代理人：姚嘉鹏，律师。

被上诉人：胡光桢，男，年三十六岁，业：商，住重庆民生路一百九十三号。

上诉人因自诉妨害名誉及信用案件附带民事诉讼，不服重庆实验地方法院中华民国三十三年十月二十四日第一审判决，提起上诉，本院判决如下：

主文

上诉驳回。

理由

按刑事诉讼谕知无罪不受理或免诉之判决者，应以判决驳回附带民事诉讼原告之诉，刑事诉讼法第五百〇七条第一项定有明文，本件上诉人自诉被上诉人妨害名誉及信用案件，业经原审谕知无罪，上诉人提起上诉，已另案予以驳回，则原审依首开法条，将上诉人之附带民事诉讼驳回，并无不合，上诉非有理由。

据上论结，应依刑事诉讼法第四百九十四条、第三百六十条，判决如主文。

中华民国三十四年三月七日

四川高等法院第一分院刑事临时庭

审判长推事：罗国昌

推事：孔容照

推事：周建文

本件依刑事诉讼法第三百六十八条，不得上诉于第三审法院，此结。

本件证明与原本无异。

书记官：陈口民

中华民国三十四年四月六日

134. 周王美纲诉刘世祥等公然侮辱案

刑庭公函

案查重庆地院呈送周王美纲因公然侮辱上诉一案卷证到院，查该案系属自诉案件，应有送请贵检察官查阅必要，相应检齐该案卷证，送请查收，并希于阅后二日内送还为荷。

此致

本院检察官

计送原卷乙宗，院卷乙宗。

中华民国三十四年元月二十二日

重庆实验地方法院刑事判决

三十三年度□字第九〇一号

自诉人：周王美纲，女，年二十六岁，业：水泥□，住本市姚家巷三号附二号。

王协青，女，年二十二岁，住同上。

代理人：万毓卿，律师。

被告：刘世祥，男，年不详，职教员，住一品乡核桃树院子。刘小藩，男，年三十二。

上被告等因公然侮辱案件，本院判决如下：

主文

刘世祥、刘小藩均无罪。

理由

被告刘世祥、刘小藩于本年七月二十七日，在巴县百节乡某水泥厂之附近空地见自诉人等长幼男女多人游，后在空休息时一丝不挂裸体走近自诉人面前并声称："各位小姐莫怕，有我们保险。"经自诉人等嘱其速即穿上短裤而不争之事实，业据自诉人周王美纲供述历历。并据被告刘小藩供称："我和几个人在上面吃酒听见刘世祥与他们（指自诉人等）吵，下去他们已走了"云云，可以认定上开情事之疑。然查刘世祥于公共场所任意裸体之行为仅犯违警罚法，尚不能构成任何刑事罪责。至翌日刘世祥又路遇周王美纲而恶意加以咳嗽之行为亦难构成公然侮辱之罪，应予谕知无罪。刘小藩经查并无任何□□行并应谕知无罪。被告刘世祥经合法传唤无正当理由不到庭应不待其陈述迳行判决。

据上论结，合依刑事诉讼法第二百二十条、第二百九十三条第一项，实验地方法院办理民刑诉讼补充办法第四十五条，判决如主文。

中华民国三十三年十一月三日

重庆实验地方法院刑事第二庭

推事：谢国治

如不服本判决，于送达收受后十日内向本院提出上诉书状。

本件证明与原本无异。

书记官：

中华民国三十三年十一月十八日

四川高等法院第一分院刑事第　　庭公函

渝恭字第三一四号

中华民国三十四年三月十九日

　　查本院受理三十三年度上字第三三五号为周王美纲等公然侮辱上诉案件，兹据上诉人周王美纲等具状撤回上诉，依刑事诉讼法第三百四十八条规定，应得检察官之同意，相应函达，即请查照见复为荷。此致

本院检察官

计送本院卷乙宗，原审卷乙宗，证物

审判长：罗国昌

四川高等法院第一分院检察官片

　　案准贵庭函送周王美纲撤回上诉卷状一案，业经审核卷证，尚无不合，应予同意。相应将原卷状送还贵庭，请烦查收办理。此致

　　同院刑庭

　　计送还原卷三宗，撤回上诉状一件。

　　检察官

　　中华民国三十四年三月二十四日

　　查本院受理三十三年渝上字第三三五号为周王美纲等因公然侮辱事件，业经上诉人具状撤回上诉在卷，相应检同卷等件送请贵检察官查收办理。

　　此致

本院检察官

计送院卷乙宗，原卷乙宗

审判长：罗国昌

四川高等法院第一分院检察官训令

三十四年检让第八九号

令　重庆实验地方法院检察处。

　　案查周王美纲自诉刘世祥等公然侮辱罪上诉一案，业经第二审判决确定，函送卷判到处，除经周王美纲撤回上诉外。合将卷判令发该处，仰即查收，依法办理为荷。

计发□二件，判决书　件

中华民国三十四年五月八日

135. 何鸣珂诉谭郭氏等妨害名誉案

案由：妨害名誉

上诉或告发人：何鸣珂

被上诉人或被告人：谭郭氏、谭承禹、谭大毛女、夏警长、汪谭氏

四川涪陵地方法院检察处呈

呈字第九八号

案查何鸣珂诉谭郭氏等妨害名誉案，业经不起诉处分送达在卷，兹据告诉人何鸣珂不服处分，具状申请再议前来，理合检同卷件，呈送钧处，鉴核施行！

谨呈

四川高等法院第一分院首席检察官

计呈送卷三宗，再议状表各一份，处分书二份。

署四川涪陵地方法院首席检察官：孙秉钧

中华民国二十九年三月十九日

刑事再议

二再议人：何鸣珂，四十八岁，住涪陵三区两汇乡，业农，代收处本城河街调金臣纸铺。

被二再议人：谭郭氏、夏警长、汪谭氏、谭承禹、谭大毛女即淑员，涪陵人，住北门外枣子岩二号。

呈为不服处分，恳予重行检卷申送二次再议事情，民前以不服处分声请再议，告诉谭郭氏等毁坏名誉一案，沐高分院首席检察官发回续讯，钧座传案续行侦查，民于三月二日奉到钧座不予处分，兹将不服理由遂呈如次：

（一）查书载嗣告诉人亦以被告谭郭氏等诬告妨害自由及妨害名誉等情具诉到处，经检察官侦查一并予以不起诉处分，窃民系告诉谭郭氏等串通夏警长无据妄诬拐逃偏听汪谭氏片面请求，不查虚实请押即斩，故民只提控毁坏民之名誉并未提控伊等诬告及妨害自由等罪，今无故加此请查自知不服一也。

（二）妨害名誉部分侦查示致完备发回续行侦查，殊只据被告谭郭氏等则坚称告诉人确有诱拐情事及并非有意妨害他的名誉等语竟如是当庭采其口述概不责难，予以侦查，仍如前处分不服二也。

（三）查书载调妨害名誉罪之要件尚有未备，查刑法二十七章之妨害名誉及信用罪三百零九条该谭郭氏等无据妄诬拐逃向公安局控告并□□夏警长不查虚实，将民实施强暴，强拉

羁押则适合该条前后段云罪责，又查同章三百一十条后段散布又字该谭郭氏等否特散布文字，更进以文字直陈钧院，意图妨害名誉到底，似又适合该条段之罪责，又查同章三百一十三条损害他人之信用，该谭郭氏等平空架捏诬控，此不名誉之事，惹人诽谤、遭人轻视、实损害民之信用尤重，则又适合该条云罪责似言未备不服三（四）书载无论将来审判之结果如何，要于妨害名誉罪之要件尚有未备，今谭郭氏告诉周全臣等株民名列第三之强奸及妨害家庭罪，现经刑庭聂推事精密审讯，殊伊系平空虚构旋塞，无凭借之事天然难逃神明洞鉴，故前后供词矛盾，得于公判时当庭宣告无罪，现不过判决书尚未颁下，兹何得谓，无论结果如何，及尚有未备以忍令民之名誉被损害致使谭姓等其人，若此不服四也。本上不服理由是特二次申请再议，状请钧院做主，伸张法理，重行检申上给法院依法核办，并科论罪，不胜沾感。

谨呈

中华民国二十九年三月九日

具状人：何鸣珂

宣示

涪陵何鸣珂因诉妨害名誉罪申请再议一案，本案申请驳回。

四川高等法院第一分院检察官处分书

检字第一六八号

申请人：何鸣珂。

上列申请人因诉谭郭氏等妨害名誉案，不服涪陵地方法院检察官所为不起诉处分，申请再议，本首席检察官审核，处分如下。

按刑法上之妨害名誉罪，以意图散布检众而指摘或传述，足以毁损他人名誉之事及散布文字因□犯前项之罪，为成立之要件，本案申请人所诉被告等妨害名誉，好以并无引诱谭淑贞之事，谭郭氏等就应诬赖为其去诉之论据，经原处续行企望，被告谭郭氏、谭淑贞、谭承禹、汪谭氏，均称申请人帮同周全臣将淑贞拐走确有其事，并不是妨害他的名誉等语，原检察官以谭郭氏等具诉申请人帮同周全臣略诱一案，业经侦查明晰，认为有犯罪嫌疑，依法起诉，即不得谓被告之所为具备妨害他人名誉罪之要件，至被告夏警长，妨害自由罪部分，业经处分确定，更何有教唆谭郭氏等犯罪之重嫌，续查结果，认被告等行为均属不罚，予以处分委无不当，本件申请，合依刑事诉讼法第二百三十七条前段，认为无理由，驳回如上。

首席检察官：孔庆□

中华民国二十九年三月三十日

本件证明与原本无异。

书记官：

中华民国二十九年四月　日

四川高等法院第一分院检察官指令

检字第三二九号

　　令　涪陵地方法院首席检察官。

　　本年四月呈一件呈送何鸣珂因妨害名誉申请再议一案卷宗由。

　　呈卷均悉，查该民申请实无理由，除依法予以驳回处分外，合将原卷连同处分书送达证令发，仰即查收，饬警分别送达，并将送达证书呈缴备查。

　　此令

　　计发原卷三宗，处分书三份，送达证书二件。

中华民国二十九年四月四日

呈

　　案奉钧处第三二二号指令检发何鸣珂因妨害名誉再议一案书卷饬将处分书咨为送达等因奉此业经饬警送达，兹据呈缴送达回证前来，理合具文呈送，仰祈鉴核备查。

　　谨呈

四川高等法院第一分院首席检察官：孔

计呈缴送达证书二纸［分送谭郭氏等、何鸣珂］

署四川涪陵地方法院首席检察官：孙秉钧

中华民国二十九年四月　日

侵占罪

136. 刘青臣等侵占案

四川高等法院第一分院刑事判决

三十年度上判字第一八九号

上诉人：刘青臣即刘庆顺，男，年四十九岁，住重庆下南区马路，拉板车。祝云和，男，年三十六岁，住重庆下南区马路，拉板车。

上上诉人因侵占案，不服四川重庆地方法院，中华民国二十九年六月二十五日第一审判决，提起上诉，本院判决如下。

主文

上诉驳回。

事实

刘青臣以雇人拉板车为业，上年五月八日即废历四月初二日，经张文海介绍，承运王松亭黄糖三包，计重一千零一斤，至陈家桥，交龙吉祥手收，谋刘青臣商同其雇工祝云和、唐有远（即唐有元，亦即唐玉元）蔡万成、谭友之，将该糖运至他处变卖，得价明分，事后经王松亭向张文海交涉，张文海遂诉由重庆地方法院检察官侦查起诉。

理由

本件上诉人祝云和，与在逃之唐有远、蔡万成、谭友之等共同用板车运送王松亭所有黄糖三包至陈家桥，系为祝云和承认之事实，该糖既未运至约定地点交货，其应成立共同侵占业务上所持有他人之物之罪，殊无疑问。至上诉人刘青臣虽以当时运糖，系由告诉人与祝云和等直接接头，伊并未参与其事等词为辩解，但查刘青臣原系该板车之主人，祝云和等乃其雇工，当祝云和等运送该糖之时，刘青臣自不得诿称不知，其后祝云和等将该糖运至他处变卖，并未运至约定地点交货，刘青臣亦置若罔闻，绝不加以追究，而该板车又复由刘青臣之寄子陈少清拉至朝天门承揽生意，为张文海所查获，是祝云和等之将该糖运至他处变卖，而不运至约定地点交货，乃系事前与刘青臣商同办理之事，实属显而易明见难住其饰词狡赖。察核情开，刘青臣亦自应成立共同侵占业务上所持有他人之物之罪。

原判决依刑法第二十八条、第三百三十六条第二项处上诉人等各有期徒刑十月，于法尚无不合，上诉非有理由。又上诉人等均经受合法传唤，无正当理由不到庭，自可不待其陈述，径行判决。依上论结，合依刑事诉讼法第三百六十条、第三百六十三条判决如主文。

本件经检察官赖毓灵莅庭执行职务。

中华民国三十年二月二十六日

四川高等法院第一分院刑事第二庭

审判长推事：范韵珩

推事：艾作屏

推事：胡恕

本案自送达判决后十日内得上诉于最高法院，但上诉书状须向本院提出，如未叙述理由，限于提出上诉书状后十日内补叙，并须按照他造当事人人数提出缮本份数，否则径由本院驳回上诉。

此志

本件证明与原本无异。

书记官：

中华民国三十年三月八日

四川高等法院第一分院附带民事判决

三十年度附判字第三十二号

原告：王松亭，住重庆磁器街二号。

被告：刘青臣即刘庆顺，住重庆下南区马路。祝云和，住重庆下南区马路。

上原告因被告侵占案提起附带民事诉讼，本院判决如下：

主文

刘青臣、祝云和应连带赔偿王松亭黄糖三包，计重一千零一斤。

事实

原告求为如主文之判决，其陈述略称："被告等承运民所有黄糖三包，计重一千零一斤至陈家桥交与龙吉祥收，讵被告等并未将糖运到，侵占入已。应请饬令赔偿"云云。被告等未到案，亦未提出答辩。

理由

本件被告等承运原告所有黄糖三包，计重一千零一斤，业经本院第二审判决，维持第一审谕知被告等侵占业务上持有物罪刑，将被告等之上诉驳回在案。则原告根据刑事判决认定之事实，请求被告等赔偿黄糖三包，计重一千零一斤，自应认为有理由。又被告等均经受合法传唤，无正当理由不到庭，应不待其陈述，径行判决。

依上论结，合依刑事诉讼法第五百零六条第二项、第五百零二条，判决如主文。

中华民国三十年二月二十六日

四川高等法院第一分院刑事第二庭

审判长推事：范韵珩

推事：艾作屏

推事：胡恕

本件证明与原本无异。

书记官：

中华民国三十年三月五日

四川高等法院第一分院检察官答辩书

三十年度答字第三十三号

上诉人：刘青臣。

上上诉人因侵占案，不服本分院刑庭中华民国三十年二月二十六日第二审判决，提起上诉，本检察官于四月八日收到卷状，特依法答辩如下：

上诉人不服论略称一、二两审不明租赁权责，误认上诉人为雇人拉车为业与雇工祝云和等变卖客货得价明分，殊非事实。上诉人租赁板车与祝云和等运送王松亭黄糖三包，既未事前参与，复未随车同行变卖分赃，实属无从知悉，安能负业务上侵占之罪等语。查本分院判决谓：上诉人为板车行主人，祝云和等乃其雇工，当承运王松亭黄糖三包之时，既不得诿为不知，其后祝云和等将该糖运往他处变卖，并未送至约定地点交货，上诉人亦不加以追究并由其寄于陈少清将车拉至朝天门承揽生意，即被查获。综前后情形观察，认祝云和等之所为系事先与上诉人商同办理，应负共同侵占业务上持有他人之物之罪责，以初判处有期徒刑十月为适当，将其上诉驳回，于法并无不合。上诉人饰词辩解其理由显难成立，合依刑事诉讼法第三百七十五条第二项，提出答辩如上。

检察官：赖毓灵
中华民国三十年四月九日

最高法院刑事判决

三十一年度上字第六百七十四号

上诉人：刘青臣，男，年五十岁，住重庆下南区马路，拉板车。

上上诉人因侵占业务上持有物案件，不服四川高等法院第一分院中华民国三十年二月二十六日第二审判决，提起上诉，本院判决如下：

主文

原判决关于刘青臣之部分撤销；刘青臣在第二审之上诉驳回。

理由

按舍弃上诉权者，丧失其上诉权刑事诉讼法第三百五十二条定有明文，此项舍弃上诉之声明自即日起发生效力，不得再行提起上诉，本件上诉人刘青臣因犯业务上之侵占罪，经第一审宣告判决后于民国二十九年七月一日提讯结以案已判决，你服不服判，据答称："我已服判并不上诉"载在第一审笔录。依据是上诉人对于第一审判决已声明愿舍弃上诉，其上诉权业经丧失乃审后复具状声明不服，其上诉显非适法，原审法院不就程序上驳回，上诉竟为实体上之审判维持第一审判，实属违背法令，上诉意旨指摘原判不当，不得谓叙理由。

据上论结，应依刑事诉讼法第三百八十九条，判决如主文。

中华民国三十一年三月二十五日

最高法院刑事第三庭

审判长推事：何蔚

推事：张则夬

推事：张孚甲

推事：徐造凤

推事：罗仁博

上正本证明与原本无异。

书记官：
中华民国三十一年四月

137. 谭荣樟侵占公款案

四川高等法院第一分院上诉卷宗

中华民国三十八年度上字第一五三七号刑事第一庭

　　原审法院：江北地方法院

　　案由：侵占公款

　　上诉人：检察官

　　被告：谭荣樟

　　卷宗目录、本卷连同录底面共计 12 页

四川高等法院第一分院刑事判决

二十九年度上判字第四三号

上诉人：江北地方法院检察官。

被告：谭荣樟，男，年三十九岁，巴县人，住江北新城，司书。

　　上上诉人因侵占案件，不服江北地方法院中华民国三十八年十一月十三日第一审判决，提起上诉，本院判决如下：

　　主文

　　原判决撤销，谭荣樟以不□所有，诈取他人财物，处有期徒刑四月。

　　事实

　　谭荣樟向任财政部川康区川东分区税务管所江北征权处雇员。民国二十八年一月份谭荣樟乘该处征权员孙绍先外出，竟自出收条收取甘万镒税款一元、荣生和税款七角五分。经管理此据报彻查属实，送由江北地方法院检察官侦查起诉。

　　理由

　　查被告谭荣樟向充财政部川康区川东分区税务管理江北征收处雇员，于民国二十八年一月份乘该处征收员孙绍先外出，以自己名言出立收条，收取甘万镒税款一元，荣生和税款七角五分为不争之事实，原处判决被告无罪，无非以被告所收税款已如数交给孙绍先为论据，孙绍先此在不明，正被通缉，固无从得质。但被告并非有权收税之人，所出墨条收据系临时性质，如此收税款实已交给征收员孙绍先，则就孙绍先出之正式收据交给纳税人，将被告临时收据取归，以完手续。乃被告于二十八年一月收取税款直至同年四月川东税务管理所派员彻查之时，其收据尚在纳税商人手中收存，该税款并未交出，自属显而易见之事。乃原案仅凭被告片面之词，处判决无罪殊有不当。检察官提起上诉应认为有理由。再查被告系属雇员既非有权收税之人，又未受征收员之嘱托代为征收，乃乘收税人员外出之机会获得不法利益。应依刑法第三百三十九第一项诈欺取财处断。但此收税款无多，情节尚轻，处以较低之刑，据上论结，本件上诉有理由依刑事诉讼法第三百六十一条第一项前段、第三百五十六条、第二百九十条，刑法第三百三十九条第一项、第五十七条第款，判决如主文。

　　本件经检察官彭时俊莅庭执行职务

　　中华民国二十九年一月十八日

　　四川高等法院第一分院刑事第一庭

审判长推事：方闻

推事：谢正丙

推事：范韵珩

中华民国三十九年元月十八日

书记官：向勤勤

四川高等法院第一分院刑事裁定

二十九年度上裁字第一六号

上诉人：谭荣樟，男，年三十九岁，巴县人，住江北新城三十八号。

　　上上诉人因诈欺案件，不服本院中华民国二十九年一月十八日第二审判决提起上诉，本院裁定如下：

　　主文

　　上诉驳回。

　　理由

　　据刑法第六十一条所列各罪之案件，经第二审判决者，不得上诉于第三审法院，刑事诉讼法第三百六十八条定有明文，本件上诉人因犯诈欺取财罪，经本院第二审，依刑法第三百三十九条第一项判处罪刑在案。查该条列于同法第六十一条第四款，也经本院第二审判决依上开说明自无再行上诉之□地乃上诉人对于不得上诉之件复又提起上诉显难认同，应依刑事诉讼法第三百七十六条，裁定如主文。

　　中华民国二十九年二月十九日

　　四川高等法院第一分院刑事第一庭

审判长推事：方闻

推事：艾作屏

推事：范韵珩

中华民国二十九年二月二十三日

书记官：何宗钊

四川高等法院第一分院文稿

事由：为送谭荣樟侵占案卷请查照。

中华民国二十九年三月十五日

四川高等法院第一分院刑庭公函

案经江北县检察官对谭荣樟侵占上诉一案业经本院判决确定，相应将该案卷宗证件，函送贵首席检察官查收办理！

此致

本院首席检察官

计送原卷二宗，院卷一宗、判决三件、证物十件

中华民国二十九年三月十六日

窃盗罪

138. 张泽民诉杨周五等窃盗罪

四川高等法院第一分院检察处二审卷宗

案由：窃盗。

上诉或告发人：杨周五、杨绍章。

被上诉人或被告人：张泽民。

刑庭公函

案查江兆呈送杨周五等因窃盗罪上诉一案，卷证到院。查该案系属自诉案件应有送请贵首席检察官查阅必要。相应检齐该案卷证，送请贵首席检察官查收，并希于阅后二日内送还为荷。此致

本院首席检察官

计送原奉一宗，院奉一宗

中华民国三十年八月八日

四川高等法院第二分院检察官函片

三十年度检廉字第　　号

案准贵庭函送杨周五等窃盗罪上诉一案卷宗过处，业由承办检察官查阅完毕。相应将该案卷宗，送请查收为荷。此致

本院刑庭

中华民国三十年八月十一日

四川江北地方法院刑事判决

三十年度自字第九二号

自诉人（即附带民诉原告）：张泽民，男，年四十七岁，住重庆大梁子五一号，商。

被告：杨周五，男，年四十一岁，住江北木耳场，农。杨绍章，男，年六十岁，住同上。

上列被告等因窃盗案件，经自诉人提起自诉并附带提起民事诉讼，本院判决如下：

主文

杨周五、杨绍章共同窃盗各处罚金一百元，如易服劳役以一元折算一日。

杨周五、杨绍章应连带负责将所窃香樟木匣，及内装水晶珠子二颗、玉镯一对、金耳环一付还转泽民。

事实

自诉人张泽民经商重庆，本年正月间凭勘与在其所有木耳场学堂湾业内，为其母择建阴地，特以香樟木匣一个装置水晶珠子二颗、玉镯一对、金耳环一付埋入土内，嘱其佃客蔡兴发妥为照料。本年废历二月十二日晨，被告杨周五、杨绍章共同将该项木匣窃去并于该地栽种柏树，事经蔡兴发、樊树臣等觅见，通告自诉人归来理落未有结果，乃提起自诉到院，并附带民事诉讼求书令返还被窃各物。

理由

上开犯罪事实被告等虽均承认，然据证人樊树臣、蔡兴发到庭具结证明确见被告等将该项木匣窃去属实。又据该保保长段锡禹呈称，曾为双调处并同往埋藏木匣之处查勘，该地确为自诉人所有。被告杨周五当时承认有栽种柏树事实，殊难认其狡卸罪责。核其所为被告事实共犯刑法第三百二十条第一项之窃盗罪，姑念其乡愚无知，从轻处以罚金一百元，并令其连带附提返还所窃盗各物，以示发惩而复自诉人之之损害，基上论结爰以刑事诉讼法第三百三十五条、第二百九十一条前段、第五百零六条第二项及刑法第三百二十条第一项、第二十八条、第四十二条第二第四两项、第五十七条第七款判决如主文。

中华民国三十年六月二十八日
四川江北地方法院刑庭
推事：马镇燕

四川高等法院第一分院通知书第　号

本院民国三十年上字第一〇二四号为杨周五窃盗一案，定于三十年九月六日上午七时在第　法庭公开审理，应请贵检察官届时莅庭为荷。此致

本院检察官
四川高等法院第一分院刑二庭
书记官：
中华民国三十年九月五日

四川高等法院第一分院刑事判决

三十年度上判字第九三一号
上诉人：杨周五，男，年四十一岁，住江北木耳镇，农。杨绍章，男，年六十岁余，住同上。
委任辩护人：刘德楷，律师。
自诉人：张泽民，男，年四十七岁，住江北木耳镇，商。

上上诉人因窃盗案件，不服四川江北地方法院中华民国三十年六月二十八日第一审判决，提起上诉，本院判决如下：

主文

上诉驳回。

事实

张泽民经商重庆，于本年废历正月间请凭勘与在其所置江北木耳场学堂湾业内，为其母择建阴地一穴，特制香樟木匣一个，内盛殉葬物品埋入土内。嘱佃客蔡兴发妥为照料。至二月十二日晨杨周五、杨绍章共同将所埋木匣窃去，并在该地栽植柏树。张泽民查悉向江北地方法院提起自诉。

理由

本件上诉人等，于本年废历二月十二日黎明时，约同不识姓名二人前往自诉人学堂湾阴地内，将自诉人所埋之木匣一个窃去，并于同月十四日在该地上栽种柏树。业据当场目击之蔡兴发、樊树臣到庭一再供明言之历历如绘。该蔡兴发于发觉后当即报告保长段锡禹。自诉人埋匣及上诉人栽树之地系在岩上，确为自诉人所有。上诉人栽树确在本年并非去年正月，复经段锡禹结证属实。参考之证是上诉人窃取自诉人阴地内所埋木匣，并在该阴地上栽种柏树借口为其所为以图掩饰，殊无疑义。原审依刑法第二十八条、第三百二十条第一项、第四十二条第二、第四两项，判处上诉人罚金各一百元。如易服劳役以二元折算一日于法并无不合。上诉人否认有行窃之事，无非以二月十二日一在殷汉维家做工，一在外卖肉，不能分身行窃为辩解。虽经段汉维在原审证明，上诉人杨周五确有于二月十二日到伊家做工这事。但据蔡兴发供称"他（指杨周五）把箱子挖了，交杨绍章说，你拿回去，我到段汉维家帮忙去了。"与樊树臣所供亦同。是该上诉人行窃在前，前往段汉维家做工在后，时间上并无冲突，不能为上诉人有利之反证。上诉人杨绍章在外卖肉虽提有账簿为证，但卖肉系由其子经理。业经蔡兴发等证明此项卖肉账簿已不足为该上诉人有？之证明，且行窃系在黎明，该上诉人于事毕之后，再往卖肉亦非不可能之事，安能以此而诿卸罪责。此外上诉人杨周五虽提出民事裁定谓，与证人樊树臣挟有讼嫌其证言不能凭信，但樊树臣与其该上诉人系属至戚，其讼案早经和解，业据樊树臣供明讼案既因和解了结，樊树臣即不至再挟前嫌，以图陷害。况本案除樊树臣外尚有其他人证足资证明。是上诉人以此为上诉理由亦无足据。

据上论结，本件上诉无理由。依刑事诉讼法第三百六十六条，判决如主文。

中华民国三十年九月十二日

四川高等法院第一分院刑事第二庭

审判长推事：范韵珩

　　推事：杨崇实

　　推事：胡恕

本案依刑事诉讼法第三百六十八条，不得上诉于最高法院。此志

　　本件证明与原本无异。

书记官：

中华民国三十年九月二十六日

四川高等法院第一分院刑庭公函

中华民国三十一年二月二十日

　　案查江北县杨周五因窃盗上诉一案，业经本院判决确定相应将该案卷宗证件函送贵首席检察官查收办理。

　　此致

本院首席检察官

计送原卷一宗、院卷一宗、证物详套

四川高等法院第一分院检察官训令

年度检月字第二八七号

令　四川江北地方法院首席检察官，曾克襄。

　　案查杨周五窃盗罪上诉一案，业经第二审判决确定，函送卷判到处，除上诉驳回外。合将卷判令发该处，仰即查收，依法执行。此令

　　计发卷贰宗判决书，件证物详套

中华民国三十一年二月二十五日

首席检察官：

抢夺强盗罪

139. 高青云、庹荣发等盗匪案

罪名：盗匪。

被告：高青云，庹荣发，龙仑岗。

检察官：孙济。

推事：张德润。

书记官：何懋昭。

本卷连底面目录共计三十四页

事由：送封正平口供笔录由。

四川江北地方法院。

刑侦字第三一三号

中华民国三十五年二月二十七日

案准贵院三十五年刑义字第一一一六号公函嘱请代讯封正平作笔录见复等由，并附寄应讯要点一纸准此，当经本院于二月二十六日按照贵院所开各点一一讯问，并作出笔录，准函前由相应检同该原供笔录函复贵院查收办理为荷。

此致

重庆地方法院

附封正平原供笔录一份计三页

院长：曹克襄

讯问笔录

证人：封正平。

上列当事人因案经本院于中华民国三十五年二月二十六日午前十时刑事法庭审理，出席职员如下：

审判长推事：申。

书记官：田烈。

点呼。

问：姓名等？

答：封正平，二十五岁，江北人，农，住茨竹七保六甲。

问：今天重庆地院来了一个公事，有九件事情要问问你，你要说老实话？

答：是的。

问：龙仑岗、庹荣发抢面发是何时？

答：是三十三年古历冬月二十四日晚上。

问：几人一路？

答：七人，即艾兴长、庹荣发、龙仑岗、谭少恩、艾兴白、林正华和我七人。

问：他们手里拿些什么武器？

答：林正华、艾兴长各拿一支手枪，一支土的为林正华所拿，艾兴长拿的庹二手枪。谭少恩、艾兴由、龙仑岗三人各拿一刀，其余二人未带武器。

问：哪天抢的那一家？

答：杨顺发家。

问：哪天如何进门的？

答：谭少恩喊开了门进去的。

问：抢得了东西后如何分手？

答：在麻柳河分手，我一人一路，其他的几人一路，我当时分得两万元。

问：庹荣发，龙仑岗分得何物？

答：我不知道。

问：庹荣发，龙仑岗你以前认识吗？

答：以前不认识。

问：庹荣发，龙仑岗在五县联防办事处承认了吗？

答：他们没有。

问：在联办处问他们的时候你在房吗？

答：我没有。

问：庹荣发，龙仑岗他们的家境如何？

答：不知道。

推事谕知为庭单

上笔录当庭朗读无误。

封正平　押

中华民国三十五年二月二十六日

四川江北地方法院刑庭

书记官：田烈

推事：申

重庆地方法院事案件审理单

民国三十四特诉一四八盗匪案，于三月九日上午九时审理，应行通知及提传人如下。

通知：检察官公设辩护人。

应传：被告龙仑岗、庹荣发。

书记目录：民国三十四年特一四八号盗匪案传票一件。

应送达人：被告龙仑岗、庹荣发

中华民国三十五年三月七日

送达证书

案状目录：民国三十四年特诉案一四八号盗匪案应送下列各件：通知一件。

应送达人：检察官孙

中华民国三十五年三月七日

送达证书

书状目录：龙仑岗盗匪案送达下列各件：通知一件。

受送达人：公设辩护人

中华民国三十五年三月七日

重庆地方法院提票回证

姓名：龙仑岗、庹荣发。

犯罪行为：盗匪。

中华民国三十五年三月九日

上列当事人因盗匪案，经本院于中华民国三十五年三月九日午前时间刑事法庭审理，出席职员如下：

审判长推事：张德润。

检察官：孙济。

书记官：许秀□。

推事点下列当事人入庭。

书记官朗读案由。

问：庹荣发，年籍住职？

答：二十八岁，江北人，住偏岩场街，商。

问：龙仑岗，年籍住职？

答：二十八岁，江北人，住同仁场小河沟，农。

请检察官陈述起诉要旨。

检察官孙济起立发言如起诉书。

问：龙仑岗家里有多少财产？

答：佃人家的地，可收五六担包谷，家里有父母、一个兄弟、一个妹妹，都靠我一个人。

问：你给东家多少包谷？

答：给东家五斗包谷。

问：你收这点包谷如何够生活呢？

答：我另外做洋碱生意。

问：你们在地方上抢人告得有案，封正本在联防处供的，有你们在的，如何的情形都说得很清楚？

答：那时我认不到封正平，因他出何条子给我老人，我不依他，他就会嫌咬我的，我没有抢人。

问：庹荣发你家里有好多地方有好多人？

答：我家里有五六个人，我老人种的公家地方，收二担多租子，我自己开的煤炭厂，一天出六七□□。

问：你去抢人的事封正平已说得很清楚，有你抢人的？

答：不能听他说，我没有去抢人。

请检察官辩论。

检察官孙济起立谓，被告龙仑岗、庹荣发与在逃艾兴长及封正平去抢杨顺发家的，虽然被告不承认，但经卫戍部抓到被告，显有确据，请贵庭依法判罪。命庹荣发辩论。

答：他们因向我们厂内买炭，把我们黑炭完全要拿去，我们就与他们发生纠纷，后来就挟嫌陷害我，把我拉去了，诬我抢人。据检察官所说杨顺发家被抢我不知这事。

命　龙仑岗辩论。

答：封正平说我抢人并无这事，且因他挟嫌陷害我的，他现在又未和我对质。

请辩护人辩护。

公设辩护人张凯起立发言如辩护书外，请谕知无罪。

问：庹荣发你有何话说？

答：格外没有话说了。

问：龙仑岗你还有话说吗？

答：格外没有话说。

推事谕知为点名单。

上笔录当庭朗读无异。

龙仑岗　押

庹荣发　押

中华民国三十五年三月九日

重庆地方法院刑庭

书记官：许秀卿

推事：张德润

重庆实验地方法院押票回证

姓名：庹荣发、龙仑岗。

案由：盗匪。

羁押理由：还押。

中华民国三十五年三月九日下午五时

重庆地方法院提票回证

姓名：龙仑岗、庹荣发。

犯罪行为：盗匪。

中华民国三十五年三月十三日下午四时

审判笔录

被告：庹荣发、龙仑岗。

被告因盗匪案件，于中华民国三十五年三月十五日上午九时，在本院刑事法庭宣告判决，出席职员如下。

推事：张德润。

检察官：孙济。

书记官：许秀卿。

点呼事件后，被告入庭。

推事起立宣告判决主文，并告以判决理由之要旨，谕知各当事人于接受判决书送达后十日内，得向本院提出上诉状声明上诉。

推事问被告是否舍弃上诉权。

答

中华民国三十五年三月十五日

重庆地方法院刑事庭

书记官：许秀卿

推事：张德润

重庆实验地方法院押票回证

姓名：龙仑岗、庹荣发

案由：盗匪

中华民国三十五年三月十五日

重庆地方法院刑事判决

三十四年度特诉字第一四八号之二

公诉人：本院检察官。

被告：庹荣发，男，年二十八岁，业商，住江北偏岩场，在押。龙仑岗，男，年二十八岁，业农，
　　　住江北同仁场小河沟，在押。

指定共同辩护人：张凯，本市公设辩护人。

上被告等因盗匪案件，经检察官提起公诉，本院判决如下：

主文

庹荣发、龙仑岗共同意图为自己不清之所有，以强暴胁迫致使不能抗拒而取他人之物，

各处有期徒刑十年，褫其公权十年。

事实

庹荣发、龙仑岗均不务正业，三十四年一月七日即三十三年旧历十一月二十四日夜间，共同艾兴长、艾兴白、谭少恩、林正华、封正平携带手枪、尖刀，强取江北□□乡杨顺发家中衣物，经江［北］、长［寿］、邻［水］、岳［池］、合［川］五县边区联防办事处捕获，递解来案，检察官侦查起诉。

理由

本案被告等对于犯罪事实，虽坚不承认，但查共犯封正平，在五县边区联防办事处供称："抢杨顺发家，我们去七人，有艾兴长、艾兴白、林正华、谭少恩、庹荣发、龙仑岗同我，有两支手枪，我一支，艾兴长一支，其余都拿有手插子"。本院嘱托江北地方法院讯问时，所供仍大致相同，被告龙仑岗在五县联防办事处已称："我只晓得封正平、李长青、艾兴长，有个喊为老花不知何名，有林子云□□共五人在封正平搂上烧捆商抢的。"艾兴白已云："看着李长青、封正平共五人在封舜钦烟馆吃烟情之商量"，被告庹荣发平日以烟赌为事，并据曹海云、邓凯供明在卷，被告等共同为匪，对于商量抢劫之事，岂得不为封正平所不解而使之闻见，而封正平自白，又何敢涉及该被告等在内，足证被告等均有共同强取杨顺发财物行为，殊难□□。

据上论结，合依特种刑事案件诉讼条例第一条第一项，刑事诉讼法第二百九十一条前段，惩治盗匪条例第五条第一项第一款、第九条，刑法第二十一条、第三十七条第二项，判决如主文。

本案经检察官孙济苊庭执行职务。

中华民国三十五年三月十五日

重庆地方法院刑庭

推事：张德润

对于本判决得于收受后十日内向本院提出书状声请复判。

本件证明与原本无异。

中华民国三十五年四月四日

书记官：

刑事参加状

姓名：何李氏，四十八岁，邻水人，住同仁乡，务农。

呈为参加证明以分泾渭，恳予到案赴质而免无辜屈累事。窃氏孀居抚孤，自幼配夫何显仁，常与喻茨青背枪保家，庸雇数年。冤遭于二十七年七月初二日，黄昏时分突来估匪邓国元、冯精华、蒋忠安等，统领匪党数十余人拥来茨青家搂抢，氏夫持枪抵抗阻击，弃命攻敌，怎奈寡不敌众，无人救援，匪将氏夫击毙，蜂拥而入，复将茨青击毙，又将茨青之妾葛氏，与葛氏之内兄葛正富均已被匪击伤，通地咸知是邓国元、冯精华、蒋忠安等匪劫抢杀毙。赓即具报，有案可稽，嗣后已将邓国元捕获归案，法场枪毙，冯精华由区署捕获，以正典刑毫无疑义，迄今八载有余，茨青之妻唐氏，倏然冷灰内爆出热荳来。捏称二十七年有高青云劫杀等因，此图信口乱吹，无证无据，不讲天理良心，沐钧院审讯明镜高悬，将青云收禁氏曷敢旁渎，缘青云系属青白良民，并无不法行为，况青云之胞兄，高德富均系被匪杀毙，青云恨匪如眼中之钉，岂有为匪之理耶，但二十七年氏与茨青同屋共居氏夫显仁与茨青，同时被匪击毙，并未闻有高青云在内，今唐氏与青云不知有何挟嫌，指鹿为马，牵扯连好人受累，氏闻之不忍坐视，身属女流，稍知大义，今生中年居孀守节，如不参加证明，惟恐二世不能昌达。伏思青云，虽在缧绁之中非其罪也，是以具呈参加替申冤枉，恳祈钧院鉴核，体念民意调阅喻茨青二十七年被匪劫杀具报邻水之案，究竟有无高青云之名，如有，氏不该参加，罪甘反坐，如原案无有理合释归，如蒙体恤赏准。赴案，则免青云之冤沉海底矣。谨呈

重庆地方法院刑事判决三十四年度特诉字第一四八号刑事第二庭推事张　公鉴。

中华民国三十五年三月　日

具状人：何李氏

具保人：李明廷

送达证书

书状目录：民国三十四年特诉第一四八号盗匪一案送达下列各件：判决一件。

受送达人：被告庹荣发。

中华民国三十五年四月五日

重庆地方法院执达员：曾县吾

［另有三份同内容送达证书，分送孙检察官、重庆市公投辩护人、被告龙仑岗。从略］

申请书

为不服判决恳予检卷申送事：

窃被告等以盗匪案件，经钧院以三十四年度特诉字第一四八号之二判决，各处有期徒刑十年，实难甘服，除理由书状另行补具外，仰祈钧院迅赐检卷申送高一分院复审，实为沾感。

谨呈

典狱长汪　核转

重庆地方法院

被告：庹荣发、龙仑岗

三十五年四月十八日

报病单

四川第二监狱

查本监未决犯高矮子即高青云，年三十六岁，籍贯四川省邻县，于三十四年五月二十四

日因抢劫案，由看守所送本监发押，兹患流感疾病甚重，除派医妥为诊治外，相应报请查照为荷！此致

重庆地方法院刑庭

典狱长：汪祖武

中华民国三十五年四月十六日

重庆地方法院提票回证

姓名：高矮子即高青云

犯罪行为：抢劫

中华民国三十五年四月十六日下午五时

重庆实验地方法院押票回证

姓名：高青云即是高矮子

案由：抢劫

中华民国三十五年四月十六日下午九时

案由：盗匪案减刑

被告：庹荣发、龙仑岗

重庆地方法院刑庭片

案查庹荣发等减刑一案，业经本院依法判决于裁定日确定，相应检同卷判片送贵处请烦查照为荷。

此致

本院检察处

计送原卷二宗，判决　份

中华民国三十七年八月十三日

重庆地方法院刑事裁定

三十七年度声字第六〇号

声请人：本院检察官。

受刑人：庹荣发，龙仑岗，男，年二十八岁，在押。

上声请人，因受刑人为盗匪案件声请减刑，本院裁定如下：

主文

庹荣发，龙仑岗，各减为有期徒刑五年，褫夺公权五年。

理由

本件受刑人，前因三十四年一月七日抢劫土主乡杨顺发家财物案件，经本院三十五年三月十五日判处有期徒刑十年褫夺公权十年确定在案。兹声请人以该受刑人犯罪时日系在民

国三十五年十二月三十一日以前，依照国民政府三十六年一月一日罪犯赦免减刑令规定声请减刑，经复核无异，爰依罪犯减刑办法第八条后段，罪犯赦免减刑令丙项第三款，裁定如主文。

中华民国三十七年五月六日

重庆地方法院刑事第一庭

推事：林绍衡

如不服本裁定，应予收受送达后十日内，向本院提出抗告。本件证明与原本无异。

中华民国　年　月　日

书记官：文栋业

声请书

声请人：庹荣发，龙仑岗，年籍在卷，现在押。

为声请填发执行书由

窃声请人等，前因盗匪案件被处有期徒刑十年，经不复上诉，旋因在押日久，申请撤回上诉业蒙批准，并于本年五月间接奉钧院刑庭三十七年度声字第六〇号刑事裁定主文内载"庹荣发，龙仑岗，□□"等因奉此能安心守法，惟以迄今尚未奉到填发执行指挥书，对于此次疏散不无影响，故特声请钧处恳祈迅予填发执行指挥书，俾便报请疏散，如蒙俯准，实沾德便。谨呈

重庆地方法院检察处首席检察官公鉴。

中华民国三十七年十二月四日

声请人：庹荣发，龙仑岗。

呈为本案原结未蒙执行，俟又获减刑，迄今仍未蒙检处填发执行，经迭次声请均奉批，刑庭未检卷到处，希向刑庭声请，恳祈将本案之卷检送检处，以便填发执行指挥书来监由。

窃声请人等，年籍在卷，在押重庆监狱于三十四年一月因盗匪案件被禁，经钧院判处有期徒刑十年，尚未发给执行书来监，俟于本三十七年五月二十五日又奉钧座三十七年度声字第六〇号刑事减刑裁定主文云："庹荣发，龙仑岗各减为有期徒刑五年褫夺公权五年"在卷，迄今仍未蒙发给执行指挥书。故特具状恳祈钧座准予迅将本案全卷检送检处填执行指挥书来监，以便安心守法，静心服役，不胜沾感之至。

谨呈

典狱长：石　核转

重庆地方法院刑事第一庭推事官林绍衡公鉴。

声请人：庹荣发，龙仑岗

中华民国三十七年八月二日

声请

三十七年十一月六日于重庆监狱

事由：为再请发给减刑执行指挥书，以资救济而维法纪由。

　　窃在监人庾荣发、龙仑岗，年籍在卷，于前三十四年元月七日为抢劫案件被处有期徒刑十年，褫夺公权十年确定在案，乃于本（三十七）年蒙恩依据三十六年元旦国民政府颁布罪犯赦免减刑令规定，声请减刑。于三十七年五月接奉钧院刑庭三十七年度声字第六零号裁定一件，主文开："庾荣发、龙仑岗各减为有期徒刑五年褫夺公权五年"等因，奉此：赓即备文声请钧处发给减刑执行指挥书奉批，谕卷证未存，饬向刑庭声请在监人则具呈刑庭亦批，谕谓，卷证未存，嘱向钧处请求办理，似此互相推诿，则在监人又向何处请求。窃查卷证如未存在钧处，则声请减刑之作又何所依据而来，拨情度理，则卷证仍存钧长，恳予迅即查办依法发给执行指挥书，以资救济而维法纪，实沾德便。谨呈

　　典狱长：石鉴　转

　　重庆地方法院检察处公鉴。

具呈人：庾荣发，龙仑岗

事由：函请抄送执行犯庾荣发及龙仑岗执行书由。

公函

　　案据贵监执行犯庾荣发及龙仑岗先后呈以于三十四年元月七日因盗匪案被处有期徒刑十年褫夺公权十年判决确定移何执行，嗣于本年五月奉到本院刑庭裁定，各减处有期徒刑五年褫夺公权五年，请求更换执行，指挥书等情到处，兹特便于稽核起见相应函请查照，即将前送该庾荣发及龙仑岗执行书抄送一份过处，仍凭办理为荷。

　　此致

四川重庆监狱

四川第二监狱公函

中华民国三十七年十一月十九日

事由：为嘱抄送执行犯庾荣发及龙仑岗执行书乙件函复查照由。

　　案准贵处本年十一月十六日检送字第五二四号公函嘱抄送执行犯庾荣发、龙仑岗二名执行书等由，准此，查该二犯已于三十四年五月送监寄押数载，并未准送该犯等执行书，仍属未决案犯，嘱抄送该二犯执行第一项本监无法照办，准函前由相应函复即希查照为荷。

　　此致

重庆地方法院检察处

典狱长：石济时

事由：函请检送庾荣发、龙仑岗盗匪案起诉原卷由。

公函

案查前准贵院本年四月二十三日叩字第二五三四号公函，以三十五年度特诉字第七〇一号盗匪案，即被告庹荣发、龙仑岗各处有期徒刑十年，因其声请减刑，检送卷宗嘱如依法办理等由，准此，除已声请刑庭裁定减刑外，兹据该庹荣发、龙仑岗请求颁发执行指挥书前来，惟查本处起诉及其它有关案件原卷，未准同时检送，相应函请要照烦为检送过处，以凭办理为荷。

此致

本院院长：雷

重庆地方法院检察处提票

被告姓名：庹荣发、龙仑岗。

案由：盗匪。

中华民国三十七年十二月六日下午一时

重庆地方法院检察处押票

被告姓名：庹荣发、龙仑岗。

案由：盗匪。

中华民国三十七年十二月六日下午六时

［收条］

收到重庆地院检察处送来庹荣发、龙仑岗执行书裁定各一份。

此据

四川重庆监狱
十二月九日

重庆地方法院检察官执行徒刑拘役指挥书

查判决确定刑事人犯庹荣发、龙仑岗二名合行均具执行书，并附判决书送交贵监验收执行。此致

四川重庆监狱。

计开附裁定乙件。

庹荣发，二十八岁，住江北偏岩场，盗匪，有期五年，无罚金。

龙仑岗，二十八岁，住江北同仁场，余同上。

执行起算日：三十七年九月十三日

羁押日数：三年六个月又二十七天

执刑期满日：三十九年二月十七日

检察官：

中华民国三十七年十二月七日

执行徒刑拘役指挥书

罪名：庹荣发、龙仑岗盗匪案检察官声请减刑。

重庆地方法院检察官声请书

受刑人：庹荣发，男，二十八岁，业商，住江北偏岩场，在押。龙仑岗，男，二十八岁，业农，住江北同仁场小河街，在押。

上受刑人因盗匪一案，经本院刑庭于中华民国三十五年三月十五日判决确定在案。查其犯罪日期系在中华民国三十五年十二月三十一日以前，依照国民政府三十六年元月一日罪犯赦免减刑令丙项规定，应予减爰依罪犯减刑详细办法第八条第六项声请裁定减刑。

此致

本院刑事庭

计送卷一宗

检察官：

中华民国三十七年五月三日

事由：为函送重庆监狱公函及龙荣发等盗匪卷宗请查收核办由。

重庆地方法院公函

中华民国三十七年四月二十三日

查本院受理三十五年度特诉字第七〇一号高青云等盗匪一案，同案被告庹荣发、龙仑岗业已判决处刑十年在卷，兹准四川重庆监狱以据被告声请减刑转函核前来相应检同原函及该案卷宗一并函请查收核办为荷。

此致

本院检察处

计附重庆监狱函一件、卷一宗。

院长：雷彬章

四川第二监狱公函

中华民国三十七年四月六日

事由：为监犯庹荣发等二名申请减刑一案，转请查案办理由。

案据监犯庹荣发、龙仑岗等二名本年四月五日报告称"窃在押人等前因盗匪嫌疑案件于三十三年十二月八日失去自由，经重庆地方法院刑事第二庭推事张德润以三十五年度特诉字第一四八号刑事判决，判处各有期徒刑十年，当以不甘折服，上诉高院旋因高院拖延日久未蒙审理，四迭向高分院岚请早日结案后奉批示'查申请人等案件已由重庆地方法院迳呈最高法院矣，仰迳向最高法院申请'撤回原上诉状，于三十六年十二月四日奉最高法院批示'状悉准予撤回'等因，即向重庆地方法院申请，依照三十六年元月一日国府公布之罪犯赦免减刑令丙项第八条之规定，赐予减刑，发给减刑裁定及执行指挥书，至今惟时四月虽有回申请迄无清算转据，请钧座恳请转函地方法院，早日发给减刑裁定及执行书，俾符章合是否是当理合报请鉴核示遵"等情。据此相应函请贵院查收办理为荷！

此致

重庆地方法院

典狱长：汪祖武

呈为本案原终未蒙检察处指挥执行，俟又获减刑，恳祈将本案全卷移送检察处，依照减刑之刑期，填发执行指挥书来监，以便安心守法服役由。

窃声请人等年籍在卷在押重庆监狱，于三十四年元月因盗匪案件被禁，经钧院判处有期徒刑十年，尚未发给执行指挥书来监，俟于本三十七年五月二十五日奉钧座三十七年度声字六十号刑事减刑裁定，主文云"庹荣发、龙仑岗，各减为有期徒刑五年褫夺公权五年"在卷，迄今仍未蒙发给执行指挥书。故特具状声请检察处填发执行书，又奉批示云"此案未送检方执刑另向刑庭声请"等因，奉此，故又特具状，恳祈钧座准予速将本案全卷移送检察处，以利填发执行指挥书来监，在监人以便安心守法服役，不胜沾感之至。

谨呈

典狱长：汪核转

重庆地方法院刑事第一庭推事官林绍衡公鉴。

声请人：庹荣发、龙仑岗呈

民国三十七年六月二十五日呈

重庆地方法院刑事裁定

三十六年度声字第二〇号

声请人：本院检察官。

受刑人：庹荣发，男，年二十八岁，在押。龙仑岗，男，年二十八岁，在押。

上声请人，因受刑人为盗匪案件，声请减刑，本院裁定如下：

主文

庹荣发、龙仑岗各减为有期徒刑五年各褫夺公权五年。

理由

本件受刑人，前因三十四年一月七日抢劫江北土主乡杨顺发家财物案件，经本院于三十五年三月十五日判处有期徒刑十年褫公权十年确定在案。兹声请人以该受刑人犯罪时日系在民国三十五年十二月三十一日以前，依照国民政府三十六年一月一日罪犯赦免减刑令规定声请减刑，经复判无异，爰依罪犯减刑办法第八条后段罪犯赦免减列令丙项第三款，裁定如主文。

中华民国三十七年五月六日

重庆地方法院刑事第一庭

推事：林绍衡

送达证书

书状目录：民国三十一年? 第一二八号盗匪案送达下列各件：裁决正本一件。

受送达人：庹荣发、龙仑岗

中华民国三十一年五月十八日

重庆地方法院执达员：李志策

送达证书

书状目录：民国三十一年十四字第二八〇号盗匪案送达下列各件：裁决正本一件。

受送达人：本院检察官

中华民国三十一年五月十八日

重庆地方法院执达员：李志策

140. 叶俊等盗匪案

刑事声请

申请人姓名：李赵氏，年龄：二十四岁，籍贯：巴县，住址：人和乡，职业：在押。

为冤遭缧绁勒禁未释，府准迅予停止勒押，票提侦讯，予以不起诉之处分，饬令取保候案以免无辜而遭冤屈事，缘氏历居巴县人和乡，素不染非，街邻保甲咸知可查，窃因前氏被诬盗匪案件，经本市警备司令部递解钧处侦讯在案。惟查氏系冤遭嫌疑陷害误入人罪，素抑钧座秦镜高悬，洞查奸诡。殊侦查后庭谕氏取保候传，而斯时氏系乡间农女，于城中保人难觅，以致还押被禁迄今，沉冤莫白。且氏至戚夏海廷闻氏幽禁囹圄乃亲身赴所接见，甘愿具状承保惨。氏处此酷暑狱疫迭生，而家庭远住乡间，音信隔阂，早晚无人看望，上违父母，下抛子女，金钱缺如茹苦难。宣，爰依刑事诉讼法第二百四十条第三款之规定，实有申请停止勒押，饬令交保之必要。为此随同保状缴呈来案。伏乞钧处鉴核，府准迅予停止勒押，票提侦讯予以不起诉之处分，饬令取保候案，以免无辜而遭冤抑，实沾德便。

　　谨状

重庆地方法院检察官起诉书

被告：叶俊，男，在押。杨炳荣，男，在押。岑树章，男，在押。赖海全，男，在押。李治安，男，在押。

上述被告民国三十六年度特刑字第三四一号盗匪案件，业经侦查终结，认为应行起诉，兹将犯罪事实及证据并所犯法条叙述如下。

犯罪事实

叶俊于本年七月内率同杨炳荣、岑树章、赖海全、李治安等先后抢劫建川公司包守约罗素清之钢条，将赃物一部置存于赖海全、周海云之家，嗣经保长丁树清率领夜巡丁查获，转解侦查到处。

证据及法条

上述犯罪事实讯据被告等矢口否认，并辩称在乡公诉曾经到讯云云，第经告诉人罗素清到庭指证历历。查历卷乡公所笔录被告等复均自白如何约同行判不讳，并有获案赃物为证情罪已属实。然又案后杨炳荣、赖海全在警备部亦曾供认行窃建川公司。罗素清等岑素章亦由杨炳云等在警备部供明其如何伙盗属实，避重就轻、蛛丝马迹犯罪仍可概见，放呈来院竟于行窃一事亦皆否认。被告等事后空言抵赖图卸刑责为何待解，虽被告叶俊、杨炳云主旅原在乡公所供述出自刑事并经验明由绳索捆吊伤痕，但核与被告等所陈诉之刑方式不合。被告等之伤委系因送解人恐其脱逃绑缚现象，并非刑讯之征。且其自白与查获赃物及捕解人丁树清庭称告诉人抢未获案兹向其陈报之事实相符，自应采为信证，而不容有狡展余地，被告等实有惩治盗匪条例第五条第一项第一款之犯嫌，合依特种刑事案件诉讼条例第一条，刑事诉讼法第二百三十条第一项起诉。此致

本院刑事庭

计送卷三宗

中华民国三十六年十一月三日

检察官：戴鸿元

本件证明于原本无异。

书记官：

中华民国三十六年十一月三日

四川高等法院重庆分院刑事判决

三十七年度特复字第六三九号

声请复判人：岑树章，男，年三十一岁，巴县人，在押。杨炳荣，男，年三十二岁，巴县人，在押。李治安，男，年三十八岁，大足人，在押。

上声请复判人因盗匪案件，对于四川重庆地方法院中华民国三十七年十月三十一日判决不服，申请复判，本院判决如下：

主文

原判决核准。

事实

本审事实与原判决书记载者同，兹依法引用之。

理由

查声请复判人岑树章、杨炳荣、李治安等同于上年七月二十九日抢劫建川公司包守约罗素清之钢条事实，已据各该申请复判人分别于巴县人和镇公所缉获后供诉甚明，虽各据辩称前项供词出于刑求，然查检验伤痕业经原审检察官以查明，委系于解送时因恐脱逃绑缚所致，并非刑讯之征，并又附卷伤单可资认定，罗见所辩非真，至劫得之物，并经分别在杨炳荣、赖海全、周海云家中搜获，由包守约等认明属实。是声请复判人等之犯罪情节已属供证明确，自非籍词所可翻异。原审以申请复判人李治安虽称因脚痛仅在路上接货收赃，然既先后参与犯行仍属共同正犯，责与声请复判人岑树章、杨炳荣等共负惩治盗匪条例第五条第一项第一款强取他人财物之罪，各处有期徒刑七年自无不合原判应予核准。据上论结，合依特种刑事案件诉讼条例第一条第一项、第二十条第一项第一款，刑事诉讼法第三百六十五条，判决如主文。

中华民国三十七年十二月二十八日

四川高等法院重庆分院刑事第三庭

审判长推事：张凯

推事：钟树桢

推事：刘尚之

本件证明与原本无异。

书记官：

中华民国三十　年　月　日

四川重庆地方法院特种刑事判决

三十六年度特诉字第二一三九号

公诉人：本院检察官。

被告：叶俊，男，年三十三岁，成都人，在押。杨炳荣，男，年三十二岁，巴县人，在押。岑树章，男，年三十一岁，巴县人，在押。李治安，男，年三十八岁，大足人，在押。赖海全，男，因病在保。

公设辩护人：张继生。

上列被告因盗匪案件经检察官提起公诉，本院判决如下：

主文

叶俊、杨炳荣、岑树章、李治安意图为自己不法之所有，共同以强暴胁迫致使不能抗拒而取他人之物，各处有期徒刑七年。

事实

缘被告叶俊、杨炳荣、岑树章、李治安等会于民国三十六年七月二十九日夜间结伙抢劫建川公司之铁器，比经该管镇公所层解重庆警备司令部移送本院检察官侦查起诉到庭。

理由

查被告叶俊、杨炳荣、岑树章、李治安等虽一致坚决否认犯罪事实，但其如何结伙抢劫建川公司之铁器一节，非特业据被告等在巴县人和镇公所分别供认不讳，本院审理时该管保长丁树清且供称（曾在杨炳荣家抄出赃物）是该被告等之犯罪行为已昭然若揭，不能任其猖獗，应予依法论科。至被告赖海全既因病在保，应候另案讯结。

据上论结，合依特种刑事诉讼条例第一条第一项第二项前段，刑事诉讼法第二百九十一条前段，惩治盗匪条例第五条第一项第一款、第八条，刑法第十一条、第二十八条判决如主文。

中华民国三十七年四月十二日

四川重庆地方法院刑事第一庭

推事：潘大昕

本案经检察官戴鸿元莅庭执行职务。

本件证明与原本无异。

书记官：

中华民国三十　年　月　日

四川重庆地方法院刑事判决

三十七年度特诉字第四七三号

公诉人：本院检察官。

被告：李治安，男，年三十八岁，大足人，在押。岑树章，男，年三十一岁，巴县人，在押。

杨炳荣，男，年三十二岁，巴县人，在押。

指定辩护人：张让，重庆市公设辩护人。

上被告因盗匪案件，经四川高等法院重庆分院发回更为审理，本院判决如下：

主文

李治安、岑树章、杨炳荣意图为自己不法之所有，共同以强暴胁迫致使不能抗拒而取他人之物，各处有期徒刑七年。

事实

岑树章、杨炳荣于七月二十九日夜间结伙抢劫建川公司包守约、罗素清钢器系被捕获，李治安因脚痛仅至中途接赃，共同将赃物一部存放赖海全家，后经查获送请检察官侦查起诉。

理由

经原起诉书事实虽于七月内先后抢建川司包守约、罗素清等则被等□□公司仅七月二十九日一次并无先后□□等情事，欠巴县人和镇镇所讯初供即可明瞭，至抢劫罗德荣事实因证据不清，原起诉书所未及，本自应仅就起□事实予以原审并无再行传集指认之必要。此说明又查被告等犯罪事实，经在镇公所自白不实，且物自无据以认定被告李治安虽供称因脚痛在路上接货收赃，就事先既已预申后又会分赃，自系共同正犯（见大理院五年上字第七八四号判例）。仍应共负惩治盗非条例第五条第一项第一款之罪责。据上论结，应依特种刑事案件诉讼条例第一条第一项前段；诉讼二百九十一条前段；惩治盗条例第五条第一项第一款、第八条；刑法二十八条、第五十七条第七款，判决如主文。

本案经检察官戴鸿元莅庭。

中华民国三十年十月三十一日

四川重庆地方法院刑事第二庭

推事：陈章本

书记官：

中华民国三十年　月　日

审讯笔录

被告：叶俊、杨炳荣、岑树章、李治安。

被害人：罗素清。

证人：丁树清。

上列当事人因盗匪案件，于中华民国三十七年四月五日午后二时？刑事一庭审理，出庭职员如下：

审判长推事：潘大昕。

检察官：戴鸿元。

书记官：陈季凡。

书记官朗读案由。

问：姓名，年，籍等项？

答：叶俊，三十三岁，成都人，住重庆冷水场建川公司，做工（泥水匠）。

问：以前坐过牢吗？

答：没有。

问：姓名，年，籍等项？

答：杨炳荣，三十二岁，巴县人，住冷水场建川公司，挖煤。

问：你以前犯过法吗？

答：没有。

问：姓名，年，籍等项？

答：岑树章，三十一岁，住巴县冷水场二十四保，属辈。

问：你以前坐过牢吗？

答：没有。

问：姓名，年，籍等项？

答：李治安，三十八岁，大足人，住冷水场建川公司，木工。

问：你以前犯过法吗？

答：没有。

请检察官陈述起诉要点。

检察官戴鸿元陈述与起诉书同。

问：年籍？

答：四十岁，贵州人，重庆建川公司，小工。

问：建川公司被抢是在哪些时间呢？

答：去年，阳历七月二十九日夜。

问：抢了些什么东西去呢？

答：铁器，是挖煤用的。

问：你认识抢的人吗？

答：不认识，因为是夜间。

问：来了多少人呢？

答：进来有五六只电筒，不知多少人，大约有十多个人。

问：是否叶俊、杨炳荣、岑树章、李治安、赖海全抢的呢？

答：夜间不认识。

问：包守约呢？

答：包守约已回家了。

问：姓名，年，籍等项？

答：丁树清，男，三十八岁，巴县人，住人和镇山洞，小贸，保长。

问：抄出的东西是在哪家抄出的？

答：在赖海全家里及杨炳荣家里抄出的。

问：抄出了什么东西来？

答：抄出些铁棒和机器（挖煤用）。

问：共有多少件？

答：共有七八件。

问：（杨）你是否抢建川公司呢？

答：没有抢建川公司。

问：你们铁器从什么地方来的呢？

答：是原前存的废铁器。

问：你在警备部说是偷的，到底是抢呢还是偷呢？

答：偷的。

问：怎么罗素清说你去抢的呢？

答：那我不知道他的。

问：你说偷的怎么又在人和镇供认说是同赖海全、岑树章、叶俊、李治安去抢的呢？

答：我受刑不过说的。

问：（叶）你是否同他们去抢罗素清的铁器呢？

答：我没有抢。

问：人和镇公所怎么会承认呢（读原供问）？

答：是受非刑不过乱说的，我的伤还在。

问：你的两手，只有绳伤，犯了这种案子，怎么不扎你，这也不算非刑呀？

答：是把我们另起的。

问：（岑）你抢罗素清的铁器没有呢？

答：没有。

问：你怎么也在人和镇承认呢（读原供问）？

答：没有这事。

问：你不抢人，怎么叶俊、赖海全会说你在呢？

答：赖海全与我有仇，叶俊我还不认识他。

问：（李）你到底抢过建川公司没有呢？

答：没有抢。

问：你不抢人，怎么会在人和镇招认呢（读原供问）？

答：是受刑不过说的，同时我也不识字，不知道他们写些什么。

问：叶俊同赖海全不是在镇公所说你在一起抢人吗？

答：他们也是受刑不过乱说的。

请检察官陈述意见。

检察官戴鸿元陈述被告等共同抢人罪证确凿，请予依法科。

问：（杨）丁素清说你在家里抄出东西如何答？

答：是捡的滥铁，不是抢的。

问：你还有话说吗？

答：没有了。

问：（叶）你还有话说吗？

答：我隔他只有几百尺那里会抢他啊，其余没有话说了。

问：（岑）你还有话说吗？

答：没有了，我实在没有抢他。

问：（李）你还有话说吗？

答：我不抢人也不接赃。

请公设辩护人陈述意见，辩护人起称：被告犯罪事实不实，大都没有知识，请予宣告无罪。

上笔录当庭朗读无异。

杨炳荣、叶俊、岑树章、李治安、罗素清、丁树清押。

谕知本案辩论终结，定本月十二日宣判，被告还押。

中华民国三十七年四月五日

院衔刑一庭

书记官：陈季凡

具状人：岑树章，男，三十一岁，巴县人，屠业。

为盗匪陷害，冤沉海底，恳请详讯明确，谕知无罪，早日宥释，以雪层冤事。

窃具诉人岑树章，世居巴县冷水乡，屠业为生，诚朴不妄，乡邻咸知，于民国三十六年六月因盗匪案件，被赖海全挟恨栽诬，经乡所捕获，当时清查民家毫无一点违法禁物，而赖海全家里，搜出无数旧铁，民亦不知从何而来，事后将彼等一一捕获，该乡所飞刑逼讯，彼等口称与民不识，只赖海全言与民邻保相居，述其旧轶事，则称与民同窃，该海全原系邻保，因民屠业账目之欠，发生口角殴打数次。经本街断解，事实可查，故借此事诬民盗匪在案，而乡所将严逼之供词，移送警备部，函转地院，庭讯二次，承蒙钧座讯明其中案由当庭准保，民此时无保，暂押该所至今数月，受尽羁押之苦，沐恩提讯，恳请详查，谕知无罪，早日宥释，如蒙恩准，实沾德便！

谨呈

重庆地方法院刑庭推事公鉴。

具状人：岑树章

中华民国三十七年四月五日

141. 赵玉章诉刘赵氏等抢夺收赃案

四川綦江县司法处刑事判决

二十七年度诉字第　号判决

自诉人：赵玉章，年三十一岁，住新盛乡，农业。

被告：刘赵氏即刘赵光南，年三十岁，住本城中街，居家。黄华清，年四十八岁，住本城，下力。赵熊氏，年六十四岁，住新盛乡，居家。饶丹九，未详。梅倬如，未详。

上列被告因抢夺收赃案，经自诉人提起自诉，本处判决如下：

主文

刘赵氏、黄华清伙同抢夺他人之动产，各减处有期徒刑六个月，缓刑二年。

饶丹九、梅倬如寄藏故买赃物，各处罚金六十元，缓刑二年。

赵熊氏免除其刑。

事实

缘被告赵熊氏无子，其夫赵全林在时即抱自诉人为孙，迨民国二十四年赵全林死后即由自诉人继承财产，但有女二人。长适被告饶丹九为饶赵氏，次适刘治先为被告，刘赵氏（即刘赵光南）觊觎财产时怂恿其母赵熊氏提管财产以便私图。已于上年七月间提起返还契约之诉，经本处判决驳回，此案尚系属二审中。二女见此计未售，复蛊惑赵熊氏并串同饶丹九之母舅表亲梅倬如，密售自诉人谷子多后以赵熊氏名义出卖，梅倬如名义承买，已则坐收其实。遂于上年九月二十九日（即阴历八月初六日）由赵熊氏督同刘赵氏、黄华清等十余人乘自诉人不在家中，即由黄华清扭开仓锁，掠取谷子十二石，分别挑往被告梅倬如、饶丹九两处收藏。自诉人提起自诉到处，经集讯明确具悉前情。

理由

本案被告赵熊氏、刘赵氏、黄华清等十余人共同抢夺自诉人谷子十二石，挑往被告梅倬如、饶丹九两处收藏。虽被告刘赵氏、黄华清坚不供认有抢夺行为，由被告赵熊氏自承"是我卖了谷子十二石与梅倬如，由他请人来挑的，不知挑到何处去了，出谷的时候赵玉章不在家里，刘赵氏、黄华清他们不晓得仓上没有锁，是我开的"等语。恃其身份关系，一身担当以为刘赵氏、黄华清等开脱罪责，但据刘赵氏自认"我是阴历初六日到他（指自诉人）家的，不过在他家玩了一会儿"及黄华清自承"我是初五日去的，初七日才转回城里，是赵熊氏叫我在他家住两天"，并经证人赵春圃庭述，"刘赵氏在那里出谷子"，何陶氏亦称"是刘赵氏带了十几人来挑谷子，锁是黄华清打滥的"，具结在卷自堪采取足征被告刘赵氏、黄华清在场共同实施，极为明显，自应依法论科。第念犯罪动机因争产业而起，乡愚无知不无可悯，酌予减轻其刑，且查未曾受有期徒刑之宣告，以暂不执行为适当，并予缓刑。

被告赵熊氏以儿女之私偏听生暗督同抢夺，未得自诉人同意擅自处分，依法固难免刑事责任，惟与自诉人同财共居。虽手段不当，究因身份关系要与无法律上之正当理由者有别，自得免除其刑，至被告梅倬如、饶丹九分别故买收藏赃物，梅倬如业经自认不讳，虽以买得赵熊氏为饰词，然自诉人与赵熊氏之关系早为被告所深悉且有亲戚关系，并经赵熊氏自承明知故买其为事前串谋居心之不纯洁，尤可概见，自难免于刑事罪责。被告饶丹九虽以不在家中为透卸以梅元顺为掩护，然查谷子挑往碾盘饶丹九家中，业经挑工杨明山、喻树清庭述是实具结在卷，而梅元顺搬住碾盘在阴历九月间，梅倬如拿米来交与我女人煮的，又为被告之自承不惟查核时间不符，亦且不在家中一语徒托空言，难供凭信即令属实亦无碍于罪责之成立。第查被告梅倬如、饶丹九未曾受有期徒刑之宣告，以暂不执行为适当，酌予缓刑。

基上论结，被告刘赵氏、黄华清应依刑法第二十八条、第三百二十六条第一项、第五十九条、第七十四条第一款处断，被告饶丹九、梅倬如应依刑法第三百四十九条第二项、第七十四条第一款处断；被告赵熊氏应依刑法第二十八条、第三百二十六条第一项、第十六条下半段处断，并依刑事诉讼法第二百九十一条之规定，判决如主文。

中华民国二十八年四月四日宣示

审判官：叶荫汉

如不服本判决，得于送达后十日内，向本处提出上诉状，转向四川高等法院第一分院为之。

书记官：林渊

中华民国二十八年四月十五日

四川高等法院第一分院刑事判决

二十八年度上字第九三三号

上诉人：赵熊氏，女，年六十五岁，綦江县人，住新盛乡。刘赵氏即刘赵光南，女，年三十一岁，綦江县人，住城内。梅倬如（即梅琢如），男，年四十岁，綦江县人，住墙垣。饶丹九，男，年三十七岁，綦江县人，住本城，业：小贸。黄华清，男，年四十九岁，綦江县人，住本城，下力。

上共同委任辩护人：倪灿辉，律师。

原自诉人：赵玉章，男，年三十二岁，綦江县人，住新盛乡，业：农。

上委任代理人：张玲宣，律师。

上列上诉人等因抢夺收赃案件，不服綦江县司法处中华民国二十八年四月四日第一审判决，提起上诉，本院判决如下：

主文

原判决撤销。

赵熊氏、刘赵氏、梅倬如、饶丹九、黄华清均无罪。

理由

本院讯据上诉人赵熊氏供称赵玉章是我抱的孙，与我儿赵光东做子，去年八月初六赵玉章不给钱，我用我卖了十二石谷子来打官司用了，根本无罪为什么？免除其刑复讯，据赵玉章称，祖母是一锅吃饭，民国十八年九月间抱的就住在他家里，并未分居，佃客做的谷子仓里有十八石，又据佃户何陶氏结称谷未交与老板他们，因民事生刑事，黄华清挑了十二石谷子去是实。刘赵氏供称我未交他谷子，还把我关几个月，是我母亲在城内卖的谷子，完全卖与梅倬如，价六元，饶丹九不在场。饶丹九当庭亦称我未买他谷子，并不在家各等语观之赵玉章既为赵熊氏所抱孙子，就住在赵熊氏家，并未分居同是一锅吃饭。赵熊氏又供认系因打官司，赵玉章不给我钱卖点谷子未用，则是同财共居之人对于所有不动产自己有处分之权，尚不能构成抢夺罪。原审认为督同抢夺于段不当，即依法免除其列司之允当详阅原卷，赵熊氏自承卖与梅倬如十二石谷子□□，赵玉章不在家里，刘赵氏、黄华清他们不晓得，仓没有锁是我开的，刘赵氏初六即到他家玩了一会儿，黄华清是赵熊氏收他住两天，赵熊氏既不能构成抢夺罪，则刘赵氏、黄华清之犯罪当然亦不能成立。原审据此以为判罪基础亦有未合，至买谷之梅倬如因赵熊氏卖谷，并非犯罪行为，是所买亦非赃物。饶丹九当庭既否认在家，即赵熊氏在第一审亦称我卖与梅倬如，由他请人来挑的，不知挑到何处去了。梅倬如既非买赃更何有犯寄藏赃物罪之可言。辩护人辩称：赵玉章并非直接被害人，根本不能自诉。殊不知赵全林（即赵光东）之遗产有继承之权，自得提起自诉，又谓赵熊氏是赵玉章祖母不能自诉一点，按直系尊亲属系指血亲而言，赵玉章既为其所抱孙子已如上述明核，与刑事诉讼法第三百一十三条及第三百一十一条规定之意旨均不相符，无足采取，惟原判决认定赵熊氏犯伙同抢夺罪刑依法第二十八条适用第十六条下半段免除其刑，刘赵氏、黄华清伙同抢夺他人之动产依同法第五十九条、第三百二十六条第一项各减处有期徒刑六月；饶丹九、梅倬如寄藏、收买赃物，各处罚金六十元，均依第七十四条第一款宣告缓刑二年，具属不当，上诉人等之上诉不无理由，应由本院撤销为判决，再被告梅倬如、饶丹九、黄华清均经本院合法传唤而不到庭，应不待其陈述，径行判决。

综上论结，合依刑事诉讼法第三百六十一条第一项前段、第三百五十六条、第二百九十三条第一项、第三百六十三条特为，判决如主文。

中华民国二十八年九月三十日

四川高等法院第一分院刑事第一庭

审判长推事：方闻

推事：谢正丙

推事：邱廷举

本判决自送达后十日内得上诉于最高法院，但上诉书状应向本院提出，如未叙述理由，限于提出上诉书状后十日内补叙，并须按照他造当事人人数提出缮本份数，否则由本院驳回上诉，特此致明。

中华民国二十八年十月四日

最高法院刑事判决

三十一年度上字第三十九号

上诉人：赵玉章，男，年三十三岁，住綦江新盛乡。

被告：刘赵氏即刘赵光南，女，年三十二岁，住綦江城内。黄华清，男，年五十岁，业：小贸，住同上。饶丹九，男，年三十九岁，业：小贸，住同上。

上上诉人因自诉被告等抢夺罪案件，不服四川高等法院第一分院中华民国二十九年十一月二日第一审更审判决，提起上诉，本院判决如下：

主文

上诉驳回。

理由

本件原审以上诉人系赵全林于民国十八年抱养为孙，其对于赵全林遗产固有继承之权，但赵全林系于民国二十四年身故其要，赵熊氏及其女即被告刘赵氏，亦均有继承遗产之权。而此项共同继承之遗产并未互推一人任管理之责。上诉人主张而系由其管理，仅以赵全林于民国二十年在綦江县法院存案之状稿为证。就令属实，亦只载一切财产悉归学宣名下子孙永远享有，并无只字言及遗产管理权应归谁属。其管业契据虽执在上诉人之手，亦不能认定上诉人确有管理权，且赵全林遗产有田租百余石为上诉人所不否认。赵熊氏卖谷二十石已出十二石并未超过其应继份，不能认为有不法所有之意图。纵而被告刘赵氏、黄华清纵有串同挑取此项食谷情事，自与抢夺罪之构成要件不符。被告饶丹九尤无寄藏故买赃物之可言，因将第一审论处被告等罪刑之判决予以撤销。谕知无罪尚属允当。上诉意旨略谓赵全林于民国二十年将其全部财产交上诉人继承，有申请备案之文稿可证，并于是年起由上诉人招佃、换佃行使权利，而他？公款及各项税捐均系上诉人□□，有约据可考。迨二十四年病笃时，将各产业契据交上诉人执管，又有证人赵春普、赵春宣、赵春荣可质，原审更审时，曾经上诉人申请调查□□接受刘赵氏因争继承权利属于民事范围，原审竟斤斤以继承权立论，将被告等犯罪一并解脱尤为不合程序，赵全林遗产仅能收租三十余石，现有田产可勘，并经上诉人声明有状，赵熊氏先称有租谷七十八石继称有百余石，上诉人即极端否认原审，既不采取声明书状，又不叙列否认供词认刘赵氏抢夺之谷为其应继份并非意图不法之所有，亦属未洽等语。本院查上诉人所主张赵全林声请备案之状稿及管业契据，由其执掌之事实均不足资为确有管理权之证明。业经原判决详予阐明，其所称在更审时曾提出管理证件及声请传证一节，遍查更审卷宗，上诉人并无此项证件提出亦未声请传证，尤难任意指摘至原审，以上诉人与赵熊氏、刘赵氏均有继承赵全林遗产之权，上诉人又不能证明共同继承之遗产。由其一人任管理之责，则刘赵氏纵有串同赵熊氏挑取食谷之事，亦难遽谓其有不法所有之意图，此种论断于法并无不合。又刘赵氏在更审中，当庭陈述赵全林遗产有租谷百余石。上诉人当时一出庭辩论并无否认之表示有笔录可稽，况被告等仅出谷十二石。纵如上诉人所主张赵全林遗产只有租谷三十余石，亦显无不法所有之可言。上诉意旨所指摘各点均属无可采取。

据上论结，应依刑事诉讼法第三百八十八条第一项，判决如主文。

中华民国三十一年一月十六日

最高法院刑事第二庭

审判长推事：张于浔

推事：孙祖贤

推事：吴奉璋

推事：林拔

推事：林尚滨

上正本证明与原本无异。

书记官：孙学海

中华民国三十一年二月二十日

最高法院刑事附带民事诉讼判决

三十一年度附字第一十三号

上诉人：赵玉章，男，三十三岁，业：农，住綦江新盛乡。

被上诉人：刘赵氏即刘赵光南，女，年三十二岁，住綦江城内。黄华清，男，年五十岁，业：下力，住同上。饶丹九，男，年三十九岁，业：小贸，住同上。

上上诉人因自诉被上诉人等抢夺案件，不服四川高等法院第一分院中华民国二十九年十一月二日第二审附带民事诉讼更审判决，提起上诉，本院判决如下：

主文

上诉驳回。

理由

按第三审法院认为刑事诉讼之上诉无理由，予以驳回，而附带民事诉讼之原审判决无可为上诉理由之违背法令者，应驳回其上诉。刑事诉讼法上定有明文。本件上诉人自诉被上诉人等因抢夺食谷等情，经原审谕知被上诉人等无罪，并驳回上诉人附带民事诉讼之诉核，与刑事诉讼法第五百零七条第一项前段之规定尚无违误，兹本院刑事判决既认刑事诉讼之上诉为无理由予以驳回，则原审附带民事诉讼之判决于法自亦无违误，自无可为上诉之理由。

据上论结，应依刑事诉讼法第五百一十二条第一款，判决如主文。

中华民国三十一年一月十六日

最高法院刑事第二庭

审判长推事：张于浔

推事：孙祖贤

推事：吴奉璋

推事：林拔

推事：林尚滨

上正本证明与原本无异。

书记官：孙学海

中华民国三十一年二月二十日

最高法院刑事判决

二十九年度上字第一七九一号

上诉人：赵玉章，男，年三十二岁，业：农，住綦江县新盛乡。

被告：刘赵氏即刘赵光南，女，年三十一岁，住綦江县城内。黄华清，男，年四十九岁，业：下力，住綦江县本城。饶丹九，男，年三十八岁，业：小贸，住綦江县本城。梅倬如，男，年四十一岁，业：未详，住綦江县墙垣。

上上诉人因自诉被告等抢夺等罪案件，不服四川高等法院第一分院中华民国二十八年九月三十日第二审判决，提起上诉，本院判决如下：

主文

原判决关于刘赵氏、黄华清、饶丹九、梅倬如部分及第一审阅于梅倬如部分判决均撤销，刘赵氏、黄华清、饶丹九部分发回四川高等法院第一分院。

理由

（一）梅倬如部分，按提起自诉应向管辖法院提出自诉状，为之刑事诉讼法第三百一十二条着有明文。而自诉之效力不及于自诉人所指被告以外之人，为诸同法第三百三十五条、第二百四十五条之规定，亦甚明了。本件上诉人在第一审只对被告刘赵氏、黄华清、饶丹九及赵熊氏等四人提起自诉。前后所提出自诉状并未列梅倬如为被告，亦未叙及所犯罪事实。第一审仅因赵熊氏辩称赵玉章食谷由伊出卖与梅倬如将梅倬如传唤作证命，无具结陈述质后，亦未据上诉人续具自诉状追加梅倬如为被告，是上诉人既未对梅倬如提起自诉。依照上开说明无自诉之效力，自不及于所指被告以外之人。法院即不得加以审判乃第一审竟认梅倬如为本案被告，将无论处罪刑原审亦未加详察，遽就实体上审判谕知梅倬如无罪均属于法有违案，该上诉应由本院依职权予以撤销，毋庸裁判。

（二）刘赵氏、黄华清、饶丹九部分，本件上诉人系赵全林于民国十八年间抱养为孙，既为各方所不争，其对赵全林遗产因有继承之权，虽赵全林于民国二十四年身故无妻，赵熊氏亦有继承遗产之权，然各项遗产在未经各继承人分割以前即属公同共有。果如上诉人所称赵全林遗产，向归上诉人管理。则赵熊氏虽与上诉人同时其居要无自由处分之权无擅自出卖赵全林遗产中之食谷，并秉上诉人不备率人抢夺，即难解免刑事上之罪责，因而被告刘赵氏、黄华清果有共同抢夺行为，被告饶丹九果有寄藏赃物情事，均不能不负相当罪责。原审对于赵熊氏所抢夺之食谷是否确系赵全林遗产及所是否向归上诉人所管理，未予调查明晰，仅以赵熊氏与上诉人同财共居有自由处分财产之权不成立抢夺罪，即认被告刘赵氏、黄华清、饶丹九均无犯罪之可言殊属率断。况据证人何陶氏述称是刘赵氏带人来挑谷子，锁是黄华清打滥的，赵青圃亦称刘赵氏在那里出谷子，听赵玉章长工说有个姓黄的在那里睡倒的。而当时食谷系挑往盘碾，饶丹九家又经证人杨明山、□树青到案述明，则被告刘赵氏、黄华清、饶丹九等尤不能谓无犯罪嫌疑。原审就上述各端尚未注意及之，遽行谕知被告刘赵氏、黄华清、饶丹九无罪，自属难昭，折服，上诉意旨指摘原判违法，即罪全无理由。

据上论结，应依刑事诉讼法第三百八十九条、第三百九十三条，判决如主文。

中华民国二十九年六月七日

最高法院刑事第二庭

审判长推事：张于浔

推事：孙潞

推事：孙祖贤

推事：林拨

推事：林尚滨

上正本证明与原本无异。

书记官：张励珍

中华民国二十九年六月

四川高等法院第一分院刑事判决

二十九年度上判字第一〇〇一号

上诉人：刘赵氏即刘赵光南，女，三十一岁，住綦江城内。

委任辩护人：姚嘉凤，律师。

上诉人：黄华清，男，四十九岁，住綦江城内，下力。饶丹九，男，三十八岁，住綦江城内，小贸。

自诉人：赵玉章，又名学宣，男，三十二岁，住綦江新盛乡，农。

委任代理人：敬封诚，律师。

上上诉人因抢夺及寄藏赃物案件，不服綦江县司法处中华民国二十八年四月四日第一审判决，提起上诉，经本院判决后，自诉人又上诉最高法院发回本院，更为判决如下：

主文

原判决关于刘赵氏、黄华清、饶丹九罪刑部分撤销。

刘赵氏、黄华清、饶丹九均无罪。

理由

按刑法第三百二十五条第一项之抢夺罪以意图为自己或第三人不法之所有而抢夺他人之动产为其构成之要件，如其所意图者系为自己或第三人适法之所有，而并未侵损他人之动产，自不能因他人捏词耸听遂以抢夺论罪。本件自诉人系赵全林于民国十八年间抱养为孙，其对赵全林遗产固有承继之权，赵全林系于民国二十四年身故。其妻赵熊氏及其女即上诉人刘赵氏依法亦应有继承遗产之权。此项遗产在未经各继承人分割以前为公同共有的，由各继承人中互推一人管理之，自诉人与上诉人刘赵氏及其祖母赵熊氏既会互推一人管理之事实，自诉人主张系由自己管理，仅以赵全林于民国二十年在綦江县法院存案之状稿为拟就令该状稿属实，亦仅载所有民夫妇一切财产悉归学宣名下子孙永远享有，而于各继承人未分割以前之遗产管理权究会一字言及至于管理为契。虽存执自诉人之手，究为赵熊氏所称夺去后强据不还，抑为自诉人所称赵全林交付管理亦会明证，既会□□定自诉人有遗产管理权，且赵全林遗产有田租百余石为自诉人所有，不否认赵熊氏买谷二十石，已出十二石，并未超过自己应继份。□□□□尚为自己之动产而非他人之动产，核与上开抢夺之规定已有未符。不法之所有而抢夺上诉人，饶丹九亦会寄藏成故买赃物之可言，原审对于法律乃实均未深求，遂为上诉人等有罪之判决实不足以资折服，上诉非无理由。上诉人黄华清、饶丹九经本院合法传唤无正当理由不到庭，应不传其陈述，进行判决。

据上论结，合依刑事诉讼法第三百六十一条第一项、第三百六十三条、第三百五十六条、第二百九十三条第一项，判决如主文。

中华民国二十九年十一月二日

四川高等法院第一分院刑事第一庭

审判长推事：方闻

推事：雷彬章

推事：艾作屏

本案自送达判决后十日内及上诉于最高法院。但上诉书状须向本院提出，如未叙理由限于提上诉状后十日内补叙，并须按照他造当事人之数提出缮本份数，否则经由本院驳回上诉此志。

本件证明与原本无异。

书记官：

中华民国二十九年　　月　　日

四川高等法院第一分院附带民事判决

二十九年度上判字第一九一号

原告：赵玉章又名学宣，男，三十二岁，住綦江新盛乡，农。

委任代理人：敬村诚，律师。

被告：刘赵氏即刘赵光南，女，三十一岁，住綦江城内。黄华清，男，四十九岁，住綦江城内，下力。饶丹九，男，三十八岁，住綦江城内，小贸。

上原告因被告抢夺及赃物案提起附带民事诉讼，经本院判决后又上诉，经最高法院发回本院，更为判决为下：

主文

原告之诉驳回。

事实

被告刘赵氏之母赵熊氏即原告赵玉章之祖母有公同共有之遗产百余石。去年旧历八月初六日，赵熊氏因需钱使用，就其公同共有之谷子订卖二十石，已出十二石，赵玉章以赵熊氏、刘赵氏、黄华清等共同抢夺及饶丹九收买赃物等情向綦江县司法处提起自诉。经判决后，刘赵氏等提起上诉，赵玉章并提起附带民事诉讼。

理由

按刑事诉讼谕知无罪之判决，所对于附带民事诉讼应以判决驳回原告之诉状，为刑事诉讼法第五百零七条第一项所明定。本件被告刘赵氏、黄华清、饶丹九虽经綦江县司法处分别判处刑罪，本院查有未合已将原判决撤销，谕知刘赵氏、黄华清、饶丹九无罪三判决依前开规定，关于原告之附带民事诉讼自应予以驳回。被告黄华清、饶丹九经本院合法传唤，无正当理由不到庭，应不待其陈述，而为判决。

据上论结，合依刑事诉讼法第五百零七条、第五百零二条，判决为主文。

中华民国二十九年十一月二日

四川高等法院第一分院刑事庭

审判长推事：方闻

推事：雷彬章

推事：艾作屏

本件证明与原本无异。

书记官：

中华民国三十九年　　月　　日

142. 王俊丰抢夺案

上诉人：王海全

被告：王俊丰

主任推事：饶世科

案由：［抢夺］

四川高等法院第一分院刑事判决

二十八年度上字第八〇一号

上诉人：王海全，男，年四十二岁，住巴县六隆乡，工。

被告：王俊丰，男，年二十九岁，住同前，农。王彭氏，女，年四十岁，住同前。王义芳，男，年三十三岁，住同前。王仲生，男，年二十三岁，住同前。王树修，男，年三十七岁，住同前。张老么，男，年四十岁，同前。

上上诉人因自诉被告等抢夺案件，不服巴县地方法院中华民国二十五年十二月四日第一审判决，提起上诉，本院判决后，上诉人复上诉最高法院发回更审，本院判决如下：

主文

原判决关于张老么部分撤销。

张老么部分不受理。

其他上诉驳回。

理由

本件王谢氏之棺木原寄放佃户王炳林家，嗣其子王俊丰将田出售王炳林，遂退佃迁移，惟寄放之棺忽然不见，被王俊丰洞悉系海全搬去，即带同王义芳、陈老么、张老么、王彭氏，并请凭当地保长许健希，甲长王仲生，小队附王树修等前往其家清寻时，不死不活，弟全尚在家内将门开放准许王俊丰、王树修入内查视，果在其家搜出原棺，当经王俊丰、王树修搬出交由王义芳、陈老么、张老么，送至甲长王仲生家。且查王俊丰、王修树出入王海全家均由保长许□□检查并未携带别物，经王仲生、许健希、王树修等一致供明在卷。虽上诉人事后狡称："王俊丰等至其家搬去棺木之时，伊并未在家，系王俊丰等扭锁入内，除将棺木抢去外，并将其契约分关衣物等件一并掠尽，并经王彭氏在兴隆乡联保主任办公处曾称，他的红契分关从前年与我们一千银子的"等语。发还理审之原因谓"究竟王彭氏在联保处有无前项供词，如果分关契纸确在王彭氏处，究系由于抵押抑系抢夺所得，或另有别情，自应详为究明"云云。当经本院调阅兴隆乡联保办公处笔录审核，王彭氏并无自承抵押上诉人分关红契之陈述持之，王彭氏又极端否认，上诉人始终既不能提出何种证据以资证明，徒以空言王张，殊不足采。原审认为被告等犯罪嫌疑不能证明，谕知无罪并无不合。惟查衽张老么发回更审后业已残废，经上诉人供明在卷，除张老么无罪部分予以撤销谕知不受理之判决外，上诉人其他上诉均应驳回。再被告王俊丰、王彭氏、王树修、王义芳经合法传唤不到庭陈述特迳行判决。

据上论结，应依刑事诉讼法第三百六十一条第一项前段、第三百五十六条、第二百九十五条第五款、第三百六十条、第三百六十三条，判决如主文。

中华民国二十八年八月三十日

四川高等法院第一分院刑事第二庭

审判长推事：夏惟上

推事：邱廷举

推事：饶世科

本案自送达判决后十日内，得上诉于最高法院，但上诉书状须向本院提出，如未叙述理由，限于提出上诉后十日内补叙，并须按照他造当事人人数提出缮本份数，否则迳由本院驳回上诉，特此志明。

中华民国二十八年九月二日

书记官：杨秀峰

呈

上诉人：王海泉。

被上诉人：王俊丰、王仲生、王彭氏、王树修、王义芳、张老么。

呈为判决不适当，声明上诉，恳予检卷申送上级法院齐弃一、二两审及更审庭之原判，另为斟复被上诉人之抢夺罪刑及附带民诉，判还棺木及分关契约事情。上诉人于民国二十五年间，起诉巴地法院刑庭，告王俊丰、王彭氏等抢夺棺木与分关契约等情，业经地院刑庭与钧院审理，结果钧判该等无罪，上诉人不服钧院二十五年度上字第六三五号判决，上诉最高法院刑庭，曾沐第三审侦查结果，于民国二十八年发回钧院更审一案，本件事实已由钧院讯多次，被上诉人迄未到院，事实未明以即蒙上诉驳回等因奉此，上诉人以真正抢夺事实反合被告逃脱法网不甘折服，兹特补具上诉理由于后。

（一）不依最高法院判例审理案情部分，查本案由最高法院发还再审原因，对王彭氏之在本乡联保处供称，上诉人之分关在彼奉押银一千两及上诉人在一、二两审均供明。王谢氏在检察处告上诉人奸作案将该王谢氏之存查状与联保主任，□□之回复及？同在联保处王彭氏之口供各件为查，故最高法院驳回更审之要点非将王彭氏传案详细讯问，或为抵押，或为抢夺。务须一一审讯明白始揭下判为合法理、本案业经钧院出传数次，上诉人遵期到案，对于抢夺棺木分关契约逐一陈明，且举出廖银州作证。该被上诉人只有王俊丰到庭，质及彼举出证人王炳林（即前佃户）到庭供称，谓该王谢氏之棺木确系于二十四年以十二元半抵押与上诉人手保存等语，有供可查，钧院何以二次出票传上诉人证人廖银州迨上诉人邀集来案到钧院，又不审理，三次并不传讯，不知何故，更须依照判例传集王彭氏案，究其底细。再该被告王树修并非小队附，按当时小队附系胡□□长为上诉人，并非王仲生，是上诉人在庭逐一陈明，并拿出二十四五时年之区署委任状为凭有供可查，钧院何不详查事实，以模糊之事实依照前二审判决下列实属不合此为未尽调查证据能事，违背法命。此不服上诉者一。

（二）举证已详不沐控取法律共□部分，上诉人对本案之证据业经于上诉状词中及当庭陈述，口口声声要求调取二十五年十二月王谢氏告上诉人于巴检处之罪非案，业经万树梅检察官主办。上诉人将本已之存查状与王谢氏抢夺棺木在本乡联保处主任刘哲夫之回复与王彭氏当日之口供一共五件合并参阅，究竟被上诉人之抢夺棺木时在家一否，虽沐当庭允调，但查本审判决内确未有该项文件调来考核，实未尽审判难事，仅云当经调阅兴隆乡联保办公处笔录审核，王彭氏并无自承抵押上诉人分关契约之陈述云云。查该王彭氏与上诉人在联保处理？时其记录供词之人为郑炳全主任，为刘哲夫，今所调来之笔录是现任主任谢希哲为王谢氏之屋人，此次调来之文件谅受该氏运动，故以变造之笔录出现，使上诉人败诉。本件具经上诉人在庭力攻其伪，并请传前任主任刘哲夫与记录记郑炳全列审质记核对笔迹以明真伪，殊知不沐采取，又不将巴地检处万检察官二十五年十二月王谢氏告上诉人之奸非案各方五件公文遂一者查详细核对是否真实，此不服上诉者二。基上两点事实理由论结，王俊丰等之抢夺棺木分棺契约已属明甚，第二审不将王彭氏传票撤底详讯，贸然照二十五年之原二审判决实有未当。为此补呈上诉理由，恳请钧院鉴核，准予迅将卷宗检申。

最高法院刑庭，俾便撤销一、二两审与更审判决，实沾德便。

谨呈

四川高等法院第一分院通知书

事由：通知王海全提起三审上诉，着于七日内提出办理。

案查二十八年度上字第二四四号王海全因王俊丰等抢夺上诉发更审一案，业经本院依法判决在案。兹经自诉人王海全于九月十九日提出上诉理由前来，今将该理由状缮本送达查收，得于七日内依照刑事诉讼法第三百七十五条第一项规定向本院提出答辩状，并添附缮本三份以便转送。特此通知

计送上诉理由状缮本六份

上通知被告：王俊丰、王彭氏、王义芳、王仲生、王树修、张老么，住址巴县兴隆乡。

中华民国二十八年九月

四川高等法院一分院书记官

送达证书

应送达之文书上诉理由书各一份。
应受送达人：王俊丰、王彭氏。
中华民国二十八年九月二十六日

送达人：

［另二份送达证书应受送达人为王树修、王义芳、王仲生、张老么］

事由：函送王海全因王俊丰等抢案上诉一案附卷由。

四川高等法院第一分院公函

刑字第六〇一一号

案查巴县王海全因自诉王俊丰等抢夺上诉更审一案，经本院判决后，该自诉人王海全复于法定期内声明不服，业将上诉理由书缮送对造当事人王俊丰等收受，提出答辩到院，除依法送达外，相应检齐状卷函送贵院查收办理。

此致

最高法院

计送

原卷一宗，本院二审卷二宗，三审卷二宗，上诉理由状一件，答辩状一件

最高法院刑事第二庭书记科公函

刑字第一一〇六号

迳启者王海全因王俊丰等抢夺并附带民事上诉一案，业经本院判决，相应将全案卷宗连同判决正本及送达证书函送贵科查照。所有判决正本希即代为送达，其送达证书仍请缴还为荷。此致

四川高等法院第一分院刑事科

计送案卷五宗，证物

判决正本十八件送达证书七件

中华民国二十九年二月二十一日

最高法院刑事判决

二十九年度上字第三九四号

上诉人：王海全即王海泉，男，年四十二岁，业工，住巴县兴隆乡。

被告：王俊丰，男，年二十九岁，业农，住巴县兴隆乡。王彭氏，女，年四十岁，余同前。王义芳即王义方，男，年三十三岁，余同前。王仲生，男，年二十二岁，余同前。王树修，男，年三十七岁，余同前。张老么，未详。

上上诉人因自诉被告等抢夺案件，不服四川高等法院第一分院中华民国二十八年八月三十日第二审更审判决，提起上诉，本院判决如下：

主文

原判决除张老么部分外撤销，发回四川高等法院第一分院，其他上诉驳回。

理由

查本案上诉人前在第一分院，固以被告张老么共同抢夺与其他被告一并提起自诉，但第一审因张老么并未获案停止审判程序，上诉人提起上诉后，原审对于张老么部分亦未？何种之判决，自不在得为上诉之列，该上诉人向本院所具之上诉书状仍将张老么列为被告一并上诉，显不合法，应即予以驳回。再当事人得于审判期日前提出证据及原审法院为调取证物

或传唤人证等处分，为刑事诉讼法第二百五十四条所明定当事人申请调查之证据法院认为不必要教课，得以裁定驳回之同法第二百七十九条复著有明文，是当事人申请调查之证据，法院既未认为无调查之必要以裁定驳回，又不予以调查其诉讼程序即难谓非违法，此项程序之违法如系影响于判决者，自足为上诉之理由，至第三审发回更审之案件，虽就上诉意旨所指摘之范围内，认为某种证据应行调查未经原审履行调查之程序。为其发回之原因，但案经发回即已回复第二审之通常程序，关于上诉人申请调查以及法院依职权所应调查之一切证据，均应仍予调查，不得仅以第三审发回之点为限，其有违背此项程序者如经上诉意旨指摘及之原判决，即属无可维持，仍应予以发回。本案上诉人诉称，被告王俊丰等于民国二十五年废历九月二十七日乘伊出外，即统率多人佣至伊家扭锁入室，抬去质押之棺木一付及字约箱衣物等情。原审以该项棺木系王谢氏（即王俊丰之母）之物，寄放佃户王炳林家，嗣因王炳林退佃迁移，棺忽不见，经王俊丰等控悉为上诉人搬去，前往其家清查时，上诉人正在家内，将门开放准其入内查视，王俊丰等仅将原棺抬去并未携带别物，已据王仲生、许健希、王树修等一致供明至本院。前以上诉人所称被告王彭氏在兴隆乡联保主任办公处自称上诉人之红契分关押与我们一千银子之语是否属实应行调查一节，并经原审调核该联保办公处笔录，王彭氏并无此种供述，因认被告等犯罪不能证明，维持第一审之无罪判决，固于判决理由内阐述甚明。惟查兴隆乡联保办公处函送原审之调解笔录系属抄件，原审受命推事于上年四月二十八日调查时，向上诉人告以王彭氏之抄供内容即据上诉人指为有弊，经原审再函该办公处调取原件在案，乃原审未俟原件送院遽行判决已有未合，且查原审状称："王谢氏在本乡联保处之存要状谓入上诉人家抢夺棺木之际乘势窃盗分关红契及契据箱据云上诉人并未在家，王彭氏亦在乡颂扬，与同年五月间，王谢氏告上诉人强奸案，在检察处声明分关由上诉人抵押银一千两，足见被告等犯罪事实确凿，不可磨灭，且有本案要证王炳林、廖银州二人眼见可质，恳出票添传以为佐证，并调取□处之卷宗公文予以论科。"并在原审供称"王彭氏在重庆地方法院检察处因告民妨害风化案内也供有此话，请仍调阅"各等语，是上诉人除申请调取王彭氏在联保办公处之供词外，尚举有其他证据申请调查，原审仅将证人王炳林传案讯问，对于证人廖银州一名因其传未到案，即未依法再行拘传以便质证，至王谢氏在办公处之存查状以及检察官侦查上诉人妨害风化一案卷宗等件，既未认为与调查之必要，以裁定驳回，亦未进行调查于法均属有违。上诉意旨谓"证人廖银州前经上诉人邀集来案，原审不予审讯等情是否属实，虽无凭稽考，而其指摘原审对于该证人并不传案质讯，及伊迭请调取联保办公处调解案，及检察处侦查案内各项关系文件亦未调阅，为原判决违背法令之论据，自难谓为无理由。

据上论结，应依刑事诉讼法第三百八十九条、第三百九十三条、第三百八十七条，判决如主文。

中华民国二十九年二月二日

最高法院刑事第二庭

审判长推事：张于浔

推事：孙潞

推事：孙祖贤

推事：林拔

推事：林尚滨

上正本证明与原本无异。

书记官：汪国芳

中华民国二十九年二月十四日

最高法院刑事附带民事诉讼判决

二十九年度附字第七二号

原告：王海全即王海泉，男，年四十二岁，业工，住巴县兴隆乡。

被告：王俊丰，男，年二十九岁，业农，住巴县兴隆乡。王彭氏，女，年四十岁，余同前。王义芳即王义方，男，年三十三岁，余同前。王仲生，男，年二十二岁，余同前。王树修，男，年三十七岁，余同前。张老么，未详。

上原告因被告等抢夺案件，提起附带民事诉讼，本院判决如下：

主文

原告之诉驳回。

理由

按提起附带民事诉讼，应于刑事诉讼起诉后第二审辩论终结前为之，刑事诉讼法第四百九十二条已有规定，是第三审上诉程序中不得提起附带民事诉讼极为明瞭。本件原告因自诉被告等抢夺一案于上诉本院之第三审刑事诉讼程序中，请求刑令被告等返还所抢棺木及分关契约等件，提起附带民事诉讼，此项原告之诉显非合法。

据上论结，应依刑事诉讼法第五百零六条第一项，判决如主文。

中华民国二十九年二月二日

最高法院刑事第二庭

审判长推事：张于浔

推事：孙潞

推事：孙祖贤

推事：林拔

推事：林尚滨

上正本证明与原本无异。

书记官：汪国芳

中华民国二十九年二月十四日

事由：函嘱送达王俊丰等判决由

四川高等法院第一分院书记室公函

案准最高法院书记科函送王俊丰等抢夺并附带民事上诉一案判决等件，嘱即代为送达等由到院，相应将是项原件函送贵室查收，希好饬警员依法送达，仍将送达证书迅即函送过院，

以凭核转，至级公谊。此致

　　江北地方法院书记室

　　计函送判决十四件，送达证书七纸

中华民国二十九年三月十五日

四川江北地方法院公函

刑字第三六五号

　　案准贵室二十九年三月十六日刑字第三一三九号公函嘱代送王俊丰等抢夺上诉判决一案略等由：准此，当即警送达去讫，兹据云警缴呈回证前来，相应检同原件函贵室即希查照！

　　此致

四川高等法院第一分院书记室

计函送判决送证七件

院长：金镛
中华民国二十九年四月十二日
事由：函送王海全等达达证书由
中华民国二十九年四月十八日

四川高等法院第一分院公函

　　案准贵科刑字第一一〇六号公函嘱代送不死不活第全因王俊丰等抢并附带民事上诉一案判决，业经本院嘱托原审法院派警送达，相应将送达证书函送贵科查收办理。

　　此致

最高法院刑事二庭书记科

计送送达证书七件

中华民国二十九年四月十五日

143. 金润弟强盗案

案由：强盗

上诉或告发人：检察官

被上诉人或被告人：金润弟

分案日期：中华民国三十二年四月二十三日上字第三二六号

刑庭公函

案查綦江地院呈送检察官因金润平强盗上诉一案卷证到院，查该案系属公诉案件，应有送请贵首席检察官查阅必要，相应检齐卷证，送请查收，并希于阅后二日内送还为荷。

此致

本院首席检察官

计送原卷二宗、院卷一宗

中华民国三十一年四月二十三日

四川綦江地方法院刑事判决

三十二年度诉字第二一号

公诉人：本院检察官。

被告：金润弟，女，年十七岁，在押。金治和，已死。

上被告等因强盗及窃盗案件，经检察官提起公诉，本院判决如下：

主文

金润弟帮助夜间侵入窃盗，处有期徒刑二月。金治和部分不受理。

事实

金树云与金治和于三十一年度农历腊月二十六日夜，邀金润弟同往封张氏家帮助其窃盗，金润弟持火烛，金树云、金治和窃取财物，行窃已毕封张氏发觉叫喊，金树云、金治和因防护赃物及脱逃当场取出其携带在身之刀，以背击伤封张氏，金润弟三旁劝阻勿击，后封张氏报告隆盛乡公所，拿获金治和、金润弟，解送检察官侦查起诉。

理由

上开事实，既经金治和、金润弟在检察官前自白不讳，复经张福星封连三在检察官前结证属实，至足见其明瞭堪认，虽金润弟后在庭供称只金树云、金治和两人窃盗，彼未曾参与云云然无非畏罪翻供，不足为采。查金树云与金治和于窃盗之际虽复有超出窃盗范围行为，惟金润弟前只有窃盗帮助意思，后只有窃盗帮助行为，于其他共犯金树云、金治和之当场以强暴胁迫防护赃物及脱逃不惟无与共为行为之意，且表示反对是否论其他共犯，金树云、金治和应成何种罪名，金润弟只负窃盗从犯之责，其帮助夜间侵入窃盗，携带凶器窃盗及结伙三人以上窃盗之罪无疑，惟系一行为而触犯数罪名，应从一帮助夜间侵入窃盗罪处断，金润弟既系从犯，又年未满十八，应递减其刑，金治和查已死亡，有检察官范验书附卷可核，该部分案件依法应谕知不受理。

据上论结，应依刑事诉讼法二百九十一条，第二百九十二条，第二百九十五条第五款，刑法第三十条，第十八条第二项，第五十五条，第三百二十一条第一款、第三款、第四款判决如主文。

本案经检察官林中贞莅庭。

中华民国三十二年三月二十三日
四川綦江地方法院刑庭
推事：贺德宣

四川綦江地方法院检察官上诉理由书

被告：金润弟。

上列被告因强盗案件，经四川綦江地方法院于中华民国三十二年三月二十三日判决，本检察官，对于该判决不服，应行提起上诉，兹将不服部分及不服理由，叙述如下：

不服部分：

关于被告共同强抢封张氏部分原判认为系属帮助窃盗，减处有期徒刑二月，殊有未合。

不服理由：

本件被告金润弟伙同在逃金树云及已死金治和于民国三十一年废历腊月二十六日夜间共同携带顺千子刀，侵入封张氏屋内当被封张氏查悉，被告金润弟持亮，金治和按倒封张氏，金树云执刀砍伤封张氏，抢去衣服等物，潜逃无踪。发即报告该管隆盛乡公所拿获被告供认前情，呈遂来案，在侦查中亦供认砍伤封张氏及抢去衣服等物不讳，并经封保卿供证无异是该被告，显系共同实施正犯，核其所为，实犯刑法第三百三十条第一项之罪原审未加详究，遽认被告系属帮助窃盗，变更原引法条，爰依刑法第三百二十一条第一项第一款减处有期徒刑一月实有违误。应请撤销原判，另为适当之判决，本年四月三日收受判决，合并声明。

民国三十二年四月五日
检察官：林中贞

四川高等法院第一分院检察官函片

案准贵庭函送检察官对金润弟强盗罪上诉一案卷宗过处，业由承办检察官查阅完毕，相应将该案卷宗送请查收为荷。此致

本院刑庭

送还原卷叁宗

中华民国三十二年四月二十三日

四川高等法院第一分院通知书第 号

本院民国三十二年上字第五九五号为检察官因金润弟强盗上诉一案，定于本年五月十九日上午八时在第 法庭公开审判，应请贵检察官届时莅庭为荷。

　　此致

本院检察官

四川高等法院第一分院刑二庭

书记官：

中华民国三十二年五月十七日

四川高等法院第一分院刑事判决

三十二年度上判字第五二三号

上诉人：四川綦江地方法院检察官。

被告：金润弟，女，年十七岁，业农，住綦江隆盛乡。

上列上诉人因被告盗匪案件，不服四川綦江地方法院，中华民国三十二年三月二十三日第一审判决，提起上诉，本院判决如下：

主文

原判决撤销。

本件关于金润弟部分之公诉不受理。

理由

本件被告金润弟，伙同在逃之金树云及已死之金治和，于本年一月二十一日，即农历本年十二月二十六日，夜间，□入封张氏家行窃，后被封张氏察觉喊叫，金治和即将封张氏按倒在地，被告在旁支亮，由金树云持刀将封张氏砍伤，迨至封张氏不能喊叫时，始各看携取衣物等情，业迳金治和及被告在该营保长办公处、乡公所及□审理中，分别供述甚详，是被告实不免有共犯惩治盗匪暂行办法第四条第一款，结伙抢劫罪之嫌疑，□□盗因防护□□□□逮捕，□□□而当场施以强暴胁迫之情形不同，依同办法第九条，应由驻地地有□□权之军事机关，或已□□法官，□□或县长审判，法院无审判权□判未经注意，遽事实证明不无可议，但应判决既有未当亏心短行应仍认上诉为有理由。

依上论结，合依刑事诉讼法第三百六十一条第一项前段、第三百五十六条、第二百九十五条第六款，第二百九十九条，判决如主文。

本件经检察官方理琴莅庭执行职务。

中华民国三十二年五月二十五日

四川高等法院第一分院刑事第二庭

审判长推事：胡恕

推事：艾作屏

推事：刘藩

本件自送达判决后，十日内得上诉最高法院，□上诉状应向本院提出，如未叙述理由，限于提出上诉书状后十日内补叙，并须按照他造当事人人数提出缮本份数，否则迳由本院驳回上诉，此志。

本件证明与原本无异。

书记：黄震□
中华民国三十二年六月三日

四川高等法院第一分院刑庭公函

刑法字第二〇一号
中华民国三十二年七月二十三日

案查綦江县检察官因金润弟强盗上诉一案业经本院判决确定，相应将该案卷宗证件函送贵首席检察官查收办理。

此致

本院首席检察官
计送原卷二宗，本院卷一宗，判决三件

掳人勒索罪

144. 廖瑞呈等掳人勒赎案

重庆四川高等法院第一分院刑事判决

二十五年度上字第一一八号

上诉人：廖瑞呈，男，年二十三岁，涪陵县人，住鹤游坪，业商。谢廷辉，男，年四十三岁，涪陵县人，住山河场，帮工。杨炳臣，男，年二十三岁，涪陵县人，住平安乡，小贸。卢克黎，男，年二十七岁，涪陵县人，住兴圣镇，教员。

上共同指定辩护人：邱心田，律师。

上上诉人等因掳人勒赎案件，不服涪陵县政府中华民国二十四年十二月二十一日第一审判决，提起上诉，本院审理判决如下：

主文

原判决关于廖瑞呈、谢廷辉、杨炳臣、卢克黎罪刑部分均撤销，廖瑞呈、谢廷辉帮助掳人勒赎，各减处有期徒刑十年，褫夺公权十年。

杨炳臣帮助掳人勒赎，减处有期徒刑五年，褫夺公权五年。

卢克黎无罪。

事实

陈吉元为涪陵县属协合乡人，略有资财，民国二十三年旧历八月十二日傍晚，有著名匪首田鹤鸣、秦益九、李庸、汪发正等统率多人，分持枪械至其家抢劫，当将其十岁幼子陈炳钧，四岁幼子陈毛掳去分藏于戴绍林、谢廷辉家待赎，其十岁幼子陈炳钧在戴绍林家先由汪发正看守，嗣汪发正他去即由廖瑞呈代为看管，至其四岁幼子陈毛则责付谢廷辉夫妇抚养。田鹤鸣等将陈炳钧、陈毛安置妥协后即由秦益九、杨炳臣出面向陈吉元之侄陈蕃昌议赎，陈蕃昌以之转商陈吉元，陈吉元虑其有诈非取得其子之证据证实不允出款，秦益九因与约定日期命陈吉元备洋五十元交与陈蕃昌携款，行至中途与杨炳臣遇随，即偕赴丰都将款交付秦益九，秦益九即将陈炳钧、陈毛所着之衣服交与陈蕃昌带回，陈吉元见事已证实因嘱陈蕃昌与之交涉，终以详价未谐不得结果，杨炳臣恨陈吉元不肯出价，遂迭以言语恐吓谓再不赎即须将陈炳钧处死，陈吉元以赎价悬殊亦无可如何。延至次年旧历正月初八日会有陈松若者与田鹤鸣等相友善深知内情，即向涪陵县团务委员会密报，该会随即派模范精选队押同陈松若驰赴被掳人藏匿地点查办，道经李渡镇适与廖瑞臣遇，当由陈松若指名将其逮捕并搜出田鹤鸣亲笔致其家属信函二件及抵其地果将陈炳钧、陈毛分别于戴绍林、谢廷辉家搜出。谢廷辉知事已败露无可逃免竟畏罪自缢。当经查觉解救得以不死，遂一并解送涪陵县政府讯办。嗣至四月因平安乡团枪被劫，丰都、涪陵、垫江三县发起联团会，详经涪陵县团务委员会派督练员何家驹出席至裴江乡与会，则经涪陵县属珍溪前面途次盘获卢克黎即卢文修又名卢长安一名，并在其身傍搜出信函一件，核其迹与拿获廖瑞呈时搜出之信函字完全相合，旋一并解送涪陵县政府由该县政府拘获杨炳臣并有关人证讯办。

理由

查上诉人廖瑞呈于陈炳钧被掳藏匿戴绍林家时曾为看守，不但经陈炳钧到案指认明确，并由陈松若、戴绍林证明属实，上诉人廖瑞呈虽称陈炳钧之供述为陈松若挟仇教诬，陈松若既与有仇其言亦属虚构，并且斯时其本人尚在贵州绥阳未归，绝无看守陈炳钧之事，实然查其所谓与陈松若有仇纯属空言，而其是时在贵州绥阳未归云云，即据其所举之证人匡凤如、吴小帆所言亦不能切实证明，且就陈炳钧前后之供述观察，其所述上诉人廖瑞呈看守情形亦复历历如绘，尤绝非他人所能教唆，其辩解自无足信。复查上诉人谢廷辉藏匿掳人陈毛，事后陈毛并于其家搜出均为其所不否认，即在事实上亦有确切之证明。上诉人谢廷辉于本院虽狡称当时由陈松若引来，谓系伊侄抱与作子并未言明系被掳人，但与在原审所供或称是廖瑞呈引来说赴他把娃儿抱与我，或称是八月二十四日田鹤鸣同田良材两个交我的等语并不一致，且与被害人方面来取陈毛衣服时已知陈毛系提的绅粮，而于团务委员会派队至其家搜查之际又畏罪自缢，均为其在原审自承之事实，尚何能于事后诿为当时不知陈毛为被掳人而系陈松若抱与之子，其为捏词图卸亦无待言，再查上诉人杨炳臣受匪方之嘱托与被害人方面往来议价，并以言语恐吓促其速赎亦据陈吉元、陈蕃昌指证甚明，即上诉人杨炳臣亦自承与匪关说，并劝陈吉元早为交涉不讳，惟据辩称其往关说系由于陈蕃昌之请托，但陈蕃昌又否认其事，此称辩解当亦不足采信，查上诉人廖瑞呈看守被掳人，上诉人谢廷辉藏匿被掳人，上诉人杨炳臣为匪说赎，均系以帮助他人犯罪之意思，而参与掳人勒赎，应构成刑法第二条第一项、第三十条第一项、第三百四十七条第一项之罪，原审乃各依正犯论科自嫌未当应予撤销改判，惟上诉人廖瑞呈之看守被掳人，上诉人谢廷辉之藏匿被掳人，均属直接及重要之帮助，情节较重，应科正犯之刑内各酌处以有期徒刑十年，而其犯罪之性质亦有褫夺公权之必要，应依同法第三十七条第二项各褫夺公权十年。又上诉人杨炳臣仅为匪说赎情节较轻，应依刑法第三十条第二项减轻正犯之刑二分之一酌处有期徒刑五年，其犯罪性质亦有褫夺公权之必要，仍依刑法第三十七条第二项褫夺公权五年。至上诉人卢克黎于被捕时虽在其身旁搜出可疑之信函，但就该函内容观察并不能证明其与本案犯罪有关，此外亦无其他积极之证据足认其曾经参与此次掳人勒赎之行为，其犯罪嫌疑自属不能证明，原审徒以理想上推断，以掳人勒赎正犯论科亦显有未合，应将原判决关于该部分撤销，另依刑事诉讼法第二百九十三条第一项谕知无罪。

基上论结，上诉人等之上诉均有理由，合依刑事诉讼法第三百六十一条第一项前段及前开法条，判决如主文。

本案经检察官胡仁荣莅庭执行职务。

中华民国二十六年二月二十六日作成

四川高等法院第一分院刑事第二庭

审判长推事：沈仲荧

推事：张本豫

推事：李圣期

本件证明与原本无异。

书记官：汤则鸣

中华民国二十六年三月二十四日

呈

上诉人：廖福瑞呈，年龄籍贯在卷，现羁押重庆法院看守所。

为具呈追加理由，恳予鉴核，宣判无罪事，情民不服四川高等法院第一分院中华民国二十六年二月二十八日所为第二审判决，判民帮助掳人勒赎，处有期徒刑十年一案，依照法定期间，声明上诉，补具理由在卷。为臻详明起见，谨将未尽详之点，分两部分追述如次：

（甲）事实部分：

查原判认定上诉人帮助掳人勒赎，以告发人陈松若，捏造匪首田鹤鸣信件为信谳，并采告发人片面状供及十小孩陈炳钧口供为依据，窃民由县中肄业，而转合川师范毕业，俟后考入成都二十四军军官学校，当蓉城巷战爆发后，为避免危险计始偕友人（军校同学）刘学琴到贵州妥阳同营小贸，于二十二年旧历腊月二十五日，由绥阳起程返涪，与清共会宣传主任舒昭文，协同清共工作，次年正月初六日，道经巴县所属丰盛场，相遇仇人陈松若蓄意陷害，图报旧仇，遂捏词密报民于县团务委员会，乘民未抵涪城距城三十里之李渡镇，将民逮捕，竟不择手段，捏构堕诬，将臻民于死，斯时并未提出在民身旁搜获田鹤鸣信件，实在民身旁并无信件（详卷内团务委员会咨呈涪府第一次咨文自明真相），虽然团委会手段毒辣，陷害之计，初未成熟，将民解送县府。系二十三年旧历正月十二日，解送咨文，并未提及信件，至四月十一日，该团委员会害人诡计成熟方捏造一信件，谓系田鹤鸣所书，复砌词咨函县府（详卷内团务委员会咨呈县府二次咨文），无论其信是否为田鹤鸣所书，鹤鸣曾否行劫，信内有无本案关系，此项信件。与本案发生时间，相隔两月之久方始发现，其砌词任何周密，时间性大有区分，倘若当时搜获有信，该团委会何不于初次解送文内记载一并函咨，何得事隔两月持出，此非捏造其谁信之耶？是项捏造信件不足以信谳，此本案事实根本错误之重要关键，诉恳鉴核者一也。

（乙）理由部分：

判谓"民于陈炳钧被掳藏匿戴绍林家时，曾为看守，不但该陈炳钧指证明确，并由陈松若证明属实"遭彼局串谋，陈松若与民旧有仇怨，戴绍林乃松若之佃户当然为民不利之供述，谓为指证明确，是项供述等于指鹿为马，陈炳钧年方十龄，勿论供词是否属实，依法无采取之理，第一审亦援引以判杨春普无罪，戴绍林一、二两审并未到案一次，从何指证而来，又谓民与陈松若有仇"纯属空言"。松若民国十七年春间在涪陵县中校私窃银十五元，经匡凤儒、谭朴、张德荣评剖，令其赔还，松若始终未赔，因而结为深仇，一、二两审不予指出证明之点，加以详细侦查，竟牵强判断，以纯属空言抹煞，此足证明未尽侦查与审判之能事，而不足以信谳也，况告发人所控被匪抢劫系民国二十二年旧历八月，民是时尚在黔省绥阳县开设清心饮食店，同年全月始起身返涪，有吴小帆、匡凤儒、吴钦雍等可证，又有刘学琴往来信件为凭，民无分身术，安能远隔千余里，而易地帮助他人掳人勒赎耶？是理由与事实不相符合，枉入罪刑，诉恳鉴核者二也。

再有呈者：民曾受中等教育，具有相当政治头脑，不过因政党分歧关系，不见容于当时，施残酷伎俩，欲遂致死之目的，诬以土匪罪名，则死有余辜矣。惟值兹国家存亡紧急关头，统一抗战，以争生存，纵谓共党亦为当局所原宥，况民早经反共，事实著有表现，方其返涪，确为担任清共工作，不料事与愿违，击狱于兹，将近四载，倘不蒙昭雪宣判无罪，则真理湮没，正义失明。为此追加理由，俯赐鉴核，详查卷证，予以无罪宣判。

最高法院刑庭公庭

具呈人：廖瑞呈
中华民国二十六年十月　日

呈

具呈人：廖瑞呈，年二十三岁，涪陵县人，现押解籍。

呈为甘愿舍弃上诉权利准备命疆场，以偿杀敌素志而尽国民天职事情，声请人因肄业县中校时参加共党，后以国共不合互相倾轧，共党几无身之地，声请人乃投入二十四军军官学校受训，蓉城巷战底定后，乃入黔省绥阳经商，暂避危险，以图缓和，嗣得友人相邀反籍从事清共工作，为县人不谅，中途截捕，诬以掳人勒赎罪名，编纂成狱，判处重刑，于民国二十五年一月上诉高一分院，毕竟罗织周密未蒙昭雪，改判帮助掳人勒赎，处有期徒刑十年，自维清白一身，曾受中等教育，粗知大义，岂甘盗匪之污，乃上诉于最高法院，以期昭雪冤抑，囚所以来，日以阅读经史抄习文字，著作牢生日记为务，四年有余，集成六十余册，养气读书，古训是崇，虽不自矜优秀青年，敢谓热血健儿，当兹国家存亡，已到最后关头，倭寇侵逼，血染全幅版图，牺牲不在此时，宁为世世奴颜面贻羞万代耶？伏读当局抗战宣言，存亡之机当视国人牺牲决心与否，欲取最后胜利，必抱牺牲决心，昭示吾人，敢不警惕。对于本案，铁论冤与不冤，愿舍洁身之辱，以就成仁之义，撤回上诉，准备将来效命疆场，解籍而后仍当清心求学，监狱待命，倘蒙俯准撤回，恳赐批示涪陵监狱，无任感德临词垂泣待命之至。谨呈

所长：郝　转呈
高一分院刑庭转呈
最高法院刑庭公鉴。

具呈人：廖瑞呈
中华民国二十七年二月

呈

具声请人：廖瑞呈，年二十三岁，涪陵县人，现羁涪陵分监。

呈为再恳撤回上诉，准备效命疆场，以偿杀敌素志而尽国民天职事情，声请人于本年二月中旬以甘愿舍弃上诉权利等词由重庆四川高等法院第一分院刑庭转呈钧院，迄仿三月未奉

批示，谨特再呈愿将本案上诉撤回恳祈俯准情。声请人昔年肄业涪陵县中校时参加共党工作，复因国共不合，互相倾轧，共党几无容身之地，声请人乃投入二十四军军学校受训，蓉城巷战底定后，继入绥阳经商，暂守中立，以图缓和，得友人相邀返籍，从事清共工作，为县人不谅，中途截捕，借以陈吉元之掳人勒赎罪名搭诬，编纂成狱，判处重刑。民国二十五年一月，上诉重庆四川高等法院第一分院，毕竟罗织周密，未蒙伸雪，改判帮助掳人勒赎罪名，处有期徒刑十年。自维清白一身，曾受中等教育，粗知大义，岂甘盗匪之污，乃于二十六年三月，上诉钧院以期昭雪冤，抑后因抗战军兴，声请人被解回原籍羁押以待判决。自禁以来，日以阅读经史，抄习文字，著作牢生笔记为务，四年有余，集成六十余册，已由重庆地方法院第一看守所（即声请人上诉羁押之地）郝所长呈报高一分院在案，所谓养气读书，古训是崇，虽不自矜优秀青年，敢云热血健儿，际兹国家存亡，已到最后关头，倭寇侵逼血染全幅版图，牺牲不在此时，宁为世世奴颜贻羞万代耶。今声请人对于本案，无论冤与不冤，愿舍洁身之辱，以就成仁之义，撤回上诉准备效命疆场，以偿杀敌素志。回籍以来，仍继求学，锻炼体魄，谨守狱规，监狱待命，倘蒙俯准撤回，恳赐批示涪陵县分监，无任感德，临呈恳切，不胜待命之至。谨呈

  涪陵县典狱官：米 转呈
  最高法院刑庭钧鉴。

具声请人：廖瑞呈
中华民国二十七年五月 日

毁弃损坏罪

145. 彭双全诉李树轩等毁损案

四川江北县地方法院刑事判决

自诉人即附带民诉原告：彭双全，年五十二岁，住桶井镇，农。
被告：李树轩，年二十八岁，住观音寺。彭段氏，年三十岁，同前。

上被告因毁损案件，经自诉人提起自诉并附带民诉，本院审理判决如下：

主文

李树轩毁损他人之物，处罚金二十元，缓刑二年。彭段氏无罪。

李树轩赔偿彭双全损失洋十九元七角五分。

事实

被告彭段氏将产业佃与自诉人彭双全后，民国二十六年即行退佃，押银尚有七十余两未付，彭双全遂仍其住屋之一部分田土已仍行耕种，殊彭段氏又将其产业另佃与李楼轩。于本年古历二月二十四日李树轩遂将其彭双全耕种之苞谷、红苕等悉行挖毁。彭双全乃以毁损自诉到院。

理由

本件被告李树轩虽坚不承认有毁损自诉人苞谷、红苕之事，但自诉人又指诉其确曾挖毁苞谷、红苕历历如绘供称："二十六年就退佃另佃，当时的押头银子七十多两未退与我，以致我未搬家，彭段氏就向我说，押佃银子既未退你，你可以暂住一部分。我因此点的苞谷，点后刚生起来，彭段氏又佃李树轩，支使李树轩来把我所种的苞谷、红苕挖毁了。"由此可见，自诉人与被告彭段氏之租佃关系，因押银未付清而继续存在，自诉人未搬家及在田土内种苞谷、红苕纯系实在情形，即以证人彭海洲所谓"彭双全之押佃银子七十多两，彭段氏曾全数交与我转交彭双全托人出来只领了十元，如果交完了就住不成，就要全搬，一部分都住不成"等语观察已足以证明自诉人有未搬家及种苞谷、红苕之事，则被告李树轩假佃彭段氏之业为口实，从而挖毁自诉人之苞谷、红苕至堪认定，不能任其狡展，自应按罪论科。惟查其未曾受有期徒刑以上刑之宣示，认为以暂不执行为适当，爰宣告缓刑二年以利自新。被告彭段氏不过为一佃户，当被告李树轩挖毁自诉人之苞谷、红苕时已未在场，不能证明其有教唆行为，自应谕知无罪。又被告李树轩既挖毁自诉人之苞谷、红苕，自诉人请求判令被告赔偿损失自有理由。着被告李树轩赔偿自诉人损失十九元七角五分以资补偿。

据上论结。依刑事诉讼法第二百九十三条第一项、第五百〇六条第二项判决如主文。

民国二十七年九月十五日

四川江北地方法院刑庭

推事：林廷柯

四川高等法院第一分院刑事判决

二十六年度上字第一五七三号

上诉人即自诉被告：李树轩，男，年二十八岁，江北县人，住观音寺，业农。

原自诉人即附带民诉人：彭双全，男，年五十二岁，江北县人，住桶井镇，业农。

上上诉人因毁损案件，不服江北地方法院中华民国二十七年四月十五日第一审判决，提起上诉，本院审理判决如下：

主文

上诉驳回。

事实

依刑事诉讼法第三百六十五条，引用第一审判决书所记载之事实。

理由

查本案既经证人彭海洲在原审证明原自诉人彭双全仅肯领回彭段氏所欠抽佃银十元，尚有六十余两抽佃银不肯完全收清，因而证明彭双全尚未退佃搬迁，所以种有包谷、红苕，故该被告李树轩既向彭段氏佃得该项田土，遂起纠纷，致将彭双全所种包谷、红苕挖毁事实显明，诓容狡饰。故原审判决对于该被告李树轩毁损之所为据依刑法第三百五十四条、第七十四条第一款，刑事诉讼法第五百零六条第二项处以罚金二十元，缓刑二年，并赔偿彭双全损失十九元七角五分并无不合，本件上诉为无理由。

综上论结，合依刑事诉讼法第三百六十条，判决如主文。

中华民国二十七年七月十五日

四川高等法院第一分院刑事第二庭

审判长推事：蔡树人

推事：谢鸿恩

推事：涂尧

本案依刑事诉讼法第三百六十八条不得上诉于最高法院，特此志明。

本件证明与原本无异。

书记官：杨忠妍

146. 唐和光诉龚玉章损害债权案

巴县地方法院刑事判决

二十二年度简字第　号

自诉人：唐和光，李两仪堂经理，男，年四十五岁，巴县人，住南纪门川道拐，业医。

代理人：董宗策，律师。

被告：龚玉章，男，年五十岁，巴县人，住南纪门正街，业商。向义和，男，年五十三岁，巴县人，住鼎新街，业商。

被告因毁弃损坏案经自诉人自诉，本院审理判决如下：

主文

龚玉章于将受强制执行之际，意图损害债权人之债权而隐匿其财产，处拘役十五日。

向义和无罪。

事实

缘龚玉章于民国十四年古历六月，以本市走马街倒槽门八十号至八十三号房产向永义堂即向义和抵借生银千两。每年仅取佃租洋三元以作上漏下湿检盖之需。次年古历正月玉章复向永义堂，即向义和跟借生银七百两，即以原房加租作为利息。及民国十六年玉章忽遭火灾，又以另一房屋向李两仪堂经理人唐和光抵借银四百二十元以作建筑被灾房屋经费。玉章自此负债甚重无法清偿，而唐和光应收租银亦未收得。民国二十一年四月十五日唐和光向本院民简庭诉追是月二十日期判决原被两造所结之租佃契约终止，着被告退还原告人押银四百二十元并补给欠租银二百六十九元，当辩论终结尚未判决时，玉章曾具状声明现将破产请以李两仪堂债款列入债权摊偿及判决后玉章即于同月二十六日正式声请破产，但对抵押向义和之房产则隐匿不报，当时唐和光固不知也及移附执行。唐和光始经查悉，于去年十一月状请民事执行庭将向义和所抵走马街倒槽门八十号至八十三号房产查封，并以向义和跟借七百两不实，有帮助龚玉章隐匿财产嫌疑，于本年一月二十二日向本庭提起自诉。

理由

查被告龚玉章因唐和光诉追押银，将受强制执行即自行声请破产而将抵押与向义和房屋隐匿确属事实。玉章辩诉大意虽谓该项房产已取向义和押银一千七百两即不以供破产于债权人，亦无损害，但据被告向义和供称，该项房屋尚可年收押银二百余元，且义和跟借七百两之数，亦属普通全权不能优先受偿。今玉章独将该项房产隐匿谓无损害债权人之故意，系属强辩。该被告龚玉章实犯刑法第三百八十四条之罪，惟玉章经商失败又遭火灾生活极感困难。查其犯罪原因不无可恕，应于法定刑内从轻论科，至被告向义和十四年押银千两佃字曾经税验自属实，在十五年跟借七百两借字载明就原押房屋加租作息查无税验必要，并传介绍人赖春林及写字人岑煜南到案证明属实，该向义和实无帮助玉章隐匿财产行为，自应不负刑责。

综上论结，合依刑法第三百八十四条、第三百八十七条、第七十六条第一项第一款，刑事诉讼法第三百五十七条、第三百十五条、第三百十六条，判决如主文。

中华民国二十三年二月二日作成

本判决如有不服，得于收受后十日内向本庭声明上诉。

巴县地方法院刑事简易庭

推事：周禹勤
书记官：钟天顺
中华民国二十三年二月六日

四川巴县地方法院刑事判决

二十二年上字第二八八号

上诉人即原自诉人：唐和光，年四十五岁，巴县人，医业。

选任代理人：董宗策，律师。

被告：龚玉章，年五十岁，巴县人，小贸。向义和：年五十三岁，巴县人，商贩。

上上诉人因隐匿财产案，不服刑事简易庭中华民国二十三年二月二日所为第一审判决，声明上诉，本院审理判决如下：

主文

上诉驳回。

事实

缘巴县人龚玉章向在本市经营商业，置有渝中坊走马街倒槽门八十号及八十三号房产，因需款故，于民国十四年请托赖春林、张新明等介绍以房抵借向永义堂即向义和生银一千两。其约内注明押佃无利，每年认佃租洋三元以作培修费用。次年正月复向永义堂即向义和跟借银七百两，言明每月一分行息仍以原房加租作息，迨至民国十六年玉章家遭火灾，又以其他房产向李两仪堂经理人唐和光抵借生洋四百二十元，玉章自此债累愈高，清偿无方，致使和光应收租洋分文不得。民国二十一年四月十五日和光乃向本院民事简易庭诉追在案，正于终审未判决之际玉章忽具状声请破产，并将唐和光即尚义堂债款列入债权，但对于走马街房产则隐匿不报，嗣经核准执行被和光查觉，状请本院执行处将其隐匿之房产查封，更以向义和跟借七百两之数不实，有帮助玉章隐匿财产嫌疑自诉来院。经本院刑事简易庭审依刑法第三百八十四条处龚玉章拘役十五日，依刑诉法第三百十六条宣示向义和无罪，除玉章义和等服判外，唐和光不服，声明上诉。

理由

本案上诉人唐和光上诉之重要意旨，略称本案因抵押纠葛涉讼数年，岂有义和不知之理，竟不声明显有共同隐匿财产之罪。刑简庭竟不判罪这是不服之一点。龚玉章居心太恶，处办从轻，这是不服的云云。但查被告龚玉章前在本院声请破产之际，既未将所有房产列入债权表内，复未向各债权人说明此房抵借超过原因，谓无隐匿情事其谁信之。原审据此认定事实，更以玉章家遭火灾，生活极感困难从轻科刑，并无不合。其被告向义和抵借银一千七百两既经介绍人赖春林代笔人岑煜南到案证明约借不虚。显非帮助隐匿彰彰明甚，纵义和未经申明一已债权，在法律本无若何规定，殊难责其非是。至玉章将义和列入债权与否，责任当在玉章而不在义和，亦难责为帮助，原审衡情酌理谕知无罪尤属允洽，上诉意旨攻击原判决不当，实不能谓有理由。

据上论结，应依刑事诉讼法第三百八十四条，判决如主文。

上诉期间自判决送后十日内。

上诉法院四川高等法院第一分院

四川巴县地方法院刑事庭

代审判长推事：刘纯麒

推事：梁尚经、宋子纲

中华民国二十三年四月一十六日作成

书记官：邓祖滔

本件证明与原本无异。

中华民国二十三年五月一日

四川高等法院第一分院刑事判决

二十三年上字第六八号

上诉人：唐和光，男，四十五岁，巴县人，住南纪门外，业：医。

被告：龚玉章，男，五十岁，巴县人，住南纪门正街，商。向义和，男，五十三岁，巴县人，住校场，业：商。

上上诉人因债务人于将受强制执行之际意图损害债权人之债权而隐匿其财产案，不服巴县地方法院中华民国二十三年四月二十八日第二审判决提起上诉，本院判决如下：

主文

原判决及第一审判决关于龚玉章罪刑部分撤销。

龚玉章无罪，其余上诉驳回。

理由

查刑法第三百八十四条之罪，系以债务人之隐匿财产，系在将受强制执行之际，且以有损害债权人之债权之故意为成立要件。所谓将受强制执行自又系指裁判确定后而言。本案被告龚玉章于民国十六年以重庆市走马街三十六号、三十七号房屋向上诉人抵借洋四百二十元即以房租金作为利息诟订立契约后，被告龚玉章并不照约履行给付租金。上诉人乃于民国二十一年四月十五日向巴县地方法院民事简易庭诉追，经该庭于同月二十日判决，将上诉人与被告龚玉章所结之租佃契约解除，并令被告龚玉章退还上诉人押银四百二十元欠租二百六十九元，当该案辩论终结尚未宣示判决之际，被告龚玉章即向该庭具状声明现将破产请以上诉人债权列入债权表按成摊偿及判决后，复于同月二十六日正式声请破产即将其财产中关于民国十四年抵押与被告向义和之走马街八十号至八十三号房屋隐匿不报。案经确定移付执行，始被上诉人查出报请查封，此为第一审及原审所认定之事实并有各该案件卷宗可以复按，亦为上诉人所不争。查被告龚玉章抵押与被告向义和之走马街八十号至八十三号房屋系在民国二十一年四月二十六日，声请破产即行隐匿是时其与上诉人因债务涉讼之案尚未确定（该案系同年四月二十日判决民事上诉期限为二十日），亦即尚未达到将受强制执行之时期。被告龚玉章于此时隐匿财产即与上述法条所谓将受强制执行之际之要件不合，犯罪要件既不具备，自难遽予论罪，第一审未就其隐匿财产之时间上予以研究，竟予依据该条论罪科刑已有未当，原审亦未加以详察，复予维持尤属错误。再被告龚玉章既不构成上述法条之罪，则被告向义和自亦无帮助罪责之可言。第一审谕知无罪原审仍予维持均无不合，上诉论旨谓第一审判决对于被告龚玉章处刑过轻，对于被告向义和谕知无罪不当，因而指摘判决未予纠正遽予驳回其上诉为未允洽，均不能谓有理由，惟原判决及第一审判决，对于被告龚玉章部分不应论罪而论罪究属失当，应予将该部分撤销更为判决。

基上论结，合依刑事诉讼法第四百零九条第一项、第四百条、第三百十六条及第四百零八条第一项，判决如主文。

中华民国二十三年七月十六日

四川高等法院第一分院刑庭

代审判长推事：张本豫

推事：王统、张开达

书记官：李广田

诈欺背信及重利罪

147. 重庆市警察局侦讯实录：余升阳诈欺案

重庆市警察局司法科审讯单

案由：诈欺。

应讯人：余升阳，年龄四十二岁，籍贯巴县，职业商，住址民生路四一〇号。

上被告结伙行诈，虽坚不供认，案关被害人张正卿指控年嫌疑，拟送法院检察处侦办当否乞示。

中华民国三十七年　月　日

重庆市警察局司法科侦讯笔录

中华民国三十七年七月二十六日

案由：诈欺。

受讯人：余升阳。

问：姓名、年龄、籍贯、职业、住址？

答：余升阳，男，四十二岁，巴县人，商，住民生路四一〇号。

问：这张空头支票是谁开的？

答：何云书开的。

问：何云书为何要开这张空头支票？

答：何云书七月六日因买张正卿的布，才开的这张预期支票。

问：为什么到期取不到现款？

答：我回乡去了，不知道是什么原因。

问：你同何云书共同开的这空头支票？

答：我是介绍何云书买布，我并没有同他开空头支票。

问：你为什么介绍买了布之后，你同何云书都不见人？

答：我是因事到乡下去的。

问：你能不能把何云书交案？

答：不能交案。

问：开的是好久的预期支票？

答：七月十日。

问：你以前犯法吗？

答：没有。

问：你的话实在吗？

答：实在的。

上笔录经当庭朗读无异。

余升阳　押

事由：为呈解骗犯余升阳一名请予讯办由

重庆市警察局警察处呈

中华民国三十七年七月二十一日

一、案据本处技术室呈解骗犯余升阳一名。

二、经讯据该犯自供行骗不讳。（详供）

三、谨将该犯解请讯办。

谨呈

局长：施

附骗犯余升阳一名，口供指纹各份原案一件。

处长：许乾刚

讯问笔录

被讯人：余升阳，男。

案由：骗犯。

问：姓名、年龄、籍贯、住址？

答：余升阳，四十二岁，巴县人，住民生路四一〇号附八号。

问：你现作何职业？

答：布疋业经营。

问：据原告张正卿呈控，你行使空头支票证凭，诈欺拐货潜逃，有这回事吗？

答：有这回事，因七月六日向张正卿购买如意白布二十四疋，合计八亿零九百六十万元，乃开有预期空头支票乙张，到期因款顷筹措不及，并非存意诈欺。

问：布疋现存何处？能否缴案？

答：布疋已交由伙伴何荣枢携往贵阳出售去了，无法缴案。

问：你购买货物后，开付空头支票诈欺拖骗是违法的，你知道吗？

答：我知道是违法的，现在如能交妥保外出一月内可以设法偿还清楚。

问：你能否找到殷实铺保？

答：现在我家之事信誉扫地，恐怕朋友都不愿意保我。

问：你说的是实话吗？

答：是实话。

余升阳供

148. 重庆市警察局侦讯实录：周本基等伪造支票诈欺案

诈欺犯：周本基、吴振光卷一宗。

事由：为呈明和解经过请求鉴核由。

窃本月三十一日被周本基、吴振光伪造印鉴，开立支票，骗取款项一案，嗣经报请钧处侦缉，人赃俱获，现周吴家属多方托人说情，要求不再追究，所有骗去款项除已由钧处发交本行具领外，另归周本基家属如数补足，本行为息事宁人计已允和解，不再诉追，理合呈明经过请求鉴核。

谨呈

重庆市警察局刑事警察处

具呈人：裕丰源银行经理李纯卿，住址陕西路一六二号

裕丰源银行呈

中华民国三十七年四月九日

事由：为请撤回原案由

窃本行上月三十一日被周本基、吴振光伪造印鉴，开立支票骗款项一案，承蒙钧处侦缉人赃俱获，现经周吴家属托人说情，本行已允和解，不再诉追理，合恳鉴核。

谨呈

重庆市警察局刑警处

具呈人：裕丰源银行经理李纯卿，住址陕西路一六二号

为呈请恳予案外和解撤销原案事，缘民等前以环境所迫一时错误，冒用大昌盐号户头，在裕丰源银行骗取法币七亿二千万元一案，业将原数缴呈在案，兹经商得原告裕丰源银行同意在案外和解，用特呈请钧处准予撤销原案，无任感祷！

谨呈

重庆市警察局刑事警察处

具呈人：周本基、吴振光

中华民国三十七年四月二十九日

保状

具保状人姓名：吴优侬，职司：经理，住址：民生路。

被保人姓名：周本基。

案由：骗案。

　　保人愿负之责任：随传随到之责。

　　谨呈

重庆市警察局刑事警察处

具保状人：吴优侬

中华民国三十七年四月二十九日

保状

具保状人姓名：陈绍卿，住址：白象街第一四七号。

被保人姓名：吴振光。

案由：为与裕丰源银行伪支票一案。

保人愿负之责任：随传随到之责。

店号：太平食店。

店址：白象街第一四七号。

谨呈

重庆市警察局刑事警察处

具保状人：陈绍卿

中华民国三十七年四月二十九日

〔 证明 〕

　　兹证明□处同事会同本地干事甲长及本管区警所同仁，在本保二十八甲捍卫新村一〇四号吴增旭（又名振光）家查获各式木石质私章图记大小二十九枚，刁刀一把，号码印二个，其他并无违禁物品，来员等亦并无违法情事，该增旭家并无银钱衣物损失。

　　特此证明，又查出福余钱庄存单二张号码 025131 号又 018822 号。

　　谨呈

重庆市警察局刑事警察处

当场证明人：邓靖

甲长：段银安

当场检察人：卢泽浓

观音岩分驻所代表：钟良臣

刑警处代表：张成明

被检控人：吴增旭又名振光

三十七年国历四月九日

领状

具领人姓名：裕丰源银行。

案由：三十七年三月三十一日周本基、吴振光伪造印鉴开立支票骗去款项由。

保领人姓名：源丰裕字号。

住址：陕西路一六〇号。

保领人愿负之责任：如有不实，愿负赔偿责任。

领回物品各件：法币七千九百五十七万六千元正。

　　谨呈

重庆市警察局刑事警察处

具领人：裕丰源银行

保领人：丰都源丰裕字号重庆分号

中华民国三十七年四月二十八日

领状

具领人姓名：裕丰源银行。

案由：骗取。

　　领回物品各件：黄金二条（计重十九两六钱一分九厘）、川盐银行支票一张（计国币四千五百二十万元正）。

　　谨呈

重庆市警察局刑事警察处

具领人：裕丰源银行

中华民国三十七年四月十三日

　　窃本行被人伪造印鉴、开立支票、骗取巨款，早经报请钧处查缉，骗匪依法究办，至原被骗取以刘光前名义转存中国银行之国币一千一百二十万元曾由钧处函知中行罇提取在案。查该项存款既确系骗匪以第 26732 号支票转存，自应由本行先行领回，以免加重损失，理合呈请钧处再函知中行关于 14488 乙活存账号刘光前户存款项下，准由本行立即具领一千一百万元，余俟结案后再行领取，以轻亏累，实深感戴。

　　谨呈

重庆市警察总局刑事警察处

具呈人：裕丰源银行协理李纯卿，住址陕西路一六二号

中华民国三十六年四月九日

　　事由：为呈请函知中国银行准由本行领取刘光前户存款一千一百万元由。

　　段绪华兄面呈

　　许处长：乾刚亲启

裕丰源银行

□时函奉谒面呈经过无转政胡竟成先呈为□并无讯后即令反行是祷，此叩。

勋安

弟冉

据福余之邱大宗称邓小姐住捍卫新村□号。

（1）吉元字号，住林森路一六八号，确否待查。

（2）市出交换之本票后，朱道恩代川盐银行出纳处廖处穆掉换现钞。

（3）川盐银行提出交换之本票系廖处穆经手转账，拟廖称第代朋友吴搪光办理，吴随时可会面。

（4）福转钱庄提出交换之本票第邱大宗代邓小姐掉换现钞，邓系该庄存户，现有存款七千余万元。

（5）川盐甲活存吉元于三月三十一日主出支票贰支，由工矿银行提出交换。

裕丰源银行呈

发文三十七丰字第二六五号

附件

中华民国三十七年四月二十八日

事由：为呈明三月三十一日骗案，本行已允不再诉追，惟请押同吴犯取出福馀钱庄存款，仍发还本行由。

窃本行上月三十一日发生仿造印鉴开立支票，骗去国币柒亿贰仟万元嗣报请钧处侦缉，随将主犯周本基、吴振光拘获究办在案。现周吴家属多方托人说情，要示不再追究。本行为息事宁人，讨已允不再诉追。至于赃款除已发还具领"黄金""支票"共国币伍亿玖仟伍佰贰拾万元外，尚欠壹亿贰仟肆佰捌拾万元应请钧处派员押周本基、吴振光将其假用邓玉洁名义转存福馀钱庄国币取出，仍发还本行，尚有不足之数，准由周本基家属自向本行偿还。理合具文呈明，恳求鉴核。

谨呈

重庆市警察局刑事警察处

具呈人：裕丰源银行协理李纯卿，住址陕西路一六二号

裕丰源银行呈

中华民国三十七年四月十四日

事由：为三月三十一日骗案已蒙破获，再请并案，追究三十六年年终收回本票重又在外发现案，咨送地方法院，俾得早日结案由。

窃本行三月三十一日发生仿造甲活存户印鉴开立支票骗去国币柒亿贰仟万元一案，承蒙派员查缉，短期内人赃俱获，何胜感载。惟本行迁渝开业时不两年迭出不幸，如三十六年年

终即曾发生已收回本票，重又在外发现案情，因十二月二十三日午前，有人持甲活存户支票三张，共计国币壹亿捌仟肆佰万元来行换取本票，当换去第二六二三九号本票一张。是日午后，复有人持该号本票前来，要求转划并酌取现金，交涉结果，换去本票三张，共计国币壹亿捌仟叁佰伍拾万元，另找现钞伍拾万元。确将第二六二三九号本票收回，及十二月三十一日重由和平银行提出交换，实为诧异，往和平银行调查，始悉系一女人以胡丽宾名义存入，及本年一月十五日将提取存款人陈绍卿（住白象街147号业毛肚馆）扭送警察第一人局追讯本票来历，据供系收周均奇承购黄金价款，饬交出周均奇则支吾推诿，随解警察总局转送，地方法院究办，至今未能结案。查现因三月三十一日骗案就逮之周本基，当该案发生时适在行经管，本票是否由见收回本票失于注销监守自盗，通同陈绍卿胡丽宾等图谋诈财实不无可疑，况陈绍卿在警局供称承购黄金人周均奇始终未能交出显见情虚。

钧处秦镜高悬，明察秋毫，缕陈管见请求并案追究，若能因此及彼，水落石出，咨送地方法院，俾得早日结案，尤为感德。

谨呈

重庆市警察局刑事警察处

具呈人：裕丰源银行经理，住址陕西路一六二号

裕丰源银行呈

中华民国三十七年四月十五日

事由：为呈请没收存单款项，仍交本行具领，并缉拿逃犯邓玉洁归案，究办及着在押两犯赔偿不足赃款由。

窃本行三月三十一日发生伪造甲活存户印鉴开立支票骗去国币七亿二千万元一案，承蒙派员侦缉，短期内即将主犯吴振光、周本基捕获，并追还赃款五亿五千万元（三月三十一日黄金市价所购黄金十九两六钱壹分九厘及川盐银行支票壹一张计国币四千五百二十万元已由本行具领，实际下欠赃款一亿二千四百八十万元。按吴犯就逮时，曾经钧处在其家中抄获福余钱庄存单二张，户名邓玉洁，共计国币七千一百余万元，内第18822号存单七千万元，经查明系四月三日以工矿银行支票转存，本案骗去款项，初由华康银行青年路办事处转存川盐银行，复由川盐银行转呈工矿银行购买黄金价款即系由工矿银行邓玉洁户开出转存福余钱庄，日期既在，骗款得手之后，金额亦在骗款数内与购金款并无不同之点，其为原赃之一部证据，确凿毫无疑义。且该邓玉洁为吴犯一室，曾持华康银行青年路办事处本票至福余钱庄换取现钞，及以川盐银行支票至工矿银行开立邓玉洁甲活存户，更开立支票交付黄金价款，人证俱在，事实昭然，若言非共同犯谁实信之，断定福余钱庄存款为吴犯用其妻名义掩人耳目自不无理由恐甚，至为邓玉洁共同犯法分得赃款，故除恳求钧处将该存单款项依法没收，仍发交本行具领外，并请缉拿在逃之邓玉洁归案究办，以张法纪，至领回福余存款七千万元后尚欠五千四百八十万元，则祈钧处着落在押吴、周两犯如数赔偿，实沾德便。

谨呈

重庆市警察局刑事警察处

具呈人：裕丰源银行协理，住址陕西路一六二号

裕丰源银行呈

中华民国三十七年四月九日

事由：为发现伪造印鉴、开立支票、骗去巨款、请求侦察破案由。

窃本行三月底比期后，因账表数字不平，经会计人员穷数日之力，始于昨日晚发现有奸持伪造甲活存户大昌盐号印鉴，开立支票六张，骗去国币七亿二千万元，"计039651金额四千万元，039652金额一亿元，039653号金额一亿元，039654号金额三亿六千万元，039655号金额六千万元，039656号金额六千万元"。因查明上项支票，全系华康银行青年路办事处提了交换，即派人至华康银行青年路办事处查询，据复支票来源，系人以吉元字号名义开立甲活存户，其印鉴片所开行为表现址为林森路一六八号，经理人林慧如，当日即立出支票三张，由川盐银行提出交换，取去国币六亿八千万元，并另以支票一张换去本票三张，每张金额一千万元，合计共取去七亿一千万元。再查第33194号本票一张（即以支票换去之本票）系于四月一日由重庆市银行提出交换第331935号本票一张，系同日由川盐银行提出交换第331936号本票一张，亦系同日由福余钱庄提出交换。复派员往各该行庄查询，据市银行复称，该项本票系职员朱道思经手，代川盐银行出纳处廖多穆掉换现钞，据川盐银行复称，提出交换之支票三张系由吴志高名义，开立甲活存户所交来本票则系职员廖多穆经手转账，而廖自称系熟友吴振光交来，其人可随时会面。据福余钱庄复称，该项本票系职员邱大宗经手，代该庄存户邓小姐掉换现钞。总观本行查询所得，则廖多穆、朱道思、邱大宗、吴振光、邓小姐等俱为本案破案线索，因以他行票据换现非与各该行庄职员有密切关系不可，故当熟知来历。本案即非持票人所为，亦必与伪造奸待有关。理应请求钧处严予侦察，依次追究至最后一人，则不难全案破获，至本行内部于查觉本案时，并发现大昌盐号三十一日进账之七亿二千万元之票据及传票，均不翼而飞，若钧处判断本行员工有通同作案嫌疑须加传讯，勿论何人，本行俱不祖护惟祈一体严追，早日破案，置奸待于法，实沾德便！

谨呈

重庆市警察局刑警处

具呈人：裕丰源银行

代诉人：钱述陶

住址：陕西路一六二号

裕丰源银行呈

窃本行被吴振光、周本基骗取国币七亿二千万元正一案，经钧处人赃俱获，所有赃物黄金计重十九两六钱一分九厘，又川盐银行支票一张，计国币四千五百二十万元均请钧处问候语予承领，实沾德便！

谨呈

重庆市警察局刑事警察处

具领人：裕丰源银行协理，住址陕西街一六二号

第
四
编

行政诉讼案例

149. 门头沟煤矿诉河北平津区敌伪产业处理局，
为发还矿权争执事件

诉愿人：中英合办门头沟煤矿公司。

代表：威廉麦边，年五十六，英国人，住上海中山东一路亚细亚大楼一百二号。

周奉璋，年六十九岁，浙江鄞县人，住北平西祾背胡同甲十九号，文件由上海中山东一路亚细亚大楼一百十号转。

上诉愿人，为请求发还矿权争执事件，不服河北平津区敌伪产业处理局处分，提起诉愿，本院决定如下：

主文

原处分撤销。

事实

门头沟煤矿公司系国人周奉璋与基人威廉麦边等人合伙组成，周奉璋所代表华方之股份为 51%，麦边所代表英方之股份为 49%，因于民国二十三年依照部令，向前实业部领有采字六二五号及六二六号矿照而开始经营。七七抗战后，平津陷敌，该矿因有英人股份，日人未能强占，惟对该矿停供硝磺炸药阻挠运输。嗣后该矿之英方代表为谋困难这解决曾雇用日人白乌为顾问。三十年夏初白乌乘华北环境日趋恶劣之际乃藉军部为后盾，凯觎矿产。迨太平洋战争爆发后遂迫令麦边签订契约，将其所代表之股份即全矿股份 49%，无条件转让与白乌，而以与周奉璋所代表之股份合作共同开采，并将该矿直接置于日军军部之下。胜利后，该项矿产一并被有关机关接收，交由河北平津区敌伪产业处理局接管。诉愿人乃呈该局请求发还该局以其矿权之一部已由麦边赠与白乌且周奉璋亦有与日人合办之事实，遂依收复区敌伪产业处理办法第四条第二款予以没收之处分，诉厚貌深情人不服提起诉愿到院。

理由

查依收复区敌伪产业处理办法，收复区矿业处理办法及收复区重要上矿事业处理办法中各规定，凡收复区战前原已领有中央政府主管部矿业执照之民营各矿，除查明其系与日伪合办要应收归国有外，如其与日伪合办系属强迫性质者，则其产权即应发还。本案所应审究者，即诉愿人麦边以其股份权益完全作无代价让与日敌白乌之行为及华股部分与日人合作之行为，是否因受强迫及严密编制管理之结果而已，兹分别论断于次：

（一）关于股权无代价让与部分。卷查本案麦边与日伪敌白乌所订无代价让渡契约之日期系在三十一年二月二十七日，当时太平洋战争已爆发二月有余，日军气焰甚炽，所有占领区之生命财产均在日军军部直接控制之下，于取予求因毫无忌惮，处此情形下生命尚且堪虞，迳论公私财产之被剥夺侵占，且查阅该基契约内容，其第一条载有"因表示对大日本帝国军队及前托白乌君之感谢"，第二条"从此白乌吉桥君无价接管右托之门头沟煤矿公司 49% 全部权益，谨将此公司之利益无条件献上大日本帝国军队，惟日军之意向是从，且希为大日本帝国伤口军之福祉增进而使用，今后一切指使亦完全以日占领军司令部之命令是从。复查该矿自始至终即置于日军军部直接管理之下，而白乌又系日军军部委派该公司之军管人员，其与诉愿人签订上项契约据诉愿书所述全系受日军部之指示，百以其为后盾预先缮就，勒令签字，诉愿人在该字据上实已完全失去表意之自由等语当属可信，况查诉愿人于签订此基契约之前，曾获有白乌来函内称"如不同意让与将由军法处罚"则诉愿人称此为确迫让渡之明证非无理由，若谓诉愿人第 NS 麦边于一九四一年（民国三十年）七月二埂余口即有致白乌商量合办改组该公司之决意，则白乌又何必于民国三十一年一月三十一日致函诉愿人恐吓威迫让渡，是诉愿人称其前此与白乌函商改组合办之事无非以延岩政策虚与委托，且就该函未段观，是 NS 麦边又休必和白乌有何提议计划之细则，足见麦边当时对于白乌要求将公司改组一点并未允诺，其后且因此被日军拘禁北平与其他敌侨一例待遇，业经瑞士领馆为其证明。又当时太平洋战事并未爆发，英、日两国尚维持正常国交，则麦边纵有与白乌信使往返情事，要亦为法律所容许。原处分自未便以此而断言，诉愿人等已有自由购与之意愿与决意。该矿矿权之转让即为太平洋战争发生后之行为，拨诸常理□非出自强迫，岂肯将经营二十余年之全部资产以无代价让与敌人。故本案就让与部分言，该项无代价让与契约之订立，系出自日敌强迫所致之结果当无疑义。

又查诉愿人所主中、英两国政府三十一年联合宣言其课文，诉愿人与原处分官署各有争执，经饬据外交部正确译出就其节要"对于敌国政府在其占领或□区城外内，各该区人民财产或权益如有移转或交易行为，不论出诸公开劫采，或强夺之方式，或出诸形式上似未合法，或甚至变似由当事者自动履行之买卖方式，均保留宣告无效之权。且声明此项宣言并不解除敌国政府对于强取采夺上项财产权益所应负赔偿责任等语观之，则诉愿人所称被强迫无偿让渡自应视为被敌以无条件占有"者亦足实采信，此项被敌强迫无代价让渡之行为，依照上项查□自属无效。

（二）关于华股与日敌合作部分。查诉愿人公司始终即由日军部直接管理及被迫签订无代价让渡契约之情形，已如上述，则凡关矿务之处理均须秉承军部意旨办理，亦至明显。诉愿人虽留任伪公司之职员，然已失去意思与行动之自由□□谓合作之可言，提案□所谓合作，无非系以独立之人格参管理之下，既从未对该公司作任何之投资，亦从未分取分文利得此照亦？饬据原处分官署查明属实，自不能以其留职之故遂认为已有合作之事实，况其于日军投降后曾将该矿历年积余之存煤 34000 吨，伪联券 26000 万元应有之利得，于日军正拟持武力分析之，诉愿人呈第十一战区前进指挥所颁布，发命令禁止而得保全，由经济部特派员接收。原处分既未能否认其为真实之陈述，且据其持有该前进指挥所之批示足资证明，则诉愿人称其并未与敌合作自属可信。

又要诉愿人此次呈缴之矿照为照片，倘此照片系在出让该矿权以前所照，则其原有矿照势必连同让与对方另换新照。参照矿业法施行细则第三十八条而自明，否则其原矿照仍必为诉愿人所持有。本院经据诉愿人将原矿照呈缴前来，并叙明该矿照为中、英双方所共有，此亦足证明当时诉愿人之让渡系被持之有故则非真意，亦足为并未与敌合作之一铁证。

综前所述，查阅本案事实及有关卷证，系争矿权既系诉愿人持有部分设权执照开采有年，其英股部分因受敌人强迫无代价让渡，华股部分因矿产始置于日军部直接管理之下无异，强占并无合作之可言，且经饬据经济部查明属实。原处分未注意及此，遽行没收，未免不合，应由本院予以撤销，本案系争矿产应全部发还。惟日人增益之设备及材料物品，则仍应收归国有，其设备可由该诉愿人优先承购。

基上论结，本案诉愿为有理由，爰依诉愿法第八条第一项前段，决定如正文。

院长：宋子文
中华民国三十六年一月　日

150. 英商太古轮船公司告粤海关，
为武穴轮走私货物被处罚金事件

行政法院判决

三十七年度判字第六十二号

原告：英商太古轮船股份有限公司，设上海市中山东二路二十一号。

代表人：丁雅德，住同上。

被告官署：粤海关。

上原告为武穴轮走私货物被处罚金事件，不服财政部关务署于中华民国三十七年一月二十九日所为之决定，提起行政诉讼，本院判决如下：

主文

原告之诉驳回。

事实

缘原告所有之武穴轮于民国三十六年八月十六日自香港驶抵广州，经粤海关会同宪兵等在该轮大舱之厨夫室、二等客舱之伙食室、船头及船面储藏室、水手头目室及油料室等处查出藏匿应税西药、绒料等货，估值国币一千二百二十七万八千二百元，当予扣留。按照海关缉私条例第十□条第二十一条及第二十□条之规定，将西药、绒料没收充公，并处罚金国币三亿六千八百三十四万六千元，又处船长罚金四十万元，统着原告依照所其常年保结缴纳，填发处分通知书在案，原告不服，向该关声明异议，呈缴总税务司转呈关务署，决定维持原处分。原告仍不服，乃提起行政诉讼到院，兹将原被告诉辩意旨摘叙如次。

原告起诉意旨略谓，原告就本案走私应否负责，当审究原告与本案走私有无串通之情事，及原告对于防范走私是否已尽最大之努力。查原告为防范走私，曾在香港码头筑以门栏，设置门警及印度稽查，并自设缉私部，武穴轮此次开航之前并曾搜查。但以歹徒神通广大仍被漏网，本案走私货物之藏匿地点虽非乘客所能到达之处，但不能因此指为系由原告所私运，或与他人串通私运，本案事发后，经原告调查结果，此次私运之主要责任应由武穴轮舵手召荣宝及餐楼男侍王建英二人负之，该二人曾被粤海关或宪兵扣留，今对此二重犯不加深究。反令毫不知情之原告负责，不平孰甚至，原告对召五二船员所为之行为应否负责，当以原告对选用受雇人及监督其职务之执行是否已尽相当之注意为断。查原告雇用船员，以前向由自己选择，惟近来已无此选择权，而必须向海员公会雇用，原告对此辈之操守品行并不熟悉，只能于雇用后监视若辈之行动。若谓原告虽无选择雇用船员之权，并对船员已尽相当监督之能事，然仍就船员所为之不法行为完全负责，殊失公平。复查粤海关所为之处分系援引海关缉私全条例第十六条及第二十一条，与原告所具之常年保结第三款为处分之基础。惟查第十六条规定"船舶所载货物，经海关查明未有列入舱单者，处船长及货主各二百元以上二千元以下之罚金，并得没收其货物"，是受处罚者应为船长及货主，而非船公司，而第二十一条第一项亦明白规定"私运货物进口或出口或经营私货物者，处货价一倍至三倍之罚金"均系指从事走私之人而言亦甚明显。该条第五项复规定"不知为私运货物而有起卸装运收受贮藏购买或代销之行为，经海关认为属实者免罚"。今本案私运之货，既经查明系由召荣宝、王建英等串运，自与原告无涉。又原告所与之常年保结，为商人给予政府之保结双方处于不平等之地位，该保结第三款（丙）项规定"走私货物，如船员未经查出而为海关发觉者，具保人愿照关章听凭处罚"显为一种有处罚性之规定。既未经过立法程序，于法自不生效，虽曰此项保结为一种双方同意遵守之契约，一经签字应属有效，但任何一造指责彼造违约，因而发生争议，依法应由司法机关加以裁判，被告官署无权令原告缴付罚金。且查保结第三款（丙）项所称，关章自系指海关缉私条例而言，该条例对于船公司并无处罚之明文，则被告官署对原告所为之处罚即非照关章办理，从而与保结明文所定者不符，于法自属不合，为此诉请将粤关令原告缴付罚金之处分予以撤销等语。

被告官署答辩意旨略谓，本案私货藏匿地点均非乘客所能到达之处，所若非原告公司营运即系该武穴轮船员所为，原告所称此项私运应由该船舵手召荣宝负主要责任，而餐楼男侍王建英系属同谋一节尚待证实，惟所称该二人已被海关或被宪兵扣留一节，经查并无其事。查该公司在本关所具常年保结第三款（乙）项规定"各轮船每次行驶至少应有一次之严密检查，如查有走私货物应呈缴海关处理"等语，可见原告有在船上严密检查之义务。原告虽称武穴轮开行前曾为防范，开行后曾为检查，但此项巨量私货竟能分藏于船员住室及储藏室等处而未被发觉，该船长即非同谋亦属放弃责任，故纵其船员作走私行为，原告均应负责。且原告既在海关具有常年保结，担保缴付该轮一切税款罚款等项，该保结第三款（丙）项明白规定"走私货物如船员未经发觉查出而为海关发觉者，具保结人愿照违反关章原凭处罚"，即使对于本案确不知情亦应受常年保结之拘束，对□□负缴纳罚款之全责。至所称雇用船员均须由海员工会指定，该公司不能自由选择一节，查原告有管束防范走私之义务，应妥筹方法保证其船员不作走私行为，不能以选用船员困难为卸责之借口。复查该武穴轮载运私货，迭经本关缉获多次，自应从严议处，以资惩敬，而缉私氛，至原告诉状所提各点，多属强辩之辞，不足减轻其对本案应负之责任，兹分别答辩如后。

（一）查本案私货分别藏匿于大舱之厨夫室、伙食室、船头及船面储藏室，水手头目室及油料室等处，显非乘客或普通私贩所为。原告与船长纵非主持其事亦有串通之嫌，最少亦系疏于防范检查不周，执照常年保结之规定，该原告均应负责遵缴罚款不容诿卸。

（二）所称尽力防范走私，纵系事实，亦属该公司应有之义务，不能作为申请免罚之理由，因其所具常年保结第三款内已明白规定，轮船公司对于私运应负之责任。事实上本案私货藏匿地点启蒙及船上各舱室乃竟不能查出，谓为已尽能事殊难置信，况该轮装运私货已数见不鲜，足证常年保结内规定之"严密检查"及"严行取缔"各项责任全未履行。

（三）所称召荣宝及王建英被海关或宪兵扣留一节，业经查明并无其事，有本关与宪兵往来文件附卷可据。

（四）所称雇用船员不能自由选择，容系事实，惟如何管理，不任船员有走私行为，则系该公司之责任，不能以船员系由海员工会指派为卸责之借口。且所谓防范走私亦属空言，私货藏匿地点启蒙及各舱均未查出，可见所称已尽监督能事与事实不符。

（五）本案私货是否系召、王二人串通营运尚待证实，即使二人与本案有关，而原告及船长对于藏匿船上之私货未能严密检查，而为本关发觉，按照常年保结之规定自应由原告负责缴纳所处罚金，不能以事前毫不知情空言置辩，希图免除责任，至本案事实与缉私条例第二十一条第五项之规定情形不符，该公司不能据以请求免罚。

（六）查常年保结系一双方同意遵守之契约，何能于海关执行该项保结之规定时竟谓不受拘束，至本关所处船长及私运人罚金系按照缉私条例办理，依照常年保结之规定，责令原告公司缴纳，于法自无不合原告。以为此种保结未经过立法程序即不负缴付罚金之责，并谓应由司法机关裁判等语，前经行政法院三十六年度判字第五十四号判决认为系属误会，业予纠正在案。又查三十六年七月九日本关曾在该公司佛山轮船搜获西药丝口等私货一案，所处船长及私运人之罚金均经原告公司依照常年保结之规定照数缴纳，可见原告已承认该项保结之约束。兹对本案复持异议显无理由，应请予以驳回等语。

理由

本件原告所有之武穴轮由香港驶抵广州，私运西药、绒料等货物为不争之事实。原告对于没收货物部分并无不服之表示，惟对于所处罚金着原告缴纳一节声明异议，故令所应审究者为原告应否缴纳罚金是已。查武穴轮私运之货物系藏匿于该轮大舱之厨夫室、二等客舱之伙食室、船头及船面储藏室、水手头目室及油料室等处，经海关查觉后，原告委为在逃之船员召荣宝、王建英所为，希图卸责。查此项私运货物数量颇大，原告倘于该轮行驶之前，依照常年保结（乙）项规定予以严密检查不难立即发现，何以放弃其检查之责，一任船员所为。况船员为原告所雇用，当然听从原告之指挥。该轮私运货物迭被查获显非偶发事件，自难谓此项私运货物非原告所经营而以毫不知情等语，空言置辩，希图免除责任。粤海关原处分依照海关缉私条例第二十一条第一项之规定，处原告以货物三倍之罚金，并依同条例第十六条、第二十九条及罚金罚锾提高标准，处该船长以四十万元之罚金。按照常年保结（丙）项之规定，着由原告缴纳，于法并无违误，财政部关务署决定予以维持亦无不合。至于原处分着原告缴纳罚金虽系依据常年保结（丙）项之规定，而其处罚则系按照海关缉私条例办理已如上述，自不得谓无法律上之根据，原告以为此种保结未经过立法程序即不负缴付罚金之责，并谓应由司法机关裁判殊属误会，又栢案事实与同条例第二十一条第五项规定之情形不符，原告据为请求免罚之理由，亦不足采。

据上论结，原告之诉为无理由，合依行政诉讼法第三条判决如主文。

中华民国三十七年十月三十日

行政法院第二庭

代理审判长评事：季平

评事：周宏基

评事：苏秋宝

评事：朱树声

评事：李翊民

本件证明与原本无异。

书记官：左象贤

中华民国三十七年十一月　　日

行政法院判决

三十七年度判字第六十一号

原告：英商太古轮股份有限公司，设上海市中山东二路二十一号。

代表人：丁雅德，住同上。

被告官署：粤海关。

上原告为武穴轮私运货物被处罚金事件，不服财政部关务署于中华民国三十七年三月十二日所为之决定，提起行政诉讼，本院判决如下：

主文

原告之诉驳回。

事实

缘原告所有之武穴轮，于民国三十六年十月三十一日由香港驶抵广州时，被粤海关在该轮船长室、大副室、轮机师室、总管事室、驾驶室及吊桥等处，查获私运颜料、西药、呢绒衣料、人造丝、自来水笔、收音机等货，估值国币三亿七千三百九十七万四千四百元，当予扣留。按照海关缉私条例第十六条、第二十一条及第二十九条之规定，将货物没收充公并处罚金国币十一亿两千万元，又处船长罚金四十万元。统着原告依照所具常年保结缴纳，填发处分通知书在案，原告不服，向该关声明异议，呈经总税务司转呈关务署，决定维持原处分，原告仍不服，提起行政诉讼到院，兹将原被告诉辩意是摘叙如次。

原告起诉意旨略谓，原告就本案走私应否负责，当审究原告与本案走私有无串通情事，或有无串通嫌疑及对防范走私是否已尽最大努力。查武穴轮在港停泊期间，港府输出入管理署已派缉私员六名常驻船检查。在该轮开行前并已经过两次例行检查及一次最后检查，此外又于航行途中施行检查一次，无如竟又为走私歹徒混过，足见歹徒之神通广大难以应付。本案走私货物之藏匿地点虽非乘客所能达到之处，但不能因此指为系由原告私运或工与他人串通私运。据原告调查，此次走私主犯实为船长侍役邵信大，高级船员部侍役周树声，会食厅侍役薛菘保及西餐楼管房张敏德，自轮船达到车尾炮台时起至到达广州时止约有四十五分钟，船长、大副、二副、机轮长、机轮副等高级船员均不能离开其岗位，而此四十五分钟之时间已足敷歹徒进入各员住室藏匿私货而有余，以上四人现均在逃，显有串通走私情事，令对该工役等不予缉拿究办，反令毫不知情之原告负责，不平孰甚。至原告对在逃之工役等所为之行为应否负责，当以原告对选任受雇人及监督其职务之执行是否已尽相当之注意为断。查雇用船员，原告并无自己选择权，而必须向海员公会雇用，原告对此辈之操守品行并不熟悉，其中品性不良者在所难免，只有随时监视若辈之行动，今有越规行为发生殊为遗憾。但原告既无选雇船员之权，且已尽相当监督之能事，若仍须对彼等之不法行为负完全责任，显非合理。复查粤海关所为之处分系援引海关缉私条例第十六条及第二十一条与原告所具之常年保结第三款之规定为处罚之基础，惟查第十六条规定受处罚者为船长及化主，而第二十一条第一项亦明白规定"私运货物进口或出口或经营私运货物者，处货价一倍至三倍之罚金"，所谓"私运货物进口或出口"当系指从事走私之人而言，同条第五项复规定"不知为私运货物而有起卸装运收受储藏购买或代销之行为，经海关认为属实者免罚"，今本案私运之货既经查出系由工役邵信大等串通，原告事先毫不知情，自应由该工役等负责，与原告无涉。又原告所具之常年保结为商人给予政府机关之保结，为一种私法人与公法人间之行为，双方处于不平等地位。该保结第三款（丙）项规定"走私货物，如船员未经查出而为海关发觉者，具保人愿照关章听凭处罚"，则显为一种有处罚性之规定，因未经过立法程序，于法自不生效。该保结纵属有效，双方发生争议时，亦应由司法机关加以裁判，被告民署不能据上判令原告缴付罚金，且所称关章自系指海关缉私条例而言，该条例对船公司并无处罚明文，原处分显属违法，应请判决将粤海关令原告缴付武穴轮船长之罚金国币四十万元及私运人之罚金十一亿二千万元之处分予以撤销等语。

被告官署答辩意旨略谓，本案私货藏匿地点，系在各高级船员住室驾驶室及吊桥等处，均非乘客及普通私贩所能为，显为该武穴轮船船员所营运。关于原告所称据调查结果此次走私之主犯实为该轮管侍邵信大等四人，应由彼等负责。姑无论该管侍等是否与本案有关尚待证实，即使所称属实而本案处罚及罚金缴纳问题亦不受其影响。查原告在本关所具常年保结第三款（乙）项规定"各轮船每次行驶至少应有一次之严密检查，如查有走私货物应呈缴海关处理"等语，可见原告有在轮船上严密检查之义务。原告虽称在港方翘头已作种种防范走私之设备，该武穴轮此次开行前及航行中亦经施行检查等语，但此巨量私货竟能分藏于各高级船员住室及储物室驾驶室吊桥等处而未被发觉，原告及八股噬即非同谋亦属放弃责任，故纵船员作走私行为，原告均应负责。且原告既在海关具有常年保结，担保缴付该轮一切税款罚款等项，该保结第三款（丙）项明白规定"走私货物如船员未经查出而为海关发觉者，具保人愿照违反关章听凭处罚"，即对于本案确不知情亦应受常年保结之约束，对海关负缴纳罚款之全责。据称雇用船员须由海员公会指定不能自由选择一节，查原告有管束船员防范走私之义务，不能以选用船员困难为卸责之借口。诉状所提各点多属强辩之辞。兹分别答辩如下：

（一）本案私货藏匿地点均为高级船员专用之地方及船上重要部位，非乘客及普通私贩所能进入，原告与船员纵无串通情事，最少亦系检查不周疏于防范，按照常年保结之规定，原告应负责遵缴罚款不容委卸。

（二）原告所称该轮开行前及行驶途中曾先后检查三次，表面观之似已注意防范，但按情事实本案巨量私货藏匿地点启蒙及各高级船员室及驾驶室储物室等处，乃经再三之后竟不能自行查出，谓为已尽防范检查能事自难置信。原告之武穴轮装运私货层见叠出，足证常年保结内规定之"严密检查"及"严行取缔"各项责任全未履行。

（三）查原告公司各轮船被缉获私货而归咎于在逃工役者已不止一次，既知此项工役之不可靠自应严予注意以资整饬，乃原告事前疏于检查，事后一味推诿，无非藉此以图狡卸。

（四）查武穴轮由港驶穗，系雇有引水人员负责将船领入省河直至泊岸为止，如谓船上高级人员在到达前之四十五分钟时间中绝无一人能返室巡视似难置信，且货物如此之多分藏各室极易察觉，泊岸以后，各高级船员均即返室，何处倘非知情该侍等当不敢公然利用彼等之卧室收藏私货地点，盖亦经停泊后，私货从彼等卧室搬出时绝难不被发觉，足证原告及船长不仅疏于觉察且有故纵之嫌。

（五）所称雇用船员不能自由选择之困难情形确系事实，惟关于人事管束系属原告之责任，不能以船员由海员公会指派为卸责之借口。

（六）本案走私是否为该轮工役邵信大等所为尚待证实，即或确与本案有关，原告及船长对藏匿于船员室等处之私货未能严密检查而为本关所发觉，自应忠实履行其常年保结内规定之义务，负责缴纳罚金，不能委为事前毫不知情、空言置辩、希图免责。至本案事实与缉私条例第二十一条第五项之规定情形不符，原告不能据以请求免罚。

（七）查常年保结系一种双方同意遵守之契约，何能于执行保结之规定时竟谓不受拘束，本关所处船长及私运人罚金系按缉私条例办理，根据常年保结之规定，责令原告缴纳于法自无违误，原告以为此项保结未经过立法程序即不负缴付罚金之义务，并谓应由司法机关裁判等语，前经行政法院三十六年度判字第五十四号判决认为，系属误会业予纠正在案，兹对本案复生异议显无理由。此次武穴轮私运货物被处罚金情形与前案并无二致，拟请予以驳回等语。

理由

本件原告所有之武穴轮由香港驶抵广州私运颜料西药、呢绒衣料等货物为不争之事实，原告对于没收私货部分亦无不服之表示现所应审究者，厥惟原告应否缴纳罚金问题而已。查武穴轮私运之货物系藏匿于船长、大副、轮机师等高级船员之住室及驾驶室吊桥等重要部位，均非一般乘客所能进入，如许大量货物亦非短时所能运藏，迨经海关查获后，原告委称该轮在逃之工役邵信大等显有串通走私情事，原告事前毫不知情，果如所云，则原告于该轮行驶之前倘依常年保结（乙）项规定认真严密检查，此种大批私货不难立即发见。该武穴轮被查获装运私货已有多次，原告自应特加注意，何以放弃严密检查之责一任船员所为。况船员为原告所雇用，当然听从原告之指挥，自难谓此项私运货物非原告所经营，而以事前毫不知情，空言置辩，希图免除责任，粤海关原处分依照海关缉私条例第二十一条第一项之规定，处原告以货价三倍之罚金，并依同条例第十六条第二十九条及罚金罚锾提高标准，处船长以四十万元之罚金，按照常年保结（丙）项之规定着原告缴纳，于法并无违误。财政部关务署决定予以维持，自无不合。至原处分着原告缴纳罚金虽系依据常年保结（丙）项之规定，而其处罚则系按照海关缉私条例办理。已如上述自不得谓无法律上根据，原告以为此项保结未经过立法程序即不负缴付罚金之责，并谓应由司法机关裁判均属误解。再本件事实与同条例第二十一条第五项之规定情形不符，原告据为请求免罚之理由亦不足采。

据上论结，原告之诉为无理由，合依行政诉讼法第二十三条，判决如主文：

中华民国三十七年十月三十日

行政法院第二庭

代理审判长评事：季手文

评事：周宏基

评事：苏秋宝

评事：朱树声

评事：李翊民

本件证明与原本无异。

书记官：左象贤

中华民国三十七年十一月八日

151. 英商太古轮船公司告粤海关，
为武裕轮私运货物被处罚金事件

行政法院判决

三十七年度判字第六十一号

原告：英商太古轮股份有限公司，设上海市中山东二路二十一号。

代表人：丁雅德，住同上。

被告官署：粤海关。

上原告为武穴轮私运货物被处罚金事件，不服财政部关务署于中华民国三十七年三月十二日所为之决定，提起行政诉讼，本院判决如下：

主文

原告之诉驳回。

事实

缘原告所有之武穴轮于民国三十六年十月三十一日由香港驶抵广州时，被粤海关在该轮船长室、大副室、轮机师室、总管事室、驾驶室及吊桥等处查获私运颜料、西药、呢绒衣料、人造丝、自来水笔、收音机等货估值国币三亿七千三百九十七万四千四百元，当予扣留。按照海关缉私条例第十六条、第二十一条及第二十九条之规定将货物没收充公，并处罚金国币十一亿两千万元，又处船长罚金四十万元。统着原告依照所具常年保结缴纳填发处分通知书在案，原告不服，向该关声明异议，呈经总税务司转呈关务署决定，维持原处分，原告仍不服，提起行政诉讼到院，兹将原被告诉辩意是摘叙如次。

原告起诉意旨略谓，原告就本案走私应否负责，当审究原告与本案走私有无串通情事，或有无串通嫌疑，及对防范走私是否已尽最大努力。查武穴轮在港停泊期间，港府输出入管理署已派缉私员六名常驻船检查，在该轮开行前并已经过两次例行检查及一次最后检查，此外于航行途中施行检查一次，无如竟又为走私歹徒混过，足见歹徒之神通广大难以应付。本案走私货物之藏匿地点虽非乘客所能达到之处，但不能因此指为系由原告私运工与他人串通私运。据原告调查，此次走私主犯实为船长侍役邵信大，高级船员部侍役周树声会食厅侍役薛菘保及西餐楼管房张敏德。自轮船达到车尾炮台时起，至到达广州时止，约有四十五分钟船长、大副、二副、机轮长、机轮副等高级船员均不能离开其岗位，而此四十五分钟之时间已足敷歹徒进入各员住室藏匿私货而有余，以上四人现均在逃，显有串通走私情事，令对该工役等不予缉拿究办，反令毫不知情之原告负责，不平孰甚。至原告对在逃之工役等所为之行为应否负责，当以原告对选任受雇人及监督其职务之执行是否已尽相当之注意为断。查雇用船员，原告并无自己选择权，而必须向海员公会雇用，原告对此辈之操守品行并不熟悉，其中品性不良者在所难免，只有随时监视若辈之行动，今有越规行为发生殊为遗憾。但原告既无选雇船员之权且已尽相当监督之能事，若仍须对彼等之不法行为负完全责任显非合理。

复查粤海关所为之处分系援引海关缉私条例第十六条及第二十一条与原告所具之常年保结第三款之规定为处罚之基础，惟查第十六条规定受处罚者为船长及化主，而第二十一条第一项亦明白规定，"私运货物进口或出口或经营私运货物者，处货价一倍至三倍之罚金"，所谓"私运货物进口或出口"当系指从事走私之人而言，同条第五项复规定"不知为私运货物而有起卸装运收受储藏购买或代销之行为经海关认为属实者免罚"。今本案私运之货既经查出系由工役邵信大等串通，原告事先毫不知情，自应由该工役等负责与原告无涉，又原告所具之常年保结，为商人给予政府机关之保结为一种私法人与公法人间之行为，双方处于不平等地位。该保结第三款（丙）项规定"走私货物如船员未经查出而为海关发觉者具保人愿照关章听凭处罚"则显为一种有处罚性之规定，因未经过立法程序于法自不生效，该保结纵属有效，双方发生争议时，亦应由司法机关加以裁判，被告官署不能据上判令原告缴付罚金，且所称关章自系指海关缉私条例而言，该条例对船公司并无处罚明文，原处分显属违法，应请判决将粤海关令原告缴付武穴轮船长之罚金国币四十万元及私运人之罚金十一亿二千万元之处分予以撤销等语。

被告官署答辩意旨略谓，本案私货藏匿地点系在各高级船员住室驾驶室及吊桥等处，均非乘客及普通私贩所能为，显为该武穴轮船船员所营运。关于原告所称据调查结果此次走私之主犯实为该轮管侍邵信大等四人，应由彼等负责。姑无论该管侍等是否与本案有关尚待证实，即使所称属实，而本案处罚及罚金缴纳问题亦不受其影响。查原告在本关所具常年保结第三款（乙）项规定"各轮船每次行驶至少应有一次之严密检查，如查有走私货物应呈缴海关处理"等语，可见原告有在轮船上严密检查之义务。原告虽称在港方翘头已作种种防范走私之设备，该武穴轮此次开行前及航行中亦经施行检查等语，但此巨量私货竟能分藏于各高级船员住室及储物室、驾驶室、吊桥等处而未被发觉，原告及八股嗳即非同谋亦属放弃责任故纵船员作走私行为，原告均应负责。且原告既在海关具有常年保结担保缴付该轮一切税款罚款等项，该保结第三款（丙）项明白规定"走私货物如船员未经查出而为海关发觉者具保人愿照违反关章听凭处罚，即对于本案确不知情亦应受常年保结之约束对海关负缴纳罚款之全责"。据称雇用船员须由海员公会指定不能自由选择一节，查原告有管束船员防范走私之义务，不能以选用船员困难为卸责之借口。诉状所提各点多属强辩之辞。兹分别答辩如下：

（一）本案私货藏匿地点均为高级船员专用之地方及船上重要部位，非乘客及普通私贩所能进入，原告与船员纵无串通情事，最少亦系检查不周疏于防范，按照常年保结之规定原告应负责遵缴罚款不容诿卸。

（二）原告所称该轮开行前及行驶途中曾先后检查三次，表面观之似已注意防范，但按请事，实本案巨量私货藏匿地点启蒙及各高级船员室及驾驶室、储物室等处，乃经再三之后竟不能自行查出，谓为已尽防范检查能事自难置信。原告之武穴轮装运私货层见叠出，足证常年保结内规定之"严密检查"及"严行取缔"各项责任全未履行。

（三）查原告公司各轮船被缉获私货而归咎于在逃工役者已不止一次，既知此项工役之不可靠自应严予注意以资整饬，乃原告事前疏于检查，事后一味推诿，无非藉此以图狡卸。

（四）查武穴轮由港驶穗，系雇有引水人员负责将船领入省河直至泊岸为止，如谓船上高级人员在到达前之四十五分钟时间中绝无一人能返室巡视似难置信，且货物如此之多分藏各室极易察觉，泊岸以后各高级船员均即返室，何处倘非知情，该侍役等当不敢公然利用彼等之卧室收藏私货地点，盖亦经停泊后私货从彼等卧室搬出时绝难不被发觉，足证原告及船长不仅疏于觉察且有故纵之嫌。

（五）所称雇用船员不能自由选择之困难情形确系事实，惟关于人事管束系属原告之责任，不能以船员由海员公会指派为卸责之借口。

（六）本案走私是否为该轮工役邵信大等所为尚待证实，即或确与本案有关，原告及船长对藏匿于船员室等处之私货未能严密检查，而为本关所发觉，自应忠实履行其常年保结内规定之义务负责缴纳罚金，不能委为事前毫不知情，空言置辩，希图免责，至本案事实与缉私条例第二十一条第五项之规定情形不符，原告不能据以请求免罚。

（七）查常年保结系一种双方同意遵守之契约，何能于执行保结之规定时竟谓不受拘束，本关所处船长及私运人罚金系按缉私条例办理，根据常年保结之规定责令原告缴纳于法自无违误，原告以为此项保结未经过立法程序即不负缴付罚金之义务，并谓应由司法机关裁判等语。前经行政法院三十六年度判字第五十四号判决，认为系属误会，业予纠正在案，兹对本案复生异议显无理由。此次武穴轮私运货物被处罚金情形与前案并无二致，拟请予以驳回等语。

理由

本件原告所有之武穴轮由香港驶抵广州私运颜料、西药、呢绒衣料等货物为不争之事实，原告对于没收私货部分亦无不服之表示，现所应审究者，厥惟原告应否缴纳罚金问题而已。查武穴轮私运之货物系藏匿于船长、大副、轮机师等高级船员之住室及驾驶室、吊桥等重要部位，均非一般乘客所能进入，如许大量货物亦非短时所能运藏。迨经海关查获后，原告委称该轮在逃之工役邵信大等显有串通走私情事，原告事前毫不知情，果如所云则原告于该轮行驶之前倘依常年保结（乙）项规定认真严密检查，此种大批私货不难立即发见。该武穴轮被查获装运私货已有多次，原告自应特加注意，何以放弃严密检查之责一任船员所为，况船员为原告所雇用，当然听从原告之指挥，自难谓此项私运货物非原告所经营而以事前毫不知情，空言置辩、希图免除责任。粤海关原处分依照海关缉私条例第二十一条第一项之规定，处原告以货价三倍之罚金，并依同条例第十六条、第二十九条及罚金罚锾提高标准，处船长以四十万元之罚金，按照常保结（丙）项之规定着原告缴纳，于法并无违误。财政部关务署决定予以维持自无不合，至原处分着原告缴纳罚金虽系依据常年保结（丙）项之规定，而其处罚则系按照海关缉私条例办理已如上述，自不得谓无法律上根据，原告以为此项保结未经过立法程序即不负缴付罚金之责，并谓应由司法机关裁判均属误解。再本件事实与同条例第二十一条第五项之规定情形不符，原告据为请求免罚之理由亦不足采。

据上论结，原告之诉为无理由，合依行政诉讼法第二十三条判决如主文。

中华民国三十七年十月三十日

行政法院第二庭

代理审判长评事：季手文

评事：周宏基

评事：苏秋宝

评事：朱树声

评事：李翊民

本件证明与原本无异。

书记官：左象贤

中华民国三十七年十一月八日

152. 洪淳范诉行政院，申请发还天津兴满胶皮厂

行政法院判决

三十七年度判字第六十六号

原告：洪淳范，住天津第一区锦州道二十八号。

代理人：金濬疆，住同上。

被告官署：行政院。

上原告为申请发还天津兴满胶皮工厂事件，不服行政院于中华民国三十七年六月七日所为诉愿决定，提起行政诉讼，本院判决如下：

主文

原告之诉驳回。

事实

缘天津市兴满胶皮工厂及丰亚工业工厂，原属韩侨洪淳文所有，抗战期间，供应日军军需，战事结束后，经河北平津区敌伪产业处理局，依据收复区韩侨产业处理办法第三条第二款之规定予以接管，对于洪淳文请求发还，未予照准，韩国驻华代表团华北总办事处天津分事务所，与金濬疆不服，迭向该局申请发还未经照准，乃提起诉愿，经行政院决定变更原处分将丰亚工厂问候语予发还，其余诉愿驳回。洪淳范于驳回之部分，提起行政诉讼到院，兹将原被告诉辩意旨摘叙如次。

原告起诉意旨略谓，查原洪定驳回诉愿之理由系根据韩侨产业处理办法第二条第二节"产业原为我国法令所禁止者"之规定，并以兴满工厂曾申请与亚院华北联络部及山口等部队，承认其为军部指定工厂，证明兴满工厂为专供日军军需之工厂，查上述办法所称"为我国法令所禁止者"语意笼统，并未列举事实然推求立法之真意，衡以普通情理，上开我国法令所禁止者，当系指制造吗啡、海洛因、白面等毒品及一切违法营业而言，兴满工厂无论并未供给日军军用品，假令上开申请属实，亦仅有此意思，彼时日韩一体，韩人忠于其国家之行为，当亦非中国法令所禁止，此于保定绥靖公署审判战犯尹柱福予以不起诉处分可以证明。该处分书内有"依国防部迭次指示，韩人自马关条约后，当然为日本人民，即使有供给军用物资情事，亦不能构成犯罪"之语，故兴满工厂纵系供给日军军需之工厂，亦非法令所禁止，换言之，即不应予以没收也。况兴满工厂供给日军特将，仅见于接收卷内之抄件，在未获得正本以前，此项滥件，尚管积极证明之效力。假定确系真实，但在日本强力压迫统制之下，不如此则不能开业，不能获得配给原料，其情不无可原，且兴满工厂亦不过请求与希望而已，实人之来往，并无与日军来往之记载，可以证明。应请判决除丰亚工厂部分

外，关于兴满工厂部分，原决定及处分均予撤销。再兴满工厂本系洪淳文于二十九年所创办，嗣于三十三年转让于原告，以前申请为日军用工厂，假定属实，亦系洪淳文所为与原告无干，历次呈文均经陈明，今决定书仍误为洪淳文，实系重大错误，合并声明，请予更正等语。

被告官署答辩意旨略谓，查兴满胶皮厂虽系普通制造胶皮鞋及轮带之工厂，但其创办之宗旨，既系以专供日军军需为目的之事实，已如原决定所述。原告既未予以积极否认，仅谓彼时日韩一体，韩人忠于其国家之行为，当非我国法令所禁止，不能构成犯罪行为等语，殊不知韩人于战时供给日军军需品之行为，纵或不能构成犯罪，但此种以专供敌人军需之工厂，自非我国法令所许，应在禁止之列。韩侨产业处理办法，虽未就何种产业应在禁止范围，予以列举，惟既有概括的规定，自法理言，此种帮助敌人，危害国家之军需业，不能谓非在禁止之列。原告以办法内所称为我国法令所禁止者，仅以制造吗啡等为限，未免误解，本院前以丰亚工厂尚未正式开工，姑准发还，已属从宽处理，兹原告复以兴满工帮之供给日敌军需，系仅有此意思，亦严若口更之未正式开工者然，此参照原决定内所述，其为不实，固无待辩解，以此为提起行政诉讼之理由，尤无足采。又本案前据韩国军事代表团申请发还时，即系以洪淳文为原业主，金潽疆为代表人。又原处分官署亦系根据韩侨洪淳文代表金潽疆申请发还系争工厂者，其向本院提起诉愿时，复系以韩国驻华代表团华北总事务所天津分事务所及金潽疆并列为诉愿人。本院根据案内事实，以洪淳文为诉愿人，而以金潽疆为代表，自无不合。所诉愿工厂已移转洪淳范所有一节，纵属实在，也系内部问题，与原决定并无任何影响等语。

理由

卷查本件发还兴满胶皮工厂及丰亚工业工厂，系由韩国临时政府驻华代表团华北办事处天津分事务所函致河北平津敌伪产业处理局，以洪淳文为原业主，金潽疆为代理人。提起诉愿时，则系韩国驻华代表团华北总办事处天津分事务所与金潽疆并列为诉愿人，当时原告并未提起诉愿，迨诉愿决定驳回诉愿一部分后，始由原告出名，对于驳回之部分提起行政诉讼无论其理由如何，究难认为合法，合先说明。

按韩侨产业原为我国法令所禁止者，应予接管，依法处分，此为收复区韩侨产业处理办法第三条第二款所明定，依此规定，则在我国境内制造军需品，供应敌军，自系危害我国家之行为，其工厂应在禁止之列。本件兴满胶皮工厂设于天津，虽系制造胶皮鞋及轮带普通物品，惟卷查其创办宗旨，在专供日军军需，有该厂请求兴亚院华北联络部承认其为军部指定工厂之申请书为证。又该厂呈山口部队请求证明为军用工厂，以参加同业组合文内，有自营业以来，即教书育人人事贵部队军需轮带之修理之语，而甲一八一九部队复有指令该工厂为第三种军需品工厂之通知书，即韩国驻华代表团华北总办事处天津分事务所迭次致河北平津区敌伪产业处理局及行政院办讯书内，亦有日寇一八一四及一八二零部队，凡有所需，即令行胶皮工厂公会，责成各工厂筹办，分配工作，公会方面恒摊派韩人工厂以多数，只有俯首任劳之语，其供应日军军需已不啻自白，可见该厂实有供应日军军需品之事实，其为专供日军军需之工厂，自无疑义。该工厂既供应日军军需，自为我国法令所禁止。原处分将厂接管，对于洪淳文请求发还，未予照准，诉愿复予维持，依照上开说明，并无违误。原告起诉既非合法，已如上述，其主张各节，自应毋庸置议。据上论结，本件原告之诉为无理由，合依行政诉讼法第二十三条，判决如主文。

中华民国三十七年十月三十日

行政法院第一庭

审判长评事：王芝庭

评事：潘培纹

评事：吴忠本

评事：钟孟雄

评事：周宏基

本件证明与原本无异。

书记官：王行静

中华民国三十七年十一月八日

153. 孙盛昌碾米厂诉浙江省财政厅，为购买积谷事件

行政法院判决

三十七年度判字第三十号

原告：孙盛昌碾米厂。

代表人：孙杏春，住浙江省温岭县新河镇第三保。

被告官署：浙江省财政厅。

上原告为购买积谷事件，不服粮食部于中华民国三十六年九月十八日所为之再诉愿决定，提起行政诉讼，本院判决如下：

主文

再诉愿决定，诉愿决定及原处分均撤销。

事实

缘浙江省因民国三十三年各县多半歉收，民食堪虞。该省政府委员会第一三八三次会议议决提拨各县积谷一部，为糙米一百五十六石八斗折谷三万二千六百斤合三百〇二石，于是原告名虽购得九百八十石实则仅得六百七十八石。迨后，财政厅派员张脉和来县调查，将原告提谷支付证扣留带省，经原告一再请求发还，延至三十五年四月间，始奉财厅批示，售给米商之积谷概作无效，未提积谷一律止付，所缴价款应予发还等语，此项处分使原告蒙受莫大损失，诉愿决定及再诉愿决定未予纠正，特提起行政诉讼，兹将起诉理由分陈如下：

（一）查温岭县政府于三十四年二月十五日以前遵令出售积谷一万八千石，以半数售济民食，半数配售县属，未领公粮各机关团体，所有配售机关团体及数量均经温岭地方法院在蔡行屏贪污案内查明确属无讹。对承办出售积谷之官吏予以不起诉处分足证出售积谷并无违法情事，故原告购买各机关团体溢余之谷依法不能作为无效。

（二）所谓出售积谷米经审计机关派员监办并非事实，因浙江省审计处曾电派温岭地方法院院长周时璜监办有案可稽。

（三）当时杨监察使亮公亦误认各机关售予米商之积谷系县政府直接售出者，因此对周时璜提出检举，谓其虚伪作证，但法院对周已予以不起诉处分，足证售谷对象及监办均属无讹。

（四）各米商向配售机关团体购买溢余积谷，由米商直接向指定银行缴款，向县田粮处开取支付证，不能因田粮处将支付证抬头误开米商字号而强指为私擅洽购。

（五）省令规定出售积谷一万八千石，温岭县政府并未售出限额，何得谓为米商私擅洽购，至蔡竹屏等倒填时日假借机关名套取差价等行为均非米商能力所可左右，况经法院讯明无据予以不起诉处分足证原告购谷确系向未领公粮各机关团体购得毫无疑义。

（六）原告支付证被扣带省，搁置年余，始奉财政厅批示发还价款，其时谷价已涨至每石一万八千元，致使原告因购谷而答套，县府之加工谷六百余石无力购回偿补。又原告之食

谷，原处分不予发还，认蔡县长为诉追之对象，实不足昭折服，为此诉请撤销原处分及原决定，发还被扣支付证，俾提购谷以资救济等语。

被告官署答辩意旨略谓，本省因三十三年各县歉收，经省政府委员会议决提拨各县一部分积谷售济当地民食，所得价款解省集中保管，并经省政府于三十四年一月核定售济数量分饬各县遵办。计温岭县提售一万八千石，饬以半数配售以下各单位未领有公粮人买：

（一）公私立中等以上学校员工。

（二）文化机关员工。

（三）有关国防军业员工及制造其他生活必需品工厂员工。

（四）公营事业机关员工。

（五）慈善事业机关员工及其供养人员。

其余半数售济一般民食，由各乡镇集体购领，所有售价核定在三十四年二月十五日以前缴款承购者，每石一千三百五十元，自二月十六日起改为每石一千六百元，限同年三月底办竣结报，逾限停售，并电请审计处派员监办有案。旋据该县府电报，省政府以上项积谷已公开分配售尽，以二月十五日以前定价每石一千三百五十元计缴，嗣据本厅派赴和县清查员张脉和报称，该县前县长蔡竹屏原报配售从军会社肝服务处等机关团体之积谷四千九百石，实际系售与以营利为目的之孙盛昌等七米厂及私人金千里、柯离二人，且均在二月十五日以后售出。并据各米厂声称由县府按照每石积谷收回差额米一斗六升，共计收回米七百八十四石，其支配有案可稽者六百三十二石，其余数无账可查，该前县长经办此案有假借机关名义私自售给米商及私人，套取差额，并倒填时日等情事，当将米商未提积谷支付证入纸吊呈鉴核等情到厅。经本厅呈奉省政府指令，该县售给米商及私人积谷概作无效未提积谷一律止付，已提积谷分别追回，原缴价款予以发还等因饬县遵办，并批示原告知照在案。对于原告所提诉讼理由之答辩：

（一）查政府出售公有财物，依法应由审计处派员监办，并经公告方为合法。温岭县前县长蔡竹屏经售县以下未领公粮机关团体积谷九千石内，以四千九百石不照规定办法转售，原告等套取大量差额，实属有违功令。原告所称积谷购自各机关团体溢余之谷不能作为无效等语。究竟购自何机关团体，始终未据指明，显属不实。且原告状称，购谷米领到反先垫交加价谷三百零二石。此项垫交之谷不迳交各机关团体而系交蔡前县长，是原告与蔡前县长通同假借机关团体名义，勾结套购图利，无可讳言。蔡前县长被控贪污案，虽经法院宣告无罪，惟其违令措施之行政处分，业经省府查觉予以撤职。基于违令措施之买卖行为自难认为有效。

（二）原告所称售卖积谷已经审计处派温岭地方法院监办有案等语，查蔡前县长经售积谷事，先既未公告配售，时亦未邀请监办代表莅临监办，有监察使署罗调查员与监办代表温岭地院吴书记官长谈话笔录附卷可资证明，原告所称显属不实。

（三）查上述谈话笔录中，曾记载罗调查员问监办代表吴书记官长"你既不知道他何时售罄又不知道其价格这证明书怎么出具呢？"答"是县政府起好稿子交由本院照原稿缮就函送县政府的"等语，足见监办代表吴记官长并未莅临监办，是项售谷既未经过法定程序，其买卖行为自属非法不能生效。

（四）据原告所称积谷购自各机关团体一节。查原告购谷系迳自缴款而由田粮处迳制支付证，支付证抬头又系原告所营商号，谓非私相治购，其谁能信。又蔡前县长前报，配售从军会等八机关团体积谷四千九百石，实际均系售给原告等七米厂及私人，非由各机关团体转售，均有账册可稽，不容狡辩。

（五）蔡前县长与原告假借名义私相洽购积谷证，诸上列各点已属明确，其买卖行为自应作为无效。

（六）原告垫交食谷三百零二石系属私相授受，原处分饬迳向蔡前县长依法诉追并无不合，基上理由特依法答辩如上。

理由

按行政官署出售积谷虽系基于公法，为国家处理公务，而其所为出售之行为则系代表国库与承购人订立私法上之买卖契约买卖契约，是否无效及买卖契约无效时其债权关系如何，如有争执，应由普通司法机关裁判，非上级行政官署所能迳予处断。本件温岭县政府奉令出售积谷一万八千石调济民食，依照浙江省政府规定办法，应以半数售给未领公粮之各机关团体，半数售济一般民食，由乡镇集体购领。当时该前县长蔡竹屏竟以一部分积谷售给原告等七米厂，自与省政府所定办法不符，惟被告官署认为此项买卖违背省令，对于该前县长虽得加以纠正或处分，但以强力吊扣原告提谷支付证并迳行宣告买卖契约无效，律以上开说明殊难谓合，诉愿决定未予纠正亦欠允洽，再诉愿决定虽认定上项售购积谷为买卖契约行为，但伯将再诉愿驳回亦属无可维持，原告起诉意旨虽未就此以为攻击，但其请求撤销原处分原决定之意旨则一尚不能不认为有理由。所有再诉愿决定诉愿决定及原处分应由本院一并予以撤销。

据上论结，原告之诉应认为有理由，合依行政诉讼法第二十三条，判决如主文。

中华民国三十七年六月三十日

行政法院第二庭

代理审判长评事：季手文

评事：潘培敏

评事：苏秋宝

评事：李翊民

评事：吴忠本

本件证明与原本无异。

书记官：左象贤

中华民国三十七年七月八日

154. 郑群超诉浙江省永嘉县政府，为放领公地争执事件

行政法院判决

三十七年度判字第三十四号

原告：郑群超，住浙江省永嘉县西门外篷巷巨隆行。其余原告详卷。

被告官署：永嘉县政府。

上原告为放领公地争执事件，不服财政部于中华民国三十六年十二月十八日所为之再诉愿决定，提起行政诉讼，本院判决如下：

主文

再诉愿决定，诉愿决定均撤销。

事实

缘原告等于民国三十年十一月间，以隆吉福及张益夫名义，向永嘉县政府缴价承领公山下城基互一、二两段，经许可建筑房屋有案，嗣以永嘉县政府放领是项公地未遵公有土地处理规则第五条之规定办理，奉令撤销放领，原案改为优先承租，原告不服，一再诉愿于浙江省政府及财政部均被驳回，遂提起行政诉讼到院，兹将原被告诉辩意旨摘叙如次。

原告起诉意旨略谓，三十年十一月间，永嘉县政府布告标卖城基公地，原告等拍得第一、二两段，当即缴清标价，领得浙江省财政厅天字第十四号及第十四五号处分产收据各一纸，复遵章向永嘉县政府领得建筑许可证建造房屋。据以拍卖落标之地邻，郑贯一竟藉口该项拍卖事先未经呈奉行政院核准，出而呈诉县政府遂奉令撤销放领，仅准优先承租。查永嘉县分斤掰两卖城基，曾呈请省政府核准，省政府未转呈行政院手续似有未行，但省政府仅可补呈核准手续，不应摇动原告之所有权。再诉愿决定命赴司法机关起诉亦属不合，为此请求撤销原决定，判令补正核准放领手续等语。

被告官署答辩意旨略谓，本府于三十年十一月二十四日标卖城基公地，结果隆吉福得标承领，旋奉民政、财政、建设三厅会令，以据郑贯一等呈请转饬本府撤销放领。原案当经叙明办理经过情形呈复在案，嗣奉财政厅识充以奉财政部指令节开，查是项城基系属公有土地，既未照公有土地处理规则第五条之规定呈经行政院核准自不得予以标卖，据原呈所称经许可建筑有案，准其改为优先承租，该郑贯一等所请勒令拆毁准其分租一节应勿庸议等因，当经遵办，并分饬知照在案，再查放领公地应由财政部发给放领凭证，原告未有前项凭证，是否已依法取得产权无案可稽等语。

理由

按行政官署放领官产虽系基于公法为国家处理公务，而其所为放领之行为则系代表国库与承领人间订立私法上之买卖契约，因此契约而官署与承领人间发生争执者自应向普通司法

机关提起民事诉讼以求解决。本件原告承领永嘉县城基公地，虽曾取得浙江省财政厅之处分官产收据，但因被告官署放领原案未经依法呈奉行政院核准有案乃奉令撤销放领改为优先承租，原告起诉意旨谓，不应因行政官署办理手续未备而影响其所有权。被告官署答辩则谓，原告尚未领有财政部放领凭证，已否取得产权不无疑问，是显因买卖契约而发生所有权之争执。依照前开说明，自应诉请普通司法机关审判诉愿决定意从实体上予以追究而驳回原告之诉愿自难谓为适法。再诉愿决定虽认诉愿决定为不合，但未予以撤销，仍将再诉愿驳回亦属无可维持，应由本院一并予以撤销，原告虽未就此以为攻击，但其请求撤销原决定之意旨则何尚不能不认为有理由。

据上论结，原告之诉应认为有理由，合依行政诉讼法第二十三条，判决如主文。

中华民国三十七年七月三十一日

行政法院第二庭

代理审判长评事：季手文

评事：钟孟雄

评事：苏秋宝

评事：朱树声

评事：李翊民

本件证明无原本无异。

书记官：左象贤

中华民国三十七年八月九日

155. 吴敬齐诉河北平津区敌伪产业处理局，
为请求回赎房地产事件

行政法院判决

三十七年度判字第三十六号

原告：吴敬齐，住北平市崇文门内二眼井甲一号。

被告官署：河北平津区敌伪产业处理局。

上原告为请求回赎房地产事件，不服行政院于中华民国三十六年十二月十八日所为之诉愿决定，提起行政诉讼，本院判决如下：

主文

原告之诉驳回。

事实

缘北平市内一区江擦胡同十号房屋，前系原告所有，民国三十三年一月间被日本大华火油公司以伪币三十四万五千元购去。胜利后，日人遣送返国，该房产经十一战区于三十五年四月查封，由后勤补给区占用。原告旋检同有关证件呈请河北平津区敌伪产业处理局准予备价赎回，经查属实，当就原告自敌人所实得价款二十七万五千元，按当时金价折合现值法币三千四百四十五万九千元，通知缴款去后，嗣原告认为评价过高，请求核减自三十五年十月十四日延至三十六年六月十一日以前，事隔数月犹未办理缴款。被告官署认为故意拖延，自甘放弃产权，遂以处分将该产另行处理。原告不服，向行政院提起诉愿，经决定驳回，乃提起行政诉讼到院，兹将原被告诉辩意旨摘叙如次。

原告起诉意旨略谓，处理局代国家向民索取不当得利之代价，乃系债权之一种非附条件完成之普通买卖契约，民既非普通标购产权之第三者，自不能与拍卖敌产相提并论，是则该处理局关于本案有无另行处理之权利殊深疑义。民声请恢复产权系根据民法物权篇之规定，而于索取敌人所付之代价一点，系以民法债权篇不当得利为根据。至于评价之当否，此乃物权与债权之分别适用，以处理局代国家行使债权而论，充其量不过对民行使返还不当得利之请示权而发生私法上争执时，当可另向司法机关请求裁判，与民之所有权丝毫无涉。处理局不明法理、滥用职权、违法处分将民之产权遽尔另行处理，殊属于法无据。民依法提起诉愿又未蒙行政院明罕，反代处理局曲为解释，将民之请示腾空交房及再行评价之声请等适法行为，诬为故意拖延自甘放弃呼等语，而于物权法与债权法关系之不得混淆亦概予抹煞。总之，民之身份系以原权利人之资格被敌人非法侵夺，系于原因终止时起一年内行使权利，请求回复原状，既蒙批示准予复权。民自接奉通知时起即为该号房产之正式所有权人，并不以未交不当利得之条件，于法于理委无不合。处理局及行政院均一误再误，应请判决撤销原决定及原处分等语。

被告官署答辩意旨略谓，原告房产已收归国有，在未缴清价款未领到许可证以前，自无权主张产权，本局仍应按产权尤不能以应缴价款认为系本局与原告间之债权债务关系，本局系依照收复区敌伪产业处理办法而为之行政处分，与一般私权之争执迥不相同，殊不容谬，引法条牵强假藉与物权债权相比拟，至应缴价款多寡，亦系依照规定按黄金市价换算标准，本局不能故为增减。况按照原告实得价款数额折合通知缴款，行政院认为原处分已属厚加体恤并无不合，驳回其诉愿。总之本局核准发还该房产于原告有利，则认为合法折合国币通知缴款于原告无利，则认为违法，强欲以应缴价款按债务处理，且一再饰词拖延，至今已达一年半之久。经济变迁情形甚剧，希图撤销本局将该房另行处理之处分善罢甘休，可仍照原通知折合数额缴款，显属取巧，为法所不容，应请予驳斥等语。

理由

本件讼争江擦胡同十号房地产，原告于三十三年一月间出卖与日人，时其契约上之价款为伪币三十四万五千元。被告官署核准备价赎回时，以原告自称所收到之价款为伪币二十七万五千元，乃按行政院当时核定之换算标准，折合国币三千四百十五万九千元通知原告呈缴，而未以三十四万五千元为折算之标准已属体恤。原告于接获通知后，始而认为评价过高，请求核减，继而请求宽限，再则请求先令住房人迁移，指定交房日期，意图拖延，迟不缴款，达数个月之久。虽经被告官署一再展期，迄未遵办，其属自甘延误，无可废墟言。原告未缴清价款领得房地产，自无主张产权之余地，被告官署认为原告放弃权利，将该房地产另行处理并无不合，诉愿决定维持原处分亦属允协，原告起诉意旨殊非有理。

据上论结，原告之诉为无理由，合依行政诉讼法第二十三条，判决如主文。

中华民国三十七年七月三十一日

行政法院第二庭

代理审判长评事：季手文

评事：钟孟雄

评事：苏秋宝

评事：朱树声

评事：李翊民

本件证明无原本无异。

书记官：左象贤

中华民国三十七年八月九日

156. 邓炜光诉福建永安县政府，为囤积布疋事件

行政法院判决

三十七年度判字第二十五号

原告：邓炜光，住福建永安西门街六号。

被告官署：永安县政府。

上原告为囤积布疋事件，不服财政部于中华民国三十四年八月十七日所为之再诉愿决定，提起行政诉讼，本院判决如下：

主文

再诉愿决定，诉愿决定及原处分均撤销。

事实

缘在福建省永安县西门街开设九安顺号布店，因当时迭遭空袭，呈准永安县政府发给物资疏散证，将棉布等移放大溪保吴道福土堡内。三十二年三月十四日被永安警察局侦缉队查获存储棉布五十一疋。被告官署奉福建省政府令，饬依照非常时期取缔日用重要物品囤积居奇办法第十八条第二款之规定，将布疋予以没收。原告不服，一再向福建省政府及财政部提起诉愿均被驳回，乃向本院提起行政诉讼，兹将原被告诉辩意旨摘叙如次。

原告起诉意旨略谓，查非常时期取缔日用重要物品囤积居奇办法第十八条第二款规定，应以物品之是否"藏匿"及其能否称为"大量"为先决问题，原告移放布疋之原因为避免空袭，持有永安县政府特发疏散证，自非规避取缔而分散藏匿。至于被查封之布五十一疋，区区之数绝难认为大量。原告系经营布业之商人，五十一疋之棉布更不能指为囤积居奇。基上述各理由，是本案情节与原处分官署引用法条规定并不具备乃竟为没收之处分，其为违法自不待言。原决定官署均不予纠正，要不能谓无违误仰祈撤销原处分等语。

被告官署答辩意旨略谓，本县前处理邓炜光案，原布疋于民国三十四年三月间，由本市中山路同益布店保证，交西门街正记布店领回保管。迨民国三十五年九月十六日，本县城区大火，该号亦惨遭回禄，据该保管人呈报，原保管布疋亦被烧尽，并据该号邻居联呈证明属实，没收之布疋既被火焚，主体业已消灭等语。

理由

查非常时期取缔日用重要物品囤积居奇办法第三条第一、第二款规定，本办法所称囤积指左列各款。

一、非经营商业之人或非经营本业之商人，大量购存前条所指定之物品者。

二、经营本业之商人购存前条所指定之物品而有居奇行为者，又第四条规定储存物品不应市销八训或应市销售而抬价超过合法利润者，为居奇行为各等语。是凡经营本业之商人

大量购存该办法第一条所指定之物品而无居奇行为者即不得谓为囤积，亦即不在本办法取缔之列，此为当然之解释。本件被告官署认为原告有意囤积居奇，不外因在本市大溪保吴通福土堡内查获原告布疋五十一疋，认为分散转移存放地点，而意图规避取缔。乃依照同办法第十八条第二款没收其物品，惟据原告诉称移放布疋之原因系为避免空袭及火警，并持有县府发给之特将疏散证即无藏匿可言，且原告系经营本业之商人，既不能证明其有居奇情事，而查获之布疋已较疏散证内所列数目为少，亦难认为构成囤积行为，自不在本办法取缔之列。原处分遽予没收，诉愿决定及再诉愿决定递予维持，均非适法，应由本院一并撤销。

据上论结，本件原告之诉为有理由，合依行政诉讼法第二十三条，判决如主文。

中华民国三十七年五月三十一日

行政法院第二庭

代理审判长评事：季手文

评事：钟孟雄

评事：苏秋宝

评事：朱树声

评事：李翊民

本件证明无原本无异。

书记官：左象贤

中华民国三十七年六月八日

157. 无锡复元钱庄诉财政部，为勒令停业事件

行政法院判决

三十七年度判字第二十一号
原告：无锡复元钱庄。
代表人：邢骥良，住江苏省无锡县北塘八九号。
诉讼代理人：倪江表，律师。
被告官署：财政部。

上原告为勒令停业事件，不服行政院于中华民国三十六年十月四日所为再诉愿决定提起行政诉讼，本院判决如下：

主文

再诉愿决定，诉愿决定及原处分均撤销。

事实

缘原告无锡复元钱庄于民国三十五年八月二十三日经财政部核准复业，嗣据人控告原告于二十四年底因业务不振，自行收缩人，二十五年起并未营业，职员被解散，原址由房主转租与宝兴衣庄开张营业等语。经部派员调查，原告于二十六年与其他歇业之钱庄，如永恒、丰慎余等六家并无营业往来，遂认原告确系非因战事发生而停业，与复业条件不合。于三十六年三月五日将核准复业。原案予以撤销。原告不服，递向原部及行政诉讼到院，兹将原被告诉辩意旨分别摘叙如次。

原告起诉意旨略谓，就法律言，关于人民之财产包括营业自由在内，非依法律不得擅予剥夺或限制，为训政时期约法第十六及第十七条所明定。又法规制定标准法第一条规定，法律应经立法院三读会之程序议决通过，并由国民政府公布。查原处分所资以为据之非常时期管理银行暂行办法，财政部管理银行办法，收复区商业银行复员办法及收复区商业银行复员办法补充办法，均未完成立法程序，依法不得称为法律，应属无效。就事实言，原告战前加入无锡钱业公会，迄胜利之时止，尚保有公款之存储，而保证金亦仍旧存于公会，会费亦缴至战事发生时止。会员之牌号延至二十七年始行吊销，有公会簿册可查。又战前同业公会组织法，须有会员七家以上，方得成立钱业公会。战前无锡钱庄包括原告在内始定七家之数，如果原告系在二十四年底停业，则无锡钱业公会早不存在，何以战事发生时尚有钱业公会乎，足证原告并非战前停业者，一也。

钱业公会主席者非具有会员之资格不可，而钱庄停业其会员资格即被取消，原告之前经理江焕卿直至无锡沦陷时止仍任无锡钱业公会主席，有已复业之源丰等六家钱庄证明，江焕卿以任钱业公会主席之故得任无锡商会执行委员，在战前迄未终止，有二十六年商会缴纳会

费收据为证。江焕卿且以任公会主席之故致代表公会遵令组织义勇队呈送名册于县府，有指令可查，足证原告并非战前停业者，二也。

原告若果于二十四年底即已停业，则复元钱庄之名义早不存在，与中国及中国实业两银行亦已无收付往来，而复元名义与上开两行非但二十六年间有进出关系，且直至二十七年地方沦陷之后尚有收付之事实，存折两扣呈送在卷，虽其数额不大，就此可证并非战前停业。又被告官署谓，原告于二十四年底停业，将全体职员解散，房屋经房主转租于宝兴衣庄，兹该衣庄具书证明从未租过原告之旧址，被告官署所言纯属凭空捏造。总之原处分及决定，不论在法律事实上均属违背约法，限制人民权利。请求一并撤销等语。

被告官署答辩意旨略谓，就法律言，则非常时期管理银行暂行办法、财政部管理银行办法及收复区商业银行复员办法，均经呈奉行政院核准备案，并转报国防最高委员会备案，由本部公布施行。至收复区商业银行复员办法补充办法，亦经呈奉行政院核准备案，由本部公布施行。按国防最高委员会为训政时期之最高决策机关，其核定公布之法令与经立法机关制定公布之法律有同等之效力。此观于同会组织大纲第一条前段之规定及中央执行委员会政治委员会组织条例第一条、第三条甲款、第七条及训政时期约法第三十条各规定而自明。上开前二种连坐法均有新设银行除县银行外一概不得设立之规定，是在该法公布施行前，未经本部核准，领有营业执照之行庄原则上原就三律不准设立。胜利后本部颁有收复区商业银行复员办法，俾前经本部核准给照有案之行庄依照办理。至前项连坐法补充办法，准许战前行庄未经注册领照而确于二十六年六月以前设立，因抗战发生停止营业，或战时仍继续营业者，得检具证件呈准复业，或继续营业并补行注册，原为适应北方工商业之需要补救偏枯于不准开设行庄之普通法外，为特许开设之变通规定，实对特定人民原有之权利予以补救，显非因该项补充办法之颁行而剥夺或限制任何人民之权利。核与训政时期约法非依法律不得擅予限制人民财产之规定并无抵触。至就事实言，则原告业务于二十六年已经停顿从事清理，经本部派员调查报告有案。依照上开补充办法之规定，原告不得复业。姑无论原告二十六年与同业无所往来及退出公会及经理仍为公会负责人各节有无其他缘由，而原告非因战事停业要为事实，自应撤销核准复业。原案原处分并无不当请予驳回等语。

理由

本件原告主张，原处分所依据之非常时期管理银行暂行办法，财政部管理银行办法，收复区商业银行复员办法，及收复区商业银行复员办法补充办法未经立法程序，应属无效。而被告官署答辩则以为上开前三种连坐法均经呈奉行政院核准备案，并转报国防最高委员会备案，与经立法院制定之法律有同等之效力，后一种补充办法虽仅呈奉行政院核准备案，然其意旨在适应地方工商业之需要补救偏枯，对于特定人民之权利予以维护与约法并无抵触等语，被告官署此项见解是否正当姑且勿论，然其核准原告复业后复将原案撤销者，不外依据上开补充办法乙项（凡未经财政部核准注册，在二十六年以前设立之争钱行庄因抗战发生停止营业者，得于本办法颁布后三个月内呈经财政部核准，在原设地方复业）办理是本案解决之关键，即在原告是否因抗战发生停止营业以为断。查本件再诉愿决定驳回原告再诉愿之理由，不外根据财政部派员查明原告于二十四年底因业务不振，各股东无意经营，自行收缩人，二十五年起即未营业，将职员解散，原址并由房主转租与宝兴衣庄开业，又原告呈验之存折两扣，与中国银行及中国实业银行往来数额甚微，于二十六年间，与当地尚未易人业之六钱庄并无营业往来各等情。惟查财政部核准原告复业原案内，有无锡县商会主席钱孙卿及无锡钱业公会前常务委员江焕卿出具证明书证明，原告因遭兵变而停业。无锡县政府三十五年七月六日批示亦称原告确因民国二十六年战事停业，所有证据毁于兵。经调查钱业公会主席曾经源丰等六钱庄具书证明（以上均见财政部卷），且无锡商场惯例，商号停歇必须报由公会转报商会行查。原告于二十六年无锡沦陷时仍为公会会员，加入商会缴纳会费。据无锡县商会于三十七年三月四日具书证明，又原告房主唐祖寿三十七年三月五日证明其房屋租与原告开张生理，至无锡县沦陷时方始停止，并未转租与宝兴衣庄，即该衣庄亦称从未租用原告旧址营业（均具有证明书存卷）。以上各点经本院函准无锡地方法院查复相同。至原决定以原告于二十六年间与当地六钱庄并无营业往来，认为系战前停业，被告官署亦如此认定。此项主张微论其于原告何时停业未能证明。然据原告呈验与中国银行及中国实业银行之存折，其是年往来款项数额虽微，究不能以原告与其他钱庄并无营业往来遽为战前停业之认定。由此观之，原告系因战事发生而停业，而非二十四年底自行收歇，堪资证明。原处分撤销原告之复业，原案诉愿及再诉愿决定递予维持均难谓为无误，应由本院一并予以撤销，原告所持理由非无可采。

据上论结，本件原告之诉为有理由，爰依行政诉讼法第二十三条，判决如主文。

中华民国三十七年四月三十日

行政法院第一庭

审判长评事：王芝庭

评事：潘培敏

评事：杨玉清

评事：吴忠本

评事：苏秋宝

本件证明与原本无异。

书记官：王文坛

中华民国三十七年五月八日

158. 信安钱庄诉财政部，为请求复业事件

行政法院判决

三十七年度判字第二十二号

原告：信安钱庄。

代表人：高光达，住南京白下路一三六号二楼。

被告官署：财政部。

上原告为请求复业事件，不服行政院于中华民国三十六年十二月一日所为再诉愿决定，提起行政诉讼，本院判决如下：

主文

原告之诉驳回。

事实

缘原告信安钱庄前段汉口于民国三十五年六月间，曾依据收复区商业银行复员办法补充办法乙项之规定，向财政部呈请复业，因证件不足，经多次批饬补送正核办间，适经济紧急措施方案公布施行。财政部遂依照该方案内，加强管制金融业务连坐法第五条第三款规定，于三十六年二月二十一日指定汉口为停止商业行庄复业及增设分支机构地区。同年五月二十四日以原告不在前特派员办公处暂准复业或暂准登记之列批示所请复业一节，应毋庸议。原告不服，递向原部及行政院提起诉愿及再诉愿，均经决定驳回，乃提起行政诉讼到院。兹将原被告诉辩意旨分别摘叙如次。

原告起诉意旨略谓，原告申请复业在三十五年六月间，最后一次呈部书系于三十六年一月十三日发出，而汉口指定为停止行庄复业及增设分支机构地区则在同年二月二十二日（按财政部公告为二十一日），时间相隔月余，原告所应补缴证件业已期前全数补齐，即云因办理公文延搁，但原告不应受后法之限制，且法律之发生效力以公布或施行之日为起点，法律效力原则上不溯既往，被告以后出之法律拘束原告，前期之事实显系违法。被告驳复原告理由，以原告不在前特派员办公处暂准复业或暂准登记之列为辞，惟原告申请复业登记系依据收复区商业银行复员办法及其补充办法之规定，遍查该法其中并无责令行庄须先向特派员办公处声请之规定。原告因抗战停业，随政府撤退后方，胜利后因交通工具缺乏，于三十五年六月间始行返汉。财政部汉口特派员办公处虽已结束，然实无逾于被告准予复业之期限未便，以无此规定之办法对原告加以限制，在原告先后补呈证件之批示中，亦并无未向特派员办公处登记之驳语。汉口同业中经批准复业者，如协记、谦裕、衡源、轩昌四家，亦未向特派员办公处登记足证登记之非必要手续。最近复奉批准之裕商、信丰、赓裕、元和四家，其奉批期间则在三十六年二月二十二日之后，更可证被告办理案件之标准系依据法律公布之前后以为区别。原告声请亦在公布前，何以独受歧视，且被告最近复批准汉口新设立之钱庄二十七

家显在明文禁止之后，据其所持理由谓，系财政部特派员所批准，不知特派员不过准予登记，转请财政部核办而已，纵属特派员批准亦系行政上之错误，原处分违法诉愿决定及再诉愿决定未能将被告处理钱庄得业全案加以检讨。原告实难甘服应请撤销等语。

被告官署答辩意旨略谓，信安钱庄呈请复业一案，原送武昌地方法院公证书系二十六年二月所发，又所送中国国货银行及中国农工银行汉口分行对账单仅列尾数。经饬各该行查抄二十六七年往来详细账单，均无法抄呈上项结有尾数系何时所结存，其往来至何时为止，无凭查核，自不足据以证明该庄二十七年因战争停业之事实，嗣据补呈汉口商业银行详细往来账单到部正核办间，汉口市经部公告，依据经济紧急措施方案指定为停止商业行庄复业地区。该庄以前未经本部特派员办公处暂准复业或登记有案，自未便准予复业。原状所称协昌、协记、谦裕、衡源等四家，均系于三十六年二月二十一日本部公告汉口市为停止商业行庄复业地区以前，经部核准复业。又所称信丰、恒记、元和、顺记、赓裕、裕商等四家，前经本部特派员办公处暂准复业有案，不在限制之列。再所称本部最近复批准汉口新设立之钱庄二十七家。查新设立之二十七家钱庄，除兴泰、兴华、恒安、承德、永孚等五家因业务搁浅，又元隆一家因股东无意经营，已由部先后令饬停业清理外，其余恒孚等二十一家，以前经本部特派员办公处暂准登记报部有案，开业已久，其可否由部检查其业务，分别勒令停业清理或令饬增加资本，补为营业登记，业经由部备案，呈请行政院核实中，与该庄情形均属不同。本部原处分并无不当应请予以驳回之判决等语。

理由

按经济紧急措施方案内，加强金融业务管制办法第五条第三款规定"财政部应视各地银钱行庄分布情形指定限制地区停止商业行庄复业及增设分支机构"，财政部依照前项规定于三十六年二月二十一日以京钱戊字第三二号公告，指定汉口为限制地区，停止商业行庄复业及增设分支机构在案。本件原告呈请复业虽始于三十五年六月间，然因证件不足送经财政部批饬补关至三十六年一月间始行缴齐，在财政部核办期间而上开办法公布施行，自不得不受其拘束，因而将原告之呈请未予核准，诉愿及再诉愿决定维持于法均无不合。虽原告在财政部公告以前已将证件缴齐，财政部未能迅予核办，然其原何在系属另案问题，究不能以此攻击原处分未准原告复业为违法。至原告所举财政部于公告后，核准复业或新设各钱庄均经财政部特派员办公处暂准复业或登记有案，与原告之诉案情形不同，未便相提并论。原告所持理由殊无足采。据上论结，原告之诉为无理由，合依行政诉讼法第二十三条，判决如主文。

中华民国三十七年五月三十一日

行政法院第一庭

审判长评事：王芝庭

评事：潘培敏

评事：苏秋宝

评事：吴忠本

评事：李翊民

本件证明无原本无异。

书记官：王文坛

中华民国三十七年六月八日